Rigor Doctrinal y Práctica Forense

José Luis Vázquez Sotelo

(Liber amicorum)

Rigor Doctrinal y práctica forense

A mi ilustre colega, Prof. José Ramón Parada Vázquez, eminente administrativista, con la más alta estima personal y admiración intelectual.

Prof. [illegible]

Barcelona, Febrero, 2013

Atelier
LIBROS JURÍDICOS

Esta obra se ha beneficiado del Plan Nacional de I+D del Ministerio de Ciencia e Innovación, proyecto SEJ 2004-00673 y de un Ajut al Grup de Recerca en Dret Processal de Catalunya SGR2005 00660.

Vía Laietana 12, 08003 Barcelona
e-mail: editorial@atelierlibros.es
www.atelierlibros.es
Tel. 93 295 45 60

I.S.B.N. 978-84-92788-04-0
Depósito legal: Z-3897-2009

Diseño de la colección y de la cubierta: Eva Ramos

Diseño y composición: Addenda, Pau Claris 92, 08010 Barcelona
www.addenda@addenda.es
Impresión: INO Reproducciones, S.A.

Índice

Curriculum Vitae del Profesor José Luis Vázquez Sotelo

José Luis Vázquez Sotelo
Catedrático de Derecho Procesal de la Universidad de Barcelona

HISTORIAL ACADÉMICO

- *Profesor Ayudante* contratado en la *Universidad de Barcelona* (septiembre 1969-septiembre 1971).
- *Profesor Adjunto* contratado de la *Universidad de Barcelona* (Octubre 1971-julio 1975).
- *Profesor Adjunto Numerario* de la *Universidad de Barcelona* (julio 1975-marzo 1984).
- *Catedrático* de Derecho Procesal, por oposición, de la *Universidad de León* (marzo 1984-septiembre 1986).
- *Catedrático* de Derecho Procesal, por concurso oposición, de la *Universidad de Zaragoza* (septiembre 1986-octubre 1988).
- *Catedrático* de Derecho Procesal, por concurso oposición, de la *Universidad de Barcelona* (1988-2005)
- Miembro Titular del *Instituto Iberoamericano de Derecho Procesal* (1984).
- Miembro Titular del *Instituto Panamericano de Derecho Procesal* (1986).
- Miembro Titular por España de la «*Internacional Association of Procedural Law*» (1995).
- Miembro del Consejo Asesor de la «*La Ley*» (Revista Jurídica española de doctrina, jurisprudencia y bibliografía), publicación diaria y trimestral (1985).
- Miembro, por España, del Consejo Consultivo de la «*Revista de Derecho Procesal*» de Argentina.
- Profesor Visitante de la Universidad de La Plata (8 de noviembre de 1990)
- Fundador y miembro titular del Consejo del *Instituto Iberoamericano de Derecho Concursal* (constituido en Colombia en 2003).
- *Miembro de Honor de la «Unión de Juristas de Cuba»* (organización independiente), 2009.
- *Académico de Honor de la Academia de Jurisprudencia y Legislación de Galicia* (1976).
- *Magistrado del «Tribunal Superior de Corts»* del Coprincipado de Andorra (1991 a 1993) y Magistrado y primer Presidente del «*Tribunal Superior de Justícia*», Sala Penal, de Andorra (1993 a 2005).
- *Abogado* ejerciente ante los II. Colegios de Barcelona y Madrid, entre otros.

PUBLICACIONES

A) LIBROS Y OBRAS COLECTIVAS

— ***Procesos penales especiales***. Manual para alumnos (219 pp). Barcelona, Servicio de Publicaciones de la Facultad de Derecho,1974.
— ***La Casación civil. Revisión crítica***. Barcelona, Ediser, 1979 (Monografía de 205 páginas).
— ***Presunción de inocencia del imputado e íntima convicción del Tribunal***. Monografía (592 págs). Barcelona, Edit. Bosch, 1984.
— ***Comentarios a la Reforma de la Ley de Enjuiciamiento Civil***. Obra colectiva, Madrid, Tecnos, 1985.
Comentario a los nuevos artículos 523 y 1475 (imposición de costas) pp 422-493 y pp. 732-737.
Comentario a los arts.; 1488 a 1513 (ejecución), pp. 743-767.
Comentario a los arts. 1729 a 1736 (impugnación de laudos arbitrales), pp.947-980.
— ***Ley de Enjuiciamiento Civil. Doctrina y jurisprudencia***. Volumen I. Obra colectiva. Comentario sobre *Los principios del proceso civil* y *La justicia gratuita*. Madrid, Dikynson, 1994.
— ***Sistemas jurídicos y formación de jueces y abogados***. Barcelona, PPU, 1995. Monografía (143 págs).

B) ARTÍCULOS

— *Rasgos definidores de la casación civil española*. Revista de Derecho procesal. Madrid, 1974-IV, págs. 859 a 926.
— *Análisis sociológico de la casación civil*. Revista de Derecho Procesal. Madrid, 1975-I, págs. 143 a 163.
— *El indulto general y anticipado establecido en el decreto 2940 de 22 de noviembre de 1975*. Revista jurídica de Cataluña. Barcelona, 1975-IV.
— *La casación y el Tribunal de Cassació*. Ediser, Barcelona, 1979.
— *La competencia territorial en los casos de quiebra necesaria*. Revista jurídica de Cataluña. 1979-I. Barcelona, pp. 179 a 202.
— *El principio acusatorio y su reflejo en el proceso penal español*. Revista jurídica de Cataluña. 1984-II. pp. 323 a 415.
— *La intervención del secretario judicial en el proceso*. Primeras Jornadas sobre fe publica judicial, Universidad internacional Menéndez Pelayo. Sitges, 1985. Publicado en el Libro de las Jornadas editado por la Conselleria de Justícia de la Generalitat de Catalunya. Barcelona, 1985, pp. 73 a 96.
— *Comentario a la STS 2ª de 16 de septiembre de 1985*. Revista La Ley. Madrid, 1986, nº 1393.
— *Acumulación de autos: excepción a la «vis atractiva» del juicio de quiebra*. Revista «La Ley». Madrid, 1986-2, pp. 146 y ss.
— *El pacto sobre costas y el nuevo artículo 523 de la Ley de Enjuiciamiento Civil*. Revista La Ley. Madrid, 1986-2, pp. 1017 y ss.
— *Instituciones saneadoras del proceso civil español: excepciones dilatorias y comparecencia previa*. Revista «Justicia». Barcelona, 1987-I, pp. 19 a 62.
— *La construcción del proceso cautelar en el Derecho Procesal Civil español*. Revista «Justicia», 1990-IV, pp. 809 a 855.
— *Organización de despachos de abogados*. Revista «Justicia», 1992-II.

— *Jueces, abogados y medios de comunicación,* Libro del Congreso Internacional organizado por el Colegio de Abogados de San Isidro (Buenos Aires) y Fundesi, Buenos Aires, 2001(19-21, abril), pp. 127-240.
— *Los principios del proceso civil.* «Responsa iurisperitorum digesta», Univ. Salamanca, 2000, pp.111-155 y Revista «Justicia». Barcelona, 1993-IV, pp. 599 a 645.
— *Discrecionalidad y Derecho Procesal.* Revista «Justicia». Barcelona, 1995-III y IV, pp. 51 a 63.
— *La selección de los jurados.* Revista «Justicia». Barcelona, 1997-III, págs. 813 a 839.
— *Aspectos de la ejecución y de la tutela cautelar en el Anteproyecto de nueva Ley de Enjuiciamiento Civil* en la obra colectiva *Presente y futuro del proceso civil* (J. Mª. Bosch, Barcelona, 1998), «II Jornadas de Derecho Procesal», organizadas por la Universitat Rovira i Virgili de Tarragona, dirigidas por el Prof. Picó i Junoy.
— *Ejecución provisional y medidas cautelares,* obra colectiva *El proceso civil y su reforma,* dirigida por el Dr. Manuel Morón Palomino. Centro Superior de Estudios de la Universidad Alfonso X el Sabio y Editorial Colex (Congreso realizado en las dos provincias canarias en la primavera de 1998). Madrid, 1998, pp. 487 a 507.
— *Método y sistema de elaboración de la reforma procesal civil española.* Libro del «I Congreso Gallego de Derecho Procesal», Editorial Tórculo, A Coruña, 1999.
— En la obra de AA.VV. «*Instituciones del nuevo proceso civil*» (Difusión «Economist & Iuris», Barcelona, 2002), autor de los comentarios siguientes (en el volumen II):
De las «diligencias para mejor proveer» a las «diligencias finales». El nuevo art. 435 LEC. (pp. 531-565)
La nueva condena en costas (pp. 571-601)
— En la obra de AA.VV. «*Comentarios a la Ley de Enjuiciamiento Civil*», editada por Sepín, el comentario de *El proceso especial sobre distribución de patrimonios*
— En la «*Revista Jurídica de Catalunya*», núm. especial 4-2001:
La «'prueba en contrario» en las presunciones judiciales (según la nueva LEC.): un estudio crítico sobre el núm. 2 del art. 386 de la LEC.
— *Jueces, Abogados y medios de comunicación. La situación en España,* «Jueces, Abogados, Medios de comunicación, nuevos desafíos», Buenos Aires, Colegio de Abogados de San Isidro y Fundesi, pp. 127-239.
— *El proceso civil del futuro*, libro del «I Congreso Internacional de Derecho procesal civil», México, 2005 (editado por el Tribunal Superior de Justicia, el Consejo de la Judicatura del Distrito Federal y el Instituto de Estudios Judiciales), pp. 239-293.
— *El procedimiento del concurso de acreedores según la Ley Concursal española 22/2003,* «La insolvencia en el derecho concursal iberoamericano», publicación coordinada por Lidia Vaiser, Buenos Aires, Edit. Ad-Hoc, 2006, pp. 73-94.
— *El concurso de las personas físicas,* Conferencia en el «IV Congreso Iberoamericano de Derecho Concursal», sobre «Crisis de la economía mundial y concursalidad», desarrollado en Punta del Este (Uruguay), publicada en el Libro del Congreso, Montevideo, Fondo de Cultura Universitaria, 2008, pp. 495-508.

3. CONGRESOS NACIONALES E INTERNACIONALES

— 1972-1979. Intervención en las «Reuniones Anuales» de Profesores de Derecho Procesal, celebradas desde 1972 en Palma de Mallorca, Valencia, Pamplona, Granada, Sevilla, Las Palmas de Gran Canaria, Cáceres y Santiago de Compostela. Los trabajos de la «X Reunión de Profesores», en Santiago de Compostela el 17 de octubre de 1974, se han publicado por la Universidad convocante: «El sistema de recursos. Perfeccionamiento del derecho de ejecución singular», en el que constan tres contribuciones sobre el «histórico retracto legal que se denominó «graciosa» y la ejecución procesal (pp. 125-130); análisis sociológico de la casación civil (pp. 131-158) y rasgos definidores de la casación civil (española), pp. 159-232.

— 1976. La Coruña. Conferencia en las sesiones del «I Congreso de Derecho Gallego», organizado por la Academia de Jurisprudencia de Galicia y el Colegio de Abogados de La Coruña. Versó sobre «Los modelos de casación. Características y superioridad del modelo español».

— 1981. Participación en las Jornadas celebradas en Barcelona (27-29, abril, 1981), para conmemorar el «Centenario de la Ley de Enjuiciamiento Civil», organizadas por el Dto. de Derecho Procesal de la Univ. Autónoma de Barcelona, bajo dirección del Prof. Ramos Méndez, con participación de destacados procesalistas españoles y extranjeros.

— 1982. Intervención en las «Jornadas» celebradas en Madrid, para conmemorar el «Centenario de la Ley de Enjuiciamiento Criminal», organizadas por la UNED, bajo el lema «Proceso y Libertad», dirigidas por el Prof. Almagro Nosete.

— 1985. Intervención en las «IX Jornadas Iberoamericanas de Derecho Procesal», organizadas por el Instituto Iber. Dere. Proc., celebradas en Madrid del 17 al 21 de Junio de 1.985, con presencia de destacados procesalistas españoles, hispanoamericanos, de Portugal y Brasil.
— 1985. Idem Conferencia en las «Primeras Jornadas sobre la fe pública judicial», Sitges, 1.985.

— 1986. Conferencia en la «Jornadas sobre el Jurado», Cáceres 1986.

— 1988. Rio de Janeiro. Intervención en las «XI Jornadas Iberoamericanas de Derecho Procesal», del 20 al 27 de mayo, dirigidas por el Prof. Barbosa Moreira.
— 1988. Burgos. Ponente en el «I Congreso de Derecho Procesal de Castilla y León», sobre «Crisis de la justicia y reforma del proceso penal», Libro del Congreso, edit. por el Ministerio de Justicia, Secretaría General Técnica, Madrid, 1988, pp. 335-399.
— 1988. Bolonia. Participación en el «VIII Congreso Mundial de Derecho Procesal», dirigido por el Prof. M. Cappelletti sobre el tema general «La protección judicial de los derechos humanos a nivel nacional e internacional» (septiembre 1988).
— 1988-1994. Dirección científica de siete Jornadas Procesales anuales (desde 1988 hasta 1994) organizadas por el «Il.lustre Col.legi de Procuradors dels Tribunals de Barcelona» (Decano Presidente D. José Puig-Olivet Serra), en las que se estudiaron y debatieron temas de actualidad legislativa y doctrinal:
«La reforma del proceso penal» (1988, después de la sentencia del TC que declaró contrario a la constitución acumular las funciones de instruir y juzgar).
«El nuevo proceso penal abreviado» (1989: estudio sistemático de la LO. 7/1988, reguladora del nuevo procedimiento abreviado).
«Funciones de los Tribunales Superiores y del Tribunal Supremo» y «El control del razonamiento judicial y de la apreciación de la prueba en la sentencia» (1990)
«Métodos de trabajo en la Administración de Justicia» y «Organización y funcionamiento de la Oficina Judicial· (1991).
«Perfeccionamiento y eficacia de la ejecución procesal» (1992)

«Organos de la ejecución». «Perfeccionamiento de la subasta» (1993)
«Armonización de las funciones del Tribunal Supremo y del Tribunal Constitucional» (1994: tras producirse la confrontación entre los dos Tribunales).
Contaron con la participación como conferenciantes y ponentes de destacados profesores y magistrados de España, de Iberoamérica y de Europa, así como Magistrados del Tribunal Supremo y del Tribunal Constitucional.

— 1989. Zamora. Ponente en el «II Congreso de Derecho Procesal de Castilla y León» (5-7, abril), dirigido por la Prfa. Calvo Sánchez, sobre «La reforma del proceso penal».
— 1990. Mérida (Extremadura). Ponente en las «XII Jornadas Iberoamericanas de Derecho Procesal» (5-11, mayo), publicada en el libro de las Jornadas, editado por el Ministerio de Justicia, Madrid, Secretaría General Técnica, v. I, 1990, «Cooperación judicial internacional», pp. 135-162

— 1990. San Sebastián. Ponente en el Curso organizado por la Cátedra de Derecho Procesal de la Universidad del País Vasco (l8-l9, junio), dirigido por el Prof. Lorca Navarrete, sobre «Administración de Justicia y Estatuto de Autonomía de Euskadi).
— 1990. Santander. Ponente en las Jornadas sobre «Administración de Justicia y Reformas Procesales», organizadas por el I. Colegio de Procuradores de Cantabria (Santander 8-11, octubre), dirigidas por su Decano-Presidente Sr. Mantilla Rodríguez.
— 1990. La Plata (Argentina). Curso de conferencias en La Plata sobre *El modelo de casación civil español* y sesiones compartidas con los Prfs. Argentinos J.C. Hitters, R. Berizonce, G. Lucas Sosa, H. Zinny y E. Quevedo Mendoza.
— 1990. Mendoza (Argentina). Conferencia sobre *Las reformas procesales españolas y en particular la reforma del procedimiento penal «de urgencia»,* Jornada dirigida por el Prof. Quevedo Mendoza.

— 1991. Coimbra-Lisboa. Intervención en el «IX Congreso Mundial de Dereito Judiciario», sobre «El papel y organización de Magistrados y Abogados en las sociedades contemporáneas» (25-31, agosto).

— 1993. Paris. Conferencia en el «I Colloque Internationale» sobre el tema «Los profesionales del derecho en el nuevo espacio judicial europeo» (3-4 de junio), con destacados profesores de varias universidades europeas.

— 1994. Puerto de Santa María (Cádiz). Ponente en el «I Congreso Andaluz de Ciencias Penales», sobre «Crisis del sistema penal», dirigido por el Prof. Titular F. Meléndez Sánchez, Mesa Internacional de Derecho Penal, (5-8, abril).
— 1994. Rosario (Argentina). Ponente en el «Encuentro Hispano-Argentino de Derecho Procesal», dirigidas por el Prof. Alvarado Velloso, que contó con profesores españoles y argentinos, sobre problemas del proceso (oralidad, escritura, etc.).
— 1994. La Plata. Relación general en las «XIV Jornadas Iberoamericanas de Derecho Procesal» (organizadas y dirigidas por los Profs. Morello, Hitters y Berizonce, 27, abril, 1994), sobre el tema primero: «Formación de Jueces y Abogados y Escuelas Judiciales».
— 1994. Asunción (Paraguay). Conferencia en las «Jornadas Procesales del Ministerio Público», organizadas por el Fiscal General de Paraguay Dr. Escobar Favela (abril, 1994) sobre «Las reforma del proceso penal».

— 1995. Santa Fe (Argentina). Conferencia en el «XVIII Congreso Nacional de Derecho Procesal», Universidad del Litoral, sobre «El juicio con jurados».
— 1995. Madrid. Ponente en el Seminario organizado por el Instituto Europeo de España sobre «La protección de los intereses financieros de la Comunidad Económica Europea tras el Tratado de Masstricht», dirigido por el Dr. Ruiz Vadillo, Presidente de la Sala Segunda del TS.
— 1995. Taormina (Sicilia). Intervención en el «X Congreso Mundial de Derecho Procesal» sobre «Transnacional aspects of procedural law» (17-23, septiembre, 1995), dirigido por el Prof. Italo Augusto Andolina, Catedrático de la Univ. de Catania.
— 1995. Albacete. Ponente en las «Jornadas sobre el proceso penal ante el Tribunal del Jurado», organizadas por la Universidad de Castilla-La Mancha y por la Junta de dicha Comunidad Autónoma (13-15, diciembre), dirigidas por el Prof. Garberí Llobregat.

— 1996. El Puerto de Santa María (Cádiz), Ponente en el «III Congreso Andaluz de Ciencias Penales» (17-19, abril), dirigido por el Prof. Meléndez Sánchez, sobre «El Código Penal y Ley del Jurado».
— 1996. Buenos Aires. Conferencia en la Universidad de Belgrano sobre «Arbitraje y mediación» (octubre, 1996).
— 1996. Buenos Aires. Conferencia en el XI Encuentro Panamericano de Derecho Procesal sobre «La simplificación procesal» (17-19, octubre), presidido por el Prof. Briseño Sierra y dirigido por la Prfa. Ester Ledesma. Publicada en el libro del congreso por el Instituto Panamericano de Derecho Procesal, Facultad de Derecho de Buenos Aires (pp. 34-82).

— 1997. Barcelona. Ponencia en las «Jornadas sobre el Borrador de la Nueva Ley de Enjuiciamiento Civil» organizadas por el Il.lustre Col.legi d'Advocats (Decano Prof. Alonso-Cuevillas Sayrol), con participación de Catedráticos de las Universidades españolas. La ponencia versó sobre «Método de elaboración y sistema de la nueva LEC».
— 1997. Barcelona. Ponente en el «Curso de postgrado sobre Especialización en la prueba judicial», dirigido por el Prof. Muñoz Sabaté.
— 1997. Querétaro. Conferencia en el «XV Congreso Mexicano de Derecho Procesal» (dirigido por el Prof. Armienta Calderón, mayo, 1997), sobre «Arbitraje y proceso judicial. Interferencias entre el arbitraje y el proceso judicial», publicada en el Libro del Congreso, UNAM, (Instituto de Investigaciones Jurídicas e Instituto Mexicano de Derecho Procesal), pp.249-276).
— 1997. Cadiz. Conferencia dentro del ciclo organizado por la Cátedra de Derecho Procesal de Cádiz-Jerez de la Frontera sobre «Futura reforma de la Ley de Enjuiciamiento Civil» (Borrador de la Nueva LEC). La conferencia versó sobre «Medidas cautelares en el Borrador de la nueva LEC.» (25, noviembre)

— 1998. Madrid. Ponencia en las sesiones confrontativas y de debate sobre la nueva LEC organizadas por la entidad Ausbanc (Asociación de Usuarios de Banca) sobre los aspectos más fundamentales del borrador de la nueva LEC, con intervención de profesores defensores y críticos con el Borrador, así como magistrados de la Audiencia, TSJ de Madrid y Tribunal Supremo. La ponencia versó sobre «Ejecución provisional y medidas cautelares en la proyectada LEC. Esta intervención fue decisiva porque obligó a los redactores de la Ley a modificar el art. 728 de Borrador, para permitir que toda sentencia (y no solo la de condena, como decía inicialmente) pudiese ser asegurada mediante medidas cautelares.
— 1998. Tarragona. Conferencia en el Congreso de Derecho Procesal organizado por la

Universidad Rovira i Virgili, dirigido por el Prof. Picó i Junoy, así como por los Colegios de Abogados de Tarragona y Reus sobre la nueva LEC. La conferencia versó sobre «Aspectos de la ejecución y de la tutela cautelar».

— 1998. Tenerife. Conferencia sobre diversos aspectos de la ejecución en el Borrador de nueva LEC en las Jornadas organizadas por la Universidad de La Laguna y el Ilustre colegio de Abogados de Tenerife, dirigidas por el Prof. Morón.
— 1998. Brasilia. Conferencia en las XVI Jornadas Ibero-americanas de Derecho Procesal, celebradas en Brasilia (Brasil) del 10 al 14 de agosto de 1998 sobre «Temas atuais do Direito Processual Ibero-americano», dirigidas por la Prfa. Pellegrini Grinover. La conferencia versó sobre «A jurisprudência vinculante na «common law» e na «civil law». El texto de la conferencia aparece publicado en el libro de ponencias de dicho Congreso internacional, editado por Revista Forense 1998 págs. 323 a 382
— 1998. Las Palmas de Gran Canaria. Conferencia sobre «Aspectos críticos, método de elaboración y sistema de la futura LEC según la primera versión del Anteproyecto» en las Jornadas organizadas y patrocinadas por la Universidad Alfonso X el Sabio, la Universidad de Gran Canaria y el Ilustre Colegio de Abogados, dirigidas por el Prof. Moron. En esta sesión participó el Presidente de la Sala Primera del Tribunal Supremo, D. Ignacio Sierra.
— 1998. Milán. Conferencia sobre «L'Avanprogetto di una nuova legge del Processo civile spagnolo», organizada por la Cátedra de Derecho Procesal (Prof. Giuseppe Tarzia). Fue seguida de un coloquio en el «Istituto de diritto processuale» de dicha Universidad, presidido por el Prof. Tarzia y con intervención del Prof. B. Cavallone. El texto fue publicado en la «Rivista di Diritto Processuale» (Anno III 2ª serie. 1998- N.3 pág. 818 a 841).
— 1998. Buenos Aires. Universidad de Belgrano. Conferencia sobre «Las excepciones y los demás medios de defensa del demandado en el proceso civil».
— 1998. Paraná. Conferencia sobre «La Ley Española del Jurado. Aspectos críticos», organizada por la Cátedra de Derecho Procesal y por el Colegio de Abogados y Asamblea Legislativa del Estado de Paraná (Argentina).
— 1998. Barcelona. Ponencia sobre «La protección cautelar de la propiedad industrial en el Proyecto de nueva LEC», en el seminario organizado por el Grupo de Abogados especializados en propiedad industrial.
— 1998. México. «Organización de despachos de Abogados», contribución al libro «Estudios jurídicos en honor del Dr. Ignacio Medina Lima» (publicado por la Procuraduría General del Distrito Federal y el Colegio de Profesores de Derecho Procesal de la UNAM, presidido por el Prof. Gomez Lara. págs. 563 a 583).
— 1998. A Coruña. Ponencias en el «I Congreso de Dereito Procesual de Galicia», para debatir el Anteproyecto de nueva LEC, dirigido por el Prof. Pérez-Cruz Martín.

— 1999. Salamanca. Conferencia en el «VII Curso de Postgrado en Derecho» de la Universidad de Salamanca, para juristas de toda Iberoamérica (10-27 de enero). Conferencia sobre «Los principios del proceso civil. Ensayo doctrinal». Publicado en el libro «Responsa iurisperitorum digesta», Univ. Salamanca, 2000, pp. 111-155.
— 1999. Barcelona. Dirección del Curso de Extensión Universitaria sobre «La defensa del demandado» y la conferencia titulada «Las excepciones y defensa del demandado».
— 1999. Guanajuato. 18-23 de abril, 1999. Conferencia en el «XVI Congreso Mexicano de Derecho Procesal con participación internacional», celebrado en la citada ciudad bajo organización del Instituto Mexicano de Derecho Procesal (Presidente Dr. Armienta Calderón) y el Tribunal Superior de Justicia del Estado de Guanajuato (abril 1999).

La conferencia versó sobre «Modernos problemas en relación con la prueba en el proceso penal» (publicado en el libro del congreso).

— 1999. Viena. Elaboración de la ponencia española para el «XI World Congress of Procedural Law», dirigido por el Prof. Walter Rechberger (23-27, agosto,1999). La ponencia versó sobre el tema «Armonización e integración de la legislación procesal europea», para la relación general a cargo del Prof. G. Tarzia, de la Universidad de Milán.
— 1999. Viena. Participación personal en las sesiones del «XI World Congress of Procedural Law» (23-27 de agosto de 1999) con intervención en dos temas referidos a «Papel de los jueces en las sociedades modernas» y «Papel de los Abogados en las sociedades modernas» y problemas respectivos. Las dos intervenciones realizadas aparecen incorporadas al libro de actas del Congreso («Procedural Law on the Threshold of a New Millennium», Band 3, Wien, 2.000, págs. 375 y 444).
— 1999. La Laguna. Conferencia sobre «Tutela cautelar de los contratos con obligaciones de hacer y de no hacer», sesión presidida por el Prof. Morón.
— 1999. Madrid. Ciclo de conferencias organizadas por la entidad IFAES sobre «Aspectos generales de la nueva LEC», junto con otros profesores, magistrados y abogados, curso de formación especialmente dirigido para jefes de asesorías jurídicas de importantes empresas nacionales y multinacionales.
— 1999. Caracas. Comunicación para el Congreso Nacional de Derecho Procesal de Venezuela, ante la imposibilidad de asistir por la coincidencia con el convocado en La Coruña para el 26 y 27 de noviembre de 1999.
— 1999. A Coruña. Ponencia en el «II Congreso Gallego de Derecho Procesal» (dirigido por el Prof. Pérez-Cruz Martín, 26-27, noviembre), sobre «El anteproyecto de nueva Ley de Enjuiciamiento Civil».
— 1999. Barcelona. Ponencia en la mesa de profesores en la «Jornada sobre la nueva Ley de Enjuiciamiento Civil», organizada por el Il.lustre Col.legi d'Advocats de Barcelona (Decano Prof. Alonso-Cuevillas Sayrol), con participación de magistrados, abogados, portavoces de grupos políticos y periodistas.
  Publicación de un extenso artículo en el periódico de gran difusión «La Vanguardia» pág. 32 sobre «Las facultades probatorias del juez y la nueva LEC», con argumentos críticos contra el criterio del Anteproyecto de suprimir las «diligencias de prueba para mejor proveer».
— 1999. San Martín de los Andes (Argentina). Intervención, como conferenciante, en el «XX Congreso Nacional de Derecho Procesal», celebrado en la ciudad de San Martín de los Andes, Neuquén (Patagonia), del 5 al 9 de octubre de 1.999, pronunciando una de las dos Conferencias del Congreso (la otra estuvo a cargo del Prof. F. Carpi de la Universidad de Bolonia), sobre el tema «Balance de aciertos y errores en la nueva Ley de Enjuiciamiento Civil».
— 1999. Barcelona. Dirección del II Curso de Extensión Universitaria sobre «La sentencia y los recursos en el proceso civil». Impartición de las dos primeras conferencias del curso.
— 1999. A Coruña. Conferenciante en el «II Congreso de Dereito Procesual» de Galicia, celebrado en la ciudad de A Coruña los días 26 y 27 de noviembre de 1.999, organizado por la Universidad de dicha ciudad bajo patrocinio de la Xunta de Galicia, dirigido por el Prof. Pérez-Cruz Martín.

— 2000. La Rábida. Universidad Internacional de Andalucia. Conferencia en el Curso desarrollado en dicha Universidad, dirigido por el Prof. Martín Ostos (31 enero-14 abril), en el Modulo I, Proceso civil y patrimonio.

— 2000. Barcelona. Dirección del Curso de Extensión Universitaria e impartición de varias de las lecciones, sobre «El proceso civil declarativo en la nueva Ley de Enjuiciamiento Civil. «
— 2000. Barcelona. Dirección del Ciclo de conferencias sobre «Problemas modernos del proceso civil», del Prof. Dr. Roberto Omar Berizonce, Catedrático Titular de Derecho Procesal de la Universidad de La Plata (Facultad de Ciencias Jurídicas y Sociales) y Presidente del Instituto Iberoamericano de Derecho Procesal (Convenio de Cooperación Internacional), tutelando todo el ciclo e interviniendo con el conferenciante en los debates suscitados
— 2000. Barcelona. Preparación y organización de las Conferencias impartidas por el Prof. Dr. Roland Arazi, Catedrático Titular de Derecho Procesal de la Universidad de Buenos Aires, sobre «Los recursos en el proceso civil en Europa y América», así como en la impartida en el Colegio de Abogados de Barcelona sobre «Nuevas técnicas de tutela en el proceso civil».
— 2000. Barcelona. Conferencia en el «VIII Congreso sobre Responsabilidad Civil», organizado por las Entidades Aseguradoras y la Comisión de Cultura del I. Colegio de Abogados de Barcelona
— 2000. Sabadell. Conferencia dentro del «Curs sobre la Ley 1/2000 de Enjuiciamiento Civil», organizado por el I. Colegio de Abogados de Sabadell, dirigido por el Prof. Cachón Cadenas, sobre «Proceso declarativo ordinario. Audiencia previa, juicio y sentencia» (2 horas de duración)
— 2000. Tortosa. Conferencia en las Jornadas organizadas por el I. Colegio de Abogados de Tortosa sobre «Las medidas cautelares y la ejecución provisional en la nueva Ley de Enjuiciamiento Civil».
— 2000. México. Conferencia en el «Segundo Curso de Preparación y Capacitación de Profesores de Derecho Procesal y de Jueces y Magistrados,» organizado por el Colegio de Profesores de Derecho Procesal de la Universidad Nacional Autónoma de México y por el Instituto de Estudios Superiores de Derecho Penal de México, dirigido por el Prof. Gomez Lara (del 17 al 21 de julio de 2.000), sobre «La creación de la Unión Europea como espacio jurídico común: evolución, situación actual y perspectivas. Presentó y presidió la sesión el eminente procesalista y constitucionalista mexicano Dr. H. Fix Zamudio, Director del Instituto de Investigaciones Jurídicas de la UNAM.
— 2000. La Laguna. Conferencia en la Facultad de Derecho de La Laguna sobre «La ejecución en la nueva Ley de Enjuiciamiento Civil».
— 2000. Santander. Conferencia dentro del Curso organizado por el I. Colegio de Procuradores de Cantabria, dirigido por su Decano-Presidente Sr. Mantilla Rodríguez, sobre «Las medidas cautelares en la nueva Ley de Enjuiciamiento Civil».
— 2000. Valladolid. Conferencia organizada por el «Foro Europeo para el desarrollo empresarial» (y formación de altos dirigentes de empresas), sobre «Aspectos del proceso civil» según la «Nueva Ley de Enjuiciamiento Civil».

— 2001. Barcelona. Organización de la sesión académica extraordinaria al finalizar el curso universitario, con la Prfa. Ada Pellegrini Grinover, Titular de la Cátedra de la Universidad de Sao Paulo, sobre «Nuevos rumbos y puntos de evolución en el futuro Derecho Procesal Civil en Europa y América», seguida de importante debate doctrinal con los profesores asistentes.
— 2001. Barcelona. Dirección del Ciclo de conferencias impartidas por el Prof. Gomez Lara, Catedrático de la Universidad Nacional Autónoma de México, director del Instituto de Formación Profesional de Jueces y Magistrados de México, sobre «Los conceptos fundamentales del Derecho procesal mexicano» (estancia auspiciada por el Convenio de Cooperación Internacional» entre Universidades

— 2001. Barcelona. Organización e intervención en la sesión académica celebrada en la Facultat de Dret (UB) con el Prof. Italo A. Andolina, Ordinario de procedimiento civil (Catedrático Titular y Director del Departamento de Derecho Procesal) en la Universidad de Catania (Sicilia), sobre «Las perspectivas del Derecho Procesal Civil en el marco de la Unión Europea»
— 2001. Tarragona (Cambrils). Ponencia en el Curso sobre «La nueva Ley de Enjuiciamiento Civil», organizada por la Universidad Nacional de Educación a Distancia, dirigido por los Profs. Gimeno Sendra y Díaz Martínez,
— 2001. A Coruña. Conferencia en el Curso sobre la Nueva Ley de Enjuiciamiento Civil, organizada por la Cátedra de Derecho Procesal (Prof. Perez-Cruz Martín) y el I. Colegio de Abogados (desde septiembre de 2.000 a mayo de 2.001).
— 2001. Cádiz. Ponente en las Jornadas sobre «La responsabilidad penal y civil de los menores», desarrollando el aspecto del «Actuación del Abogado en la instrucción de la Fiscalía», organizadas por el I. Colegio de Abogados de aquélla capital.
— 2001. La Plata (Argentina). Conferencia en el Curso dirigido por los Profs. Hitters y Berizonce, organizado por la Universidad, la Fundación Jus y el Colegio de Abogados (17, abril, 2001), sobre «La nueva Ley de Enjuiciamiento Civil española y sus vicisitudes» y «La tutela procesal de los consumidores y usuarios según la nueva Ley de Enjuiciamiento Civil».
— 2001. Buenos Aires. Conferencia en el Congreso extraordinario sobre «Jueces, Abogados, Medios de Comunicación. Nuevos Desafios», organizado por la Fundación de Estudios Superiores e Investigación y el I. Colegio de Abogados de San Isidro (Buenos Aires, los días 19 a 21 de abril de 2.001, pronunciando una conferencia sobre el tema del congreso exponiendo la situación española que ha sido publicada en el Libro del Congreso (publicado por Fundesi), pp. 127-240), así como reseñas en la Revista del I. Colegio de Abogados de San Isidro
— 2001. Paris. Ponente, en el «2° Colloque International» desarrollado los días 4 y 5 de julio de 2.001 sobre «Nouveaux droits dans un nouvel espace européen de justice «, dirigido por el Prof. J. Normand, con participación de especialistas de Francia, Bélgica, Alemania, Italia y España. La ponencia ha sido publicada en el libro oficial del congreso (pp.183 y ss).
— 2001. Barcelona. Conferencia en el Curso organizado por el I. Colegio de Abogados de Barcelona sobre «La nueva Ley de Enjuiciamiento Civil» (4a edc.)
— 2001. Barcelona. Conferencia en el Curso de formación organizado por el I. Colegio de Abogados de Barcelona sobre «La nueva Ley de Enjuiciamiento Civil» (6a edic).

— 2002. Madrid. Conferenciante en el «Seminario Internacional» sobre «Celeridad y eficacia de la Justicia penal en Alemania, Francia, Italia y Portugal», organizado por la Universidad Nacional de Educación a Distancia, dirigido por el Prof. Gimeno Sendra, interviniendo también los Profs. Perron (Maguncia), Madlener (Friburgo), Chiavario (Torino), Matrsopoulou (Paris I), y Rodríguez (Coimbra) y el Prof. V. Fairen, por España.
— 2002. Roma. Elaboración de la Relación general para el Congreso Internacional de Derecho Procesal celebrado en Roma (Mayo 2.002), organizado por el Instituto Iberoamericano de Derecho Procesal y la Universidad Tort Vergata, sobre el tema 2° del Congreso «Autotutela de los derechos y ejecución de las sentencias y resoluciones judiciales».
— 2002. Catania. Exposición de un «Corso integrativo» de lecciones sobre la «Nuevo Código procesal civil» español, para los alumnos de la Universidad de Catania (Sicilia).

— 2002. La Plata (Argentina). Ponencia para el Congreso Internacional sobre proceso penal, celebrado en La Plata, organizado por el I. Colegio de Abogados y por la Facultad de Derecho, sobre «El principio de oportunidad y la utilidad de su aplicación en el proceso penal moderno»
— 2002. A Coruña. Ponente en el «III Congreso de Derecho Procesal de Galicia», desarrollado en la Facultad de Derecho de la Universidad de A Coruña, sobre «Las reformas orgánica y procesal penal. La Justicia del Siglo XXI», dirigido por el Prof. Pérez-Cruz Martín, versando la intervención sobre «Dos aspectos polémicos del futuro proceso penal español»
— 2002— Barcelona. Organización y dirección de la sesión académica sobre «Los grandes Maestros del Derecho procesal civil español» (especialmente dirigida para los jóvenes Profesores de las Universidades Central, Pompeu Fabra y Autónoma) con intervención de los Profs. Almagro Nosete (Catedrático de Derecho Procesal, actualmente Magistrado de la Sala Primera del Tribunal Supremo), Ramos Méndez (Catedrático de la Universidasd Pompeu Fabra), asumiendo la dirección de la sesión.
— 2002. Montevideo. Conferencia en el Congreso Internacional de Montevideo, 16, 17 y 18 de octubre de 2.002, dirigido por el Prof. Landoni Sosa, –»XVIII Jornadas Iberoamericanas y XI Jornadas Uruguayas de Derecho Procesal— sobre «El proceso civil del futuro» (publicado en la Revista Uruguaya de Derecho Procesal y en la Revista Peruana de Derecho Procesal) y reproducido en otras revistas iberoamericanas.
— 2002. Barcelona. Intervención como Ponente en la primera sesión del Seminario organizado por el «Centre d'Estudis Juridics i Formació Especializada», de la Generalitat de Cataluña, dirigido por el Prof. Ramos Méndez, sobre «El proceso civil en el Siglo XXI «, con participación de catedráticos de las Universidades de Paris (Prof. Perrot), Milán (Prof. Tarzia), Frankfurt (Unv. J. W. Goethe, Prof. Gilles) y Barcelona (Prof. Vazquez Sotelo) Una extensa reseña de aquél Seminario se publicó en «Revista del Centre d'Estudis Iuridics i Formació Especialitzada», 2003, núm. 1, pp. 1-18.
— 2002. Andorra. Conferencia, organizada por la Universitat d'Andorra (18 de diciembre) sobre «La nueva Corte Penal Internacional y el ideal de una justicia penal internacional».

— 2003. San Sebastián. Ponente en el «»II Simposio Universitario de Derecho Procesal» sobre «La nueva Ley Concursal» organizado por la Facultad de Derecho de la Universidad del País Vasco (19 de mayo de 2003), dirigido por el Prof. Lorca Navarrete.
— 2003. Andorra. Conferencia en la Universitat d'Andorra sobre «Modelos y sistemas de proceso penal (pasado y futuro)».
— 2003. Barcelona. Conferencia en el Colegio de Abogados de Barcelona en las Jornadas convocadas sobre «La nueva Ley de Enjuiciamiento Civil después de dos años de aplicación», versando la intervención sobre «Los recursos. En especial la apelación y la Segunda Instancia».
— 2003. Catania. Desarrollo de un Curso en la Universidad de Catania sobre «El nuevo Código procesal civil español» (sus principios e instituciones)» (31 de marzo), dirigido por el Prof. I. A. Andolina.
— 2003. Mexico. Intervención en el «Congreso Mundial de Derecho Procesal», celebrado en la ciudad de México, DF. Elaboración de la ponencia española sobre dos temas del congreso para las relaciones generales sobre procedimientos preliminares y procedimientos sumarios (22-26 de septiembre).
— 2003. Tortosa. Ponencia en las Jornadas sobre la Ley de Enjuiciamiento Civil después de dos años de experiencia (19-20 de junio), dirigidas por el Decano de dicho Colegio profesional.

— 2004. Barcelona. Ponente en la Jornada sobre «Ultimas reformas en materia procesal» organizadas por el I. Colegio de Abogados (Barcelona. 3 de febrero de 2004).
— 2004. Madrid (España). Conferencista en el Curso de Formación para Jueces y Magistrados, organizado por el Consejo General del Poder Judicial sobre «La división de patrimonios. Aspectos sustantivos y procesales» (25, febrero, 2004).
— 2004. Roma. Relator General en el «VIII Seminario Internacional» sobre «Sistema jurídico latinoamericano y proceso» (Unificación del derecho), organizado por la Universidad Tort Vergata del 20-22 de mayo de 2004. La relación versó sobre «El valor actual de la Jurisprudencia y mecanismos de uniformidad», compartida con el Prof.. argentino E. Oteiza.
— 2004. Plasencia (España). Ponente en el Seminario sobre Derecho Procesal Penal celebrado en dicha ciudad en julio de 2004 sobre «La reforma del proceso penal abreviado» (9 de julio de 2004), dirigido por el Prof. Gimeno Sendra.
— 2004. Barcelona. Conferencia en el «Curs de Dret Concursal» (26 de febrero a 8 de julio) sobre «Reapertura del concurso», organizado por el I. Col.legi d'Advocats de Barcelona.
— 2004. Cartagena de Indias (Colombia). Conferencia en el «XXV Congreso Colombiano de Derecho Procesal», celebrado del 9 al 11 de septiembre de 2004, que versó sobre el tema «El proceso acusatorio en Europa. Significado del proceso acusatorio», publicada en el Libro del Congreso

— 2005. Toledo. Conferencia en el «Curso de postgrado» organizado por la Universidad de Castilla-La Mancha, dirigido por el Prof. N. González-Cuéllar Serrano (coordinado por la Prfa. A. Sanz Hermida), sobre «Presunción de inocencia y prueba indiciaria» (24, enero, 2005), publicada en el libro del curso «Investigación y prueba en el proceso penal», Madrid, Colex, 2006, pp. 31-80,.
— 2005. México. Expositor en el «I Congreso Internacional de Derecho Procesal Civil», sobre «Nuevas tendencias procesales», celebrado en México DF. del 17 al 19 de agosto de 2005, organizado para celebrar el 150 aniversario del Tribunal Superior de Justicia y del Consejo de la Judicatura del Distrito Federal, desarrollado bajo la presidencia del Excmo. Sr. Dn. José G. Carrera Domínguez, Magistrado Presidente del Tribunal, dirigido por el Director General del Instituto de Estudios Judiciales Dr. P. Emiliano Hernández Gaona. La conferencia, correspondiente a la 5ª sesión, versó sobre «El proceso civil del futuro», pp. 238-293.
— 2005. Barranquilla. (Colombia). Conferencia en el «I Congreso hispanoamericano de Derecho Concursal», celebrado en octubre de 2005 en Barranquilla (Colombia), auspiciado por la Corporación Universitaria de la Costa (costa atlántica de Colombia), dirigido por el Dr. Sanguino Sánchez. La conferencia versó sobre «Los acuerdos preventivos del concurso». Miembro titular y fundador del Instituto Iberoamericano de Derecho Concursal, constituido en la ciudad de Barranquilla al concluir el Congreso, bajo la presidencia del Dr. Sanguino Sánchez.
— 2005. La Laguna (Islas Canarias). Conferencia en las Jornadas sobre «Los Consejos Consultivos ante las Reformas Estatutarias» (l7-18, noviembre 2005), versando la conferencia sobre «La Administración de Justicia en el Estado de las Autonomías. Aspectos críticos».

— 2006. Toledo. Conferencia en el «Curso de Postgrado» para Magistrados y juristas de Iberoamérica, organizado por la Universidad de Castilla-La Mancha y dirigido por el Prof. N. González-Cuéllar Serrano (coordinado por la Profra. A. Sanz Hermida) sobre «Problemas actuales de la presunción de inocencia».

— 2006. Barcelona. Ponente en el «Curso de Derecho Concursal» organizado por el Ilustre Colegio de Abogados de Barcelona (Mayo de 2006), sobre «Normas procesales de la Ley Concursal».
— 2006. México. Expositor en el «I Congreso Internacional de Derecho Procesal Penal», sobre el tema «Hacia una Justicia más humana y moderna», celebrado en Ciudad de México del 21 al 25 de agosto de 2006, organizado por el Tribunal Superior de Justicia y el Consejo de la Judicatura del Distrito Federal con el Instituto de Estudios Judiciales, desarrollado bajo la presidencia del Excmo. Sr. D. José G. Carrera Domínguez, Presidente del Tribunal, dirigido por el Director General del Instituto de Estudios Judiciales Dr. P. E. Hernández Gaona.
— 2006. A Coruña. Conferenciante en el curso sobre «La reforma de la justicia penal», organizado por la Cátedra de Derecho Procesal de aquélla ciudad, Prof. Pérez-Cruz Martin, (17-19 de julio).
— 2006. Mérida (México). Conferenciante en el «II Congreso Iberoamericano de Derecho Concursal», organizado por el Instituto Iberoamericano de Derecho Concursal y desarrollado en la ciudad de Mérida en Noviembre de 2006, con la presiedencia del congreso del Lcdo. A. Silva Oropeza, con participación de especialistas de toda Iberoamérica y de Europa (inaugurado por el Excmo. Sr. Ministro-Presidente de la Corte Suprema de México Dr. M. Azuela y clausurado por el Sr. Gobernador del Estado de Yucatán). La conferencia versó sobre «La especialización de los Jueces concursales. La experiencia española».

— 2007. Barcelona. Conferencia en el «XVIII Curso de Derecho Sanitario» del I. Colegio de Abogados de Barcelona (1 de febrero de 2007).
— 2007. La Habana. Conferencista en el «I Congreso Internacional de Derecho Procesal», celebrado en La Habana, Cuba, del 3 al 5 de abril de 2007, organizado por la «Unión de Juristas de Cuba» y dirigido por el Prof. J. Mendoza, con participación de profesores de profesores de Alemania, Italia, España e Iberoamérica. La conferencia versó sobre «Las nuevas ramas del árbol procesal».
— 2007. Buenos Aires. Intervención, con destacados profesores argentinos, en la Jornada en Homenaje al eminente Prof. Lino Enrique Palacio, analizando el paralelismo y las diferencias entre las concepciones fundamentales sobre el proceso civil del Prof. Palacio y del Prof. Guasp (16, mayo, 2007).
Buenos Aires y San Isidro. Clase inaugural del «Curso sobre Derecho Procesal Civil», organizado por el Instituto de Derecho Procesal, la Fundación de Estudios Superiores e Investigación (Fundesi) que dirige el Prof. Arazi y por el Colegio de Abogados de San Isidro, (17 de mayo de 2007).
— 2007. Mar del Plata (Argentina). «IV Encuentro Amigos del Derecho Procesal» y «Homenaje al Prof. Morello», dirigido por el Prof. M. Masciota. Intervención en los debates y conferencia sobre «Problemas del objeto del proceso civil español (análisis crítico de los arts. 400 y 222 de la LEC)».
— 2007. Salvador de Bahía. Participación en el «XIII Congreso of procedural law» organizado por la Asociación Internacional de Derecho Procesal y celebrado del 16-20 de septiembre de 2007. Elaboración de dos ponencias nacionales sobre dos temas para las relaciones generales y presidencia de una se las sesiones, con intervención sobre «Métodos de armonización de los criterios jurisprudenciales sobre pruebas ilícitas» desde la experiencia española.
— 2007. Córdoba (Argentina). Elección como Miembro del Instituto de la Empresa, de la Academia Nacional de Derecho y Ciencias Sociales de Córdoba (octubre de 2007).

— 2007. Barcelona. Dirección del «III Congreso Internacional de Derecho Concursal», desarrollado en Barcelona del 27 al 29 de noviembre de 2007, con 35 conferenciantes y ponentes de toda Iberoamérica y de España, Italia e Inglaterra.
Elección como miembro titular del Consejo del IIDC. Concesión del «símbolo de oro» del Instituto (IIDC) tras la celebración del III Congreso del Instituto Iberoamericano de Derecho Concursal.

— 2008. Barcelona. Conferenciante en el «XIX Curso de Derecho Sanitario» organizado por el I. Colegio de Abogados, sobre «La prueba en los procesos civiles de responsabilidad profesional del médico» (30, enero, 2008).
— 2008. Gandía (Valencia). Coloquio de la Asociación Internacional de Derecho Procesal. Ponencia nacional sobre «Oralidad y escritura en un proceso civil eficiente», publicada en el Libro del Coloquio editado por la Universitat de València, V. II, pp. 257-276..
— 2008. Punta del Este (Montevideo). Conferencista en el «IV Congreso Iberoamericano de Derecho Concursal», organizado por el Instituto Iberoamericano de Derecho Concursal, sobre «El concurso de las personas físicas» (Punta del Este, noviembre de 2008)
— 2008. Barcelona. Conferenciante en el «XX Curso de Derecho Sanitario» organizado por el I. Col.legi d'Advocats de Barcelona (15 de diciembre de 2008).
— 2009. La Habana. Conferencia en el «II Congreso Internacional de Derecho Procesal», celebrado en La Habana los días 7, 8 y 9 de abril de 2009. La conferencia encargada versó sobre «Las Iniciativas probatorias del juez en el proceso civil».
Elección como «Miembro del Honor de la Sociedad Cubana de Derecho Procesal de la Unión Nacional de Juristas de Cuba» (9 de abril de 2009)
— 2009. Ensenada (Baja California). Conferencia en el «Curso de Formación de Profesores y Magistrados», 20-23 de julio, dirigido por el Prof. Eduardo Ferrer Mac-Gregor con la colaboración como directora operativa de la Lcda. Norma A. Arreola. Fue tema de la conferencia «Oralidad y escritura en el moderno proceso civil. Influencia sobre la prueba. La experiencia española tras la nueva Ley de Enjuiciamiento Civil» (en curso de publicación con los demás trabajos del Curso).
— 2009. Siena (Montepulciano). «V Congreso Internacional de Derecho Concursal» sobre «Il nuovo diritto fallimentare» (dirigo por la Prfa. Stefanía Pacchi, 23-26 de septiembre). Presidencia de la Sesión segunda y Conferencia de introducción sobre «La insolvencia desde el punto de vista del comerciante, del empresario y del Juez».
— 2009. Mendoza (Argentina). Conferencia sobre «El concurso como proceso» en el «VI Congreso Argentino de Derecho Concursal» y «V Congreso Iberoamericano sobre la insolvencia» (5-7 de octubre de 2009), dirigido por la Dra. Kemelmajer de Carlucci, con participación de especialistas de varios países.

4. Contribución a homenajes a procesalistas

— 2004. *Studi in memoria di Angelo Bonsignori*, Milano, Giuffrè, 2004, v. I, «El procedimiento de lanzamiento de los ocupantes del inmueble en el proceso de ejecución de la nueva Ley de Enjuiciamiento Civil», pp. 757-791.

— 2005. *Studi di diritto processuale civile in onore di Giuseppe Tarzia*, Milano, Giuffrè, 2005, T. I, «El nuevo código procesal civil español y sus principios inspiradores», pp. 755-787.
— 2005. *Estudios iberoamericanos de derecho procesal. Libro Homenaje al Dr. Jose Gabriel Sarmiento Núñez* (estudios compilados por Carlos J. Sarmiento Sosa), Caracas,

Legis, 2005, «La nueva Ley Concursal española. Evocación del Dr. Salgado de Somoza y de su «Labyrinthus»», pp. 685-760.

— 2006. *Estudios en honor del Dr. Augusto Mario Morello* (coordinados por los Profs. Berizonce, Hitters y Oteiza), 2 tomos, Primera parte (t. I), Buenos Aires, Rubinzal-Culzoni, 2006; Segunda parte (t. II), 2008, «Réquiem por la mejor casación civil del mundo (y otras creaciones procesales hispanas)», pp. 205-268.

— 2007. *El Tribunal Supremo, su doctrina legal y el recurso de casación. Estudios en homenaje al Profesor Jose Almagro Nosete* (coordinados por el Prof. Gimeno Sendra), Madrid, Iustel, 2007, «Los procesos colectivos (Confrontación entre la insuficiente regulación de la Ley de Enjuiciamiento Civil y la del «Código Modelo para Iberoamérica)», pp. 902-938.

— 2007. *Estudios jurídicos en Homenaje a Cipriano Gomez Lara*, Facultad de Derecho de UNAM, México, Porrúa, 2007, «La presunción de inocencia como «derecho viviente» en la jurisprudencia española», pp. 663-703.

— 2008. *Processo civil. Novas tendências. Estudos en Homenagem ao Professor Humberto Theodoro Júnior,* Belo Horizonte, 2008, «Objeto actual» y «objeto virtual» en el proceso civil español», pp. 349-389.

— 2009. *La ciencia del Derecho Procesal Constitucional. Estudios en Homenaje a Héctor Fix Zamudio en sus 50 años como investigador del derecho.* Héctor *Fix Zamudio* (México UNAM). 12 Volúmenes, Coordinadores Profs. Eduardo Ferrer Mac-Gregor y Arturo Zaldívar Lelo de Larrea. Presentación de Héctor Fix Fierro, Director del Instituto de Investigaciones Jurídicas, México, 2008, Instituto de Investigaciones Jurídicas de la UNAM y Marcial Pons. Contribución en el V. 1° (Teoría general del derecho), pp. 190-192 y en el V. VII (procesos constitucionales de la libertad), «Involución en el amparo constitucional español. La muy reciente reforma del Tribunal Constitucional español, introducida por la Ley 6/2007, de 24 de mayo de 2007), pp. 611-651.

— 2009. *Homenaje al Prof. Italo Augusto Andolina,* reunión de sus principales estudios y contribución de sus discípulos y amigos, 2 vv. Torino, Giappichelli, 2009): «La obra procesal del Prof. Andolina».

— 2009. *Estudios en Homenaje al Prof. Pedro Aragoneses Alonso,* coordinados por el Prof. Carlos J. Sarmiento Sosa *(en prensa)*

— 2009. Gomez Orbaneja. *Derecho y proceso.* Colección de múltiples estudios dispersos de nuestro gran procesalista, sobre teoría general del derecho y del proceso, proceso civil y proceso penal, reunidos bajo el indicado título por iniciativa y cuidado de la Profa. Maria Gomez Mendoza, Profesora de Derecho Mercantil (editados por Thomson-Reuters, 2009). He colaborado con la Profa. Gomez Mendoza en localizar y ordenar los estudios y en encontrar la monografía sobre «Las teorías sobre la cosa juzgada. Su valor sistemático» (un ejemplar pudo ser encontrado por la Prfa. Amparo Renedo, de la Universidad de Cantabria) y he añadido el texto escrito de la conferencia que sobre «Derecho y proceso» pronunció en Zaragoza en 1974. La presentación de la obra se realizará en Madrid, en la Academia de Jurisprudencia, el 21 de octubre de 2009.

5. RECUERDO DE PROCESALISTAS

— *Leonardo* PRIETO-CASTRO, necrológica, «Rivista di Diritto Processuale», 1995, n. 4, p. 1037-1038.
Bio-bibliografía de PRIETO-CASTRO y FERRÁNDIZ en la presentación previa a su conferencia en la fiesta colegial de «San Ivo» de 1990, del I. Colegio de Procuradores de Barcelona (publicación especial, texto bilingüe, en pp. 7-15 y 37-48, más 30 notas de pié de página.
Y, después de su fallecimiento, con más extensión, en «Justicia» 1995, núms. III'IV, pp. 3-26.

— *Emilio* GOMEZ ORBANEJA, necrológica, «Rivista di Diritto Processuale», 1997, n. 3, pp. 793-797.

— GIUSEPPE TARZIA: *«In memoriam»,* necrológica, «Justicia», 2005, pp. 7-13, y en edic. especial junto con la del Prof. GOMEZ LARA (2007).

— *Cipriano* GOMEZ LARA, necrológica, publicada en el Libro de recuerdo y homenaje dedicado por sus discípulos, familiares y amigos, impreso en México, 2006.

6. PRÓLOGOS:

1) Prólogo a la monografía del Prof. Titular de la Facultad de Derecho de Barcelona, David VALLESPÍN, e*l modelo con stitucional de proceso justo en el proceso civil «(2.000), bac. Atelier*

2) Prólogo a la monografía del Prof. D. VALLESPÍN, *La revisión de la sentencia firme en el proceso civil,* Barcelona, Atelier, 2002.

3) Prólogo a la monografía del Dr. J. SUAU MOREY, *La tutela constitucional del derecho al recurso* (estudio de jurisprudencia constitucional).

4) Prólogo a la monografía del Prof. Asociado, Dr. Fernando REDONDO *La entrega de la posesión en los procesos de ejecución de inmuebles,* Madrid, Marcial Pons, 2002,

5) Prólogo a la obra del Prf. D. VALLESPÍN, *La conexión en el proceso penal,* Barcelona, Cims Editorial, 2007

6) Prólogo a la monografía del Prof. VALLESPÍN, «*La prejudicialidad penal en el proceso civil y concursal,* Barcelona, Cims Editorial, 2007.

7) Prólogo a la obra *La muerte violenta. Inspección ocular y cuerpo del delito,* del Magistrado Olegario Somoza Castro, Madrid, «La Ley», 2004.

Ha formado parte de numerosos Tribunales que juzgaron tesis doctorales en muchas universidades (Barcelona, Valladolid, Salamanca, Oviedo, Cádiz, Sevilla, Santiago de Compostela, Santander).

Barcelona, septiembre, 2009

Intervención del Profesor José Luis Vázquez Sotelo en la Jornada Homenaje que se le rindió en la Facultad de Derecho de la Universidad de Barcelona el 4 de mayo de 2007

I

Unes primeras paraulas en català, llengua de Catalunya en la que en 1972 y 1973, abans de tenir Generalitat i Estatut ja examinaba als estudiant de Dret que baixaban del pobles del Pirineu de Lleida (de Tremp, de Sort, de Viella) y demanaban si podrian examinarse en catalá.

Són paraules d'agraïment a tots vosaltres per la vostra presència, perquè ens heu dedicat un temps valuós traient-lo d'altres tasques sens dubte més importants. El meu agraïment va d'una manera molt especial als estimats col·legues d'altres Universitats que han vingut per ser aquí amb nosaltres. Gràcies Professor Almagro, a més Magistrat del Tribunal Suprem; gràcies Prof. Gomez de Liaño; gràcies Profra. Calvo Sánchez; gràcies Prof. Pérez-Cruz Martín. Gràcies al Diputat de Las Cortes Generales i Académic, Julio Padilla Carballada.

Com també agraïment a vosaltres, els Professors d'aquesta Facultat, que nosaltres hem format durant anys i que ara ens continuaran, que heu pres la iniciativa d'aquesta sessió acadèmica. I d'una manera singular, agraïment al Prof. Ramos Méndez, que ha pres al seu càrrec dirigir la comissió organitzadora. Jo desitjo per al Prof. Ramos una llarga vida académica i que quan arribi el seu día jubilar nosaltres poguem tornar a reunir-nos tots per celebrar-lo.

I agraïment a la Facultat de Dret i a la Universitat de Barcelona, a la qual he dedicat 37 anys de treball acadèmic, havent ensenyat Dret a uns 12.000 alumnes, per la qual feina sento legítim orgull.

II

Ilustres Colegas. Queridos Profesores. Y, sobre todo, queridos amigos:

Hoy, gracias a vosotros yo entiendo por qué «jubilación» se relaciona con «júbilo». A veces no se comprende ese significado y se acepta la jubilación resignadamente, como un mal que ha llegado, como se acepta una enfermedad. Pero yo veo varias razones para tomar este trance con optimismo.

Ante todo, por el simple hecho de ***haber llegado*** *a este momento culminante o supremo de la vida académica. No todos los que ingresan a la carrera universitaria alcanzan el momento jubilar. Pienso en los colegas que se quedaron por el camino, en estaciones anteriores a la estación-término. En esta Universidad y en las otras dos en las que he desempeñado la cátedra ha habido colegas que no alcanzaron el final, cuyos nombres no voy a repetir para evitar emocionarme.*

Alcanzar la jubilación supone llegar al final. Significa «poner un pié en la cima» que nos habíamos propuesto alcanzar.

A ese primer argumento hay que añadir otro y es haber llegado ***en buenas condiciones físicas****. No solo hemos llegado sino que nos encontramos en buen estado, que nos permiten haber pasado este día singular con vosotros. Y este es un indudable motivo de alegría.*

Os lo explicaré con una reciente anécdota. Hace muy pocas semanas he asistido en La Habana al Primer Congreso Internacional de Derecho Procesal que la Organización de Juristas de Cuba ha podido celebrar en aquélla Universidad, con las limitaciones y dificultades que cabe imaginar. Las sesiones se celebraron bajo un gran retrato del trovador y compositor cubano Compay Segundo y en la sesión inaugural disfrutamos de un concierto de piano con canciones del gran compositor Ernesto Lecuona. Quien pronunció el discurso de bienvenida en nombre de la Universidad es un catalán arraigado en Cuba. Al conocer que estaba allí un Profesor de la Universitat de Barcelona nos saludamos y conversamos en el jardín. Hablamos de Montserrat, de la Moreneta, de los Almogávares y de las crónicas de Montaner. Estábamos de pié, y había una silla vacía entre los dos. El la miraba pero al haber solo una silla no se decidía a ocuparla por cortesía. Volvía a mirar la silla y acabó diciéndome: «compañero, si no te importa me siento: próximamente voy a cumplir 70 años». Yo le dije: «company agafa la cadira; si properament compliràs 70 anys, això és una categoria y t'as guanyat la cadira».

En otra ocasión anterior, hace unos años en Caracas, compartiendo el desayuno con el Prof. Walter Peyrano, se tomó la confianza de preguntarme cuantos años tenía (me conoce desde hace más de veinte años). Eché mano a la cartera y le entregué el DNI. diciéndole: «la edad por la que me preguntas es una cuestión de cronología, de almanaque, no es una cuestión biológica; yo no llevo cuenta». Leyó los datos del carnet y me dijo: «imposible, este documento está equivocado; no puede ser». Yo le dije: es que no es igual llevar los años a cuestas que ir montado en ellos; hemos de imitar a

Aladino que en vez de cargar con la alfombra iba montado en ella y cruzaba con su alfombra de oriente a occidente.

Y es que la edad, como manifestación del tiempo pasado, al igual que la velocidad, es un concepto relativo. Según un ejemplo que Einstein utilizó para explicar su teoría a los que no sabemos física, si vemos dos automóviles circulando por dos vías paralelas, uno a 80 y otro a 100 km. las dos velocidades sumadas serían 180 y sin embargo lo que vemos no es una velocidad de 180 km. sino una velocidad de 20 que es la diferencia entre la velocidad de los dos. Igual que la velocidad puede ser un efecto óptico la edad es una consecuencia del calendario oficial. Si no se hubiesen inventado los calendarios no tendríamos el concepto administrativo de la edad. Y es sabido que los calendarios han sido y son varios y no coinciden en la medición del tiempo. Sin calendario no contaríamos la edad por años, meses y días y todos tendríamos cuatro edades que (como dijo en esta Facultad el Prof. Morello en una de sus visitas) serían la primera la edad infantil, del niño o niña; la segunda, la edad juvenil; la tercera, la edad del adulto y la cuarta, la edad del «qué bien está» o del «qué bien se le ve».

El gran físico Hawking, uno de los grandes físicos del Siglo, que se expresa a través de una máquina que sintetiza una voz que no es la suya pero suyo es el pensamiento, en su «Historia del tiempo» utiliza un ejemplo muy gráfico: un vaso de cristal se cae y se rompe en cien pedazos; si pudiésemos rebobinar «la flecha del tiempo» igual que hacemos con un vídeo, esos fragmentos se volverían a unir en cuestión de segundos y tendríamos de nuevo el vaso. Lo malo es que la flecha del tiempo hasta ahora siempre va lanzada hacia delante y no tiene marcha atrás. Como se dice en México la flecha del tiempo no tiene «reversa», a diferencia del proceso que puede tener marcha hacia atrás cuando se acuerda la nulidad de actuaciones y la reposición de los autos a una etapa mal recorrida. Con el tiempo no se puede hacer otro tanto y el tiempo que hemos pasado forma parte de nuestra existencia, que se compone de la «fecunda juventud» y de la «molesta senectud» a que alude nuestro himno académico.

Otro factor de júbilo sumamente importante es haber alcanzado este momento no solo en buena forma física sino ***con la mente lúcida****, con plena aptitud para le exposición, para la argumentación y para la investigación. Podemos repetir lo que dijo Carnelutti cuando se le rindió un homenaje en sus 80 años, con ocasión de publicar sus dos últimos libros. Se sentía feliz porque «posso pensare ancora». Nosotros también podemos pensar y yo no he notado mucho el paso del «equinoccio» de la vida a esta especie de «solsticio de invierno» en que nos encontramos.*

Una vez en una entrevista un periodista preguntó al Presidente De Gaulle cuando consideraría que no estaba en condiciones para seguir siendo presidente de Francia. Y él contestó: el día en que no sea capaz de hablar durante una hora seguida sin consultar una sola nota sobre cualquier asunto del interés de Francia.

Los Profesores que recibimos este sincero homenaje también podemos decir que estamos en plena forma para dictar una lección sobre cualquier tema y cualquier rama de este frondoso árbol en que se ha convertido el Derecho Procesal moderno. Y si hay que contestar una demanda estoy seguro que también sabemos articular las excepciones que correspondan. Hablo en plural porque en cuanto al Dr. Serra, si es difícil seguirlo a pié escalando cerros, como Abogado compadezco al joven que lo tenga enfrente, no solo por lo que sabe sino porque puede someterlo a un ritmo de trabajo agotador, imposible de soportar.

Aunque la Universidad oficialmente no nos necesite, podemos estar satisfechos de lo hecho y de lo que aún podemos hacer con plena capacidad mental y con la plenitud del conocimiento enriquecido por la experiencia de muchos años.

Pero yo encuentro todavía ***otra razón para la alegría,*** *que inicialmente puede sorprender.*

Dijo en una ocasión jubilar un gran Maestro de la Universidad, uno de los más grandes geógrafos e historiadores, el Prof. Otero Pedrayo, eminente Catedrático de la Universidad de Santiago de Compostela, que «el Estado utiliza a los funcionarios como si fuesen verbos latinos: primero los conjuga por activa y después los conjuga por pasiva». Y mientras que la conjugación activa es una sinfonía muy afinada de obligaciones, horarios y exigencias múltiples, una sinfonía de violín bien afinado, la conjugación por pasiva es un concierto desafinado, una sinfonía de violón, porque se cree que el jubilado «ya no cuenta», «ya no vale» o vale y cuenta poco. Se dice: cuando te jubilas tienes más tiempo a tu disposición y puedes hacer todo aquello que no has podido hacer durante el servicio activo. Pero se añade: lo malo es que las retribuciones también se reducen y sin dinero poco se puede disfrutar de la vida.

Pues en mi caso (y creo que también en el del Dr. Serra) se da la paradoja de que como jubilado gano más que cuando estaba en activo. Esto parece un milagro del llamado «Estado de Bienestar». ¿ Como es posible ?.

He cumplido siempre escrupulosamente todos mis deberes universitarios. He impartido tantas clases como cualquier profesor con dedicación a tiempo completo. Sin embargo, debido a ejercer la profesión y debido a que nunca hemos hecho trampa a la Universidad, solo por esa circunstancia, somos dos Profesores represaliados económicamente por la legislación universitaria que ha reducido al mínimo la retribución de nuestro trabajo. En activo cobraba un sueldo equivalente al de un bedel o de un auxiliar administrativo. Nosotros ¡ le hemos salido muy baratos a la Universidad ¡. Y a mí, durante siete años en que desempeñé la cátedra en otras Universidades, no solo no ganaba nada sino que me costaba dinero viajar cada semana para atender escrupulosamente todas mis obligaciones. No pretendo entrar en la debatida cuestión de si para ser un buen profesor de una asignatura con parte clínica es necesario poner en práctica los conocimientos teóricos o si se puede ser un gran investigador sin necesidad de tener clínica procesal. Creo oque las dos cosas son posibles como demuestran ilustres ejemplos de ambos casos.

A todas esas razones de júbilo se une un feliz recuerdo. En el curso 1974/1975 los alumnos eran muchos, en turnos de mañana y de tarde-noche. Y había muy pocos Pro-

fesores para enseñar esta asignatura. Yo tuve que impartir la enseñanza para los alumnos de la tarde-noche precisamente en esta Aula Magna, en la que a pesar de ser el aula más grande, muchos tenían que seguir la clase de pié. Por la mañana tenía también un numeroso curso de alumnos. Había una alumna en esta aula que tomaba apuntes y dirigía al estrado su mirada con unos hermosos ojos del Mediterráneo. Era imposible que el profesor al dirigir la vista a los alumnos no fuese a encontrarse con aquélla mirada. La ficha decía que ya tenía una carrera de ingeniería en jardinería y floricultura. Estuve dudando entre aprobarla o suspenderla, pero un Ayudante que tenía entonces, al ver la fotografía de la ficha, me advirtió: la conozco yo; es una muchacha excelente y está siempre muy atenta y viene cada día a clase. Quedó aprobada. Luego la conocí personalmente, fuera de la Universidad, en El Liceo mientras seguíamos la representación de la opera «Carmen» y el «toreador». Comprenderéis que nosotros no podemos ser «antitaurinos» ni compartir la actual campaña oficial de enemistad contra los toros y los toreadores. Felizmente hoy también está aquí. Y con ella están nuestros tres hijos –dos de ellos Licenciados en Derecho en esta Facultad . Es lo mejor que tengo y en buena medida lo debo a la Universidad.

III

Yo podría concluir aquí mis palabras de gratitud en este día. Pero os pido que me concedáis un poco más de vuestra atención para hacer una referencia a la Universidad a la que me incorporé en 1970 y a éste en el que dejo el servicio activo.

Siete catedráticos de varias disciplinas jurídicas hemos sido jubilados el mismo curso en esta Universidad. Los siete podríamos seguir prestando buenos servicios. Y, hablando solo «iocandi gratia», podríamos organizar una especie de Facultad paralela que podría competir eficazmente con nuestra Universidad.

Un Profesor no se improvisa; se tarda mucho en hacer. Por eso los profesores deben ser aprovechados mientras puedan ser útiles a la Universidad. Sin salir de nuestra disciplina tenemos en otros países ejemplos que hablan por sí solos. El Prof. Roger Perrot, con 80 años, sigue en la Sorbona. El que fue nuestro amigo Giusseppe Tarzia con 75 años dirigió hasta su fallecimiento el Instituto de Derecho Procesal de la Universidad de Milán. El Prof. Picardi, con más de 70 años, sigue en La Sapienza, de Roma. El Prof. Fix-Zamudio, con mas de 80 años dirige el Instituto de Investigaciones Jurídicas de la UNAM de México. Un catedrático de Derecho Penal de esta Universidad de Barcelona, durante la República, del que fui amigo, el Dr. Emilio González López, discípulo de Jiménez de Asúa, dirigió hasta muy avanzada edad una Cátedra de Historia y Literatura española en la Universidad de Nueva York. Podrían citarse infinidad de ejemplos. Una cosa es que llegada cierta edad las plazas deben quedar disponibles para la promoción de los profesores jóvenes y otra muy distinta es prescindir de los que han alcanzado la madurez y pueden seguir prestando servicios valiosos. A nuestra Universidad, por lo que se ve, le sobran talentos y profesores experimentados y prescinde de los que han alcanzado la madurez doctrinal incluso con una experiencia clínica tan conveniente para entender esta asignatura.

Yo conocí otra Universidad. No puede decirse que la de entonces fuese una de las grandes universidades en el concierto europeo. No se puede decir que lo fuera una Universidad en la que no hubo una Cátedra de Filosofía para Julián Marías, y donde Unamuno opositó 5 veces para ser catedrático y no pudo serlo ni de literatura ni de filosofía y hubo de aceptar la cátedra de griego que, probablemente, no era de lo que más sabía. Tampoco aquí en Barcelona hubo una Cátedra de Derecho Civil para el gran civilista Puig Brutau. El Nóbel Camilo José Cela lo repetía a menudo que en la Universidad en la que él estudió tuvo como Profesor de Historia a Don Ramón Menéndez Pidal y pudo tener a D. Claudio Sánchez Albornoz o a D. Américo Castro.
Y es que en aquélla Universidad había extraordinarios Profesores, que además de enseñar hacían surgir la vocación, porque cautivaban a los estudiantes. A Guasp le preguntaron en una entrevista como había surgido en él la vocación universitaria y respondió: oyendo a mis Profesores dije «quiero ser como ellos». Yo tengo los mejores recuerdos de los grandes Maestros que conocí en la Universidad en la que estudié: de Castro Bravo, probablemente el mejor civilista español del siglo XX; Garrigues, el gran renovador del Derecho Mercantil, autor de un Manual del que ha escrito el gran novelista Miguel Delibes que «aprendió en él no solo Derecho Mercantil sino también a escribir en castellano»; Ursicino Alvarez Suárez, el gran romanista; D. Nicolás Pérez Serrano, uno de los redactores de la Constitución de 1931, el profesor más elocuente que he oído en mi vida; el procesalista Jaime Guasp, el más brillante expositor que cabe imaginar, un retórico del Derecho, capaz de convertir lo que podría ser una exposición tediosa y prosaica de trámites y de plazos en una pieza literaria; otro procesalista extraordinario, el Prof. Prieto-Castro, de una vastísima cultura instrumental y jurídica general, no solo procesal (había sido profesor de Derecho Mercantil, de Filosofía del Derecho y de Historia del Derecho, antes de ser procesalista). En otras Universidades enseñaba Derecho Procesal el Prof. Emilio Gomez Orbaneja, y Derecho Penal el Prof. Antón Oneca, en mi opinión dos de los más grandes juristas del siglo XX. Omito recordar a tantos ilustres profesores de esta Universidad en aquélla época porque fueron maestros de muchos de vosotros y los habéis conocido directamente.

Hoy, frecuentemente, cuando se enjuicia a los profesores, se echa de menos la Universidad de antes, por la degradación que en cuanto a la calidad ha sufrido en las últimas décadas. A mí uno de los mayores elogios académicos lo debo a una profesora, que no es procesalista, a la que conocí en un Congreso de Derecho Concursal celebrado en Colombia. Hubo que pronunciar unas palabras de salutación y de agradecimiento a las Autoridades. También otras palabras en la fiesta de despedida. Al despedirnos me preguntó «si era Catedrático de los de antes» (es decir, cuando las pruebas de habilitación eran las Oposiciones de seis ejercicios eliminatorios). Le dije que sí y que además de ser de los de antes era «recalcitrante» ya que las circunstancias me obligaron a repetir los ejercicios y hasta para venir a Barcelona hube de ganar antes dos Cátedras, todas por concurso oposición, y que tal esfuerzo me había supuesto haber realizado 23 ejercicios, siendo un caso poco frecuente en la carrera universitaria. Me hizo ilusión saber que aquél esfuerzo realizado «se notaba»

En aquélla Universidad la cualidad de Profesor Universitario otorgaba un gran prestigio, que socialmente era reconocido. Yo recuerdo, por ejemplo, el prestigio social que tenían en la ciudad y en la sociedad de Barcelona los catedráticos de esta Facultad. Y la voz de los catedráticos de entonces se tomaba en consideración. Puedo recordar una anécdota que puede ser muy ilustrativa de la década de 1960, en la que un alto funcionario del Ministerio de Justicia anunció que una Comisión ministerial tenía en preparación los tres grandes proyectos de leyes de los que constantemente se hablaba: nueva Ley Orgánica del Poder Judicial, nuevo Código procesal civil y nuevo Código procesal penal. Y utilizando la metáfora de un barco anunció que uno ya había salido del astillero y estaba próximo a navegar; el otro saldría a fin de año, y el tercero se estaba construyendo. El método de elaboración de aquéllos anteproyectos había sido el que yo he llamado de «escribidores ministeriales» reunidos en «mesa camilla», con debates solo entre ellos. Los Catedráticos de Derecho Procesal de entonces (que eran doce o trece) se reunieron en su mayoría y solicitaron una entrevista con el Ministro de Justicia, al que expusieron que una ley procesal no era un objeto de uso personal como el cepillo de dientes, y que no podía hacerse siguiendo el índice de un Manual sino que debería responder a la opinión común o más autorizada y a la jurisprudencia. Aquél Ministro de Justicia retiró los tres proyectos de códigos, que ni siquiera volvieron al astillero de las leyes procesales sino que se quedaron como estaban, como documentos para la historia.

Hoy los profesores tenemos libertad de cátedra; pero carecemos de toda influencia social o política y siempre hay juristas predispuestos a someterse dócilmente al poder. Nos puede servir de consuelo que tampoco a las Academias, donde hay tan eminentes jurisconsultos, quienes tienen el poder tampoco les hacen el menor caso, como hemos podido advertir en leyes importantes promulgadas estos años. Solo así puede explicarse, por ejemplo, la Ley de violencia de género en la que, por puro capricho o por demagogia se llama «violencia de género» lo que debería tratarse como violencia intradoméstica y se infringen principios procesales de vigencia universal y milenaria: el principio de que para investigar y enjuiciar un delito debe ser competente el Juez del lugar donde se ha cometido (que ahora se sustituye por el Juez del domicilio de la mujer, como si se tratase de reclamar un crédito) y el principio de la identidad o conexión de hechos punibles, cuando las agresiones son recíprocas.

En la democracia española hubo un momento de inflexión en el que la Universidad se puso al servicio de la política que interesaba al partido en el gobierno. Fué aquélla época en que se dio la consigna de que «Montesquieu ha muerto». Como decía mi Decano en la Universidad de Zaragoza, el Prof. Ramírez, «la Universidad se sumió en el caos maravaliano», en referencia a aquél ministro del cual hoy ya nadie se acuerda. El cambio brusco de un sistema que se había acreditado durante todo el siglo, no se hizo con criterios de rendimiento universitario sino con criterios de rendimiento político. Con la LRU de 1983 la selección del profesorado, en vez de los seis ejercicios tradicionales, pasó a realizarse con solo dos pruebas que se llevaban preparadas desde casa y de las cuales la segunda no exigía que el trabajo de investigación estuviese concluido. No puede decirse que con cambio tan brusco se quisiese racionalizar el viejo sistema (cosa necesaria). Además el candidato que contaba con valedor elegía al Presidente y al Secretario de la Comisión y por si fuese poco ponía como suplentes a otros dos a los que podía considerar adversarios. Como se dijo gráficamente: cada Facultad (cada can-

didato) otorgaba «dos votos y dos vetos». Y esto se hizo así, conscientemente, para facilitar la «colocación» de muchos candidatos a los que prácticamente se regaló su plaza como profesor universitario. Además, se impuso la jubilación anticipada de ocho generaciones de profesores, lo cual, unido a la creación de nuevas Universidades), hizo que durante unos años «cayese el maná» y hubiese tantas o más plazas que concursantes. Inmediatamente la cualidad de Profesor Universitario perdió el prestigio social que antes tenía, mientras se creaban en casi todas las capitales de provincia «Facultades de medio pelo», como le gustaba decir a Prieto-Castro. Algunas hay que ya no tienen alumnos que justifiquen su existencia.

En solo un año salieron anticipadamente de la Universidad profesores, académicos y literatos como el Director de la Academia de la Lengua, Lázaro Carreter, especialistas como Grande Covian o el prof. Pinillos, etc. También con la Magistratura se utilizó el mismo método: se cortaron cinco generaciones de Magistrados. Yo recuerdo que en Barcelona había un Café llamado Balmoral, en Avgda. Diagonal con Vía Augusta, y cada jueves se reunían allí los mejores Magistrados de la Audiencia Territorial, que reunidos en el café constituían lo que podría ser una excelente Sala de Justicia. Solo algunos países se permiten un derroche semejante de prescindir de personas de reconocida valía como si fuese tan fácil sustituirlos.

Hoy estamos asistiendo de nuevo a los cambios legislativos con los que se dice que se quiere regenerar la Universidad. Yo no me tomo en serio estos proyectos. No creo que vayan a regenerar nada. El mejor botón de muestra es la degradación del sistema para la selección del profesorado. Aquéllos 6 ejercicios del concurso-oposición con la LRU en lugar de reducirlos a cuatro o a tres fundamentales fueron sustituidos por las dos pruebas que se llevaban preparados de la casa. Se tuvo buen cuidado en suprimir el cuarto ejercicio del viejo sistema, que exigía dominar toda la asignatura, en el que naufragaban muchos concursantes inicialmente brillantes. Pero hasta ahora, al menos, había el debate y hemos sido los Profesores los que hemos dado seriedad y rigor a las pruebas, ante la indiferencia del legislador que sustituyó los ejercicios de los concursantes por una montaña de «informes» con los que se quiere dar apariencia de rigor y seriedad al expediente del concurso. Pero hace muy poco, mientras se dice irresponsablemente que vamos a tener una Universidad excelente situada entre las diez primeras del mundo, lo que se acaba de legislar es nada más y nada menos que «acreditar» a los Profesores «por correspondencia», al estilo de los Centros de enseñanza por correspondencia que había hace años. La Comisión de profesores «acreditará» a los candidatos con solo tomar a peso sus trabajos, sin poder enjuiciar su calidad dado que no todos son especialistas y, lo que es peor, sin necesidad de conocerlos ni de oír sus exposiciones y sin poder pedirle explicaciones ni preguntarle sobre cualquier tema fundamental de la asignatura ni siquiera sobre los que han sido objeto de su investigación.

El ejemplo de acertadas reformas universitarias lo tenemos en la Universidad de Harvard y su «Escuela de leyes». Hasta el siglo XIX no tenía particular prestigio. Pero en 1.871 hubo un gran rector al que se concedieron poderes para reformar los estudios y alcanzar el prestigio que se deseaba. Fue Chistopher Columbus Langdell. El creó la nueva «Escuela de Leyes de Harvard», una de las de mayor prestigio del mundo. Las reformas de aquél Rector fueron todo lo contrario de la ramplonería administrativa implantada en 1983 y agravada en las reformas sucesivas. Muchos cambios de gobierno ha habido desde entonces en los EE.UU. pero ningún gobernante se ha atrevido a meter sus manos en esa Universidad y en su Escuela de Leyes, que conserva su prestigio académico no contaminado por criterios ideológicos ni políticos. Tener un Diploma de aquélla Escuela acredita en todo el mundo. Aquí, como estamos viendo, cada nuevo gobierno hace su ley universitaria y nuestros políticos ni siquiera saben ponerse de acuerdo sobre como alcanzar la calidad en la enseñanza y el aprendizaje.

IV

Pero por profunda y duradera que sea la crisis de la Universidad, por mucho daño que se haya hecho al prestigio de nuestra «Alma mater», tenemos lo más importante: el universitario. Tenemos magníficos ejemplos de universitarios trabajadores, valiosos y vocacionales. Entre ellos los Profesores presentes en este acto académico. Ellos son los que harán renacer la Universidad de su crisis actual. Recordemos como renació el Derecho Romano, después de permanecer varios siglos escondido en los sótanos de los Monasterios, donde fue arrinconado por la barbarie que dominó Europa durante mucho tiempo, hasta que un buen día un Monje curioso –ese que llamamos Irnerio, la «lucerna iuris»– bajó al sótano donde estaba la biblioteca y aprovechando que sabía latín comenzó a leer la Instituta de Gaio y quedó maravillado por aquélla pedagogía jurídica; siguió leyendo a Ulpiano y después el Digesto y finalmente todo el Corpus. Frente a los criterios jurídicos de los bárbaros aquello era como una sinfonía jurídica muy afinada. Y el Derecho Romano salió de nuevo a la luz y reconquistó toda Europa. Las Universidades vienen de entonces, de aquél Colegio fundado por la Condesa Matilde que podemos considerar la primera Facultad de Derecho del mundo. Los buenos Universitarios, como los que hoy se han reunido aquí con el pretexto de nuestra jubilación, también reconquistarán la calidad de la Universidad para que sea lo que debe ser: centros de transmisión de los saberes y no plataformas al servicio de grupos o de intereses.

Gracias amigos y buena suerte a vosotros y a la Universidad

La obra procesal del Profesor José Luis Vázquez Sotelo

FRANCISCO RAMOS MÉNDEZ

CATEDRÁTICO DE DERECHO PROCESAL
UNIVERSITAT POMPEU FABRA, BARCELONA

1. De la irrupción del Prof. Vázquez Sotelo en la escena procesal

La trayectoria profesional del Prof. VÁZQUEZ SOTELO hunde sus primeras raíces en el seno de la propia administración de justicia, precisamente en la esfera tradicionalmente identificada como dominio específico del derecho procesal. Apenas licenciado en Derecho por la Universidad Complutense de Madrid (1958), ingresó, por oposición, en el Cuerpo de Secretarios Judiciales (1960),[1] oficiando con tal categoría en el Juzgado de Verín (Ourense) y, sucesivamente, mediante nueva oposición restringida,[2] en un Juzgado de Primera Instancia e Instrucción de Barcelona. Aquí permaneció hasta que su vocación docente le llevó a solicitar la excedencia voluntaria en el cuerpo de Secretarios Judiciales (1974) para dedicarse de lleno a la carrera universitaria. En este crisol de los tribunales acumuló una vastísima experiencia práctica, absolutamente inmersa en la realidad, que ya no le abandonaría en el resto de sus actividades subsiguientes.

1. Con el correr de los tiempos rindió tributo a sus orígenes con su estudio sobre *La intervención del secretario judicial en el proceso* (1985).

2. Entre sus coopositores ilustres se pueden mencionar JOSÉ TOMÉ PAULE y SANTIAGO ORTIZ NAVACERRADA, que luego también se incorporaron a la docencia universitaria en derecho procesal.

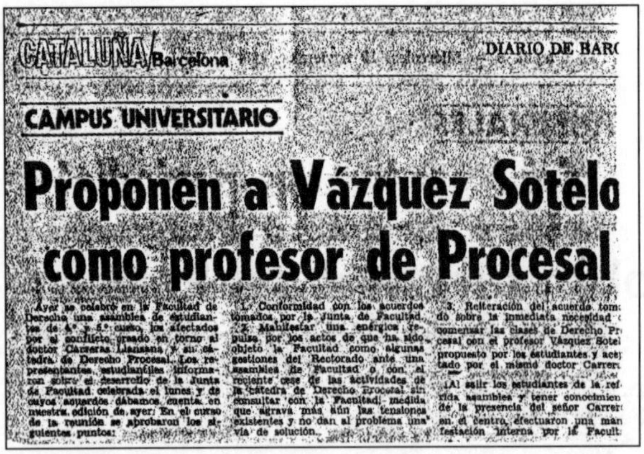

CATALUÑA/Barcelona — DIARIO DE BARC

CAMPUS UNIVERSITARIO

Proponen a Vázquez Sotelo como profesor de Procesal

Ayer se celebró en la Facultad de Derecho una asamblea de estudiantes de 4.° y 5.° curso, los afectados por el conflicto creado en torno al doctor Carreras Llansana y su cátedra de Derecho Procesal. Los representantes estudiantiles informaron sobre el desarrollo de la Junta de Facultad celebrada el lunes y de cuyos acuerdos dábamos cuenta en nuestra edición de ayer. En el curso de la reunión se aprobaron los siguientes puntos:

1. Conformidad con los acuerdos tomados por la Junta de Facultad.

2. Manifestar una enérgica repulsa por los actos de que ha sido objeto la Facultad como algunas gestiones del Rectorado ante una asamblea de Facultad o con el reciente cese de las actividades de la cátedra de Derecho Procesal sin consultar con la Facultad, medida que agrava más aún las tensiones existentes y no dan al problema una vía de solución.

3. Reiteración del acuerdo toma[do] sobre la inmediata necesidad [de] comenzar las clases de Derecho Pr[o]cesal con el profesor Vázquez Sotel[o] propuesto por los estudiantes y acep[tado] por el mismo doctor Carrer[as].

Al salir los estudiantes de la ref[e]rida asamblea y tener conocimien[to] de la presencia del señor Carrer[as] en el centro, efectuaron una man[i]festación interna por la Facult[ad]

Casi de improviso,[3] me di de bruces con él como coopositor al cuerpo de Profesores Adjuntos Numerarios de Universidad, en la especialidad de Derecho Procesal. Corría el mes de diciembre del año 1974 y las aludidas oposiciones,[4] de carácter nacional, se celebraron en la Universidad de Barcelona, cuya Facultad de Derecho era por aquellas fechas pionera en convulsiones, movimientos, asambleas y demás especies de inquietudes que sazonaban el calendario académico, día sí y día no.[5] En realidad, más que darme de bruces, me caí del caballo, como Saulo camino de Damasco, pues mi ilustre coopositor, menos prodigado en el ambiente académico —o eso creía yo—, obtuvo, en buena lid, la segunda plaza[6] y yo

3. Según la cronología, el Prof. Vázquez Sotelo inició su colaboración con la Cátedra del Prof. Fenech Navarro en la Universidad de Barcelona en el curso 1969-70. Yo me incorporé a la Universidad de Barcelona, como Profesor Ayudante, en el mes de octubre de 1972, ya con el doctorado debajo del brazo.

4. La primera convocatoria para el acceso al Cuerpo de Profesores Adjuntos de Universidad se produjo mediante concurso restringido, convocado por OM 14.10.1971 (BOE 22.10.1971). Este concurso finalizó con la OM 01.02.1973, que integró a los siguientes profesores en dicho cuerpo: Angel Duque Barragués (Zaragoza), Pedro Aragoneses Alonso (Madrid), Mariano Fernández-Martín Granizo (Valladolid), Francisco Fuentes Carsí (Valencia), Diego Artacho Castellanos (Granada), Bernardo Cabrera Ramírez (La Laguna), Manuel Chaves Fernández (Madrid), Alfonso Pérez Gordo (Barcelona), Alfonso de Paula Pérez (Santiago de Compostela) y Juan Montero Aroca (Valencia).

La segunda fase del proceso de integración en el Cuerpo de Profesores Adjuntos de Universidad se produjo mediante concurso-oposición restringido, convocado por OM 17.01.1973 (BOE 24.01.1973). Se anunciaron nueve plazas, a las que posteriormente se añadió una más. El tribunal del concurso-oposición estuvo integrado por los Catedráticos más antiguos del escalafón: Emilio Gómez Orbaneja, Leonardo Prieto-Castro Ferrándiz, Jaime Guasp Delgado (sustituido por Manuel Morón Palomino), Vicente Herce Quemada, Manuel Gordillo García y el Profesor Adjunto más antiguo Ángel Duque Barragués. Este concurso-oposición fue el que se celebró en Barcelona en el mes de diciembre de 1974.

5. El Derecho Procesal estaba en el meollo de la refriega por razones ajenas a la disciplina. Con el objetivo de nombrar al Prof. Jorge Carreras Llansana Rector de la Universidad de Barcelona, el régimen tuvo que efectuar una rebuscada operación de ingeniería administrativa. Como dicho profesor entonces profesaba como supernumerario en la Universidad de Navarra, se le rescató para el servicio activo nombrándole Catedrático de Oviedo —única Cátedra entonces vacante, por haberse trasladado el Prof. Manuel Serra Domínguez a la Universidad de Barcelona, eso sí, a una Cátedra de Historia del Derecho— y, acto seguido, fue trasladado a la Cátedra de Barcelona, de cuya Universidad fue nombrado Rector, todo ello prácticamente en unidad de acto. Tal componenda, sólo explicable en el escenario político de aquellos años, provocó una fuerte contestación sobre todo en la Facultad de Derecho. Los alumnos vetaron la entrada de dicho profesor en las aulas, pese a que éste insistía cada mañana en su deseo de dar clases. Todos los días asistíamos a un doloroso espectáculo de rechazo y abucheos, tremendamente estéril en cuanto a la solución del conflicto. La paz sólo volvió a las aulas cuando dicho Profesor renunció a impartir las clases de la mañana en aquel curso académico. Los periódicos de la época —entre otros, puede verse el Diario de Barcelona— documentan como la asamblea de estudiantes de 4º y 5º curso de derecho, reivindicaron la reanudación de las clases a cargo del Prof. Vázquez Sotelo.

En el momento en que estaba constituyéndose el Tribunal del concurso-oposición en la Facultad de Derecho, los alumnos vociferaban una vez más sus protestas enérgicamente a las puertas del Salón de Grados. Ello motivó que sobre la marcha se decidiera trasladar la realización del primer ejercicio a los locales del CSIC en la calle Egipcíacas.

6. En la fase de oposición, el Prof. Vázquez Sotelo fue el único que sacó la máxima puntuación posible. En la fase de concurso, en cambio, no pudo competir con el veterano Prof. Nicolás González Deleito, que acumulaba un montón de

apenas la última, uf, por lo pelos. ¡Con la escasez reinante, en la época del racionamiento! Para mí fue en todo caso un providencial aldabonazo, que me estimuló a entregarme día y noche a la preparación del partido de vuelta, que, tarde o temprano, habría de producirse.

Así ocurrió en el mes de octubre de 1975. Con el sobresalto de Franco agonizando en su lecho de muerte se celebraron las oposiciones al Cuerpo de Profesores Agregados de Universidad, de Derecho Procesal, esta vez, en Madrid, por el sistema antiguo de seis ejercicios presenciales.[7] Llegamos al final únicamente cuatro opositores,[8] habiendo quedado otros tres por el camino.[9] Las normas entonces imperantes no consentían el aprobado sin plaza, ni la acreditación clandestina, por lo que había que excluir a uno de nosotros, al haber sólo tres plazas en liza. Esta vez le tocó al Prof. VÁZQUEZ SOTELO aguardar a una próxima oportunidad. Le recuerdo perfectamente al día siguiente de la votación, cuando coincidimos en el Instituto de Estudios Jurídicos —lugar habitual de las justas universitarias —retirando los enseres y pertrechos que todos habíamos llevado con nosotros para participar en el evento. Debo decir que me impresionó su caballerosidad y su entereza en circunstancias académicamente tan ingratas. Pero esto era apenas un preludio de lo que todavía había de venir después.

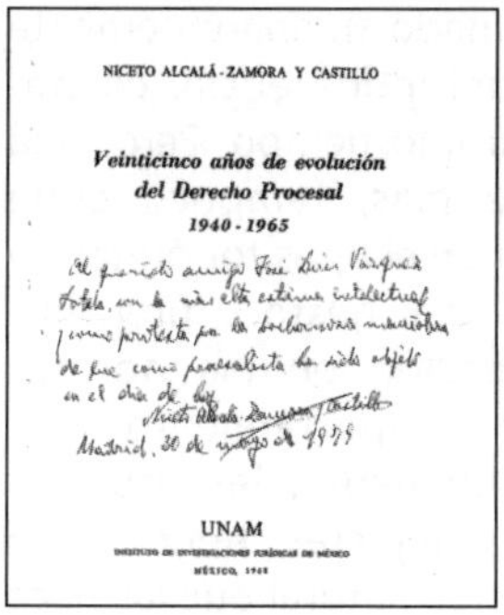

Hasta 1979 no se celebró la siguiente oposición al Cuerpo de Profesores Agregados de Universidad, de Derecho Procesal, que fijó un antes y un después en las relaciones personales entre los colegas de la disciplina. Se convocaban cinco plazas entonces y, en buena lid, había que presumir que el Prof. VÁZQUEZ SOTELO tenía excelentes opciones de obtener una de ellas. Asistí a las justas desde el privilegiado lugar del estrado, pues el destino me adjudicó el puesto de secretario del tribunal de dichas oposiciones, por ser el Profesor Agregado más joven del

años de servicio. Yo obtuve la mínima puntuación de todos los opositores en términos absolutos. Una prueba del rigor y exigencia que imperaba en este tipo de oposiciones a cuerpos de profesorado universitario la constituye el hecho de que el tribunal dejase una de las diez plazas ofertadas desierta, a pesar de concurrir opositores que nos parecía estaban suficientemente preparados y con méritos acreditados. El Prof. EDUARDO FONT SERRA quedó entonces excluido, aunque luego también alcanzaría la Cátedra universitaria.

El escalafón definitivo de todos los Profesores Adjuntos de Universidad, que superaron este concurso-oposición restringido fue publicado por OM de 31.07.1975 (BOE 26.08.1975). Puede verse que en él figuran los Profesores NICOLÁS GONZÁLEZ DELEITO (nº 12, Universidad Complutense de Madrid), JOSÉ LUIS VÁZQUEZ SOTELO (nº 355, Barcelona), FAUSTINO GUTIÉRREZ-ALVIZ CONRADI (nº 501, Sevilla), ANGEL BONET NAVARRO (nº 822, en expectativa de destino), JULIÁN PEDRO GONZÁLEZ VELASCO (nº 889, Madrid, Complutense), ALBERTO MONTÓN REDONDO (nº 966, (Salamanca), ERNESTO PEDRAZ PENALVA (nº 992, Salamanca), VALENTÍN CORTÉS DOMÍNGUEZ (nº 1057, en expectativa de destino) y yo con el nº 1.082 (de 1.115), en expectativa de destino.

7. El concurso-oposición fue convocado por OM 12.07.1974 (BOE 21.08.1974). El tribunal estuvo integrado por los Profesores CARLOS DE MIGUEL Y ALONSO, VÍCTOR FAIRÉN GUILLÉN, MANUEL SERRA DOMÍNGUEZ, JORGE CARRERAS LLANSANA y JOSÉ MARÍA NAVARRETE URIETA.

8. Aparte del Prof. VÁZQUEZ SOTELO, los Profesores FAUSTINO GUTIÉRREZ-ALVIZ CONRADI, JUAN MONTERO AROCA y yo mismo.

9. Los Profesores VALENTÍN CORTÉS DOMÍNGUEZ, FERNANDO GÓMEZ DE LIAÑO GONZÁLEZ y ALFONSO PÉREZ GORDO, que luego también obtuvieron plaza de Catedrático en sucesivas convocatorias.

escalafón.[10] Está contado que en dicho certamen quebraron los principios esperados de mérito y oposición, que, por encima de las preferencias personales y de escuelas, siempre se habían mantenido como estándares obligados de referencia en la evaluación de candidatos a la docencia.[11] En mi juventud e inexperiencia me vi inmerso en intrigas que me desbordaban, pero que, tanto entonces como ahora, he aborrecido. Puedo decir, que, después de todo, aun en esa ocasión tan comprometida, las maquiavélicas combinaciones de quienes de verdad manejaban los hilos me permitieron poder votar en conciencia a los candidatos que consideraba más cualificados. Además de a otros ilustres opositores, fui el único miembro del tribunal que votó al Prof. Vázquez Sotelo para una de las plazas convocadas. Mi voto, que pudiera parecer meramente testimonial, era una reivindicación objetiva.[12] Nunca pude comprender muy bien cómo antiguos afectos hacia este candidato de sus avalistas universitarios se habían tornado en aparentemente cruel indiferencia, en poquísimo tiempo. Pero, una vez más, tampoco pude ver en el opositor preterido un mal gesto o una desafección en las normas de comportamiento. Probablemente, las situaciones injustas tienen una fuerza natural que las hace clamar por sí solas, sin necesidad de agitar banderas ni blandir las hoces contra el firmamento.

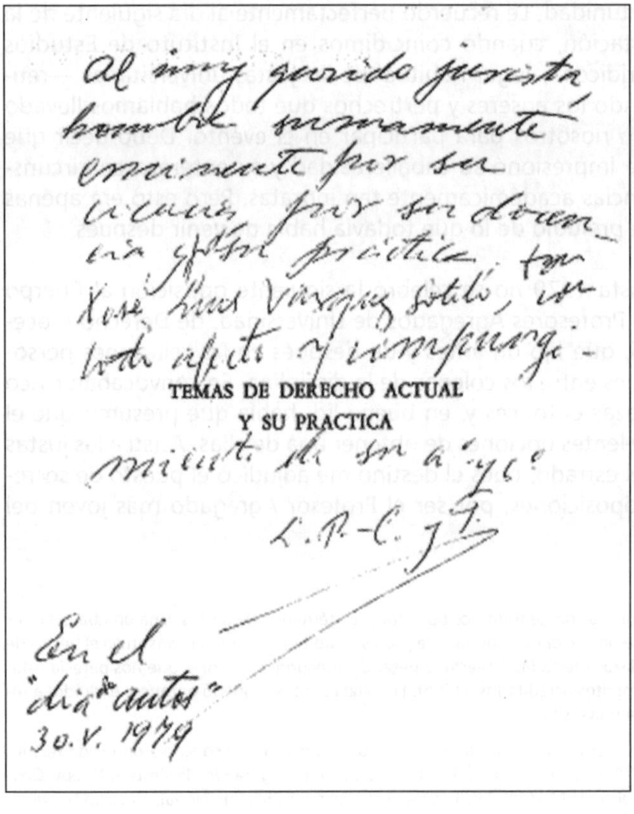

Como he dicho, las consecuencias más graves de la oposición de 1979 no fueron las plazas, los que entraron o los que quedaron a la espera. Lo más traumático fue la ruptura abierta de todo freno a la

10. El Tribunal estaba formado por los Profesores Víctor Fairén Guillén, como Presidente, Miguel Fenech Navarro, Carlos de Miguel y Alonso, Tomás Muñoz Rojas, Eduardo Gutiérrez de Cabiedes, Andrés de la Oliva Santos, como vocales y yo como Secretario.

11. Algunos apuntes sobre el tema pueden verse en mi *Bibliografía procesal española (1978-2000)*, Barcelona, 2001, p. 31. También en la nota en recuerdo del Prof. Prieto-Castro debida la pluma del Prof. Vázquez Sotelo, en Justicia 1995, (3-4), 24.

12. Los Profesores Alcalá-Zamora y Prieto-Castro, que presenciaron los ejercicios, testimoniaron al Prof. Vázquez Sotelo su disgusto en sendos documentos gráficos, que reproducimos.

hora de promocionar candidatos, que tuvo sus consecuencias en convocatorias futuras. El Prof. Vázquez Sotelo es un testimonio directo y protagonista en carne propia de algunas gestas famosas. En su pundonor por concurrir y competir con armas nobles en cuantas ocasiones deparara el BOE, se registra su presencia en todas las oposiciones que se convocaron sucesivamente. La primera ocasión fue la plaza de Profesor Agregado de la Universidad de Alicante (1982). Concurrió a ella junto con el Profesor Vicente Gimeno Sendra y, tras el acto de presentación, decidió dejar vía libre a un candidato que consideró mejor colocado y que, sobre todo, cumplía los requisitos de excelencia exigibles de un profesor universitario.

Por las mismas fechas se convocó un concurso-oposición restringido para la Cátedra de Derecho Procesal de la Universidad de Santiago de Compostela, en el que sólo podían participar quienes ostentasen, entre otros requisitos, la categoría de Profesor Adjunto Numerario de Universidad. Una primera sorpresa se produjo cuando, en la lista de admitidos provisionalmente, apareció el nombre del Prof. Faustino Cordón Moreno, que no cumplía tal requisito y que enseguida empezó a ser promocionado como candidato *in pectore* por los botafumeiros de turno, haciéndole, por cierto, un flaco servicio. El resto de coopositores denunciaron enérgicamente el hecho mediante los oportunos recursos administrativos y, finalmente, como el dato era patéticamente objetivo, dicho opositor fue excluido. Quedaron pues como candidatos los Profesores Fernando Gómez de Liaño, José Tomé Paule y José Luis Vázquez Sotelo, que, sorprendentemente, fueron convocados a los ejercicios en los días fastos de Navidad y Año Nuevo. A pesar de lo intempestivo de las fechas, el auditorio estuvo lleno a rebosar. El tribunal estaba formado por los Profesores Miguel Fenech Navarro, Manuel Morón Palomino, Manuel Peláez del Rosal, Alfonso Pérez Gordo y José Luis González Montes. En tal tesitura, el Prof. Vázquez Sotelo se decidió a actuar de acuerdo con la fría profesionalidad del reglamento de oposiciones. A tal efecto, redactó unas extensas objeciones por escrito —la tradicional trinca— respecto de sus coopositores y, sin embargo, amigos. Ignoro los entresijos del tribunal, pero el resultado de la oposición, por increíble que parezca, fue la no provisión de la plaza. El tribunal fue incapaz de elegir entre opositores capacitados y, lo que es más llamativo, además, espiritualmente próximos a sus genes. Se trata de un *non liquet* que ha quedado, al menos por el momento, sin suficiente explicación histórica.

Esta Cátedra de la Universidad de Santiago volvió a convocarse posteriormente a oposición libre (1983). El tribunal volvió a estar presidido por Miguel Fenech Navarro, junto con los Profesores Faustino Gutiérrez-Alviz Armario, Tomás Muñoz Rojas, Manuel Peláez del Rosal y Juan Montero Aroca. Las quinielas no concedían esta vez al Prof. Vázquez Sotelo ninguna opción de triunfo, pero ello no le refrenó a la hora de presentar igualmente su candidatura. Se recordará que el segundo de los seis ejercicios de estas oposiciones clásicas consistía en la defensa por el opositor de una memoria sobre el concepto, método y fuentes de la disciplina. Al término de su intervención, el resto de coopositores podía formular objeciones y debatir sobre el ejercicio. Las actas de esta oposición registran como el candidato preconizado —el inescrutable destino quiso que fuese otra vez el Prof. Faustino Cordón Moreno, que más tarde también accedió a la cátedra universitaria— se quedó mudo ante unas preguntas que le formuló el Prof. Vázquez Sotelo sobre la legitimación. Tras unos interminables minutos, en los que se fumó apresuradamente un cigarrillo, el interpelado se levantó de la silla y pidió permiso para retirarse por no estar en condiciones de contestar. Pese a ello, el tribunal, por mayoría, calificó el ejercicio de ambos concursantes por igual. A la vista de esta circunstancia, al comienzo del tercer ejercicio, el Prof. VÁZQUEZ SOTELO manifestó que ante el acuerdo que calificaba por igual al concursante que realizó las objeciones y al que no supo contestarlas, entendía que carecía de sentido seguir actuando en dicha oposición y solicitó permiso para retirarse. Ello allanó a la postre el camino para que la Cátedra le fuese adjudicada al Prof. VÍCTOR MORENO CATENA. Aquellas aguas de 1979 trajeron estos lodos.

La justa compensación a tanto esfuerzo académico llegó en 1984 con motivo de las oposiciones a las Cátedras de Derecho Procesal de las Universidades de León y Cáceres, pero no sin sobresaltos. El tribunal lo presidió esta vez el Prof. MANUEL MORÓN PALOMINO, pero en el sorteo salieron —otra vez los inescrutables hados del destino— los Profesores MIGUEL FENECH NAVARRO, JORGE CARRERAS LLANSANA, FAUSTINO GUTIÉRREZ-ALVIZ CONRADI y VICENTE GIMENO SENDRA. Tras los seis ejercicios de rigor, con el voto en contra de los dos primeros vocales, que habían sido sus maestros y padrinos académicos, el tribunal, por mayoría, adjudicó la plaza de León al Prof. VÁZQUEZ SOTELO y la de Cáceres al Prof. JOSÉ MARTÍN OSTOS. Finalmente, por medio de sus compañeros, antiguos coopositores suyos, se rindió pleitesía a la indudable valía y trayectoria académica del Prof. VÁZQUEZ SOTELO, otorgándole el reconocimiento de la cátedra universitaria, ya merecida desde mucho antes. Pero, por increíble que parezca, ésta sólo fue una meta intermedia en el largo camino de las oposiciones, que apenas dio cobertura a las necesidades primarias de obtener el reconocimiento formal de la categoría profesoral de mayor rango.

Irrumpió en escena la Ley de Reforma Universitaria de 1983, que, amén de degradar el sistema de oposiciones a la docencia universitaria a un puro compadreo a favor del candidato local, supuso un cerrojazo a la libertad de circulación del Profesorado universitario, sin la venia previa de la universidad receptora. Todavía está por realizar un estudio serio de las graves consecuencias que produjo su implantación y desarrollo, pero hay materiales suficientes como para escribir un libro.[13] El caso es que, en cuanto a lo que nos ocupa, en su legítimo deseo de retornar a Barcelona por la vía del mérito académico y no la del *placet* amical, al Prof. VÁZQUEZ SOTELO no le quedó más remedio que someterse al régimen de concurso-oposición previsto en dicha LRU. Tras dos cursos académicos en la Universidad de León, el primer frente se le presentó con motivo de la convocatoria de la Cátedra de la Universidad de Zaragoza (1986). Tuvo que competir en los dos ejercicios de la LRU frente al candidato local —el Prof. ANGEL BONET NAVARRO— ante un tribunal presidido por el Prof. ANDRÉS DE LA OLIVA SANTOS y que integraban, además, los profesores JORGE CARRERAS LLANSANA, FAUSTINO GUTIÉRREZ-ALVIZ Y ARMARIO, JOSÉ ALMAGRO NOSETE y VALENTÍN CORTÉS DOMÍNGUEZ. La oposición, pese a la objetiva diferencia de rango académico de los dos concursantes, fue movida y merece la pena

13. Para abrir boca sobre el funcionamiento del sistema, que, groseramente, para desgracia de la Universidad, coincide con la realidad en un porcentaje altísimo de casos, puede leerse lo que dice el Prof. VÁZQUEZ SOTELO en la necrológica de PRIETO-CASTRO (Justicia, 1995, 3-4, 23), donde se resume lo que pensaba en alta voz el precitado maestro. Ello no significa que, a pesar del mencionado sistema, no alcanzasen el reconocimiento académico otros muchos valores profesorales, que siempre habrían cotizado al alza en cualquier escenario y bajo cualquier condición.

que algún día la cuenten los testigos presenciales para memoria histórica. El resultado final otorgó al Prof. VÁZQUEZ SOTELO la Cátedra de la Universidad de Zaragoza, en la que permaneció impartiendo docencia tres cursos académicos.

Finalmente, surgió la oportunidad de retornar a Barcelona al convocarse una de las Cátedras de esta Universidad (1989), por jubilación del Prof. CARRERAS LLANSANA. Una vez más, el Prof. VÁZQUEZ SOTELO tuvo que pasar por el peaje del concurso-oposición de la LRU y someter sus credenciales a verificación de un tribunal compuesto inicialmente por los Profesores JORGE CARRERAS LLANSANA, MANUEL SERRA DOMÍNGUEZ, JOSÉ ALMAGRO NOSETE, JUAN MONTERO AROCA y JOSÉ ANTONIO ROBLES GARZÓN. Esta atractiva cátedra tenía múltiples novios y pretendientes y las intrigas aparecieron una vez más. Esta vez, empero, se redujeron a maledicentes triquiñuelas administrativas, ya que, con toda probabilidad, el fondo se veía inasequible. El Prof. CARRERAS LLANSANA dejó caducar la presidencia sin convocar el concurso-oposición y para sustituirle fue nombrado el Prof. JOSÉ LUIS GONZÁLEZ MONTES, que siguió el edificante ejemplo de su predecesor. De resultas de lo cual, cuando se nombró al tercer presidente de la comisión, encargo que recayó en la persona del Prof. FERNANDO JIMÉNEZ CONDE, las autoridades administrativas tuvieron la delicadeza de advertirle que si dejaba caducar el mandato, se incoaría el correspondiente expediente disciplinario. Tras esta azarosa y poco elegante incidencia, ya no hubo más sobresaltos y el meritado y acreditado profesor pudo, al fin, reintegrarse al punto de partida de su carrera docente. Un ciclo vital de veinte años, apenas resumido en este sobrio excurso histórico, que, desde luego, computa más homologaciones en su haber que conmilitón alguno del escalafón profesoral.

Durante este último cuarto de siglo, aparte de oficiar en la Universidad de Barcelona hasta su jubilación académica en 2006, se documenta ampliamente su presencia en multitud de cenáculos nacionales e internacionales, ya como organizador, ya como ponente, ya como asistente de número. Ha sido un excelente embajador de nuestra ciencia procesal, principalmente en Hispanoamérica, y también un excelente animador del debate científico. En todas las ocasiones han quedado rastros elocuentes de sus aportaciones personales. En paralelo, nuestro autor no ha perdido ni un momento el contacto con la realidad del foro, desde una doble atalaya. Por un lado, ha seguido profesando el ejercicio de la abogacía a lo largo de toda la geografía nacional. Por otro, ha desempeñado la Magistratura al más alto nivel, como *Magistrado del Tribunal Superior de Corts*, del Principado de Andorra, desde su creación en 1989 hasta su desaparición en 1993 y luego como *Primer Presidente y Magistrado de la Sala de Derecho Penal del Tribunal Superior de Justicia de Andorra*, desde su constitución en 1993 hasta 2005. Ello se refleja largamente en sus trabajos científicos, pues a su innata *prudentia iuris*, propia de los juristas de fina sensibilidad, se le añade la impagable dosis de realismo que rezuman. Si se le suma, además, el aderezo de la fina ironía gallega —ancestral cualidad innata a los oriundos de aquellas tierras— en la aproximación a los problemas, que permite desdramatizarlos y relativizarlos y se le agregan las sugerentes imágenes evocadas o las sabrosas anécdotas rescatadas tempestivamente, tendremos el insinuante envoltorio con que nos presenta su obra. De todas estas cualidades pretende dejar constancia el rótulo elegido para aglutinar estos estudios en su homenaje: «*Rigor doctrinal y práctica forense*».

Si he rememorado esta historia académica es porque aporta el escenario vital en el que se desenvuelve su producción científica. Su dilatada carrera como opositor le convirtió algo así como en martillo de herejes, presto a derribar a candidatos poco sólidos o confiados, cuando en las oposiciones se primaba el mérito profesional por encima de intereses partidistas. Su vasta experiencia práctica, unida a su formación específica procesal, estaba siempre al acecho para desmontar cualquier veleidad de un opositor. Sin acritud, pero también sin remilgos ni concesiones, manteniendo la altura del debate científico. En el fondo, para la doctrina procesal, fue una bendición que tuviera que acreditarse una y otra vez, por el sistema antiguo de ejercicios machacantes. A poco que se cotejen las fechas de su producción científica, es fácil relacionarlas con las justas periódicas que tuvo que mantener, una y otra vez. Gracias a ello contamos con aportaciones que, a lo mejor, en otras circunstancias no se habrían producido o lo habrían hecho de otra forma. Es pues el momento de centrarnos en el examen de los frutos científicos, que se recogieron en las sucesivas cosechas estacionales.

Rutinariamente he dado por hecho que, tratándose de un autor coetáneo, al que he seguido de cerca por múltiples razones, tenía por la mano su entera producción científica. Al punto me he llevado un chasco monumental. Observo súbito que siguen inéditas obras o aportaciones suyas, de las que sólo conozco algunas, por haberlas oído de viva voz en muchas de sus animadas conferencias e intervenciones públicas. Otras, que están publicadas o en curso de publicación, se han promulgado en lugares tan diversos que, en realidad, podrían haber pasado desapercibidas incluso a los especialistas. En esta ocasión, para comenzar a remediar el desafuero, he pedido al propio autor completar indicativamente el elenco de su producción científica para perpetua memoria. Ello ha permitido que esta presentación tenga al menos el valor de un catálogo publicado por el propio autor. Pero no cabe, ni de lejos, en unas pocas líneas. Por eso me he permitido establecer una apretada selección por bloques de interés.

2. La inédita tesis doctoral sobre el auto de procesamiento

Por regla general, la elaboración de una tesis doctoral sobre un tema determinado es como un indicio que, aparte de otras consideraciones ocasionales, puede marcar las preferencias del autor, o, al menos, determinar la percepción del público sobre sus intereses científicos. En el caso del Prof. VÁZQUEZ SOTELO, la regla se cumple sustancialmente, a juzgar por lo que se deduce de la historia de sus publicaciones.

Su tesis doctoral —*Contribución al estudio del auto de procesamiento* (*Pompeiopolis, caput Regni Navarrae*, MCMLXXIII)—[14] permanece inédita. Hay algunos atisbos de su

14. La tesis fue presentada en la Universidad de Navarra, porque, como he explicado, en aquella época la actividad en la Facultad de Derecho de la Universidad de Barcelona no era regular. Por otro lado, todos los candidatos a opositor de docencia universitaria estaban apremiados por disponer del título de doctor cuanto antes, ante la inminencia de la convocatoria de oposiciones, largamente esperadas.

contenido, en lo referente a las fuentes históricas, en su monografía posterior sobre la presunción de inocencia, según confiesa en ella el propio autor.[15] Tuve ocasión de ver el manuscrito de la tesis en las oposiciones de 1979, que he referido, y puedo dar fe, por la documentación que conservo, que todos los informes del tribunal de oposiciones eran favorables. He podido revisar el manuscrito, otra vez, en la actualidad, para rescatar algunas pinceladas de su contenido más significativo.

contribucion

al estudio del

AUTO DE PROCESAMIENTO

tesis doctoral

A U T O R: JOSE LUIS VAZQUEZ SOTELO

D I R E C T O R: EXCMO. SR. DR. DN. MIGUEL FENECH NAVARRO, Catedrático y Director del Departamento de Derecho Procesal de la Facultad de Derecho de la Universidad de Barcelona.

POMPEIOPOLIS, caput Regni Navarrae, M.CM.LXXIII.

La tesis aparece dividida en cuatro partes, estructura compositiva por la que el autor conserva su querencia en obras posteriores: (I) trayectoria y destino del auto de procesamiento, (II) procesamiento y auto de procesamiento, (III) procesamiento y sistema procesal, (IV) formación histórica y origen del auto de procesamiento. A ellas siguen las conclusiones. El autor llama tempranamente la atención sobre la confusión entre el «procesamiento» como institución y la «resolución» por la que se acuerda, que tantos malentendidos legislativos y doctrinales ha producido. La necesidad de que exista una persona «procesada» es intrínseca al proceso penal, mientras que la existencia de una «resolución» que proclama tal estado es contingente. Aun así, es preferible optar por un sistema de procesamiento «formal» frente a un procesamiento «implícito». Entre las ventajas de esta opción se cuentan la precisión del sujeto pasivo del juicio penal, la exactitud de la imputación penal, incluidas la antijuridicidad y la culpabilidad, con la consiguiente repercusión positiva en materia de garantías procesales.

El «auto de procesamiento» es una creación genuinamente española, cuyo origen se sitúa en el trámite de la «confesión con cargos», mandado observar escrupulosamente por varias leyes. En ese contexto —explica el autor—, los ritualistas, sin disposición concreta que lo ordenase, introdujeron el «auto de culpa y cargo» para concretar con rigurosa precisión los cargos que, tras la confesión, se imputaban como «culpas» al procesado «por cuanto sobre ellos no ha dado explicación convincente», cargos que pasaban a constituir el tema del juicio y de la sentencia. Suprimidos el trámite de «confesión con cargos» y los «cargos y reconvenciones» (1854), el auto de culpa y cargo queda sin razón de ser. Para cubrir el vacío existente la LECr 1872 introdujo el auto de procesamiento y los escritos de calificación provisional. Con vistas al futuro, el autor aboga por mantener la institución, si bien regulándola con rigor.

15. *Presunción de inocencia* (1984), 13, nota 7 bis.

Particularmente cautivan en la obra las indicaciones bibliográficas que efectúa el autor sobre fuentes históricas romano-canónicas y sobre las fuentes hispanas anteriores a la LECr. Estas últimas se concretan en 85 glosas breves de obras de nuestros autores más señeros, de tal manera que constituyen una microhistoria de nuestro derecho procesal penal. Ello no es sino muestra —ya desde los inicios de su producción científica— de las apetencias bibliófilas del autor, que luego salpican de sabrosas anécdotas su producción posterior.[16]

Prf. Dr. VAZQUEZ SOTELO

PROCESOS PENALES

ESPECIALES

Apuntes del Curso 1973/74 en la Facultad de Derecho de la Universidad Central de Barcelona

Edición limitada, para los alumnos del Curso 1.973/74. Impresa por el Servicio de Publicaciones de la Facul-tad de Derecho, de la Universidad Central de Barcelona Hecho el Depósito legal.

Muchos años más tarde, el autor hizo una sentida evocación de la figura en *Actualidad del auto de procesamiento* (1991), en la que resume su trayectoria histórica. En este punto, pienso que la falta de publicación de la monografía en su momento dejó absolutamente desorientado al legislador sobre cómo resolver el problema de la temprana imputación penal. Había, desde antiguo, división en el foro sobre la supresión o conservación del auto de procesamiento. Personalmente me he manifestado muy crítico con la conservación de la figura, tal como está regulada, con una formulación diáfanamente preconstitucional. Pero lo cierto es que la práctica —otra vez al margen de la ley— se inventó el «auto de encartamiento o de inculpación» en el llamado procedimiento abreviado. Y hoy todavía se sigue discutiendo del «juicio de imputación», sin que haya acuerdo en casi nada. Bien es cierto que el legislador no suele tomar en consideración las opiniones doctrinales en materia procesal. Pero, al menos, hubiera sido oportuno contar tempranamente con una monografía de apoyo, aunque sólo fuera en descargo de la responsabilidad científica.

3. Las tempranas y luego reiteradas incursiones sobre el proceso penal

Abundando en estas preferencias, en los anales se registra la que resultaría ser la primera obra impresa del autor: *Procesos penales especiales* (1974). El trabajo circuló en la Facultad de Derecho de Barcelona, como apuntes mecanografiados destinados a los alumnos. Conservo un ejemplar especial, dedicado por el autor. Hoy nos podría sonar raro un título tal, pero, en la época, el listado de procedimientos especiales era un verdadero catálogo de platos fuertes. Baste recordar los procedimientos ante el Tribunal de Orden Público. Claro que la evolución legislativa que siguió tampoco ha conducido a una situación halagüeña. Como es sabido, los juicios penales más frecuentes son los antiguos «procedimientos especiales», muchos potenciados en forma de juicios rápi-

16. Una muestra indicativa de estas aportaciones bibliográficas puede verse en el Prólogo del Prof. Vázquez Sotelo a la obra de Pugnaire Hernández J.M., *Comentarios a la ley de reforma urgente del procedimiento civil (6 agosto 1984)*, Barcelona 1985, donde se pasa revista a los principales prácticos españoles del proceso civil.

dos, y, en todo caso, regulados residualmente en las postrimerías de la ley, con todas las polémicas abiertas todavía, a costa de los ciudadanos que se las han de ver en ellos.

Esta querencia por el proceso penal ya no abandonaría al autor, pues se prodiga a lo largo del tiempo, tanto en estudios ocasionales como de fondo.

Entre los primeros, se puede rememorar *El «indulto general y anticipado» establecido en el Decreto 2940 de 25 de noviembre de 1975* (1975), justo en el punto de partida de la transición política a la Constitución de 1978, que pretendió poner el contador a cero sobre todo respecto de materias que había que despenalizar en la nueva era constitucional. De factura similar es *El proceso penal andorrano* (1988-1989), que contiene un resumen informativo sobre el Codi de Procediment Penal de 1984, de Andorra, país al que dedicó un buen trecho de su actividad profesional. En *Derechos fundamentales y libertades públicas* (1985) comenta la sentencia del Tribunal Supremo de 16 de septiembre de 1985. En *La selección de los jurados* (1997) expone con fines didácticos el estatuto jurídico de los jurados y describe el proceso de selección de estos ciudadanos-jueces. Y en *De la «prisión provisional» a la «custodia cautelar» («Corsi e ricorsi» de la prisión provisional en la moderna legislación procesal española)* (2007) refleja el desconcierto y vaivenes de las reformas españolas sobre un tema tan sensible, siempre en la frontera entre el dilema libertad y equivocada tutela del orden público.

Entre los segundos, el estudio sobre *El principio acusatorio y su reflejo en el proceso penal español* (1984), redactado en homenaje a nuestra centenaria LECr, está dividido en dos partes: la primera, destinada a delimitar el principio acusatorio, partiendo de la distinción entre forma acusatoria y principio acusatorio; la segunda, se dedica a examinar su reflejo en las diversas etapas del proceso penal español. Se trata de un trabajo de corte clásico, fruto de un ejercicio de oposiciones, en el que se puede encontrar la dogmática ortodoxa y consolidada, expuesta con claridad. Sobre el tema volvió en *El proceso acusatorio y su significación actual* (2006), ya con matices críticos, a la luz de las experiencias vividas. Por su parte, *El ejercicio de la acción civil en el proceso penal* (1986) contiene un resumen del estado de la cuestión destinado a los cursos de formación de jueces y, sin embargo, no exento del aparato de las principales posiciones doctrinales.

Pero más allá de estas aportaciones aparentemente menores, la afición del autor al proceso penal habría por fuerza de reflejarse, tarde o temprano, en una obra mayor. Y así ocurrió inexorablemente por la fuerza de las cosas y de su propia trayectoria vital.

4. Presunción de inocencia del imputado e íntima convicción del tribunal

Sin duda la monografía más importante del Prof. VÁZQUEZ SOTELO es la que lleva por título «*Presunción de inocencia del imputado e íntima convicción del Tribunal*» (1984). El propio autor indica que la obra fue escrita para ser presentada como trabajo de investigación ante el tribunal que juzgó la última oposición a Cátedras de Derecho Procesal, convocada y celebrada según el sistema tradicional. Su dedicatoria a los opositores de cátedra universitaria, que se quedaron en el camino, es como una obertura de *Requiem* y *Te Deum* juntas. Un dramatismo sobrecogedor, pero a la vez sereno:

> *«Quiero rendir homenaje a todos los universitarios españoles que se afanaron y sacrificaron compitiendo noblemente en las oposiciones y especialmente a quienes no pudieron ver coronado su esfuerzo por el éxito, tantas veces merecido»*

El que meramente repare en el título de la obra, único que figura en la cubierta, y no traspase siquiera el umbral de la portadilla se quedará en ayunas respecto de su ambicioso contenido. Este lo explica descriptivamente el subtítulo *«Estudio sobre la utilización del imputado como fuente de prueba en el proceso penal español»* El prólogo del Prof. Manuel Morón Palomino, que precede al texto, le hace justicia al libro, porque resume en unas pocas páginas la quintaesencia del sólido trabajo del autor. Y ya poco más se podría decir, que no estuviera allí dicho. Sin embargo, revisado el trabajo un cuarto de siglo después de su publicación, pueden ser oportunas algunas reflexiones añadidas.

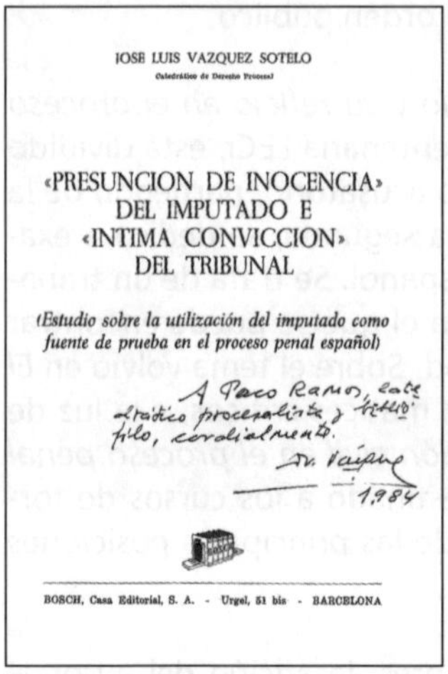
JOSE LUIS VAZQUEZ SOTELO
Catedrático de Derecho Procesal

«PRESUNCION DE INOCENCIA» DEL IMPUTADO E «INTIMA CONVICCION» DEL TRIBUNAL

(Estudio sobre la utilización del imputado como fuente de prueba en el proceso penal español)

BOSCH, Casa Editorial, S. A. - Urgel, 51 bis - BARCELONA

La obra está distribuida en dos partes. La primera de ellas contiene una exquisita y cuidada exposición de la evolución histórica del problema de la declaración del imputado, que deja al desnudo la transformación de la filosofía del proceso penal. Lo que aporta el autor, además de los datos, es la historia del pensamiento procesal penal en relación con el papel del imputado. La primera etapa nos presenta un reo, que tiene la obligación de colaborar al descubrimiento de los hechos. Para lograr el objetivo del reo convicto y confeso, aspiración que todavía se proyecta en el foro hoy en día, en más de una ocasión, no se escatiman esfuerzos y recursos procesales: la prisión, la declaración indagatoria, la confesión con cargos, reconvenciones y amonestaciones son el procedimiento ordinario para canalizar el «deber jurídico de veracidad y colaboración» del reo. No se ahorra siquiera el recurrir al tormento, regulado fríamente como una institución procesal más, con su procedimiento a medida.[17]

Abolido el tormento en las primeras Constituciones de principios del siglo XIX, todavía hay que esperar a la LECr (1882) para ver mutado el «deber jurídico de colaborar» del reo en un «deber moral de veracidad», mucho más llevadero. La exhortación a decir

17. Pone los pelos de punta comprobar que, en la evolución del derecho procesal penal, las instituciones introducidas por la práctica —descaradamente al margen de la ley— son una constante histórica. El autor evoca y documenta, entre otros casos, lo sucedido con la indagatoria (nota 26), la confesión abierta (p. 30), el auto de culpa y cargo (nota 70), y el uso de la prisión provisional (nota 92).

verdad, la prohibición de preguntas capciosas, la posibilidad de retractación, aunque hoy nos puedan parecer nimiedades, supusieron, en las postrimerías de dicho siglo, un salto de gigante en la concepción del proceso penal.

En este punto del relato puede decirse que comienza la aportación personal del Prof. VÁZQUEZ SOTELO. Para valorarla en su justa medida hay que rememorar las circunstancias de la época en que fue escrita. Muchas de las tesis que expone y defiende el autor en la obra hoy nos parecen pan comido, pero la historia nos dice que costaron sangre, sudor y lágrimas.

De entrada, los textos de la LECr, relativos a las declaraciones de los procesados (art. 385 y ss.), todavía hoy siguen teniendo una redacción preconstitucional. Bien es cierto que, a fuerza de reclamar lecturas constitucionales, los tribunales, mayoritariamente, han reconducido el rumbo. Pues bien, en esa época, no tan prehistórica, cuando todavía no se había publicado siquiera ningún manual actualizado sobre el enjuiciamiento criminal,[18] el Prof. VÁZQUEZ SOTELO tachaba claramente de inconstitucionales muchas de estas normas. ¡Y todavía no se han reformado!

Estando ya el libro en la imprenta, la LO 14/1983, de 12 de diciembre, de asistencia letrada al detenido y al preso, reformó el art. 520 LECr. En él se recogen algunos de los derechos del detenido —guardar silencio, no declarar— que, cuando el autor escribe la obra, sólo son respetables opiniones doctrinales no compartidas por todos. Qué decir del derecho del imputado a intervenir y no colaborar, colofón que cierra el análisis de esta primera parte del libro.

En el intermedio, puestos a escudriñar todos los recovecos del tema, se abordan cuestiones como las declaraciones de los coimputados, la obtención y análisis de muestras y vestigios del imputado, las exploraciones mediante sicoanálisis, narcoanálisis, polígrafos, etc. Sobre cada uno de estos temas se producen en la jurisprudencia posterior verdaderas batallas campales, seguidas de documentadas monografías doctrinales, que evidencian el largo camino que hubo que recorrer en la reconstrucción de dichas instituciones.

La segunda parte de la obra está dedicada ya a la elaboración doctrinal de la presunción de inocencia y sus consecuencias. Probablemente, el detonante que motivó la atención del autor fue la STC 31/1981, de 28 de julio. Una vez más, para valorar la aportación del Prof. VÁZQUEZ SOTELO en este punto, hay que recordar el estado de la ciencia entonces. El autor pone en el frontispicio de su análisis las opiniones de verdaderos pesos pesados de la ciencia procesal contrarios a la presunción de inocencia (BETTIOL, MANZINI). Antes de la sentencia evocada, el autor sólo contabiliza dos precedentes anecdóticos en la propia jurisprudencia constitucional. La sentencia 31/1981 supuso un verdadero terremoto, que suscitó división de opiniones y, entre ellas, el voto particular de un magistrado disidente, contrario a la estimación del amparo.

18. La historia de las primeras ediciones puede seguirse en mi *Bibliografía procesal española* (1978-2000), Barcelona, 2001, 55.

En este estado de cosas, el autor, puntilloso, investiga los papeles del pleito y rastrea los vestigios de la resolución. La transcripción del acta del juicio oral revela que el imputado había negado los hechos, el testigo comparecido —la víctima— no reconoció tampoco al imputado y tras la jaculatoria habitual de que la inexistente prueba documental se daba por reproducida, se había concluido el juicio. Ello no obstante, el tribunal de instancia no había tenido empacho en invocar la libre apreciación en conciencia de las supuestas pruebas y condenar. Un salto en el vacío que los entonces integrantes del Tribunal Constitucional, por mayoría, tuvieron la valentía —todo hay que decirlo— de descalificar.

Para que se vea lo insólito de la decisión, el Tribunal Constitucional, sorprendido por su audacia, no acierta en la reparación jurídica del desaguisado. Entiende que reponer el proceso al momento procesal oportuno es reenviar el caso al auto de conclusión del sumario. El Prof. VÁZQUEZ SOTELO denuncia lo erróneo de este reenvío, que califica de verdadero «desamparo» para el recurrente, pues aboca a repetir el juicio. Con absoluta finura explica que la meta del reenvío es la propia sentencia anulada, que, al repetirse, sólo puede tomar en consideración las pruebas ya obrantes en autos y por lo tanto ser absolutoria. Esta proposición que, cuando se escribe la obra, era sólo una tesis, se convirtió en la jurisprudencia posterior en el estándar de comportamiento.

Con la dogmática de la presunción de inocencia bien trabada, con fuerza expansiva en cualquier sector del ordenamiento jurídico, no quedaba más que derrumbar el mito de la errónea construcción de la libre convicción caprichosa del juez penal. En este punto, el autor, una vez más, delimita convincentemente el grado de racionalidad que no puede faltar aun en la valoración libre de las pruebas. Las páginas que lo documentan son una delicia de racionalidad y sentido común.

Una apretada síntesis de su pensamiento sobre el tema se produce años más tarde en trabajos como *Los principios del proceso penal y la presunción constitucional de inocencia* (1992), con motivo de una intervención en un curso de formación de jueces y en *Presunción de inocencia y prueba indiciaria* (2005), al socaire de una conferencia en Toledo, Universidad de Castilla-La Mancha.

5. Los trabajos sobre la casación civil

Pero no solo de proceso penal vive un autor inmerso en la práctica profesional y tentado a diario por los múltiples estímulos de la realidad. Y también en este punto se cumplió tempranamente lo que cabría esperar de su pluma, en este caso con reiteradas aportaciones de tono mayor.

De particular peso en la producción científica del Prof. VÁZQUEZ SOTELO son los estudios dedicados a la casación civil en sus más variados aspectos. Su interés por el tema se remonta ya incluso a sus primeros trabajos, muchos de ellos publicados en circunstancias de reformas legislativas en ciernes y por lo tanto con una deliberada intencionalidad de expresar una opinión de experto, más allá del puro cometido científico.

Sus dos primeras contribuciones sobre el tema apuntan claramente el marco de sus inquietudes: la reivindicación de una casación autóctona y no de influencia francesa, como a menudo se ha creído o sigue creyendo —*Rasgos definidores de la casación civil española* (1974)— y la preocupación por el funcionamiento real del recurso —*Análisis sociológico de la casación civil* (1975)—. A partir de estos datos y casi de inmediato,[19] amplió su trabajo, lo que dio lugar a la segunda monografía más relevante de su obra científica: *La casación civil (Revisión crítica)* (1979). La obra se divide en tres partes, dedicadas, respectivamente, a los caracteres contrapuestos de la casación clásica y de la española, revisión crítica de la casación española y causas de la crisis y porvenir de nuestra casación.

Documentadamente se rememora el uso castizo del vocablo «casación» en nuestra tradición, así como la originalidad de la casación hispana, que acredita pedigrí propio. Analiza cómo se desmonta la supuesta mala traducción de «acto auténtico» (art. 1692.7º LEC 1881), que, según una opinión muy extendida, habría sido como la punta del iceberg indicativo de los orígenes galos del instituto.[20] Realza las ventajas de la «impureza» dogmática de la casación española, pero critica acto seguido la involución a que ha conducido la jurisprudencia restrictiva del Tribunal Supremo, cerrándola al tratamiento de problemas fundamentales.

En el pormenorizado análisis de este cerrojazo, se desmenuzan y desacreditan, entre otras, las restricciones jurisprudenciales sobre el concepto de ley, de doctrina legal y las absurdas disquisiciones sobre los conceptos de la infracción. Desactiva asimismo la pretensión de teorizar sobre la distinción entre errores *in procedendo* e *in iudicando* como determinantes de la suerte del recurso, cuando el litigante se equivoca en la elección del motivo. Frente a tal intento, explica como la división no venía motivada por la naturaleza de los vicios, sino por las consecuencias pragmáticas que le atribuía la ley a la estimación del motivo: la reposición o la anulación del proceso, típicos de la casación española.

Prosigue denunciando como la aplicación que se hace del error de derecho desvaloriza las reglas de la lógica, tan consustanciales al raciocinio humano, al pretender dejar fuera de control la sana crítica, las máximas de experiencia o los estándares jurídicos. Por esta senda se llega al disparate de que las únicas sentencias que se pueden anular son aquellas que, prescindiendo de su justicia o injusticia intrínseca, se han hecho mal. Y, claro está, el rigor con que la jurisprudencia accedía a revisar los errores de hecho,

19. Según explica el autor en una nota introductoria, el trabajo fue presentado a las Jornadas jurídicas celebradas en La Coruña en el verano de 1976, organizadas por la Academia Gallega de Jurisprudencia y Legislación y por el Ilustre Colegio de Abogados de aquella hermosa ciudad, ocasión en la que pronunció una conferencia sobre el tema.

20. Como se ha demostrado, no ha existido ninguna «mala traducción» del francés de «*acte autentique*», sino una mera errata de imprenta en la publicación de la ley: «actos» por «autos». La trascendencia atribuida a la errata es de esperpento valleinclanesco, pero resulta divertida y debería propiciar la distensión con que habría que abordar la reforma del recurso.

soportados por unos inencotrables documentos auténticos, tampoco podía resultar bien parado en la exposición del autor.

A pesar de que todos estos factores analizados conducen a un bajo rendimiento del recurso, el autor no suscribe la tesis abolicionista. Se muestra comprensivo con los factores de la crisis: temor al aumento del número de recursos, la comodidad de juzgar amparándose en motivos formales y el temor a convertir la casación en una tercera instancia. Echando mano de una de esas imágenes, que resultan tan caras y efectistas al autor en sus brillantes intervenciones,[21] aboga por corregir las disfunciones, rectificar los planteamientos erróneos y recuperar el verdadero norte del recurso.

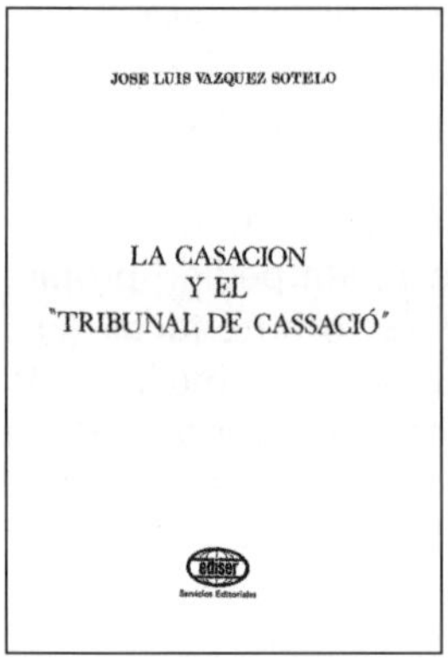

Cuando se estaba elaborando el Estatut de Catalunya, el Prof. VÁZQUEZ SOTELO irrumpió en el debate con un artículo de opinión y sucesivas declaraciones en la prensa escrita (1978), explicando como el «Tribunal de Cassació» no pertenecía a la tradición jurídica catalana, a pesar del precedente del Estatuto de Autonomía de 1932, y formulando sus reservas sobre la conveniencia de implantar casaciones autonómicas. Más tarde publicó su trabajo —*La casación y el «Tribunal de Cassació»* (1979)—, con el correspondiente aparato bibliográfico, que soportaba y documentaba sus afirmaciones. Luego, el legislador se decantó por el rótulo «Tribunales Superiores de Justicia», bajo el eslogan «café para todos», propio de la transición política, que alumbró el parto de 17 órganos de máximo rango productores de sentencias definitivas. Ya puestos, cada autonomía reivindicó su recurso de casación propio, aun montado, en la mayoría de los casos, sobre la «nada» sustantiva y procesal. El engendro, puro encaje de bolillos apelmazados, dura ya un cuarto de siglo. La hoja de ruta futura, cuando se complete la revisión en curso de los Estatutos de autonomía, con mayores techos competenciales, ya estaba atisbada en una de las proclamas del autor a los medios de comunicación en la época: «si los Tribunales Superiores de los entes autónomos llegasen a asumir, como órgano de casación, las funciones del Tribunal Supremo, éste quedaría sin cometido». De hecho, estamos en puertas de que así sea y, lo que es mucho peor, buscando ocupaciones para un tribunal que habría sido vaciado de competencias.

Desde luego, como es de ver, a nuestro legislador nunca la han faltado serios y sólidos soportes doctrinales en cuanto a lo que debe ser la casación. Sin embargo, ha hecho caso omiso de todas las voces sensatas, como la del autor. Esta circunstancia ha sido aprovechada por el propio Tribunal Supremo para dar una vuelta de tuerca al candado de la cerrazón y de los absurdos más hirientes de la sensibilidad jurídica. La patética realidad del recurso y la evolución de los planteamientos políticos en cuanto a la distribución territorial de los tribunales de justicia, están próximos a relegar al Tribunal Supremo

21. Dice el autor: «este planteamiento —suprimir la casación— es tan equivocado como el de quien, observando las faltas que se cometen en un escrito, acuerda tirar la máquina de escribir por la ventana, sin reparar que las faltas son atribuibles al defectuoso uso que se hace de la máquina».

a un desfasado elemento decorativo, que alguno podría tener la intención de arrinconar en el baúl de los trastos, cuando no lisa y llanamente suprimir de un plumazo.

La desazón de la doctrina seria, impotente ante el maltrato del legislador y la connivencia cómoda del Tribunal Supremo, se trasluce claramente en la última contribución, por ahora, del autor sobre el tema, cuyo título es una premonición de su contenido: *Réquiem por la mejor casación civil del mundo (y por otras instituciones maltratadas por el legislador español)* (2007).

El trabajo es de impagable lectura y produce verdadero deleite de los sentidos en un mundo aparentemente tan árido como el procesal. El contenido va mucho más allá del incitante rótulo de la casación. En su no menos incitante proemio se lee «*junto con grandes proezas, como la de los Descubrimientos del Nuevo Mundo y del Oceano Pacífico, España ha sido proclive a grandes tragedias y por lo tanto a grandes llantos, desde el Mío Cid al de Sánchez Mejías.*» La obertura épica no podía sino dejar paso a las grandes escenas de la representación, cuyo trasfondo argumental no es otro que el menosprecio legislativo de las instituciones procesales creadas por nuestros jurisconsultos. Instituciones ejemplares, que probaron su utilidad y eficacia durante siglos de funcionamiento, alcanzando un prestigio internacional y floreciendo en Hispanoamérica, han sido maltratadas y finalmente sepultadas por el torpe legislador español, al que juzgará la Historia, sentencia del autor.

Desfilan por la escena, sucesivamente, el apedazamiento legislativo y desaparición formal del juicio ejecutivo, la supresión de las diligencias para mejor proveer, y el menosprecio legislativo de órganos jurisdiccionales de creación española, tales como los Juzgados de Distrito y las Audiencias Territoriales. El *crescendo* se produce cuando se aborda la casación. Aquí se reivindica con energía, una vez más, el carácter autóctono de la casación española, no influenciada por la casación francesa como algunos creían. Se lamenta el grave desconocimiento de nuestras soluciones, técnicamente superiores, por autores de primera fila mundial, que luego reivindicaron modificaciones que nuestro país practicaba desde finales del siglo XIX. Nuestro «reformista» legislador no les ha ido a la zaga, pues, ignorando las voces de la doctrina, ha ido modificando la fisonomía del recurso con un solo agobio en la mente: subvenir a la masificación de recursos. Las reformas no sólo han arrasado con la casación española, sino que además han empeorado los tiempos de respuesta. El propio Tribunal Supremo, al pasar al activismo, propugnando interpretaciones formalistas para vedar la admisión de recursos, además de fracasar en el intento, ha sufrido el mayor descalabro en su prestigio de todos los tiempos. Ante tal cúmulo de desgracias, el legislador está a punto de sepultar nuestra casación, al pretender sustituirla por un recurso con función exclusiva de «unificación de doctrina», fundado en interés casacional, derivado de la contradicción de la sentencia con la jurisprudencia, además de un recurso «en interés de ley». El epílogo de la función lo pone por el momento un hecho sobrevenido, fruto del azar de los tiempos políticos. El proyecto que, entre otras muchas increíbles hazañas, firmaba la partida de defunción de la casación quedó temporalmente aparcado por el fin de la legislatura. Pero entra dentro de lo probable que sea retomado por el mismo legislador apalancado en las urnas, consumándose así el sepelio.

6. Los temas fundamentales del proceso civil

Entre la tramoya de lo que externamente se calificarían como obras mayores del Prof. VÁZQUEZ SOTELO, se prodigan multitud de trabajos que cualquier lector no avisado podría tener en menos o ni siquiera tomar en consideración. Como ocurre en otras muchas ocasiones, tal juicio temerario se revela completamente erróneo, a poco que la curiosidad científica incita a levantar el velo que les cubre el rostro. Apenas destapado el frasco de las esencias, uno se sorprende aquí y allá con pensamientos de fondo sobre los temas fundamentales de la disciplina, que van más allá de la mera exposición lineal o aséptica. El lector paciente encontrará opinión fundada y nuevas ideas, estímulos o sugerencias sobre los temas de siempre, es decir, justo lo que se espera de un profesor sólido. Un pequeño excurso cronológico sobre alguno de estos trabajos nos aportará la medida cabal de esta apreciación.

a) Los principios del proceso civil

En esta intervención (1993), inicialmente de corte pedagógico, el autor estructura su exposición en torno a la clasificación entre principios jurídico-naturales, que afectan a la esencia y estructura del proceso; principios procesales constitucionalizados, tomados como garantías y principios técnicos del proceso. Respecto de estos últimos distingue los que rigen la tutela judicial, los que regulan la aportación del material fáctico necesario para la cognición judicial, los relativos a la valoración de la prueba y las formas procesales.

De particular interés es el esfuerzo por delimitar los fronteras entre el principio dispositivo y el de aportación de parte. Respecto de este último sigue siendo de utilidad la contraposición entre las tesis de GUASP y LIEBMAN, que concluye con el siguiente párrafo de rabiosa actualidad:

> «*El aforismo que recoge correctamente este principio después de indicar que el juez debe juzgar ateniéndose a lo legalmente (*iuxta*) alegado y probado por las partes concluye amonestando al juez para que no juzgue según su personal información (*et non secundum conscientiam suam).

La reciente y artificiosa polémica sobre este tema, a la que luego el propio autor hace referencia en un recientísimo trabajo, revaloriza esta equilibrada cita, que demuestra que el *Mare Nostrum* ya estaba descubierto bastante antes de lo que ahora se pretende vender como exponente de modernidad.

b) Discrecionalidad y Derecho procesal

Esta nota (1995) no tenía más que la pretensión de ser una puntualización crítica a un trabajo de los Profesores ORTEGO PÉREZ y PICÓ JUNOY sobre el *Ámbito de la discrecionalidad judicial en la determinación de la responsabilidad penal* (RJCat. 1995, 611). En ella, el Prof. VÁZQUEZ SOTELO insistía en excluir de la discrecionalidad situaciones que son sólo actuaciones indeterminadas, pero fiscalizables, de las que expone ejemplos abundantes. Por ello responde negativamente a la pregunta de si el tribunal del juicio oral puede modificar discrecionalmente los términos de la acusación, o aplicar circunstancias modificativas de la responsabilidad o determinar los grados de participación en el delito o establecer la pena.

Los apuntes con pretensiones humildes se convierten a veces en todo un símbolo por detalles accesorios que hacen fortuna. Tal es lo acontecido con esta nota, que acuñó el elocuente término de «*pastoreo furtivo*», preñado de intención y que el autor describe en estos términos:

> «*Caracteriza a nuestra época que las instituciones y el campo propio del Derecho Procesal (en cualquiera de sus ramas o especialidades) son frecuentemente cultivadas por «espontáneos» de otras disciplinas (singularmente penalistas o constitucionalistas). Tal cultivo no suele ser enriquecedor y nada tiene que ver con el estudio interdisciplinar de las instituciones fronterizas. De ahí que me haya permitido decir que esa invasión o intromisión en nuestro campo alguna vez habría que denunciarla sino por «intrusismo» al menos por «pastoreo furtivo» (en el sentido del art. 590 del CP para no recordar los hoy derogados antiguos arts. 586 y 587). Y claro está que esa «entrada en heredad ajena» actualmente tan frecuente poco tiene que ver hoy con las formidables aportaciones que al proceso penal realizaron (especialmente en las primeras etapas) los grandes penalistas que establecieron las primeras piedras para su tratamiento científico (Binding, Beling, Graf zu Dohna, Manzini, Massari o Bettiol, entre otros).*»

c) Reflexiones en torno de la acción procesal

A pesar de que se trata de la mera transcripción de una conferencia (1996), publicada sin aparato bibliográfico, en ella el autor reivindica la actualidad del tema y diría que toma posición en cuanto a este pilar dogmático de la moderna ciencia procesal. Como era de esperar, se remonta a las circunstancias que propiciaron la elaboración del concepto autónomo de acción frente al derecho sustantivo en la doctrina alemana del siglo XIX. Los muchos ejemplos que evidencian la fractura entre «derecho» y «acción» acabaron por favorecer el desgajamiento de este último concepto y ello daría lugar al nacimiento del Derecho Procesal como disciplina autónoma. Tras pasar revista a los diversos puntos que se incluyeron en el debate científico sobre la acción, hace un balance de las premisas necesarias para elaborar su concepto. En plena coherencia con ellas, el autor explica que existe, en primer lugar, el «derecho a acceder a los tribunales» sin discriminación alguna. Ello es, empero, un derecho cívico, fundamental, pero previo, que no nace con la demanda. Existe después un «derecho al proceso concreto», que exige la interposición de la demanda y que tiene naturaleza procesal. Se le puede denominar de muchas maneras, como derecho al proceso, derecho al ejercicio de la jurisdicción en el caso concreto, derecho a los actos del juicio o derecho a que se proceda ante una demanda. Pero, en la terminología tradicional española e hispanoamericana, también cabe denominarlo derecho a la instancia. Este derecho no es la acción, como demuestran los casos en que se produce una absolución en la instancia o se acuerda la nulidad de actuaciones. Si el proceso ha sido correctamente incoado y desarrollado hasta el final, existe el «derecho al pleno ejercicio de la jurisdicción», que se traduce en el «derecho a una sentencia de fondo, favorable o adversa». Este es el derecho para el que debe reservarse el nombre técnico de «acción», cuyos elementos son la legitimación y la excepción.

d) La jurisprudencia vinculante en la «common law» y en la «civil law»

Con ocasión de las XVI Jornadas Iberoamericanas de Derecho Procesal, celebradas en Brasilia (Brasil), el Prof. VÁZQUEZ SOTELO pronunció esta conferencia (1998), que marcó un hito de espléndida madurez en cuantas intervenciones públicas he tenido el privilegio de oírle. Al inicio del trabajo se capta la atención del público rememorando una cita humorística[22] a propósito del exceso de leyes y curiales.

> «*Con los jurisconsultos que lo habían precedido hizo Triboniano lo que la serpiente de Moisés con las de los magos, que las devoró a todas y a todas convirtió en una única serpiente; sólo que ésta, después de haberse hartado, se descomió y las serpientes muertas salieron nuevamente a la luz convertidas en jueces vivos y diciendo que el Código de Justiniano era el desorden con pretensiones, una especie de almacén de trapero lleno de discordancias, excesivo y vano, y, a menudo, también inexpresivo.*»

El autor se enfrenta al tema clásico del papel del juez en la aplicación del derecho, recordando magistralmente los dos elementos de la dialéctica del problema. Por un lado, la necesaria vinculación del juez a la ley, para evitar los «juicios de alvedrio», que supondrían una aplicación judicial del conocido dicho «allá van leyes do quieran reyes». Por otro lado, el papel que corresponde a la jurisprudencia para integrar armoniosamente la ley en el caso concreto, pero siempre manteniéndose dentro del sistema. En el meollo del trabajo, están ilustradas en detalle las diversas soluciones técnicas que dan la «common law» y la «civil law» a este proceso de encarnación de la ley en el caso, con abundantes citas de soporte. El valor del precedente, la jurisprudencia vinculante, los mecanismos de escape del sistema anglosajón se contraponen a la jurisprudencia constante, los virajes jurisprudenciales, o el alcance del derecho a la igualdad en la aplicación de la ley del sistema civil. El autor concluye explicando como, a pesar de las diferencias de técnica jurídica, es posible aproximar ambos sistemas en cuanto al cumplimiento de los objetivos que se persiguen.

Los consejos de Dédalo a su hijo Ícaro sobre como usar las alas de cera para salir del laberinto sirven al autor para poner un digno colofón a su trabajo:

> «*Ese es también el peligro de la jurisprudencia, tanto si permanece encerrada o conservada en exceso como si cambia o se modifica con frivolidad. Ni en un*

22. La cita es de FERNÁNDEZ FLÒREZ, *Antología del humorismo*, Barcelona, 1957, 335, que resume un texto del escritor italiano F. GUERRAZZI.

caso ni en otro podrá concluir su viaje a esas dos estaciones de término, que son la certeza de las respuestas judiciales y el progreso del derecho»

e) El proceso civil y su futuro

Entre los estudios de puro pensamiento, hay que citar éste (2003), presentado en el marco solemne de las XVIII Jornadas Iberoamericanas de Derecho Procesal, Montevideo, 2002. El escenario era idóneo para las reflexiones de principios y el público un lujo reservado a los privilegiados. El orador, evocando «la rebelión de las masas» de Ortega y Gasset, llama la atención del auditorio sobre las grandes transformaciones sociales que se han producido en la sociedad actual, lo que pone al proceso civil ante nuevos retos a los que hacer frente. A partir de este momento se comienzan a desgranar tanto algunos temas de consenso como los puntos calientes, según el estado de la ciencia. Entre los primeros, aparecen premisas que pudieran parecer obvias: la profesionalización de los tribunales, una justicia con rostro humano y rodeada de garantías, el acceso real y efectivo a la justicia, etc. No por sabidas es redundante reclamarlas como cimiento de cualquier construcción futura.

Puestos a explorar el futuro, el autor no tiene empacho en adoptar como punto de partida una teoría clásica donde las haya: la solución de conflictos, como función de la jurisdicción y del proceso. Claro que propone vías de redefinición y ampliación del concepto, tanto para obviar las objeciones tradicionales a esta teoría como para dar respuesta a las necesidades actuales, que ilustra con abundantes ejemplos. Es un planteamiento abierto, que enseguida se complementa con una carga de profundidad sobre la dimensión de la instrumentalidad del proceso. Esta va mucho más allá de las relaciones del proceso con el derecho material. La instrumentalidad «tiene un contenido social y exige un rendimiento eficaz a las instituciones procesales, todas al servicio de esa gran finalidad última que es la «pacificación social».

Las puntas de lanza de los nuevos retos las identifica el autor, entre otros detalles de calado, en el tránsito de la «legitimación por titularidad» a la «legitimación por el interés», en la inclusión de «sentencias de mandato» y «sentencias ejecutivas *lato sensu*» al lado de las categorías tradicionales, en el reforzamiento de las tutelas cautelar, urgente no cautelar, sumaria, diferenciada y anticipatoria. El punto más álgido de las proposiciones de futuro es el relativo a la posible flexibilización de la cosa juzgada, sobre el que advierte que a la doctrina española puede producirle verdadero escándalo.

Por el contrario, cabe esperar mayor asentimiento en otros temas como la atribución de protagonismo a la primera instancia del juicio, el reforzamiento de la eficacia de la ejecución, la promoción de los equivalentes jurisdiccionales para la solución de conflictos o las exigencias de los procesos colectivos.

Las características del trabajo nos permiten conocer, en apretada síntesis, el posicionamiento del autor en plena madurez respecto de muchos temas de fondo de nuestra disciplina.

Sobre alguno de estos temas, el Prof. VÁZQUEZ SOTELO ya había avanzado sus sugerencias, con motivo del Seminario internacional que se convocó en Barcelona sobre «*El proceso civil del siglo XXI*» (2002). El grueso de las referencias, impuestas por la propia convocatoria del evento, se refiere a los modelos de organización de los diversos tribunales, al reparto racional de los asuntos y las funciones entre ellos, a la dosis aconsejable de instancias, a las vías de acceso en cada caso, a las interferencias entre ellos y al alcance de la vinculación que haya que atribuir a la jurisprudencia del tribunal jerárquicamente superior, entre otras cuestiones del máximo calado. Para valorar la oportunidad del debate, debe considerarse que, en el momento actual, no sólo no se han resuelto satisfactoriamente todos los interrogantes entonces planteados, sino que —lo que es más grave— es que apenas se ha producido debate de fondo, ni hay síntomas de que vaya a producirse.

7. El seguimiento crítico de las diversas reformas procesales

El seguimiento de las reformas procesales siempre fue motivo de atención singular para el Prof. VÁZQUEZ SOTELO. Recuerdo perfectamente sus intervenciones en las labores de corrección y actualización de la vieja ley, que, promovidas altruistamente por un grupo de profesores sensibilizados (1972-1974), fueron ofrecidas a los responsables políticos del país, sin que suscitasen comentarios ni reacción alguna.[23]

Bajo la égida de la legislación anterior, encontramos su trabajo sobre *Instituciones saneadoras del proceso civil español: «excepciones dilatorias» y «comparecencia previa»* (1987). En él se revisa una de las reformas más significativas de nuestro proceso civil, operada por la Ley 34/1984, antes de sustituir la LEC 1881. En una solución muy a la española, se entronizó el llamado juicio de menor cuantía como proceso tipo y se ensayó lo que hoy constituye la audiencia previa del juicio ordinario.

En el umbral del cambio, el autor, tempranamente ofreció unas *Pautas metodológicas para elaborar un nuevo código procesal* (1989), en donde abogaba por la conveniencia de una «Ley de Bases» y alertaba sobre los peligros del mimetismo legislativo, con ejemplos demoledores.[24] En *La construcción del proceso cautelar en el derecho procesal civil español* (1990) patrocinaba la futura introducción en nuestro sistema de un proceso cautelar, proponiendo las líneas generales del mismo.

Más recientemente, en el proceso de sustitución de nuestra legislación procesal civil, que culminó con la promulgación de la LEC 2000, volvió a la carga sobre el procedimiento legislativo en *Método y sistema de elaboración de la reforma procesal civil española* (1999). También son muchas las materias que han pasado por el filtro de las observaciones e intervenciones del Prof. VÁZQUEZ SOTELO. Entre ellas se pueden contar, a

23. Publicadas por el propio cuerpo profesoral: PROFESORES DE DERECHO PROCESAL, *Corrección y actualización de la ley de enjuiciamiento civil*, Madrid, I (1972), II (1974).

24. Baste rememorar, por todos, el relativo a la entonces reciente importación de la audiencia preliminar austríaca, sin tener en cuenta las modificaciones ya introducidas en el país de origen: «es como si deseando importar automóviles extranjeros encargásemos los modelos ya retirados en el país de fabricación», escribe el autor (p. 785).

título indicativo, *Ejecución provisional y medidas cautelares* (1998) y *La configuración de las medidas cautelares en el anteproyecto de LEC* (1998).

Pero, sin duda, las más sabrosas se producen ya bajo el imperio de la LEC 2000. Una presentación a la comunidad científica internacional de las principales aspiraciones y novedades de esta nueva ley se contiene en su contribución a los estudios en honor del Prof. TARZIA: *El nuevo código procesal civil español y sus principios inspiradores* (2005). Lejos del estilo de otras escenificaciones *ad pompam*, el autor no se recata de efectuar una crítica severa de las múltiples deficiencias de que adolece la ley, aunque reconoce que, en conjunto, mejora la situación actual.

Una muestra de la severidad que se gasta el autor, cuando procede, puede verse en su exégesis del precepto que regula *La «prueba en contrario» en las presunciones judiciales* (2001). Para el autor la ocurrencia del legislador sólo puede tomarse como una «perogrullada», en la que la ociosidad del precepto va unida a su inexactitud en el plano doctrinal. Después de demostrar sus asertos, por activa y por pasiva, concluye rememorando el lamento del Fiscal alemán que pasó a la historia por negar valor científico al derecho, al comparar a los juristas con las termitas, por cuanto estamos «condenados a alimentarnos de la madera podrida que nos suministra el legislador». Y apostilla el autor: «Un viejo mal del que al menos en España no vamos camino de redimirnos.»

La misma crítica despiadada se produce en el comentario sobre *Las diligencias finales* (2000). Después de un apasionado estudio histórico y doctrinal del precedente de las diligencias para mejor proveer, resalta como, en una época histórica tan dominada por las exigencias sociales, el legislador se muestre indiferente ante la eventualidad de una sentencia injusta, atando de manos y pies al juez. Evocando a CARNELUTTI —«todo un parlamento puede estar integrado por ignorantes en derecho procesal»—, concluye en la necesidad de derogar o corregir el precepto cuanto antes, «restableciendo las potestades probatorias que necesita el juez para poder dictar sentencias justas en un proceso civil inspirado en el principio de prueba de parte». Y previene con una imagen admonitoria: «también aquí, como sucede con los ascensores en mal estado, es necesario esperar a que maten a los usuarios para disponer que se reparen o sustituyan».

Estando ya esta obra en prensa, tuve el privilegio de conocer anticipadamente la más reciente incursión del autor sobre el tema. Su trabajo «*Iniciativas probatorias del juez en el proceso civil*», que está en curso de publicación en la revista JUSTICIA (2009), vuelve a retomar el tema de la comparación entre las diligencias para mejor proveer de la legislación anterior y las diligencias finales de la nueva LEC 2000. Obviamente, el autor no cambia su pensamiento de fondo, que vuelve a resumir, añadiendo a modo de pedagogía «cinco ejemplos demostrativos de la utilidad de la iniciativa probatoria del juez por medio de las diligencias para mejor proveer». Con ser provechosa la lectura de esta síntesis, la parte más extensa de su trabajo, que precede al estudio de dichas diligencias, es la dedicada al estudio del problema de fondo: la iniciativa probatoria del juez civil, con las repercusiones que de ello se derivan en cuanto al modelo de juicio civil que deseamos para nuestros ciudadanos.

En este punto, el autor irrumpe decididamente en la reciente polémica transfronteriza que ha ocupado a un importante sector de la doctrina procesal en estos últimos años. Rememorando los términos de la polémica, la iniciativa probatoria de oficio del tribunal sería un claro exponente de un modelo de proceso civil autoritario. Este baldón se obviaría reivindicando el monopolio de las partes en cuanto a la prueba, según el brocardo clásico[25] «*iudex judicare debet secundum allegata et probata partium*», lo que permitiría conducir los juicios bajo el aura propagandística del liberalismo redentor. Estoy convencido que la lectura del trabajo del Prof. VÁZQUEZ SOTELO no dejará a nadie indiferente. Con la autoridad que presta la madurez intelectual, la experiencia y la documentación, el autor deja en evidencia las doctrinas revisionistas, por más que hayan sido defendidas por relevantes autores «con un entusiasmo y un apasionamiento propio de apóstoles o evangelistas». Respetando que algunos autores se confiesen de «pecados de juventud» respecto de posiciones doctrinales mantenidas durante más de un cuarto de siglo,[26] el Prof. VÁZQUEZ SOTELO pasa revista de nuevo a las opiniones constantes de la doctrina común en nuestro país, cuyo saldo es favorable a una bien entendida iniciativa probatoria del juez civil. Ello hubiera debido conducir a una regulación del tema sensiblemente distinta a la que ahora se contiene en los arts. 429 y 435 LEC 2000. La acompasada exposición de las sucesivas reformas de nuestra legislación procesal desde la promulgación de la LEC 1881 evidencian cómo la iniciativa probatoria del tribunal fue compatible con regímenes políticos tan diversos como la monarquía, la república, la dictadura y también la monarquía constitucional y democrática actual. Frente a tal dato incontrovertido, la nueva LEC 2000 supondría un retroceso histórico difícilmente justificable en el siglo XXI y un desconocimiento de nuestra tradición procesal más solvente. En este contexto, la polémica suscitada tiene mucho de artificiosa, por más que haya suscitado un inusitado ruido mediático. Bien está, porque nos va en ello el modelo de juicio civil que nos queramos dar.

Sin abandonar el tono crítico, en *La división judicial de patrimonios: aspectos sustantivos y procesales* (2004) se hace una exposición sumaria, destinada a la formación de jueces, de este injustificable y farragoso procedimiento. Otro tanto ocurre en *El nuevo procedimiento para el lanzamiento de los ocupantes del inmueble adjudicado en la ejecución procesal* (2004).

También han suscitado la atención del autor los procesos sobre intereses colectivos. En *La tutela de los intereses colectivos y difusos en la nueva ley de enjuiciamiento civil española* (2004) se describe el modo peculiar de respuesta a estas situaciones en nuestro ordenamiento. Superando la dispersión legal, trata de presentar sistemáticamente el conjunto de normas, que dejan, no obstante, muchas lagunas sin cubrir. Sucesivamente, el autor vuelve sobre el tema en *Los procesos colectivos: confrontación entre la insuficiente regulación de la Ley de Enjuiciamiento Civil y la del Código Modelo para Iberoamérica* (2007).

---

25. De particular interés es la extensa nota 39 de este trabajo, que acota críticamente algunos excesos producidos en la pretendida relectura de este viejo aforismo, supuestamente mal interpretado por la mejor doctrina procesal de todos los tiempos, al menos, eso se pensaba hasta ahora.

26. El autor no se recata de exponer con pelos y señales, en larguísimas notas, las grandes contradicciones de pensamiento en que incurren en su proceso de conversión ideológica, transcribiendo textualmente las citas más significativas de sus obras.

8. Las costas procesales

Independientemente de las apetencias o preferencias personales, hay temas que le acaban persiguiendo a uno a lo largo de la vida por las causas más variadas. Tal es el caso de las costas procesales en la producción científica del Prof. VÁZQUEZ SOTELO. Desde las sensibles reformas de 1984, el tema ha mostrado una cierta querencia por perseguir al autor. Suyos fueron los comentarios a los preceptos sobre costas en la reforma operada por la ley 34/1984 (1985), la búsqueda de espacio para los pactos sobre costas (1986) y, cómo no, el comentario al art. 394 LEC (2000), que sirve de cobertura a la condena en costas en la ley actual. A pesar del carácter sintético de la glosa, ahí se encuentran, amén de la clarificación del sistema, referencias históricas y doctrinales suficientes, el detalle de las circunstancias excepcionales que justifican la no aplicación del criterio del vencimiento y la configuración del estándar de la temeridad, entre otros datos.

9. El concurso de acreedores

De ciencia propia me consta que el interés del Prof. VÁZQUEZ SOTELO por los procesos concursales viene de antiguo. Casi me atrevería a aventurar que, en buena parte, ello se debe a la atracción que le suscita la figura de uno de nuestros clásicos, un coterráneo suyo y mío, FRANCISCO SALGADO DE SOMOZA y su *Labyrinthus creditorum*. En los rastros escritos, en el pasado, apenas se contabilizaban en su haber profesoral un par de estudios puramente técnicos, aunque de indudables repercusiones en la práctica concursal: *La competencia territorial en los casos de quiebra necesaria* (1979) y *Acumulación de autos. Excepción a la «vis attractiva» del juicio universal* (1986).

Fue justo en las vísperas de la promulgación de la nueva ley concursal cuando creo que se le despertó el león dormido. Bueno, dormido no debía estar, porque precisamente él y el Prof. MANUEL LOZANO HIGUERO, junto con el providencial apoyo del Prof. JOSÉ LUIS GONZÁLEZ MONTES, fueron los que indujeron y escribieron en el preámbulo de la Ley Concursal de 2003 la evocación de nuestros concursalistas más representativos FRANCISCO SALGADO DE SOMOZA y AMADOR RODRÍGUEZ. Su trabajo *La situación caótica y «laberíntica» de la legislación concursal española. Necesidad y aciertos de la legislación concursal* (2003) tiene un elevado valor documental y testimonial, pues refleja el tránsito legislativo del siglo XIX al XXI.

Después de ello, se desbordó su producción concursal, primero, presentando la ley española en Iberoamérica —*La nueva ley concursal española* (2005)— y luego como miembro fundador y, sucesivamente, presidente del Instituto Iberoamericano de Derecho Concursal, animando y organizando los congresos anuales. Ello ha dado lugar, hasta ahora, a contribuciones como *El «procedimiento ordinario» del concurso según la ley española y el «procedimiento abreviado»* (2005) y *La especialización del juez del concurso y los Juzgados Mercantiles españoles* (2006).

10. La formación de jueces y abogados

La monografía del autor que lleva por título *Sistemas jurídicos y formación de jueces y abogados* (1995) ha tenido circulación restringida —un resumen sintético aparece publicado en Italia (1996)— y a más de uno, entre los que me incluyo, le ha pasado desapercibida. En origen fue una ponencia general de las XIV Jornadas Iberoamericanas de Derecho Procesal, celebradas en La Plata (Argentina) en 1994. El libro se estructura en una introducción —«Referencia al origen y fundamento de las profesiones jurídicas»— y tres partes. La primera expone «Los sistemas jurídicos occidentales y su influencia en los métodos de selección de los profesionales del derecho». La segunda trata de «Los sistemas judiciales y las profesiones jurídicas. Criterios de selección y formación». Finalmente, en la parte tercera se explica el «Control de la formación jurídica del juez según los principales sistemas europeos».

La obra arranca poniendo de relieve como la sociedad de nuestros días es cada vez más exigente con la calidad de los productos y servicios que recibe y como la jurisprudencia ha ido ampliando progresivamente los campos de la responsabilidad profesional. Todo ello motiva que la formación de los profesionales y, entre ellos, los jurídicos, sea una cuestión de la máxima importancia y actualidad para responder a dichas exigencias.

En las diversas partes de la obra se contiene una exposición sintética de los grandes rasgos de los sistemas jurídicos continental y anglosajón, a propósito del tema. Se comparan ambos sistemas, con información sobria, pero completa en sus rasgos fundamentales, lo que hace utilísima la obra para los no iniciados. Se explican los diversos métodos de formación de las profesiones jurídicas y cómo se efectúa la selección de jueces en cada uno de ellos. El autor se confronta al final con la espinosa cuestión del ámbito teórico/práctico de la enseñanza universitaria, explicando las diversas opciones para paliar la cuadratura del círculo. Sin embargo, deja claro que la Universidad, la actual y la de siempre, no puede enseñar los oficios y profesiones jurídicas, cuyo aprendizaje específico debe hacerse después.

En su artículo sobre *Organización de despachos de abogados* (1992) ya había avanzado algunas ideas sobre la eclosión que luego se produjo en esta materia y que todavía no puede considerarse concluida.

11. Recuerdos de juristas

La nota más humana de la producción del Prof. VÁZQUEZ SOTELO son los diversos recuerdos de procesalistas, debidos a su pluma. Destacan sin duda los tributados a LEONARDO

Prieto-Castro Ferrándiz (1995), Emilio Gómez Orbaneja (1997), Giuseppe Tarzia (2005), Santiago Sentís Melendo (2005) y Cipriano Gómez Lara (2006). En estas cálidas conmemoraciones afloran sus vivencias personales, al lado de las estrictamente científicas, por lo que constituyen un valiosísimo documento para reconstruir nuestra historia procesal ya no tan reciente. A pesar de la indudable modernidad de estas notas, deja pensativo comprobar qué frágil es la memoria histórica de nuestros estresados tiempos. O tal vez se trate de un problema de perspectiva: del ayer mismo al hoy por la mañana hay tiempo suficiente para convertir a un autor en dinosaurio y relegarlo al parque jurásico. Claro que también podría ser ello un síntoma evidente de carencias formativas sólidas, cuando no sectarias, de inopia de lecturas, cuando no de sesgo intencional en el uso de las fuentes escritas, promocionando el ego propio o del rebaño —*sicut pecorae*, según imagen reiterada del autor en sus incisivos trabajos—, cual yupis desaforados.

12. El *Liber amicorum*

Esta a modo de presentación de este libro de estudios en homenaje al Prof. José Luis Vázquez Sotelo debe completarse, al menos, con dos documentos importantes: el *curriculum vitae* detallado que precede, revisado por el propio autor y sus propias palabras en el acto de homenaje que se produjo en la Facultad de Derecho de Barcelona, el 4 de mayo de 2007, en la Jornada homenaje conjunto a él y al Prof. Manuel Serra Domínguez.[27]

Se trata de un *Liber amicorum*, modesto, pero intenso. De hecho, es el único regalo prometido con ocasión de la jornada aludida, en la que no se hicieron concesiones a actos de mero relumbrón. La sobriedad de la puesta en escena fue premeditada, para dar realce a su significado académico. Como en aquella ocasión, la invitación a participar tanto en la jornada como en el presente donativo fue abierta a todos los colegas, sin exclusión de credos, linajes o fronteras. Me consta que, dada la premura de tiempo con que se ha armado el homenaje, muchos colegas y en particular los abundantes amigos que en el panorama internacional se ha granjeado el autor, que sin duda hubieran querido aportar su contribución, finalmente no han podido cumplir con la fatalidad de los plazos impuestos. Me consta personalmente y así se lo he transmitido puntualmente al Profesor homenajeado. Esta autolimitación, fruto del estresante rigor temporal aplicado, ha sido providencial desde el punto de vista de la extensión del trabajo impreso, porque, de otra manera, hubiera sido desbordante. Sin duda que el futuro propiciará ocasión de remediar adhesiones tardías o sobrevenidas.

Pero también hay que dejar constancia de otra característica típica de las entretelas genéticas de nuestro país. Muchos colegas han dado simplemente la callada por respuesta a la reiterada invitación a participar en este libro homenaje. Unos, los menos, se habrán excluido, probablemente, por no considerarse «amigos» personales del homenajeado, lo cual humanamente es difícil de reprochar. La postura de otros, en cambio, sólo tiene una explicación plausible en su falta de generosidad intelectual. La trabajosa

27. La documentación de la jornada puede verse en la revista Justicia 2007 (3-4).

andadura del autor en los sucesivos escenarios de oposiciones y su indómita repulsa a las concesiones y complacencias con la falta de solvencia científica de cualquiera que haya merecido la atención de su lupa crítica habrían podido dejar supuestas víctimas en el camino. Entre nosotros, no existe urdimbre más delicada que nuestro ego profesoral, que resulta mortificado por cualquier discrepancia, por leve que sea. O más aún, por cualquier negativa a la lisonja o adhesión a ciegas, en las que los valores son el proselitismo y la fidelidad personal a ultranza. Nada de eso tiene que ver con las contribuciones científicas y con el reconocimiento del granito de arena que, probablemente, cada autor trata de aportar a la comunidad científica. Aun pretendiendo cubrirlas con tierra o con silencio, como se prodiga, siguen ahí, al alcance de quien quiera leerlas. Claro que la vocación por la lectura también se va perdiendo, a juzgar por las lagunas y carencias que se descubren en muchos trabajos, algunos orquestados con gran pompa. Estoy seguro que el Profesor homenajeado no echará de menos esas contribuciones. En todo caso, apelando al Evangelio de San Lucas 23, 34: Profesor, «perdónales porque no saben lo que hacen».

Estudios

Pluralidad de partes con referencia a la Ley de Ordenación de la Edificación

JOSÉ ALMAGRO NOSETE
MAGISTRADO EMÉRITO SALA PRIMERA TRIBUNAL SUPREMO

I. Preámbulo

Frente a la anomia de la derogada Ley de Enjuiciamiento Civil de 1881, sobre las materias que se tratan,[1] la vigente Ley 1/2000), a semejanza de otras leyes procesales (Austria, Alemania, Francia, Italia...), regula los fenómenos conocidos con los nombres de «litisconsorio» e «intervención procesal» de terceros bajo la denominación apocopada de «pluralidad de partes» (capítulo II, Título I, Libro I), que, propiamente, significa pluralidad de sujetos que actúan como demandantes (o desde la posición jurídica del demandante) o como demandados (o desde la posición jurídica de éstos), esto es, con respeto al principio procesal de dualidad de partes.

Ambos fenónemos genéricos, cada uno comprensivo de varias especies, responden a razones jurídicas no unitarias, que originan, asimismo, opiniones doctrinales diversas,[2] no obstante, que la actual sujeción a la Ley, imponga unos límites objetivos a la consideración de los mismos. Las coincidencias y divergencias, entre unos y otros, hacen aconsejable que se examinen separadamente, para dedicarnos en un momento posterior al estudio más concreto de la intervención, en las formas prevenidas por los artículos 13 y 14 de la Ley de Enjuiciamiento Civil, en relación con el artículo 17 y la «disposición adicional séptima» de la Ley de Ordenación de la Edificación.

1. Prieto-Castro, detalla, en este sentido, antes de la promulgación de la L.E.C. 1/2000, el «estado actual del Derecho positivo y de la jurisprudencia era materia de entrada de otros sujetos en el proceso» pág. 393. Asimismo examina el fenómeno de la «pluralidad de sujetos», en otras legislaciones. Pág. 414 y sgtes. Tratado de Derecho Procesal Civil, I, Madrid 1985.

2. Ortells Ramos, limita la pluralidad de partes a los supuestos en que la pretensión procesal el objeto del proceso es único (pág. 168, Derecho Procesal civil, Navarra, 2005). Montero, distingue, asimismo, entre acumulación de procesos y proceso único con pluralidad de partes (pág 94, El nuevo proceso civil, Valencia, 2001). Con esta concepción el litisconsorcio facultativo o acumulación subjetiva (y objetiva) de acciones quedaría fuera del fenómeno de pluralidad de partes.

II. El litisconsorcio

El litisconsorcio supone un proceso con varios demandantes o/y varios demandados. La doctrina y la jurisprudencia distinguen el litisconsorcio facultativo o voluntario del litisconsorcio necesario. El primero se produce, cuando uno o varios sujetos por su voluntad exclusiva, como actor o actores, demandan a uno o varios sujetos, apoyándose en determinadas conexiones de las pretensiones que se actúan. El segundo, se produce si uno o varios tienen que demandar a varios, cuando los demandados comparten preceptivamente la disponibilidad, sobre el objeto del proceso, de manera, que si no participan todos en el litigio, la sentencia resultaría ineficaz.[3] La Ley de Enjuiciamiento Civil que regula el litisconsorcio, no emplea estas denominaciones en el artículo 12, que recoge ambas figuras, aunque en el artículo 420 se refiere expresamente al litisconsorcio pasivo necesario.

a) Litisconsorcio voluntario. Traduce al plano subjetivo una acumulación de objetos litigiosos que representan pretensiones basadas en derechos materiales, no incompatibles, ni excluyentes e incluidos todos en el ámbito competencial del órgano jurisdiccional, que nacen de un mismo título o se fundan en una misma causa de pedir.[4]

La proposición «uno» del artículo 12 describe esta especie de litisconsorcio al establecer que «podrán comparecer en juicio como demandantes o demandados», «cuando las acciones que se ejerciten provengan de un mismo título o causa de pedir».

La idea se repite al tratar la «acumulación subjetiva de acciones» (la acumulación subjetiva es también acumulación objetiva) (artículo 72, 73-1º).

El litisconsorcio compuesto por varios sujetos demandantes se considera litisconsorcio activo y el referido a varios demandados, litisconsorcio pasivo. El que afecta a la pluralidad de unos y otros se suele denominar litisconsorcio mixto, aunque prefiero la denominación de litisconsorcio doble (evita la equívoca referencia de mixtura o mezcolanza).

El principio de economía procesal se erige en causa justificativa del litisconsorcio voluntario, pues permite dilucidar varias cuestiones en un solo proceso. El efecto principal es este de concentrar el debate sobre todas las cuestiones en una misma sentencia. La unidad de la sentencia es más formal que real, pues al ser varias las cuestiones acumuladas, cada una necesita un pronunciamiento específico.

Los actos de disposición de un litisconsorte (allanamiento, renuncia, transacción, desistimiento, confesión) no afectan a los demás litisconsortes; y, en general, ni en sus

3. Montero y otros, Derecho jurisdiccional, Valencia, 2005, pág. 87.

4. Cortés-Moreno, Valencia, 2005, pág. 106.

relaciones recíprocas ni con la parte contraria los actos de cada litisconsorte deben afectar a los demás.

Las «acciones» que se ejercitan litisconsorcialmente han de tener un «nexo» por razón del título o causa de pedir. Además, la Ley presume que el título es «idéntico o conexo cuando las acciones se funden en los mismos hechos» (artículo 72). El «nexo», que es un concepto indeterminado, supone una ligazón (no confusión), entre los objetos, deducidos, en juicio.

La Ley previene que la indebida acumulación de acciones, pueda apreciarse «de oficio» «in límine litis» (artículo 73-4), o bien, alegada en la contestación a la demanda, dilucidándose en fase de «audiencia previa» (artículo 419).

Tomando en consideración las cuestiones de Derecho material que puede suscitar la «responsabilidad civil de los agentes que intervienen en el proceso de la edificación» (artículo 17 de la Ley de Ordenación de la Edificación), complejas, tanto desde la perspectiva del hecho de la construcción, como de la multiplicidad de sujetos intervinientes en los mismos, será frecuente que, en la práctica, se produzcan relaciones entrelazadas que favorezcan la utilización del litisconsorcio voluntario, como fórmula de economía procesal.

b) Litisconsorcio necesario. Es el que viene impuesto por vinculaciones subjetivas, de carácter inescindible, que resultan del objeto de Derecho material, deducido en juicio.

Estas vinculaciones las determina el Derecho Civil, según principio general, por la divisibilidad o indivisibilidad de las obligaciones o de las cosas mismas que deban ser objeto de prestación. Cuando la titularidad activa y pasiva recae sobre un solo sujeto, no se plantea ningún problema diferencial respecto de las demás relaciones jurídicas, como subraya el artículo 1.149 del Código civil. La cuestión surge cuando son varios los sujetos deudores o varios los sujetos acreedores y «la división fuere imposible». El artículo 1.139 del Código civil establece que «si la división fuere imposible sólo perjudicarán al derecho de los acreedores los actos colectivos de éstos y sólo podrá hacerse efectiva la deuda procediendo contra todos los deudores».

Antes de continuar conviene hacer un inciso que sirve para atenuar las dudas y confusiones que originan estas situaciones y el carácter, en algunos casos contradictorio, de la jurisprudencia del Tribunal Supremo, a saber: la teoría de la divisibilidad e indivisibilidad de las obligaciones es una de las más enmarañadas y complejas del Derecho Civil, según reconocen los propios civilistas.

Su carácter «laberíntico» se equipara al de las normas concursales. No extrañe, pues, que el problema se complique con las repercusiones procesales.[5]

5. Almagro Nosete, Derecho Procesal, Tomo I, Parte general, Volumen I, Madrid, 1995, pág. 416 y sgtes.

En tales circunstancias la demanda planteada por menos personas o sujetos de los necesarios para conseguir la disposición sobre el objeto material pretendido o dirigida contra menos sujetos o personas de las exigidas legalmente para tener igual capacidad de disposición sobre la totalidad de la prestación reclamada o del derecho cuya declaración se interesa, adolece de un vicio que afecta al contenido de las declaraciones y condenas que puede establecer la sentencia en relación con los derechos materiales a que se refiere el proceso.

El artículo 12-2 de la Ley de Enjuiciamiento Civil, expresa, en este sentido, que «cuando por razón de lo que sea objeto del juicio la tutela jurisdiccional solicitada, sólo puede hacerse efectiva, frente a varios sujetos conjuntamente considerados, todos ellos habrán de ser demandados, como litisconsortes, salvo que la Ley disponga expresamente otra cosa».

Como afirma la sentencia del Tribunal Supremo de 14 de mayo de 1992, la defectuosa determinación de las partes litisconsortes, «que según se dice de manera simplificada supone una defectuosa constitución de la relación jurídica procesal, en realidad no afecta a la validez intrínseca de la expresada relación, sino a la inutilidad o infructuosidad de la misma para conseguir la resolución de la cuestión de fondo planteada; en este sentido, su carencia constituye la falta de un presupuesto preliminar al fondo, deriva, pues, de la constatación de una «quaestio iuris», a saber, la ineptitud jurídica del sujeto demandado para soportar, con la calidad que se le atribuye, las consecuencias jurídicas que se pretenden; en otras palabras, su inidoneidad jurídica, pese a ser parte capaz procesalmente, para ser sujeto pasivo (exclusivamente) de la relación jurídica material deducida».

La regulación legal se refiere al litisconsorcio pasivo necesario, único al que concede relevancia procesal, sin duda, de conformidad con la doctrina jurisprudencial que niega tal relevancia al litisconsorcio activo necesario, «dado que nadie puede ser obligado a litigar, ni sólo ni unido con otro, la consideración de que la disponibilidad del sujeto demandante sobre el objeto demandado no puede ejercerse sino de forma conjunta y mancomunada con otro sujeto se traducirá en una falta de legitimación activa, que, como tal, carecería de un presupuesto preliminar a la consideración del fondo, pero basado en razones jurídico-materiales, lo que debe conducir a una sentencia desestimatoria, pero nunca a una apreciación de la inexistente legal y jurisprudencialmente excepción de litisconsorcio activo necesario» (sentencia del Tribunal Supremo de 10 de noviembre de 1994).[6]

El tratamiento procesal del litisconsorico pasivo necesario, que ahora se ha establecido, legalmente por vez primera, responde a la necesidad de controlar un instituto nacido

6. Como afirma, Cordón Moreno, bajo el epígrafe «el pretendido litisconsorcio activo necesario» la jurisprudencia ha rechazado la existencia en nuestro ordenamiento de supuestos de litisconsorcio activo necesario. (pág. 172, Comentarios a la Ley de Enjuiciamiento Civil, Navarra, 2001).

por vía jurisprudencial y, por ello, de contornos imprecisos, a veces, en los supuestos admisibles, y, en la oportunidad de revelarlo, incluso de oficio, que últimamente se había decantado a favor de una interpretación reductora y en su conversión en defecto subsanable que remitía a la audiencia preliminar del artículo 693 de la Ley de Enjuiciamiento Civil de 1881, tras la reforma de 1984.[7]

La Ley de Enjuiciamiento Civil vigente, acoge la tesis de resolver, en su caso, «la falta del debido litisconsorcio» con ocasión de la «audiencia previa al juicio» (artículo 416-3º) y, al efecto, determina la «posible integración voluntaria de la litis» cuando el demandado haya alegado en la contestación falta del debido litisconsorcio, que si procede supondrá nueva demanda dirigida contra los litisconsortes, (artículo 420). La dicción del artículo 425, permite, en principio, que el órgano jurisprudencial pueda manifestar de oficio esta carencia en la audiencia señalada.

Comparto la opinión de Cordón Moreno[8] sobre las dificultades de la admisión de la doctrina jurisprudencial que prevenía su control incluso de oficio, en segunda instancia y casación, con el resultado de declararse la nulidad de actuaciones y ordenarse la retroacción de las mismas al acto de la comparecencia (audiencia previa hoy), para propiciar la subsanación del defecto.

Las finalidades prácticas de la doctrina anterior, que, entre otras, buscaba, también, despertar la atención del juzgador de instancia en esta fase, para conseguir la eficacia del proceso, y, la tentación de evitar la fácil elusión del conocimiento del «fondo» del asunto, se atemperan, ahora, con la explícita nueva regulación. La prórroga de la interinidad del juicio, amenazado por una declaración de integración del contradictorio posterior, no contribuye a procurar la celeridad del proceso. La apreciación posterior del litisconsorcio necesario ha de conducir, simplemente, a dictar una sentencia absolutoria por falta de la necesaria legitimación plural, que, no impide, si la acción no ha prescrito, una nueva demanda dirigida contra todos los litisconsortes. Considero, personalmente, que esta es la interpretación a la que debe llegarse, dada la nueva situación legal.

Es, por tanto, en la legitimación plural donde radica la explicación del litisconsorcio pasivo necesario. Díez Picazo, desde el Derecho civil, se refiere a esta cuestión,[9] al tratar de las deudas mancomunadas que exigen una prestación conjunta y, por ello, recla-

7. Siempre he mantenido un criterio muy reduccionista del litisconsorcio pasivo necesario, En una conferencia intitulada «El litisconsorcio pasivo necesario o la parábola del juez perezoso», impartida en la Escuela judicial, expliqué los peligros de una consideración amplia del fenómeno.

8. Cordón Moreno, pág 178, Comentarios ob. cit. En sentido contrario, Vicente Gimeno, Derecho Procesal civil, I. Madrid, 2004, pág. 169.

9. Díez-Picazo, Luis, Fundamentos del Derecho civil patrimonial II. Las relaciones obligatorias, Madrid, 1996, pág 199.

man una legitimación pasiva conjunta y la necesidad del acto colectivo en el cumplimiento, de manera, que, en puridad, el «ejercicio judicial del derecho», con apoyo en el artículo 1.139 del Código civil determina un litisconsorcio pasivo necesario.

En lo que concierne a las responsabilidades civiles de los agentes intervinientes en la edificación, el artículo 17 de la Ley de Ordenación de la Edificación mantiene, al margen de las responsabilidades que tienen su origen directo en la Ley, las responsabilidades contractuales. A esta coexistencia de la responsabilidad ex artículo 17 y de la nacida del contrato, se refiere González Poveda,[10] relacionándola con el segundo párrafo del artículo 1.591 del Código civil. También, el artículo 17-9 deja a salvo las responsabilidades que alcanzan al vendedor de los edificios o partes edificadas, frente al comprador, conforme al contrato de compraventa suscrito entre ellos, a los artículos 1.484 y siguientes del Código civil, y demás legislación aplicable a la compraventa.

Es posible, por tanto, que al amparo de los negocios jurídicos descritos, se hayan estipulado obligaciones de carácter mancomunado que originen prestaciones indivisibles y que reclamen, consecuentemente, en supuestos de actuación judicial la constitución de un litisconsorcio pasivo necesario.

III. Las obligaciones solidarias y el inexistente litisconsorcio pasivo necesario

Bajo el epígrafe general, «solidaridad y proceso» y más concretamente, la solidaridad pasiva y el problema del litisconsorcio, considera Díez-Picazo,[11] respondiendo a la pregunta que la doctrina se ha hecho acerca de si existe en los casos de solidaridad pasiva, un litisconsorcio pasivo necesario, que, desde el punto de vista legal, y dada la construcción que en el Código civil tiene el artículo 1.144 «parece inicialmente claro que tal litisconsorcio no se da» y reconoce que este criterio es hoy el generalmente aceptado por la doctrina y la jurisprudencia del Tribunal Supremo.

También González Poveda,[12] al tratar con referencia a los artículos 1.591, 1.137 y 1.138 del Código civil, de la solidaridad y señalar que en los litigios promovidos al amparo del primero, para exigir responsabilidad por ruina de la construcción, se ha planteado frecuentemente, la excepción de litisconsorcio pasivo necesario, llega a igual solución negativa, examinando la jurisprudencia más significativa al respecto.

La solidaridad que se impuso entre los sujetos intervinientes en el proceso de la cons-

10. González Poveda, en Derecho de la Edificación (Coordinador, García Varela), Madrid, 2006, pág 315).

11. Díez-Picazo, ob. cit. pág 229.

12. González Poveda, ob. cit. pág 366.

trucción, en relación con las obligaciones resarcitorias dimanantes del artículo1.591, tuvi un origen jurisprudencial, puesto que no se fundaba en que la obligación «expresamente» lo determinara, conforme a las exigencias del artículo 1.137 del Código civil.

La solidaridad, así declarada, no constituye desde luego un supuesto de la llamada por la doctrina civilista «solidaridad propia» sino una modalidad de la designada como «solidaridad impropia», o sea, aquella en la que las «disposiciones legales sobre la obligación solidaria no resultan aplicables o lo son sólo en parte. Se considera, en este sentido, que este concepto de solidaridad es el aplicable a la solidaridad establecida jurisprudencialmente, entre los diversos causantes de un hecho dañoso, obligando a indemnizar a cada uno de ellos la totalidad del daño».[13]

La solidaridad creada por la doctrina del Tribunal Supremo, en esta materia, no es asimilable, en efecto, a la solidaridad propia. Nace como consecuencia de un fracaso probatorio, ante la imposibilidad o dificultad no vencida de establecer con claridad la naturaleza del vicio, causa de la ruina, y del grado de participación en el mismo de los agentes de la construcción.

La individualización de la responsabilidad es la meta a conseguir, pero no se alcanza. La condena solidaria viene impuesta, por tanto, como último remedio y siempre, por ello, con carácter subsidiario, frente al desideratum de la individualización.

La Ley de Ordenación de la Edificación ha modificado el sistema:

A) De una parte ha otorgado carta de naturaleza legal a la precedente doctrina jurisprudencial al fijar el principio de que «la responsabilidad civil será exigible en forma personal e individualizada» (artículo 17-2). Sin embargo, «cuando no pudiera individualizarse la causa de los daños materiales o quedase debidamente probada la concurrencia de culpas, sin que pudiera precisarse el grado de intervención de cada agente en el daño producido, la responsabilidad se exigirá solidariamente».

B) De otra parte, ha establecido un régimen legal de responsabilidad solidaria, que, a diferencia de la anterior no es de solidaridad impropia, sino plena dado que «en todo caso, el promotor responderá solidariamente con los demás agentes intervinientes ante los posibles adquirentes, de los daños materiales en el edificio ocasionados por vicios o defectos de construcción» (artículo 17-3). Igual tipo de responsabilidad solidaria es la prevenida para los proyectistas conjuntos (artículo 17-5) o dirección conjunta de obras (artículo 17-7).[14]

En ninguno de ambos casos (solidaridad propia o impropia) cabe la posibilidad de un litisconsorcio pasivo necesario. Por ello, conviene matizar el alcance de algunas sentencias del Tribunal Supremo (entre estas, es significativa la sentencia del Tribunal Supre-

13. Díez-Picazo, ob. cit. pág. 205.

14. Almagro Nosete, Derecho de la Edificación, ob. cit. pág. 506 y sgtes.

mo de 18 de octubre de 1999), referidas a supuestos de solidaridad impropia o imperfecta, cuando se haya considerado que la responsabilidad solidaria se extiende a personas no demandadas sin que sea posible discernir en cuanto a los demandados cual es su grado de responsabilidad o cuota de participación. Estas condenas teratológicas no pueden sostenerse, pues implican una clara infracción del principio de audiencia (nadie puede ser condenado sin ser oído) y, por ello, han motivado su casación a despecho de confundir el litisconsorcio pasivo necesario, («rectius») con la necesidad de que estén demandados, los que, finalmente, resulten condenados o declarados responsables.

Salvo que se demuestre que los demandados no causaron, ni fueron culpables de los vicios ruinógenos probados, en cuyo caso procedería la absolución de los mismos, en el supuesto anterior, la solución en la instancia, debiera haber sido la condena solidaria de los demandados sin hacer extensión a terceros no demandados de responsabilidad alguna, aunque hubieran intervenido como agentes en la construcción, pero el alcance de la condena, habría de estar limitada a la suma de las cuotas iguales del total a que ascendiera el daño, descontados la de los demás agentes presumiblemente concausales del daño, lo que no impediría dirigir nuevo proceso sobre estos últimos, para lograr, en su caso, el resarcimiento total.

Un autor, atribuye al artículo 17 de la Ley de Ordenación de la Edificación «un régimen de responsabilidades de los agentes intervinientes en el proceso de edificación en el que se aprecia, con respecto a la figura del litisconsorcio pasivo necesario un giro de 180 grados en relación con la doctrina tradicional del Tribunal Supremo de exclusión sin excepciones de dicho instituto».[15] Funda su aserto en la dicción del artículo 17-3, lo cual representa una tautología sobre lo ya dicho anteriormente, dado que el régimen que se establece no hace sino confirmar los criterios jurisprudenciales ya establecidos en relación con el artículo 1.591 del Código civil. Asímismo entiende que la regulación contenida en la disposición adicional 7ª no es sino la consagración de la falta de virtualidad de los argumentos empleados por el Tribunal Supremo y una grave parte de la doctrina científica para excluir el litisconsorcio pasivo necesario en los procesos por daños en la construcción».

Más el argumento decae pues, sin que se niegue la importancia de la disposición adicional 7 (como se verá) y sus relaciones con la prevención de un posible litisconsorcio eventualmente sobrevenido que vincule a los responsables solidarios, su alcance tiene mayor trascendencia, pues no se limita a problemas de solidaridad impropia o procesal que sólo pueden surgir en el curso del proceso por incapacidad o imposibilidad de las partes de acreditar su responsabilidad personal; sino que se extiende a una amplia gama de cuestiones imaginables, incluida la sucesión de los litigantes iniciales.

15. Cobo Plana, El litisconsorcio pasivo necesario en los procesos sobre daños en la construcción, tras la Ley 38/1999 de 5 de noviembre de ordenación de la edificación, en las «Partes problemática procesal», Cuadernos de Derecho judicial, Madrid, 2006, pág. 89.

IV. La intervención procesal

a) Concepto y clases. Se denomina intervención procesal a la entrada y actuación de un tercero, ajeno a las partes originarias, como parte sobrevenida en el proceso pendiente, haciendo valer los derechos o intereses legítimos de los que se considere asistidos para obtener su satisfacción al decidirse el asunto.

Según la pretensión que el tercero ejercite se diferencia, doctrinalmente, la intervención principal, de la adhesiva. La principal supone la introducción de una pretensión incompatible con las sostenidas por las partes originarias y contrapuesta, por tanto, frente a ambas. En realidad convierte al tercero en demandante frente al demandante y demando originarios, que devendrían demandados del interviniente.

En la intervención adhesiva, el tercero sostiene, con sus alegaciones y pedimentos, las pretensiones de alguna de las partes, sea la actora, sea la demandada, bien porque afirma un derecho o interés propio, que es coincidente, compartido, compatible o conexo por el defendido por la parte originaria a cuyo lado se incorpora (intervención adhesiva litisconsorcial), bien porque la posición que mantiene, es dependiente de la que apoya (intervención adhesiva).

Según, además, la causa que impulsa la intervención se distingue entre intervención voluntaria, originada exclusivamente por la libre y espontánea decisión del interviniente y la intervención forzosa o provocada, que se produce a instancia del demandante o del demandado o, en su caso, por llamada directa del órgano judicial (intervención «iussu iudicis»). En los casos de intervención provocada no se impone una obligación de comparecer, pero sí puede entrañar una «carga», a cuyas consecuencias de no ser liberada oportunamente está sometido el provocado.

La intervención principal, que se caracteriza, por la afirmación del interviniente de que a el le pertenece el derecho que es objeto del litigio entre actor y demandado,[16] no obstante, la regulación de la intervención en la Ley de Enjuiciamiento Civil, según opinión doctrinal mayoritaria[17] queda fuera de esta positivación de la figura, aunque se hayan suscitado dudas sobre el alcance de expresiones legales tales como, «podrá defender las pretensiones formuladas por su litisconsorte o las que el propio interviniente formula» (artículo 13-3º-2º) que, en principio, favorecen su reconocimiento, sin que, desde luego, se hayan producido pronunciamientos jurisprudenciales sobre la materia. Con todo, la finalidad que persigue esta figura, cabe conseguirla, mediante la acumulación de procesos.[18]

En cambio, tanto la intervención (adhesiva) litisconsorcial, como la intervención adhesiva simple o coadyuvancia caben en la regulación de la Ley, ya sea en forma voluntaria o espontánea (artículo 13) ya sea en forma provocada (artículo 14).

16. González Pillado, Las intervención voluntaria de terceros en el proceso civil, Valencia 2006, pág. 24.

17. González Pillado, ob. cit. pág. 147-151.

18. Gutiérrez de Cabiedes, Pablo, Comentarios..., ob. cit. pág. 183.

La intervención voluntaria ha de solicitarse por el sujeto que desea acceder como parte al tribunal que esté conociendo del proceso pendiente y para ser admitido, como tal, debe acreditar que tiene un «interés directo y legítimo en el pleito».[19]

La presentación de la solicitud no suspende el curso del proceso entablado, pero origina la audiencia de las partes personadas, por plazo común de diez días. Admitida, mediante resolución (auto) del Tribunal, la intervención, sin que haya lugar a retrotraer las actuaciones, el interviniente será considerado parte a todos los efectos, conforme a las oportunidades procesales que tenga. Se le permitirá, también, que haga las alegaciones necesarias para su defensa, que no hubiese efectuado por corresponder a momentos anteriores a su admisión en el proceso, y de las que se dará traslado a las demás partes por plazo de cinco días.

La renuncia, allanamiento, desistimiento o apartamiento por cualquier otra causa del litisconsorte, parte originaria, no se extiende al interviniente. Podrá, asímismo, utilizar los recursos que procedan contra las resoluciones que estime perjudiciales a su interés aunque los consienta su litisconsorte.

El cuadro legal que ofrece la intervención voluntaria, tiene carácter estructural y no está condicionado por un contenido jurídico-material determinado. Todas las situaciones jurídico-materiales, pues, en que se halle una persona en relación con el objeto de un pleito pendiente, de las que emerja un interés legítimo (a mayores, un derecho) en función del resultado del litigio, son hábiles para que el tercero, ajeno como parte originaria al principio, pueda intervenir en el mismo.

Así, pues, por vía de ejemplo, referido a la Ley de Ordenación de la Edificación, las condiciones de acreedor o de deudor solidario o de comunero o de garante o fiador, según las complejas relaciones jurídico-materiales que dimanan del hecho de la construcción, cabe que produzcan el nacimiento de situaciones de ventaja o perjuicio, pendiente un proceso, que aconsejen la conveniencia de intervenir en el mismo.

A diferencia de la intervención voluntaria, la intervención provocada, que regula el artículo 14 de la Ley de Enjuiciamiento Civil, según lo que prescribe, no proporciona un acuerdo-marco, que permita al justiciable la búsqueda dentro del ordenamiento de los casos amparados por la posibilidad de intervención si viere convenirle a sus intereses. El cuadro que establece, necesita completarse con las disposiciones de Derecho material que, caso a caso, permitan a la parte originaria provocadora la llamada al tercero para que intervenga.

La intervención provocada a instancia del demandante debe realizarse en la demanda «salvo que la Ley disponga otra cosa». Admitido por el Tribunal el tercero como interviniente provocado, este dispondrá de las mismas facultades de actuación que tienen

19. Gutiérrez de Cabiedes, Pablo, Comentarios..., ob. cit. pág. 186.

las partes, ocupando la posición de demandante, con los demás que hubiera (la ley emplea un lenguaje elíptico y muy poco claro, pero las conclusiones tienen que ser estas).

La escasez de ejemplos a proponer y lo forzado de los que se sugieren, han llevado a algunos autores a considerar la inutilidad de la norma[20] o esperar su determinación.[21] Algunos señalan, con reservas, la llamada del licenciatario de una patente al titular,[22] criterio que subrayan otros.[23]

V La intervención provocada a instancia del demandado y la disposición adicional séptima de la Ley de Ordenación de la Edificación

El apartado 2 del artículo 14 de la Ley de Enjuiciamiento Civil determina las reglas que deben seguirse «cuando la Ley permita al demandado llamar a un tercero para que intervenga en el proceso», esto es, la intervención provocada a instancia del demandado.

No es dudoso, según opinión unánime de los autores que en esta forma de intervención encaja plenamente la facultad que se otorga al demandado contra el que se ejercita acción de responsabilidad basada en las obligaciones resultantes de su intervención en el proceso de la edificación regulado por la Ley de Ordenación de la Edificación para comunicar a otros agentes la pendencia del proceso, emplazándoles, mediante solicitud que ha de formular dentro del plazo concedido para contestar, a fin de que comparezcan, con advertencia en el supuesto de que no lo hagan que la sentencia que se dicte será oponible y ejecutable frente a ellos.

Constituye, este caso, uno de los que la Ley reconoce, para provocar la intervención en el pleito de un tercero por el demandado. La regulación, según los términos del artículo 14 no autoriza una interpretación abierta que se extienda a un «numerus appertus» de casos, sino que se refiere, concretamente, a las permisiones que la Ley establezca; pero esta concreción no excluiría, a mi juicio, una posible interpretación analógica, en supuestos semejantes.[24]

La llamada a juicio por el demandado de los otros agentes de la edificación se basa en el nexo común que establece la causa de la reclamación.[25]

La incidencia de la intervención, desde que se solicita por el demandado hasta, que se

20. González Pillado, ob. cit. pág. 64.

21. Montero y otros, Derecho jurisdiccional, ob. cit. pág. 92.

22. Gutiérrez de Cabiedes, ob. cit. pág. 203.

23. Ortells Ramos, ob. cit. pág. 185.

24. González Pillado, ob. cit., pág. 60.

25. Montero, El nuevo proceso civil, ob. cit. pág. 103.

produce, discurre por dos fases, una dirimida con el demandante que concluye con resolución judicial que determina si procede o no la notificación, y otra, eventual, si procede el llamamiento que comienza con el emplazamiento del tercero para que conteste a la demanda. La primera fase se inicia con la solicitud del demandado al órgano jurisdiccional para que se notifique la pendencia del juicio al tercero. Ha de presentarse esta dentro del plazo otorgado para contestar a la demanda, esto es, una vez admitida la demanda y emplazado el demandado, dentro del plazo de veinte días, mediante escrito previo, que opera desde la fecha de su presentación la suspensión del referido plazo (a los efectos del cómputo del plazo debe recordarse que es un plazo de suspensión, no de interrupción y, por tanto, que sólo quedan útiles los días restantes, al cesar la suspensión). El contenido de la solicitud debe expresar las circunstancias, fácticas y jurídicas, concretas que justifiquen el llamamiento.

En lo relativo la Ley de Ordenación de la Edificación, estas circunstancias se atendrán a la exposición de los nexos del agente u agentes que quieran ser traídos al proceso incoado con las responsabilidades nacidas del hecho de la construcción y su participación en el mismo.

De la solicitud se dará traslado para audiencia al demandante, por plazo de diez días, a fin que manifieste lo que a su derecho convenga. Realizadas las alegaciones sobre la solicitud del demandado por el demandante o transcurrido el plazo conferido, el Juez resolverá por auto, si procede o no la notificación de la pendencia del proceso y la llamada al mismo del tercero.

Entiendo que el principio de máxima defensión obliga a no ser restrictivo en la concesión de la llamada siempre que conste por la verosimilitud del relato y los acreditamientos oportunos la vinculación del agente tercero con los hechos de la demanda.

Ya en la segunda fase, la denegación de la llamada origina, desde su notificación al demandado, la reanudación del plazo para contestar a la demanda y su admisión, el emplazamiento del tercero o terceros para contestar a la demanda «en la misma forma y en los mismos términos establecidos para el emplazamiento del demandado».

Los nuevos demandados o demandado, asumen la carga de comparecer, lo que, en otros términos significa que deben soportar las consecuencias de su incomparecencia, si esta se produce, y, por tanto, los posibles resultados adversos de una sentencia dictada contra los mismos en rebeldía. Si comparecen actúan como una parte demandada más.

Trasladado el escrito de contestación a la demanda, presentado por el tercero, o al expirar el plazo concedido a este para contestar, se reanuda el cómputo del plazo, suspendido para contestar a la demanda, al demandado llamador.

Los demandados originarios y los sobrevenidos, como tales litisconsortes, podrán reconvenirse entre sí (artículo 407 de la Ley de Enjuiciamiento Civil y solicitar el interrogatorio de un colitigante por otro, cuando exista en el proceso oposición o conflicto de intereses entre ambos (artículo 301-1).

Estas permisiones de la Ley 1/2000, frente a las prohibiciones de la Ley anterior y jurisprudencia concordante con la misma, flexibilizan el juego defensivo de las partes, especialmente, en casos como el examinado de intervención.

La «disposición adicional séptima» destaca, como norma especial que debe observarse al practicar el emplazamiento de los nuevos demandados, que la notificación incluya «la advertencia expresa a aquellos otros agentes llamados al proceso de que, en el supuesto de que comparecieran, la sentencia que se dicte será oponible y ejecutable frente a ellos». Esta exigencia formal expresa el interés del Legislador en procurar la más pronta pacificación de los posibles litigios que origine el hecho constructivo, al facilitar la solución conjunta de los mismos en un solo proceso.

Con todo, la conminación, el apercibimiento acerca de la eficacia de la sentencia que recaiga ha de valorarse en su justa medida. La expresión imperativa «será», se refiere, exclusivamente, a una sentencia que contenga una condena en rebeldía del llamado no comparecido, pese a ser emplazado. Ni la sentencia absolutoria, ni la parcial condenatoria de otros demandados, tiene eficacia frente al tercero.

Tras la obviedad de estas apreciaciones se esconde, no obstante, la preocupación del legislador, por la mala comprensión y regulación que han tenido en nuestro Derecho, las obligaciones solidarias y, en particular, las interactuaciones de estas obligaciones entre su regulación material y sus repercusiones procesales[26] sobre todo en cuanto al régimen de excepciones y extensión de la cosa juzgada (art. 1252 derogado del Código civil), problema que ha silenciado, falsamente, el artículo 222 de la Ley de Enjuiciamiento Civil, 1/2000, mediante el cómodo expediente de su eliminación, aunque manifiesta claramente su opción en el proceso de ejecución, al establecer «que las sentencias obtenidas sólo frente a uno o varios deudores solidarios no servirán de título ejecutivo frente a los deudores solidarios que no hubiesen sido parte en el proceso» (artículo 542).

Debe, además, señalarse, para evitar confusiones, que aunque en la dinámica de estos procesos, por razón de la naturaleza de las obligaciones que regula el artículo 17, sean muy frecuentes, los condenas que tengan carácter solidario (sea por solidaridad inicial o propia, sea por solidaridad sobrevenida en el curso del proceso, o solidaridad impropia), tal circunstancia no excluye que las condenas versen sobre pronunciamientos acumulados de responsabilidades individualizadas. O sobre otros aspectos que resulten de obligaciones contractuales.

Los criterios que, en materia de «condena en costas» establecen los artículos 394 y siguientes concordantes no son suficientes, interpretados en su literalidad, para resolver la imposición en los casos de intervención provocada que conduzcan a una absolución del tercero llamado al proceso. Por ello, he sostenido, con anterioridad que, «en relación con las costas procesales no sería justo que quien fue traído forzosamen-

26. Carreras del Rincón, La solidaridad de las obligaciones desde una óptica procesal, Barcelona, 1990, pág., 233 y sgtes.

te al proceso por otro demandado, en caso de ser absuelto de la demanda peche con el pago de las costas propias que, obviamente, no pueden imponerse al demandante que no lo trajo al proceso. Por ello, parece razonable que el demandado forzoso pueda pedir en concepto indemnizatorio con apoyo, en preceptos generales que, caso de ser absuelto, sus costas se impongan al demandado que indebidamente lo llamó a juicio».[27]

Lamentablemente, la dilación excesiva que, por acumulación de asuntos, sufre en la resolución de sus recursos la Sala Primera del Tribunal Supremo, teniendo en cuenta también, la fecha efectiva de entrada en vigor de la Ley de Ordenación de la Edificación, ocasionan que no haya jurisprudencia disponible sobre esta materia, no obstante, que ya el tema haya suscitado, con suerte diversa, algunas sentencias de nuestras Audiencias Provinciales.

La sentencia de 22 de mayo de 2003 de la Audiencia Provincial de las Islas Baleares (recurso de apelación nº 117/2003) se plantea el encuadre de la figura de la intervención provocada: «la intervención provocada es aquella que tiene lugar como consecuencia del llamamiento efectuado por una de las partes o litisdenuntiatio. A diferencia de la intervención voluntaria, que es concebida por la ley en términos generales, a favor de toda aquella persona que ostente un interés en las resultas de un pleito ya instaurado, la Ley de Enjuiciamiento Civil sólo admite la intervención provocada en los supuestos legalmente previstos, lo que obliga a tomar en considerar los distintos casos en los que las leyes procesales o materiales permiten que el actor o el demandado llame al litigio a quienes hasta el momento habían permanecido ajenos al mismo. Los supuestos de llamada al proceso en nuestro ordenamiento jurídico se dan únicamente en aquellos casos en que la ley así lo prevé expresamente. A diferencia de lo que ocurre en el supuesto de intervención voluntaria, la provocada se rige por un principio de tipicidad al admitirla el artículo 14 de la Ley de Enjuiciamiento Civil en aquellos casos en que la ley permita al demandante o al demandado llamar a un tercero para que intervenga en el proceso».

Y, concretamente, la interesante cuestión acerca de la aplicación de la disposición adicional séptima a supuestos de Derecho material anteriores a la vigencia de la Ley 38/2999, con argumentos que en lo esencial comparto: «este tribunal entiende que en el presente proceso cabe la utilización de la llamada en garantía prevista en dicho precepto, aunque la construcción de autos se hiciese antes de la entrada en vigor de la Ley de Ordenación de la Edificación, y ello por las siguientes razones: a) La razón de la llamada en garantía es la responsabilidad solidaria de los partícipes en el procesal constructivo en caso de que no hayan podido individualizarse responsabilidad, régimen que es equivalente a la que se deriva de la interpretación jurisprudencial del artículo 1.591 del Código civil, por lo que se da la identidad de la razón que permite la aplicación analógica de las normas (artículo 4-1 del Código civil), pues lo que se pretende es evitar ulteriores acciones de regreso a que habría lugar tanto por aplica-

27. Almagro Nosete, Derecho de la Edificación, ob. cit. pág., 512.

ción de la Ley de Ordenación de la Edificación como de los artículos 1.591 y siguientes del Código civil. B) La disposición adicional séptima de la Ley 38/1999 de 5 de noviembre, de Ordenación de la Edificación es una norma procesal que, como tal, permite una retroactividad débil y resulta aplicable a los procedimientos que se inicien a partir de su entrada en vigor, aún cuando hagan referencia a situaciones jurídicas producidas bajo la antigua ley (Disposición transitoria 4ª del Código civil). C) Los demandados aceptaron su llamada al proceso, no impugnaron la resolución judicial mediante la cual se operó su intervención, contestaron la demanda, intervinieron en el juicio asumiendo con plenitud su condición de parte e incluso uno de los llamados interpuso recurso de apelación que se resuelve en esta misma sentencia. La consecuencia de cuanto antecede es que los llamados al proceso deben ser tenidos como parte demandada y, por tanto, deben figurar en la parte dispositiva de la sentencia y deben ser alcanzados por todos sus pronunciamientos incluido el que verse sobre las costas.

La sentencia de la Audiencia Provincial de la Rioja (recurso 218/2003) de 18 de noviembre de 2003 contempla un caso de resolución de contrato de compraventa que tenía por objeto el material cerámico para el revestimiento de fachadas adquirido a la demandada. Se instó por la demandada la notificación de la existencia del proceso al amparo de la disposición adicional séptima de la Ley de Ordenación de la Edificación, para que compareciera en juicio la entidad suministradora del material que, finalmente, contestó a la demanda: «La demandada Baycoba S.L. se personó en las actuaciones y, al amparo de lo dispuesto en la disposición adicional séptima de la Ley 28/1000, de 5 de noviembre (RCL 1999/2799), de Ordenación de la Edificación y como suministradora de productos con facultad de repetición, solicitó la notificación de la existencia del proceso a don Germán, en su condición de director de la obra, petición que fue atendida por el juzgador pese a la oposición de la demandante. No obstante, contestó a la demanda y, reconociendo el desprendimiento del material suministrado, entendió que es probable que tal desprendimiento fuera debido a la incorrecta e indebida colocación del mismo por parte del personal encargado de tal fin. El ahora apelante, don Germán, también contestó a la demanda, alegando en su caso que el material empleado era defectuoso y declinando su responsabilidad».

La parte dispositiva de la sentencia recoge la absolución del apelante, no otro que el tercero llamado y condenado, en primera instancia. La sentencia, resuelve el problema de las costas, según nuevos criterios: «no se imponen las costas procesales en esta alzada, debiendo imponerse las causadas en primera instancia a la demandada... (originaria), incluidas las referidas a... (demandado sobrevenido por llamada) pues otra cosa sería hacerle soportar a ese tercero ajeno al proceso los gastos originados en un pleito al que fue indebida e innecesariamente llamado».

Menor importancia reviste, la sentencia de la Audiencia Provincial de las Islas Baleares (recurso 156/2005) de 19 de abril de 2004, pese a su complejidad y a los efectos aquí tratados, pues sus consideraciones extensas y dubitativas sobre la institución que examinamos no aportan claridad e inciden en numerosos «obiter dicta» que, en general, son poco fructíferos.

VI. Sucesión en los casos de intervención provocada

El fenómeno de la sucesión procesal se produce, cuando por hechos, negocios jurídicos, o eventos procesales, la Ley reconoce mediante el cumplimiento de los requisitos exigidos que el sujeto que ocupa una determinada posición de parte en el proceso (sucedido) sea sustituido por otro (sucesor) que asume plenamente, en nombre e interés propio, los deberes, obligaciones cargas y derechos de la parte cuyo sujeto se excluye del proceso.[28]

En particular interesa la «sucesión en los casos de intervención provocada» (artículo 18) al que se refiere, asimismo, el párrafo 4º-2 del artículo 14. Esta norma permite que si comparecido el tercero llamado al proceso el demandado considera que su lugar en el proceso debe ser ocupado por aquel, proceda a solicitarlo del órgano jurisdiccional. Antes de resolver por medio de auto la cuestión suscitada, deberá darse traslado a las demás partes por plazo de cinco días para que alegue lo que a su derecho convenga. El tribunal —dice el precepto— decidirá «lo que resulte procedente en orden a la conveniencia o no de la sucesión».

Así, como en los supuestos de sucesión por muerte o trasmisión de la cosa litigiosa, los requisitos establecidos por Ley, cuando se cumplen, son determinativos de la resolución a adoptar, en el supuesto que se examina, la ley deja en el aire la solución que depende de la «conveniencia o no», término que origina una abundante dosis de indeterminación, que como cualquier concepto de esta naturaleza exigirá, en su caso, no una elección discrecional, entre varias soluciones, sino de la fijación de la que resulte justa y conforme a ley, según las peculiaridades del asunto.

Por la doctrina se ha indicado la similitud de este tipo de sucesión procesal con la expromisión del garantizado, previsto en las leyes procesales italianas, que determinan la asunción de la causa por el garante y la separación del garantizado, del proceso.[29]

Sin embargo, no sólo en supuestos análogos de llamadas en garantía se produce esta situación. Es perfectamente imaginable que la intervención procesal fundada en la llamada por nexos de causa común, que establece la disposición adicional séptima de la Ley de Ordenación de la Edificación, ocasione casos de sucesión procesal. Cabe que acreditada o aceptada las circunstancias personales del demandado primitivo y su relación con el objeto del proceso, esto es, su falta de participación en el hecho constructivo, según resulte de la demanda, se admita y seguidos los trámites que ordena la norma, se consiga una resolución que excluya a este del proceso, y lo sustituya como parte por el nuevo o nuevos demandados.

---

28. Gimeno Sendra, Derecho Procesal civil. El proceso de declaración, Parte general, Madrid, 2004, pág., 171 y sgtes.

29. González Pillado, ob. cit. pág., 77.

VII. Provocación indirecta a intervenir por decisión judicial

El artículo 150-2 de la Ley de Enjuiciamiento Civil faculta al Tribunal para notificar la pendencia del proceso a las personas, que según consta en las actuaciones, puedan verse afectadas por la sentencia que en su momento se dictare. En particular esta notificación se lleva a cabo, cuando el Tribunal advierta indicios de que las partes están utilizando el proceso con fines fraudulentos.

Aunque no se trata, propiamente de una intervención provocada por mandato judicial[30] puede tener virtualidad indirecta para suscitar una intervención voluntaria.

30. Oliva-Díez Picazo, Derecho Procesal civil. El proceso de declaración, Madrid, 2000, pág., 189; González Pillado, ob. cit. pág. 77.

La responsabilidad de los administradores sociales *pendente concurso*

JAUME ALONSO-CUEVILLAS I SAYROL
PROFESOR TITULAR DE LA UNIVERSITAT DE BARCELONA.
CATEDRÁTICO HABILITADO DE DERECHO PROCESAL

1. El deber legal de solicitar el concurso y las consecuencias de su incumplimiento

Según dispone el artículo 5.1 de la Ley Concursal, el deudor deberá solicitar su declaración de concurso dentro de los dos meses siguientes a la fecha en que hubiera conocido o debido conocer su estado de insolvencia. Cuando el deudor sea una persona jurídica ese *deber* —según la expresa dicción de la rúbrica del citado precepto— recaerá obviamente sobre su órgano de administración,[1] al que la la propia Ley Concursal otorga la legitimación para decidir sobre la solicitud de concurso.[2]

Para ser eficaz, cualquier *deber* ha de ir acompañado de la correspondiente sanción en caso de incumplimiento. Así, lo anuncia la propia Exposición de Motivos de la Ley al señalar que las sanciones al deudor por el incumplimiento del deber de solicitar el concurso se hallan concebidas como un estímulo a la solicitud del concurso voluntario.[3]

Por ello, en consonancia con tal precepto, el artículo 165.1° de la Ley Concursal prevé que el incumplimiento del deber de solicitar el concurso constituye una presunción de dolo o culpa grave en orden a la calificación del concurso como culpable.

1. O, en su caso, de liquidación.

2. *Vid.* artículo 2.1, 2° párrafo, LC.

3. Apartado II, noveno párrafo, de la Exposición de Motivos de la Ley Concursal.

Al margen de la interpretación dispar y en general poco rigorista que se está llevando a cabo por nuestros tribunales en materia de calificación del concurso[4] y, especialmente, en cuanto a la posibilidad de condenar a los administradores sociales al pago total o parcial de los créditos concursales no satisfechos con el producto de la liquidación,[5] debe tenerse en cuenta que la sección de calificación no se aperturará en todo caso, sino sólo en aquellos supuestos expresamente contemplados en el artículo 163.1 LC,[6] debe observarse que la presunción de culpabilidad establecida en el citado artículo 165.1° de la Ley Concursal se predica sólo respecto del incumplimiento de la solicitud de concurso, pero no —al menos expresamente— de su cumplimiento tardío, es decir, una vez transcurridos los dos meses a los que se refiere el artículo 5 de la Ley Concursal desde que el deudor conoció o debió conocer su estado de insolvencia.[7]

Por ende, Ley Concursal en mano ninguna consecuencia se producirá si el deudor no solicita su declaración de concurso en el plazo legalmente estipulado.[8] Mientras ningún acreedor u otro legitimado inste su declaración de concurso necesario, el deudor seguirá estando a tiempo de hacerlo, incluso tardíamente, sin quedar por ello automáticamente incardinado en la previsión del artículo 165.1°. Y, a mayor abundamiento, en la medida en que la declaración de culpabilidad se asiente en la existencia de dolo o culpa grave en la generación o agravación de la insolvencia, las eventuales consecuencias negativas —inhabilitación, pérdida de derechos, obligación de reintegración a la masa, indemnización de perjuicios y condena a satisfacer total o parcialmente los créditos concursales con cargo a su propio patrimonio—,[9] parece que tales efectos dependerán más de la efectiva existencia de dolo o culpa grave en la agravación o generación de la insolvencia que del incumplimiento o tardío cumplimiento de la obligación legal de solicitar el concurso de la sociedad administrada.[10]

Así las cosas, en una primera aproximación, cabe concluir que las sanciones previstas en la Ley Concursal para el supuesto de incumplimiento del deber de solicitar la declaración de concurso dentro del legal plazo de dos meses desde que se hubiere

---

4. Al ser mayoritaria la interpretación de que, de conformidad con lo dispuesto en el art. 164.1 LC, para declarar el concurso como culpable debe existir en todo caso una relación de causalidad respecto de la generación o agravación de la insolvencia.

5. Posibilidad prevista en el art. 172.3 LC que, hasta hoy, ha tenido muy poca aplicación práctica.

6. Es decir, siempre que se aperture la fase de liquidación o cuando se apruebe un convenio con quitas superiores al tercio o esperas superiores a tres años.

7. Cfr. las interesantes reflexiones al respecto efectuadas por Ferrándiz Gabriel en el trabajo colectivo, cord. por Fernández-Ballesteros, *Derecho concursal práctico Comentarios a la nueva Ley Concursal)*, ed. Iurigium, Madrid, 2004, págs. 41-42.

8. En el miso sentido, Mercadal Vidal, en los comentarios colectivos, coords. por Sagrera Tizón, Sala Reixachs y Ferrer Barriendos, *Comentarios a la Ley Concursal*, Bosch, Barcelona, 2004, t. I., pág. 63.

9. *Vid.* artículo 172 LC.

10. Sin perjuicio incluso de que tal incumplimiento o tardío cumplimiento pueda por si mismo haber contribuido a la generación o agravación de la situación de insolvencia, pues en tal supuesto concurrirá ya la premisa principal para que proceda la declaración de culpabilidad.

producido la situación de insolvencia no alcanzan la finalidad enunciada en la Exposición de Motivos de la Ley de constituir ese *estímulo* para la solicitud del concurso voluntario.

En sus méritos, si, habida cuenta de su configuración legal, plagada de condicionantes, el riesgo de que se declare la culpabilidad del concurso no parece ser una verdadera y efectiva espada de Damocles que penda sobre las cabezas de los administradores de sociedades en estado de insolvencia, procede plantearse que otras posibles consecuencias negativas pudieren derivarse para el administrador que incumpliere su obligación de solicitar el concurso dentro de los dos meses siguientes a conocer o haber debido conocer el estado de insolvencia de la sociedad administrada. Obviamente, nuestro pensamiento se desplaza rápidamente hacia la propia legislación societaria y, en particular, a las previsiones sobre responsabilidad de los administradores sociales contenidas en la Ley de Sociedades Anónimas.

2. Procedencia del ejercicio de las diversas acciones de responsabilidad de los administradores contemplados en la legislación societaria durante la tramitación del concurso

La Ley de Sociedades Anónimas contempla, como es sobradamente conocido, diversos supuestos de responsabilidad de los administradores. A los efectos —con referencia a su eventual ejercicio durante la tramitación del concurso— que aquí interesan, conviene distinguir entre el supuesto de responsabilidad por deudas contemplado en el artículo 262.5 LSA y las acciones individuales y sociales de responsabilidad reguladas en los artículos 133 a 135 LSA.[11] Debe asimismo recordarse que el régimen de responsabilidad previsto en sede de sociedades anónimas resulta asimismo de aplicación a las sociedades de responsabilidad limitada por expresa remisión de los artículos 69 y 105.5 de su ley reguladora.

2.1. La responsabilidad por deudas ex artículo 262.5 de la Ley de Sociedades Anónimas

De entre las diversas previsiones que en materia de responsabilidad de administradores contiene la Ley de Sociedades Anónimas, el relativo a la responsabilidad solidaria por deudas sociales previsto en el artículo 262.5, es, sin duda, el que mayor número de condenas ha motivado en la práctica forense.

---

11. El estudio de los diversos supuestos de responsabilidad de los administradores sociales desborda obviamente con creces el marco del presente trabajo. Procede en su virtud hacer remisión a la copiosa bibliografía mercantilista sobre la materia, pudiendo, *per omnia*, consultarse el completísimo tratamiento contenido en el trabajo colectivo dirigido por los Profesores Angel Rojo y Emilio Beltrán, *La responsabilidad de los administradores*, 2ª edición, ed. Tirant lo blanch, Valencia, 2008.

Como es sabido, el apartado quinto del citado artículo 262 LSA preceptúa que, en el supuesto de que la sociedad se halle incursa en causa legal de disolución, los administradores que incumplan su obligación de convocar la junta general que acuerde la disolución, o —supuesto que aquí nos interesa— incumplan la obligación legal de solicitar el concurso de la sociedad, responderán solidariamente de las obligaciones sociales posteriores al acaecimiento de la causa legal de disolución. Y, como es asimismo sabido, entre las causas de disolución previstas en el artículo 260 de la Ley de Sociedades Anónimas, es la contemplada en el ordinal cuarto —cuando las pérdidas acumuladas dejan reducido el patrimonio social neto a una cantidad inferior a la mitad del capital social—,[12] la que en la práctica forense ha dado lugar a mayor número de demandas exigiendo la responsabilidad solidaria de los administradores por las deudas sociales. En su virtud, el riesgo de responder solidariamente de las deudas sociales posteriores al acaecimiento de la causa legal de disolución, sí supone, en este caso, un verdadero estímulo para solicitar la declaración de concurso voluntario por cuanto, en méritos de la contemplada previsión legal, el cumplimiento del deber de solicitar el concurso evita incurrir en el grave supuesto de responsabilidad contemplado en el artículo 262.5 LSA.

Contrario senso, cuando, ex artículo 262.5 LSA, se den los presupuestos legales para exigir la responsabilidad de los administradores por las deudas sociales posteriores al acaecimiento de la causa legal de disolución, habida cuenta del silencio al respecto mantenido por la Ley Concursal, no parece que la declaración de concurso se erija en causa impeditiva para el ejercicio de la acción de responsabilidad contra el administrador incumplidor.[13]

La cuestión parece clara respecto de los supuestos en los que el ejercicio de la acción de responsabilidad por deudas sociales se haya ejercitado con anterioridad a la declaración del concurso. Ninguna de las previsiones legislativas referentes a la denominada *vis attractiva concursus*, principalmente contenidas en los artículos 49 a 57 de la Ley Concursal,[14] provoca incidencia ninguna sobre el proceso ya iniciado contra el administrador, por la sencilla razón de que la demanda no se dirige contra la sociedad concursada sino contra un tercero, su administrador.

---

12. En la práctica, la situación se produce con mucha más frecuencia de la que cabría esperar, y, en muchas ocasiones, en méritos principalmente de una deficiente gestión o asesoramiento contable, cuando el pequeño empresario que atraviesa dificultades económicas inyecta a la sociedad fondos de su propio patrimonio personal, contabilizándolo como un préstamo del socio a la sociedad, en lugar de aportar esos mismos fondos mediante la oportuna ampliación de capital que restableciera la maltrecha situación patrimonial de la sociedad.

13. En el mismo sentido se pronuncia el Prof. Emilio Beltrán, *La responsabliidad de los administradores por obligaciones sociales*, en el trabajo colectivo, dirig. Por Rojo y Beltrán, *La responsabilidad de los administradores, cit.*, págs. 277-280, así como Verdú Cañete, María José, *La responsabilidad civil del administrador de sociedad de capital en el concurso de acreedores*, monografía asociada a la Revista de Derecho Concursal y Paraconcursal 8/2008, ed. La Ley, Madrid, 208, págs. 392-393. Esta misma postura fue asimismo adoptada en las «*Conclusiones del segundo encuentro de jueces de la especialidad mercantil. Valencia, 1 y 2 de diciembre de 2005*», publicadas en el «Anuario de Derecho Concursal», 2006, núm. 8, págs. 249-309.

14. Ampliamente al respecto, puede consultarse mi monografía Alonso-Cuevillas Sayrol, *La «vis attractiva» del proceso concursal*, publicada en la colección, dirigida por los Profs. Angel Rojo y Emilio Beltrán, «Estudios de Derecho Concursal», ed. Thomson Civitas, Navarra, 2007.

Algún autor aboga por la suspensión del procedimiento en que se esté tramitando la responsabilidad ex artículo 262.5 LSA.[15] Por nuestra parte, aún aceptando que esa suspensión pudiera resultar en algún caso conveniente, entendemos que *lege data* no cabe acordar tal suspensión al no existir previsión normativa concursal que la ampare ni resultar tampoco de aplicación las previsiones contenidas en la Ley de Enjuiciamiento Civil en materia de prejudicialidad.[16]

El problema se complica cuando, como sucede con frecuencia en la práctica forense, la demanda se hubiere ya interpuesto —con anterioridad a la declaración del concurso— tanto contra la sociedad concursada como contra su o sus administrador o administradores. En tal supuesto, sí pueden entran en juego las previsiones relativas a la *vis attractiva concursus* contenidas en el artículo 51 LC.[17] Ahora bien, en la medida en que nada impide que el proceso declarativo contra la sociedad continúe su tramitación hasta la firmeza de la sentencia, que, ex artículo 53.1 LC, vinculará al juez del concurso debiendo darse a la sentencia dictada —contra la sociedad— el tratamiento concursal que corresponda, parece que la solución más aconsejable en este supuesto consistirá en permitir que el proceso contra sociedad concursada y administrador continúe su tramitación independiente hasta la firmeza de la sentencia, sin proceder a su —a todas luces distorsionadora— acumulación al proceso concursal.[18] La eventual sentencia condenatoria sería separadamente ejecutable contra el administrador si bien, obviamente, no podría en ningún caso iniciarse ejecución ninguna contra la concursada en méritos de la expresa prohibición contenida en el artículo 55 LC.

Declarado ya el concurso, nada impide, como ya se ha afirmado, ejercitar las correspondientes acciones ex artículo 262.5 LSA contra los administradores que no hubieren cumplido su obligación legal de solicitar el concurso de la sociedad. En este caso, bastará con dirigir la demanda exclusivamente contra los administradores y no contra la sociedad ya concursada para evitar las complicaciones que podrían derivarse de operar la *vis attractiva concursus.* La acción deberá por tanto ejercitarse ante el juez que resul-

---

15. Esta es la opinión mantenida por Verdú Cañete, *op. cit.*, pág. 393, con cita del Auto del Juzgado Mercantil de Asturias de 13 de diciembre de 2005, cuya fundamentación residía, en síntesis, en la interpretación, a contrario, de lo dispuesto en el artículo 60.2 LC, que preceptúa la interrupción desde la declaración del concurso de la prescripción de las acciones contra socios y contra administradores, liquidadores y auditores de las personas jurídicas, reiniciándose el cómputo del plazo desde la conclusión del concurso (art. 60.3 LC).

16. Nótese que el citado artículo 60.2 LC —que, además, en interpretación sistemática con lo dispuesto en el art. 48 LC parece debiera sólo referirse a las acciones que asistan a la sociedad— se limita a interrumpir el plazo para el ejercicio de acciones durante la tramitación del concurso, pero no dispone que durante dicha tramitación quede vedada la posibilidad de ejercitar tales acciones. De hecho, el antes citado Auto del Juzgado Mercantil de Asturias de 13 de diciembre de 2005 fue revocado por Auto de la Audiencia Provincial de Asturias de 29 de diciembre de 2006. *Vid.* en el mismo sentido, Beltrán, *La responsabilidad de los administradores, cit.*, págs. 278-279.

17. *Vid.* ampliamente al respecto mi citado trabajo, Alonso-Cuevillas, *La «vis attractiva» del proceso concursal, cit.*, págs. 145-192.

18. Que, recuérdese, comportaría no sólo la acumulación del proceso singular al proceso concursal, sino también el cambio procedimental prevenido en el artículo 192.1 LC, debiendo seguirse el procedimiento del incidente concursal regulado en los artículos 192 y siguientes de la Ley Concursal, con las diversas inconveniencias que dicha transformación procedimental de un proceso ya iniciado comporta. Véase ampliamente al respecto, mi trabajo Alonso-Cuevillas, *El incidente concursal*, en «Revista Jurídica de Catalunya», 2004, núm. 4, págs. 1237-1267.

te territorialmente competente y por el procedimiento que corresponda, todo ello en aplicación de las normas procesales generales.

Si resultara inevitable demandar conjuntamente a sociedad y administrador —por ejemplo, porque la certeza y/o cuantificación de la deuda surgida después del acaecimiento de la causa de disolución no fuera una cuestión pacífica ni fácilmente determinable—, correspondería presentar la demanda ante el juez del concurso debiendo tramitarse por los cauces del incidente concursal.[19]

Por último, cabe señalar que, sea cual sea el cauce seguido, el éxito de la ejecución contra el administrador condenado comportará la consecuente reducción del crédito concursal ostentado por el demandante. Si, por el contrario, el patrimonio personal del administrador societario resultare insuficiente para responder frente a las reclamaciones de una pluralidad de acreedores, procedería instar la declaración de concurso del administrador, que podría ser acumulado al concurso de la sociedad al amparo del artículo 25.1 LC.[20]

2.2. La acción individual de responsabilidad durante la tramitación del concurso

Con las correspondientes matizaciones derivadas del diferente régimen jurídico aplicable a ambos tipos de responsabilidad, en lo que aquí nos interesa cabe en principio afirmar que las consideraciones recién efectuadas en sede de exigencia de la responsabilidad por deudas ex artículo 262.5 LSA *pendente concurso*, resultan también aplicables al ejercicio de la acción individual de responsabilidad contra los administradores societarios.

Así, las acciones individuales de responsabilidad ejercitadas con anterioridad a la declaración del concurso no quedarán tampoco afectadas por la declaración y, declarado el concurso, tampoco nada empecerá el ejercicio de las correspondientes acciones individuales de responsabilidad.[21]

---

19. Nótese por tanto que se trata precisamente de uno de los supuestos en que, por la propia complejidad del debate (a modo de ejemplo, piénsese en una reclamación de daños y perjuicios derivada de un incumplimiento contractual), resulta más inadecuado seguir el estrecho cauce del incidente concursal. Véase al respecto la más amplia crítica efectuada en mis citados trabajos *La «vis attractiva» del proceso concursal, cit.* págs. 336-340, y *El incidente concursal, cit.* págs 1240 y ss. En opinión de Serra Domínguez, que obviamente se comparte, *Comentarios a la Ley Concursal*¸ (coordinados por Sagrera Tizón et al.), ed. Bosch, Barcelona, 2004, t. III, pág. 1907, hubiera sido mucho más conveniente que la Ley Concursal no contuviera disposición ninguna en materia de procedimiento y seguir aplicándose las normas procesales generales.

20. En el mismo sentido, García-Cruces, *La responsabilidad concursal*, en el trabajo colectivo, dirigido por los Profs. Rojo y Beltrán, *La responsabilidad de los administradores, cit.*, págs. 332-336.

21. Ténganse por íntegramente reproducidas las consideraciones supra efectuadas en sede de responsabilidad por deudas ex artículo 262.5 LSA. En el mismo sentido, Esteban Velasco, *La acción individual de responsabilidad*, en el trabajo colectivo dirigido por Rojo y Beltrán, *La responsabilidad de los administradores, cit.*, págs. 224-225, y Verdú Cañete, *La responsabilidad civil del administrador de sociedad de capital en el concurso de acreedores. cit.*, pág. 335.

Desde el punto de vista procesal, resultarán igualmente de aplicación las normas procesales generales tanto en materia de competencia como de procedimiento.[22]

Idénticas consideraciones cabe asimismo efectuar respecto de los efectos sobre el concurso de la eventual satisfacción total o parcial del crédito obtenida a través de la acción individual de responsabilidad.

2.3. La acción social de responsabilidad durante la tramitación del concurso

A diferencia de lo que sucedía en los supuestos anteriormente examinados, la Ley Concursal sí contiene alguna previsión específica aplicable al ejercicio de la acción social de responsabilidad *pendente concurso.* A nuestro entender, el diferente tratamiento legal se halla plenamente justificado en la medida en que la acción social de responsabilidad afectará siempre —en caso de prosperar— al patrimonio de la concursada, mientras que las acciones contra los administradores no inciden de una manera directa sobre la masa del concurso.[23]

Las especialidades, contempladas en el artículo 48 LC, apartados 2 y 5, consisten, básicamente, en la atribución al juez del concurso de la competencia para conocer de estas acciones y la ampliación de la legitimación para su ejercicio.

Si bien la norma competencial resulta de todo punto lógica, no deja de llamar la atención, como ya se ha apuntado anteriormente, que no se adopte idéntico criterio respecto de las restantes acciones ejercitadas contra los administradores sociales. Nótese sin embargo que en este supuesto es la propia sociedad quien ejercita la acción —u otro legitimado en su interés—, mientras que en los anteriores era siempre un tercero el que accionaba contra el administrador —que también es un *tercero* respecto de la concursada—.

Al igual que en cualquiera de los restantes supuestos, la acción social de responsabilidad puede haberse planteado con anterioridad a la declaración del concurso o, por el contrario, ejercitarse una vez éste ha sido ya declarado. Ambos supuestos deben examinarse separadamente.

Con anterioridad a la declaración del concurso, la acción social de responsabilidad podrá haber sido entablada bien por la propia sociedad, bien por los accionistas o acreedores a quienes concede legitimación subsidiaria el artículo 134 LSA. En todo caso, la demanda deberá presentarse ante el juez mercantil —ex artículo 86 ter, 2, letra

22. En el mismo sentido, Esteban Velasco, *La acción individual de responsabilidad*, *cit.*, pág. 225, planteándose empero si, desde un punto de vista de política legislativa, no hubiera resultado más conveniente atribuir el conocimiento de tales acciones al propio juez del concurso.

23. Aunque, como hemos visto, sí pueden hacerlo indirectamente, en la medida en que el éxito de una acción de responsabilidad contra el administrador puede acabar traduciéndose en una reducción de la masa pasiva equivalente a la cantidad obtenida del administrador.

a, de la LOPJ— que resulte territorialmente competente, y por el procedimiento que corresponda según la cuantía —que, en la inmensa mayoría de ocasiones, será el ordinario—. Respecto de tales procesos ya en trámite, surge la duda de si, una vez declarado el concurso, cabría acordar su acumulación al proceso concursal.

A favor de tal posibilidad jugaría la dicción del artículo 51.1 LC que se refiere a los juicios declarativos en que el deudor *sea parte* —y no, *sea parte «demandada»*— señalando, a mayor abundamiento, como otro de los requisitos exigibles, que el juez del concurso estime que la resolución del proceso a acumular pueda tener trascendencia sustancial para la formación del *inventario* o de la lista de acreedores.

Sin embargo, otro de los requisitos a los que se condiciona la posibilidad de acumulación es que se trate de asuntos que sean competencia del juez del concurso según lo previsto en el artículo 8 LC. Y adviértase que el referido artículo 8 LC sólo atribuye competencia al juez del concurso respecto de las «acciones tendentes a exigir responsabilidad civil a los administradores sociales, a los auditores, o, en su caso, a los liquidadores, por los perjuicios causados al concursado *durante el procedimiento*».[24] En su virtud, el ejercicio de acciones sociales de responsabilidad por los perjuicios causados a la sociedad antes de su declaración de concurso no se halla entre las competencias atribuidas al juez del concurso en el artículo 8 LC, en cuyos méritos, falta uno de los requisitos exigidos en el artículo 51.1 LC, para que resulte procedente la acumulación al concurso de procesos iniciados con anterioridad a su declaración.[25]

Pendente ya el concurso, no cabe duda de que la competencia para conocer de las acciones de responsabilidad corresponde al propio juez del concurso, pues así lo preceptúa expresamente el artículo 48.2 LC.

Especialidades propias del ejercicio de esta acción social de responsabilidad dentro del concurso consisten en la ampliación de la legitimación y el régimen de actuación de la concursada.

Respecto de la legitimación, el citado artículo 48.2 LC la atribuye en primer lugar a la propia sociedad concursada, con plena sujeción en tal caso a los requisitos previstos con carácter general en la legislación societaria, en particular respecto a la necesaria previa adopción del pertinente acuerdo por la junta general.[26] Debe empero tenerse en cuenta que dicha previsión debe complementarse con lo dispuesto en el artículo 54 LC, apartados 1, 2 y 3, en función del régimen al que se hayan sometido las facultades patrimoniales del deudor —suspensión o intervención—. Como plasmación en

24. Se trata por tanto de un específico supuesto de responsabilidad concursal.

25. *Vid.*, más ampliamente, mi citado trabajo *La «vis attractiva» del proceso concursal, cit.*, págs. 287-299, y Verdú Cañete, *La responsabilidad civil del administrador de sociedad de capital en el concurso de acreedores, cit.*, págs. 310-312, si bien dicha autora se muestra *de lege ferenda* partidaria —aunque con reservas relativas a la sobrecarga de trabajo de los juzgados mercantiles— de atribuir tal competencia al juez del concurso también respecto de las acciones ejercitadas con anterioridad a la declaración del concurso

26. Véase de nuevo lo previsto al respecto en el artículo 134, apartados 1, 2 y 3, de la Ley de Sociedades Anónimas.

el ámbito procesal de la genérica previsión contenida en el artículo 40 LC, dispone el citado artículo 54 LC que en caso de suspensión de facultades del deudor, corresponderá a la administración concursal la legitimación para el ejercicio de las acciones de índole no personal, como la acción social de responsabilidad que aquí nos ocupa. En sus méritos, cuando se haya acordado la suspensión de facultades del deudor, deberá entenderse que la sociedad concursada carece de la legitimación que con carácter general le atribuye el artículo 48.2 LC, correspondiendo ésta en todo caso a la propia administración concursal. En el supuesto de intervención de facultades, la sociedad sí conservará su legitimación para ejercitar la acción social, si bien debiendo obtener la conformidad de la administración concursal con carácter previo a la interposición de la demanda.

Además de a la propia sociedad —con las matizaciones efectuadas en el anterior párrafo—, el artículo 48.2 LC atribuye también legitimación para el ejercicio de la acción social de responsabilidad a la administración concursal, sin necesidad en este caso del previo acuerdo de la junta general. Nótese que esta previsión alcanza su pleno sentido en los supuestos de intervención de las facultades del concursado yuxtaponiéndose a la legitimación ordinaria correspondiente a la propia sociedad.[27] La previsión resulta pues plenamente coherente con las funciones que en defensa de la masa atribuye la ley a dicho órgano del concurso.

Y, por fin, la ley atribuye asimismo legitimación a los acreedores en los términos previstos en el artículo 54.4 LC, es decir, cuando previamente hubieren requerido a la administración concursal para ejercitar la acción social de responsabilidad y ni ésta ni la propia concursada hubieren interpuesto la correspondiente demanda dentro de los dos meses siguientes al requerimiento.

Respecto al procedimiento a seguir para el ejercicio de la acción social de responsabilidad *pendente concurso*, ninguna especialidad contiene la Ley Concursal, en cuya virtud cabe entender que ante el silencio de la ley, procederá seguir los trámites del juicio que en función de la cuantía corresponda.

A diferencia de las otras acciones tendentes a exigir la responsabilidad de los administradores sociales, el éxito de la acción social de responsabilidad redundará no en una disminución de la masa pasiva del concurso, sino obviamente en el incremento de la propia masa activa.

3. Reflexión final

Si las acciones tendentes a exigir responsabilidades a los administradores societarios constituyen una pieza clave del derecho societario, resulta evidente que aún adquieren

27. A diferencia de lo que sucede en los supuestos de suspensión de facultades en los que la sociedad carece de legitimación correspondiendo éste en primer término a la propia administración concursal que *sustituye* a la concursada.

mayor importancia cuando el deudor principal, la sociedad, deviene formalmente insolvente. Resulta por ello censurable que el legislador concursal de 2003 no haya prestado mayor atención a la materia. El interés primordial de cualquier acreedor es intentar cobrar sus créditos utilizando para ello cuantos instrumentos ponga a su alcance el ordenamiento jurídico, no importándole si quien finalmente paga es la propia sociedad deudora o aquellas personas que puedan ser declaradas responsables. El legislador debiera por tanto haber previsto con detalle las diferentes situaciones, estableciendo claras normas de coordinación, preferencia y/o subsidiariedad entre la pluralidad de regímenes de responsabilidad, concursal y societaria en sus diferentes modalidades, y la propia tramitación del concurso mismo. El actual *labyrinthus* que la imprevisión legislativa propicia en materia de exigencia de responsabilidad a los administradores sociales *pendente concurso* no resulta acorde con la loable clarificación y modernización que la Ley Concursal ha comportado sin duda respecto del caótico panorama antes vigente.[28]

28. *Vid.* al respecto, *per omnia*, el excelente análisis efectuado por el Profesor Vázquez Sotelo en su estudio *La situación caótica y «laberíntica» de la legislación concursal española. Necesidad y aciertos de la Ley Concursal*, publicado en «Diario La Ley», núm. 5856, de 24 de septiembre de 2003 y posterior «Addenda» dedicada a glosar la figura de Salgado de Somoza cuya cita en la Exposición de Motivos de la Ley se debe precisamente a una oportuna intervención del Profesor Vázquez Sotelo durante la tramitación parlamentaria de la Ley Concursal. Al Profesor Vázquez Sotelo, miembro —además de otros muchos— del Instituto Iberoamericano de Derecho Concursal e internacionalmente reconocido estudioso del proceso concursal, dedico, con admiración y agradecimiento por su Magisterio, este humilde trabajo.

La armonización de las garantías procesales de los sospechosos e imputados en los procesospenales en la Unión Europea: un fallido intento en la construcción del espacio de libertad, seguridad y justicia[1]

CORAL ARANGÜENA FANEGO
PROFESORA TITULAR DE DERECHO PROCESAL
UNIVERSIDAD DE VALLADOLID

I. Introducción

El 28 de abril de 2004, la Comisión presentó su Propuesta de Decisión Marco relativa a determinados derechos procesales en los procesos penales celebrados en la Unión Europea, cuyo principal objetivo era el de incrementar la protección de los derechos de los ciudadanos mediante el establecimiento de unas normas mínimas comunes que permitieran ofrecer un nivel equivalente de protección a sospechosos y acusados en todo el territorio de la Unión Europea, posibilitando de modo inmediato a través del consiguiente reforzamiento de la confianza recíproca, el efectivo funcionamiento del principio de reconocimiento mutuo.[2] Se presentaba, además,

1. El texto constituye una versión, resumida y actualizada, de la ponencia que defendí en el Congreso Internacional *El Proceso Penal en la Unión Europea. Garantías esenciales,* celebrado en Valladolid del 24 al 26 de octubre de 2007 y que se recoge en versión bilingüe (español/inglés) en la obra colectiva *El proceso penal en la Unión Europea. Garantías esenciales,* (de Hoyos Sancho, M., coord.), Ed. Lex Nova. Valladolid (en prensa y de próxima aparición en 2008).

2. COM (2004) 328 final. *Vid.*, asimismo, el Documento de trabajo de la Comisión Europea de la misma fecha (20.04.2004) y relativo a la valoración del impacto y repercusiones que esta legislación supondrá a los Estados miembros [Comision Staff Working Paper, Proposal for a Framework Decisión on certain procedural rights in criminal proceedings troughout the European Union, Extended Impact Assessment, SEC (2004) 491].

como la primera de un conjunto de medidas que abordarían otros derechos procesales y/o relacionados con el derecho al debido proceso o juicio justo.[3]

Los antecedentes de la Propuesta se remontan al Consejo Europeo de Tampere, cuyas Conclusiones mencionaban expresamente los derechos de los sospechosos como objetivo a abordar mediante la instauración de unas normas mínimas, invitando al Consejo a su adopción.

La Comisión, recogiendo el testigo, en febrero de 2003 presentó el Libro Verde sobre Garantías procesales para sospechosos e inculpados en procesos penales en la Unión Europea.[4] A lo largo de la amplia fase de consulta que le había precedido se había puesto de manifiesto que no era posible abarcar todos los derechos en un solo instrumento; de ahí que el principal mérito del Libro Verde consistiera precisamente en identificar cuales eran los ámbitos más apropiados para ser objeto de una inmediata acción armonizadora y que la posterior Propuesta de la Comisión debiera entenderse, por tanto, como un primer paso dirigido a la creación de un verdadero estatus del imputado homogéneo en todos los Estados de la Unión Europea, proyectado sobre cinco derechos especialmente relevantes respecto de los cuales se proponen normas *mínimas*: el derecho a la asistencia letrada con la obligación de procurarla, en ciertos, supuestos, de forma gratuita o incluso contra la voluntad del acusado; el derecho a la interpretación y traducción gratuita, incluyendo la grabación de determinadas diligencias judiciales a fin de asegurar la correcta interpretación; la prestación de asistencia a las personas sospechosas especialmente vulnerables o necesitadas de atención específica; el derecho del detenido a comunicarse incluyendo, en su caso, el derecho a la asistencia consular; y la creación de una Carta europea de derechos del sospechoso y acusado que debe ser comunicada al detenido en el momento de su detención.

Sin embargo, la disparidad en la concepción y garantía de tales derechos por los sistemas procesales de los distintos Estados miembros, y la resistencia de algunos de ellos a ceder lo que consideran una parcela especialmente sensible a favor de la acción de la Comunidad, ha dado lugar a que transcurridos tres años desde la fecha de su presentación, no haya sido posible alcanzar un acuerdo sobre la misma.

La intensa actividad de debate y negociación en el seno del Consejo propiciada por todas las presidencias que se han sucedido a lo largo de este tiempo, no ha cristaliza-

3. V.gr. la presunción de inocencia, que ha dado lugar al Libro Verde sobre la presunción de inocencia [COM (2006) 174 final]. Asimismo las medidas cautelares alternativas a la prisión provisional, finalmente abordada por la Propuesta de Decisión marco del Consejo sobre la orden europea de vigilancia en el marco de las medidas cautelares aplicadas entre Estados miembros de la Unión Europea [COM (2006) 468 final], cuyo antecedente lo constituye el Libro Verde sobre reconocimiento mutuo de medidas de control no privativas de libertad presentado por la Comisión el 17.08.2004 [COM (2004) 562 final]. O las garantías en orden a la obtención y admisibilidad de la prueba, que están siendo objeto de estudio en la actualidad por la Comisión, de cara a la presentación de un futuro Libro Verde sobre la materia.

4. COM (2003) 75 final, de 19.2.2003. *Vid.*, sobre el mismo, Gallego-Casilda Grau, Y., «El libro verde de la Comisión Europea sobre las garantías procesales para sospechosos e inculpados en procesos penales en la Unión Europea», en *Derecho Penal supranacional y cooperación jurídica internacional,* obra colectiva dirigida por Galgo Peco, A., CGPJ (colección *Cuadernos de Derecho Judicial* XIII-2003), Madrid, 2003, pp.235 y ss.

do en un acuerdo aceptado por todos; en unos casos, al oponerse los Estados a la armonización de su derecho procesal negando la existencia de base jurídica suficiente para ello[5] y, en otros, porque el enfoque de la Propuesta no se considera adecuado, al afrontar tan sólo alguna de las garantías aplicables durante el procedimiento pero con un excesivo detallismo, lo que puede provocar la pérdida de coherencia del conjunto de la regulación procesal nacional.

Y en un intento de lograr un punto de encuentro entre quienes no consideran necesario llevar a cabo ninguna acción legislativa en materia de garantías procesales y quienes la consideran oportuna, se han llegado a poner sobre la mesa dos textos diferentes en su contenido y eficacia[6] que se han discutido en paralelo.[7]

Uno, de carácter transaccional y debido a la presidencia alemana, con un contenido más reducido en cuanto a los derechos procesales regulados (reducidos a los de información, asistencia jurídica, interpretación y traducción de los documentos procesales), y más genérico en cuanto al contenido de las garantías previstas[8] que sin llegar a realizar una mera trascripción o reescritura del Convenio Europeo de Derechos Humanos ha intentado integrar el texto convencional con algunas aportaciones jurisprudenciales, pero siempre en una perspectiva de principios u objetivos, dando margen suficiente a los Estados miembros para trasladar esas exigencias de forma coherente con los caracteres de sus sistemas procesales.[9]

Como segunda alternativa, el bloque de Estados contrarios a la aprobación de un texto normativo vinculante, ha apostado por la adopción de una mera recomendación de los Estados miembros reunidos en el seno del Consejo que, además de rati-

---

5. Y ello pese a contarse ya con la existencia de la sentencia del Tribunal de Justicia de 13 de septiembre de 2005 en el asunto C-176/03 (caso *Pupino*) que, en nuestra opinión, despejaba tales dudas al menos desde el punto de vista jurisprudencial, antes de ser definitivamente despejadas al resolver la cuestión prejudicial relativa a la euro-orden con la sentencia recaída en mayo de 2007 en el asunto C-303/05 «Advocaten voor de wereld VZW»). Como señaló Irurzun Montoro al ocuparse de la sentencia *Pupino* («¿El espacio judicial europeo en una encrucijada?», en *La Ley,* num. 6532, de 24 de julio de 2006) hay algo que la sentencia no dice, pero que es su premisa: el art.31 del vigente TUE es base jurídica suficiente para aproximar las legislaciones procesales de los Estados miembros, sin que para ello sea necesario el reconocimiento explícito que se contiene en el Tratado por el que se instituye una Constitución para Europa. El Tribunal no lo dice. Sin embargo es su obligación examinar de oficio si la Decisión marco carecía de base jurídica antes de entrar a interpretarla, tal como le recordó la Abogada General en sus Conclusiones.

6. Recogidas en los documentos del Consejo núms.. 11583/06 (DROIPEN 44), de 19 de julio de 2006 y 13116/06, DROIPEN 60, de 27 de septiembre de 2006, todavía de acceso limitado.

7. Según da cuenta Irúrzun Montoro, F., en «La negociación de la Decisión marco sobre Garantías procesales en el Consejo de la Unión Europea», en Arangüena Fanego, C. (coord.): *Garantías procesales en los procesos penales en la Unión Europea/ Procedural safeguards in criminal proceedings troughout the European Union,* Valladolid, 2007, pp.31 y 32.

8. *Vid.* Comunicado de prensa de la sesión nº 2732 del Consejo JAI de 1 y 2 de junio de 2006 [9409/06 (Presse 144)] p.14, en el que se acordó seguir analizando cual debía ser la naturaleza jurídica del instrumento y trabajar sobre una Propuesta transaccional o de compromiso, en la que se limitara el catálogo de derechos y se fijara, respecto de los mismos, garantías más genéricas, evitando especificar detalladamente la forma en que se ejercerán en los Estados miembros, habida cuenta las notables diferencias existentes entre ellos.

9. Como señala Irúrzun Montoro, F. (op.et locs.cits.), la labor no es sencilla y está abierta a múltiples flancos de crítica. Por ejemplo, se ha invocado el peligro de «congelar» en un texto normativo aportaciones jurisprudenciales que son, por su propia naturaleza, de carácter siempre evolutivo.

ficar el compromiso de todos los firmantes con el CEDH, contempla ciertas medidas de apoyo o contenido práctico para facilitar su aplicación en situaciones con elementos transfronterizos. La fórmula propuesta —«Resolución de los Estados miembros reunidos en el seno del Consejo»— más bien parece un deliberado intento de ratificar implícitamente la inexistencia de competencia legislativa de la Unión en esta materia.[10]

Finalmente la situación de *impasse* en que se ha visto sumida la Unión Europea tras el frustrado intento de sacar adelante un Tratado constitucional y que se ha prolongado hasta la conclusión de los trabajos de la Conferencia Intergubernamental de 2007 y la posterior aprobación del Tratado de Lisboa, ha afectado también a la Propuesta, que ha dejado de estar en la agenda del Consejo. Todo parece indicar que habrá que esperar a que tras las ratificaciones del Tratado de Lisboa y su entrada en vigor, la Comisión presente una nueva Propuesta de Directiva al amparo del art.69.A.2b) del Tratado de funcionamiento de la Unión Europea[11] que responderá al espíritu original de la Propuesta de Decisión Marco que ahora comentamos, razón por la cual resulta conveniente y necesario examinar ésta en sus planteamientos originarios, para analizar su alcance y pretensiones y, al tiempo, tomar conciencia de las razones por las que su adopción no ha sido posible.

2. Objetivos

Conforme dispone la Exposición de Motivos de la Propuesta de Decisión Marco, su objetivo principal consiste en el establecimiento de normas mínimas comunes sobre determinados derechos procesales aplicables en los procesos penales celebrados en la Unión Europea, mejorando los derechos de todos los sospechosos y acusados, en general, al ofrecer un nivel equivalente de protección en toda la Unión Europea o, dicho de otro modo, pretendiendo que las discrepancias procesales relativas a estas garantías básicas que todos los Estados tienen reconocidos en sus sistemas penales sean mínimas.

Junto a ese primordial objetivo, aunque en un segundo plano, puede también apuntarse el mejor funcionamiento del principio del reconocimiento mutuo de resoluciones judiciales. Es indudable que una aproximación en las garantías procesales del sospechoso y una visibilidad mayor de las mismas, ha de generar un clima de confianza recíproca que facilitará la finalidad perseguida de atender y aceptar en el ámbito europeo las resoluciones adoptadas por los titulares de la potestad jurisdiccional de otros países miembros, y ello aunque se hubieran alcanzado de modo diferente.[12]

---

10. Irúrzun Montoro, F., op.et.locs.cits., quién añade que «jurídicamente es discutible la posibilidad de aprobar conclusiones o resoluciones del Consejo en asuntos sobre los que existe una base jurídica específica para adoptar un texto normativo y hay una propuesta formal presentada».

11. Véase punto 67 del art.2 del tratado de Lisboa, DOUE núm.C-306 de 17 de diciembre de 2007.

12. *Vid.* en este sentido, Calderón Cudadrado, M.P, «Hacia la uniformidad y mayor visibilidad de las garantías procesales penales en la Unión Europea», en Oliva Santos, A. de la, Armenta Deu, T. y Calderón CuadradoO, M.P (coords), *Garantías fundamentales del proceso penal en el espacio judicial europeo*, Madrid, 2007, p.29.

Se trata de una iniciativa necesaria puesto que, como advierte la propia Comisión europea, aunque todos los Estados miembros de la Unión Europea son parte del Convenio Europeo de Derechos Humanos (CEDH, en adelante), su grado de cumplimiento no es homogéneo y esto es precisamente lo que persigue la Propuesta. Además, pretende armonizar los derechos procesales que regula, de modo que sean aplicables tanto en los casos puramente nacionales, como en los procesos con repercusiones transfronterizas (v.gr. euro-orden)[13] y el Convenio en sí no es adecuado ni suficiente para dar solución a los problemas del último tipo (es decir, transfronterizo), porque no se elaboró con el fin de crear un espacio judicial *común* para los Estados miembros del Consejo de Europa, sino para establecer normas mínimas aplicables a cada uno de los sistemas legales nacionales. La incorporación de la Carta de Derechos Fundamentales de la Unión Europea a la malograda *Constitución Europea*, hubiera debido jugar en este sentido un importante papel de cara a uniformar debidamente la intelección del alcance de tales derechos evitando interpretaciones dispares y algunas formas de proteccionismo judicial y de desconfianza que no deberían tener cabida en un espacio como el de la Unión Europea.

Por otra parte, y frente a ciertos temores referentes a que la coexistencia de normas emanadas del Consejo de Europa y de normas adoptadas en el seno de la Unión Europea pudiera suscitar el riesgo de un *doble estándar* (o de una Europa a dos velocidades en el ámbito de los derechos humanos), ha de concluirse que éstos no son fundados. Los estándares del Consejo de Europa, incluido el CEDH, son solamente estándares mínimos y, por ello, tanto la Unión como los Estados miembros del Consejo de Europa deberían esforzarse en ir más allá de esos mínimos. Por tanto, si existen algunos estándares del Consejo de Europa que no han sido suficientemente atendidos hasta el momento, los Estados miembros de la Unión Europea no están autorizados a sustraerse a sus obligaciones hacia el Consejo de Europa y no han sido llamados ni invitados a limitar el campo de aplicación de sus compromisos en el campo de esos estándares. La incorporación de la Unión al CEDH, prevista en Proyecto de Tratado por el que se modifican el TUE y el TCE así como el reconocimiento a la Carta de Derechos Fundamentales de la Unión Europea del mismo valor jurídico de los Tratados debería tranquilizar a los que albergan semejantes temores.[14]

La Propuesta no se solapa con el CEDH (ni con su heredero mayoritario, que es la carta de Derechos Fundamentales de la Unión Europea); antes bien lo completa, y permite visualizar mejor los derechos base de los estándares mínimos.[15] Y otro tanto ocurre con

---

13. Al respecto Jiménez Villarejo advierte del riesgo que se corre si las garantías procesales en derechos básicos como la asistencia letrada no están armonizados, dadas las frecuentes remisiones normativas a las leyes nacionales (v.gr. art.11 de la Decisión marco sobre la orden de detención europea). La heterogeneidad del tratamiento de estos derechos debe ser minimizada en lo posible para contrarrestar el referido riesgo en aras al reforzamiento de la confianza mutua entre los Estados miembros de la Unión Europea («Armonización de las garantías procesales y derecho a la asistencia letrada en la orden europea de detención y entrega», en Arangüena Fanego, C. coord.: *Garantías procesales*...op.cit., p.127).

14. Véase, sobre este punto De Shutter, O., *La promotion et la protection des drois fondamentaux au sein de l'Union Europeenne: les relations entre la Convention européenne des droits de l'Homme, la Charte europeéenne et les Constitutions nacionales,* Briefing Paper, PE 393.251, septiembre 2007.

15. Así se indica en el Informe de la Comisión de Libertades y Derechos de los Ciudadanos, Justicia y Asuntos Internos del Parlamento Europeo, de 21 de marzo de 2005, (A6-0064/2005 FINAL; PE 350.239v03-00) : «La Decisión marco hará claramente más visibles los derechos de los ciudadanos, lo que debería significar que los agentes de policía, los

las normas constitucionales de los distintos Estados miembros. Pero esta iniciativa llega tarde ya que al margen del retraso que acumula sobre el plazo previsto para su adopción, en puridad de principios, debería haber sido adoptada de modo coetáneo a la que regula la euro-orden (aprobada en 2002), porque si se organiza a escala europea la persecución de los delitos, debería hacerse otro tanto con los derechos de los ciudadanos .[16]

Característica fundamental de la Propuesta es el presentar un ámbito de aplicación universal, y ello desde un doble punto de vista: subjetivo y objetivo.

— Desde un punto de vista subjetivo, toda vez que *destinatarios* de esta regulación son los «sospechosos» y «acusados», ya sean inculpados, imputados o procesados. Se trata de diferentes posiciones jurídicas cuya definición puede variar en cada país según las normas que regulen los procesos penales. La lógica expansiva propia de los derechos fundamentales que son al tiempo garantías procesales obliga a interpretar sus destinatarios de la manera más amplia posible.[17]

Dicho de otra manera: los derechos que se contienen en la Propuesta serían exigibles a partir del momento en que las autoridades competentes de un Estado miembro —policía, fiscal o juez— hicieran saber a un sujeto que es sospechoso de haber cometido un delito.

Los sujetos de la garantía son tanto los «nacionales» como los «extranjeros», ya sean ciudadanos de otros Estados Miembros de la Unión Europea o de terceros países. Advierte García Roca[18] que desde la lógica de la teoría europea de los derechos fundamentales esta equiparación entre nacionales y extranjeros a estos efectos de la titularidad de tales derechos es indiscutible. Las garantías procesales emanan de las «personas» como centro de imputación de los derechos derivados de la dignidad humana, y no de los «ciudadanos», en cuanto miembros de una comunidad política, o de los «nacionales», titulares de la nacionalidad, como suele ocurrir con la inmensa mayoría de los derechos políticos. No podría haber fin legítimo alguno, desde la óptica de un análisis conforme al principio de proporcionalidad que sigue habitualmente el TEDH en sus enjuiciamientos, que hubiera permitido excluir de estos derechos a los extranjeros. El Convenio Europeo de Derechos Humanos reconoce los derechos que enuncia a toda

abogados, los traductores, los sospechosos y los acusados conocerán mejor tales derechos y cumplirán con mayor probabilidad estas normas europeas. También hará más accesibles los mencionados derechos. Actualmente, muchas vulneraciones de derechos fundamentales no se plantean al tribunal de Estrasburgo simplemente por desconocimiento general de esta posibilidad».

16. Así lo señaló Kathalijne Maria Buitenweg, ponente del Informe del Parlamento Europeo anteriormente citado, debatido y votado en la sesión del 12 de abril de 2005 y que conduce a la Resolución legislativa del Parlamento Europeo sobre la propuesta de Decisión marco del Consejo relativa a determinados derechos procesales en los procesos penales celebrados en la Unión Europea [DO C 33E de 9 de febrero de 2006].

17. Así García Roca, J., «La Propuesta de Decisión marco sobre derechos procesales en los procesos penales a la luz del Convenio Europeo de Derechos Humanos, el Tratado constitucional para Europa y las tradiciones constitucionales comunes», en Arangüena Fanego, C. (coord.) : *Garantías procesales ...*, op. cit, p.53.

18. García Roca, J.,, op.et.locs. cits.

persona bajo la jurisdicción de los Estados miembros, independientemente de su nacionalidad; basta ver como el Tribunal de Estrasburgo aplica las garantías de los artículos 2 a 6, precisamente por ser de las personas, como limitaciones razonables a las expulsiones de extranjeros.

— Desde el punto de vista *objetivo*, la garantía juega en cualesquiera procesos penales y antes, durante e incluso después del proceso, de suerte que incluye los recursos que emanen de los mismos frente a sentencias condenatorias. Ahora bien, atendiendo a los derechos que son objeto de regulación, la Propuesta, según se ha adelantado, sólo se ocupa de algunos de los derechos procesales más básicos (asistencia letrada y de intérprete, señaladamente), pero deja fuera de la misma algunos otros de gran calado o incluso los que pueden considerarse más esenciales, decisivos o sustanciales, entre las garantías constitucionales en los procesos penales (presunción de inocencia, Juez ordinario e imparcial, por ejemplo).

Por eso se ha insistido en que estamos ante una Propuesta ciertamente garantista, pero de mínimos, y en su falta de exhaustividad, como una de las características que la acompañan[19] y que, según justificaba la Comisión, obedecía a que la Propuesta había de considerarse como la primera de una serie de iniciativas que se vería completada con la adopción inmediata de otra serie de instrumentos garantes de otros aspectos íntimamente relacionados con la defensa de los acusados, tales como la presunción de inocencia, el principio *ne bis in idem* o las condiciones de aplicación de la libertad bajo fianza.

Naturalmente, y dado el carácter de mínimos de la Propuesta, ésta recoge expresamente la denominada cláusula de no regresión (art.17), que permite el desplazamiento por un nivel de protección más elevado si así se contuviera en las legislaciones nacionales. De ahí que deban rechazarse las críticas surgidas desde algunos sectores alegando que la Propuesta podría suponer un retroceso en el nivel de protección de tales derechos en algunos Estados miembros. La denominada «tesis del autodesplazamiento» unida a la cláusula de «no regresión» significa que la protección que dispensa la Propuesta de Decisión marco permite su desplazamiento por otra nacional (o internacional) que sea superior.

3. Derecho a la asistencia letrada

La Propuesta de la Comisión dedica sus artículos 2 a 5 al reconocimiento del derecho a la asistencia de abogado, disposiciones éstas que, según describe en su Considerando 12, no pretenden imponer obligaciones en los Estados miembros que vayan más allá del CEDH, sino simplemente establecer maneras comunes de cumplir con lo que dispone el artículo 6 del citado Convenio, al tiempo que clarificar el momento en el que surge el derecho así como las circunstancias en que la asistencia debe de ser gratuita.

---

19. Así Fonseca Morillo, F., cit. por Valbuena González, F., «Derechos procesales del imputado», en Jimeno Bulnes, M., (coord.) *La cooperación judicial civil y penal en el ámbito de la Unión Europea: instrumentos procesales*, Barcelona, 2007, p. 395.

La ubicación de este derecho en el primer lugar de la regulación no es anecdótico, sino que evidencia la singular importancia que reviste este derecho y que es destacada por la propia Comisión en el Libro Verde al señalar que si todos los derechos que integran la noción de juicio justo o debido proceso[20] eran importantes, algunos derechos eran tan fundamentales que era preciso darles prioridad en esta primera fase siendo el primero de todos el derecho a la asistencia letrada pues si un inculpado carece de abogado, tiene menos posibilidades de conocer sus derechos y, por consiguiente, de que éstos se respeten.

En el apartado 6.1 de la referida Exposición de Motivos, dedicado específicamente al análisis de las disposiciones sobre la asistencia de abogado, se aclara que el objetivo que pretende en este punto la Decisión Marco es un acuerdo a escala comunitaria para que las personas sospechosas tengan acceso lo antes posible a la asistencia de un abogado cualificado y que los Estados miembros carguen con los costes de la asistencia cuando estos supongan un gravamen excesivo para el defendido o las personas a su cargo y que establezcan un sistema para proveer un sustituto si se encuentra que el primer abogado no es eficaz.

Y todo ello sin perjuicio del derecho a la autodefensa puesto que la Decisión Marco deja claro que el sospechoso tiene derecho a defenderse por sí mismo lo que implica que tiene derecho a negarse a ser defendido y representado por un abogado. No obstante si el sospechoso se encontrara en alguna de las situaciones que conforme a la Decisión Marco hacen especialmente conveniente la asistencia letrada, ésta deberá prestarse en todo caso.[21]

Para analizar la configuración que de este derecho se realiza en la (Propuesta de) Decisión Marco, resulta extraordinariamente útil y conveniente, partir de la recogida en el CEDH (artículo 6) conforme a la interpretación que del mismo se ha efectuado por el Tribunal de Estrasburgo. Y, a tal efecto, recordemos que dicho precepto, en su apartado 3 c) reconoce al acusado en el proceso penal tres garantías básicas: el derecho a defenderse por si mismo o ser asistido por un defensor de su elección y, de no tener medios para pagarlo, poder ser asistido gratuitamente por un abogado de oficio cuando los intereses de la justicia así lo exijan.[22]

Aparecen así, como tres derechos que asisten al acusado, pudiendo optar, en principio, entre los dos primeros y garantizándose la efectividad de esta opción con el derecho a obtener la asistencia jurídica gratuita para quienes carezcan de recursos para litigar.

20. La denominación es nuestra, pues la versión española del Libro Verde habla de «derechos del juicio imparcial» (pág. 15), pero creemos que, desde un punto de vista procesal la que proponemos es la correcta.

21. Aunque la explicación que se da en el § 33 es bastante confusa, y parece incluso decir lo contrario, una lectura conjunta del articulado puesta en relación con lo que se expone en el apartado 8.2 (§ 56) donde se comenta el artículo 3 parece exigir de los Estados una acción positiva tendente a garantizar la asistencia letrada en tales situaciones, incluso superpuesta a la propia autodefensa.

22. Sobre ello me remito a Arangüena Fanego, C., «Exigencias en relación con el derecho de defensa: el derecho a la autodefensa, a la defensa técnica y a la asistencia jurídica gratuita [art.6.3.c) CEDH] en *La Europa de los Derechos. El Convenio Europeo de Derechos Humanos,* (García Roca, J. y Santolaya Machetti, P. coords.), Ed. Centro de Estudios Políticos y Constitucionales, Madrid, 2005, pp.389 a 405.

Veamos, desde esta premisa inicial, cómo el modo de abordar este derecho por la Decisión Marco, se muestra en algunos aspectos, bastante diversa de lo reseñado.

3.1. Momento

Simplemente si tomamos como punto de partida que el artículo 6 refiere este derecho al *acusado*, mientras que la decisión marco se lo reconoce al sospechoso o, en todo caso, al imputado, nos damos cuenta, de inmediato, que se da un paso importante en cuanto a la extensión de esta garantía a la fase de instrucción preparatoria, si bien, no es todo lo riguroso que cabría esperar a la hora de precisar el momento en que este derecho surge.

El problema, en nuestra opinión, es que las expresiones manejadas en el art. 2 para tratar de concretar el momento en que surge este derecho son, además de vagas e imprecisas, equívocas y contradictorias con algunos conceptos que se emplean en el propio precepto.

Nótese que en él se habla de «persona *sospechosa*» como destinatario del derecho, con lo que parece indicarse que se está reconociendo su vigencia ya en la fase preparatoria, incluso pre-procesal, alcanzando a los interrogatorios policiales que pudieran practicarse; sin embargo en el apartado 2, cuando exige que el derecho se respete en todo caso «antes de contestar las preguntas relativas a los cargos» no concreta de quién procederían las preguntas (si de la policía o del Juez) aunque la expresión que se emplea (cargos) parece dar a entender que deben proceder del Juez. Y si eso es así, es decir, si la vigencia del derecho a la asistencia letrada se pospone al interrogatorio judicial, el momento es demasiado tardío o al menos nos lo parece si tomamos como referente nuestro sistema procesal español, en que al amparo de lo dispuesto en el artículo 520 apartados 2.c) y 4 de la LECrim. la asistencia de abogado está prevista para «las diligencias policiales y judiciales de declaración» y «todo reconocimiento de identidad de que sea objeto».

Resultaría conveniente eliminar la expresión «cargos», por sus connotaciones alusivas a la existencia de una acusación oficial que retrasaría enormemente el nacimiento del derecho, sustituyéndolo por el término «sospechas».[23] Y se hace necesario, además, aquilatar con rigurosa precisión el momento en que surge el derecho a la asistencia de abogado, sustituyendo los ambiguos términos manejados. No es de recibo la falta de rigor jurídico a la hora de fijar, por ejemplo, el momento en que este derecho surge; la expresión «tan pronto como sea posible» nada aporta a su concreción y deja un campo de acción extraordinariamente amplio a los Estados miembros. Si el deseo de la Pro-

23. Como propone el CCBE (Consejo de la Abogacía Europea) que en su Respuesta a la Propuesta de Decisión Marco, (publicada en diciembre de 2004) critica que a la vista de su articulado es muy difícil saber en qué momento del proceso se aplican estos derechos; si los «procedimientos» aluden únicamente a los procedimientos judiciales o también, por ejemplo, al interrogatorio preliminar de una persona considerada más o menos sospechosa por la policía.

puesta de Decisión marco no es duplicar lo que dice el CEDH, con esta expresión incurre en uno de los defectos que éste tiene (la falta de concreción del nacimiento del derecho a la asistencia letrada) y que genera un buen número de reclamaciones ante el Tribunal de Estrasburgo.[24] Difícilmente pueden lograrse, de este modo, los objetivos de contribuir a descargar de trabajo al TEDH apuntados en el § 10 de la Exposición de Motivos.

Precisamente, este es uno de los aspectos conflictivos de la Decisión Marco, puesto que se enfrenta a prácticas procesales muy diversas en los distintos Estados miembros, al punto de que, como se recoge en la extensa memoria explicativa de la Propuesta,[25] en algunos Estados miembros el derecho no surge nunca con la mera detención policial, se demora durante cierto tiempo como en el caso de la *garde à vue* del derecho francés o existen dificultades para su ejercicio en la práctica cuando la detención tiene lugar a ciertas horas o en fin de semana. Así las cosas, no es difícil imaginar que la solución homogeneizadora que se pretendía con la Propuesta, aún pareciéndonos a algunos insuficiente, para los Estados miembros en los que el abogado «*no entra en comisaría*», o donde el derecho no surge desde el primer momento de la privación de libertad, la nueva obligación sea un cambio revolucionario difícil de aceptar en los términos que pretendía la Comisión.

De ahí que en la Propuesta transaccional debida a la presidencia alemana sobre la que se vino trabajando a lo largo del año 2007, se diera una solución más complaciente con las prácticas de estos Estados, puesto que al emplear en el artículo que se ocupa de la asistencia letrada el término «imputado»,[26] está dando a entender que éste derecho no es exigible, en principio, en las actuaciones policiales hasta que haya una imputación judicial, con lo que se reduce drásticamente su ámbito de aplicación.

3.2. Contenido

En lo que se refiere al contenido a la asistencia letrada, los términos son extraordinariamente pobres y, en lo que a nosotros ahora nos interesa, se concretan en reconocer a la persona sospechosa el derecho a la asistencia de *un* abogado en caso de que desee recibirla, sin que nada se diga en cuanto a quien pueda o deba ser ese abogado a que tiene derecho el sospechoso.

---

24. Recuérdese que el artículo 6 CEDH reconoce este derecho formalmente sólo desde que existe un acto de acusación formal, aunque jurisprudencialmente se ha entendido aplicable a la previa detención o privación de libertad (STEDH de 8 de febrero de 1996, *caso John Murray v. Reino Unido* y, más recientemente, STEDH de 12 de marzo de 2003, caso *Öcalan v. Turquía* y STEDH de 2 de agoto de 2005, *Kolu v. Turquía*. Véase, sobre estas cuestiones, más ampliamente, Arangüena Fanego, C «Exigencias en relación con el derecho de defensa...», op.cit., pp.398 y 399.

25. Véanse págs.9 y 10.

26. Los términos que aparecen en el nuevo art.3 de la Propuesta transaccional son los siguientes: 3.1 «Member Status shall take the necessary measures to ensure that *every person charged with a criminal offence* has the right to legal asístance of his or her own choosing».

Volviendo la vista al art.6.3 del CEDH, éste precisa con claridad que el derecho lo es a la asistencia de un abogado *de su elección*. Y a este respecto el TEDH ha declarado que este derecho se traduce, ante todo, en la exigencia de garantizar que el acusado, como regla general, pueda elegir al profesional que le defienda en el proceso. Y que el derecho a la asistencia letrada no se refiere a cualquier abogado sino, precisamente, al designado por la parte por merecer su confianza y considerarle más adecuado para instrumentar su propia defensa.

Y esta omisión no es la única, puesto que también se guarda silencio respecto a determinadas concreciones o garantías de este derecho, como el acceso del abogado al expediente o atestado, la posibilidad de mantener una entrevista reservada con el abogado y los supuestos en que la asistencia de abogado en el sentido expuesto puede ser limitada como medida necesaria para proteger las investigaciones, extremos estos últimos de gran interés en nuestro sistema español en el que en las causas por delitos de terrorismo se prevé la restricción de tales garantías (supresión de la entrevista reservada y de la asistencia de un abogado de libre elección imponiéndose uno de oficio) en caso de detención o prisión incomunicada y en tanto dura dicha situación [art.527 a) y c) en relación con los arts.520 y 520 bis LECrim.].

Sobre estas especialidades, además de nuestro Tribunal Constitucional[27] ya tuvo ocasión de pronunciarse la antigua Comisión Europea de Derechos Humanos,[28] estimándolas compatibles con las exigencias del Convenio de Roma teniendo en cuenta, entre otros factores, el limitado valor incriminatorio de las declaraciones realizadas por el acusado en sede policial si no son ratificadas o contrastadas en el juicio oral, algo no obstante que quizás habría que revisar a la vista del giro jurisprudencial operado tras la sentencia de la Sala Segunda del Tribunal Supremo núm.1215/2006, de 4 de diciembre, que aplica el Acuerdo del Pleno no jurisdiccional de 28 de noviembre de 2006.[29]

Igualmente el Tribunal Europeo de Derechos Humanos ha tenido ocasión de pronunciarse sobre medidas restrictivas más o menos equivalentes, admitiendo su compatibilidad con las exigencias del CEDH, considerando que los derechos reconocidos en el art.6 pueden ser limitados o modulados en la fase de investigación o instrucción *si así lo exige el interés de la justicia*[30] (proporcionalidad entre el objeto legítimo perseguido

27. Que se pronunció sobre su constitucionalidad en sentencia 196/1987 justificándola en virtud de la ponderación del derecho a la asistencia letrada del art.17.3 de la Constitución española con la necesaria protección de otros bienes constitucionalmente protegidos

28. Que aceptó su compatibilidad con las exigencias del art.6 CEDH al resolver en fecha 21.05.1997 la inadmisibilidad de las demandas presentadas por este motivo (imposición de un abogado de oficio en tanto dura la situación de incomunicación) en los asuntos 33641/96 —*Cadarso Pérez y Armentia Sagarna v. España*— y 35432/97 —*Chávarri Lopategui y Oleaga Ojeda v. España*.

29. Sobre ambos extremos, nos remitimos a Hoyos Sancho, M. DE, «Acerca del valor procesal de las declaraciones del imputado ante la Policía Judicial y la conformación de la *mínima actividad probatoria de cargo.* Reflexiones con motivo de la publicación de la sentencia del Tribunal Supremo, Sala de lo Penal, núm.1215/2006, de 4 de diciembre», en *Revista de derecho Penal,* nº 21, mayo de 2007, pp.35 y ss.

30. Concretado, por ejemplo en la necesidad de evitar la destrucción de fuentes de prueba o que la comunicación del hecho de la detención frustre la detención de otras personas buscadas.

y los medios empleados), siempre que esta restricción, a la luz del procedimiento en su conjunto, no afecte a su núcleo esencial, a su sustancia misma, privando al justiciable del derecho al debido proceso o juicio justo.[31]

Tal cuestión, de enorme trascendencia y sobre cuya justificación se siguen suscitando serias críticas,[32] ha sido abordada tan sólo de un modo indirecto por la Comisión en la Propuesta, al afirmar en su *Considerando* 8 que «las medidas propuestas no tienen por objeto afectar a medidas específicas vigentes en las legislaciones nacionales en el marco de la lucha contra determinadas formas graves y complejas de delincuencia, en particular, el terrorismo».

Con ello se salva la compatibilidad de las legislaciones domésticas que prevén limitaciones de este tipo, si bien parece impedirse cualquier modificación futura que no respete el contenido de la Decisión Marco. Este carácter general de la norma europea que, en principio, es encomiable, ha dado lugar a reacciones contrarias de algunos Estados miembros, porque no son pocas las variantes, excepciones o abiertamente legislaciones especiales con que alguno de ellos cuenta, y no sólo en materia de terrorismo, extendiéndose a otros delitos graves, en especial en materia de lucha contra la delincuencia organizada.

De ahí que el Consejo decidiera abordar esta cuestión directamente, llevando al texto transaccional de la Decisión Marco la problemática referida, de modo que en el artículo dedicado al derecho a la asistencia de abogado se haga la mención específica de que este derecho se asegurará también en el caso de prisión preventiva teniendo en cuenta *las especiales características de cada sistema nacional y en particular para delitos graves, la necesidad de proteger las investigaciones*. Al tiempo, y consciente de las importantes imprecisiones de que adolecía el contenido del derecho a la asistencia letrada según la redacción inicialmente propuesta, colma las lagunas anteriormente indicadas y reformula el derecho a la asistencia letrada como derecho a valerse de un letrado *de su libre elección, comprendiendo al menos la posibilidad de que el imputado disponga de las oportunidades, del tiempo y de las facilidades adecuadas para comunicarse y consultar con el letrado.*[33]

---

31. Un interés de la justicia que se ha concretado, por ejemplo, en la necesidad de evitar la destrucción de pruebas o que la comunicación de una detención prevenga a otras personas buscadas. *Vid.*, SSTEDH casos *Imbrioscia v.Suiza,* de 24.10.1993; *Osman v. Reino Unido,* de 28.10.1998; *Ernst y otros v. Bélgica,* de 15.07.2003.

32. Véase, por ejemplo, el Informe de 2005 de la organización *Human Rights Watchs* «Sentando ejemplo? Medidas antiterroristas en España: el uso de la prisión incomunicada», disponible en http:// hrw.org/spanish/informes/2005/spain0105/6.htm. En ella, dando por buenos los argumentos justificativos de la restricción recogidos en la STC 196/1987 (la restricción del derecho a la designación de abogado de libre elección es proporcional al fin perseguido: evitar que el detenido se confabule con el exterior frustrando el resultado de las investigaciones en delitos de singular gravedad que, por lo demás no afecta a la esencia y efectividad del derecho de defensa) advierte de que la práctica de esperar hasta el período permisible de incomunicación se haya casi agotado antes de solicitar la presencia del abogado de oficio para la declaración policial oficial socava seriamente el derecho del detenido a un abogado y aumenta significativamente su susceptibilidad a presiones ilegítimas.

33. Según la redacción dada al art.3 del texto transaccional recogido en el Documento del Consejo núm.13166/06, DROIPEN 60, de 27 de septiembre de 2006.

3.3. La dialéctica asistencia letrada/autodefensa

El art. 3 se encarga de prever la obligatoriedad de la defensa para los casos que allí se enumeran (prisión preventiva, imputado formalmente por delito de complejidad fáctica o jurídica o sujeto a pena grave —en particular si esta es de más de un año de cárcel—, ha sido objeto de extradición, o de euro orden u otro procedimiento de entrega, o es menor, o por su estado mental físico o emocional no puede comprender el procedimiento), lo que significa, por otra parte que en tales casos no operaría el derecho a la autodefensa del que en principio y por regla general podría hacer el imputado.

De la lectura de los artículos 2 y 3, se deduce que la asistencia letrada viene regulada en términos de *derecho* para el sospechoso y *obligación* que asiste a los poderes públicos en orden a proporcionar las condiciones en que tal derecho pueda hacerse efectivo (excepción hecha de los supuestos ya indicados enumerados en el art. 3).

De este modo, implícitamente, la Propuesta está reconociendo el denominado derecho a la autodefensa, esto es, la posibilidad de que sea el propio imputado quien intervenga personal y directamente en el procedimiento a efectos de ejercitar su derecho fundamental a la defensa.

El problema que puede plantearse de cara a la aprobación de la Propuesta en los referidos términos, es el de sus posibles consecuencias para los Estados que en sus legislaciones, han establecido limitaciones al juego de este derecho pues, como es bien sabido, corresponde a los ordenamientos internos, en principio, admitir o no la autodefensa (entendida a estos efectos como exclusión de la defensa técnica) siempre que el sistema dispuesto prevea una defensa *adecuada.* ¿Qué sucedería entonces en sistemas, como el español, en los que la autodefensa, entendida en ese sentido excluyente de la defensa técnica, apenas encuentra campo de acción?[34] ¿Podría la persona sospechosa negarse válidamente a recibir asistencia letrada invocando la existencia de la Decisión Marco? Y en tal supuesto, el Juez, en atención al sistema de prelación de normas, y a la posibilidad de invocación de la Decisión Marco (recuérdese la sentencia *Pupino*), ¿podría autorizar la autodefensa en el proceso, por más que las exigencias contenidas en la legislación interna (en nuestro caso, señaladamente los arts. 118, 520.4 y 767 de la Ley de Enjuiciamiento Criminal) dispongan otra cosa?

Entendemos que no; la aplicación de la denominada tesis del autodesplazamiento y la cláusula de no regresión avalan esta solución, siempre que se interprete, claro está, que la defensa técnica es cualitativamente superior a la autodefensa y su imperatividad en determinados procesos se establece como medio de garantizar el principio de igualdad de armas y evitar la indefensión.[35] No olvidemos que la Decisión marco establece unas

34. Recordemos que está reducida hoy a los juicios de faltas.

35. En la legislación procesal penal española, como en muchas otras, la complejidad del proceso hace que una persona que carezca de conocimientos jurídicos específicos, no se encuentre en condiciones idóneas para llevar a cabo una defensa eficaz; máxime cuando frente a él se sitúa una *parte* experta como es el Ministerio Fiscal. Y por ello el estado,

garantías mínimas que han de ser cumplidas por los Estados miembros, pero sin que ésta les impida, naturalmente, establecer un marco de garantías superior, como así se afirma expresamente en el art.17 que recoge la cláusula de no regresión. Y que, como se señala en su Exposición de Motivos, las garantías que establece deberán ser interpretadas de acuerdo con el CEDH y la jurisprudencia emanada del Tribunal de Estrasburgo que en este punto, recordemos, niega el carácter absoluto del derecho a la autodefensa, admitiendo sus limitaciones siempre que el sistema previsto proporcione una defensa *adecuada.*[36]

3.4. Gratuidad

Volviendo de nuevo la vista atrás, a las situaciones descritas en el art.3 de la Propuesta de Decisión Marco, en las que se establecía la obligatoriedad de la asistencia letrada, ha de añadirse que en tales situaciones (pero sólo en principio en éstas) la asistencia letrada sería gratuita (art. 5).

Previsiones excesivamente cicateras, por tanto, en cuanto a la gratuidad de la asistencia letrada. No parece de recibo que ésta se limite a las situaciones descritas pues lo lógico es que la gratuidad se haga descansar básicamente en la tenencia o no de recursos suficientes y que las condiciones de especial atención enunciadas en el art. 3 se barajen, en su caso, como supuestos en los que resulta exigible con carácter inmediato esta asistencia gratuita.

De ahí que en la Propuesta transaccional sobre la que se vino trabajando a lo largo del año 2007 se corrigiera la cuestión apuntada, introduciendo una nueva solución, coincidente en lo esencial con la que se acoge en el CEDH, de modo que si la persona sospechosa a consecuencia de su situación económica está parcial o totalmente impedida para pagar la asistencia letrada recibida, estos costes deben de ser pagados total o parcialmente por el Estado de acuerdo con la ley nacional cuando los intereses de la justicia así lo requieran.[37]

---

para garantizar el derecho al debido proceso, efectúa una regulación *restrictiva* de la autodefensa; el principio de proporcionalidad exige, en estos casos, que ceda este derecho en aras de las exigencias de otro de mayor entidad (la proscripción de la indefensión como garantía básica del debido proceso) Sobre este punto, consúltese con más amplitud, Arangüena Fanego, C. «Exigencias en relación con el derecho de defensa...», op.cit., pp.392 y ss. y «El derecho a la asistencia letrada en la Propuesta de Decisión marco relativa a determinados derechos procesales en los procesos penales celebrados en la Unión Europea» en Arangüena Fanego, C., coordinadora, *Garantías procesales en los procesos penales en la Unión Europea/ Procedural safeguards in criminal proceedings troughout the European Union,* Valladolid, 2007, pp.102 a 106. Véase, asimismo, STS Sala 2ª 1504/2003, de 25 de febrero de 2004, y STC 29/1995, de 6.02.1995, FJ.3..

36. *Vid.* SSTEDH, *Monell y Morris v. Reino Unido* (2.03.1987), *Granger v. Reino Unido* (28.03.1990) §§ 44— 48, *Pahm Hoang v. Francia* (25.09.1992); *Artico v. Italia* (13.05.1980), *Quaranta v. Suiza* (24.05.1991).

37. Nuevo art. 4 del texto transaccional, que reconoce este derecho de asistencia jurídica gratuita a todo imputado por un proceso penal, o sujeto a una orden europea o a una petición de extradición o cualquier procedimiento de entrega.

La cuestión, no obstante, dista mucho de resultar zanjada, al aparecer ahora como punto principal de desencuentro la extensión de los casos en los que dicha asistencia debe prestarse, porque en algunos Estados centroeuropeos no es infrecuente que ese derecho no se reconozca en ningún caso para los delitos menores. Así, frente a la universalidad del derecho a la asistencia jurídica gratuita durante todo el procedimiento penal a favor de quien carece de recursos económicos para sufragar tal asistencia, se ha defendido, por meras cuestiones presupuestarias, la necesidad de excluir su concesión en el caso de los delitos bagatela. De donde surgirá de inmediato el problema adicional de acotar esa distinción.[38]

3.5. Efectividad y calidad

Garantizar una defensa efectiva y de calidad ha sido una de las preocupaciones fundamentales de la Comisión, que ya en el Libro Verde alertaba de la diversidad existente entre los Estados miembros al regular esta materia, al punto de que en algunos de ellos la asistencia al detenido se llevaba a cabo por becarios en prácticas e incluso por simples estudiantes de Derecho y se planteaba el modo de conciliar la exigencia de calidad, unida a su posible gratuidad, con el coste que para los Estados entrañaría su aseguramiento.[39]

En aras a lograr este objetivo la Propuesta de la Comisión se ha limitado finalmente a establecer unas exigencias mínimas para garantizar la calidad de la asistencia, trasladando su control y cumplimiento a los Estados miembros.

De una parte (artículo 4.1) requiriendo una mínima cualificación profesional a los letrados, al tener que ajustarse a las condiciones fijadas en la Directiva 98/5/CE [artículo 1.2.a)].

De otra, atribuyendo a los Estados miembros la obligación de establecer un mecanismo de sustitución del abogado si se pone de manifiesto que la ofrecida es ineficaz.

Naturalmente tales exigencias, al menos la segunda de ellas, aunque no se recoja expresamente en el artículo citado, se predican de los casos de defensa de oficio puesto que habiéndose designado por el sospechoso abogado de su elección, es obvio que no puede corresponderle al Estado obligación alguna, más allá del simple control de que el abogado designado efectivamente cumple las condiciones de la Directiva precitada y, en su caso, admitir el cambio de defensa que pida el acusado.

Con ello no hace sino seguir fielmente la interpretación que el TEDH ha hecho del derecho que analizamos, toda vez que ha declarado que la obligación de los Estados

38. Según destaca Irúrzun Montoro, F., «La negociación de la Decisión marco...», op.cit., p.41.

39. Ya restringiendo la exigencia para ciertas infracciones menores, ya fijando un umbral mínimo de ingresos económicos que determinara la gratuidad o no para el defendido de la asistencia recibida, ya fijando un importe mínimo de la remuneración a recibir por los abogados de oficio para que la participación en el sistema de asistencia gratuita les resultara atractiva.

de proveer al acusado de una defensa de oficio no se agota en la mera designación de abogado, sino que se extiende a asegurar su efectividad, tal y como estableció en el caso *Artico*, advirtiendo que el artículo 6.3.c) habla de «asistencia», y no de «nombramiento», que no garantiza por sí mismo la efectividad de la primera pues el abogado de oficio puede morir, caer gravemente enfermo, tener un impedimento permanente o eludir sus deberes, supuestos todos ellos que implican una asistencia nominal, pero inefectiva y, por ello, contraria a los fines del Convenio dada su finalidad primordial de proteger derechos no teóricos ni ilusorios, sino concretos y efectivos.[40]

En cualquier caso y aún partiendo de que las exigencias establecidas en el artículo 4 de la Propuesta son dignas de elogio, no deja de presentar aspectos merecedores de crítica al dejar demasiado abiertas algunas cuestiones que pueden hacer ineficaces las iniciales pretensiones.

Así y en primer término la falta de concreción de lo que haya de entenderse por «efectividad» de la asistencia legal, como exigencia que de incumplirse, determina la sustitución del abogado. La Comisión en su Exposición de Motivos guarda un inusual silencio sobre este punto, sin que tampoco nada añada en su explicación del articulado. Por otra parte, difícilmente puede requerirse una asistencia de calidad si no se garantiza que la defensa disponga de medios suficientes para defender los intereses de su cliente y a este respecto al analizar el art.2 hemos visto cómo en él se echa en falta que no se le garantice expresamente al abogado derechos como el de visitar, discutir y ponerse en contacto por escrito con su cliente en privado y con total confidencialidad; acceder a todo el expediente del asunto; ser informado sobre las fases posteriores de la investigación y estar presente en ellas comprendido el derecho a estar presente en cualquier interrogatorio a su cliente así como plantear cuestiones a las autoridades judiciales a lo largo del proceso.

Por otra parte, la redacción del art .4 sería más clara además si dijera que es el sospechoso o defendido el que tiene derecho a comunicar su insatisfacción con la asistencia recibida y a solicitar el cambio de abogado. Y su lectura deja abierto el interrogante de quién deba ser el sujeto u órgano que debe controlar la posible ineficacia del abogado inicialmente designado, y ordenar su sustitución, algo que en principio, debe estar reservado a la regulación interna de los Estados miembros y sobre cuya composición las opiniones se orientan en los más diversos sentidos.[41]

---

40. STEDH *Artico v. Italia* (13.05.1980). *Vid.*, asimismo, casos *Goddi contra Italia*, de 9 de abril de 1984, *Kamasinski contra Austria*, de 19 de diciembre de 1989, *Daud contra Portugal*, de 21 de abril de 1998 y *Czekalla contra Portugal*, de 10 de octubre de 2002,

41. Así por ejemplo el CCBE considera que esta función no puede ser llevada a cabo más que por un órgano independiente compuesto por abogados independientes proponiendo por ello a los órganos disciplinarios de los abogados nacionales, mientras que el Parlamento Europeo precisamente para asegurar la independencia del órgano encargado de juzgar la eficacia del abogado defensor, se considera preferible evitar que estuviera formado sólo por abogados.

4. Interpretación y traducción gratuitas, fidedignas y de calidad

Un segundo grupo de disposiciones (arts.6 a 9) tienen por objeto garantizar el derecho a la interpretación y traducción gratuita, fidedigna y cualificada[42] de actos (orales) y documentos (escritos) en las actuaciones policiales y judiciales, cuando la persona acusada no sea conocedora de la lengua del procedimiento, derecho que se hace extensible a las personas con problemas de audición o habla.

También aquí la Comisión ha intentado ir un paso más allá de las previsiones del artículo 6 CEDH, referido sólo a la audiencia o vista, integrando la jurisprudencia del Tribunal de Estrasburgo en el mandato legislativo.[43] La interpretación trasciende, además, a las conversaciones entre el inculpado y su abogado defensor (art.6.2);[44] se ha suscitado, no obstante, en detrimento de la generalidad de la Propuesta, que parecería más correcto realizar una distinción entre la interpretación de las actuaciones judiciales —que podría ser considerada como carga del funcionamiento ordinario de la Administración de Justicia— y la interpretación de las relaciones entre el abogado y su cliente fuera de dichas actuaciones —donde debería establecerse un vínculo entre la gratuidad de la interpretación y los requisitos para gozar del derecho a la asistencia jurídica gratuita— puesto que la Propuesta no deja claro si este derecho debe estar vigente sólo para el defensor designado de oficio, o también para el caso de abogado de libre elección.[45]

Igualmente la traducción de documentos, establecida con términos claros e imperativos en el apartado 1 del artículo 7 («el derecho a la traducción gratuita de los documentos pertinentes para salvaguardar la equidad del proceso») acoge la interpretación jurisprudencial del TEDH que ya en su sentencia dictada en el asunto *Kamasinski v. Austria* matizó que, a diferencia de lo que ocurre con el derecho a intérprete, que ha de ser entendido en términos absolutos (para todos los actos del procedimiento, incluidas las actuaciones policiales y extendiéndose a todas las instancias y recursos procesales), el derecho a la traducción tiene un ámbito más limitado, pues «no llega hasta el punto de exigir la traducción por escrito de todas las pruebas documentales y de todos

---

42. Sobre estos aspectos, véase ampliamente en Arangüena Fanego (coord.), *Garantías procesales...*, op.cit., las ponencias de Jimeno Bulnes, M. «Acceso a la interpretación y traducción gratuitas», 156 y ss.; Palomo Del Arco, A., «Derecho a la asistencia de intérprete y derecho a la traducción de documentos en el proceso penal», pp.186 y ss.; Vidal Fernández, B., «Derecho a una interpretación y traducción fidedigna y de calidad», pp.214 y ss.; Mansdörfer, M. «El derecho a intérprete en el ordenamiento alemán y en la Decisión marco del Consejo relativa a determinados derechos en los procesos penales celebrados en la Unión Europea», pp.234 y ss.; Ortega Herráez, J.M., Plaza Vázquez, S., Fiol Wolfrum, C., Hernández Cebrián, N., «Los intérpretes judiciales ante la Propuesta de Decisión Marco sobre Garantías procesales en los procesos penales de la Unión Europea», pp.252 y ss.

43. Véanse SSTEDH *Luedicke, Beckacem y Koc v. Alemania*, de 28.11.1978; *Kamasinski v. Austria*, de 19.12.1989; *Brozicek v. Italia*, de 19.12.1989; Cuscani v. Reino Unido, de 24.09.2002; *Lagerblom v.Suecia*, de 14.1.2003.

44. En línea con lo reclamado por el TEDH, por ejemplo, en su sentencia dictada en el caso *Lagerblom v.Suecia*, de 14.1.2003.

45. Así lo apuntan Irúrzun Montoro, F., «La negociación de la Decisión marco...», op.cit., p.41 y Mansdörfer, M., «El derecho a intérprete...», op.cit., pp.244 y 245.

los autos del procedimiento» sino de aquellos que le permitan al acusado «conocer de qué se le acusa y defenderse, especialmente dando al tribunal su versión de los hechos» y, en definitiva, de aquellos «cuyo sentido necesite conocer para contar con un proceso justo».[46]

En cuanto a la formulación acogida en la Decisión Marco, presenta algunos problemas a la hora de su desarrollo en el apartado del citado art.7. En éste, si bien se atribuye a las autoridades competentes —órgano judicial en la generalidad de los casos— la decisión sobre los documentos que deban traducirse, se añade que el abogado del acusado podrá pedir la traducción de «otros documentos», un mandato en el que algunos han querido ver no sólo una facultad o derecho a solicitar esas otras traducciones sino un derecho más amplio no sujeto a la decisión del tribunal competente.

Se debe garantizar, asimismo, una calidad del servicio a través de una adecuada capacitación de los profesionales jurídicos a los que ha de encomendarse esta tarea; por ello se exige a los Estados miembros la adopción de un sistema que asegure la suficiente calidad de las traducciones e interpretaciones, sistema que, no obstante, queda en gran medida indeterminado. Habría de adoptarse un catálogo de medidas a favor de una titulación oficial, una formación adecuada y de carácter continuo, un sistema adecuado de contratación y de acceso a la profesión así como, en su caso, registro, y una retribución justa, aspectos donde pueden plantearse los mayores problemas al ser claramente deficitarios en la mayor parte de las legislaciones nacionales. Así, por ejemplo, y deteniéndonos en la española, urge regular de forma adecuada la formación, titulación y naturaleza de intérpretes y traductores forenses, así como su estatuto profesional con rango reglamentario que incluya sus deberes de confidencialidad e imparcialidad. De ahí que la adopción de estas normas mínimas en la Decisión Marco, se revele altamente conveniente para garantizar debidamente este derecho, cuya efectividad en el sentido de calidad de la interpretación y traducción prestadas se asegura además (arts. 9 y 11) mediante la grabación de las actuaciones así practicadas por medios audiovisuales que permitan su reproducción para hacer efectiva una eventual impugnación. Desde la perspectiva del proceso penal español, es evidente que el precepto podría producir un impacto importante sobre las diligencias policiales o las actuaciones de los jueces de instrucción, pero no tanto sobre la vista del proceso, donde la grabación por medios de audio o video está bastante extendida[47] y sería exigible en todo caso de haber resultado aprobada la reforma procesal que se tramitaba en el Congreso y que, tas la disolución de las Cámaras, se ha declarado finalmente caducada.[48]

46. STEDH *Kamasinski v. Austria*, de 19.12.1989, FJ. 74.II. *Vid.*, asimismo, STEDH ; *Lagerblom v.Suecia*, de 14.1.2003.

47. Por más que todavía no esté prevista expresamente, pese a ser largamente demandada por la doctrina desde hace ya bastantes años. Vid, por todos, Vázquez Sotelo, J.L., «Crisis de la justicia y reforma del proceso penal», en *Crisis de la Justicia y reformas procesales. I Congreso de Derecho Procesal de Castilla y León,* Madrid, 1988, pp.396 a 398.

48. Proyecto de Ley Orgánica por la que se adapta la legislación procesal a la Ley Orgánica 6/1985, de 1 de julio, del Poder Judicial, se reforma el recurso de casación y se generaliza la doble instancia penal, BOCG serie A, núm.69-1, de 27 de enero de 2006, cuya caducidad se recoge en el BOCG— Congreso, serie D-General, núm.675, de 13 de febrero de 2008.

La medida propuesta por la Comisión entraña, además, un coste nada desdeñable para las Haciendas Públicas de los Estados miembros que aún no cuentan con estos sistemas —la mayoría—. Por otra parte, supondría un cambio de mentalidad esencial en las prácticas de algunos sistemas nacionales.

Desde otro punto de vista lo que resulta más cuestionable del mandato normativo es el hecho de contemplarlo desde la exclusiva perspectiva de la garantía de una interpretación de calidad o del trato dado a las personas necesitadas de asistencia específica. Asumido el esfuerzo por la utilización de estos medios, lo razonable es que esa grabación de las actuaciones pudiera producir también efectos probatorios en el proceso.

Frente a la inicial Propuesta de la Comisión, en el texto de la contrapropuesta lanzada por la Presidencia del Consejo se ha reducido sensiblemente el alcance de los derechos a la interpretación y traducción, desapareciendo lamentablemente las exigencias referidas a la calidad del servicio y las menciones a los mecanismos de control.[49]

5. Atención específica de personas vulnerables

El derecho a la atención específica y las garantías que éste incluye para las personas que necesitan dicha atención, se regula en los artículos 10 y 11 de la Propuesta.[50]

El primero de ellos se ocupa de determinar el ámbito subjetivo de los beneficiarios de la atención específica: imputados o sospechosos que por su edad, estado mental, físico o emocional no puedan entender el significado del proceso. Mezcla, por tanto, situaciones muy distintas que requieren también distinto tratamiento y propone soluciones muy pobres a las allí mencionadas cuando lo adecuado sería separar el problema del menor y del inimputable, en sentido estricto, de aquellas situaciones de «desvalimiento» que requieran un tratamiento «tutelar» (extranjeros, personas con minusvalía mental o emocional, disminuídos físicos, analfabetos...) arbitrando en cada caso un régimen diverso: aquél que sea necesario y adecuado en cada caso para que puedan ser enjuiciados «con igualdad de armas», como dice la Comisión. Además, hace recaer en las «autoridades competentes de los Estados miembros» la obligación de detectar la existencia de cualquiera de las circunstancias generadoras de especial vulnerabilidad, así como de su consignación por escrito alcanzando dicha consignación igualmente a toda medida adoptada para su protección.

49. Véanse nuevos arts.5 y 6 del nuevo texto contenido en el documento del Consejo núm.13116/06 (DROIPEN 60), de 27 de septiembre

50. *Vid.*, *in extenso,* en Arangüena Fanego, C. (coord.), *Garantías procesales...,* op.cit., las ponencias de Delgado Martín, J., «La tutela judicial de las personas vulnerables», pp.273 y ss.; Hoyos Sancho, M. de, «Derechos de las personas sospechosas necesitadas de atención específica en el proceso penal», pp.288 y ss.; Alves Costa, J.A., «Prestación de atención a las situaciones que requieren una atención específica», pp. 316 y ss., Sanz Morán, A. J., «La situación procesal del inimputable», op.cit., pp.328 y ss. Asimismo, de Hoyos Sancho, M. de, «Acerca de la necesidad de armonizar las garantías procesales de los sospechosos en la Unión Europea: especial consideración de los grupos vulnerables», en *Revista de Derecho y Proceso Penal,* nº 18, 2007, pp.117 y ss.

En cuanto a las garantías en sí, recogidas en el siguiente precepto, se aprecian algunos problemas de importancia.

No se concreta desde y hasta cuando se tiene derecho a recibir dicha atención, si bien ha de entenderse que los imputados deberían recibir la atención específica desde el momento en que la autoridad competente —policías, jueces, fiscales, forenses, funcionarios de prisiones, etc.— pudiera percibir por sí misma o saber a través de otros —médicos, abogados, familiares, etc.— que la persona sospechosa se encuentra eventualmente en una de las situaciones de vulnerabilidad que requieren dicha atención, sin necesidad de esperar a que ésta reclame la atención específica y sin perjuicio de su ulterior comprobación por un especialista o de que pueda después desaparecer la causa que originó tal apreciación.

Tampoco se precisa en qué debe consistir la atención específica en cada caso, más allá de mencionar con carácter general y a título indicativo algunas de ellas (atención médica, grabación y trascripción de todo interrogatorio y eventual presencia en él de una tercera persona), sin tener en cuenta que los sujetos vulnerables pueden pertenecer a grupos muy heterogéneos[51] y las medidas han de estar personalizadas de modo que el sospechoso pueda, no sólo entender el proceso, sino también ejercitar plenamente sus derechos de defensa, audiencia y contradicción.[52]

No se contiene tampoco en la norma previsión alguna sobre los costes económicos derivados de la atención, ni sobre las consecuencias del incumplimiento de la obligación de atención específica. De *lege ferenda* sería conveniente, además de susbsanar todo lo anterior, establecer que en la llamada Carta de derechos constaran las posibles medidas de atención específica que se pueden proporcionar al sospechoso perteneciente a un grupo vulnerable y que se le informara debidamente de su existencia. Sería conveniente incluso que en cada causa penal se abriera una especie de pieza de aten-

---

51. Algunos son imputables, pero serán enjuiciados por un cauce específico —v.gr.: menores de edad penal—, otros no podrán serlo —v.gr.: niños—; habrá sospechosos que sólo requerirán ayuda asistencial específica —v.gr.: personas con niños a su cargo—; algunos de ellos la requerirán sólo al inicio o en algún momento del proceso —v.gr.: enfermedad ocasional o estado emocional post delictivo—, otros necesitarán la atención específica a lo largo de todo el proceso —v.gr.: extranjeros—; algunos imputados podrán llegar a ser juzgados propiamente, pero otros no —v.gr.: enajenados—; unos podrán llegar a estar en condiciones de entender y seguir el proceso perfectamente, pero necesitarán algún tipo de atención o medida específica —v.gr.: persona con un incapaz a su cargo—; otros en efecto no podrán entender ni seguir el proceso, ni siquiera con ayuda específica.

52. Lo que por ejemplo en casos de especial vulnerabilidad podría hacer aconsejable excluir la autodefensa (entendida como alternativa a la defensa técnica) o restringir el juego de la conformidad. Como señala Hoyos Sancho, M. de,, «Derechos de las personas sospechosas...», op.cit., pp.295 y 296, los riesgos a enervar son teóricamente diferenciables, aunque pueden coincidir en un mismo supuesto: en primer lugar, el peligro de que por no poder entender suficientemente el proceso o tener alteradas sus facultades físicas o mentales realice conductas que le perjudiquen y provoquen errores judiciales —v.gr: confesiones falsas o renuncias a derechos—; en segundo lugar, el riesgo de que aún entendiéndolo el sospechoso se encuentre en una situación de desvalimiento que le lleve a no ejercitar en toda su extensión normativa los derechos de defensa, audiencia y contradicción —v.gr.: como tiene hijos menores que atender, se confiesa autor de los hechos imputados o acepta la pena solicitada con la única finalidad de lograr cuanto antes una libertad condicional, o una «conformidad premiada» con reducción de la pena privativa de libertad—.

ción específica en la que constara la realización del examen del imputado, los resultados del mismo, las medidas concretas adoptadas, así como las posibles variaciones que éstas puedan sufrir desde que se acuerdan hasta que desaparece la necesidad de las mismas.[53]

La falta de precisión de los preceptos indicados a la hora de determinar el alcance y contenido de este derecho e identificar a los sujetos titulares del mismo y las dificultades prácticas a la hora de adoptar una serie de medidas, tampoco debidamente definidas, ha hecho que la mayoría de los Estados miembros hayan mostrado su oposición frente a la proyectada regulación, al punto de que es éste uno de los derechos que han desaparecido del texto de la Propuesta, en la versión que se ha venido debatiendo en los últimos tiempos.[54]

6. Derecho de comunicación y asistencia consular

Uno de los contenidos regulados con carácter más pormenorizado en la Propuesta es el que guarda relación con la comunicación de la detención y la asistencia consular.[55]

El derecho a la comunicación de los detenidos garantizado en los artículos 12 y 13 de la Propuesta, excede las garantías reconocidas en los artículos 5 y 6 del CEDH. Se trata de un derecho complejo que comprende no sólo que el detenido pueda comunicar su detención a cualquier persona de su elección, sino también el que los arrestados, detenidos o presos extranjeros puedan comunicar al Consulado su detención y recibir asistencia de éste con el contenido y límites establecidos por el Convenio de Viena de Relaciones Consulares de 1963, pudiendo ser sustituida tal atención, si así lo desean, por la asistencia de una organización humanitaria.

Siguiendo la estructura de la Propuesta, comienza ésta reconociendo el derecho del detenido (*rectius* «de la persona sospechosa en prisión preventiva») a comunicar su detención a su familia, personas asimiladas o a su lugar de trabajo (artículo 12), para extenderlo seguidamente a las autoridades consulares cuando se trate de un extranjero (artículo 13).

En cuanto al primero de los ámbitos indicados (derecho a comunicar la detención a una persona allegada o a un familiar), en este punto las críticas mayoritarias han surgido al hilo del detalle y de los términos en los que se contempla y de la delimitación de los sujetos afectados ya como emisores ya como posibles destinatarios de esa comunicación.

---

53 Así lo propone Hoyos Sancho, M., de, «Derechos de las personas sospechosas...», op.cit., p.298 y, de la misma autora, «Acerca de la necesidad...», op.cit., pp.126 y 127.

54. *Vid.* Comunicado de prensa de la sesión nº 2732 del Consejo JAI de 1 y 2 de junio de 2006, [9409/06 (Presse 144)] p.14, y compruébese su desaparición en los documentos del Consejo núms. 11583/06 (DROIPEN 45), de 19 de julio de 2006 y 13116/06 (DROIPEN 60), de 27 de septiembre de 2006.

55. Sobre este derecho y su regulación en la Propuesta de Decisión marco, *Vid. in extenso*, la ponencia de Blanco Peñalver, A., «Derecho de asistencia consular e información», en Arangüena Fanego, C. (coord.), *Garantías procesales...*, p.cit., pp.345 y ss.

Obsérvese, en primer término, que según la redacción literal del art.12 de la Propuesta, este derecho lo es de la «persona sospechosa *en prisión preventiva*» a que se informe «cuanto antes de su *detención*» a una serie de personas ahí indicadas, olvidando que la prisión preventiva y la detención son instituciones diferentes y no dejando claro, en consecuencia, si el derecho de comunicación es predicable de los detenidos, de los presos preventivos o de ambos. Íntimamente unido con este extremo, aparece como otro punto polémico el relativo al momento en que tal comunicación debe realizarse —«cuanto antes» dice la Propuesta—, considerado por algunos como excesivamente limitativo de las potestades de graduación del ejercicio del derecho que en ciertos ordenamientos se concede al juez de instrucción, sin olvidar que el silencio que guarda la Propuesta acerca de la posibilidad de suspender temporalmente este derecho para determinados delitos, procurando así la compatibilidad con las particularidades o especialidades procesales previstas para determinados delitos en algunas legislaciones domésticas,[56] también es motivo de recelo por parte de algunos Estados.

Ha sido asimismo objeto de crítica, la amplitud con la que en la Propuesta se delimitan los sujetos destinatarios de la comunicación, concretamente por aquellos Estados miembros cuya legislación interna es en este punto más restrictiva, no siendo compatible con su vigente derecho la referencia que en la Decisión Marco se realiza al «lugar de trabajo» como destinatario de la comunicación[57] o incluso a las «personas asimiladas a su familia», por considerarlo una forma encubierta de reconocer en el derecho de la Unión Europea otras formas de relación sentimental.[58]

Discrepancias en buena medida fácilmente salvables de optar por un mandato menos detallado en los pormenores prácticos y más orientado a la salvaguardia fundamental que es evitar que la persona esté «secretamente» detenida con merma de sus derechos.

El hecho de que el Proyecto de Decisión Marco no reconozca como garantía procesal básica el derecho del detenido a un recurso judicial que controle la legalidad de la detención y las condiciones en que se desarrolla, resta eficacia al reconocimiento del derecho de comunicación, máxime cuando tampoco incluye el derecho a comunicar el lugar en que el arresto tiene lugar.

Derecho vinculado al anterior es el que concierne a la asistencia consular, respecto de la que la comunicación de la detención es un medio o instrumento. Los términos de la Propuesta garantizan el derecho del detenido no nacional, a que se informe cuanto

56. V.gr. en materia de terrorismo, nuestros arts. 520 bis y 527 LECrim.

57. Sin olvidar, por otra parte, que, como indica Blanco Peñalver, A. («Derecho de asistencia consular...», op.cit., p.350), parece excesivo incluir al *empleador* (o el lugar de trabajo) entre el elenco de receptores, dada la importancia del instrumento jurídico al que se pretende incorporar (se trata de una Carta «reducida» de derechos fundamentales) y que, en muchos casos, la posibilidad de su ejercicio será rechazada, por contraproducente, por el propio titular del derecho.

58. Como señala Irúrzun Montoro, F. «La negociación...», op.cit., p.43 este extremo constituye «un punto de vivo debate político entre diferentes corrientes políticas en la Unión que se ha suscitado en el marco de la cooperación civil pero que, en ocasiones, aparece incidentalmente en otros ámbitos como éste».

antes de su detención a las autoridades consulares de su Estado de origen y a comunicarse con ellas, si así lo desea o, alternativamente, a que estos extremos se le ofrezcan especto de una organización internacional reconocida.

Siguiendo en este punto a Irúrzun Montoro,[59] puede observarse como aquí los problemas suscitados tienen, en primer término, una dimensión de conflicto de normas y obligaciones internacionales, en la medida en que es dudosa la plena conformidad de las propuestas de la Comisión con los Convenios internacionales en la materia, en especial la Convención de Viena sobre relaciones consulares. Atendida la redacción del art.13.3, la Comisión pretende extender la prestación de asistencia consular no sólo a los propios nacionales, sino también a quienes son meros residentes de larga duración en un Estado miembro. Es decir, la posibilidad de que la asistencia consular sea solicitada por quien es residente de larga duración en otro Estado miembro distinto de aquel en que es detenido y quiera ejercer —como señala la Propuesta de Decisión Marco— el derecho a que la asistencia consular le sea prestada por dicho Estado y no el de su nacionalidad.

En un plano jurídico, la aplicación del texto proyectado supondría la asunción por los Estados miembros de una nueva obligación. Cuando se trata de nacionales de la Unión Europea se va más allá de las previsiones del Tratado de la Comunidad Europea (artículo 20) que, dentro de los derechos de ciudadanía de la Unión Europea, ha extendido el ámbito de la asistencia consular y diplomática para que sea ejercida por cualquier Estado miembro, pero sólo cuando el ciudadano europeo se encuentre en un tercer país.[60] Desde la perspectiva de la mera oportunidad, se ha cuestionado la lógica de reconocer este «derecho de elección de cónsul» cuando existan razones para rechazar la asistencia del Estado de nacionalidad, pues puede ser interpretado como un signo de desconfianza o aceptación de la hipotética persecución o falta de protección de otro Estado a sus propios nacionales, lo que, ciertamente, casa mal no ya con la confianza mutua requerida en el Espacio Judicial Europeo sino con la propia pertenencia a la Unión.

De otra índole son las dudas generadas en torno al reconocimiento de este derecho de asistencia consular respecto de los nacionales de terceros Estados. Se produciría en este caso un desplazamiento, a favor de un Estado miembro, de las relaciones consulares que ordinariamente ejercería el tercer Estado de nacionalidad si fuera requerido por el interesado. Ciertamente, nada impide a los Estados miembros de la Unión adquirir nuevas obligaciones en el seno de ella, pero es discutible que pueda hacerlo, sin un instrumento jurídico internacional, afectando a quien no es parte de la Unión y ello sin olvidar las cargas burocráticas o económicas que puede conllevar.

59. Irúrzun Montoro, F. «La negociación...», op.cit., pp.42 y 43.

60. Dispone el art.20 del TCE que «Todo ciudadano de la Unión Europea podrá acogerse, en el territorio de un tercer país n el que no esté representado el estado miembro del que sea nacional, al protección de las autoridades diplomáticas y consulares de cualquier Estado miembro del que sea nacional, a la protección de las autoridades diplomáticas y consulares de cualquier estado miembro, en las mismas condiciones que los nacionales de dicho Estado».

Un tercer componente controvertido de este conjunto de derechos es la creación de una suerte de «asistencia asimilada a la consular» que, como alternativa que se ofrece al detenido, prestaría «una organización humanitaria internacional reconocida». Propuestas similares han sido barajadas en el seno del Consejo de Europa pero siempre respecto de los detenidos que tienen la condición de refugiados o perseguidos por el país de su nacionalidad. Aquí, con un exceso de desconfianza en los propios Estados miembros, la propuesta de la Comisión generaliza la fórmula para cualquier ciudadano de la Unión y, además, en atención al mero deseo del detenido. Ni siquiera —a diferencia de lo que ocurre respecto de la asistencia consular del país de residencia— se requieren fundadas razones para acudir a este sustituto de la asistencia consular. Aunque de menor importancia, no menos polémica ha sido la determinación de las condiciones y el modo en que estas organizaciones pueden interferir en el proceso; la regulación de su intervención debería dejarse en manos de los Estados miembros, a fin de determinar qué organizaciones pueden ser homologadas, los requisitos que estas deben reunir, su registro o control y, en fin, si esta atención puede ser prestada por otras entidades tales como los Colegios de Abogados o servicios de asistencia social.

Tal cúmulo de interrogantes y potenciales compromisos de envergadura para los Estados provocaron finalmente la desaparición de los derechos de comunicación y asistencia consular del texto transaccional en el que se venía trabajando en los último tiempos.[61]

7. Información de derechos: la Carta de Derechos

Uno de los elementos más visibles de la Propuesta, aunque de carácter meramente instrumental, era la creación de una denominada «Carta de derechos del detenido» homogénea para toda la Unión Europea que, traducida a todas sus lenguas oficiales[62] y disponible en los centros de detención, podría ser comunicada al detenido, salvando de este modo los problemas lingüísticos a los que puede enfrentarse el ciudadano europeo detenido en un Estado miembro distinto del propio o del de su residencia.

Aunque la idea parece positiva, su desarrollo en el art.14 de la Propuesta, no es todo lo precisa que cabría exigir para un instrumento tan relevante. Se caracteriza por una vaguedad sólo en parte justificable a la luz del carácter europeo de la disciplina que, como tal, exige una regulación y una Carta lo suficientemente abstracta como para poder referirse a las legislaciones procesales penales de todos los estados miembros.[63] Pero se detectan numerosas lagunas y se abren múltiples interrogantes: no se

61. *Vid.* Comunicado de prensa de la sesión nº 2732 del Consejo JAI de 1 y 2 de junio de 2006, [9409/06 (Presse 144)] p.14, y compruébese su desaparición en los documentos 11583/06 (DROIPEN 45), de 19 de julio de 2006 y 13116/06 (DROIPEN 60), de 27 de septiembre de 2006.

62. Lo que, dado los potenciales destinatarios de las garantías establecidas por la Propuesta (arts. 1 y 2), puede ser insuficiente.

63. Así Illuminati, G., «La Carta de derechos: la débil aproximación garantista al derecho procesal penal europeo», en Arangüena Fanego, C. (Coord.), *Garantías procesales...*, op.cit., p.363.

precisa el momento de entrega de la Carta, tampoco quién sea la autoridad que debe proceder a la entrega ni el acto mediante el cual deba ésta ser efectuada; nada se dice respecto de la sanción subsiguiente a la omisión de la entrega de la Carta o el eventual retraso en llevarlo a cabo y ni siquiera se precisa el contenido de la propia Carta, la forma de redacción y estructura y las exigencias de traducción. Todos estos extremos deberían clarificarse, poniéndose especial cuidado en exigir, como mínimo, que la Carta sea entregada a la hora de practicar cualquier interrogatorio (policial o judicial) y en el más breve tiempo posible y, en cuanto a su contenido, además de extenderse sobre los derechos garantizados por la propia Decisión Marco, debe contener información sobre otros derechos que sean *inmediatamente relevantes*, entre los cuales, al menos, aparecen dos: la advertencia acerca del derecho a guardar silencio y la información acerca del derecho al *habeas corpus* y al recurso judicial contra las resoluciones restrictivas de la libertad personal.[64]

Y al tiempo hubiera sido conveniente introducir alguna flexibilidad respecto al contenido de la Carta en sí, creando una suerte de una Carta *abierta*, con un contenido común a todos los Estados, derivado de los derechos reconocidos en esta Decisión Marco, pero completado con las peculiaridades nacionales[65] o incluso, estructurada en tres partes: una primera parte *europea*, idéntica para todos y homogénea en todo el territorio comunitario, que describa los derechos tal y como están garantizados por la disciplina comunitaria; una segunda parte, necesariamente variable de Estado miembro a Estado miembro, que describa las modalidades con las cuales se pueden ejercitar en la legislación nacional los derechos reconocidos por la Carta; una tercera parte, que contenga la información acerca de otros derechos reconocidos por la legislación del Estado miembro.[66]

Pese a la vaguedad y poca concreción de las exigencias mínimas indicadas, la creación de la Carta no ha sido secundada por los Estados miembros que de forma casi unánime la han rechazado, lo que ha desembocado en su desaparición del último texto transaccional objeto de debate sustituyéndose por una genérica referencia a la necesidad de que los Estados miembros provean al detenido de una efectiva y rápida información, en una lengua que comprenda de la naturaleza y motivo de las razones de su detención y de los hechos que se le imputan y de los derechos que tiene; en especial, los de asistencia letrada, asistencia jurídica gratuita y a una interpretación y traducción gratuitas.[67]

---

64. Véase, sobre estas carencias, en Arangüena Fanego, C. (Coord.), *Garantías procesales...*, op.cit., las ponencias de Illuminati, G., «La Carta de derechos...», op.cit., pp.361 y ss.; Allegrezza, S.,»Los aspectos formales de la carta de derechos», pp.367 y ss.; Valentini, E., «Los *otros derechos* y la contestación del hecho», pp.375 y ss.

65. Así Irúrzun Montoro, F., «La negociación de la Decisión marco...», op.cit., pp.44 y 45.

66. Así Sommovigo, F. «Contenido y estructura mínima de la Carta de Derechos», en Arangüena Fanego, C. (coord.), *Garantías procesales,* op.cit., pp..381 y ss.

67. De conformidad con el nuevo art.2 del texto transaccional (Documento del Consejo núm.13116/06, DROPEN 60, de 27 de septiembre de 2006).

8. Conclusiones

A la vista del contenido de la propuesta de Decisión Marco, que hemos intentado sintetizar en las páginas anteriores, podemos concluir[68] considerándola una iniciativa acertada que evidencia una buena metodología, concreta y nada abstracta, sobre cómo la Unión Europea puede, con paciencia, sobreproteger y hacer más efectivo el Convenio Europeo de Derecho Humanos, y al tiempo avanzar con una acción común en una armonización legislativa necesaria.

Se trata, además, de una iniciativa necesaria puesto que, como advierte la propia Comisión Europea, aunque todos los Estados miembros de la Unión Europea son parte del Convenio Europeo de Derechos Humanos, su grado de cumplimiento no es homogéneo, como pone de manifiesto la consulta de la jurisprudencia del TEDH y el número de condenas que se reciben por vulneraciones de los derechos contenidos en los arts.5 y 6 del Convenio de Roma. Resulta imprescindible, en consecuencia, adoptar una decisión marco en esta materia que garantice un nivel mínimo de garantías procesales en todos los Estados miembros para cualquier persona sospechosa o acusada en un procedimiento penal, extremo que se muestra, si cabe, más conveniente ante las últimas ampliaciones de la Unión Europea y futuras incorporaciones. La propuesta de Decisión Marco hubiera jugado el importante papel de servir de referencia a las legislaciones nacionales de la Europa de los Balcanes en sus reformas constitucionales y en la elaboración o modificación de sus códigos procesales penales y otras normas protectoras de derechos fundamentales. Si la Decisión Marco hubiera sido aprobada en su redacción inicial (más completa) formaría parte del *acquis communitaire* y, como tal, habría de ser adoptada por los ordenamientos internos de los futuros Estados miembros en cumplimiento de los criterios de Copenhague.[69]

La Propuesta no se solapa con el CEDH (ni con su heredero mayoritario, que es la Carta de Derechos Fundamentales de la Unión Europea), antes bien lo completa, y otro tanto ocurre con las normas constitucionales; la experiencia de la creciente interconexión de los ordenamientos jurídicos, en especial en materia de derechos fundamentales demuestran que lejos de ser fuente de reducción o retroceso de las garantías acaba provocando una mayor protección de los derechos individuales.

Nos pronunciamos, además, favorables a su adopción por medio de este instrumento legislativo al considerar plenamente superadas las posibles dudas en cuanto a la base

68. Traemos aquí básicamente las Conclusiones alcanzadas tras la celebración del Congreso Internacional AGIS 2006 Garantías procesales para sospechosos e inculpados en procesos penales en la Unión Europea, celebrado en Valladolid (España) los días 4 a 6 de octubre de 2006, y recogidas en Arangüena Fanego, C. (coord.): *Garantías procesales en los procesos penales en la Unión Europea/ Procedural safeguards in criminal proceedings troughout the European Union,* Valladolid, 2007, pp 389 y ss.

69. Así Gutíerrez Zarza, Á, «Los derechos y garantías de los detenidos e imputados en los nuevos Estados miembros y en los países candidatos a la entrada en la Unión Europea», en Arangüena Fanego, C. (coord.): *Garantías procesales en los procesos penales en la Unión Europea/ Procedural safeguards in criminal proceedings troughout the European Union,* Valladolid, 2007, p. 85.

legal tras la sentencia del TJCE en el asunto C-303/05 «Advocaten voor de wereld VZW» e, incluso antes, con la dictada en el asunto C-105/3 (caso *Pupino*). El Tratado de Maastricht aporta ya en este momento una base jurídica suficiente para llevar a cabo la aproximación de las garantías aplicables en los procesos penales en la Unión Europea. Pero despejadas estas dudas, surgen otras que lanzan los Estados renuentes a su aprobación: la inclusión de los procedimientos estrictamente nacionales en el ámbito de aplicación de la Decisión Marco es lo que establece la línea divisoria entre los veintiún Estados miembros que podrían aceptar la propuesta en su configuración actual y los otros seis que mantienen su postura de rechazo. Según advierte Galgo Peco[70] lo que está en tela de juicio, en definitiva, es la competencia de la Unión para regular las normas mínimas aplicables a los derechos básicos no sólo en los casos con repercusiones transfronterizas, sino también en casos puramente nacionales. En la postura renuente de esa minoría de Estados miembros incide, sin duda, la advertencia de la Comisión de que la propuesta sobre Garantías procesales no es más que un primer paso y que vendría seguida de otras medidas en la misma línea en los próximos años para facilitar el principio de reconocimiento mutuo[71] y el temor a una armonización progresiva y generalizada del derecho procesal de los Estados miembros que dicha advertencia genera.

Los retrasos en su adopción además de motivo de preocupación, han generado desconfianza en orden a la existencia real de esos valores y tradiciones comunes europeos al evidenciar que el nivel de garantías en los veintisiete no debe ser tan similar cuando los Estados no son capaces de ponerse de acuerdo en una Propuesta de mínimos y que además afecta a derechos básicos.[72] Ya con ocasión del primer debate entre los Ministros de Justicia sobre el Libro Verde, reunidos en Kastoria (Grecia) en mayo de 2003, el Comisario *Vitorino*, entonces responsable de los Asuntos JAI ejerció de conciencia crítica y puso a los Ministros frente a sus propias contradicciones cuando niegan la necesidad de un ejercicio de aproximación legislativa al mismo tiempo que se resisten a dar un alcance mayor al reconocimiento mutuo de resoluciones judiciales alegando que no existe la confianza suficiente.[73]

---

70. Galgo Peco, Á., Prólogo al libro *Garantías procesales en los procesos penales en la Unión Europea/Procedural Safeguards in criminal proceedings troughout the European Union,* (Arangüena Fanego, C., coordinadora), Valladolid, 2007, p..11.

71. Advertencia recogida expresamente en el §25 de la Exposición de Motivos de la Propuesta de Decisión marco y de la cual se hizo eco el Parlamento Europeo en el *Informe de la Comisión de Libertades Civiles, Justicia y Asuntos de Interior sobre la Propuesta de Decisión marco del Consejo relativa a determinados derechos procesales en los procesos penales celebrados en la Unión Europea*, de 21 de marzo de 2005 (ponente Kathalijne Maria Buitenweg) y la *Opinión de la Comisión de Asuntos Jurídicos para la Comisión de Libertades Civiles, Justicia y Asuntos de Interior sobre la Propuesta de Decisión marco del Consejo relativa a determinados derechos procesales en los procesos penales celebrados en la Unión Europea*, de 3 de febrero de 2005 (ponente Giuseppe Gargani).

72. *Vid.* Considerando I del Informe con una propuesta de recomendación del Parlamento Europeo destinado al Consejo sobre la evaluación de la Orden de Detención Europea de 27 de febrero de 2006 (Ponente Adeline Hazan, Documento de sesión A6-0049/2006, final) donde se advierte de que la falta de confianza mutua entre los jueces, causante, por ejemplo, de algunas disfunciones en la aplicación de la euro-orden, va pareja con la insuficiencia de normas mínimas comunes en los procedimientos penales, lo cual reduce la eficacia de la cooperación judicial.

73. Así lo recoge Irúrzun Montoro, F., «La negociación de la Decisión marco...», op.cit., p.29.

La realidad, sin embargo, nos coloca en la situación de punto muerto que hemos expuesto en páginas precedentes, con dos textos diversos que se han venido discutiendo en paralelo: una versión mutilada de la inicial Decisión Marco con un contenido reducido en cuanto a los derechos procesales regulados y más genérico en cuanto a las garantías y, frente a este texto vinculante, otro carente de tal efecto consistente en una mera Recomendación de los Estados miembros reunidos en el seno del Consejo. Se han barajado varias opciones[74] para salir de dicha situación de punto muerto, que van desde aquella que reduciría el ámbito de la Decisión Marco a los procedimientos relacionados con la orden de detención europea, pasando por aquella otra según la cual todo Estado miembro podría limitar el ámbito de aplicación de la Decisión Marco a los procesos relativos a la ejecución de una euro-orden durante un período máximo de tres años, para terminar con aquella otra que plantea la adopción de una Decisión Marco con disposiciones sobre la orden de detención europea y, en paralelo, otra Decisión Marco en relación con todos los procesos penales que se adoptaría en el marco de la cooperación reforzada.[75]

A estas alturas ya, no obstante, con un nuevo Tratado firmado en Lisboa el pasado 13 de diciembre y pendiente de las ratificaciones de los Estados miembros, las previsiones apuntan a que la Propuesta de Decisión Marco finalmente no verá como tal la luz, aunque su contenido y espíritu se espera que aparecerán recogidos en la futura Propuesta de Directiva que en su día presente la Comisión tras la entrada en vigor del Tratado de Lisboa. Entonces, quizás, podamos contar con ese verdadero estatus de imputado, homogéneo en todos los Estados de la Unión Europea.

74. Opciones que expone Galgo Peco, Á, «Prólogo», op.cit., p.11.

75. Posible utilización de la cooperación reforzada que suscitaría no pocos inconvenientes, como apunta Irúrzun («La negociación...», op.cit. pp.31 y 32): la imagen de desunión de los Estados miembros en un tema clave y sensible para los derechos de los ciudadanos europeos; la sombra de desconfianza que generaría sobre aquellos que no se sumen a la cooperación reforzada restaría credibilidad al reconocimiento mutuo en lugar de incrementarla, objetivo de todo este ejercicio; o las propias dificultades para alcanzar un texto aceptable por todos y cada uno de los al menos ocho Estados necesarios para ponerla en marcha (véanse los arts.40 y concordante del TUE).

El juez: facultades y deberes, derechos y obligaciones

Roland Arazi
Catedrático de Derecho Procesal
Universidad de Buenos Aires.

1. Palabras preliminares

Con enorme placer participo de esta obra en homenaje al querido y respetado Profesor José Luís Vázquez Sotelo. Su capacidad intelectual es conocida por todos a través de sus publicaciones y conferencias, por ello, en esta oportunidad, me limito a señalar sus cualidades humanas, su afabilidad y lo agradable que resulta el trato con el maestro que hoy homenajeamos.

Agradezco al Profesor Francisco Ramos Méndez el haberme permitido hacer mi aporte al merecido reconocimiento al Profesor Vázquez Sotelo. El tema elegido me pareció oportuno pues un aspecto de los que desarrollaremos, fue abordado magníficamente por él en las XIV Jornadas Iberoamericanas de Derecho Procesal celebradas en la Ciudad de La Plata en el año 1994 dando origen al libro publicado en Barcelona con el título «Sistemas jurídicos y formación de jueces y abogados» que, en su momento, leí con gran interés y ahora sirve de base al respectivo capítulo de este trabajo.

2. Aclaración terminológica

Siguiendo la clasificación de James Goldschmidt («*Derecho Procesal Cvil, trad. L. Prieto Castro, Labor, Barcelona, 1936, pág. 8)* diferenciamos los deberes de las obligaciones, pues los primeros están instituidos en interés de la comunidad y las segundas en interés de un acreedor determinado. Junto con los deberes se encuentran las facultades del juez en el proceso que, en rigor, no están contempladas en beneficio del magistrado sino, también, de la comunidad y las diferencias entre unos y otras no son fáciles de determinar, como lo veremos oportunamente. A las obligaciones del juez se oponen sus derechos, tanto de índole político como económico.

Cuando citamos una norma jurídica o un Código nos estamos refiriendo a la legislación argentina, salvo que expresamente mencionemos que se trata de una norma extranjera. De igual manera, al citar un tribunal sin indicar el país, se trata de tribunal argentino.

3. Designación y capacitación

El Dr. Vázquez Sotelo hace una completa clasificación de los criterios utilizados para el nombramiento de los magistrados, y enuncia los siguientes: 1) Designación por el Gobierno o Poder Ejecutivo. 2) Elección por el Parlamento o Poder Legislativo. 3) Elección directa por los ciudadanos. 4) Designación por el propio Poder Judicial. 5) Selección mediante «oposiciones» o «concursos». 6) Combinación de los anteriores sistemas. Señala las ventajas e inconvenientes de cada uno de los sistemas y su aplicación en los países que han optado por uno u otro (*Sistemas jurídicos y formación de jueces y abogados, ob.cit., Promociones y Publicaciones Universitarias, Barcelona, 1995, pág. 55 y ss.*) Por mi parte me referiré sólo a la forma de designación, remoción y garantías de los jueces en Argentina, deteniéndome, luego, en algunos sistemas de nombramientos mediante concursos y su relación con la capacitación exigida tanto para acceder a los cargos judiciales como durante el desempeño de la magistratura.

a) Sistemas en la República Argentina. Como sabemos, Argentina es una república federal y la Constitución Nacional (en adelante, también Const. Nac.) dispone que *cada provincia dictará para sí una Constitución bajo el sistema representativo republicano, de acuerdo con los principios, declaraciones y garantías de la Constitución Nacional; y que asegure su administración de justicia, su régimen municipal, y la educación primaria. Bajo estas condiciones el Gobierno Federal garante a cada provincia el goce y ejercicio de sus instituciones* (art. 5, Const. Nac). La Constitución Nacional regula la organización de la justicia federal y la de la justicia ordinaria de la ciudad de Buenos Aires a pesar de que a partir de la sanción de la Constitución de 1994 dicha ciudad tiene *un régimen de gobierno autónomo con facultades propias de legislación y jurisdicción, y su jefe de gobierno (es) elegido directamente por el pueblo de la ciudad* (art. 129, Const. Nac.).

Las respectivas constituciones provinciales prevén la forma de designación y remoción de los jueces provinciales, pero, como dijimos, no pueden transgredir los principios fundamentales de la Constitución Nacional. La Corte Suprema de Justicia declaró inaplicable, por ser contraria a la Constitución Nacional, una disposición de la Constitución de la Provincia de Buenos Aires que dispone que para ser designado juez de una Cámara de Apelación provincial se requiere «*haber nacido en territorio argentino o ser hijo de ciudadano nativo, si hubiese nacido en país extranjero*». El peticionario, ciudadano argentino «naturalizado,» era juez de primera instancia; la Corte, por mayoría, decidió que la constitución provincial vulnera la Convención Americana sobre Derechos Humanos y el Pacto Internacional de Derechos Civiles y Políticos, que establecen que todos los ciudadanos tienen acceso, en condiciones generales de igualdad, a las funciones públicas de su país; ambos (la Convención y el Pacto) fueron suscriptos por Argentina, y tienen jerarquía constitucional (art. 67, inc. 22, Const.Nac.) (CSJN, 16/11/2004, «Hooft, Pedro Cornelio c/Provincia de Buenos Aires s/acción declarativa»).

Según el artículo 108 de la Constitución Nacional, *el Poder judicial de la Nación será ejercido por una Corte Suprema de Justicia y por los demás tribunales inferiores que el Congreso estableciese en el territorio de la Nación.* Se prevé la inamovilidad mientras *dure su buena conducta,* y la intangibilidad de las remuneraciones (art. 109, Const. Nac.).

En lo que se refiere al nombramiento de los jueces, el artículo 99, inc. 4º de la Constitución Nacional atribuye al Poder Ejecutivo la facultad de nombrar a los *magistrados de la Corte Suprema con acuerdo del Senado por dos tercios de sus miembros presentes, en sesión pública, convocada al efecto.* Con relación a los demás jueces federales y ordinarios de la ciudad de Buenos Aires, el Presidente de la República tiene la atribución de nombrarlos *en base a una propuesta vinculante en terna del Consejo de la Magistratura, con acuerdo del Senado, en sesión pública, en la que se tendrá en cuenta la idoneidad de los candidatos.*

Lamentablemente la Constitución Nacional no indica con precisión la integración del Consejo de la Magistratura; organismo que tiene a su cargo la selección de los magistrados y la administración del Poder Judicial. El artículo 114 de la Constitución dice que *el Consejo será integrado periódicamente de modo que se procure el equilibrio entre la representación de los órganos políticos resultantes de la elección popular, de los jueces de todas las instancias y de los abogados de la matrícula federal. Será integrado, asimismo, por otras personas del ámbito académico y científico, en el número y la forma que indique la ley.* Digo lamentablemente, porque la integración ha quedado a merced de las eventuales mayorías parlamentarias.

La ley 24937, promulgada el 30 de diciembre de 1997, en cierta manera respetó el espíritu de la Constitución y estableció la integración del Consejo con el Presidente de la Corte Suprema de Justicia de la Nación, cuatro jueces del Poder Judicial de la Nación; ocho legisladores (cuatro de la mayoría, dos por la primera minoría y dos por la segunda minoría) ; cuatro representantes de los abogados de la matrícula federal, un representante del Poder Ejecutivo y un Profesor titular regular de las cátedras universitarias de las facultades de derecho nacionales. Luego la ley 24939, agregó *una persona de reconocida trayectoria y prestigio... elegida por el Consejo Interuniversitario Nacional, con el voto de los dos tercios de sus integrantes.* De esa forma el Consejo quedo compuesto por veinte miembros.

La ley 26080 promulgada en el año 2006, modificó la integración disponiendo un predominio de los poderes políticos. Se redujo el número de miembros a trece, con la siguiente composición: tres jueces del Poder Judicial de la Nación; seis legisladores (cuatro pertenecientes a la mayoría y dos a la primera minoría); dos representantes de los abogados de la matrícula federal; un representante del Poder Ejecutivo y un representante del ámbito académico. Esto es que de los trece miembros siete pertenecen a los poderes Legislativo y Ejecutivo; si tenemos en cuenta que el nombramiento de los jueces lo hace el Poder Ejecutivo a propuesta en terna del Consejo de la Magistratura y que, además, el Senado interviene en la designación, se concluye en la influencia de esos poderes en la designación.

La remoción por mal desempeño, por delito en ejercicio de sus funciones o por crímenes comunes de los jueces de la Corte Suprema de Justicia de la Nación se realiza por juicio político ante el Senado de la Nación, previa acusación de la Cámara de Diputados (arts. 53 y 59, Const. Nac.).

Los demás jueces pueden ser removidos por un Jurado de Enjuiciamiento integrado por legisladores, magistrados y abogados de la matrícula federal (art. 115, Const.Nac.). En la composición de este Jurado se advierte el predominio de Poder legislativo pues de un total de siete miembros, cuatro son legisladores (además se integra con dos jueces y un abogado de la matrícula federal). La ley dispone que los representantes de los jueces y de los abogados de la matrícula federal pueden ser removidos de sus cargos por el voto de las tres cuartas partes de los miembros totales del cuerpo, mientras que los legisladores sólo podrán ser removidos por cada una de las Cámaras a la que pertenecen (art. 24, ley 24937, texto según ley 26080).

En las Provincias existen distintos Consejos de la Magistratura y Jurados para el nombramiento y destitución de los magistrados judiciales, con esas u otras denominaciones y con mayores o menores atribuciones, conforme las respectivas constituciones provinciales.

Mencionaremos las constituciones de Tierra del Fuego, Antártida e Islas del Atlántico Sur, y del Chubut, porque tienen características particulares.

La constitución de Tierra del Fuego, Antártida e Islas del Atlántico Sur, otorga al Consejo de la Magistratura importantes atribuciones, a punto tal que directamente designa a los magistrados de categoría inferior al Superior Tribunal de Justicia y propone al Poder Ejecutivo el nombre de las personas que integrarán este Tribunal.

El Consejo de la Magistratura del Chubut es realmente interesante por su composición. De conformidad con la Constitución de esa Provincia el Consejo se integra con el Presidente del Superior Tribunal de Justicia, tres magistrados con rango no inferior a camarista o equivalente, cuatro abogados de la matrícula con una antigüedad no inferior a diez años, un empleado *no abogado* del Poder Judicial, con diez años por lo menos de antigüedad y cinco ciudadanos *no abogados* y no empleados judiciales, que reúnan los requisitos exigidos para ser diputados; los representantes populares son elegidos en oportunidad de las elecciones generales, de una lista de candidatos no necesariamente partidarios, que presenta cada agrupación política que intervine en el acto eleccionario a nivel provincial. Además se invita, en cada caso, a participar a profesores que se hayan destacado en la disciplina vinculada con el cargo a concursar.

El Consejo directamente designa a los jueces, fiscales y defensores, con acuerdo de la Legislatura, con excepción de los ministros del Superior Tribunal de Justicia, el Procurador General y el Defensor General que son designados por el Poder Ejecutivo con acuerdo de la Legislatura.

La integración del Consejo con representantes populares no tiene antecedentes en nuestro país y sólo conocemos el funcionamiento de algo similar en la República de México. Llama la atención que tanto para los representantes del pueblo como para el empleado judicial, la Constitución exija que *no sean abogados;* evidentemente la norma está intentado asegurar que se valoren otros antecedentes de los postulantes, además de sus conocimiento jurídicos; también es digno de señalar que en el Consejo no hay ningún representante de los poderes Legislativo y Ejecutivo, y si bien lo integra el Presidente del Superior Tribunal, no necesariamente lo preside.

El aspirante al cargo que se concursa debe pasar por tres duras pruebas en días consecutivos. La primera consiste en la elaboración de sentencias de la especialidad del cargo para el que se postula y con base en un caso hipotético; la segunda en una exposición oral ante algunos miembros del Consejo y los profesores invitados, a fin de evaluar los conocimientos jurídicos; la tercera es una larga entrevista personal donde quien se postula es interrogado sobre aspectos personales, por los miembros del Consejo y por cualquier otro ciudadano presente. Todas las pruebas son públicas y tanto periodistas como público en general intervienen en la tercera etapa de la prueba de oposición.

Escuela Judicial. La ley que regula el Consejo de la Magistratura Nacional enuncia entre las atribuciones del organismo *organizar el funcionamiento de la Escuela Judicial, dictar su reglamento, aprobar sus programas de estudio y establecer el valor de los cursos realizados, como antecedentes para los concursos.* Además le corresponde planificar los cursos de capacitación para magistrados, funcionarios y empleados del Poder Judicial.

A pesar de los esfuerzos realizados por las autoridades del Consejo de la Magistratura, hasta la fecha no se ha logrado completar la organización de una Escuela Judicial dentro del ámbito de ese organismo, que otorgue un título que habilite para el cargo de juez, con carácter excluyente o, al menos, valorado como un antecedente de gran importancia en los concursos. Esa labor la están desarrollando algunas Universidades tanto públicas como privadas, mediante carreras de especialización para la magistratura.

Es evidente que el juez tiene que tener, además de elevadas condiciones morales, sólidos conocimientos jurídicos y de lo que se ha denominado «técnica jurídica»; con relación a esta última es interesante la observación hecha por Encinas de Munagorri, cuando expresa: *La guerra no es una técnica; sin embargo existen técnicas militares. La cocina no es tampoco una técnica, pero existen técnicas culinarias. Por ello, la circunstancia de que el Derecho no pueda ser reducido a una técnica no debe llevar a la negación de su existencia. Formar a un jurista es iniciarlo en la comprensión y el manejo de técnicas jurídicas de una sociedad dada: es transformarlo en un individuo capaz de comprender nociones o distinciones sutiles entre, por ejemplo, la aceptación de una acción y su fundamento, entre la nulidad de un acto y su anulación* (Encinas de Munagorri, Rafael», ¿Qu'est-ce la techinique juridique?, en Recueil Le Dalloz, París, Dalloz, 2004, nº 11, pág. 711)

b) Algunos sistemas en el derecho comparado. En España la carrera judicial consta de tres categorías: 1) Magistrado del Tribunal Superior; 2) Magistrado y 3) Juez.

El cargo de juez se obtiene mediante el ingreso a la Escuela Judicial. En cada convocatoria ingresa un número que comprende las plazas vacantes, más un adicional previendo las vacantes que se producirán hasta la próxima convocatoria. Las pruebas de ingreso permite seleccionar a los mejores entre los postulantes, quienes luego tienen que realizar un curso de formación teórica que no puede ser inferior a nueve meses y un curso práctico que no puede ser inferior a seis meses. La Escuela eleva al Consejo General del Poder Judicial una relación de los aspirantes que aprobaron los cursos teórico y práctico, según orden de calificación. Aquellos aspirantes aprobados que no puedan ser nombrados jueces titulares ingresarán en la Carrera Judicial en calidad de jueces adjuntos y quedarán adscriptos. Los que no superen el curso en la Escuela Judicial podrán repetirlo, incorporándose a la nueva promoción. Si tampoco lo aprueba, quedan excluidos.

Los que aspiren a la categoría de Magistrados deberán superar un curso de formación en la Escuela Judicial; de cuatro vacantes que se produzcan, dos se ocupan por ascenso de los jueces que estén en primer lugar del escalafón dentro de esa categoría, la tercera vacante se proveerá entre jueces por medio de pruebas selectivas y la cuarta vacante por concurso entre juristas de reconocida competencia con más de diez años de ejercicio profesional.

La designación de Magistrados del Tribunal Superior se realiza según un estatuto especial.

También se prevé en España la formación continua y permanente de jueces y magistrados.

En Francia, la Escuela Nacional de la Magistratura organiza y planifica los concursos para acceder a cargos judiciales, y los planes de formación integral y de formación continua. Los programas para acceder a los cargos judiciales comprenden no sólo pruebas para evaluar los conocimientos jurídicos sino también una prueba oral de un idioma extranjero a elección del candidato, y una serie de exámenes psíquicos a cargo de una comisión médica de la Escuela.

La formación continua y permanente de los magistrados se logra mediante cursos anuales. Todo magistrado cuenta cada año con un mínimo de cinco días de formación.

El Código de la Organización Judicial de Francia regula la institución de la «justicia de proximidad». Establece que en el ámbito de cada una de las cámaras de apelaciones se instituye una jurisdicción de primera instancia denominada justicia de proximidad, para los asuntos de menor cuantía (hasta cuatro mil euros) y para homologar acuerdos de partes; en materia penal la competencia se limita a juzgar las contravenciones más leves. El Consejo Constitucional de Francia decidió que el cargo de juez de proximidad es compatible con la realización de otra actividad, pero la acumulación de puestos debe quedar estrictamente reglamentada para evitar que se afecte el ejercicio de la función judicial; ello así por cuanto estos jueces, aun cuando ejerzan funciones que generalmente corresponden a los magistrados y tienen los mismos derechos y obligaciones, no forman parte del Poder Judicial (decisión del 20/2/2003, en Investigaciones de Derecho Comparado, 1/2-2005, pág. 42).

En los Estados Unidos de Norteamérica los jueces federales no deben rendir ningún examen para ingresar a los cargos; no obstante en ese país se le da gran importancia a los programas de capacitación continua. Existen también cursos especiales donde se dan nociones de liderazgo, conducción y administración, para los magistrados que tienen a su cargo esta última tarea dentro del tribunal.

4. El juez y los hechos

a) Principios y sistemas. Frente a la existencia de un conflicto las partes pueden resolverlo mediante una solución acordada (negociación, mediación o conciliación) o con intervención de un tercero que decida la cuestión; este tercero puede ser elegido por los interesados, como sucede con el arbitraje, o ser impuesto.

En los Estados democráticos la solución del conflicto por un tercero no elegido por las partes, se realiza mediante el proceso judicial, que exige la presencia de un juez imparcial e independiente, y que se cumplan los siguientes requisitos mínimos —denominados principios del debido proceso—: bilateralidad o contradicción, igualdad y legalidad.

Cumplidos dichos requisitos, el legislador puede adoptar diferentes sistemas para que el proceso sea eficaz, a saber: dispositivo o inquisitivo; oral o escrito; con inmediación o sin ella; preclusivo o de unidad de causa; público o secreto; etcétera. En general las estructuras procesales no se adscriben a una u otra alternativa de manera exclusiva sino que toman postulados de ambas, en regímenes mixtos.

Se advierte que los sistemas procesales reconocen la posibilidad de su antítesis; en cambio los principios no admiten tal contingencia, sin ellos no hay debido proceso porque constituyen la base de éste. El juez no puede resolver en forma definitiva sin oír a ambos litigantes quienes, a su vez, gozan de idénticas facultades, cargas, deberes y obligaciones; finalmente la decisión tiene que estar fundada en la ley.

El principio de bilateralidad admite diferentes matices: en las medidas cautelares y en la producción de alguna prueba anticipada o en un proceso urgente, se posterga la posibilidad de contradicción para una vez que se haya cumplido la medida o producido la prueba; en supuestos muy excepcionales donde la urgencia adquiere una importancia preponderante y están en juego valores de jerarquía superior, como la vida y la salud de las personas, es posible un mandato judicial inmediato, sin perjuicio de que luego deba oírse a la contraria (caso de las medidas denominadas autosatisfactivas o procesos urgentes o del reclamo de alimentos provisorios previstos en el artículo 375 del Código Civil). En el Proyecto de Código Procesal Civil y Comercial de los Dres. Augusto M. Morello, Isidoro Eisner, Mario E. Kaminker y Roland Arazi se prevé, en el artículo 67, la posibilidad de disponer las medidas que la índole de la protección adecuada indique, bajo la responsabilidad del peticionario, cuando se cumplan los siguientes requisitos: 1) se acredite la existencia de un interés tutelable cierto y manifiesto; 2) la tutela inmediata sea imprescindible, produciéndose en caso contraria su frustración y 3) no fuese necesaria la tramitación de un proceso de conocimiento autónomo. En el supuesto de que no sea posible retrotraer las cosas al estado anterior al de la ejecución de la medida y que, por la urgencia del caso, ella se haya ordenado sin audiencia de la contraria, debe tenerse presente lo siguiente: 1) que el derecho que se intenta proteger tenga un valor predominante y 2) que, en todo caso, una vez oída la otra parte, ésta pueda reclamar daños y perjuicios si el mandato judicial fue obtenido sin derecho o con abuso o exceso del derecho (doc. art. 208, Código Procesal Civil. y Comercial de la Nación Argentina; en adelante CPN); por ello el juez, si lo considera necesario, puede requerir contracautela.

Según el sistema dispositivo corresponde a las partes determinar el alcance y contenido de la disputa judicial o, invirtiendo los términos, el tribunal queda limitado a la consideración de lo que los litigantes han planteado ante él y no puede conceder a ninguno de ellos más de lo que ha solicitado, ni una cosa distinta a la pedida; (Wyness Millar, Roberto «Los principios formativos del procedimiento civil», EDIAR, Buenos Aires, 1945, pag. 59); las partes tienen la iniciativa del proceso y pueden darlo por concluido en forma unilateral o bilateral (desistimiento, allanamiento, transacción); en cuanto a los hechos, sólo pueden ser materia de prueba aquellos que han sido debidamente articulados en los escritos respectivos (art. 364, CPN) y le está vedado al juez investigar la existencia de fuentes de prueba —es decir de personas que tienen conocimiento del hecho a probar o de cosas que representan el hecho a probar— o de presunciones judiciales (indicios): personas o cosas que tienen conocimiento o representan hechos que no coinciden con el hecho a probar sino que se refieren a otros hechos que, apreciados en conjunto, permiten inferir la existencia o inexistencia de aquél. Llevado el sistema dispositivo a su máximo extremo tampoco podría el juez ordenar ninguna medida de prueba en forma oficiosa (de esclarecimiento o para mejor proveer) aun cuando la existencia de las fuentes surjan del propio proceso; cabe señalar que esta interpretación exagerada ha sido repudiada por la inmensa mayoría de la doctrina y por las legislaciones, como veremos en el punto c) de este capítulo.

b) Congruencia. Ésta impone la identidad entre las pretensiones de las partes y la decisión judicial. A tal requisito se refieren los códigos procesales en general (v.gr. art. 163, inc. 6º, CPN). Con relación a la causa, el fallo debe adecuarse a la situación de hecho invocada por ambas partes a fin de delimitar los términos de su pretensión u oposición (conf. Palacio, Lino Enrique, «Derecho Procesal Civil», Abeledo-Perrot, Buenos Aires, 1993, V-435).

No obstante, el juez no sólo puede sino que debe calificar correctamente los hechos expuestos, aun cuando esta calificación difiera de la que hicieron los litigantes. Tal situación ofrece algunas particularidades que, en ocasiones, pueden hacer dudar si se está vulnerando la congruencia. Entre los supuestos límites podemos mencionar la doctrina de la Suprema Corte de la Provincia de Buenos Aires que admite que se otorgue una indemnización como usuario del vehículo dañado a quien invocó la calidad de dueño (SCBA, Ac. 49.311, 10/8/93 «Da Rui C.A. c/Diz, J. y otros s/daños y perjuicios», con cita de un precedente: «Sly G. A. c/Cuenca C», 26/2/85, Acuerdos y Sentencias, 1985-I-157 y E.D. 114-637); sin embargo en otras oportunidades no se permitió ordenar la entrega al actor de una cosa a título de dueño si la había reclamado como locador; tampoco decidir el cumplimiento de una donación cuando el actor había alegado que se trataba de una compraventa (ver Palacio, ob. y loc. cit., nota 34).

Con relación al juicio de divorcio, existe un antiguo fallo plenario de la Cámara Nacional en lo Civil (28/12/53; L.L. 74-721) que dispone que no es posible decretar el divorcio en base a la prueba de hechos que de ninguna forma fueron aludidos en los escritos de demanda y reconvención; pero de los votos de los jueces surge que ello no impide que se haga lugar a la demanda por una causal distinta de la invocada, si ello sólo importa calificar correctamente los hechos alegados (en el mismo sentido Cámara Apelación Civil y Comercial de San Isidro, Sala 1°, 12/8/97, E.D. 176-277). No obstante, la Dra. Gladys Alvarez al votar en un fallo de la Sala M. de la Cámara Nacional en lo Civil (21/11/95, E.D. 167-565), dijo que no cabe que el fundamento de la sentencia se aparte de la causal de divorcio oportunamente invocada por el actor; ello a pesar de que el Fiscal de Cámara había dictaminado lo contrario, diciendo que resulta factible decretar el divorcio o la separación personal por una causal distinta a la invocada, toda vez que si las partes han equivocado la calificación jurídica de los hechos alegados y probados, el juez puede, con arreglo al principio «iura novit curia», encuadrar los mismos en la verdadera causal pero no conceder o negar lo que ninguna parte reclamó (ver también, Suprema Corte de Buenos Aires, J.A. 54-623; J.A. 948-IV-609; L.L. 80-339; Cámara Nacional Civil, Sala B, L.L. 134, fallo 62224).

Nosotros creemos que la acción se identifica por el hecho alegado y no por la denominación que le den las partes pues ésta queda a criterio del juez, quien debe calificar esos hechos y determinar la norma aplicable; ese es el alcance del brocárdico «iura novit curia». Corresponde señalar, como observa Guasp, que en el proceso no hay hechos puros ni normas puras, sino que se halla íntimamente entrelazado el hecho con el derecho (Guasp, Jaime «Juez y hechos en el proceso civil», Bosch, Barcelona, 1953); por ello el deber del juez de aplicar el derecho está siempre vinculado con los hechos.

Además los jueces deben controlar, de oficio, si están cumplidos los requisitos de la acción procesal, considerando a ésta como el derecho a obtener un pronunciamiento (favorable o desfavorable) sobre el fondo de la cuestión. Estos requisitos son la legitimación, es decir la identidad entre quien demanda o contradice y las personas a las que la ley habilita para hacerlo; el interés y la vigencia. Respecto de esta última cabe señalar que la acción se agota con su ejercicio al culminar el proceso con una sentencia pasada en autoridad de cosa juzgada, y la obligación no debe estar prescrita: las obligaciones que no han sido reconocidas en juicio por falta de prueba o por otra circunstancia, y aquellas que principian por ser obligaciones civiles y que se hallan extinguidas por la prescripción, se transforman en obligaciones naturales y sus titulares carecen de acción para exigir el cumplimiento, conforme lo dispone el artículo 515, incs. 2° y 4° del Código Civil. En nuestro régimen la prescripción debe ser opuesta por el interesado, porque así lo dispone la legislación vigente (doc. art. 3962, Cód. Civil); refiriéndose a la norma similar del Código Civil italiano, Chiovenda dice que tal exigencia hace muy incierta la naturaleza de esa excepción (Chiovenda, Giuseppe, «Ensayos de derecho procesal civil», tr. S. Sentís Melendo, Buenos Aires, 1949, I-283).

En cuanto al interés, ya Alsina nos recordaba que sin interés no hay acción y que el interés es la medida de la acción (Alsina, Hugo «Tratado teórico práctico de derecho procesal civil y comercial», Ediar, 2da. ed., Buenos Aires, 1956, 1-393). Los jueces reiteradamente han rechazado la demanda por haber devenido abstracta la cuestión (vgr. Cámara Nacional Civil, Sala A, 10/11/2000, E.D. 194-30).

c) Diligencias para esclarecer los hechos. Las partes deciden el objeto del litigio pero luego debe quedar a cargo del juez hacer lo que estime necesario para el esclarecimiento del asunto (Schönke, Adolf «Derecho Procesal civil», trad. Prieto Castro-Cabrera-Fairén Guillen, 5ª ed. Bosch, Barcelona, 1950, p. 37). En principio, y salvo escasas excepciones, las fuentes de prueba deben surgir de las actuaciones procesales, pero los medios de prueba son ilimitados y pueden ser utilizados por los litigantes o por el juez para incorporar esas fuentes. La decisión judicial debe basarse en un conocimiento acertado de los hechos: en el conocimiento de la verdad del hecho radica el principio lógico del proceso (Taruffo, Micheli, «Note per una riforma del diritto delle prove», en Rivista di Diritto Processuale, Bologna, 1986, nº 2-3, p. 243).

La reforma del CPN por la ley 25.488, que entró en vigencia el 22 de mayo del año 2002, incluye entre los deberes de los jueces «*ordenar las diligencias necesarias para esclarecer la verdad de los hechos controvertidos, respetando el derecho de defensa de las partes*»; culmina de esa manera la intención del legislador cuando sancionó el citado Código, en el año 1968, pues leemos en la exposición de motivos que uno de los propósitos orientadores del ordenamiento era dotar a los jueces de mayores atribuciones —en rigor imponer mayores deberes— en lo referente a la dirección y ordenación de las causas, de manera tal que el proceso, sin dejar de responder a las exigencias fundamentales del sistema dispositivo, no se desarrolle como un juego de ficciones librado a la habilidad ocasional de los litigantes.

Ya no quedan dudas de que el juez tiene el deber de esclarecer los hechos, sin importar lo que hagan o dejen de hacer las partes; ello no es una facultad sino un imperativo de quien juzga.

Aun antes de la reforma, la Corte Suprema de Justicia había señalado, en forma reiterada, que los jueces debían esclarecer los hechos y ordenar prueba de oficio cuando ella era esencial para resolver el litigio.

En el célebre caso «Colalillo», dictado en el año 1957, se dijo que el proceso civil no puede ser conducido en términos estrictamente formales, «*no se trata ciertamente del cumplimiento de ritos caprichosos, sino del desarrollo de procedimientos destinados al establecimiento de la verdad jurídica objetiva, que es su norte*».

En el caso «Oilher» la Corte dijo que, en principio, el juez no puede juzgar la equidad de la ley pero *no sólo puede sino que debe* juzgar con equidad los casos particulares sometidos a su decisión; y agregó: «*la ley procesal dispone que los jueces y tribunales podrán ordenar las diligencias necesarias para esclarecer la verdad de los hechos controvertidos (art. 36, Código. Procesal Civil y Comercial de la Provincia de Buenos Aires), facultad que se torna de irrenunciable ejercicio en casos como el de autos, en que, según el a quo, la pieza agregada tardíamente era decisiva para la solución de la litis*» (CSJN, 23-12-80. En L.L. 1981-C-67).

También dijo la Corte Suprema que «*la ley acuerda a los jueces la facultad de disponer las medidas necesarias para esclarecer los hechos debatidos, y tal facultad no puede ser renunciada cuando su eficacia para determinar la verdad sea indiscutible*» (CSJN, 7/4/92, J.A. 1993-III-164). «*Los jueces no pueden prescindir del uso de los medios a su alcance para determinar la verdad jurídica objetiva y evitar que el proceso se convierta en una sucesión de ritos caprichosos*» (CSJN, 4/11/97, RED 32-495, nº 22).

En «B.V.F. s/Homicidio culposo», refiriéndose a la acción civil ejercida en el proceso penal, la Corte reiteró conceptos de fallos anteriores y dijo «*que es propio de los jueces de la causa determinar cuando existe negligencia procesal sancionable de las partes así como disponer lo conducente para el respeto de la igualdad en la defensa de sus derechos, pero ninguna de estas consideraciones basta para «excluir de la solución a dar al caso, su visible fundamento de hecho, porque la renuncia consciente a la verdad es incompatible con el servicio de justicia*» (CSJN, 20/8/96, J.A. 1998-III.37).

Los demás tribunales también han seguido la línea trazada por la Corte y se han preocupado por esclarecer los hechos, con independencia de la actividad de las partes (ver en tal sentido las citas hechas en el trabajo de Carola Capuano Tomey «Medidas para mejor proveer o para proveer mejor» en Revista de Derecho Procesal, Rubinzal-Culzoni, 2001-2, pags. 639 y ss).

El tema de los poderes y deberes del juez es una cuestión que posee un alto voltaje ideológico para enfrentar las posiciones de vanguardia, al decir de Morello, quien agrega que tiene la mala ventura de asociárselo a un tufillo de autoritarismo y de colocar en peligro a la «libertad y señorío» de las partes en el proceso (Morello, Augusto M. «La prueba, tendencias modernas», 2da ed. Librería Editora Platense, Buenos Aires, 2001, pag. 5).

Alvarado Velloso ha dicho que la «facultad» judicial (ahora «deber», en la legislación nacional) de dictar medidas para mejor proveer está inspirada en legislaciones europeas que responden a pensamientos totalitarios (Alvarado Velloso, Adolfo, «El juez. Sus deberes y facultades», ed. Depalma, Buenos Aires, 1982, pag 276). Disentimos totalmente de esta apreciación; las medidas de esclarecimiento que dicta el juez no son para acentuar su poder frente a los litigantes, sino para lograr conocer la verdad de los hechos; como ha dicho Sentís Melendo esas medidas nunca se han de dictar en beneficio de ninguna de las partes; fueron creadas, no sólo en beneficio de la justicia, sino también en beneficio o ayuda de la conciencia del juez (Sentís Melendo, Santiago «La prueba. Los grande temas del derecho probatorio», edit. EJEA, Buenos Aires, 1978, pag. 176). El juez tiene el deber pero también el derecho de estar en claro para fallar, dando la razón a quien la tiene.

No corresponde limitar la cuestión a la antinomia entre los sistemas dispositivo o inquisitivo del proceso. En la obra antes mencionada señala también Sentís Melendo que cuando hablamos del principio dispositivo en materia de prueba, nos estamos refiriendo al poder de disposición de los elementos probatorios y no de la relación jurídica en litigio. Las medidas de esclarecimiento no consisten en averiguación sino en verificación de los que las partes habrán debido averiguar (ob. cit. págs. 202 y 204); el juez no puede traer al proceso fuentes de prueba cuya existencia no surja de los actos procesales.

Hemos dicho en otra oportunidad que, no obstante las diligencias que debe ordenar el juez para esclarecer los hechos, nuestro proceso sigue respondiendo al sistema dispositivo: corresponde a las partes determinar el alcance y contenido de la disputa judicial; el tribunal queda limitado a la consideración de lo que los litigantes han planteado ante él y no puede conceder a ninguno de ellos lo que no hayan solicitado; incluso debe admitir como ciertas las alegaciones que no han sido impugnadas, salvo, obviamente, los casos en que se afecte el orden público. Las partes «disponen» qué hechos serán materia de prueba, y pueden transar, desistir el actor o allanarse el demandado; pero no pueden requerir del juez una decisión sobre el litigio y sobre los hechos controvertidos e impedirle que él verifique la exactitud o falsedad de esos hechos. Si los litigantes exigen un fallo justo, el juez debe «disponer» de todos los medios para ello. («El ocaso de las teorías sobre carga de la prueba», L.L. 2000-A-1041)

Para oponerse a los deberes de esclarecimiento del juez se habla de manera genérica y abstracta del derecho de defensa, de la igualdad de las partes, etc. No es suficiente fundar la oposición en esas generalidades. Tal como dijo la Corte Suprema de Justicia, el proceso no consiste en una serie de ritos caprichosos, sino en una sucesión de actos con una finalidad específica, que es solucionar un conflicto con justicia, logrando, en la medida de lo posible, arribar a la verdad jurídica.

Así como no se puede pedir la nulidad de un acto si no se alega concretamente el perjuicio sufrido, mencionando las defensas que el peticionario no ha podido oponer (doct. arts. 172, 545 y concs. CPN), también cuando una de las partes se opone a una medida de esclarecimiento dictada de oficio, debe indicar cual es el perjuicio que, en el caso concreto, le ocasiona. Ese perjuicio no puede ser el que se conozca la verdad; como se ha dicho en un antiguo fallo «la parte a quien beneficie la ocultación de la verdad no puede invocar como un derecho tal situación, sin agravio a la buena fe» (Cámara Nacional de Paz, Sala I, 28/VIII/1968, en J.A. 969-I-238).

Es posible que en algún caso específico las medidas ordenadas de oficio afecten las garantías del debido proceso; pero entonces debe expresarse cual es el perjuicio, sin apelar a frases dogmáticas y abstractas. Nuestro gran escritor, Ernesto Sábato, en su libro La Resistencia, nos dice que «toda consideración abstracta, aunque se refiera a problemas humanos, no sirve para consolar a ningún hombre, para mitigar ninguna de las tristezas y angustias que puede sufrir un ser concreto de carne y hueso, un pobre ser con ojos que miran ansiosamente (¿hacía qué o hacia quien?), una criatura que sólo sobrevive por la esperanza». Estas palabras son aplicables a los litigantes que, temerosos de que se sepa la verdad, resisten las medidas de esclarecimiento con frases vacías de contenido concreto.

En ciertos procesos de la denominada justicia de «acompañamiento», se acentúa el deber del juez de ordenar las medidas necesarias para esclarecer los hechos; tal lo que sucede, en un ejemplo, en el proceso laboral, donde la desigualdad de las partes, en muchos casos, es evidente; también en los procesos de familia, donde está interesado el orden público y, a menudo, se afectan derechos de incapaces.

La Corte Suprema de Bolivia expresó que en materia laboral, los jueces, en mérito a la función activa reconocida por la ley, pueden y deben, en su caso, conducir las actuaciones probatorias que crean convenientes para mejor proveer y resolver las contiendas sometidas a su conocimiento (CSBolivia, Sala Social y Administrativa, 22/1/2004, en Resúmenes de Jurisprudencia, 2004, pág. 206).

Con relación a los procesos de familia, en un juicio de cambio de tenencia de tres menores que vivían con su madre quien, asumiendo su condición de homosexual, llevó a vivir con sus hijas a una pareja del mismo sexo, la Corte Suprema de Chile señaló los amplios poderes del juez y dijo que en el campo de los asuntos de familia o que afecten a menores, las decisiones que la ley confía al tribunal son y deben ser de resorte y responsabilidad propia e indelegable de los jueces respectivos quienes tienen que formar personalmente su convicción al ponderar los medios de prueba (CSChile, 31/5/2004, en Ius Publicum, Santiago de Chile, Universidad Santo Tomás, 2005, nº 15, págs. 247 y ss.)

Veremos los caracteres y requisitos de las medidas de esclarecimiento: 1) El juez no puede dictar esas medidas para favorecer a alguna de las partes; cuando dispone que se produzca una prueba, obviamente no conoce el resultado de ella, de tal manera no sabe a quien perjudica o a quien beneficia. 2) En el supuesto de que alguno de los litigantes justifique que, en el caso concreto, la medida ordenada afecta su derecho de defensa, el juez deberá abstenerse; esta situación es excepcional puesto que la prueba se producirá respetando todas las garantías y la oposición no puede fundarse en el deseo de que no se conozca la verdad. 3) Ambas partes podrán intervenir en la producción de la prueba (interrogando a los testigos a quien el juez cita a declarar, ampliando los puntos del peritaje, en su caso, etc.) y podrán ofrecer contraprueba, aun cuando haya vencido el plazo para el ofrecimiento. 4) El juez puede ordenar las medidas de esclarecimiento en cualquier estado del proceso: durante su trámite u cuando se haya llamado los autos para sentencia. 5) En principio las providencias que ordenan medidas de esclarecimiento, son inapelables, conforme la regla general del art. 379 del CPN, ello salvo que se haya alegado la lesión al derecho de defensa, en cuyo caso el fundamento del recurso debe centrarse en esa cuestión, previamente planteada en primera instancia.

d) Los hechos constitutivos, modificativos y extintivos. Como hemos visto, el sistema dispositivo impone a las partes la carga de afirmar, en las etapas oportunas, los hechos que serán materia de prueba; pero esa carga merece algunas consideraciones. El artículo 163 inciso 6º, segundo apartado del CPN dice textualmente: «*La sentencia podrá hacer mérito a los hechos constitutivos, modificativos o extintivos, producidos durante la sustanciación del juicio y debidamente probados, aunque no hubiesen sido invocados oportunamente como hechos nuevos*».

La cuestión de los hechos sobrevinientes, con independencia de su alegación como hechos nuevos, ha sido tratada por la doctrina y la jurisprudencia aún antes de la sanción del CPN a pesar de que el Código de Procedimiento Civil y Comercial de la Capital, derogado, no traía ninguna prevención especial sobre ellos (art. 216). En realidad el tema no es nuevo pues ya había sido materia de discusión entre los sabinianos y los proculeyanos: los primeros sostenían que el juez debía decidir según la situación al momento de sentenciar, mientras que los segundos opinaban que el juez no podía tener en cuenta los hechos posteriores a la traba de la litis; ha prevalecido la postura de los sabinianos y así lo entiende la doctrina moderna que admite que el juez absuelva al demandado o lo condene si el derecho se extingue o consolida en el curso del proceso (ver Alsina, H., ob. cit. I-386/7).

La Cámara Civil y Comercial de Río Cuarto meritó en su sentencia la situación surgida en la Alzada a través del examen de las probanzas aportadas, e hizo lugar a la demanda por una causal distinta a la invocada por el actor; en el caso éste había pedido el desalojo del demandado por tratarse de un tenedor precario al haber vencido el término de la concesión otorgada, y la Cámara, con base en su confesión espontánea, consideró que se trataba de una locación vencida (8/9/60, J.A. 1960-VI-261, con nota de Alberto M. Etkin «Valoración de los hechos nuevos en la sentencia»).

La Cámara Civil de la Capital Federal tuvo oportunidad de tratar el tema en otro precedente, también anterior al CPN: en un boleto de compraventa se había diferido el plazo para el pago del saldo de precio hasta la fecha en que el Banco Hipotecario Nacional acordara un préstamo; a la época de interposición de la demanda dicho préstamo no había sido concedido, pero los jueces, para hacer lugar a la demanda, valoraron que tal circunstancia se cumplió durante la sustanciación del proceso y antes de dictarse la sentencia definitiva (Cámara Civil de Capital, Sala C, 30/10/58, en J.A. 1960-VI-373, con nota de Augusto M. Morello «Hechos que consolidan o extinguen los derechos litigiosos durante el desarrollo del proceso: sus efectos en la sentencia»).

En fecha más reciente se resolvió que las decisiones judiciales recaídas en procesos en los que han sido parte los litigantes, aunque su invocación como hechos nuevos haya sido extemporánea y concretamente no lo sean porque el actor no podía ignorar que existieran esos juicios, exterioriza la presencia de dos sentencias que pueden gravitar en el proceso, en calidad de cosa juzgada. El tribunal consideró que las debía examinar pues el artículo 163, inc. 6º, párrafo 2º del CPN incluye como potestad de los jueces la valoración de los hechos constitutivos, modificativos o extintivos, aunque no hubieran sido invocados oportunamente como hechos nuevos (Cámara Nacional Civil y Comercial Federal., Sala I, 14/10/97, E.D. 181-105). En realidad, en el caso no se trataba propiamente del supuesto previsto en la norma citada sino del deber de los jueces de determinar, de oficio, si se cumplen los requisitos de la acción.

En otros fallos también se recurrió a lo dispuesto por el artículo 163, inciso 6º, 2do. apartado del CPN para fundar decisiones que no se ajustaban estrictamente a lo previsto en la norma, como es la condena al tercero citado por el demandado (Suprema Corte de Buenos Aires, 7/8/84, L.L. 1985-A-594). Ello a pesar de que el mismo Tribunal había establecido un criterio restrictivo para interpretar la ley procesal al decidir que ella sólo contempla los hechos que se vinculan con el objeto del proceso, producidos durante su sustanciación, y no los hechos anteriores (SCBA, 28/11/72, E.D. 47-363).

Los hechos constitutivos son los que normalmente producen la adquisición de derechos; los extintivos son aquellos que demuestran la ausencia actual del derecho de la contraria. Los hechos modificativos presentan cierta dificultad para identificarlos; Carnelutti los considera como hechos secundarios o complementarios, frente a aquellos que son denominados primarios (Carnelutti, Franceso, «Sistema de derecho procesal civil», tr. N. Alcalá Zamora y Castillo y S. Sentís Melendo, Uteha, Buenos Aires, 1944, II-59/60); son hechos que de alguna manera cambian la posición en que se colocó el adversario mediante los hechos constitutivos o extintivos; cuando se producen durante la sustanciación del juicio permite a los jueces, dentro de ciertas circunstancias particulares, exceder el límite cuantitativo del reclamo originario o tornan jurídicamente imposible la actuación de la pretensión procesal en los términos requeridos por el actor (Palacio, ob. cit. V-438).

Con respecto al alcance de la segunda parte del artículo 163, inciso 6º del CPN se presentan algunos interrogantes; ellos son los siguientes: 1) ¿los hechos constitutivos, modificativos o extintivos a los que se refiere la norma, deben ser alegados y probados por las partes o pueden ser meritados en forma oficiosa?; 2) ¿Necesariamente deben ser posteriores a la oportunidad que tenían los litigantes para alegarlos?

Entiende Palacio que la expresión de la ley «aunque no hubiesen sido invocados oportunamente como hechos nuevos» se refiere al límite temporal para su invocación pero no exime al interesado de sus cargas probatorias, ni descarta la necesidad de que la parte contraria sea oída acerca la respectiva cuestión; el cumplimiento de la carga probatoria, sin embargo, no es exigible cuando el hecho se encuentra configurado por el mero transcurso del tiempo o por la sanción de una nueva norma jurídica. Entendemos que la liberación de la carga de probar debe extenderse a todos los casos en que el hecho está exento de prueba (vg. el hecho admitido; en la mayoría de los casos, el notorio; etc).

Según la interpretación precedente, el artículo 163, inciso 6º, segunda parte sólo consagraría una ampliación del plazo para alegar hechos nuevos, hasta el momento de la sentencia.

Sobre la posibilidad de que se valoren hechos no afirmados, son interesantes las observaciones que hacen Chiovenda y Cappelletti. El primero expresa categóricamente que el juez, aun sin instancia del demandado, no sólo puede sino que debe constatar si todos los hechos constitutivos han sido afirmados y probados, de la misma manera que en general debe constatar si han sido afirmadas y probadas las condiciones de la acción; no siendo necesaria para esto ninguna petición, no puede decirse que exceda de lo pedido el juez que, de oficio, señala la insuficiencia de la prueba de un hecho constitutivo, o la falta de afirmación de un hecho constitutivo; aun cuando el demandado hubiese excepcionado solamente la inexistencia de otro de los hechos constitutivos. Por consiguiente, el demandado puede excepcionar por primera vez en apelación la existencia de hechos constitutivos no señalada en primer grado.

Lo que se ha dicho en cuanto a la inexistencia de los hechos constitutivos, puede decirse en cuanto a la existencia de los hechos extintivos del derecho. El juez no puede pretender que el actor afirme y pruebe la ausencia de hechos extintivos; pero esto no quiere decir que el hecho extintivo deba siempre y necesariamente ser afirmado y hecho valer por el demandado, esto ocurre en cuanto a la prescripción pero en virtud de una norma expresa. En la sentencia se pueden tener en cuenta hechos extintivos, no afirmados por el demandado, cuando ellos resulten de los actos o afirmaciones del actor: la presencia de hechos extintivos significa inexistencia actual del derecho (Chiovenda, G. ob. cit. I-281/3).

Por su lado Cappelletti enseña que hay hechos que el juez puede, o mejor dicho debe tener en cuenta de oficio, aun en defecto de la alegación de parte; ello sucede con frecuencia respecto de los hechos de relevancia procesal, por ejemplo en cuanto a la existencia de una circunstancia que excluya la competencia del juez al que se ha acudido (y, agregamos, ella sea improrrogable) o que lleve consigo la inadmisibilidad o la improcedibilidad de la acción o de la impugnación; pero también en cuanto a los hechos cuya eficacia jurídica se manifiesta directamente fuera del proceso, y pone el siguiente ejemplo: si Ticio hace valer en juicio un derecho de crédito contra Cayo y éste (quizá por permanecer en contumacia o por cualquier otra razón) no alega el pago realizado, el juez deberá sin embargo rechazar la demanda en cuanto carente de fundamento, si de los actos del proceso —por ejemplo, de un documento incautamente producido por el propio actor, o de las declaraciones de los testigos— resulta que la deuda ha sido extinguida por pago (Cappelletti, Mauro «La oralidad y las pruebas en el proceso civil», tr. S. Sentís Melendo, Ejea, Buenos Aires, 1972, pag. 115).

El cumplimiento de los presupuestos procesales y de las condiciones de la acción tiene que ser controlado oficiosamente por el juez; con relación a los hechos constitutivos, extintivos o modificativos relacionados con el objeto del proceso, en principio tienen que estar debidamente acreditados, salvo que exista conformidad expresa de las partes, que estén exentos de prueba o que el derecho se haya consolidado durante el proceso por el transcurso del tiempo (Morello, «Hechos que consolidan.....»cit). No se exigirá el cumplimiento de la carga de la afirmación del hecho cuando de las circunstancias especiales del caso surja que el juez puede hacer mérito a hechos no alegados sin afectar el derecho de defensa de la contraria; lo mismo cabe decir respecto de los hechos anteriores a los escritos constitutivos del proceso. Serán siempre las particularidades de cada proceso lo que guíe al juzgador.

5. Responsabilidad de los jueces y del Estado por daños en el proceso

Los actos u omisiones de algunos sujetos que intervienen en un proceso judicial pueden originar daños a otros, que participan o no en ese proceso.

Las leyes procesales, en general, contemplan las consecuencias dañosas que se ocasionan a la parte contraria, ya sea mediante el pago de las costas del juicio, de los daños y perjuicios por medidas cautelares obtenidas sin derecho o con abuso de derecho, o de multas por temeridad y malicia.

Sin embargo existen otros supuestos no previstos especialmente en la ley, como la revocación de la sentencia pasada en autoridad de cosa juzgada, por existencia de fraude procesal o por tratarse de procesos íntegramente fraudulentos tramitados con el solo propósito de perjudicar a terceros. En estos casos el perjudicado podrá demandar la nulidad de la sentencia o del proceso y la indemnización de todas las pérdidas e intereses, con base en lo dispuesto por el art. 1057 del Código Civil.

La excesiva demora en la tramitación de un proceso o en proveer una petición, los errores de jueces y abogados, la actuación con culpa dolo, son causas que también imponen la obligación de resarcir los daños causados (arts. 512, 903 a 905, 1068, 1069, 1072, 1077, 1109 y conc. Código Civil).[1] Veremos a continuación la responsabilidad de los jueces y del Estado.

a) Responsabilidad de los jueces. Como expresa John H. Merryman, citado por Mauro Capelletti (*La responsabilidad de los jueces,* Jus, Bs. As; 1987, pág.24): «Los jueces ejercen poder. Esto origina su responsabilidad. En una sociedad racionalmente organizada habrá equilibrio entre ambos. La amplitud mayor o menor de la responsabilidad dependerá del poder que se atribuya a cada juez». Es decir que en un sistema republicano a mayor poder corresponde también un mayor grado de responsabilidad.

La conducta del juez puede hacerlo pasible de sanciones de tipo administrativo, penal, político y civil.

La ley 24.289 modificó el art. 16 del decreto-ley 1285/58 y dispuso que los jueces nacionales puedan ser sancionados con prevención, apercibimiento y multa.

El art. 257 del Código Penal reprime con prisión de cuatro a doce años e inhabilitación absoluta y perpetua, al juez que aceptase promesa o dádiva para dictar o demorar u omitir dictar una resolución o fallo, en asunto sometido a su competencia; el art. 269 del mismo Código sanciona con multa e inhabilitación absoluta perpetua al juez que dictase resoluciones contrarias a la ley expresa invocada por las partes o por el mismo o citase, para fundarlas, hechos o resoluciones falsas; si la sentencia fuese condenatoria en causa criminal, la pena será de tres a quince años de reclusión o prisión e inhabilitación absoluta perpetua; el art. 270 reprime con multa e inhabilitación absoluta de uno a seis años, al juez que decretara prisión preventiva que, hubiese agotado la pena máxima que podría corresponder al procesado por el delito imputado; el art. 273 impone inhabilitación absoluta de uno a cuatro años al juez que se negase a juzgar so pretexto de oscuridad, insuficiencia o silencio de la ley, o retardase maliciosamente la administración de justicia después de requerido por las partes y de vencidos los términos legales.

La Constitución Nacional, como hemos visto, prevé el sistema de remoción de los jueces por mal desempeño de sus funciones.

1. Estos artículos regulan la reparación del daño causado por un obrar doloso o culposo del autor

En esta oportunidad nos interesa principalmente la responsabilidad civil del juez por los daños que ocasionase en el desempeño de sus funciones y que deriven de su dolo o culpa.

En la actualidad se encuentran superados los escollos que conspiraban contra la responsabilidad de los jueces. Los argumentos acerca de la infalibilidad del Estado y de la naturaleza de la cosa juzgada, no resisten el menor análisis. Los funcionarios del Estado democrático deben responder por los hechos ilícitos cometidos, como cualquier ciudadano; en cuanto a la afirmación de que la sentencia pasada en autoridad de cosa juzgada nunca puede ser contraria al Derecho puesto que la cosa juzgada *crea* el Derecho, no pasa de ser una ficción hoy superada por la doctrina moderna. Tampoco parece razonable el fundamento en contra de la responsabilidad de los jueces basado en que si éstos estuviesen sujetos a responsabilidad por daños, carecerían de la independencia necesaria para juzgar; ello así porque la responsabilidad, al igual que la de los restantes funcionarios del Estado, se limita a los daños que pudieran haber causado como consecuencia de su obra irregular (Cámara 1ª de Apelación Civil y Comercial de Bahía Blanca, sala II, 29/11/84, ED, 116-406) y no comprende una responsabilidad objetiva por errores en el desempeño de sus funciones; si puede acreditarse que en el juzgamiento ha existido una verdadera negligencia, impericia, etc., no se advierte por qué el juzgador no debe reparar estos daños (Kemelmajer de Carlucci, Aída, Código Civil y leyes complementarias. Comentado, anotado y concordado., Director Augusto C. Belluscio, Astrea, Buenos Aires,1990, tº 5, pág.406). En caso de dolo la responsabilidad es aún más evidente.

La responsabilidad de los jueces es extracontractual y encuentra su fundamento jurídico en los arts. 1109 y 1112[2] del Cód. Civil.

Es cierto que no debe extenderse el criterio al punto de que los jueces, en cuyo juzgado a veces tramitan más de tres mil causas, se vean expuestos a constantes demandas.

Por ello se ha tratado de limitar la responsabilidad por los daños que ocasionan los jueces en el proceso, llevándola a sus justos términos. Cappelletti nos indica que la necesidad de establecer ciertos límites a la responsabilidad judicial puede ser bien entendida cuando se tiene clara conciencia del valor o los valores que con esas limitaciones se tiende a proteger; así como en el caso de la cosa juzgada, también el tenazmente defendido principio de la inmunidad judicial, lejos de ser absoluto y teórico está supeditado a los fines, valores e ideas que las leyes tienen en cuenta de maneras diversas (ob. cit. pág. 36).

---

2. Art. 1109, Código Civil: *Todo el que ejecuta un hecho, que por su culpa o negligencia ocasiona un daño a otro, está obligado a la reparación del perjuicio. Esta obligación es regida por las mismas disposiciones relativas a los delitos del derecho civil.*

Art. 1112, Código Civil: *Los hechos y las omisiones de los funcionarios públicos en el ejercicio de sus funciones, por no cumplir sino de una manera irregular las obligaciones legales que les están impuestas, son comprendidos en las disposiciones de este título* (De las obligaciones que nacen de los hechos ilícitos que no son delitos).

Veremos algunas de las limitaciones a la responsabilidad de los jueces: 1) la parte perjudicada debió haber interpuesto contra la resolución que lo afecta los recursos que las leyes procesales prevén, salvo el caso de indefensión en que puede atacarse la sentencia pasada en aparente autoridad de cosa juzgada, como hemos visto; de lo contrario cabe suponer que ha sido su propia omisión la que produjo total o parcialmente el daño; 2) el error del juez puede ser de hecho o de derecho, ambos pueden ocasionar la responsabilidad, salvo que sea excusable y no configure culpa; 3) en todos los casos la carga de la prueba incumbe a quien alega la existencia de dolo, culpa o negligencia en el obrar u omisión de los presuntos responsables (Almagro Nosete, José, *Responsabilidad judicial*, citado por Tawil, Guido Santiago, *La Responsabilidad del Estado y de los Magistrados y Funcionarios judiciales por el mal funcionamiento de la administración de justicia*, Desalma, Bs. As., 1989, pág. 153); ello así puesto que una resolución o sentencia judicial que perjudica a una de las partes, en ningún caso puede hacer presumir el dolo o la culpa del juez ya que frente a cualquier petición, cabe una resolución denegatoria; en cuanto a la demora judicial, el cúmulo de tareas hace que, las más de las veces, el juez, lejos de ser un promotor de ella, es la víctima de un sistema judicial inoperante.

b) Responsabilidad del Estado. La responsabilidad del Estado en esta materia abarca toda la actividad del Poder Judicial, sea ella jurisdiccional o administrativa.

Si bien en un principio se discutió la responsabilidad extracontractual del Estado por los actos de los funcionarios, ello hoy es aceptado casi sin vacilaciones. En nuestro país a partir del año 1933 la Corte Suprema de Justicia de la Nación reconoció tal responsabilidad (caso «Devoto», 22/9/33, Fallos, 160-111, doctrina luego reafirmada en el caso «Ferrocarril Oeste», 3/10/38, Fallos, 182-5). Queda claro que para la Corte Suprema el Estado responde por la prestación irregular de un servicio público.

Respecto de los errores judiciales en especial, la constitución española dispone expresamente: art. 121 «Los daños causados por error judicial, así como los que sean consecuencias del funcionamiento anormal de la Administración de Justicia, darán derecho a una indemnización a cargo del Estado, conforme a la ley».

Cuando el poder judicial realiza actos administrativos, como la adjudicación de una licitación para la provisión de bienes o servicios; el llamado a concurso para el nombramiento de funcionarios; la sanción o remoción de funcionarios y empleados, etc.; tales actos pueden ser revisados por un tercero imparcial, es decir un juez actuando como tal ya que el procedimiento administrativo ante el mismo órgano no ofrece las garantías del debido proceso, aun cuando aquél fuera judicial. Ello ha sido resuelto expresamente por la Suprema Corte de Buenos Aires, integrada por conjueces, en el caso «Puga, Héctor c. Provincia de Buenos Aires» (6/5/88, Ac. y Sent. 1988-II-150) donde se dijo: «Cuando el Poder Judicial actúa ejerciendo su potestad administrativa, sus resoluciones quedan sometidas a revisión judicial mediante el juicio contencioso administrativo (art. 149, inc. 3º, Constitución de la Provincia de Buenos Aires)». En el mismo sentido ver Alberto G. Spotta, *Responsabilidad del Estado por actos administrativos del Poder Judicial,* LL, 57-608.

En la esfera jurisdiccional el Estado responde no solo por el dolo o la culpa de los magistrados y funcionarios, sino también por los errores judiciales excusables y, en general, por la mala administración de justicia derivada de una deficiente organización.

La responsabilidad del Estado por los errores judiciales y por la deficiente administración de justicia, entre lo que corresponde destacar la mora judicial, es objetiva y directa e incluye los actos lícitos, como podrían ser los daños ocasionados por una prisión preventiva cuando el proceso termina con la absolución del imputado, aún cuando hubieren estado reunidos los requisitos para la procedencia de aquella.

El Estado responde por los actos lícitos en base a un principio de solidaridad ya que los perjuicios provocados no tienen que ser soportados exclusivamente por los damnificados directos; el particular tiene que ser resarcido por los daños que le causa el Estado en tanto y en cuanto no tenga jurídicamente el deber de soportarlos y no existan causas de justificación que hagan legítimo el perjuicio causado (Cámara Nacional Civil., Sala A, 30/8/85, especialmente voto del Dr. Eduardo Zannoni, LL, 1987-C-290, con nota de Rodolfo R. Sipisso; ver también Augusto M. Morello, *Compensación del Estado por daños originados en su accionar lícito,* ED, 120-890).

En un principio se limitó la responsabilidad objetiva del Estado a los errores judiciales en las sentencias penales, estimándose que se trataba de una obligación genérica de «indemnizar» a los damnificados por un error judicial sin que estos tuviesen acción directa contra el juez (Capelletti, Mario, ob. cit., pág. 62). Actualmente se tiende a ampliar dicha responsabilidad ya que si el Estado tiene el monopolio de la fuerza, si nadie puede hacerse justicia por mano propia, le corresponde a aquél el deber de organizar un Poder eficaz y de responder por los perjuicios que ocasiona el sistema judicial creado.

El juez puede ampararse en la precariedad de los medios disponibles, en el exceso de trabajo, etc., para justificar sus atrasos o los errores que se cometan en su Juzgado; pero ello no corresponde que sea invocado por el Estado sobre quien recae el deber de dar a los habitantes de la Nación una justicia eficiente (Conf. Tawil, ob. cit. pág. 50 y sigtes.).

En el caso concreto de los errores judiciales y del anormal funcionamiento de la administración de justicia, la indemnización a favor de las víctimas se funda más que en un principio de solidaridad —que como vimos justifica la responsabilidad por los actos lícitos— en el incumplimiento de un deber fundamental como es el de organizar un Poder Judicial útil, que funcione correctamente.

En los supuestos de dolo o culpa de los jueces y funcionarios el damnificado podrá accionar contra el responsable directo y contra el Estado quien, en su caso, tendrá una acción de repetición contra aquellos. Si se trata de daños ocasionados por hechos no imputables a los primeros, el Estado responderá de manera directa: el fundamento legal podrán ser los arts. 16 y 17 de la Constitución Nacional, en cuanto el primero garantiza la igualdad de los habitantes, situación que impide que uno solo se vea perjudicado por los actos lícitos del Estado, y el segundo protege la propiedad privada.

Será juez competente el que corresponda según la naturaleza de la obligación, sin importar que sea de grado inferior al que dictó la sentencia o realizó el acto impugnado; si corresponde al mismo tribunal éste se integrará con jueces.

Podrá acumularse el pedido de revocación de la sentencia pasada en autoridad de cosa juzgada —tal como lo hemos visto al principio— o de declaración de error del acto judicial o administrativo, con el reclamo indemnizatorio.

La Corte Suprema de Justicia de la Nación responsabilizó al juez y al Estado por el error incurrido al hacerse efectiva la prohibición de salir del país contra un homónimo de la persona realmente interdicta. Afirma la Corte que las irregularidades procesales que se manifestaron en los juicios tramitados ante la justicia provincial y nacional comportan el cumplimiento defectuoso de diligencias sustanciales del proceso que comprometen, por una parte, la responsabilidad personal de los órganos actuantes (art. 1112 del Código Civil) y, por otra parte, la responsabilidad directa por la actuación de aquéllos tanto de la Provincia de Buenos Aires como de la Nación, pero no en el marco del denominado «error judicial» (que sólo puede ser concebido a propósito del ejercicio de la potestad juzgadora de los jueces, lo que no ha estado en juego en el caso) sino en el espacio de los errores «*in procedendo*» cometidos por magistrados, funcionarios o auxiliares que individualmente o en conjunto concurren en la defectuosa prestación del servicio de justicia (CSJN, 23/5/2006, «Tortorelli, Mario Nicolás c/Provincia de Buenos Aires y otros s/daños y perjuicios»).

Algunas cuestiones acerca de la responsabilidad civil en el marco del proceso penal

José María Asencio Mellado
Catedrático de Derecho Procesal
Universidad de Alicante

En agradecimiento al ejemplo del Prof. Dr. José Luis Vázquez Sotelo, maestro del Derecho Procesal y compañero entrañable. Por todas sus enseñanzas que perdurarán siempre en quienes lo hemos conocido

I. Naturaleza de la acción civil derivada de actos ilícitos con relevancia penal

La responsabilidad civil que, comúnmente, se conoce como derivada del delito y que, por disposición legal se resuelve en el ámbito del proceso penal constituya una materia compleja cuyo análisis no debe resolverse haciendo una mera mención a la literalidad de las normas de la Ley de Enjuiciamiento Criminal pues éstas, como es bien sabido y acreditan múltiples resoluciones de nuestros tribunales y los ordenamientos jurídicos extranjeros, que la disciplinan de forma diversa, no es exacta, ni clara, ni terminante, además de incompleta. Y no es éste un defecto exclusivo de la LECrim, sino común a los Códigos inspirados en los postulados de la escuela positivista,[1] que no atendieron —tal vez por su escasa importancia en el siglo XIX—, a este fenómeno con la suficiente atención y desde perspectivas jurídicas sólidas. Por tanto, si se atiende a la norma, a sus contradictorios posicionamientos, la solución que se halle no puede ser otra que la que proporcione el concreto precepto analizado individualmente, pero nunca una armónica con el sistema en su conjunto y con el modelo acusatorio penal y el dispositivo civil. En consecuencia, todo examen que se haga de una materia relativa a la responsabilidad civil dimanante del delito se ha de hacer en atención a la naturaleza de la institución y a todas las normas previstas en la ley que deben ser interpretadas armónicamente conforme a ella.

1. Vide por todo Sanabria Rojas, R; La acción civil resarcitoria en el proceso penal costarricense. San José de Costa Rica. 2007. Pags. 40 y ss.

La confusión más generalizada, aunque ya hoy muy minoritaria en el conjunto del derecho comparado, es aquella que tiene como origen el entender que la responsabilidad civil que se exige en el proceso penal deriva de la comisión de un hecho delictivo y precisamente por ser éste delito o falta. Y esta confusión ha llevado a un entendimiento complejo e inapropiado de ciertos principios, como la accesoriedad de la acción civil respecto de la penal que llegan a vincular la primera a la declaración de esta última o, mejor dicho, a consagrar un doble régimen de responsabilidades civiles según éstas se ejerciten en el ámbito del proceso penal o en el civil. Así comprendida la cuestión y olvidando que el enjuiciamiento conjunto no es otra cosa que una simple acumulación de pretensiones, se llega a conclusiones complejas que otorgan a la responsabilidad civil un carácter penal, casi sancionador o de responsabilidad objetiva, lo que, sin duda alguna, carece de justificación normativa y dogmática. La responsabilidad civil no constituye una sanción penal autónoma. El delito tiene como consecuencia una pena; el ilícito civil una condena de esta naturaleza.[2] La autoría penal no implica necesariamente la civil, ni que ésta corresponda a la misma persona o se distribuya en atención a los actos penales y a la participación individual en la acción delictiva.

No hay dos tipos de responsabilidad civil por el hecho de que una de ellas dimane de un ilícito civil sin repercusión penal y otra lo sea de un hecho que a la vez puede ser considerado como delito. La responsabilidad civil nunca tiene su origen o causa en la comisión de un hecho delictivo y es ajena a esta calificación. Su origen siempre está en una conducta que origina un daño civil y que como tal está prevista en las leyes civiles, aunque los textos penales limiten posteriormente las acciones ejercitables en el proceso penal. Por tal razón, la respuesta judicial a la acción civil nunca lo es de carácter penal, sino civil, consistiendo, porque así lo establece el Código Penal, en una restitución, en una reparación o en una indemnización.

Un entendimiento erróneo de esta cuestión es lo que ha llevado a que, durante muchos años en el derecho comparado la resolución de la cuestión civil se vinculara a la emisión de una sentencia condenatoria, fenómeno éste ya hoy superado en muchos Códigos y no reformado en nuestra legislación que ha quedado anticuada y es insatisfactoria en este, como en otros muchos aspectos.

Del delito, pues, nunca nace o deriva responsabilidad civil, sino exclusivamente la penal. La civil dimana de un hecho que, al margen de su naturaleza delictiva, tiene la consideración de civilmente ilícito y ese hecho que fundamenta la responsabilidad civil no deja de ser civil cualquiera que sea el proceso en el que se ejercite.[3]

Por tal razón, las normas que disciplinan la responsabilidad civil «ex delicto» gozan de naturaleza civil,[4] no penal, cualquiera que sea la ley en la que se contemplen sus dis-

---

2. Juan Sanchez, J; La responsabilidad civil en el proceso penal. Ed. La Ley. Madrid 2004. Pag. 21

3. San Martin Castro, C; Derecho Procesal Penal. T.I. Ed. Grijley. Lima 2003. Pag. 335.

4. Gomez Orbaneja; E; Comentarios a la Ley de Enjuiciamiento Criminal. T.II. Barcelona 1951. Pag. 321.

posiciones, pues no es el texto normativo en que se integran el que confiere la naturaleza jurídica, sino ésta misma (por ejemplo las normas sobre prueba civil que, aunque algunas de ellas se siguen contemplando en el Código Civil no dejan por ello de ser procesales).

La acción civil es independiente, pues, de la penal y esa independencia tan evidente se opone a cualquier consideración que vincule a ambas más allá de su tramitación conjunta cuando la ley lo autoriza. Y esa independencia es la que entraña que la legitimación, en tanto vinculada al derecho ejercitado, se establezca en atención a la acción ejercitada, no siendo necesariamente equivalentes la parte penal y la civil.

Así y a título de ejemplo, es sabido que la inexistencia de delito, por cualquier causa, no entraña necesariamente la extinción de la acción civil. Que los plazos de prescripción o caducidad de ambas no son idénticos, lo que confirma su diversa naturaleza o que, en algunos Códigos, especialmente los inspirados en la StPO alemana, pueden ejercitarse voluntariamente por separado desde un momento inicial. Que la acción civil puede ser transmisible cuando la ley civil lo permite y que, en suma, la responsabilidad civil no siempre recae sobre el autor de los hechos penales, cual sucede, por ejemplo, cuando la penal es exigible a sus autores individualmente considerados y la civil a las personas jurídicas en cuyo nombre y representación actuaron los penalmente responsables.

En este orden de cosas o de confusiones, es sabido que uno de los conceptos que define la responsabilidad civil «ex delicto» es la llamada accesoriedad de la acción civil respecto de la penal y que ésta se suele vincular a la idea de prejudicialidad de la decisión penal respecto de la resolución sobre el objeto civil. Pero, a poco que se indague, se podrá apreciar la escasa o nula entidad del argumento, pues, para ser así, resultaría que la sentencia penal habría de producir los efectos de la cosa juzgada en la civil, lo que resultaría imposible pues ni los elementos de la congruencia son los mismos en ambas pretensiones, ni que una actuación resulte no punible afecta a que el daño sea reparable o viceversa. Lo que engendra la responsabilidad civil es la producción de un daño, no que la acción sea delictiva. Lo que interesa al actor civil, pues, es que exista un daño reparable, no que el hecho del que deriva sea delito.

Que un hecho no sea delictivo carece de trascendencia a los efectos de resolver sobre la responsabilidad civil. La responsabilidad civil no depende de la calificación del delito, sino de la efectiva producción de un daño reparable en sentido amplio. El juez civil no queda vinculado por la decisión penal en caso alguno, pues sería imposible hablar de litispendencia o congruencia ante pretensiones que se identifican con elementos dispares por causa de los principios (oficialidad y dispositivo) que las informan. Ni siquiera los hechos declarados probados en una sentencia penal vinculan al Juez civil, ya que los principios que rigen la prueba son diferentes. En el ámbito civil rige la carga de la prueba en su sentido clásico aunque hoy esta regla se haya matizado (art. 217 LEC), mientras que en el penal, está prohibido gravar al acusado con cualquier tipo de carga u obligación de esta naturaleza. Un hecho civil puede quedar fijado por la simple admisión de las partes, lo que no sucede en el ámbito penal. Y, en suma, respecto de la pretensión civil rige el principio dispositivo que permite concluirlo mediante fórmulas de consenso que agotan la pretensión[5] y que dejan la acción sin contenido e inexistente y al actor sin legitimación.

Por ello, el entendimiento de la accesoriedad como principio que obliga a sostener la acción civil en el proceso penal en todo caso o reservarla para el final de este último, como hace nuestra legislación, carece de un fundamento sólido y los nuevos textos legales han dado pasos en otra dirección mucho más razonable teórica y prácticamente.

La acción civil, como manifiesta Gomez Orbaneja,[6] no es accesoria de la penal. Esa conclusión equivocada tiene su origen en la confusión de una norma instrumental o procesal, hoy profundamente modificada en muchos ordenamientos, con la fuente y el contenido sustantivo de la obligación.

La acción civil derivada del delito, cuando se ejercita en el proceso penal, no constituye otra cosa que una simple acumulación de pretensiones cuyo fundamento radica, más allá de intereses hoy puestos en duda referidos a la protección de los más débiles, en la economía procesal,[7] la resolución en un solo procedimiento de pretensiones que, diferidas cuando se interpreta inadecuadamente la accesoriedad, causan graves inconvenientes. Ni que decir tiene que, de avanzarse en otra dirección, la idea de accesoriedad deviene inútil. Es decir, si se admite el ejercicio paralelo de ambas en su jurisdicción correspondiente o si se permite que el Juez penal resuelva la acción civil aún en el caso de sentencia absolutoria o archivo definitivo, la idea de accesoriedad queda desprovista de sentido. Pero, cuando la accesoriedad se interpreta en la forma antes dicha, es la economía procesal el único fundamento de la acumulación, ningún otro cabe hallar y ningún interés fuera de éste cabe invocar por la parte civil actora para el mantenimiento de su pretensión en el ámbito penal. Ninguna legitimación tiene el actor civil para sostener, aunque sea indirectamente, la acción penal. Y menos para, sin ostentar interés civil, instar la continuación de un proceso penal.

Sucede, sin embargo, que la mencionada economía procesal, cuando la acción civil se mantiene ligada a la penal, a su subsistencia, ha de ser atendida en relación con el presupuesto procesal de orden público de la competencia objetiva, ya que la acumulación de la pretensión civil a la penal genera esa atribución de competencia, pero limitada a los casos expresos que la ley determina; es decir, la competencia del juez penal para conocer de la acción civil no es absoluta, sino que le viene dada por las pretensiones ejercitables, que no son todas las que pueden deducirse en el ámbito civil, sino solo las previstas en el Código Penal y solo en tanto permanezca el proceso penal por así sostenerse una pretensión punitiva por aquellos legitimados para ello, que nunca son los actores

5. Asencio Mellado, J.M; La responsabilidad civil derivada del delito en el Código Penal. En «Derecho y Justicia Penal en el siglo XXI». Liber Amicorum en homenaje al Profesor Antonio González-Cuéllar García. Ed. Colex. Madrid 2006. Pag. 57.

6. Op. Cit. Pag. 321.

7. Gimeno Sendra, V; Derecho Procesal Penal. Ed. Colex. Madrid 2004. Pag. 237.

civiles cuya legitimación se limita a los hechos ilícitos de esta naturaleza y a la petición de consecuencias no penales, nunca a la calificación del hecho (art. 651,2 LECrim).

Siendo, como se ha dicho, acciones independientes aunque los hechos históricos coincidan en parte en su decurso natural, que no jurídico, es evidente que el destino de la acción civil ejercitada en un proceso penal ha de correr la suerte que establezca la ley por la que se rige, suerte que es meramente procedimental aunque ligada a la competencia objetiva del tribunal penal y a la legitimación del actor civil. De esta manera, la acumulación dará como resultado una sentencia conjunta o la acción civil se resolverá de un modo u otro en atención al modelo procesal, nunca a principios que vengan referidos a la naturaleza de la misma, que nunca varía.

Así, si se opta, como hace nuestra Ley de Enjuiciamiento Criminal por un sistema que interpreta la accesoriedad en sentido estricto, resultará que el Juez penal solo tendrá competencia objetiva para resolver la acción civil cuando dicte una sentencia condenatoria penal. Sólo, pues, si se condena al autor de los hechos aunque el responsable civil no fuera el mismo. Si se dicta una sentencia absolutoria o se sobresee la causa, el perjudicado debe acudir al proceso civil correspondiente. El actor civil, a tales efectos, ni tiene legitimación alguna para sostener la acción penal, directa o indirectamente, ni el tribunal ostenta competencia objetiva para enjuiciarla. El actor civil habrá de acudir al proceso civil a deducir su demanda. Se plantea en estos casos el problema de la posible infracción del principio de economía procesal, ninguno más, pues el perjudicado ha de iniciar un nuevo camino hasta conseguir la satisfacción de sus derechos, pero, como es sabido, la economía procesal, en sí misma, no constituye un derecho fundamental. Y, como tal, ese interés meramente procedimental no le confiere una legitimación que vaya más allá de la que tiene como actor civil o, lo que es lo mismo, no le otorga legitimación para instar la prosecución de la persecución penal.

Si, por el contrario, la ley opta por romper definitivamente con una accesoriedad mal comprendida, la sentencia absolutoria o el archivo definitivo, no impedirían que el Juez penal pronunciara una sentencia que satisficiera la pretensión civil. Este es, desde luego, el modelo más razonable, que no encuentra obstáculos dogmáticos de ningún tipo y que, sin duda, satisface los derechos de los perjudicados a una justicia más rápida. Pero, en tanto se trata de una decisión legislativa, solo es predicable en aquellos ordenamientos donde se contempla.

Una reforma de nuestra legislación parece imprescindible en un aspecto tan esencial y descuidado que provoca disfunciones importantes, tales como el uso del proceso penal para la consecución de fines que no le son propios o el mantenimiento de pretensiones casi injustificadas o de condenas leves para evitar la desprotección de los perjudicados por el ilícito civil que la ley obliga a acumular. Que la resolución de la acción civil se produzca al margen del resultado penal, podría ser un precioso instrumento para evitar el uso y el abuso que se hace del proceso penal con fines ajenos a su naturaleza y, a la vez, evitar los graves inconvenientes de una protección civil tardía y cara cuando el daño de esta naturaleza se produce como consecuencia de un acto penalmente relevante inicialmente.

II. Principios que informan el ejercicio de la acción civil acumulada a la penal

Como ha quedado reflejado en el anterior epígrafe, la acción civil llamada «ex delicto», aunque se ejercite acumuladamente con la penal en un único proceso, el penal, no pierde su naturaleza jurídica privada o civil; no se convierte en pública u oficial, como sucede con la punitiva por el solo hecho de enjuiciarse en un procedimiento de este carácter o por ser ejercitada o sustentada por el Ministerio Fiscal.

Solo se está en presencia de una acumulación de acciones que tienen en común, originalmente, una coincidencia en la fuente de la que nacen sus consecuencias diferentes, los hechos naturales o históricos y, por opción legislativa, una tramitación conjunta preceptiva o voluntaria. No obstante ello, como es bien sabido, la acción civil suele tramitarse en pieza separada, las medidas cautelares que se adoptan para su aseguramiento son diferentes y, lo que es más importante, las partes civiles pueden en muchos casos no coincidir con las penales, especialmente cuando concurra un tercero civilmente responsable, cuando el actor civil no sea el directamente perjudicado por el delito o haya transmitido su derecho a través de cualquier acto o negocio jurídico y se produzca una sucesión procesal.

Que el Ministerio Fiscal ejercite la acción civil, incluso de oficio y sin instancia de la parte perjudicada, no significa tampoco que ésta pierda su naturaleza o que el Fiscal actúe una suerte de acción popular privada. Como es bien sabido, esta opción legal, hoy en franca decadencia en la mayoría de legislaciones, pero mantenida en España, no es otra cosa que la atribución a un órgano del Estado de la primera palabra en esta materia, lo que se hace para proteger a los perjudicados menos favorecidos, a los económicamente más débiles y es fruto de un momento histórico en el que la defensa en el proceso civil no contaba con el reconocimiento de apoyo por parte del Estado. Hoy, esta defensa pública está garantizada en el proceso civil a los que no disponen de medios, careciendo, como lo acreditan muchas legislaciones, de sentido que el Ministerio Fiscal ejercite de oficio una acción de naturaleza privada. O, peor aún, que comparta su ejercicio con el de la parte privada titular del derecho y a veces en franca contradicción. Si la acción civil es privada no se entiende esa legitimación pública aún en contra de la decisión y opinión de quien dispone del derecho reclamado.

1. La vigencia del principio dispositivo en el ámbito de la acción civil acumulada a la penal

La acción civil ejercitada en el proceso penal, como cualquier otra acción civil, es privada y por ello dispositiva.[8] La acción civil «ex delicto» no es pública, pues tiene su fundamento en derechos de naturaleza privada que, como tales, se encuentran situados en el ámbito de disposición de sus titulares. El fundamento del principio dispositivo,

8. San Martin Op. Cit. Pag, 343.

pues, hay que hallarlo en la propia Constitución, en el reconocimiento que ésta hace del derecho a la propiedad privada y que implica que nadie puede verse obligado a instar judicialmente el ejercicio de sus derechos, a no poner fin a los conflictos que voluntariamente haya decidido iniciar y, en fin, a que la resolución judicial que se pronuncie sea congruente con sus pretensiones. Deben distinguirse, por tanto, estas tres etapas como elementos definitorios del principio dispositivo.

A) La iniciación del proceso y la deducción de la demanda civil

La regla general lógica y coherente con el principio dispositivo es que el perjudicado muestre su voluntad de que en el proceso penal sea enjuiciada la acción civil derivada del delito pues es a él a quien corresponde emitirla, no pudiendo ser sustituido por nadie en esa posición.

Sucede, sin embargo que, por las razones antes mencionadas, tradicionalmente basadas en la protección del perjudicado, la acción civil, con carácter muy general, puede y, en ocasiones, debe, ser ejercitada por el Ministerio Fiscal o Público sin una petición expresa del perjudicado.

Esta es la regla prevista en el art. 100 de la LECrim, que ha optado por conferir al Ministerio Fiscal una legitimación extraordinaria a tales efectos. En algunos casos, constituida la parte civil se produce una suerte de litisconsorcio complejo entre el Fiscal y el perjudicado, pero, en muchas legislaciones la intervención en el proceso de la parte civil excluye, por lógica, la del Fiscal que, en ese momento, habrá de abandonar su mantenimiento.

Pero, que esto sea así, no implica, es obligado reiterarlo, que la acción civil «ex delicto» adquiera el carácter de popular o pública, pues, fuera de la iniciación, son las partes civiles, si han comparecido o los perjudicados en el proceso, los que conservan el dominio de la misma, pues pueden ponerle fin mediante actos dispositivos y, en fin, vincular al Juez con sus peticiones.

El Ministerio Fiscal, pues, no es el dueño de la acción civil, siendo los perjudicados los que conservan el dominio sobre sus derechos. Puede, como se dijo, sostenerla, manteniendo incluso puntos de vista no coincidentes con el del perjudicado, pero nunca pretenderla si éste último la renuncia, desiste de ella o transige.

Es conveniente insistir en este punto, pues de él depende una cierta consideración de la acción civil como pública o vinculada a la penal, de modo que ciertos organismos del Estado extienden su actuación más allá de sus estrictas competencias al atribuir a la acción civil un carácter que le es ajeno.

Bueno sería, pues, avanzar y otorgar la iniciativa del ejercicio de la acción civil a los perjudicados y sólo al Fiscal si así lo decidieran expresamente estos últimos, en el bien entendido de que, en tales casos únicamente correspondería su ejercicio a aquél. No tiene sentido y carece de justificación razonable que una misma pretensión civil pueda sostenerse, incluso manteniendo posiciones incompatibles, por dos partes, siendo así que al ser civil debe prevalecer la voluntad de su titular, no del Estado, pues no se trata de una acción que derive del delito, sino de un ilícito civil.

Este mantenimiento de la legitimación del Fiscal es otra prueba de la confusión existente acerca de una pretensión que se confunde con el delito y cuyo fundamento parece encontrarse en éste y no en un hecho disponible por las partes.

B) La terminación anticipada del proceso penal en orden a la acción civil acumulada

Si algo revela con claridad absoluta y sin dejar espacio a la duda la vigencia del principio dispositivo en el proceso penal cuando del ejercicio de la acción civil se trata, es la facultad de las partes en su seno si han comparecido en tal calidad o de los perjudicados fuera del proceso cuando no se han constituido como partes civiles, de poner fin al enjuiciamiento de aquella mediante el ejercicio de fórmulas dispositivas, del consenso en suma.

Las partes pueden convenir sobre la responsabilidad civil derivada del delito, convención que, en pura lógica, tendrá que evitar una sentencia de fondo, como sucederá con la transacción extrajudicial o vincular al tribunal, como habrá de pasar con un allanamiento o una renuncia.

Y es que, todas las formas civiles dispositivas de terminación anticipada del proceso se hallan vigentes en el ámbito del proceso penal cuando se ejercita la acción civil, tanto en el caso de que sea el Ministerio Fiscal quien la inste, pues no asume una posición superior ni se apropia de la acción, como, especialmente, cuando sea la parte perjudicada, pues es ella la que acuerda la composición de la controversia y no puede ir contra sus propios actos.

El titular de la acción está facultado para renunciar a la pretensión y al derecho, lo que dará como resultado que habrá de emitirse una sentencia absolutoria, de fondo y con los plenos efectos de la cosa juzgada. Podrá, igualmente, desistir de ella, es decir, reservarla para el proceso civil posterior, lo que implicará que se emita una resolución interlocutoria que deje imprejuzgada la acción. Podrá el responsable allanarse, lo que implicará, indefectiblemente, que el tribunal habrá de condenarlo y en la medida en que haya asumido su responsabilidad.

Y podrá, finalmente, transigir, esto es, suscribir un pacto bilateral, de concesiones mutuas obviamente que, producirá efectos diferentes según sea extraprocesal o lo sea intraprocesal.[9] Y, en caso de que la transacción equivalga a una novación modificativa, a la vez que transige, estará dando plena validez al negocio jurídico originario, pues no otra cosa se puede deducir de su convalidación, aceptación y alteración de las condiciones inicialmente pactadas.

9. San Martin op.cit. pag. 344; De La Oliva op.cit. pag. 239.

Es obvio que la transacción es una forma de terminación admitida en el proceso penal cuando se refiere a la acción civil, que es un contrato bilateral, que implica concesiones mutuas y recíprocas y que, por tanto, contiene responsabilidades y derechos reconocidos. La transacción, como convenio entre las partes, pone fin a la contienda civil, deja la acción sin objeto y a quien la sostiene sin legitimación e interés alguno, pues no existe controversia, elemento esencial de todo proceso.

C) La congruencia de la sentencia

La sentencia que se dicte en el proceso penal ha de ser congruente con las peticiones de las partes civiles en un sentido amplio, siendo de aplicación lo dispuesto en las leyes procesales civiles. Ni se podrá condenar a más de lo pedido, ni a menos de lo resistido, ni a cosa distinta, ni a sujeto no demandado.

Es obvio que, cuando no existe objeto por haber desaparecido la controversia, no será posible condena de ningún tipo y la sentencia que la dictara, sería incongruente, además de inútil o ilusoria, pues en caso alguno podría ejecutarse forzosamente. Si el perjudicado ha transigido, se ha allanado o el actor ha desistido o renunciado y carecen de interés, habrá que actuar conforme a su voluntad, ya que nadie puede ser obligado a recibir lo que no quiere o a lo que ha renunciado a favor de otras concesiones.

2. La legitimación del actor civil en el proceso penal

Legitimado para sostener la acción civil en el proceso penal está el perjudicado por el hecho dañoso, porque es él el titular del derecho o interés lesionado. Como expone GIMENO,[10] el perjudicado es el que sufre un daño en su esfera patrimonial o, según De La Oliva[11] la pérdida de su posesión. Aunque, naturalmente, igualmente lo está por disposición legal y otro fundamento, el Ministerio Público.

Pero, es muy importante y a veces se confunde por la escasa atención que los Códigos antiguos, entre ellos nuestra Ley de Enjuiciamiento Criminal, prestaban a la materia y la poca que se le ha prestado por la doctrina, dejar sentado que la legitimación de los actores civiles no es una legitimación amplia como la que podría ostentarse en el proceso civil, sino limitada, única y exclusivamente a las pretensión civil ejercitada en el proceso penal. El actor civil ejercita una pretensión civil y es parte civil, no penal, aunque pueda en ocasiones, como sucede con el Ministerio Fiscal o el ofendido por el delito en los países donde se le atribuye una acción penal independiente, ejercitar ambas de forma conjunta. En estos últimos casos, por esa ambivalencia, el que ejercita ambas actúa en el proceso con las más absolutas de las facultades; pero, cuando quien es parte civil lo es solo en esa posición, su legitimación se limita a esta acción, nunca a la

10. Op. Cit. Pag, 238

11. Op.cit. pag. 244.

penal, respecto de la cual carece de toda legitimación, pues ni es su titular, ni tiene interés en ella digno de protección constitucional.

Que al actor civil se le otorguen facultades para la integración de los hechos tanto en la instrucción, como en el juicio oral, no es porque tenga legitimación para acreditar la fundamentación fáctica de la pretensión penal, sino sólo porque ambas acciones suelen derivar de unos mismos hechos naturales. Sería absurdo, pues, cuando se trata de favorecer la economía procesal, que el actor civil hubiera de acreditar los hechos mediante actos diferentes a los que sirven para la pretensión penal, máxime cuando son útiles los mismos medios de investigación y prueba, aunque estas últimas se rijan por principios diferentes.

Fuera de ello, el actor civil carece de interés respecto a la consideración delictiva de tales hechos que ayuda a integrar, pues su derecho no deriva de la concepción de los mismos como delictuosos, sino de que los mismos son susceptibles de producir un daño reparable, daño que sí habrá de acreditar y que el carácter delictivo de una actuación no prueba.

El actor civil, pues, ni puede, ni debe calificar penalmente los hechos, ni, por tanto, debería gozar de derecho alguno a recurrir de las resoluciones más allá del contenido civil de éstas; en consecuencia cabe plantearse la lógica de cualquier disposición que le confiera legitimación para impugnar declaraciones que afecten a la absolución, archivo o condena penal. Que goce de interés por causa de razones de economía procesal no es motivo suficiente para otorgarle una legitimación respecto de una cuestión que excede de los márgenes de su pretensión, la cual puede ejercitar en un proceso posterior de modo independiente y ajeno a la suerte que haya corrido la acción penal. Y que, si se supera la idea errónea de la clásica accesoriedad que aquí se refuta, tampoco impediría una respuesta a su pretensión en el proceso penal al margen de la suerte de la acción punitiva.

El actor civil es el perjudicado por el hecho delictivo (y el Fiscal por disposición legal y legitimación extraordinaria). Y la parte civil es ese perjudicado por el evento dañoso.

3. La pretensión civil en los casos de acumulación en el proceso penal. La limitación de las acciones que se pueden ejercitar

Lo que se ejercita en el proceso penal de forma acumulada es una auténtica pretensión civil, cualquiera que sea el que la inste, con todos sus elementos. Pero, como se ha dejado indicado, la acumulación de la acción civil a la penal no es un supuesto ordinario, sino complejo y que, por tanto, está sujeto a diversas limitaciones.

En primer lugar, en el proceso penal no pueden ejercitarse todas las pretensiones civiles que las leyes de este carácter reconocen, sino solo las que prevé el Código Penal y que exclusivamente son las de condena.[12]

12. De La Oliva op. Cit. Pag. 238.

En el proceso penal solo es dable pedir la restitución de la cosa, la reparación del daño o la indemnización de daños y perjuicios. En modo alguno pueden promoverse en el proceso penal pretensiones mero declarativas o constitutivas y menos de nulidad o de anulación, ya que[13] conforme a la legislación penal, la reparación civil solo comprende la devolución de la cosa y el resarcimiento de los daños y perjuicios, nunca, pues, es dable aceptar la resolución de otras pretensiones, especialmente de nulidad o anulabilidad, directa o indirectamente, para cuyo enjuiciamiento es necesario acudir a la vía civil.

Una excepción podría venir constituida por la posibilidad excepcional de que el tribunal penal resuelva acciones de nulidad, en aquellos casos en que se solicite la restitución de un bien. Pero, esta disposición no es otra cosa que una solución extraordinaria, perfectamente delimitada y consentida jurisprudencialmente aunque generadora de muchos problemas.

En todo caso, debe quedar claro que el CP no autoriza la entrada en el proceso penal de pretensiones de nulidad, siendo la jurisprudencia la que lo permite únicamente de aquellas que sean presupuesto para la restitución de un bien y que, por tanto, sea necesaria una restitución también jurídica. La posibilidad de decidir la nulidad del negocio jurídico se limita, pues, a aquellos casos en que la pretensión no es pura, ni de la misma ha de derivar una reparación o indemnización, sino solo una restitución que exige como presupuesto la certeza del acto jurídico del cual dimana. Sucede así en los casos de delitos muy determinados en los cuales se ha operado un desplazamiento patrimonial y, especialmente, de bienes inmuebles, tales como las estafas o los alzamientos de bienes.

Pero es más, la responsabilidad civil derivada de un ilícito solo es procedente cuando se haya producido un daño que sea reparable. Presupuesto básico para que exista acción civil ejercitable en el proceso penal es que se haya producido un daño efectivo y cierto, no formal, presumible o indeterminado.[14]

El hecho de que sea absolutamente necesaria la producción de un daño de estas características, es lo que impide que la acción civil derivada del delito pueda ejercitarse en los casos de delitos de peligro abstracto o de realización imperfecta,[15] en los de contenido inmaterial o en los de resultado si éste no se ha llegado a producir. Es la ausencia de daño lo que permite afirmar que en este tipo de delitos no cabe exigir responsabilidad civil en el proceso penal, pues el daño nunca puede ser entendido como una sanción derivada de un riesgo civil. El riesgo que no se traduce en un daño efectivo nunca puede amparar una acción civil de responsabilidad. Estaríamos hablando de una sanción civil, de una pena civil sin amparo legal y dudosamente constitucional.

13. Juan op, cit. Pag. 132.

14. Sanabria op,.cit. pag,. 85.

15. San Martin op. Cit. Pag. 335.

Sin un daño cierto y efectivo, la pretensión carecería de seguridad, sería de futuro. Habría que preguntarse la forma en que el daño presunto, la sanción en suma, se evaluaría, a qué cantidad se elevaría la condena, con base en qué criterios. En definitiva, si no se ha producido un daño, la condena comportaría un enriquecimiento injusto para quien obtuviera un pronunciamiento favorable. Es más, sujetar la indemnización a un hecho futuro e incierto, generaría una condena condicionada en su mismo cumplimiento a la producción del hecho ilícito dañoso presupuesto de la acción que podría verificarse en forma distinta al establecido en la sentencia y al cual no alcanzarían ni siquiera los efectos de la cosa juzgada.

4. La prejudicialidad en las acciones de responsabilidad civil acumuladas en el proceso penal

Conforme a los principios procesales anteriormente perfilados, en el proceso penal sólo se pueden ejercitar acciones civiles de condena puras, es decir, aquellas que, conforme al Código Penal tiendan a la restitución de la cosa y la reparación del daño «in natura» o sustituidas por la correspondiente indemnización de daños y perjuicios. En el marco del proceso penal no pueden deducirse demandas civiles de otra naturaleza y, muy especialmente, está vedado a los tribunales penales conocer de pretensiones de nulidad o de anulabilidad. El marco de la competencia objetiva de los tribunales penales viene constituido por la atribución expresa y concreta que le confiere el Código Penal, no el civil, aunque este último sea aplicable en lo no dispuesto como excepción en aquel, para la resolución de los conflictos de esta naturaleza. Las pretensiones de condena que se actúen han de ser, pues, puras y no sujetas a la previa determinación de una cuestión prejudicial civil de la cual dependa la misma calificación del hecho origen de la responsabilidad como ilícito. No podría, pues, enjuiciarse en vía penal una acción civil cuyo origen se residenciara en un hecho que debe previamente determinarse por los tribunales civiles en ese orden, como sucedería con un negocio jurídico afectado por vicios de nulidad.

El tribunal penal no puede conocer, para estimar la responsabilidad civil, ni siquiera con carácter prejudicial, de la validez o nulidad de los actos o negocios jurídicos y debe partir, para condenar civilmente, de la ilicitud de los hechos en que se fundamenta la pretensión de resarcimiento, pues la responsabilidad civil no nace del delito, sino de esa ilicitud civil de los hechos de los que, además, debe surgir un daño de la misma naturaleza. La ilicitud, se insiste, que fundamenta la responsabilidad civil no es la penal, sino la estrictamente civil.

La ilicitud civil es la base de la responsabilidad civil, no la penal, pues aquella exige que los hechos sean ilícitos desde la perspectiva civil. Y esa ilicitud civil no puede ser enjuiciada por un Tribunal Penal que carece de competencia para conocerla y dictar una sentencia civil que produciría los plenos efectos de la cosa juzgada.

El tribunal penal no puede conocer, pues, de pretensiones que exijan un enjuiciamiento prejudicial por parte de los órganos civiles, pues dicha prejudicialidad condiciona la efectiva ilicitud de los hechos y, de este modo, la producción real del daño que es presupuesto de la responsabilidad civil.

Y no basta en estos casos para declarar la responsabilidad civil la calificación que de los negocios jurídicos haga el tribunal penal. En efecto, como es sabido, en esta compleja materia de la prejudicialidad, es norma general que los órganos penales pueden conocer de cuestiones correspondientes a otros órdenes jurisdiccionales, pero ello sólo es posible a los meros fines de la represión, nunca con los efectos de la cosa juzgada civil. La ilicitud que pudiera declarar el tribunal penal tendría solo efectos respecto de la determinación de la existencia de un delito, pero no en relación con la calificación civil de los hechos. Lo contrario sería tanto como otorgar a los órganos penales competencia para conocer con plenos efectos de cosa juzgada de materias correspondientes a otros órdenes jurisdiccionales.

5. La prejudicialidad civil derivada de la validez o nulidad de negocios o actos jurídicos

Cabría plantearse en este punto la pregunta sobre la competencia de un tribunal penal para resolver acerca de la responsabilidad civil ex delicto solicitada cuando el negocio jurídico del cual se quiere deducir está sujeto a un procedimiento en el que se dilucida su validez o nulidad en el orden civil.

No se está hablando ahora de prejudicialidad penal alguna, es decir, de la influencia de materias civiles en la resolución penal. No obstante, para la adecuada comprensión de lo que se va a afirmar posteriormente, no es vano recordar que, procesalmente, cuando una cuestión civil es determinante de la inocencia o culpabilidad, debe diferirse a su lugar correspondiente y, si no es posible, como se ha dicho, resolverla solo a los meros efectos de la represión. Si incluso para la resolución a efectos penales, es necesario o conveniente, según la legislación, remitir la cuestión a la vía civil, qué menos ha de hacerse cuando la prejudicialidad es estrictamente civil (arts. 3 y 4 LECrim).

Lo que existe en estos supuestos es, pues, una cuestión prejudicial civil, planteada en un proceso civil de influencia notoria y decisiva en un proceso penal en el que se analiza una demanda civil que precisa de la previa resolución de la anterior.

Al respecto de esta situación, se puede traer a colación lo dispuesto en el art. 43 de la Ley de Enjuiciamiento Civil, que no ha hecho otra cosa que plasmar de modo novedoso en la ley lo que ya era una reclamación doctrinal y jurisprudencial asentada fuertemente.

Este precepto dispone: «*Cuando para resolver sobre el objeto del litigio sea necesario decidir acerca de alguna cuestión que, a su vez, constituya el objeto principal de otro proceso pendiente ante el mismo o distinto tribunal civil, si no fuera posible la acumulación de autos, el tribunal... podrá mediante auto decretar la suspensión del curso de las actuaciones en el estado en que se hallen, hasta que finalice el proceso que tenga por objeto la cuestión prejudicial».*

Que existe prejudicialidad civil en casos como el indicado es evidente, como ha quedado aclarado, ya que la licitud del negocio es presupuesto para decretar la responsabilidad civil.

La prejudicialidad civil no implica la existencia de litispendencia, la cual exige una perfecta identidad y cuya solución sería, sin duda, el archivo inmediato de la acción civil ejercitada en el proceso penal. Aunque la base sean los mismos hechos, existen dos pretensiones diferenciadas, la primera que afecta a la licitud de los actos y negocios jurídicos y, la segunda, la posible responsabilidad por hechos dañosos derivada de esa ilicitud que, por tal, es presupuesto necesario de aquella.

Se repite que en el proceso penal en modo alguno se puede resolver sobre la cuestión prejudicial con plenos efectos civiles por no tratarse de una pretensión acumulable a este procedimiento y respecto de la cual carece de competencia el tribunal penal y de falta de legitimación el Estado. Pero, a la vez, en el proceso civil se va a resolver sobre la cuestión prejudicial, existiendo el riesgo de resoluciones contradictorias sobre una materia de la misma naturaleza.

Como se comentó en la introducción de este breve trabajo, el fundamento de la acumulación de la acción civil al proceso penal no cabe hallarlo en idea alguna de subsidiariedad, de prejudicialidad, sino que se limita a una mera cuestión de economía procesal, de satisfacción inmediata de las pretensiones de las partes. La acumulación, pues, carece de fundamento procesal basado en las ideas que justifican esta institución en el proceso civil o en el penal. Es decir, la acumulación no tiene como base ni la prejudicialidad, ni la litispendencia, ni el riesgo de sentencias contradictorias. De ahí que muchas legislaciones autoricen el enjuiciamiento separado de ambas pretensiones que, de estar vinculado a razones procesales, no sería posible. En suma, el hecho de que determinados Códigos permitan el enjuiciamiento separado acredita que la razón de ser de la acumulación no es procesal, sino solo de una pretendida y discutible economía procesal.

El fundamento, pues, de la acumulación de pretensiones penales y civiles no es constitucional, pues no lo es la economía procesal y a él se opone, en muchas ocasiones, como la presente, un argumento que sí tiene respaldo constitucional, como lo es el principio de seguridad jurídica, de evitación de sentencias contradictorias y de exigencia de responsabilidades infundada.

Hay que concluir, pues, de modo tajante, que no es posible la acumulación de pretensiones civiles al proceso penal cuando existe prejudicialidad civil —exista o no proceso civil en marcha para dilucidar la materia civil principal—, y que, en todo caso, cuando se haya deducido demanda civil ante los tribunales civiles por la cuestión principal prejudicial es procedente y obligada la acumulación de las demandas civiles ante el mismo tribunal civil y, si se ha deducido en el proceso penal la secundaria, debe archivarse ordenándose su acumulación al proceso principal.

6. La litispendencia y la prohibición de condenas de futuro

Un presupuesto esencial de toda pretensión declarativa de condena, tanto en la vía civil, como en la penal, es que se haya producido, al momento de la interposición de la demanda, un daño efectivo, cierto y reparable con base en una cantidad determinada o fácilmente liquidable mediante operaciones simples y matemáticas, llegando la ley a prohibir las condenas con reserva de liquidación (art. 219 LEC).

El daño se ha de haber producido al momento de interposición de la demanda, de formulación de la pretensión, pues es éste el que produce los efectos de litispendencia propios de este acto procesal y que determinan, pues, el objeto del proceso y el ámbito de la congruencia de la sentencia.

A) La litispendencia

Como es sabido, el momento de interposición de la demanda, de formulación de la pretensión, produce los efectos materiales de la demanda, que son los de litispendencia en un sentido general. Conforme a los mismos, el objeto procesal viene definido por el estado de hechos producidos en ese momento, de modo que posteriormente no pueden ser alterados sustancialmente, pues se modificaría con ello la pretensión y el objeto del proceso. Igualmente, se produce la vinculación del tribunal a esa demanda, de manera que no se puede pronunciar una sentencia que exceda de la pretensión ejercitada y, si se hace, se incurrirá en incongruencia y la resolución estaría viciada de nulidad.

En este sentido, es la situación al momento de formulación de la demanda la que determina el objeto y la sentencia, no la previsión de un hecho futuro e incierto. De esta manera, ejercitada una pretensión declarativa de condena en reclamación de unos daños, éstos se tendrán que haber producido cuando se deduzca la pretensión, pues con relación a los mismos se habrá de dictar la sentencia. Es decir, si los daños son de futuro, si las obligaciones no están vencidas, no será posible entrar en el fondo de la cuestión, pues se modificaría sustancialmente el objeto del proceso y la sentencia sería incongruente.

B) La prohibición de condenas de futuro

En el proceso civil y en el penal cuando se acumula la acción civil, están prohibidas las condenas de futuro, esto es, aquellas que reservan la condena o la supeditan a acontecimientos posteriores.

Una sentencia declarativa puede, sin duda alguna, declarar la nulidad de un hecho y privarle de cualquier efecto futuro, pero una de condena, no puede estimar una responsabilidad sobre hechos inciertos y no producidos. No se puede en un proceso civil reconocer un derecho futuro. Como confirma Lopez Fragoso,[16] las pretensiones y con-

16. Lopez Fragoso, T; Proceso Civil Práctico. T. III. Madrid 2001, Pag. 264, siguiendo en este punto a Guasp.

denas de futuro están prohibidas salvo los escasos y concretos casos en que lo sea sobre prestaciones periódicas. Estas últimas constituyen una excepción en tanto el hecho base es cierto y lo único que se altera es un vencimiento igualmente cierto y conocido que aplaza el pago de la obligación. Lo que nunca es dable aceptar en un proceso civil es una condena sujeta a una condición incierta, a un evento indeterminado y no seguro; en suma, no se puede dictar una sentencia hipotética, que solo será efectiva si se opera una situación que ni el tribunal, ni las partes pueden asegurar. Una sentencia, pues, ideal.

Dejando al margen la procedencia de las condenas con reserva de liquidación, hoy desterradas en muchos ordenamientos pues llevan a la fase de ejecución la complejidad de establecimiento del monto de la indemnización, es lo cierto que este tipo de pretensiones se basa siempre en un hecho producido y cuantificable con los daños ya producidos al momento de la demanda. La única diferencia con las demandas de cantidad líquida es que la determinación del monto real requiere de la realización de operaciones que establezcan los intereses, daños, perjuicios, frutos o rentas, pero siempre sobre la base de hechos ciertos y de unas bases establecidas en la sentencia.

III. La legitimación del actor civil para impugnar el auto de sobreseimiento. Los distintos sistemas de enjuiciamiento penal

Para concluir esta breve reseña sobre aspectos muy determinados de la acción civil ejercitada en el proceso penal, es conveniente hacer alguna reflexión acerca de la habilitación legal, en el caso del Fiscal o de la legitimación de la parte civil perjudicada para impugnar la resolución de sobreseimiento.

1. La efectiva constitución como parte civil en el proceso penal

Un tema escasamente estudiado en el proceso penal, cuando se trata del ejercicio de la acción civil, es el referido al momento en el cual se adquiere, con todas las consecuencias, la condición de parte, pues es ésta, en tanto en ese momento se deduce plenamente la pretensión y produce los efectos propios de la litispendencia, la que confiere con plenitud los derechos, obligaciones y cargas propios de un sujeto procesal.

En el proceso civil, como es sabido, parte es quien deduce una pretensión y frente a quien se plantea, lo que significa que sólo se asume con plenitud la cualidad de parte cuando se traslada la demanda al tribunal y con ella la pretensión en toda su amplitud. La petición de medidas cautelares previas a la demanda o la de diligencias preliminares nunca otorga esa condición, quedando condicionada su validez a la deducción de la demanda en un plazo determinado.

En el proceso penal, en cuanto a la acción de esta naturaleza, la cuestión es ciertamente más compleja por la misma naturaleza pública del delito y por la intervención de sujetos y organismos que investigan los hechos y que, por tanto, los conforman más allá de las partes. No es el proceso penal, por tanto, una suerte de litigio adversarial o privado como el civil. Por esa razón, la pretensión penal no se deduce en un solo acto, el de la acusación, sino que lo hace de manera escalonada desde el inicio con la presentación de la querella o denuncia y hasta la acusación provisional y la definitiva que se opera en el acto mismo del juicio oral.

El actor civil se constituye en parte en el proceso penal en un momento inicial del mismo, conforme, pues, con la estructura de este tipo procedimental en tanto, al existir una cierta identidad de los hechos naturales que fundamentan el delito y el ilícito civil, es necesario otorgar al perjudicado la posibilidad de tomar parte en la conformación de la base fáctica y subjetiva de lo que más tarde constituirá su demanda. De ahí que el art. 320 LECrim, le conceda participar en los actos instructorios aunque lo haga limitadamente.

Ahora bien, lo que cabe plantearse en este momento para extraer si cabe alguna consecuencia adicional a lo dicho, es si esta constitución o personación implica la asunción de la condición de parte civil, con todo lo que ello conlleva en orden a los derechos de la misma, pues no parece adecuado configurar la acción civil en la misma forma escalonada que la penal, ya que, ni es pública, ni el Estado tiene interés en su conformación, ni siquiera puede hacerlo de oficio el órgano instructor, pues se trata de algo que corresponde en exclusiva al perjudicado en aplicación del principio dispositivo.

En consecuencia, de manera uniforme con el proceso civil, debe concluirse que, aunque la constitución en parte civil se produzca en un momento determinado, conforme establecen los diferentes ordenamientos, la condición de parte civil solo se adquiere cuando es deducida la pretensión, la demanda, lo que solo sucede en el momento de planteamiento del escrito de acusación del Ministerio Fiscal o el de la deducción de su calificación por el perjudicado (arts. 650 y 651,2 LECrim).

Así lo ha sostenido el Tribunal Supremo, en sentencia de fecha 25 de marzo de 1997, en la cual estableció que el auto de apertura del juicio oral, en tanto no se ha producido la demanda civil, no determina siquiera el ámbito subjetivo de las partes civiles, por lo que es posible que aquella las amplíe a sujetos no señalados en ese auto, a sujetos, pues, no individualizados en la fase de instrucción.

El CPP chileno es, sin duda alguna, uno de los más claros a la hora de dibujar la posición del actor civil. Así, con carácter general establece el momento de la demanda civil en el de la audiencia de preparación del juicio oral (art. 261 CPP), es decir, con posterioridad a la decisión relativa al sobreseimiento o apertura de dicho juicio, no obstante lo cual confiere al actor civil la posibilidad de intervenir en la fase de instrucción, pero a los solos efectos de preparar su demanda, proponiendo diligencias tendentes al esclarecimiento de los hechos (arts. 183 y 184 CPP).

San Martin[17] y Juan Sanchez[18] vienen a sostener la misma posición.

Que la acción civil se ejercite en un momento determinado, no significa, por supuesto, que el actor civil, una vez constituido en parte civil y comparecido en el proceso penal, carezca de cualquiera de los derechos propios de las partes penales. Es evidente que la personación le procura el goce de los que le son propios, si bien, en tanto no es parte, sólo los que la ley le confiere de modo expreso, ninguno más y siempre en relación a la conformación futura de su demanda civil (art. 320 LECrim).

Por tanto, cabe preguntarse si, en tanto la intervención sin adquirir la cualidad de parte se limita a la configuración de los presupuestos fácticos y subjetivos de su futura demanda, estos derechos alcanzan a llegar a impugnar el auto de sobreseimiento, pues aunque en los sistemas en que la accesoriedad se confunde, es evidente que el interés en la acusación lo es sólo para poder producir su pretensión civil, no para obtener una condena. Se trata, pues, de indagar acerca de si quien no ha adquirido la cualidad de parte civil tiene un derecho incondicional a formular su demanda en el proceso penal cuando no se dan los requisitos para ello, en este caso, la apertura del juicio oral por sobreseimiento, puesto que este evento no le priva de su derecho a demandar en el ámbito civil, sino sólo el de deducirla en un procedimiento acumulado.

Y, piénsese que, frente a los casos en que la sentencia es absolutoria, que pueden afectar a cierto interés en la economía procesal, en éstos, no se ha avanzado hasta tal extremo y el procedimiento ha sido archivado, por lo que la afectación a los intereses, que no derechos, a una cierta celeridad, no son tan reclamables y menos atribuyendo a quien si siquiera es parte derecho a impugnar una resolución penal ajena a su derecho.

Y, naturalmente, cabe cuestionarse si acordado el asunto civil extraprocesalmente entre los interesados, puede el Ministerio Fiscal deducir una demanda, ya que al momento de hacerlo no podría hablarse del estado de cosas que inicialmente se planteaba como base fáctica, sino otra diferente y, lo más importante, no hay una controversia entre partes, lo que, en virtud del contradictorio, es consustancial a la idea misma de proceso. No existen ni hechos jurídicamente relevantes desde el punto de vista civil, por lo que la pretensión que se ejercitara no tendría una causa petendi en que fundamentarse, ni existiría un perjuicio como objeto mismo de la petición, del petitum de la demanda.

A ambas cosas debe ofrecerse una respuesta similar.

No existe un derecho a la tutela judicial que sea absoluto, incondicionado; un derecho a que las pretensiones puedan ser deducidas e, incluso, a que una vez formuladas, se tengan que resolver en sentencia.

---

17. Op. Cit. 343, afirma claramente que la demanda civil se concreta en el proceso penal en la etapa intermedia, tras la acusación del Fiscal.

18. Op.cit. pag. 320, con rotundidad, afirma que la condición de parte se asume en el momento de deducción de la demanda.

El derecho a la tutela judicial queda satisfecho con una resolución judicial motivada y fundada, aunque sea de inadmisión a trámite, bien, en general, cuando no se verifiquen los presupuestos procesales o bien, en el marco del proceso penal cuando se emita una resolución de sobreseimiento que así lo decida.[19]

---

19. Providencia Tribunal Constitucional. 20 diciembre 2000

Este Tribunal ha declarado en repetidas ocasiones que el ejercicio de la acción penal mediante querella no supone un derecho incondicionado a la apertura y plena sustanciación del proceso, sino que el mismo es compatible con un pronunciamiento motivado del órgano judicial que le ponga término anticipadamente (SSTC 203/1989 y 192/1992, entre otras), que puede consistir en el sobreseimiento o archivo de las actuaciones o, incluso, en la inadmisión de la denuncia o querella presentadas, razonadas y adoptadas con apoyo en Ley que no pueden ser consideradas como ilógicas o arbitrarias (SSTC 11/1985, 148/1987, 203/1989, 37/1993, 217/1993, 111/1995, 85/1997, 120/1997 y 232/1998). Además, tampoco asiste a quien ejercita la acción penal un derecho a la práctica de las diligencias y pruebas propuestas cuando los órganos judiciales han alcanzado razonablemente la conclusión de la carencia de fundamento de la denuncia por no ser los hechos expuestos en la misma constitutivos de delito (SSTC 149/1987, 150/1988 y 232/1998). En el presente caso, el demandante reitera que los hechos denunciados son constitutivos de los delitos de acusación o denuncia falsa y falso testimonio, y se limita a discrepar de las razones expuestas en las resoluciones recurridas que consideran motivadamente que no concurren los elementos constitutivos de los mencionados delitos y, por consiguiente, acuerdan el sobreseimiento de las actuaciones. Así pues, tras la pretensión de amparo, una vez más, se expresa una diferencia de criterio entre el recurrente y los órganos judiciales a la hora de interpretar la legalidad ordinaria —los citados tipos penales por los que se presenta la denuncia—, pero al no encontrarnos ante resoluciones irrazonadas o irrazonables, y mucho menos arbitrarias, tal diferencia de criterio no supone la vulneración del derecho a la tutela judicial efectiva, pues es doctrina reiterada de este Tribunal (por todas, STC 22/1994) que la tutela judicial efectiva sin indefensión, consagrada en el art. 24.1 C.E., se satisface con la obtención de una resolución fundada en Derecho (STC 131/1990, fundamento jurídico 1º, entre otras), y sólo una aplicación de la legalidad que fuese «arbitraria, manifiestamente irrazonada, irrazonable» no podría considerarse fundada en Derecho y sería lesiva del derecho a la tutela judicial (STC 23/1987, fundamento jurídico 3º). En el presente caso es suficiente la motivación ofrecida en las resoluciones recurridas, pues los órganos judiciales rechazan la existencia del delito de falso testimonio al no estimar indicios de criminalidad en los testimonios prestados por los denunciados, y porque además el pronunciamiento condenatorio se fundamento en abundante prueba indiciaria. Tampoco aprecian el delito de denuncia falsa, al no exponer el recurrente ningún razonamiento que desvirtúa la falta del requisito de procedibilidad estimado por el Juzgado. En definitiva, en las resoluciones impugnadas se expresan los criterios jurídicos esenciales que fundamenten la decisión adoptada (SSTC 14/1991, 28/1994, 153/1995, 32/1996, 66/1996, 39/1997 y 69/1998), sin que se advierta error o contradicción, sino la diferente calificación jurídica de los hechos a la realizada por el Juzgador, pretendiendo convertir a este Tribunal en una tercera instancia, pretensión inadmisible (SSTC 138/1992, 323/1993, 140/1994, 11/1995, 58/1997, 11/1998, 205/1998 y 60/1999). Finalmente, no presenta consistencia la invocada quiebra del derecho a utilizar los medios de prueba, toda vez que apreciada por la Sala la irrelevancia penal de los hechos denunciados, la práctica de nueva prueba resultaba innecesaria y de lo actuado no hay razones para deducir que las pruebas omitidas hubieran podido llevar a un resultado contrario al sobreseimiento de las actuaciones (SSTC 150/1988, 1/1996 y 232/1998).

Tribunal Constitucional. Sentencia 138/1997, 22 de julio:

En este sentido, debe recordarse la reiterada jurisprudencia de este Tribunal que declara que el querellante (lo que, sin mayor problema podemos trasladar al denunciante que, como ofendido, promueve la actividad jurisdiccional a través de su denuncia) no tiene derecho más que a una respuesta judicial razonada que bien puede ser el sobreseimiento o archivo de las actuaciones o, incluso, la inadmisión de la querella presentada (SSTC 11/1985, 148/1987, 33/1989, 191/1992, 37/1993, 217/1994 y 111/1995). A este respecto, debe distinguirse entre aquellos supuestos en los que la resolución judicial no excluya ab initio en los hechos denunciados las notas características de lo delictivo, de aquellos otros en que sí lo excluya. En el primer caso, existe un ius ut procedatur, conforme al cual deben practicarse las actuaciones necesarias de investigación. No así, por el contrario, en aquellos casos en los que el órgano judicial entienda razonadamente que la conducta o los hechos imputados, suficientemente descritos en la querella, carecen de ilicitud penal, en cuyo caso el derecho a la jurisdicción que ejercen el denunciante y el querellante «no conlleva el de apertura de una instrucción» (STC 111/1995, fundamento jurídico 4º; en igual sentido, la STC 148/1987, fundamento jurídico 2º). Ello supone, como inmediata consecuencia, que el Juez, cuando se aprecie de forma evidente que los hechos denunciados carezcan de relevancia penal, deba realizar, con la mayor premura, las actuaciones necesarias para el inmediato archivo de la causa, como en el presente caso se ha hecho.

El archivo motivado no infringe derecho constitucional alguno. Y mucho menos, no se olvide, cuando en el terreno de lo hipotético, pues el asunto está fenecido por la transacción, la parte civil tiene expedita la vía civil.

2. La intervención del actor civil en el proceso penal

Determinar el ámbito concreto de la intervención del actor civil en el proceso penal no es un tema exento de complejidad, especialmente en ordenamientos jurídicos en que se mantienen en la ley referencias a postulados clásicos respecto de una mal entendida accesoriedad de la acción civil en relación con la penal, de modo que, con escaso rigor técnico parece hacerse depender la decisión acerca de la responsabilidad civil de la existencia de un delito, de modo que, como conclusión, sólo es posible un pronunciamiento civil si, a la vez, se produce una sentencia condenatoria penal.

Debe, igualmente, hacerse notar que hay sistemas procesales que confunden las partes civiles y las penales, cuando la ley no confiere el monopolio de la acción penal al Ministerio Público.

Aunque el denominado principio de subsidiariedad, como mera opción legislativa sin soporte alguno en razones de prejudicialidad o influencia de la cosa juzgada, exija para que se pronuncie una resolución que resuelva la acción civil una previa condena penal, no cabe duda de que el actor civil no ostenta en el proceso otro interés que no sea el estrictamente civil, el referido a su pretensión, de modo que el derecho a la tutela judicial, si se invoca, sólo puede hacerse vincular a su concreta pretensión, no a una condena por delito que escapa del ámbito de su demanda. El derecho a una respuesta acerca de la acción civil depende de la condena penal sólo porque así lo ha estimado el legislador, como fruto de una opción legal, como resultado de la decisión de una simple acumulación decidida por motivos de economía procesal. La apertura del juicio oral se constituye así en presupuesto para entrar en el fondo de la pretensión civil, incluso para ejercitarla, pues hasta ese momento no se deduce, pero no existe en orden al ejercicio de la acción civil un derecho incondicionado y absoluto a esa apertura —tampoco existe el de resolver siempre la cuestión penal en sentencia—. La apertura del juicio oral viene condicionada a la consistencia de motivos suficientes para poder acusar y a que, por el contrario, no se dicte un auto de sobreseimiento cuando no aparezcan esas razones. Por ello, si la decisión de sobreseimiento cumple con los requisitos legales, es fundada conforme a la ley y motivada, queda satisfecho el derecho a la tutela judicial del actor civil, pues no consta un derecho absoluto e incondicionado a que se resuelva su pretensión en todo caso en el proceso penal, dejándole la ley expedita la vía civil.

El principio rector, pues, consiste en que la intervención del actor civil se limita al ejercicio de la acción civil, al objeto civil del proceso penal y desde esta perspectiva debe interpretarse la normativa que contiene la Ley de Enjuiciamiento Criminal y, de modo especial, la que disciplina el acceso al recurso frente al auto de sobreseimiento. Sólo podría, en una hipótesis de difícil admisibilidad, intervenir el actor civil en los hechos con relevancia penal cuando afectaran directa e inmediatamente a la pretensión civil, es decir, cuando esos hechos, no su calificación delictiva, sino desde una perspectiva meramente natural o histórica, tuvieran relación con los ilícitos civiles y les sirvieran de fundamento y prueba por ser coincidentes y de ellos derivarse directamente el perjuicio y la responsabilidad civil de los autores.

Así, en la fase de instrucción, puede el actor civil, especialmente, promover actuaciones que afecten a su derecho y este no es otro que el derivado de la acción de condena ejercitada. Lo que el art. 320 LECrim, prevé es una intervención, pues, muy limitada y valorable en cada caso por el órgano judicial.

Y estas disposiciones son las que comunmente establece el derecho comparado. Lo menciona, por ejemplo, el art. 74,2 del CPP portugués que supedita la intervención del actor civil a la sustentación y prueba de la indemnización civil.

Pero, si la intervención en la fase de instrucción, aunque limitada a su derecho, puede extenderse a lo que se considere que mantiene un interés en la definición de los elementos fácticos y jurídicos de su futura pretensión, los que en ocasiones van a coincidir con la base de la penal, no sucede lo mismo cuando de formular la acusación se trata, ya que en ese momento el actor civil se ha de limitar a deducir su demanda civil, su estricta pretensión civil resarcitoria, siendo así que los hechos ya habrán sido definitivamente establecidos en la fase de investigación (art. 651,2 LECrim.

Si ello sucede así en orden a la fijación del objeto civil, qué menos se puede decir del ámbito de los recursos que, por razones de coherencia, no puede ser otro que el objeto civil de su pretensión, pudiéndose afirmar que la legitimación del actor civil para recurrir se contrae a la parte de la decisión que pudiera afectar a su derecho resarcitorio, nunca a las determinaciones penales, que carecen de interés más allá de los hechos ilícitos de los que pudiera derivar un daño resarcible. Si ese daño resarcible no existe, se niega o, habiendo existido ha quedado extinguido, no hay responsabilidad civil, no se mantiene interés civil, ni gravamen para recurrir.

Sólo desde estos planteamientos puede analizarse, más allá de interpretaciones puntuales de normas que aisladamente puedan ofrecer soluciones contradictorias, la cuestión referida a la legitimación del actor civil para impugnar autónomamente el auto de sobreseimiento, resolución que, si bien pone fin al proceso penal, deja expedita la vía civil. Y este análisis ha de hacerse con cuidado extremo, ya que, siendo así las cosas, abrir excesivamente la legitimación puede ser tanto como dar entrada a una cierta injerencia indebida del actor civil en la acción penal, lo que podría traer como consecuencia fraudes, especialmente en materia de delincuencia económica, caracterizados, como es bien sabido, por la criminalización de las conductas privadas para, mediante la coacción y la presión penal, lograr beneficios que, en vía civil, nunca se obtendrían.

3. Los modelos de enjuiciamiento criminal en orden a la recurribilidad del sobreseimiento por el actor civil

Aunque con frecuencia tanto la doctrina, como la jurisprudencia tienden a ofrecer soluciones generalizadas, no es posible, si se atiende a los distintos modelos procesales vigentes, emitir una respuesta válida universalmente en relación con la legitimación del actor civil para impugnar el sobreseimiento. Aunque se parta de principios comunes, aceptados por todos, las opciones procesales innatas a cada sistema de enjuiciamiento, obligan a establecer diferencias, ya que no es posible importar de un país aquello que en el propio choca frontalmente con su estructura y conduzca, en suma, a la falta de operatividad y funcionalidad o, peor aún, provoque contradicciones sustanciales.

El debate, pues, acerca de si el Estado como parte civil actora y la misma parte civil tienen facultades para recurrir el auto de sobreseimiento es abierto y de cierta complejidad y ha de hacerse depender de la propia estructura del modelo procesal vigente. No cabe una respuesta universal y hay tantas como sistemas, tantas como casos concretos, tantas como contenidos de los sobreseimientos, tantas como tipos de recursos y tantas, en fin, como marcos se confieran a los derechos a la tutela judicial de los actores y a la defensa y a la presunción de inocencia de los imputados.

Pueden distinguirse, a grandes rasgos, tres grandes modelos procesales que ofrecen, en este punto, respuestas obligadamente diferentes.

— Aquel que no contempla la accesoriedad. Es decir, el que autoriza el ejercicio de la acción civil, tramitada paralelamente, en el proceso civil sin depender de la vigencia de un proceso penal. Especialmente destacable es el que permite y obliga, si se acumulan ambas acciones, a la resolución de la acción civil aunque se dicte una sentencia condenatoria o se pronuncie un auto de sobreseimiento.

Este sería el modelo acogido por el Nuevo Código Procesal Penal peruano, cuyo art. 12,3 dispone la necesidad de resolver en el proceso penal sobre la acción civil aunque la penal sea objeto de absolución o sobreseída.

En este sistema, aunque la ley autorice a recurrir el sobreseimiento, limitándolo «*al objeto civil de la resolución*» (art. 407,2 NCPP), no parece que ese recurso tenga un interés relevante, pues tal resolución penal en nada afecta al actor civil que no se verá privado de continuar su pretensión aunque no se determine la responsabilidad penal.

— Aquel que, como el nuestro, asume la accesoriedad entendida como necesidad de acumulación obligada supeditando, además, la resolución civil a una condena penal. Si bien, nuestro sistema, a diferencia de los de raiz germana, no confiere al Ministerio Fiscal el monopolio de la acción penal, permitiendo que los ofendidos mediante la querella particular o cualquier ciudadano en delitos públicos, sostengan esta acción a través de la llamada acción popular. Este dato es sumamente importante.

En este sistema, el auto de sobreseimiento puede ser recurrido por la parte civil, según dispone el art. 854,2 LECrim, sólo en cuanto pueda afectar a las restituciones, reparaciones e indemnizaciones que hayan reclamado. El recurso, aunque limitado, está siempre supeditado —y esto es muy importante—, a la existencia de una acusación, es decir, que solo cabe si una de las partes penales ha sostenido la acusación y, a pesar de ello, el tribunal competente ha pronunciado un sobreseimiento, ya que, en caso contrario, si no existe una acusación y una parte acusadora dispuesta a sostener la acción penal, el recurso del actor civil carece absolutamente de eficacia pues el proceso no podría continuar. No le cabe, por tanto, recurrir al actor civil en demanda de una revocación de la decisión de archivo si no hay parte penal dispuesta a sostener la pretensión penal, ya que el tribunal en caso alguno podría ordenar la acusación.

Es más, el recurso frente al auto de sobreseimiento, en clara coherencia con la necesaria existencia de una acusación, sólo puede articularse por infracción de ley, nunca por quebrantamiento de forma, es decir, entre otros motivos, por faltar determinadas diligencias de prueba, ya que, aunque efectivamente se produjera esa falta de actividad respecto de la prueba en orden a la acción civil, la falta de un acusador penal, dejaría la nueva apertura reducida a una resolución ideal, sin efectividad práctica y, por tanto, antieconómica.

Y estos principios, aunque no diga nada la ley, deben ser de aplicación también al tratamiento de la apelación sobre el auto de sobreseimiento en el procedimiento abreviado.

— Los sistemas que mezclan accesoriedad con monopolio de la acción penal por el Ministerio Público.

Estos modelos mixtos, ciertamente anticuados, tienen importantes coincidencias con el español, pero una gran y sustancial diferencia que obliga a efectuar precisiones de cierto alcance, ya que el hecho de conferir la acción penal al Ministerio Público en régimen de monopolio, reduce considerablemente las posibilidades y la efectividad de un recurso de la parte civil frente a la resolución de sobreseimiento si, como es el caso, el fiscal ha solicitado el sobreseimiento y nadie sostiene la acción penal, ni puede sostenerla, ya que la parte civil, salvo que exceda sus específicas facultades, carece de competencia para entrar siquiera indirectamente en la cuestión de la calificación delictiva de los hechos.

Si el fiscal solicita el sobreseimiento y nadie sostiene la acusación penal, es innegable que los efectos de un recurso, aún en el caso de que se admitiera una inexistente facultad de la parte actora civil para recurrir las disposiciones penales, serían cuanto menos de dudosa utilidad. Lo más que podría conseguirse es una reapertura de la instrucción, que alargara el proceso en detrimento de los derechos fundamentales de los imputados, pues a la postre el archivo estaría garantizado. Máxime en los casos en que no se discute la autoría de un sujeto determinado, sino el carácter delictivo o no de unos hechos que, como tales, se han comprobado fehacientemente.

En este sentido, si no hay acusación, si la decisión penal de archivo está fundamentada en razones jurídicas coherentes, si las pruebas referidas a la responsabilidad civil están practicadas y las solicitadas para reapertura la instrucción son ajenas a esta responsabilidad, el recurso puede considerarse como meramente dilatorio.

Y así es en efecto. Conforme a lo anteriormente dicho, la parte civil no tiene otra legitimación en orden al recurso que la de hacer valer su pretensión civil, por lo que su impugnación ha de recaer sobre el objeto civil, sobre los aspectos civiles, sobre la existencia de los hechos ilícitos dañosos, es decir, sobre el perjuicio efectivo y la imputabilidad de los responsables, siendo irrelevante y estando fuera de su competencia e interés, la calificación delictiva de tales hechos. Admitir, pues, el recurso de la parte civil cuando la misma va más allá de su legitimación carece de sentido, pues los tribunales superiores no pueden entrar a resolver sobre la materia penal.

Es más, si una decisión de sobreseimiento considera que los hechos no son delictivos, aunque el actor civil acredite que el hecho es dañoso, nada aportará a la decisión misma sobre el sobreseimiento. El actor civil no puede solicitar una ampliación de la investigación tendente a acreditar la responsabilidad penal, sino solo la civil.

En definitiva, solo estaría justificado que el actor civil recurriera el sobreseimiento si estuviera facultado para solicitar la ampliación de las diligencias en orden a acreditar el carácter delictivo de los hechos, siendo así que carece absolutamente de legitimación para ello. E, incluso, tampoco tendría relevancia práctica pues la decisión de acusar no le correspondería a él y estaría, pues, pidiendo en nombre de quien ha decidido no hacerlo y tampoco puede ser obligado por nadie.

El actor civil, como se dijo anteriormente, es un mero colaborador de la parte penal en lo referido a la determinación del hecho penal, ya que su interés en el esclarecimiento del hecho sólo tiene sentido por su relación con la pretensión civil. Es un mero coadyuvante y, por tanto, sin potestad autónoma en lo referente a la acción penal.

Se entra, por tanto, en una grave contradicción de difícil solución si al actor civil, cuando el fiscal pide el sobreseimiento, se le confiere legitimación para recurrirlo, máxime si lo solicitado es la ampliación de diligencias de investigación.

Si se admite que las solicite respecto del hecho penal, se excede su legitimación como parte civil y se le confiere el estatus de parte penal atentando contra el principio constitucional del monopolio de la acción penal en el Ministerio Público. Y no como simple colaborador, sino como parte principal que pudiera sostener una acción penal. Pero, con el agravante de que no puede formular acusación, ni obligar al legitimado a hacerlo. Un absurdo, pues, carente de sentido práctico.

Si se le autoriza a solicitar diligencias en orden a su pretensión civil, será inútil esa ampliación, pues en nada afectará a la decisión de archivo, siendo así que la condena es presupuesto para resolver la civil.

En definitiva, en la lógica de los sistemas que se han denominado mixtos en esta materia, con monopolio de la acción penal residenciado en el Ministerio Público, no cabe otra solución lógica que negar legitimación a la parte actora civil para recurrir el auto de sobreseimiento cuando el fiscal haya solicitado el archivo. Todo lo demás carece de justificación y excede de los principios que informan el sistema.

La detención preventiva en la legislación venezolana

Carlos Simón Bello Rengifo
Profesor de la Universidad Central de Venezuela

1. Introducción

Según el artículo 44,1°, de la Constitución venezolana, «ninguna persona puede ser arrestada o detenida sino en virtud de una orden judicial». (Destacado)

Esta disposición es desarrollada en el Código Orgánico Procesal Penal,[1] cuyo artículo 250 contiene los supuestos de procedencia de la detención judicial preventiva, así como el procedimiento aplicable.[2]

El objetivo de la presente colaboración es analizar los principales problemas sustantivos que esta institución de coerción plantea y sus posibles soluciones. Antes, precisaré los supuestos de procedencia y sus requisitos.

2. Hipótesis legales

Las especies de detención judicial preventiva, según la clasificación que propongo, son: ordinaria, especial y extraordinaria.

Los supuestos de procedencia de la ordinaria son los siguientes

1. Hecho punible que merezca pena privativa de libertad y cuya acción no se encuentre evidentemente prescrita (requisito fáctico-sustantivo).

1. COPP en lo sucesivo. Salvo aclaratoria expresa, los artículos mencionados en lo sucesivo corresponden a este Código.

2. Otros textos legales, en materia de género y penal juvenil, por ejemplo, incluyen otros supuestos, sin embargo, por los naturales límites de esta colaboración, su objeto es exclusivamente la norma procesal penal fundamental.

2. Fundados elementos de convicción de que el imputado es autor o partícipe del hecho (requisito fáctico-probatorio).

3. Presunción razonable, con base en las circunstancias del caso, de peligro de fuga o de obstaculización en la búsqueda de la verdad (requisito fáctico-probatorio).[3]

Sólo procede a instancias del Ministerio Público, como titular de la acción, y el órgano legitimado para decretarla es el juez de control.[4]

La legislación venezolana prevé varios supuestos de privación o restricción de la libertad[5] que en su contenido material son análogos a la detención preventiva especial, por lo cual me permito su asimilación. En el COPP se encuentran las siguientes:

1. Detención judicial preventiva del acusado, cuando se presuma fundadamente que no dará cumplimiento a los actos del proceso. En este caso, el legitimado para decretarla es el juez de juicio, a solicitud del Ministerio Público. (Art. 250, penúltimo aparte)

2. Retención de personas presentes, por necesidad para la práctica de inspección durante la fase preparatoria. En este caso, no la ordena el juez de control, ni es por solicitud del Ministerio Público, sino que la acuerda y practica el órgano de investigación, que puede ser policial, aunque este actúa bajo la dirección del Ministerio Público como titular de la acción penal.[6] Por tanto, tal medida, que excede la mera investigación, en mi opinión, debe estar autorizada por el fiscal, aunque no lo reclame expresamente el texto legal. En este caso, la detención no puede superar las seis horas (Art. 203).

3. Internamiento del imputado para la práctica de experticia. La acuerda el juez a solicitud de los expertos, siempre y cuando el imputado esté sometido a medida cautelar sustitutiva y el internamiento no sea desproporcionado respecto de la gravedad de la pena o medida de seguridad aplicables. Puede ocurrir durante la fase preparatoria o durante el debate oral. No debe superar el plazo de ocho días. (Art. 129)[7]

---

3. Me refiero al objeto del conocimiento y su fundamento como criterio de clasificación, y no al tipo de conocimiento, que varía de un supuesto a otro, como pronto veremos. Igualmente, aclaro que el término probatorio lo empleo con un largo alcance no técnico estricto, pues las pruebas y su efecto sólo ocurren, salvo que sea anticipada, en el debate oral y púbico (Arts. 353 y ss del COPP)

4. Ex primer aparte del artículo 248 antes citado.

5. Retención, internamiento, conducción por la fuerza pública, además de la detención judicial preventiva.

6. Tal como lo prevén los artículos 285, 3º y 4º, constitucional; 108, 1o y,4o del COPP y 16,6o de la Ley Orgánica del Ministerio Público

7. La necesidad del internamiento debe ser ponderada en proporción al hecho juzgado y el peso de la prueba para su acreditación. Sin embargo, la exigencia de que el imputado esté sometido previamente a medida cautelar sustitutiva, puede hacer pensar en la subrepticia introducción de un elemento peligrosista en la configuración de la decisión judicial, y digo configuración porque tal peligrosismo no es elemento expreso de la decisión, pero parece sugerido.

4. Conducción de «cualquier ciudadano» por la fuerza pública ante el Ministerio Público, acordado por el juez de control a instancias del titular de la acción pública. Su duración no debe exceder las ocho (8) horas. (Art. 310).

5. Conducción por la fuerza pública al testigo que no comparezca a la primera citación. La disposición no determina ningún tipo de procedimiento. No obstante, considero que por tratarse de una restricción del derecho fundamental de la libertad individual, aunque limitada a la realización del acto, debe ser a instancias del Ministerio Público y autorizado por el juez de control. (Art. 226)

La detención preventiva extraordinaria está prevista en el citado artículo 250 (último aparte), y procede bajo los mismos requisitos que la ordinaria, con el añadido del criterio de necesidad excepcional, significado en la expresión «extrema necesidad y urgencia». El procedimiento tiene alguna variación por el hecho de que la solicitud del Ministerio Público está desprovista de formalidades, aunque tiene que ser fundamentada dentro de las doce horas siguientes a la aprehensión.

A continuación, analizaré los requisitos de procedencia de la detención judicial preventiva ordinaria, especial y extraordinaria previstos en el artículo 248. Por razones de especificidad del presente artículo, no me extenderé a los otros supuestos contenidos en el mismo Código, previamente indicados.

3. Consideraciones introductorias

La privación judicial preventiva de libertad[8] puede ser analizada como un procedimiento conformado por tres momentos fundamentales: solicitud, decisión, recurso, con un contenido cognoscitivo propio de cada momento.

Cada momento puede ser analizado según su estructura discursiva y según sus presupuestos. La estructura discursiva corresponde a la forma expositiva del acto que igualmente significa sus presupuestos, no sólo en cuanto los debe expresar o contener, sino también el «cómo» los expresa, que es en suma su significación. Por presupuestos, entiendo las condiciones legalmente exigidas para la procedencia de la detención.

La estructura discursiva es propiamente una elaboración conceptual como idea, que es la propuesta en este artículo, y como desarrollo del acto procesal al cual se refiere. En

8. El artículo 250 emplea el verbo decretar, por lo que se puede pensar que el término «decreto» es el sustantivo que denomina el pronunciamiento, como se puede leer en algunas actas judiciales. No obstante, la norma general sobre decisiones, contenida en el artículo 173 del mismo Código, dice que las decisiones judiciales se dividen en sentencias y autos, que a su vez se subdividen en fundados e interlocutorios, denominación que empleo a falta de una expresa adjetivación por parte del legislador procesal penal. En el ámbito procesal civil, las decisiones se dividen en sentencias definitivas, sentencias interlocutorias y providencias de mero trámite. Son denominaciones distintas para actos similares.

tanto que los presupuestos son requisitos, bien factuales o bien normativos, expresamente señalados por el legislador. Son, por así decirlo explícitos, aunque ello no descarta que en ocasiones pueden ser tácitos.[9]

Por ello en la estructura discursiva se debe dejar constancia de la concurrencia de los requisitos de procedencia o presupuestos, tanto en sentido causal como en sentido teleológico, es decir, del por qué procede la detención y el para qué de la misma. Ello fue claramente establecido por la Sala Constitucional en sentencia No. 1998, de fecha 22-11-06, con ocasión de decidir un amparo constitucional contra una decisión judicial:

> Visto lo anterior, esta Sala observa que en el caso de autos, si bien no transcurrió un holgado espacio de tiempo entre el decreto y la ulterior sustitución de las medidas de privación judicial preventiva de libertad impuestas al quejoso, el razonamiento expresado en las sentencias impugnadas mediante la presente acción de amparo, no resulta válido para justificar el mantenimiento de un peligro de fuga no conjugable con las medidas cautelares sustitutivas. En tal sentido, las solas características del delito y la gravedad de la pena no bastan para ese mantenimiento, sin valorar las circunstancias del caso y de la persona, por lo que las decisiones accionadas constituyen la expresión larvada de un automatismo ciego en la imposición de la medida de privación judicial preventiva de libertad, resultando tal proceder abiertamente contrario a los principios de excepcionalidad, subsidiariedad, provisionalidad y proporcionalidad que deben informar a tal medida de coerción personal.
>
> A mayor abundamiento, las sentencias aquí impugnadas se encuentran referidas solamente a algunas de las circunstancias que permiten la adopción de la medida de privación judicial preventiva de libertad, pero no expresan la finalidad que se persigue con tal medida, así como también carecen del razonamiento seguido para arribar al resultado decisorio limitativo de la libertad personal. Así, la primera constituye una decisión abstracta y general, que se limita a esgrimir y resaltar que no ha transcurrido el tiempo suficiente para la modificación de las circunstancias que conllevaron a la medida de prisión provisional, así como la magnitud del daño causado; mientras que la segunda, además de reiterar estos mismos argumentos, señala que el Tribunal de Control aplicó indebidamente el artículo 253 del Código Orgánico Procesal Penal, siendo que ninguna de estas circunstancias, a criterio de esta Sala, se vincula con alguna de las finalidades constitucionalmente legítimas de la privación judicial preventiva de libertad, así como tampoco pueden constituir fundamentos válidos para la imposición de dicha medida cautelar.

4. Detención judicial preventiva ordinaria

Como antes adelanté, en los tres supuestos del artículo 250, el legitimado activo es el Ministerio Público, pero la estructura discursiva de la solicitud en cada caso registra algunas diferencias.

9. La diferencia no por sutil deja de ser posible. El elemento tácito es deducible del sistema normativo, en su totalidad o de la disposición específica, mientras que la implícita deriva de principios o valores, por lo cual hay que remontarse más allá del sentido normativo de la ley, sea en disposiciones particulares, sea según la totalidad del sistema normativo, admitiendo que cuando hablo de totalidad del sistema normativo, empleo una expresión aproximativa y no definitiva.

En el supuesto de detención judicial preventiva ordinaria, la solicitud se debe plantear según distintos grados mínimos de conocimiento, lo que determina modos discursivos distintos entre sí.

Certeza en cuanto la determinación del hecho (conocimiento factual), lo que implica tiempo y lugar de comisión. Igualmente en cuanto el dato normativo, la calificación del hecho. Ahora bien, cuando digo conocimiento factual no doy a entender mero conocimiento de unos hechos despojados de toda relación valorativa, sólo quiero decir que el objeto del proceso cognoscitivo está dado por fenómenos fácticos sometidos, sin embargo, a la estimación jurídica de su calificación. El conocimiento del dato normativo es por definición no factual por su objeto, pero sí como referencia.[10]

En todo caso, la solicitud debe dejar constancia de los elementos fácticos constitutivos del tipo aplicable, para lo cual es necesario que el fiscal dé cuenta al juez de control del conjunto de hechos y circunstancias que conforman su estructura. Sólo aportando los hechos, con los elementos de convicción que los sustentan, puede el juez calificar la procedencia de la solicitud y la corrección de la calificación previa del Ministerio Público.

La invocación de la norma remata el pedimento fiscal, y si no hay correspondencia con los hechos, puede corregir el juez, no así el conocimiento factual, pues sobre el mismo no actúa la facultad correctora del órgano judicial, de allí que los errores sobre los presupuestos factuales tienen un efecto demoledor sobre el pedimento, a diferencia del conocimiento normativo, a menos, por supuesto, que este último conduzca a la calificación por un hecho no sancionado con pena privativa de libertad.

La estructura discursiva y los presupuestos no alcanzan el grado de la certeza en lo que se refiere a los elementos indicadores de la autoría o participación, menos en cuanto las causas determinantes de la necesidad de la detención, vale decir, peligro de fuga y de obstaculización a la búsqueda de la verdad.

En cuanto los elementos de convicción sobre la autoría o participación, la norma no suministra la índole del conocimiento del solicitante, a diferencia de los elementos de peligro, ni tampoco lo enuncia en términos que implican el grado de conocimiento: «fundados elementos de convicción para estimar que el imputado ha sido autor o partícipe en la comisión de un hecho punible.»

Se desprende que es una «estimación», lo que de suyo es propio del conocimiento jurídico, verse sobre hechos o sobre normas.[11] Sin embargo, la diferencia específica está

10. La ley se conoce como una realidad normativa con vocación de aplicación a hechos, por eso el hecho es una referencia y no el objeto dado del conocimiento normativo.

11. La estimación implica valoración según valores y principios. El modo de relación del objeto, factum o norma, con dichos valores y principios es lo que determina la diferencia entre ambos modos de conocimiento según su objeto y su explanación discursiva. Por eso, la diferencia no es de naturaleza como lo entiende la secular doctrina que distingue entre error de hecho y error de derecho, cuya plausibilidad deriva de su ductilidad didáctica, que no es equivalente a la de su praxis. Pero ello escapa a este desarrollo.

dada por el objeto y la índole del objeto. Debe ser un conocimiento fundado, es decir, firmemente establecido sobre elementos de hecho capaces de conformar una presunción sólida rayana o cercana a la certeza respecto al juez, no necesariamente en cuanto el fiscal. Me explico.

El modo discursivo está orientado a la formación de la convicción del juez, quien en definitiva «decreta» la detención y declara la concurrencia de sus presupuestos. La argumentación fiscal se elabora según un modelo normativo con cotas de determinación cognoscitiva, que pueden ser independientes de la subjetividad del fiscal, es decir, si en éste habita un mayor grado de convicción, no es este el que determina el modo de la solicitud, sino que debe atenerse al modo objetivo del planteamiento debido según la norma.

En suma, es un conocimiento que versa sobre elementos fácticos diferenciados, de ahí su pluralidad; tales elementos fácticos deben estar convincentemente basados en fuentes de prueba, y aportados por ellas, que no alcanzan el carácter de prueba por una razón normativa procesal, pero que podrían actuar de modo similar en orden a la psique fiscal. Tal grado de certidumbre, debe ser relacionado con la estructura del tipo en el elemento de la autoría o con el tipo de participación, vinculado a su vez con el tipo principal. Es claro que la urdimbre argumentativa es más compleja cuando se vincula el tipo sustantivo (Art. 250,1°) con el de la autoría o participación (Art. 250,2°) por el mayor número de elementos y relaciones concurrentes. Como se ve, es un proceso cognoscitivo —estimativo de dos momentos definidores: el del establecimiento de los elementos de convicción y el del establecimiento de la autoría o participación.

En cuanto el peligro de fuga y de obstaculización a la búsqueda de la verdad, no debe perderse de vista que no es un hecho, sino un juicio de probabilidad, por lo que se trata de modos discursivos y de conocimiento algo distintos de los anteriores.

El juicio de probabilidad es un pronóstico sobre la conducta procesal futura del imputado, apoyado en la certeza de elementos factuales que el Código denomina «circunstancias del caso», que, como su propio nombre lo indica, tienen condición factual específicamente vinculada tanto al hecho en sí, como con determinados hechos constitutivos del peligro de fuga.

En efecto, el Código suministra unos indicadores de distinta índole con los cuales se modelan las circunstancias del caso, a fin de determinar si las circunstancias concretas del caso encajan o no, en las propuestas modélicas del artículo 251 (peligro de fuga):[12]

1. Arraigo en el país. En este supuesto, la Ley adicionalmente proporciona otros subindicadores: domicilio o residencia habitual; asiento de la familia; asiento de los negocios o trabajo; facilidades para abandonar el país.

12. El término «especialmente» puede llevar a pensar que no se trata de un *numerus clausus* de sub indicadores. En mi opinión, la fuerza de los principios del modelo procesal penal acogido por el COPP resisten tan perniciosa tentación.

2. Pena probable.

3. Magnitud del daño causado.[13]

4. Conducta procesal en el mismo proceso o en otro, «en la medida que indique su voluntad de someterse a la persecución penal.»

5. Conducta predelictual.

No todos los sub indicadores son hechos en sí mismos, pues la pena probable es una estimación normativa subsecuente a la determinación de los hechos, que se coloca como el referente de la circunstancia concreta, pero todos los sub indicadores, a la postre, remiten a hechos, en primero o segundo término. Por ello, el Ministerio Público debe aportar los *facta* específicos que se ajustan a la generalización de los enunciados del artículo 251.

El enlace con el pronóstico genera algunas interrogantes.

En primer lugar, si el hecho establecido según el modelo del mencionado artículo, contiene implícito la regla de necesidad que legitima el juicio de probabilidad. Si se entiende así, hay un ligamen de necesidad entre el primer elemento del juicio de probabilidad, y su conclusión. Si no fuere así, podría el juez «medir la intensidad «del hecho para legitimar su conclusión.

El asunto no debe desentenderse del supuesto contenido en el primer párrafo del mismo artículo, en el cual se establece que «se presume el peligro de fuga en casos de hechos con penas privativas de libertad, cuyo término máximo sea igual o superior a diez años.»

La doctrina, a despecho de letra legal explícita, ha entendido que estamos ante una presunción *iuris tantum*, aunque la experiencia forense enseña que en muchas ocasiones, el juez se limita a constatar la pena aplicable para proceder a presumir el peligro de fuga.

¿Hay entre los supuestos modélicos y el juicio que corresponde a la pena probable, diferencia en cuanto la índole del conocimiento que los identifica?

No abrigo duda sobre el diferencial de intensidad que se puede predicar de las propuestas modélicas. Así, por ejemplo, el daño puede variar en intensidad, como el propio

13. Arteaga Sánchez ha subrayado que pese a la indefinición del concepto, debe entenderse que tiene sentido patrimonial. Y agrega :«por lo cual cuando éste es importante, en su *quantum,* ello, de alguna manera, lleva a concluir en la existencia de mayores razones para escapar a la acción de la justicia o impedir la marcha del proceso.» (Conf. Alberto Arteaga Sánchez, La Privación de Libertad en el Proceso Penal Venezolano, Caracas, 2007. Segunda edición actualizada, Pág. 53). Otro asunto a determinar es el parámetro de cuantificación del daño, si es en función del sujeto pasivo o un criterio general y colectivo a criterio del juez. Lo primero introduce un margen de subjetivismo lesivo a la seguridad, por lo cual debe entenderse que es el segundo criterio, con lo cual no se resuelven todos los problemas conceptuales y de cálculo que supone, pero no es la ocasión de entrar a considerarlos.

término «magnitud», lo significa; también, el comportamiento puede gradualmente ser menos o más indicativo de rebeldía procesal. Asimismo, el arraigo, y la conducta predelictual puede ser más o menos grave, según su mayor o menor fuerza indicadora. Incluso, la pena probable está sujeta a la concurrencia de circunstancias modificativas estimadas *ex ante* de la sentencia, como sucede en toda medida cautelar.[14]

Dicha condición de intensidad no genera una relación de necesidad entre el hecho fundante del juicio y su conclusión, pues los criterios de valoración judicial son los que determinan el grado de intensidad, y no sólo la consistencia fáctica material de las circunstancias.

Además del peligro de fuga, el peligro de obstaculizar la búsqueda de la verdad también da lugar a la detención judicial preventiva. Según el artículo 252, el peligro de obstaculización consiste en:

1. Destrucción, modificación, ocultamiento o falsificación de elementos de convicción
2. Influencia en los coimputados, testigos, víctimas o expertos para que informen falsamente o se comporten de manera desleal o reticente, o induzca a otros para que realicen estos comportamientos, «poniendo en peligro la investigación, la verdad de los hechos y la realización de la justicia.»

Hay, de entrada, una clara diferencia con la otra situación de peligro, la de fuga, que consiste en que en esta última la norma suministra lo que he denominado sub indicadores, en tanto que en el peligro de obstaculización, la norma enseña en qué consiste, mas no cuál es la fuente de su probabilidad. Por tanto, el modo discursivo no puede aportar elementos fácticos pre establecidos, pero tampoco dejar de aportarlos, porque de no ser así, entonces, es una medida de coerción puramente discrecional, con lo cual se introduce un elemento voluntarista impropio en un Estado de Derecho respetuoso de los derechos fundamentales, cuya restricción debe estar doblemente controlada, por la Ley, con la fijación de reglas o criterios claros, y por la jurisdicción, con la verificación *ex ante* y *ex post* del cumplimiento de dichas reglas.

Hay dos exigencias de fundamentación fáctica.

En primer término, el artículo 250, en la parte *in fine* de su numeral 3°, exige que el Ministerio Público dé cuenta en su solicitud del «acto concreto de investigación». Este extremo tiene que ser cumplido, so riesgo de ser desestimada la solicitud por el control formal del juez.[15]

14. En nuestra legislación, el cálculo de la pena depende de la media aritmética, a diferencia de legislaciones más modernas, en las cuales depende de la estimación judicial de distintas circunstancia objetivas y subjetivas.

15. Precisa la importancia del señalamiento del acto concreto, la autora María Trinidad Silva de Vilela, aunque expresamente no llega a la conclusión señalada, pero seguramente la comparte. (Conf. María Trinidad Silva Vilela, Las medidas cautelares sustitutivas de la privación de libertad. Requisitos, en Debido Proceso y Medidas de Coerción Personal, X Jornadas de Derecho Procesal Penal, Universidad Católica Andrés Bello, Caracas, 2007, pág. 206

El otro elemento fáctico es indeterminado según la Ley, pero tiene que ser aportado en función de la casuística. No obstante tal indeterminación, a guisa de ejemplo, tenemos que cuando se trata de delincuencia organizada, su existencia misma podría ser considerada como peligro de obstaculización a la búsqueda. Claro, no siempre y en todo caso, sino que tiene que relacionarse dicha condición con el acto concreto de investigación de que se trate.

Entender que en el caso de la cuantía de la pena rige una presunción *iuris et de iure*, esto es, un vínculo de necesidad así en su estructura normativa, introduce un elemento que distorsiona el sistema, pues no hay una diferencia notable entre la índole de la pena probable y la magnitud del daño (numerales 2 y 3 del artículo 251) y la pena igual o superior a diez años. En todo caso, son realidades normativas, aunque no se puede negar que en los supuestos del 251 no se incluye un tope, como sí en el párrafo primero, lo que podría inducir a pensar que el legislador en este último caso, limitó la facultad valorativa del juez. Siendo así las cosas, la falta de sistematicidad podría ser considerada inexistente.

Por eso no creo que sea posible desatender la condición necesaria entre el hecho normativo de la pena aplicable y la conclusión del juicio de probabilidad,[16] pero ello no significa *a fortiori* el decreto de detención, pues es necesario, según la disposición exige, que concurran las demás circunstancias del artículo 250.

5. Detención judicial preventiva especial

El supuesto especial es el que le corresponde al juez de juicio, a instancias del Ministerio Público, «cuando se presuma fundadamente que éste (el acusado) no dará cumplimiento a los actos del proceso».

Aunque la norma no lo expresa, debe entenderse que es una presunción fundada en la conducta procesal del acusado en el juicio en el cual se dicta la cautelar. Por tanto, debe nutrirse del continuum del comportamiento, no de un hecho aislado. Las circunstancias procesales deben ser ciertas, y el juicio de probabilidad se formula respecto a la conducta futura del acusado. Su ligamen depende de criterios o reglas de prudencia y sentido común.

La importancia de la prudencia ha sido mencionada por la Sala Constitucional con ocasión de un amparo contra decisión de juez de control que dictó detención judicial preventiva a un imputado que había observado una conducta procesal que no tenía asomo alguno de contumacia. La sentencia no trae mayores explicaciones en cuanto la concurrencia de los requisitos de la detención preventiva, pero sí destaca la necesidad de una interpretación equilibrada por parte del juez:

16. Necesidad de la probabilidad, sólo eso. Por tanto, por definición, el hecho probable no es necesario, sino como probable.

En el caso que se examina, se observa que, desde el 10 de julio de 2005, el accionante de autos se encuentra sometido a las medidas cautelares que establecen los cardinales 3, 4 y 6 del artículo 256 del Código Orgánico Procesal Penal. Sin perjuicio del señalamiento de que dicha decisión traspasó el límite cuantitativo que establece la citada disposición legal en su párrafo final, debe advertirse que, en las actas procesales, no está acreditado que el anteriormente referido imputado hubiera incurrido en violación a los términos bajo los cuales dichas cautelas fueron decretadas, de lo cual debe presumirse, como consecuencia de ello, que tales medidas fueron eficaces para el aseguramiento de la comparecencia del actual quejoso a los actos de su juicio y, por tanto, para el aseguramiento de las finalidades del proceso que dependieran de la observancia de las obligaciones procesales que dicho accionante tuviera como carga. Por consiguiente, encuentra esta Sala que fue absolutamente injustificado que la legitimada pasiva, quien debió recordar que, a la par que Juez Penal lo era, igualmente, de control de la constitucionalidad; obligada, por tanto, a la observancia de una conducta de ponderación y prudencia en lo que a decisiones sobre privación o restricción de la libertad personal se trate, impusiera una medida manifiestamente más gravosa a dicho atributo constitucional, que aquéllas a las cuales fue sometido anteriormente el quejoso de autos, quien, bajo el régimen de las mismas, presuntamente —porque no hay, en el expediente afirmación ni prueba en contrario— acató las obligaciones que de las mismas se generaron a su cargo. Así las cosas, no debió la legitimada pasiva imponer una restricción más gravosa a la libertad personal del demandante de autos, sin que hubiera expresado, como se lo imponía el artículo 173 del Código Orgánico Procesal Penal, motivación o fundamentación alguna respecto de la razón o necesidad para el decreto de una medida preventiva de coerción personal que era, sin duda, de mayor gravamen al derecho fundamental en referencia que las que estuvieron anteriormente en vigencia y cuya eficacia como tales cautelas no aparece desvirtuada en las actas procesales. De allí que dicha jurisdicente estaba obligada, como Jueza contralora de la constitucionalidad, a la tutela de dicho derecho, el cual debió limitar sólo en el estricto marco de actuación que la Ley permite, de suerte que, de la vigencia de las primeras medidas cautelares, así como del contenido del expediente que corresponde a la causa penal que se sigue al actual legitimado activo, debió extraer la razonable convicción de que las mismas eran suficientes para el aseguramiento de la comparecencia de dicho quejoso a los actos de su proceso y, por tanto, que las finalidades de éste fueran, en cuanto correspondía a los deberes de la referida parte, plenamente logradas, razón única de ser como, con bases constitucionales y legales, se afirmó ut supra. La actuación jurisdiccional que se valora resultó ilegítimamente lesiva al derecho fundamental del quejoso de autos a la libertad personal, aun cuando por razones distintas de las que fueron alegadas por el demandante y, no obstante la desestimación de la acción de amparo, debe esta Sala, por las razones de orden público que, anteriormente y de manera reiterada, ha proclamado, proveer, incluso de oficio, la debida tutela al derecho en referencia, lo cual lleva a la conclusión de que debe declararse la nulidad del pronunciamiento que se examina, de conformidad con los artículos 191 y 195 del Código Orgánico Procesal Penal, con la consiguiente reposición de la causa al estado de que, inmediatamente al recibo de las presentes actuaciones, el Tribunal de Control del Circuito Judicial Penal del Estado Lara, a través de Juez, con competencia territorial en Carora y distinto de quien expidió la decisión que resultó afectada por la presente declaración de nulidad, expida nuevo pronunciamiento en relación con la medida de coerción personal que, en su criterio, sea aplicable al legitimado activo de autos, con estricta sujeción al contenido del presente fallo, con expresa advertencia, por parte de esta juzgadora, de que la medida cautelar de coerción personal que fue impugnada en la presente causa se mantendrá en vigencia hasta cuando se produzca el acto decisorio que antes fue ordenado al precitado Tribunal de Control. Así se declara. (Sent. No 1079, del 19-5-06)

6. Detención judicial preventiva excepcional

La diferencia fundamental que tiene este supuesto estriba en su condición de «extrema necesidad y urgencia», lo que supone la existencia de un elemento fáctico adicional que determina la inmediata procedencia del decreto. Si bien, la disposición exige la concurrencia de los requisitos de la detención judicial preventiva ordinaria, la excepcionalidad es una cualidad de una situación de hecho que debe ser expuesta y fundamentada por el fiscal cuando formalice su solicitud que, de suyo, está desprovista de formas por la urgencia del requerimiento fiscal.

Ciertamente que el Código Orgánico Procesal Penal no exige expresamente una ratificación formal de la solicitud, pero no abrigo duda de que se debe exigir, pues de lo contrario la detención queda sujeta a la mera discrecionalidad fiscal, y, además, si el juez ha de ratificar la medida por «auto fundado», tal fundamento sólo puede encontrarse en lo que el Ministerio Público le aporte, que no se adecua al contenido mismo de la solicitud cuya extrema premura no permite una fundamentación rigurosa, como es propia del decreto judicial de detención preventiva.

Pienso que la «extrema necesidad y urgencia» es una condición que colorea el peligro de fuga y de obstaculización a la búsqueda de la verdad,[17] una situación de hecho que torna inminente la materialización de uno u otro peligro, pues ambas expectativas procuran ser evitadas por la detención.

En consecuencia, no cabe, dentro del régimen de la detención judicial preventiva ordinaria, otros supuestos fácticos ni normativos para la extraordinaria, pues ello supondría incluir elementos adicionales a los fundamentos de la medida, posibilidad que queda excluida por los principios rectores de las medidas de coerción, básicamente por la excepcionalidad de la privación de libertad durante el proceso (Art. 243) y la restrictividad en la interpretación (Art. 247).

7. Incumplimiento de deberes procesales

Hay varios supuestos en los cuales el legislador sanciona el incumplimiento de deberes procesales del imputado, en algunos casos con expresa invocación de detención, y en otros con la revocatoria de la cautelar sustitutiva, caso último que la jurisprudencia constitucional ha entendido que también da lugar a la detención preventiva, aun ante la carencia de norma legal expresa que así lo autorice.

En el párrafo segundo del mismo artículo 251, se sanciona «la falsedad, la falta de información o de actualización del domicilio del imputado», con la revocatoria de la medida cautelar. Nuevamente, la disposición legal emplea la voz «presunción», cuando determina que dichas conductas procesales del imputado dan lugar a la presunción de fuga.

---

17. En el mismo orden de ideas, Alberto Arteaga Sánchez, La Privación de Libertad en el Proceso Penal Venezolano, Caracas, 2007, segunda edición actualizada, pág. 60

Algunas aclaraciones merece esta disposición.

En primer término, la revocatoria de la medida cautelar no conduce forzosamente a la detención preventiva, pues la norma no lo dice, por lo que puede ser otra cautelar.

En segundo lugar, no toda presunción de fuga determina la detención.

Según lo establece el párrafo primero del mencionado artículo 251, en los casos de presunción de fuga por pena igual o superior a los diez años, el juez, «a todo evento», puede «de acuerdo a las circunstancias», rechazar la solicitud del Ministerio Público e imponer una medida cautelar distinta a la detención preventiva. Ello supone que el juez puede, aún más debe, calibrar la intensidad del peligro, juicio estimativo y de pronóstico, para acordar o no la detención.

En consecuencia, el discurso de la solicitud debe dar cuenta del conocimiento de las circunstancias fácticas fundantes, y puede incorporar reglas o consideraciones de prudencia y sentido común que implícita o tácitamente legitiman la petición de detención. Si el fiscal tiene un grado de certeza superior al presuntivo, le está vedado fundamentarse en él, porque el juez tampoco puede, sin juicio previo y debido, alcanzar tal grado de certeza, ni mucho menos declararla *in limine*.

Se hace oportuno incluir algunas consideraciones respecto del artículo 262, que prevé la revocatoria, aun de oficio, de la medida cautelar sustitutiva cuando el imputado incumpliere algunas de las obligaciones mencionadas en dicho dispositivo legal, entre las cuales se encuentra el aparecer fuera del lugar donde deba permanecer.[18]

La Sala Constitucional ha entendido que la revocatoria en cuestión significa que se debe decretar la detención judicial preventiva del incumpliente:

> Se observa que la pretensión del accionante es que la Corte de Apelaciones del Circuito Judicial Penal del Estado Monagas resuelva su recurso de apelación y, en consecuencia, revoque la medida cautelar sustitutiva de la privativa de libertad otorgada el 28 de diciembre de 2005 al imputado Carlos Daniel Ospino Payares, la cual consistió en arresto domiciliario y prohibición de salida del país; no obstante, de la información suministrada a esta Sala el 21 de junio de 2006, por el Juzgado Primero de Control del Circuito Judicial Penal del Estado Monagas, se desprende que visto que el imputado Carlos Daniel Ospino Payares, se sustrajo del proceso marchándose de la residencia donde debía permanecer, desconociéndose su paradero según acta policial del 18 de abril de 2006, el 21 de abril de este año dicho Tribunal ordenó su aprehensión librando oficios a los órganos de seguridad del Estado, siendo ratificada dicha orden el 2 de mayo y el 3 de julio de 2006, sin que hasta la fecha se haya logrado su captura.
> El Código Orgánico Procesal Penal establece en su artículo 262, lo siguiente:
> ...(omissis)...

18. Las medidas cautelares sustitutivas implican determinados deberes para el imputado, de allí que se prevea su revocatoria, cuando «apareciere fuera del lugar donde debe permanecer», o bien, «cuando no comparezca injustificadamente ante la autoridad judicial o del Ministerio Público que lo cite», como también «cuando incumpla, sin motivo justificado, una cualquiera de las presentaciones a que está obligado,»

Como se observa del artículo transcrito, cuando el imputado a quien se le otorgó una medida de aseguramiento menos gravosa que la privativa de libertad incumpla dicha medida, como sucedió en el caso de autos que el imputado se sustrajo del proceso y salió del sitio destinado para su detención, el juez visto este caso en específico que configura una presunción iure et de iure (sic), es decir, no admite prueba en contrario, ya que la única forma justificada de salir del lugar del arresto domiciliario es mediante autorización expresa y específica otorgada por el Tribunal de la causa, puede de oficio, o previa solicitud del Ministerio Público o de la víctima que se haya constituido en querellante, revocar la medida y procurar por todos los medios la aprehensión del imputado a quien por razones obvias de peligro de fuga y obstaculización de la justicia, debe imponer en consecuencia, la medida judicial privativa de libertad.
Siendo ello así, estima esta Sala que al haberse dado en el presente caso el incumplimiento a la medida cautelar impuesta de arresto domiciliario, tal como lo refiere el artículo 262.1 del Código Orgánico Procesal Penal, no existe posibilidad de que el ciudadano Carlos Daniel Ospino Payares, una vez lograda su captura conforme a la orden de aprehensión ordenada por el Juzgado Primero de Control del Circuito Judicial Penal del Monagas, siga siendo acreedor de la medida cautelar impuesta el 28 de diciembre de 2005, es decir, que en virtud de su mal proceder la misma decayó, resultando por ende, que sobrevenidamente el recurso de apelación ejercido y que a través del amparo se pretende sea resuelto, perdió su objeto.
Lo anterior, evidencia a su vez, que al accionante sobrevenidamente le surgió la posibilidad de ver satisfecha su pretensión inicial pero por una vía distinta al amparo, la cual consiste en solicitar al Tribunal de Control la revocatoria de la medida visto el incumplimiento y la consecuente sustracción del proceso por parte del imputado; lo que indefectiblemente hace que sobrevenidamente la acción de amparo constitucional resulte inútil e inadmisible a la luz de lo previsto en el cardinal 5 del artículo 6 de la Ley Orgánica de Amparo sobre Derechos y Garantías Constitucionales. Así se declara. (Sent. Del 1-11-06, No. 1901, expediente No. 06 0105) (He destacado)

La anterior sentencia suscita ciertas inquietudes, más aún cuando proviene precisamente de la Sala que está fundamentalmente obligada a preservar la integridad de la Carta Magna.

Repugna al modelo acusatorio y en general, al Estado Democrático de Derecho, el establecimiento de presunciones *iuris et de iure,* no sólo de culpabilidad, sino de restricciones de libertad, pues no permiten el ejercicio del derecho de defensa. La afirmación de que sólo hay una forma justificada de salir del lugar del arresto domiciliario, se sostiene en una muy limitada visión de las justificaciones, tanto si se invocan en sentido estricto jurídico penal, como amplio. Una situación extraordinaria de peligro a la vida, por ejemplo, «justifica» la evasión del lugar del arresto domiciliario, por ejemplo. Un criterio autoritarista anima la afirmación de la Sala.

En segundo lugar, las medidas cautelares sustitutivas no operan en defecto de la detención, sino todo lo contrario, pese a la defectuosa sistemática y terminología legal. La sentencia parece entender que a defecto de cualquier medida cautelar, procede la detención.

Por otra parte, las medidas de coerción no son un medio de castigo, sino de aseguramiento de comparecencia. Si el imputado no atiende a los deberes propios de la medida cautelar que le fue impuesta, lo que procede no es penarlo, sino decretar la medida que con el objetivo de su aseguramiento al proceso sea más efectiva, según las circunstancias del caso.

De acuerdo a lo establecido en el artículo 264, el juez está obligado a «examinar la necesidad del mantenimiento de las medidas cautelares cada tres meses», por lo que la insinuación de que revocada la cautelar y sustituida por detención, no cabe recurso alguno, es tanto como privar al justiciable del derecho de una reiterada revisión, de suyo no sometida a excepciones, y de recurrir, en aquellos casos en que la jurisprudencia ha venido reconociendo la existencia de un excepcional derecho a recurrir contra el decreto de detención judicial preventiva.[19]

Es también digno de ser tomado en cuenta que en todos los supuestos de detención judicial preventiva ordinaria, especial y extraordinaria, la decisión judicial depende del impulso fiscal, del cual el máximo Tribunal prescinde en casos de revocatoria por incumplimiento de deberes procesales del imputado.[20]

El COPP establece la consecuencia del incumplimiento del deber procesal, que no es otra que la revocatoria, mas no determina el alcance de la potestad oficiosa del juez más allá de la revocación. Se ha entendido, sin la debida discusión, que el efecto de la revocatoria es *ipso iure* la detención, con lo cual se permite la intromisión judicial en el régimen de la situación procesal del imputado, lo que significa una alteración de la función judicial en dicho ámbito, tal y como la revocatoria fuese la sanción punitiva al incumplimiento del imputado. Por el contrario, debió tratarse como una situación objetiva cuyo efecto es sólo a los fines de preservar la continuidad del proceso.

Visto así, el imputado puede justificar su conducta objetivamente incumpliente y obtener de nuevo la misma medida u otra, y no necesariamente la imposición de la detención. Por otra parte, la revocatoria no prevé un procedimiento que cumpla con el principio rector de la audiencia y la defensa del imputado a los fines, sino de la revocatoria, sí de su ratificación. En mi opinión, negar el derecho a la audiencia y a la defensa, con el fin de examinar si el incumplimiento objetivo del deber procesal está favorecido o no por una justificación, es violatorio del debido proceso y puede acarrear la nulidad de la decisión judicial que decrete la detención por dicho incumplimiento.

---

19. Según la letra del mencionado artículo 264, el imputado puede solicitar la revisión o sustitución de la medida cautelar, las veces que considere necesarias y, a su vez, el juez está obligado a revisarla de oficio cada tres meses, de donde la jurisprudencia ha entendido que no cabe el recurso de apelación. No obstante, se ha reconocido el derecho de apelar cuando vencido el plazo máximo de duración de la cautelar, el juez no la revoca, o cuando en situaciones muy especiales, es evidente que el ejercicio del derecho de revisión no conduce a una efectiva revisión por parte del juez.

20. Ciertamente que la sentencia citada no generaliza, pero nada obsta a entender que no negaría tal generalización incluso al supuesto de falsa información o falta de actualización que prevé el artículo 251, párrafo segundo, como causal de revocatoria de la cautelar sustitutiva.

La «relatividad» de la cosa juzgada y sus nuevos confines

ROBERTO O. BERIZONCE
PROFESOR ORDINARIO DE DERECHO PROCESAL II,
UNIVERSIDAD NACIONAL DE LA PLATA, ARGENTINA
PRESIDENTE HONORARIO DEL INSTITUTO IBEROAMERICANO DE DERECHO PROCESAL

Al dilecto amigo Prof. José Luis Vázquez Sotelo, por su calidad humana y en testimonio de admiración a uno de los grandes procesalistas de Iberoamérica

I. La «relatividad» de la cosa juzgada

Vivimos en un contexto de fragilidad creciente —de las instituciones en general, políticas, sociales, económicas—, cruzado más por profundas incertidumbres que por anheladas certezas, en medio del cual se debilitan y aún deshacen instituciones, valores y creencias que otrora se consideraban perennes y tenían por naturales —como la familia y los vínculos que se anudan a su alrededor—. Sostiene un reputado sociólogo contemporáneo que la nueva modernidad, la «modernidad líquida», se complace en desbaratar todo, deshacer lo que fuera la modernidad de la víspera, sin que nada permanente pudiera ser construido para ocupar su lugar. Todo lo que nuestra «modernidad líquida» es capaz de erigir nace con el sello de la provisoriedad, sin otro destino que el de ser prontamente reemplazado por un sucedáneo; y así en adelante. La vida «líquida» se define por la precariedad e incertidumbre constantes, en el marco de una precarización que genera inseguridad y vulnerabilidad.[1]

En semejante escenario no resulta sorprendente que las instituciones jurídicas tradicionales sufran también un embate que las zocaba, si no ya sustituyéndolas pero al

1. Bauman Z., *Vida líquida*, Piadós, Bs. As., 2006, trad. A. Santos Mosquera, *passim.*

menos fragilizándolas y angostándolas. Se debilita la seguridad jurídica por la inobservancia y el menosprecio permanente de las reglas básicas de la Constitución, comenzando por el principio de la división de poderes y la laxitud de la ley, que presupone la inevitable inflación y flexibilización de los marcos normativos sustantivos.[2] En paralelo, y como consecuencia, desdibuja y corroe la fuerza de la cosa juzgada material que proviene de las decisiones judiciales.

En verdad, el fenómeno de la deflación de la cosa juzgada opera en, al menos, dos direcciones principales: 1. su «relativización» en el sentido de un relajamiento de la inmutabilidad y, especialmente de sus límites objetivos, por el angostamiento del concepto de cuestión amparada por la cosa juzgada; y 2. el paulatino incremento de los tipos procesales «sumarios»,[3] imaginados para brindar soluciones más rápidas y expeditas —efectividad del proceso— a ciertos conflictos que se contentan con decisiones que tan solo producen cosa juzgada formal, por la superficialidad o fragmentación de la cognición y la provisoriedad del pronunciamiento —tutelas anticipatorias en general, estructuras monitorias, procesos urgentes, modalidades similares—.[4] Correlato de ello lo constituye el «vaciamiento» de la significación de la cosa juzgada material, que en tales tipos procesales pasa a un segundo plano como una mera posibilidad ulterior a la que, por añadidura, no se supedita la ejecución del pronunciamiento provisional. Lo que supone excepción notoria del clásico principio *nulla executio sine titulo.*[5] No es este último aspecto el que ocupa aquí nuestras reflexiones, que se centrarán en el primer tópico.

No se trata de negar el fenómeno general de la «relativización» de ciertos principios que gobiernan el proceso —la congruencia, el contradictorio, la cosa juzgada—. En verdad, está fuera de discusión que la cosa juzgada sea algo absoluto, de modo que estrictamente más que de la «relativización» de lo que está admitido sea relativo, se trataría de un corrimiento y ampliación de sus límites fronterizos.[6]

---

2. Picardi N., *Il mutamenti del ruolo del giudice nei nostri tempi* en *Derecho Procesal en vísperas del siglo XXI. Temas actuales en memoria de los Profs. I. Eisner y J. A. Salgado,* coord.. R. Arazi, Ediar, Bs. As., 1997, pp. 398-401. Alterinia. A., *Respuestas ante las nuevas tecnologías: sistemas, principios y jueces*¸ La Ley, 2007-F, supl. 3-12-07;

3. Proto Pisani A., *La tutela sommaria* en *Apuntes sulla gustizia civile*, Bari, 1982, pp. 313 y ss.. Barbosa Moreira J. C., *Tutela de urgencia e efectividade do direito* en *Temas de Direito Processual, Oitava série,* ed. Saraiva, Sâo Paulo, 2004, pp. 89-105.

4. Biavati P., *Tendencias recientes de la justicia civil en Europa,* RDP 2008-2. Bedaque J. R., dos Santos, *Tutela cautelar e tutela anticipada: tutelas sumárias e de urgencia,* 3a. ed., Sâo Paulo, 2003, pp. 102 y ss. Marinoni L. G., *A anticipaçâo da tutela*, 7a. ed. dos Tribunais, Sâo Paulo, 2002, pp. 31 y ss..

5. Marinoni L. G., *Novas linhas do proecesso civil,* Malheiros ed., Sâo Paulo, 1996, 2a. ed., pp. 76-77. Se suscitan problemas complejos que en el fondo no son diversos de los que anidan en la revisión de la cosa juzgada, pues la ejecución provisional de la sentencia en los procesos sumarios puede producir efectos fácticamente irreversibles, al margen de las salvaguardas de la caución suficiente para responder por los daños que pudieran ocasionarse, y aún de la potestad judicial para suspender tal ejecución. Se está ante una inevitable colisión entre derechos fundamentales —tutela efectiva de los derechos vs. seguridad jurídica—, que ha de resolverse a través del principio de proporcionalidad. Conf. Camargo Righi E., *A colisión de direitos fundamentais na anticipaçâo de tutela de efeitos faticamente irreversives* en *Rev. Autónoma de Processo*, Juriá ed., Curitiba, 2007, n° 3, pp. 157 y ss..

6. Barbosa Moreira J. C., *Consideraçôes sobre a chamada «relativizaçao» da cosa julgada material,* Genesis, Rev. de Dir. Proc. Civil, Curitiba, 2004, N° 34, p. 729 y ss.

Al margen de las divergencias doctrinarias sobre la sustancia de la cosa juzgada material, ha de convenirse que su rasgo propio, la cualidad, el efecto que se agrega a la declaración contenida en la sentencia, afinca en la inalterabilidad e inmutabilidad del pronunciamiento judicial firme —sea de su contenido y efectos (Liebman), o sólo de estos últimos (Palacio)—.[7] Ahora bien, hay que tener en cuenta que la eficacia preclusiva de la cosa juzgada, como efecto negativo, opera sobre sus límites objetivos, en el sentido que aquella cubre todas las cuestiones litigiosas y expresamente decididas, y también aquellas deducibles, es decir, que pudiendo haber sido propuestas no la fueron; lo que implica, a contrario, que nada impide discutir y conocer en un proceso posterior una litis diversa.[8] Tales límites suponen, de algún modo, como sostiene Barbosa Moreira,[9] «relativizarla».

II. Revocabilidad de la sentencia «intolerablemente injusta»

La tensión entre los diversos valores de la seguridad jurídica que persigue la cosa juzgada y la justicia del caso, debería ser resuelta por el legislador mediante la previsión de vías procesales específicas, que permitan revisar la *res judicata*. La legislación comparada exhibe un variado catálogo: acciones de revisión (LEC española N° 1/2000, arts. 509 a 516); recurso de revisión, CGP uruguayo (arts. 281 a 292); acciones rescisorias (CPC brasileño, arts. 485 a 495); de revocación extraordinaria (CPC italiano, arts. 395, apart. 1, 2, 3 y 6)[10] Tales vías se remontan al *in integrum restitutio* del derecho romano, que permitía obtener la retractación de la *res judicata* cuando, tras la sentencia, se descubrían otras pruebas o se determinaba que se había juzgado en base a pruebas falsas.[11]

Como enseñaba Chiovenda,[12] nada tiene de irracional en sí mismo que la ley admita la impugnación de la cosa juzgada, desde que su autoridad misma no es absoluta y necesaria, sino establecida por consideraciones de utilidad y oportunidad; de tal manera que estas mismas consideraciones pueden a veces aconsejar su sacrificio para evitar el desorden y el mayor daño que se derivaría de la conservación de una sentencia intolerablemente injusta. Es que, como está unánimemente admitido,[13] la cosa juzgada es una exigencia política; no es de razón natural sino de exigencia práctica.

---

7. *Derecho Procesal Civil*, Abeledo Perrot, Bs. As., 1975 v. V, pp. 497-498.

8. Obra cit., pp. 503 - 504.

9. *Considerações*... cit., pp. 731- 732. Si alguna cosa escapa al celo de la inmutabilidad, son justamente los efectos de la sentencia.

10. Para una visión amplia de las legislaciones iberoamericanas y las diversas instituciones que se recogen —acciones de rescisión, de revisión, declarativa de nulidad—: Landoni Sosa A., *La cosa juzgada: valor absoluto o relativo* en *XVII Jornadas Iberoamericanas. XI Jornadas Uruguayas de Derecho Procesal,* FCU, Montevideo, 2002, p. 481 y ss; y en la misma obra: Gomez Lara C., *Revisión de la cosa juzgada aparente o fraudulenta*., pp. 393 y ss.

11. Calamandrei P., *La casación civil,* E.B.A., Bs. As., 1961, trad. S. Sentís Melendo, t. I, v. I, pp. 39 y ss.; pp. 209-210. Cipriani F., *Casación y revocación en el sistema de las impugnaciones*, en *Proceso y Justicia Rev. Der. Proc. PUC del Perú*, Lima, 2002, n° 2, p. 41.

12. *Principios de Derecho Procesal Civil,* Madrid, ed. Reus, 1941, v. II, p. 511.

13. Couture E. J., *Fundamentos del Derecho Procesal Civil,* Depalma, Bs. As., 1993, n° 263.

Qué sea precisamente lo que configure una sentencia que pueda ser calificada de «intolerablemente injusta» es algo que, como principio, corresponde al legislador delimitar con claridad, so peligro de menoscabo insalvable de la eficacia de la cosa juzgada y, con ello, de la seguridad jurídica.[14]

Los *motivos taxativos* que tradicionalmente las legislaciones en general admiten pueden compendiarse en los siguientes, en coincidencia con la actual LEC española (art. 510) —por otra parte, sustancialmente similares a los acogidos en la anterior—: 1. Si después de pronunciada la sentencia, se recobrasen u obtuvieren documentos decisivos, de los que no se hubiere podido disponer por fuerza mayor o por obra de la parte en cuyo favor se hubiere dictado. 2° Si hubiere recaído en virtud de documentos que al tiempo de dictarse ignoraba una de las partes haber sido declarados falsos en un proceso penal, o cuya falsedad se declarase después penalmente. 3° Si hubiere recaído en virtud de prueba testifical o pericial[15] y los testigos o los peritos hubieren sido condenados por falso testimonio dado en la declaraciones que sirvieran de fundamento a la sentencia; y 4° si se hubiera ganado injustamente en virtud de cohecho, violencia o maquinación fraudulenta.[16]

En el derecho brasileño constituyen igualmente motivos de rescisión el prevaricato, concusión o corrupción del juez (art. 485, I); el CGP uruguayo, a su vez, lo tipifica como actividad dolosa del tribunal declarada por sentencia firme (art. 283.5, 114 y 115.2).[17]

Los vicios que dan lugar a la revisión, en definitiva, como se señalara certeramente,[18] pueden afectar a la ciencia a la que se debe la sentencia impugnada (conocimiento) o

---

14. Es doctrina inveterada del más Alto Tribunal de la Nación que el respeto a la cosa juzgada es uno de los pilares fundamentales sobre los que se asienta nuestro régimen constitucional y por ello no es susceptible de alteración ni aún por vía de invocación de leyes de orden público, toda vez que la estabilidad de las sentencias, en la medida en que constituyen un presupuesto ineludible de la seguridad jurídica es también exigencia del orden público con jerarquía superior (CSN, 1-3-1994, «Rocatagliata c/ Instituto Municipal de Previsión Social», D.J. 1995-2-440; 27-12-1996, «Chocobar c/ Caja Nacional de Previsión para el personal del Estado», JA 1997-II-557; 29-10-1996, «Egües, A c/ Provincia de Bs. As.», LL 1998-A-116). Por esta razón, «la alteración de los derechos adquiridos que las leyes puedan llegar a disponer para asegurar el bien común no puede alcanzar a la inmutabilidad de la cosa juzgada» («Chocobar c/ Caja Nacional de Previsión para el personal del Estado», cit.. Conf.: Amadeo, J. L., *La cosa juzgada según la Corte Suprema,* Bs. As., ed. Ad Hoc, 1998, págs. 19/22.

15. EL CGP uruguayo recoge una redacción más amplia: «alguna de las pruebas que constituyeren fundamento decisivo de la resolución impugnada» (art. 283.2). Landoni Sosa A., director, *Código General del Proceso*, IBdeF, Montevideo, Bs. As., 2004, v. 2-B, pp. 1038 y ss.. Vescovi E. y otros, *Código General del Proceso*, Ábaco, Montevideo, 1993, v. II, pp. 451-458.

16. En el CGP uruguayo se alude a violencia, intimidación o dolo (art. 283.1); colusión u otra maniobra fraudulenta de las partes (inc. 6). Landoni Sosa A., ob. cit., pp. 1040-1041.

El art. 395 del CPC italiano enumera el dolo de una de las partes en daño de la otra (inc. 1), el dolo del juzgador (inc. 6°), el error de hecho (art. 4°). Conf.: Tarzia G.; *Lineamenti del processo civile di cognizione,* Giuffre ed., Milano, 2002, 2a. ed., pp. 381 y ss. También el art. 485 CPC brasileño alude al error de hecho resultante de actos o de documentos de la causa (inc. IX). Conf.: Barbosa Moreira, *Comentario ao Código de Processo Civil,* ed. Forense, R. de Janeiro, 1998, 7a. ed., v. V, pp. 103-104, 145 y ss..

17. Landoni Sosa A., ob. cit., p. 1044.

18. Guasp J., *Derecho Procesal Civil,* Inst. de Est. Políticos, Madrid, 2a. ed., p. 1621. Hitters J. C., *Revisión de la cosa juzgada,* LEP, La Plata, 2a. ed., 2001, *passim*.

a la conciencia de la que procede (voluntad). El último de los supuestos en realidad alude estrictamente a los denominados vicios intrínsecos o sustanciales del decisorio.

III. El debate en la doctrina brasileña

Resulta de especial interés traer a colación un encendido debate que viene dividiendo a la doctrina brasileña,[19] con reflejos en la jurisprudencia, en torno de la «relativización» de la cosa juzgada material.

En sintético resumen, algunas autorizadas opiniones defienden la idea de la revisión amplia de la cosa juzgada, proponiendo reducir su «carga imperativa» para evitar que se erija en una fuente productora de injusticias, desde que el Estado en su dimensión ética no tutela la sentencia judicial, aunque haya pasado en cosa juzgada, que se desatiende de los principios de moralidad, legalidad, razonabilidad, proporcionalidad y justicia,[20] o, desde otro ángulo aunque arribando a conclusiones similares, desde que el principio de razonabilidad y proporcionalidad condicionan la «inmunización» a los efectos de la cosa juzgada, por lo que no cabe reconocer la inmutabilidad de los pronunciamientos cuando quiebran tales principios;[21] o, todavía, desde que absoluto es tan solo el «derecho justo», por lo que debe admitirse la rescindibilidad de las decisiones que contengan una «seria injusticia»; con más razón, si padecen del vicio de inconstitucionalidad, en cuyo caso la cosa juzgada es nula y como tal no sujeta a plazos de prescripción o decadencia, propios de la acción rescisoria.[22]

Tales posturas levantaron puntuales críticas que, aún admitiendo la «relatividad» de la cosa juzgada, se oponen a que pueda quedar sometida a meros presupuestos valorati-

---

19. Principalmente, puede consultarse: Delgado J. A., *Pontos polémicos das açôes de indemizaçâo de áreas naturais protegidas*, en Rev. de Processo (RePro), n° 103, Sâo Paulo, 2001, p. 31 y ss.. Dinamarco C. R., *Relativizar a coisa julgada material*, en RePro, n° 109, 2003, p. 9 y ss.. Theodoro Junior H. y Cordeiro De Faria J., *A coisa julgada inconstitucional e os instrumentos processuais para seu controle*, en *Coisa julgada inconstitucional*, VV. AA., ed. América Jurídica, R. de Janeiro, 2002, p. 139 y ss. Barbosa Moreira J. C., *Consideraçôes sobre a chamada relativizaçâo da coisa julgada material*, ob. cit., pp. 729 y ss.. Marinoni L. G., *O principio da segurança dos atos jurisdicionais (a questâo da relativizaçâo da coisa julgada material)* en *Génesis*, Rev. de Dir. Proc. Civ., n° 31, 2004, pp. 142 y ss. Baptista Da Silva O., *Coisa julgada relativa?* en *Studi di Diritto Processuale Civile in onere di Giuseppe Tarzia*, Giuffré ed., Milano, 2005, v. II, pp. 963 y ss.. Arruda Alvim Wambier T. y Garciá Medina J. M., *O dogma da coisa julgada. Hipótesis de relativizaçâo*, ed. Rev. dos Tribunais, Sâo Paulo, 2003; *id.*, *Relativizaçâo da coisa julgada*, en *Estudos de Direito Processual Civil. Homenagem ao Prof. E. D. Moniz de Aragâo*, L. F. Marinoni coord., ed. Rev. dos Tribunais, Sâo Paulo, 2005, pp. 534 y ss. Alvim T., *Repensando a coisa julgada*, en Rev. Autonoma de Processo, Juría ed., Curitiba, 2007, n°2, p. 307 y ss. Nery Junior, N., *Coisa julgada e o Estado democrático de direito* en *Estudos em homenagem a Prof. Ada Pellegrini Grinover*, dpj ed., Sâo Paulo, 2005, pp. 703 y ss.

20. Delgado J. A., ob. cit., pp. 31 y ss.

21. Dinamarco C. R., ob. cit., pp. 9 y ss. Asimismo, *Relativizar a coisa julgada material* en *XVIII Jornadas Iberoamericanas y XI Jornadas Uruguayas de Derecho Procesal*, F.C.U., Montevideo, 2002, pp. 519-545. Su postura gira en torno de la imposibilidad jurídica de los efectos sustanciales de la sentencia. Se trata del empeño de elaborar una visión sistemática de la relativización de la cosa juzgada, según criterios objetivos que provienen de ciertos valores resguardados por la Constitución y que persigue el equilibrio entre las opuestas exigencias de certeza o seguridad y de justicia y legitimidad de las decisiones (ob. cit. en último término, pp. 542-544).

22. Teodoro Junior H., ob. cit., pp. 139. y ss.

vos —«injusticia» de la sentencia, sentencia «abusiva», «moralidad» administrativa y análogos—;[23] o que niegan que el ordenamiento positivo se compadezca con un aumento de la dosis de «relativización» que él mismo ya consagra, salvo la excepción del supuesto especial de la revisión de lo juzgado cuando sobreviene un descubrimiento científico susceptible de demostrar el error incurrido que, de todos modos, ha sido admitido ya por vía jurisprudencial.[24]

Una mirada singular, finalmente, es la que proporcionan quienes partiendo de la aseveración de que debe extremarse el cuidado para «no minar imprudentemente la *auctoritas reijudicata*», afirman que lo que se está propugnando es tan solo un nuevo marco para las concesiones que la justicia debe hacer a la seguridad, ahora con un predominio de las exigencias de justicia y efectividad para una paz social más justa, en un contexto de cierta desmitificación de la cosa juzgada que ya no se concibe más como un valor que deba ser preservado a toda costa.[25] Para impedir la «estabilización de situaciones indeseables» se propugna, por un lado, admitir que se configuran ciertos supuestos en que la cosa juzgada no se ha formado, sea que resulta inexistente porque la sentencia aparece inficionada de un vicio constitutivo, o ya porque no ha mediado cognición plena, extintiva y definitiva (cognición parcial sumaria). El otro camino sería el derivado de una reinterpretación de los alcances de la acción rescisoria del art. 485 CPC, para comprender como causal la violación de los principios jurídicos en que se sustentan las normas.[26] No se trata de relativizar decisiones pasadas en cosa juzgada, sino de eliminarlas del mundo jurídico por los vicios que presentan a través, entre otras, de la acción declaratoria de inexistencia de cosa juzgada.[27]

En verdad, tan alto debate en la doctrina brasileña deja en descubierto y espeja las inquietudes que *mutatis mutandi* se traslucen, en buena medida, entre nosotros. De ahí la necesidad de reanalizar los alcances de la cosa juzgada en el marco de las actuales valoraciones comunitarias, para adaptarla a las exigencias de justicia intrínseca que anidan en su núcleo.

IV. Estado de la cuestión entre nosotros

Podemos diferenciar diversas etapas en la evolución de las ideas sobre la inmutabilidad de la cosa juzgada. Una concepción tradicional se aferraba a su valor absoluto, la «san-

23. Baptista Da Silva O. A., ob. cit., pp. 963 y ss.

24. Barbosa Moreira J. C., ob. cit., pp. 742-743. El derecho brasileño sólo admite la «desconstitución» de la sentencia pasada en cosa juzgada en atención a la gravedad de errores *in iudicando* (acción rescisoria del art. 485, VI, sentencia fundada en prueba falsa); y en supuestos relacionados con la validez de la sentencia (*querella nulitatis* por violación del debido proceso, nulidad de la citación al demandado). Pero tales remedios no se relacionan necesariamente con la injusticia de la decisión; no se ordenan de manera específica a una «relativización» que pretende situarse y justificarse entre el tenor del juzgamiento, por un lado, y la realidad sustancial o principio jurídico superior, de otro (pp. 739-740).

25. Arruda Alvim Wambier T. y García Medina J. M., *O dogma da coisa julgada,* ob. cit., Presentación, pp. 11-14.

26. Ob. cit., pp. 13-14; pp. 210 y ss.; *id., Relativizaçâo de la coisa julgada*, ob. cit,. Más ampliamente: Arruda Alvim Wambier T., *Nulidades do processo e da sentença*, Rev. Edit. dos Tribunais, 1998, 4a. ed., *passim.* En un sentido sustancialmente similar: Alvim T., ob. cit., pp. 307 y ss..

27. Alvim T., ob. cit., p. 320

tidad» de lo juzgado y por ende era frontalmente opuesta a la posibilidad de su revisión por vía de una acción autónoma de nulidad,[28] diversa del recurso de revisión concedido en ciertos ordenamientos siguiendo las fuentes de la LEC española de 1881.[29]

a. Couture sostuvo en 1939 una postura superadora[30] que a partir de la conceptualización de ciertos *vicios intrínsecos* de los actos procesales o de todo el proceso, abría las puertas a lo que consideraba una verdadera acción autónoma revocatoria de la cosa juzgada obtenida mediante fraude o colusión, para satisfacer el interés de terceros lesionados. Siempre será menor mal, argumentaba, el de una cosa juzgada destruida, que el de numerosos fraudes y delitos amparados y encubiertos por los jueces. La circunstancia que ningún texto expreso autorice la acción revocatoria no constituye impedimento a su admisibilidad, no solo por los antecedentes favorables del derecho hispánico sino porque en última instancia una acción semejante nace de la Constitución.

El principio de que la cosa juzgada cubre definitivamente las nulidades, afirmaba Gelsi Bidart,[31] sólo puede aceptarse con dos limitaciones: 1)si hay nulidad absoluta o inexistencia no se puede concebir la cosa juzgada 2) los terceros no pueden ser afectados.

b. La caracterización de los vicios intrínsecos sustanciales o inmanentes del contenido de los actos del proceso, distintos de los simples desvíos extrínsecos ha sido el pivote en que se asentara la revisión de la cosa juzgada, motivada en la falta de requisitos de fondo vinculados con el discernimiento, la intención y la libertad de los sujetos —error esencial, dolo, violencia—, o de vicios erigidos en causales de invalidez en razón del interés de los terceros, como el fraude y la simulación.[32] Al margen de las dificul-

---

28. Siempre se recuerda a Estévez Sagui para quien tal vía constituía «una mina horrorosa que en solo sesenta días podía hacer volar los eternos principios de la justicia» (*Tratado elemental de los procedimientos civiles en el foro de Buenos Aires,* Bs. As. 1850, p. 628). Un siglo después, Ibañez Frocham afirmaba que, a menos que la ley lo estableciera, importaría un retroceso dar muerte por vía de recurso a un proceso concluido por sentencia pasada en autoridad de cosa juzgada (*Tratado de los recursos*, Fedye, Bs. As., 1969, 4a. ed. actual., p. 574-577; y su nota en J.A., 1955-III, p. 16. Esta postura negativa era corriente en esa época: Berizonce R. O., *La nulidad en el proceso,* Ed. Platense, 1967, pp. 129-130. Hitters J. C., *Revisión de la cosa juzgada,* ob. cit., p. 265. El CPC de Jujuy, creo anticipatoriamente (1949) una acción autónoma de nulidad de los actos fraudulentos (art. 183) inspirado en el proyecto Couture, art. 577.

29. Así, en la ley 50, arts. 241 a 247; en los Códigos de Procedimientos Penales y Contenciosoadministrativos, Código Varela de la Provincia de Buenos Aires (art. 71, derogado). Asimismo, en los Códigos procesales civiles de Mendoza (art. 155 a 158) Córdoba (art. 1272, ley 4.782), La Rioja (arts. 82 y 83).

30. *La acción revocatoria de la cosa fraudulenta*, La Ley, v. 16, sec. doct., pp. 104 y ss.. Ideas que desarrolló posteriormente en *Estudios de Derecho Procesal Civil*, Depalma, Bs. As., 1998, v. 3, pp. 387-416. Claro que el propio maestro rioplatense sostenía que la revisión de la sentencia firme no significa «levantar la esclusa, salvo en pequeña medida, porque si se la cierra impidiendo revisar, adquiere carta de ciudadanía y se legitima el fraude, y si se la abre anchamente, la cosa juzgada se desmorona» (*La acción revocatoria de la cosa juzgada fraudulenta*, cit., p. 105). Incluyó el tema en el art. 577 de su proyecto de CPC.

31. *De las nulidades en los actos procesales*, Montevideo, 1949, pp. 351 y ss..

32. Gelsi Bidart A., ob. cit., p. 361 y ss.. Esclapez J. H., sus trabajos en J.A., 1948-II., sec. doct., p. 108; J.A., 1948-III, sec. doct., p. 58; J.A., 1949-III sec. doct., p. 65. Rev. Col. Abog., La Plata, nº 11, p. 281 y ss. Parry A. E., *La cosa juzgada irrita*, La Ley, v. 82, p. 744. Bremberg A., *Cosa Juzgada y daño a terceros*, La Ley, v. 79, p. 389. Arazi R., *Fraude procesal y proceso fraudulento,* La Ley, v. 139, sec. doct., p. 1224; *id., Acción de revisión de cosa juzgada írrita*, Rev. Der.

tades que presenta la delimitación de cada uno de tales supuestos,[33] es lo cierto que la doctrina autoral se ha esforzado por diferenciarlos y tipificarlos[34] y que la jurisprudencia de los tribunales le abrió sus puertas reiteradamente a partir de conocidos precedentes.[35]

c. Los confines de la revisión de las sentencias firmes fueron claramente demarcados por la CSN al sostener que la admisión genérica de la cosa juzgada, «no significa que no se puede condicionar su reconocimiento a la existencia de dolo en la causa en que se ha expedido la sentencia... posibilidad que subyace a los principios que sustentan el recurso de revisión, (y que) es valedera también para desconocer eficacia final a la sentencia dictada en juicio en que se ha incurrido en estafa procesal. La circunstancia de que de esta manera se afecta la seguridad propia de las sentencias firmes en el orden civil, debe ceder a la razón de justicia, que exige que el delito comprobado no rinda beneficios...».[36]

d. En la más reciente etapa de esa evolución, se denota una reafirmación en el plano legislativo del recurso de revisión como vía idónea tendiente a revisar la cosa juzgada. Así, en el CPC de Tierra del Fuego de 1994 (arts. 301 a 313), de Corrientes de 2000 (arts. 295

Proc., 1999, n° 2, p. 377 y ss. Vescovi E., *La revisión de la cosa juzgada*, El Der., v. 84, p. 835. Peyrano J.W., *El proceso atípico*, ed. Univesidad, Bs. As., 1996, pp. 171 y ss.

33. Diaz C. A., *Revocación de sentencia firme,* Rev. Arg. de Derecho Procesal, La Ley, 1969, pp. 503 y ss.

34. Además de los obras citadas en las notas precedentes, entre muchos otros Peyrano J. W., director Carbone C. A., coord., *La impugnación de la sentencia firme*, Rubinzal-Culzoni ed., Bs. As., 2006, v. I y II, *passim.* Gianinni L. J. *La revisión de la cosa juzgada. Cuestiones actuales*, La Ley, 2001-E, p. 1259 y ss.

35. CSN, Fallos 238:18; 254:328; 279:54; 283:66; 294:434; 310:2063; 313:8965; 316:3054; 317:53; 318:2068; 319:2527; 322:2109; 323:2562; 13-5-97, «De Gainza», voto en minoría del Dr. Petracchi, La Ley, 1997-E, p. 101. Asimismo: ST Jujuy, 25-6-93, J.A., 1995-II, p. 184; 23-5-96, La Ley, 1997-B, p. 15. ST Entre Ríos, Sala I, 15-12-98, reg. 13-2677. ST Córdoba, 14-8-97; 13-4-99, Ruiz D. y Mieres, J.A. SCJ Mendoza, Sala 1a., 2-9-99 «Puebla R.», J.A., 13-9-2000, voto Dra. Kemelmajer de Carlucci con exaustivos fundamentos. SCBA, 10-5-77, El Der., v. 78, p. 39; 23-2-93, La Ley, 1993-C, p. 164; Ac. 52.263, 21-11-95.

36. CSN, Fallos, 254:328, cit.. El Alto Tribunal admitió la viabilidad de la acción de nulidad de la cosa juzgada fraudulenta —basada en la aplicación del principio «*fraus omnia corrumpit*» y en las normas del Código Civil referentes al fraude a los acreedores— o dictada en virtud de cohecho, violencia u otra maquinación (Fallos 279:54, considerando 11), ya que no podría admitirse la connivencia dolosa de las partes para obtener una sentencia que perjudique a terceros dejándolos sin defensa, ni la fundada en un hecho ilícito. En tal sentido, ha expresado la Corte «...que la admisión genérica en el ordenamiento jurídico argentino de la institución de la cosa juzgada, no significa que no pueda condicionarse su reconocimiento a la inexistencia de dolo en la causa en que se ha expedido la sentencia» (Fallos 254:320, consid. 3°). Igualmente el Tribunal ha aceptado la revisión de la cosa juzgada a pedido de una de las partes cuando ella deriva de una estafa procesal, al expresar que esa posibilidad es valedera «...para desconocer eficacia final a la sentencia dictada en juicio en que se ha incurrido en estafa procesal. La circunstancia que de esta manera se afecte la seguridad, propia de las sentencias firmes en el orden civil, debe ceder a la razón de justicia, que exige que el delito comprobado no rinda beneficios» (fallo y considerando citados precedentemente). La jurisprudencia de la Corte ha ido todavía más allá en la aceptación de la revisión de la cosa juzgada por pedido de una de las partes cuando la consideró írrita «cuando no ha existido un auténtico y verdadero proceso judicial, ni puede aceptarse que, habiendo sido establecida la institución de la cosa juzgada para asegurar derechos legítimamente adquiridos, cubra también aquellos supuestos en los que se reconoce que ha mediado sólo un remedo de juicio que concluye con una resolución dictada en obediencia de órdenes impartidas por el Poder Ejecutivo, provincial o nacional» (Fallos 279:54, consid. 2°).

a 303)[37] y Río Negro de 2007 (arts. 303 bis a 303 nonies).[38] El ordenamiento cordobés de la Ley 8.465 de 1995, a su vez, mantiene con ligeras variantes, su preceptiva anterior.[39]

Si bien puede sostenerse entonces que se encuentra definitivamente consolidada la admisión de las vías procesales para revocar la cosa juzgada, sea por conducto del tradicional recurso de revisión, bien por la admisión de una abarcadora acción declarativa,[40] queda no obstante pendiente la delimitación del alcance de cada uno de los motivos que las sustentan, los plazos de caducidad y otros aspectos colaterales. Renace siempre el inevitable forcejeo entre la seguridad jurídica y la justicia del caso,[41] entre los alcances de la cosa juzgada y la búsqueda de nuevos senderos para su revisión cuando se considera la sentencia recaída inequitativa o intolerablemente injusta, menoscabante siempre de la garantía del debido proceso.

En el debate que sigue abierto en continuidad permanente, se avizoran por ahora al menos algunas cuestiones singulares y novedosas como las que se plantean, entre otras, en punto a la revisión de las sentencias firmes cuando ha mediado error esencial; o cuando sobrevienen nuevas pruebas científicas que aseguran un mayor grado de acierto en la decisión. Nos ocuparemos de ambos supuestos para, finalmente, rematar algunas conclusiones sobre los efectos de la cosa juzgada y sus límites en general.

37. Las causales están constreñidas tan solo a la sobreviniente presentación de documentos decisivos o declaración de falsedad, y la condena por falso testimonio (art. 295). Se canalizan por conducto del recurso de revisión del que conoce el Superior Tribunal (art. 299), y que debe deducirse dentro de los treinta días desde que se tuvo conocimiento, sin que el recurso sea admisible pasados tres años desde la fecha de la sentencia (arts. 296, 298).

38. De acuerdo al art. 207 de la Constitución Provincial se prevé el recurso de revisión que procederá para «casos extremos de gravedad institucional o ilegalidad manifiesta», cuando no exista otra vía recursiva y por los motivos que taxativamente enumera el art. 303 bis. El recurso se interpone ante el Tribunal Superior dentro de los treinta días de conocido el vicio, sin que hubiera transcurrido más de cinco años de la sentencia (arts. 303 quater).

39. El recurso de revisión procederá por los motivos que enumera el art. 395, ante el Tribunal Superior, debiendo interponerse dentro de los treinta de haberse tomado conocimiento de ellos y no más allá de los cinco años de pronunciada la sentencia (art. 397).

40. Modelo acabado de la regulación de la acción declarativa lo constituye el proyecto de Código Procesal Civil y Comercial de la Nación de 1993, de los Dres. Morello, Eisner, Arazi y Kaminker, y sus sucesivas réplicas perfeccionadas, entre ellas, el anteproyecto para la Provincia de Buenos Aires de 1998 (arts. 691 a 697). Todos los cuales resumen, a su vez, las elaboraciones doctrinarias y jurisprudenciales ya referidas. Se prevé que la acción tendiente a la declaración de nulidad de la cosa juzgada írrita procede cuando la sentencia «adolezca de vicios esenciales, tales como haber sido culminación de un proceso aparente o írrito, simulado o fraudulento, resultar de actividades que hayan determinado vicios de la voluntad u otros sustanciales», mientras exista interés actual en la declaración (art. 691). La procedencia de la acción se analizará con criterio estricto, sin que sea admisible cuando se invocaren vicios en la actividad procesal, errores de juzgamiento o, en general, agravios cuya corrección debió procurase a través de las vías pertinentes (art. 692). El proceso tramitará por trámite ordinario ante el juez de primera instancia que corresponda (art. 694). La acción deberá interponerse dentro de los cinco años contados desde que la sentencia quedó firme y hasta dos años desde que se conocieron los vicios (art. 695); su interposición no suspende la ejecución de la sentencia atacada, sin perjuicio que el tribunal disponga fundadamente y con caución, su suspensión (art. 696).

41. Buena prueba de esa tensión se advierte en el texto del flamante art. 303 bis del CPC de Río Negro, en tanto si bien limita tajantemente la procedencia de la revisión a los «casos extremos de gravedad institucional o ilegalidad manifiesta», en verdad está remitiendo a estándares abiertos, flexibles, que más que encapsular estrictamente los motivos de hecho, pueden dar pie a interpretaciones amplias, con sustento precisamente en tales conceptos indeterminados —gravedad institucional, ilegalidad manifiesta—.

V. El error esencial como motivo de revisión

Queda en claro que la revisión de la cosa juzgada constituye un supuesto de excepción, de interpretación estricta, que presupone la configuración de *vicios sustanciales, intrínsecos o inmanentes* de los actos del proceso, de *trascendencia* en el sentido de que la suerte del litigio dependiere directamente de la consideración de los hechos en cuestión y que impliquen un *novum* en relación al proceso que se cuestiona, sea de existencia *(nova facti)* o de conocimiento *(nova reperta)*. De ahí que se excluyan las irregularidades extrínsecas del trámite procesal en general, que deben denunciarse por las vías ordinarias durante el curso del proceso —incidente, excepción, recursos de nulidad ordinarios y extraordinarios y otras previstas en el CPCN—.

Ahora bien, los vicios intrínsecos cobijan genéricamente a los vicios de la voluntad entre los que se incluyen el error, el dolo y la violencia. Respecto de los dos últimos, se admite pacíficamente en la doctrina y jurisprudencia ya reseñada que cuando concurren sus presupuestos tipificantes, resulta procedente la revisión de la sentencia pasada en cosa juzgada, al igual que en los supuestos de existencia de causas de invalidez establecidas en razón del interés de los terceros, vicios propios del acto —fraude o simulación— y, en general, toda vez que se hubiere violado la garantía del debido proceso. La nulidad de los actos procesales consecuencia de tales vicios en cuanto acto jurídico no se convalidan ni resultan cubiertos por la preclusión; si se trata de la sentencia, su validez puede ser cuestionada aún cuando hubiere pasado en autoridad de cosa juzgada.

a. El error de parte. El debate en torno a la admisión del *error* como vicio de los actos procesales —y no solo como motivo de revisión de la sentencia— se asienta en las peculiaridades propias de las controversias judiciales. En cuanto a los *actos de las partes*, para negar la procedencia de su invocación se alega que ellas no pueden ser negligentes en la apreciación de las circunstancias de hecho, o de derecho que fundan sus actos y decisiones en el proceso; de lo contrario, podrían procurar la reparación de sus errores, deficiencias u omisiones que les perjudican, con lo cual el litigio se complicaría y dilataría desmesuradamente, generándose la inseguridad.[42]

Sin embargo, no ha de descartarse la virtualidad del error incurrido por la parte cuando reúne los requisitos que lo excusan, inclusive para postular la revisión de la cosa juzgada. Por un lado, a falta de previsiones específicas sobre los vicios sustanciales en la ley formal, resultan de aplicación analógica los preceptos del código de fondo,[43] bien que adecuados a los caracteres propios de los actos procesales.[44]

---

42. Podetti J.R., *Tratado de los actos procesales*, Bs. As., 1955, p. 198. Palacio L.E., *Derecho Procesal Civil*¸ ob. cit., v. IV, p. 22.

43. Carnelutti F., *Instituciones del nuevo proceso civil italiano*¸ Barcelona, 1942, p. 297; *Sistema...*, v. III, p. 417, n° 500 y ss. Gelsi Bidart A., ob. cit., pp. 21, 365, 385 y ss.

44. Berizonce R.O., *La nulidad en el proceso*, ob. cit., pp. 40-41. Arazi R., *El vicio de error como causal de revisión de la cosa juzgada írrita*, J.A., 2003— III, p. 766 y ss..

El ordenamiento sustantivo exige diversos requisitos para la configuración del error como vicio de la voluntad (arts. 923 a 930 Cód. Civ.): tiene que ser grave y esencial, recayendo sobre hechos que han sido causa principal de la determinación de la voluntad; y no provenir de una negligencia culpable. Tratándose de actos procesales de parte, el error esencial puede recaer sobre *la naturaleza del acto* (p.e. en una transacción o acuerdo solutorio; arg. art. 924, Cód. Civ); sobre la *persona* (se demanda la adopción de una persona distinta; o media equívoco respecto de quien se desiste; arg. art. 925, Cód. Civ); sobre el *objeto* (interdicto de recobrar deducido en relación a su inmueble que no es el verdaderamente desposeído; arg. art. 927, Cód. Civ.); sobre la *causa principal* del acto (se deposita judicialmente una suma que no se reclamó en juicio; arg. art. 926, Cód. Civ). Son todos supuestos de error de hecho esencial, que si no fueron cometidos con negligencia culpable, resultan excusables[45] y susceptibles de ser reparado en el curso del proceso y aún, aunque excepcionalmente, con posterioridad a la sentencia firme, por vía de acción autónoma de nulidad de la cosa juzgada así configurada. En cambio, por regla no podría invocarse ni la ignorancia ni el error de derecho (arg. art. 923, Cód. Civ.). A salvo, también, la posibilidad de que los errores incurridos en el acto de parte, y que a la postre se comunican a la resolución judicial, resultan susceptibles de corrección durante el trámite de ejecución de la sentencia, por tratarse de errores puramente numéricos (art. 166 inc. 1° *in fine* CPCC).[46] Claro que, de todos modos, como quedó subrayado la excusabilidad del error queda supeditada, como regla, a que no provenga de una negligencia culpable (arg. art. 929, Cód. Civ).

b. El error del juez contenido en la sentencia. En cuanto al *error del juez contenido en la sentencia* que ha pasado en cosa juzgada y la posibilidad subsecuente de su revisión, las opiniones doctrinarias no encuentran consenso ni son pacíficas las decisiones de nuestros tribunales.

Conviene señalar que el error no se encuentra previsto entre las causales típicas de los ordenamientos procesales españoles —incluyendo las enunciadas en el art. 510 de la LEC N° 1/2000—. En cambio, se recoge en el Código italiano que prevé como motivo de revocación ordinario el «*errore di fatto risultante dagli atti o documenti della causa*» (art. 395 n°4). Es decir, el error de hecho que emerge de los actos o documentos de la causa, susceptible de ser verificado sin más a la vista de los autos. No lo configura el error en la calificación jurídica, ni el mero error aritmético corregible en cualquier tiempo. Se trata de un equívoco *esencial* de percepción de los elementos de juicio de la causa. La revocación incluye impugnaciones muy diversas, como remedios contra vicios de la sentencia, regulándose la revocación ordinaria (art. 395 inc. 4 y 5) y la extraordinaria (art. 395, inc. 1 y 2, 3 y 6). Interesa aquí considerar el error que es motivo de revisión ordinaria, es decir, proponible contra las sentencias pronunciadas en grado de apelación o en único grado. También, conforme al art. 391 *bis*, introducido

45. Gelsi Bidart A., ob. cit., pp. 385, 388, 390.

46. En el sistema fondal, se trata de errores considerados accidentales o indiferentes, denominados error en la declaración rectificable, art. 928, Cód. Civ. También conocido como «error de pluma», de cálculo o de suma, que puede ser salvado por vía de interpretación (Peralta Reyes V. M., *Ineficacia del acto jurídico procesal...*, La Ley, 2004-F, p. 1363).

en 1990, el error constituye motivo de revocación de las sentencia de la Corte de Casación, sea que se trate de errores de hecho o de la simple corrección, que se proponga ante el mismo tribunal dentro de los sesenta días de la notificación de la sentencia o bien de un año desde su publicación. La deducción de la impugnación contra la sentencia de Casación no impide su ejecución. La propia Corte de Casación se pronuncia sobre el recurso previa sustanciación con la parte contraria y sin instrucción alguna. Finalmente, el dec. legisl. del 2-2-2006, n° 40, sancionó el nuevo art. 391 *ter* que regula otros supuestos de revocación y oposición de tercero.[47]

En el CPC brasileño, la sentencia de mérito pasada en cosa juzgada puede ser rescindida, igualmente, por motivo de error de hecho resultante de actos o documentos de la causa, en textura que corresponde casi literalmente al precepto italiano del art. 395. Para su configuración se requiere: 1. que la sentencia hubiere sido diferente de haberse considerado el hecho omitido; 2. que el error sea relevable del solo examen de la causa, sin necesidad de producción de prueba alguna; 3. que el hecho en cuestión fuere no controvertido; y 4. que en el pronunciamiento impugnado se hubiere omitido toda consideración del mismo.[48] El error del juez sobre los hechos, aún cuando torne *injusta* la decisión, ninguna influencia ejerce sobre su *validez*; no es motivo de rescindibilidad la mera «injusticia» de la sentencia,[49] sino la ilogicidad palmaria sobre la que se edifica al prescindir de hechos esenciales.

Entre nosotros, al compás de varios pronunciamientos judiciales recientes se ha reavivado el debate doctrinario sobre el tema. La CSN al resolver un «incidente revocatorio de cosa juzgada írrita»,[50] en relación a la base regulatoria (valor del juicio) tomado en consideración para la determinación de honorarios profesionales, por mayoría, brindó acogida a la pretensión anulatoria, dado que «se había incurrido en un error porque los jueces no advirtieron la iniquidad de su fallo, desde que no tradujeron en cifras el resultado de las pautas fijadas para la regulación de honorarios, colocando al juez de primera instancia a la hora de regular, en la obligación de fijar en un valor desatinado la regulación... desatino que adquirió dimensiones monumentales con el transcurso del tiempo... (al determinarse) en un importe que no guarda ninguna relación ni con la tarea profesional cumplida, ni con la entidad económica del caso...[51] Quedó así confirmada la revisión de un pronunciamiento anterior que se encontraba firme y que según

47. Tarzia G., *Lineamenti...*, ob. cit., pp. 383 y ss.. Carpi F. y Taruffo M., *Commentario breve al Códice di Procedura Civile*, Cedam, Padova, 5a. ed., 2006, pp. 1072-1078, 1082-1092.

48. Barbosa Moreira J.C., *Comentario...*, ob. cit., v. V., pp. 146 y ss.

49. Ob. cit., p. 146. El origen de la causal se remonta al antiguo derecho francés, pero fue suprimido por la Ordenanza de 1667 por los abusos que se cometieron (pag. cit., nota 110).

50. CSN, 20-3-03, «Banco Central de la R.A. s. inc. de verif. tardía en: Centro Financiero S.A. Cia. Financiera», La Ley, 2003-C, p. 813.

51. En un precedente anterior la CSN había sostenido que corresponde dejar sin efecto la sentencia que, so color de un supuesto respeto al principio de cosa juzgada, rechazó la impugnación a la liquidación practicada por la actora y reguló los honorarios, pues conlleva una consecuencia patrimonial que equivale a un despojo del deudor, cuya obligación no puede exceder el capital con un porcentaje que no trascienda los límites de la moral y las buenas costumbres; art. 656, 953 y 1071, Cód. Civ. (Fallos, 322:2109 y sus citas).

el propio Tribunal «*ab initio* resultaba aberrante», acogiéndose en definitiva el planteo revisionista que se suscitaba en la grosera injusticia del fallo y en el abuso del derecho.[52]

En disidencia,[53] en un sentido opuesto, se sostuvo la improcedencia de admitir el error de hecho o de derecho como fundamento de la revisión de la cosa juzgada, por la excepcionalidad de los supuestos que el propio Tribunal ha considerado en su doctrina, limitada a los casos de fraude, cohecho, violencia u otra maquinación, estafa procesal o cuando no ha existido un auténtico y verdadero proceso judicial. «La seguridad jurídica así lo exige, imponiendo... el sacrificio de algún interés personal conculcado a la necesidad de que las controversias entre los particulares o de éstos con el Estado terminen con el fallo judicial.» La anulación en el caso de un pronunciamiento anterior firme, se alegó en el voto minoritario, «implica una indebida y desmesurada extensión de la acción revocatoria de la cosa juzgada, pues su ampliación sobre la base del error de derecho y de la injusticia del resultado conseguido, tanto implicaría como poner en tela de juicio el mantenimiento de cualquier decisión judicial, que podría así ser revista indefinidamente, dando por tierra con la seguridad jurídica y la garantía constitucional del derecho de propiedad...» Máxime en el caso en que si las actuaciones dan por resultado un sacrificio patrimonial para el banco demandante, ello se debe exclusivamente a haber desplegado su conducta con incomprensible y absoluto desprecio por la defensa de la cosa pública (consid. 10).

En verdad, los singulares fundamentos expuestos en los votos de mayoría y minoría espejan escrupulosamente los argumentos desplegados en la doctrina para sustentar una u otra postura.

En un pronunciamiento anterior,[54] la muy prestigiosa Sala I de la SC de Mendoza, con voto de la Dra. A. Kemelmajer De Carlucci, había sostenido la procedencia de la acción autónoma de nulidad por cosa juzgada írrita no sólo cuando la conducta es dolosa o fraudulenta, sino también si el vicio consiste en un error esencial, en el caso contra una resolución firme que regulaba honorarios por una actividad profesional no cumplida. No se pone en peligro la seguridad jurídica porque en el caso no está en cuestión la inequidad de la sentencia, sino la inexistencia; no se dice que los honorarios regulados son excesivamente altos sino que no deben ser regulados porque no tienen causa. Para el Tribunal la acción de nulidad procede en aquellos supuestos en que existe una «grave deficiencia en el material de percepción del órgano judicial que determina un error de conocimiento de los hechos que fundamentan la decisión de la sentencia». La regla *res judicata pro veritate habertur*, en definitiva, «cede en casos excepcionales, cuando el ordenamiento, visto en su totalidad, no puede aceptar una solución irracional, ilógica,

---

52. La sentencia del STJ de Córdoba había considerado que el cobro de las regulaciones en cuestión resultaba moralmente intolerable —superaban los $52.000.000 al año 1991, siendo que el valor de los bienes del concurso eran inferior a $300.000—, en tanto acordaba a los abogados una retribución cuya magnitud «hiere el más elemental sentido común».

53. Voto de los Dres. Belluscio, Boggiano y López en el predente cit..

54. SC Mendoza, Sala 1ª., 2-9-99, La Ley, 1999-F, p. 529. Un agudo comentario del fallo puede verse en Giordano A. L., *Los límites de la acción de nulidad de la cosa juzgada írrita*, El Der., v. 185, p. 876.

que choca decididamente contra hechos indiscutidos y principios jurídicos mayoritariamente aceptados». Criterio que, por otra parte, ha sido recogido en diversos casos resueltos por otros tribunales provinciales.[55]

c. Las opiniones doctrinarias se mantienen divididas. Hitters con su reconocida autoridad ha señalado reiteradamente su oposición a la revisión por error esencial de hecho del tribunal, «lo que torna demasiado blando al instituto de la cosa juzgada»; advirtiendo que «...ciertos pronunciamientos se han pasado a las antípodas, removiendo las sentencias firmes, invocando solamente la notoria injusticia, con lo que el remedio se tornó peor que la enfermedad». «El argumento de la notoria injusticia es tentador para los jueces, pues a veces en búsqueda de la equidad rompen las membranas de la cosa juzgada. No hay que repetir que desde esa perspectiva los pleitos no tendrían fin...»[56]

De su parte, Arazi, al comentar el fallo de la CSN ya aludido, considera que si bien no cabe afirmar que con tal pronunciamiento se ha consolidado una doctrina respecto de la revisión de la cosa juzgada, debe rescatarse el principio en cuya virtud los jueces no pueden asumir que se encuentran impotentes frente a un pronunciamiento jurisdiccional que consagra una decisión aberrante, que repugna el más elemental sentido común. De ahí que auspicie el avance que supone incorporar el error excusable entre los vicios que habilitan la revisión de las sentencias firmes; concepción amplia a la que corresponde la denominación de revisión de la cosa juzgada «írrita». Bien que con la aclaración que el error cuando se trata de revisar sentencias pasadas en autoridad de cosa juzgada, debe ser evidente, grosero y causar una perturbación de tal gravedad al orden jurídico que permita sacrificar la seguridad.[57]

Para nosotros la configuración del vicio de error con las características de grave, esencial, que haya influido en la voluntad interna del juez de manera determinante como causa principal del pronunciamiento y a condición que la falta resultare excusable desde que hubo razón para errar,[58] habilita la conceptualización de la cosa juzgada. No se trata de que cualquier supuesto de error deba conducir a la revisión, que es excepcional y de interpretación restrictiva; los preceptos del Código Civil (art. 923 a 930) abastecen acabadamente la conceptualización del error y son aplicables a la sentencia como acto procesal singular, con las adaptaciones correspondientes. Los aludidos presupuestos de configuración del error no son en el fondo distintos de aquellos que se requieren en la legislación y doctrina italiana y brasileña, que hemos referido. El verdadero motivo de rescindibilidad de la sentencia no es su injusticia —ni siquiera la «intolerable injusticia»— porque el pronunciamiento es válido, sino su ineficacia[59] al no

55. STJ Jujuy, 25-6-93, J.A., 1995-II, p. 184. STJ Córdoba, La Ley Córdoba, 1999, p. 699. Cam. CCyT Presidencia R. Sáenz Peña, 29-8-96, J.A., 1997-I, p. 524, con de R. Vázquez Ferreyra.

56. *Revisión de la cosa juzgada. Su estado actual*¸cit., especialmente nota 59. En el mismo sentido Giannini L., ob. cit..

57. *El vicio de error como causal de revisión de la cosa juzgada írrita*, ob. cit., pp. 766 y ss. En sentido similar: Giordano A.L., ob. cit..

58. Berizonce R.O., ob. cit., pp. 24, 26-27. Peralta Reyes V..M, ob. cit., con remisión a Brebbia R. H., *Hechos y actos jurídicos*, Astrea, Bs. As., 1979, v. I, p. 357.

59. Peralta Reyes V. M., ob. cit.

poder cumplir con su finalidad a consecuencia de ilogicidad palmaria, que surge *in re ipsa*. Sin que la eventual participación culposa o negligente de la parte que la invoca pueda ser motivo obstativo a su procedencia, desde que carece de entidad para redimir el vicio sustantivo de que adolece la sentencia.[60]

Es lo que acaece, por caso, cuando la CSN anula sus propias sentencias con el solo fundamento que «se ha deslizado un error esencial» en la sentencia que remite a lo decidido en una causa que, en realidad, no ha pasado a fallo,[61] o porque median errores materiales en sus pronunciamientos, como en el caso en que se omitió tener en cuenta lo decidido por el tribunal sobre la excusación de una de los jueces firmantes de la sentencia objetada».[62]

Si el Alto Tribunal —y el argumento es válido para los jueces inferiores— ha recurrido al remedio heroico de admitir la denominada «reposición *in extremis*»,[63] para conjurar vicios de error propios groseros y palmarios no solo contra resoluciones interlocutorias,[64] sino también respecto de sentencias definitivas[65] y aún oficiosamente, no puede negarse andamiento a la invocación del mismo vicio de error esencial cuando viene articulado por vía de una acción autónoma declarativa de la cosa juzgada írrita. Lo contrario llevaría al absurdo de que los jueces pueden revocar aun oficiosamente sus propios fallos siempre y cuando el error no sea invocado por las partes.[66]

VI. La revisión de la cosa juzgada y las pruebas científicas sobrevinientes

Otro supuesto singular es el que se plantea cuando se pretende la revisión de la cosa juzgada invocando pruebas científicas sobrevinientes a la sentencia firme y que se fundara en una ciencia o técnica conocida en ese entonces pero luego superada por el

60. Si bien es cierto que la acción revocatoria no es el medio para salvar las negligencias procesales incurridas por las partes, el fundamento último de la cancelación de la cosa juzgada asienta en la irracionalidad del resultado. La negligencia, de alguna manera, se «compensa» con el grave error judicial (S.C. Mendoza, Sala I, 2-9-99, cit; Cam. CyC. Azul, 11-5-97, voto Dr. Galdós, y comentario favorable de Arazi R., *Cosa juzgada y negligencia*, J.A., 1998-IV, p. 462).

61. Fallos, 310:858, «Felcaro José Luis, con cita de Fallos, 292:566; 293:174; 295:756.

62. Fallos, 305:603.

63. Fallos: 295:753, 801. Peyrano ha venido analizando este instituto desde hace más de quince años: *Reposición in extremis*, J.A., 1992-III, p. 661.Asimismo, más recientemente, *Precisiones sobre la reposición in extremis* en la obra colectiva *La impugnación de la sentencia firme*, ob. cit., v. I, p. 319; *id.*, *La reposición in extremis*, La Ley, 2007-D, p. 649. Un valioso empeño doctrinario por asignarle «limites mejor delineados» (última ob. citada). Conf.: Carrillo H.C., *Sobre usos no conformes del recurso de revocatoria...* en *Cuestiones procesales modernas*, La Ley, Supl. Especial oct. 2005, doct., pág. 74 y ss.

64. Fallos 296:241; 15-6-2004 «Parque Interama SA.» La Ley, 2004-F, p. 409.

65. Fallos: 136:244, en relación al pronunciamiento propio que exhibía notorias discrepancias entre la parte dispositiva y los considerandos. Fallos 310:858, cit.

66. Giordano alude a ello y enfatiza la contradicción a propósito del precedente de Fallos, 310:858 (ob. cit.).

avance de los conocimientos.[67] Como regla, debe tratarse de un *novum,* con incidencia decisiva en el resultado que se pretende revisar; si las técnicas o conocimientos que se invocan existían ya en el saber común y no fueron utilizados, el intento no procede.

a. Un caso típico es el de las acciones de investigación de la paternidad y las nuevas pruebas biológicas (ADN, HLA y similares), en el que la contraposición se plantea entre la seguridad jurídica y el derecho a la identidad personal.[68] La cuestión, de singular actualidad, ha provocado vivos debates doctrinarios[69] focalizados en aquel complejo conflicto de valores.

Claro que resultan necesarias ciertas precisiones según las diferentes circunstancias. Así, cabe admitir la revisión si la sentencia se hubiere dictado en época en que no existían las pruebas científicas, o cuando la conclusión esencial se basó en el entonces reinante estudio HLA, por no existir el más preciso de ADN.[70] Igualmente, será diferente la solución según fuere el contenido del decisorio que se pretende cancelar, sea que importe el desplazamiento de la filiación, o ya cuando se constituye un emplazamiento nuevo.[71] En estos últimos, para que el intento revisor prospere, además del *novum*, si la sentencia se hubiere apoyado en prueba científica, deberá demostrarse error esencial en la producción de la prueba biológica, alteración negligente o maliciosa del material biológico extraído para su producción u otros vicios atribuibles a los peritos intervinientes en el proceso.[72] En cambio, si las pruebas biológicas ofrecidas no hubieren podido llevarse a cabo, mediando disposición de la contraparte para someterse a los análisis, por imposibilidad material (altos costos) o se frustrare por cualquier otro motivo no imputable a

67. Distinto es el fenómeno no menos especial que acaece en los procesos colectivos en general, donde se admite que cuando surgiera nueva prueba sobreviniente que no pudo ser producida en el proceso fenecido con rechazo de la demanda basado en insuficiencia probatoria, no se configura cosa juzgada en sentido material (Código Modelo de Procesos Colectivos para Iberoamérica, art. 33; par. 1). Conf. GIDI A., *Cosa juzgada en acciones colectivas* en *La tutela de los derechos difusos, colectivos e individuales homogéneos...*, A. Gidi y E. Ferrer Mac Gregor coord.., Porrúa, México, 2003, pp. 261 y ss. Entre nosotros, la Ley General de l Ambiente 25.675 establece que la sentencia «hará cosa juzgada y tendrá efectos *erga omnes*, a excepción de que la acción sea rechazada, aunque parcialmente, por cuestiones probatorias» —*res judicata secundum eventum probationem*—.

68. Berizonce R. O., *Control judicial de la prueba científica,* en RDP, 2005-2, pp. 175 y ss. y especialmente en el trabajo actualizado que bajo el mismo título se publicó en *Processo e Constituçâo. Estudos en homenagem ao Prof. J. C. Barbosa Moreira,* L. Fux y otro, coord., ed. Rev. dos Tribunais, Sâo Paulo, 2006, p. 963 y ss; en especial pp. 965-966 y nota 13.

69. Fue planteada y arduamente debatida en el XXIV Congreso Nacional de Derecho Procesal (Mar del Plata, noviembre 2007). Puede consultarse Giannini L. J., Relato general *La prueba científica,* en *XXIV Congreso Nacional de Derecho Procesal. Ponencias generales, relatos generales y trabajos seleccionados.* Mar del Plata, 2007, pp. 186 y ss., especialmente pp. 203-210. En la misma obra: Salgado J. M., *La prueba científica, su tiempo y la cosa juzgada...* pp. 277 y ss.; Midon M. S., *Cosa juzgada y nuevas pruebas científicas,* pp. 288 y ss,: Leguisamon H. E., *Cosa juzgada y nuevas pruebas científicas...,*pp. 298 y ss.

70. Leguizamon H. E., ob. cit., pp. 302 y ss.

71. Tierra R. H., *Medios de revisión de la cosa juzgada en el derecho de familia*, en *La impugnación de la sentencia firme*, J. W. Peyrano director, C. A. Carbone coord., Rubinzal Culzoni ed., Bs. As., 2006, v. II, pp. 95 y ss., especialmente pp. 125 y ss..

72. Se trataría de defectos sustanciales de la actividad probatoria que inciden sobre derechos indisponibles, que encuadran en la tipogía de los «procesos desvirtuados o aparentes» (ob. cit., p. 128).

la interesada, la revisión de la sentencia[73] no puede ser negada; máxime los deberes inherentes a la función jurisdiccional en materia teñida por el orden público y el «interés superior» del menor que deriva en la indisponibilidad del derecho a la identidad (arts. 253, 255, Cód. Civil).[74] A salvo el caso que quien pretende la revisión fuere la parte que en el proceso anterior se negó a someterse a la prueba biológica disponible, para quien, como regla, la revisión no podría encontrar sustento.[75]

b. En la doctrina brasileña contemporánea se ha consderado igualmente la cuestión, a menudo en el marco del debate más amplio en torno de la denominada relativización de la cosa juzgada (*supra* III). Mayoritariamente, se admite la acción rescisoria en los supuestos de investigación de la paternidad ante la aparición de los modernos métodos biológicos, si hubieren sido desconocidos al tiempo del proceso que cuyos resultados se pretenden cancelar. Es que —como sostiene Barbosa Moreira—[76] el desacople entre la situación real y lo juzgado no deriva de la omisión probatoria ni de la errónea apreciación de los elementos de convicción, sino de la imposibilidad de averiguación cabal de los hechos, por causa de la inexistencia (o del desconocimiento por la ciencia) del medio más idóneo para la consecución de la verdad. En realidad, en el derecho brasileño, sin necesidad de recurrir a la teoría de la «relativización» de la cosa juzgada, allí en boga, la solución favorable puede encontrarse por vía de interpretación del art. 485, n° VII del CPC, que abre la acción rescisoria con invocación de «documento nuevo» decisivo, cuya existencia era ignorada (*supra* III). Criterio que, precisamente, ha adoptado la jurisprudencia[77] en salvaguarda del derecho superior de conocer la identidad personal. Distinta y opuesta es la postura de Nery Junior,[78] quien rechaza la posibilidad de revisar la cosa juzgada fuera de las hipótesis taxativamente previstas en la ley, incluyendo de investigación de la paternidad.

c. Importa, asimismo, resaltar que la Corte Europea de Derechos Humanos, en pronunciamiento recaído en la causa «M.A.J. c. Suiza» decidida el 13-7-2006, reiteró por una-

---

73. En puridad sería una hipótesis de sentencias no viciadas formalmente, pero que admiten revisión (Salgado J. M., ob. cit., p. 283). Se revisan porque la cosa juzgada es «irreal» (Leguisamon H. E., ob. cit., p. 307).

74. Tierra R. H., ob. cit., p. 125 y ss.

75. Lo contrario podría alentar la incomparecencia generalizada a la práctica de la prueba biológica y la especulación subsecuente (Giannini L., ob. cit., pp. 205-206). En contra: Leguisamon H. E., ob. cit., p. 309.

76. *Consideraçôes sobre a chamada «relativizaçâo» da coisa julgada material*, cit., pp. 738-739. En sentido similar: Dinamarco C.R., *Relativizar...* ob. cit., pp. 542-544.

77. STJ, Sala IV, 28-6-2001: No excluida la paternidad del investigado en la primitiva acción, frente a la precariedad de la prueba y a la ausencia de indicios suficientes; y siendo que al tiempo del juzgamiento de la primera acción, el examen por el ADN aún no estaba disponible, se admitió el juzgamiento de la nueva acción. La cosa juzgada, tratándose de acciones de estado debe ser interpretada *modus in rebus*. Conf.: Chaves De Farías C., *Un alento ao futuro: novo tratamento da coisa julgada nas açôes relativas a filiaçâo*, Genesis RDPC, Curitiba, 2003, n° 28, p. 255 y ss.

El mismo STJ mediante acordada del 28-4-2004 declaró que el laudo del examen de ADN, incluso posterior al ejercicio de la acción de investigación de paternidad, se considera «documento nuevo» para sostener la acción rescisoria (CPC, art. 485, VII). Es que tal examen revela prueba ya existente en el interior de la célula. Su obtención es que tan solo se tornó posible cuando la evolución científica concibió el examen intracitológico. Conf.Barbosa Moreira J. C., ob. cit., p. 750, nota 50.

78. *Coisa julgada e o Estado democrático de direito*, ob. cit., pp. 722 y ss.

nimidad que viola los arts. 8° y 14 de la Convención Europea la sentencia suiza que rechazara la realización de pruebas de ADN tendientes a determinar con certeza el vínculo paterno que se cuestionaba, lo que menoscaba el derecho a la identidad; sin que el argumento de la seguridad jurídica proveniente de la sentencia anterior pueda ser invocado para privar de ese derecho, ni el alegado estado de salud o la edad avanzada de quien debía quedar sometido a la prueba en cuestión. El caso presentaba ciertas particularidades de interés. El actor había nacido en 1939, fuera del matrimonio; en 1942 se promovió acción de declaración de paternidad que fue rechazada en 1948 y pasó en cosa juzgada. En 1958 se reencuentra con su madre, quien le revela la identidad de su padre biológico; a partir de entonces traba estrecha relación con éste, quien sin embargo se negó a someterse a la pericia biológica confirmatoria. Finalmente, plantea en 1999 demanda de revisión de la sentencia de 1948, solicitando una prueba de ADN a practicarse sobre el cadáver del presunto progenitor, ya fallecido. El rechazo de la prueba por el tribunal suizo motivó entonces el reclamo ante la Corte Europea que, a la postre, privilegiando el derecho a determinar los lazos biológicos, acogió la demanda. Reiteró, en definitiva, el criterio fijado con anterioridad en casos similares.[79]

d. Para nosotros, a falta de una previsión expresa, la cuestión ha de resolverse por vía interpretativa conjugando los valores en choque. Es bien sabido que cuando se genera un conflicto hermenéutico que enfrenta derechos, principios o valores consagrados por la propia Constitución, se abre para los jueces un ancho y profundo campo de análisis axiológico que debe resolverse en base a su conciliación y armonización.[80] Las colisiones de principios o valores se dirimen mediante el denominado «juicio de ponderación», sinterizando en una premisa: «cuanto mayor es el grado de la no satisfacción o de afectación de un principio tanto mayor tiene que ser la importancia de la satisfacción del otro».[81]

El balance de ponderación de los intereses en disputa en los casos de filiación contrapone la *seguridad jurídica*, que constituye el soporte y objetivo de la inmutabilidad de la cosa juzgada —conjugándose el interés público y los derechos subjetivos de linaje constitucional de las partes, y especialmente de la gananciosa—; *vis a vis*, el no menos prominente derecho, también de raíz supralegal, que protege las relaciones familiares[82] y, más específicamente, el *derecho personalísimo a conocer la verdadera realidad biológica* y obtener el reconocimiento del emplazamiento consiguiente.

79. Krasnow A. N., *El derecho de acceso a la verdad biológica no tiene limites en el tiempo,* La Ley, 2007 — A, pp. 443 y ss. El mismo Tribunal se había pronunciado sobre los alcances del art. 8 de la Convención, declarando que el derecho a conocer la ascendencia está incluído en el concepto marco de «vida privada» (caso «Odièvre c. Francia»). Conf.: Kemelmajer De Carlucci A., *El derecho humano a conocer el origen biológico y el derecho a establecer vínculos de filiación...*, Rev. Der. en Familia, Lexis Nexis, Bs. As., 2004, n° 26, pp. 77 y ss. Medina G., *Adopción y conocimiento de la verdad biológica. Jurisprudencia de la Corte de Derechos Humanos de Europa...*, La Ley, 2003-E, p. 1253 y ss.

80. Alexy R., *Teoría de los derechos fundamentales*, Centro de Est. Polit. y Const., Madrid, 2002, 3a. reimpresión, trad. E. Garzón Valdés, pp. 82-90; 98-101.

81. Ob. cit., pp. 160-161. Asimismo: Lorenzetti R., *Las normas fundamentales de Derecho Privado*, Rubinzal-Culzoni, Santa Fe, 1995, pp. 306 y ss. SAUX E. I., *Conflicto entre derechos fundamentales*, La Ley, 2004-B, pp. 1071 y ss.

82. Bidart Campos G. J., *Familia y derechos humanos* en *El derecho de familia y los nuevos paradigmas*, Kemelmajer de Carluci A., coord., Rubinzal Culzoni, Bs. As., v. I, p. 41. El moderno derecho de familia está ahora influido decisiva-

Siendo exacto que aun admitiendo la inutilidad práctica de cualquier catálogo abstracto comprensivo de todos los valores, su categorización y los órdenes no menos abstractos de jerarquías, prioridades o preferencias entre ellos,[83] de todos modos y con virtualidad para los singulares ordenamientos supremos y en el marco de la realidad de un contexto determinado, no cabe renunciar a la categorización y escala de los derecho fundamentales, desde que igual jerarquía de normas no impone igual valía de los derechos en ellas consagrados.[84] Claro que la elección ha de sustentarse en una fundamentación racional que en concreto evalúe los valores en juego.

En el juicio de ponderación entre ambos valores parece evidente que, en nuestras circunstancias, debe conferirse prevalencia y prioridad al derecho personalísimo de conocer la identidad personal, ante el cual cede la cosa juzgada, en las condiciones y con los requisitos ya señalados —vías hábiles, procedimiento, supuestos de caducidad del derecho a la revisión, etc.

El derecho a la identidad tiene entre nosotros jerarquía constitucional (arts. 33, 43, 75 inc. 22, CN; Convención sobre Derechos del Niño, arts. 7 y 8; ley 26.061, art. 11), habiendo sido desarrollado progresivamente en la doctrina de la CSN[85] y reconocido genéricamente como el derecho de toda persona a conocer su origen biológico, su pertenencia a determinada familia y el derecho a ser emplazado en el estado de familia que le corresponde de acuerdo a su realidad biológica.[86] Y, precisamente por la operancia del orden público que campea en las relaciones de familia en general, aparecen notoriamente reforzados los poderes del juez, desde que en materia de investigación de la relación paterno o materno filial debe prevalecer el principio de veracidad material en su vertiente de verdad biológica, de modo que se haga coincidir la filiación jurídica con la real.[87] Más aún: el balance de ponderación de los intereses en juego ha llevado a admitir la extensión de tales poderes instructorios para aprehender pruebas decisivas más allá del ámbito del examen del vínculo biológico que enlaza a las partes

---

mente por los principios y reglas constitucionales y el derecho internacional de los derechos humanos, de los que emergen parámetros y normas superiores y vinculantes.

83. Alexi R., ob. cit., pp. 104-111; pp. 182 y ss..

84. Bidart Campos G., *¿Hay un órden jerárquico en los derechos personales?,* El Der., v. 116, p. 800. Como afirma Alexy, la imposibilidad de establecer un órden «duro» de valores no excluye la de los órdenes más «blandos» (ob. cit., pp. 156-157); la colisión de derechos fundamentales, en concreto, tiene que ser solucionada con interpretación constitucional, principio de la proporcionalidad y fundamentación mediante argumentación iusfundamental (pp. 160-164). Con un criterio lógico-matemático objetivo se decidió que el derecho a la salud se encuentra en el posicionamiento más elevado de la jerarquía constitucional, dado que la reforma constitucional de 1994 dio entrada a doce documentos internacionales relativos a derechos humanos que lo incluyen (SCBA, 6-9-06, L-93463, voto Dr. De Lázzari).

85. CSN, 13-11-90, «Muller», voto en disidencia del Dr. Petracchi. Conf.: Oteiza E. D., *La doctrina de la CS sobre el derecho del niño a conocer su identidad...*, La Ley, 1991-E, p. 891.

86. Zannoni E., *Derecho Civil. Derecho de Familia,* Astrea, Bs. As., 2002, 4a. ed., v. II, p. 325.

87. Cam. Nac. Civ., Sala K, 23-9-2003, La Ley, 2004-B, p. 969, con nota de S. Picasso, *La preeminencia del derecho a la identidad y la realidad biológica...* CNC Sala J, 11-3-97, D. J. 1998-I, p. 259, donde se ordenó de oficio prueba biológica (con nota de Mendez Costa M.J.).

contendientes, para remontarse en la escala biológica.[88] Es que en definitiva, como sostiene Bidart Campos, «qué verdad puede ser más importante que la que indica que la filiación legal debe coincidir —mientras sea viable— con la filiación biológica».[89]

VII. Nuevas pruebas científicas y derechos personalísimos y económicos

Se ha sostenido entre nosotros que la revisión de la cosa juzgada ante la aparición de novedosos y superadores conocimientos, métodos o procedimientos científicos seria procedente no sólo en la hipótesis excepcional de las acciones de estado, sino también en aquellas otras en que estuvieran en juego atributos de la personalidad —el honor, la dignidad— y, aún, los típicos derechos patrimoniales económicos.[90] Por caso, el honor de un médico afectado por una condena por mala praxis profesional, que podría quedar reivindicado en proceso posterior; o la dignidad mancillada en una ejecución civil de cobro de un documento cuya autenticidad fuere cuestionada, y que la sentencia afirmó válido en base a dictamen pericial que, a la luz de nuevas técnicas de investigación (p.e., reactores químicos en materia de escritura y papel), se demostrara erróneos.[91] O los simples derechos económicos, cuando en supuestos de responsabilidad médica, los ulteriores avances de la ciencia permiten determinar que en realidad se trató de una causalidad científica desconocida, o de la aplicación de una farmacología cuyos efectos eran entonces ignorados, y que en realidad excusan la conducta profesional.

Parécenos excesivos extender la doctrina excepcional de la revisión de la cosa juzgada hasta extremos como los que se aluden. Ni los derechos de la personalidad ni, menos aún, los patrimoniales, aunque tutelados por garantías constitucionales y pactos internacionales, tienen entidad bastante para contraponerse a la seguridad jurídica que resguarda la cosa juzgada.[92] En el balance o juicio de ponderación para dirimir el conflicto de valores ha de prevalecer esta última, desde que no puede quedar abierta la posibilidad de su quiebre más allá de la excepcionalísima hipótesis de las acciones de filiación. En todos los demás supuestos, las «nuevas verdades» científicas o técnicas no pueden habilitar para revisar lo decidido y firme.

Por lo demás, tratándose de derechos patrimoniales u económicos, ha de tenerse en cuenta que el carácter de orden público de las leyes de emergencia,[93] y aun específica-

---

88. Conf.: Corte Europea de Derechos Humanos, 13-7-2006, «M.A.J. c. Suiza», cit., donde se invocaron razones de piedad familiar que se oponen a la exhumación del cadáver del supuesto padre biológico. El principio de proporcionalidad constituye el eje de toda ponderación y, en el caso, el derecho a la identidad personal, se considera prevaleciente frente a los restantes intereses públicos y privados, sin que se admita su cesación siquiera por el paso del tiempo. Conf.: Krasnow A. N., ob. cit., p. 447.

89. Bidart Campos G. J., *La legitimación de la madre para impugnar la paternidad del marido: ¿y los derechos del niño?*, La Ley, 2000-B, p. 22.

90. Ghersi C. A., *La cosa juzgada, los derechos personalísimos y los derechos económicos,* La Ley, 2007-E, p. 1269.

91. Ob. cit., con remisión al trabajo del autor *La falsificación de documento y la prueba química.*

92. No cualquier cambio de valores justifica la cancelación de la *res iudicata:* T.S. Córdoba, La Ley, 1999-E, p. 691.

93. CSN, Fallos, 235:171 y 510; 250:751; 321:172; 328:4801.

mente, las normas dictadas para solucionar conflictos suscitados por la crisis económica respecto de los deudores hipotecarios que tuviesen comprometida su vivienda única y familiar, no constituye argumento eficaz para desconocer la estabilidad de las decisiones jurisdiccionales.[94] Supuestos todos de una entidad mayor y más grave que los que nos ocupan.

VIII. Conclusiones: hacia los confines de la «relatividad» de la cosa juzgada

El tan delicado equilibrio entre la seguridad jurídica y la justicia de las decisiones parece requerir ciertos ajustes. No se trata de minar imprudentemente la *autorictas reijudicata*, sino en todo caso de reexaminar sus fronteras[95] para, en su caso, producir un sutil corrimiento de sus confines en aras de asegurar la virtualidad de ciertos principios fundantes que emanan del bloque axiológico de la Constitución, y en particular la garantía de la *eficaz prestación de los servicios de justicia* —art. 114, apart. tercero, inc. 6 *in fine*—.

a. La natural «relatividad» de la cosa juzgada y la perspectiva de una mayor flexibilización, sin embargo, no puede justificar una deflación abierta, una caída libre sin piso, que la precipite en un verdadero tembladeral jurídico en el que vendría a naufragar la seguridad. Con ser exacto que la revisión de la cosa juzgada, en los casos en que procede, tiene rango constitucional dado que el mandato de asegurar la justicia y su eficaz prestación supone conferir prioridad a la verdad jurídica objetiva[96] y a la justicia material,[97] no lo es menos que la simple variación de las escalas valorativas no es bastante para admitir la reproposición de una pretensión rechazada[98] y definitivamente juzgada.

---

94. Fallos, 315:2406; 3-7-2007 «Grillo Vicente». Sin embargo, ulteriormente en el caso «Souto de Adler», 14-8-2007, la CS sostuvo que no quedaba amparado por la cosa juzgada una sentencia que había decidido sobre el reclamo de un crédito hipotecario estableciendo que debía pagarse en dólares, pues no resulta razonable interpretar que un pronunciamiento dictado con anterioridad a la crisis e incluso en pleno conflicto económico y social, se encuentre amparado por dicho principio. Al analizar los dos fallos referidos, se ha afirmado que en el pensamiento actual del tribunal, «lejos de ser un valor absoluto o rígido, la cosa juzgada constituye un elemento cambiante según las circunstancias del caso» (Bianchi A. B., *El Derecho Constitucional en la jurisprudencia de la Corte Suprema entre 2003 y 2007*; La Ley, 2008-B, supl. 18 y 20-2-08.

95. Arruda Alvim Wambier T. y García Medina J.M., *O dogma da coisa julgada*¸ cit., pp. 11-14.

96. Bidart Campos G.J., *La raíz constitucional de la nulidad de la cosa juzgada*, El Der., v. 136, p. 619. SCJ Mendoza, Sala I, 2-2-99, La Ley, 1999-F, p.529; CCC Azul, 11-5-97, La Ley Bs. As., 1998, p. 75, con nota de Arazi R., *Cosa juzgada y negligencia.*

97. Como se ha sostenido, las excepciones a la inalterabilidad de la cosa juzgada han sido previstas en honor a principios de alto valor, cuya observancia, a pesar de la lesión del carácter inalterable de las decisiones jurisdiccionales, salvaguarda la autoridad de éstas en la medida que propugna su justicia material y su sentido moral (CSN, 13-5-97, «Gainza», La Ley, 1997-E, p. 101, voto del Dr. Petracchi).

98. El cambio de los valores socialmente reconocidos, que podría justificar la revisión de la cosa juzgada, es solo aquel de extrema magnitud que importe una modificación profunda de los estándares axiológicos, socialmente reconocidos. (TS Córdoba, Sala Civ. y Com., 13-4-99, La Ley, 1999-E, p. 691, con nota de Ibarlucía E.A., La Ley, 1999-C, p. 1117).

Igualmente, la «injusticia» de la sentencia, aún en sus diversos grados —«seria injusticia», «injusticia grave», «intolerable», «desvíos graves que ofenden el ideal de justicia»—[99] no puede constituir fundamento suficiente para soslayar el imperio de la cosa juzgada. Si se admitiera que la seguridad jurídica debe ceder toda vez que «principios o valores» de mayor jerarquía en el marco normativo o constitucional aparezcan confrontados y menoscabados por la sentencia, se acabaría desmoronando el edificio de la cosa juzgada.

El fundamento visceral que a través de los siglos fue concebido para sustentar la necesidad de que los juicios no se eternicen, se mantiene enhiesto: la eventualidad de que la propia sentencia que hubiere sustituido lo anterior, bajo alegación de contener injusticia, venga a ser una vez más cuestionada como injusta,[100] y así *ad eternum*, sabido como es que la justicia, no siendo un valor absoluto, puede variar, no sólo en el tiempo sino entre personas de una comunidad ligadas a diferentes creencias políticas, morales o religiosas en sociedades abiertas y pluralistas como son las contemporáneas.

Aún admitiendo que la «seguridad» debe ser relativa en confrontación con el «derecho justo» que sería absoluto, no es menos cierto que la consideración de lo que sea «derecho justo» deja abierto un ancho campo para la discusión: ¿acaso es el derecho que proviene de la ley o el que «descubren» los jueces por vía de su interpretación lo que sea una «grave o seria» injusticia, o una sentencia «absurdamente lesiva» de la legalidad?

b. De todos modos, hemos de convenir que ha devenido indispensable revisar el sistema de protección a la estabilidad de la cosa juzgada, para adecuarlo a las exigencias de un presente donde arrecian los reclamos de justicia intrínseca en concreto, respeto a la verdad jurídica objetiva, efectividad de la justicia y otros similares.[101]

Sin menoscabo sustancial de la seguridad jurídica, una reducción de la indiscutibilidad de la materia cubierta por la cosa juzgada, el ensanchamiento de los factores de su natural «relativización», si se quiere, parecen inevitables. Tanto como el rediseño, en las diversas legislaciones, de los instrumentos procesales capaces de atender las nuevas aspiraciones jurídicas.[102]

---

99. Se pregunta Baptista da Silva: si la cosa juzgada resistiría a las sentencias «lesivas» de la legalidad, pero no a las que fuesen «absurdamente lesivas», ¿cómo medir la lesividad «normal», para diferenciarla de la «absolutamente lesiva»? (Ob. cit., p. 970). Son conceptos inadmisibles, al igual que el de «sentencia abusiva», por el grado de su indeterminación (p. 971).

100. Es ilusorio pretender que la nueva sentencia que venga a destruir la cosa juzgada «injusta» o «abusivamente» formada, pueda tornarse en virtud de una milagrosa intangibilidad renacida, protegida, a su vez, por la cosa juzgada, de modo que se tornase inimpugnable frente a nuevos ataques (Ob. cit., p. 972).

101. Se trata, sostiene Baptista da Silva, de una contingencia determinada por la crisis paradigmática que atravesamos en los tiempos de la posmodernidad «líquida» que transcurren (ob. cit., pp. 977-978).

102. Es lo que terminan admitiendo *de lege ferenda* algunos de los más conspicuos defensores de la intangibilidad. Así, Barbosa Moreira (*Consideraçoes...*, ob. cit., pp. 742-743, donde propugna la admisión de la acción rescisoria con fundamento en el examen de ADN y la reforma del plazo bianual de decadencia del art. 495 CPC, para ser computado a partir del día que el interesado obtiene el examen científico. Similar flexibilización admite, por último, respecto

c. A diferencia de otros ordenamientos que tienen consagrados institutos típicos actuados a través de una larga experiencia, como es el caso de Italia y Brasil entre otros, que antes hemos desarrollado, entre nosotros la cuestión se plantea con mayores apremios ante la absoluta falta de regulación legal en el ámbito federal. Se agrega al cuadro, todavía, un ingrediente de alto voltaje político-institucional cual es la actual discusión suscitada en torno a la cancelación de la cosa juzgada penal.

Por sus particularísimos ribetes soslayamos aquí el análisis de fondo de un supuesto excepcional que motivara la doctrina sentada por nuestro más Alto Tribunal, en punto a la virtualidad de la cosa juzgada y la prohibición de la doble persecución penal (principio *non bis in ídem)*. En cercano precedente[103] por mayoría —aunque con fundadas disidencias—[104] se declaró que los principios que, en el ámbito nacional, se utilizan para justificar el instituto de la cosa juzgada y sus correlatos no resultan aplicables respecto de los delitos contra la humanidad, porque los instrumentos internacionales que establecen esta categoría de delitos no contemplan y, por ende, no admiten que el deber de persecución criminal cese por el transcurso del tiempo, amnistías o cualquier otro tipo de medidas que disuelvan la posibilidad de reproche. Si aparecen nuevos hechos o pruebas que puedan permitir la determinación de los responsables de violaciones a los derechos humanos, y más aún, de los responsables de crímenes de lesa humanidad, pueden ser reabiertas las investigaciones, incluso si existe sentencia absolutoria en calidad de cosa juzgada.

Sin entrar en el debate abierto sobre el fondo de la decisión, de todos modos importa subrayar que la excepción a la cosa juzgada que plasma la CSN, en tanto posibilita la revisión *pro societate* de la sentencia penal absolutoria firme cuando «aparecen nuevos hechos o pruebas»,[105] no supone un proceso anterior viciado, fraudulento o simu-

---

del plazo de igual naturaleza para interponer la acción rescisoria en el supuesto del art. 485, V. De su lado, Baptista da Silva considera que además de la acción rescisoria debe formularse una sistematización adecuada de la *querella nullitatis*; y que sería admisible una demanda rescisoria atípica, genérica o «innominada», como una cuestión prejudicial dentro de otra acción, que sea planteada por cualquiera de ls partes (ob. cit., p. 978).

103. CSN, 13-7-07, «Mazzeo Julio», La Ley, 2007-D, p. 401.

104. Disidencia de los Dres. Fayt y Argibay. En ese último voto se afirmó que «ni esta Corte, ni ningún otro Tribunal, puede eludir los efectos de una decisión judicial firme, sin negarse a sí mismo, sin poner las condiciones para que nuestro propio fallo sea también revocado en el futuro con argumentos contrarios, esto es, alegando su error, injusticia, etc. Si el propio juicio sobre el desacierto de un fallo pasado... o la diferente concepción de la equidad o la justicia... que anima a los jueces actuales pudiese dar lugar a una revisión de las sentencias judiciales firmes, el caracter final de las decisiones que estamos tomando vendría a significar apenas más que nada, pues sólo sería respetado por los jueces futuros en la medida que fueran compartidos por ellos». En el mismo sentido: Rios C.I., *El valor de la cosa juzgada en el Estado de Derecho*, La Ley, 2008-A, supl. 17-1-08, quien sostiene que en materia penal la inmutabilidad de la cosa juzgada a favor del acusado, no tiene excepciones; es un principio absoluto. Pizzolo C., *Para no olvidar*, La Ley, 2007-D, p.398.

105. En el proceso civil italiano y brasileño donde está regulada la acción rescisoria (supla III) se justifica la revisión de la cosa juzgada en base a la aparición de documentos nuevos que, en principio, debían existir al tiempo del proceso que se dictara la sentencia. Sin embargo, por excepción se admite la relevancia de documento público formado posteriormente, comprobatorio de hechos alegados en el primer proceso: Barbosa Moreira J.C., *Comentario ao Código de Proceso Civil*, ob. cit., v. V, pp— 136-137 y doctrina que cita en nota 88. Por lo demás, «documento nuevo» se ha considerado en la doctrina brasileña a la pericia posterior que se sustenta en conocimientos científicos sobrevinientes

lado, sino un reexamen de la causa, enriquecida por los nuevos hechos y pruebas sobrevinientes, por razones de justicia.

d. En nuestras actuales circunstancias, la búsqueda del ansiado equilibro entre seguridad y justicia y, por ende, de los confines fronterizos de la «relatividad»de la cosa juzgada, debería pasar por asumir imperiosamente, de una vez por todas, la regulación legal del tema, reclamo se larga data, como se viene encareciendo desde la doctrina[106] y la jurisprudencia.[107]

Semejante regulación debe determinar principalmente:

1. Incorporar una o varias vías que posibiliten excepcionalmente la revisión de la cosa juzgada, acción o recurso de revisión y acción de nulidad, o englobar en una sola los diversos motivos.[108]

2. Delimitar los únicos motivos que la sustentan: a) *vicios intrínsecos o sustanciales de la sentencia*, tales como haber sido culminación de un proceso írrito, aparente, simulado o fraudulento, resultar de actividades que hayan determinado vicios de la voluntad en los sujetos del proceso.[109] Son los motivos que la doctrina y jurisprudencia en general han admitido como fundamento de la acción de nulidad (supra IV). b) *causales de revisión típicas* en los clásicos supuestos en que después de pronunciada la sentencia se recobrasen u obtuvieren documentos[110] decisivos, de los que no se hubiere podido disponer por causas ajenas a quien lo invoca; o cuando algunas de las pruebas[111] que constituyeran fundamento decisivo de aquella, hubieran sido declaradas falsas por sentencia firme.

(supla IV). El derecho positivo brasileño, de todos modos, solo admite la revisión de la sentencia penal condenatoria en las hipótesis taxativas del art. 621 del CPP; a favor del procesado condenado, sin que se contempla la revisión de la sentencia absolutoria *pro societate* (del mismo autor, *Considerações...*, ob. cit., pp. 741-742.).

106. Por citar tan solo algunas de las obras más añosas: Berizonce R.O., *La nulidad en el proceso,* ob. cit., pp. 132-135. Hitters J.C., *Revisión de la cosa juzgada*, ob. cit., 1a. ed., 1977, pp. 332-332. Díaz C. A., *Revocación de sentencia firme,* ob. cit., pp. 503 y ss.

107. SC Mendoza, Sala 1a., 2-9-99, La Ley, 1999-F, p. 529, entre otros.

108. Siguiendo nuestros antecedentes doctrinarios y jurisprudenciales, no pueden caber dudas que la previsión de una acción única abarcativa de todos las causales, es la solución más apropiada. Los motivos del tradicional recurso de revisión subsisten, pero se canalizan al igual que los demás, por conducto de una acción. Es lo que se propició en el Anteproyecto de CPC Buenos Aires 1997, cuyas líneas seguimos.

109. El error esencial queda comprendido en el concepto de vicios de la voluntad (supra V).

110. Parece excesiva una previsión que incluyera la hipótesis de las pruebas científicas sobrevinientes (supra VI). En verdad solo puede admitirse como causal de revisión en los excepcionales supuestos en que está en juego el derecho personalísimo superior a conocer la propia identidad, pero en los demás casos —derechos patrimoniales y económicos, otros derechos de la personalidad— no procede el replanteo (supra VI y VII). Para abrirlo en acciones de filiación será suficiente una interpretación amplia del concepto de «nuevo documento», como se admite en la doctrina y jurisprudencia brasileña (supra VI).

111. Es preferibe, aún en comparación con el art. 510 inc. 3 de la LEC española, la amplitud del texto del art. 283, apart. 2 del CGP uruguayo, que aquí adoptamos.

3. Podrá solicitar la revisión solamente quien hubiere sido perjudicado, partes o terceros,[112] y justifique interés actual en la declaración.

4. La admisibilidad y procedencia de la acción se analizarán con criterio estricto, debiendo ser repelida *in límine* cuando se invocare vicios de actividad procesal o, en general, agravios cuya corrección debió procurarse a través de las vías pertinentes. Se trata de acotar la audibilidad de la pretensión revisora, fijando límites concretos e infranqueables que desalienten aventuras judiciales, para salvaguarda del principio básico que es el de la inmutabilidad de cosa juzgada. Sin perjuicio de que se establezca requisitos de admisibilidad específicos.[113]

5. La acción deberá deducirse dentro de los cinco años contados desde que la sentencia quedó firme y hasta dos años desde que se conocieron los vicios. Si bien el *cuantum* de los plazos resulta obviamente opinable, tanto como la técnica —plazo único,[114] plazo máximo y mínimo—, parécenos razonable en nuestras circunstancias.[115]

6. La interposición de la pretensión revisora no suspende como regla la ejecución de la sentencia atacada, sin perjuicio que el tribunal disponga, fundadamente y con caución[116] que se determinará prudentemente, su suspensión. Es el criterio que siguen la mayoría de los ordenamientos.[117]

7. El proceso tramitará por vía ordinaria ante el tribunal de primera instancia que corresponda en razón del turno, en el mismo ámbito territorial, con exclusión de aquel que hubiere dictado la sentencia que se impugna.

---

112. En el CGP uruguayo se confiere legitimación, además, al Ministerio público «cuando los hechos invocados afectaran la causa pública» (art. 284). También de modo expreso en el CPC brasileño (art. 487. III). En nuestro derecho tal legitimación emerge de las disposiciones de fondo (art. 59, Cód. Civ. y su doctrina), aplicable en los casos en que la sentencia sea el efecto de la colusión de las partes para defraudar la ley.

113. La mayoría de los ordenamientos instituyen distintas salvaguardas. La LEC española vigente establece una carga económica como requisito de admisibilidad formal consistente en un depósito en dinero, que solo se restituirá si el tribunal estimare la demanda de revisión (art. 513). Igualmente en el CPC brasileño se requiere el depósito del 5% sobre el valor de la causa a título de multa, para el caso que la acción fuere declarada inadmisible o improcedente (art. 488).

114. En Brasil el derecho de proponer la acción rescisoria se extingue a los dos años, contados desde pasada la sentencia en cosa juzgada (art. 495). En otras legislaciones se establecen un plazo máximo contado desde la sentencia firme y otro mínimo a partir del conocimiento que tuvo la parte. Conf.: Barbosa Moreira J.C., *Comentario...*, ob. cit,, v. V, p. 215.

115. Es el que adopta en el proyecto de CPC para la Prov. de Bs. As. de 1997, ya aludido, art. 695. El CGP uruguayo estatuye plazos más exiguos: un año desde que hubiera quedado ejecutoriada la sentencia y tres meses desde el conocimiento de los motivos (art. 285). La doctrina se ha planteado si cabe la revisión una vez transcurridos dichos plazos, por el juego de los arts. 114 y 217: Landoni Sosa A., dir., *Código General del Proceso*, ob. cit., v. II-B, pp. 1054-1056.

116. En la LEC española vigente la caución debe cubrir el valor de lo litigado y de los daños y perjuicios que pudieren irrogarse por la inejecución de la sentencia (art. 566).

117. CGP uruguayo, arts. 287 y 289. LEC española, arts. 515 y 566. CPC Río Negro, art. 303 *octies*. En Brasil el planteamiento de la acción rescisoria no obsta al cumplimiento de la sentencia, salvo hipótesis de anticipación de tutela o medida cautelar; art. 489 CPC, texto ley 11.280/06 (Arruda Alvim E., *Anticipação da tutela*, Jurúa ed., Curitiba, 2007, pp. 370 y ss.).

8. La sentencia estimatoria producirá los efectos que la legislación atribuye a la invalidación de los actos jurídicos. Vale decir que juzgada procedente la acción, el tribunal rescindirá la sentencia (*iudicium rescindens*) y pronunciará un nuevo juzgamiento sobre el fondo del asunto (*iudicium rescisorium*).[118]

e. Lo último pero no menos importante: no hay noción, concepto y fundamento político que se escriba de una vez y para siempre. La cosa juzgada, concepto típicamente político está inevitablemente condenada a transfigurarse y mutar a partir de su consustancial «relatividad». Cuál sea el grado de esa relatividad, los desplazamientos hacia uno y otro extremos de la balanza, que expresan más o menos seguridad jurídica vs. más o menos justicia, depende inexorablemente de los principios y valoraciones que en cada época y en cada circunstancia van prevaleciendo. El desafío de los juristas —doctrinarios, jueces y abogados— radica en ajustar y calibrar lo más exactamente posible el fiel de esa tan sensible balanza. Para colocarla en un punto medio razonable que, en los tiempos que transcurren, sin escozor de la esencia del principio que anida en la salvaguarda de la seguridad jurídica, permita el paso a las ansias de justicia que se trasuntan en el difuso y difícilmente aprehensible inconsciente colectivo, tanto como en el concreto reclamo de los justiciables. Nada más, pero tampoco, nada menos.

---

118. Berizonce R.O., *La nulidad en el proceso*, ob. cit., p. 128.

Un aporte en torno a la problemática cuantificación de los juicios de desahucio

José Bonet Navarro
Profesor Titular de Derecho Procesal
Universitat de València (Estudi General)

I. Presentación

El cálculo de la cuantía de los juicios de desahucio se ha presentado como una actividad sumamente polémica en la opinión de los diversos tratadistas y en la jurisprudencia.

En este trabajo se pretende poner de manifiesto que, a diferencia de lo que ocurre en otras ocasiones, esta vez la polémica no es fruto de una redacción legal poco terminante o contradictoria, sino de las consecuencias que trae aparejadas la forma en que se ha previsto su cálculo en el artículo 251.9ª LEC.

Ciertamente podría haberse mejorado la simplicidad en la redacción del citado precepto puesto que, cuando se trata de la reclamación de la posesión del bien arrendado, nos obliga a hacer una doble remisión: primero, a su regla tercera; y ésta, a continuación, a la segunda. Así y todo, el precepto es terminante, contundente y, en definitiva, ofrece poca discusión interpretativa puesto que el juego de las citadas remisiones conduce a la equiparación de los supuestos de reclamación de la posesión del bien arrendado a los correspondientes de condena de dar bienes muebles o inmuebles, esto es, «se estará al valor de los mismos al tiempo de interponerse la demanda, conforme a los precios corrientes en el mercado o en la contratación de bienes de la misma clase. Para este cálculo podrá servirse el actor de cualesquiera valoraciones oficiales de los bienes litigiosos, si no es posible determinar el valor por otros medios, sin que se pueda atribuir a los inmuebles un valor inferior al que conste en el catastro».

Los problemas aplicativos de esta norma, como indicaba, se originan por las eventuales consecuencias que trae aparejadas y que pueden calificarse como de inadecuadas, desproporcionadas y más allá, probablemente, de la inicial pretensión del legislador.

Estos calificativos se justifican en que este modo de cuantificación equipara en plano de igualdad las pretensiones en las que se pretenda la recuperación de la posesión con independencia del título en que se funde. Asimismo, aunque la cuantía no va a resultar trascendente para la adecuación del juicio de desahucio puesto que se ha previsto atendiendo a la materia, será necesario hacerla constar justificadamente en el escrito inicial (art. 253.1 LEC), y, entre otras cosas,[1] desplegará sus efectos más prácticos para determinar el límite de una posible condena en costas (art. 394.3 LEC),[2] en parámetros desorbitados atendida la entidad y enjundia real del pleito.

II. Principal poblemática de la cuantificación en los juicios de desahucio

Como adelantaba, el juego de remisiones del artículo 251.9ª LEC conduce a que, en todos los supuestos de condena a dar bienes inmuebles, incluida la pretensión fundada en la extinción de la relación arrendaticia, la cuantía se determine en el valor del inmueble arrendado con independencia de la causa que motiva el desahucio.[3] Y a la misma conclusión cabe llegar, por aplicación de la misma regla tercera del art. 251 LEC, cuando el desahucio sea por precario.

Aunque este precepto no debería ofrecer dudas interpretativas, si que plantea serios inconvenientes teóricos y prácticos:

1.º Equipara todo título que funde la pretensión recuperatoria del inmueble, sea un derecho estrictamente posesorio o un derecho de propiedad. Resulta patente que el valor de la condena a recuperar la posesión basada en la extinción de un arrendamiento no es equivalente al de la misma posesión fruto del reconocimiento de un derecho de propiedad.

---

1. Aunque se trata de un problema más hipotético que real, puesto que el modo por el que se cuantifican los juicios de desahucio supondrá en la práctica superar los novecientos euros, principalmente podría ser útil para conocer si es necesaria la postulación. Aunque con discrepancias doctrinales, me sumo a quienes opinan que no es óbice que la adecuación a juicio verbal sea por la materia para que la preceptividad de la postulación sea necesaria solamente a partir de los novecientos euros (arts. 23 y 31 LEC que no condiciona la excepción a una determinada adecuación; y art. 253.1 LEC que exija fijar la cuantía del pleito aunque se adecue por la materia).

2. Resultan gráficas las palabras de la SAP Lleida (Secc. 2ª), 19 de marzo de 2002. Ponente: D. Albert Guilanya Foie. EDJ 2002/15045, cuando afirma que «*certament es aquesta una qüestió confusa en la redacció donada per la nova LEC, i no tant en quan a la fixació del procediment adequat, que resulta molt fàcil (si l'acció es només de desnonament es un verbal per raó de matèria i si es reclama a mes rendes haurem d'estar a la quantia de les reclamades), sinó en quan a la fixació de la quantia del procediment a efectes del correcte càlcul de les costes. La Sala comparteix els arguments donats pel la Jutge «a quo» en el seu fonament de dret primer paràgraf primer de la interlocutoria de data 20 desembre 2001, es a dir en considerar que la quantia del procediment a efectes de costes en els desnonaments es el d'una anualitat de renda (argument aquest també de la part apel·lant), però no pot compartir el posterior raonament que arriba a la il·lògica conclusió de que la quantia es inferior quan s'exercita acumuladament l'acció de resolució de contracte i la de reclamació de rendes (si aquestes son inferiors a l'any) que quan només es reclama la resolució del contracte en que la quantia seria una anualitat*».

3. Aunque con consideraciones críticas, así lo reconoce la mayor parte de la doctrina. Entre otros, Samanes Ara, C., «Las pretensiones procesales basadas en la falta de pago de las rentas de arrendamientos urbanos y la LEC (referencia especial a las modificaciones introducidas por la Disposición Final 3ª de la Ley 23/2003 de 10 de julio», en *Diario la Ley*, núm. 5853, 19 septiembre 2003.

2.º Sin perjuicio del criterio restrictivo que viene sosteniendo el Tribunal Supremo,[4] permitiría generalmente la admisión del recurso de casación (art. 477.2.2º LEC), a pesar de la escasa entidad real del asunto.[5]

3.º Supondrá un gravamen desproporcionado para la parte que resulte condenada al pago de las costas y un beneficio igualmente desproporcionado para el letrado minutante, por aplicación del artículo 394.3 LEC, en asuntos muchas veces sin excesiva enjundia y entidad jurídica, con escasa complicación de derecho procesal y material, así como, en definitiva, en pleitos que acarrean un esfuerzo relativamente escaso.

Estos inconvenientes han favorecido que en algunas resoluciones se sostenga que la cuantía quedará determinada por una anualidad de la renta.[6] Sostienen esta posición básicamente con dos argumentos, uno teórico y otro práctico:

1.º El entendimiento de que la pretensión es la resolución contractual y no la subsiguiente recuperación del inmueble que implica.

2.º Evitar el problema práctico, el «absurdo», que deriva de entender que el valor del desahucio por impago de una cantidad escasa pueda ascender al valor del inmueble, de modo que la cuantía en comparación con el objeto de la pretensión resultaría muy elevada y, en todo caso, desproporcionada.[7]

Se vuelve así al modo de cuantificación que regulaba la LEC 1881 y tiene la virtud principal de orillar la problemática que plantea la estricta aplicación del artículo 251.9ª LEC. Sin embargo, esta interpretación tiene como escollo ser *contra legem*, por resultar contraria al sentido literal, claro, tajante, e indubitado del citado precepto de la vigente LEC.

Pero es más, ni siquiera encuentro sustento sólido a los argumentos que se aportan para defender la inaplicación del citado art. 251.9ª LEC:

De entrada, el principal problema práctico, consistente en una posible tasación desproporcionada de las costas, podría paliarse si, como es práctica en algunos colegios

4. Aprobados en una llamada Junta General celebrada el 12 de diciembre de 2000, por los que viene entendiendo que el hecho de superar ciento cincuenta mil euros solamente permite el acceso a la casación cuando se trate de sentencia dictada en juicio ordinario adecuado por la cuantía, de modo que excluiría los procesos de desahucio y en general la materia arrendaticia por adecuarse por la materia. Criterios ampliamente criticados, y con razón, por la doctrina. Véase, entre otros, Díez-Picazo Giménez, I., *Derecho Procesal Civil, El proceso de declaración,* con De La Oliva, Madrid, 2004, págs. 522-3.

5. Asencio Mellado, J. M., «Otros procesos especiales. Procesos especiales de arrendamiento», en *Proceso Civil Práctico*, X, (dir.: Gimeno), Madrid, 2002, págs. 1-459.

6. Entre otras, SAP Málaga (Secc. 6ª), 2 de mayo de 2002 Ponente: D. José Javier Díez Núñez. EDJ 2002/38959; y la antes citada SAP Lleida (Secc. 2ª), 19 de marzo de 2002.

7. Carreras Maraña, J. M., «La determinación de la cuantía de la causa en los procesos arrendaticios», en *PT*, núm. 2, febrero 204, págs. 15-8, califica esta posición como «de corte más realista y más lógico», también de planteamiento «más ponderado».

profesionales, se liga la determinación de la base del cálculo de las costas al montante a percibir correspondiente a la anualidad la renta.[8]

De otro lado, resulta infundada, por incompleta, la consideración de que la pretensión procesal «básica y determinante» sea solamente la resolución contractual. Ciertamente en muchas ocasiones se solicitará esta resolución, pero en muchas otras ni siquiera eso. Concretamente, no será necesario pedir una resolución contractual cuando el arrendamiento haya expirado por transcurso del tiempo así como, todavía con más claridad, cuando ni siquiera exista relación arrendaticia en los casos de desahucio por precario[9] (en estos casos ni siquiera tenemos anualidades de renta para calcular). Asimismo, en todo caso, limitar la pretensión solamente a la petición de «resolución contractual» no solamente se predica sobre una parte de los desahucios sino que ni siquiera es válida para dicha parte. Llevado este argumento hasta sus últimas consecuencias equivaldría tanto como negar la propia existencia como elemento principal de la pretensión de condena. Sabido es que toda pretensión de condena implica la declaración de un derecho y la imposición del deber de prestación que lleva implícito. Si se afirma que el deber de prestación es lo secundario, si la pretensión básica y esencial es la declaración que a su vez es presupuesto del deber de prestación, nos sobra la categoría prestación de condena; serían todas las pretensiones mero declarativas, si bien en algunas, además, accesoria y secundariamente, la resolución impondrá el deber de prestación. La condena sería algo accesorio de lo principal.

Frente a esta falaz argumentación ha de reafirmarse que en toda pretensión de condena, consistente en la entrega de inmueble debida a una resolución arrendaticia o en cualquier otro deber de prestación tras una previa declaración, el elemento esencial y definidor más que la previa declaración de un derecho es el deber de prestación que implica. Al demandante de juicio de desahucio poco le interesa una mera declaración de una eventual relación arrendaticia si, en caso de incumplimiento, no se ordena el abandono. Exactamente lo mismo ocurre con cualquier otro demandante que, por ejemplo tras declararse a su favor un derecho de crédito, lo que pretende en realidad es que se ordene —y a ser posible se logre— el ingreso del correspondiente importe del crédito en su patrimonio.

En definitiva, la pretensión de desahucio, en todos los casos, incluidos los supuestos en que se base en la previa declaración de la resolución contractual, es de condena. Todo porque la previa declaración (de resolución contractual, de inexistencia de relación contractual por expiración del plazo, o de concurrencia de situación de precario) es irrelevante para calificar dicha pretensión en comparación con el deber de prestación, de entregar el bien inmueble, que la califica.

---

8. Así lo advierte oportunamente Herrero Perezagua, J. F., «Consideraciones sobre la tutela del arrendador a través del proceso de desahucio», en *Aranzadi Civil,* núm. 21/2004, nota 16, indicando como ejemplos los criterios 87 del Colegio de Abogados de Zaragoza, 56 de los de Cataluña. En el caso del criterio 32 del Colegio de abogados de Málaga, se atiende, si la sentencia es estimatoria, al importe de las rentas adeudadas hasta el momento de dictarse sentencia.

9. Samanes Ara, C., «Las pretensiones procesales basadas en la falta de pago de las rentas de arrendamientos urbanos y la LEC», cit.

Ante ello, y a pesar de los inconvenientes prácticos apuntados, otra línea jurisprudencial más correctamente plantea una aplicación *lege lata* del tenor literal del art. 251.9 LEC, para considerar que la cuantía del pleito ha de ser la del valor del inmueble.[10]

En fin, *lege ferenda* podemos sumarnos a las voces que con cierta justificación reclaman una decisión uniforme que supere la situación de inseguridad generada por la voluble jurisprudencia; o hasta incluso nos permitimos reclamar que la seguridad jurídica venga de la mano definitivamente de una reforma parcial de la LEC.[11] Reforma por la que sea factible cuantificar de una forma más adecuada los procesos sobre reclamación de la posesión, atendiendo a las circunstancias del concreto proceso que se trate y, al menos, sin equiparar posesión con propiedad en cuanto a la valoración del bien. Sin embargo, mientras no contemos con una reforma legislativa en este sentido, entiendo que no resulta adecuado forzar la interpretación hasta el punto de hacer una lectura distinta de lo que indubitadamente expresa el art. 251.9ª LEC. Y, como se ha indicado y ahora reitero, este precepto no permite otra interpretación más que entender que, cuando se reclama la posesión del bien arrendado se estará a lo dispuesto por la regla tercera del mismo precepto, que a su vez conduce a la segunda, de modo que para la cuantificación se estará al valor de los bienes inmuebles al tiempo de interponerse la demanda, conforme a los precios corrientes en el mercado en la contratación de bienes de la misma clase.[12]

III. Cuantificación en los supuestos de pluralidad de objetos

La problemática cuantificación de los juicios de desahucio todavía se complica atendiendo a las posibilidades de acumulación.

1. Admisibilidad de la acumulación

La primera cuestión a plantear es si es admisible la acumulación en estos juicios. La respuesta, en principio, ha de ser afirmativa, al menos cuando viene expresamente admitida, como en el caso del artículo 438.3.3ª LEC que autoriza «la acumulación de las acciones en reclamación de rentas o cantidades análogas vencidas y no pagadas, cuando se trate de juicios de desahucio de finca por falta de pago, con independen-

10. Véanse, por ejemplo, las consideraciones de la SAP Las Palmas (Secc. 3ª), 7 de septiembre de 2002. Ponente: Dña. Carolina Mesa Marrero. EDJ 2002/83146.

11. Asencio Mellado, J. M., «Otros procesos especiales. Procesos especiales de arrendamiento», (dir.: GIMENO), cit., pág. 1-460.

12. Comparto, por tanto, las palabras de Herrero Perezagua, J. F., «Consideraciones sobre la tutela del arrendador a través del proceso de desahucio», cit., cuando afirma que «ciertamente sería preferible, a mi parecer, y más ajustado proporcionalmente a los intereses en juego que la cuantía fuera la de la anualidad de la renta. Mientras este extremo no resulte corregido... habría que seguir ateniéndose a lo establecido por la ley, si no se quiere incurrir en una alteración de las fuentes del Derecho, aunque la práctica del foro ha generalizado el criterio contrario».

cia de la cantidad que se reclame». Alguna mayor dificultad encuentra la acumulación en otros supuestos carentes de norma expresa.[13]

En mi opinión, no hay inconvenientes teóricos para que se admita la misma acumulación de una reclamación de rentas a un juicio ordinario de desahucio, siempre que se den los requisitos legales y en particular los del artículo 73 LEC. Otra cosa sea que, en la práctica, cuando entre las posibles causas de desahucio que fundan el juicio ordinario se encuentren otras causas como la falta de pago (si hay cantidades de renta debidas a acumular, así ocurrirá) —o la extinción del plazo—, se optará normalmente por el juicio verbal de desahucio que corresponda en cuanto será en principio procedimentalmente más favorables para el demandante.[14]

Tampoco resulta especialmente problemática la acumulación de pretensiones de desahucio en el juicio ordinario. La acumulación inicial de pretensiones excluye pretensiones que deban ventilarse por la materia por el juicio verbal, pero no por la cuantía. Cuando la acumulación sea objetivo-subjetiva, la exigencia de un nexo por razón del título o causa de pedir dificultará pero no cerrará las posibilidades, pues será posible, entre otros supuestos, la acumulación de la pretensión de resolución de diversos contratos de arrendamiento frente a diversos inquilinos de un mismo inmueble con base en la ruina del mismo edificio o en cualquier otra causa de extinción del contrato. Y por lo que se refiere a la sobrevenida, aunque poco habitual en la práctica, tampoco hay inconvenientes para la admisibilidad de una ampliación de la demanda con base en otras causas de extinción (siempre que se tramite antes de la contestación de la demanda o de la preclusión del plazo conforme al art. 401 LEC) y se cumplan las exigencias de los arts. 71 a 73 LEC (sobre todo que no suponga modificaciones en la competencia objetiva ni el procedimiento adecuado por la cuantía conforme al mismo art. 401 LEC). Y del mismo modo, resultará admisible la reconvención cumplidos los requisitos específicos del art. 406.1 y 2 LEC).

En el juicio verbal las dificultades aumentan, pero tampoco se cierran las posibilidades. Por lo que se refiere a la acumulación inicial de pretensiones objetivo-subjetiva, solamente plantea algún problema la concurrencia de procedimiento adecuado por cuanto el juicio verbal recibe importantes especialidades, sobre todo cuando el desahucio es por falta de pago. Aunque no sea posible acumular pretensiones que han de ventilarse por el juicio ordinario, tampoco concurren inconvenientes para acumular al juicio verbal de desahucio otras pretensiones que hayan de tramitarse por el mismo juicio verbal (salvo que la pretensión a acumular a su vez esté sometida a específicas especialidades). Solamente cabría matizar que, por recibir especialidades de importante calado, probablemente no quepa la acumulación de cualquier otra

---

13. Si la acumulación se produce en materia de arrendamientos pero distintos al desahucio y a la reclamación de rentas, por aplicación del artículo 252.1ª en relación con el art. 251.9ª ambos LEC, la cuantía del pleito vendrá determinada por la cuantía de la acción de mayor valor, esto es, la cuantía correspondiente a la anualidad de mayor importe.

14. En este caso se da la curiosa paradoja de que toda reclamación de cantidad relativa del arrendamiento cualquiera que sea su cuantía se decidirá por el juicio ordinario (art. 249.1.6º LEC), en cambio, esa misma reclamación, acumulada al desahucio por falta de pago, se sustanciará en juicio verbal (art. 438.3.3ª LEC).

pretensión distinta a la del desahucio por falta de pago. Por lo que se refiere a la acumulación inicial de pretensiones objetiva, en virtud del art. 438.3 LEC, solamente cabría la acumulación prevista en cualquiera de las tres excepciones que enumera el mismo precepto. Y aunque la excepción tercera se refiere a un supuesto de acumulación específico de acumulación, tal circunstancia no excluye que en el juicio de desahucio no sean igualmente operativas las otras dos excepciones siempre que se den los requisitos generales de los arts. 71 y 72 LEC. En mi opinión, la exigencia de nexo o conexión que derive de unos mismos hechos supondrá que ninguna acumulación sea admisible al desahucio por falta de pago salvo que la pretensión sea igualmente el desahucio por el mismo motivo, incluso serán más que dudosas las que, basándose en la falta de pago, se refieran a bienes inmuebles urbanos en unos casos y no urbanos en otros.

2. Cuantificación en los supuestos admisibles de acumulación

Por problemática que pueda resultar la cuantificación del juicio de desahucio en función del valor del bien cuya recuperación de la posesión se pretende, ofrece no obstante ventajas para el caso de acumulación con otras pretensiones derivadas igualmente del arrendamiento, se cuantifiquen éstas con el importe de la reclamación (reclamaciones de cantidades vencidas) o con el importe de una anualidad (cualquier otra pretensión arrendaticia distinta al desahucio y a la reclamación de rentas).

De entrada, cuando entre las pretensiones a acumular se encuentre la del desahucio, la cuantía del pleito no resultará alterada puesto que el valor del bien operará como un límite insuperable práctica y teóricamente, al menos cuando se trate de varias acciones reales (art. 252.3ª LEC), y por resultar en mi opinión de la lógica y la justicia material en cualquier caso.

Si al desahucio se acumula una reclamación de cantidades debidas, la aplicación del tenor literal del art. 252.2ª LEC parecería indicar que la cuantía del juicio vendría determinada por la del desahucio (valor del bien) más los «intereses, frutos, rentas o daños y perjuicios». Sin embargo, al menos cuando se trate de frutos y sobre todo rentas, propongo una interpretación matizada de la cuantificación.

La aplicación del art. 251.9ª LEC implica que, si bien la regla general en materia arrendaticia es la de una anualidad, tal regla cede cuando se trate de recuperación del bien así como en reclamación de rentas. Y en este último supuesto, conforme al artículo 252.4ª LEC, el juicio se cuantificará en función de los importes reclamados independientemente de que éstos se funden en una relación arrendaticia. Sin embargo, esta cuantificación deviene en irrelevante cuando se produce la acumulación al juicio de desahucio puesto que en tal caso, la cuantificación conforme al valor del bien ha de absorber esta cuantía. En mi opinión, si en virtud del art. 252.3ª LEC cuando se acumulen varias acciones reales referidas a un mismo bien, «la cuantía nunca podrá ser superior al valor de la cosa litigiosa», en los casos en que se acumule la reclamación de la posesión de dicho bien y las cantidades debidas en concepto de arrendamiento del mismo, a pesar de no consistir ambas en acciones reales, la cuantía no habría de ser tampoco superior al valor del bien pues lo contrario, máxime cuando *lege lata* la cuantificación del desahucio ya resulta ciertamente desorbitada, resultaría excesivo y en todo caso desproporcionado con la naturaleza de los objetos procesales.

En estos mismos casos, es cierto que cierta jurisprudencia admite la posibilidad de acumulación de cuantías. Pero para ello parte de que el desahucio se cuantifica en una anualidad por ser la recuperación de rentas meramente accesoria y subsidiaria.[15] Dudo que si considerara que la cuantificación fuera la del valor del bien se afirmara tal método de cuantificación. En cualquier caso, el punto de partida —como argumenté, y allí me remito, en el punto II de este trabajo— en mi opinión resulta erróneo salvo que la pretensión se limite a una petición mero declarativa de resolución contractual y por tanto sin que constituya título ejecutivo.

A ello cabría añadir que lo contrario supondría afirmar que aspectos derivados de una relación contractual y posesoria sobre un bien podría alcanzar el valor del propio bien, cuya propiedad incluye, entre otras posibilidades, la posesión presente o al menos futura. Asimismo, es un criterio razonable que informa el tenor del artículo 252 LEC en su conjunto. Conforme el mismo, cuando se acumulan acciones principales que no provengan del mismo título, se atiende a la cuantía de una de las acciones, la de mayor valor. En mi opinión, las mismas razones de justicia material que informan el art. 252.1 y 3ª LEC concurrirán para que la cuantía de la pretensión no supere el valor de la cosa litigiosa en los supuestos de acumulación de reclamación de rentas al desahucio, no obstante el tenor literal del art. 252.2ª LEC, aunque sea por la vía de entender que se fundan en distinto título (art. 252.1ª LEC).

Para otros supuestos de acumulación admisibles llegamos a una conclusión similar. Si la acumulación al desahucio se refiere a pretensiones relativas al mismo inmueble arrendado o en situación de precario, será de aplicación la regla 1ª del art. 252 LEC, de modo que la cuantía será la del valor del inmueble. En caso contrario, si la acumulación supone la introducción de desahucios sobre más de un inmueble, será de aplicación la regla del art. 2ª del mismo art. 252 LEC, de modo que se integrará por la suma de los mismos inmuebles. En este último caso, cuando se trate de una acumulación objetivo-subjetiva, esta cuantificación tendrá una eficacia relativa a los efectos de costas, que ha de entender a la pretensión concreta. Parece claro que en una eventual condena en costas al demandado se fijara atendido el valor del inmueble que ocupaba no por la de otros inmuebles acumulados ocupados por otros. Y del mismo modo, el actor tendría que poder ser condenado en costas por una pretensión desestimada aunque pudieran haberse estimado otras acumuladas respecto de otros inmuebles e inquilinos.

Solamente encuentro justificación para que la cuantía supere el valor del inmueble o inmuebles objeto de desahucio, por aplicación del art. 252.2ª LEC cuando con ocasión de un desahucio puedan formularse pretensiones indemnizatorias o de otra índole por

15. SAP Málaga (Secc. 6ª), 2 de mayo de 2002.

daños que, basándose en el valor de los correspondientes bienes dañados, hagan factible hipotéticamente superar el valor del bien arrendado.

IV. Corrección de la cuantíficación a través de la laxitud del tenor del art. 253.2 LEC y la posibilidad de impugnación

1. Posible e indirecta corrección de la cuantificacion

La problemática cuantificación no exime, conforme el art. 253.1 LEC, de expresar «en su escrito inicial» la cuantía de la demanda. Y a partir de dicho escrito, conforme al párrafo segundo del mismo precepto anterior, «la alteración del valor de los bienes objeto del litigio que sobrevenga después de interpuesta la demanda, no implicará la modificación de la cuantía ni la de la clase de juicio».

No obstante, el tenor del 253.2 LEC se presenta ciertamente laxo cuando, tras imponer su expresión con claridad y precisión, permite su indicación en forma relativa, si el actor justifica debidamente que el interés económico del litigio al menos iguala la cuantía mínima correspondiente al juicio ordinario, o que no rebasa la máxima del juicio verbal. En ningún caso podrá el actor limitarse a indicar la clase de juicio a seguir, ni hacer recaer en el demandado la carga de determinar la cuantía.

Esta laxitud puede explicarse cuando la adecuación sea por la cuantía, pero no desde luego en los juicios como el desahucio adecuados por la materia. En principio parece razonable afirmar que, no obstante lo que se desprende *contrario sensu* del mismo art. 253.2 LEC, en estos últimos también se de aplicación esta laxitud en cuanto se favorece el ejercicio de la tutela judicial efectiva. El problema será concretar exactamente en estos juicios el modo en que se concreta la expresión de la cuantificación. Una solución podría ser la de estimar suficiente afirmar y justificar que la cuantía en cualquier caso igual la cuantía mínima correspondiente al juicio ordinario o, muchos menos factible en la práctica, que no rebasa la máxima del juicio verbal. Desde luego la justificación se presenta fácil dado el valor económico del desahucio, máxime si se cuantifica con el valor del inmueble objeto de arrendamiento o en situación de precario. Y ello, dado que la laxitud está pensada para otro tipo de procedimiento, a pesar de que no sirva de nada a los efectos de adecuación procedimental. En el peor de los casos, los inconvenientes de esta forma de expresión no irán más allá de una posible cuantificación a la baja de las costas o de la sanción por infracción de la buena fe procesal. Incluso podría ser un método, aunque sea por la puerta de atrás, que permita su cálculo en parámetros más razonables, evitando consecuencias derivadas de la aplicación no matizada de los arts. 394.3 y 254.3 LEC atendida la cuantía resultante de aplicar el art. 251.1.9ª y concordantes LEC en los términos vistos antes.

2. Posibilidad de impugnación

El art. 255 LEC permite la impugnación limitada de la cuantía. Dispone que «el demandado podrá impugnar la cuantía de la demanda cuando entienda que, de haberse determinado de forma correcta, el procedimiento a seguir sería otro, o resultaría procedente el recurso de casación».

Resulta no obstante muy significativo que a pesar de la relativa utilidad de la cuantificación más allá de la mera adecuación procedimental (entre otros, a efectos de costas y sanciones por mala fe), el art. 255 LEC limite las posibilidades de su impugnación cuando tenga relevancia a efectos de procedimiento adecuado o eventual procedencia del recurso de casación.

Las posibilidades de su impugnación en los juicios por desahucio quedan así excluidas puesto que la relevancia se excluye sea porque la adecuación procedimental se determina por la materia o porque con los discutibles criterio del Tribunal Supremo contrarios al tenor del art. 477 LEC tampoco será admisible la casación por la cuantía.

Aunque estos aspectos son sin duda relevantes, no dejan de tener algún interés también cuestiones como la preceptividad de la postulación o posibles limitaciones en hipotéticas condenas en costas o sanciones por mala fe. Limitar las posibilidades de impugnación, sin atender a tales circunstancias, estimo que implica una restricción injustificada del derecho de defensa.

Evidentemente, me refiero a su impugnación con carácter previo, tal y como previene el art. 255 LEC. En todo caso, salvo que caigamos en interpretaciones contrarias al pleno ejercicio del derecho de defensa, cabrá la oposición y discusión de la cuantía del pleito a los efectos de una posible exclusión parcial de los gastos, suplidos y minutas de procurador y abogado de las costas o, en su caso, a los efectos de limitar el importe de una sanción.

Prueba de oficio y proceso con todas las garantías. Análisis comparativo de Derecho español y colombiano[1]

LORENZO M. BUJOSA VADELL
CATEDRÁTICO DE DERECHO PROCESAL
UNIVERSIDAD DE SALAMANCA

Recuerdo cuando conocí al Prof. Vázquez Sotelo, en el ya lejano II Congreso de Derecho Procesal de Castilla y León organizado brillantemente por la Prof. Calvo Sánchez en la ciudad de Zamora. En su intervención ofrecía unas «Pautas metodológicas para elaborar un nuevo Código procesal»[2] y alertaba de los peligros del «mimetismo legislativo». Siempre me ha parecido una observación fundamental para las investigaciones de nuestra especialidad, en las que desde hace tiempo se ha hecho imprescindible la aplicación del instrumental comparatista.

El Prof. Vázquez, además, se ha destacado por cultivar primorosamente las relaciones con los procesalistas iberoamericanos, con los que ha trabajado con esfuerzo en la elaboración de sugestivas propuestas para todo nuestro ámbito jurídico-cultural. Por ello me pareció que podría ser de su interés este pequeño estudio en el que, al hilo de algunas sentencias de altos tribunales colombianos, se vuelve sobre uno de los temas que ha suscitado —y sigue suscitando— más debates entre los colegas de nuestra disciplina, tanto en Europa como en América.

Así pues, si todavía fueran razones escasas para dedicarle este trabajo las ya mencionadas, todavía debo traer a la memoria la gran influencia de las investigaciones del

1. El punto de partida de este estudio ha sido la participación del autor en el Congreso Internacional de Derecho Penal y Procesal, celebrado en la sede de la Universidad Santo Tomás, en Bogotá (Colombia), durante los días 13, 14 y 15 de septiembre de 2007, con una ponencia sobre «La prueba de oficio y de referencia en el sistema penal acusatorio».

2. Este era precisamente el título de su ponencia, publicada junto a las demás intervenciones del mencionado congreso en *La Reforma del Procesal Penal.* II Congreso de Castilla y León, Madrid, 1989, coordinado por la Prof.ª Calvo y publicado por el Ministerio de Justicia español.

homenajeado sobre las implicaciones del principio acusatorio, o sus profundos estudios en materia probatoria, que han contribuido también decisivamente a la elección de mi tema con el fin de rendir homenaje a uno de nuestros más ilustres procesalistas.

1. Introducción

En los ordenamientos de nuestro entorno cultural es muy frecuente abogar por la instauración de un proceso penal más acusatorio,[3] y justamente desde hace años han seguido esta tendencia numerosas reformas procesales europeas y, más recientemente, ha caracterizado la paulatina puesta al día del enjuiciamiento penal en numerosas repúblicas americanas, entre ellas naturalmente Colombia. Pero, por otro lado, debo constatar también la existencia de numerosas discusiones doctrinales —y diversas manifestaciones jurisprudenciales contradictorias— acerca de los límites de esa tendencia, así como críticas fundadas acerca de una exacerbación[4] de las características del modelo ideal del proceso acusatorio.

Como ha afirmado repetidamente el Tribunal Constitucional, el proceso penal acusatorio exige una acusación formal contra una persona determinada, pues no puede haber condena sin acusación y «La aplicación del principio acusatorio supone, además, una contienda procesal entre dos partes netamente contrapuestas —acusador y acusado— resuelta por un órgano que se coloca por encima de ambas, con una neta distinción de las tres funciones procesales fundamentales, la acusación, propuesta y sostenida por persona distinta a la del juez; la defensa, con derechos y facultades iguales al acusador, y la decisión por un órgano judicial independiente e imparcial, que no actúa como parte frente al acusado en el proceso contradictorio» (STC 18/1989, de 30 de enero).

En Colombia se ha reconocido claramente que «fue intención del constituyente introducir un cambio sustancial en el régimen constitucional y legal colombiano, para adoptar de forma abierta y declarada, aunque no absoluta, el principio acusatorio, que en cierta medida recoge algunas características de los sistemas acusatorios vigentes en el mundo» (Sentencia de la Sala de Casación Penal de 30 de marzo de 2006. Radicación No. 24468).[5] Aunque certeramente también se ha añadido que no se ha copiado un modelo concreto, sino que ha intentado adaptar el proceso penal a la realidad colombiana, aumentando las garantías: «se trata de un nuevo modelo que presenta características fundamentales especiales y propias, que no permiten adscribirlo o asimilarlo,

3. Sigue siendo un artículo fundamental para la determinación de las características del proceso regido por el principio acusatorio el de Vázquez Sotelo, J.L., «El principio acusatorio y su reflejo en el proceso penal español. Homenaje a la Ley de Enjuiciamiento Criminal tras cien años de vigencia», *RJC,* 1984, pp. 373-415.

4. *Vid.* Picó Junoy, J., «Reflexiones en torno a la cuestionada iniciativa probatoria del juzgador penal», *Justicia,* 1996, I, pp. 153-163.

5. Se ha dicho en esta misma resolución de la Sala de Casación Penal de la Corte Suprema de Justicia, con razón, que el sistema con tendencia acusatoria que se ha instaurado en Colombia no es «'típico ni puro', sino específico para Colombia; y con un principio adversarial igualmente modulado».

prima facie, a otros sistemas acusatorios como el americano o el continental europeo» (Sentencia C-591 de 2005).

Efectivamente con el Acto Legislativo No. 03 de 2002, expresamente se habló de abandonar el sistema mixto de enjuiciar y de adoptar un sistema de tendencia acusatoria, poniendo el centro de gravedad en el juicio público, oral, contradictorio y concentrado, siendo «el momento prioritario» el debate probatorio, que es donde se ordenan y practican las pruebas, de tal forma que se garantice la inmediación de las pruebas con el juez, y se asegure así su imparcialidad».[6] Se concibe, también expresamente, el proceso penal como un proceso de partes, «como la contienda entre dos sujetos procesales —defensa y acusador— ubicadas en un mismo plano de igualdad, al final del cual, como resultado del debate oral y dinámico, el tercero imparcial que es el juez, tomará una decisión».[7]

El sistema español, aunque antiguo y con rasgos que a algunos podrían parecer inquisitivos, constitucionalmente se ajusta también como un guante a estas exigencias. Incluso más: la lectura de la brillante Exposición de motivos de la Ley de Enjuiciamiento Criminal muestra que justamente el objetivo del legislador procesal penal decimonónico era el mismo: «Hay, pues, que restablecer la igualdad de condiciones en esta contienda jurídica, hasta donde lo consientan los fines esenciales de la sociedad humana»; y tras aludir a varios problemas específicos como la lentitud o la vigencia de la absolución de la instancia señalaba expresivamente: «Los demás vicios del Enjuiciamiento vigente quedarán sin duda corregidos con el planteamiento del juicio oral y público y la introducción del sistema acusatorio en la Ley Procesal». El juicio oral, es decir, «el arsenal donde el acusador y el acusado deben tomar sus armas de combate y de defensa y el Tribunal los fundamentos de sus veredictos».

Pero a su vez, no está de más recordar la prevención que añade Alonso Martínez, el entonces Ministro de Gracia y Justicia: «el Gobierno de V.M. ha creído que la transición era demasiado brusca para este país, en que los Jueces han sido hasta ahora omnipotentes, persiguiendo los delitos por su propia y espontánea iniciativa», y es así pues «la sociedad debe marchar como la naturaleza, gradualmente y no a saltos: los progresos jurídicos deben irse eslabonando, si han de encarnar en las costumbres del país».

También en la República colombiana se ha modulado la reforma y así se ha dicho que «en efecto, se diseñó un sistema de tendencia acusatoria, pero sin que pueda afirmarse que el adoptado corresponda a un acusatorio puro» (Sentencia C-591 de 2005) y se afirma además que este sistema desarrollado por la Ley 906 de 2004, pone su acento en la

6. Lo cual, sin embargo, con un excesivo juego del principio de oportunidad, puede convertirse en pura teoría, pues en un porcentaje amplísimo de casos no se llega a esa fase teóricamente prioritaria y fundamental del proceso penal acusatorio («la etapa del juicio se constituye, así, en el centro de gravedad del proceso penal» Sentencia C-591/05) y, en muchos de esos supuestos, con argumentos utilitaristas y, más específicamente, economicistas.

7. Como afirma la Sentencia C-591 de 2005: «... la prueba deja de encontrarse dispersa en varios escenarios procesales, escrita, secreta y valorada por un funcionario judicial que no tuvo incidencia en su recaudo, para ser practicada de forma concentrada en el curso de un juicio oral, público y con todas las garantías procesales».

garantía de los derechos fundamentales del inculpado, para la definición de la verdad y la realización efectiva de la justicia, teniendo presentes los derechos de las víctimas».[8]

Como decía Goldschmidt, «se puede decir que la estructura del proceso penal de una nación no es sino el termómetro de los elementos corporativos o autoritarios de su Constitución».[9] La homologación internacional como Estados democráticos pasa hoy en día, pues, por la instauración de un proceso penal acusatorio. Es más, se ha dicho, que no hay verdadero proceso si no se cumplen los rasgos esenciales del acusatorio: la existencia de un juez imparcial[10] y dos «partes parciales» enfrentadas entre sí.[11] Pero se recuerda que más allá, este concepto es confuso y, de hecho, puede concretarse de maneras diversas.

En realidad, por un lado, la utilización de este término a veces conlleva una difícilmente evitable referencia al proceso adversarial anglosajón,[12] y en especial, al de los Estados Unidos. Naturalmente ha sido enorme —yo diría incluso que excesiva— la influencia de este modelo en las diversas reformas procesales penales, por supuesto no sólo del continente americano, sino también europeas. Y, por otro lado, lleva a una confusión lamentable, pues muchos de los rasgos que se atribuyen al acusatorio, o bien son meras opciones político-legislativas, muchas veces originadas en contextos jurídico-políticos muy distintos (como el tribunal del jurado),o se remiten con amplitud a las garantías procesales fundamentales reconocidas en diversos tratados internacionales sobre la materia y asimismo en las Constituciones, sobre todo en las versiones más recientes. Por tanto, muchas veces, cuando hablamos de un proceso penal acusatorio queremos decir «proceso penal con todas las garantías» o «proceso justo»; en definitiva lo que también en el ámbito anglosajón y con origen en la Constitución norteamericana se conoce como *Due Process of Law.*[13]

En los ordenamientos europeos mantenemos ciertos rasgos que nos apartan del modelo adversarial puro de origen anglosajón, lo cual no implica que se trate de pro-

---

8. Recoge estas ideas, la Sentencia, ya citada de la Sala de Casación Penal (Radicación No. 24468) recuerda que «el principio adversarial no es absoluto, entre otras razones, porque en Colombia se reconoce el derecho de intervención a las víctimas y al Ministerio Público; y porque el Juez no cumple un papel pasivo como si se tratara de un árbitro en una contienda, sino que debe actuar pro activamente como garante de los derechos fundamentales cuando quiera que resulten amenazados o menguados, y debe procurar que el caso se resuelva sobre una base de verdad real y en un plano de justicia material».

9. Goldschmidt, J., *Problemas Jurídicos y Políticos del Proceso Penal,* Barcelona, 1935, p. 67.

10. El Tribunal Constitucional español en su sentencia 60/1995, de 16 de marzo, declaraba: «sin juez imparcial no hay, propiamente, proceso jurisdiccional».

11. Cfr. Montero Aroca, J., *Principios procesales del proceso penal. Una explicación basada en la razón,* Valencia, 1997, y en el mismo sentido, Gómez Colomer, J.L., «*Adversarial System,* proceso acusatorio y principio acusatorio: Una reflexión sobre el modelo de enjuiciamiento criminal aplicado en los Estados Unidos de Norteamérica», *Revista del Poder Judicial,* Propuestas para una nueva Ley de Enjuiciamiento Criminal, núm. XIX especial, 2006, pp. 29-30.

12. *Vid.* McEwan, J., *Evidence and the Adversarial Process. The modern Law,* 2.ª ed., Oxford, 1998, especialmente pp. 73-79.

13. *Vid.* más ampliamente sobre ello Gómez Colomer, J:L., «*Adversarial...*», *op. cit.,* pp. 25-77.

cesos penales sin garantías. De hecho las exigencias constitucionales influyen directamente en la depuración garantista de las normas procesales penales ordinarias a través de la jurisprudencia de los Tribunales constitucionales. En concreto, en España, desde 1978 en que se promulgó la Constitución vigente, y sobre todo desde 1980 en que empezó a ejercer la potestad jurisdiccional se ha producido una evidente expansión de las garantías procesales, a pesar de que nuestro código de proceso penal procede de 1882. A veces da la impresión, sin embargo, leyendo algunos comentarios jurídicos, que el ordenamiento que no se ajuste al modelo puro adversarial no goza de garantía alguna, como si en los países europeos siguiéramos todavía sometidos a dictaduras abominables.[14]

Junto al proceso con todas las garantías, o más precisamente, como una de ellas, básica y fundamental, tendríamos pues en nuestro ordenamiento la vigencia del principio acusatorio, entendido de una manera más restringida, que pudiera resumirse en unos pocos axiomas: 1.— Debe mantenerse una clara separación entre quien acusa y quien enjuicia. Este es el criterio más importante por el cual no puede haber juicio si no hay acusación ejercitada por alguien distinto del juez; 2.— Debe distinguirse claramente entre investigación y decisión, atribuidas a órganos distintos, la primera dirigida a preparar el juicio y la segunda como resultado de la actividad desarrollada en el juicio oral; 3.— No puede condenarse más allá de la pretensión ejercitada tanto en su dimensión subjetiva, como objetiva; es decir, debe haber correlación entre lo pedido y el pronunciamiento de la sentencia; y 4.— Ante la formulación de una impugnación, no puede gravarse más al recurrente de lo que ya lo estaba en la sentencia recurrida, salvo que la otra parte también impugne.[15]

La cuestión de fondo en todos estos supuestos es el mantenimiento de la debida imparcialidad del juzgador,[16] no sólo evitando decisiones que efectivamente carezcan de objetividad, sino además protegiendo la mera apariencia de neutralidad. Así se ha declarado que la obligación de no ser «Juez y parte» ni «Juez de la propia causa» se traduce en dos reglas: «según la primera, el Juez no puede asumir procesalmente funciones de parte; por la segunda, el Juez no puede realizar actos ni mantener con las partes relaciones jurídicas ni conexiones de hecho que puedan poner de manifiesto o exteriorizar una previa toma de posición anímica a favor o en su contra» (STC 162/1999, de 27 de septiembre), pues la estricta observancia del

14. En relación con Alemania son ilustrativas las consideraciones de Arias Duque, J.C., «El juez en el sistema acusatorio colombiano», en *El proceso acusatorio colombiano.* Tomo III. Roles de los Intervinientes (Experiencias y Desafíos), Bogotá, 2006, pp. 190-196.

15. En este sentido *Vid,* Gimeno Sendra, V., *Fundamentos de Derecho procesal,* Madrid, 1981, pp. 190-192; Vázquez Sotelo J.L., «El principio acusatorio ...», *op. cit.,* pp. 102-104; Montero Aroca, J.; «El principio acusatorio. Un intento de aclaración conceptual», *Justicia,* 1992, IV, pp. 775-788; Armenta Deu, T., *Principio acusatorio y Derecho penal,* Barcelona, 1995, pp. 39-111.

16. Como afirmaba la Corte constitucional en su sentencia C-396 de 2007: «Desde la misma conformación del Estado y de la consagración de los poderes que lo integran se entregó a los jueces la responsabilidad y la función de resolver de manera pacífica y definitiva las controversias. Condición *sine quae non* para desarrollar dicha atribución, es la imparcialidad e independencia del juez en la definición de los asuntos a su cargo, pues estas son, indudablemente, unas de las principales premisas de la aplicación de la justicia en los Estados democráticos».

principio de legalidad obliga a que la libertad de criterio del juzgador obedezca exclusivamente a motivos de aplicación del Derecho y nunca a prejuicios ideológicos o personales (SSTC 225/1988, de 28 de noviembre, 137/1997, de 21 de julio y STC 155/2002, de 22 de julio).[17]

Las consideraciones que siguen se van a centrar en torno al debatido engarce de la iniciativa probatoria de oficio en un sistema penal acusatorio.[18] Se trata pues de valorar la aplicación de las garantías procesales de la actividad probatoria desde la perspectiva constitucional de la protección de los derechos fundamentales respecto a estas dos eventuales manifestaciones probatorias y de calibrar hasta qué punto en un proceso penal suficientemente garantista pueden ser válidamente admitidas.

Antes de intentar dilucidar los principales elementos del debate desde el punto de visto de las garantías procesales en la actividad procesal en estos asuntos y en otros similares y de intentar ordenar sintéticamente las posiciones que en el seno de la propia doctrina jurisprudencial se observan, creo que puede facilitar la comparación situar los datos sobre la legislación española en su debido contexto. Nuestra legislación procesal penal se contiene básicamente en la centenaria Ley de Enjuiciamiento Criminal de 1882,[19] que instauró en nuestro país el juicio oral y público, que se abría únicamente ante una acusación planteada por alguien distinto del juzgador, no sólo el Ministerio Fiscal, también el acusador particular, es decir, el ofendido o perjudicado por la infracción criminal, e incluso el acusador popular, es decir, cualquier ciudadano defendiendo el interés general. El esquema claramente acusatorio y garantista de la fase plenaria, no se extendía en la fase previa que permanecía en sus caracteres inquisitorios. A pesar de mantenerse la vigencia de esta Ley a lo largo del siglo XX, ha habido algunas regresiones en algunas reformas más o menos concretas. Pero ha sido desde la entrada en vigor de la Constitución de 1978 y sobre todo, a partir de la labor paulatina del Tribunal Constitucional cuando se ha producido una importante relectura de nuestro proceso penal desde un prisma garantizador. Sigue vigente el esquema original de la fase de investigación dirigida por un Juez de Instrucción, que después no puede integrar el órgano enjuiciador. Pero las reformas que en los últimos años han introducido procedimientos diversos casi por aluvión y la abundante doctrina jurisprudencial del Tribunal Constitucional que se aplica en algunos casos con prioridad sobre el tenor literal de la Ley decimonónica, obligan desde hace tiempo a la promulgación de una nueva Ley, que sin embargo no llega a ver a la luz.

17. Como afirma Verger Grau, J., *La defensa del imputado y el principio acusatorio,* Barcelona, 1994, pp. 25-26: «sólo un proceso acusatorio que respete la imparcialidad del juez y la igualdad de las partes es compatible con nuestra Constitución y con los Convenios Internacionales firmados por España».

18. El demandante en la Sentencia C-396 de 2007 parte de la idea, precisamente, que la prohibición del decreto de pruebas de oficio en el proceso penal hace parte de la ideología del sistema acusatorio que acogió el legislador como mecanismo idóneo para adelantar el proceso penal.

19. Como se decía en la propia Exposición de motivos, «son tan radicales las reformas en él (en este Código) introducidas, que bien podían pasar por un Código completamente nuevo y de carácter tan liberal y progresivo como el más adelantado de los Códigos de procedimiento criminal del continente europeo».

2. Planteamiento: ¿A quién corresponde probar?

El legislador colombiano de 2004 optó por una solución legislativa muy concreta, basada en el argumento de la superior garantía del principio de imparcialidad en el juicio oral. Se establece la prohibición legal de acordar de oficio la práctica de medios de prueba: «En ningún caso el juez podrá decretar la práctica de pruebas de oficio» (art. 361 de la Ley 906 de 2004).[20] Es básicamente la Fiscalía la que tiene la iniciativa probatoria,[21] aunque no en exclusiva, pues también la peculiar figura colombiana del Ministerio público y las víctimas pueden proponer pruebas en el lado activo de la contienda procesal. La defensa no es necesario que proponga prueba alguna, pues se beneficia de la verdad interina proclamada como derecho fundamental y conocida como «presunción de inocencia», pero por supuesto no se le priva del impulso probatorio, lo cual infringiría el núcleo central de su derecho a defenderse.

A diferencia de lo que ocurre en ordenamientos como el colombiano en los que, de manera expresa, se establece la prohibición de la iniciativa probatoria de oficio, la Ley de Enjuiciamiento Criminal, así como otros Códigos procesales europeos o americanos, se inscriben en la tendencia opuesta, lo cual no quiere decir que en mi país, por ejemplo, no haya habido claras tensiones doctrinales y jurisprudenciales sobre este tema. En principio el artículo 728 establece la regla general, aparentemente absoluta, de admitir sólo la aportación de parte: «No podrán practicarse otras diligencias de prueba que las propuestas por las partes, ni ser examinados otros testigos que los comprendidos en las listas presentadas». Sin embargo, el artículo inmediatamente posterior se establecen las excepciones, y entre ellas, la más importante es la segunda: «Se exceptúan de lo dispuesto en el artículo anterior: 2º Las diligencias de prueba no propuestas por ninguna de las partes, que el Tribunal considere necesarias para la comprobación de cualquiera de los hechos que hayan sido objeto de los escritos de calificación». Tenemos pues aquí mismo proclamada la libertad del juzgador para decretar pruebas, no sin ciertos límites ya de partida: se debe tratar de pruebas que considere necesarias para la comprobación de cualquiera de los hechos que han sido objeto de los escritos de acusación o de defensa.

Puede oponerse fácilmente a esta consideración el argumento de que la LECrim. de 1882 no estableció un proceso penal suficientemente garantista sino que se inscribe en las limitaciones clásicas del llamado sistema acusatorio mixto. En principio estaría plenamente de acuerdo con esta primera precisión. Pero deberíamos acompañarla de otra matización fundamental: la lectura de esta ley preconstitucional debe hacerse a través de las garantías procesales que la Constitución establece, sobre todo en el apartado segundo del artículo 24, la mayor parte de ellas de relevancia directa para el proceso penal, aunque muchas

20. Conforme a la Sentencia de la Sala de Casación Penal (Radicación No. 24468): «esta exclusión aplica a los jueces de control de garantías y a los jueces de conocimiento». Pero, como se verá más adelante, más recientemente se ha restringido esta limitación por interpretación de la Corte constitucional a través de la sentencia C-396 de 2007.

21. Afirma la Sentencia de la Sala de Casación Penal (Radicación No 24468), de 30 de marzo de 2006 que, «desde la perspectiva probatoria la Fiscalía tiene un compromiso directo con la verdad y con la justicia material, cometidos que debe buscar con criterio objetivo y transparente».

de ellas aplicables a todos los órdenes jurisdiccionales. Entre estas garantías fundamentales se encuentra la proclamación del derecho a un proceso con todas las garantías, que no deja de ser una adaptación del principio de ascendencia anglosajona más conocida como del proceso justo o más literalmente del proceso debido.

¿Cómo debe leerse, entonces, el apartado segundo del artículo 729 LECrim, teniendo en cuenta que hay una norma de rango claramente superior que nos obliga a purificar, por así decirlo, el proceso penal español aportándole por vía interpretativa, si no lo hace previamente el legislador, todas las garantías de las que careciera hasta entonces? Si no fuera así, la sentencia firme que resultara podría ser objeto de impugnación ante el Tribunal Constitucional a través de la conocida vía del amparo constitucional.

Ante esta coyuntura las respuestas han sido diversas y contradictorias. Un sector importante ha pretendido acentuar el acusatorio por vía jurisprudencial en el ordenamiento español, incluso de manera claramente exagerada, llegándolo a confundir con el principio dispositivo, más allá incluso en algunos casos de lo previsto en el proceso civil. La doctrina mayoritariamente se ha inclinado a favor de una posición más moderada, llevando las exigencias acusatorias a una concepción más restringida, también en materia probatoria, sin perjuicio de situarse en posiciones ciertamente garantistas que nos vienen exigidas, por otra parte, por la propia parte dogmática de la Constitución.

La Sala 2.ª del Tribunal Supremo ha reconocido la existencia de varias etapas en su posición respecto a este tema desde la promulgación de la LECrim, en septiembre de 1882. Hasta diciembre de 1993 la jurisprudencia fue «lineal y constante, admitiendo la vigencia y operatividad del precepto en su totalidad, y especialmente del número segundo» (STS, Sala 2.ª, de 31 de diciembre de 2002 —RJ 2002\823—). El 1 de diciembre de 1993 se dictaron dos sentencias que cambiaron radicalmente esa tendencia, considerando que era inconstitucional aplicar el artículo 729.2, y por tanto, que no podía permitirse la iniciativa probatoria de oficio. Posteriormente se ha vuelto a permitir el juego de ese precepto siempre teniendo en cuenta las necesarias limitaciones.

3. Prueba de oficio e imparcialidad

El fundamento principal de la vigencia del acusatorio en el proceso penal se encuentra indudablemente en el aseguramiento de la imparcialidad del órgano jurisdiccional competente. Este es el argumento principal que apoya la prohibición de la prueba de oficio y así se ha reconocido respecto la disposición del artículo 361 del nuevo Código colombiano. Sin embargo, en torno a este precepto se han hecho algunas afirmaciones que convendrá matizar.

Así, en la reiterada Sentencia de la Casación Penal de 30 de marzo de 2006 se enlaza correctamente esta prohibición con el principio de imparcialidad, pero en mi opinión se extralimita la Sala al considerar que «gravita en torno del principio de imparcialidad, muy caro a los sistemas con tendencia acusatoria, que el Juez no tenga facultades probatorias autónomas». Conviene recordar, de todas formas, que muchos ordenamientos con innegable tendencia acusatoria no han optado por una prohibición radical como la que aparece expresamente en el artículo 361 del Código de Procedimiento Penal. Sería más correcta la afirmación si se señalase que la prohibición de impulso de oficio es paradigmática del modelo adversarial anglosajón que responde realmente a un contexto jurídico distinto y a una concreción de las garantías del proceso justo diversa.

El modelo acusatorio colombiano no ha pretendido seguir estrictamente ese modelo básicamente norteamericano en todos sus elementos y por eso se ha hablado de una vía colombiana al acusatorio. Pero en este punto, sin embargo, se adscribe rectamente a ese modelo gringo.[22] Otros ordenamientos, también con influencia procesal penal norteamericana —hoy en día realmente inevitable— han introducido otros elementos, pero conscientes de la importancia de la legalidad y del interés público, no se atreven a obligar al juzgador a absolver (o en algunos casos condenar) si observa que de un elemento probatorio que consta en autos y cuya práctica nadie ha propuesto podría surgir el convencimiento sobre si los hechos han ocurrido tal y como se han contado por las partes o no.[23]

La imparcialidad que, en todo caso, pudiera verse afectada en estos casos es la llamada «imparcialidad objetiva» es decir, la que implica una relación entre el sujeto juzgador y el objeto del proceso, es decir, los hechos que se están enjuiciando, de tal modo que suponga una prevención que lesione la necesaria objetividad del primero. Esta afirmación necesita también ser debidamente ponderada, pues en mi opinión no necesariamente se produce esa lesión. De lo que se trata aquí es simplemente que, a partir de los hechos puestos sobre la mesa por las partes, el juez debe tratar de descifrar si con los elementos que existen en el proceso mismo, puede llegarse a su comprobación, para que en su caso se aplique el precepto penal correspondiente. Al margen de todos los debates acerca de si en el proceso penal puede o no llegarse al conocimiento de la verdad real —valga la redundancia—,[24] debe quedar claro que si el tribunal está obligado a sancionar, por ejemplo, al que matare a otro, deberá constatar si hay datos suficientes en el material probatorio existente en el proceso para llegar a la convicción sobre si el acusado es o no, por ejemplo, el homicida.

Conforme al Tribunal constitucional español, en una doctrina que comparto, por sí misma la iniciativa probatoria de oficio no es contraria a las exigencias del acusatorio

22. Es necesario tener un especial cuidado en ello pues estamos en sistemas jurídica y políticamente distintos a los anglosajones, sobre todo por la especial importancia del imperio de la ley y, específicamente del sometimiento a la legalidad como fundamento del ejercicio de la potestad jurisdiccional. Este sometimiento, como veremos más adelante, también puede considerarse como base de la conveniencia de la iniciativa probatoria de oficio.

23. Como afirmaba Vázquez Sotelo, J.L., «El principio acusatorio y ...», *op.cit.*, p. 383, no cabe confundir el principio de aportación de parte con el acusatorio.

24. Pedraz Penalva, E., y otros, *Derecho Procesal Penal.* t. I. Principios de Derecho Procesal Penal, Madrid, 2000, p. 91, señala que «ya no se discute si el proceso penal permite encontrar la verdad y, aun, si a diferencia del civil puede pretenderse alcanzar la verdad material en lugar de la formal».

y al derecho al juez imparcial, lo cual no implica que esta facultad excepcional no deba aplicarse con especial cuidado, pues, estoy de acuerdo en que conlleva riesgos evidentes.[25] Sin embargo, me parece un dato que no debe ser desconocido, que el juez debe comprobar los hechos que le suministran las partes, sin confundir su posición de juzgador con la de investigador, pero ejerciendo plenamente la función jurisdiccional de juzgar, es decir, por estar constitucionalmente sometido a la ley debe aplicar la que corresponda a los hechos que declare probados y a esa declaración debe llegar con la convicción necesaria. Si la ley le exige sancionar con una determinada pena una determinada conducta, me parece restringir indebidamente la potestad jurisdiccional al impedirle utilizar un medio probatorio que no le exige investigación, porque aparece en el propio juicio oral y que puede aparentemente contribuir a esa convicción. Prohibirle utilizar ese medio —en casos que en la práctica no pueden ser sino excepcionales— me parece hacer dejación de parte de su potestad en manos de las partes procesales. El juez debe condenar por homicidio a la persona contra la que haya aparecido en el proceso suficiente material probatorio, obtenido con todas las garantías y que sea prueba de cargo contra ella, si el juez no puede completar la comprobación de los hechos con ese dato que él no ha salido a buscar, que se lo encuentra en el juicio y que contribuye decisivamente a su convicción, me parece un derroche excesivo.

4. Prueba de oficio e igualdad de partes

Se afirma además, frecuentemente que el juez o el tribunal, cuando decreta de oficio esa prueba lo que hace es trabajar en apoyo de la parte a la que favorece esa prueba, se colocaría así el juez en una clara posición parcial, perdiendo su imprescindible objetividad para resolver con equidistancia el fondo del proceso. ¿Afecta, pues, al principio de igualdad el que el juez ejerza su iniciativa probatoria? Aparentemente sí, porque el resultado probatorio va a beneficiar la posición de alguna de las partes,[26] pero por un lado a priori no siempre es así, y además esa afección a la igualdad está compensada con la posibilidad de contradicción y motivación.

25. El Tribunal Constitucional español se ha pronunciado escasamente sobre esta cuestión, pero en la STC 188/2000, de 10 de julio, lo ha hecho con claridad: «en la iniciativa probatoria de oficio, la garantía de la imparcialidad objetiva exige, en todo caso, que con su iniciativa el juzgador no emprenda una actividad inquisitiva encubierta. Sin embargo, esto no significa que el Juez tenga constitucionalmente vedada toda actividad procesal de impulso probatorio, por ejemplo, respecto de los hechos objeto de los escritos de calificación o como complemento para contrastar o verificar la finalidad de las pruebas de los hechos propuestos por las partes. En efecto, la excepcional facultad judicial de proponer la práctica de pruebas, prevista legalmente en el artículo 729.2 LECrim. no puede considerarse 'per se' lesiva de los derechos constitucionales alegados, pues esta disposición sirve al designio de comprobar la certeza de elementos de hecho que permitan al juzgador llegar a formar, con las debidas garantías, el criterio preciso para dictar Sentencia (artículo 741 LECrim), en el ejercicio de la función jurisdiccional que le es propio (art. 117.3 CE). Y ello sin perjuicio, claro está, de que no quepa descartar la posibilidad de utilización indebida de la facultad probatoria 'ex officio iudicis' prevista en el artículo 729.2 LECrim, que pudiera llevar a desconocer las exigencia ínsitas en el principio acusatorio. De cualquier manera, para determinar si en el ejercicio de la antedicha facultad de propuesta probatoria el Juez ha ultrapasado los límites del principio acusatorio, con quiebra de la imparcialidad judicial y eventualmente, del derecho de defensa, es preciso analizar las circunstancias particulares de cada caso concreto».

26. Así, la STS, Sala 2.ª, de 21 de marzo de 1994 (RJ 1994\2387): «... si bien es cierto que el artículo 729.2º LECrim autoriza al Tribunal a practicar las pruebas no propuestas por las partes que considere necesarias para la comprobación de cualquiera de los hechos que hayan sido objeto de acusación, no lo es menos que esta disposición encuentra

Por un lado, el resultado de la prueba no siempre se conoce de antemano, con lo cual es difícil afirmar que en todo caso el juez adopta una posición parcial cuando decreta un medio de prueba oficioso.[27] Por otro lado, me parece que el principio de legalidad le exige que no se coloque en una posición de mero espectador, esperando que todo el trabajo probatorio lo hagan las partes: se trata de una actividad dirigida a convencerle de unos hechos, dirigida a comprobar a través de los medios de prueba que se practiquen si los hechos objeto del proceso han ocurrido o no. Conscientemente me aparto de los tradicionales términos sobre «verdad formal» o «verdad material». Se trata simplemente de llegar a comprobar la realidad de los hechos afirmados, pero a estas alturas en nuestros ordenamientos, sabemos que eso no puede hacerse a toda costa, sino respetando las garantías fundamentales y legales. Una de ellas es sin duda la imparcialidad, y por eso antes subrayaba que hay que tener cuidado en estos casos, pero no siempre la prueba de oficio conlleva necesariamente la parcialidad del juez, sólo —como dice la propia jurisprudencia española— «cuando asuma funciones de acusador o defensor, que corresponden exclusivamente a las partes»

En realidad podríamos volver del revés el argumento inicial: ¿y no queda afectada la igualdad de manera mucho más negativa cuando surge en el juicio una nueva fuente de prueba de la que se puede esperar razonablemente una cierta corroboración de los hechos —normalmente los planteados por la acusación, pero nada impide que se refiera a los hechos que eventualmente haya aportado la defensa— y no se permite que el juez pueda practicarla? Pudiera decirse que queda indebidamente beneficiada la parte procesal a la que hubiera podido perjudicar la corroboración, y además, padece el interés público en comprobar los hechos de la manera más cercana posible a cómo han podido ocurrir, siempre respetando las garantías procesales.[28]

---

su límite en el derecho del procesado a ser juzgado por un Tribunal imparcial [artículos 6 CEDH y 24 CE]. Esta garantía resulta, como es claro, desconocida cuando el Tribunal asume el papel de acusador y persecutor del acusado». Y, antes, de manera más extensa y contundente, la de 1 de diciembre de 1993 (RJ 1995\9225): «Ya hubo sobre esta facultad del artículo 729.2.° encontradas opiniones de los comentaristas clásicos de la Ley de Enjuiciamiento, que deben inclinarse actualmente a favor de su inanidad por exigencia del acusatorio y del mayor rigor garantista que inspira al vigente Texto Constitucional. Se advierte en dicha facultad, sin gran esfuerzo argumentativo, contradicción con el principio acusatorio que gobierna el proceso penal porque su ejercicio convierte al Tribunal en acusador o defensor según que la prueba acordada sea de cargo o de descargo; suple la omisión de las partes, subsanando, en este caso, la deficiencia del Ministerio Público en la proposición de la prueba, cuando el testigo había depuesto en el sumario y contaba con información sobre la importancia de su testimonio en el juicio oral; produce agravio para el acusado desde el momento en que su defensa se ve privada de la posiblidad de aportar nuevos elementos probatorios que desvirtúen sus efectos; y, pierde, finalmente, el Tribunal su imparcialidad objetiva porque la simple formulación de la prueba exterioriza un prejuicio o toma de posición favorable y coadyuvante al éxito de la acción penal en un supuesto, como el presente de prueba inculpatoria». Doctrina recogida de nuevo literalmente en la STS, Sala 2.ª, de 23 de septiembre de 1995 (RJ 1995\6756).

27. Conforme dice Díaz Cabiale, *Principios de aportación de parte y acusatorio: la imparcialidad del juez,* Granada, 1996, pp. 451-452: «el mero hecho de practicar pruebas no produce un convencimiento inmediato, sino que habrá que esperar al momento de la valoración de los resultados de las pruebas practicadas para saber si la decisión misma de realizar la prueba en concreto, en caso de haber tenido éxito la prueba acordada, ha sido fuente remota de parcialidad en cuanto que ha coadyuvado a una de las tesis de las partes a lograr su triunfo en el proceso»

28. En este sentido nuestro TC, en su conocida sentencia 188/2000, de 10 de julio, concluye en su FJ 4.ª: «cuando —como aquí es el caso— se adopta una iniciativa probatoria 'ex oficio iudicis', no de forma inopinada o sorpresiva, ni como parte de un plan preconcebido por el juzgador, sino como propuesta asumida por las partes acusadoras y en virtud de una decisión razonablemente fundada a partir de la emergencia en el acto del juicio de una fuente adicional

5. Prueba de oficio y actos de investigación

La Corte de Casación afirma, además, en la citada resolución de marzo de 2006, que «si tuviese atribución para decretar pruebas de oficio, se daría al traste con uno de los pilares fundamentales de ese régimen de enjuiciamiento, consistente en la definitiva separación entre actos de investigación y actos de juzgamiento, que es emblemático de las democracias contemporáneas».

Hay aquí una lamentable confusión entre investigación y prueba:[29] pues la iniciativa probatoria no implica necesariamente la realización de acto de investigación alguno. No por el mero hecho de que el juez decrete un medio probatorio, ello implica la realización de actividades inquisitivas. Precisamente ese es un límite que la jurisprudencia y la doctrina española ha considerado: el juez debe limitarse a los elementos que constan en las actuaciones o se derivan de ellos, pero no puede ir más allá a la búsqueda de elementos que favorezcan una u otra posición procesal, porque entonces sí perdería la imparcialidad. Mientras se atenga a los elementos existentes, se le debería permitir su utilización para constatar o no las afirmaciones de las partes. Y, en efecto, hay diversas democracias contemporáneas que responden a este criterio, entre ellas la española, sin que ello tenga que suponer demonizar el sistema penal. Nuestro sistema procesal penal tiene numerosos problemas, pero no creo que ninguno de ellos sea la lesión del principio acusatorio por la posible iniciativa probatoria del juzgado o tribunal competente.

No hay que confundir prueba con investigación. Es elemental, que si surgen hechos nuevos durante el juicio, el juez no puede utilizarlos, debe reabrirse la fase de investigación, y en su caso, las partes deberán formular sus pretensiones y resistencias sobre ellos. Y a partir de ello el juez deberá comprobar los fundamentos fácticos de las mismas a partir, sí, de los medios que vuelvan a aportar las partes, pero no exclusivamente, pues de manera subsidiaria debe poder utilizar esos medios situados ya en el proceso, que estrictamente no suponen investigación alguna y que pueden ser decisivos para que el juzgador adquiera una idea clara sobre los hechos.[30]

---

de prueba de la que, en buena lógica, cabía esperar una cierta corroboración de los hechos enjuiciados con el objetivo, no de condenar o exculpar, sino de alcanzar el grado preciso de convicción para adoptar una decisión resolutoria del conflicto, ninguna quiebra de la imparcialidad judicial cabe imputarle al juzgador y ninguna vulneración del principio acusatorio puede entenderse producida».

29. Se demuestra esta confusión, además, en la cita a estos efectos de las sentencias del Tribunal Europeo de Derechos Humanos casos *De Cubber* y *Piersack,* muy citadas en España pues acogidas por nuestro Tribunal Constitucional motivaron la STC 145/1988, que a su vez provocó una de las más importantes reformas de la LECrim. en su centenaria vigencia. Pero el problema no era de impulso probatorio, sino que esta vez sí afectaba de lleno a una de las exigencias del principio acusatorio: quien investiga, quien ha intervenido de manera decisivo en un acto de investigación dirigido a la preparación del juicio oral, no puede válidamente integrar el órgano jurisdiccional encargado de dictar sentencia, porque aquí sí hay una vulneración de la imparcialidad objetiva. El juez que dirige la investigación, como ocurre todavía con nuestros Jueces de Instrucción, inevitablemente, por la adopción de las más importantes medidas de la fase de investigación, se van formando una idea preconcebida acerca del resultado del proceso que les resta objetividad para juzgar después sobre el fondo. Pero eso no ocurre necesariamente con aquel juez o magistrado competente para juzgar, que no ha intervenido en la fase de investigación en ningún momento, y lo único que está haciendo es decidir que, con la práctica de un medio de prueba —no hecho— de cuya existencia —o presencia— se ha enterado en el juicio oral, puede llegar a una mayor convicción sobre los hechos objeto de enjuiciamiento.

30. Como ha dicho nuestro Tribunal Supremo: es esencialmente distinto el caso que nos planteamos aquí que el caso de revelaciones o retractaciones inesperadas, pues este último supuesto «se refiere a cambios sustanciales en las conclusiones

En ello puede ser parcial, por supuesto. Pero como en cualquier actuación jurisdiccional. Para evitar ese grave problema tenemos algunos mecanismos que compensan el riesgo y lo hacen asumible en mi opinión, por un lado una serie de limitaciones para acordar la prueba y, por otro una serie de garantías en cuanto a la práctica de la prueba acordada de oficio.

6. Prueba de oficio y justicia material

La concurrencia del interés público, directamente relacionada con el principio de legalidad,[31] estimo por otro lado, que no permite dejar en manos exclusivas de las partes algunos aspectos importantes del proceso penal, por mucho que una de ellas sea la Fiscalía o el Ministerio público encargados constitucionalmente de defender la legalidad. El interés superior de la justicia claramente debe ser preferente, valorándose por encima de actuaciones descuidadas, irregulares, o indebidas de las partes. Por tanto, respetando los límites, debe poder admitirse la actuación subsidiaria del juzgador decidiendo la práctica de esa prueba no propuesta. Esa actuación procesal, en sí misma, no creo que pueda ser considerada parcial.

La Sala de Casación penal colombiana, en la mencionada sentencia de 30 de marzo de 2006, aún constatando la estrecha vinculación de la prohibición del impulso probatorio de oficio y la incolumidad del principio de imparcialidad, da un quiebro en su argumentación para llegar a concluir que tal prohibición no puede ser absoluta —conclusión que sin duda comparto, pero más bien en términos de *lege ferenda* por lo que se refiere al Derecho colombiano—. Se basa esta sentencia en la consideración del incuestionable interés público como criterio fundamental que guía la mayor parte de la actividad procesal penal («consistente en que se investiguen los delitos, se reconstruya la verdad para conocerla, se sancione a los responsables y se indemnice a las víctimas, cuando a ello hubiere lugar. Similar interés se reconoce a la comunidad sobre la preclusión de las investigaciones y la absolución de los inocentes, si fuere el caso») y, efectivamente, en todo ello, el Juez cumple una función esencial: la de alcanzar el valor superior de la justicia material y la búsqueda de la verdad, para lo cual el juzgador no debe limitarse a una posición de mero espectador, sino que, como había avanzado la Corte Constitucional en la Sentencia C-591 de 2005, debe desempeñar «un papel activo hacia el logro de la verdad y la aplicación de la justicia material». Por ello, la Sala se muestra partidaria de entender que la prohibición del artículo 361 de la Ley 906 de 2004 debe tener una serie de excepciones implícitas, derivadas de esos altos valores constitucionales.[32]

fácticas de las partes, es decir, siempre que concurra una mutación de los hechos y por ende del objeto del proceso. Sin embargo, el 729.2 no comporta tal cosa: los hechos no han sido alterados, se trata de una prueba complementaria acordada por el Tribunal en relación con los que están ya fijados» (STS, Sala 2ª, de 31 de diciembre de 2002, cit.).

31. Se reconoce que en el Derecho procesal penal colombiano rige también, como regla general, la aplicación del principio de legalidad «según el cual la Fiscalía General de la Nación está obligada a adelantar el ejercicio de la acción penal y a realizar la investigación de los hechos que revistan las características de un delito que llegue a su conocimiento *'cuando medien suficientes motivos y circunstancias fácticas que indiquen la posible comisión del mismo»* (Sentencia C-591/05).

32. Se concluye: «Sin embargo, cuando por motivos de índole constitucional el Juez arribe a la convicción de que es imprescindible decretar una prueba de oficio, antes de hacerlo debe expresar con argumentos cimentados las razones

El problema es que se deja a la responsabilidad del juzgador ordinario, a la mera discrecionalidad judicial, la «argumentación razonable» en cada caso concreto de que «de aplicarse literalmente la restricción contenida en el artículo 361, se producirían efectos incompatibles con la Carta y, por ende, inaceptables». Se trataría así de inaplicaciones puntuales de la prohibición de iniciativa probatoria sin mayor criterio que el difícilmente inasible valor de la justicia material y el alcance de la verdad. Ciertamente, este criterio pudiera ser tan ampliamente interpretado que llevara a soluciones incluso más allá de lo permitido en los ordenamientos europeos, con el agravante de que el artículo 361 permanecería por lo menos aparentemente en vigor. Y, en cualquier caso, la desactivación de la prohibición de la prueba de oficio se haría con grave peligro de la seguridad jurídica, por la evidente ausencia de criterios concretos que lleven a «garantizar la realización práctica de los cometidos constitucionales en las situaciones específicas». No me parece adecuado, desde la vía meramente interpretativa, cambiar de modelo en la iniciativa probatoria, aunque se dan argumentos evidentes al legislador para que sea él quien establezca las normas precisas para conciliar los intereses encontrados.[33]

7. Limitaciones a la prueba de oficio

a) La prueba de oficio como control de la credibilidad

Con el objetivo de ajustar mejor la eventual prueba de oficio con las exigencias consitucionales, la STS, Sala 2.ª, de 1 de diciembre de 1993 /RJ 1993\9226) intentó una limitación en la interpretación del artículo 729.2 LECrim, fuera de la cual nos encontraríamos con una vulneración del principio acusatorio y de la presunción de inocencia: Se parte de la diferencia entre carga de la prueba e impulso probatorio: «La carga supone una precisión de actuar si se quiere evitar la producción de un perjuicio para el propio interés; en tanto que el impulso es, simplemente, algo 'a priori' desconectado de las pretensiones en forma abstracta. Se produce prueba de varias maneras: para justificar la pretensión procesal (prueba de cargo), para desvirtuar su eficacia (prueba de descargo) o, simplemente, para contrastar, verificar otras pruebas aportadas por las partes. En este caso se halla la posibilidad conferida al órgano jurisdiccional por el referido art. 729.2.° de la Ley Procesal. En este supuesto, la aportación probatoria (el impulso) tiene sólo como designio la 'comprobación' de los hechos. Es decir, no se dirige a probar su existencia, sino a comprobar (contraste, verificación) si la prueba sobre ellos es o no fiable desde el ángulo del art. 741

---

por las cuales en el caso concreto la aplicación del artículo 361 produciría efectos inconstitucionales, riesgo ante el cual, aplicará preferiblemente la Carta, por ser la *'norma de normas',* como lo estipula el artículo 4° constitucional.

33. Como señaló la Corte Constitucional en la Sentencia C-296 de 2002. «al ejercer esta competencia en materia procesal el legislador goza de un amplio margen de libertad de configuración, que se encuentra limitado tan sólo por aquellas disposiciones constitucionales relativas a la garantía de los derechos fundamentales, en especial las referentes al derecho al debido proceso, razones de política legislativa, cambiantes circunstancias sociales, o diferentes objetivos superiores perseguidos en cada caso por el legislador, pueden dar lugar a regulaciones diversas, de manera que por ello no todas las normas de procedimiento deben ser idénticas». Pero como recuerda la propia Corte en la Sentencia C-396 de 2007: «también es cierto que la jurisprudencia constitucional ha sido enfática en señalar que esa libertad de configuración normativa del legislador en el diseño de los procedimientos y etapas judiciales no es absoluta, puesto que se encuentra limitada por los derechos sustanciales y la defensa de las garantías esenciales de las personas».

de la Ley de Enjuiciamiento Criminal en que tal precepto se inserta». Y concluye que esta última prueba, así considerada se presenta como una prueba «neutral» y no supone vulneración alguna del principio acusatorio, que impone la carga de la prueba a la acusación. «Se trata de lo que podría denominarse 'prueba sobre la prueba' y por ello mismo resulta descomprometida y no afectante a la imparcialidad objetiva».[34]

Desde luego que ésta sería una finalidad legítima para permitir la prueba de oficio, pero me parece criticable que sea la finalidad exclusiva. En mi opinión hay algunas confusiones en esta resolución, que conviene poner de manifiesto: se afirma que la «prueba sobre prueba» supone comprobación de hechos, pero es importante matizar que no de los hechos objeto del proceso, pues más que comprobación de hechos supone verificación o comprobación de la propia prueba, a través de la constatación de algunos hechos distintos que puedan afectar a la credibilidad de la prueba inicial. Se confunde, por otro lado, el resultado de la prueba con la aportación de los hechos que sí corresponde en exclusiva a las partes: el juez lo que debe hacer es constatar los hechos aportados por ellas y debe hacerlo a partir de los elementos probatorios a su disposición: hayan sido aportados por las partes o hayan sido decretados de oficio. Ciertamente, es una medida de prudencia limitar esta última iniciativa a casos en que sea estrictamente necesario, por tanto, la aplicación subsidiaria de esta posibilidad del juez.

b) Las limitaciones imprescindibles a la prueba de oficio

Entre las limitaciones que el artículo 729.2 de la Ley de Enjuiciamiento española establece expresamente a la prueba de oficio está, porque no podría ser de otra forma, la de respetar los hechos objeto de los escritos de las partes, lo cual en mi opinión sitúa en sus términos la vigencia y alcance del principio acusatorio,[35] que, como dice el Supremo, «se refiere a los hechos y a su imputación a una persona, delimitándose así el objeto del proceso, sin que el Tribunal tenga potestad alguna en materia de aportación fáctica, de forma que una cosa es la aportación de los hechos sobre los que ha de versar el juicio y otra distinta la iniciativa en punto a la producción de los medios probatorios» (STS, Sala 2.ª, de 31 de diciembre de 2001 —RJ 2002\823). Pero claro, lo que corresponde al Tribunal es la comprobación de los hechos planteados por las partes, pues sobre ellos, deberá aplicar las consecuencias jurídicas que correspondan conforme a la ley. Y para esa comprobación el juzgador debe contar con un ámbito amplio, siempre que eso no suponga convertirse en investigador. Por tanto, de los datos que existen en el proceso, no veo por qué el juez debe evitar utilizarlos para su convicción, sólo por el hecho de que expresamente no se lo hayan pedido las partes. No hay investigación, sólo que el juez se encuentra con medios que pueden resultar necesarios para la definitiva comprobación de los hechos y para la averiguación definitiva de los delincuentes, y creo que es contrario a las elementales exigencias de justicia material el

---

34. Ha defendido la limitación de la iniciativa probatoria de oficio en este sentido, Montañés Pardo, M.A., *La presunción de inocencia. Análisis doctrinal y jurisprudencial,* Pamplona, 1999, p. 86.

35. Si aportara hechos, innegablemente, aquí si que el juez se convertiría en acusador, de igual modo que si condena en la sentencia por hechos que no hayan sido aportados por los acusadores.

hecho de que no pueda utilizarlos. Por ello, nuestro Tribunal Supremo, por ejemplo en la citada sentencia de 31 de diciembre de 2002, añadía: «Dentro de los hechos recogidos en los escritos de calificación de las partes no existe limitación alguna en cuanto a su comprobación por el Tribunal, ni puede haberla pues es facultad exclusiva del mismo la valoración de las pruebas practicadas».

Es ilustrativa de una posición debidamente mesurada la doctrina expuesta en la STS, Sala 2.ª, de 26 de diciembre de 2002 (RJ 2003\553) cuando, a partir de la jurisprudencia de la propia Sala, a la que reconoce vacilante e incluso contradictoria en ocasiones, y a partir de la doctrina procesalista, resume la facultad de las audiencias y juzgados para acordar de oficio diligencias de prueba, entendiendo que no vulnerará precepto constitucional alguno, siempre que no vaya más allá de los tres límites[36] que expresa:

1. Es evidente que esas pruebas deben tener por objeto los hechos recogidos por las partes en sus escritos de calificación (acusación y defensa), pues el órgano jurisdiccional no puede ampliar el objeto fáctico del debate sin lesionar el acusatorio.[37]

2. Las fuentes de prueba de las que quiere servirse el órgano jurisdiccional deben encontrarse en las propias actuaciones.[38]

3. No sólo ha de practicarse esta prueba conforme a los principios ordinarios de la actividad probatoria: oralidad, publicidad, inmediación y contradicción, sino que «en particular ha de permitirse a las partes que propongan nueva prueba destinada a contradecir aquella ordenada de oficio por el tribunal.[39]

8. Garantías en la práctica de la prueba de oficio

Es especialmente importante que en el momento de la práctica de una prueba acordada de oficio se produzca una cuidadosa aplicación del principio de contradicción,

36. Se ha caracterizado por el estudio de estos límites, Picó i Junoy, J., «Reflexiones...», *op. cit.*, pp.174-178.

37. Literalmente afirma: «El principio acusatorio reduce el objeto del proceso a aquellos hechos alegados por las partes. Esta primera limitación se encuentra en el propio texto de este art. 729.2° que estamos examinando».

38. «Si éste obrara de otro modo, por conocimiento personal suyo, por ejemplo, lo haría de forma inquisitiva y entonces sí podríamos decir que ha perdido su imparcialidad».

39. Continúa diciendo la Sala 2.ª del TS que «En el caso presente es claro que tales límites fueron respetados:

Porque la existencia y características del arma de fuego y de la cocaína, sobre al que versó esta prueba acordada de oficio, eran hechos por los que acusó el Ministerio Fiscal.

Porque ya en el sumario se habían emitido los dictámenes sobre los que luego declararon los peritos en el juicio oral.

Porque desde ese momento en que la Audiencia Provincial acordó la práctica en el plenario de las pericias impugnadas, cuando la defensa del acusado protestó contra este acuerdo, ya tuvo posibilidad esta parte de proponer alguna otra prueba, concretamente pido proponer otros peritos diferentes, posibilidad que se prolongó en el tiempo durante esos catorce días que transcurrieron desde la suspensión de la primera sesión hasta la celebración de la segunda

En conclusión, hubo un uso adecuado por el tribunal de instancia de las facultades que la ley procesal le concedía para acordar de oficio la práctica de estas pruebas periciales en el juicio oral».

permitiendo no sólo que puedan alegar las partes ante la propio decisión del juez de practicar un determinado medio de prueba y de poder participar en su práctica de manera especialmente activa, sino sobre todo pudiendo proponer a su vez, lo que nuestro Tribunal Supremo ha denominado, como hemos visto ya, «prueba sobre prueba», es decir, poder obtener posteriormente la práctica de otros medios probatorios que puedan aportar datos acerca de la credibilidad de la prueba propuesta de oficio.[40] Lo que digo no es nuevo, ya en 1882, el apartado tercero del artículo 729 LECrim permitía literalmente en el juicio oral: «Los medios de prueba de cualquier clase que en el acto ofrezcan las partes para acreditar alguna circunstancia que pueda influir en el valor probatorio de un testigo, si el Tribunal las considera admisibles», juicio de admisibilidad que tiene que ver sobre todo con la pertinencia, es decir, con la aparente relación del medio propuesto respecto a lo que se discute, la credibilidad del testigo.

Y no tiene menor relevancia la motivación: que no sólo puede suponer exponer en los fundamentos de la sentencia la argumentación derivada de la apreciación conjunta de la prueba, sino una cuidadosa valoración del peso específico de cada medio probatorio en la convicción judicial: explicitando los motivos que llevan a al convicción judicial y que, dicho sea de paso, van a permitir una más fácil impugnación de la sentencia, para el control de la razonabilidad de esa argumentación.[41] Naturalmente en el proceso justo o proceso debido, no caben fundamentos de la decisión judicial integrados por meras impresiones subjetivas, que no puedan objetivarse por escrito y no se concreten en argumentos racionales y lógicos.

Pero nos encontramos todavía con otra limitación más: una mención del artículo 729.2 LECrim que en un principio puede quedar desapercibida: se refiere a las diligencias de prueba no propuestas por ninguna de las partes. Pues si alguna de las partes la propu-

---

40. En este sentido apreció problemas la STS, Sala 2.ª, de 7 de abril de 1999: «...en el caso presente (...) la decisión de hacer leer la declaración en sede policial de un acusado, cuya petición con fines probatorios había sido omitida por la acusación al formular sus conclusiones y aunque viniera determinada por el deseo de dar publicidad en el juicio a su contenido, descubre una posición del juzgador aparentemente tendente a cooperar al éxito de la pretensión condenatoria ayudándola para suplir la omisión de una prueba cuya carga le correspondía frente al acusado, que fue luego interrogado sobre el contenido de la declaración leída sin que gozara de la posibilidad de instrumentar una meditada y bien preparada defensa ante la inesperada prueba que se realizó tras pronunciar su defensa el informe correspondiente». El problema principal sin embargo me parece el de la utilización de declaraciones del sospechoso ante la policía que puedan ser usadas en el juicio oral —al margen de quien proponga su utilización— en contra de esa misma persona para obviar la falta de prueba derivada del ejercicio del derecho fundamental a no autoincriminarse. Por un lado se nos dice que el atestado policial tiene valor de denuncia (art. 297.I LECrim), pero otro se le pretende dar valor probatorio a una declaración emitida ante un funcionario de policía, aunque haya habido la obligatoria asistencia letrada, pero sin inmediación judicial alguna, y antes siquiera de que se inicie el proceso, sólo por el hecho de que el juzgador reclame el acta donde consta esta declaración y sea leída en el juicio oral. Muy recientemente hemos tenido otro caso en el que se han planteado temas similares y que será examinado más adelante.

41. Es importante tener en cuenta el artículo 218.2 LEC, que podría considerarse aplicable de manera subsidiaria al proceso penal en virtud del artículo 4 del mismo cuerpo legal, que establece el carácter supletorio de nuestra principal ley procesal civil respecto al resto de órdenes jurisdiccionales. Así pues, el mencionado artículo 218.2 establece lo siguiente: «Las sentencias se motivarán expresando los razonamientos fácticos y jurídicos que conducen a la apreciación y valoración de las pruebas, así como a la aplicación e interpretación del Derecho. *La motivación deberá incidir en los distintos elementos fácticos y jurídicos del pleito, considerados individualmente y en conjunto, ajustándose siempre a las reglas de la lógica y de la razón*». La cursiva es, por supuesto, mía..

so en tiempo y forma debió ser objeto del trámite de admisión por el órgano jurisdiccional antes de la celebración del juicio oral y como dice el TS en la reiterada sentencia de 31 de diciembre de 2002 «se desprende que en relación con las partes y sus peticiones probatorias la decisión del Tribunal se ha cumplido». La duda surge en relación a la posibilidad de que en el transcurso del trámite de práctica de la prueba durante el juicio oral, a partir del resultado probatorio, el juzgador se coloque en una posición nueva respecto a la prueba inicialmente inadmitida, apreciando en ese momento mejor la propuesta, y siendo favorable *a posteriori* a su admisibilidad. Literalmente no estaríamos en el caso previsto en el apartado 2 del 729, pero considero que este supuesto sí se ajustaría plenamente al espíritu de la norma, siempre que el juez justificara plenamente su iniciativa y se respetaran los límites de las garantías procesales a que antes he hecho referencia.

Si determinada prueba no hubiera sido propuesta por dejadez, error u alguna otra causa por las partes[42] y el juez observara la necesidad de su práctica, sí estaríamos en el ámbito del artículo 729.2, aunque ciertamente podría alegarse que la negligencia de las partes no debería ser suplida por el juzgador. Téngase en cuenta, sin embargo, que es discutida la aplicabilidad del concepto de carga de la prueba en el proceso penal, incluso desde el punto de vista material[43] y que las razones de justicia y de interés público antes esgrimidas no permiten en mi opinión impedir esa iniciativa probatoria limitada del juez.

9. Variaciones específicas sobre el derecho colombiano

La cuestión se plantea de frente en la capital sentencia de la Corte constitucional C-396 de 2007, pues como reconoce expresamente: «la cuestión que corresponde resolver a la Sala se circunscribe a averiguar si para garantizar el descubrimiento de la verdad y, con ella, la realización de la justicia es condición *sine qua non,* reconocerle iniciativa probatoria al juez en el sistema penal acusatorio». Estoy completamente de acuerdo con la Corte en la rele-

42. Este es justamente el caso resuelto en la STS, Sala 2.ª de 28 de junio de 2000 (RJ 2000\6600): a iniciativa del juzgador se lee la prueba documental consistente en un análisis de droga, que no había sido propuesta por el Fiscal y a la que la defensa había renunciado: «El art. 729.2° LECrim, como ha destacado muy recientemente la doctrina es cauce para decidir la práctica de determinadas pruebas cuya necesidad nace del curso de los debates. El Tribunal ejercita una facultad ordinaria de resolución que la ley le concede expresamente en función de su criterio acerca de la necesidad de la prueba extemporáneamente propuesta por alguna de las partes. Aunque los primeros comentaristas de la LECrim, como recuerda el Ministerio Fiscal, vieron con algún recelo esta facultad del órgano jurisdiccional, la consideraron fundada por exigencias de justicia. Para la doctrina actual es inobjetable siempre que se respeten los principios de igualdad y contradicción y no se confunda el papel del órgano jurisdiccional con el de la acusación».

Este es asimismo el supuesto de la reiterada Sentencia de la Sala de casación penal de 30 de marzo de 2006 (Radicación No 24468).

43. Cfr. Huertas Martín, I., *El sujeto pasivo del proceso penal como objeto de prueba,* Barcelona, 1999, pp. 36-40, que defiende, siguiendo a Ortells Ramos, y a Illuminati, que «la solución a esa cuestión ha de buscarse no en la aplicación de reglas sobre la carga de la prueba, sino que habrá que formular una serie de pautas a seguir en los casos de duda del órgano jurisdiccional sentenciador, pautas que no conectan propiamente con la carga de la prueba, sino con la situación de incertidumbre nacida de la insuficiencia de la prueba; hablaríamos así de los principios aplicables para la resolución de la incertidumbre judicial (…) Y estos principios no son otros que el principio *in dubio pro reo* y, a partir de la Constitución de 1978, el derecho fundamental a la presunción de inocencia».

vancia de la verdad en el proceso penal como punto de partida de la decisión que hace justicia,[44] también es cierto que no es una verdad absoluta a la que hay que llegar a toda costa. Pero además, por expresa referencia de las normas colombianas, la búsqueda de la verdad tiene esa dimensión referida al ofendido y perjudicado por los hechos punibles: «en el contexto de nuestra Constitución, la búsqueda de la verdad en el proceso penal no es sólo una norma informadora del ordenamiento jurídico como garantía de justicia del sindicado o para la sociedad, sino también es un instrumento de protección a la víctima y de eficacia de derechos con especial relevancia constitucional».

El juez deberá resolver a partir de unos hechos probados, es decir, convencido de que esos hechos se han reconstruido en el proceso del modo más cercano a la realidad tal y como sucedieron.[45] Pero como suele ocurrir en Derecho —que es una ciencia de límites—, esta regla no puede ser ni mucho menos absoluta, sino que debe encauzarse en las exigencias constitucionales y legales. Por eso se ha dicho en la doctrina alemana que la verdad que podemos alcanzar en el proceso penal es una verdad formalizada, sometida a la reglas vigentes y, en especial, a las garantías de los derechos implicados.[46] Esto también forma parte nuclear de la justicia como valor constitucional prioritario.[47]

Siendo esto así, la cuestión se centra fundamentalmente en si permitir el impulso probatorio de oficio supondría necesariamente una vulneración de esas garantías mínimas que deben limitar la actividad probatoria, entre las que está por supuesto la imparcialidad judicial —hasta el punto de que el juez parcial deja por ese mismo hecho de ser juez y se convierte en parte—. Si así fuera, vendría constitucionalmente exigida la prohibición de prueba de oficio, pero no tanto por exigencias del acusatorio —que yo entiendo en sentido estricto— sino por vulneración del proceso con todas las garantías o proceso debido.

Pero antes he concluido que, con el suficiente cuidado,[48] pueden conciliarse los intereses enfrentados en esta cuestión: la consecución de una suficiente representación

44. Continúa diciendo, con razón, la Corte que «De hecho, una decisión judicial en el marco del derecho penal no es justa si está fundada en la comprobación equivocada, hipotética e inverosímil de los hechos o de las condiciones que condujeron a la producción del delito».

45. Es en este sentido que cobra importancia la afirmación de la Corte: «lo cierto es que desde nuestra perspectiva constitucional es calro que sólo puede realizarse la justicia material, cuya búsqueda hace parte de la esencia del Estado Social de Derecho, cuando el proceso penal se dirige a encontrar la verdad fáctica o, por lo menos, cuando la decisión judicial se acerca a ella, pues la aproximación a la verdad es un fin, un principio y un derecho constitucional que se impone a las autoridades y a los particulares que se encuentran en el proceso penal».

46. Continúa la Corte diciendo acertadamente que «dentro del marco de la sociedad democrática se trata de conciliar la tensión existente entre el respeto por las libertades y derechos ciudadanos y la efectividad del derecho penal que, en sentido estricto, no es más que el reflejo del ejercicio legítimo del *ius puniendo* del Estado».

47. Así pues, «es evidente que la visión del proceso penal en la Constitución no se agota en la búsqueda de la verdad, pues el concepto de justicia en la averiguación o aproximación a la misma, está condicionada al respeto de las garantías mínimas que deben ser protegidas por el juez y se exigen de todas las autoridades y en todas las situaciones, pues ni siquiera en estados de excepción pueden suspenderse (artículo 214, numeral 2º, de la Carta».

48. No en vano decía el Magistrado Ruiz Vadillo, E., *El principio acusatorio y su proyeccion en la doctrina jurisprudencial del Tribunal Constitucional y Tribunal Supremo,* Madrid, 1994, p. 143: «... todo cuanto rodea al derecho penal ha de ser aplicado con exquisita atención y mucha prudencia».

de la verdad como fundamento de la justicia material de la decisión judicial y el respeto a los derechos de los implicados en el proceso penal, no sólo los de alcance constitucional, sino también el respeto a la legalidad ordinaria. Pero esto es una valoración que hace el legislador y las consideraciones en torno a ello son *de lege ferenda.* Por ello no puedo concordar con la Corte constitucional cuando, al enumerar los elementos de la actividad probatoria que surgen de la estructura misma del sistema penal, incluye —entre otros muy razonables—[49] la afirmación de la pasividad probatoria del juez: «pues él no sólo está impedido para practicar pruebas sino que está obligado a decidir con base en las que las partes le presentan a su consideración». No puede por menos la Corte, sin embargo, que reconocer que otros países democráticos con procesos penales de tendencia acusatoria, conservan —si bien de manera relativa y excepcional— la iniciativa probatoria del juez, «sin lo cual no puede decirse que el sistema dejó de ser acusatorio». Con lo cual la argumentación muestra una de sus contradicciones: en definitiva, la iniciativa probatoria de oficio ¿debe ser un elemento estructural del sistema acusatorio o no? Realmente la matización es muy relevante y, como se puede deducir fácilmente a estas alturas, la comparto plenamente: «no es totalmente acertado concluir que la actividad probatoria del juez sea abiertamente incompatible con el proceso penal acusatorio o que la relativización de la prohibición de la práctica de pruebas de oficio genere un cambio estructural al sistema».

Visto desde otra perspectiva: el aseguramiento de la imparcialidad en cada ordenamiento jurídico se realiza de una manera concreta y es justamente función del legislador ordinario el decidir si esa concreción conlleva la total prohibición de la iniciativa probatoria al juez o solamente su limitación.[50] Pero obviamente, cada decisión del legislador tendrá sus costes: si permitimos la iniciativa probatoria, deberemos tener especial cuidado en la normativa que lo regule y en la aplicación a los casos concretos para que no haya desviaciones que vulneren la imparcialidad. Se trata de un coste en mi opinión asumible. Si se opta por eliminar totalmente la prueba de oficio, puede haber casos —que naturalmente en la práctica serán excepcionales—,[51] en los que una eventual iniciativa del juez, respetando los hechos del proceso y las fuentes de prueba existentes en él pudiera haber acercado más a la verdad,

---

49. De este modo, la fundamental separación entre actos de investigación y actos de prueba, la identificación del sistema acusatorio con el aforismo *da mihi factum dabo tibi ius,* la concepción del juicio oral como un acto concentrado en el que resulta evidente la estructura adversarial —contradictoria, diría yo— de las posiciones de las partes, la actividad probatoria practicada en el juicio oral como regla general para fundamentar la convicción del juez, salvo los casos de prueba anticipada, ...

50. Claramente lo desarrolla la Corte: «la cuestión es más disímil a la hora de establecer cómo se garantiza la imparcialidad del juez, puesto que hay diferentes percepciones a lo largo de la historia y distintos métodos en el derecho que buscan el sistema más adecuado para asegurar la ecuanimidad y rectitud de la administración de justicia. Desde la concepción de total pasividad judicial en la aplicación e interpretación de la ley, hasta la consagración de un conjunto de reglas procesales y sustanciales que le permitan resolver los conflictos con libertad dentro de la legalidad, sin interferencias ni presiones ajenas al proceso, han sido desarrollados como métodos para garantizar la imparcialidad del juez. Por consiguiente, es razonable entender que al legislador corresponde diseñar el esquema procesal que considera adecuado para la búsqueda de la verdad y para concretar la imparcialidad, pues los dos son conceptos tan amplios que su concreción corresponde al legislador».

51. Cfr. Fernández López, M., *Prueba y presunción de inocencia,* Madrid, 2005, p. 318.

a la legalidad y a la justicia, sin lesionar otros valores respetables.[52] Por tanto *de lege ferenda*, en mi opinión la primera posibilidad es sin duda la mejor.

Se ha dicho que la prohibición de esa iniciativa conlleva una mayor apariencia de imparcialidad. Así la Sentencia C-396 de 2007 expone que la actividad probatoria oficial «podría general un impacto sobre la credibilidad y confianza en el juez que, mediante el decreto oficioso de pruebas, muestra la preferencia por alguna de las partes o sujetos del proceso penal». Pero en realidad, no toda la iniciativa del juzgador en este sentido implica esa preferencia, sino que se puede dirigir meramente a intentar aclarar los hechos que se le han presentado, sólo acordando la práctica de algún medio de prueba presente en el proceso o fácilmente deducible de los autos.[53] También la sentencia supone dar la razón a alguna de las partes y eso no implica necesariamente una lesión a la imparcialidad.

Insiste la Corte constitucional con otras palabras: «a pesar de que es cierto que la actividad probatoria del juez no genera, por sí misma, una relación directa del juez con las partes o un interés o compromiso concreto con el resultado del proceso (imparcialidad subjetiva), también lo es que el hecho de adelantar la investigación de lo ocurrido y de analizar de cerca las consecuencias fácticas del delito, sí puede producir un prejuzgamiento o una postura anticipada que debe evitarse (imparcialidad objetiva)». Completamente de acuerdo con esas afirmaciones, pero eso nada tiene que ver directamente con la prueba, sino con algo muy distinto: con la investigación. No puede admitirse la confusión entre investigación, acusación y prueba, por eso me parece menos correcta la afirmación siguiente de la Corte: «si el acusado se presume inocente y la carga de la prueba de la veracidad de los cargos imputados, más allá de la duda razonable, recae sobre el fiscal, es lógico entender que al juez no le corresponde interrumpir el juicio para llevar a cabo una nueva investigación o mejorar los elementos de convicción de la condena». Por supuesto que no puede salir a investigar, pero sí puede mejorar los elementos de convicción a partir de los resultados de la investigación previa y del material ya aportado en el proceso. Eso no supone desequilibrio alguno, sino verdadera preocupación por la justicia material, sin que se lesionen las garantías fundamentales del proceso.

Y tampoco creo que la iniciativa del juzgador suponga necesariamente lesión alguna a la igualdad de armas. Si la prueba acordada parte de una fuente existente en el proceso, las partes presencian su práctica, pueden participar activamente en la misma y contradecirla, así como proponer nuevos medios que pongan en duda la credibilidad de la prueba judicial, y todo ello con igualdad de posibilidades, no veo dónde está la vulneración al prin-

52. Ya decía Goldschmidt, J., *Problemas jurídicos...*, *op. cit.*, p. 69, refiriéndose a un proceso en el que se impidiera la iniciativa probatoria del juzgador: «esta configuración del proceso ha de resignarse a las consecuencias de una actividad incompleta de las partes y ha de reconocer también el material defectuoso como base de la decisión».

53. No comparto, por tanto, la posición del Magistrado Solarte Portillo, en su aclaración de voto, a la sentencia de la Sala de Casación Penal (Radicación No 24468) cuando afirma: «Si las pruebas solicitadas o presentadas por las partes, deben reunir los requisitos de conducencia y pertinencia, ello no puede significar otra cosa que han que tener una orientación de acusación o de defensa, según la parte que las proponga, En consecuencia, al actuar oficiosamente el juez en materia probatoria, estaría inclinando la balanza hacia uno de esos lados».

cipio de igualdad de armas, ni la situación de privilegio o de supremacía de una de las partes. Por supuesto, si al juez le mantenemos en una posición meramente pasiva podría verse asegurada de manera más clara la equiparación de armas entre las partes, pero somos conscientes de que existen asimismo importantes valores constitucionales que justifican una posición más activa del juzgador, sin que ello suponga lesión a la igualdad.[54]

Se afirma también que, aunque la actividad probatoria del juez es un instrumento fundamental para la búsqueda de la verdad y la realización de la justicia (casi nada), con la consagración del sistema penal acusatorio se impone la inactividad o la pasividad probatoria del juez porque esa filosofía está estrechamente ligada al derecho de defensa del inculpado y que la prohibición de la iniciativa probatoria es una garantía a favor del acusado. Pero se está omitiendo en realidad, algo importante: es una garantía no del acusado cualquiera, sino del acusado que en realidad debía ser condenado y no lo es, aunque en el proceso pudiera haber datos suficientes para declararlo así. Dado que tenemos al juez maniatado en cuestión probatoria, lo vamos a absolver injustamente.

No me parece en absoluto equiparable la prueba de oficio a la prueba obtenida con infracción de derechos fundamentales —incluso de contenido procesal—. Es verdad que ésa última también podría servir para conocer mejor la verdad de los hechos, para condenar en definitiva a un acusado, pero que debe seguir considerándose ineficaz justamente para conceder al derecho fundamental vulnerado toda su potencia, y de paso disuadir a quien quisiera discurrir por atajos para la persecución criminal.[55] En cambio en nuestro caso, me parece evidente que la iniciativa probatoria del juez en sí misma, no supone vulneración de derecho fundamental alguno. Lo podría suponer si se extralimitara en su función de decretar prueba y por esa vía ampliara los hechos o se convirtiera en buscador de fuentes de prueba, por tanto, en principio, elementos extraprocesales. Pero no es así en todos los casos. Como antes decía, también puede extralimitarse el juez en cualquier otra de sus decisiones, y ese caso habrá que actuar en consecuencia, por la vía de la nulidad de actuaciones, e incluso con las sanciones legalmente correspondientes.

Es llamativa, por otra parte, la distinción final que hace la Corte entre la prueba de oficio decretada por el juez de garantías y la decretada en las audiencias preparatoria y de juicio. Así pues, a pesar de todo, la prohibición a la que tanto se apega la Corte, como adecuada solución legislativa, no es en realidad absoluta desde el prisma constitucional: a pesar del tenor del artículo 361 CPP, la prohibición no afecta al juez de garantías. Pero ¿a qué prueba nos referimos? —verdadera prueba, no meros actos de investiga-

54. Esta última afirmación en nada contradice la idea general que proclama la Corte, y que también comparto sobre esa equiparación de armas: «el principio de igualdad de armas constituye una de las características fundamentales de los sistemas penales de tendencia acusatoria, pues la estructura de los mismos, contrario a lo que ocurre con los modelos de corte inquisitivo, es adversarial, lo que significa que en el escenario del proceso penal, los actores son contendores que se enfrentan ante un juez imparcial en un debate al que ambos deben entrar con las mismas herramientas de ataque y protección».

55. Es verdad, como dice la Corte, que «la búsqueda de la verdad en el proceso penal está subordinada al respeto de la dignidad humana, a la eficacia de los derechos fundamentales y al cumplimiento de un conjunto de principios rectores y reglas probatorias que racionalizan su consecución en el proceso».

ción—, ¿qué puede decretar el órgano jurisdiccional cuya función se limita, en las propias palabras de la Corte, a «garantizar la eficacia de la investigación y la preservación de los derechos y libertades que pueden resultar afectados con el proceso penal»?. La prueba, estrictamente considerada, es aquél elemento del proceso que puede servir para la convicción del juzgador sobre los hechos objeto del proceso o sobre la incriminación del acusado y que va a poder integrar el fundamento de la decisión judicial y que conforme a la regla general se va a producir en el juicio oral, público, concentrado, bajo la inmediación judicial y con contradicción de las partes en posición de igualdad. Esta regla general, sin embargo, conforme al nuevo Código, y a también a lo que ocurre en el ordenamiento español, tiene algunas excepciones, conocidas como prueba anticipada (art. 274 CPP). Por tanto en casos de extrema necesidad y urgencia, para evitar la pérdida o alteración del medio probatorio, el Juez de garantías, a pesar de que ni la Fiscalía, ni la víctima, ni el Ministerio público, ni la defensa, lo hayan solicitado, puede ordenar la práctica de prueba anticipada. Pero es difícil que el Juez mismo pueda advertir vacío probatorio y se vea en la necesidad de ordenar de oficio la práctica anticipada de la prueba, cuando no dirige la investigación y sólo tiene contacto con algunos resultados de diligencias de investigación en los que legalmente le corresponda intervenir.

No obstante, la Corte cuando concluye que «no tiene sustento alguno pretender aplicar esa misma tesis (la de la pasividad probatoria del juez de conocimiento) en la etapa procesal en la que no existen partes, ni controversia de pruebas, ni debate en torno a la validez y eficacia de la prueba dirigida a demostrar supuestos abiertamente contradictorios», parece no referirse en realidad a esa prueba anticipada, que sí es verdadera prueba, sí supone un debate y plena contradicción entre quienes ocupan posiciones activas y pasivas en la investigación y que, presumiblemente, van a encontrarse en posiciones encontradas en el juicio oral. Por tanto, la Corte parece referirse más bien a aquellas otras actividades que el juez de garantía pueda llevar a cabo durante la fase de investigación y en las que deba tomar una decisión a partir de unos elementos determinados obtenidos a lo largo de esa etapa preliminar. Me parece correcto, por ejemplo, que en la decisión acerca de si la entrada y registro se ha hecho adecuadamente, pueda recabar nuevos elementos de decisión a parte de aquellos que la fiscalía le ha suministrado. Pero no veo porqué esa iniciativa no le coloca en posición inquisitiva o incluso —utilizando los mismos argumentos de los partidarios de la prohibición de la prueba de oficio—, no lesiona la imparcialidad del juez de garantías. Se dice, bueno estamos en una etapa preliminar y todavía no hay partes, ni posiciones enfrentadas. Pero no creo que se pretenda afirmar que el juez de garantías deba adoptar sus decisiones sin la suficiente objetividad y con la necesaria distancia y neutralidad, porque si así fuera dejaríamos de tener a un verdadero juez.

No puedo concluir este punto, sin embargo, sin hacer referencia a otro precepto del nuevo Código procesal penal colombiano, que supone un dato complementario de gran interés para valorar en su integridad la prohibición probatoria del juez de conocimiento. La eventual iniciativa probatoria que sea necesaria en el momento del juicio oral se atribuye en realidad a otro órgano constitucional: el Ministerio público, conforme al artículo 357 («excepcionalmente, agotadas las solicitudes probatorias de las partes, si el Ministerio Público tuviere conocimiento de la existencia de una prueba no pedida por éstas que pudiere tener esencial influencia en los resultados del juicio, solicitará su práctica»). Es esta la loable manera colombiana de conciliar, por un lado, el interés por la verdad, la adecuada aplicación de la legalidad y la tendencia a la consecución de la justicia y, por otro, la garantía de la mayor imparcialidad de quien va a decidir sobre el fondo del proceso penal y, en definitiva, el aseguramiento de las garantías procesales de los justiciables. Por tanto no puede afirmarse que haya un abandono del interés público en el juicio oral, ni del valor constitucional de perseguir la verdad en la medida que las garantías procesales lo permitan.

Me queda sin embargo una última desazón, en el caso de que el Ministerio Público no esté en un caso concreto —por supuesto presumo que de buena fe—, a la altura de las circunstancias y no proponga un medio de prueba, antes no presentado, pero cuya existencia aparezca en el proceso mismo y que sea de importancia central para resolver la pretensión plantead al juzgador. En el ordenamiento colombiano, aún así, el juzgador debería quedarse en su cómoda posición pasiva y atenerse a las consecuencias en la sentencia. En otros ordenamientos en que la prohibición no sea tan estricta, podría decretar ese medio de prueba y obtener una convicción mejor fundada, acercándose más a la solución justa.

Las oposiciones a la Cátedra de Derecho Procesal de la Universidad de Zaragoza celebradas en 1932: mito y realidad

Manuel Cachón Cadenas
Catedrático de Derecho Procesal
Universidad Autónoma de Barcelona

«¿Qué es lo que fue? Lo mismo que será. ¿Qué es lo que ha sido hecho? Lo mismo que se hará: y nada hay nuevo debajo del sol» (Qohélet)

1. Triunfo de Prieto-Castro sobre Alcalá-Zamora y Castillo en unas oposiciones muy reñidas

Por unas u otras razones, algunos concursos y oposiciones a cátedras de Derecho Procesal y, más en general, a plazas de profesor de la disciplina han hecho época, y, como tales, siguen siendo objeto de especial recuerdo en la comunidad de procesalistas. Cuestión distinta, claro está, es la concerniente a la índole de esa memoria: será un recuerdo grato para algunos, amargo para otros, y ni lo uno ni lo otro para los restantes. Pues bien, una de las oposiciones que han marcado un hito en la historia universitaria española relativa a estos estudios fue la realizada en 1932 para cubrir la cátedra de Derecho Procesal de la Universidad de Zaragoza.

La celebridad de esta oposición obedece a múltiples circunstancias, entre las que cabe destacar las siguientes:

1) El primer hecho relevante radica en la extraordinaria categoría científica de los dos aspirantes a la cátedra que se enfrentaron en dichas oposiciones: don Leonardo Prieto-Castro[1] y don Niceto Alcalá-Zamora y Castillo.[2] Como es bien sabido, se trata

1. Por aquel entonces, aún se apellidaba Prieto Castro. Posteriormente cambió sus apellidos por los de Prieto-Castro y Ferrándiz. En este escrito utilizaré, para evitar confusiones, el primero de sus dos apellidos «definitivos» (Prieto-Castro).

2. En el presente escrito haré uso de sus dos apellidos, Alcalá-Zamora y Castillo, para referirme a este procesalisa, a fin de evitar confusiones con su padre, don Niceto Alcalá-Zamora y Torres, al que también se harán abundantes alusiones.

de dos de los máximos procesalistas españoles del siglo XX,[3] por más que en 1932 ambos eran aún muy jóvenes.[4]

2) Pero es que, además, en las oposiciones a la cátedra de Derecho Procesal de la Universidad de Zaragoza celebradas en 1932, se dio otra circunstancia singular: el opositor que resultó derrotado, o sea, Alcalá-Zamora y Castillo, era hijo del entonces Presidente de la Segunda República española, es decir, de don Niceto Alcalá-Zamora y Torres. Mientras que dos de los cinco miembros del tribunal votaron en favor de Alcalá-Zamora, los tres votos restantes fueron favorables a Prieto-Castro, que, de esta forma, obtuvo el triunfo en las oposiciones. Este hecho es el que, mayormente, está en el trasfondo del presente escrito, como se verá más adelante.

2. Las quejas del vencido y la conveniencia de saber algo más acerca de lo ocurrido en aquellas oposiciones de 1932

Precisamente porque fue vencido el hijo de quien en aquella época era el Jefe del Estado español, las oposiciones mencionadas están adornadas por un halo de ejemplari-

3. Para una aproximación a la figura y a la obra, ambas imponentes, de Prieto-Castro, véanse, por ejemplo, las notas necrológicas que le dedicó Vázquez Sotelo, y que fueron publicadas en la revista Justicia (1995, núms. 3-4, pp. 3 y ss.), en el Boletín del Ilustre Colegio de Abogados de Madrid (1991, 2, pp. 69 y ss.) y en la Rivista di Diritto Processuale (1995, 4, pp. 1.037-1038); véase, asimismo, el escrito de Fairén Guillén, *Necrología: Leonardo Prieto-Castro Ferrándiz,* en «Revista de Derecho Procesal», 1996, 2, pp. 505 y ss.; por otra parte, Ramos Méndez, en la primera parte de su libro *Bibliografía procesal española (1978-2000),* Barcelona, 2001, es decir, en la parte titulada «*La literatura procesal española del último cuarto del siglo XX*» (pp. 9 y ss. de la obra citada), lleva a cabo un sugestivo e innovador estudio de conjunto sobre la evolución de la doctrina procesal española desde los años treinta del siglo XX hasta el final del propio siglo XX; y, a lo largo del citado estudio, Ramos incluye numerosas e interesantes referencias a la obra de Prieto-Castro, y al papel fundamental que este eximio procesalista ha tenido en la ciencia procesal española; véase también la breve nota biográfica sobre Prieto-Castro de la que es autor Pablo Gutiérrez de Cabiedes, incluida en «Juristas universales» ed. a cargo de Rafael Domingo, Madrid-Barcelona, 2004, volumen IV, Juristas del siglo XX, pp. 779-780; véanse, igualmente, las referencias correspondientes que se contienen en la obra colectiva «*Escritos en homenaje al profesor Prieto-Castro*», Madrid, 1979, 2 vols.

Acerca de la personalidad, la vida y la obra, admirables, de Alcalá-Zamora y Castillo, véase, por ejemplo, la nota necrológica que le dedicó Fairén Guillén, *In memoriam. Niceto Alcalá-Zamora y Castillo*, en «Revista de Derecho Procesal»,1985, 1, pp. 335 y ss.; asimismo, el escrito de Denti, *Alcalá-Zamora y Castillo*, en «Rivista di Diritto Processuale», 1985, 2, pp. 326 y ss.; también la breve nota biográfica sobre Alcalá-Zamoa y Castillo de la que es autor Fernando Gascón Inchausti, publicada en «Juristas universales» ed. a cargo de Rafael Domingo, Madrid-Barcelona, 2004, volumen IV, Juristas del siglo XX, pp. 735-736; véanse, igualmente, las referencias incluidas en el libro *Reforma procesal. Estudios en memoria de Niceto Alcalá-Zamora y Castillo*, México, 1987; también son interesantes los diversos pasajes referidos a este maestro del Derecho Procesal que Ramos Méndez incluye en la primera parte, ya mencionada, de su libro *Bibliografía procesal española (1978-2000),* cit., pp. 9 y ss.

El 1 de febrero de 1983 la Real Academia de Jurisprudencia y Legislación organizó un homenaje a Prieto-Castro y a Alcalá-Zamora y Castillo. Las intervenciones de los que tomaron la palabra en ese acto fueron publicadas en la Revista de Derecho Procesal Iberoamericana (1983, pp. 199 y ss.), bajo el título general de «*Bodas de Oro (1932-1982) de los Catedráticos de Derecho Procesal Leonardo Prieto-Castro y Ferrándiz y Niceto Alcalá-Zamora y Castillo*». Para conocer el itinerario vital de ambos profesores, resulta muy ilustrativo el contenido de esas intervenciones, que fueron efectuadas por los siguientes participantes en el acto: don Nicolás González-Deleito y Domingo, don José María Martínez Val, don Víctor Fairén Guillén, don Federico-Carlos Sainz de Robles y Rodríguez, don Antonio Hernández Gil, y uno de los homenajeados, don Niceto Alcalá-Zamora y Castillo, que intervino en su propio nombre y en el de Prieto-Castro.

4. Prieto-Castro había nacido en Granada el 5 de noviembre de 1905. Así consta, por ejemplo, en la Hoja de Servicios, conservada en el Archivo General de la Administración, que Prieto-Castro aportó en las oposiciones a la cátedra de

dad, basado en que el tribunal o, por decirlo con más exactitud, tres de los integrantes del tribunal fueron capaces de sobreponerse a los impulsos que tendían a dar la victoria al hijo del Presidente de la República.

Pues bien, creo que ya ha pasado suficiente tiempo como para que tratemos de saber, hasta donde nos sea posible, algo más acerca de las circunstancias reales que presidieron la realización de aquellas oposiciones, a fin de comprobar si el aura de la que siguen gozando se corresponde con lo realmente ocurrido.

El papel fundamental que Prieto-Castro y Alcalá-Zamora y Castillo han desempeñado en la doctrina procesal del siglo XX justifica sobradamente esa indagación. Por otra parte, la cuestión enunciada no se plantea de forma gratuita o arbitraria. A lo largo de la ingente obra científica de Alcalá-Zamora y Castillo, se encuentran dispersas, por aquí y por allá, diversas quejas referidas a las oposiciones que nos ocupan, por más que se trate de sentimientos expresados siempre de forma velada y con exquisita elegancia.

Pondré un solo ejemplo que me parece sumamente elocuente. En 1950 Prieto-Castro publicó su obra «Estudios y comentarios para la teoría y la práctica procesal civil». En el mismo año de su publicación, Alcalá-Zamora y Castillo reseñó la obra de Prieto-Castro en una revista mexicana, concretamente en la Revista de la Escuela Nacional de Jurisprudencia.[5] Por tanto, cuando se escribió esta reseña, ya habían transcurrido unos dieciocho años desde la celebración de las oposiciones a la cátedra de la Universidad de Zaragoza. No obstante, Alcalá-Zamora y Castillo deja entrever que la llaga aún no ha cicatrizado del todo, al afirmar, en relación con la obra reseñada de Prieto-Castro, lo siguiente: «En otras direcciones advertimos: a) un enfriamiento, no por disimulado menos patente, en el entusiasmo hacia Beceña (cfr. pp. V y 850), *cuando de todos los procesalistas españoles es Prieto quien mayores motivos de gratitud debiera tener para el que fue profesor de Madrid*» (la cursiva es mía). En efecto, digamos ya, desde ahora, que Beceña fue uno de los tres miembros del tribunal de oposiciones que votaron en favor de Prieto-Castro, concediendo así el triunfo a dicho opositor en perjuicio de Alcalá-Zamora y Castillo. Cabe que las palabras de Alcalá-Zamora y Castillo obedezcan, sin más, al disgusto propio de cualquier opositor que considera que ha sido derrotado injustamente en una oposición, aunque se trate de una oposición celebrada dieciocho años atrás. Pero es posible que el autor de la reseña esté manifestando también su

---

Derecho Procesal de la Universidad de Salamanca, que se celebraron en 1931 (la convocatoria de estas oposiciones se publicó en la Gaceta de Madrid el día 11 de julio de 1930). Esas oposiciones fueron ganadas por don Emilio Gómez Orbaneja, otro de los máximos procesalistas españoles del siglo XX (Archivo General de la Administración, sección Educación, Caja 32/13390, legajo 6980/1, expediente de las oposiciones a la cátedra de Derecho Procesal de la Universidad de Salamanca).

Por su parte, Alcalá-Zamora y Castillo había nacido el 2 de octubre de 1906. Tomo el dato del expediente de las oposiciones que constituyen el objeto de este escrito, es decir, las celebradas en 1932 para cubrir la cátedra de Derecho Procesal de la Universidad de Zaragoza (Archivo General de la Administración, sección Educación Caja 32/13386).

5. Esta reseña se publicó después en el tomo I de la obra de Alcalá-Zamora y Castillo titulada «Miscelánea procesal», México, 1972. En el presente escrito citaré dicha reseña por la obra ahora mencionada.

insatisfacción con las circunstancias o, al menos, con algunas de las circunstancias que rodearon la celebración de aquellas oposiciones de 1932.[6]

3. Exposición resumida sobre el desarrollo de las oposiciones

Lo primero que debo hacer es recordar, siquiera sea en términos resumidos, el desarrollo de las oposiciones en cuestión. En la Revista de Derecho Procesal Iberoamericana (año 1977, pp. 267), aparece, con el título «Homenaje de la Facultad de Derecho al Profesor Prieto-Castro y Ferrándiz con motivo de su jubilación», una información, sin firma, en la que se da cuenta del acto que, bajo la presidencia del Rector de la Universidad Complutense, se celebró en la Facultad de Derecho de dicha Universidad con motivo de la jubilación de los profesores Prieto-Castro y Legaz Lacambra. Lo que más importa, para el presente escrito, es que, en la referida información, se reproducen las palabras que el profesor Rafael Gibert, Vicedecano por entonces de la Facultad de Derecho de la Universidad Complutense, dirigió al profesor Prieto-Castro. En efecto, buena parte de esa intervención de Gibert está dedicada a rememorar el desarrollo de las oposiciones de 1932 a la cátedra de Derecho Procesal de la Universidad de Zaragoza, ganadas por Prieto-Castro. Dentro de su brevedad, el relato que hace Gibert es, en verdad, de una vivacidad y una emotividad extraordinarias. Gibert advierte que su narración está efectuada «con datos ciertos, sacados de las fuentes».[7]

En este escrito he tenido en cuenta, desde luego, la mencionada exposición de Gibert. Pero, asimismo, he optado por consultar directamente el expediente de estas oposiciones, que se custodia en el Archivo General de la Administración, aunque debo advertir que en este Archivo sólo se conserva una parte del expediente, o sea, algunos de los documentos que integraban originariamente el expediente han desaparecido.[8] También me he servido de otras fuentes de información, como son, sobre todo, los datos publicados en la Gaceta de Madrid en relación con las oposiciones sobre las que versa este trabajo.

6. El párrafo del trabajo de Alcalá-Zamora y Castillo que ha sido transcrito en el texto resulta tanto más significativo si se tiene en cuenta que la derrota sufrida por Alcalá-Zamora y Castillo en las oposiciones a la cátedra de Derecho Procesal de la Universidad de Zaragoza no le impidió acceder a la condición de catedrático de la misma disciplina. En efecto, pocos meses después de aquellas oposiciones, concretamente en noviembre de 1932, Alcalá-Zamora y Castillo obtuvo, por unanimidad, el triunfo en las oposiciones a la cátedra de Derecho Procesal de la Universidad de Santiago de Compostela (Archivo General de la Administración, sección Educación, Caja 32/13466, Legajo 8128/3). Muchos años después, en la nota necrológica que dedicó a Xirau Palau, Alcalá-Zamora y Castillo afirma: «Y como recuerdo personal hacia él [o sea, hacia Xirau], el de mi profunda y constante gratitud hacia quien presidió el tribunal de las oposiciones en que obtuve la cátedra de Derecho Procesal de Santiago de Compostela y a cuyo frente frustró la mezquina maniobra de quien pretendió que aquélla se me confiriese por mayoría estricta de votos, y no por unanimidad....» (Alcalá-Zamora y Castillo, *Necrología de José Ramón Xirau Palau, decano de los procesalistas españoles*, en «Estudios diversos de derecho procesal», Barcelona, 1985, p. 265). Esta nota necrológica había sido publicada por Alcalá-Zamora y Castillo, en la «Revista de Derecho Procesal Iberoamericana», 1982, pp. 243 y ss., pero en el presente trabajo la citaré por sus «Estudios diversos de derecho procesal», que acabo de mencionar.

7. Gibert, *Homenaje de la Facultad de Derecho al Profesor Prieto-Castro y Ferrándiz con motivo de su jubilación*, en «Revista de Derecho Procesal Iberoamericana», 1977, p. 268.

8. Archivo General de la Administración, sección Educación, Caja 32/13385 y Caja 32/13386.

Las oposiciones fueron convocadas el 7 de julio de 1930.[9] En el trabajo antes mencionado, Gibert afirma que habían firmado estas oposiciones siete auxiliares y un catedrático (Francisco Marcos y Pelayo), es decir, ocho candidatos en total.[10] Pero este dato no es exacto. En realidad, fueron once los candidatos que presentaron instancia para participar en las oposiciones, de los que inicialmente fueron admitidos ocho.[11] Curiosamente, quien a la postre iba a resultar vencedor en estas oposiciones, es decir, Prieto-Castro, fue excluido en un principio por falta de presentación de determinados justificantes documentales.[12] Obviamente, Prieto-Castro fue incluido después en la relación de aspirantes admitidos a la realización de los ejercicios de la oposición.

Mediante Real Orden de 31 de enero de 1931,[13] fue nombrado el tribunal encargado de juzgar las oposiciones. El nombramiento de Presidente titular recayó en Antonio Royo Villanova, que era ex-Consejero de Instrucción Pública y catedrático de la Universidad de Valladolid (aunque no era catedrático de Derecho Procesal).[14] Fueron nombrados vocales titulares los siguientes profesores: Tomás Montejo y Rica, que había sido catedrático de la disciplina durante muchos años en la Universidad de Madrid, pero que, en el momento en que se produjo este nombramiento, ya estaba jubilado;[15] Francisco Beceña González, que por entonces era catedrático de Derecho Procesal de la Universidad de Madrid,[16] y que, como posteriormente pondré de relieve, fue uno de los protagonistas principales de estas oposiciones; José María Serrano Suárez,[17] catedrático de Derecho Procesal de la Universi-

9. Gaceta de Madrid del 11 de julio de 1930.

10. Gibert, *Homenaje de la Facultad de Derecho al Profesor Prieto-Castro y Ferrándiz con motivo de su jubilación*, en «Revista de Derecho Procesal Iberoamericana», cit., p. 268.

11. Véase la Gaceta de Madrid correspondiente al 20 de marzo de 1932. La relación de aspirantes que firmaron las oposiciones incluye algunos nombres muy conocidos junto a otros que lo son mucho menos. Fueron admitidos inicialmente a la práctica de los ejercicios de las oposiciones los siguientes aspirantes: Luis Navarro Canales, Emilio Gómez Orbaneja, Niceto Alcalá-Zamora y Castillo, Antonio Luna García, Adolfo Cuéllar Rodríguez, José Guallart y López de Goicoechea, Francisco Marcos Pelayo y Pedro Moreno Lostau. A los ocho anteriores hay que añadir tres firmantes más: Leonardo Prieto-Castro, que, como se indica en el texto, inicialmente fue excluido, pero después fue admitido a la realización de los ejercicios, Agustín Íscar Alonso, que fue excluido, y Victoriano Nuño Beato y Asín, que también fue excluido.

12. Gaceta de Madrid del 20 de marzo de 1931.

13. Gaceta de Madrid del 13 de febrero de 1931. No obstante, en la Gaceta de Madrid de 20 de marzo de 1931, en la que se publicó la relación de aspirantes admitidos y excluidos, se indica como fecha de la Real Orden por la que se nombró el tribunal de las oposiciones la de 30 de enero de 1931, en vez de la de 31 de enero del mismo año. Por tanto, hay un error. Si la Real Orden en cuestión era de 30 de enero de 1931, es incorrecta la fecha que da la Gaceta del 13 de febrero ese año. Y, a su vez, si la Real Orden era del 31 de enero de 1931, no es correcta la fecha que indica la Gaceta del 20 de marzo del mismo año.

14. Gibert, *Homenaje de la Facultad de Derecho al Profesor Prieto-Castro y Ferrándiz con motivo de su jubilación*, cit. p. 268, caracteriza a Royo Villanova como «administrativista aragonés, senador de su patria».

15. Sobre Montejo y Rica, *Vid.*, por ejemplo, Montero Aroca, *Aproximación a la biografía de Francisco Beceña,* en «Estudios de Derecho Procesal», Barcelona, 1981, p. 616. Este trabajo de Montero se había publicado también en la Revista de Derecho Procesal Iberoamericana, 1980, pp. 131 y ss. Pero en el presente escrito citaré dicho trabajo por sus «Estudios de Derecho Procesal», ya mencionados.

16. El estudio más completo, sin duda, acerca de la figura, la vida y la obra de Beceña es el ya citado de Montero Aroca, *Aproximación a la biografía de Francisco Beceña,* en «Estudios de Derecho Procesal», cit., pp. 603 y ss.

17. *Vid.* Montero Aroca, *Aproximación a la biografía de Francisco Beceña,* cit., p. 604, en nota. Montero, al aludir al discurso que Serrano pronunció en la inauguración del curso académico 1942-1943 de la Universidad de Oviedo, se

refiere a las omisiones en las que incurrió Serrano en dicho discurso. Sea como fuere, en el citado discurso Serrano se reconoce discípulo de Beceña.

En la edición de 15 de junio de 2008 del periódico asturiano «La Nueva España», aparece una semblanza de Serrano Suárez, de la que es autor José María Martínez Cachero. En dicha semblanza, se reproducen algunos pasajes del citado discurso inaugural de Serrano, entre los que figuran aquellos en los que se declara discípulo de Beceña.

Dice Martínez Cachero que el discurso de apertura de Serrano fue «uno de los más emotivos leídos en la Universidad de Oviedo». Por otra parte, el autor de la semblanza señala que Serrano era un «excelente conversador en cuyas palabras se echaban de ver enseguida una amplia y variada cultura, fruto de su afición a la lectura y de su curiosidad inquisitiva hacia las diversas realidades culturales y artísticas, las cuales se manifestarían sin duda en su biblioteca y archivo, llamado por él Morgazu, que debe entenderse como gustosa acumulación de curiosidades mayores, medianas y menores —los recortes de prensa en apreciable cantidad, con claro predominio de los relativos a Asturias—, siempre a disposición de los amigos interesados por algún concreto asunto». Tras lo cual, Martínez Cachero se pregunta por qué Serrano, teniendo esas brillantes cualidades y una biblioteca y un archivo tan ricos, no dio vida a obra científica importante. Afirma, en efecto, Martínez Cachero respecto de Serrano: «Poseedor de semejantes cualidades diríase muy capaz de llevar a cabo una importante obra científica y, sin embargo, no fue así lamentablemente. Cabe preguntarse por qué y entonces salen como respuestas verosímiles motivos atañentes a su salud e idiosincrasia y, junto a ellos, una como poderosa tendencia a la pereza a la hora de pensar en escribir».

Por lo demás, el artículo de Martínez Cachero adolece de algunos errores y omisiones. Así, por ejemplo, el referido autor afirma que Beceña fue asesinado «en el Madrid republicano el 6 de agosto de 1936». Pero ya en su día Montero Aroca, *Aproximación a la biografía de Francisco Beceña*, cit., pp. 631-632, puso de manifiesto que el asesinato de Beceña se produjo en Asturias, y que, si bien no se ha podido determinar con certeza la fecha exacta en que se cometió este execrable crimen, el mismo tuvo lugar en los días inmediatamente posteriores al inicio de la guerra civil española.

Asimismo, Martínez Cachero dice que Eduardo Serrano Branat, padre de José Serrano Suárez, había sido catedrático de Derecho Civil en la Universidad de Oviedo, es decir, en la misma Universidad en la que su hijo fue, durante muchas décadas, catedrático de Derecho Procesal. No sé si Eduardo Serrano Branat fue o no catedrático de Derecho Civil en la Universidad de Oviedo. Pero sí puedo asegurar que fue catedrático de la misma disciplina que su hijo, Derecho Procesal, en la misma Universidad que éste, es decir, en la de Oviedo. En efecto, tras unas conflictivas oposiciones que habían finalizado con propuesta de no provisión, y sobre las que no es el caso de detenerse ahora, se convocaron, mediante Real Orden de 9 de julio de 1887 (Gaceta de Madrid del 30 de julio de 1887), nuevas oposiciones para cubrir las cátedras de Derecho procesal civil, penal, canónico y administrativo, y Teoría y práctica de redacción de instrumentos públicos (éste era el mastodóntico nombre que tenía entonces la disciplina) correspondientes a las Universidades de Barcelona, Oviedo, Santiago de Compostela y Valencia. Estas oposiciones terminaron el 15 de diciembre de 1888, y resultaron vencedores, por el orden que indicaré, los siguientes opositores: don Magín Fábrega y Cortés (que fue propuesto por el tribunal para ocupar la vacante de la Universidad de Barcelona), don José María Gadea y Orozco (propuesto para cubrir la vacante de la Universidad de Valencia), don Eduardo Serrano Branat (padre de José Serrano Suárez), que fue propuesto para ocupar la vacante de la Universidad de Oviedo, y don Arsenio Misol y Martín (propuesto para la vacante de la Universidad de Santiago) (Archivo General de la Administración, sección Educación, Caja 32/7294). Por otra parte, Eduardo Serrano Branat pronunció el discurso inaugural del curso académico 1889-1890 de la Universidad de Oviedo, que llevaba por título *Principios generales del Derecho procesal civil y penal: importancia, naturaleza, extensión y límites de esta ciencia*. Este discurso fue publicado en su día (Oviedo, 1889), y ha sido reimpreso en la obra «El Grupo de Oviedo. Discursos de apertura de curso (1862-1903)», con estudio preliminar y edición a cargo de Santos M. Coronas González, Oviedo, 2002, II, pp. 217 y ss.). Pues bien, en la portada de la publicación del citado discurso, se indica que Eduardo Serrano Branat es catedrático numerario de Derecho procesal civil, penal, canónico, administrativo y de teoría y práctica de la redacción de instrumentos públicos.

Fairén Guillén, *Panorama crítico del proceso civil español (1938-1998)*, Madrid, 1998, p. 71, refiriéndose a la situación en que se encontraban al finalizar nuestra guerra civil los catedráticos españoles de Derechos Procesal que habían sobrevivido a la contienda, indica: «Quedaban en activo, tras su depuración, los profesores Mauro Miguel y Romero, Leonardo Prieto Castro y José Serrano Suárez»; véase, asimismo, Ramos Méndez, *Bibliografía procesal española (1978-2000)*, cit., p. 21.

No obstante, conviene tener en cuenta que, en aquel entonces, el hecho de ser depurado, o sea, sometido a un expediente de depuración, no implicaba que el expediente concluyera siempre, ni mucho menos, con la imposición de alguna sanción al funcionario depurado. Podía ocurrir también que el expediente de depuración diera lugar a la rehabilitación sin sanción del depurado. Esto es lo que sucedió en el caso de Serrano Suárez, el cual no fue sancionado, como, irónicamente, pone de manifiesto Alcalá-Zamora y Castillo. En efecto, este autor, al describir la situación en la que se encontraban las cátedras y los catedráticos de Derecho Procesal al terminar la guerra civil, señala: «Por tanto, sólo tres se salvaron de la quema: *Valladolid*, Mauro Miguel y Romero (padre de Carlos de Miguel, sucesor suyo en la misma materia y en la propia ciudad, al cabo de los años); *Zaragoza*, Leonardo Prieto Castro, aunque tuviese que

dad de Oviedo, y discípulo de Beceña;[18] y Gabriel Bonilla Marín, catedrático de la asignatura en la Universidad de Granada, había sido profesor de Prieto-Castro en dicha Universidad,[19] y también votó en favor de su ex-alumno en las oposiciones de 1932. Como indicaré posteriormente, Bonilla fue otro de los protagonistas centrales de aquellas oposiciones.

Aunque fueron nombrados cinco suplentes,[20] lo cierto es que el tribunal de las oposiciones se constituyó y actuó con los cinco miembros titulares que he mencionado, desempeñando las funciones de secretario del tribunal Serrano.[21]

La realización de las oposiciones se llevó a efecto aún con arreglo al Reglamento de Oposiciones de 8 de abril de 1910,[22] pero, cuando fue convocada la oposición a la que se refiere este escrito,[23] el citado Reglamento ya no estaba íntegramente vigente en su versión originaria, dado que había sido objeto de diversas modificaciones, entre las cuales fue especialmente profunda la introducida por el Real Decreto de 18 de mayo de 1923 (Gaceta de Madrid del 19 de mayo de 1923).[24]

---

capear algún vendaval, y *Oviedo*, José Serrano Suárez, sin novedad en el frente» (Alcalá-Zamora y Castillo, *Necrología de José Ramón Xirau Palau, decano de los procesalistas españoles*, cit., p. 264); véase también Serrano González, *Un día en la vida de José Castán Tobeñas*, Valencia, 2001, p. 35.

Tal vez pueda parecer excesiva la atención que he dedicado a Serrano Suárez. Pero es necesario tener en cuenta que tiene una protagonismo notable en los hechos a los que se refiere este escrito, porque Serrano fue otro de los tres integrantes del tribunal de las oposiciones de 1932 a la cátedra de la Universidad de Zaragoza que otorgaron su voto a quien resultó vencedor, Prieto-Castro.

18. Fairén Guillén, *Panorama crítico del proceso civil español (1938-1998),* cit., p. 71, en nota, señala que Serrano Suárez fue «amigo» y «sucesor del Profesor Beceña».

19. Véase en este sentido Prieto-Castro, *Prólogo* de su obra «Estudios y comentarios para la teoría y la práctica procesal civil», Madrid, 1950, p. V, quien, al referirse a Bonilla, dice que fue de este profesor «de quien aprendí las primeras lecciones de esta rama científica»: asimismo, Gibert, *Homenaje de la Facultad de Derecho al Profesor Prieto-Castro y Ferrándiz con motivo de su jubilación*, cit. p. 268.

Por cierto, en la primera página del citado Prólogo de su obra «Estudios y comentarios para la teoría y la práctica procesal civil», Prieto-Castro no sólo evoca a Bonilla, sino que también tiene un agradecido recuerdo para Beceña. Ambos, Bonilla y Beceña, habían votado, junto a Serrano, en favor de Prieto-Castro en las oposiciones a la cátedra de Zaragoza.

20. El nombramiento como suplentes del tribunal de estas oposiciones recayó en los siguientes profesores: don Gil Gil y Gil, don Quintín Palacios y Herranz, don Matías Domínguez Ballarín y don José Antón Oneca (Gaceta de Madrid del 13 de febrero de 1931). Por cierto, al referirse a dichos suplentes, la publicación mencionada de la Gaceta de Madrid incurre en varias inexactitudes. Así, por ejemplo, se dice en esa publicación que Matías Domínguez Ballarín era catedrático de la asignatura en la Universidad de Granada, siendo así que el referido profesor, como pone de relieve Montero Aroca, *Aproximación a la biografía de Francisco Beceña,* cit., p. 618, fue catedrático en varias Universidades (Santiago, Salamanca, Sevilla, Valencia y Murcia), pero no lo fue en la de Granada; recordemos que, en la fecha en que se produjo el nombramiento de este tribunal, el catedrático de Derecho Procesal de la Universidad de Granada era, como indico en el texto, Bonilla Marín. Por otra parte, en la publicación insertada en la Gaceta de Madrid se atribuye a Antón Oneca la condición de catedrático de Derecho Procesal de la Universidad de Salamanca, pero, en realidad, era catedrático de Derecho Penal.

21. Archivo General de la Administración, sección Educación, Cajas 32/13385 y 32/13386.

22. Señala Montero Aroca, *Aproximación a la biografía de Francisco Beceña,* cit., p. 615, en nota, que «el Reglamento de 1910 regulaba todavía una oposición memorística, aunque se había iniciado ya el ejercicio de la lección magistral sacada a la suerte, y otros sobre exposición oral y defensa del programa de la asignatura y del método adoptado».

23. Recordemos que la oposición había sido convocada el 7 de julio de 1930 (Gaceta de Madrid del 11 de julio de 1930).

24. Las oposiciones reguladas por el Reglamento de 8 de abril de 1910, tras las modificaciones que el Real Decreto de 18 de mayo de 1923 introdujo en el citado Reglamento, tenían, en síntesis, la siguiente estructura: a) junto a los docu-

El tribunal convocó a los opositores para el día 1 de febrero de 1932, pero sólo se presentaron para realizar los ejercicios dos opositores, esto es, los ya mencionados Prieto-Castro y Alcalá-Zamora y Castillo,[25] por lo que los restantes quedaron definitivamente excluidos.[26]

Ambos opositores realizaron los tres primeros ejercicios.[27] Tal y como prescribía el Reglamento, tras la finalización del tercer ejercicio, esto es, el caso práctico, el tribunal se pronunció sobre la aptitud de los opositores para proseguir la realización de los restantes ejercicios, declarando a ambos aptos por unanimidad. A partir de aquí, los dos opositores efectuaron los tres siguientes ejercicios.

---

mentos destinados a acreditar la concurrencia de las condiciones requeridas para participar en la oposición, los opositores podían presentar también los documentos que acreditaran méritos o servicios estimables, tales como, entre otros, la publicación de obras o trabajos de investigación científica (art. 7); b) el día en que los opositores debieran presentarse ante el tribunal, tenían que entregar al Presidente del mismo un trabajo de investigación propia, así como el programa de la asignatura, pudiendo presentar también las publicaciones referentes a cuestiones comprendidas en la disciplina científica objeto de la oposición, y asimismo los opositores debían entregar una Memoria exponiendo su manera de entender el contenido, carácter y límites de la disciplina cuya cátedra fuera objeto de provisión, así como el método y procedimiento pedagógico de enseñanza que pensaran emplear, las fuentes y medios necesarios para su estudio, y un proyecto de curso en forma de programa (art. 9); c) una vez constituido el tribunal, éste efectuaba la determinación de los temas del cuestionario, el cual debía ser puesto en conocimiento de los opositores al menos ocho días antes de que comenzara el primer ejercicio (arts. 17 y 18); d) ese cuestionario debía tener cien o más temas (art. 25); e) en el primer ejercicio los opositores debían contestar por escrito a dos temas sacados a la suerte de los que integraban el cuestionario elaborado por el tribunal, procediendo posteriormente a la lectura del ejercicio (art. 25); f) en el segundo ejercicio los opositores tenían que contestar oralmente a cinco temas sacados a la suerte de los que componían el mencionado cuestionario (art. 26); g) el tercer ejercicio era de carácter práctico, y, tras su realización, el tribunal debía acordar, por mayoría, qué opositores eran aptos para proseguir la oposición (art. 27); h) el cuarto ejercicio consistía en la explicación durante una hora como máximo de una lección del programa presentado por el opositor; la lección era elegida por el opositor de entre tres sacadas a la suerte; para la preparación de la lección, el opositor era incomunicado durante el tiempo que determinara el tribunal, que, como máximo, podía ser de ocho horas; después de la exposición de la lección, los contrincantes, en número no superior a dos, podían formular objeciones al opositor, y éste podía contestar a dichas objeciones (art. 28); i) el quinto ejercicio consistía en la exposición oral, durante una hora como máximo, del trabajo de investigación presentado por el opositor; tras la exposición, cabían objeciones de los contrincantes, pero en número no superior a dos, a las que podía contestar el opositor (art. 29); j) el sexto ejercicio consistía en la exposición oral y discusión de la Memoria presentada por el opositor, siguiéndose el mismo procedimiento previsto para el quinto ejercicio (art. 29); k) tras la realización de los ejercicios, el tribunal debía examinar los méritos y las publicaciones aportados por los opositores, de manera que los resultados de ese examen debían servir de elementos de juicio que completarían los que el tribunal hubiera adquirido a partir de los ejercicios realizados (art. 32).

25. Archivo General de la Administración, sección Educación, Caja 32/13385, y asimismo Gibert, *Homenaje de la Facultad de Derecho al Profesor Prieto-Castro y Ferrándiz con motivo de su jubilación*, cit. p. 268.

26. Entre los opositores que no se presentaron a efectuar los ejercicios, figuraba Gómez Orbaneja, que recientemente había accedido a la condición de catedrático. En efecto, Gómez Orbaneja fue nombrado catedrático de Derecho Procesal de la Universidad de Salamanca el 15 de diciembre de 1931 (Gaceta de Madrid del 16 de diciembre de 1931).

27. Como curiosidad diré que, en las oposiciones de 1932 a la cátedra de Derecho Procesal de la Universidad de Zaragoza, el tribunal elaboró un cuestionario de 131 temas (Archivo General de la Administración, sección Educación, Caja 32/13385), es decir, uno más de los 130 que indica Gibert, *Homenaje de la Facultad de Derecho al Profesor Prieto-Castro y Ferrándiz con motivo de su jubilación*, cit. p. 268.

También a título de curiosidad, cabe señalar que, en el primer ejercicio, los dos opositores (Prieto-Castro y Alcalá-Zamora) tuvieron que contestar por escrito a dos temas sacados a la suerte de entre los que integraban el cuestionario elaborado por el tribunal, y que esos dos temas fueron los números 69 (Relativo a los interdictos) y 122 (sobre el derecho y el interés como título para recurrir en vía contencioso-administrativa) (Archivo General de la Administración, sección Educación, Caja 32/13386).

Y llegó el momento de la verdad, o sea, el de la votación, que tuvo lugar el 12 de marzo de 1932, con el siguiente resultado: los dos integrantes del tribunal de más edad (Royo Villanova y Montejo Rica) dieron su voto a Alcalá-Zamora y Castillo, mientras que los tres restantes miembros del tribunal votaron a favor de Prieto-Castro (Bonilla, Beceña y Serrano), que de esta forma obtuvo la victoria en las oposiciones, según se viene indicando en este escrito.[28]

4. La versión tradicional, con sus luces y sus sombras: obtuvo el triunfo un opositor desconocido (Prieto-Castro), a pesar de los estímulos que incitaban al tribunal a otorgar la victoria al hijo del Presidente de la República

Como pone de manifiesto Montero Aroca,[29] en 1930 Beceña había vencido en un concurso de traslado convocado para cubrir la vacante de la cátedra de Derecho Procesal de la Universidad de Madrid, pero otro de los concursantes, Francisco Marcos Pelayo, no se conformó con el resultado del concurso, e interpuso recurso contencioso-administrativo, que fue desestimado por la Sala 4ª del Tribunal Supremo mediante Sentencia de 9 de marzo de 1932.

Podría preguntarse qué tiene que ver ese concurso de traslado a la cátedra de la Universidad de Madrid con las oposiciones a la cátedra de la Universidad de Zaragoza. Pues la verdad es que sí tiene que ver, y mucho. En efecto, Montero Aroca, después de hacer referencia al concurso mencionado, afirma: «Por los días en que se fallaba el recurso, cuando Beceña vivía pendiente de un fallo del Tribunal Supremo, se realizaban oposiciones a la Cátedra de Derecho procesal de la Universidad de Zaragoza. Beceña formaba parte del Tribunal y resistió las presiones a favor del hijo de un ilustre hombre público, decidiendo la votación a favor de una persona, en aquel entonces, absolutamente desconocida. Según testimonio de su hermana Camila, al conocerse la votación exclamó Melquiades Álvarez: «A ese hombre no lo mueve más que la justicia"».[30]

La referencia que efectúa Montero a las oposiciones de 1932 a la cátedra de Derecho Procesal de la Universidad de Zaragoza se presta a distintas interpretaciones. Señala Montero que Beceña «resistió las presiones a favor del hijo de un ilustre hombre público». Pues bien, esta frase puede ser interpretada, cuando menos, en dos sentidos diferentes:

a) Cabe, en primer lugar, que Montero quisiera decir que se realizaron gestiones expresamente dirigidas a persuadir a Beceña para que diera su voto a Alcalá-Zamora y Castillo, hijo del Presidente de la República, decidiendo así la oposición a favor de este opo-

---

28. Archivo General de la Administración, sección Educación, Caja 32/13385; asimismo, Gibert, *Homenaje de la Facultad de Derecho al Profesor Prieto-Castro y Ferrándiz con motivo de su jubilación*, cit. p. 269.

29. Montero Aroca, *Aproximación a la biografía de Francisco Beceña*, cit., pp. 622-624.

30. Montero Aroca, *Aproximación a la biografía de Francisco Beceña*, cit., p. 624.

sitor. Ahora bien, si éste era el sentido que Montero pretendía dar a sus palabras, habría sido conveniente que dicho autor hubiera citado las fuentes informativas en las que se basó para hacer una afirmación como la transcrita. La indicación de esas fuentes informativas permitiría, al menos, que los lectores pudieran llevar a cabo su propia ponderación acerca del valor informativo de tales fuentes. Desde luego, el testimonio de la hermana de Beceña (doña Camila), citado por Montero, es a todas luces insuficiente para acreditar la existencia de aquellas gestiones a favor de Alcalá-Zamora y Castillo, aunque sólo sea porque, en el comentario de don Melquiades Álvarez recordado por doña Camila, no se afirma explícitamente la existencia de dichas gestiones. No digo que estas gestiones no existieran. Lo único que quiero poner de manifiesto es que Montero no menciona fuentes informativas que acrediten que tales gestiones fueron efectuadas realmente.

b) No obstante, la frase de Montero a la que se ha hecho referencia también puede ser interpretada en un segundo sentido. En efecto, cabe que lo que Montero quisiera decir es que, incluso sin necesidad de que se hubieran realizado gestiones encaminadas a inducir a Beceña a que votara a favor de Alcalá-Zamora y Castillo, el hecho de que este opositor fuera hijo del Presidente de la República implicaba ya, por sí solo, una presión psíquica sobre Beceña, de manera que aquel hecho era un estímulo que incitaba a Beceña a otorgar la victoria a dicho opositor. Si las «presiones» a las que alude Montero se han de entender en este sentido, cabe añadir que tales presiones no sólo afectaban a Beceña, sino también a los restantes integrantes del tribunal.

Más adelante[31] me ocuparé, específicamente, de la actuación de Beceña en las oposiciones de 1932 a la cátedra de Derecho Procesal de la Universidad de Zaragoza, y analizaré otros extremos incluidos en la referencia que efectúa Montero Aroca en relación con esas oposiciones.

También Ramos Méndez alude a las oposiciones sobre las que versa este escrito en los siguientes términos: «En nuestra disciplina la tradición oral cuenta cómo en 1932, justo al inicio de la renovación de los estudios procesales en nuestro país, un joven entonces desconocido (Prieto-Castro) le ganó la Cátedra al hijo del Presidente de la República (Alcalá-Zamora y Castillo). El ejemplo marcó una aureola de fiabilidad de las oposiciones, que pervivió por encima de las batallas concretas que toda oposición supone».[32]

Adviértase que Ramos se refiere, con suma prudencia, a «la tradición oral». Además, el citado autor no dice que existieran gestiones dirigidas a inducir al tribunal a que otorgara la victoria al hijo del Presidente de la República, sino que da a entender, sin más, que el hecho de que Alcalá-Zamora y Castillo fuera hijo del Presidente de la República representaba una ventaja de partida para dicho opositor.

Por su parte, Gibert narra el desarrollo de aquellas oposiciones con un estilo de resonancias entre coloristas y épicas, que incluye frases como las siguientes: «Al final, que-

31. Véase *infra*, apartado 6.

32. Véase Ramos Méndez, *Bibliografía procesal española (1978-2000)*, cit., p. 31.

daron en el ruedo, mano a mano, dos opositores: uno de nombre eminente y conocido, Niceto Alcalá-Zamora y Castillo, hijo del presidente de la República [...] Porque el valor de las Oposiciones se mide por la talla de los vencidos. Leonardo Prieto-Castro, entonces sólo conocido, más con fervor intenso, en la familia, lo más fuerte en Granada, en la propia ciudad, áspera y cariñosa con los suyos, y en el ambiente de los becarios de la Junta [...] Fue un duelo emocionante [...] La votación reflejó el equilibrio. Alcalá-Zamora consiguió los votos del Presidente y de Montejo. Los tres más jóvenes —de Bonilla, Beceña y Serrano— dieron la cátedra al granadino».[33]

Los relatos mencionados, aun siendo distintos entre sí, incluyen varios elementos comunes. Entre estos datos coincidentes, destaca especialmente la reiterada afirmación de que el opositor que resultó vencedor, es decir, Prieto-Castro, era, en aquel entonces, un desconocido. Incluso, Montero llega a afirmar que Prieto-Castro era una persona «absolutamente desconocida».[34] Y Gibert dice que Prieto-Castro sólo era conocido en la familia, en Granada y en el ambiente de los becarios de la Junta.[35]

Pues bien, ese extremo debe ser matizado drásticamente. Es obvio que en las oposiciones, los contendientes no entran en lid con el rostro celado y bajo nombre imaginario, como si se tratara de una justa medieval. Y esto vale también para las oposiciones reguladas por el viejo Reglamento de 8 de abril de 1910. Los miembros del tribunal de las oposiciones de 1932 a la cátedra de Derecho Procesal de la Universidad de Zaragoza conocían perfectamente la identidad de los opositores, la de todos los opositores, incluyendo a Prieto-Castro. Por otra parte, es evidente que el Presidente de la República, don Niceto Alcalá-Zamora y Torres, era conocidísimo en la España de entonces. Pero esto no quiere decir que fuera igual de conocido, ni mucho menos, su hijo opositor, es decir, Alcalá-Zamora y Castillo, que en aquel tiempo era un joven dedicado, fundamentalmente, a sus estudios. El opositor Alcalá-Zamora y Castillo debía ser tan conocido del «gran público», sobre poco más o menos, como el opositor Prieto-Castro, o sea, prácticamente nada.

Por lo que atañe a las obras de los opositores, cabe señalar que Prieto-Castro, ya antes de las oposiciones y a pesar de su juventud, había publicado algunos trabajos jurídicos (al igual que también lo había hecho Alcalá-Zamora y Castillo). Desde este punto de vista, no entiendo cómo Montero Aroca dice que, por aquel entonces, Prieto-Castro era una persona «absolutamente desconocida», cuando el propio Montero, refiriéndose en otro estudio al periodo inmediatamente anterior a 1936, señala que, dejando aparte la obra científica de Beceña, «posiblemente lo más destacado sea el trabajo de Prieto-Castro, *La*

33. Véase Gibert, *Homenaje de la Facultad de Derecho al Profesor Prieto-Castro y Ferrándiz con motivo de su jubilación*, cit., pp. 268-269.

34. Véase Montero Aroca, *Aproximación a la biografía de Francisco Beceña*, cit., p. 624.

35. Véase Gibert, *Homenaje de la Facultad de Derecho al Profesor Prieto-Castro y Ferrándiz con motivo de su jubilación*, cit., p. 268.

Naturalmente, Gibert se refiere a la Junta para Ampliación de Estudios e Investigaciones Científicas, que venía funcionando en España desde la primera década del siglo XX.

acción en el Derecho español».[36] Pues bien, este trabajo de Prieto-Castro se publicó en 1931, esto es, antes de la celebración de las oposiciones a la cátedra de la Universidad de Zaragoza. En fin, incluso en el caso de que, antes de las oposiciones, los miembros del tribunal no estuvieran al tanto de los trabajos jurídicos publicados por los opositores, incluyendo los publicados por Prieto-Castro, es evidente que, durante la celebración de las oposiciones, los integrantes del tribunal tenían la oportunidad de conocer suficientemente aquellos trabajos y los restantes méritos aportados por los opositores.

Vayamos a otro aspecto concerniente a las oposiciones sobre las que versa este trabajo. Al hacer referencia a dichas oposiciones, es muy importante evitar anacronismos. Y se incurre, desde luego, en anacronismos cuando se proyectan sobre la Segunda República española ideas que pueden guardar correspondencia con la realidad existente en regímenes políticos vigentes en otros periodos históricos, pero que tienen escasa relación con las circunstancias existentes durante la Segunda República española. Pensemos, por ejemplo, en una Monarquía que perdure durante muchas décadas en un país, y que aún se mantenga en pleno vigor y con gran aceptación social. Pues bien, muy poco tiene que ver un régimen político como ése con lo que fue la Segunda República española. Como también tiene poquísimo que ver dicha República con una dictadura o un régimen político de corte autoritario que se mantenga en pie en un país durante varias décadas. En este aspecto, el hecho de ser hijo del Presidente de la República en la España de 1932 podía abrir algunas puertas de la vida pública española,[37] pero no era suficiente para permitir el acceso a cualquier cargo o función pública. Aquella República era un régimen político frágil, asentado sobre un volcán político en constante ebullición que, pocos años después, entró en trágica erupción. Y la persona que ocupaba el cargo de Presidente de la República era un político involucrado en las pugnas políticas, frecuentemente encarnizadas, que dominaban la escena política de aquel tiempo. El Presidente de la República podía tener aliados políticos poderosos, pero también tenía, indudablemente, adversarios políticos temibles. Recordemos, por ejemplo, que en abril de 1936 don Niceto Alcalá-Zamora y Torres fue destituido por las Cortes de su cargo de Presidente de la República.[38]

En resumidas cuentas, es posible que Alcalá-Zamora y Castillo, hijo del entonces Presidente de la República, partiera, por este hecho, con cierta ventaja de salida respecto del otro opositor, Prieto-Castro, que aspiraba en 1932 a la cátedra de Derecho Procesal de la Universidad de Zaragoza. Pero esa ventaja, de existir, no se puede considerar deci-

---

36. Véase Montero Aroca, *Del Derecho Procesal al Derecho Jurisdiccional*, en «Trabajos de Derecho Procesal», Barcelona, 1988, p. 42.

37. El acceso privilegiado a funciones públicas, que se menciona en el texto, podía producirse, incluso, antes de la aprobación de la Constitución republicana. Así, por ejemplo, en 1931, cuando don Niceto Alcalá-Zamora y Torres no era aún Presidente de la República, sino únicamente Presidente del Gobierno Provisional de la República, su hijo Niceto Alcalá-Zamora y Castillo fue nombrado, al igual que a otros juristas, vocal de la Comisión Jurídica Asesora creada por la República (véase el nombramiento en la Gaceta de Madrid del 29 de mayo de 1931).

38. Su hijo, Niceto Alcalá-Zamora y Castillo, *Objeciones a las sentencias dictadas a tenor de la ley de responsabilidades políticas de 1939 contra don Niceto Alcalá-Zamora y Torres*, en «Política y proceso», Madrid, 1978, p. 167, dice al respecto que «mi padre fue destituido por el Frente Popular, tres meses antes de la guerra civil, en virtud de una interpretación monstruosa de la ley fundamental».

siva. Por otra parte, es posible que aquellas oposiciones estuvieran rodeadas por otras circunstancias personales y políticas desfavorables para el hijo del Presidente de la República. Más aún: cabe que estas circunstancias que resultaban adversas para las aspiraciones del opositor Alcalá-Zamora y Castillo tuvieran fuerza suficiente para anular y vencer la supuesta ventaja de salida de la que se beneficiaba este opositor. Pero, como hemos tenido oportunidad de comprobar, los relatos que se vienen efectuando acerca de las oposiciones en cuestión, no aluden a la concurrencia de esas circunstancias personales y políticas, a pesar de que, como he señalado, podían tener más influencia que el hecho de que un opositor fuera hijo del Presidente de la República. En los siguientes apartados trataré de poner de manifiesto algunos de los condicionantes políticos que presidieron la realización de las oposiciones de 1932 a la cátedra de Derecho Procesal de la Universidad de Zaragoza.

5. Algunas circunstancias que no han sido tenidas en cuenta: la hostilidad política y la enemistad personal existentes entre Bonilla y don Niceto Alcalá-Zamora y Torres, padre del opositor Niceto Alcalá-Zamora y Castillo

Como ya sabemos, Gabriel Bonilla Marín[39] jugó un papel relevante en las oposiciones de 1932 a la cátedra de Derecho Procesal de la Universidad de Zaragoza.[40] Recordemos, una vez más, que Prieto-Castro obtuvo la victoria en dichas oposiciones en virtud de los votos favorables de Bonilla, Beceña y el discípulo de éste, o sea, Serrano.

39. Un breve apunte biográfico sobre Gabriel Bonilla Marín puede verse en el trabajo de Checa Godoy, *Izquierda Republica en la provincia de Jaén (1934-1939). Aproximación biográfica a sus bases sociales*, en «Elucidario: Seminario bio-bibliográfico Manuel Caballero Venzalá», 2005, 2, p. 194 (debo señalar que he consultado este trabajo a través de Internet). La autora citada, Checa Godoy, incluye a Bonilla Marín entre los integrantes del partido Izquierda Republicana, liderado por don Manuel Azaña. Como es sabido, Izquierda Republicana se creó en 1934 en virtud de la fusión del partido Acción Republicana, también liderado por don Manuel Azaña, con otros partidos republicanos.

Por lo demás, la citada referencia biográfica que Checa Godoy dedica a Gabriel Bonilla Marín adolece, incluso dentro de su concisión, de varios errores. Se dice, por ejemplo, que Bonilla fue «catedrático de las Universidades de Zaragoza (1915), Salamanca (1917) y Granada (1923), de Derecho Civil y Procesal». En realidad, Bonilla Marín fue nombrado el 2 de marzo de 1917 catedrático de Derecho civil común y foral de la Universidad de Santiago de Compostela en virtud de la correspondiente oposición (Gaceta de Madrid del 5 de marzo de 1917). Y poco después, el 14 de enero de 1919, fue nombrado catedrático de Procedimientos judiciales y práctica forense de la Universidad de Granada en virtud de un concurso de traslado (Gaceta de Madrid del 20 de enero de 1919).

40. Alcalá-Zamora y Castillo, en su trabajo *Evolución de la doctrina procesal*, en «Estudios de teoría general e historia del proceso (1945-1972)», México, 1974, tomo II; p. 318, nota 111, dice que Bonilla se exilió en México, dedicándose en dicho país a labores de previsión social; asimismo, Alcalá-Zamora y Castillo, *Necrología de José Ramón Xirau Palau, decano de los procesalistas españoles*, en «Estudios diversos de derecho procesal», cit., p. 264, en nota, señala que Bonilla murió en México en 1965, y que en ese país «se ocupó de cuestiones económicas y concernientes a la seguridad social»; también Montero Aroca, *Aproximación a la biografía de Francisco Beceña*, cit., p. 617, indica que Bonilla se exilió al término de la guerra civil española, y que se dedicó en México a labores de previsión social.

Los autores citados no especifican las contribuciones que hizo Bonilla a las labores o cuestiones económicas y de previsión o seguridad social a las que estuvo dedicado en su exilio mexicano. Por mi parte, lo único que puedo decir al respecto es que Bonilla publicó un libro titulado *Teoría del seguro social*, México, 1945, que he tenido la oportunidad de manejar. Se trata de una obra de carácter interdisciplinario, que incluye elementos de análisis no sólo jurídicos, sino también económicos, políticos y sociológicos.

Cuando se hace el relato de aquellas oposiciones, se menciona, a veces, el hecho de que Bonilla había sido profesor de Prieto-Castro en la Facultad de Derecho de la Universidad de Granada, así como a la elevada probabilidad de que Bonilla patrocinara a Prieto-Castro en las referidas oposiciones.[41] Partiendo de la vinculación académica existente entre uno y otro, Bonilla y Prieto-Castro, entra dentro de lo humanamente razonable ese patrocinio de Bonilla en favor Prieto-Castro. En cualquier caso, no es éste el aspecto del que me voy a ocupar.

Las circunstancias que trataré de poner de manifiesto afectan a una vertiente muy distinta y mucho más inquietante. En efecto, gracias a la ayuda inestimable que nos proporciona una crónica cualificada, a la que me referiré posteriormente, podemos conocer la hostilidad política y la enemistad personal que existía entre Bonilla y don Niceto Alcalá-Zamora y Torres, padre del opositor Niceto Alcalá-Zamora y Castillo. Son datos relevantes para formarse una idea clara de las circunstancias en las que se desenvolvió la realización de las oposiciones sobre las que versa este escrito. Desde luego, salvo que estemos dispuestos a incurrir en una incoherencia manifiesta, lo que no cabe es, por un lado, afirmar que Alcalá-Zamora y Castillo podía tener ventaja por ser hijo de don Niceto Alcalá-Zamora y Torres, y, por otro lado, sostener que de este mismo hecho no podían derivarse perjuicios para el propio Alcalá-Zamora y Castillo. Dicho en términos más simples: el opositor Alcalá-Zamora y Castillo era hijo de quien era para lo bueno y para lo malo.

Pues bien, debemos remontarnos a las elecciones generales a Cortes Constituyentes convocadas para el 28 de junio de 1931. En esas elecciones don Niceto Alcalá-Zamora y Torres presentó su candidatura a diputado por la provincia de Jaén, obteniendo acta de diputado.[42] Como es sabido, don Niceto Alcalá-Zamora y Torres fue nombrado posteriormente Presidente de la República. También Bonilla concurrió como candidato en las mismas elecciones, y por la misma circunscripción, o sea, Jaén,[43] pero no salió elegido.[44] Si sólo conociéramos estos datos, poco sabríamos de las relaciones verdaderamente existentes entre Bonilla y don Niceto Alcalá-Zamora y Torres.

Pero, por fortuna, disponemos de una fuente informativa muy valiosa. Se trata, nada menos, que de los Diarios personales de don Manuel Azaña.[45]

---

41. En este sentido Gibert, *Homenaje de la Facultad de Derecho al Profesor Prieto-Castro y Ferrándiz con motivo de su jubilación*, cit., p. 268, al mencionar a los integrantes del tribunal de las oposiciones, se refiere a Bonilla en los siguientes términos: «el titular de Granada don Gabriel Bonilla, seguramente fervoroso de su alumno» [o sea, de Prieto-Castro].

42. Archivo Histórico de Diputados del Congreso de los Diputados.

43. Claret Miranda, *El atroz desmoche. La destrucción de la Universidad española por el franquismo, 1936-1945*, Barcelona, 2006, p. 246, indica que la participación de Bonilla Marín como candidato a Cortes por Jaén se hizo constar en el expediente que le fue incoado a dicho catedrático tras el inicio de la guerra civil, y en el cual Bonilla fue sancionado con la separación definitiva del servicio. En concreto esta sanción le fue impuesta a Bonilla el 7 de mayo de 1937 (Boletín Oficial del Estado del 8 de mayo de 1937).

44. Basta consultar el Archivo Histórico de Diputados del Congreso de los Diputados para percatarse de que el nombre de Gabriel Bonilla Marín no figura en ese Archivo.

45. Menciono la edición de los Diarios de don Manuel Azaña que he manejado: Azaña, *Diarios completos. Monarquía, República, Guerra Civil*, con una introducción de Santos Juliá, Barcelona, 2000.

Tenemos que dar un pequeño salto en el tiempo, y situarnos en el 13 de junio de 1932. En esa fecha don Manuel Azaña era Presidente del Consejo de Ministros, mientras que don Niceto Alcalá-Zamora y Torres era Presidente de la República. En la entrada correspondiente al 13 de junio de 1932 del Diario de don Manuel Azaña, éste escribió lo siguiente:[46]

«El Presidente [o sea, el Presidente de la República, don Niceto Alcalá-Zamora y Torres] regresó ayer por la mañana, muy alborozado, muy chillón. El sábado me telefoneó desde Priego, rogándome muy encarecidamente no tomásemos ninguna resolución respecto del Consejo de Estado antes de que se celebrase el Consejo de ministros convocado para hoy, y que deseaba hablar conmigo a solas, en Palacio. «Muy bien, señor Presidente —contesté—, pero no tengo idea de que haya pendiente ninguna resolución de ese género».

— ¿Qué será? —decía yo, extrañado de la urgencia del recado.

Llego hoy a Palacio, y mientras se reunían los ministros, pasé al despacho de don Niceto. Lo que quería decirme era esto: «Que no se nombre consejero de Estado a don Gabriel Bonilla, porque sería para el Presidente el mayor trágala».

— En efecto: hay una vacante, pero no hemos pensado aún en proveerla, no hemos hecho conversación de ello, ni me ha propuesto nadie ningún candidato —le respondo.

Así es la verdad, y es una suerte. Porque si fuese de otro modo y estuviese convenido nombrar a Bonilla, conflicto seguro: ¿Íbamos a consentir que el Presidente pusiera vetos a las personas por rencillas particulares? *El Presidente aborrece a Bonilla, creo que de resultas de cuestiones electorales en Jaén, el año 1931*»[47]

Así es que don Manuel Azaña, que escribía para sí en su propio diario, llega a afirmar que don Niceto Alcalá-Zamora y Torres *aborrecía* a Bonilla. Don Manuel Azaña, que no tenía por qué estar al corriente de la vida universitaria española, quizás no supiera que sólo tres meses antes de que tuvieran lugar las conversaciones con el Presidente de la República que reproduce en su Diario, se había efectuado la votación del tribunal de las oposiciones a la cátedra de Derecho Procesal de la Universidad de Zaragoza, y que Bonilla no había votado al hijo del Presidente de la República, sino a otro opositor, el cual obtuvo la victoria. También es razonable pensar que el comportamiento de Bonilla en esas oposiciones, o sea, su voto, pudo incrementar la aversión que el Presidente de la República sentía hacia aquél.

Pero don Manuel Azaña, que sí estaba al tanto, obviamente, de la vida política española, creía que el aborrecimiento que el Presidente de la República sentía hacia Bonilla

46. Azaña, *Diarios completos. Monarquía, República, Guerra Civil*, cit., p. 530.

47. El deseo de don Niceto Alcalá-Zamora y Torres de que Bonilla no accediera al Consejo de Estado fue respetado mientras don Niceto se mantuvo en el cargo de Presidente de la República. Pero el 28 de agosto de 1936, es decir, poco después de comenzar la guerra civil, cuando también habían transcurrido pocos meses desde el cese de don Niceto como Presidente de la República, Bonilla fue nombrado Consejo permanente de Estado (Gaceta de Madrid del 29 de agosto de 1936).

derivaba de las elecciones de 1931 celebradas en la provincia de Jaén. Si la suposición de don Manuel Azaña en cuanto al origen de esa aversión era correcta, y podemos considerar muy probable que lo era dado el protagonismo que Azaña tenía en la vida política española de entonces, debemos admitir que Bonilla no se encontraba en una situación adecuada para actuar con imparcialidad como vocal del tribunal de unas oposiciones en las que figuraba como opositor el hijo del Presidente de la República, máxime si se tiene en cuenta que esas oposiciones se iniciaron y concluyeron cuando sólo había transcurrido poco más de medio año desde las elecciones generales del 28 de junio de 1931.[48] Desde este punto de vista, es decir, el de la imparcialidad, no parece que fuera recomendable que Bonilla juzgara, como vocal del tribunal de las oposiciones, a un opositor (Alcalá-Zamora y Castillo) que era el hijo de don Niceto Alcalá-Zamora y Torres, o sea, el hijo de alguien que, según don Manuel Azaña, *aborrecía* a Bonilla, y con el cual éste había tenido enfrentamientos políticos.

6. Otra circunstancia que tampoco ha sido tomada en consideración: la hostilidad existente entre el partido político de Beceña y el de don Niceto Alcalá-Zamora y Torres, padre del opositor Niceto Alcalá-Zamora y Castillo

Sabemos también que Beceña tuvo una actuación decisiva en el resultado de las oposiciones de 1932 a la cátedra de Derecho Procesal de la Universidad de Zaragoza. Recordemos que Beceña votó a favor de Prieto-Castro, al igual que también fueron favorables a Prieto-Castro los votos emitidos por Serrano, discípulo de Beceña, y por Bonilla, antiguo profesor de Prieto-Castro. Con los tres votos, Prieto-Castro obtuvo el triunfo en las oposiciones.

48. Si se tienen en cuenta, no sólo el sentido del voto emitido por Bonilla en las oposiciones de 1932 a la cátedra de Derecho Procesal de la Universidad de Zaragoza, sino también las relaciones personales y políticas existentes entre Bonilla y don Niceto Alcalá-Zamora y Torres, resultan más inteligibles algunos silencios de Alcalá-Zamora y Castillo en relación con Bonilla.

Hay, al menos, dos de esos silencios que son muy elocuentes: a) sabido es que Alcalá-Zamora y Castillo dedicó notas necrológicas a casi todos los procesalistas españoles que fallecieron en el exilio originado por la guerra civil española, así como también redactó numerosas necrologías referidas a otros juristas españoles muertos en el exilio; por limitarme a los procesalistas exiliados que fallecieron antes que Alcalá-Zamora y Castillo, cabe señalar que este autor publicó notas necrológicas sobre Rafael de Pina Milán, fallecido en 1966 (la necrología fue publicada en la «Revista de la Facultad de Derecho de México», julio-diciembre de 1966, pp. 987-991, y después fue reimpresa en su obra «Miscelánea Procesal», México, 1978, II, pp. 784-788), sobre Santiago Sentís Melendo, fallecido en 1979 (la necrología fue publicada en la «Revista de Derecho Procesal Iberoamericana», 1979, pp. 7-17, y fue reimpresa en la obra de Alcalá-Zamora y Castillo, «Nuevos estudios de Derecho Procesal», Madrid, 1980, pp. 257— 265), y sobre José Ramón Xirau Palau, fallecido en 1982 (véase Alcalá-Zamora y Castillo, *Necrología de José Ramón Xirau Palau, decano de los procesalistas españoles*, en «Estudios diversos de derecho procesal», cit., pp. 263-267); pues bien, Alcalá-Zamora y Castillo no dedicó ninguna nota necrológica a Bonilla, a pesar de que éste murió en México en 1965, es decir, en el mismo país en el que vivía y trabajaba por entonces Alcalá-Zamora y Castillo; b) por otra parte, en las breves alusiones a Bonilla que Alcalá-Zamora y Castillo efectúa a lo largo de su ingente obra, se menciona genéricamente la actividad a la que se dedicó Bonilla en su exilio mexicano, pero no he encontrado ninguna referencia al libro de Bonilla *Teoría del seguro social,* publicado en México en 1945, al que ya he aludido.

Según se ha indicado anteriormente,[49] Montero Aroca, refiriéndose a esas oposiciones, hace hincapié en el coraje que mostró Beceña al votar a favor de Prieto-Castro en vez de dar su voto al hijo del Presidente de la República.[50] Pero Montero omite otra importante circunstancia desfavorable para el hijo del Presidente de la República, es decir, para el opositor Alcalá-Zamora y Castillo. Estoy aludiendo a la hostilidad existente entre el partido político de Beceña y el partido político de don Niceto Alcalá-Zamora y Torres, padre del opositor Alcalá-Zamora y Castillo. Como tendremos ocasión de comprobar, no se trataba de la pacífica rivalidad que pueda mediar entre dos partidos políticos, sino de algo mucho más grave. Por lo demás, en relación con este extremo, es necesario reiterar lo dicho en el apartado precedente: si queremos ser coherentes, no cabe afirmar, por una parte, que Alcalá-Zamora y Castillo podía tener ventajas por ser hijo de don Niceto Alcalá-Zamora y Torres, y, por otra parte, sostener que de este mismo hecho no podían derivarse perjuicios para el propio Alcalá-Zamora y Castillo.

Una vez más es necesario retroceder hasta las elecciones generales a Cortes Constituyentes convocadas para el 28 de junio de 1931. En la circunscripción de Oviedo, el partido de don Melquiades Álvarez,[51] esto es, el partido Liberal Demócrata, intentó concurrir en solitario a esas elecciones. Como indica García Venero,[52] «era evidente que el partido liberal demócrata, tras las declaraciones programáticas de Melquiades Álvarez, habría de luchar en soledad o concertar inteligencias electorales con grupos afines. De éstos podrían haber sido el de la Derecha liberal Republicana, hechura de Alcalá Zamora [se refiere a don Niceto Alcalá-Zamora y Torres] y de Miguel Maura, y el radical, pero marchaban emparejados con la izquierda del nuevo Régimen». Asimismo, García Venero señala que tampoco fructificaron las gestiones encaminadas a que el partido político de don Melquiades Álvarez formara una alianza electoral con el partido de Azaña, Acción Republicana.[53]

Al final, como se ha dicho, el partido Liberal Demócrata de don Melquiades Álvarez intentó concurrir a las elecciones en solitario en la circunscripción de Oviedo. Pues bien, la candidatura de dicho partido para Oviedo estaba encabezada por don Melquiades Álvarez, e incluía a numerosas y destacadas personalidades, entre las que figuraba Beceña.[54] En relación con este punto, Montero Aroca señala que la «afinidad política de Beceña con Melquiades Álvarez era relativamente antigua».[55]

49. Véase *supra,* apartado 4 de este escrito.

50. Véase Montero Aroca, *Aproximación a la biografía de Francisco Beceña,* cit., p. 624.

51. Acerca de don Melquiades Álvarez, que fue salvajemente asesinado en la cárcel Modelo de Madrid al poco de dar comienzo la guerra civil española, véase la biografía de García Venero, *Melquiades Álvarez. Historia de un liberal,* con prólogo de Azorín, 2ª ed., Madrid, 1974.

52. Véase García Venero, *Melquiades Álvarez. Historia de un liberal,* cit., p. 439.

53. Véase García Venero, *Melquiades Álvarez. Historia de un liberal,* cit., p. 439.

54. Véase García Venero, *Melquiades Álvarez. Historia de un liberal,* cit., p. 440; asimismo Montero Aroca, *Aproximación a la biografía de Francisco Beceña,* cit., p. 625.

55. Véase Montero Aroca, *Aproximación a la biografía de Francisco Beceña,* cit., p. 624.

Pero hay otro hecho que, a nuestros efectos, tiene una importancia fundamental. García Venero indica cómo se planteaba la pugna electoral en la circunscripción de Oviedo: «Frente a Melquiades Álvarez iban a luchar coaligados los socialistas, radicales, republicanos de la Derecha liberal Republicana, radicales-socialistas y los federales de Oviedo».[56]

Así pues, el partido Liberal Demócrata, en cuya candidatura por Oviedo figuraba Beceña, iba a enfrentarse electoralmente a una coalición o conjunción republicano-socialista, de la que formaba parte Derecha Liberal Republicana, o sea, el partido político liderado por don Niceto Alcalá-Zamora y Torres. Y el caso es que la confrontación electoral entre ambas candidaturas se preveía muy dura en Oviedo. Cada una de esas dos fuerzas políticas sabía que la contraria era el adversario a batir en la circunscripción de Oviedo.[57]

Pues bien, el 19 de junio de 1931, en el curso de la campaña electoral correspondiente a esos comicios, ocurrieron en el teatro Campoamor de Oviedo unos hechos muy graves. Me serviré aquí de las narraciones que García Venero y Montero Aroca efectúan acerca de tales acontecimientos. Ambas descripciones son suficientes para formarse una idea cabal acerca de aquellos hechos.

García Venero efectúa un relato estremecedor, que da cuenta del grado de intensidad que había alcanzado en Asturias la pugna entre las dos candidaturas mencionadas, es decir, la del partido político de don Melquiades (y de Beceña) y la conjunción republicano-socialista en la que estaba integrado el partido político de don Niceto Alcalá-Zamora y Torres. Reproduzco seguidamente algunos pasajes de la citada narración de García Venero:[58]

«La inseguridad de la conjunción republicano-socialista se mostró en la violencia de los ataques contra Melquiades Álvarez y sus correligionarios [...].

Proponíase el tribuno responder desde el escenario del teatro Campoamor, donde había de celebrarse un acto de propaganda liberal demócrata. Circuló la consigna, entre los adversarios de Álvarez, de impedir el comicio. El día señalado Oviedo carecía de autoridades gubernativas. El gobernador civil había marchado a realizar la propia propaganda electoral. El gobernador civil interino se ausentó a Gijón. Había enviado unas parejas de guardias, con la orden expresa de no hacer uso de la fuerza aunque el acto fuese interrumpido por la fuerza [...].

56. Véase García Venero, *Melquiades Álvarez. Historia de un liberal,* cit., p. 440.

57. En este sentido García Venero, *Melquiades Álvarez. Historia de un liberal,* cit., p. 439, dice que «al Gobierno provisional le inquietaba el resultado de Asturias, cuyas fuerzas representativas habían demostrado su fidelidad a Melquiades Álvarez»; asimismo, Montero Aroca, *Aproximación a la biografía de Francisco Beceña,* cit., p. 625, indica que «los socialistas asturianos eran conscientes del peligro que representaba una candidatura »republicana de toda la vida» y »no manchada por concomitancias dictatoriales»».

58. Véase García Venero, *Melquiades Álvarez. Historia de un liberal,* cit., pp. 440-442.

En el interior del teatro se situaron bastantes provocadores, y apenas había comenzado el acto, cuando el inmueble era asediado por los cuatro costados y se le hacía objeto de pedrea incesante [...] A golpes fueron desalojados muchos alborotadores [...].

Parte de los espectadores [...] se precipitaron fuera del teatro. La calle estaba en poder de los revoltosos [...].

Los asaltantes se hicieron dueños del teatro. Melquiades Álvarez, acompañado por los correligionarios que se hallaban en el escenario y por su hijo político, Ramón Argüelles, se refugió en la sala del restaurante que existía en el inmueble [...].

Llegó, finalmente la Guardia Civil, cuyos toques de atención no fueron escuchados. Funcionaron las armas, y cayeron dos heridos graves. Las turbas, rechazadas, acudieron al Círculo del partido liberal demócrata, vacío en aquella hora, lo asaltaron y quemaron los muebles. Después se situaron en la calle Uría, acechando la salida de Melquiades Álvarez [...].

Había empezado el comicio a las siete de la tarde. Cuatro horas después salía del Campoamor Melquiades Álvarez [...] Mas había presunción de que durante la noche las turbas intentaran cometer un atentado, y el tribuno, cediendo a las peticiones de los suyos, hubo de ir a Gijón a pasar la noche [...].

Volvió a Oviedo al día siguiente y paseó por la ciudad, expectante y acobardada, antes de reunirse con los candidatos [...].

Se tomaron los siguientes acuerdos: retirarse de las elecciones, renunciar a toda clase de cargos públicos y dirigir un manifiesto a la Nación [...].

Quedaban los candidatos de la conjunción [se refiere a la coalición en la que también estaba incluido el partido político de don Niceto Alcalá-Zamora y Torres, Derecha Liberal Republicana] dueños del terreno».[59]

Más concisa, pero sustancialmente coincidente, es la narración que lleva a cabo Montero Aroca acerca de los disturbios ocurridos el 19 de junio de 1931 en el teatro Campoamor de Oviedo. Transcribo a continuación algunos de los párrafos que Montero dedica a estos hechos en su trabajo biográfico sobre Baceña:[60]

«Los candidatos realizaron un único acto político: un mitin en el teatro Campoamor de Oviedo, que no llegó a terminarse. El mitin se realizó el 19 de junio y en él debían tomar la palabra algunos de los candidatos, para terminar con un discurso de Mel-

59. En efecto, tras la renuncia del partido político de don Melquiades (y de Beceña) a presentarse a las elecciones en Oviedo, la conjunción republicano-socialista, en la que estaba incluido el partido político de don Niceto Alcalá-Zamora y Torres, Derecha Liberal Republicana, obtuvo la victoria, con mayoría abrumadora, en esa circunscripción.

60. Véase Montero Aroca, *Aproximación a la biografía de Francisco Beceña*, cit., pp. 625-626.

quiades Álvarez. El acto no llegó a la mitad; sólo pudieron hablar tres de los oradores: Alfredo Martínez, Beceña y Manuel Miguel Traviesas [...].

En el ambiente de violencia latente de 1931, los socialistas decidieron acabar con la candidatura. El mitin liberal demócrata del teatro Campoamor fue «reventado», provocando una tarde de disturbios en la que fue asaltado el Círculo Reformista y se ocasionaron trece heridos. Las tropas hubieron de salir a la calle para restablecer el orden [...].

Convencidos de que los disturbios habían sido preparados, y de que contaban incluso con la complicidad del gobernador civil —éste había salido de Oviedo, oportunamente, el día anterior— el 21 de junio los candidatos liberal-demócratas se reunieron en casa de Melquiades Álvarez y decidieron no participar en las elecciones. Beceña, además, dimitió de la Comisión de Códigos».

Los anteriores relatos referidos a los alborotos ocurridos el 19 de junio de 1931 en el teatro Campoamor de Oviedo, y a las consecuencias políticas inmediatas provocadas por ese tumulto, ponen de relieve el grado de encarnizamiento que habían alcanzado las relaciones existentes entre el partido político de Beceña (el partido liberal demócrata) y la coalición en la que estaba integrado el partido político de don Niceto Alcalá-Zamora y Torres (Derecha Liberal Republicana), a pesar de la aparente afinidad ideológica que, *a priori*, pudiera existir entre esos dos partidos políticos. El hecho es que aquellos disturbios significaron una terrible coacción y una grave vejación de las que fueron víctimas Beceña y sus compañeros de candidatura, y además vinieron a poner fin a la incipiente carrera política de Beceña.

Montero Aroca, refiriéndose al discurso que pronunció Beceña en el teatro Campoamor de Oviedo el 19 de junio de 1931 antes de que el acto electoral fuera interrumpido violentamente, afirma:[61] «Beceña pronunció íntegramente su discurso, centrado en la siguiente consideración: sólo existen dos partidos bien definidos de los que concurren a las elecciones, el socialista y el liberal-demócrata; mientras el primero ha colaborado con la Dictadura, el segundo presenta un limpio historial republicano». Asimismo, Montero añade:[62] «El discurso tuvo en la vida —o mejor en la muerte— de Beceña gran trascendencia. Está aquí el origen de su asesinato. El PSOE, o más propiamente la UGT, no le perdonó nunca la denuncia pública de un hecho que, por ser cierto, hería la parte más sensible de unas organizaciones que pretendían encarnar el espíritu republicano de las clases trabajadoras».

En 1936, cuando Beceña fue asesinado, habían transcurrido más de cinco años desde que pronunciara aquel discurso en el teatro Campoamor de Oviedo. No obstante, seguramente Montero esté en lo cierto al indicar que los asesinos de Beceña, a pesar del tiempo transcurrido, aún recordaban el discurso de Beceña.

Pero también podemos estar seguros de que en 1932, esto es, al tiempo de celebrarse las oposiciones a la cátedra de Derecho Procesal de la Universidad de Zaragoza, Bece-

61. Véase Montero Aroca, *Aproximación a la biografía de Francisco Beceña*, cit., p. 625.

62. Véase Montero Aroca, *Aproximación a la biografía de Francisco Beceña*, cit., p. 625.

ña se acordaba perfectamente de las coacciones y los vejámenes que él mismo y sus compañeros de candidatura habían sufrido en el teatro Campoamor de Oviedo el 19 de junio de 1931, aunque sólo fuera porque sólo había pasado poco más de medio año desde aquellos desmanes, que, además, truncaron la recién iniciada carrera política de Beceña. Igualmente podemos estar seguros de que Beceña recordaba que los responsables de los disturbios eran personas cercanas a la coalición o conjunción electoral republicano-socialista, que incluía en su seno al partido político liderado por don Niceto Alcalá-Zamora y Torres. Y, sin duda, Beceña sabía, que, a pesar de la gravedad de los disturbios, el partido político de don Niceto Alcalá-Zamora y Torres no se separó de la coalición electoral de la que formaba parte, sino que se mantuvo dentro de esa alianza, la cual, como sabemos, obtuvo un rotundo triunfo electoral en Asturias, aprovechando también la decisión del partido de Beceña (y de don Melquiades) de no presentarse a las elecciones.[63] En fin, podemos asegurar, sin temor a equivocarnos, que Beceña sabía que uno de los dos opositores de 1932, Alcalá-Zamora y Castillo, era el hijo de don Niceto Alcalá-Zamora y Torres...

Ahora bien, si las circunstancias concurrentes eran las que se acaban de exponer, resulta evidente que Beceña no estaba en una situación idónea para actuar con imparcialidad como vocal del tribunal de unas oposiciones en las que figuraba como opositor nada menos que el hijo de don Niceto Alcalá-Zamora y Torres, teniendo en cuenta, además, que dichas oposiciones se iniciaron y terminaron al comienzo de 1932, es decir, cuando sólo había transcurrido poco más de medio año desde los graves disturbios ocurridos en el teatro Campoamor de Oviedo. Dada la profunda hostilidad existente entre el partido político de Beceña y el de don Niceto Alcalá-Zamora y Torres, como consecuencia de unos hechos tan graves como los descritos, en los que Beceña se había visto envuelto en condición de víctima, parece innegable el riesgo de que la imparcialidad de Beceña resultara afectada negativamente en perjuicio del opositor Alcalá-Zamora y Castillo, hijo de don Niceto Alcalá-Zamora y Torres.[64]

---

63. García Venero, *Melquiades Álvarez. Historia de un liberal,* cit., p. 442, dice que Pérez de Ayala y Rico Avello «no tuvieron participación alguna en los desmanes cometidos contra el partido liberal demócrata. Los condenaron verbalmente». Cabe señalar que Pérez de Ayala y Rico Avello salieron elegidos diputados por Oviedo en las elecciones del 28 de junio de 1931, como candidatos de la coalición republicano-socialista, pero no eran miembros del partido político de don Niceto Alcalá-Zamora y Torres, que también estaba integrado en esa misma coalición. Por el contrario, no consta (o, al menos, García Venero nada dice al respecto) que los disturbios ocurridos el 19 de junio de 1931 en el teatro Campoamor de Oviedo fueran condenados verbalmente también por Julián Ayesta Manchola, que sí pertenecía al partido político de don Niceto Alcalá-Zamora y Torres, y que también salió elegido diputado por Oviedo dentro de la misma coalición republicano— socialista (Archivo Histórico de Diputados del Congreso de los Diputados).

64. Si se atiende a las circunstancias descritas en el texto, resulta bastante más fácil comprender la insistencia de Alcalá-Zamora y Castillo en negar su pertenencia al grupo formado por los procesalistas próximos a Beceña. Alcalá-Zamora y Castillo hace hincapié en esta idea en reiteradas ocasiones. Mencionaré dos ejemplos correspondientes a distintas épocas de la vida de dicho autor: a) en la reseña que dedicó al trabajo de Gallego Morell titulado «Pasado, presente y futuro del derecho procesal español» (Madrid, 1959), Alcalá-Zamora y Castillo afirma: «Beceña, de quien no fui alumno ni discípulo y ni siquiera amigo, y ello me da libertad para juzgarlo, no era esa especie de *Don Quintín el amargao*, el famoso personaje de Arniches, que Gallego Morell exhibe en la página 8, aun reconociendo en ella sus méritos» (esta reseña fue publicada en la «Revista de la Facultad de Derecho de México», 1962, pp. 349 y ss.; y posteriormente fue reimpresa en la obra del mismo Alcalá-Zamora y Castillo, Miscelánea procesal, cit., I, pp. 543 y ss.); b) mucho tiempo después, Alcalá-Zamora y Castillo, *Necrología de José Ramón Xirau Palau, decano de los procesalistas españoles*, cit., p. 265, vuelve a señalar: «... mi testimonio al respecto cobra especial valor, al provenir de quien jamás, ni antes ni después de acceder en 1932 al profesorado universitario, militó en las filas de los *beceñistas*».

Tal y como se ha indicado anteriormente,[65] Montero Aroca, al referirse a la actuación de Beceña en el tribunal de las oposiciones sobre las que trata el presente escrito, efectúa las siguientes afirmaciones: «Por los días en que se fallaba el recurso, cuando Beceña vivía pendiente de un fallo del Tribunal Supremo, se realizaban oposiciones a la Cátedra de Derecho procesal de la Universidad de Zaragoza. Beceña formaba parte del Tribunal y resistió las presiones a favor del hijo de un ilustre hombre público, decidiendo la votación a favor de una persona, en aquel entonces, absolutamente desconocida. Según testimonio de su hermana Camila, al conocerse la votación exclamó Melquiades Álvarez: «A ese hombre no lo mueve más que la justicia»».[66]

Hay dos extremos mencionados por Montero que analizaré seguidamente con la debida separación.

El primer punto que examinaré se refiere al comentario que, según doña Camila, hermana de Beceña, realizó don Melquiades Álvarez al saber que Beceña no había votado a favor del hijo del Presidente de la República, sino que había otorgado su voto a otro opositor. No hay por qué dudar de la veracidad del testimonio de doña Camila. Se ha de suponer, por tanto, que don Melquiades Álvarez efectuó realmente la exclamación que pone en su boca doña Camila: «A ese hombre no lo mueve más que la justicia».

Ahora bien, ya conocemos la estrecha vinculación política existente entre don Melquiades y Beceña. Montero señala, incluso, que «la afinidad política de Beceña con Melquiades Álvarez era relativamente antigua».[67] Estando así las cosas, no resulta nada extraño que el jefe de un partido político, o sea, don Melquiades, creyera que un correligionario suyo, es decir, Beceña, era un hombre justo, máxime si los vínculos de afinidad política existentes entre ambos venían de lejos. Por las razones expuestas, no me parece desmesurado tachar de escasamente imparcial la valoración efectuada por don Melquiades acerca del proceder de Beceña.

A modo de reciprocidad, Alcalá-Zamora y Castillo mostró reiteradamente, a lo largo de su obra, una escasa simpatía, por decirlo de forma benévola, respecto Beceña (véase, por ejemplo, lo que se dice en la nota precedente). Alcalá-Zamora y Castillo, a pesar de su memoria portentosa, llegó a incurrir en olvidos clamorosos en relación con Beceña, casi como si fueran obra de factores pertenecientes al mundo del subconsciente. Menciono una de estas omisiones. Poco tiempo antes de su fallecimiento, Alcalá-Zamora y Castillo recordó su participación en la Comisión Jurídica Asesora de la Segunda República en su trabajo *Labor en la Comisión Jurídica Asesora del Ministerio de Justicia español. Actividad desenvuelta en ella desde 1931 a 1934*, en «Estudios diversos de derecho procesal», cit., pp. 9 y ss. Pues bien, en ese trabajo, el citado autor menciona una larga lista de juristas que habían sido miembros de aquella Comisión, nombrando, en primer término, a tres vocales que habían sido asesinados durante la guerra civil o al término de la misma (Leopoldo García-Alas, Javier Elola y Nicolás Alcalá del Olmo). Pero Alcalá-Zamora y Castillo no menciona, para nada, a Beceña, a pesar de que también había sido asesinado durante la guerra civil y, asimismo, había sido vocal de la referida Comisión Jurídica Asesora; en concreto, el nombramiento de Beceña tuvo lugar, junto al de otros juristas, el 9 de mayo de 1931 (Gaceta de Madrid del 15 de mayo de 1931).

65. Véase supra, apartado 4.

66. Véase Montero Aroca, *Aproximación a la biografía de Francisco Beceña*, cit., p. 624.

67. Véase Montero Aroca, *Aproximación a la biografía de Francisco Beceña*, cit., p. 624.

Cabe añadir otras reflexiones sobre el valor informativo de la exclamación proferida por don Melquiades respecto de Beceña. Lo cierto es que desconocemos el contexto exacto en el que don Melquiades pronunció aquella frase. Y, en tales condiciones, difícilmente podremos dar una interpretación certera a la referida exclamación. Basta pensar en la diferencia abismal existente entre los dos escenarios que se mencionan a continuación, y que son, ambos, perfectamente posibles. Cabe, en primer lugar, que don Melquiades formulara aquella frase, para destacar la valentía de Beceña, ante la percepción propia, o la advertencia ajena, acerca de los inconvenientes o los perjuicios que tendría que afrontar Beceña, por haber negado su voto al hijo del Presidente de la República. Ahora bien, no es ése el único escenario imaginable. También cabe la posibilidad de que un tercero, que estuviera al corriente de la hostilidad existente entre el partido político de Beceña (y de don Melquiades) y el partido político de don Niceto Alcalá-Zamora y Torres, reprochara a Beceña haber votado, no por ánimo de justicia, sino por deseo de venganza, negando su voto al hijo de su adversario político don Niceto Alcalá-Zamora y Torres, o, por lo menos, resulta perfectamente posible que alguien expresara sus dudas en ese mismo sentido. Cabe, entonces, que don Melquiades pronunciara aquella frase en defensa de la rectitud de Beceña, esto es, saliendo al paso de los eventuales reproches o dudas referidos al comportamiento de Beceña en el tribunal de oposiciones.

El segundo extremo del que me ocuparé a continuación se refiere a otra de las afirmaciones efectuadas por Montero, que ya han sido citadas anteriormente. En aras a la claridad, vuelvo a reproducir esa afirmación de Montero, que es la siguiente: «Por los días en que se fallaba el recurso, cuando Beceña vivía pendiente de un fallo del Tribunal Supremo, se realizaban oposiciones a la Cátedra de Derecho procesal de la Universidad de Zaragoza».

Cabe recordar que Montero está aludiendo a la sentencia del Tribunal Supremo que debía resolver el recurso contencioso-administrativo que Marcos Pelayo había interpuesto contra el resultado del concurso de traslado a la cátedra de Derecho Procesal de la Universidad de Madrid, que había ganado Beceña.[68]

Pues bien, debo señalar que Montero incurre en una imprecisión respecto de un punto que resulta fundamental para percatarse de la situación en la que se encontraba Beceña a la hora de emitir su voto en el tribunal de oposiciones a la cátedra de Derecho Procesal de la Universidad de Zaragoza.

Es exacto que, al iniciarse esas oposiciones, Beceña aún estaba pendiente del fallo del Tribunal Supremo. También es cierto que, durante la mayor parte del periodo de tiempo en el que se desarrolló la realización de las oposiciones, Beceña seguía pendiente del fallo del Tribunal Supremo.

Ahora bien, el día verdaderamente relevante, o sea, el 12 de marzo de 1932, que es la fecha en la que se produjo la votación del tribunal de las oposiciones,[69] Beceña ya no

68. Véase Montero Aroca, *Aproximación a la biografía de Francisco Beceña,* cit., p. 622-623.

69. Archivo General de la Administración, sección Educación, Caja 32/1385.

vivía pendiente del fallo del Tribunal Supremo, atendiendo al sentido procesal que tiene el concepto de pendencia, por la sencilla razón de que dicho fallo había sido dictado por el Tribunal Supremo tres días antes, es decir, el 9 de marzo de 1932. En efecto, el 9 de marzo de 1932 la Sala 4ª del Tribunal Supremo dictó sentencia desestimando el recurso contencioso-administrativo interpuesto por Marcos Pelayo (Aranzadi 1932-1933, nº de referencia 2597), confirmando así el nombramiento de Beceña como catedrático de Derecho Procesal de la Universidad de Madrid.[70]

Se podría aducir que el día en el que tuvo lugar la votación del tribunal de las oposiciones, esto es, el 12 de marzo de 1932, quizás Beceña no tenía conocimiento aún del fallo dictado por el Tribunal Supremo. Pero parece bastante más probable que el 12 de marzo de 1932 Beceña ya conociera el fallo dictado por el Tribunal Supremo tres días antes, que tan directa y personalmente le afectaba.[71] Si esto era así, es decir, si el día en el que se produjo la votación del tribunal de las oposiciones Beceña ya sabía que el fallo del Tribunal Supremo le era favorable, habrá que admitir que, al realizarse aquella votación, Beceña no vivía pendiente del fallo del Tribunal Supremo, ni en el sentido procesal del concepto de pendencia, ni en el sentido psíquico del esa noción.

7. A modo de cierre

Para concluir, me gustaría dejar claro lo que no he pretendido hacer, y lo que sí he querido hacer, en este escrito.

Desde luego, no he pretendido poner en entredicho la justicia del resultado de las oposiciones a la cátedra de Derecho Procesal de la Universidad de Zaragoza que tuvieron lugar en 1932. Huelga decir que carezco de la competencia y de los títulos necesarios para emitir un juicio de esa naturaleza.

Asimismo, no he pretendido negar, ni poner en tela de juicio, el sentido de la justicia de las personas que integraron el tribunal de aquellas oposiciones. Doy por hecho que cada uno de los miembros del tribunal votó de acuerdo con lo que consideraba justo.

70. Montero Aroca, *Aproximación a la biografía de Francisco Beceña,* cit., pp. 622-623, informa acerca de la sentencia del Tribunal Supremo, y da la fecha exacta de la misma, pero no tiene en cuenta la fecha en la que se produjo la votación del tribunal de las oposiciones.

71. Cabe señalar que el 26 de febrero de 1932 las oposiciones sufrieron una interrupción a causa de la enfermedad de uno de los miembros del tribunal, Serrano Suárez, reanudándose las mismas el 29 de febrero. Pero posteriormente, según se hace constar en el acta del tribunal correspondiente al 3 de marzo, el desarrollo de las oposiciones vuelve a experimentar otro retraso como consecuencia de que Serrano recayó en su enfermedad, debiendo guardar cama, por hallarse aquejado de un acceso gripal. El 7 de marzo se reanudan las oposiciones, y el opositor Alcalá-Zamora y Castillo efectúa su último ejercicio. El 10 de marzo, o sea, el día siguiente a la fecha en la que se dictó la sentencia del Tribunal Supremo favorable para los intereses de Beceña, el opositor Prieto-Castro lleva a cabo su último ejercicio. Dos días después, el 12 de marzo, se produce la votación del tribunal (Archivo General de la Administración, sección Educación, Caja 32/13385). Ante ese desarrollo de los acontecimientos, no sería descabellado aventurar la hipótesis de que Serrano se encontraba afectado por la gripe y, al mismo tiempo, quizás estaba abrumado por el deseo comprensible que pudiera tener su maestro, Beceña, en retrasar la votación del tribunal de las oposiciones hasta que el Tribunal Supremo dictara sentencia.

Y, en cualquier caso, esto es algo que pertenece al arcano de las conciencias de aquellos señores, y hasta ahí nunca podremos llegar.

Tampoco he intentado sostener que las oposiciones en cuestión no se llevaran a cabo con estricto cumplimiento de la legalidad que entonces estaba vigente. En particular, este escrito no tiene por objeto determinar si se respetaron o no las causas de abstención y de recusación previstas por las normas que resultaban aplicables en aquella época. Y es que la regulación de los motivos de abstención y de recusación que establezca el derecho positivo de una concreto país en un determinado momento histórico no puede ser considerada la palabra definitiva sobre el tema de la imparcialidad. Lo que el derecho positivo, cualquier derecho positivo, diga acerca de las causas de abstención y de recusación aplicables es obra humana y, como tal, falible. No puede pretenderse que sea la respuesta perfecta al problema perpetuo, y esencial, concerniente a la imparcialidad.

Lo que he querido hacer en este escrito es describir algunas circunstancias personales y políticas que concurrieron en las oposiciones de 1932 a la cátedra de Derecho Procesal de la Universidad de Zaragoza. Asimismo, he tratado de poner de relieve que esas circunstancias pudieron afectar negativamente a la imparcialidad de, al menos, dos de los integrantes del tribunal de las oposiciones, en perjuicio de uno de los dos opositores, precisamente del opositor que resultó vencido.

Cuando se haga referencia a aquellas oposiciones de 1932, creo que sería conveniente mencionar también las circunstancias que he intentado contar en este escrito. Si se toman en consideración estas circunstancias, se obtendrá un panorama menos idílico que los que se han venido ofreciendo acerca de dichas oposiciones, pero, en compensación, se conseguirá un cuadro bastante más ajustado a la realidad, que, a fin de cuentas, es lo que más importa.

El procedimiento abreviado y el incidente concursal en la nueva Ley 22/2003, de 9 de julio, concursal[1]

M.ª del Carmen Calvo Sánchez
Catedrática de Derecho procesal
Universidad de Salamanca

I. Introducción

Como dice la Exposición de Motivos de la Ley Concursal 22/2003, de 9 de julio (*BOE* de 10 de julio), en adelante LCo, persigue satisfacer una aspiración profunda y largamente sentida en el derecho patrimonial español: la reforma de la legislación concursal. No es este sin embargo el único intento que se ha producido en la dispersa y caótica legislación en esta materia, cuya regulación había de bucearse en el CC de 1829, la LEC de 1881, Ley de suspensión de pagos de 1922,[2] entre otros cuerpos legales; nada mejor que la lectura de la disposición derogatoria única para darse cuenta de la dispersión y el caos.

Pero como decíamos, no es este el único intento que se ha llevado a cabo para reformar esta materia; ha habido otros que aunque no hayan fructificado, no deben quedar en el olvido, y que van desde el realizado por la Comisión General de Codificación en 1929, pasando por el elaborado por la Sección de Justicia del Instituto de Estudios Políticos de 1959, el Anteproyecto elaborado por la Comisión General de Codificación publicado por la Secretaría General Técnica del Ministerio de Justicia en 1983, la propuesta de Anteproyecto elaborada por la citada Comisión conclusa en 1995 y publica-

1. Es para mi una satisfacción colaborar en el Libro Homenaje al Profesor Vazquez Sotelo, compañero y amigo excelente jurista, gran maestro, cuya entrega y dedicación a la Universidad y a sus discípulos será siempre un referente para los que nos dedicamos a la difícil tarea de enseñar. Su agudo sentido del humor «gallego» nos ha hecho pasar ratos inolvidables. Mis mejores deseos para esta nueva etapa junto a Mª José y tus hijos y mi esperanza de poder seguir contando con su amistad y enseñanza.

2. Ley provisional que se publica para evitar la quiebra del Banco de Barcelona.

da en 1996 hasta el Anteproyecto de la LCo elaborado por la Sección Especial para la Reforma Concursal, concluso en mayo de 2000 y que constituye el antecedente del Proyecto origen de esta LCo.

La LCo obedece a una serie de principios que anuncia en su Exposición de Motivos,[3] y que son unidad legal, de disciplina y de sistema, que se materializan en la regulación de toda la materia interdisciplinar en un único texto legal, abarcando los aspectos materiales y procesales, con la lógica excepción de las normas que exigen el rango de orgánicas para su publicación y que han visto la luz en la LO 8/2003, de 9 de julio, para la reforma concursal, por la que se modifica la LO 6/1985, de 1 de julio, del Poder Judicial.

La unidad legal ha tenido como ventaja crear un Código en matera concursal, pero el inconveniente ha sido la poca atención prestada a la materia procesal, con graves confusiones por indiferenciación; así no se distingue entre jurisdicción y competencia, acciones declarativas y meramente declarativas, se desconoce el principio de dualidad procesal consustancial con la existencia del proceso, no se diferencia entre comparecencia y personación o entre discrecionalidad y motivación, por citar algunos ejemplos, a lo que podemos unir las críticas realizadas al tema objeto de este trabajo, que es el abreviado y el incidente.

La unidad de disciplina se materializa en la supresión de la diversidad de instituciones concursales para comerciantes —suspensión de pagos y quiebra— y no comerciantes —quita y espera y concurso— y es positiva, sin que la unificación suponga ignorar determinadas especialidades del concurso de los empresarios, sometidos a un estatuto propio.

La unidad de sistema que cuaja en la unidad de procedimiento es más teórica que real, pues a pesar de la única denominación de concurso, nos encontramos con un ordinario, un abreviado, dos incidentes, el concursal y el laboral, amén de las remisiones procedimentales a la LEC; esto parece que se justifica desde la flexibilidad que la LCo dota al procedimiento, que esperemos no devengue en inseguridad jurídica.

La utilización de la expresión concurso para denominar el «procedimiento único», dice la Exposición de Motivos que es un reconocimiento a la obra de los tratadistas españoles del siglo XVII, fundamentalmente a Amador Rodríguez y a su libro *Tractatus de concursu et privilegiis creditorum in bonis debitoris* de 1616 y a Salgado de Somoza y su obra *Labyrintus creditorum ad litem per debitorem communem inter. illos causatan* de 1646.

Han de destacarse las amplias facultades concedidas a los nuevos Jueces de lo Mercantil por LO 8/2003, de 9 de julio, que si son bien utilizadas, pueden suponer una mejor y más pronta dispensa de la tutela judicial efectiva, o por el contrario, una diversidad de criterios generadora de desigualdades e inseguridad jurídica.

Es positivo el intento del legislador por mantener las actividades empresariales y profesionales, prefiriendo su recuperación a través de un plan de viabilidad, y con ello la

3. Sobre este tema ver Lozano-Higuero Pinto, «Criterios informadores y principios procesales en la nueva legislación concursal», con AA. VV., *La nueva Ley Concursal*, San Sebastián, 2004, págs. 1 y ss.

conservación de los puestos de trabajo, a su disolución y liquidación; de ahí que especifique que la solución normal es el convenio, permitiendo una propuesta anticipada del mismo que posibilita su aprobación en la fase común, solución que además ahorra tiempo y dinero.

Si la «joya de la corona» o pieza básica en materia procesal es el incidente concursal con el que dice obtenerse una mayor eficacia del proceso concursal, sin merma de garantías, y si la celeridad hay que complementarla con un adecuado sistema de recursos, quizá sea porque en la primera instancia fallan o pueden fallar las garantías; si el incidente concursal es algo de lo que el legislador está orgulloso, es que su desconocimiento de los problemas que plantea y de las lagunas que presenta, y por ende de los conocimientos de la matera procesal, dejan bastante que desear. Pues no creo que estemos ante lo que Jostein Gaarder[4] llamaba ironía socrática.

II. Procedimiento abreviado (artículos 190 y 191 de la Ley Concursal)

1. Regulación legal

El procedimiento abreviado aparece regulado en los arts. 190 y 191 de la Ley 22/2003, de 9 de julio, Concursal,[5] artículos que conforman el Capítulo II de las denominadas normas procesales generales, contenidas en el Título VIII, pero no sólo poseen naturaleza procesal las normas que la LCo encierra en el Título VIII, sino otras muchas dispersas a todo lo largo del articulado de la Lco, siendo irrelevante el lugar de su ubicación a efectos del carácter de *ius cogens* que tienen las normas procesales.[6]

---

4. Jostein Gaarder, *El mundo de Sofía*, 55.ª edic., Madrid, 2004, págs. 78 y 79.

5. Según Serra Domínguez, *Comentarios a la Ley Concursal*, coordinados por Sagrera, Sala y Ferrer, Ed. Bosch, Barcelona, 2003, pág. 1898, el verdadero antecedente del concurso abreviado se encuentra en la legislación francesa, al establecer un procedimiento simplificado en aquellas empresas cuyos trabajadores no excedan de cincuenta y tengan una cifra de negocios inferior a veinte millones de francos (arts. 2 de la Ley de 25 de enero de 1985 y 1 del Decreto de 27 de diciembre de 1985).

6. Sin ánimo exhaustivo, y teniendo en cuenta que estamos ante un proceso concursal que se tramita a través de varios procedimientos, tienen, además, carácter procesal el art. 3, relativo a la legitimación; el art. 4, que regula la intervención del Ministerio Fiscal; los arts. 8 a 12, relativos al procedimiento de declaración, y que regulan la jurisdicción y competencia, así como la declinatoria; los arts. 13 a 20, referidos a la provisión sobre la solicitud; el art. 21, referido a la declaración del concurso; el art. 23, relativo a la publicidad; el art. 25, sobre acumulación de concursos; el art. 27, relativo al nombramiento de administradores; el art. 30, referido a la representación de personas jurídicas; el art. 33, sobre recusación de los administradores; los arts. 50 a 55, relativos a nuevos juicios declarativos, acumulación de juicios pendientes, procedimientos arbitrales, sentencias y laudos firmes, ejercicio de acciones por el concursado, ejecuciones y apremios; el art. 72, referido a la legitimación para ejercitar acciones de reintegración; el art. 96, sobre impugnación del inventario y de la lista de acreedores; el art. 98, relativo a la resolución judicial de finalización del concurso; los arts. 104 a 109, que afectan a la propuesta anticipada de concurso; los arts. 111 a 115, relativos a la apertura de la fase de convenio; los arts. 127 a 132, sobre aprobación judicial del convenio; los arts. 137 a 140, referentes al cumplimiento del convenio; los art. 163 y 167 a 172, que regulan la calificación del concurso; y los arts. 183 a 198, relativos a normas procesales. Hemos de tener en cuenta que el proceso concursal comienza con la presentación de solicitud de concurso y termina con la ejecución del convenio o de la liquidación; todo ello es procesal, aunque el fondo de las resoluciones que se tomen estén fundamentadas en derecho material.

En el Anteproyecto de 21 de septiembre de 2001 el procedimiento abreviado aparecía regulado en un solo artículo, el 190; en el Proyecto presentado al Parlamento conforman el mismo los dos artículos mencionados, 190 y 191, que, con las modificaciones que veremos, aparecen en el texto de la LCo. Estos dos artículos regulan el «ámbito de aplicación» y «contenido» del procedimiento abreviado, teniendo que acudir en materia de postulación al Capítulo I del Título VIII, y en materia de recursos, al Capítulo IV LCo.

El primero de los artículos —190 LCo— se titula, como hemos dicho, «Ámbito de aplicación», pese a que regule además la conversión del procedimiento de ordinario a abreviado y viceversa.[7] Este artículo fue objeto en el Congreso de los Diputados de varias enmiendas, concretamente cinco,[8] que, matizaciones aparte, pretendían una ampliación de su ámbito de aplicación fundamentalmente en su aspecto objetivo cuantitativo,[9] aunque también se incrementó el ámbito subjetivo, y, sin perjuicio de que volvamos a ellos en la parte relativa al análisis del ámbito de aplicación, digamos ahora que las enmiendas pretendían una elevación cuantitativa de 300 a un millón de euros en la estimación inicial del pasivo. El art. 191 LCo, relativo al contenido del procedimiento abreviado, fue asimismo objeto de seis enmiendas,[10] relativas al problema que planteaba la división de los plazos cuando estos eran impares.

La denominación de este procedimiento es, como hemos visto, la de abreviado, un término al que tiene cierta querencia el legislador, y que ya introdujera en ordenes judiciales tan heterogéneos como el penal, el administrativo o el laboral.

7. En el Anteproyecto de 2001 el encabezamiento rezaba «Ámbito de aplicación y contenido», con lo que se regulaba en un solo artículo la materia que luego fue objeto de los artículos actuales que regulan el procedimiento abreviado y en los que aparece una regulación más amplia, al ser acogida en el art. 190.2 la posibilidad de cambio de procedimiento, del abreviado al ordinario y viceversa, en cualquier momento del procedimiento, ya sea a petición de parte o de oficio, sin que el mencionado cambio lleve aparejada retroacción en las actuaciones ya practicadas.

8. Ver *BOCG-CD*, VII Legislatura, n.º 101-16, de 10 de diciembre de 2002, pág. 364. Las enmiendas fueron planteadas por los siguientes Grupos Parlamentarios: Mixto, Socialista, Catalán (CiU), Popular y Coalición Canaria.

9. La enmienda n.º 377 del Grupo Parlamentario Socialista se justifica así: «Lo importante no es que el deudor hubiera ejercido o no actividad profesional o mercantil, así como las personas jurídicas, que hubieran podido o no presentar balance abreviado, sino la cuantía del pasivo... debe ampliarse sustancialmente ese parámetro cuantitativo...» ; la n.º 567 de CiU se justifica: «Se considera el pasivo como elemento más significativo a la hora de evaluar si procede un procedimiento abreviado...» ; la n.º 602 del Grupo Popular se justifica: «La enmienda tiene por finalidad que las personas físicas que ejerzan una actividad empresarial, por mínima que sea, puedan quedar sometidas al procedimiento abreviado. Por otra parte la operatividad del procedimiento abreviado aconseja aumentar la cuantía de trescientos mil euros para la estimación inicial del pasivo a un millón de euros, lo que permitirá que este procedimiento resulte aplicable a un mayor número de supuestos»; y la n.º 641 de Coalición Canaria se justifica: «No tiene sentido que una persona física que ejerza una actividad empresarial, por mínima que sea, quede excluida del procedimiento abreviado... Por otra parte la operatividad del procedimiento abreviado aconseja aumentar la cuantía límite de trescientos mil euros para la estimación inicial del pasivo a un millón de euros...». Ver *BOCG-CD*, n.º 101-15, págs. 235, 311, 331 y 343, respectivamente.

10. Ver *BOCG-CD*, n.º 101-16, cit., pág. 364. Las enmiendas fueron presentadas por el Grupo Parlamentario Socialista n.º 378, Grupo Mixto n.º 43, Grupo Parlamentario Catalán (CiU) n.º 568 y 569, Grupo Parlamentario Coalición Canaria n.º 642 y 643.

Cualquier diccionario al uso define el término abreviado como reducido, compendiado. Y en ese sentido el término se adecua a la reducción que sufren los plazos y el número de administradores que se hacen cargo de la administración concursal,[11] en ambos casos con las salvedades que más adelante pondremos de manifiesto y que recoge el art. 191.1 y 2 *in fine* LCo.

En este sentido la terminología es más adecuada que la de «sumario», pues este calificativo tiene unas connotaciones procesales propias, como son la limitación de alegaciones y consiguiente limitación de la *cognicio* judicial, limitación de pruebas a utilizar en el mismo, no producción de cosa juzgada, entre otros, que no son aplicables al procedimiento regulado en los arts. 190 y 191 LCo.

2. Concepto y naturaleza jurídica

Estamos ante una variante del procedimiento ordinario,[12] o lo que es lo mismo, un procedimiento ordinario con algunas especialidades, más que ante un procedimiento especial, especialidades que traen causa bien de determinadas condiciones del concursado, bien del importe del pasivo.

La LCo no califica a este procedimiento como especial, aunque utiliza una expresión que desde nuestro punto de vista no es la más adecuada; en efecto, en el art. 190.1 LCo se dice: «El juez podrá aplicar un procedimiento especialmente simplificado...»; creo que el legislador está confundiendo abreviación, o si se quiere rapidez, con simplificación; no hay en este procedimiento simplificación de trámites o de las fases del concurso, ni tampoco de la Sección Segunda en lo relativo a la actuación de la administración concursal. El procedimiento abreviado tendrá una fase común que desembocará en una fase de convenio o de liquidación, y asimismo dispondrá de las Secciones a que hace referencia el art. 183 Lco. El legislador parte de que, por un lado el balance abreviado y por otro el límite cuantitativo, permiten una mayor rapidez en la tramitación, y por ello reduce los plazos a la mitad y el número de administradores de tres a uno, lo cual no es sinónimo de simplificación y menos de especialmente simplificado.

3. Sujetos

En el procedimiento abreviado, como en cualquier proceso, los sujetos están integrados, por un lado, por el órgano jurisdiccional en sentido amplio, es decir, por quienes integran

11. Concursal, que no judicial.

12. Así lo entiende también Serra Domínguez, *Comentarios a la Ley Concursal...*, cit., pág. 1898, cuando dice: «Las normas comunes del concurso son las del procedimiento ordinario que serán de aplicación, salvo las excepciones contenidas en el art. 191 LCo, al procedimiento abreviado».

el Juzgado[13] de lo Mercantil,[14] y no solamente por el personal con potestad jurisdiccional; junto a ellos, y por otro lado, aparecen las partes y los terceros intervinientes;[15] nada se dice, lógicamente, de ellos en estos dos artículos, porque no presentan especialidad alguna respecto del ordinario en cuanto a la competencia, capacidad, legitimación, etc.; de aquí que les son aplicables el art. 8 Lco, relativo a la competencia, la disposición final sexta, que disciplina la intervención de los Secretarios Judiciales, el art. 4 Lco, que regula la intervención del Ministerio Fiscal, el art. 1 Lco, relativo al presupuesto subjetivo pasivo, en cuanto a que puede ser una persona natural o jurídica, el art. 3 LCo, relativo a la legitimación activa, amén de los artículos de la LEC aplicables en cuanto legislación supletoria y los de la LOPJ, que lo será en la parte relativa a los integrantes del órgano jurisdiccional en sentido amplio.

La LCo le da un papel relevante a la administración concursal, órgano que refunde la pluralidad que existía en el concurso y en la quiebra —depositario, depositario administrador, síndicos etc.—; a la administración le dedica el Título II, procediéndose a su designación judicial una vez declarado el concurso. La administración es considerada como uno de los órganos necesarios del concurso, con importantes y complejas funciones de gestión, de ahí que generalmente esté configurada como un órgano colegiado —tres miembros—, retribuidos por arancel[16] e integrado por un abogado con experiencia profesional de, al menos, cinco años[17] de ejercicio profesional efectivo; un auditor de cuentas, economista o titulado mercantil colegiados, con una experiencia profesional de, al menos, cinco años de ejercicio efectivo y un acreedor que sea titular de un crédito ordinario o con privilegio general que no esté garantizado.[18]

---

13. Los Juzgados de lo Mercantil, creados por LO 7/2003, de 9 de julio, artículo segundo, entraron en vigor el 1 de septiembre de 2004. De acuerdo con la disposición final segunda de la citada Ley Orgánica, el CGPJ pidió al Ministerio la creación de 48, pero, de momento, se han creado sólo 37, atendiendo al resto los Jueces de Primera Instancia, a los que se les ha disminuido la carga civil, o Jueces sustitutos. Algunos Jueces han expresado su preocupación, calificándolos de Juzgados poco apetecibles; así mismo han criticado el escaso número de funcionarios —cinco— con que van a contar, catalogando al mismo de «absolutamente rácano e insuficiente». Estas son palabras de Rafael Sarazá, titular del Juzgado Mercantil de Sevilla. Edmundo Rodríguez, titular del Juzgado Mercantil de Bilbao, ha manifestado que desde la Dirección General de Justicia del País Vasco le han transmitido la intención de crear servicios procesales comunes, con lo que el número de cinco lo estima suficiente. Ver *Expansión Jurídico-La Ley*, 7 de septiembre de 2004, pág. 1.

14. Respecto a los Secretarios Judiciales, la disposición final sexta dice: «La intervención de los secretarios judiciales en la ordenación formal y material y en el dictado de resoluciones en los procesos concursales, así como en la interpretación que en cada caso deba hacerse cuando se suscite controversia en esta materia, se ajustará a lo dispuesto en la Ley Orgánica del Poder Judicial y en la Ley de Enjuiciamiento Civil». Ver asimismo Aliaga Casanova, «Consideraciones sobre la Ley Concursal y el Secretario Judicial tras la aprobación de la Ley Orgánica 19/2003», *Diario La Ley*, n.º 6120, jueves 4 de noviembre de 2004, págs. 1 y ss.

15. Sobre el tema ver más ampliamente Serra Domínguez, *Comentarios a la Ley Concursal...*, cit., págs. 2864 y ss.

16. El Consejo de Ministros de 3 de septiembre de 2003 aprobó el Real Decreto que establece el arancel de derechos de los administradores concursales, publicado como RD 1860/2004, de 6 de septiembre; el Juez habrá de establecerlos teniendo en cuenta los criterios preestablecidos, que serán proporcionales a la complejidad, dificultad de las tareas a realizar y duración del procedimiento. Se atiende asimismo a la cuantía del activo y pasivo, con lo que se podrá saber de antemano el coste de la administración. Una referencia más pormenorizada puede verse en Pulgar Ezquerra, «Algunas consideraciones en torno a la entrada en vigor de la nueva legislación concursal (Ley 22/2003 y LORC 8/2003 de 9 de julio)», y así mismo, en *Expansión Jurídico-La Ley*, martes 7 de septiembre de 2004, pág 1.

17. Se comenzó exigiendo diez años, para luego rebajarse a cinco al aceptarse las enmiendas planteadas en el Congreso de los Diputados.

18. Ver art. 27.1 LCo.

Sin embargo, en el procedimiento abreviado, como veremos más adelante, la administración puede estar integrada por un solo miembro, que de acuerdo con el art. 27.2.3.º Lco, deberá ser abogado, auditor de cuentas, economista o titulado mercantil, todos ellos con cinco años, al menos, de ejercicio efectivo.

Es necesario advertir que ni la administración ni los administradores pueden considerarse partes en el proceso concursal[19] en general, ni en el abreviado en particular, pese a que otra cosa pudiera deducirse de la LCo.[20] La parte, de acuerdo con el art. 6.4 LEC, es la masa concursal que comparecerá en el proceso, de acuerdo con el art. 7.5 LEC, a través de quienes conforme a la ley la administren. Los administradores son, pues, representantes de la masa concursal y no partes, lo que corrobora la posibilidad de ser recusados que concede el art. 33 LCo o separados de sus cargos de acuerdo con el art. 37 LCo, lo que no podría ocurrir si fueran partes.

En cuanto al deudor concursado, siéndole de aplicación al procedimiento abreviado los apartados 2 y 3 del art 1 LCo, sin embargo presenta una especialidad importante respecto del apartado primero de dicho artículo en relación con las personas jurídicas,[21] ya que las mismas no podrán ser cualquiera, sino que deben encontrarse en la situación que acoge el art. 190.1 LCo para que el procedimiento abreviado tenga viabilidad, es decir, debe tratarse de una persona jurídica que conforme a la legislación mercantil esté autorizada a presentar balance abreviado, exigencia que si bien no afecta a sus cualidades personales, sí impone una determinada condición material como primer presupuesto del procedimiento abreviado.

En cuanto a las personas físicas, que la LCo llama naturales, en el Proyecto de Ley[22] se decía en el art. 190 que las mismas «no hubieran ejercido en los dos últimos años una actividad profesional o mercantil», requisito que desapareció al aceptarse la enmienda n.º 602 del Grupo Parlamentario Popular.[23]

19. En el mismo sentido Serra Domínguez, *Comentarios a la Ley Concursal...*, cit., pág. 1870, quien niega a los administradores la cualidad de parte «... en forma técnicamente incorrecta atribuida por la Ley Concursal...».

20. En contra Garnica Martín, *Aspectos procesales de la Ley Concursal. La nueva Ley Concursal*, Cuadernos de Derecho Judicial, Madrid, 2004, pág. 138, que apunta como una de las novedades más significativas el que se haya atribuido a los administradores el *status* formal de parte.

21. Respecto al balance abreviado, algún autor no diferencia entre personas naturales y jurídicas. No era este el sentido que se dio a la redacción del art. 190 en el Anteproyecto de 2001 y en el Proyecto presentado al Parlamento. Ver *BOCG-CD*, n.º 101-1, cit., pág. 51, donde se especifica «... o persona jurídica que esté autorizada a presentar balance abreviado...». En el mismo sentido Serra Domínguez, *Comentarios a la Ley Concursal...*, cit., pág. 1899, quien señala los supuestos en que las sociedades anónimas y las sociedades de responsabilidad limitada deben presentar balance abreviado. Garnica Martín, *Derecho Concursal Práctico. Comentarios a la Nueva Ley Concursal*, coordinador Fernández-Ballesteros, Madrid, 2004, pág. 846, que se refiere a las personas jurídicas cuando habla del requisito del balance abreviado. Ver asimismo *Guía Práctica para la aplicación de la Ley Concursal*, coordinador Magro Servet, Madrid, 2004, pregunta n.º 876, pág. 584.

22. Ver *BOCG-CD*, n.º 101-1, cit., pág. 51.

23. Ver *BOCG-CD*, VII Legislatura, n.º 101-15, de 2 de diciembre de 2002, pág. 331. La justificación de la enmienda 602 es que las personas físicas que ejerzan una actividad empresarial, por mínima que sea, puedan quedar sometidas al procedimiento abreviado. Ver asimismo enmienda n.º 567 CiU en el *BOCG-CD* citado, pág. 311. Ver enmienda n.º 641 de Coalición Canaria, *BOCG-CD* citado, pág. 344.

La Exposición de Motivos de la Lco, que en su apartado IV, cuando presenta como uno de los logros de la simplificación del concurso, afirma que «Solo el juez y la administración concursal constituyen órganos necesarios del concurso...», parece olvidarse del principio de dualidad procesal, es decir, de la existencia de partes ocupando posiciones diferenciadas; puesto que la imparcialidad del Juez de lo Mercantil debe estar fuera de toda duda, lo que lo sitúa en una posición «*supra* partes», y la administración concursal no tiene calidad de parte, nos coloca en una situación que sería impensable, ya que el proceso requiere partes que ocupen la posición activa y pasiva del mismo.

4. Objeto

El objeto, como el de cualquier proceso, es la pretensión, que aquí va a concretarse en la declaración del concurso, si bien la LCo exige como presupuesto objetivo para declarar el concurso la insolvencia,[24] definida en el art. 2 LCo como aquel estado en que el deudor no puede cumplir regularmente sus obligaciones exigibles; pues bien, la insolvencia, para que la pretensión se tramite por el procedimiento abreviado, no ha de superar, en una estimación inicial, el millón de euros. En efecto, el art. 190.1 LCo dice: «El juez podrá aplicar un procedimiento especialmente simplificado cuando el deudor sea una persona natural o jurídica que, conforme a la legislación mercantil, esté autorizada a presentar balance abreviado y, en ambos casos, la estimación inicial de su pasivo no supere 1.000.000 de euros». Esta exigencia es el segundo de los presupuestos del procedimiento abreviado,

Ambos presupuestos, balance abreviado y pasivo no superior a un millón de euros, son necesarios para que el juez acuerde el procedimiento abreviado, si bien el juez no queda necesariamente vinculado, ya que el art. 190 LCo deja a la discrecionalidad del mismo el abrir este tipo de procedimiento o el ordinario; son, como diría Serra Domínguez,[25] condiciones necesarias pero no suficientes.

5. Tramitación: especialidades

Dándose los requisitos a los que acabamos de hacer referencia, el juez, en el auto de declaración del concurso, determina el tipo de procedimiento a seguir. La tramitación del abreviado no se ve afectada en su estructura, que es la del procedimiento ordina-

24. Sobre este punto ver Prendes Carril, «El presupuesto objetivo del concurso: la insolvencia», *Revista Actualidad Jurídica Aranzadi*, n.º 636, de 16 de septiembre de 2004; Pulgar Ezquerra, «Algunas consideraciones en torno a la entrada en vigor de la nueva legislación concursal (Ley 22/2003 y LORC 8/2003 de 9 de julio)», *La Ley*, n.º 6094, 27 de septiembre de 2004, págs. 3 y s.; Ferrándiz, J. R., *Derecho Concursal Práctico...*, cit., págs. 28 y ss.; González Pastor, «Aspectos fundamentales del Proyecto de Ley Concursal», *La Ley*, n.º 5803, 16 de junio de 2003, pág 7; Trigo Sierra y Carbonero Gómez, «Aspectos procesales e internacionales de la Ley Concursal», *La Ley*, n.º 5996, 14 de abril de 2004, pág. 2. Sobre la doble función de la insolvencia en la petición de concurso voluntario, cfr. Fernández-Ballesteros, «Algunas cuestiones sobre la petición de concurso voluntario», *Revista de Derecho Concursal y Paraconcursal*, n.º 1/2004, págs. 78 y ss.

25. Serra Domínguez, *Comentarios a la Ley Concursal...*, cit., pág. 1898.

rio,[26] como dijimos antes, pero presenta algunas especialidades sancionadas en el art. 191 Lco; estas son: la reducción de los plazos a la mitad, con la especificación de que cuando estos sean impares, la duración de los mismos se redondeará al alza; en efecto, el art. 191.1.1.º LCo señala: «... los plazos previstos en esta ley se reducirán a la mitad, redondeada al alza si no es un número entero...». Como vemos, la LCo habla de número entero, éste es el que no tiene fracciones, es decir, decimales, y plazos con decimales son desconocidos en el ámbito procesal y material. La LCo confunde número no entero con número impar, pues será en este último supuesto cuando su división por dos nos arrojará un número con decimales que podría plantear problemas para su computo, de ahí la «generosidad» del legislador de redondearlo al alza, y así, si el plazo marcado en la Ley es de cinco días, la mitad más el redondeo al alza lo reduciría a tres.

En cuanto a los plazos a reducir, el art. 191 LCo habla de «plazos previstos en esta ley»; ello provoca el que la reducción de los mismos no afecte, por tanto, a los plazos para interponer y sustanciar recursos, ya que la LCo se remite a la LEC y a la LPL, y no son, por tanto, plazos previstos en la Ley. La reducción afecta a los plazos procesales previstos en la LCo, sin embargo la reducción de los denominados plazos impropios tiene poca virtualidad práctica, ya que la actuación procesal ha de realizarse aunque haya transcurrido el plazo —ejemplo, celebración de la vista, dictar sentencia—, sin que ello afecte a la validez del acto. Hay otros plazos cuya duración es ya escasa y una reducción a la mitad podría suponer una situación de indefensión; por ejemplo, el plazo de alegaciones del art. 19.3 LCo; lo mismo ocurre en relación a los plazos en los incidentes[27] que se planteen en el procedimiento abreviado, sobre todo en las demandas del art. 50.1 LCo y en las acumulaciones del art. 51.1 Lco, que ya se han visto reducidos al tramitarse por el procedimiento incidental. Una nueva reducción podría fácilmente generar indefensión.

Respecto de estas situaciones tendría una virtualidad especial la excepción que el art. 191.1 LCo establece acordando el juez mantener la duración de los mismos señalada en la Ley[28] [29] para el procedimiento abreviado.

---

26. Garnica Martín, *Derecho Concursal Práctico...*, cit., pág. 851, entiende que el procedimiento acaba con la fase común.

27. Para Garnica Martín, *Derecho Concursal Práctico...*, cit., pág. 851, la limitación no debe aplicarse a los incidentes, salvo en lo relativo al plazo para instarlo. Aduce como razón que el legislador ha querido que exista un único procedimiento incidental sin que contenga más excepciones que las expresamente previstas por el propio legislador.

28. Serra Domínguez, *Comentarios a la Ley Concursal...*, cit., pág. 1903, señala que los plazos que resultarían afectados por la reducción a la mitad serán los concedidos a los administradores concursales para la formulación de informes y muy especialmente el previsto en el art. 74 LCo, expresamente mencionado en el art. 191.1 LCo, el del art. 148 LCo para la presentación del plan de liquidación, o el de un año del art. 153 LCo para la finalización de la liquidación, así como el de señalamiento de junta de acreedores fijado en el art. 111.2 LCo. No lo serían los plazos procesales para la formulación de oposiciones y de recursos, los plazos preclusivos, ni tampoco el plazo de diez días fijado en el art. 194.3 LCo para contestar a la demanda incidental. Garnica Martín, *Derecho Concursal Práctico...*, cit., pág. 851, entiende que el acortamiento de los plazos establecido en el art. 191.1 LCo afecta a todos los plazos procesales. Senés Motilla, «La tramitación del procedimiento concursal», *Revista del Poder Judicial*, XVIII, n.º especial, 2004, págs. 569 y ss., entiende que la reducción «sólo tiene sentido en relación a los plazos procesales que afectan al procedimiento», no siendo aplicable a los plazos de caducidad o de prescripción de las acciones previstas en la Ley. En cuanto a los plazos procesales, «quedan a salvo los relativos a la declaración del concurso... los del procedimiento incidental... En tercer lugar la reducción no es aplicable a los plazos de interposición y sustanciación de los recursos contra resoluciones dictadas en el concurso...».

29. Beltrán, E., «El problema del coste del concurso de acreedores: coste tiempo y coste económico», en *La reforma de la Legislación Concursal*, director Ángel Rojo, Madrid, 2003, pág. 337, entiende que los plazos a reducir son los plazos procesales.

Que duda cabe que la reducción de los plazos a la mitad va a acelerar la tramitación del concurso. Según Cons García en su comparecencia ante la Comisión de Justicia e Interior, las cifras a las que aludió de tramitarse el concurso por el procedimiento ordinario a hacerlo por el abreviado iban de 206 días hábiles a 71 días hábiles.[30]

Otra especialidad es la referida al plazo para que la administración concursal emita su informe. Éste será de un mes, la mitad del plazo marcado para el procedimiento ordinario, a contar desde la aceptación del cargo, según indica el art. 191.1.2.º LCo.

Ambas reducciones en los plazos tienen una salvedad, respecto a los plazos referidos en el art. 191.1.1.º *in fine* Lco. La misma aparece concretada en que por razones especiales el juez puede acordar mantenerlos para el mejor desarrollo del proceso; es obvio que esas razones especiales las apreciará el juez mercantil, debiendo motivar su resolución; en este caso, los plazos no tendrán reducción y serán los marcados para el procedimiento ordinario. No creemos que el juez mercantil pueda establecer modulación alguna respecto a los mismos, pues en ese caso se trataría de una ampliación no prevista en la LCo para este supuesto; por otra parte, la ley habla expresamente de «acordar mantener», en una clara referencia al procedimiento ordinario.

La segunda salvedad viene referida al plazo señalado en el art. 191.1.2.º Lco, es decir, el relativo a la presentación del informe de la administración concursal. En este caso el juez mercantil podrá autorizar una sola prorroga no superior a quince días; el juez, por tanto, deberá conceder esta prórroga en función de los argumentos esgrimidos en la petición por quien ocupe la administración, relativos a la dificultad del informe y la imposibilidad de presentarlo en un mes. Este plazo, a diferencia de los anteriores, sí es modulable por el juez, ya que se establece como plazo máximo.

Una nueva especialidad del procedimiento abreviado es la relativa a que la administración concursal puede estar integrada por un único miembro de entre los previstos en el punto 3.º del apartado 2 del artículo 27 LCo —abogado, auditor de cuentas, economista o titulado mercantil que reúna los requisitos previstos en el apartado 1—, especialidad que viene sancionada en el art. 191.2 Lco, si bien el legislador, con buen criterio y pensando que el límite cuantitativo no equivale en todos los casos a un concurso sin complicaciones, establece que «... salvo que el juez, apreciando en el caso motivos especiales que lo justifiquen, resolviera expresamente lo contrario». Vemos una vez más las amplias facultades que se conceden al juez de lo mercantil, si bien deba motivar[31] el hecho de que la administración, en ese procedimiento abreviado, deba estar constituida por tres miembros y no por uno.

30. Para mayor información cfr. *BOCG-CD* de 29 de octubre de 2002, comparecencia ante la Comisión de Justicia e Interior, pág. 19733.

31. Serra Domínguez, *Comentarios a la Ley Concursal...*, cit., pág. 1905, señala entre los motivos el supuesto de conversión del procedimiento ordinario en abreviado, en el que habrán sido nombrados tres administradores. Puede ser conveniente mantenerlo en el procedimiento abreviado para evitar la siempre difícil elección de uno solo de ellos o la elección de un nuevo administrador, que puede contribuir incluso a un mayor retraso en la tramitación del concurso, frustrando la finalidad del procedimiento abreviado.

Han surgido problemas interpretativos respecto a si el juez mercantil podría nombrar dos a tres administradores. GARNICA MARTÍN[32] se inclina por la posibilidad de que el juez puede nombrar a dos administradores, entendiendo que «lo contrario de único miembro son dos y no tres». No compartimos esta interpretación, pues entendemos que el termino contrario viene referido al número de administradores del concurso tramitado por el procedimiento ordinario, en el que la administración está integrada por tres miembros; por otra parte, si la administración concursal estuviera integrada por dos miembros y discreparan en sus apreciaciones, el problema para resolver la disparidad de criterios sería insoluble.

Cuando el juez, siguiendo la regla general, acuerde que la administración concursal debe estar integrada por un solo miembro, se mantienen discrepancias sobre la cualificación que debe poseer el mismo.[33] Creemos que una vez más el juez mercantil debe hacer uso de las prerrogativas que la Ley le concede, y puesto que es él quien designará al administrador único, a él le corresponde, en función de las características del concurso concreto, designar a un jurista, un auditor de cuentas, economista o titulado mercantil, o a quien posea ambas cualificaciones: jurídica y económica.

La experiencia profesional de los administradores concursales viene señalada en el art. 27.1 LCo y se concreta en cinco años de ejercicio efectivo; en el Proyecto presentado al Parlamento el entonces art. 26.1 exigía 10 años de ejercicio profesional.[34] En la discusión del Proyecto en el Congreso se redujeron los años de ejercicio efectivo a los cinco que figuran en la Ley.

El legislador ha pasado por alto la posible contradicción que existe entre el art. 27.2.3.° Lco, que señala que en el procedimiento abreviado la administración «podrá» estar integrada por un solo miembro, y el art. 191.2 Lco, en el que señala que en el procedimiento abreviado la administración concursal «estará» integrada por un único miembro...». Ante esta disparidad en la redacción de ambos artículos, creemos que debe prevalecer lo establecido en este último, no sólo porque está regulando específicamente el procedimiento abreviado y sus especialidades, sino porque de otra manera no tendría sentido la excepción que el citado artículo establece.

6. Cambio de procedimiento

Dentro del análisis de la tramitación hemos de tener en cuenta la posibilidad del cambio del procedimiento del ordinario al abreviado y viceversa regulada en el art. 190.2 Lco.

---

32. Garnica Martín, *Derecho Concursal Práctico...*, cit., pág. 852.

33. Sánchez Garrido, «La Ley Concursal. Una aspiración lograda», *Revista de la Asociación de Abogados del Estado*, año 1, n.° 3, oct.-dic. 2003, pág. 15. Para Garrido Espa, «La reforma concursal. Una visión panorámica de la Ley más esperada», *Iuris, Actualidad y Práctica del Derecho*, n.° 76, septiembre de 2003, pág. 30, puede ser cualquiera de los mencionados en el art. 27 LCo. Para Garnica Martín, *Derecho Concursal Práctico...*, cit., pág. 852, debería tener conocimientos económicos. Magro Servet, «El procedimiento abreviado en la reforma concursal tras la aprobación de las enmiendas en el Congreso de los Diputados», *La Ley*, n.° 5764, 21 de abril de 2003, pág. 5, después de hablar ampliamente de la formación de los administradores, entiende que lo preferible es que el designado tuviera los dos tipos de formación, jurídica y económica. Vicente Illescas, *Derecho Concursal Práctico...*, cit., pág. 164, señala únicamente que debe ser un profesional de los enumerados en el art. 27.2.3.° LCo.

34. Ver *BOCG-CD* n.° 101-1, cit., pág. 17.

A pesar de que no venga aludida en el encabezamiento del artículo citado, esta posibilidad de cambio puede llevarse a cabo de oficio o a instancia de parte; en efecto, el apartado 2 del art. 190 LCo señala: «En cualquier momento de la tramitación de un concurso ordinario en el que quede de manifiesto la concurrencia de los requisitos mencionados en el apartado anterior, el juez del concurso podrá, de oficio o a instancia de parte, ordenar la conversión al procedimiento abreviado sin retrotraer las actuaciones practicadas hasta entonces. También podrá, con idénticos presupuestos y efectos, ordenar la conversión inversa cuando quede de manifiesto que en un procedimiento abreviado no concurre alguno de los requisitos exigidos».

Como se desprende del apartado 2, no hay límite preclusivo para realizar el cambio, si bien es evidente que cuanto más avanzado esté el procedimiento más problemas puede generar el cambio[35] si la conversión es del abreviado al ordinario, pues habría de procederse a completar el número de administradores desde el momento del cambio, ya que, como hemos señalado, no hay retroacción en las actuaciones, con lo que podría plantearse el problema de cuándo comienza a computarse el plazo para emitir el informe. Entendemos que el plazo debería comenzar a computarse desde los nuevos nombramientos de los administradores,[36] y ya debería ser de dos meses.

En caso contrario, es decir, cambio del ordinario al abreviado, los problemas se me antojan menores, ya que si la conversión del abreviado en ordinario es imperativa para el juez, la del ordinario en abreviado es potestativa en virtud del «podrá» del art. 190 LCo, si bien es verdad que los plazos han alargado el concurso en el tiempo y los gastos serán mayores al haber sido tres y no uno los administradores que han actuado hasta ahora.

Por todo ello el juez mercantil debe realizar el cambio inmediatamente que constate, en los datos obrantes en autos, que los presupuestos del procedimiento que está tramitando han variado, ya que la inadecuación de procedimiento no produce efecto alguno, cediendo en estos casos la legalidad ante la flexibilidad. Por ello, salvo que el pasivo claramente no supere el millón de euros, el juez, que en definitiva es quien decide el tipo de procedimiento, debería iniciar la tramitación del concurso por el procedimiento ordinario, que es el que presenta mayores garantías. La estimación inicial del pasivo se conocerá con mayor antelación en el concurso voluntario al tener el deudor que presentar la relación de acreedores con su petición de declaración del concurso, por exigencia del art. 6.2.4.º Lco; en el concurso necesario, la evaluación inicial se presume mucho más complicada y problemática.

Nada se dice en la LCo sobre el trámite a seguir para acordar el cambio. Entendemos que debería oírse a las partes y que la resolución que acordara dicho cambio debería ser un auto, es decir, una resolución motivada; este auto sería recurrible en reposición al amparo del art. 197.2 LCo. No parece descartable la posibilidad de solicitar nuevos cambios cuando los datos obrantes en autos así lo aconsejaran.

---

35. Garnica Martín, *Derecho Concursal Práctico...*, cit., pág. 848, señala como momento el auto de declaración del concurso, aunque en el supuesto de concurso necesario pudiera ser un tanto prematuro.

36. En el mismo sentido Garnica Martín, *Derecho Concursal Práctico...*, cit., pág. 849.

Resumiendo, como hemos visto, este procedimiento abreviado presenta como presupuestos y especialidades los siguientes:

1. Que si el sujeto pasivo del concurso es una persona jurídica, esté autorizada por la legislación mercantil a presentar balance abreviado.

2. Que en el caso de que el sujeto pasivo del concurso sea tanto una persona física como jurídica, la estimación inicial del pasivo no supere el millón de euros.

3. Reducción de los plazos procesales a la mitad, imperativa para el juez, salvo que concurran circunstancias especiales —concepto jurídico indeterminado que establecerá el juez, nunca arbitrariamente—, para el mejor desarrollo del procedimiento.

4. Reducción del plazo para presentar el informe de los administradores, que queda fijado en un mes, prorrogable por quince días máximo. Este plazo sí podrá ser modulado por el juez mercantil, a diferencia de los anteriores.

5. La administración concursal estará integrada por un único miembro, con la salvedad apuntada.

III. Procedimiento incidental (Artículos 192 a 196 de la Ley Concursal)

1. Regulación legal

La LCo dedica a la regulación de lo que denomina «Del incidente concursal» el Capítulo III del Título VIII, ubicándolo dentro de las normas procesales generales y del sistema de recursos; es evidente que el incidente tiene naturaleza procesal pero, como dijimos al referirnos al procedimiento abreviado, no sólo poseen esta naturaleza las normas que la LCo encierra en el Título VIII, sino otras muchas dispersas a todo lo largo del articulado de la Lco, siendo irrelevante el lugar de su ubicación a efectos del carácter de *ius cogens* que tienen las normas procesales.[37]

El incidente concursal está regulado en los artículos 192 a 196 LCo, dedicando los tres primeros al que podíamos denominar simplemente incidente concursal —arts. 192, 193 y 194—, el cuarto —art. 195— al incidente concursal en materia laboral y el quinto artículo —196— a regular la sentencia de ambos tipos de incidentes, si bien en materia de postulación hay que acudir al Capítulo I del Título VIII o en tema de recursos al Capítulo IV del mismo Título, lo que parece lógico por elementales razones de economía legislativa. Resulta sorprendente que a estos cinco artículos solamente se plantearan tres enmiendas: la n.º 570 del Grupo Parlamentario Catalán (CiU) al art. 192, la n.º

37. Ver nota n.º 6.

603 del Grupo Parlamentario Popular al art. 194 y la enmienda n.º 379 del Grupo Parlamentario Socialista al art. 195.2.[38] La regulación tiene innumerables defectos que trataremos de poner de manifiesto en las siguientes páginas, que evidencian la falta de expertos en derecho procesal en la redacción de los diferentes textos.[39]

Pese a ello el incidente concursal es calificado en la Exposición de Motivos de la LCo como «pieza básica» en el sistema procesal de la nueva ley, y ello se pone de manifiesto en las múltiples ocasiones en que la LCo se remite a efectos de tramitación al incidente concursal. Sin ánimo exhaustivo esta remisión aparece en los siguientes artículos:

Art. 33.4 Lco, relativo a la recusación de los administradores concursales. Hubiera sido preferible remitirse en este punto a la LEC; concretamente, a la recusación de peritos.[40]

Art. 40.7 Lco. Los actos del deudor respecto de sus facultades patrimoniales que infrinjan las limitaciones establecidas en este artículo podrán ser anulados. La acción de anulación se tramita por el incidente concursal. Dada la importancia de esta pretensión de anulación y el correspondiente litisconsorcio pasivo necesario, quizás hubiera sido preferible la remisión al procedimiento del juicio ordinario, art. 50.1, nuevos juicios civiles y sociales de los que deba conocer el juez del concurso.

Art. 51.1 LCo. Acumulación de juicios declarativos pendientes competencia del juez del concurso que se estén tramitando en primera instancia y respecto de los cuales el juez del concurso estime que su resolución tiene trascendencia sustancial para la formación de inventario o la lista de acreedores; dada la complejidad de estas pretensiones, la solución en ambos casos —arts 50.1 y 51.1 LCo— podría haber sido la ya apuntada del procedimiento del juicio ordinario.

Art. 58 LCo, controversia en materia de compensación de créditos.

Art. 61.2.2.º LCo, resolución de contratos con obligaciones recíprocas pendientes cuando se susciten diferencias.

38. Ver *BOCG-CD* n.º 101-16 cit., pág 364, en la que se hace una relación de estas enmiendas. En el *BOCG-CD* n.º 101-15, cit., se publica el texto de las enmiendas, la n.º 570 de CiU pretende la supresión del apartado 3 del art. 192 LCo, entendiendo que «Resulta totalmente innecesario, ya que es evidente que todos los demandados pueden contestar a las demandas, y si no las contestan tendrán la «carga procesal» de estar y pasar por las consecuencias derivadas de la no contestación...». La enmienda 603 del Grupo Parlamentario Popular se refería al art. 194, al plazo para la prueba, para el que se proponía una duración de diez días. Hay que tener en cuenta respecto a esta enmienda que en el Proyecto no se diferenciaba la tramitación entre el incidente concursal y el concursal laboral y el art. 194 rezaba «Demanda incidental y admisión a trámite», que aun coincidiendo en su denominación con el actual, tenía un contenido diferente. Ver *BOCG-CD*, n.º 101-1, cit., pág. 52. Por último, la enmienda 379 del Grupo Parlamentario Socialista giraba en torno al art. 192.2, que pretendía una remisión en materia de prueba y conclusiones al juicio verbal de la LEC, justificándose en la simplificación y agilidad que quería darse al incidente.

39. Serra Domínguez, *Comentarios a la Ley Concursal...*, cit., pág. 1914, considera que todos los artículos sobre el incidente concursal deben considerarse no sólo innecesarios, sino también contraproducentes.

40. La critica que aparece en cada uno de los artículos está recogida de Serra Domínguez, *Comentarios a la Ley Concursal...*, cit., págs. 1910 y ss.

Art. 62.2 LCo, acción de resolución de contratos por incumplimiento. Hubiera sido más acertada la remisión al procedimiento del juicio ordinario.

Art. 64.8 LCo, acciones individuales de los trabajadores contra el auto acordando la suspensión o extinción colectiva de los contratos de trabajo.

Art. 72.3 LCo, las acciones rescisorias y demás impugnaciones de los actos perjudiciales para la masa activa. El litisconsorcio pasivo necesario aconsejaría la remisión al procedimiento del juicio ordinario.

Art. 79.2 LCo, acciones para la declaración de titularidad de cuentas indistintas. Dado su carácter de acto de impugnación, plantea problemas su tramitación por el incidente concursal.

Art. 80.2 LCo, separación de bienes de propiedad ajena cuando la decisión sea denegatoria. Ver la crítica del artículo anterior.

Art. 86.1.2.° LCo, cuestiones suscitadas en materia de reconocimiento de créditos. Existe duplicidad con el art. 96.4 Lco; en ambos casos, mejor la remisión al juicio ordinario.

Art. 96.4 LCo, impugnación de inventario y de la lista de acreedores. Ver crítica al art. 86.1.2.° Lco.

Art. 129.1 LCo, oposición a la aprobación judicial del convenio. Mejor la remisión al juicio ordinario.

Art. 140.2 LCo, incumplimiento del convenio; preferible la remisión al juicio ordinario.

Art. 171.1 LCo, oposición a la calificación. Su repercusión sobre terceras personas y la trascendencia del incidente aconsejan la remisión al juicio ordinario.

Art. 176.5 LCo, oposición a la conclusión del concurso. Se podía haber remitido al juicio verbal.

Art. 181.3 LCo, oposición a la rendición de cuentas de los administradores. Ver crítica al artículo anterior.

Art. 188.3 LCo, oposición a la concesión o denegación de autorización judicial. Parece desproporcionada la remisión al incidente habiendo un recurso de reposición previo.

Si como parece el incidente se va a convertir en el «procedimiento estrella», el legislador podría haber sido más cuidadoso y coherente en la regulación del mismo y no dejar los flecos y lagunas de que adolece, amén de los problemas que trataremos de ir poniendo de manifiesto, máxime cuando en la mayoría de los supuestos podría haber sido sustituido por el procedimiento del juicio ordinario.

2. Concepto y naturaleza jurídica

El termino incidente se ha reservado para denominar el proceso que tiene por objeto una cuestión incidental. Las cuestiones incidentales son, pues, el objeto del proceso incidental, pese a que la LCo utilice éste para tramitar un variado número de cuestiones, queriendo agilizar su tramitación. La LEC en su art. 387 nos proporciona el concepto de cuestiones incidentales: «Son cuestiones incidentales las que, siendo distintas de las que constituyen el objeto principal del pleito, guarden con este relación inmediata, así como las que se susciten respecto de presupuestos y requisitos procesales de influencia en el proceso».

El art. 192 LCo, al referirse a las cuestiones incidentales, se olvida de poner de manifiesto la relación que debe existir entre las mismas y el proceso concursal. El olvido puede explicarse, aunque no justificarse, porque en el art. 192.1 LCo no sólo se hace referencia a las cuestiones incidentales *stricto sensu*, sino a otras, como las pretensiones del art. 50.1 LCo y la acumulación de juicios, según terminología legal, con pretensiones explicitadas en el art. 51.1 LCo, que sin ser cuestiones incidentales, se van a tramitar por el cauce del procedimiento incidental; esta mezcla es la que enturbia la intelección de los artículos referidos al incidente concursal y obliga a realizar un tratamiento separado de ambas materias.

La falta de referencia legal a la conexión entre las cuestiones incidentales y el concurso no excusa su exigencia, aunque siendo tan amplia la materia objeto del concurso, es de esperar el elevado número de incidentes que puede ocasionar la conexión con cualquiera de esas materias.

La LEC, texto supletorio de la LCo, según la disposición final quinta, diferencia entre cuestiones de especial y previo pronunciamiento. Las primeras —art. 389 LEC— son la que «exigen que el Tribunal decida sobre ellas separadamente en la sentencia antes de entrar a resolver lo que sea objeto principal del pleito»; las segundas suponen un obstáculo a la continuación del juicio por sus trámites ordinarios y exigen por ello una resolución previa. Mientras que las de especial pronunciamiento no suspenden el proceso principal, las de previo pronunciamiento generan la suspensión, viniendo tasadas en la Ley.

Para la LCo las cuestiones incidentales a tramitar por este procedimiento del Capítulo III Título VIII, según señala el art. 192.2 LCo, no suspenden la tramitación del proceso principal. El artículo citado señala: «Los incidentes concursales —mejor, las cuestiones incidentales— no suspenderán el procedimiento del concurso...». Hasta aquí parece que las cuestiones incidentales serían de especial pronunciamiento; pero a continuación, y en la línea de concesión de unas amplias facultades al juez mercantil y de la hetereogeneidad de las materias a tramitar por el procedimiento incidental, le permite acordar la suspensión «de aquellas actuaciones» cuando estime que pueden verse afectadas por la resolución que se dicte. El planteamiento es, pues, diferente al de la LEC; en la LCo las cuestiones de previo pronunciamiento no aparecen expresamente tasadas, sino que su consideración como de previo pronunciamiento parece que queda al criterio del juez del concurso. Un ejemplo de lo que acabo de señalar puede observarse en el art. 186.2 LCo, relativo al desistimiento o a la renuncia, y en el que se señala: «Durante la tramitación del procedimiento, los incidentes no tendrán carácter suspensivo, salvo que el juez de forma excepcional, así lo acuerde». Vemos aquí una nueva concesión al juez del concurso; hay supuestos, sin embargo, en que la LCo acuerda una suspensión por un período de tiempo, como ocurre en el art. 154.2 LCo —acciones relativas a la calificación o pago de créditos contra la masa—, que no permite «iniciarse ejecuciones» hasta que se apruebe el convenio. Aun así entendemos que las cuestiones incidentales que afectan a la capacidad y representación o a algún otro presupuesto procesal sobrevenidos deberían suspender el curso del incidente por aplicación supletoria del art. 391 LEC en relación con los actos que pudieran verse afectados.

El incidente regulado en la Ley concursal es un «incidente *sui generis*» tanto en la amplitud de su concepción como en su tramitación, de la que nos ocuparemos más adelante quizá porque, como he dicho, se han mezclado, o mejor dicho, indiferenciado, cuestiones incidentales propiamente dichas y demandas que estaban teniendo o tenía una tramitación independiente, en las que se pueden ventilar cuestiones complejas, y que ahora se ven abocadas en su tramitación, como consecuencia del concurso, al procedimiento incidental. El legislador, respondiendo a la rapidez como uno de los criterios inspiradores de la reforma, ha decidido que estas demandas de los arts. 50.1 y 51.1 LCo se tramiten por el procedimiento incidental, que creo no era el más adecuado, con lo que ha tenido que introducir en él unas exigencias impropias de un proceso incidental que no llegan a cubrir las del ordinario, dando lugar a un híbrido entre el juicio ordinario, el verbal y el incidental en el supuesto del incidente concursal, y una mezcla arbitraria que intenta combinar con poco éxito el procedimiento laboral de la LPL y el verbal de la LEC en el llamado incidente concursal laboral, lo que en ambos casos puede generar problemas tanto a la dogmática como a quienes tienen que aplicarlo, y ello a pesar de la sencillez pretendida y a causa de una extraña utilización de la flexibilidad.

En definitiva, el incidente que nos ofrece la LCo, complejidades aparte, es un procedimiento especial con dos modalidades específicas a las que ya hemos hecho referencia; la primera, que hemos denominado incidente concursal, acoge la tramitación de las cuestiones incidentales estrictamente concursales, aunque como hemos señalado por esta modalidad se tramiten también demandas o acumulaciones de procesos —arts. 50.1 y 51.1 LCo—, y la segunda modalidad, denominada incidente concursal laboral, en relación a las pretensiones que versen sobre la materia establecida en el art. 64.8 LCo.[41]

3. Sujetos

Como hemos manifestado al referirnos al procedimiento abreviado, en este epígrafe hemos de hacer referencia al órgano jurisdiccional, entendido, como dijimos, en sentido amplio, y a las partes.

41. Parece que la redacción de este artículo fue ampliamente problemática, pero según Sánchez Garrido, «La Ley Concursal. Una aspiración lograda», *Revista de la Asociación de Abogados del Estado*, cit., pág. 15, «... las discusiones cristalizaron en un acuerdo amparado en el consenso con las dos grandes centrales sindicales de este país y que dio lugar a la nueva redacción del art. 64...».

Ninguna novedad por lo que respecta al órgano jurisdiccional, aunque no deja de ser «curioso» que en el art. 8, relativo a la competencia del juez mercantil, no se haga referencia a la misma para conocer de las cuestiones incidentales; ello no plantea problemas, pues siendo de aplicación supletoria la LEC, debemos acudir al art. 61 de la misma y, puesto que no hay disposición legal en contra, el Juzgado —en este caso el mercantil— que tenga competencia para conocer de un pleito —aquí, obviamente, para conocer del proceso concursal— la tendrá también para resolver sobre sus incidencias, esto respecto a las cuestiones incidentales en sentido estricto. Para los nuevos juicios declarativos, el art. 50.1 LCo ordena a los jueces del orden civil y a los del orden social ante quienes se interponga la demanda «abstenerse» —el termino no es procesalmente correcto— de conocer de las mismas cuando de ellas deban conocer los jueces del concurso, para lo que hemos de acudir en este caso al art. 8 LCo. Respecto de las acumulaciones del art. 51.1 LCo, se procederá a las mismas cuando sean competencia del juez del concurso, para lo que también debemos acudir al art. 8 LCo. Respecto al incidente concursal laboral cuyo ámbito circunscribe el art. 195 LCo, la competencia de las pretensiones a que se refiere el art. 64 LCo recae sobre el juez mercantil en virtud del art. 8 LCo.

En lo relativo a las partes, no hay novedades en cuanto a la aplicación de las normas generales de la LEC en materia de capacidad para ser parte y capacidad procesal, y en cuanto a postulación, habrá de aplicarse el art. 184.2.5 y 6 LCo; aunque sí las hay en otros aspectos de su regulación a la que dedica la LCo los artículos 193 y 192.1.3.º.

A efectos de poder comprender y valorar los artículos mencionados es necesario partir de un concepto de parte, y vamos para ello a utilizar el del Prof. Gómez Orbaneja en su *Manual de Derecho Procesal Civil*. Parte es la persona que pide o en nombre de quien se pide la actuación de la Ley —parte activa— y la persona contra la que se pide —parte pasiva—.

Conviene también aclarar que no hay partes principales, terminología que implicaría aceptar la existencia de partes secundarias, pues cuando alguien adquiere la calidad de parte lo hace con todas las expectativas, perspectivas y cargas procesales que la Ley establece.

Esta consideración nos lleva asímismo a posicionarnos sobre cuando se adquiere la calidad de parte. Para quienes ocupan la parte activa y para los intervinientes, esta calidad viene condicionada a la personación, mientras que para el demandado depende únicamente de que la demanda se dirija contra él, que su nombre aparezca como la persona o personas contra quien la demanda se formula. Con estas puntualizaciones enfrentémonos a la redacción del art. 193 LCo.[42]

La parte activa del incidente no plantea problemas. A ella se refiere por vía de intervención el art. 193.2 LCo, aunque no podamos decir lo mismo respecto a la denominación de «coadyuvando» que utiliza el legislador al referirse al interviniente, pero de esto hablaremos luego.

42. Serra Domínguez, *Comentarios a la Ley Concursal...*, cit., pág. 1914, considera al art. 193 LCo singularmente inútil, siendo además de difícil comprensión, sobre todo en lo que respecta al tercer apartado, ya que la regulación de las partes procesales ya se había efectuado en el art. 3 LCo y reiterado en el art. 184 LCo, y lo mismo ocurre con la intervención de terceros, regulada en el apartado 2, que nada añade al contenido del art. 13 LEC.

Parte activa es, pues, quien promueve el incidente o la persona en cuyo nombre se promueve; el incidente se puede plantear por quien tenga interés legitimante para ello y puede hacerlo no sólo el concursado o la administración, sino también los acreedores y demás legitimados que deberán estar personados en el proceso consursal o habrán de personarse al efecto, lo que harán, según señala el art. 184 LCo, el deudor, los acreedores y demás legitimados con Abogado y Procurador, los administradores asistidos de Abogado, con las excepciones que para todos ellos establece el art. 184.6 LCo para el incidente concursal. Habrá, por tanto, demandantes iniciales y demandantes sobrevenidos por vía de intervención.

Quien sí puede plantear problemas es la parte pasiva, la parte contra quien se propone el incidente. El apartado 1 del art. 193 considera partes demandadas a aquellas contra las que se dirija la demanda. Hasta aquí nada que objetar si obviamos los problemas del litisconsorcio pasivo necesario; pero a continuación añade una frase que por su falta de precisión plantea problemas para su interpretación, al decir que son también partes demandadas «... cualesquiera otras que sostengan posiciones contrarias a lo pedido por la actora». En principio quien sostiene posiciones contrarias a lo pedido por la actora es la parte demandada, y digo en principio porque la contestación puede tener otros contenidos distintos de la oposición, aunque el legislador haya restringido en el incidente la parte demandada a la parte que se oponga.

Sin embargo estas «cualesquiera otras» no figuran en la demanda incidental como demandadas, pues si así fuera, no tendría sentido la especificación legal; al no figurar en la demanda incidental como demandadas, para ser consideradas como tales han de personarse en el incidente junto al demandado mediante la intervención procesal, a la que le es de aplicación el art. 13 LEC, formando, al ser admitida, un litisconsorcio pasivo con la parte o partes demandadas, debiendo acreditar además un interés legítimo[43] en el resultado del incidente que podría deducirse de estar personado en el concurso. Estas «cualesquiera otras» han de sostener posiciones contrarias a lo pedido por la actora del incidente, para lo cual han de intervenir en el incidente antes de que finalice el plazo para contestar a la demanda. Estas «cualesquiera otras» no son partes demandadas inicialmente, sino intervinientes que han adquirido la cualidad de tales. El art. 193.2 LCo, cuando dice que «Cualquier persona comparecida en forma en el concurso podrá intervenir con plena autonomía en el incidente concursal coadyuvando con la parte que lo hubiese promovido o con la contraria» —en este caso que analizamos, con la contraria, con la parte demandada—, se está refiriendo a la intervención procesal y creando una confusión innecesaria con la última parte del art. 193.1 LCo.

El art. 193.2 LCo utiliza una terminología obsoleta ya en el orden jurisdiccional administrativo, donde se usaba. Me refiero a la figura del coadyuvante —«coadyuvando», dice la

43. Estima Serra Domínguez, *Comentarios a la Ley Concursal...*, cit., pág. 1867, que al exigir el art. 184.4 LCo la alegación de un «interés legítimo» para intervenir en el concurso, evita la polémica doctrinal surgida en torno a la desafortunada matización de interés directo y legítimo del art. 13 LEC, que limita la intervención a los supuestos de intervención litisconsorcial en los que el tercero va a resultar necesariamente afectado por el proceso en perjuicio de quienes pueden resultar afectados indirectamente como consecuencia de los efectos reflejos de la sentencia. Entiende que en el concurso o en cualquiera de sus incidencias caben tanto la intervención litisconsorcial como la adhesiva.

Ley—, figura que se consideraba como parte de «segunda clase», sin autonomía y condicionado por lo que hiciera la llamada «parte principal». Nada de esto se puede mantener hoy día en ningún proceso, y el interviniente que acredite tener un interés legitimo podrá ser admitido, en este caso en la parte pasiva, como demandado del incidente y será considerado parte a todos los efectos —art. 13.3 LEC—, si bien el interviniente debe saber que no se retrotraerán las actuaciones, y por tanto intervendrá sólo en las que resten por realizar del incidente. La verdad es que la LCo entra en contradicción al hablar por un lado de coadyuvante y por otro que el interviniente actuará con plena autonomía. El art. 193.2 dice que la persona ha de estar comparecida en forma en el concurso, pero no es preciso que esté comparecida al iniciarse el incidente, pudiendo comparecer en el concurso con posterioridad, aun cuando sólo sea para intervenir en el incidente.

En el supuesto contemplado en el art. 192.1.2.º *in fine* LCo, es decir, en el de acumulación de juicios en tramitación —acumulación de procesos—, y que la LCo señala que seguirán su tramitación por el incidente concursal, el art. 192.1.3.º LCo manifiesta que el juez dispondrá lo necesario para que continúe el juicio, sin repetir las actuaciones, permitiendo la intervención, desde ese momento, de las partes del concurso que no lo hubieran sido en el juicio acumulado. Por tanto, a quienes en ese momento figuren como partes del concurso y no en el proceso acumulado se les permitirá intervenir en la parte activa o pasiva —en el supuesto que analizamos, en la pasiva—, del incidente y desde su personación, habiendo acreditado un interés que como decíamos puede sobreentenderse al estar personado en el concurso, tendrán la consideración de demandados en el incidente, demandados sobrevenidos a causa de la intervención procesal.

En el supuesto contemplado en el art. 193.3 LCo, «Cuando en un incidente se acumulen demandas cuyos pedimentos no resulten coincidentes, todas las partes que intervengan «tendrán»[44] que contestar a las demandas a cuyas pretensiones se opongan, si el momento de su intervención lo permitiese, «y»[45] expresar con claridad y precisión la tutela concreta que soliciten. De no hacerlo así, el juez rechazará de plano su intervención, sin que contra su resolución quepa recurso alguno», la acumulación de demandas —de acciones, que dice la LEC en los arts. 71 y ss.— producirá el efecto de tramitarse todas en un solo incidente, pese a que la LCo haya olvidado establecer las causas por las que se puede producir la acumulación y el procedimiento a seguir.

La LCo habla impropiamente de que «todas las partes que intervengan tendrán que contestar». Evidentemente sólo lo harán los que intervengan junto al demandado, pero no los que lo hagan en la posición activa, y lo que no tendría sentido es oponerse a peticiones con las que se está de acuerdo simplemente para que le admita la intervención. También resulta obvio que para oponerse hay que personarse e intervenir antes del plazo para contestar a la demanda. No habiendo retroacción de las

44. El entrecomillado es nuestro.

45. El entrecomillado es nuestro.

actuaciones, sólo se podrá contestar a la demanda, como acabamos de señalar, si el momento de la intervención lo permitiese, y en ese caso, quizás para evitar intervenciones espurias, se obliga al demandado interviniente a contestar a la demanda a cuyas pretensiones se oponga y a expresar con claridad y precisión la tutela que se pide, con lo que el legislador, para evitar un problema, contradice el concepto de carga procesal que es la contestación a la demanda, convirtiéndola erróneamente en una obligación y exige algo que es pura obviedad ya exigida por la ley al contestar a la demanda en el art. 405 LEC. El interviniente, si quiere evitar el rechazo de plano de su intervención y no contestar a la demanda oponiéndose, sólo tiene que actuar pasado el plazo para contestar, que de otra manera deberá hacer para que su intervención no sea rechazada de plano; quizás si el legislador hubiera puesto una «o» en lugar de la «y» en el artículo cuando el interviniente se personara, en un momento en que la contestación ya no fuera posible, podía exigirle el que en el escrito solicitando la intervención se expresara con claridad y precisión la tutela que solicita, evitando así intervenciones injustificadas.

Hemos dejado para el final los supuestos de pluralidad de partes, que pueden darse en ambas posiciones procesales, aunque limitemos el análisis a la posición pasiva, ya que en esta pueden darse situaciones de litisconsorcio pasivo necesario de más difícil solución que en la parte activa en cuanto a su subsanación.[46]

En efecto, en toda una serie de supuestos, la LCo exige que el demandado dirija la demanda contra varias personas, como ocurre en las pretensiones de resolución de contratos o en las de anulación de los mismos, en las que habrá que traer al proceso a la persona beneficiada por el acto nulo; otro tanto ocurre en las acciones de impugnación y rescisión de actos perjudiciales a la masa pasiva, en las que hay que demandar además a las partes del contrato e incluso al tercero que haya adquirido el bien. En estos casos, la falta de algún demandado vicia la composición de la litis, planteándose el problema de si ese defecto es o no subsanable, problema que se agudiza al ser el juicio verbal el escogido para tramitar el incidente;[47] la subsanación conllevaría la suspensión del juicio y el otorgarle al litisconsorte necesario la posibilidad de contestar a la demanda para no causarle indefensión.

46. En materia de legitimación ver Gimeno Sendra y Calaza López, «¿Puede un Juez inadmitir de oficio una demanda por falta de legitimación de las partes?», *La Ley*, n.º 6125, 2004, págs. 1 y ss., en el que propone incluir en el catálogo de presupuestos procesales la «capacidad de conducción procesal» elaborada por la doctrina alemana a principios del siglo XX, con poco eco entre nuestros procesalistas. La capacidad de conducción procesal se diferencia de la legitimación material y estaría conformada por la cualidad material que, en ocasiones, el ordenamiento exige *ab initio* para poder demandar, y que habrá de acreditarse a través de un principio de prueba —documental— que liga a la parte con el objeto procesal y que habrá de aportarse con la demanda; pero esta cualidad material no afecta a la fundamentación de la pretensión, sino que es un presupuesto procesal que condiciona la admisibilidad de la demanda, pudiendo discutirse desde el inicio del proceso —audiencia previa o en el juicio oral— y pudiendo provocar una resolución absolutoria de instancia. En las partes 3 y 4 del trabajo mencionado viene una amplia relación de los supuestos encajables en este nuevo presupuesto procesal de «capacidad de conducción procesal» que los autores proponen.

47. Garnica Martín, *Derecho Concursal Práctico...*, cit., pág. 861, se inclina por la subsanación, debiendo el Juez, al admitir a trámite el incidente, examinar si se ha dirigido la demanda contra todos los que deben ser demandados.

4. Objeto del incidente

El objeto del incidente son, obviamente, las cuestiones incidentales. El art. 192 establece que «Todas las cuestiones que se susciten durante el concurso y no tengan señalada en este ley otra tramitación se ventilarán por el cauce del incidente concursal...». Ya dijimos que la LCo no habla del nexo que las mismas han tener con en concurso, pero esto es evidente.

Las cuestiones incidentales han de suscitarse durante el concurso; es necesario, pues, que el concurso esté vivo, que se esté tramitando, para poder plantear las cuestiones incidentales, que se tramitarán por el procedimiento del mismo nombre.

Estas cuestiones, además, no tienen que tener señalada en la ley otra tramitación. La LCo, sin embargo, en numerosos artículos, ya citados, se remite al procedimiento incidental; por tanto, respecto de las cuestiones en ellos aludidas, no hay duda que el procedimiento para su tramitación es el de incidente.

Junto a estas cuestiones incidentales hay otras muchas en las que el legislador parece que quiere articular un procedimiento que no es el especial de incidentes, sino otro demasiado parco para que pueda ser considerado como procedimiento especial, que rompería además la unidad de sistema pretendida, ya que el legislador se limita a señalar que la audiencia a las partes es preceptiva o que el procedimiento debe terminar con auto, lo que choca con el art. 196 LCo, según el cual el procedimiento incidental termina con sentencia.

Respecto de estas cuestiones me parecen fundadas las consideraciones de Guernica Martín,[48] al poner de manifiesto las dificultades que plantean, ya que son cuestiones cuya naturaleza incidental es generalmente de dudosa discusión; diferencia este autor entre: a) cuestiones incidentales de naturaleza procesal como la declinatoria, la acumulación, etc., a las que con buen juicio no aplica el procedimiento del incidente concursal, sino el específico establecido en la LEC y b) cuestiones incidentales en las que es de dudosa aplicación el procedimiento incidental, pero en las que es aconsejable acudir a él a pesar de no haber expresa remisión al mismo y como medio de evitar un mal mayor, entre ellas se encuentran los supuestos contemplados en los arts. 78.3.2.º LCo, referido a la adquisición por el cónyuge del concursado de la totalidad de los bienes adquiridos por ambos y la forma en que se fijará el precio; art. 34.3 LCo, relativo a la retribución de los administradores concursales; art. 37 LCo, referido a la separación de los administradores; art. 47.1.2.º LCo, relativo a la cuantía y periodicidad de los alimentos a que tiene derecho el deudor durante la tramitación del concurso; etc.

Por último, el art. 192.1.2.º LCo hace referencia a cuestiones que no son incidentales en sentido estricto, a pesar de tramitarse por el procedimiento incidental. Estas son:

48. Garnica Martín, *Derecho Concursal Práctico...*, cit., págs. 855 a 857.

1. Por un lado, las pretensiones que deban ser ejercitadas ante el juez del concurso conforme al art. 50.1 LCo, es decir, pretensiones interpuestas posteriormente a la declaración del concurso ante los jueces del orden jurisdiccional civil o social, que de no estar declarado el concurso darían lugar a los juicios declarativos correspondientes, y de las que ahora debe conocer el juez del concurso por el trámite del procedimiento incidental. En este caso, los primeros han de declinar su competencia a favor de los jueces mercantiles, señalando a las partes que pueden usar su derecho ante él. Si los jueces con competencias civiles o sociales no actuasen así y admitieran la demanda a trámite, se produciría la nulidad de todas las actuaciones que practicaran. Hay que tener en cuenta que la LCo en este caso no habla de acumulación, sino de sustanciación de estas pretensiones ante el juez del concurso y por el procedimiento incidental.

2. Por otro, el mencionado art. 192.1.2.º LCo señala que también se tramitarán por el procedimiento incidental las pretensiones de los juicios que, ahora sí, se acumulan al concurso de acuerdo con el art. 51 LCo. Tampoco en este caso estamos ante cuestiones incidentales propiamente dichas, sino ante pretensiones que se estaban tramitando en primera instancia por los correspondientes juicios declarativos y que la *vis atractiva* del concurso hace que se acumulen a él, y la LCo, desconocedora de lo que ello puede suponer cuando las pretensiones son complejas —como las de competencia desleal, violación de patentes, etc—[49] señala que una vez producida la acumulación, se seguirán tramitando por ese híbrido que es el procedimiento incidental, sin que, como dice el art. 192.1.3 LCo, haya retroacción, lo cual puede plantear serios problemas a las partes del concurso que no lo hayan sido de los procesos acumulados, pese a que se permite su intervención desde ese momento, problemas que variarán según el tipo de proceso y según la fase en que el proceso acumulado se encuentre.[50]

Los problemas, como decimos, serán diferentes en función del tipo de juicio que se acumule al incidente y del momento procesal en que se encuentre. Si el juicio acumulado se estaba tramitando por el procedimiento ordinario, no habrá problemas si éste está en la fase de contestación a la demanda, salvo que habrá de respetarse el plazo de veinte días si el demandado ya ha sido emplazado. Si la contestación ya ha sido formulada y está pendiente la audiencia previa, ésta no se celebrará, y en cambio se procederá a convocar a las partes a juicio verbal. Si la audiencia previa se ha celebrado, ésta conserva su validez, pero en lugar de citar para el juicio se hará para el juicio verbal civil, y en este ya no se propondrán las pruebas.

49. En este sentido ver Garrido Espa, «La reforma concursal. Una visión panorámica de la Ley más esperada...», cit., pág. 33.

50. Respecto a las incidencias de nuevos juicios y de juicios declarativos en trámite, cfr. Garrido Espa, «La reforma concursal. Una visión panorámica de la Ley más esperada...», cit., pág. 33, donde echa en falta la regulación expresa en materia de recurso de apelación contra tales sentencias que no ponen fin a un incidente concursal propiamente dicho suscitado en o por razón del concurso, sino a un litigio autónomo e independiente contra el concursado, criticando asimismo la posibilidad de intervenir de cualquier acreedor y la conversión del procedimiento en un incidente.

Si el juicio a acumular se está tramitando por el juicio verbal y está pendiente el juicio, se concederá al demandado el plazo de diez días para que conteste a la demanda por escrito. Esta es la única novedad. En cuanto a los verbales especiales, es dudosa la acumulación, dadas las especialidades que poseen, y que no podrían mantenerse en el procedimiento incidental so pena de crear un nuevo incidente *sui generis*.[51]

En relación a si es posible acumular al incidente un juicio monitorio o cambiario, su naturaleza de juicios de ejecución chocaría con el carácter declarativo que exige el art. 51.1 LCo.

Para que la acumulación se produzca, el art. 51.1.1.º *in fine* LCo dice que el juez del concurso ha de estimar que su resolución tiene trascendencia sustancial para la formación del inventario o de la lista de acreedores. Sólo en estos casos, en los que se ve una vez más las amplias facultades concedidas al juez del concurso, la acumulación será posible, y por tanto, su tramitación por el proceso incidental.

Para terminar la parte relativa al objeto, señalar que la LCo explicita una serie de supuestos excluidos del objeto del incidente concursal y en los que no se admitirán los incidentes; así, el art. 192.3 LCo señala que no serán admisibles las cuestiones incidentales que tengan por objeto solicitar actos de administración o impugnarlos por razones de oportunidad. El supuesto se justifica cuando se cae en la cuenta de que la oportunidad estará presente en muchos de los actos de los administradores y quizás por ello el legislador pretenda evitar el planteamiento de incidentes por esta causa, al formar parte la oportunidad de las atribuciones de la administración concursal, pero existen actos que la administración concursal no puede realizar sin la autorización judicial, y no deja de ser paradójico que el auto que concede o deniegue la autorización judicial de esos actos que se realizan por razones de oportunidad puedan acabar generando un incidente. El art. 188.3 LCo señala: «Contra el auto que conceda o deniegue la autorización solicitada no cabrá más recurso que el de reposición, sin perjuicio del derecho de las partes a plantear la cuestión a través del incidente concursal».

5. Tramitación

La tramitación viene regulada en el art. 194 LCo, si bien el encabezamiento del artículo hace referencia sólo a la «demanda incidental y admisión a trámite». La tramitación es una caprichosa mezcla del procedimiento ordinario y del verbal; por el ordinario se tramitarán la demanda y contestación, y una vez contestada o transcurrido el plazo para ello, el proceso continuará por los trámites del juicio verbal de la LEC. Esto es lo que establece la LCo, nos guste o no; lo que no creo que debamos hacer es aplicar las normas del ordinario o el verbal según nos gusten más unas o otras, pues ello provocaría una notable inseguridad jurídica.

51. En contra Alonso-Cuevillas Sayrol, «El incidente concursal», *Revista Jurídica de Cataluña*, n.º 4, 2004, pág. 290, que sí cree que son acumulables y que se mantienen las especialidades.

El procedimiento comienza con la demanda, que se redactará en la forma establecida en el art. 399 LEC, que regula el juicio ordinario, expresando los documentos, medios e instrumentos que se aporten en relación con los hechos que fundamenten las pretensiones. La aportación de documentos e informes periciales precluye en este momento —art. 265 LEC—, pero la proposición de prueba,[52] que en el ordinario se hace en la audiencia, aquí habrá de hacerse en el juicio oral. El Proyecto, con mejor criterio, transcribía el art. 392 LEC, relativo a la regulación del procedimiento incidental. La fase siguiente es la admisión o inadmisión de la demanda a trámite, además de los presupuestos y requisitos procesales que el juez mercantil debe examinar de oficio —competencia objetiva y territorial, capacidad de las partes, etc.—.

La LCo establece un conjunto de motivos de inadmisión fundados en razones de carácter material o de fondo, como son: la «impertinencia» de la cuestión planteada o la carencia de «entidad necesaria» para su tramitación por vía incidental; dándose cualquiera de estos motivos, la demanda se inadmitirá a trámite mediante auto, contra el que cabe recurso de apelación, tramitado de acuerdo con la LEC, con las modificaciones establecidas en la LCo, según indica la remisión del art. 194.2 LCo al art. 197.1.[53] No es frecuente encontrar motivos de inadmisión relativos al fondo, que la LOPJ, en su art. 11.2 para los incidentes y otras cuestiones, reduce a manifiesto abuso de derecho o fraude de ley.

La impertinencia[54] la contempla la LEC en materia probatoria en el art. 283; es impertinente, dice, «... por no guardar relación con lo que sea objeto del proceso». Trasladado el concepto a este caso, diríamos que la cuestión incidental es impertinente cuando no guarda relación con el concurso.[55]

La carencia de entidad es concepto de más difícil precisión, ya que podría pensarse que viene referida tanto a que la pretensión no debe tramitarse por el procedimiento incidental como a que no merece un tratamiento y resolución separado del concurso.[56] Si tenemos en cuanta lo que la Ley, dice parece que el concepto encajaría mejor en el primer supuesto.

52. En el libro *Reforma concursal. Dossier Práctico*, coordinado por Villoria Rivera, Santiago de Compostela, 2004, pág. 131, en la parte relativa a aspectos procesales de carácter general es partidario de que con la demanda se propongan los medios de prueba que hayan de practicarse.

53. Serra Domínguez, *Comentarios a la Ley Concursal...*, cit., pág. 1923, entiende que la apelación se tramitará conforme a la LEC, sin especialidades; sin embargo Alonso-Cuevillas Sayrol, «El incidente concursal...», cit., pág. 1254, comparte nuestra opinión.

54. Ver nuestro trabajo «La prueba : disposiciones generales. Análisis de los artículos 281 a 298 de la Ley de Enjuiciamiento Civil. L 1/2000», *Revista Poder Judicial*, n.º 64, 2001, págs. 167 y ss.

55. Alonso-Cuevillas Sayrol, «El incidente concursal...», cit., pág. 1253, entiende que es impertinente cuando la propia ley establece la imposibilidad de plantearla, como sucede por ejemplo respecto de las resoluciones sobre nombramiento o cese de administradores concursales *ex* artículo 39 LCo. La cuestión asimismo será impertinente cuando exceda la jurisdicción del juez del concurso.

56. Serra Domínguez, *Comentarios a la Ley Concursal...*, cit., pág. 1923, entiende que carece de entidad cuando la LCo tenga prevista una distinta tramitación.

En ambos casos el legislador dice que el juez dará a la cuestión la tramitación que corresponda, lo que hará en el supuesto que carezca de entidad, pero no cuando sea impertinente. En cualquier caso será el juez quien deba motivar el auto, quedando en definitiva a su buen juicio, en un ejemplo más de los poderes concedidos al juez mercantil por el legislador.

Si por el contrario el juez admite la demanda, lo hará por providencia —con lo que la LCo se aparta de la LEC, art. 404—, emplazando a los demandados que figuren en la demanda y a las demás partes personadas, con entrega de copia de la demanda; a los que comparezcan con posterioridad, el art. 279 LEC les permite pedirlos a su costa, para que en el plazo común de diez días contesten. Contra esta providencia cabe recurso de reposición, de acuerdo con el art. 197.2 LCo.

Tanto en un caso como en otro —admisión/inadmisión— no se especifica que plazo tiene el juez para dictar el auto o la providencia. Dado que ni el procedimiento ordinario ni el incidental marcan plazo, podría ser aplicable el de 5 días del juicio verbal —art. 440 LEC—.

El art. 193.3 LCo establece la posibilidad de acumular demandas incidentales.[57] La acumulación se regirá por lo establecido en la LEC, como ley supletoria, para la acumulación de acciones —arts. 71 y ss.—, no siendo posible después de la contestación a la demanda de acuerdo con el art. 401 LEC. La LCo contempla el supuesto de que las pretensiones que se acumulen no resulten coincidentes, en cuyo caso la acumulación va a afectar a la misma, en el sentido de «obligar a contestar» a las demandas a cuyas pretensiones se opongan, si el momento de la intervención lo permitiese, supuesto que hemos visto al hablar de las partes y veremos de nuevo al tratar la contestación a la demanda.

6. Contestación a la demanda

La contestación se hará siguiendo las indicaciones del art. 405 LEC, que se remite al art. 399 del mismo texto legal, expresando, como dijimos en la demanda, los documentos, medios e instrumentos que se aporten en relación con los hechos que fundamenten las pretensiones. Para la aportación de documentos y dictámenes periciales por el demandado la LEC le permite designar el lugar donde se encuentren —art. 265.2—, o en el caso de los dictámenes, la imposibilidad de aportarlos en plazo. En este caso han de aportarse con cinco días de antelación, al menos, al señalado para la vista, pero la proposición de prueba, que, como dijimos, en el ordinario se hace en la audiencia, aquí habrá de hacerse en el juicio verbal. El plazo para formular la contestación, diez días, no se corresponde con los veinte días del ordinario ni con el más reducido de cinco de las cuestiones incidentales —art. 393.3 LEC—; quizás hayan sido los diez días, mínimo, que

57. Ver las consideraciones que sobre este tema se han hecho al hablar de la intervención de las partes y las que haremos al hablar de la contestación, ya que esta cuestión, pese a estar regulada en el art. 193.3, relativo a las partes, afecta no sólo a la intervención, sino también a la acumulación de pretensiones y a la contestación.

deben mediar en el verbal desde el emplazamiento y traslado de la demanda hasta la celebración de la vista los que han «inspirado» al legislador. El plazo puede resultar insuficiente, teniendo en cuenta que el procedimiento incidental puede aplicarse a cuestiones complejas, ya sean incidentales ya, no siéndolo, hayan de tramitarse por la vía incidental; la arbitrariedad del legislador es inexplicable.

El art. 193.3 LCo contempla el supuesto de la acumulación de demandas cuyos pedimentos no sean coincidentes. Para sorpresa de propios y extraños, el legislador dice que todas las partes —se refiere, sin duda, a las partes demandadas, que son las que contestan a la demanda— «tendrán que contestar a las demandas a cuyas peticiones se opongan, si el momento de su intervención lo permitiese...», so pena de rechazo de plano de su intervención por el Juez, sin que contra dicha resolución quepa recurso alguno.

Parece evidente que si apareces en la demanda como demandado, o compareces en tiempo y forma, deberán darte traslado de la misma y para formular oposición has de contestar a la demanda; pero la contestación, como hemos dicho, no es una obligación, sino una carga procesal, de manera que no puede obligarse al demandado a que haga uso de un trámite al que tácitamente puede renunciar; es evidente que no contestar supone no hacer frente a una carga, perder la oportunidad de oponerte y generarte una desventaja procesal de cara a la sentencia. Lo que no parece lógico es que el legislador condicione la aceptación de la intervención a la contestación de la demanda, aunque con ello esté pretendiendo reducir el numero de intervinientes.

7. Vista

Realizada la contestación o trascurrido el plazo para ello, el procedimiento continuará por los trámites del juicio verbal de la LEC, citando[58] a las partes a la vista en la forma establecida en el art. 440 LEC, en la parte que sea aplicable. Teniendo en cuenta que ya se ha formulado la contestación, el plazo mínimo de diez días que establece el citado artículo parece suficiente; por tanto, la demanda y contestación se rigen por el procedimiento establecido para el juicio ordinario y a partir de aquí por los trámites del verbal.

Las partes tienen tres días, los siguientes a la citación, para señalar las personas que deben ser citadas a declarar, de lo contrario perderán la posibilidad de que esas personas sean oídas en la vista.

En relación al desarrollo de la vista, habrá de estarse a lo preceptuado en los arts. 443 y ss. LEC en la parte en que sean aplicables —resolución de cuestiones previas, fijación de hechos relevantes, proposición, admisión[59] y práctica de pruebas, posible comple-

58. El art. 442 LEC regula la inasistencia de las partes a la vista. Si el demandante no asiste y el demandado no alega interés legítimo en la continuación del proceso, se le tiene por desistido; en cuanto al demandado es difícil que si ha contestado a la demanda y no asiste a la vista, se pueda declarar rebelde, por cuanto para contestar ha tenido que personarse, y una vez personado, la rebeldía no es posible.

59. Contra las resoluciones admitiendo o no un medio de prueba no cabe recurso de reposición sino, por aplicación del art. 446, protesta..

mento de la misma (art. 429.1.2.º LEC), etc.—. En el caso de que del contenido de la demanda y contestación pueda deducirse que no se va a proponer prueba, la vista puede que no tenga mucho sentido.

La doctrina discute si hay o no conclusiones en el juicio oral. Una interpretación gramatical estricta del art. 447.1 LEC induciría a pensar que no, pero si se han practicado pruebas, debe permitirse a las partes que realicen las pertinentes conclusiones sobre el resultado de las mismas.

Finalizada la vista, el art. 196 LCo señala que se dictará sentencia en el plazo de diez días, siguiendo lo preceptuado en el art. 447 LEC, con lo que esta referencia podía haberse suprimido, dada la remisión que se había hecho al juicio verbal en el art. 194.4 LCo.

Es dudoso que puedan admitirse diligencias finales. De una interpretación literal de la regulación legal se deduce que la respuesta es negativa; sin embargo, estimamos, con la inmensa mayoría de la doctrina, que estas pueden acordarse y que además sería una forma de suplir la insuficiencia probatoria de la vista.[60] La posibilidad de completar la prueba, con arreglo a lo dispuesto en el art. 429.1 LEC, al que se remite el art. 443 LEC, podría ser otra forma de paliar en parte la insuficiencia de la prueba.

8. Sentencia

En relación a la sentencia regulada en el art. 196 LCo, sólo se hace expresa referencia al plazo de diez días —art. 196.1 LCo— que tiene el juez mercantil para dictarla y a las costas —art. 196.2 LCo—, remitiéndose en relación a éstas a la LEC tanto para su imposición, donde rige el principio del vencimiento atenuado, como para su exacción,[61] y serán inmediatamente exigibles, una vez firme la sentencia, con independencia del estado en que se encuentre el concurso.

Una vez interpuestos y resueltos los recursos o transcurrido el plazo para ello, la sentencia deviene firme, produciendo los efectos de cosa juzgada en su aspecto negativo y positivo, por imperativo del art. 196.4 LCo.

9. Recursos

En cuanto a los recursos, el art. 197 LCo comienza —apartado 1— con una remisión en materia de sustanciación a la LEC, salvo las modificaciones que en el citado artículo se contienen.

---

60. En el mismo sentido Serra Domínguez, *Comentarios a la Ley Concursal...*, cit., pág. 1927, y Alonso-Cuevillas Sayrol, «El incidente concursal...», cit., pág. 1256.

61. Ver nuestro trabajo sobre «El coste de la justicia», *Cuadernos de Derecho Judicial*, XV, 2001, págs. 75 y ss.

El apartado 2 del art. 197 LCo se ocupa de los recursos contra providencias y autos, frente a cuyas resoluciones sólo cabe reposición, salvo que la ley otorgue otro distinto o lo excluya previamente, lo que ocurre en esta modalidad incidental en el art. 193.3 LCo que no admite recurso, o en el caso del art. 194.2 LCo, que admite recurso de apelación.

Contra los autos resolutorios de reposición no habrá recurso alguno —art. 197.3 LCo—, pero las partes podrán reproducir la cuestión en la apelación más próxima, aunque para ello establezca un presupuesto de procedibilidad, como es el haber formulado protesta en el plazo de cinco días.

En materia de sentencias, los apartados 3 y 4 del art. 197 LCo diferencian dos tipos:

a) Sentencias dictadas en incidentes concursales promovidos en la fase común o en la de convenio —art. 197.3 LCo—. Frente a estas establece que no hay recurso alguno,[62] aunque permite que las partes, previa protesta en el plazo de cinco días, que suspende la firmeza de la resolución, reproduzcan la cuestión en la apelación más próxima; el legislador, más que privar en realidad de recurso a estas sentencias, lo que pretende es eliminar una apelación independiente. La posibilidad de reproducir la cuestión en apelación puede verse dificultada cuando el incidente termina una vez conclusa la fase común o aprobado el convenio —si entendiéramos que estas fases pueden terminar sin tener en cuenta el resultado del incidente— y no sólo se haya formulado ya la apelación, sino incluso que esta haya terminado. Garnica Martín[63] ofrece dos soluciones: 1) que no se dicte la sentencia aprobando el convenio o no se notifique hasta que hayan finalizado los incidentes iniciados, o 2) que se entienda que la referencia viene hecha a la sentencia que resuelve el incidente, de forma que sean apelables separadamente todas aquellas sentencias incidentales posteriores a la aprobación del convenio.

En nuestra opinión, no debemos olvidar que estamos en un procedimiento incidental, y las cuestiones incidentales, según el art. 192.3 LCo, no tienen carácter suspensivo, y de acuerdo con la LEC han de decidirse en la sentencia antes de entrar a resolver el objeto principal del pleito, y además en ellas la impugnación no es independiente de la misma. Por estas razones la solución más adecuada parece la primera,[64] es decir, aplazar la emisión de la sentencia, máxime si tenemos en cuenta que pueden tratarse de incidentes del art. 51.1 LCo que el juez admitirá cuando estime que su resolución tiene trascendencia sustancial para la formación del inventario o la lista de acreedores que se llevan a cabo en la fase común, así como la suspensión de la emisión de aquellas actuaciones que el juez estime pueden verse afectadas por la resolución que se dicte en el incidente —art. 192.2 LCo—, aunque sea excepcionalmente.[65]

---

62. Serra Domínguez, *Comentarios a la Ley Concursal...*, cit., pág. 1944, piensa que carece de la más mínima justificación y que si se pretendía evitar retrasos debería haberse hecho referencia a los incidentes «resueltos» o a los «promovidos».

63. Garnica Martín, *Derecho Concursal Práctico...*, cit., pág. 875.

64. En contra, Garnica Martín, *Derecho Concursal Práctico...*, pág. 875.

65. Serra Domínguez, *Comentarios a la Ley Concursal...*, cit., pág. 1945, entiende que cuando no exista posibilidad de nuevas apelaciones, para evitar los efectos de la cosa juzgada, será conveniente conceder un plazo al agraviado por la resolución, una vez declarado concluso el concurso por resolución firme, para si desea mantener recurso de apelación o desiste del mismo.

b) Sentencias que resuelvan incidentes que se han planteado con posterioridad a la aprobación del convenio o durante la fase de liquidación —art. 197.4 LCo—. Contra estas sentencias cabrá recurso de apelación, que se tramitará con carácter preferente y en la forma prevista para las apelaciones dictadas en el juicio ordinario, aunque al unificarse la apelación en la LEC —arts. 455 y ss.— esta referencia no tiene mucho sentido.

La apelación, por aplicación del art. 456 LEC, carecerá de efectos suspensivos, limitándose al devolutivo propio de los recursos. Esta es la regla general para las sentencias desestimatorias. Si tenemos en cuenta el apartado 5 del art. 197 LCo —la suspensión de aquellas actuaciones que puedan verse afectadas por su resolución—, habrá de solicitarse a instancia de parte en el escrito de interposición de la apelación u oposición a la misma o puede acordarse de oficio, en ambos casos, motivadamente. La decisión acordando la suspensión podrá ser revisada por la Audiencia Provincial competente para conocer de la apelación —art. 82.4 LOPJ reformado por la LO 8/2003 de 9 de julio— en la forma que establece el art. 197.5 LCo.

En cuanto a los recursos extraordinarios de casación e infracción procesal,[66] el 197.6 LCo dice:

a) Que caben de acuerdo con los criterios de admisión previstos en la LEC, con lo que se produce una remisión al art. 466, relativo a los recursos contra sentencias de segunda instancia, y en el que su apartado 2 dice: «Si se preparasen por la misma parte y contra la misma resolución los dos recursos a que se refiere el apartado anterior, se tendrá por inadmitido el recurso de casación», luego la «y» del art. 197.6 LCo hay que entenderla con esta precisión. La remisión alcanza asimismo a los arts. 473 LEC respecto a la admisión del recurso extraordinario por infracción procesal y 483 LEC respecto al mismo tema de la casación.

b) Que caben contra las siguientes sentencias dictadas por las Audiencias Provinciales: las relativas a la aprobación (o no) y al cumplimiento (o no) del convenio, las referidas a la calificación o conclusión del convenio y las que resuelvan acciones —pretensiones— de las comprendidas en las secciones tercera y cuarta.[67, 68]

---

66. El tema de ambos recursos extraordinarios está tratado ampliamente por Serra Domínguez, *Comentarios a la Ley Concursal...*, cit., págs. 1949 y ss.

67. En *Reforma concursal. Dossier práctico*, coordinado por Villoria Rivera, cit., pág. 132, se afirma que «El acceso a casación de las sentencias dictadas en apelación al resolver incidentes relativos a las secciones tercera y cuarta, sobre la determinación de la masa activa y masa pasiva del concurso, respectivamente, resulta extraña, en la medida que la ley no prevé el recurso de apelación contra tales sentencias. No obstante, entendemos que el acceso a apelación de tales sentencias hay que entenderlo implícitamente reconocido, en virtud de lo dispuesto por el art. 197 LCo».

68. El texto del Proyecto era más claro, no sólo porque utilizaba la disyuntiva «o» en relación al recurso de casación y el de infracción procesal, sino porque hacía expresa referencia a las resoluciones que rechazaran o incumplieran el convenio.

La LCo restringe estos recursos a las sentencias, excluyendo a los autos definitivos.[69] En cuanto a las sentencias que resuelven pretensiones de las comprendidas en la sección tercera, estarían las de anulación de los actos del concursado que infrinjan disposiciones legales —art. 40.7 LCo—, resolución de contratos con obligaciones recíprocas —art. 61.2 LCo—, resolución de contratos por incumplimiento —art. 62.2 LCo—, rescisión e impugnación de actos perjudiciales para la masa pasiva —art. 72.3 LCo— e impugnación de inventario —art. 96.4 LCo—. En relación con la sección cuarta, están las resoluciones de reconocimiento de crédito —art. 86.1 LCo—, impugnación de la lista de acreedores —art. 96.4 LCo— y juicios contra el deudor acumulados al concurso.[70]

Una vez firme la sentencia, ésta producirá efectos de cosa juzgada por exigencias del art 196.4 LCo: «Una vez firmes, las sentencias que pongan fin a los incidentes concursales producirán efectos de cosa juzgada».

69. Con acierto observa Garnica Martín, *Derecho Concursal Práctico...*, cit., pág. 878, que «Si bien en algunos de estos supuestos está prevista la posibilidad de que se resuelva por auto en la instancia, como ocurre en el art. 176.1 y 2 respecto a la conclusión del concurso o en el 139.3 respecto al cumplimiento del convenio, cuando existe contencioso (cuando hay oposición) se sustancia por los tramites del incidente concursal y se resuelve por medio de sentencia, arts. 140.2 y 3 y 176.5».

70. Todas estas acciones han sido recogidas de Serra Domínguez, *Comentarios a la Ley Concursal...*, cit., págs. 1954 y 1955; el mismo autor, refiriéndose al interés casacional, dice, en la pág. 1957, que mientras no se modifique la defectuosa regulación del interés casacional, pueden señalarse las siguientes orientaciones en torno al acceso a casación de las sentencias dictadas en los incidentes concursales: a) Las sentencias dictadas por las Audiencias Provinciales hasta el día 1 de septiembre de 2009, fecha en que se cumplirán los cinco años de entrada en vigor de la Ley Concursal, tendrán siempre acceso a casación sobre aquellos puntos en los que no exista doctrina jurisprudencial; b) las sentencias dictadas con posterioridad a dicha fecha únicamente tendrán acceso a casación, de no haberse modificado la regulación legal o la interpretación dada por el TS al art. 477.3 LEC o declararse ésta inconstitucional, siempre que se opongan a una doctrina jurisprudencial del propio TS o puedan citarse cuatro sentencias de las Audiencias Provinciales discrepantes; c) debería en todo caso, en una interpretación correcta de la norma legal, ser posible la casación, incluso con posterioridad al día 1 de septiembre de 2009, cuando la cuantía del proceso concursal fuera superior a 150.000 euros, o cuando teniendo el incidente concursal sustantividad propia, la cuantía fuera igualmente superior a dicha suma; o bien cuando la sentencia dictada fuera contraria a la jurisprudencia del TS o existiera jurisprudencia contradictoria de la Audiencia Provincial.

Las Cortes Supremas y la Corte de Casación italiana después de la reforma de 2006. Análisis comparado*

Federico Carpi
Ordinario de la Universidad de Bolonia
Presidente de la Asociación Internacional de Derecho Procesal

1. Una premisa

El tema que trataré concierne las recientes reformas a la Corte de Casación Italiana

Dividiré mi relación en dos partes: en la primera daré algunas indicaciones elementales, sobre diversos tipos y funciones de las cortes supremas; en la segunda, examinaré los puntos principales de la reforma llevada a cabo en Italia con respecto a la Corte de Casación.

De tal modo, contextualizando cuestiones internas en el más amplio escenario comparado, espero ser de algún interés y utilidad.

2. Líneas de tendencia de las Cortes Supremas

Veamos las principales líneas de tendencia de las Cortes Supremas entendidas como tercera instancia de un proceso civil.

Un gran comparatista, Tony Jolowicz, en la bella relación general presentada en el coloquio de la *Internacional Association of Procedural Law* de 1997 en Thessaloniki (Grecia) sobre el tema «*The Role of the Supreme Courts at the National and International Level*»,

---

*. Conferencia al XXIV Congresso Nacional de Derecho Procesal del l'Associatión Argentina de Derecho procesal (Mar del Plata 9-10 novembre 2007). Tradución a cargo de Eduardo Oteiza y Francisco Verbic.

comienza con una consideración que parece casi fruto de un desconsolado pesimismo. Él considera que las Cortes Supremas analizadas en las relaciones nacionales «*...have only two things in common: they are «supreme» in the sense that no recourse against their decision is available to any other court and they are, themselves, courts*». En realidad, así expresado, pareciera ¡demasiado poco! Y tal vez ni siquiera comprensivo de todos los modelos; en ese sentido es preciso tener presente que ahora contra las sentencias de la Corte de Casación es posible proponer su revocación por error de hecho.

También resulta necesario pensar que el escenario de aquel bellísimo coloquio era muy amplio, ya que comprendía las Cortes supranacionales (como la Corte de Justicia de la Comunidad Europea y la Corte Europea para los Derechos del Hombre), Cortes Constitucionales y Cortes de última instancia.

Yo, en cambio, examinaré únicamente las Cortes de última instancia y diré que entiendo que en muchos Países del mundo, que también adoptan modelos diversos de Cortes Supremas, se debe tener presente un péndulo que oscila —como aquel bien conocido de Foucault, que todavía hoy, inmenso, ondea en la penumbra del Panteón—, entre finalidades contrapuestas que influencian la estructura y la disciplina jurídica.

Finalidades que, como afirma el propio Jolowicz, son en sustancia comprendidas en dos grandes tipologías:

a) *Finalidades públicas*, consistentes en la interpretación uniforme, armonización y desarrollo del derecho a través de la correcta aplicación del juez.

b) *Finalidades privadas,* que son evidenciadas en el hecho que —salvo casos excepcionalísimos, como en Italia el recurso de Casación del Procurador general en el interés de la ley, o en Francia la denominada *saisin sur avis*— el proceso ante la Corte Suprema se desenvuelve sobre un recurso del individuo y la Corte no emite una opinión, sino que resuelve la controversia singular con una sentencia destinada a pasar en cosa juzgada.

He simplificado mucho el discurso pero no me parece equivocado observar que en todos los modelos identificables, con particularidades propias, el péndulo oscila entre estos dos extremos, y una y otra vez, en los distintos Países y en las diversas épocas históricas, asume con cierta profundidad una o la otra finalidad, no solo de acuerdo a las elecciones abstractas de las normas, sino también de acuerdo a las consecuencias concretas de la estructura organizativa, de las actitudes culturales de jueces y abogados, y de las reglas para el acceso a las Cortes.

3. Los modelos de Cortes Supremas

Descendiendo a lo concreto, los tres grandes modelos de Cortes Supremas de última instancia son, como es bien sabido, la *Revision* (véase un ejemplo en el *Bundesgerichtshof* alemán), *l'Appeal* (como la *House of Lords* inglesa), la *Cassazione* (como para la *Cour de cassation* francesa o la *Corte di Cassazione* italiana).

a) La Revision: en principio sólo deberían ser tratadas cuestiones de derecho

Los países de referencia son Alemania, Austria, Suiza y Hungría.

Sobre todo en Alemania se ha asistido a una expansión de la noción de cuestión de derecho, de manera similar a lo que aconteció para las Cortes de Casación, en particular, a través del control de la motivación de la sentencia del juez de mérito.

Son frecuentes los casos en que la Corte suprema se pronuncia también sobre el mérito.

De aquí que la finalidad pública, consistente en asegurar la interpretación uniforme del derecho, es perseguida con el establecimiento de rigurosas condiciones de acceso a la Corte, incluso en lo que concierne a los defensores habilitados, que son muy pocos.

El consiguiente número limitado de casos decididos cada año hace que los comentaristas subrayen que el interés privado resulta bien tutelado por los tribunales de primer grado y por las Cortes de segundo grado, que examinan tanto las cuestiones de derecho como las de hecho.

b) El sistema del appeal

En principio, en los países donde la Corte suprema funciona como Corte de apelación pueden ser examinadas cuestiones de derecho como de hecho.

En 1876, cuando la *House of Lords* fue reconstituída como órgano jurisdiccional, sus funciones fueron individualizadas de la siguiente manera: «*...to determine what of right and according to the law and custom of the realm, ought to be done in the subject matter of the appeal.*» (*Appelate Jurisdiction Act*, 1876).

En Inglaterra, la *House of Lords* es libre de examinar tanto cuestiones de derecho como de hecho, pero en concreto son extremamente raros los casos en que resultan reexaminados los hechos de la causa.

La función pública de brindar directrices sobre el derecho es posible realizarla debido a que son pocos los casos decididos cada año, los cuales comprenden —en general— cuestiones complejas de derecho.

Algo similar sucede en otros países del *Common Law*, como por ejemplo en los países escandinavos (con diferencias entre ellos), en Australia y en los Estados Unidos, con la Corte Suprema Federal.

c) Cassazione

Los sistemas de casación fueron inspirados por el *Tribunal de Cassation,* surgido de la revolución francesa, también como reivindicación de la división tripartita de poderes (posteriormente devenido en *Cour de Cassation*, en el año 1805) a través de la anulación de la sentencia de mérito contraria a derecho, que garantiza la observancia de la ley.

Desde este punto de vista predomina la función pública, como evidencia el artículo 65 del ordenamiento judicial italiano que dentro de poco examinaremos.

Sin embargo, dos desarrollos se han impulsado hacia la función privada, que llamaré de la justicia del caso individual.

1. La Corte de Casación, por la vía del control de la motivación de la sentencia impugnada, ha prestado atención a las cuestiones de hecho y no sólo a la interpretación uniforme del derecho.

2. El principio por el cual la sentencia de la Corte de Casación no es sustitutiva de las decisiones de mérito, que viene solo anulada, con la eventual prosecución del proceso delante del juez de reenvío (un juez de igual grado respecto a aquel que pronunció la sentencia anulada), sufre excepciones cada vez más numerosas, tanto en Italia como en Francia.La razón de las elecciones normativas viene generalmente explicada por su mayor rapidez y economía.

   Más allá de los motivos por los cuales se han abierto las mencionadas excepciones, por dicha vía la Corte se aleja de sus funciones típicas de juez de legitimidad y se convierte en un tercer grado de mérito. Tan es así que, impulsada por una sentencia de la Corte constitucional, la reforma del 2006 ha previsto la posibilidad de impugnar la sentencia de Casación a través de la revisión por error de hecho.

   Con lo que resulta aplicable —aunque sea en parte— el dicho «*Quis custodiet custodes?*», que sirve de título a un notorio estudio de Mauro Capelletti, y se disuelve la imagen neoclásica evocada hace muchos años por Enrico Redenti, para quien la sentencia de la Corte de Casación nace con el escudo y la espada, como *Minerva dal capo di Giove* (Júpiter), en el sentido de que tiene el óleo sagrado de la cosa juzgada apenas viene depositada y hecha pública.

   Termina por parecer paradójico que las Cortes de modelo francés, que en su origen tenían como finalidad el control de la correcta aplicación e interpretación del derecho, hayan evolucionado (o involucionado) en sentido contrario, para hacer surgir la justicia del caso individual, mientras que las Cortes de modelo anglosajón hayan evolucionado en sentido opuesto (del examen del hecho al examen del derecho puro).

   Una de las causas —pero no la única, como veremos— de dicha evolución la encontramos en la existencia de condiciones rigurosas para el acceso a la Corte, presentes en países del *common law*, y ausentes en Italia con el consiguiente gran número de causas. Además, también las diferencias culturales generales en los operadores jurídicos (en particular los abogados) juegan un rol que no deja de ser relevante, junto al nuevo desarrollo de elementos garantistas (no debe olvidarse que en la Constitución italiana el artículo 111, párrafo 7°, prevé como garantía constitucional la posibilidad de recurrir en Casación contra las providencias definitivas por violación de ley).

Estas situaciones han determinado una crisis de la Corte de Casación, no sólo en Italia, sino también, aunque en diversa medida, en Francia y España (donde se discute sobre el alcance de la LEC del 2000).

En este clima maduró la reforma del 2006 que, estando a los desarrollos contenidos en la exposición de motivos, se debería exaltar la función nomofiláctica de la Corte, haciéndola salir de la crisis, que la doctrina ha estudiado desde los años 80 del siglo pasado, y de la ambigüedad evidenciada por Michele Taruffo en sus conocidos ensayos.

4. *Italian Supreme Court in a nutshell*

Efectuadas estas consideraciones comparatistas, me parece interesante presentar a una audiencia extranjera la Corte de Casación que tiene sede en Roma, en un histórico y pomposo palacio del ochocientos, con pasillos enormes y espacios mal distribuidos.

Se podría decir: *the Italian Supreme Court in a nutshell!*

Me valdré de datos estadísticos oficiales:

De manera esquemática señalo:

1) *Numero de jueces:*

Estructura orgánica: 396
Cubiertos efectivamente: 340, entre los cuales hay un primer presidente, 41 presidentes de sección, 262 consejeros; además de éstos: 1 magistrado de apelación destinado a la Corte (oficina de máximas), 35 magistrados de tribunal destinados a la Corte de Casación (oficina de máximas, centro de documentación electrónica, etc.).

2) *Magistrados asignados a la Procuración general:*

Estructura orgánica: 72
Cubiertos: 72
Además de éstos, 18 asignados a la Dirección Nacional Antimafia.

3) *Número de secciones:*

Civiles: 5 (incluida la V, tributaria).
Penales: 7.

4) *Número de causas resueltas* (con providencias de distinto tipo).

   En el 2006: 29.641
   En 1996: 14.193
   En diez años se han redoblado.

5) Número de recursos tratados:

   2006: 35.169
   1996: 14.846

6) Número de procesos pendientes:

   2006: 100.609
   1996: 37.080

7) Duración del proceso:

   2006: 30 meses
   1996: 31 meses
   Promedio de duración: 30 meses.

8) Materias: las más frecuentemente tratadas:

   Tasas: 20,7 %
   Trabajo: 15,4 %
   Seguridad social: 8,4 %
   Contratos y obligaciones: 5,9 %
   Reparación equitativa por duración irrazonable del proceso: 5,6 %
   Responsabilidad civil: 3,9 %

Este es el cuadro general de conjunto.

De ello resulta evidente que se trata de un órgano con muchos magistrados, muchas sentencias emitidas, muchas causas pendientes.

Exactamente lo contrario de las principales Cortes del *Common Law*, inspiradas en el sistema del *appeal*.

5. Los abogados ante las Cortes de Casación Italiana y Francesa

Otro elemento a considerar, con mayor detenimiento que el que hasta el momento se le ha dedicado, es el número de abogados habilitados para desarrollar una defensa en Casación. Ellos, en el 2006, ascendían a 37.242.

En realidad aquellos que verdaderamente ejercen en Casación son muchos menos, porque normalmente es la antigüedad de la inscripción en la matrícula lo que consiente la inscripción en el registro especial de Casación (existe también un examen, pero muy pocos lo sostienen).

Esto significa que gran parte de los abogados están habituados a tratar la causa en sus aspectos de hecho, y no sólo en los de derecho, como deberían.

De allí que la técnica de redacción del recurso no siempre es correcta y que el número de abogados es una concausa de la sobrecarga.

La redacción del recurso de casación no sólo presenta cuestiones técnicas de defensa de la parte derrotada, sino que también ejerce influencia sobre el modo en que la Corte de Casación ejercita las funciones a ella exigidas por el artículo 65 del Ordenamiento Judicial, y en particular la fundamental función nomofiláctica, orientada a asegurar la exacta y uniforme interpretación del derecho sobre el territorio nacional.

La sobrecarga de causas —lamentada por las Cortes supremas y por los ordenamientos de muchos países, y en particular por nuestra Corte— es influenciada en buena medida por la técnica de redacción del recurso, aunque ciertamente no sólo por esto.

Desde el punto de vista subjetivo, el primer aspecto relevante concierne precisamente a la defensa técnica.

Para alcanzar tanto la Corte de Casación, como su hermana mayor francesa, es necesario atravesar un puente, bajo el cual fluye un río.

Ya desde el punto de vista hídrico algunas diferencias existen: el Tevere, que nosotros amamos en nuestra latinidad, normalmente no tiene un gran cauce, y tampoco invita a bañarse en él; el Sena es recorrido constantemente de *bateaux mouche* y fluye solemne y cautivante. A nosotros no nos interesa tanto esta diferencia como las observaciones de los abogados que pueden atravesar el puente, *vulgo* defender a quien pide justicia.

En Italia la multitud es enorme, hasta hoy más de treinta y tres mil personas, mientras el *Palais de Justice*, que se encuentra sobre *Ile de la Cité,* a partir del siglo XII por voluntad de los *Capetingi*, puede ser alcanzado por un número de abogados que asciende sobre los noventa (hasta el 1° de enero de 2003) con un número total de puestos de sesenta (explicaré ahora el por qué).

Los abogados en el *Conseil d' Etat* y en la *Cour de Cassation* —en la práctica llamados *avocats aux Conseils*— tienen la calidad de oficiales públicos, con una Orden nacional especial.

Las raíces históricas de esta limitación son antiguas: ya bajo Enrique III fue restringido el número de abogados habilitados para defender delante del *Conseils du Roi*.

La revolución al crear en 1790 el *Tribunal de Cassation*, progenitor de las Cortes supremas francesa e italiana, fijó en cincuenta el número de abogados habilitados, para después llevarlo a sesenta por medio de la ordenanza del 10 de septiembre de 1817, y la ley del 15 de marzo de 1978 que instituyó las sociedades profesionales no modificó el número de puestos, en el intento declarado de no banalizar el recurso de casación. Los puestos son siempre aquellos, aún cuando las sociedades profesionales, titulares del puesto, pueden tener más abogados (de aquí la no coincidencia puestos —números).

La directiva comunitaria sobre el establecimiento de los abogados, del 16 de febrero de 1998, consagró en el plano europeo los abogados especializados ante las Cortes Supremas. Las condiciones para llegar a ser *avocats aux Conseils* son múltiples: la nacionalidad francesa o europea; tener la *maîtrise de droit*; contar con la habilitación para actuar ante la Corte de Apelación; haber efectuado una práctica de tres años en el estudio de un *avocats aux Conseils*; superar un examen (que no puede ser repetido en más de tres ocasiones) delante de una comisión compuesta de un consejero de Estado, un consejero de casación, un profesor de derecho y tres *avocats aux Conseils*; así como otras condiciones burocráticas (buena moralidad, ausencia de condenas penales, ausencia de quiebra). Después del examen es necesario encontrar un puesto por jubilación o muerte de un titular o cuando un abogado a cargo decida asociarlo.

La nómina es hecha por el Ministro de Justicia.

También la Orden es autónoma y separada. Con un cierto énfasis se lee en un opúsculo oficial de la *Cour de cassation* «*Au terme d'une longue évolution, ayant pour honneur et pour mission de concourir á l'accomplissement des tâches des plus hautes juridictions franÇaise, l'Ordre des avocats au Conseil d'Etats et á la Cour de cassation a forgé une tecnique juridique originale qui explique son autonomie au seine de l'ensemble des représentants de la défense. Son privilège, s'il en est un, réside dans le maintien de l'indispensable compromis qu'il s'est efforcé de rechercher entre lesintérêts du justicialble et les exigences de l'accomplissement par les plus hautes juridiction de la mission spécifique qui est la leur*».

El reclamo de equilibrio entre el interés del recurrente y las funciones generales de la Corte de Casación es constante.

Cabe agregar que la defensa de los *avocats aux Conseils* no siempre es requerida, resultando excluida en materia de trabajo, ejercida por el *Conseil des prud'hommes*, en materia electoral, expropiatoria y en los casos de resarcimientos por daños a las víctimas que se hubieran contagiado el virus HIV por medio de transfusiones.

Esta ausencia de defensa técnica según Roger Perrot sería una de las causas de las demoras en la *Cour de cassation* (junto al aumento del número de recursos, la calidad de la técnica legislativa, etc.).

El sistema de número cerrado rige también en Bélgica, donde los abogados de la casación son dieciséis, nombrados por el Ministro de justicia sobre propuesta de la Casación; mientras que en Alemania actualmente son veintinueve.

El sistema italiano se funda en concreto en la antigüedad del servicio y lleva a los números que he citado.

Así me detengo sobre la citada fotografía. Creo que algo tiene que ser modificado con la reforma del ordenamiento profesional que se está gestando, para así conseguir un equilibrio eficaz entre los intereses del recurrente y aquellos superiores del ordenamiento, que no pueden omitir depurar la casación de la demasía y la vanalidad.

En la redacción material del recurso —como en el fondo de cada acto procesal— es fundamental que el abogado siga la ética de la esencialidad.

Ética de la esencialidad significa omitir la demasía y la banalidad, en sustancia, aquello que es inútil para cumplir el objetivo prefijado.

Significa describir con claridad los pasajes fundamentales de los hechos de la causa, tomando conciencia de que un recurso bien planteado sobre el punto ha completado un gran trecho del camino hacia su acogimiento.

Significa centrar el objetivo sobre aquello que se considera el error o los errores cometidos por el juez de mérito. Es por cierto criticable —y según mi juicio para nada provechoso— el comportamiento de ciertos defensores consistente en dejar sobre la mesa del juez un enorme número de cuestiones, pensando que cualquier argumento podría ser considerado, depositando en manos del juez la elección de aquellas cartas que el propio defensor no supo individualizar.

Esto es también reprobable en la fase de mérito, pero lo es todavía más en aquella de legitimidad.

En este sentido se puede comprender la previsión en la reforma del 2006 que establece que «la obligación que el motivo del recurso se cierre, bajo pena de inadmisibilidad del mismo, con la clara enunciación de un interrogante de derecho».

Se puede comprender la reforma como una *bacchetatta sulle dita* (un golpe sobre los dedos) pero no compartir la idea de que así se resuelven los problemas de la Casación.

La novedad, que encuentra causa en la ya mencionada patología en la redacción del recurso, corre el riesgo de revelarse como una mera herramienta burocrática para crear inadmisibilidades de tipo formalístico, también cuando no todo resulte incluido en la enunciación defensiva del interrogante.

Bien otras serían las prospectivas para una verdadera renovación.

La *Cour de cassation* francesa, que tomé en consideración en lo que concierne a los sujetos que la frecuentan, ha sufrido varias reformas, desde el fin de la segunda guerra mundial, que tuvieron como ambición si no remediar la duración de los procesos y la tendencia hacia un tercer grado de mérito, por lo menos atenuar los daños.

Tales reformas versaron sobre la estructura de la Corte, su funcionamiento y los instrumentos para limitar el número de recursos.

Al final, todavía hoy recuerda Roger Perrot «*le véritable probléme réside dans le fair que la Cour de cassation est encombrée de pourvois qui normalment n'auraient jamais dû éter formés et qui le sont néanmoins sois pour entretenir un état contentieux, soit pour tenter une derniére chance*». Vendría bien decir que todo el mundo es como una aldea.

Sin embargo —teniendo en cuenta que existe una actitud psicológica de nuestra época que impulsa a la parte a utilizar todos los medios que la ley pone a su disposición— cualquier idea de reforma pragmática a bajo costo nos viene desde más allá de los Alpes.

Sobre una de ellas he llamado la atención algunos años atrás: para desalentar los recursos dilatorios, quitándoles interés, el artículo 1009 —1 *nouv. c.pr.civ.* establece que si el recurrente no demuestra haber ejecutado la sentencia impugnada (y salvo los casos de suspensión, remitidos al primer presidente de la *Cour* y no al juez *a quo* como sucede entre nosotros) el proceso viene archivado y el expediente guardado en un armario hasta que no sobrevenga tal demostración.

Más aún: la ley del 15 de mayo de 1991 introdujo la denominada *saisine pour avis*. El juez de mérito puede requerir a la Corte una opinión sobre cuestiones de derecho, objeto de diferentes o inciertas interpretaciones. El *avis* no es vinculante, de otra forma sería violado el art. 5 del cod. Civ. que prohibe los *arrêts de réglèment*. Sin embargo, la parte que ha perdido la causa ante el juez de apelación, en caso que el *avis* de la Corte hubiera sido solicitado, se convencerá pronto que las posibilidades de vencer en un recurso ulterior son muy escasas.

El discurso nos llevaría lejos.

Deseo sólo señalar, en conclusión, que en estos años muchas voces se alzaron para afirmar que la reforma de la Casación debe pasar a través de un sistema de filtros del recurso (desde Denti a Taruffo, Chiarloni, Proto Pisan y Silvestri).

Camino que no aparece ni siquiera mencionado en el decreto legislativos n. 40/2006, el cual prefiere apuntar —además de la obligación del recurrente de enunciar la cuestión de derecho— sobre el vínculo para las secciones simples derivadas del precedente de las secciones unidas, sobre la extensión de la decisión en el mérito en caso de violación de normas procesales, y sobre la ampliación de las providencias impugnables.

Tengo algunas dudas de que tales indicaciones resulten de utilidad para el alto rol de la Corte Suprema.

Por el momento debo observar que un filtro óptimo para los recursos dilatorios, inadmisibles o infundados, derivaría de la correcta técnica de redacción del recurso.

Esto no resolvería el problema, pero ayudaría mucho.

Y como el hombre es débil y consiente el pecado, sea cuando conduce como cuando accede a la Corte, entonces resulta necesario también pensar en sanciones para los casos evidentes: pienso en una utilización más amplia y precisa del art. 96 c.p.c., como hicieron las secciones unidas en los conocidos casos de los reglamentos preventivos de jurisdicción, cuando un recurso manifiestamente inadmisible o infundado determinaba la parálisis del juicio *a quo*, antes de la reforma del art. 367 c.p.c. [No encuentro ningún antecedente que explique la referencia al tema]

No veo por qué aquella experiencia no puede ser retomada también hoy.

6. La función nomofiláctica de la Corte de Casación y las reformas del 2006

El art. 65 del Ordenamiento Judicial (r.d. 30 del enero de 1941, n. 12 y modificatorias) establece solemnemente que «La Corte Suprema de Casación, como supremo órgano de justicia, asegura la exacta observancia, la interpretación uniforme de la ley, la unidad del derecho objetivo nacional, el respeto de los límites de las distintas jurisdicciones; regula los conflictos de competencia y de atribución, y cumple con las otras tareas a ella conferidas por la ley».

Parece evidente que la norma enfatiza la función pública de la Corte, tan es así que el recurso recuerdo del individuo, en aquel tiempo, era considerado —también sobre el recuero del pensamiento de Piero Calamandrei expresado en la famosísima obra sobre la Casación Civil— un instrumento para activar la función nomofiláctica.

Distinta es a mí entender la prospectiva perseguida por el art. 111, párrafo 7°, de la Constitución que prevé la garantía constitucional de recurrir en Casación contra todas las providencias definitivas y decisiones por violación de normas de derecho.

La norma, y sobre todo su aplicación y extensión por obra de la praxis, es una de las concausas de la sobrecarga de la Corte.

Por lo tanto —y llegamos al signo de la reciente reforma— el art. 1, apartado 3°, inc. a) d.l. n. 35 del 2005 ha delegado en el Gobierno el poder de dictar normas para reformar la Corte de Casación con la finalidad de asegurar la función nomofiláctica, fijando algunos criterios que fueron excedidos por el d.lgs. n. 40 del 2006, que entró en vigencia el 2 de marzo de 2006.

La intención consistía en encauzar la tendencia de los últimos treinta años hacia una casación que desarrolle funciones de tercera instancia, que examine incluso el mérito de la causa.

Las intervenciones reformadoras — que no han afrontado el verdadero problema de los filtros para el acceso a la casación, lo cual, entre otras cosas, habría significado la reforma constitucional del art. 111— son a mí entender contrastantes.

Intentaré ser sintético, dejando a un lado las particularidades.

En manera indirecta las siguientes normas parecerían acentuar la función nomofiláctica:

a. El nuevo art. 374, apartado 3°, c.p.c. establece que si la sección simple de la Casación considera que no comparte el principio de derecho enunciado por las secciones unidas, remite a éstas últimas, con ordenanza motivada, para la decisión del recurso.

La norma tiene un notable valor sistemático y tiende a subsanar los contrastes jurisprudenciales que pueden verificarse dentro de Corte de Casación.

Existe ya quien ha invocado el espectro del art. 101, apartado 2°, de la Constitución, porque termina por imponer la decisión al juez, amenazando su independencia.

A mí no me parece que sea ésta la objeción principal a una norma que tiende a asegurar la uniformidad en la interpretación, cuya ausencia no sólo incide sobre la persuasividad del precedente, sino que también causa agrava la litigiosidad del juez de mérito.

Sobre todo, atribuye un valor a la sentencia de las secciones unidas, que sólo podría ser compartido si se estuviera en presencia de poco jueces, componentes de una misma sección, que deciden pocas causas. [Controlar el sentido]

Es indudable el daño al trabajo: la ordenanza motivada de desacuerdo terminará por ser una media sentencia, y a la que luego se agrega la sentencia.

b. El nuevo art. 384, apartado 1°, establece que la Corte enuncia el principio de derecho cuando anula la sentencia impugnada por violación o falsa aplicación del derecho, como siempre ha ocurrido, siendo éste el núcleo fundamental del control de legitimidad.

No obstante, la norma extiende enormemente los pronunciamientos sobre el principio de derecho, ya que parece establecer que en cada caso tal principio debe ser enunciado aún cuando el recurso es rechazado. Además, en cada hipótesis de decisión que presente una cuestión de particular importancia, el principio también debe ser enunciado.

La consecuencia será el notable aumento de precedentes, mientras la persuasividad de éstos es mayor cuando configuran la verdadera *elite* de las sentencias y no presentan oscuridades o incertezas.

c. Otra norma que parece enfatizar la función nomofiláctica es el art. 366 bis c.p.c., en el sentido de que cualquier motivo de recurso «se debe concluir, bajo pena de inadmisibilidad, con la formulación de un interrogante de derecho que consienta a la Corte enunciar un principio de derecho correspondiente».

La prescripción —que tanto preocupa a los abogados— tiene un significado «educativo» sobre la técnica de redacción del recurso y termina por establecer un filtro indirecto *ex post*: si la cuestión está planteada deficientemente, la Corte se pronuncia rápidamente en *camera di consiglio*.

7. Los aspectos de la Casación como juez de tercera instancia

Se puede decir, siempre a vuelo de pájaro, que la reforma tiene como contra el haber enfatizado el aspecto (privado) de la Corte, como juez de tercera instancia, por lo menos con las siguientes novedades:

a) El art. 360 n. 3 c.p.c. consiente denunciar la violación o falsa aplicación no solo del derecho (que he definido como el núcleo duro del recurso de casación), sino también de contratos y acuerdos colectivos de trabajo.

   La interpretación de éstos últimos es cuestión de hecho y no de derecho, con el consiguiente juzgamiento de mérito de la Casación.

b) El art. 384 c.p.c. amplía los casos en que la Casación se pronuncia también sobre el mérito, después acoger el recurso, sin tener que remitir la causa al juez de reenvío.

   Si esto resulta funcional en términos de rapidez, eliminando un grado de juicio, ciertamente no se puede decir que lo sea de acuerdo a las funciones «puras» de la Corte como juez de legitimidad.

c) Finalmente, el art. 375 c.p.c. amplía los casos en que la Corte se pronuncia en *Camera di Consiglio*, a los efectos de deflacionar la carga de trabajo, impulsándose una decisión rápida en supuestos de recursos manifiestamente infundados o manifiestamente fundados.

8. Conclusiones

Muchas otras cosas podrían decirse, pero no puedo entrar en los detalles.

En conclusión, considero que la reforma del 2006 no logró sacar a la Corte de Casación de su ambigüedad de fondo: el péndulo continúa oscilando entre juicio de legitimidad y juicio de tercer grado.

Aquellos que tienden a enfatizar el aspecto garantista del recurso de casación para el ciudadano, en presencia de (verdaderos o presuntos) errores graves de juicio (y, por tanto, de mérito), no toman conciencia de que la verdadera ventaja para el individuo y para toda la colectividad sería contar con la posibilidad de utilizar precedentes jurisprudenciales persuasivos, claros y no contradictorios.

Solo así la función nomofiláctica podría ser útil para contener la explosión de la conflictividad judicial que aflige al sistema de justicia, no sólo italiano, sino de muchos países del mundo.

La experiencia en la aplicación de la reforma del 2006 nos dirá si las luces son mayores que las sombras.

9. Nota bibliográfica

Muchímos son los estudios sobre la Casación en Italia y sobre las Cortes Supremas del mundo.

Obras generales:

CALAMANDREI, *La Cassazione civile* (2 vol., I edición 1920), en Opere giuridiche al cuidado de Cappelletti, VII, Napoli, 1976; traducido al español por S. Sentís Melendo, Buenos Aires, 1945.

Cappelletti, *Riflessioni sulla creatività della giurisprudenza nel tempo presente*, en Riv. trim. dir. e proc. civ., 1982, p. 774 ss.; en inglés con el título *The Law —Making Power of the judge and its limits: a Comparative Analysis*, in 8 Monash L. Rev., 1981, p. 15-67.

TARUFFO, *Il vertice ambiguo. Saggi sulla cassazione civile*, Bologna, 1991.

The Role of the Supreme Courts at the national and international level, ed. by P. Yessiou — Faltsi, Thesaloniki, 1998.

SONELLI, *L'accesso alla Corte suprema e l'ambito del suo sindacato*, Torino, 2001.

PANZAROLA, *La cassazione civile giudice del merito*, Torino, 2005.

CARPI-TARUFFO, *Commentario breve al c.p.c.*, V ediz., Padova, 2006.

Artículos más significativos sobre la reforma:

Antes de la reforma:

Per la Cassazione civile, ensayos en Foro it., 1987, V, c. 205.

Il giudizio di Cassazione nel sistema delle impugnazioni, Roma, 1992, (conjunto de ensayos).

Le Corti supreme, Milano, 2001, con relación de Carbone, G. Silvestri, E. Silvestri, Taruffo.

BOVE, *La Corte di Cassazione come giudice di terza istanza*, en Riv. trim.dir. e proc. civ., 2004, p.947.

CARPI, *La tecnica di formazione del ricorso in cassazione*, en Riv.trim.dir. e proc. civ., 2004, p. 1017

IRTI, *Discutere in Cassazione*, ivi, 2004 p. 1029

Chiarloni, *Prime riflessioni su recenti proposte di riforma del giudizio di cassazione*, en Giur. it., 2003, p.817.
Luiso, *Il vincolo delle sezioni semplici al precedente delle sezioni unite*, en Giur. it, 2003, p. 820.
Taruffo, *La Corte di cassazione tra legittimità e merito*, en *La giurisprudenza per massime e il valore del precedente*, Padova, 1988, p. 83 ss.
Chiarloni, *Efficacia del precedente giudiziario e tipologia dei contrasti di giurisprudenza*, ivi, p. 59 ss.
Tarzia, *Il giudizio di cassazione nelle proposte di riforma del processo civile*, en Riv. dir. proc., 2003, p. 201.

Después de la reforma:

Taruffo, *Una riforma della Cassazione civile?*, en Riv.trim.dir. e proc. civ., 2006, p. 755 ss.
Sassani, *Il nuovo giudizio di cassazione*, en Riv. dir. proc., 2006, p. 217 ss.;
Monteleone, *Il nuovo volto della cassazione civile*, en Riv. dir. proc., 2006, p. 943;
Carratta, *La riforma del giudizio in Cassazione*, en Riv. trim. dir. proc. civ., 2006, p. 1105;
Bove, *La decisione nel merito della Corte di cassazione dopo la riforma*, en www.judicium.it;
Tedoldi, *La nuova disciplina del procedimento di cassazione: esegesi e spunti*, en Giur. it. 2006, 2002 ss;
Poli, *Il giudizio di cassazione dopo la riforma*, en Riv. dir. proc. 2007, 9 ss.

Actualización tecnológica en la Administración de justicia* **
(Caso de México)

Ma. Macarita Elizondo Gasperín
Doctora en Derecho por la Universidad Nacional Autónoma de México

1. Introducción

La lenta evolución en la aplicación de las nuevas tecnologías en materia procesal, sin duda, es consecuencia de la utilización gradual de las computadoras y el Internet. Según datos proporcionados por el Instituto Nacional de Estadística, Geografía e Informática (INEGI),[1] hasta 2005, en México, aproximadamente el 28.5% de la población utilizaba las computadoras, y solamente el 17.7% utilizaba el Internet. De tal manera que el permitir a las partes que accedan a revisar su expediente electrónico ahora no implicaría un cambio radical en acceso a la información, pues las personas no están familiarizadas con la computadora y el Internet, sin embargo, el avance sería paulatino, y gradual, así, al irse extendiendo el uso de las computadoras, se haría más familiar y accesible entender las ventajas de los medios electrónicos en los asuntos, aún más, se fomentaría el uso gradual de la computadora y el Internet.

En México, solamente el 16% utiliza el Internet diariamente, el 70% lo utilizan de manera semanal, fundamentalmente para obtener información general (61.3%) y para correo electrónico (41.4%). Únicamente 1.8% lo utiliza para obtener o descargar formatos oficiales de organizaciones gubernamentales, en este rubro se comprende la consulta de acuerdos judiciales.

---

* Ponencia Nacional por México para el Congreso Mundial de Derecho Procesal, organizado por la Asociación Internacional de Derecho Procesal, Salvador-Bahía, Brasil, Septiembre de 2007. Agradezco la colaboración siempre atinada de los abogados Darío Mora Jurado y Sonia Pérez Pérez en la recopilación del material base de este estudio.

** Doctora en Derecho por la Universidad Nacional Autónoma de México, con antigüedad docente ininterrumpida desde hace diecinueve años; Miembro de Número en el Instituto Mexicano de Derecho Procesal, Instituto Iberoamericano de Derecho Procesal y en la Asociación Internacional de Derecho Procesal. Actualmente Magistrada en el Tribunal Electoral del Poder Judicial de la Federación.

1. http://www.inegi.gob.mx/

Como podemos ver de las estadísticas obtenidas por el INEGI, una pequeña parte de la población utiliza el Internet para realizar trámites oficiales, a pesar de que las declaraciones de impuestos en México, algunas de ellas, deben hacerse de manera electrónica. La situación es que aún se mira con desconfianza la utilización del Internet para trámites oficiales, por la incertidumbre que les provoca, a pesar de que el Estado ha realizado una campaña para promover su uso, en los medios de comunicación.

2. La tecnologia utilizada en los procesos

La informática utilizada en los procesos judiciales es muy limitada actualmente en nuestro país, solo se puede partir de la base que todos los juzgados y tribunales cuentan con el uso de computadoras que en su mayoría funcionan como procesador de texto, no obstante que pueden utilizarse más herramientas y paquetes electrónicos que permiten ampliar sus funciones.[2] En algunos casos se utilizan también para el registro de todas las fases procesales, y el control de todos y cada uno de los expedientes, sin embargo, solamente tenemos un ejemplo de Tribunal Virtual, el cual funciona en una de las treinta y dos entidades federativas que integran nuestra República Mexicana.

En México, el tribunal estatal que se ha puesto a la vanguardia y ha hecho importantes avances en materia de utilización de la tecnología en el proceso civil es el Tribunal Superior de Justicia del Estado de Nuevo León.[3]

Por reformas de enero de 2005 al Código de Procedimientos Civiles del Estado de Nuevo León, se creó la figura denominada *Tribunal Virtual*, el cual ya se encuentra funcionando en su portal virtual.[4]

Por otro lado, en la materia mercantil, conforme al Código de Comercio que rige a nivel federal (esto es en toda la República) los documentos obtenidos de Internet son documentales privadas, y en tal sentido, solamente tienen un valor indiciario, es decir, no llegan a constituir prueba plena, únicamente crean una presunción. Lo anterior ha sido sostenido en las tesis aisladas o criterios judiciales emitidos por los órganos que tienen competencia en asuntos constitucionales, como a continuación se refiere:

> DOCUMENTOS SIMPLES. CONFORME AL CÓDIGO DE COMERCIO ANTERIOR A LA REFORMA DE VEINTICUATRO DE MAYO DE MIL NOVECIENTOS NOVENTA Y SEIS, SON LAS IMPRESIONES QUE SE AFIRMA PROVIENEN DE PÁGINAS DE INTERNET. Conforme a los artículos 1237, 1238 y 1297 del Código de Comercio, los documentos pueden ser públicos, privados y simples. De acuerdo con la tesis aislada de la entonces Tercera Sala de la Suprema Corte de Justicia de la Nación, que aparece publicada en el Semanario Judicial de la Federación, Séptima Época, tomo 44, Cuarta Parte, página 18, de rubro: «DOCUMENTOS PRIVADOS ORIGINALES Y SIM-

2. Elizondo Gasperín. Ma. Macarita. «La computación y la Administración de Justicia en México», Temas Selectos del Derecho Electoral. Formación y Transformación de las Instituciones, México, IEEChihuahua, 2005, pp. 853-860.

3. www.pjenl.gob.mx

4. *Vid.* Supra pág. 24

PLES NO OBJETADOS. VALOR PROBATORIO.», los documentos privados son los originales y los simples los distintos a aquéllos. De modo que si en el caso, el actor incidentista exhibió impresiones que dice provienen de páginas de internet, para que tuvieran pleno valor demostrativo, al haber sido objetadas por su contraparte, debieron corroborarse con otros elementos de convicción, como lo establece la jurisprudencia de la Sala referida, publicada en el Apéndice al Semanario Judicial de la Federación 1917 a 1995, Tomo IV, Materia Civil, página 163, cuyo epígrafe es: «DOCUMENTOS SIMPLES PROVENIENTES DE TERCERO, QUE SON OBJETADOS». SEGUNDO TRIBUNAL COLEGIADO DEL QUINTO CIRCUITO.

Amparo en revisión 226/2000. Carlos A. Ruink. 16 de marzo de 2001. Unanimidad de votos. Ponente: Daniel Cabello González. Secretaria: Brenda Maritza Zárate López.

Novena Epoca Instancia: Tribunales Colegiados de Circuito Fuente: Semanario Judicial de la Federación y su Gaceta Tomo: XV, Febrero de 2002 Tesis: V.2o.76 C Página: 806 Materia: Civil Tesis aislada.

DOCUMENTAL CONSISTENTE EN INFORMACIÓN EXTRAÍDA DE INTERNET. EN CUANTO DOCUMENTO INNOMINADO, CON BASE EN EL ARBITRIO JUDICIAL, PUEDE ASIGNÁRSELE VALOR INDICIARIO. El Código de Comercio establece en sus artículos 1237, 1238 y 1297, respectivamente, cuáles son los instrumentos públicos, los privados y los simples; asimismo, en los diversos artículos 1277, 1279 y 1284 de la legislación en cita, refiere las presunciones humanas; ahora bien, de la interpretación armónica de los citados artículos se infiere que el documento que contiene información referente a las tasas de intereses recabadas de «internet», como medio de diseminación y obtención de información, el citado instrumento no constituye un documento público pues, además de no ser un documento original, no contiene sello o alguna otra característica que señale la ley para darle el carácter de público, ni tampoco puede considerarse como documento privado, porque no constituye un documento original, conforme lo requiere el artículo 1242 de la ley en consulta; en consecuencia, de ello se deduce que dicho instrumento sólo puede ser considerado como documento simple y, por tanto, innominado; de suerte que si éste es un medio de prueba reconocido por la ley y no se demostró que la información contenida en dicho documento sea incongruente con la realidad, de ello deriva que es apto para integrar la presuncional humana, con observancia, además, del artículo 1205, del Código de Comercio, que señala: «Son admisibles como medios de prueba todos aquellos elementos que puedan producir convicción en el ánimo del juzgador acerca de los hechos controvertidos o dudosos y en consecuencia serán tomadas como pruebas las declaraciones de las partes, terceros, peritos, documentos públicos o privados, inspección judicial, fotografías, facsímiles, cintas cinematográficas, de videos, de sonido, mensajes de datos, reconstrucciones de hechos y en general cualquier otra similar u objeto que sirva para averiguar la verdad.»; de ahí que su valor quede al arbitrio del juzgador como indicio, y como tal deban atenderse los hechos que con dicho instrumento se pretendan demostrar, en concordancia con los demás medios de convicción que obren en autos. TERCER TRIBUNAL COLEGIADO DEL QUINTO CIRCUITO.

Amparo en revisión 257/2000. Bancomer, S.A., Institución de Banca Múltiple, Grupo Financiero. 26 de junio de 2001. Unanimidad de votos. Ponente: Epicteto García Báez.

Novena Epoca Instancia: Tribunales Colegiados de Circuito Fuente: Semanario Judicial de la Federación y su Gaceta Tomo: XVI, Agosto de 2002 Tesis: V.3o.9 C Página: 1279 Materia: Civil Tesis aislada.

Para el desahogo de la prueba de inspección judicial de una página de Internet para confirmar algún hecho o noticia, se ha sostenido que no requiere conocimientos técnicos singularmente especiales, toda vez que ésta sólo consiste en consultar y asentar lo que se observe en aquélla, de tal manera que no se puede desechar una prueba consistente en una inspección judicial de una página de Internet por argumentar que se requieren conocimientos técnicos, y encuadrándola por ello, en la prueba pericial.

Lo anterior, explicado de manera detallada en el criterio judicial que a continuación se cita:

> PRUEBA DE INSPECCIÓN EN EL INCIDENTE DE SUSPENSIÓN. CUANDO SE PRACTICA RESPECTO DE PÁGINAS DE INTERNET SU DESAHOGO NO REQUIERE CONOCIMIENTOS TÉCNICOS ESPECIALES. De los artículos 131 de la Ley de Amparo y 161 del Código Federal de Procedimientos Civiles, este último de aplicación supletoria a la ley primeramente citada, por disposición expresa de su artículo 2o., se advierte que en el incidente de suspensión sólo son admisibles las pruebas documental y de inspección que ofrezcan las partes, y que la última tiene como finalidad aclarar o fijar hechos relativos a la contienda que no requieran conocimientos técnicos especiales. Por tanto, en un caso en el que se ofrece la prueba de inspección, consistente en verificar dentro de una página de internet, determinada noticia, el desahogo de esa prueba no requiere conocimientos técnicos singularmente especiales, toda vez que ésta sólo consiste en consultar y asentar lo que se observe en aquélla. Lo anterior, toda vez que actualmente el uso de las computadoras es común entre la población, es decir, no se requiere ser un experto en materia de computación para ingresar a dicha información que se dirige a todos los usuarios de la red. Por el contrario podría estimarse que se requiere de conocimientos técnicos especiales para ingresar a determinado programa de computación, en los casos en que por su complejidad no fuera posible para cualquier persona acceder a él; lo que no sucede en el caso de una página de internet. Por tanto, si la prueba de inspección aludida no requiere de conocimientos técnicos especiales, sino sólo de los que hoy en día domina el común de la población, puesto que se trata de tecnología que se encuentra al alcance de la mayoría, resulta ilegal el desechamiento de la prueba de inspección sustentada en ese motivo. SEGUNDO TRIBUNAL COLEGIADO EN MATERIA ADMINISTRATIVA DEL CUARTO CIRCUITO.
>
> Queja 39/2005. Cervezas Cuauhtémoc Moctezuma, S.A. de C.V. 4 de mayo de 2005. Unanimidad de votos. Ponente: José Carlos Rodríguez Navarro. Secretaria: Rebeca del Carmen Gómez Garza.
>
> Novena Epoca Instancia: Tribunales Colegiados de Circuito Fuente: Semanario Judicial de la Federación y su Gaceta Tomo: XXII, Septiembre de 2005 Tesis: IV.2o.A.153 A Página: 1532 Materia: Administrativa, Común Tesis aislada.

En México, la Suprema Corte de Justicia de la Nación emitió una convocatoria a la que denominó Consulta Nacional sobre una Reforma Integral y Coherente del Sistema de Impartición de Justicia en el Estado Mexicano, el objetivo fue que la comunidad jurídica nacional y en general, todos los interesados, emitieran propuestas sobre diferentes temas que son de interés para lograr una transformación en el sistema de impartición de justicia, la recepción de propuestas concluyó en agosto de 2005.

Los temas que se trataron fueron variados. El objetivo del Poder Judicial de la Federación es que las propuestas recibidas sean estudiadas en diferentes foros por especialistas, una vez que sean analizadas se elaborará un proyecto que será sometido al Pleno de la Suprema Corte de Justicia de la Nación, el cual lo aprobará o modificará con la finalidad de obtener un proyecto definitivo que sea publicado, y en el caso de que sean reformas que no necesiten pasar por un proceso legislativo, se implementarán en la forma más viable.

A la fecha, ya se han hecho algunas acciones inmediatas en aquellas cuestiones que fueron planteadas y resultaron aplicables de forma paulatina. A decir del Presidente de la Suprema Corte de Justicia de la Nación el 63% de las propuestas emanadas de la Consulta Nacional referida, no requieren de una reforma legislativa, sino sólo de la elaboración de políticas judiciales adecuadas para su atención.

En la consulta, se plantearon propuestas con la idea de aplicar los avances tecnológicos para mejorar la impartición de justicia, de manera general, a lo largo de este trabajo, haremos breves alusiones a las propuestas que se presentaron en los diferentes temas que comentaremos.

Se propuso a la Suprema Corte de Justicia de la Nación, que los particulares al presentar su demanda, ya sea de garantías o en materia de procesos, o bien, recursos ante los tribunales de la federación, acompañen el disco magnético que contenga los textos que les concierne aportar, es decir, los antecedentes de su demanda, los conceptos de violación o agravios que hagan valer ante el tribunal correspondiente. De igual modo, las autoridades responsables en materia de amparo, al momento de rendir su informe justificado, además de agregar las constancias que tuvieron a la vista al momento de dictar el acto que de ellas se reclama, deberán anexar el disco que contenga en su integridad la resolución impugnada vía juicio de garantías.

La intención de la propuesta es que el juzgador se pueda allegar los elementos de transcripción en un medio electrónico de escritura, que facilite en parte, el abundante trabajo de los órganos jurisdiccionales, y por otra, le ahorre tiempo, de modo tal que el despacho de los asuntos se optimice el máximo de su capacidad.[5]

3. Los expedientes electrónicos

Actualmente, no es posible que los respaldos electrónicos que tienen en los juzgados puedan tener valor probatorio, pues no se encuentra establecido en la ley, tenemos como ejemplo una tesis aislada[6] donde se argumentó que en el Código de Procedimientos Civiles para el estado de Nuevo León, si se llega a perder todo o parte de un expediente, no es posible que se reemplace con los archivos electrónicos que se utili-

5. *Utilización de discos magnéticos en la impartición de justicia*. Propuesta presentada por Rafael Francisco Salmerón Rodríguez, en la Consulta Nacional sobre una Reforma Integral y Coherente del Sistema de Impartición de Justicia en el Estado Mexicano, (agosto de 2004 — agosto de 2005), convocada por la Suprema Corte de Justicia de la Nación.

6. Esta tesis es anterior a las reformas legales sobre las que se hizo referencia respecto al Tribunal Virtual.

zan en el juzgado, pues aún cuando se faculta a los jueces para investigar de oficio la existencia de las piezas de autos desaparecidas, valiéndose para ello de todos los medios que no sean contrarios a la moral o al derecho, la falta de firmas de las actuaciones las hace carecer de validez. El criterio mencionado es el siguiente:

> INCIDENTE DE REPOSICIÓN DE AUTOS. CARECEN DE VALIDEZ LAS RESOLUCIONES O ACTUACIONES JUDICIALES OBTENIDAS DE LOS ARCHIVOS ELECTRÓNICOS O DE LOS SISTEMAS DE CÓMPUTO DE LOS ÓRGANOS JURISDICCIONALES (LEGISLACIÓN DEL ESTADO DE NUEVO LEÓN).
> Si bien es cierto que el artículo 37, párrafo tercero, del código adjetivo civil del Estado de Nuevo León faculta a los Jueces para investigar de oficio la existencia de las piezas de autos desaparecidas, valiéndose para ello de todos los medios que no sean contrarios a la moral o al derecho, también lo es que las resoluciones o actuaciones obtenidas de los archivos electrónicos o sistemas de cómputo que se utilizan en los órganos jurisdiccionales no deben ser tomados en cuenta para ese efecto, en virtud de que carecen de validez legal al faltar las firmas correspondientes de los funcionarios judiciales que intervinieron en su confección, tal como lo exige el último párrafo del numeral 51 del invocado código procesal; por tanto, es inconcuso que el instructor, al conceder eficacia a los instrumentos de referencia, viola las garantías de legalidad y seguridad jurídica contenidas en el artículo 16 de la Constitución General de la República.
>
> TERCER TRIBUNAL COLEGIADO EN MATERIA CIVIL DEL CUARTO CIRCUITO.
> Amparo en revisión 589/2002. Ricardo Javier Hinojosa González. 17 de marzo de 2003. Unanimidad de votos. Ponente: Sergio García Méndez. Secretario: Jerónimo Villanueva Acosta.
> Tesis aislada. Novena Época. Instancia: Tribunales Colegiados de Circuito. Fuente: Semanario Judicial de la Federación y su Gaceta. Tomo: XVIII, Noviembre de 2003. Tesis: IV.3o.C.20 C.

Por su parte, el Consejo de la Judicatura Federal cuenta con un módulo de consulta de expedientes a través de Internet, respecto de los asuntos que son del conocimiento de los tribunales de Circuito y de los juzgados de Distrito del Poder Judicial de la Federación. Lo anterior, con base en el Acuerdo General 31/2005 del Pleno del Consejo de la Judicatura Federal, que establece que todo ciudadano interesado en un asunto puede conocer cuál es el estado procesal que guarda el expediente que se está tramitando ante alguno de los órganos jurisdiccionales del Poder Judicial de la Federación.

En este módulo es posible conocer los datos de las partes —no los personales, ni aquellos que afecten su intimidad— desde el momento en que se presenta una demanda, por ejemplo de amparo: cuándo se admite, qué fecha se señala para que se verifique la audiencia constitucional, cuáles son las pruebas que se están ofreciendo. Si se solicita la suspensión de lo actos reclamados, si se concede o niega, la fecha señalada para la celebración de audiencia incidental, si se interpone algún recurso contra las decisiones de los jueces, cuál es el órgano jurisdiccional que conoce de ese recurso, cuál su tramitación, la solución que tiene este recurso, es decir, qué decide el órgano encargado jurisdiccionalmente de la revisión en estos recursos.

No está a disposición del público un «expediente electrónico», un «expediente que hubiera sido escaneado» y en el que se pudiera ver el contenido de las promociones o de los acuerdos en su totalidad. Lo que se pone para consulta es un listado que va conteniendo los distintos momentos procesales en que puede estar un asunto. Las partes no podrán ver cuál es el contenido de una demanda y finalmente cuál es la resolución del juez, pero si sabrán si un expediente no se está resolviendo tan rápido como se quisiera.[7]

En otro aspecto, siguiendo con la temática de la consulta electrónica de expedientes, hemos de agregar que en el Tribunal Electoral del Poder Judicial de la Federación es posible que las partes, y en general cualquier persona interesada, consulte por vía electrónica la fecha en que, en sesión pública, se resolverá determinado asunto. Al dar cuenta, el Secretario expone a los Magistrados, la síntesis del asunto, así como los razonamientos en que se fundamenta el proyecto de resolución, asimismo, se hace público el nombre de las partes y en esa misma sesión se conoce el sentido de la resolución. La sesión pública es transmitida por Internet a todo el país. Finalmente, en la página del Tribunal,[8] se pueden consultar todas las resoluciones dictadas por la Sala Superior y las Salas Regionales, de 1996 a la fecha.

En fecha reciente el Poder Judicial de la Federación, incorporó a la televisión por cable el «Canal Judicial» en el cual entre otras cosas se transmiten las sesiones de resolución de la Suprema Corte de Justicia de la Nación.

Por otro lado, podemos señalar que en materia civil, la tendencia seguida por los tribunales estatales es proporcionar en su página de Internet un listado de los juzgados que lo integran, así como la consulta electrónica del Boletín Judicial, es decir, los asuntos que son listados diariamente, sobre los que ha recaído un acuerdo. A continuación mencionaremos los ejemplos más representativos, según los Estados integrantes de la República Mexicana.

El Tribunal Superior de Justicia del Distrito Federal capital de la República Mexicana proporciona en su página electrónica,[9] los asuntos listados por día, de tal manera que las partes pueden saber si ha sido publicado un acuerdo de su juicio, sin embargo, la información que se proporciona es de carácter eminentemente auxiliar, sin efectos legales que impliquen la sustitución del órgano informativo del Tribunal publicado en versión impresa y de los listados que obran en cada órgano jurisdiccional, que constituyen la información oficial, en términos de los Artículos 111 y 126 del Código de Procedimientos Civiles para el Distrito Federal.

El Poder Judicial del estado de Aguascalientes,[10] además de publicar el Boletín Judicial, proporciona a las partes las fechas de las audiencias y cuál es la etapa procesal en que está cada asunto, sin embargo, también es de carácter informativo.

---

7. *Compromiso.* Órgano informativo del Poder Judicial de la Federación. Septiembre de 2005, Año 5/No. 51. El CJF transparenta información en Internet. Pág. 3-5.

8. www.trife.org.mx o www.trife.gob.mx

9. http://www.tsjdf.gob.mx

10. http://www.poderjudicialags.gob.mx

En la página electrónica del Tribunal Superior de Justicia de Chiapas[11] se pueden consultar las listas de acuerdos de las Salas Civiles de primera instancia y de las Salas Regionales Colegiadas en materia Civil, en las primeras, solamente se pueden consultar las listas que contienen el número de expediente, las partes, la fecha de su publicación y el tipo de auto; en las segundas, se puede consultar además, el contenido del acuerdo.

El Poder Judicial del estado de Chihuahua[12] proporciona en su página electrónica, la consulta de las listas de los acuerdos, que contienen: el número de expediente, el tipo de juicio, el sentido del acuerdo, así como las partes. Cuenta con un sistema de consulta remota, este servicio permite la revisión de autos dictados por el Poder Judicial (en tocas y expedientes), respecto de las materias Civil, Mercantil y Familiar en las Salas de Apelación, así como en los Distritos Judiciales Bravos, Galeana, Guerrero, Hidalgo y Morelos.

Para registrarse es necesario:

— Presentarse en las oficinas del Poder Judicial para la celebración del contrato respectivo.

— Pagar la suscripción y presentar un listado de los tocas o expedientes que desea consultar (deberá tener personalidad acreditada en los asuntos o estar autorizado para oír y/o recibir notificaciones).

— Esperar de tres a cinco días hábiles mientras se verifica su autorización en los expedientes solicitados.

— Solicitar personalmente o vía electrónica el acceso a los asuntos nuevos.

— El costo mensual de la suscripción es de $300.00

4. La comunicación electrónica

La realidad en México respecto de la comunicación electrónica es que —salvo en Nuevo León—, en todos los demás Estados, como a nivel federal, aún no es reconocida como una forma de comunicación en el proceso judicial. Sin duda, son diferentes las causas, una de las principales es debido al escepticismo con que aún es visto el Internet.

Como una excepción a lo señalado anteriormente, tenemos el artículo 16 de la Ley de Justicia administrativa del Estado de Jalisco que establece que las notificaciones también podrán hacerse a través de los medios electrónicos de comunicación de que disponga el Tribunal siempre y cuando la parte que así lo solicite proporcione los datos

11. http://www.stj-chiapas.gob.mx

12 http://www.stj.gob.mx

necesarios para el efecto, exista acuerdo que lo autorice y quede prueba fehaciente de la práctica de las mismas. Cómo podemos observar, queda al arbitrio de las partes el solicitar que se realice la notificación vía electrónica, pues no es obligatoria.

En el mismo sentido, de acuerdo al artículo 78 del Código de Procedimientos Civiles del Estado de Nuevo León, las partes pueden autorizar que se les realicen notificaciones en vía electrónica, que implicará, la aceptación expresa del solicitante en el sentido de que todas las notificaciones, aún las de carácter personal, ordenadas con posterioridad a la fecha en que se le otorgue este tipo de autorización, se tendrán por legalmente practicadas y surtirán sus efectos en los términos de lo previsto por el artículo 76 de este Código, salvo la notificación del emplazamiento a juicio, además de las que el juez considere necesarias.

Un avance significativo en materia electoral, sobre el manejo de la tecnología vinculada a las actuaciones judiciales es la posibilidad de notificar por medios electrónicos, la respuesta a la solicitud de transparencia y acceso a la información judicial, cuando consten en los expedientes los datos conducentes que hayan sido solicitados, como acontece en el Tribunal Electoral del Poder Judicial de la Federación.[13]

Actualmente existe la vía del correo electrónico para la notificación a las personas interesadas sobre la respuesta a su solicitud de acceso a la información que haya sido dirigida al Instituto Federal de Acceso a la Información Pública.

Mencionamos anteriormente la Consulta Nacional realizada por la Suprema Corte de Justicia de la Nación,[14] donde se propusieron diferentes formas de aplicar la tecnología en la impartición de justicia, respecto del tema que nos ocupa, una de las propuestas consistió en la descripción de un proyecto donde todo el juicio de amparo,[15] tanto directo como indirecto, se lleve a cabo de manera automatizada, desde el escrito inicial de demanda hasta la sentencia. Principalmente para cumplir con una doble finalidad: por un lado, lograr una impartición de justicia más rápida, y por otro, tener una base de datos que sea consultable por las partes interesadas, controlada por el Poder Judicial.

Dentro de los aspectos destacados de esta propuesta se encuentran:

— Todo estará sostenido en el servidor Web de la Suprema Corte de Justicia de la Nación.

— El Estado, en sus tres niveles, federal, local y municipal debe publicar sus direcciones para ser notificadas. El informe justificado que rindan las autoridades responsables deberá ser realizado vía correo electrónico.

---

13. De conformidad con el artículo 33 del Acuerdo General emitido por dicho órgano de acuerdo a la Ley de Transparencia y Acceso a la Información.

14. *Cfr.* págs. 5 y 6, donde se proporcionaron mayores datos de la Consulta.

15. Es el juicio constitucional por excelencia que controla los actos de todas las autoridades que violan derechos fundamentales de las personas, contenidos en la Constitución General.

— Las personas interesadas en utilizar el servicio automatizado de demandas de amparo, deberán pagar una cuota anual, que sirva para operar el sistema.

— En esencia, se propone que todas las promociones sean ingresadas al sistema, e incluso las presentadas por el tercero perjudicado en papel, además sean anexadas en un disco. Los acuerdos se publicarán en línea.

— Las demandas vía Internet y sus correspondientes desahogos de resoluciones o promociones las hará directamente el quejoso. El abogado patrono podrá promover, estableciendo un vínculo con el quejoso, para procurar que esté informado.

— Las pruebas testimoniales y periciales podrán hacerse vía electrónica con firma digitalizada o en forma tradicional, asimismo, se ingresarán al servidor que contiene el expediente. Los alegatos y requerimientos se podrán hacer por correo electrónico.[16]

En México, se ha planteado que uno de los aspectos más importantes en que se debe aplicar la tecnología es en las notificaciones, para beneficio de las partes y del órgano jurisdiccional, en este sentido, se propuso a la Suprema Corte de Justicia de la Nación construir una página en la red perteneciente al Poder Judicial de la Federación —en México—, en específico, de los órganos jurisdiccionales federales, que bien podría estar anexa a la página de la Suprema Corte de Justicia de la Nación que ya existe (www.scjn.gob.mx), con un sistema de envío y recepción de documentos, que permita enviar toda resolución que haya de ser notificada, con un sistema especial que otorgue al órgano jurisdiccional que la está emitiendo, un acuse de recibo al enviar la resolución a notificar, y otro al momento de que el usuario del correo electrónico que se haya otorgado, abra el contenido del mensaje que se le está enviando, acuses que deberán ser anexados a los autos del expediente de que se trate.

El funcionario encargado de realizar la notificación al momento de enviar el documento del texto correspondiente, deberá imprimir el acuse de envío que arroje para el efecto el sistema que se ocupe, anexándolo a los autos en los que se está actuando, y en el momento de que el funcionario, que envió la notificación por este medio, cuente con el acuse de recepción en su mismo correo electrónico, deberá imprimir el acuse que arroje este sistema, para que sea agregado también a los autos, y exista certeza de que el usuario del correo electrónico que se ha dado, ha recibido la notificación de que se trata, sin perjuicio de que se asiente la razón correspondiente.[17]

---

16. *Programa de cómputo para automatizar las demandas de amparo (Todo el juicio desde una PC.* Propuesta presentada por el Ing. José M. Acosta C. (Registro de autor 03-2004-030211411200-01) en la Consulta Nacional sobre una Reforma Integral y Coherente del Sistema de Impartición de Justicia en el Estado Mexicano, (agosto de 2004 — agosto de 2005), convocada por la Suprema Corte de Justicia de la Nación.

17. *Uso y aplicación de instrumentos innovadores en las notificaciones en materia de amparo en el Estado Mexicano a principios del siglo XXI.* Propuesta presentada por Diana Elena Sánchez Álvarez en la Consulta Nacional sobre una Reforma Integral y Coherente del Sistema de Impartición de Justicia en el Estado Mexicano, (agosto de 2004 — agosto de 2005), convocada por la Suprema Corte de Justicia de la Nación.

Otra de las propuestas consiste en la creación de un sistema mediante el cual, el o los autorizados en los expedientes que se ventilen en los diversos órganos jurisdiccionales, puedan imponerse de los autos o resoluciones que se provean en los mismos y de los que emane una notificación de carácter personal para cualquiera de las partes, quedando notificados de las mismas, por el solo hecho de consultar dicha información vía Internet, tal cual se realiza con la consulta de listas de acuerdos de publicación diaria por parte de los órganos jurisdiccionales.

Lo anterior con apoyo en el Sistema Integral de Seguimiento de Expedientes, creando una base de datos ya sea en cada órgano jurisdiccional, ciudad, estado o bien, a nivel nacional, de los abogados litigantes que cuenten con cédula profesional registrada ante los órganos jurisdiccionales, correspondiendo a estos últimos, dar de alta la información relativa al nombre del profesionista, número de cédula profesional y número de expedientes en que se encuentren autorizados para oír y recibir notificaciones de carácter personal.[18]

Asimismo, se propuso que las comunicaciones oficiales que se remitan entre órganos dependientes del Poder Judicial de la Federación, se realicen por conducto de correo electrónico con firma electrónica de quien emite la comunicación en una red especialmente elaborada para ello, bajo los lineamientos y especificaciones que se señalan en el proyecto.[19]

Otra de las propuestas, tanto a nivel federal como a nivel local, plantea que se reformen ciertos artículos para que las notificaciones puedan hacerse a través de los medios electrónicos de comunicación de que disponga el tribunal, siempre y cuando la parte que así lo solicite proporcione los datos necesarios para el efecto, exista acuerdo que lo autorice y quede prueba fehaciente de la práctica de las mismas. Asimismo, las comunicaciones entre los órganos jurisdiccionales federales, así como con otros órganos del poder público, podrán hacerse por medio de fax y correo electrónico, con la finalidad de que los exhortos y despachos, solicitud de informes justificados, acumulación o conexidad y cumplimiento de los fallos, se reciban dentro del término previsto por la ley.[20]

---

18. *Notificaciones personales vía Internet, mediante clave de acceso al Sistema Integral de seguimiento de expedientes para los abogados litigantes.* Propuesta presentada por la Lic. Delcia Gabriela Valencia Flores en la Consulta Nacional sobre una Reforma Integral y Coherente del Sistema de Impartición de Justicia en el Estado Mexicano, (agosto de 2004 — agosto de 2005), convocada por la Suprema Corte de Justicia de la Nación.

19. *La utilización del correo electrónico como de medio para la remisión de la correspondencia oficial entre órganos del Poder Judicial de la Federación.* Propuesta presentada por la Lic. María Leonor Pacheco Figueroa en la Consulta Nacional sobre una Reforma Integral y Coherente del Sistema de Impartición de Justicia en el Estado Mexicano, (agosto de 2004 — agosto de 2005), convocada por la Suprema Corte de Justicia de la Nación.

20. *Uso del fax y correo electrónico como instrumento para las comunicaciones procesales en el juicio de amparo, Código Federal de Procedimientos Civiles y los Códigos de Procedimientos Civiles de todos los estados de la República Mexicana.* Propuesta presentada por José Juan Trejo Orduña en la Consulta Nacional sobre una Reforma Integral y Coherente del Sistema de Impartición de Justicia en el Estado Mexicano, (agosto de 2004 — agosto de 2005), convocada por la Suprema Corte de Justicia de la Nación.

Se propuso que Internet se pueda utilizar en todos los sentidos, como medio de comunicación más rápido que el ordinario (vía telegrama u oficios), empleando como medio el intranet[21] entre todos los Tribunales Federales y Estatales, correos electrónicos (previa protección que se realice), o para que el público se pueda enterar de las notificaciones realizadas en la lista de estrados, entrando a una sencilla página de Internet, la cual se actualizará.[22]

Dentro de las ventajas que tiene la utilización de medios electrónicos por encima de los documentos en soporte de papel, son entre otras, disponibilidad instantánea de la información— en la cantidad deseada— para ser trabajada directamente por el interesado, la rapidez de transmisión y su bajo costo, así como su confiabilidad, pues la tecnología disponible permite además:

1. Mantener la confiabilidad del mensaje,

2. Garantizar la autenticidad del emisor-receptor, esto es, permitir al destinatario asegurarse de que el mensaje fue enviado realmente por quien dice ser.

3. Asegurar la integridad de la información, de manera que ésta no pueda ser modificada o alterada, intencionalmente o accidentalmente.

4. Permitir el no repudio, para poder probar fehacientemente que el usuario ha enviado o recibido un mensaje, de modo que ninguna de las partes pueda alegar que no efectuó la transmisión.

5. Posibilitar el control de acceso, de modo que sólo los usuarios autorizados y debidamente identicazos puedan obtener permiso de acceso al sistema, y

6. Garantizar la disponibilidad, es decir, asegurar que la información y los sistemas se encuentren disponibles cuando sean requeridos.[23]

En materia electoral federal se propuso reformar los artículos 17 apartado 1 inciso a), 18 apartado 1 inciso e) y apartado 2 inciso c), 21, 26 apartado 3, 39, 48, 60, 70, 84 apartado 2, 93 apartado 2 y 106 apartado 2, de la Ley General del Sistema de Medios de Impugnación en Materia Electoral, a fin de regular el uso del fax, correo electrónico

---

21. Es una especie de internet interno en las instituciones, sin que el público en general pueda tener acceso a él, sino solo los funcionarios de dichas dependencias relacionadas.

22. *Internet: instrumento para la optimización de la impartición de justicia.* Propuesta presentada por José Mauricio Ojeda Echeverría en la Consulta Nacional sobre una Reforma Integral y Coherente del Sistema de Impartición de Justicia en el Estado Mexicano, (agosto de 2004 — agosto de 2005), convocada por la Suprema Corte de Justicia de la Nación.

23. *Posibilidad y necesidad urgente de comunicaciones procesales por medios electrónicos.* Propuesta presentada por el Mtro. Jaime del Río Salcedo, basado en un documento elaborado por el Mag. Leonel Castillo González, en la Consulta Nacional sobre una Reforma Integral y Coherente del Sistema de Impartición de Justicia en el Estado Mexicano, (agosto de 2004 — agosto de 2005), convocada por la Suprema Corte de Justicia de la Nación.

o Internet en la realización de las siguientes actuaciones procesales: remisión del aviso de presentación del juicio o recurso al órgano competente del Instituto o a la Sala del Tribunal Electoral; facilitar el envío del informe circunstanciado de la autoridad responsable; el cumplimiento de requerimientos por parte de autoridades federales, estatales y municipales, partidos políticos, candidatos, agrupaciones, organizaciones políticas y particulares, así como la práctica de notificaciones.[24]

Asimismo, adicionar los artículos 9 bis y 29 bis de la citada ley, donde se regule expresamente la presentación de promociones de las partes y los requisitos de validez de las notificaciones por fax, correo electrónico o Internet, en los dos últimos casos mediante la utilización de la firma digital.[25]

5. La transmisión de información por vía electrónica

La Ley de amparo, reglamentaria de los artículos 103 y 107 de la Constitución Política de los Estados Unidos Mexicanos, en su artículo 150 señala que en el juicio de amparo son admisibles toda clase de pruebas, excepto la de posiciones y las que fueren contra la moral o contra derecho. Asimismo, el Código Federal de Procedimientos Civiles en su artículo 93 fracción VII, establece que la ley reconoce como medios de prueba las fotografías, escritos y notas taquigráficas, y, en general, todos aquellos elementos aportados por los descubrimientos de la ciencia.

En el artículo 188 dispone que para acreditar hechos o circunstancias en relación con el negocio que se ventila, pueden las partes presentar fotografías, escritos o notas taquigráficas, y, en general, toda clase de elementos aportados por los descubrimientos de la ciencia y en el 189, al respecto se señala que en todo caso en que se necesiten conocimientos técnicos especiales para la apreciación de los medios de prueba a que se refiere el capítulo, oirá el tribunal el parecer de un perito nombrado por él, cuando las partes lo pidan o él lo juzgue conveniente.

En el artículo 210-A, se reconoce como prueba la información generada o comunicada que conste en medios electrónicos, ópticos o en cualquier otra tecnología.

Para valorar la fuerza probatoria de la información a que se refiere el párrafo anterior, se estimará primordialmente la fiabilidad del método en que haya sido generada, comunicada, recibida o archivada y, en su caso, si es posible atribuir a las personas obligadas el contenido de la información relativa y ser accesible para su ulterior consulta.

Cuando la ley requiera que un documento sea conservado y presentado en su forma original, ese requisito quedará satisfecho si se acredita que la información generada, comunicada, recibida o archivada por medios electrónicos, ópticos o de cualquier otra tecno-

24. IDEM.

25. IDEM.

logía, se ha mantenido íntegra e inalterada a partir del momento en que se generó por primera vez en su forma definitiva y ésta pueda ser accesible para su ulterior consulta.

En el artículo 217 del ordenamiento citado, encontramos que el valor de las pruebas fotográficas, taquigráficas y de otras cualesquiera aportadas por los descubrimientos de la ciencia, quedará al prudente arbitrio judicial.

Las fotografías de personas, lugares, edificios, construcciones, papeles, documentos y objetos de cualquier especie deberán contener la certificación correspondiente que acredite el lugar, tiempo y circunstancias en que fueron tomadas, así como que corresponden a lo representado en ellas, para que constituyan prueba plena. En cualquier otro caso, su valor probatorio queda al prudente arbitrio judicial.

Como podemos observar de la legislación aludida, no hay una especificación concreta a cada uno de los medios de comunicación electrónica, los casos concretos han constituido tesis aisladas del Poder Judicial de la Federación, mismas que sirven para establecer criterios de interpretación y alcance de la ley, así como para determinar el valor probatorio de tales medios.

Internet es un medio de comunicación que constituye un sistema donde se puede obtener información, incluso de carácter oficial, obviamente de los sitios reconocidos, en tal virtud, la tendencia es que se le puede dar el carácter probatorio no solamente de indicio, sino de prueba idónea. Lo anterior se puede corroborar con la tesis aislada que a continuación se señala.

> INFORMACIÓN PROVENIENTE DE INTERNET. VALOR PROBATORIO. El artículo 188 del Código Federal de Procedimientos Civiles, de aplicación supletoria a la Ley de Amparo, en términos de lo previsto en el diverso artículo 2o. de este ordenamiento legal, dispone: «Para acreditar hechos o circunstancias en relación con el negocio que se ventila, pueden las partes presentar fotografías, escritos o notas taquigráficas, y, en general, toda clase de elementos aportados por los descubrimientos de la ciencia.»; asimismo, el diverso artículo 210-A, párrafo primero, de la legislación que se comenta, en lo conducente, reconoce como prueba la información generada o comunicada que conste en medios electrónicos, ópticos o en cualquiera otra tecnología; ahora bien, entre los medios de comunicación electrónicos se encuentra «internet», que constituye un sistema mundial de diseminación y obtención de información en diversos ámbitos y, dependiendo de esto último, puede determinarse el carácter oficial o extraoficial de la noticia que al efecto se recabe, y como constituye un adelanto de la ciencia, procede, en el aspecto normativo, otorgarle valor probatorio idóneo.
> TERCER TRIBUNAL COLEGIADO DEL QUINTO CIRCUITO.
> Amparo en revisión 257/2000. Bancomer, S.A., Institución de Banca Múltiple, Grupo Financiero. 26 de junio de 2001. Unanimidad de votos. Ponente: Epicteto García Báez.
> Tesis aislada. Novena Época. Instancia: Tribunales Colegiados de Circuito. Fuente: Semanario Judicial de la Federación y su Gaceta. Tomo: XVI, Agosto de 2002.

Asimismo, hay una tesis aislada que señala que para ampliar lo relativo a las pruebas proporcionadas por la tecnología no es necesario para desahogarlas, que las partes proporcionen los medios para hacerlo. La tesis señala lo siguiente:

PRUEBAS EN EL AMPARO. PARA EL DESAHOGO DE LAS RELACIONADAS CON MEDIOS ELÉCTRICOS O ELECTRÓNICOS NO ES ADMISIBLE LA IMPOSICIÓN DE CARGA ESPECÍFICA A SU OFERENTE PARA VALORAR SU ADMISIBILIDAD. Además de los medios clásicos o tradicionales de prueba, la rápida evolución de la técnica ha creado nuevos métodos probatorios antaño insospechados que, en parte, debido a su constante innovación y dadas las particularidades que cada uno de ellos pueden presentar, no han sido regulados en detalle por el legislador, pero la posibilidad de aportarlos como elementos de convicción está prevista tanto en el artículo 150 de la Ley de Amparo como en los artículos 93, 188, 189, 210-A y 217 del Código Federal de Procedimientos Civiles supletorio de aquélla. En razón de ello, el juzgador deberá determinar en cada caso concreto y según sus propias características, la forma más conveniente para el desahogo y valoración de tales medios de convicción; sin embargo, el legislador en ningún caso previó que las peculiaridades de tales probanzas tuvieran como efecto imponer cargas específicas a los quejosos, como sería el caso de solicitar a éstos que aportaran algún tipo de aparato (como televisión o videocasetera), a fin de que se valorara la admisibilidad de su prueba, ya que no es posible tener la certeza de que los quejosos cuenten con la posibilidad real y material de aportar tales aparatos eléctricos o electrónicos, y dado que el juicio de garantías constituye una defensa del gobernado frente a actos arbitrarios de la autoridad, no resulta aceptable que su acceso se haga depender de la posibilidad de disponer de determinados bienes materiales. Por ello, se estima que la imposición a los quejosos de tal carga afecta el derecho a probar y, por ello, implica violación a las leyes del procedimiento.

PRIMER TRIBUNAL COLEGIADO EN MATERIA ADMINISTRATIVA DEL SEGUNDO CIRCUITO.
Amparo en revisión 480/2004. Sebastián Pallares Robles y otros. 25 de noviembre de 2004.
Unanimidad de votos. Ponente: Salvador Mondragón Reyes. Secretaria: Sonia Rojas Castro.
Tesis aislada. Novena Época. Instancia: Tribunales Colegiados de Circuito. Fuente: Semanario Judicial de la Federación y su Gaceta. Tomo: XXI, Marzo de 2005, Tesis: II.1o.A.21 K

En este punto es importante hacer alusión a la materia mercantil, ya que la ley de Instituciones de crédito en su artículo 52 señala que las instituciones de crédito podrán pactar la celebración de sus operaciones y la prestación de servicios con el público, mediante el uso de equipos, medios electrónicos, ópticos o de cualquier otra tecnología, sistemas automatizados de procesamiento de datos y redes de telecomunicaciones, ya sean privados o públicos, estableciendo en los contratos respectivos las bases para determinar lo siguiente:

I. Las operaciones y servicios cuya prestación se pacte;

II. Los medios de identificación del usuario y las responsabilidades correspondientes a su uso, y

III. Los medios por los que se hagan constar la creación, transmisión, modificación o extinción de derechos y obligaciones inherentes a las operaciones y servicios de que se trate.

El uso de los medios de identificación que se establezcan conforme a lo previsto por este artículo, en sustitución de la firma autógrafa, producirá los mismos efectos que las leyes otorgan a los documentos correspondientes y, en consecuencia, tendrán el mismo valor probatorio.

La instalación y el uso de dichos equipos y medios se sujeta a las Reglas de carácter general que en su caso, emite la Comisión Nacional Bancaria y de Valores.

Lo anterior, sin perjuicio de las facultades con que cuenta el Banco de México para regular las operaciones que efectúen las instituciones de crédito relacionadas con los sistemas de pagos y las de transferencias de fondos en términos de su ley.

Como podemos observar, en materia mercantil la ley ha ampliado la posibilidad de utilizar diferentes medios electrónicos y tecnológicos para realizar diferentes operaciones entre las instituciones de crédito y el público en general, lo anterior ha dado lugar a diferentes tesis aisladas, pronunciadas por el Poder Judicial de la Federación, en el sentido de sostener que la clave digital es la forma de manifestar el consentimiento del usuario, de tal manera que se considera ya, la utilización de un avance tecnológico, como una vía perfectamente válida para perfeccionar un contrato. Lo anterior tiene sustento en el criterio que a continuación se cita:

> CLAVE DIGITAL. SU UTILIZACIÓN PRUEBA EL RECONOCIMIENTO DEL MEDIO DIGITAL PARA CELEBRAR OPERACIONES Y UTILIZAR SERVICIOS PROPORCIONADOS POR LAS INSTITUCIONES DE CRÉDITO. El artículo 52 de la Ley de Instituciones de Crédito dispone que las instituciones de crédito pueden celebrar sus operaciones y prestar servicios con el público por medios electrónicos, ópticos o de cualquier otra tecnología, sujetando tales actividades a lo que se pacte en el contrato respectivo; conforme a ello el empleo de la clave digital acredita el consentimiento del usuario para celebrar la operación previamente solicitada con la institución de crédito, pues constituye un acceso personalizado a esos medios expresados a través de cifras, signos, códigos, barras u otros atributos numéricos que permiten asegurar la procedencia y veracidad de su autoría, que constituye un medio de identificación del usuario y es la base para determinar la responsabilidad correspondiente a su uso.
>
> TERCER TRIBUNAL COLEGIADO EN MATERIA CIVIL DEL PRIMER CIRCUITO.
> Amparo directo 4143/2003. Ingeniería y Consultoría en Presfuerzo, S.A. de C.V. 22 de abril de 2003. Unanimidad de votos. Ponente: Neófito López Ramos. Secretario: José Luis Evaristo Villegas.

Tesis aislada. Novena Época. Instancia: Tribunales Colegiados de Circuito. Fuente: Semanario Judicial de la Federación y su Gaceta. Tomo: XVIII, Julio de 2003.

En materia laboral, se le da un tratamiento diferente a la información obtenida del Internet, concretamente, del correo electrónico pues dada su naturaleza y la falta de firma de la persona a la que se le imputa, se considera que no se tiene la certeza de que aquel a quien se atribuye su envío a través de la red sea quien efectivamente lo emitió y dirigió al oferente, por lo que si es objetado no puede perfeccionarse mediante la ratificación de contenido y firma, de conformidad con el artículo 800 de la Ley Federal del Trabajo. En consecuencia, es admitido como una prueba pero por sí solo carece de valor probatorio pleno, en caso de no ser objetado, constituye un indicio y debe ser adminiculado con otros elementos probatorios para crear convicción en el ánimo del juzgador.

Lo anterior con base en la tesis aislada que al respecto fue pronunciada por el Poder Judicial de la Federación y que a continuación se transcribe:

> CORREO ELECTRÓNICO TRANSMITIDO POR INTERNET, OFRECIDO COMO PRUEBA EN EL JUICIO LABORAL. VALOR PROBATORIO. El artículo 776 de la Ley Federal del Trabajo establece que son admisibles en el proceso todos los medios de prueba que no sean contrarios a la moral y al derecho, entre ellos, aquellos medios aportados por los descubrimientos de la ciencia; consecuentemente, es permisible ofrecer el correo electrónico transmitido por internet, que constituye un sistema mundial de diseminación y obtención de información en diversos ámbitos. Por otra parte, dada su naturaleza y la falta de firma de la persona a la que se le imputa un correo electrónico, ello trae como consecuencia que no se tenga la certeza de que aquel a quien se atribuye su envío a través de la red sea quien efectivamente lo emitió y dirigió al oferente, por lo que si es objetado no puede perfeccionarse mediante la ratificación de contenido y firma, de conformidad con el artículo 800 del mismo ordenamiento legal, que dispone que cuando un documento que provenga de tercero ajeno a juicio resulta impugnado, deberá ser ratificado en su contenido y firma por el suscriptor. De lo que se sigue que ese medio de prueba por sí solo carece de valor probatorio ante la imposibilidad de su perfeccionamiento, además, si dicho correo electrónico no es objetado, ello no trae como consecuencia que tenga valor probatorio pleno, aunque sí constituirá un indicio, cuyo valor será determinado por la Junta al apreciarlo con las demás pruebas que obren en autos.
>
> SÉPTIMO TRIBUNAL COLEGIADO EN MATERIA DE TRABAJO DEL PRIMER CIRCUITO.
> Amparo directo 2397/2004. María de Lourdes Liceaga Escalera. 25 de marzo de 2004. Unanimidad de votos. Ponente: María Yolanda Múgica García. Secretario: Eduardo Sánchez Mercado. Tesis aislada. Novena Época. Instancia: Tribunales Colegiados de Circuito. Fuente: Semanario Judicial de la Federación y su Gaceta. Tomo: XIX, Junio de 2004.

Respecto de las videograbaciones, se les da el carácter de documentos privados, en virtud de que no tienen una regulación específica por la legislación laboral, en ese sentido, a pesar de ello, son valoradas como la prueba documental privada.

Lo anterior tiene relación con la tesis aislada que a continuación se cita:

> VIDEOGRABACIONES EN EL PROCEDIMIENTO LABORAL. AL SER UNA VARIANTE DE LA PRUEBA DOCUMENTAL LES RESULTAN APLICABLES LAS REGLAS PREVISTAS PARA ÉSTA POR LA LEY FEDERAL DEL TRABAJO. El artículo 776, fracción VIII, de la Ley Federal del Trabajo establece que en el proceso laboral son admisibles toda clase de pruebas, siempre que no sean contrarias a la moral o al derecho y prevé, especialmente, entre otras pruebas, las fotografías y, en general aquellos medios aportados por los descubrimientos de la ciencia; por lo cual, es incuestionable que las grabaciones videográficas constituyen un adelanto científico que puede resultar útil como medio probatorio; sin embargo, su ofrecimiento, admisión, desahogo y valoración no están regulados por la legislación laboral citada, como sucede en relación con la confesional, la testimonial, la pericial y la documental. No obstante ello, si mediante los videocasetes se reproducen imágenes de hechos que pueden tener algún significado probatorio procesal, en tanto que los tratadistas de la teoría general del proceso, particularmente de la prueba judi-

cial, coinciden en que la prueba de documentos comprende todo aquel instrumento mediante el cual se representan, de manera gráfica, hechos relevantes para el proceso de que se trata, susceptibles de ser apreciados por los sentidos; consecuentemente, debe concluirse que los videocasetes, dada su naturaleza, son una variante de la prueba documental, por ello, les resultan aplicables las reglas sobre el ofrecimiento, admisión, desahogo, objeciones, alcance y valor probatorio establecidas por la Ley Federal del Trabajo para la prueba documental.

CUARTO TRIBUNAL COLEGIADO DEL OCTAVO CIRCUITO.

Amparo directo 1377/2003. David de la Rosa Tapia. 19 de agosto de 2004. Unanimidad de votos. Ponente: Ramón Raúl Arias Martínez. Secretario: Fernando Sustaita Rojas.
Tesis aislada. Novena Época. Instancia: Tribunales Colegiados de Circuito. Fuente: Semanario Judicial de la Federación y su Gaceta. Tomo: XX, Noviembre de 2004.

A la Suprema Corte de Justicia de la Nación, en la Consulta Nacional mencionada en este trabajo, se le propuso la incorporación inmediata de:

— La instauración del expediente electrónico.

— Abrir la disponibilidad de consulta en línea a las partes del mismo.

— Las notificaciones vía correo electrónico.

— La publicidad de acuerdos vía intranets o Internet, accesibles por suscripción.

— La publicidad de los acuerdos vía Internet.

— La posibilidad de desahogo de pruebas o celebración de audiencias vía videoconferencia.[26]

6. Los proyectos vinculados con las nuevas tecnologías en la administración de justicia

El proyecto que se tiene a mediano plazo, es con base en la Consulta Nacional sobre una Reforma Integral y coherente del sistema de impartición de justicia en el Estado Mexicano, realizada por la Suprema Corte de Justicia de la Nación, de la cual hemos hablado a lo largo de este trabajo, dicho órgano considerará algunas de las propuestas mencionadas, y entre ellas, las más viables serán puestas en práctica, sin embargo, hay otras que es necesario pasen por un proceso legislativo, lo cual no es tan rápido, como se deseara, debido a la cantidad de iniciativas que en otras materias se encuentran pendientes de discutir actualmente en el Congreso.

26. *Medios electrónicos en la impartición de justicia.* Propuesta presentada por Luis Manuel C. Meján Carrer en la Consulta Nacional sobre una Reforma Integral y Coherente del Sistema de Impartición de Justicia en el Estado Mexicano, (agosto de 2004 — agosto de 2005), convocada por la Suprema Corte de Justicia de la Nación.

La jurisprudencia y las tesis aisladas se pronuncian en la medida en que se van presentando los asuntos y hay necesidad de establecer criterios que puedan ampliar o limitar lo establecido por la ley. En este caso, una vez que se presenten como medios de prueba (páginas web, correos electrónicos, o cualquier otro avance de la ciencia), y no se encuentre previsto de manera específica en la ley, ya sea su forma de desahogo, o el valor probatorio que se les deba dar, y surja una controversia con relación a su tratamiento, se van creando las tesis aisladas, y posteriormente la jurisprudencia, de tal manera que la forma en que se desarrolle la jurisprudencia es en la medida que se presenten los casos concretos y en estos casos ha sido lenta.

7. Como tener acceso al tribunal virtual

Actualmente, como ya se dijo, se puede acceder a información judicial vía Internet o en su caso vía intranet a través de un password o clave confidencial.

Sobre el particular, dentro de las reformas más importantes a la legislación procesal local se encuentran las concernientes al Código de Procedimientos Civiles del Estado de Nuevo León, las que dieron origen al denominado *Tribunal Virtual*.

El Tribunal Virtual es el sistema de procesamiento de información, electrónico o virtual, que permite la substanciación de asuntos jurisdiccionales ante el Poder Judicial del Estado; conforme a los lineamientos de operación establecidos por el Tribunal Superior de Justicia, a través del reglamento que para tal efecto se emita (Artículo 44).

Las partes tienen la posibilidad de incoar ante el Tribunal Virtual, sin embargo, la ley les reserva la posibilidad de presentar en cualquier momento algún otro tipo de promoción por escrito ante la autoridad que conozca el asunto. (Artículo 45)

Para presentar cualquier promoción mediante el Tribunal Virtual es necesario, de acuerdo al artículo 46:

I. Presentar escrito dirigido a la autoridad que conoce del asunto, debiendo señalar el nombre del usuario y nombre completo con el cual se registró en el Tribunal Virtual, firmada por el representante legal o por cualquiera de las partes;

II. Manifestar claramente su solicitud de presentar promociones vía electrónica y ser notificado de igual forma, como lo indica el artículo 78 de este Código;

III. Hacer mención expresa del número de expediente en el cual solicita la autorización

IV. Tratándose de varios interesados se deberá señalar sus respectivos nombres de usuarios, siempre y cuando estén autorizados en el expediente para oír y recibir notificaciones; y

V. Deberá presentarse una solicitud por expediente.

De acuerdo al artículo 78 del Código de Procedimientos Civiles del Estado de Nuevo León, las partes pueden autorizar que se les notifique por vía electrónica, que implica la aceptación expresa del solicitante en el sentido de que todas las notificaciones, aún las de carácter personal, ordenadas con posterioridad a la fecha en que se le otorgue este tipo de autorización, se tendrán por legalmente practicadas y surtirán sus efectos en los términos de lo previsto por el artículo 76 de este Código, salvo la notificación del emplazamiento a juicio, además de las que el juez considere necesarias.

En el artículo 19 de dicho ordenamiento adjetivo se prevé la posibilidad de presentar cualquier promoción a través del Tribunal Virtual.

Las actuaciones judiciales que se archivan electrónicamente, son autentificadas mediante dispositivo físico o digital que provea la autoridad jurisdiccional.

Las promociones que se presentan por las partes a través del Tribunal Virtual en días u horas inhábiles, se tienen por recibidas al momento hábil siguiente, exceptuándose de lo anterior las promociones sujetas a término judicial.

Los magistrados y jueces, antes de acordar lo solicitado, tienen la facultad de exigir la ratificación de firma y, en su caso, de la huella digital, que calcen los ocursos presentados, cuando se dude de su autenticidad, implique la pérdida de un derecho o la renuncia a un beneficio. Asímismo tienen la facultad de cerciorarse de la autenticidad de las promociones presentadas electrónicamente. La falta de ratificación o la manifestación del interesado, de que él no estampó su huella digital, o bien que no reconozca la promoción enviada electrónicamente, originará que, además de que se tenga por no presentada la promoción, se dé vista al Ministerio Público para los efectos legales correspondientes.

Para que se puedan considerar como copias certificadas las constancias que se encuentren en el Tribunal Virtual, es necesario que sean autorizadas por el Secretario que las expida (articulo 40).

Finalmente, para evitar cualquier interpretación errónea respecto de los términos utilizados en la ley, se establecen en el artículo 48, los alcances de cada concepto, por ejemplo:

Promoción Electrónica: es la promoción redactada y enviada a través del sistema Tribunal Virtual.

Usuario: es una clave elegida por el interesado en el proceso de su registro para acceder e interactuar en el sistema Tribunal Virtual que será la identificación del interesado en el sistema.

Contraseña: es una clave elegida por el interesado en el proceso de su registro con la que en combinación con el usuario dará acceso a la información establecida y autorizada en el sistema Tribunal Virtual.

Firma Electrónica: es la información en forma electrónica consignada en un mensaje de datos, adjuntados o lógicamente asociados al mismo por cualquier tecnología, que son utilizados para identificar al firmante en relación con el mensaje y que produce los mismos efectos jurídicos que la firma autógrafa, siendo admisible como prueba en juicio.

Página Electrónica: son las pantallas de acceso de los sistemas computacionales que mediante Internet publica el Poder Judicial del Estado.

Acción Electrónica: es cualquier consulta, envío de información o interacción que se realicen en las páginas electrónicas del Tribunal Virtual del Poder Judicial del Estado.

Notificación Electrónica: proceso mediante el cual se dan a conocer las actuaciones judiciales realizadas en los procesos civiles, familiares y de jurisdicción concurrente a los usuarios del Tribunal Virtual que así lo hayan solicitado.

Expediente Electrónico: Es el conjunto de documentos digitalizados, promociones electrónicas y resoluciones realizadas en los sistemas del poder judicial, almacenados en sus bases de datos siendo una copia fiel del expediente físico.

A continuación se transcribe una parte de la página Web obtenida sobre el Tribunal Virtual de Nuevo León:

> Bienvenidos al Tribunal Virtual
>
> El H. Tribunal Superior de Justicia del Estado de Nuevo León, México, le da la mas cordial bienvenida a este sitio de Internet. Este portal ha sido desarrollado con el fin de que la ciudadanía pueda consultar desde el despacho, oficina, hogar o cualquier otra parte los acuerdos, promociones y documentos de los expedientes a los cuales tenga acceso para su consulta. De esta manera y buscando una mejor transparencia en estos trámites legales nos ponemos a la vanguardia y en espera de seguir mejorando e incluyendo nuevos servicios para el beneficio de todos.
>
> ¿QUE PUEDO CONSULTAR?
>
> Usted puede consultar un expediente utilizando la opción de Acuerdos, solo tiene que teclear el número de expediente, año y seleccionar el juzgado donde se desarrolla el juicio. Al presionar el opción 'Buscar' usted podrá ver la lista de todos los acuerdos publicados de ese expediente asi como también las promociones, instructivos, etc. que correspondan al mismo. Pero solo podrá ver la lista y no podrá ver el contenido de cada acuerdo, promoción o documento si no tiene autorización para verlos.
>
> ¿COMO SOLICITAR LA AUTORIZACION DE EXPEDIENTES?
>
> 1. La solicitud de autorización de expedientes se debe realizar a través de una promoción.
>
> Haga clic aquí para ver ejemplo

2. En el escrito de la promoción debe incluir su nombre de usuario y nombre completo con el cual se registró en este portal y el expediente que desee que se le autorice.

Nota

- Puede mencionar los nombres de varias personas con sus respectivos nombres de usuarios siempre y cuando estén autorizadas en el expediente mencionado para oír y recibir notificaciones.
- No olvide mencionar el nombre de usuario ya que es indispensable para su autorización. Así como también debe mencionarlo exactamente como lo registró en el portal, usando mayúsculas y minúsculas.
- NO DEBE INCLUIR LA CONTRASEÑA y por su seguridad NUNCA LA REVELE, sin excepción.

Esta promoción debe ser firmada solamente por los abogados autorizados, o bien, por cualquiera de las partes, ya sea la actora o la demandada.

3. Hacer llegar esta promoción por cualquier medio (excepto via internet), directamente al juzgado correspondiente donde se desarrolla el juicio para el expediente solicitado.

4. El juzgado verificará la información y en su caso autorizará el acceso. Para esto se publicará el acuerdo correspondiente a la promoción. Este lo podrá consultar en la opción de 'Acuerdos'.

5. Si fue autorizado podrá ver el expediente en su lista de expedientes autorizados (opción 'Expedientes').

Nota

Ya que la promoción va a formar parte del expediente debe realizar una solicitud por cada expediente que desee que se le autorice.

¿COMO PUEDO SABER SI YA SE ME AUTORIZO UN EXPEDIENTE?

Puede consultar su lista de expedientes autorizados (opción 'Expedientes') y verificar si se encuentra el expediente solicitado.

Nota

Después de hacer llegar la promoción al juzgado solicitando la autorización de un expediente ellos tienen un lapso de 72 horas para generar el acuerdo correspondiente a esa promoción. En el acuerdo generado se menciona si se le autorizó o no la consulta del expediente a través de este portal. El acuerdo lo puede ver en la lista de acuerdos (opción 'Acuerdos').

Importante

Si después del lapso de 2 días aun no puede ver el contenido de los acuerdos del expediente solicitado le pedimos de favor que nos lo comunique inmediatamente a través de la opción de 'Comentarios' para verificarlo con el juzgado y decirle el motivo por el cual no se le pudo autorizar. No olvide mencionarnos el número de expediente y juzgado.

¿COMO PUEDO VER LAS IMAGENES DIGITALIZADAS?

Para ver las imágenes digitalizadas de algunos documentos como promociones, oficios, instructivos, etc. es necesario instalar un programa que aquí mismo en este portal se le proporciona. Para ello hemos puesto a su disposición la documentación necesaria para que usted pueda descargarlo a su computadora e instalarlo.

Esta ayuda para ver las imágenes digitalizadas aparece presionando el opción 'Ayuda para ver la imagen' el cual esta disponible cuando trata de ver una promoción o algún otro documento digitalizado.

Le sugerimos que siga las instrucciones paso a paso para que pueda instalarlo con éxito.

ACTUALIZACION DE LA INFORMACION

La base de datos del tribunal virtual es una copia exacta de la base de datos de los juzgados.

Esta información es actualizada diariamente en el siguiente horario:

Juzgado
Inicio de Actualización
Duración (aprox.)
Familiar
7:00 pm
6 minutos
Civil
7:20 pm
9 minutos
Menor
7:40 pm
15 minutos

Gracias por su atención.
Administrador del Tribunal Virtual
tribunalvirtual@hotmail.com

8. Los medios ordinarios a la par de las transmisiones electrónicas

En materia judicial en nuestro país se considera el envío de una copia remitida por medios ordinarios a la par de la transmisión electrónica solo por lo que hace al fax, pues en algunos casos también se envía el documento en original o copia certificada.

Entre los medios de comunicación electrónica se encuentra el fax, que es un medio de transmisión de datos que emplea la red telefónica, por el cual se envía un documento que se recibe por el destinatario en copia fotostática, a la cual también ordinariamente se le denomina fax; de ahí que las constancias transmitidas por este medio, entre los órganos del Poder Judicial de la Federación, si están certificadas por el secretario de

Acuerdos del tribunal judicial al que se transmite el mensaje, sobre la hora y fecha de recepción del fax y la persona del órgano jurisdiccional federal que lo remitió, tienen pleno valor probatorio, por ser confiable el medio en que fueron comunicadas dichas constancias, ya que tiene un grado de seguridad similar al de la documentación consignada en papel, además de que es identificable la persona a quien se atribuye su contenido y pueden verificarse tanto el origen de la documentación como su texto; pues en la actualidad los citados órganos se encuentran comunicados electrónicamente, por distintos medios, lo que permite corroborar los datos del fax recibido.

Lo anterior ha sido sostenido por el Poder Judicial de la Federación en una tesis aislada cuyos datos de identificación son:

> CONSTANCIAS ENVIADAS POR FAX ENTRE LOS ÓRGANOS DEL PODER JUDICIAL DE LA FEDERACIÓN. SI ESTÁ CERTIFICADA LA HORA Y FECHA DE SU RECEPCIÓN, ASÍ COMO EL ÓRGANO QUE LAS REMITE POR EL SECRETARIO DE ACUERDOS DEL TRIBUNAL JUDICIAL QUE LAS RECIBE, TIENEN PLENO VALOR PROBATORIO.
> Reclamación 180/2000. Bardomiano Olvera Morán, su sucesión. 24 de enero de 2001. Unanimidad de cuatro votos. Ausente: Olga Sánchez Cordero de García Villegas. Ponente: Olga Sánchez Cordero de García Villegas; en su ausencia hizo suyo el proyecto Juan N. Silva Meza. Secretario: José Luis Vázquez Camacho.
>
> Novena Época Instancia: Primera Sala Fuente: Semanario Judicial de la Federación y su Gaceta Tomo: XIII, Mayo de 2001 Tesis: 1a. XXXII/2001 Página: 277 Materia: Común Tesis aislada.

En las legislaciones estatales al fax, no se le otorga un valor probatorio pleno, pues carece de firma, sin embargo, presume la existencia de un documento, y al ser relacionado con otros medios de prueba, puede convertirse en idóneo. Tal como lo establece la tesis aislada que a continuación se cita:

> FAX DOCUMENTAL, VALOR PROBATORIO DEL (LEGISLACIÓN DEL ESTADO DE MÉXICO). De acuerdo con los artículos 267, 281, fracción VII, y 413 del Código de Procedimientos Civiles del Estado, el juzgador para conocer la verdad puede valerse de cualquier persona, cosa o documento, sin más limitación que las pruebas estén reconocidas por la ley y tengan relación inmediata con los hechos controvertidos, como son, entre otros, las fotografías, copias fotostáticas, registros dactiloscópicos y en general todos aquellos elementos aportados por los descubrimientos de la ciencia, respecto de los cuales queda su valoración a la prudente calificación del Juez. Por tanto, si un «fax» constituye un sistema de transmisión de mensajes en formato original, provisto de terminales facsímil, que utiliza como medio de transmisión de la red telefónica conmutada y es capaz de enviar mediante un transmisor documentos originales, que son reproducidos por otro aparato, no obstante que la impresión de los mismos en el receptor será en calidad de una copia fotostática, en la que no aparece una firma autógrafa que le dé autenticidad, tal circunstancia no priva a esa documental de valor probatorio, sino que al contrario, constituye un claro elemento de la existencia de su original, que, cuando se encuentra adminiculado con otros medios de convicción, tiene valor probatorio idóneo.
>
> SEGUNDO TRIBUNAL COLEGIADO EN MATERIA CIVIL DEL SEGUNDO CIRCUITO.

Amparo directo 883/98. IBM de México, S.A. de C.V. 2 de febrero de 1999. Unanimidad de votos. Ponente: Raúl Solís Solís. Secretario: Agustín Archundia Ortiz.
Tesis aislada. Novena Época. Instancia: Tribunales Colegiados de Circuito. Fuente: Semanario Judicial de la Federación y su Gaceta. Tomo: IX, Marzo de 1999.

En materia electoral el avance vinculado a los procesos impugnativos es que el envío por fax tiene efectos de notificación, como se establece en la siguiente tesis relevante emitida por la Sala Superior del Tribunal Electoral del Poder Judicial de la Federación.

NOTIFICACIÓN POR FAX. SU ACOGIMIENTO EN LA LEY PROCESAL ELECTORAL CONCUERDA PLENAMENTE CON LA NATURALEZA JURÍDICA DE ESTA MATERIA.—La notificación de las resoluciones que se dictan en los procesos jurisdiccionales electorales, efectuadas por fax, constituyen un medio legítimo para hacer saber su contenido a los sujetos a quienes se dirige la comunicación respectiva, porque su práctica se encuentra prevista expresamente en el artículo 29 de la Ley General del Sistema de Medios de Impugnación en Materia Electoral y en el artículo 84 del Reglamento Interno del Tribunal Electoral del Poder Judicial de la Federación y, por otra parte, las circunstancias en las que, según la ley, debe producirse su realización, aseguran la razonable certeza de que el interesado adquiere pleno conocimiento de la resolución. Esta razonable certeza resulta de la combinación de factores tales como, en primer lugar, la naturaleza de la materia de los procesos en los cuales se practican y, en segundo lugar, los formalismos previstos por la ley para que se lleven a cabo. En lo atinente al primero de los factores mencionados, los procesos previstos en la Ley General del Sistema de Medios de Impugnación en Materia Electoral se ubican en lo que se ha denominado procesos cuya materia es de interés público, en función de la naturaleza y características de las normas sustantivas que protegen, las cuales regulan, entre otras cosas, la función estatal de organizar las elecciones de los integrantes de los Poderes Legislativo y Ejecutivo, así como la calificación de tales elecciones; además, en dichos procesos intervienen normalmente dos distintos órganos del Estado, uno, que ejercita la función jurisdiccional y, otro, que actúa como una de las partes. El interés público de la materia que se sustancia en dichos procesos deriva también del hecho de que el conglomerado social, así como los órganos de gobierno, presentan un notorio ánimo para el conocimiento del desarrollo de las particularidades de las cuestiones electorales, tales como: la organización de las elecciones por parte de la autoridad competente; el curso de las campañas electorales de los candidatos a cargos de elección popular; los resultados de las elecciones; las impugnaciones que se promueven en contra de esos resultados, por todas sus fases e incluso, el contenido de las resoluciones jurisdiccionales que al efecto se dictan, etcétera. Esto contrasta con otra clase de procesos, como aquellos cuya materia es de interés privado (verbigracia, el civil y el mercantil) en los cuales, por regla general, los únicos medios de comunicación que existen entre órgano jurisdiccional y las partes son precisamente las notificaciones, en las escasas modalidades reguladas en los códigos procesales respectivos, lo cual es explicable, porque es innecesaria la difusión de lo tratado en esos juicios, ya que la materia de ellos atañe únicamente a las partes contendientes. En cambio, en los procesos jurisdiccionales electorales, por estar relacionados con actos transcendentes de una contienda electoral, por ejemplo, el resultado de ella, el conglomerado social, así como los órganos de gobierno, están atentos a las decisiones. Incluso, en respuesta a ese interés general, los medios masivos de comunicación procuran difundir oportunamente noticias sobre el contenido de las resoluciones de los tribunales. En lo concerniente al segundo de los factores citados se destaca, que la experiencia a que se refiere el artículo 16, párrafo 1, de la Ley General del Sistema de Medios de Impugnación en Materia Electoral demuestra, que en las comunicaciones por fax, lo ordinario es que el trasmisor logre una comunicación óptima con el receptor; por lo que, congruentemente con esta regla de la experiencia, la parte final del párrafo 1 del artículo 29 del ordenamiento mencionado establece, que las notificaciones por tal vía surtan efecto a partir de que acontezca cualquiera de estos dos formalismos: a) se tenga la constancia de recepción o b) se cuente con el acuse de recibido. La combinación de los factores descritos conducen a la certeza de que la notificación practicada por fax cumple su cometido, que es hacer saber el contenido de una resolución jurisdiccional al destinatario.

Juicio de revisión constitucional electoral. SUP-JRC-023/98. Incidente de inejecución de sentencia.—Presidenta y Secretario de la Mesa Directiva del Honorable Congreso del Estado de Yucatán.—7 de julio de 1998.—Unanimidad de votos.—Ponente: Leonel Castillo González.—Secretario: Rafael Rodrigo Cruz Ovalle.

Juicio de revisión constitucional electoral. SUP-JRC-024/98. Incidente de inejecución de sentencia.—Presidenta y Secretario de la Mesa Directiva del Honorable Congreso del Estado de Yucatán.—7 de julio de 1998.—Unanimidad de votos.—Ponente: Leonel Castillo González.—Secretario: Ángel Ponce Peña.

Revista Justicia Electoral 1998, Tercera Época, suplemento 2, páginas 63-65, Sala Superior, tesis S3EL 012/98.

Compilación Oficial de Jurisprudencia y Tesis Relevantes 1997-2005, páginas 716-718.

9. Salvaguarda de los derechos de las partes por el uso de las nuevas tecnologías. Los juicios orales

En estos momentos la regulación de las nuevas tecnologías en nuestro país es limitada, pues los tribunales a nivel federal y estatal (salvo el caso de Nuevo León) no las utilizan en su infraestructura, aplicada a las diferentes etapas en que se desarrolla el proceso, porque no se tiene todavía la seguridad y certeza de que los medios electrónicos sean altamente confiables, es decir, que no se pueda alterar la información que procesan.

En el artículo 17 de la Constitución Política de los Estados Unidos Mexicanos, se establece la prohibición de cobrar las costas judiciales, de tal manera que si llegare a regularse el uso de transmisiones electrónicas en los procesos judiciales, los gastos en principio deben ser a cargo del Estado.

En México, como hemos observado en las propuestas concretas que se han hecho a la Suprema Corte de Justicia de la Nación, la idea de utilizar las nuevas tecnologías en la impartición de justicia, es una forma de coadyuvar en la celeridad de los procesos.

Los criterios que ha pronunciado el Poder Judicial de la Federación, como los que han sido citados en este trabajo, tienen la tendencia de otorgar cada vez mayor importancia (en cuanto al valor probatorio) a las aportaciones de la ciencia, concretamente, del correo electrónico y el Internet.

El uso de estas herramientas tecnológicas permite al órgano judicial abatir el rezago generado en ocasiones por el tiempo que ocupan las transcripciones de las actuaciones, sus notificaciones y el cumplimiento de las resoluciones.

Es fundamental que en los juicios se utilice la tecnología de punta para lograr una impartición de justicia más rápida y eficaz, sin embargo, ante la falta en nuestro país de legislación expresa sobre su uso (la que se ha notado con una evolución lenta), las partes se limitan a ofrecer como pruebas las que son enumeradas en la ley procesal, pese a que en la mayoría de ordenamientos legales se deja abierta la posibilidad de presentar como prueba los elementos aportados por la ciencia.

La consulta realizada por la Suprema Corte de Justicia de la Nación, es un claro ejemplo de que la sociedad, considera una necesidad la reforma estructural del Poder Judicial, y uno de los aspectos en que se ha hecho énfasis, precisamente, es en la utilización y aplicación de las nuevas tecnologías en la infraestructura de Poder Judicial, pues no se pueden seguir utilizando únicamente las herramientas que se tenían hace varios años, si tenemos ahora la posibilidad de auxiliarnos para impartir justicia de manera pronta y eficaz, de las nuevas tecnologías.

Como se señaló en una de las propuestas presentadas en la Suprema Corte mexicana, el punto central de la creación de la tecnología de punta es consolidar una base de datos en el Poder Judicial Federal y en los estatales que permita la rápida actualización y conocimiento de la información del juicio, sin descartar la posibilidad de que el mismo sistema se adapte en estos otros aspectos al derecho que permita la impartición de justicia de manera pronta, expedita y eficaz; ventajas de la cuales ya gozan otras instituciones como la banca, quien actualmente tiene en su base de datos el registro de todos sus clientes permitiéndole la utilización y agilización en la consulta de buró de crédito, manejo de crédito, etc.

Con esta tecnología todos los juicios se deben llevar a cabo de manera automatizada, desde el escrito inicial de demanda hasta la sentencia, principalmente para cumplir con una doble finalidad: por un lado, lograr una impartición de justicia más rápida y eficaz, y por otro, tener una base de datos que sea consultable por las partes interesadas, controlada por el poder judicial respectivo.

Así toda la información judicial estará sostenida en los servidores Web de los distintos tribunales y juzgados, sin necesidad de trasladarse las partes a los recintos judiciales, sobre todo en estos periodos de densidad poblacional y conglomerado social.

Con lo anterior se logra que todas las promociones sean ingresadas a los diferentes sistemas.[27]

---

27. *La modernización para la mejor administración de justicia en México.* Propuesta presentada por Laura Guadalupe Cárdenas Rodríguez y Ricardo Donato Moreno Lacarriere en la Consulta Nacional sobre una Reforma Integral y Coherente del Sistema de Impartición de Justicia en el Estado Mexicano, (agosto de 2004 — agosto de 2005), convocada por la Suprema Corte de Justicia de la Nación.

Mientras tanto, todavía en México (a nivel federal) no se generaliza la experiencia de la actualización tecnológica en la administración de justicia. El Tribunal virtual neolonés es un digno ejemplo a seguir.

Una de las experiencias neolonesas en el combate al rezago judicial fue la implementación de los *juicios orales*. El 23 de febrero de 2006 se llevó a cabo el primer juicio oral en el México actual, en el municipio de Montemorelos, Nuevo León, de esta forma nuevamente este Estado de la República,[28] se convirtió en la primera entidad del país en establecer algo novedoso en los procesos de impartición de justicia del fuero común, lo cual agiliza el rezago de más de 100 mil averiguaciones previas que tiene pendientes de resolver la Procuraduría General de Justicia del Estado.[29] Las salas cuentan con los sistemas más modernos en grabación de circuito cerrado de televisión y permiten captar las audiencias judiciales en tiempo real a través de cámaras y micrófonos interconectados. La inversión en equipo y remodelación del edificio donde se construyeron las tres salas, inauguradas el pasado 26 de noviembre de 2006 por el Presidente Vicente Fox y el gobernador estatal, José Natividad González Parás, fue de 7.8 millones de pesos.[30]

10. Conclusiones

Para lograr los beneficios del uso de las nuevas tecnologías en los procesos judiciales en todas las materias del derecho, en todos los juzgados y tribunales de nuestro país, es indispensable conjugar los aspectos de infraestructura, organización, capacitación, redefinición de procesos y homologación de los registros.

Es necesario remarcar que México tiene muchos rezagos en materia de modernización tecnológica, sobre todo en las poblaciones alejadas de las grandes ciudades, por eso se debe poner énfasis en los proyectos para actualizar a las instituciones judiciales en el uso de la informática y su desarrollo en el futuro, adquiriendo tecnología de punta y capacitando a todo el personal tanto jurídico como administrativo del Poder Judicial Federal y estatal, para ello todos los sectores de la sociedad y los diferentes órdenes de gobierno deben sumar esfuerzos para atender los retos que genera el desarrollo tecnológico en todo el mundo.

Nuestro país se debe enfocar inmediatamente al estudio de la informática judicial procesal para su práctica diaria en los juicios y procesos que llevan a cabo los tribunales mexicanos, pues ante la velocidad de nuestro tiempo en materia de medios electrónicos, sería muy grave no actualizarnos como lo han hecho otros países en el orbe.

28. Que está al norte de nuestro país y colinda con los Estados Unidos de Norteamérica.

29. «Concluyó en NL el primer juicio oral del México actual», Periódico *La Jornada,* del jueves 24 de febrero de 2005.

30. IDEM.

La adopción de Internet en nuestros tiempos, para administrar justicia, se impone de la misma manera como se impuso la mecanografía a los manuscritos de antaño: Nadie puede sostener regresar a los manuscritos, como nadie ahora puede sostener, regresar a la mecanografía y como ya no se puede sostener, regresar a los enormes archivos de legajos de escritos judiciales, teniendo a nuestra disposición los formidables sistemas de computación y la extraordinaria comunicación por Internet. Tal parece que el tiempo se impone con fuerza, bien dijera *Albert Einstein: «Nunca pienso en el futuro. Siempre viene demasiado pronto»*.

Ejecución contra sentencia en la LEC: ¿una excesiva relajación en la protección de la tutela efectiva?

RAMON ESCALER BASCOMPTE
PROFESOR DE DERECHO PROCESAL
UNIVERSITAT POMPEU FABRA

SÍNTESIS

Este trabajo examina los diferentes instrumentos de los que dispone un litigante que sufre una ejecución forzosa contraria a lo establecido en la sentencia. Probablemente, la Ley de Enjuiciamiento Civil de 2000 ha reducido excesivamente los medios de impugnación ante esta situación. Si esto es así, primeramente esto causa un ataque al derecho fundamental a la tutela judicial efectiva y, secundariamente, otras instituciones fundamentales para el derecho procesal como la res iudicata *y la seguridad jurídica también resultan lesionadas. A la espera de una posible futura reforma procesal civil, para evitar esta situación, este trabajo intentar apuntar alguna posible solución que pueda mejorar la protección del derecho fundamental mencionado.*

ABSTRACT

This work examines the different resources that can be used by a litigant who suffers an enforcement out of the limits established in a sentence. Probably, the Code of Civil Procedural law of 2000 has excessively reduced the ways of impugning this situation. In that case, firstly it attacks the fundamental right to an effective protection of the court, and secondly, other basic institutions in procedural law like res iudicata *and juridical security are also injured. While waiting for a future modification of procedural law, in order to avoid this situation, this work intends to point out some possible solutions that could help improve the protection of the fundamental right mentioned.*

1. Planteamiento del problema en el marco del nuevo escenario procesal que ha conllevado la LEC en la materia

La ejecución contra sentencia no es una cuestión novedosa que haya surgido con la LEC. Desde las leyes de enjuiciamiento del siglo XIX, antecesoras a la vigente, se ha recogido expresamente y tanto doctrina como jurisprudencia han ido solventando la situación sin que hubiera habido grandes discrepancias al respecto. De hecho, puede afirmarse que durante décadas se ha ido consolidando una sólida doctrina que ha permitido dar una respuesta, en cierto modo, coherente y unitaria a los distintos asuntos que se han planteado en relación con el tema. Buena muestra de ello, como se verá al analizar la doctrina que está emanando todavía del TS con referencia al art. 1687.2 LEC/1881, que es el que regulaba la situación con la anterior Ley de Enjuiciamiento Civil, es que no resulta nada inhabitual que en su fundamentación se remita reiteradamente, en una misma dirección, a resoluciones relativas al tema de muy distintas épocas. Asimismo, también el TC ha ido desarrollando en un mismo sentido la doctrina que considera una vulneración del derecho a la tutela judicial efectiva, en su manifestación del derecho a la ejecución en sus propios términos, la ejecución contra sentencia.

En consecuencia, a pesar de la complejidad del tema, dado que bajo la rúbrica de ejecución contra sentencia pueden tratarse hipótesis de lo más diverso, lo que se ejemplifica en la jurisprudencia con la que se irán ilustrando los distintos epígrafes de este artículo, hay que destacar la unidad argumental que ha habido a lo largo de los años tanto en la doctrina del TS como en la del TC abordando la cuestión, lo que no siempre es fácil en una legislación y tiempos tan cambiantes. Ello no obsta que dicha doctrina pudiera someterse a ciertas críticas o matices que pudieran potenciar una mayor efectividad en el cumplimiento en sus propios términos de las resoluciones dado que tradicionalmente, bajo la cobertura de la inmodificabilidad de las resoluciones, los tribunales se muestran reticentes a estimar las reclamaciones de ejecuciones contra sentencia, y aún así hay casos que tienen éxito. Sin embargo, conviene no olvidar que lo que está en juego es el derecho fundamental a la tutela efectiva, en su vertiente de ejecución en sus propios términos.

Ante esta situación, el legislador de la LEC no solamente no mejoró en nada la posibilidad de garantizar este derecho sino que relajó de forma incomprensible las vías de protección en el ordenamiento. De este modo, eliminó sin ofrecer ninguna alternativa expresa la oportunidad de acceder a casación que se tenía por los cauces del ya citado art. 1687.2 LEC/1881, recogiendo el testigo el art. 563 LEC que solamente prevé los recursos de reposición y apelación para denunciar las infracciones al respecto. Más allá, aparentemente sólo queda llevar la cuestión en amparo al TC, con todas las dificultades de acceso que comporta, a lo que hay que sumar las reducidas expectativas de éxito en cuanto a la estimación de la cuestión. Nótese que todas aquellas hipótesis que a largo de los años se han reparado por los cauces del art. 1687.2 LEC/1881, que pueden reproducirse perfectamente con la legislación vigente, y que demuestran que la apelación puede ser insuficiente en muchos casos, dejarán de tener esta protección adicional. No parece de recibo que tras la apelación solamente aparezca la oportunidad del TC, con los obstáculos apuntados.

Probablemente, la razón del cambio haya que buscarla en que el legislador, amén de que con ello descargaba de asuntos al TS, ha pretendido evitar que las ejecuciones se demoren en exceso. De hecho, la norma general del art. 562 LEC limita los recursos en ejecución al máximo, incluso el de apelación a las hipótesis expresamente previstas, vetando por completo el acceso a casación. Ello es muy loable, pero conviene no olvidar que en los casos de ejecución contra sentencia lo que está en juego es precisamente la ejecución en sus términos de una resolución firme que puede haberse obtenido con los esfuerzos de muchos años e instancias y, por lo tanto, quizás no resulte lo más acertado relajar las vías de protección llegadas a este punto del proceso. Y es que poca tutela efectiva se obtendrá del sistema, si en el momento de ejecutar no se realiza conforme a lo concedido en la resolución. En otras palabras, está bien que con el argumento de que en ejecución no se resuelve sino que se ejecuta se reduzcan las oportunidades de plantear recursos al máximo en esta fase del proceso, pero en aquellos casos en que se contradiga en ejecución lo dispuesto en el título ejecutivo, posiblemente habría que poder discutir la cuestión por unos cauces e instancias equivalentes a los que pudo debatirse en fase declarativa dado que se está alterando lo resuelto en la misma. De otro modo, se estaría atacando a instituciones básicas del sistema procesal como son la cosa juzgada y la seguridad jurídica, puesto que al ejecutarse en contra de la misma quedarían afectadas, así como el derecho de tutela efectiva de los sujetos parte en el litigio.[1]

Por todo ello, resulta evidente que convendría revisar los instrumentos de protección que ofrece la regulación vigente con relación a la cuestión apuntada, puesto que hoy en día, desde la perspectiva aquí tratada, el derecho a la tutela judicial efectiva goza de una mayor protección procesal antes de sentencia firme que con posterioridad. Y es que puede darse la contradicción de que un asunto puede agotar todos los recursos del ordenamiento, hasta casación, hasta obtener su firmeza, y una vez se ejecuta, pese a que sea en contra de lo resuelto con valor de cosa juzgada, a lo sumo pueda discutirse la infracción en apelación. Ciertamente, no parece muy acertado que el legislador prevea una menor protección en ejecución, cuando ésta va en contra de lo dispuesto en la resolución firme puesto que es aquí donde verdaderamente se plasma la tutela efectiva.

1. Con anterioridad a la LEC, sobre el tema, véase la monografía, Arias Lozano D., *El recurso de casación en ejecución de sentencia civil,* Centro de Estudios Ramón Areces, Madrid, 1994. Se comparte con el autor que el objeto principal que se persigue al denunciar actos contrarios a la ejecución es la salvaguarda del derecho fundamental a la ejecución en sus propios términos. No obstante, no se está de acuerdo en que fuera el objeto único como señalaba en la pág. 56 de su obra para el recurso de casación que existía en su momento a tal efecto. Otras instituciones como la seguridad jurídica o la cosa juzgada pueden verse afectadas. Al respecto, el citado autor, en las págs. 32 y ss. de la citada obra, pese a reconocer que ha existido una doctrina monolítica del TS que relacionaba el recurso de casación en ejecución con la cosa juzgada, citando, entre muchas, desde la STS de 29 de marzo de 1930 (RAJ. 808) hasta la STS de 19 de noviembre de 1992 (RAJ. 9242), no apoyaba la postura sobre la base de que lo decidido en un proceso de declaración no debía afectar a otro distinto de ejecución. Si se parte de la postura opuesta de que la fase de ejecución no supone un ulterior proceso de diferente objeto que el resuelto en fase declarativa, quizás puede argumentarse más fácilmente el riesgo que puede suponer en cuanto al debilitamiento de instituciones como las mencionadas una ejecución contra sentencia, hecho que se demuestra en que pueden quedar en papel mojado resoluciones con valor de cosa juzgada si no se ejecuta conforme a lo dispuesto en los títulos ejecutivos.

En este artículo se pretende denunciar esta situación, abogando por una reforma que revise el tratamiento que se le da al tema. También se apunta una posible solución adicional a los recursos de reposición y apelación, que ofrezca una mayor cobertura a la espera de la reforma necesaria, por el cauce de la nulidad de actuaciones a la que abre las puertas el art. 562.2 LEC.

Asimismo, dadas las restricciones apuntadas en cuanto a las oportunidades para reclamar en sede de ejecución por actuar contra sentencia, se hace todavía más necesaria una revisión de la doctrina jurisprudencial relativa al tema, tanto la emanada de la jurisdicción ordinaria como la del TC. Y es que si bien es cierto que en la mayor parte de asuntos será posible determinar en la sentencia todos los extremos del caso, y de hecho la LEC, en los art. 219 y ss., ha querido limitar al máximo las cuestiones no resueltas en el título ejecutivo pendientes de definir en ejecución, en ocasiones sigue siendo inevitable precisar algunos extremos en fase ejecutiva, los cuales acaban de definir los contornos del fondo del asunto, ante los que no habría que ser reticentes a la admisión de recursos y su posterior estimación.

2. ¿Qué soluciones procesales propone la LEC?

El art. 563 LEC es el precepto específicamente previsto por el legislador para delimitar los instrumentos de los que gozan los litigantes para denunciar los actos de ejecución contradictorios con el título ejecutivo judicial. En concreto, en su primer apartado señala: «cuando habiéndose despachado ejecución en virtud de sentencias o resoluciones judiciales,[2] el tribunal competente para la ejecución provea en contradicción con el título ejecutivo, la parte perjudicada podrá interponer recurso de reposición y, si se

2. Se comparte al respecto el matiz efectuado por Fernández-Ballesteros M.A., «Comentario al art. 563 LEC», en *Comentarios a la Nueva Ley de Enjuiciamiento Civil»*, T. III, Iurgium editores, Barcelona, 2000, págs. 2741, en el sentido que deben entenderse incluidos en la referencia «sentencias y resoluciones judiciales» los laudos arbitrales porque en cuanto a su ejecución se equiparan a las sentencias y también son susceptibles de ser ejecutados en contra de sus términos. De manera análoga, Montero Aroca J., (con Gómez Colomer J.L., Montón Redondo A., Barona Vilar S., *Derecho Jurisdiccional,* II, Tirant lo blanch, Valencia, 2003, pág. 579, se refiere al precepto como actuaciones de infracción del título ejecutivo, englobando a sentencias y laudos. También, Senés Motilla C., *Disposiciones generales sobre la ejecución forzosa,* La Ley, Madrid, 2000, pág. 140, indicando que pese a que el art. 563 LEC es heredero del recurso de casación del 1687.2 LEC/1881, cuya doctrina había excluido de su ámbito a los laudos por su carácter excepcional y tasado (citando los ATS de 15 de octubre de 1996 (RJ. 1996/9828) y de 25 de febrero de 1997 (RJ. 1997/5114)), el art. 563 es de redacción abierta y general lo que unido al carácter unitario con el que se concibe la ejecución en la LEC para todo título judicial lo hace aplicable a los laudos. En cambio, Moreno Catena V., (con Cortés Domínguez V., Gimeno Sendra V.), *Derecho Procesal Civil. Parte general,* Colex, Madrid, 2000, pág. 469, *ídem,* «La ejecución forzosa» en *Comentarios a la Nueva Ley de Enjuiciamiento Civil,* (coord. Cortés Domínguez V., Moreno Catena V.), Vol. IV, Tecnos, Madrid, 2000, pág. 95, critica que, sin suficiente justificación, la previsión del art. 563 LEC no se extiende a los laudos arbitrales; Torres Fernández de Sevilla J.Mª, «Comentario al art.563 LEC», en *Los procesos civiles,* (dir. Garberí Llobregat J.,), T. IV, Bosch., Barcelona, 2001, 1047 pág. 640, entiende que, aunque sea una decisión incomprensible, no incluye los laudos; Cordón Moreno F., *El proceso de ejecución,* Aranzadi, Pamplona, 2002, 497 págs. 180, *ídem*, en «Comentario al art. 563 LEC», en *Comentarios a la Ley de Enjuiciamiento Civil»* (coord. Cordón Moreno F. Armenta Deu T., Muerza Esparza J.J.,Tapia Fernández I.,), V. II, Aranzadi, Pamplona, 2001, pág. 216, considera que la omisión no parece involuntaria puesto que cuando el legislador ha querido equiparar ambos títulos lo ha hecho; y Garberí Llobregat J., *El proceso de ejecución forzosa en la Nueva Ley de Enjuiciamiento Civil,* 2 Vol, Civitas, Madrid, 2007, pág. 420, estima que no incluye los títulos arbitrales.

desestimara, de apelación». En su segundo punto precisa: «en los casos del apartado anterior, la parte que recurra podrá pedir la suspensión de la concreta actividad ejecutiva impugnada, que se concederá si presta caución suficiente para responder de los daños que el retraso pueda causar a la otra parte. Podrá constituirse la caución en cualquiera de las formas previstas en el párrafo segundo del aparatado 3 del artículo 529».

Nótese que dicha norma no establece excepción en cuanto a la posibilidad de apelar los actos contrarios a las resoluciones judiciales ejecutadas, lo que ofrece un grado de protección mayor que las reglas generales previstas para impugnación en ejecución del art. 562 LEC, que solamente prevén reposición en todo caso, dejando la apelación para los supuestos en que expresamente se prevea por la LEC. En este sentido, cabe afirmar que el legislador de la LEC intuye que la ejecución contra sentencia es una situación que requiere de una mayor garantía que el resto de infracciones que puedan cometerse en sede de ejecución, pero en comparación con la tutela que se ofrecía a esa misma hipótesis con la LEC/1881, que permitía incluso denunciarla en casación por los cauces del art. 1687.2, las oportunidades de corregir actuaciones de ese tipo han disminuido sensiblemente.[3] Probablemente la ya apuntada voluntad de descargar de asuntos al TS, así como la agilización de la ejecución limitando al máximo los recursos, justifiquen en parte la solución adoptada por el legislador, pero conviene no olvidar que ante los actos contrarios a ejecución, lo que está en juego es el derecho fundamental a una verdadera tutela efectiva, en su vertiente del derecho a la ejecución en sus términos, lo que debiera hacer prevalecer la protección de esa garantía fundamental por encima de decisiones encaminadas a una mayor celeridad de los procesos, esto es, está bien buscar una rapidez en la finalización de los procesos, pero no a costa de aminorar derechos básicos de los justiciables.[4]

El problema está en que, más allá de los recursos de reposición y apelación, resulta difícil argumentar la utilización de cualquier otro instrumento de protección ante actuaciones contraria a la resolución ejecutada. Ante ello quizás lo más sensato sería replantearse una interpretación de la doctrina que fuera más abierta a estimar las denuncias de actos contrarios a ejecución. Y es que, si bien es cierto que existen casos en que dichas reclamaciones tienen éxito, demasiado a menudo se cortan de raíz peticiones de este estilo amparadas en la rigorista doctrina tradicional del TS y TC al respecto, que

3. En esta línea, Fernández-Ballesteros M.A., «Comentario al 563 LEC», cit., pág. 2742, considera la solución insuficiente, aunque no se concuerda con el tratamiento procesal de mayor entidad que propone, pues considera que pudiera bastar el procedimiento incidental de los arts. 387 y ss. LEC, y es que no queda claro que la complejidad que pueda entrañar conlleve garantía adicional al recurso de apelación previsto en el art. 563 LEC, teniendo en cuenta que el art. 393.5 LEC dispone que el auto resolviendo la cuestión, a lo sumo, podrá recurrirse también en apelación. Probablemente, dicho autor estaba pensando en una solución análoga a la prevista en el art. 949 LEC/1881, que preveía para cuestiones no controvertidas en el pleito ni decididas en la ejecutoria la vía incidental a tramitar por los cauces de los arts. 741 y ss. LEC/1881.

4. Sobre la importancia de no perder de vista el debido respeto a las garantías fundamentales en fase ejecutiva, Ramos Méndez F., *Enjuiciamiento Civil,* T.I, Atelier, 2008, pág. 187, indica que, pese a que para los buenos fines de la ejecución pueda despacharse sin audiencia previa del ejecutado, la garantía de audiencia y contradicción exige darle oportunidad de defenderse contra una ejecución improcedente o que sobrepasa los límites de lo previsto en el título ejecutivo.

resumidamente, alude a la intangibilidad de las resoluciones y a las amplias posibilidades de interpretación del fallo ejecutable que tiene el juez ejecutor basándose en lo dispuesto en el fallo, la fundamentación utilizada para llegar al mismo y las consecuencias lógicas y razonables que deben desprenderse de él.

Al tratar los epígrafes relativos al TS y TC se analizará con amplitud dicha doctrina jurisprudencial que sigue siendo de referencia a las resoluciones de las Audiencias Provinciales en aplicación de la LEC. No es que se esté en desacuerdo con la misma, pero ante las limitaciones que ofrece la impugnación de actos contrarios a ejecución en la LEC, desde la perspectiva de una protección más respetuosa de la ejecución en sus términos quizás cabría ser más flexibles en algunos casos. Y es que tomando como ejemplo los supuestos que están llegando a las Audiencias Provinciales en aplicación de los arts. 562 y 563 LEC, se verá que, en muchas ocasiones, pese a que la LEC haya pretendido reducir al máximo las cuestiones pendientes de resolver en ejecución, resulta inevitable dejarlas para ese momento, lo que genera la situación de que al delimitarlas se puede estar alterando fácilmente el sentido de lo dispuesto en la resolución ejecutable, que en fase declarativa podría haber sido discutida incluso hasta casación, no gozando de esas mismas prerrogativas al precisar la cuestión en ejecución. En otras palabras, parece como si llegados al momento de ejecutar una resolución, que es cuando se hace efectiva verdaderamente la tutela efectiva de los litigantes, se relaje la protección encaminada a garantizar el cumplimiento en sus propios términos de lo resuelto. Es más, da la sensación de que el legislador toma la perspectiva de la fase de ejecución desde el extremo inverso, dado que, si bien invierte esfuerzos en las oportunidades de oponerse a la ejecución por parte del ejecutado en los arts. 556 y ss. LEC, lo que es muy loable, quizás no debiera pasar tan someramente por las oportunidades procesales para denunciar los actos contrarios a la sentencia y debiera construir el entramado de la ejecución a partir de las mismas, teniendo en cuenta que el cometido principal de la actividad ejecutiva sea que lo obtenido con tanto esfuerzo hasta obtener el título ejecutivo se cumpla debidamente en sus propios términos.

2.1. Reposición

De forma acorde con las previsiones generales del art. 562 LEC relativas a la impugnación de infracciones en ejecución, que en su apartado 1.1° ya recoge la oportunidad de denunciarlas por medio del recurso de reposición, la especial norma del art. 563 LEC referente a los actos de ejecución contrarios a ejecución, también señala en su apartado 1.1°, la opción de interponer recurso de reposición.

Nada que objetar a ello pese a la escasa utilidad práctica que suele tener dicho recurso, puesto que se regula que ante su desestimación quedan abiertas las puertas a la apelación.

En relación con esa disposición las únicas dudas podían surgir en torno a la necesidad de hacer uso del recurso de reposición, como paso previo a la apelación, o bien, si se podía acceder directamente a la segunda instancia. La referencia expresa del citado art. 563.1 LEC a que la parte perjudicada podrá interponer recurso de apelación, si se desestimare el de reposición, no parece que pueda ofrecer otra interpretación que la preceptividad del recurso de reposición como paso previo a la apelación.[5]

2.2. Apelación

Una vez se obtiene la nada inhabitual resolución desestimatoria del recurso de reposición por el que se denunciaba la actuación contraria a ejecución se da la contradictoria situación de que, si se quiere interponer el recurso de apelación,[6] habrá que presentar escrito de preparación ante ese mismo tribunal que haya dictado la resolución que se impugne, por lo que no resulta tampoco nada extraño que proliferen los casos en que se inadmita, en coherencia con lo resuelto en reposición y de conformidad con la ejecución que lleva a cabo, lo que obliga al litigante que pretenda acudir a apelación a formular el recurso de queja de conformidad con los arts. 494 y ss. LEC.

Al respecto, una primera consideración que cabe realizar es que, dado que la apelación es el ulterior recurso previsto por el legislador en vía ordinaria para denunciar este tipo de actuaciones, teniendo en cuenta que lo que está en juego es el derecho fundamental a la ejecución en sus propios términos, resulta muy importante que haya una mayor sensibilidad en cuanto a la admisión de esta clase de recurso, esto es, que no sea una traba habitual el tener que recurrir en queja ante la inadmisión, con el riesgo de que su desestimación provoque una resolución definitiva de una cuestión tan relevante.[7]

---

5. En esta dirección, el AAP de Alicante de 13 de noviembre de 2007 (JUR. 2007/224108).

6. Nótese que la posibilidad de recurrir en apelación no será viable en aquellos casos en que haya conocido en primera instancia y, por lo tanto, sea el competente a efectos de ejecución bien el TSJ o el TS. Advierte la situación, Moreno Catena V., «La ejecución forzosa», cit., Vol. IV, pág. 95. En relación con estas hipótesis, todavía se hace más necesario, si cabe, algún ulterior método de protección análogo al que ofrecía el recurso de casación del art. 1687.2 LEC/1881.

7. Ilustra perfectamente la situación: el AAP de Zaragoza de 27 de noviembre de 2002 (AC. 2002/1866), que destaca la frecuencia con la que se formulan quejas con la LEC, y que pese al lícito deseo del legislador de agilizar ejecución la situación tiene que ser objeto de ponderación, estimando en el caso concreto la queja por abrir una liquidación de condena cuando ya estaba fijada la cantidad en la sentencia. Otras muestras de supuestos en que se ha estimado el recurso de queja: el AAP de Zaragoza de 12 de noviembre de 2004 (JUR. 2004/312623), sin adentrarse en la valoración de la posible vulneración; el AAP de Zaragoza de 15 de noviembre de 2004 (JUR. 2004/312403), por considerar que la decisión sobre la procedencia de compensación es un acto contrario a ejecución; el AAP de Cáceres de 24 de enero de 2006 (AC. 2006/7), en relación con la imposición de multas coercitivas derivadas del incumplimiento de régimen de visitas; el AAP de Barcelona de 5 de mayo de 2006 (JUR. 2006/272075), en relación con la entrega al ejecutante de la cantidad consignada para recurrir un desahucio cuando la condena era sólo al lanzamiento y no a rentas debidas; el AAP de Madrid de 29 de enero de 2007 (JUR. 2007/156314), en el que se delega la custodia de menor en alguien no indicado en sentencia; el AAP de Alicante de 13 de noviembre de 2007 (JUR. 2007/224108), en contra de una ampliación de la ejecución en un supuesto de condena a pago que ya se considera ejecutada.

Ciertamente, el art. 563 LEC no debe convertirse en un cajón de sastre[8] para recurrir todo tipo de actuaciones que en ejecución no tengan previsto este recurso,[9] pero sí hay que ser lo más generoso posible en su interpretación para dar cabida en el mismo a cualquier reclamación fundada en actos que puedan tener algún atisbo de ser contrarios a la ejecución del título ejecutivo. De este modo, sea ejecución provisional o definitiva, cualquier actuación que resulte contraria a la ejecución desde el inicio de la misma hasta su finalización, tanto por ejecutante como ejecutado, cabe recurrirse por los cauces del art. 563 LEC, con independencia de la oposición a la ejecución del ejecutado, conforme establece el art. 562 LEC que es la regla general aplicable para todas las impugnaciones en ejecución.

Sirva de ejemplo de lo comentado la polémica que se ha originado en torno a la oportunidad de recurrir por los cauces del art. 563 LEC los posibles actos contrarios a la ejecución fijados en el auto despachando la ejecución. Dada la irrecurribilidad de ese auto dispuesta de forma general en el art. 551 LEC, una postura ha sido la de impedir los recursos ante el mismo por el art. 563 LEC,[10] pero otra posición más sensata con la ejecución en sus términos interpreta que el art. 563 LEC es ley especial que debe prevalecer al art. 551 LEC y, en consecuencia, cuando se trata de un acto contrario a la ejecución, debe admitir este cauce.[11] Nótese que, de otro modo, el ejecutante quedaría casi completamente

8. En estos términos se expresa el AAP Las Palmas de 7 de febrero de 2006, (JUR. 2006/128420), en relación con un asunto en el que se pretendía por estos cauces recurrir en apelación la denegación de una prueba encaminada a demostrar el efectivo cumplimiento de la resolución ejecutada. Y es que si bien no se comparte que haya que ser extremadamente restrictiva y limitada la admisión de apelaciones en ejecución contra sentencia, como se indica en sus fundamentos, se está de acuerdo que en este supuesto no debía acudirse por esa vía, dado que en ningún caso se ejecuta en contra de la sentencia, sino todo lo contrario, se alega sobre su cumplimiento, por lo que, en su caso, la cuestión debió zanjarse en trámite de oposición a la ejecución. Parecidamente, el AAP de la Rioja de 14 de febrero de 2005 (AC. 2005/461), por el que se pretende recurrir por los cauces del art. 563 LEC una actuación encaminada a obtener una información sobre una cuestión que ya se daba por probada en sentencia, que debía facilitar la ejecución de la condena no dineraria, pero que se desestima porque la actividad requerida no supone un gravamen que de modo directo contradiga lo ejecutado.

9. Así, el AAP de Zaragoza de 1 de abril de 2004 (JUR. 2004/122029), ante un supuesto de denegación de mejora de embargo, inadmite con acierto la apelación al considerar que al no ser un acto contrario a ejecución, sino la impugnación de un acto concreto, hay que acudir a los cauces del art. 562 LEC y no al art. 563 LEC, y como el citado precepto únicamente prevé apelación cuando la LEC lo indique y el art. 612 LEC en caso de mejora de embargo dispone que el tribunal proveerá sin ulterior recurso, había que desestimar la apelación. De manera similar, el AAP de Barcelona de 2 de mayo de 2006 (JUR. 2006/272297), no considera que sea un acto contra sentencia susceptible de apelación la resolución dejando sin efecto un embargo, cuando no impide que se embarguen otros bienes del deudor.

10. En esta línea, el AAP de Murcia de 16 de febrero de 2005 (JUR. 2005/91650). A unas conclusiones parecidas llega el AAP de Bizkaia de 27 de julio de 2007 (JUR. 2007/70878), en relación con los autos resolutorios de oposición a la ejecución provisional no susceptibles de recurso. En una posición intermedia, el AAP de Barcelona de 30 de julio de 2002 (JUR. 2003/16724), afirma que el auto de despacho es irrecurrible, pero que si hay infracciones en ejecución se puede acudir por los cauces de los arts. 562 y 563 LEC, lo que no se hizo en el caso concreto en el que se pretendía recurrir contra el auto despachando la ejecución de una condena de desahucio que no contenía medidas concretas, ante la posterior fijación de una fecha para el lanzamiento.

11. En esta dirección, Achón Bruñen M.J., *La oposición en los procesos de ejecución de sentencias civiles,* Tirant lo blanch, 2002, pág. 204, Fernández-Ballesteros M.A., «Comentario al 563 LEC», cit., pág. 2742. También, Díez-Picazo Giménez I., (con De la Oliva Santos A., Vegas Torres J.), *Derecho Procesal Civil. Ejecución forzosa. Procesos especiales.),* Centro de Estudios Ramón Areces, Madrid, 2002, pág. 106, quien añade que de no admitirse dicha posibilidad debiera dejarse al ejecutado denunciar esas infracciones como oposición a la ejecución por motivos de fondo, y es que lo inadmisible es dejar al ejecutado sin vía de denuncia. Parecidamente, Cordón Moreno F., *El proceso de ejecución,* cit.,

indefenso ante las actuaciones contrarias a la ejecución dispuestas en dicho auto, mientras que el ejecutado, en su caso, por lo menos, gozaría de la vía de la oposición a la ejecución. Ahora bien, ello no implica que cuando el ejecutado no pueda articular su denuncia por los trámites de la oposición, no tenga igualmente abiertas las puertas a los instrumentos del art. 563 LEC, cuando se den las circunstancias previstas en el mismo.[12]

En cuanto a la doctrina jurisprudencial que emana de las Audiencias Provinciales en aplicación de la normativa mencionada de la LEC relativa a las denuncias de actos contrarios a la ejecución, cabe afirmar que no se detecta ningún cambio relevante con respecto a la originada con la LEC/1881. De hecho, es común que las resoluciones de las Audiencias se remitan a la doctrina del TC referente a la ejecución en sus propios términos y la intangibilidad de resoluciones, e incluso todavía a la doctrina del TS que había surgido cuando era posible trasladar este problema a casación por los cauces del 1687.2 LEC/1881.[13]

Se volverá más ampliamente en los epígrafes dedicados a la casación y amparo, pero cabe adelantar que en un afán de preservar al máximo la inmodificabilidad de las resoluciones, lo más habitual es validar las actuaciones del órgano judicial ejecutor bajo la cobertura de interpretaciones de la resolución ejecutada que se desprendan de sus fundamentos jurídicos, o sean consecuencias lógicas o razonables del fallo.[14]

No es que se esté en desacuerdo con dicha doctrina, los argumentos básicos sobre los que descansa se comparten plenamente, pero quizás cabría cambiar en algunos extremos la orientación en su interpretación. Y es que, si bien con la LEC/1881 restaba la oportunidad de denunciar la cuestión accediendo a los cauces de la casación del art. 1687.2

pág.180, ídem, en «Comentario al art. 563 LEC», en *Comentarios...*, cit., V. II, pág. 216, aún considerando que el art. 563 LEC opera ante actos una vez despachada ejecución, lo que dejaría fuera el auto de despacho de la misma, de forma coherente con su irrecurribilidad dispuesta en el art. 551.2 LEC, entiende que debe proceder la admisión de recursos contra el mismo por no dejar indefensas a las partes en ejecución.

12. En ocasiones la determinación en cuanto a la procedencia por los cauces de la oposición o por la vía del art. 563 LEC puede ser muy sutil. Tómese como ejemplo el AAP de Madrid de 23 de junio de 2004 (JUR. 2004/97619), en el que ante el despacho de ejecución por cantidad dinerarias sustitutoria de una condena a hacer unas obras que el ejecutado consideraba realizadas, se entiende que debía denunciar la cuestión por la vía del art. 563 LEC, y no por la oposición a la ejecución del art. 559.1.3º LEC, dado que el motivo del mismo es que la sentencia que se ejecuta carezca de pronunciamiento de condena, y en ese caso el ejecutado no pone en duda su existencia sino únicamente que ya la había cumplido.

13. Como ilustración de resoluciones que se remiten ampliamente a la doctrina de TS y TC véase: el AAP de Málaga de 17 de mayo de 2002 (JUR. 2002/181306), en el que en un supuesto que se dejaba la concreción de la condena a indemnizar en ejecución por la no disponibilidad de un inmueble, pese a que la sentencia fijará de base una indemnización por día, no se considera acto contrario a ejecución que no se fije la indemnización por el total del tiempo pretendido de forma automática sino que atendiendo a otras consideraciones que fueron objeto de debate se entiende que el ejecutante debía demostrar los perjuicios; en cambio, en el AAP de Madrid de 10 de febrero de 2005 (JUR. 2005/109850), concluye que pese a que la sentencia dejara para ejecución la liquidación de intereses, sin más especificación, solamente se podía ejecutar por los intereses legales y no por los especiales fijados en el art. 20 de la Ley de Contrato de Seguro, por lo que estima la apelación por los cauces del art. 563 LEC.

14. Cordón Moreno F., *El proceso de ejecución,* cit., pág. 178, y Montero Aroca J., (con Gómez Colomer J.L., Montón Redondo A., Barona Vilar S., *Derecho Jurisdiccional,* II, cit., pág. 579, aluden al amplio campo de arbitrio judicial en la interpretación del título, en el que puede servirse de la fundamentación y antecedentes de la resolución, completándola con consecuencias accesorias que se derivan lógicamente de su parte dispositiva.

LEC/1881, con la LEC ha desaparecido esta ulterior opción en la justicia ordinaria, por lo que las posibilidades de reclamar al respecto se han reducido drásticamente. Como se verá en el epígrafe relativo a la casación, pese a la doctrina restrictiva mencionada, había casos en que se estimaba el recurso. Dichos asuntos pueden reproducirse perfectamente con la normativa en vigor y ahora no gozan de acceso a casación. Aunque sólo sea para dar la tutela debida a los mismos, dado que lo que está en juego es la ejecución en sus términos de los litigantes, probablemente habría que suavizar la doctrina en aplicación de la LEC, y cuanto menos no mostrar reticencias a la admisión de apelaciones, ni tampoco, en la medida de lo posible, a su estimación, evitando que la única alternativa que le quede al litigante en esos casos sea la denuncia de la cuestión en amparo.

Una relectura de dicha doctrina desde la perspectiva primordial del derecho fundamental a una tutela efectiva de los litigantes, en su vertiente de ejecución en sus términos, teniendo en cuenta que solamente cuando se ejecuta conforme al título judicial se protegen debidamente instituciones como la cosa jugada y la seguridad jurídica, y por ende, la inmodificabilidad de las resoluciones, pudiera abrir las puertas a un mayor número de revisiones de actuaciones en ejecución por ser contrarias al título ejecutivo, a diferencia del éxito limitado que han obtenido hasta la fecha bajo la estricta aplicación de la doctrina apuntada. En otras palabras, la intangibilidad de las resoluciones no debe servir de paraguas para desestimar denuncias de actos contrarios a la ejecución, sino que únicamente si se garantiza una ejecución en sus términos se asegura el derecho a la inmodificabilidad de las resoluciones. Es por ello que debe prevalecer un debido control de las actuaciones ejecutivas conforme al título ejecutivo, siendo el recurso de apelación el cauce por el que cabe proteger con toda la amplitud necesaria la vulneración de este derecho fundamental.

3. Los recursos de casación o de infracción procesal

El especial recurso de casación que estaba previsto en las Leyes de Enjuiciamiento Civil anteriores a la vigente, ofrecía una ulterior oportunidad en la justicia ordinaria de denunciar actos de ejecución contra el título ejecutivo. Fruto de ello se ha ido elaborando una doctrina consolidada a lo largo de muchos años que se ha mantenido bastante invariable. No obstante, con la LEC no se recoge previsión análoga alguna lo que invita a reflexionar sobre una reforma legal que la reintrodujera o articulara una fórmula equivalente. Asimismo, ante ese vacío legal, cabe plantearse la viabilidad de la posible reconducción de la denuncia de ese tipo de actuaciones por los cauces del recurso de casación ordinario o de infracción procesal.

3.1. Antecedentes legislativos y doctrina del TS

Con la LEC de 1881 se recogía expresamente en el art. 1687.2 la oportunidad de formular recurso de casación ante actos de de ejecución contra sentencia, señalando dicho precepto: «Los autos dictados en apelación en los procedimientos para la ejecución de las sentencias recaídas en los juicios a los que se refiere el número anterior, cuando resuelvan puntos sustanciales no controvertidos en el pleito, no decididos en la sentencia o que contradigan lo ejecutado».[15] La reforma del recurso de casación operada por el art. 25 de la Ley 34/1984, de 6 de agosto, no supuso ningún cambio relevante en este motivo de casación que ya estaba recogido en el art. 1695 de la versión anterior a la citada reforma de la LEC/1881, que a su vez ya tenía su antecedente en la LEC/1855, en la que fue introducida por primera vez el recurso de casación en ejecución de sentencia por el art. 6.2 de la Ley de Reforma de la Casación Civil de 22 de abril de 1878.[16] Se trata, en consecuencia, de un motivo de casación que, pese a no coincidir con la finalidades propias de recurso de casación propiamente dicho, que se plasman en los restantes motivos recogidos en las distintas versiones de LEC y que han idos sufriendo sensibles modificaciones a lo largo de la historia, ha permanecido vigente de una forma inalterada a lo largo de décadas sin que haya suscitado grandes polémicas.[17] De ahí que no sea de extrañar que durante los años de vigencia de la LEC/1881 se haya ido consolidando una doctrina al respecto que apenas ha ofrecido variaciones[18] y que todavía sigue emanando dado que el Tribunal Supremo aún está dando respuesta a los ulteriores recursos de casación que se entablaron por los cauces del art. 1687.2 LEC/1881.

Tomando como referencia algunas de las más recientes resoluciones sobre el tema,[19] de entre las numerosas que han proliferado a lo largo de su centenaria aplicación, cabría resumir la citada doctrina del siguiente modo: el recurso basado en el art. 1687.2 LEC/1881, es un recurso especialísimo que desborda los límites taxativos de la

15. La denuncia de la ejecución contra sentencia debía basarse en los motivos del art. 1687.2 LEC/1881 y no por los generales de casación del art. 1692 LEC/1881. De otro modo debía desestimarse el recurso como sucedió, por ejemplo, en las STS de 5 de julio de 2000 (RJ. 2000/4665) y la STS de 4 de diciembre de 1985 (RJ. 1985/6519).

16. Serra Domínguez M., «Del recurso de casación», en *Comentarios a la reforma de la Ley de Enjuiciamiento Civil* (coord. Cortés domínguez V.,), Tecnos, Madrid, 1985, págs. 808, ídem, «Del recurso de casación», en *La reforma de los procesos civiles (Comentario a la Ley 10/1992, de Medidas Urgentes de Reforma procesal),* (coord. Montero Aroca J.), Civitas, Madrid, 1993, pág. 229, matiza que la inclusión en el ordenamiento deriva de la introducción jurisprudencial previa en las STS de 5 de julio y de 1 de octubre de 1875 y de 24 de marzo de 1876. Sobre la creación jurisprudencial de este recurso y su tipificación legal, véase también, Arias Lozano D., *El recurso...*, cit., págs. 38 y ss.

17. Ilustra esta consideración la opinión de Serra Domínguez M., «Del recurso de casación», en *La reforma..*, cit., pág. 229, efectuada a raíz de la reforma del proceso civil del año 1992, en la que señalaba que, afortunadamente, pese a alguna aislada opinión contraria, el legislador mantuvo este recurso que contaba con gran tradición en el ordenamiento jurídico español. A su favor citaba a Guasp delgado J., *Derecho Procesal Civil*, Madrid, 1968, pág. 907, en su contra a Fernández López M.A., *Derecho Procesal Civil* (con De la Oliva Santos A.,), II, Madrid, 1989, pág. 494, quien sostenía que se trataba de un recurso atípico por su naturaleza y finalidad, por lo que habría buenas razones para pensar que bastaría con el recurso de apelación, por tratarse de la exclusiva defensa del *ius litigatoris*, finalidad, por sí sola extraña al recurso de casación. También recoge ese debate doctrinal Ortiz Navacerrada S., «El recurso de casación en ejecución de sentencia civil», en *Ejecución de sentencias civiles,* Cuadernos de Derecho Judicial, Consejo General del Poder Judicial, 1992, págs. 258 y ss., abogando por la postura favorable al recurso. En una posición intermedia, Arias Lozano D., *El recurso...*, cit., pág. 65, consideraba que no era un recurso imprescindible, que si quería dar cabida a toda infracción de la Constitución era mejor eliminarlo dado que no cumplía las funciones propias de casación, podía ser un instrumento dilatorio y corría el riesgo de convertir el TS en tercera instancia; en cambio, si se restringía a la tutela de ejecuciones sin título, apoyaba su vigencia, por la defectuosa regulación procesal y para descargar de asuntos al respecto al TC.

18. Ortiz Navacerrada S., «El recurso de casación...», cit., pág. 256, alude al carácter consolidado de la doctrina jurisprudencial relativa al tema, pese a la reforma de la LEC/1881 de 1984.

19. Una exhaustiva relación de las resoluciones del TS hasta el año 1993 puede consultarse en Arias Lozano D., *El recurso...*, cit., págs. 185 y ss.

casación,[20] pues si esta clase de recurso tiene una función uniformadora y nomofiláctica,[21] en el recurso especial de ejecución lo que se protege es la intangibilidad del fallo que está en fase de realización efectiva, lo que determina que tenga un ámbito muy limitado;[22] con este recurso no se trata de contrastar el contenido de la sentencia y la Ley,[23] sino la de cotejar las actuaciones dictadas para la ejecución con el fallo definitivo que adquirió firmeza, a fin de corregir contradicciones, desviaciones o extralimitaciones no amparadas por la resolución devenida intangible.[24]

En esa tarea comparativa entre las actuaciones ejecutivas y lo dispuesto en el fallo, hay un cierto margen de flexibilidad que protege ampliamente las actuaciones del órgano ejecutor, y es que además de no admitir interpretaciones extensivas y analógicas por el

20. Al respecto, Moreno Catena V., *Líneas metodológicas para el estudio del Recurso de Casación Civil en Ejecución de sentencias*, Diario La Ley, 1981, Tomo 2, págs. 932 y ss., planteaba si dadas las especialidades que conlleva ese recurso era oportuno conceptuarlo como verdadero recurso de casación, o si, por el contrario, lo que se producía en el terreno legislativo era una mera equiparación de orden terminológico, aunque no conceptual.

21. No es objeto principal de este trabajo abordar la discutida finalidad sobre la naturaleza del recurso de casación propiamente dicho, al respecto, para todos, puede consultarse Vázquez Sotelo J.L., *La casación civil (revisión crítica)*, Ediser, 1979, págs. 21 y ss., quien aboga por el predominio de la función uniformadora sobre la nomofiláctica. A vueltas con el tema, con la LEC, para todos, Nieva Fenoll J., *El recurso de casación civil*, Ariel, 2003, págs. 75 y ss., señala que la razón principal de la existencia de la casación es la protección del ordenamiento jurídico.

22. Serra Domínguez M., «Del recurso de casación», en *Comentarios...*, cit., págs. 807 y ss., señalaba que la posibilidad de formular casación en ejecución de sentencia no cuenta con precedentes en el derecho comparado, y escapa a la finalidad tradicional del recurso de casación, esto es, no se pretende preservar la integridad de la ley, ni asegurar la uniformidad de la jurisprudencia, sino proteger a los litigantes de cualquier extralimitación del juez ejecutor. Para ilustrar su opinión destaca la STS de 11 de marzo de 1972 (A. 1093), que indicaba que dicho recurso no tiene por finalidad la defensa de la ley y la uniformidad de la jurisprudencia, sino la de mantener la integridad de los fallos firmes, por lo que cuando de este especial recurso se trata no son la sentencia y la ley lo que se ha de comparar, sino la sentencia y las diligenciar practicadas en ejecución de ella.

23. De ahí que se comparta la opinión de Fernández M.A./ Rifá J.Mª./ Valls J.F., en *Derecho Procesal Práctico*, T. V, Centro de Estudios Ramón Areces, Madrid, 1995, págs. 901 y ss., criticando la doctrina del TS que relaciona este recurso con la incongruencia, puesto que aquí no se coteja lo pedido por las partes y lo resuelto en sentencia; asimismo, citando a Arias Lozano D., *El recurso...*, cit., págs. 22 y ss., añaden dichos autores que tampoco tiene nada que ver el recurso con el exceso de poder que en ocasiones alude el TS, puesto que el juez ejecutor tiene plena jurisdicción, lo único que al no ejecutar la sentencia en sus términos ejecuta sin título. Concluyen que se trata de una atribución especial de competencia hecha al TS, en desconexión sistemática con el instituto de la casación. También se remite en este punto a dichos autores, Ortiz Navacerrada S., «El recurso de casación...», cit., pág. 258. De forma concordante con la mencionada doctrina criticada del TS, véase, Plaza M. de la, *La casación civil,* Revista de Derecho Privado, Madrid, 1944 págs. 336 y ss.

24. En la jurisprudencia más reciente del TS, entre otras, sintetiza perfectamente la finalidad del recurso de casación en ejecución: la STS de 6 de marzo de 2007 (RJ. 2007/2512), ponente J. Almagro Nosete, supuesto en el que se desestima por estos cauces el debate sobre los daños y perjuicios causados en la cosa entregada como consecuencia de la ejecución de una resolución contractual; en la misma línea, dicho ponente, en la STS de 11 de diciembre de 2007 (Diario La Ley nº 6872, de 30 de enero de 2008), desestima el recurso contra auto de apelación de la liquidación efectuada en ejecución, por ser acorde a la sentencia y por pretender aminorar la cuantía de la misma por la vía del art. 1687.2, lo que no es finalidad del precepto; igualmente, el mismo ponente, en la STS de 13 de febrero de 1996 (RJ. 1996/1250), desestima el recurso por considerar conforme a las bases de la sentencia ejecutada y los documentos privados validados en la misma, los actos de disolución y liquidación de una sociedad. De modo análogo, en la STS de 24 de abril de 1999 (RJ. 1999/2693), en la que se considera la liquidación de daños y perjuicios efectuada conforme a las bases fijadas en la sentencia ejecutoriada en las que se ponía un tope máximo que no excede. En términos análogos, para que sirva de ejemplo de la línea continuista de la jurisprudencia del TS en esta materia, estando en vigor el art. 1695 LEC/1881, anterior a la reforma citada de 1984, entre otras muchas, la STS de 5 de julio de 1983 (RJ. 1983/4071), valoraba las actuaciones realizadas para la liquidación de cantidad conforme los términos del fallo.

carácter extraordinario del recurso,[25] se considera que no se excede lo acordado en la ejecutoria cuando se respeta sustancialmente el contenido de la sentencia, o se fijan a través de una función interpretativa las naturales y jurídicas consecuencias y verdadero alcance de la resolución que se ejecuta, sin que implique extralimitación aquellos razonamientos conducentes, no sólo a ejecutar los extremos controvertidos y decididos en la sentencia expresamente mencionados en su fallo, sino también a todos los que sean consecuencia natural e ineludible de la esencia jurídica de la situación que se resuelve o aspectos insoslayables de la misma.[26] Asimismo, en la indeclinable facultad de interpretar la ejecutoria también se recoge que, si fuere preciso, como elemento de auténtica interpretación, cuando no se desprenda con exactitud del fallo, cabe servirse de las consideraciones que le sirvieron de base y fundamento jurídico en cuanto reveladoras de la «ratio decidendi».[27]

25. Algún autor como Gutiérrez González C., *Consideración crítica de algunas cuestiones que plantea el recurso de casación en ejecución de sentencias*, La Ley, 1985, Tomo 1, pág. 976, propuso ir más allá y permitir la denuncia por los cauces de este recurso de casación de aquellos casos en que hubiera una grave disparidad entre el juzgado de instancia y la audiencia en la fijación de una cuantía indemnizatoria dejada para ejecución, pese a que la valoración efectuada por ambos fuera conforme a la sentencia, lo que no encaja con los parámetros comparativos de impugnación de actos de ejecución contrarios al título ejecutivo.

26. Al respecto, puede consultarse esa doctrina, entre otras, en la STS de 19 de septiembre de 2001 (RJ 2001/7073), en la que se desestima el recurso por entender que la devolución de la cosa, como consecuencia de una resolución contractual, a la misma situación que se hallaba con anterioridad a dicha relación jurídica, con independencia del actual propietario y gravámenes, deriva de una interpretación lógica y finalista de la sentencia. También las STS de 23 de diciembre de 2004 (RJ. 2005 1238) y de 6 de mayo de 2005 (RJ. 2005/4685), que en relación con un mismo caso desestiman los recursos por entender que la inscripción registral acordada es el efecto lógico-jurídico de haberse decretado quien era el dueño real de la finca; la STS de 18 de diciembre de 1997 (RJ. 1997/9103), que considera una consecuencia natural del fallo la realización de cuantas diligencias sean precisas para que se cumpla en sus términos; la STS de 9 de abril de 1996 (RJ. 1996/2910), en la que se desestima el recurso por pretender modificar por los cauces del mismo la ejecución de los pronunciamientos relativos a intereses que ya quedaron firmes en la sentencia ejecutoria, de conformidad con los cuales se desarrolló la ejecución; la STS de 11 de abril de 1995 (RJ. 1995/3188), en la que se desestima el recurso que se fundamentaba en la discordancia entre la pericial que se utilizó en fase declarativa, con la empleada en ejecución para determinar daños, puesto que la primera sólo sirvió de apoyo a la condena, pero para fijar la cuantía la sentencia lo dejaba pendiente para ejecución, por lo que sustentar la valoración en la efectuada en fase ejecutiva era plenamente conforme a sentencia; la STS de 6 de junio de 1988 (RJ. 1988/4818), por la que se desestima el recurso que pretendía alterar lo resuelto y extender la ejecución a un sujeto no condenado; la STS de 26 de octubre de 1987 (RJ. 1987/7475), por la que se considera conforme a la sentencia que se valoren los daños y perjuicios por el valor que tengan en el momento de la ejecución; la STS de 17 de junio de 1986 (RJ. 1986/3556), por la que se desestima un recurso basado en un error de transcripción del fallo que contrae la condena a la entrega de cuatro viviendas cuando eran cinco las que eran objeto de condena por lo que se trasluce en todo el proceso; la STS de 15 de marzo de 1986 (RJ. 1986/1255), que desestima el recurso por entender que esta vía no debe servir para denunciar errores de cuenta o inclusión de cantidades que debieran excluirse de las operaciones liquidatorias cuando la sentencia a ejecutar no dispone explícitamente tal restricción. De manera análoga, estando en vigor el art. 1695 LEC/1881, anterior a la reforma citada de 1984, entre otras muchas, la STS de 27 de enero de 1983 (RJ. 1983/390) consideraba que la interpretación del ejecutor no se apartaba de las bases de la ejecutoria; la STS de 18 de mayo de 1982 (RJ. 1982/2578), que desestima el recurso de un heredero que podía elegir un piso de la herencia, y al que se le denegó por el ejecutor la elección de una villa por interpretar que era un conjunto de pisos, considerándose una interpretación no contraria a la sentencia; la STS de 14 de mayo de 1982 (RJ. 1982/2571), en otro supuesto derivado de liquidación en ejecución, que se considera acorde a sentencia; la STS de 28 de abril de 1981 (RJ. 1981/1782), que considera una consecuencia del fallo que condena a independizar dos tiendas de los locales comerciales, que se impida el acceso a la calle de los locales por esas tiendas; la STS de 17 de abril de 1979 (RJ. 1979/1404), en la que se desestima el recurso por el que se pedía la indemnización sustitutoria fijada en el fallo para el caso que no se practicaran la obras a las que se había condenado, puesto que no se demuestra la inejecución del pronunciamiento principal.

27. Muestra de esta doctrina matizada se halla en la STS de 5 de mayo de 1998 (RJ. 1998/3223), por cuya aplicación se desestima el recurso relacionado con la ejecución de condena a reparar los daños causados en una cubierta, al considerar en ejecución que los recurrentes no hicieron las reparaciones necesarias para su conservación con posterioridad al fallo,

3.2. ¿Cabría reconducir la cuestión a alguno de los motivos de casación o infracción procesal de la LEC? Idoneidad lege ferenda

Desafortunadamente, pese a los antecedentes legislativos y una consolidada doctrina jurisprudencial, el legislador de la LEC cortó de raíz con la tradición histórica al respecto y eliminó de los motivos del recurso de casación el derivado de actos contra sentencia. Ante ello la única alternativa que ofrece es el ya comentado art. 563 LEC que permite denunciar esta cuestión vía reposición y, en caso de desestimación, apelación. Probablemente la explicación haya que buscarla, en parte, en las críticas que había recibido por parte de cierta doctrina que consideraba que no debía regularse por los cauces del recurso de casación,[28] por los diversos problemas de técnica procesal que conllevaba,[29]

por lo que debe tenerse en cuenta al determinar las cantidades exigidas a los ejecutados; de manera análoga, la STS de 26 de septiembre de 1986 (RJ. 1986/ 4792), en la que se desestima el recurso por haber adoptado un embargo en un caso en que se sólo se condenaba a rendir cuentas, por considerar que una consecuencia lógica que se desprende de la resolución era la que respondiera del resultado que surgiera de la liquidación de beneficios, pérdidas y gastos.

28. Recogen dicha postura, Montero Aroca J.,/Flors Maties J., *El proceso de ejecución,* Tirant lo blanch, Valencia, 2001, pág. 886; Achón Bruñen M.J., *La oposición...*, cit., pág. 201, si bien esta autora considera demasiado radical la supresión del recurso habiendo resultado preferible su mantenimiento con una adecuada sistemática y una mejor redacción. No obstante, también había otro sector importante de la doctrina que abogaba a favor de la casación en ejecución, cuyos razonamientos perviven con plena vigencia, como Serra Domínguez M., «Del recurso de casación», cit., págs. 808, quien la consideraba indispensable para la misma eficacia del instituto de la casación, porque si el juez ejecutor pudiera alterar los términos de la sentencia, que pudo incluso haber sido pronunciada por el TS, con absoluta impunidad, se produciría no solo una lesión injustificable del derecho de la partes sino un ataque encubierto contra la uniformidad de la jurisprudencia.

29. Serra Domínguez M., «Del recurso de casación», cit., págs. 808 y ss., ídem, «Del recurso de casación», en *La reforma..*, cit., págs. 229 y ss., los resume perfectamente: a) el recurso tiene carácter excepcional, los problemas normales de ejecución carecen de relevancia, pero cuando se plantean cuestiones propias de fase declarativa, su proposición procesal extemporánea no puede derivar en una perdida del recurso que, de haber sido formulada correctamente, le hubiera correspondido, b) los motivos de casación específicos del 1687.2 deben prevalecer a los genéricos del 1692 por lo que no debe fundarse en alguno de estos últimos, c) los motivos son dos: resolver puntos sustanciales no controvertidos en el pleito ni decididos en la sentencia, y proveer en contradicción con lo ejecutoriado, porque si la sentencia resuelve una cuestión no controvertida en el proceso es un supuesto de incongruencia que pudo en su momento ser denunciada en casación, habiendo precluido en ejecución la posibilidad de recurso, d) la extralimitación debe ser sobre un punto sustancial, no dándose cuando la sentencia se limita a desarrollar los puntos o bases de la sentencia, e) el recurso debía resultar procedente en ejecución de procesos ordinarios, especiales y laudos, siempre que la sentencia tuviera acceso a casación, f); ante la dificultad de distinguir los presupuestos de admisión y los que determinan su estimación, la extralimitación no posibilita el recurso sino que obliga a su estimación, aunque no debe bastar la mera alegación de extralimitación para tenerlo preparado, para evitar la paralización indefinida de la ejecución, siendo conveniente una sucinta fundamentación sobre la extralimitación al preparar el recurso, g) el recurso debe ser muy simple, bastando la comparación entre la sentencia y la resolución dictada en ejecución, para poner de relieve la extralimitación de la segunda, lo que atribuye un carácter singular a las resoluciones del recurso que normalmente no sirven para formar jurisprudencia, h) si se estima extralimitación, el TS debe resolver lo que corresponda, esto es, anular la resolución impugnada y pronunciarse sobre el fondo de la petición deducida en ejecución de sentencia que sirvió de base a la resolución casada. Al respecto, dicho autor reconoce que el trabajo de Monzón R., *Sobre el recurso de casación que autoriza el artículo 1695 de la Ley de Enjuiciamiento Civil*, Revista de Derecho Procesal, 1946, págs. 609 y ss., ya apuntaba algunos de los principales problemas comentados, pero las soluciones que proponía contribuían a agravar el problema. También recogía la mayor parte de los problemas relacionados Ortiz Navacerrada S., «El recurso de casación...»., cit., págs. 274 y ss., matizando únicamente la opinión de Serra, con respecto a la confusión prácticamente insalvable entre admisibilidad y fundamentación derivada de los motivos del recurso, trasladando la prudencia de los tribunales de la fase de preparación al del momento de admisión a trámite del incidente declarativo de ejecución de sentencia. Tampoco Arias Lozano D., *El recurso...*, cit., pág. 109, compartía la opinión de Serra sobre la sucinta fundamentación en cuanto a su admisibilidad de la fundamentación, estimando que únicamente cabe interpretar al art. 1687.2 LEC/1881 como un motivo de estimación único, esto es, basado en que los actos de ejecución no se ajusten al título ejecutivo.

que se sumaría a la ya comentada voluntad de descargar de asuntos al TS y en la intención de agilizar al máximo la ejecución, reduciendo al máximo los recursos en la misma.

Ahora bien, conviene no olvidar que lo que esté en juego es el derecho fundamental a la tutela efectiva, en su vertiente del derecho a una ejecución en sus propios términos, cuya vulneración puede afectar a instituciones básicas en todo sistema procesal como la cosa juzgada y la seguridad jurídica, por lo que no se comprende muy bien las razones por las que se ha suprimido este ulterior nivel de protección en la justicia ordinaria, que había estado operando durante décadas y que ya gozaba de una jurisprudencia sólida e uniforme, sin ofrecer una alternativa equivalente a cambio. Y es que, si bien es cierto, que no tiene sentido, de forma general, cargar al TS con recursos en fase de ejecución puesto que en ella no se debate sobre el fondo de los asuntos sino sólo en cuanto a los trámites para la ejecución de lo ya resuelto, en aquellos casos en que el juez ejecutor se aleje de lo dispuesto en el título ejecutivo, se estará de acuerdo que de alguna manera está enjuiciando de nuevo lo dispuesto en el mismo, por lo que el debate sobre dicha desviación debiera gozar de la misma protección procesal que se ha tenido hasta la obtención del título ejecutivo. Si a ello se le une que, pese a que el legislador de la LEC, en los arts. 219 y ss., ha querido poner coto a la situación de que queden pendientes para ejecución la determinación de algunos aspectos del título ejecutivo, en ocasiones sigue resultando inevitable, se da la contradicción de que para recurrir lo debatido en el título ejecutivo quepa la posibilidad de acudir a casación y para discutir, en fase de ejecución, los puntos pendientes que acaban de definirlo, a lo sumo pueda denunciarse en apelación, incluso que sea contraria a lo dispuesto el título surgido ante el tribunal enjuiciador.

Se estará de acuerdo que lo más sensato en estos casos habría sido conservar explícitamente la oportunidad de reclamar la actuación en cuantas instancias se pudo debatir el asunto en fase declarativa, y en caso de resultar una hipótesis susceptible de casación, al igual que se indicaba en el art. 1687.2 LEC/1881, debiera poderse interponer el recurso de casación o, en su caso, extraordinario por infracción procesal. De hecho, algún autor no descarta la viabilidad de esta opción con la LEC. Ciertamente, no hay problema en encajarlo con los motivos que permiten acudir a estos recursos, baste con recordar que lo que está en juego es el derecho de ejecución de los litigantes en sus propios términos,[30] que es una manifestación del derecho fundamental a la tutela efectiva, la vulneración de los cuales viene prevista expresamente como motivo del recuso extraordinario por infracción procesal en el art. 469.4º LEC.

El problema está en que en fase de ejecución hay que atender a los recursos previstos en la misma y, de una lectura conjunta de los arts. 562 y 563 LEC, se desprende que al

30. No hay que confundir la protección que se persigue del derecho a la ejecución en sus propios términos, mediante este recurso de casación, con aquellos supuestos en los que ante la imposibilidad de ejecutar la condena en sus términos, debe procederse a una compensación pecuniaria. Reiterada doctrina del TC tiene declarado que en esos casos la indemnización sustitutoria es compatible con el respeto al derecho a la ejecución en sus términos. En ese sentido, la STS de 14 de diciembre de 1998 (RJ. 1998/9434), con acierto desestima el recurso de casación basado en actos contrarios a sentencia, por considerar que la indemnización de daños era oportuna ante la imposibilidad de entrega del bien inmueble.

denunciar actos contrarios a la ejecución de título ejecutivo, solamente cabrán los recursos de reposición y, en su caso, apelación, lo que unido a la reiterada doctrina TC declarando que el derecho al recurso es de configuración legal y que sólo cabrán los expresamente previstos, no parece que exista resquicio legal alguno para articular cuestiones suscitadas en ejecución por los cauces ni del recurso de casación ni de infracción procesal.[31]

Ello no implica, por todo lo comentado, que *lege ferenda* fuera muy adecuado recobrar la facultad de acudir al TS para denunciar actos contrarios a ejecución. Aunque sólo fuera por dar protección a todos aquellos asuntos que se han estimado por este cauce a lo largo de los años,[32] cuyas situaciones pueden seguir reproduciéndose perfectamente con la LEC, ya debiera resultar argumento suficiente, puesto que no debiera prevalecer la agilidad en los procesos a riesgo de aminorar la tutela efectiva de los litigantes por no ejecutarse la resolución en sus propios términos. Es más, dado que la función de ese recurso ante el TS no es la común de los recursos de casación, esto es, la nomofilaquia o uniformadora, que precisamente ha sido el gran obstáculo para la

31. En esta línea, Díez-Picazo Giménez I., (con De la Oliva Santos A., Vegas Torres J.), *Derecho Procesal Civil,* cit., pág. 106; Moreno Catena V., (con Cortés Domínguez V., Gimeno Sendra V., *Derecho Procesal Civil,* cit., pág. 469; Salinero Román F.,»Comentario al art. 563 LEC», en *Comentarios a la Nueva Ley de Enjuiciamiento Civil»* (dir. Lorca Navarrete J.Mª.), T. III, Lex Nova, Valladolid, 2000, págs. 2772 y ss.; Ortells Ramos M., *Derecho Procesal Civil,* Thomson Aranzadi, Pamplona, 2003. De forma contraria, Fernández-Ballesteros M.A., «Comentario al 563 LEC», cit., pág. 2744 en relación con la 2738, no descarta que se pueda acudir al recurso de casación o al extraordinario de infracción, encontrando su principal obstáculo en la literalidad de los arts. 466 y 468 LEC que hablan de sentencias dictadas en segunda instancia, señalando que el legislador no debía estar pensando en ejecución cuando redactó ese precepto, argumento que se puede compartir y pudiera servir para salvar el escollo, pero no alude al verdadero problema que radica en los arts. 562 y 563 LEC, que específicamente dedicados a impugnación en ejecución obvian por completo el acceso a casación. Igual comentario cabe efectuar con relación a la opinión de Montero Aroca J.,/ Flors Maties J., *El proceso de ejecución,* cit., pág. 886, que aun siendo contrarios a impugnar por los cauces del recurso de casación, lo admiten por la vía del recurso extraordinario de infracción procesal.

32. Moreno Catena V., *Líneas...,* cit., págs. 932 y ss., con anterioridad a la obra citada de Arias Lozano D., *El recurso...,* cit., puso de relieve los escasos estudios doctrinales específicos sobre el tema lo que contrastaba con su reflexión sobre el elevado número de recursos de casación que se interponen. Se preguntaba si ello se debía a un afán de dilación por parte el ejecutado o verdaderamente a defectos de los tribunales ejecutores. Analizando la proporción de casos que son desestimados en relación con los que no lo son, lo que se comprueba en la jurisprudencia que se aporta en este epígrafe, así como en Arias Lozano D., *El recurso...,* cit., págs. 185 y ss., cabría concluir que el primer motivo pudiera tener un mayor peso, pero tampoco conviene desatender el número de casos que tienen éxito en su reclamación. Muestra de estos últimos serían, entre las más recientes: la STSJ de la Comunidad Foral de Navarra, de 31 de enero de 2001 (RJ. 2001/6149), que considera que se efectúa una liquidación superpuesta a la efectuada en ejecutoria, de acuerdo a principios que se apartan de la misma, exigiendo en ejecución la devolución de un capital por unas cantidades presumidas a las que no se refiere la condena que se ejecuta, cuando la cuantía del capital en ningún momento se puso en duda durante el procedimiento; la STS de 31 de mayo de 2000, en la que se exigen el pago de unos intereses expresamente excluidos por la sentencia que se trata de ejecutar; la STS de 30 de diciembre de 1999 (RJ. 1999/9751), en una hipótesis en que se condena por el valor real de un inmueble y se ejecuta por el escriturado; la STS de 17 de julio de 1997 (RJ. 1997/5612), en la que se ordenaba extender las obras de reparación que debían hacerse en un piso a todos los del inmueble al que pertenecía; la STS de 18 de abril de 1997 (RJ. 1997/3243), en la que se ejecutó contra un sujeto no condenado en la ejecutoria. También basando el recurso en el art. 1695, antecedente al 1687.2 LEC/1881 que se fijó en la reforma de 1984, la STS de 31 de mayo de 1983 (RJ. 1983/2921), en la que se obligaba en ejecución a liquidar los frutos y rentas percibidos de los bienes que estaba condenada a entregar cuando la ejecutoria sólo disponía esto último; la STS de 24 de mayo de 1980 (RJ. 1980/1965), en la que se ejecuta de forma solidaria una obligación mancomunada declarada en la ejecutoria; la STS de 22 de enero de 1980 (RJ 1980/84), en la que a la suma obtenida en la liquidación de frutos y rentas efectuada en ejecución que se debe entregar al ejecutado se descuenta una cantidad no autorizada en la ejecutoria.

viabilidad del recurso de infracción procesal ante el TSJ, sería un caso muy idóneo para ser atribuido a estos últimos, dado que a la par que se descargaría de asuntos al TS, se llenaría de contenido a los TSJ ofreciendo análogas oportunidades de denuncia de actuaciones contra sentencia que con la LEC/1881.[33]

No obstante, el panorama que ha dibujado el legislador de la LEC es que, ante la desestimación que pueda haber de las apelaciones, a los litigantes se les cierra la justicia ordinaria pudiendo reclamar solamente por la vía del recurso de amparo, con todas las dificultades conocidas que implica la admisión y éxito del debate ante el TC.

No agotar todos los instrumentos que puede ofrecer la justicia ordinaria para discutir una cuestión en la que están en juego instituciones básicas para un sistema procesal como la cosa juzgada y la seguridad jurídica que otorga el cumplimiento efectivo de las resoluciones en sus términos, no parece lo más sensato.

4. ¿Cabe como alternativa posible con la legislación vigente una interpretación amplia de la nulidad de actuaciones?

De la lectura conjunta de los arts. 562 y 563 LEC efectuada hasta el momento, en epígrafes anteriores, se ha concluido que ante actuaciones contrarias a ejecución, aparentemente, sólo cabe formular denuncia mediante recurso de reposición y, si se desestimare, apelación. Con ello se descarta la oportunidad de llevar la cuestión al TS por la vía del recurso de casación o extraordinario por infracción procesal, pese a que la relevancia de la infracción que está en juego sea la tutela efectiva de las partes en ejecución, que pudiera encajar perfectamente con los motivos que dan pie a los citados recursos.

Es probable que el legislador no estuviera pensando en los actos de ejecución contrarios al titulo ejecutivo cuando redujo las opciones de impugnación en esa fase, en un loable afán de agilizarla. Está bien que así sea cuando la ejecución es acorde con el título ejecutivo que ya se ha debatido previamente en fase declarativa, pero, cuando se aleja de lo dispuesto en el mismo, lo más correcto fuera recuperar las mismas oportunidades de defensa que se ofrecían, en su caso, para debatir el asunto en el fondo hasta su firmeza. Así estuvo previsto durante décadas en la legislación procesal civil anterior a la vigente LEC, por los cauces del ya comentado recurso excepcional de casación del art. 1687.2 LEC/1881. Aunque sólo fuera para dar cobertura a los supuestos que se han estimado por esta vía, que pueden volver a reproducirse perfectamente en casos análogos con la LEC, fuera necesario buscar alguna alternativa en la justicia ordinaria para denunciar la situación y no verse abocados al recurso de amparo ante el TC tan pronto se desestima la apelación.

---

33. En contra de esta postura, en relación con el recurso de casación excepcional del art. 1687 LEC/1881, Arias Lozano D., *El recurso...*, cit., pág. 76, descansado su argumento en la función básica de dicho recurso de velar por el derecho fundamental a una ejecución en sus propios términos, siendo los derechos fundamentales materia procesal exclusiva del TS. Sin embargo, adviértase que la denuncia de vulneración de derechos fundamentales puede realizarse ante cualquier órgano e instancia de la justicia ordinaria, no siendo exclusiva del TS. Cuestión distinta es la función uniformadora que al respecto puede desarrollar el TS en materia procesal, pero ya se ha indicado que en relación con los recursos denunciando actos contrarios a ejecución esta función no es la que resulta determinante en su presentación.

Ante ello, el único resquicio legal que ofrece el art. 562 LEC al regular las vías de impugnación en ejecución, pudiera ser una interpretación arriesgada de su segundo apartado, en el cual se indica que «si se alegare que la infracción entraña nulidad de actuaciones o el tribunal lo estimase así, se estará a lo dispuesto en el artículo 225 y ss.».[34] Posiblemente al efectuar la remisión el legislador estuviera pensando en los motivos de nulidad y las consecuencias procesales que puede tener su estimación, pero no en los instrumentos previstos para su denuncia, para los cuales habría que estar en fase de ejecución a los ya mencionados de los arts. 562 y 563 LEC. Es más, hay que reconocer que en materia de nulidades no resulta el campo más propicio para acudir a aplicaciones analógicas en supuestos no expresamente previstos.

Ahora bien, así como los citados arts. 562 y 563 LEC descartan la oportunidad de llevar la cuestión aquí tratada por los cauces del recurso de casación o de infracción procesal, pese a la idoneidad de acceder a este ulterior cauce de la justicia ordinaria en relación con el tema, quizás cabría interpretar en un sentido amplio la remisión a los arts. 225 LEC y ss., y estar a lo dispuesto en el art. 228 LEC que atribuye la competencia para conocer del incidente de nulidad de actuaciones al tribunal en que adquirió firmeza la resolución.[35] Si esto fuera así, en aquellos casos en que la resolución objeto de ejecución, en la que se denuncia una actuación contraria al título ejecutivo, hubiera adquirido firmeza en el TS, cabría argumentar, con ciertos matices, que una vez agotados los recursos de reposición y, en caso de desestimación, de apelación, quedará abierta la puerta al TS de forma análoga a lo que se prevé por el incidente de nulidad.

Y es que si bien es cierto que el art. 241 LOPJ solamente admite el incidente «...siempre que no haya podido denunciarse antes de recaer resolución que ponga fin al proceso y siempre que dicha resolución no sea susceptible de recurso ordinario ni extraordinario», lo que atribuye un carácter excepcional[36] que pudiera hacer decaer la oportuni-

34. La Disposición Final 17ª LEC, dejó pendientes de aplicación esos preceptos a la espera de la reforma de LOPJ, aunque los paralelismos en su contenido con los vigentes arts. 238 y ss. LOPJ hacen predicables de ambas regulaciones las afirmaciones efectuadas en este epígrafe.

35. Al respecto, Díez-Picazo Giménez I., (con De la Oliva Santos A., Vegas Torres J.), *Derecho Procesal Civil,* cit., pág. 105, considera inaplicable el incidente por ser procedente solamente ante resoluciones firmes que pongan fin al proceso, no existiendo ese tipo de resoluciones en ejecución. A una conclusión parecida llega Cordón Moreno F., «Comentario al art. 562 LEC», en *Comentarios a la Ley de Enjuiciamiento Civil»* (coord. Cordón Moreno F. Armenta Deu T., Muerza Esparza J.J.,Tapia Fernández I.,), V. II, Aranzadi, Pamplona, 2001, 1080 pág. 212, También, Achón Bruñen M.J., *La oposición...*, cit., pág. 141, pese a mostrarse crítica con ausencia de referencias expresas al proceso de ejecución en la regulación de la nulidad de actuaciones. En cambio, Nieva Fenoll J., «Despacho, oposición, impugnación y suspensión de la ejecución», en *Instituciones del Nuevo Proceso Civil* (coord. Alonso-Cuevillas Sayrol J.), V. III, Difusión Jurídica y Temas de Actualidad, Barcelona, 2000, pág. 186, estima que en caso de firmeza de la resolución no tiene que haber obstáculo para el incidente. De forma similar, Fernández-Ballesteros M.A., «Comentario al 562 LEC», cit., pág. 2738, sin aludir de forma concreta al incidente, reconoce la amplitud con la que la LEC abre la vía de la nulidad de actuaciones; y Salinero Román F., «Comentario a los arts. 562 y 563 LEC», cit., págs. 2770 y ss., admite expresamente el cauce de la nulidad de actuaciones al comentar el art. 562 LEC, pero no así al tratar específicamente el tema en el art. 563 LEC.

36. Doig Díaz Y., *Análisis del nuevo incidente de nulidad de actuaciones en la Ley Orgánica 6/2007 de reforma del art. 241 LOPJ,* Diario La Ley, nº 6889, de 22 de febrero de 2008 (edición digital), alude al carácter extraordinario con el que la doctrina mayoritariamente caracteriza al incidente de nulidad de actuaciones, aunque matiza que ello no obsta que deba ser interpretado conforme a los postulados del TC, según los cuales será preciso interpretar las normas procesales que integren alguna vía rescisoria de sentencias firmes en el sentido más favorable para permitir la tutela en fase jurisdiccional de los derechos fundamentales, tutela que adquieren los jueces gracias a la reforma del art. 241 LOPJ. De forma más critica

dad en la cuestión aquí tratada dado que, como se ha visto, está prevista su denuncia por loe cauces de los recursos de reposición y de apelación, también es verdad que la previsión de la LOPJ está pensando en la resolución firme en fase declarativa y, en relación con la misma, se cumple perfectamente con los parámetros del incidente ya que las resoluciones del TS ponen fin al proceso y no son susceptibles de recurso en vía ordinaria. Es más, conviene no olvidar que con las actuaciones contrarias en ejecución se está produciendo un ataque precisamente a lo dispuesto en dicha resolución firme, lo que la convierte en el punto de referencia clave en todo momento. En otras palabras, los recursos a los que alude la LOPJ limitativos del incidente de nulidad son aquellos mediante los cuales pudiera haberse alterado el sentido de la resolución firme, pero los de reposición y apelación previstos en ejecución de sentencia, no persiguen ese cometido sino, al contrario, velan por un debido respeto a lo dispuesto en la resolución firme.

Ello explicaría que el tribunal al que se remite el conocimiento del incidente de nulidad es al que adquirió firmeza, lo que tiene pleno sentido en el tema aquí tratado puesto que, de otro modo, se daría el caso que siendo posible denunciar la nulidad de actuaciones hasta el TS en relación con asuntos que obtengan firmeza en ese órgano judicial, cuando se vulnerará un derecho fundamental en ejecución que pudiera cambiar el sentido de esa misma resolución no pudiera llegar al TS, quedándose en apelación, lo que implicaría una injustificada disminución de garantías en relación con caso concreto.

Con ello se garantizaría una oportunidad análoga a la prevista en el recurso de casación excepcional del art. 1687.2 LEC/1881, para que el TS fuera la ulterior opción en la justicia ordinaria para denunciar las actuaciones contrarias a ejecución.

En cuanto al encaje de la denuncia de actuación contraria a ejecución en los motivos de nulidad que pueden dar pie al incidente de nulidad, la reforma de la LOTC, operada por la Disposición Final 1ª de la LO 6/2007, de 24 de mayo, ha venido a facilitar la cuestión dado que ha previsto en el art. 241 LOPJ que se pueda fundar en: «... cualquier vulneración de un derecho fundamental de los referidos en el artículo 53.2 de la Constitución.». En una clara voluntad de descargar de asuntos al TC ha generalizado los motivos de interposición del incidente a la vulneración cualquier derecho fundamental, lo que casa con la posición sostenida en esta investigación de que debiera preverse algún instrumento adicional más allá del recuso de apelación ante la justicia ordinaria para denunciar los actos contrarios a ejecución de título ejecutivo, cuya desestimación no deje como única vía el recurso en amparo ante el TC por vulneración del derecho fundamental a la tutela efectiva en su vertiente de derecho a la ejecución en sus propios términos.

Los principales problemas de la propuesta se manifiestan en aquellos casos en que la firmeza del título ejecutivo que se ejecuta se hubiera obtenido en un tribunal inferior al TS. En este punto habría que distinguir dos situaciones: que la firmeza hubiera sido por no haber agotado todos los recursos o porque no estaba previsto el recurso al TS. En este último caso, la solución no diferiría de lo que sucedía con el art. 1687.2 LEC/1881, que únicamente permitía acudir a ese cauce en los asuntos que de ordinario tenían acceso a casación. En consecuencia, si para el debate en fase declarativa del título ejecutivo que se ejecutase no estaba previsto el recurso de casación, con la LEC/1881 tampoco se hubiera podido denunciar actuaciones contrarias a ejecución del mismo ante el TS. En esta hipótesis, con la LEC bastaría con aplicar su art. 563, que ofrece la opción de denunciar la cuestión en reposición y apelación, para gozar de las mismas garantías que con la LEC/1881.

Cuestión distinta es cuando el título ejecutivo que se estuviera ejecutando adquirió firmeza con anterioridad al TS, pese a ser posible que potencialmente se hubiera formulado el recurso de casación o de infracción procesal. Una interpretación literal del art. 241 LOPJ conduciría a plantear la denuncia de la nulidad de actuaciones ante el tribunal que adquirió firmeza la resolución, con lo que, aparentemente, quedaría vedado el acceso al TS que es lo que aquí se pretende. Llegados a este punto, habría que forzar todavía más si cabe la interpretación planteándola desde la siguiente perspectiva: cabría entender que la falta de agotamiento de los recursos en justicia ordinaria fue porque los litigantes estaban de acuerdo con lo resuelto en el título ejecutivo, pero cuando en la ejecución del mismo se actúa en contra de lo que dispone, cambian las circunstancias que les llevaron a no interponer todos los recursos. En otras palabras, de alguna manera con la ejecución contraria a la sentencia se estaría alterando el sentido del título ejecutivo, de tal modo que si en el momento que se optó por dejar que obtuviera firmeza se hubiera concretado que ese tenía que ser el contenido del mismo, posiblemente se habrían formulado todos los recursos legalmente previstos.

De ahí que cuando lo que esté en juego sea el título ejecutivo que resuelve el fondo de un asunto que potencialmente podía haberse debatido en casación, cuando en ejecución se considere que ataca a lo dispuesto en el mismo, debiera ofrecerse cuanto menos las mismas oportunidades procesales para denunciar el ataque que cuando se debatió la cuestión en fase declarativa. De otro modo, en caso de que se admita la viabilidad de la opción aquí apuntada de acceso al TS, se estaría incentivando a agotar en todo caso todos los recursos en vía ordinaria, para que en un futuro no quedaran cerradas ninguna de las oportunidades de denuncia de las actuaciones contrarias al título ejecutivo, con todos los perjuicios que ello comportaría en términos de economía procesal.

Por último destacar, enlazando con la temática del siguiente epígrafe, que en el supuesto que se estimara la operatividad de la fórmula indicada, conviene no desatender la reiterada doctrina del TC que exige para la admisión del recurso de amparo el agotamiento de todos los instrumentos en vía ordinaria, incluido, en su caso, el incidente de nulidad de actuaciones.[37]

---

sobre la ampliación de motivos del incidente, Bachmaier Winter L., *La reforma del recurso de amparo en la Ley Orgánica 6/2007, de 24 de mayo,* Diario La Ley, nº 6775, 10 de septiembre de 2007(edición digital).

37. Sirva de muestra la STC de 29 de noviembre de 2004 (RTC 2004/223), remitiéndose por todas a la STC de 27 de febrero de 2003 (RTC 39/2003).

5. El recurso de amparo

En los años de funcionamiento del TC han sido numerosos los asuntos que han llegado al mismo solicitando el amparo por vulneración del derecho a la tutela efectiva, en su vertiente del derecho a la ejecución en sus propios términos relacionado con el derecho a la intangibilidad de resoluciones firmes, fundamentándose en actos de ejecución contrarios al título ejecutivo. Ello a pesar de que con la LEC/1881 existía la posibilidad de denunciar previamente esa situación por vía del recurso de casación del art. 1687.2, lo que hace suponer que los casos que se planteen ante el TC con la LEC irán en aumento.

Fruto de las diversas hipótesis sobre las que ha tenido que dar respuesta el TC ha elaborado una doctrina al respecto que, en cierto modo, complementa a la del TS ya comentada.[38] De forma parecida, la doctrina del TC tampoco ha sufrido grandes variaciones pudiendo afirmar que goza de un alto grado de consolidación. Como se verá, dicha doctrina todavía se ha mostrado más estricta si cabe que la del TS en cuanto a la estimación de asuntos basados en la ejecución contra sentencia, amparándose en una preeminencia casi absoluta de la invariabilidad de resoluciones. No es que se esté en desacuerdo con sus argumentos básicos, pero ante la disminución que ha habido con la LEC en cuanto a la protección que se ofrece en la vía ordinaria de la cuestión aquí tratada, quizás en aquellos asuntos tramitados por los cauces de la LEC que lleguen al TC cabría revisar con una mayor atención cada caso concreto, cambiando en algunos extremos la orientación de la doctrina expuesta. Y es que ante el hueco que deja la imposibilidad de denunciar de la situación por los cauces del TS, aquellas hipótesis que antes eran estimadas en ese momento, únicamente podrán ser denunciadas por vía del recurso de amparo.

De este modo, la consecuencia práctica de todo ello debiera ser la estimación de un mayor porcentaje de amparos fundamentados en esta causa en años venideros, revisando la jurisprudencia constitucional que sigue desestimando la mayoría de asuntos que le llegan en aplicación de los siguientes parámetros:[39] en relación al derecho a la ejecución en sus propios términos, con el que el derecho a la invariabilidad de las resoluciones judiciales guarda estrecha conexión como manifestación del derecho a la tutela judicial efectiva, la determinación del sentido del fallo es una función netamente juris-

38. Sobre las similitudes entre la doctrina del TS y del TC en esta materia, Arias Lozano D., *El recurso...*, cit., pág. 58, citando la STC 189/1990, de 26 de noviembre.

39. Recogen dicha doctrina, entre otras muchas: el ATC de 24 de septiembre de 2007 (RTC/374), que inadmite el recurso al considerar que las medidas adoptadas en relación con el desamparo de una menor no son arbitrarias ni irrazonables con el sentido del fallo; el ATC de 29 de enero de 1996 (RTC 1996/16), en el que se estima razonable que la determinación de la fecha del pago del principal, del cual depende la suma diaria a satisfacer en concepto de indemnización, coincida con la de la fecha de consignación efectuada por el condenado, dado que ésta no se hizo a efectos cautelares ni por imperativo legal, puesto que la parte no recurrió la sentencia, sino con la finalidad de cumplir con el fallo; la STC de 19 de julio de 1993 (RTC 1993/251), en la que entiende una cuestión de legalidad ordinaria en la que no puede entrar que se inapliquen en relación con la indemnización de un accidente de tráfico los intereses previstos en normativa específica de tráfico, puesto que la sentencia no hacía referencia a los mismos; la STC de 19 de julio de 1993 (RTC 1993/247), por la que estima razonable la decisión de no extender la ejecución al embargo de bienes privativos de los comuneros, ante la insuficiencia de los comunes con los que debía satisfacerse la deuda de la comunidad.

diccional; asimismo lo es apreciar en cada caso cuáles son los precisos términos de cada fallo judicial, sin que el TC pueda sustituirles en esa función de interpretación y aplicación de la legalidad, a menos que las eventuales lesiones en el derecho a la tutela efectiva tengan su origen en la pasividad o desfallecimiento de los órganos judiciales para adoptar las medidas necesarias que aseguren el cumplimiento de los fallos o en un apartamiento irrazonable, incongruente o arbitrario en relación con los pronunciamientos de la resolución que se ejecuta.[40] En consecuencia, el canon constitucional de fiscalización del ajuste de la actividad jurisdiccional de ejecución al fallo se compone, del fallo mismo, interpretado de acuerdo con la fundamentación y con el resto de extremos del pleito, y lo posteriormente resuelto para ejecutarlo,[41] aspectos comparativos en los que se demuestra la similitud de la doctrina del TC con la del TS expuesta con anterioridad.

Atendiendo a la citada jurisprudencia, probablemente cabría modificar el sentido de la misma, para acercarla a los postulados aquí propuestos, cambiando la perspectiva con la que se utiliza el derecho a la intangibilidad de las resoluciones. Este derecho se ha utilizado como fundamento para desestimar numerosos recursos de amparo denunciando la vulneración de la tutela efectiva por actuaciones contrarias a los títulos ejecutivos de los órganos ejecutores, considerando en un sentido amplio que sus actuaciones no debían quedar sometidas al canon de fiscalización del TC. Esa lectura constitucional del derecho se argumenta en aras a proteger instituciones como la seguridad jurídica y la cosa juzgada,[42] lo que se comparte plenamente, pero cabe

---

40. Afortunadamente también hay algunos ejemplos exitosos: la STC de 29 de junio de 2006 (RTC/2006/180), estima irrazonable que en un juicio de desahucio en el que no resultaba preceptiva la presencia de abogado, pero se podía exigir sus honorarios cuando el lugar de residencia habitual del defendido fuera distinto al del juicio, como era el caso, el tribunal se negara a efectuar la tasación de costas al respecto; la STC de 29 de noviembre de 2004 (RTC 2004/223) estima irrazonable que en ejecución de un divorcio en cuya sentencia no indica nada sobre las consecuencias económicas por la existencia de un convenio de las partes previo sobre la pensión compensatoria en caso de crisis matrimonial, el órgano ejecutor decida dejar sin efecto estas capitulaciones sobre la base de la sentencia de divorcio; la STC de 19 de mayo de 2004 (RTC 2004/89), en la que se considera un claro apartamiento de lo fallado que el auto de ejecución advierta un error en el razonamiento de la decisión firme e intente subsanarlo aplicando una normativa preexistente a la empleada a efectos de baremos de indemnización en accidente de tráfico; la STC de 8 de febrero de 1993 (RTC 1993/34), en la que con una resolución firme de desahucio por impago en fase de ejecución se dicta auto que deja sin efecto la orden de desalojo revisando los argumentos en que se basó el título ejecutivo.

41. Expresamente sobre el canon, entre las más recientes, entre otras muchas, el ATC de 4 de abril de 2005 (RTC 1005/123), en el que se considera acorde al fallo la determinación de la indemnización efectuada en ejecución por los perjuicios causados a una sociedad por una doble cesión de crédito hipotecario, y que se fijó, para no quebrar el sentido del fallo, en la diferencia entre el precio pactado en su día y el ganado en la finca en el transcurso de ese tiempo, pese a que la literalidad de la sentencia dijera que se debían descontar del importe de la finca el importe de las cargas que la gravaban en la fecha del contrato de cesión; el ATC de 21 de abril de 2003 (Jur. 2003/96068), en el que se estima conforme a sentencia que, pese a haber una sentencia de condena a daños y perjuicios a favor de arrendatario por el cese de explotación de una pensión declarada en ruina, únicamente se ejecute por daños a los bienes existentes cuando se derrumbó el edificio, pero no por los perjuicios derivados de falta de explotación, dado que existía un documento privado en el que se reconocía la extinción del contrato con renuncia de indemnización a cambio de derecho preferente a adquirir local en nueva construcción; documento privado que no se aportó en fase declarativa y hubo sentencia de condena firme a indemnizar, pero que puede tenerse en cuenta en el momento de valorar los daños en ejecución dado que acredita la ausencia de los mismos por demostrar la falta de explotación efectiva.

42. Sobre la inmodificabilidad de las resoluciones judiciales, como contenido del derecho a la efectividad de las resoluciones judiciales y su conexión con el principio de seguridad jurídica y la eficacia de cosa juzgada, Picó i Junoy J., *Las garantías constitucionales del proceso*, Bosch, 1997, págs. 69 y ss., ilustrado con una completa relación de resoluciones del TC.

advertir que esas mismas instituciones se verán lesionadas de no ejecutar las resoluciones en sus propios términos. De ahí que hubiera que prestar una mayor sensibilidad, e incluso una atención preferente, a las denuncias de actuaciones contrarias a lo dispuesto en el título ejecutivo, puesto que de su respeto depende el verdadero aseguramiento del derecho a la inmodificabilidad de las resoluciones y, por ende, del resto de instituciones indicadas.

6. Conclusiones

El debido aseguramiento de la tutela judicial efectiva es uno de los pilares básicos sobre los que descansan algunas de las instituciones esenciales de todo sistema procesal. La ejecución de las resoluciones en sus propios términos es una de vertientes de la citada garantía cuyo debilitamiento supone un ataque a valores nucleares como la seguridad jurídica y la cosa juzgada, vitales para el mantenimiento de la confianza de cualquier usuario del sistema.

La realización de actos contrarios a lo dispuesto en título ejecutivo supone una manifestación concreta en los que se plasma el riesgo planteado. La LEC, en comparación con su antecesora LEC/1881, ha reducido incomprensiblemente los instrumentos procesales para denunciarla situación apuntada, lo que conlleva una injustificada relajación en la protección del derecho a la tutela judicial efectiva.

Atendiendo al art. 563 LEC resulta indiscutible que pueden impugnarse los actos de ejecución contrarios al título ejecutivo mediante el recurso de reposición y, en caso de desestimación, de apelación. Se elimina la oportunidad de acudir al recurso de casación prevista en la LEC/1881. La fórmula excepcional del art. 1687.2 LEC/1881, resultó polémica por no compartir finalidad con las propias del recurso de casación, ni los motivos que podían dar lugar al mismo, pero la mayoría de la doctrina admitía la idoneidad de una fórmula que permitiese denunciar las infracciones de esa índole más allá de la segunda instancia.

Lege ferenda, la solución con una mejor técnica procesal hubiera sido la que ofreciera la opción de impugnar los actos de ejecución contrarios al título ejecutivo mediante unas oportunidades procesales equivalentes a cuantos potenciales recursos cupiera plantear en fase declarativa con relación a la materia objeto del título ejecutivo. De este modo, no se produciría la contradictoria situación de que un asunto goza de mayor protección en fase declarativa que cuando se ataca lo dispuesto en el título ejecutivo firme en fase ejecutiva. Así, además de la reposición y apelación previstas, con respecto a los casos que tuvieran acceso al TS, aunque pudiera valer cualquier instrumento *ad hoc* creado a tal efecto, con la legislación vigente se podía haber articulado por los cauces del recurso de infracción procesal ante los TSJ. Encajaría perfectamente en sus motivos dado que pudiera fundamentarse en el art. 469.1.4° LEC, que alude a la vulneración de los derechos fundamentales del art. 24 CE. De esta manera, al mismo tiempo que se descargaría de asuntos al TS, se atribuiría funciones al TSJ, en unos casos cuya finalidad predominante no radica en la función uniformadora o nomofiláctica que ha caracterizado a la casación ante el TS, sino en la protección de la intangibilidad de los títulos ejecutivos.

No obstante, de una lectura conjunta del art. 563 LEC, precepto específicamente dedicado a los actos de contradicción contrarios al título ejecutivo, con el art. 562 LEC, que recoge de forma general a las oportunidades de impugnación en relación con las actuaciones en ejecución, la omisión de cualquier mención a los recursos de casación o infracción procesal descarta por completo esta vía.

El único resquicio que pudiera ofrecer la LEC para articular alguna fórmula adicional de protección ante la justicia ordinaria, más allá de la apelación, para no verse abocados a la ulterior posibilidad de acudir en amparo ante el TC, con todas las dificultades que ello comporta, pasaría por una interpretación generosa del apartado segundo del art. 562 LEC que se remite a la normativa prevista para la nulidad de actuaciones. En cuanto a la ubicación de la denuncia de ejecución contra título ejecutivo no habría mayor inconveniente en fundamentarla en alguno de los motivos de nulidad del art. 241 LOPJ que alude a la vulneración de cualquier derecho fundamental. Si fuera así, cabría interponer el incidente de nulidad de actuaciones ante el tribunal que adquirió firmeza la resolución que se está ejecutando, no presentando mayor obstáculo, cuando coincidiera con el TS, que salvar el escollo derivado de su carácter subsidiario. Para ello habría que entender que cuando el art. 241 LOPJ condiciona la procedibilidad del incidente a la inexistencia otras vías previas para denunciar la infracción se refiere a otros recursos que pudieran alterar el sentido de la resolución, lo que no sucede con los de reposición y apelación previstos para actos contrarios a ejecución que velan precisamente para el cumplimiento en sus términos de la resolución firme. De otro modo, la vulneración de derechos fundamentales en relación con un mismo asunto estaría más protegido antes de su firmeza, pudiendo llegar al TS, que en fase de ejecución, que debiera limitarse a la apelación. Este sería el argumento básico para forzar todavía más la interpretación, si cabe, para acudir al TS vía incidente de nulidad en aquellos casos que se hubiera obtenido firmeza del título ejecutivo sin agotar el recurso ante el TS. Por todo ello, hay que mostrarse reticentes a acudir a esta solución dado que no parece lo más adecuado acudir a interpretaciones analógicas excesivamente arriesgadas en una materia tan sensible como es la de nulidades de actuaciones procesales.

La doctrina jurisprudencial emanada del TS y TC sobre la intangibilidad de las resoluciones y ejecución contra sentencia sigue conservando su plena vigencia, pero ante la dificultad de articular instrumentos procesales para denunciar actuaciones contrarias a la ejecución más allá de la apelación se ha acentuado la necesidad de revisarla. Así, el derecho a la inmodificabilidad de las resoluciones no debiera servir para desestimar la mayor parte de denuncias de actos contrarios a la ejecución, sino que debiera tenerse en cuenta que no resulta posible un debido respeto al citado derecho, así a como instituciones esenciales para todo sistema procesal como la cosa juzgada y la seguridad jurídica, cuando la ejecución no es en sus propios términos lo que obliga a una atención preferente de las denuncias de actuaciones contrarias a ejecución, lo que pudiera abrir las puertas a un mayor éxito en las reclamaciones que se efectúen en la materia aquí tratada tanto en la justicia ordinaria, en sus distintas instancias, como en amparo ante el TC.

6. Bibliografía

ACHÓN BRUÑEN M.J., *La oposición en los procesos de ejecución de sentencias civiles,* Tirant lo blanch, 2002, 469 págs.
ARIAS LOZANO D., *El recurso de casación en ejecución de sentencia civil,* Centro de Estudios Ramón Areces, Madrid, 1994, 234 págs.
BACHMAIER WINTER L., *La reforma del recurso de amparo en la Ley Orgánica 6/2007, de 24 de mayo,* Diario La Ley, nº 6775, 10 de septiembre de 2007(edición digital).
CORDÓN MORENO F., «Comentario a los arts. 562 y 563 LEC», en *Comentarios a la Ley de Enjuiciamiento Civil»* (coord. CORDÓN MORENO F. ARMENTA DEU T., MUERZA ESPARZA J.J.,TAPIA FERNÁNDEZ I.,), V. II, Aranzadi, Pamplona, 2001, 1080 págs.
CORDÓN MORENO F., *El proceso de ejecución,* Aranzadi, Pamplona, 2002, 497 págs.
DÍEZ-PICAZO GIMÉNEZ I., (con DE LA OLIVA SANTOS A., VEGAS TORRES J.), *Derecho Procesal Civil. Ejecución forzosa. Procesos especiales.),* Centro de Estudios Ramón Madrid, 2002.
DOIG DÍAZ Y., *Análisis del nuevo incidente de nulidad de actuaciones en la Ley Orgánica 6/2007 de reforma del art. 241 LOPJ,* Diario La Ley, nº 6889, 22 de febrero de 2008 (edición digital).
FERNÁNDEZ M.A./ RIFÁ J.M/ VALLS J.F., en *Derecho Procesal Práctico,* T. V, Centro de Estudios Ramón Areces, Madrid, 1995, 1051 págs.
FERNÁNDEZ-BALLESTEROS M.A., «Comentario a los arts. 562 y 563 LEC», en *Comentarios a la Nueva Ley de Enjuiciamiento Civil»,* T. III, Iurgium editores, Barcelona, 2000, págs. 2734 y ss.
GARBERÍ LLOBREGAT J., *El proceso de ejecución forzosa en la Nueva Ley de Enjuiciamiento Civil, 2 Vol,* Civitas, Madrid, 2007, 1364 págs.
GUASP DELGADO J., *Derecho Procesal Civil*, Madrid, 1968, 1001 págs.
GUTIÉRREZ GONZÁLEZ C., *Consideración crítica de algunas cuestiones que plantea el recurso de casación en ejecución de sentencias,* La Ley, 1985, Tomo 1, págs. 974 y ss.
MONTERO AROCA J., (con FLORS MATIES J., *El proceso de ejecución,* Tirant lo blanch, Valencia, 2001, 1023 págs.
MONTERO AROCA J., (con GÓMEZ COLOMER J.L., MONTÓN REDONDO A., BARONA VILAR S.), *Derecho Jurisdiccional,* II, Tirant lo blanch, Valencia, 2003.
MORENO CATENA V., *Líneas metodológicas para el estudio del Recurso de Casación Civil en Ejecución de sentencias*, Diario La Ley, 1981, Tomo 2, págs. 932 y ss.
MORENO CATENA V., (con CORTÉS DOMÍNGUEZ V., GIMENO SENDRA V.), *Derecho Procesal Civil. Parte general,* Colex, Madrid, 2000.
MORENO CATENA V., «La ejecución forzosa» en *Comentarios a la Nueva Ley de Enjuiciamiento Civil,* (coord. CORTÉS DOMÍNGUEZ V., MORENO CATENA V.), Vol. IV, Tecnos, Madrid, 2000, 335 págs..
MONZÓN R., *Sobre el recurso de casación que autoriza el artículo 1695 de la Ley de Enjuiciamiento Civil,* Revista de Derecho Procesal, 1946, págs. 609 y ss.
NIEVA FENOLL J., «Despacho, oposición, impugnación y suspensión de la ejecución», en *Instituciones del Nuevo Proceso Civil* (coord. ALONSO-CUEVILLAS SAYROL J.), V. III, Difusión Jurídica y Temas de Actualidad, Barcelona, 2000, págs. 139 y ss.
NIEVA FENOLL J., *El recurso de casación civil*, Ariel, 2003, 343 págs.
ORTELLS RAMOS M., *Derecho Procesal Civil,* Thomson Aranzadi, Pamplona, 2003.
ORTIZ NAVACERRADA S., «El recurso de casación en ejecución de sentencia civil», en *Ejecución de sentencias civiles,* Cuadernos de Derecho Judicial, Consejo General del Poder Judicial, 1992, págs. 255 y ss.
PICÓ I JUNOY J., *Las garantías constitucionales del proceso*, Bosch, 1997, 173 págs.
PLAZA M. DE LA, *La casación civil,* Revista de Derecho Privado, Madrid, 1944, 509 págs.
RAMOS MÉNDEZ F., *Enjuiciamiento Civil,* T.I, Atelier, 2008, 818 págs.
SALINERO ROMÁN F., «Comentario a los arts. 562 y 563 LEC», en *Comentarios a la Nueva Ley de Enjuiciamiento Civil* (dir. LORCA NAVARRETE J.Mª.), T. III, Lex Nova, Valladolid, 2000, págs. 2768 y ss.
SENÉS MOTILLA C., *Disposiciones generales sobre la ejecución forzosa,* La Ley, Madrid, 2000, 171 págs.
SERRA DOMÍNGUEZ M., «Del recurso de casación», en *Comentarios a la reforma de la Ley de Enjuiciamiento Civil* (coord. CORTÉS DOMÍNGUEZ V.), Tecnos, Madrid, 1985, 1071 págs.
SERRA DOMÍNGUEZ M., «Del recurso de casación», en *La reforma de los procesos civiles (Comentario a la Ley 10/1992, de Medidas Urgentes de Reforma procesal),* (coord. MONTERO AROCA J.), Civitas, Madrid, 1993, 395 págs.
TORRES FERNÁNDEZ DE SEVILLA J.Mª, «Comentario al art.563 LEC», en *Los procesos civiles,* (dir. GARBERÍ LLOBREGAT J.,), T. IV, Bosch., Barcelona, 2001, 1047 págs.
VÁZQUEZ SOTELO J.L., *La casación civil (revisión crítica),* Ediser, 1979, 205 págs.

Las difíciles relaciones entre los jueces constitucionales y la judicatura ordinaria* **

Eloy Espinosa-Saldaña Barrera
Perú

Reflexiones a la luz de lo sucedido con los amparos contra resoluciones judiciales en el Perú

I. Introducción

El asumir a la Constitución como verdadera norma jurídica, y no como mero acuerdo o compromiso jurídico, genera una serie de consecuencias, las cuales no pueden ser soslayadas, máxime si estamos en un escenario en el cual nuestro quehacer busca circunscribirse a los parámetros propios del denominado Estado Constitucional. Una de las consecuencias más relevantes de la situación a la cual acabo de hacer referencia es a todas luces la del fortalecimiento del conjunto de instituciones y canales de actuación destinados a asegurar la plena vigencia de la supremacía constitucional aquellos que algunos llaman Justicia Constitucional, y otros —en mi opinión, con mayor rigor técnico— Jurisdicción Constitucional.[1]

---

* Catedrático de Pre y Post Grado de las Universidades Pontificia Católica del Perú, Nacional Mayor de San Marcos, de Lima y de Piura. Profesor Principal y ex Director General de la Academia de la Magistratura (Escuela Judicial Peruana). Integrante de las Mesas Directivas o Consejo Ejecutivo de las Mesas Directivas del Instituto Iberoamericano de Derecho Procesal Constitucional y las Asociaciones Peruanas de Derecho Constitucional, Derecho Administrativo y Derecho Procesal.

** Al profesor Vázquez Sotelo con especial aprecio. Agradezco muy sinceramente al doctor Jordi Nieva Fenoll por haberme permitido ser parte de tan merecido homenaje.

1. Sobre los alcances de este debate conceptual, recomendamos revisar García Belaunde, Domingo. «*Sobre la jurisdicción constitucional*». En: Quiroga, Aníbal (compilador). *Sobre la jurisdicción constitucional.* Lima, Fondo Editorial de la Pontificia Universidad Católica del Perú, 1990, p. 29-31.

Ahora bien, aun cuando creemos que en rigor estamos ante una denominación más técnicamente apropiada, no podemos negar también que la referencia a una «jurisdicción constitucional» puede llevarnos a pensar a que existe más de una jurisdicción en un Estado en particular, cuando en puridad lo que hay son varios organismos y órganos con una misma función jurisdiccional pero con diferentes competencias entre sí.

Por otro lado, necesario es también anotar como hoy a nivel mundial, la labor ejercida por las instancias que son parte de sus modelos de Jurisdicción Constitucional (órganos o magistraturas constitucionales, dicho con mayor rigor) va progresivamente deviniendo en algo más relevante, encontrándose muy distantes de la dinámica del legislador negativo promovido en su momento por Kelsen, y estando cada vez más involucrada tanto lo que se ha dado en llamar «constiucionalización del Derecho»,[2] e incluso introduciendo importantes elementos que apuntan en favor de lo que algunos denominan «constitucionalización de la política»,[3] En ese contexto, la comprensión de muchos conceptos e instituciones jurídicas irá variando, pasando estos conceptos e instituciones a ser entendidos de acuerdo o conforme con los parámetros constitucionales, o por lo menos, a la lectura que hacen de cada Constitución aquellos a los cuales se les reconoce contar con una interpretación con efectos vinculantes de la misma.

Es más, incluso algunas actividades relacionadas con el quehacer político de nuestra sociedad van intentando ser comprendidas y hasta reguladas de acuerdo con esas previsiones. Ello, como bien puede suponerse, comienza a consolidar mejor a las diferentes magistraturas constitucionales existentes, aunque también las somete a nuevos cuestionamientos, vinculados ahora más bien a cuáles serían los márgenes de acción de las instituciones relacionadas en estas tareas, sobre todo cuando con sus pronunciamientos puede revisar y hasta declarar la nulidad de ciertas resoluciones emitidas por la judicatura ordinaria de los distintos países, asunto que no siempre ha sido abordado en forma pacífica por los diferentes involucrados.

En esta materia, la cual sin duda tiene una gran complejidad, un aspecto de innegable relevancia es el de cómo se aborda la posibilidad de emplear a los distintos procesos constitucionales como medios para revisar resoluciones emitidas en su momento por la judicatura ordinaria, incluso en Estados como el Perú, donde coexisten un Tribunal Constitucional con jueces ordinarios que pueden ejercer control difuso, y además, son los que conocen en primer término aquellos procesos constitucionales destinados a la tutela de Derechos Fundamentales que luego eventualmente pueden ser conocidos por el Tribunal Constitucional mencionado.

Como es de conocimiento general, en el Derecho Comparado existen diversas posturas al respecto. De antemano señalo muy respetuosamente mis discrepancias con las razo-

---

2. Fenómeno mediante el cual, de acuerdo con la clasificación planteada en su momento por Louis Favoreu puede, partiéndose de lo previsto en su texto constitucional, o de la comprensión que se hace del mismo incidir en cómo deben entenderse las diversas instituciones de un ordenamiento jurídico en particular, ya sea impulsando cambios en la configuración de los alcances o competencias de los organismos u órganos de (o con) poder dentro de él (constitucionalización juridización); incidiendo en la conformación de su sistema de fuentes, o de las pautas que tiene previstas para la producción de sus normas (constitucionalización elevación); o influyendo en la comprensión, dentro de ese contexto en particular, de las diferentes ramas del Derecho (constitucionalización transformación). Con todo ello, se cuenta así, siquiera indirectamente, con una gran posibilidad de modificar, unificar o simplificar el ordenamiento jurídico de cualquier Estado.

3. Fenómeno mediante el cual incluso el desarrollo de las actividades destinadas a configurar las decisiones más relevantes para el gobierno de una sociedad en particular, buscará, bajo diversas técnicas, ser adecuado a parámetros constitucionales, ya sea a nivel de procedimiento (*matters of procedure*) o en cuestiones de contenido (*matters of substance*).

nes mediante las cuales se busca sustentar la denominada Tesis Negativa,[4] las cuales en puridad no parecieran corresponder con la lógica propia del Estado Constitucional y los principios que le inspiran. Y es que los jueces y juezas ordinarias, como bien puede suceder con todos(as) quienes emiten actos de autoridad, pueden amenazar o incluso vulnerar derechos fundamentales, y ante ello, las y los jueces constitucionales no pueden guardar silencio.

Ahora bien, la pregunta que a continuación cabe formularse es la de hasta dónde puede llegar esa capacidad de revisión en un contexto donde la limitación del poder y la búsqueda de seguridad jurídica, junto a lo que ambos temas involucran, son también elementos esenciales en la configuración del Estado Constitucional y la consecución de su fines. Dicho con otras palabras, se hace entonces necesario interrogarse sobre cuándo la necesariamente activista actitud de un juez constitucional deviene en lo que el destacado procesalista argentino Augusto Mario Morello denominó «hiperactivismo», fenómeno por el cual, la intención de posesionar a un juez(a) constitucional, puede más bien generar aquella inestabilidad jurídica, política o social que justamente debiera buscar evitar.

La experiencia peruana reciente es un buen ejemplo de las ventajas y los riesgos que pueden promover las diferentes posturas y tendencias seguidas al respecto; y, precisamente por lo mismo, pone nuevamente en un primer plano del debate el siempre delicado tema de si pueden o no establecerse (o por lo menos, invocarse con suficiente sustento) límites al accionar del juez constitucional, muy significativa preocupación a la cual aquí siquiera dedicaremos unas líneas. Con todo este contexto, que aquí al menos sintéticamente he intentado reseñar, y con el riesgo de que mi exposición en un primer momento parezca abordar temas demasiado locales, pasaré luego a explicitar algunas reflexiones sobre el particular que sinceramente espero resulten de cierta utilidad.

II. La comprensión de la materia hasta incluso luego de la dación del código procesal constitucional

Yendo entonces ya el caso peruano en particular, la relevancia de esta materia es a todas luces innegable. Provenientes de un contexto en el cual el efectivo reconocimiento y ejercicio de los Derechos Fundamentales no han sido precisamente algunas de nuestras constantes históricas más relevantes,[5] la muy relativa vigencia del Hábeas

4. La tesis negativa propone la inviabilidad de demandas de Amparo (o en su caso, de Hábeas Corpus) contra resoluciones judiciales alegando sostenerse en el respeto a principios como los de seguridad jurídica o jerarquía.

5. Conviene aquí mencionar que, a lo largo de sus más de ciento ochenta años como república independiente, el Perú ha tenido más de diez textos constitucionales, muchos de ellos con un carácter, siguiendo aquí la conocida clasificación de Loewenstein, claramente semántico; donde además, alrededor del setenta por ciento de sus gobernantes llegaron o se sostuvieron en el poder con el apoyo de las Fuerzas Armadas, cuando no pertenecieron directamente a éstas; y donde, finalmente, la información existente demuestra cómo hasta hoy se cuenta con una sociedad fragmentada, y con una muy desigual distribución, no solamente de la riqueza, sino incluso del acceso a bienes y servicios hoy considerados esenciales.

Corpus,[6] o el prácticamente nulo uso del proceso denominado «Acción Popular»,[7] bien puede entenderse la preocupación del constituyente de 1979 por no solamente recoger dentro de dicho texto constitucional un significativo catálogo de derechos (dejando abierta la puerta para la incorporación de muchos otros mediante una cláusula de derechos implícitos), sino también por consagrar un medio procesal, específico y expeditivo de aquellos Derechos Fundamentales distintos a la libertad personal, o a los derechos conexos a ella.

Así es como en nuestro país se instituye el Amparo, medio procesal al cual su desarrollo ulterior, tanto a nivel legal como doctrinario e incluso jurisprudencial, le dieron en el caso peruano una vocación expansiva, sobre todo en lo referente a los supuestos pasibles a ser tutelados por este proceso constitucional, destacando entre ellos el de las resoluciones judiciales emitidas por la judicatura ordinaria.

Y es que la eventualidad de que los jueces ordinarios en el ejercicio de sus funciones pudiesen amenazar y/o vulnerar derechos fundamentales fue pronto asumida como una situación factible para quienes desarrollando los parámetros previstos en la Constitución de 1979 elaboraron la hasta hace relativamente poco tiempo vigente Ley de Hábeas Corpus y Amparo, la Ley 23506. De allí se comprende lo previsto en los artículos cinco y seis inciso segundo de dicha norma, donde se plantea cómo evaluar el comportamiento de un(a) juez(a) frente al ejercicio de los diferentes derechos fundamentales fuera de un proceso judicial como en las acciones y omisiones en las cuales pudiera incurrir dentro de uno de ellos.

Sin embargo, la determinación de los alcances de estos preceptos al menos inicialmente no resultó muy clara para muchos litigantes y jueces, sobre todo cuando en el segundo inciso del artículo seis de la ya citada ley se establecía la improcedencia de todas las demandas de Hábeas Corpus y Amparo interpuestas contra resoluciones emanadas de proceso o procedimiento regular. Algunos quisieron ver en esta norma la

---

6. Aun cuando la Constitución de 1860 ya dejaba abierta la posibilidad de establecer un medio procesal específico para la tutela de la libertad personal, recién tuvo que esperarse hasta 1897 para ver aprobada en el Perú nuestra primera ley de Hábeas Corpus, clara demostración del contexto político y social existente sobre el particular.

Por otro lado, y a pesar de alguna vocación de una invocación más bien expansiva de este medio procesal en nuestro medio, una evolución objetiva de lo sucedido demuestra como en el Perú lamentablemente el ejercicio del Hábeas Corpus, por lo menos hasta la puesta en vigencia de la Constitución de 1979 e incluso después, no fue lo frecuente que el contexto ameritaba ni tuvo a cabalidad el benéfico efecto buscado, por decirlo de la manera más elegante posible. Desde los ya clásicos textos de Domingo García Belaunde al respecto (ver en este sentido «*El Hábeas Corpus en el Perú*. Lima, Universidad Nacional Mayor de San Marcos, 1979; o *El Hábeas Corpus interpretado*. Lima, Oficina de Publicaciones de la Pontificia Universidad Católica del Perú, 1971) se ha escrito mucho y muy bien sobre este tema, lo cual excede a los alcances del presente texto, pero cuya revisión recomendamos muy sinceramente, para así entender lo que en rigor sucedió al respecto.

7. La primera referencia al proceso constitucional de Acción Popular, medio procesal destinado a eliminar del ordenamiento jurídico peruano aquellas normas con alcance general pero con rango inferior al de una ley que dictase la Administración y que resultasen contrarias a la Constitución o las leyes entonces vigentes, la encontramos en el texto constitucional de 1933. Sin embargo, debió esperarse hasta 1968 para contar con una ley que regule su ejercicio. Por estas y otras razones, reseñadas en múltiple bibliografía existente al respecto, el uso hasta hoy de este medio procesal en el Perú es desafortunadamente poco relevante, tanto a nivel cuantitativo como cualitativo.

adopción de la denominada Tesis Negativa, denegatoria de la posibilidad de cuestionar jurisdiccionalmente las sentencias que ponen fin a este tipo de procesos, para después ir paulatinamente determinándose que un proceso es regular cuando dentro de él se respetan derechos como el Debido Proceso o la Tutela Judicial Efectiva, adscribiéndose así en lo que dogmáticamente se conoce como Tesis Admisoria moderada.[8]

A esta postura, asumida básicamente desde fines de la década de los ochenta, se llega progresivamente, para luego, durante los noventa y a fines de este siglo, ir profundizando en algunos detalles. Se distinguirá así entre anomalías, las cuales deberían enmendarse dentro del mismo proceso, y situaciones de indefensión, pasibles de ser revestidas por Hábeas Corpus o por Amparo.[9] Se admitirán y declararán fundadas demandas de Amparo y Hábeas Corpus no solamente ante la amenaza cierta e inminente o la violación de lo que, siguiendo parámetros de origen norteamericano se denomina, la dimensión procesal del Debido Proceso, sino también cuando en cualquiera de esos dos supuestos (amenaza o violación) se ha afectado lo que, también siguiendo pautas norteamericanas, se le llama la dimensión sustantiva de ese mismo derecho.[10] Finalmente, y muy a despecho de las prohibiciones existentes en otros ordenamientos jurídicos al respecto, y gracias a casos como «Sindicato Pesquero» o «Ministerio de Pesquería», se habilitaba la posibilidad de interponer demandas de Amparo contra Amparo, bajo las siguientes reglas:

A) Cuando la violación al Debido Proceso resulte manifiesta y esté probada de modo fehaciente por el actor;

B) Cuando se hayan agotado todos los recursos al interior del proceso que se cuestiona y aquellos hayan agotado todos los recursos al interior del proceso que se cuestiona y aquellos hayan resultado insuficientes para el propósito corrector;

C) Cuando lo solicitado no se encuentre relacionado con lo debido sobre el fondo, puesto que con el segundo Amparo sólo se puede poner en tela de juicio cuestiones estrictamente formales;

D) Cuando el nuevo proceso de Amparo no intenta revestir una sentencia definitiva estimatoria, ya que de lo contrario se contravendría el principio de inmutabilidad de la cosa juzgada; y

---

8. Postura por la cual se admite la revisión de resoluciones judiciales por la violación de derechos como el Debido Proceso (en sus dos dimensiones) o la Tutela Judicial Efectiva.

9. Explicaciones más detalladas sobre nuestra posición al respecto se encuentran en *Jurisdicción Constitucional, Impartición de Justicia y Debido Proceso*. Lima, Ara Editores, 2003, p. 152 y ss.; así como en «*Derecho al Debido Proceso: Un acercamiento más didáctico a sus alcances y problemas*». En: Espinosa-Saldaña; Eloy (coordinador) *Derechos Fundamentales y Derecho Procesal Constitucional*. Lima, Jurista Editores, 2005, p. 108 y ss.

10. Múltiples Hábeas Corpus y/o Amparos contra resoluciones judiciales aduciéndose la violación del Debido Proceso sustantivo se han dado luego de lo resuelto en el expediente 662-2000-HC/TC, conocido como el caso «José Antonio Sandoval».

E) Cuando se trata de resoluciones emitidas por el Poder Judicial, más no de aquellas emanadas del Tribunal Constitucional.

Rápidamente puede apreciarse que, aun cuando dentro de los parámetros de la tesis admisoria moderada, se contaba con un escenario bastante grande para canalizar la revisión de resoluciones de la judicatura ordinaria (resoluciones que no tenían que ser sentencias o resoluciones que hubiesen quedado firmes) por los jueces constitucionales en el Perú, ya sea mediante Amparo, o eventualmente a través del Hábeas Corpus, si con las vulneraciones al Debido Proceso en sede judicial se estaba también afectando la libertad personal. De hecho, y por lo menos hasta antes de la dación del Código Procesal Constitucional, en un escenario bastante abierto para la procedencia de Hábeas Corpus y Amparos,[11] alrededor del setenta por ciento de estos procesos eran iniciados por justiciables contra resoluciones judiciales que asumían como violatorias de sus derechos.

Es por ello que, cuando se dicta el Código Procesal Constitucional, y ante un fenómeno de «ordinarización», o de uso excesivo (casi como un medio ordinario), de ciertos procesos constitucionales (y entre ellos, principalmente el caso del Amparo),[12] una de las principales apuestas de sus promotores fue la de conducir a medios procesales como el Amparo a su carácter excepcional, subsidiario o residual, y por ende, despojarle del perfil más bien alternativo o incluso de primera opción a seguir que había adquirido en el escenario peruano, destacando entre los mismos el de convertir a ciertos procesos constitucionales, por el uso excesivo de estos, en mecanismos mediante los cuales podría ejercerse una hasta cierto punto desmedida presión sobre la judicatura ordinaria y una desproporcionada afectación de la inmutabilidad de la cosa juzgada.

En ese contexto intencionalmente se introdujeron importantes modificaciones en el tratamiento de los Amparos contra resoluciones judiciales en general, y de los Amparos contra Amparos en particular. Ello explica como en el artículo cuatro de la ley 28237 o Código Procesal Constitucional se establece que el Amparo procede respecto de resoluciones judiciales firmes dictadas con manifiesto agravio a la tutela procesal efectiva, declarándose la improcedencia de las demandas en las cuales el (la) agraviado(a) dejó consentir la resolución que dice afectarlo; y a renglón seguido, sostiene que el Hábeas Corpus procede cuando una resolución judicial firme vulnera en forma manifiesta la libertad personal y la tutela procesal efectiva.

---

11. En el Perú era posible interponer demandas de Amparo contra actos u omisiones, sin importar si provienen de instancias estatales o por el quehacer de algunos particulares. Además, podía iniciarse ante la violación o amenaza cierta e inminente de vulneración de cualquier derecho fundamental (incluso de los que se sustentan en base a la denominada cláusula de derechos implícitos) ocasionada por leyes y diversas actuaciones estatales, incluyéndose entre ellas a las resoluciones judiciales, todo ello en una lógica de amparo alternativo (el demandante podía escoger indistintamente iniciar un proceso de Amparo o un medio procesal ordinario si considera encontrarse ante supuestos de violación o de amenaza cierta e inminente de vulneración de sus derechos fundamentales) y no, tal como se puede predicar hoy, en una dinámica de residualidad y subsidiariedad (en principio solamente puede recurrir al amparo cuando se han agotado las vías judiciales ordinarias previstas para la defensa de esos derechos).

12. Tema que explicamos en nuestro «*La consagración del Amparo residual en el Perú. Sus alcances y repercusiones*». En: Espinosa-Saldaña, Eloy (coordinador) «*Derechos Fundamentales...*». *Op. Cit*, p. 149 y ss.

Pero allí no quedaban las cosas, pues en el sexto inciso del artículo cinco del Código Procesal Constitucional se decía que no proceden los procesos constitucionales cuando se cuestione una resolución firme recaída en otro proceso constitucional o exista litispendencia.

La lectura literal de estas disposiciones demuestra, en su preocupación por racionalizar el ejercicio de los procesos constitucionales y la relación entre la judicatura ordinaria y los jueces (zas) constitucionales, una intención de admitir el Amparo o el Hábeas Corpus contra resoluciones judiciales únicamente cuando el debate o controversia existente ya no tiene como ser resuelto dentro de los procesos ordinarios o ante la judicatura ordinaria, denegando en principio la posibilidad de interponer Amparos contra Amparos o eventualmente Hábeas Corpus contra Hábeas Corpus. Todo ello sin abandonar una postura admisoria moderada, pero acotando aun más el escenario dentro del cual puede desenvolverse.

Lo dispuesto en el Código Procesal Constitucional parecería impulsar nuevos derroteros para el desenvolvimiento de los Amparos y Hábeas Corpus contra resoluciones judiciales, y con ello, introducir interesantes matices en las habitualmente complejas relaciones entre el Poder Judicial y el Tribunal Constitucional en el Perú. Sin embargo, curiosamente las cosas fueron por otro camino: y es que luego de dictar algunas sentencias fundamentalmente destinadas a restringir el flujo de demandas de Amparo[13] y Cumplimiento[14] hacia su despacho, el Tribunal Constitucional peruano procede más bien a implantar una lógica distinta para abordar el tema de la procedencia de las demandas (básica más no únicamente de Amparo) contra resoluciones judiciales,[15] singular comprensión de las cosas sobre la cual pasaré de inmediato a dirigir mi comentario.

III. Los últimos pronunciamientos del tribunal constitucional peruano, el planteamiento de sus relaciones con la judicatura ordinaria y sus eventuales riesgos

Una siquiera rápida revisión de algunos últimos pronunciamientos del Tribunal Constitucional peruano demuestran como en varios de ellos se va a buscar variar los términos de la relación entre la judicatura ordinaria y los jueces constitucionales del Perú y ya no

13. En este tenor se encuentra lo resuelto en casos como el «Manuel Anicama Hernández» (expediente 1417-2005-AA/TC) o el «César Antonio Baylón Flores» (expediente 0206-2005-PA/TC).

14. A ello apunta lo resuelto en el caso «Maximiliano Villanueva Valverde» (expediente 0168-2005-PC/TC), complementado por lo señalado en el caso «Pablo Miguel Fabián Martínez y otros» (expediente 2002-2006-PC/TC).

15. Es más, en algún caso en particular, como el recogido en el expediente 2909-2004-HC/TC, el Tribunal Constitucional peruano reconoce que si bien la redacción del Código Procesal Constitucional peruano parece ser terminante en señalar que solamente procederían aquellas demandas de Hábeas Corpus y/o Amparo que, entre otros aspectos, se interpongan contra resoluciones judiciales firmes, recomienda tomar en cuenta otros criterios que de alguna forma puedan matizar estas consideraciones.

solamente mediante el de los procesos de Amparo. Sin embargo, estando aquí desarrollando el tema de la interposición de demandas de Amparo para resoluciones judiciales (y entre ellos, contra resoluciones emitidas dentro de un proceso de Amparo), haré aquí referencia a los casos «Apolonia Ccollcca» (recogido en el expediente 3179-2004-AA/TC), y «Dirección Regional de Pesquería de la Libertad» (expediente 4853-2004-PA/TC), los que de inmediato paso siquiera a reseñar, para luego efectuar puntuales comentarios al respecto.

III.1. El caso Apolonia Ccollcca

En este caso, un Amparo contra una resolución judicial, el Tribunal Constitucional peruano abandona la Tesis denominada «Admisoria moderada» y adopta la llamada «Tesis Admisoria amplia», frente a los amparos contra resoluciones judiciales. Para ello, en el fundamento catorce de su pronunciamiento ante el caso «Apolonia Ccollcca», dejará de lado lo que había sido su posición hasta el momento, anotando que el concepto «proceso irregular» se va a presentar cada vez que en un proceso se vulnere cualquier derecho fundamental, y no solamente el Debido Proceso, la Tutela Judicial Efectiva, o, a modo de síntesis, la Tutela Procesal Efectiva.

Se alega como sustento para ese cambio de perspectiva un respeto a la eficacia vertical de los derechos fundamentales (en este sentido el fundamento diecisiete de la sentencia en comento). Ahora bien, y buscando así revertir la crítica que habitualmente se hace a las posturas admisorias amplias, vinculada al riesgo de convertir al Amparo en un nuevo espacio de debate de cualquier resolución judicial, el Tribunal Constitucional peruano anotará que la revisión de las diferentes resoluciones judiciales solamente será posible luego de la realización de tres exámenes, que son a saber el de razonabilidad, el de coherencia y el de suficiencia.

Según lo descrito por el Alto Tribunal, mediante el examen de razonabilidad, el o la jueza constitucional deberá evaluar si la revisión de todo el proceso judicial ordinario es relevante para determinar si la resolución emitida por los integrantes del Poder Judicial vulnera el derecho fundamental invocado. Por otro lado, a través del examen de coherencia las juezas o jueces constitucionales deberán precisar si el acto lesivo alegado en el caso concreto puesto en su conocimiento se encuentra directamente vinculado con el proceso o decisión judicial impugnada, pues sin ello no se justificaría la revisión de lo resuelto por los jueces y juezas constitucionales. Y, finalmente, mediante el examen de suficiencia, el juez constitucional determinará la intensidad del control que será necesario para llegar a precisar el límite de la revisión del proceso judicial ordinario, a fin de cautelar el derecho fundamental demandado.

Revisando lo que implican estos tres exámenes, y sobre todo el de suficiencia, bien puede apreciarse que la determinación de sus alcances tiene el riesgo de depender en mucho de la subjetividad de quienes sean jueces constitucionales, pues ellos o ellas son finalmente los que especificarán en cuáles casos se materializaría la revisión de lo resuelto por la judicatura ordinaria, tarea que harían en base a parámetros cuya objetividad puede ser puesta en entredicho con relativa facilidad. La posibilidad de justificar la revisión de cualquier resolución judicial firme se abra así con una hasta cierto punto preocupante discrecionalidad, y el riesgo de que el justiciable pueda querer convertir al Amparo en un nuevo espacio de lo ya discutido por la judicatura ordinaria desafortunadamente se hace más explícito que nunca.

Dicho con mucho respeto, el Tribunal Constitucional peruano pareciera aquí olvidar que sus competencias no son ilimitadas, sino que, tal como le sucede a todo organismo dentro de un Estado Constitucional, su margen de acción, independientemente de las buenas intenciones que inspiren su labor, se da dentro de ciertos parámetros previamente establecidos. Ahora bien, el fortalecimiento —si cabe el término— de la posición de ese Alto Tribunal frente a la judicatura ordinaria del Perú todavía tenía un capítulo más por recorrer, dentro del cual incluso se recurrirá a una lectura e interpretación no solamente no literal, sino a la que algunos han calificado como mutativa del texto constitucional actualmente vigente, lo que innegablemente ha generado más de un cuestionamiento.

III.2. El caso «Dirección Regional de Pesquería de la Libertad» y sus implicancias

Y es que mediante lo resuelto en el caso recogido en el expediente número 4853-2004-PA/TC, con sentencia formalmente emitida el 19 de Abril de 2007, pero dada a conocer algún tiempo después, el Tribunal Constitucional peruano avanza un paso más en el difícil y complejo camino al que aquí vengo haciendo mención. En este proceso el demandante, la Dirección Regional de Pesquería de La Libertad, solicita se deje sin efecto una sentencia de la Sala Constitucional y Social de la Corte Suprema que había declarado improcedente su intención de cuestionar mediante amparo a las sentencias emitidas en su momento por la Segunda Sala Civil del Distrito Judicial de la Libertad y el Primer Juzgado Especializado en lo Civil de Trujillo dentro del Proceso de Amparo seguido por la Dirección Regional antes mencionada contra el entonces Presidente del Consejo Transitorio de Administración Regional de La Libertad y otros.

Sin entrar aquí a discutir la pertinencia de admitir demandas de Amparo interpuestas por una dependencia estatal en contra de otra, tema fácticamente permitido en el Perú pero que bien podría motivar una mayor reflexión al respecto, fácilmente puede comprobarse como se está ante la iniciación de un Amparo contra lo resuelto en otro proceso de Amparo, con la particularidad de que aquí la sentencia de Amparo recurrida no desestimaba in toto la pretensión solicitada, sino que la declaraba fundada en parte.

Ello en principio tiene singular relevancia para determinar el margen de competencia del Tribunal Constitucional peruano en este caso, pues si nos atenemos a lo que se desprende de la lectura literal de la Constitución peruana actualmente vigente, allí se encontrará prescrito lo siguiente:

«Artículo 202. Corresponde al Tribunal Constitucional:

(...) 2. Conocer en última y definitiva instancia, las resoluciones denegatorias de hábeas corpus, amparo, hábeas data y acción de cumplimiento (...)».

En este caso, el Tribunal Constitucional peruano pasará a consagrar lo que de acuerdo a su criterio son las nuevas pautas dentro de las cuales procedería el Amparo contra Amparo, posibilidad que, tal como se ha descrito anteriormente, intentó descartar el Código Procesal Constitucional, pero que fuese habilitada —aun cuando en este primer momento sin establecer con claridad en base a cuáles criterios— por el ya mencionado tribunal en lo resulto a propósito en «Municipalidad Provincial de San Pablo» (expediente 3846-2004-PA/TC).[16] Luego de explicitar cuáles eran las reglas aplicables al Amparo contra Amparo antes de la entrada en vigencia del Código Procesal Constitucional y lo argumentado en «Municipalidad Provincial de San Pablo», de inmediato irá mucho allá en sus afirmaciones, tal como veremos a continuación.

Y es que después de resaltar que el Amparo contra Amparo debe ser visto como una alternativa excepcional en el mismo fundamento sexto de lo resuelto, y siguiendo lo ya anotado en Ccollcca, aclarará que ese Amparo contra Amparo procederá ante una transgresión manifiesta del contenido constitucionalmente protegido de cualquier derecho fundamental. Ahora bien, de inmediato pasará a buscar sustentar la posibilidad de recurrir al Amparo contra Amparo incluso ante sentencias estimatorias, a pesar de que ello no corresponde con lo prescrito literalmente en la Constitución actual peruana (y a la compresión que hasta ahora se había dado a ese precepto), en el Código Procesal Constitucional o en otra normativa anteriormente vigente, como el artículo 8 de la Ley 23506, antigua Ley de Hábeas Corpus y Amparo.

Para sustentar su posición, el Tribunal Constitucional peruano señalará necesario:

«(...)adecuar esta regla a efectos de optimizar la defensa del contenido constitucionalmente protegido de los derechos fundamentales que pudieran verse afectados a consecuencia de los órganos judiciales en un determinado proceso».[17]

Añadiendo luego a continuación que:

---

16. Allí, a propósito de un Amparo contra Amparo, alternativa aparentemente descalificada por el legislador peruano en el Código Procesal Constitucional, el Tribunal Constitucional del Perú señalará que: «*cuando el Código Procesal Constitucional se refiere en su artículo 5°, inciso 6), a la improcedencia de un proceso constitucional que cuestiona una resolución judicial firme recaída en otro proceso constitucional, esta disposición restrictiva debe entenderse referida a procesos donde se han respetado de modo escrupuloso el debido proceso y la tutela procesal efectiva en sus distintas manifestaciones, conforme al artículo 4° del mismo Código Procesal Constitucional, puesto que una interpretación que cierra por completo la posibilidad del «amparo contra amparo» sería contraria a la Constitución*». Se dejó así abierta la vía del Amparo contra Amparo, aun cuando todavía dentro de los parámetros de una tesis admisoria moderada, y sin especificar mayores criterios al respecto.

17. En este tenor se pronuncia la Sentencia del Tribunal Constitucional recaída en el expediente número 4853-2004-PA/TC, fundamento jurídico noveno.

«(...) De este modo en principio es razonable que tratándose de una sentencia estimatoria de segundo grado, cuando se acredite que en la tramitación se haya producido una violación manifiesta a un derecho constitucional, «el amparo contra amparo» resulta una opción válida a efectos de optimizar la defensa de los derechos fundamentales a través de los procesos constitucionales, sin que su uso pueda suponer, paradójicamente, una nueva afectación».[18]

Y como era fácil de suponer luego de afirmaciones como las aquí consignadas, el Tribunal Constitucional peruano, conocedor de la serie de preguntas y cuestionamientos que las mismas pueden generar, pasa inmediatamente a intentar configurar sus respuestas ante los reparos que anticipadamente reputa como las más relevantes.

El primero a los que hace mención es al de la vía procesal para enfrentar este tipo de casos, buscando así determinar en qué supuestos debiera interponerse un Amparo contra Amparo y en cuáles plantear un recurso de agravio constitucional que, de acuerdo con lo previsto por el ordenamiento jurídico peruano, inmediatamente habilita la actuación del Tribunal Constitucional del Perú, sin necesidad de iniciar un nuevo proceso.

Intentando dar respuesta a esa interrogante, para el Tribunal Constitucional peruano el Amparo contra Amparo se justifica en los siguientes supuestos:

— Sentencias estimatorias de Amparo en segundo grado que afectan derechos fundamentales.

— Sentencias estimatorias que desconocen la doctrina constitucional (jurisprudencial) establecida en la jurisprudencia del Tribunal Constitucional.

— Sentencias denegatorias que afectan derechos de terceros que no han intervenido en el primer proceso (por no haber sido admitido o por no habérsele notificado a pesar de su condición de litisconsorte necesario) o cuando el recurrente no pudo interponer el recurso de agravio en su oportunidad, ya sea por no haber sido notificado en su debido momento, o en su defecto, por no haber podido conocer el contenido de esa notificación en base a una imposibilidad material debidamente acreditada.

Por otro lado, el mismo Tribunal Constitucional peruano habilita la interposición del recurso de agravio constitucional cuando se esté ante sentencias estimatorias de segundo grado que vulneran el orden jurídico constitucional, o, dicho con otras palabras, impliquen haber resuelto sin respetar los precedentes establecidos por el Tribunal Constitucional al cual vengo haciendo referencia.

Múltiples y de muy diversos tipos son las observaciones que pueden plantearse a este importante paquete de consideraciones, empezando para ello por preguntarse sobre

18. Ver al respecto la Sentencia del Tribunal Constitucional recaída en el expediente número 4853-2004-PA/TC, fundamento jurídico décimo.

cuál es el sustento constitucional de las mismas. A esto último intenta responder el Tribunal Constitucional peruano al intentar justificar los nuevos alcances que quiere darle al término «denegatorio» utilizado por el artículo 202 inciso dos de la Constitución peruana de 1993, norma mediante la cual se determina cuáles resoluciones de Amparo, Hábeas Corpus, Hábeas Data y Cumplimiento pueden ser recurridas ante el Tribunal Constitucional.

Es en ese tenor que el Tribunal Constitucional al cual me estoy refiriendo recurre al uso de los criterios o principios de interpretación constitucional[19] habitualmente denominados concordancia práctica y corrección funcional, así como a la doble dimensión y finalidad de los derechos fundamentales, concluyendo en base a estas consideraciones que denegatorio no solamente debe entenderse en base a su dimensión subjetiva (en función a la pretensión buscada por quien interpone la demanda de amparo), sino también como aplicable a aquellos casos donde aun cuando se concede el Amparo, aunque desconociendo los precedentes del mismo Tribunal Constitucional peruano.

Ahora bien, e independientemente de la preocupación esgrimida por el Tribunal Constitucional peruano para justificar sus razonamientos, lo cierto es que, con lo resuelto en este caso, prácticamente cualquier resolución judicial es pasible de ser impugnada ante un juez constitucional o de ser anulada por uno de estos magistrados (as), quienes sin duda, a partir de pronunciamientos como los aquí reseñados, cuentan en los hechos con un amplio margen de acción para asumir esa competencia, la cual aparentemente, muy a despecho de la comprensión que anteriormente se hubiese tenido sobre el particular, podría ejercer casi sin ninguna restricción, lo cual debe motivarnos múltiples reflexiones, reflexiones que pasaré siquiera puntualmente a plantear a continuación.

IV. A modo de conclusión

Como seguramente puede apreciarse luego de todo lo expuesto, el Tribunal Constitucional peruano ha venido desarrollando una línea argumental mediante la cual, ya sea ampliando los alcances inicialmente reconocidos a algunos conceptos, o efectuando controvertidas lecturas no literales de la Constitución, busca posesionarse ante la judicatura ordinaria de forma tal que prácticamente estaría habilitado (por no decir, si cabe el término, autohabilitado) para revisar cualquier sentencia judicial.

Esa capacidad revisora, tal como la concibe el mismo Tribunal Constitucional peruano, se sustenta en un margen de acción muy amplio, el cual no parece responder a causales previamente fijadas a medios procesales anteriormente habilitados para atender a este tipo de pretensiones. Se corre así el riesgo de no entenderse que la cosa juzgada y

19. Las razones por las cuales preferimos hablar aquí de criterios y no de principios son las sustentadas por Garcia Belaunde, Domingo. «*La interpretación constitucional como problema*». En: Palomino Manchego, José y Velásquez Ramírez, Ricardo (coordinadores). *Modernas tendencias del derecho en América Latina*. Lima: Grijley, 1997. p. 99-132

el haz de derechos y bienes que tutela solamente debieran ser cuestionadas en circunstancias realmente excepcionales y debidamente sustentadas, con todo lo que actuaciones en distinto sentido pudiesen generar.

En un escenario como éste, curiosamente la labor de jueces y juezas constitucionales, destinada en principio para limitar o delimitar bajo parámetros conformes a Derecho el quehacer de quienes cuentan con poder (y sobre todo, con poder político) y crear condiciones de seguridad jurídica indispensable para asegurar el pleno ejercicio de derechos fundamentales, un correcto funcionamiento institucional y condiciones para —entre otros supuestos— desarrollar inversiones más bien estables, puede si sigue en esta línea, constituirse seguramente muy a su pesar, en un riesgo precisamente para esa limitación del poder y para la seguridad jurídica buscada. En este contexto, cabe preguntarse nuevamente por los alcances de la labor de los jueces y juezas constitucionales.

Se dirá entonces que este problema no es nuevo, y que no solamente se ha presentado en el Perú. Vuelve así en este contexto a plantearse el debate sobre si frente a estas crecientes atribuciones invocadas por un Tribunal Constitucional, o por cualquier juez o jueza constitucional (preocupación que ciertamente, insisto, no se limita a las relaciones entre estos magistrados y la judicatura ordinaria en el caso peruano) corresponde hablar o establecer límites al accionar de cualquier juez (a) constitucional (independiente de si es o no parte de un Tribunal Constitucional) más allá de su autorrestricción.

En lo referente a este último tema, el de si puede o no hablarse de límites a la labor de un (a) juez (a) constitucional, he de decir que discrepo con quienes apuestan como la única limitación a la labor de estos magistrados (as) a su propia vocación de no ir más allá de aquello conforme a Derecho en el ejercicio de sus funciones. Considero, al igual que otros autores, que deben tomarse en cuenta algunos factores, los cuales bien pueden sintetizarse en la percepción de lo que implica concebir a los jueces y juezas constitucionales como autoridades con atribuciones jurisdiccionales.

Esto, siquiera haciendo una breve aproximación al tema, involucra tener presentes los límites propios de situaciones como las ya descritas. Y es que si estamos ante autoridades, ello implica que las mismas deben en primer término actuar con racionalidad (de acuerdo con la lógica o con coherencia lógica, o, dicho con otras palabras, con respeto a principios lógicos como los de no contradicción o tercio excluyente, por citar únicamente algunos detectables mediante control de logicidad).

También el estar ante una autoridad conlleva que ella debe respetar parámetros de razonabilidad, entendida como interdicción de la arbitrariedad, como actuación conforme con fines lícitos (o al menos, no prohibidos por el ordenamiento jurídico vigente) y con respeto a medios proporcionales o adecuados (lo cual significa preguntarse por la idoneidad, necesidad y menor gravedad o proporcionalidad en sentido estricto de los mismos). Por último, y al igual que sucede con cualquier autoridad, el quehacer de jueces y juezas constitucionales debe ser respetuoso de lo que se conoce como corrección funcional: debe ceñirse a las atribuciones que les asigna el ordenamiento jurídico de su Estado en particular, no solamente de acuerdo con lo señalado en su Constitución, sino también en concordancia con lo prescrito en los tratados sobre Derechos Humanos suscritos por el Estado al que pertenecen, y, de tratarse de una autoridad con características como los de este caso en particular, le otorga su competencia jurisdiccional.

De otro lado, y si se toma en cuenta que se habla de autoridades con atribuciones jurisdiccionales, debe además tenerse presente que juezas y jueces constitucionales no deberían actuar en función a juicios de calidad y/o de oportunidad, sino en mérito y respeto a derechos, deberes, competencias e instituciones jurídicas comprendidas dentro de esos parámetros. Y junto a ello, no tendrían que olvidar que resuelven en función a la(s) pretensión(es) que se le presenta(n), pudiendo suplir quejas deficientes pero sin que esto involucre desconocer una mínima congruencia personal.

Estamos pues ante parámetros que, en la lógica de pesos y contrapesos tan cara al Estado Constitucional, tienen una importancia insoslayable. No tenerlos en cuenta o no exigir su cumplimiento puede acarrear una serie de dificultades para el buen funcionamiento institucional y el cabal ejercicio de de los derechos fundamentales en un Estado determinado y de allí la necesidad de comprometerse con asegurar su plena vigencia, salvo mejor parecer.

Efectos de la falta de notificación a los titulares de cargas no preferentes en la ejecución sobre bienes hipotecados

JUST FRANCO ARIAS
CATEDRÁTICO DE DERECHO PROCESAL
UNIVERSIDAD AUTÓNOMA DE BARCELONA

I. Introducción

En la ejecución dineraria común, los arts. 659 y 660 LEC establecen la comunicación del inicio del apremio a los titulares de cargas inscritas en el Registro después de la anotación del embargo del ejecutante.

El mismo régimen se establece por el art. 689 LEC en el marco de la ejecución hipotecaria (arts. 681 y ss. LEC). Concretamente, el número segundo del art. 689 hace una remisión expresa al art. 659 LEC.

En virtud de tal notificación, se garantiza que los titulares de cargas no preferentes[1] conozcan la existencia del apremio y pueden participar en esta fase del proceso.

La comunicación, y en su caso, posterior intervención, está justificada. Los titulares de cargas no preferentes verán extinguido su derecho tras la adjudicación del bien en la subasta.

1. La Ley de Enjuiciamiento Civil menciona las cargas posteriores a la anotación o hipoteca en que se ampara la ejecución, cuando se refiere a las cargas a cancelar en la ejecución (art. 674,2 LEC). También cuando se refiere a los titulares de las cargas que han de ser notificados se refiere a los posteriores (art. 659,1 LEC). Pero es más preciso referirse en ambos casos a cargas no preferentes. Hay cargas posteriores que no deberán cancelarse. Así, por ejemplo, el art. 134, párrafo segundo, LH dispone que subsista la declaración de obra nueva y división horizontal posterior, cuando de la inscripción de la hipoteca resulte que ésta se extiende por ley o por pacto a las nuevas edificaciones. La notificación sólo será imprescindible a los titulares de las cargas que realmente se van a extingir.

Sobre las cargas posteriores que no deben cancelarse puede verse, entre otros, Montserrat Valero, Antonio, «*Las novedades de la ejecución hipotecaria en la LEC 2000*», Civitas, Madrid, 2002, págs. 142 y ss. También, Rivas Torralba, A., «*Aspectos registrales de la ejecución directa sobre inmuebles hipotecados*», en la obra colectiva dirigida por Moreno Catena, Victor, «*La ejecución civil*», Consejo General del Poder Judicial, Centro de Documenta-

Normalmente, los Registradores de la Propiedad, que son los encargados de cumplir este trámite,[2] lo cumplen diligentemente. Pero en ocasiones, se cometen errores. La pregunta es ¿cual debe ser la trascendencia de estos errores en materia de notificación a estos titulares de cargas no preferentes?. Esta cuestión viene planteando una cierta polémica. La reciente Sentencia del Tribunal Constitucional (Sala Segunda) núm 6/2008 de 21 de enero (RTC 2008/6), incide sobre la materia, en el ámbito de la ejecución de bienes hipotecados. Al hilo de su análisis se reflexionará sobre esta cuestión, también especialmente por lo que respecta a la ejecución de hipotecas, en los apartados que siguen.

II. La sentencia del tribunal constitucional de 21 de enero de 2008

Como se ha indicado en el apartado anterior, la reciente Sentencia del Tribunal Constitucional (Sala Segunda) núm 6/2008 de 21 de enero (RTC 2008/6) se ha enfrentado a un caso de ausencia de notificación a un titular de una carga no preferente en el marco de la ejecución sobre bienes hipotecados.

La Sentencia del Tribunal Constitucional, no sólo se plantea la cuestión de qué consecuencias debe producir la falta de notificación del inicio del apremio a los titulares de cargas posteriores, sino también a quien debe considerarse dentro de esta categoría.

La respuesta de la Sentencia es clara y contundente. Se debe notificar a todos los que se han incorporado al Registro sea en la forma de que sea, es decir, incluso con un mero asiento provisional. La falta de notificación produce la nulidad de lo actuado. A continuación se recoge el contenido esencial de la resolución analizada:[3]

---

ción Judicial, Estudios de Derecho Judicial 53-2004, Madrid, 2005, págs. 1054 y ss., que señala que también pueden haber cargas anteriores que deban ser canceladas, como por ejemplo, los asientos anteriores cuyo rango haya quedado pospuesto al de la inscripción de la hipoteca, situación que ocurre con frecuencia en la práctica respecto a las condiciones resolutorias anteriores a la constitución de la hipoteca. También señala que hay parte de la doctrina que en el caso de que la fase de apremio de la ejecución hipotecaria se reconduzca a través de la vía del convenio de realización, señala que no cabe descartar que fuera admisible la alteración del régimen de cancelación de cargas de modo que pervivan algunas de las posteriores. Sobre este particular puede verse, entre otros, mi comentario al art. 640 LEC, en la obra colectiva dirigida por Lorca Navarrete, Antonio María, «*Comentarios a la nueva Ley de Enjuiciamiento Civil*», Lex Nova, Valladolid, 2000, T. III, págs. 3276, al que se refiere también RIVAS en la nota 73, aunque imputándolo por error a Cachón Cadenas, que es otro de los autores de los comentarios, y más concretamente de buena parte de las normas de ejecución.

2. En cuanto la polémica suscitada sobre el traslado de estas notificaciones a los Registradores en el marco de la ejecución hipotecaria y especialmente los argumentos que pueden aducirse en contra de su conveniencia, puede verse, entre otros, Jurado Jurado, Juan José, «*Procedimiento de ejecución directa sobre bienes inmuebles hipotecados. Ley de Enjuiciamiento Civil 1/2000*», Bosch, Barcelona, 2001, pág. 239 y ss. También, Rivas Torralba, Rafael, «*Aspectos registrales del nuevo proceso de ejecución*», Cento de Estudios Registrales, Madrid 2001, págs. 173 a177.

En relación a las dudas que ya suscitó, cuando se trasladaron estas notificaciones a los Registradores en la ejecución dineraria común mediante la Ley 10/1992 de reforma de la anterior LEC de 1881, puede verse mi comentario en la obra colectiva coordinada por Montero Aroca, J., «*La reforma de los procesos civiles (Comentarios a la Ley 10/1992 de Medidas Urgentes de Reforma Procesal)*, Civitas, Madrid, 1993, págs. 164-166.

3. La negrita en todas las resoluciones y textos normativos recogidos en el presente trabajo es mía. La referencia es, en general, al repertorio westlaw.es.

«la cuestión a enjuiciar estriba en determinar si la falta de comunicación a la recurrente del procedimiento de ejecución hipotecaria pese a su condición de acreedora hipotecaria del bien ejecutado ha vulnerado su derecho a la tutela judicial efectiva (art. 24.1 CE [RCL 1978, 2836]).

La tutela judicial efectiva que garantiza el art. 24.1 CE consiste, como este Tribunal ha declarado en tantas ocasiones, en el derecho que tienen todas las personas al acceso a los órganos jurisdiccionales en el ejercicio de sus derechos e intereses legítimos, con arreglo a las normas de competencia y procedimiento legalmente establecidas y a obtener de los mismos una resolución fundada en Derecho, tras un proceso en el que se garantice adecuadamente el derecho de defensa de los afectados y se respete, entre otros, el principio de contradicción y la igualdad entre las partes. Así pues, el derecho a la tutela judicial efectiva reconocido en el art. 24.1 CE implica la posibilidad de un juicio contradictorio en el que las partes puedan hacer valer sus derechos e intereses legítimos, por lo que es necesario que sean traídas al proceso todas aquellas personas que puedan verse afectadas en aquellos derechos e intereses por la resolución que se dicte en su seno, de modo que si el interesado no es llamado al proceso se le priva de la posibilidad de alegar y probar en contradicción con la pretensión que incide sobre sus derechos e intereses, con infracción de los principios de audiencia bilateral y contradicción, desconociéndose de esta forma el derecho fundamental proclamado en el art. 24.1 CE (SSTC 123/1989, de 6 de julio [RTC 1989, 123], F. 2; 6/1992, de 16 de enero [RTC 1992, 6], F. 5). En otras palabras, para entablar y proseguir los procesos con plena observancia del derecho a la tutela judicial efectiva sin indefensión (art. 24.1 CE [RCL 1978, 2836]) resulta exigible una correcta y escrupulosa constitución de la relación jurídico-procesal, para lo que son un instrumento capital los actos de comunicación procesal con la finalidad material de llevar a conocimiento de quienes ostentan algún derecho o interés legítimo la existencia misma del proceso con objeto de que puedan adoptar la postura que estimen pertinente para la defensa de sus derechos e intereses, evitando que se produzcan situaciones de indefensión, por lo que pesa sobre los órganos judiciales la responsabilidad de velar por la correcta constitución de la relación jurídico-procesal. Sólo así cabe garantizar los indispensables principios de contradicción e igualdad de armas (SSTC 87/2002, de 22 de abril [RTC 2002, 87], F. 3; 76/2006, de 13 de marzo [RTC 2006, 76], F. 6; 124/2006, de 24 de abril [RTC 2006, 124], F. 2, por todas).

Cuando, como acontece en este caso, del acceso a la jurisdicción se trata, el control por parte de este Tribunal Constitucional de las resoluciones judiciales impugnadas ha de ser especialmente intenso, pues rige en tales casos el principio pro actione, de estricta observancia para los órganos judiciales y que, si bien no obliga a una ineludible selección de la interpretación más favorable de la legislación aplicable, sí veda cualquier decisión que por su rigorismo, por su formalismo excesivo o por cualquier otra causa muestre una manifiesta desproporción entre los fines que aquélla preserva y los intereses que se sacrifican. En suma cuando aparece comprometido el derecho de acceso al proceso, aunque no es función de este Tribunal interpretar la normativa procesal, sí lo es comprobar que la exégesis realizada por los órganos judiciales no resulta contraria a la Constitución en los términos indicados; esto es, habrá de comprobar que la resolución judicial no es arbitraria, irrazonable o incursa en error patente, así como que no resulta desproporcionada por su rigorismo o formalismo excesivos (SSTC 205/1999, de 8 de noviembre [RTC 1999, 205], F. 7; 311/2002, de 18 de diciembre [RTC 2002, 311], F. 3; 231/2001, de 26 de noviembre [RTC 2001, 231], F. 2; 211/2002, de 11 de noviembre [RTC 2002, 211], F. 2; 165/2003, de 29 de septiembre [RTC 2003, 165], F. 2; 144/2004, de 13 de septiembre [RTC 2004, 144], F. 2; 294/2005, de 21 de noviembre [RTC 2005, 294], F. 2; 63/2006, de 27 de febrero [RTC 2006, 63], F. 2; 154/2007, de 18 de junio [RTC 2007, 154], F. 2).

A los efectos de una cabal comprensión del alcance e incardinación del citado principio pro actione, bajo la esfera protectora del art. 24.1 CE no resulta improcedente recalcar el carácter más incisivo que posee el canon de acceso al proceso, en el sentido de que interpretaciones judiciales de la legalidad procesal que satisfagan el test de razonabilidad, y de las que incluso fuera predicable «su corrección desde una perspectiva teórica», pueden comportar una «denegación de acceso a la jurisdicción a partir de una consideración excesivamente rigurosa de la normativa aplicable» (STC 157/1999, de 14 de septiembre [RTC 1999, 157], F. 3) y vulnerar, con ello, el derecho a la tutela judicial efectiva en la citada vertiente (STC 294/2005, de 21 de noviembre [RTC 2005, 294], F. 2).

En este caso, como el Ministerio Fiscal pone acertadamente de manifiesto en su escrito de alegaciones, el órgano judicial en el Auto recurrido ha llevado a cabo una interpretación de la legislación procesal aplicable excesivamente formalista y rigurosa desde la perspectiva del principio pro actione, en virtud de la cual ha denegado a la demandante de amparo la posibilidad de acceder al procedimiento ejecutivo por ser titular de un derecho del que solamente constaba el asiento de presentación en el Registro de la Propiedad en el momento de expedir la certificación de cargas (art. 353.1 RH [RCL 1947, 476, 642], en relación con el art. 659 LECiv 2000 [RCL 2000, 34, 962 y RCL 2001, 1892]).

En efecto, la interpretación sostenida por el órgano judicial no es la más acorde al principio pro actione a tenor de las previsiones de la Ley de enjuiciamiento civil de 2000, conforme a las cuales se ha canalizado en este caso el procedimiento de ejecución hipotecaria (arts. 681 a 698). El art. 689.2 LECiv 2000 se remite para la comunicación del procedimiento a los acreedores posteriores a la hipoteca que garantiza el crédito del actor al art. 659, que dispone en su apartado 1, en lo que aquí interesa, que «El registrador comunicará la existencia de la ejecución a los titulares del derecho que figuren en la certificación de cargas y que aparezcan en asientos posteriores al del derecho del ejecutante, siempre que su domicilio conste en el Registro». Así pues, el precepto transcrito impone la obligación de comunicar la existencia del procedimiento a los titulares de derechos que figuren en la certificación de cargas y que aparezcan en asientos posteriores al derecho del ejecutante, esto es, no exige en su tenor que se trate de derechos inscritos, sino que es suficiente que éstos «aparezcan en asientos posteriores», sin requerir en ningún caso que se trate de asientos de inscripción, excluyendo, por tanto, los asientos de presentación. Tal previsión ha de ponerse en relación por lo demás con lo dispuesto en el art. 659.3 LECiv 2000, al que remite el art. 689, que, a diferencia de la redacción anterior del art. 131.5 LH (RCL 1946, 886), reconoce el derecho de subrogación en los derechos del actor a todos los titulares de los derechos inscritos con posterioridad al gravamen que se ejecuta, no sólo a los que figuren en la certificación de cargas, por lo que, una interpretación de la legalidad procesal aplicable acorde al principio pro actione, en aras de las exigencias constitucionales de las garantías de defensa de los propios derechos e intereses legítimos, ha de conducir a estimar que, si en el momento de expedir la referida certificación consta un asiento de presentación de una escritura de hipoteca posterior, se comunique a su titular la existencia del procedimiento de ejecución para que, una vez inscrito su derecho, pueda comparecer en el procedimiento de ejecución a efectos de hacer valer el derecho reconocido en el art. 659.3 LECiv 2000. En fin, la comunicación de la existencia del proceso a los titulares de derechos que aparezcan en los asientos posteriores al derecho del ejecutante se corresponde también con el art. 24 LH, que establece que «Se considera como fecha de la inscripción para todos los efectos que ésta deba producir, la fecha del asiento de presentación que deberá constar en la inscripción misma», de modo que es la fecha del asiento de presentación, no la de la inscripción definitiva, la que se tiene en cuenta a la hora de determinar los efectos de la inscripción.

La preceptiva comunicación a la demandante de amparo de la existencia del procedimiento de ejecución, que resulta de las previsiones de la Ley de enjuiciamiento civil de 2000 en una interpretación conforme al principio pro actione, en cuanto titular de un asiento de presentación de una escritura pública de hipoteca constituida con posterioridad a la del ejecutante y que constaba en la certificación de cargas expedida, venía ya siendo exigida también, como ponen de manifiesto tanto la recurrente como el Ministerio Fiscal, por una línea jurisprudencial de la Sala de lo Civil del Tribunal Supremo en relación con la anterior regulación del procedimiento judicial sumario del art. 131 LH, según la cual «quien figura como titular de un asiento de presentación de escritura de hipoteca, para dar vida a una inscripción posterior a la de la hipoteca, que provoca la ejecución, tiene derecho conforme al párrafo segundo de la regla 5 del artículo 131 de la Ley hipotecaria, a ser notificado de la existencia del procedimiento a los efectos prevenidos en el párrafo precedente» (STS 997/1995, de 20 de noviembre [RJ 1995, 8431]). En este sentido, la Dirección General de los Registros y del Notariado en su Resolución de 24 de agosto de 1981 ha señalado también que, de conformidad con los arts. 225 y 226.2 RH, la notificación de la existencia del procedimiento prevista en el entonces vigente art. 131, regla 5 LH, debe realizarse también a aquel «que tiene presentado un título en el Registro que pueda provocar un asiento de inscripción o anotación, lo que está plenamente justificado, dado que la fecha de estos asientos si se lleva a cabo su práctica es según el art. 24 de la Ley la del asiento de presentación».

En definitiva, la interpretación que el órgano judicial ha efectuado de la legislación procesal aplicable al caso ha de calificarse, al menos, de desproporcionada por excesivamente formalista y rigurosa desde la perspectiva del principio pro actione, postergando el tenor literal y la consideración sistemática de las previsiones de la Ley de enjuiciamiento civil de 2000 a lo dispuesto en el art. 353.1 RH.

La interpretación contraria al principio pro actione que el órgano judicial ha efectuado en este caso de la legislación procesal aplicable se ha traducido en una trasgresión material del derecho a la tutela judicial efectiva de la demandante de amparo causante de una situación de indefensión constitucionalmente relevante, pues, al no habérsele comunicado la existencia del procedimiento de ejecución, pese a ser titular de un derecho de hipoteca que figuraba en la certificación de cargas y que aparecía en un asiento posterior al derecho del ejecutante, constando en el Registro su domicilio, se le ha impedido comparecer en el proceso y ejercer en el seno del mismo la defensa de sus derechos e intereses legítimos, sin que exista dato alguno en las actuaciones del que pueda siquiera inferirse que la recurrente hubiera tenido conocimiento de la existencia de dicho procedimiento o que la situación de indefensión apreciada pudiera imputarse de algún modo a su negligencia o falta de la debida diligencia en la defensa de sus derechos e intereses.

De otra parte la conclusión alcanzada no puede verse alterada por la circunstancia de que, conforme a las vigentes disposiciones de la Ley de enjuiciamiento civil de 2000 (RCL 2000, 34, 962 y RCL 2001, 1892), no es el órgano judicial, sino el Registrador de la Propiedad el que lleva a cabo la comunicación de la existencia del procedimiento de ejecución, ya que es al órgano judicial a quien, fiscalizando en este caso la actividad desplegada por el Registrador de la Propiedad, le corresponde ex art. 24.1 CE (RCL 1978, 2836) velar por los derechos de defensa de las partes en el seno del proceso, en concreto, como ya hemos tenido ocasión de señalar, por una correcta y escrupulosa constitución de la relación jurídico-procesal.

En cuanto a los efectos del otorgamiento del amparo, la demandante, en el trámite de alegaciones del art. 52 LOTC (RCL 1979, 2383), ha manifestado que en el procedimiento hipoteca-

rio ya se ha dictado Auto de adjudicación de la vivienda hipotecada a favor de un tercero de buena fe, que ha inscrito su derecho en el Registro de la Propiedad, por lo que no procede retrotraer las actuaciones al objeto de salvaguardar sus intereses frente a quien está protegido por la fe pública registral, interesando, en consecuencia, el reconocimiento del derecho fundamental vulnerado, aunque sea a efectos meramente declarativos, al objeto de poder iniciar en su caso las acciones legales oportunas contra el Registro de la Propiedad y la Administración de Justicia. El Ministerio Fiscal se pronuncia en su escrito de alegaciones en términos idénticos a los de la demandante de amparo, por lo que considera que la estimación del recurso debe circunscribirse a la mera declaración de la vulneración del derecho a la tutela judicial efectiva, sin declaración de nulidad y retroacción de las actuaciones judiciales.

A la vista de las alegaciones de la parte actora y del Ministerio Fiscal, por las razones de las que se acaba de dejar constancia, el otorgamiento del amparo ha de circunscribirse en este caso, de conformidad con lo dispuesto en el art. 55.1 LOTC, a la declaración de que ha sido vulnerado el derecho de la recurrente en amparo a la tutela judicial efectiva, en su vertiente de derecho de acceso al proceso (art. 24.1 CE [RCL 1978, 2836]).»

III. Se debe notificar a todos los titulares de cargas incorporadas al registro, incluidos los que consten mediante un mero asiento de presentación

El Tribunal Constitucional considera acertadamente que la notificación debe realizarse a todo titular de carga no preferente que esté incorporado al Registro en cualquier forma, en el momento de expedirse la certificación de cargas prevista por el art. 688 LEC. No sólo a los titulares de cargas inscritas sino a todos los que en cualquier forma consten, incluso mediante un mero asiento de presentación.[4]

---

4. Martinez Santiago, José María, en su comentario a la Disposición Final Novena apartado séptimo de la LEC (se refiere al art. 132 LH), en la obra colectiva dirigida por Lorca Navarrete, Antonio María, «*Comentarios a la nueva Ley de Enjuiciamiento Civil*», Lex Nova, Valladolid, 2000, T. IV, págs. 4737, también consideró que la notificación debía alcanzar a los presentantes del títulos en el Libro Diario.

Jurado Jurado, Juan José, «*Procedimiento de ejecución directa sobre bienes inmuebles hipotecados. Ley de Enjuiciamiento Civil 1/2000*», Bosch, Barcelona, 2001, pág. 228, se pregunta «*¿cómo va a realizar el Registrador tal comunicación (para nosotros es algo más que una mera comunicación ordinaria), cuando, con toda probabilidad, Del Diario de Operaciones no va resultar el domicilio del titular o titulares de derechos contenido en el título presentado?*. La solución que ofrece es la siguiente: «*En tal caso, tal vez no quepa otra solución que realizar la comunicación mediante edictos, o bien, prudentemente, pero sin obligación alguna a cargo del Registrador, requerir al presentate del título que se encuentre en dicha situación a fin de que lo aporte dentro del plazo de expedición de la certificación.* La segunda de las soluciones parece la única que realmente se ajusta a los criterios fijados por la Sentencia del Tribunal Constitucional comentada. No se trata de realizar unas meras notificaciones formales por edictos para cubrir el expediente. Se trata de que el titular de la carga no preferente realmente reciba la comunicación. Creo que el Registro debe solicitar el domicilio al presentar el título para su anotación en el libro Diario, cuando haya la posibilidad de que deba ser notificado con posterioridad.

También considera este autor (pág. 229) que si se incumple el art. 166,12 RH y no se indica en el mandamiento de anotación preventiva de embargo, el nombre y domicilio del ejecutante, si posteriormente se ha de notificar el inicio de la fase de apremio de otra ejecución preferente, deberá hacerse por edictos como establece el art. 660,1 LEC. Considero que en este caso, debería realizarse la notificación a través del Tribunal que ha acordado la anotación posterior, ya que le consta al Registro los datos referidos al Tribunal y número de procedimiento en que se ha acordado la anotación. Esta interpretación considero que es la más acorde con el art. 24,1 CE.

Si en el Registro no constara el domicilio (por ejemplo, como en el caso analizado en el párrafo anterior, en el manda-

Esta interpretación es acorde con el art. 659 LEC que ordena realizar la notificación a los titulares de cargas no preferentes «*que aparezcan en asientos posteriores al derecho del ejecutante*» sin distinguir el tipo de asiento y que, como ya se ha indicado al inicio de este trabajo, también es aplicable a la ejecución de bienes hipotecados en virtud de la remisión realizada por el art. 689,2 LEC.[5]

Es también la más ajustada con el derecho a la tutela judicial efectiva propugnado por el art. 24,1 CE. Se debe comunicar el inicio del apremio a todos los posibles afectados por el mismo.

El Tribunal Constitucional, en el fundamento de derecho tercero de la Sentencia, considera que lo dispuesto en el art. 353,1 RH, mera norma reglamentaria, no es suficiente para excluir la notificación de los que gocen de un asiento de presentación. El art. 353,1, párrafo cuarto RH dispone:

> «*El Registrador no habrá de hacer comunicaciones a los titulares de derechos de los que solamente conste el asiento de presentación, pero, si llegan a inscribirse o a anotarse, habrá de consignarse en la nota de despacho el estado de la ejecución según resulte del Registro.*»

De la Sentencia del Tribunal Constitucional comentada, se desprende que no es suficiente con la advertencia en la nota de despacho del estado actual de ejecución, cuando se produzca la inscripción definitiva de la carga no preferente, como ordena el art. 353,1 RH. Considera el Tribunal Constitucional, que los arts. 659 LEC y 24,1 CE[6]

---

miento de anotación preventiva de embargo remitido en su día no se reflejó), o la notificación en el domicilio que conste no es efectiva, pero se desprende del Registro que la carga no preferente ha dado lugar o se ha acordado en un procedimiento en marcha (anotaciones de embargo o segundas hipotecas en las que se haya iniciado ya la ejecución), no debe acudirse a los edictos sino que debe remitirse la notificación al procedimiento correspondiente para que le den noticia al ejecutante, titular de carga no preferente.

5. No debería declararse la nulidad, si la falta de notificación afecta a una carga recogida en un documento que tras su presentación es retirado y el asiento de presentación caduca. En el mismo sentido, Rivas Torralba, A., «*Aspectos registrales de la ejecución directa sobre inmuebles hipotecados*», en la obra colectiva dirigida por Moreno Catena, Víctor, «*La ejecución civil*», Consejo General del Poder Judicial, Centro de Documentación Judicial, Estudios de Derecho Judicial 53-2004, Madrid, 2005, págs. 1044, que cita también en apoyo de esta intepretación la STS de 20 de noviembre de 1995 (RJ 1995/8431).

6. Como puede apreciarse de la Sentencia comentada, en la interpretación mantenida por el Tribunal Constitucional, también tiene su peso lo dispuesto en los arts. 225 y 226 RH.

Estas normas se refieren al anterior proceso de ejecución hipotecaria, que se recogía en la propia Ley Hipotecaria y que ha sido suprimido por la actual Ley de Enjuiciamiento Civil (*Vid.* la nueva redacción que da a los arts. 129 y ss. LH, la Disposición Final 9ª LEC).

En cuanto a la notificación que nos ocupa, hay que destacar que no establecían la exclusión de los asientos de presentación (*Vid.* especialmente el art. 226,2ª RH). Esta circunstancia marcaba una diferencia con el art. 353 RH en que se regulaba sólo la ejecución dineraria común, antes de la reforma introducida por la nueva Ley de Enjuiciamiento Civil.

Actualmente el art. 353 RH, puede interpretarse que ha extendido su régimen también a la ejecución de bienes hipotecados, en virtud de la remisión que el art. 689,2 LEC realiza al régimen general en materia de notificación de titulares de cargas no preferentes.

Pero, en todo caso, el Tribunal Constitucional, considera un hecho significativo el régimen especial sentado anteriormente respecto al procedimiento hipotecario.

obligan a aplicar, a los que disponen de un asiento de presentación, del mismo régimen de notificaciones que al resto de titulares de cargas no preferentes inscri-

---

En la ejecución de bienes hipotecados, la notificación a los titulares de cargas no preferentes, siempre se ha considerado que merece un trato especial y más tuitivo que en la ejecución dineraria común. Sobre el particular se volverá con más detalle más adelante. La Sentencia implícitamente se hace eco de esta situación, al dar cabida en su argumentación a los arts. 225 y 226 RH y la doctrina jurisprudencial que existe sobre ellos. Los antecedentes legislativos (arts. 225 y 226 RH), y jurisprudenciales, más el actual art. 659,1 LEC y el art. 24,1 CE, considera que obligan a prescindir de una aplicación literal del art. 353,1 RH.

Sobre los arts. 225 y 226 RH hay que señalar finalmente que el Tribunal Constitucional omite pronunciarse de forma expresa y terminante sobre si los considera derogados o no. Aunque los cita en su apoyo en alguna ocasión (por ejemplo, fundamento de derecho tercero), implícitamente lo da a entender Así se desprende de la circunstancia de que no señale simplemente que se ha realizado una aplicación totalmente errónea de la legalidad que ha producido indefensión al aplicar el 353 RH en lugar del 226,2ª RH.

En todo caso, hubiera sido conveniente un pronunciamiento más contundente para solventar una cuestión que el legislador no zanjó de forma suficientemente clara, como queda de manifiesto en lo que se pasará a exponer en los siguientes párrafos.

La interpretación más común lleva a entender que están derogados. Así se sostiene por ejemplo, en la nota al pie de estos artículos dentro de la compilación legislativa «*Legislación Hipotecaria*» preparada por Morillo Gonzalez, Fernando, bajo la dirección de Bercovitz Rodríguez-Cano, Rodrigo, Tecnos, 2007, pág. 314.

Esta interpretación se sostiene, entre otros, en los siguientes argumentos. Los arts. 225 y ss. RH se refiere al «*procedimiento judicial sumario*» previsto para la ejecución de hipotecas en la Ley Hipotecaria, antes de la reforma introducida por la nueva Ley de Enjuiciamiento Civil. Este procedimiento está sin duda derogado. Por lo tanto, es legítimo interpretar que las normas reglamentarias que lo desarrollan, en la medida que no han sido expresamente revalidadas, también lo están. La mencionada derogación puede encontrar amparo incluso en la norma de derogación genérica de toda norma incompatible que ser recoge en el número tercero de la Disposición Derogatoria de la Ley de Enjuiciamiento Civil.

Pero también es posible otra interpretación en favor de la vigencia de estos artículos, al menos en aquello que no contradigan, sino que completen convenientemente, la actual legislación de la ejecución de bienes hipotecados.

Así, hay que empezar por señalar, que en el lugar del procedimiento judicial sumario de ejecución de hipotecas previsto en la Ley Hipotecaria, y con una redacción bastante parecida, existe actualmente el procedimiento equivalente recogido en los arts. 681 y ss. LEC.

Esta circunstancia permitiría otra interpretación alternativa a la derogación de los arts. 225 y ss RH.

Se podría considerar que actualmente los arts. 225 y ss. RH vienen a desarrollar reglamentariamente los arts. 681 y ss. LEC, en todo lo que no sean incompatibles con ellos.

Otras normas del Reglamento Hipotecario, que también se remiten a normas que han perdido su vigencia, no se consideran derogados. Simplemente, se considera que actualmente la referencia debe entenderse realizada a sus equivalentes de la nueva Ley de Enjuiciamiento Civil (véase, por ejemplo, los arts. 222 y 224 o, incluso el 353 RH).

Actualmente los arts. 225 y 226 RH podría entenderse, sin demasiados problemas ni contradicciones, que se refieren al 689,2 y por remisión de este al 659 y 660 LEC, siendo aplicables cuando se trate específicamente de ejecuciones de bienes hipotecados.

Así, por ejemplo, Rivas Torralba, A., «*Aspectos registrales de la ejecución directa sobre inmuebles hipotecados*», en la obra colectiva dirigida por Moreno Catena, Victor, «*La ejecución civil*», Consejo General del Poder Judicial, Centro de Documentación Judicial, Estudios de Derecho Judicial 53-2004, Madrid, 2005, págs. 1043, considera que no existe inconveniente para considerar vigente el art. 225 RH interpretado de forma acorde con el actual procedimiento de ejecución especial de bienes hipotecados previsto por la Ley de Enjuiciamiento Civil.

También Martinez Santiago, José María, en su comentario a la Disposición Final Novena apartado noveno de la LEC (se refiere al art. 134 LH), en la obra colectiva dirigida por Lorca Navarrete, Antonio María, «*Comentarios a la nueva Ley de Enjuiciamiento Civil*», Lex Nova, Valladolid, 2000, T. IV, págs. 4743, sigue implícitamente el mismo criterio considerando vigente el art. 233 RH.

A favor de la vigencia de los arts. 225 y ss. RH, también podría alegarse otro argumento. Aunque algunos de los

tos, al margen de que se conviertan o no al final en anotaciones o inscripciones definitivas.[7]

La línea sentada por el alto Tribunal, partidaria de no hacer una interpretación restrictiva de los sujetos a notificar, también ampara la necesidad de que el propio Tribunal, de oficio, subsane cualquier olvido que pueda cometer el Registrador al respecto, si es que llega a tener conocimiento en momento oportuno para su subsanación.[8]

---

artículos regulados en los art. 225 y ss RH, al citar las normas que desarrollan, lo hacen a normas derogadas (por ejemplo, los arts. 225 y 226 se refieren a la regla 5ª del art. 131 de la LH, en su anterior redacción), otras lo hacen a normas aún vigentes. Así, el art. 230 RH respecto al art. 118 LH.

A todo lo anterior, hay que añadir que no hay una norma que expresamente determine la derogación de los artículos que nos ocupan.

Todas las circunstancias expuestas permiten suscitar la cuestión de si están vigentes o han sido derogados los arts. 225 y ss. RH.

Por todo lo expuesto, como ya se ha indicado, hubiera sido conveniente una mayor claridad en este aspecto por parte del legislador y, en todo caso, que la Sentencia del Tribunal Constitucional analizada se pronunciara también con mayor claridad sobre el particular.

7. Especialmente, en los casos en que la inscripción definitiva se retrase, es conveniente que los terceros titulares de cargas no preferentes reciban la notificación para que no pierdan ninguna expectativa procesal, al margen de que también puedan ser advertidos de la ejecución en curso nuevamente en la nota de despacho de su inscripción definitiva cuando se produzca (arts. 353,1 y 434,3 RH). En el caso analizado en la Sentencia comentada, en la nota de despacho de inscripción definitiva de la segunda hipoteca, tampoco se mencionó la existencia de la ejecución, vulnerándose doblemente la obligación de notificación al titular de carga no preferente.

8. No será lo normal porque el Registrador sólo esta obligado a comunicar la realización de las notificaciones, sin prácticamente más especificaciones, ni mención de incidencias ni aportación de copia de las mismas (art. 353, 1, último párrafo RH). En la certificación de cargas que el Registro remite al Tribunal, se expresará haberse remitido las notificaciones a los titulares de cargas no preferentes (art. 660,1 LEC y 353,1 RH). Pero el Registrador no habrá de dar cuenta de ninguna incidencia relativa a las comunicaciones ni aportar copia de tales notificaciones, que quedarán archivadas en el Registro (art. 353,1 RH). Por lo tanto, lo normal será que el Juez no pueda apreciar si han existido errores en la notificación de algunos de los titulares de cargas no preferentes. Pese al art. 353,1 RH, considero que sería conveniente que el Registrador remitiera con la certificación copia de las notificaciones realizadas. El art. 353,1 RH es una mera norma reglamentaria. El Registrador actúa en este caso como un auxiliar del Tribunal. Lo razonable es que remita copia de lo que actúa como tal auxiliar para que el Tribunal pueda controlar su correcta realización.

También, Rivas Torralba, Rafael, «*Aspectos registrales del nuevo proceso de ejecución*», Cento de Estudios Registrales, Madrid 2001, págs. 176-177, considera que con la certificación de cargas hay que hacer constar una diligencia manifestando que las comunicaciones se han realizado y la fecha de recepción de las últimas tarjertas y remitir fotocopia, con sello del Registro, de las tarjetas que acreditan la notificación y de los edictos. Considera que es la forma de dar coherencia a los arts. 689, 691,1 y 692,3 LEC y el art. 132 LH. De esta forma el Juzgado tendría conocimiento de lo sucedido lo que le facilitaría la convocatoria de la subasta y la consignación de circunstancias en el mandamiento de cancelación y el Registrador queda a salvo de exigencias de responsabilidad, debido a haber podido controlar el Tribunal y las partes la forma en que se han realizado las notificaciones.

En la misma línea, Guzmán Fluja, Vicente C., «*Reflexiones en torno a la ejecución hipotecaria en la Ley 1/2000 de Enjuiciamiento Civil*», en la obra dirigida por Moreno Catena, Victor, «*La ejecución civil*», Consejo General del Poder Judicial, Centro de Documentación Judicial, Estudios de Derecho Judicial 53-2004, Madrid, 2005, págs. 993-994, se muestra partidario de un mayor control por parte del Tribunal a fin de poder cumplir adecuadamente con el art. 691,1 LEC.

Montero Aroca, Juan, «*Las ejecuciones hipotecarias en la nueva Ley de Enjuiciamiento Civil*», Tirant lo Blanch, Valencia, 2001, págs. 712-713, incluso considera que si el Tribunal conoce que se ha realizado la notificación por edictos,

También permite defender la necesidad de que el Tribunal notifique el apremio a los titulares de cargas no preferentes que no estén inscritas pero que hayan quedado de manifiesto en el proceso (por ejemplo, que se desprendan de la propia escritura de constitución de hipoteca o de cualquier otro título aportado al proceso). Si se les priva de la oportuna notificación a tales titulares, se les situaría en una situación de desigualdad e indefensión injustificada (art. 14 y 24,1 CE).[9]

La extensión de la notificación prevista por el art. 661 LEC a los arrendatarios u otros posibles ocupantes también en la ejecución hipotecaria, aunque no estén inscritos, parece lo más acorde con la doctrina sentada por la Sentencia comentada. De la Sentencia, se desprende la necesidad de dar conocimiento a todos los posibles afectados para que no sufran indefensión. Por otra parte, también encaja con la remisión genérica a la ejecución dineraria común que realiza el art. 691,4 LEC, en lo no previsto en la ejecución especial de bienes hipotecados respecto de la fase de apremio.[10]

---

debido a que no constaba en el Registro el domicilio o le ha sido devuelta la comunicación, el Tribunal debería intentar averiguar el domicilio, aplicando el art. 156 LEC y realizar una nueva notificación.

En mi comentario al procedimiento de apremio, tras la reforma introducida por a Ley 10/92, también señalé la conveniencia de que el Tribunal completara las notificaciones que no se hubieran podido llevar a cabo adecuadamente por el Registro, obra colectiva coordinada por Montero Aroca, J., «*La reforma de los procesos civiles (Comentarios a la Ley 10/1992 de Medidas Urgentes de Reforma Procesal)*, Civitas, Madrid, 1993, pág. 166. También me pronuncie en el mismo sentido al que apunta Montero, en mi comentario al art. 660 LEC, en la obra colectiva dirigida por Lorca Navarrete, Antonio María, «*Comentarios a la nueva Ley de Enjuiciamiento Civil*», Lex Nova, Valladolid, 2000, T. III, págs. 3320.

9. Sobre el particular, *Vid.* también mi comentario al art. 660 LEC, en la obra colectiva dirigida por Lorca Navarrete, Antonio María, «*Comentarios a la nueva Ley de Enjuiciamiento Civil*», Lex Nova, Valladolid, 2000, T. III, págs. 3320.

También, es partidario de extender la notificación a los titulares de cargas no preferentes no inscritas, Ramos Méndez, Francisco, «.*Enjuiciamiento Civil. Como gestionar los litigios civiles*», Atelier, Barcelona, 2008, T. I, pág. 305, nota 4.

En el mismo sentido, también Puebla Povedano, Antonio, «*El procedimiento de apremio en la nueva Ley de Enjuiciamiento Civil*», en la obra colectiva, «*La ejecución, los procesos hipotecarios y aspectos registrales en la nueva Ley de Enjuiciamiento Civil*», Consejo General del Poder Judicial, Madrid, 2000, Estudios de Derecho Judicial, 31-2000, pág. 384.

Rivas Torralba, A., «*Aspectos registrales de la ejecución directa sobre inmuebles hipotecados*», en la obra colectiva dirigida por Moreno Catena, Victor, «*La ejecución civil*», Consejo General del Poder Judicial, Centro de Documentación Judicial, Estudios de Derecho Judicial 53-2004, Madrid, 2005, págs. 1041, también señala, respecto a la notificación del tercer poseedor prevista por el número primero del art. 689 LEC, que también debe ser notificado el tercer poseedor no inscrito si su existencia es conocida por el Juez citando en apoyo de esta interpretación las STC 14 de julio de 1988 (RTC 1988/148) y STS 18 de mayo de 1993 (RJ 1993/3563).

10. También Guzmán Fluja, Vicente C., «*Reflexiones en torno a la ejecución hipotecaria en la Ley 1/2000 de Enjuiciamiento Civil*», en la obra colectiva dirigida por Moreno Catena, Victor, «*La ejecución civil*», Consejo General del Poder Judicial, Centro de Documentación Judicial, Estudios de Derecho Judicial 53-2004, Madrid, 2005, págs. 994, considera que debe considerarse aplicable lo dispuesto por el art. 661 LEC a la ejecución hipotecaria. En el mismo sentido, puede verse también, Martín Diz, Fernando, «*La ejecución de la garantía hipotecaria sobre bienes inmuebles. Su tratamiento legal en la nueva Ley de Enjuiciamiento Civil*», Ed. Comares, Granada, Granada, 2000, págs. 356 y ss.

IV. La ausencia de notificación o su práctica defectuosa da lugar a la nulidad de lo actuado, si hay indefensión

También, señala la Sentencia analizada, con pleno acierto, que la notificación es esencial. Está en juego la participación de un sujeto que puede verse gravemente afectado por el proceso. Se vulneraría el art. 24,1 CE si no se respeta el trámite. Si bien realiza algunas matizaciones. Si los titulares de cargas no preferentes han tenido conocimiento del procedimiento por cualquier otro medio o la situación de indefensión se les puede imputar de algún modo debido a la falta de debida diligencia del titular de la carga no preferente, podrá mantenerse la validez de lo actuado.

A tenor de los criterios sentados por la Sentencia, aunque exista un error de comunicación, la nulidad no debe declararse si es manifiesto que el titular de la carga posterior, tenía conocimiento efectivo del apremio en marcha. Así, por ejemplo, si estaba interviniendo ya en el proceso de ejecución, como tercero interesado antes del inicio de la fase apremio, es decir, antes de que debiera producir la notificación por el Registro, no debería declararse la nulidad.

Tampoco debería declararse la nulidad, si no se aprecia indefensión, como en el caso de que el titular de la carga no preferente se persona solicitando la nulidad en un momento procesal inicial en el que aún puede intervenir plenamente sin menoscabo de sus derechos.[11]

Sobre la doctrina del Tribunal Constitucional en materia de notificaciones, considero que hay que ser muy cuidadoso al desestimar la nulidad debido a un presunto conocimiento del proceso, cuando exista una falta de notificación o se haya realizado incorrectamente. Sólo en casos muy claros, como los expuestos en los dos párrafos anteriores, en que es manifiesto que no existe ninguna posible indefensión, puede convalidarse la ausencia de notificación o los errores cometida al llevarla a cabo. Se trata, además, de llamar al proceso a un sujeto que no está participando. Es un caso similar al primer emplazamiento del demandado. Esta circunstancia, obliga a mucha cautela antes de desestimar la nulidad y dar por buenas notificaciones incorrectas o no realizadas.[12]

---

11. Posiblemente, debería extenderse también a aquellos casos en que, pese al error producido en la notificación, es manifiesto que la carga no preferente no es un derecho legítimo. No debería declararse la nulidad, cuando se pretende al amparo de «*hipoteca paraguas*» y similares (hipotecas que garantizan créditos ficticios, cuyos titulares están bajo el control del ejecutado y tienen por finalidad entorpecer ejecuciones preferentes o incluso conseguir la titularidad en favor de un testaferro del ejecutado, limpiando las cargas posteriores). Normalmente, los presuntos titulares de estas cargas ficticias, aunque no estén personados ni hayan sido formalmente advertidos, hacen un seguimiento exhaustivo del desarrollo de todas las ejecuciones que puedan afectar a la finca que es de su interés. Por lo tanto, cabría presumir el conocimiento de la ejecución si hubiera indicios de que han tenido conocimiento de la existencia del proceso. También, los arts. 11,2 LOPJ y 247,2 LEC amparan que se desestime la nulidad que se pueda solicitar en estos casos.

12. Un estudio crítico sobre la interpretación generalizada de desestimar con excesiva facilidad la nulidad de actuaciones por errores en las comunicaciones al amparo de un presunto conocimiento o falta de indefensión, puede verse en Yelamos Bayarri, Esther, «*Nulidad procesal y comunicaciones judiciales fallidas*», Atelier, Barcelona, 2006. También en la misma línea, Ramos Méndez, Francisco, «*Enjuiciamiento Civil. Como gestionar los litigios civiles*», Atelier, Barcelona, 2008, págs. 1429 a 1431. También, puede verse en una línea parecida, Furquet Monasterior, Noelia, «*Las comunicaciones procesales*», Atelier, Barcelona, 2005, págs. 245 y ss.

V. La nulidad puede alcanzar al adquirente en la subasta, sí tenia conocimiento de la defectuosa nofiticación antes de inscribir su derecho

En el caso recogido, no se decreta finalmente la nulidad de actuaciones. Aunque queda claro que el Tribunal considera que la defectuosa notificación a los titulares de cargas posteriores lo permite.

Atendiendo a lo que solicita el que reclama el amparo, el Tribunal se limita a declarar el error cometido a los efectos de que el titular de la carga posterior pueda ejercitar las oportunas acciones frente al Registro de la Propiedad y la Administración de Justicia a fin de obtener la oportuna indemnización.

El demandante de amparo, no solicita la nulidad porque considera que la venta judicial ha dado lugar a la existencia de un tercero de buena fe registralmente protegido cuya titularidad es inatacable. Aunque sería posible declarar la nulidad de las actuaciones procesales, considera que sería intrascendente porque no se podría declarar la nulidad de lo que esencialmente le perjudica, es decir, de la adquisición del rematante, ni de la cancelación de las cargas posteriores, que incluye la del solicitante de amparo (antecedente sexto de la Sentencia):

> *«La representación procesal de la demandante de amparo evacuó el trámite de alegaciones conferido mediante escrito registrado en fecha 15 de octubre de 2007, que, a continuación, sustancialmente se extracta:*
> *Tras relatar la imposibilidad de recuperar en su totalidad el crédito concedido y los avatares al respecto seguidos, manifiesta que mantiene su pretensión de amparo en los términos formulados en la demanda, si bien el daño patrimonial está ya causado, al haberse denegado la paralización del procedimiento judicial en el que se produjo la denunciada vulneración del derecho a la tutela judicial efectiva. En el proceso hipotecario se ha dictado Auto de adjudicación a favor de un tercero de buena fe que ha inscrito su derecho en el Registro de la Propiedad. Por tanto, aunque se declarara la nulidad de los actos procesales indicados en el petitum de la demanda de amparo, ya no podrían retrotraerse las actuaciones judiciales al objeto de salvaguardar los intereses de la demandante de amparo frente a quien está protegido por la fe pública registral. No obstante la demandante de amparo manifiesta que sigue teniendo interés en el reconocimiento del amparo solicitado, aunque sea a efectos meramente declarativos, al objeto de poder iniciar en su caso las acciones legales oportunas contra el Registro de la Propiedad y, en su caso, las patrimoniales contra la Administración de Justicia.»*

En el caso planteado, parece que el adjudicatario en la ejecución no tuvo conocimiento de nada de lo sucedido. En ese caso, posiblemente la nulidad no podría alcanzarlo, tras su inscripción en el Registro. Pero en los casos, en que no sea así y tenga conocimiento de la existencia de una posible irregularidad procesal, antes de la inscripción de su adquisición, le debería alcanzar la nulidad porque no cumpliría los requisitos para gozar de la protección registral (art. 34 LH).

Así, por ejemplo, se daría el supuesto planteado, en el caso que se pasa a exponer.

Se ha producido la adjudicación y se le ha entregado incluso el testimonio del auto de adjudicación y mandamiento de cancelación de cargas al adquirente. Pero, antes de que inscriba, el titular de la carga no preferente que no ha sido notificado, plantea ante el Tribunal la nulidad del procedimiento y el adquirente en la subasta tiene conocimiento de lo sucedido, por ejemplo, porque está personado o aún no estándolo, porque el Tribunal decide darle vista, como interesado, antes de resolver el incidente.

En el supuesto planteado, si se declara la nulidad de lo actuado debería alcanzar también al adquirente en la ejecución, incluso aunque al resolverse el incidente declarándose la nulidad ya hubiera logrado inscribir su adquisición y cancelar las cargas no preferentes.

Hay que considerar que, en este caso, el Tribunal de la ejecución estaría facultado, al declarar la nulidad procesal, para expedir mandamiento al Registro para que se deje sin efecto la inscripción del adquirente en la subasta y la cancelación de cargas producida.

VI. La sentencia no menciona el art. 660,2 lec, porque no es aplicable al procedimiento de ejecución de bienes hipotecados

La Sentencia comentada no hace referencia alguna al art. 660,2 LEC. Este artículo es una novedad introducida por la actual Ley de Enjuiciamiento Civil. Se refiere precisamente a los efectos que debe producir la falta de notificación a los titulares de cargas no preferentes. Concretamente dispone esta norma:

> *«La ausencia de las comunicaciones del Registro o los defectos de forma de que éstas pudieran adolecer no serán obstáculo para la inscripción del derecho de quien adquiera el inmueble en la ejecución.»*

Es un artículo de difícil interpretación. Entre otras, permite defender que no debe otorgarse efecto alguno a la falta de notificación a los titulares de cargas no preferentes, es decir, una interpretación contraria a lo señalado en la Sentencia antes recogida. No estaría de más que el Tribunal Constitucional, se pronunciara sobre su contenido y cómo debe interpretarse para garantizar los derechos fundamentales que pueden estar en juego. Pero en la Sentencia que se comenta, no existe referencia alguna al respecto, pese a enfrentarse precisamente a la materia que se aborda en esta norma. Cabe preguntarse la razón.

Una posible explicación es porque no le hizo falta al no haberse atacado la inscripción del adquirente en la ejecución. Este artículo, en su interpretación más literal, sólo protege la inscripción de quien haya adquirido el bien en la ejecución, pese a la existencia de defectos en la notificación de titulares de cargas no preferentes. El demandante de amparo, por las razones expuestas en el apartado anterior, no solicitó la nulidad de lo actuado, que implicaba la impugnación de la validez de la inscripción del adquirente en la ejecución. Se respetó la inscripción del adquirente en la ejecución, pese a la existencia de falta de notificación a los titulares de cargas no preferentes. Puede interpretarse que fue por ello que la Sentencia comentada no tuvo que pronunciarse sobre esta materia ni tampoco sobre el art. 660,2 LEC y su constitucionalidad.

Pero otra posible interpretación, que es la que creo más acertada, es simplemente que no hacía falta que lo mencionara ni entrara en su análisis, en ningún caso, es decir, aunque hubiera debido declarar la nulidad de todo lo actuado, porque el apartado segundo del art. 660 LEC no es aplicable al procedimiento hipotecario.

A primera vista, esta afirmación parece contradictoria con las normas que regulan el procedimiento de ejecución sobre bienes hipotecados. El art. 689,2 LEC remite en materia de notificación a los titulares de cargas no preferentes al art. 659 LEC. El artículo 659 LEC regula este tipo de notificaciones en el marco de la ejecución dineraria común. Pero este artículo no regula esta materia al completo. Lo hace conjuntamente con el art. 660 LEC que establece la forma de realizar este tipo de notificaciones. Por lo tanto, la interpretación que aparece como más obvia, en principio, es que el art. 689,2 LEC al remitirse al 659 LEC lo hace también al 660 LEC, por estar indisolublemente unidos. Y la interpretación más lineal también lleva a considerar que si el art. 660 LEC, en su número segundo, regula los efectos de una defectuosa notificación, esta regulación también debe extenderse al procedimiento hipotecario.

Sin embargo, pese a las apariencias iniciales, considero que el apartado segundo del art. 660 LEC no es aplicable al procedimiento hipotecario.

La prueba de ello la tenemos en la Disposición Final novena de la propia Ley de Enjuiciamiento Civil. En esta norma se daba un nuevo contenido al art. 132 LH. El art. 132, según la nueva redacción, regula los aspectos que debe controlar el Registrador en relación a las inscripciones y cancelaciones a que den lugar los procedimientos de ejecución hipotecaria. En el apartado 2° establece un régimen totalmente contradictorio con el art. 660,2 LEC. El art. 132,2° LH establece que, a los efectos de las inscripciones y cancelaciones a que den lugar los procedimientos de ejecución sobre los bienes hipotecados, la calificación del Registrador se extenderá a los extremos siguientes:

> *«Que se ha notificado la existencia del procedimiento a los acreedores y terceros cuyo derecho ha sido anotado o inscrito con posterioridad a la hipoteca, a excepción de los que sean posteriores a la nota marginal de expedición certificación de cargas, respecto de los cuales la nota marginal surtirá los efectos de la notificación.»*

En la ejecución dineraria común, el Registrador no debe impedir la inscripción de la titularidad del que se ha adjudicado el bien en la ejecución, aunque aprecie la existencia de defectos en la notificación de los titulares de cargas no preferentes. Este es literalmente el mandato que recoge el art. 660,2 LEC. Por el contrario, en la ejecución específica de hipotecas, el mandato literal y específico que contiene la ley es el contrario. El Registrador esta obligado a comprobar si se han realizado tales notificaciones de forma correcta. En caso contrario, no debe permitir la inscripción.

El art. 132,2º LH es expresa y directamente aplicable al procedimiento especial hipotecario y establece un régimen muy claro. No pueden haber errores en las notificaciones a los titulares de cargas no preferentes. Las consecuencias son la imposible inscripción, cabe entender que también la nulidad de lo actuado y que tampoco se cancelarán las cargas no preferentes.[13]

---

13. El art. 692,3 LEC establece que en el mandamiento de cancelación de la hipoteca y de las inscripciones y anotaciones posteriores, además de lo especificado por el art. 674 LEC para la ejecución dineraria común, se hará constar en las ejecución de bienes hipotecados que se hicieron las notificaciones previstas por el art. 689, es decir, a los titulares de derechos y cargas posteriores. Es una especialidad de la ejecución hipotecaria. Está relacionada con el art. 132 LH y pone de manifiesto también el distinto régimen y mayor relevancia que se quiere otorgar a este tipo de notificaciones en la ejecución hipotecaria.

En todo caso, tras el traslado de este tipo de notificaciones a los Registradores, ha perdido buena parte de su sentido. Los Tribunales sólo podrán limitarse a señalar que de la certificación de cargas se desprende su realización. La información que remiten al Registrador ya la tiene el Registro. Sobre el particular, puede verse también, en sentido parecido, Rivas Torralba, A., «*Aspectos registrales de la ejecución directa sobre inmuebles hipotecados*», en la obra colectiva dirigida por Moreno Catena, Victor, «*La ejecución civil*», Consejo General del Poder Judicial, Centro de Documentación Judicial, Estudios de Derecho Judicial 53-2004, Madrid, 2005, págs.. 1072-1074. Es una muestra más de la falta de coordinación con que se actuó al modificar el proyecto legislativo inicial de la nueva Ley de Enjuiciamiento Civil durante la tramitación parlamentaria (sobre este particular se entrará con más detalle en el siguiente apartado).

Para intentar dar una mayor coherencia a lo dispuesto por el art. 692,3 LEC, se podría interpretar que el Tribunal a lo que ha de referirse esencialmente es a la notificación de tercer poseedor previstas por el art. 689,1 LEC, que aún les compete.

También de los arts. 686,1 y 689,1 LEC, se desprende la especial relevancia que en la ejecución hipotecaria se otorga a la notificación a los titulares de derechos y cargas posteriores. Al tercer poseedor le notificará el Tribunal directamente la existencia del proceso (arts. 686,1 y 689,1 LEC), además de la notificación que pueda recibir del Registro (art. 689,2 LEC). Para el titular del derecho posterior que presumiblemente más perjuicios puede causarle la cancelación, se establece una doble notificación en la ejecución hipotecaria.

De los arts. 686,1 y 2 y 689,1 LEC puede surgir dudas sobre si el Tribunal debe notificar el inicio del procedimiento al tercer poseedor si ha sido requerido notarialmente de pago antes del inicio del proceso. Considero que se le debe notificar el inicio del proceso por el Tribunal, al igual que al deudor, para garantizar que conoce su inicio y que pueda actuar en el mismo por ser la interpretación más ajustada al art. 24,1 CE. El requerimiento previo de pago notarial no significa necesariamente que se vaya a iniciar un proceso ni puede indicar los datos concretos del proceso que se iniciará en el futuro en el que puede participar el tercer poseedor.

Ha surgido la cuestión de si debido a la notificación del proceso que debe recibir el tercer poseedor directamente del Juez (art. 689,1 LEC), es preciso que el Registrador también se la haga al amparo del art. 689,2 LEC. Particularmente, me inclino por la doble notificación en el caso del tercer poseedor, debido a que ofrece las máximas garantías y es lo que se desprende de las normas que no excluyen al tercer poseedor cuando se impone al Registrador que notifique a todos los titulares de cargas o derechos no preferentes.

Jurado Jurado, Juan José, «*Procedimiento de ejecución directa sobre bienes inmuebles hipotecados. Ley de Enjuiciamiento Civil 1/2000*», Bosch, Barcelona, 2001, pág. 239, 246, incluso cuestiona la validez del procedimiento y que pueda inscribirse la adjudicación, si no se han realizado debidamente las dos notificaciones, es decir, la del Juez o la del Registro. En este caso, considero que si se ha recibido debidamente una de las dos notificaciones, puede considerarse suficientemente advertido al tercer poseedor. No hay indefensión y no debería declararse la nulidad ni impedirse la inscripción. Es la interpretación que se desprende también de los criterios sentados por la Sentencia del Tribunal Constitucional repetidamente comentada en este trabajo.

A favor de interpretar que el art. 689 LEC, sólo obliga a realizar una única notificación por el Tribunal y no es preciso que se haga otra adicional por el Registrador, puede verse, Rivas Torralba, A., «*Aspectos registrales de la ejecución directa sobre inmuebles hipotecados*», en la obra colectiva dirigida por Moreno Catena, Victor, «*La ejecución civil*», Consejo General del Poder Judicial, Centro de Documentación Judicial, Estudios de Derecho Judicial 53-2004, Madrid, 2005, págs. 1042, nota 43.

No hay ninguna remisión directa al art. 660,2 LEC en el procedimiento de ejecución de hipotecas. Por ello, no se puede aplicar su régimen por encima de otro que si está expresamente previsto para este tipo de ejecuciones como es el que se desprende del art. 132,2° LH.[14]

El legislador no tuvo realmente voluntad de unificar los efectos de una defectuosa notificación a los titulares de cargas no preferentes en la ejecución dineraria ordinaria y en la hipotecaria. Una lamentable descoordinación durante la tramitación parlamentaria de la actual Ley de Enjuiciamiento Civil fue seguramente la causante de las dudas interpretativas que puede provocar el art. 660,2 LEC y el art. 132 LH. En el siguiente apartado se resumirá lo posiblemente sucedido.

VII. Un poco de historia sobre la última evolución legislativa de la notificación de los titulares de las cargas no preferentes

En el Proyecto presentado a Cortes de la actual Ley de Enjuiciamiento Civil, el art. 692,2 establecía el régimen de notificación a los titulares de cargas no preferentes en el procedimiento hipotecario. Este artículo establecía lo siguiente:

> «*Cuando en la certificación del Registro aparezca alguna carga o derecho real constituido con posterioridad a la inscripción de la hipoteca que garantiza el crédito del actor, el tribunal ordenará también que se notifique la existencia del procedimiento a los acreedores que se hallen en este caso, y cuando dichos acreedores satisfagan antes del remate el importe del crédito, intereses y costas asegurados con la hipoteca de la finca, quedarán subrogados en los derechos del actor. Se harán constar el pago y la subrogación al margen de la inscripción o inscripciones de la hipoteca en que dichos acreedores se subrogan y las de sus créditos o derechos respectivos, mediante presentación en el Registro del acta notarial de entrega de las cantidades adeudadas o del oportuno mandamiento judicial, en su caso.*»

Como puede apreciarse, este artículo establecía un régimen de notificación totalmente dispar al de la ejecución dineraria ordinaria actual, que era también el que ya se preveía en el Proyecto (arts. 659 y 660 PLEC). Se recogía en el art. 692,2 PLEC prácticamente la misma regulación que se iba a derogar, es decir, el art. 131,5, párrafo segundo LH (obviamente antes de la reforma que sufriría por la Disposición Final novena de la nueva Ley de Enjuiciamiento civil). El texto del proyecto y de esta norma era prácticamente idéntico.

---

14. También se muestra contrario a la aplicación del 660,2 LEC en el procedimiento de ejecución de bienes hipotecados por motivos parecidos a los expuestos, Jurado Jurado, Juan José, «*Procedimiento de ejecución directa sobre bienes inmuebles hipotecados. Ley de Enjuiciamiento Civil 1/2000*», Bosch, Barcelona, 2001, pág. 239, 244 y 245. También Guzmán Fluja, Vicente C., «*Reflexiones en torno a la ejecución hipotecaria en la Ley 1/2000 de Enjuiciamiento Civil*», en la obra colectiva dirigida por Moreno Catena, Victor, «*La ejecución civil*», Consejo General del Poder Judicial, Centro de Documentación Judicial, Estudios de Derecho Judicial 53-2004, Madrid, 2005, págs. 992-993. Tampoco es partidario de su aplicación, Rivas Torralba, A., «*Aspectos registrales de la ejecución directa sobre inmuebles hipotecados*», en la obra colectiva dirigida por Moreno Catena, Victor, «*La ejecución civil*», Consejo General del Poder Judicial, Centro de Documentación Judicial, Estudios de Derecho Judicial 53-2004, Madrid, 2005, págs. 1074-1075.

Así, las notificaciones a los titulares de cargas no preferentes se seguían encomendado al Juez, para mayores garantías. No se preveía que las realizara el Registrador, como se venía haciendo desde la reforma de la Ley de Enjuiciamiento Civil de 1992 en la ejecución dineraria ordinaria (art. 1490 LEC). Sistema que se mantenía también en la nueva Ley de Enjuiciamiento Civil respecto a la ejecución dineraria ordinaria, concretamente en los arts. 659 y 660 del Proyecto.

Tampoco se recogía en la ejecución hipotecaria, la novedad que se recogía en la ejecución dineraria ordinaria, en cuanto a que sería posible la inscripción de la titularidad del adquirente en la ejecución, aunque existieran defectos en materia de notificación a los titulares de cargas no preferentes (art 660,2 del Proyecto que paso al texto definitivo con el mismo número sin modificaciones).[15]

Es más, se establecía precisamente lo contrario. En la Disposición Final Décima del Proyecto se recogía la reforma del art. 132 LH. En este artículo, se establecía la obligación por parte del Registrador de controlar, antes de permitir la inscripción de la titularidad del adquirente en la ejecución hipotecaria, que se hubieran realizado debidamente las notificaciones a los titulares de cargas no preferentes. En consonancia, el art. 695,2 del Proyecto imponía que en el testimonio del auto de remate o adjudicación debía reflejarse que el Tribunal había realizado debidamente tales notificaciones.

Así pues, el texto del proyecto tenía una plena coherencia. En la ejecución dineraria ordinaria, la notificación de los titulares de cargas no preferentes recibía un cuidado menor a la ejecución hipotecaria en todos los sentidos. Se realizaba por el Registrador y sus posibles defectos no debían impedir la inscripción de la titularidad de adquirente en la ejecución. Por el contrario, en la ejecución hipotecaria se le daba una relevancia y cuidado mayor. Se realizaba por el Juez y sus defectos provocaban, entre otras consecuencias, que no pudiera inscribirse la titularidad. Ambos regímenes estaban perfectamente separados y no había posible confusión en su interpretación.

Sin embargo, en el debate parlamentario, se introdujo una enmienda en el procedimiento hipotecario que trastocó el régimen y dio lugar a la confusión interpretativa que nos ocupa.

---

15. Montserrat Valero, Antonio, «*Las novedades de la ejecución hipotecaria en la LEC 2000*», Civitas, Madrid, 2002, págs. 69-70, señala que en los trabajos preparatorios llevados a cabo en la Comisión General de Codificación ya constaba que se pretendía dar un trato distinto a la ejecución ordinaria de la ejecución hipotecaria en esta materia. Indica que al pronunciarse esta Comisión sobre el actual art. 660 LEC señalo: «*Se propone volver a la primitiva idea de la LEC de no llamar al procedimiento de ejecución a ninguna persona que haya adquirido sus derechos sobre el bien a ejecutar después del embargo y su anotación...limitando las notificaciones a los supuestos de ejecución hipotecaria y a los titulares del dominio o de derechos reales adquiridos sobre el bien hipotecado, en el ínterin entre la constitución de la hipoteca que se ejecuta y el comienzo de la ejecución. Adicionalmente podrá preverse que el Registro de la Propiedad haga comunicaciones a esos titulares de derechos sobre el bien a ejecutar adquiridos después del embargo, pero dejando bien claro que tales comunicaciones no tienen el carácter de trámite procesal, de modo que su omisión o incorrecta realización no afecta al resultado del proceso.*» En el mismo sentido, *Vid.* Diaz Fraile, Juan María, «*Ejecución judicial sobre bienes hipotecados (Actualizado a la Ley 1/2000, de 7 de enero, de Enjuiciamiento Civil)*», Centro de Estudios Registrales, Madrid, 2000, págs. 369-371.

Como se ha podido apreciar, en el art 692,2 del Proyecto, además de regularse la notificación a los titulares de cargas no preferentes en el procedimiento hipotecario, se regulaban también la posibilidad que tenían estos de abonar el importe de la deuda y subrogarse en lugar del ejecutante. En la ejecución ordinaria se había omitido esta posibilidad sin demasiada justificación. Un grupo parlamentario distinto al que había elaborado el Proyecto, lo puso de manifiesto y presentó unas enmiendas al art. 659,2 y al art. 692,2 del PLEC (enmiendas 1330 y 1346 presentadas en el Congreso de los Diputados)[16] a fin de trasladar esta posibilidad a la ejecución dineraria común y mantener en el procedimiento hipotecario una simple remisión normativa al régimen común en esta materia. Esta es la justificación de la enmienda al art. 692,2 PLEC. No se hace mención a nada más. Así decía:

> *Al artículo 692*
>
> *De modificación, mediante nueva redacción del apartado segundo.*
> *Texto que se propone:*
>
> *«2. Cuando existan cargas o derechos reales constituidos con posterioridad a la hipoteca que se garantiza el crédito del actor, se aplicará lo dispuesto en el artículo 659.»*
>
> *Justificación*
>
> *En la enmienda que se propone al artículo 659 se generaliza, para toda ejecución que se proyecte sobre inmuebles, lo que el artículo 692 del Proyecto prevé específicamente, respecto a la intervención de acreedores posteriores inscritos, para la ejecución con garantía hipotecaria. Por lo tanto, basta en sede de ejecución hipotecaria una simple remisión al artículo 659.»*

Pero la enmienda también incorporaba como de pasada y sin justificarse, la supresión de todo el régimen especial de notificación a los titulares de cargas no preferentes que se recogía respecto a la ejecución hipotecaria. Lo sustituía por una escueta remisión al art. 659 PLEC, es decir, por una regulación como la que finalmente ha pasado al texto definitivo.

Tenemos que acudir a la justificación de la enmienda al art. 659,2 PLEC, donde se había trasladado la posibilidad ofrecida a los titulares de cargas no preferentes de pagar y subrogarse en el lugar del ejecutante, para encontrar la razón de la supresión del régimen especial de comunicaciones inicialmente previsto para le ejecución de bienes hipotecados:

> *«Se unifica el régimen de comunicaciones a los acreedores posteriores inscritos y de intervención de los mismos en el procedimiento, incluyendo la facultad de pagar el crédito del ejecutante y subrogarse en su posición. No existe razón para que, en estos temas, existan diferencias de régimen entre la ejecución ordinaria sobre inmuebles y la ejecución hipotecaria. Como consecuencia de esto, mediante la enmienda, correspondiente al art. 692, se propondrá la sustitución de su contenido, en lo que a los acreedores posteriores respecta, por una simple remisión a lo dispuesto en el artículo 659 enmendado.»*

16. Boletín Oficial de las Cortes Generales. Congreso de los Diputados, VI Legislatura, Serie A: Proyecto de Ley, 26 de marzo de 1999, Núm 147-9, págs. 559 y 564.

Lo que se pretendía era sólo trasladar al Registrador la carga de las notificaciones, unificando la forma en que se iban a practicar las comunicaciones.[17] Creo que se consideró que, tras la experiencia positiva de varios años realizando esta tarea en el marco de la ejecución dineraria común, se le podía encomendar también la misma tarea en el marco de la ejecución hipotecaria.

No creo que se pretendiera también extender las consecuencias previstas, en la ejecución ordinaria, para los casos de defectuosa notificación. Es más, es posible que los legisladores ni se dieran cuenta de que con las enmiendas señaladas, podían provocar que se pudiera interpretar que el art. 660,2 PLEC, después 660,2 LEC definitivo, se pudiera extender a la ejecución de bienes hipotecados.

Por ello, no encontramos ninguna remisión ni referencia al art. 660,2 PLEC, que ya contenía la misma regulación que la misma norma actual, en los textos enmendados ni en las justificaciones relacionadas con ellos. Por la misma razón se mantuvo que no se permitiera la inscripción en caso contrario a través del art. 132,2º LH, reformado por la Disposición Final Décima PLEC (actualmente la novena) y también que el Tribunal siguiera incluyendo en el mandamiento de cancelación la mención de que se habían realizado las notificaciones a que se refiere el art. 689 LEC.[18] Pero, en todo caso, la polémica estaba servida.

Por todo lo expuesto, considero que puede interpretarse que la voluntad legislativa era que no se aplicara el art. 660,2 LEC al procedimiento hipotecario (como mínimo no

---

17. Rivas Torralba, Rafael, «*Aspectos registrales del nuevo proceso de ejecución*», Cento de Estudios Registrales, Madrid 2001, págs. 175-176, también pone de manifiesto lo sucedido en el trámite parlamentario. Va más alla de lo expuesto, en su interpretación. Considera que no fue voluntad del legislador trasladar la notificación a los Registradores en la ejecución de bienes hipotecados. Al remitirse al art. 659 sólo se quería dejar patente que, también en la ejecución hipotecaria, había que notificar a los titulares de cargas posteriores y que estos podían satisfacer el importe de la deuda y subrogarse en el lugar del ejecutante. Se les paso inadvertido que el art. 659,1 LEC encomendaba esta función a los Registradores. Por, ello entiende que hubiera debido interpretarse que los Tribunales tienen encomendada esta función en la ejecución de bienes hipotecados. No obstante, estima también que la Instrucción de la DGRN de 12 de diciembre de 2000 (BOE 22.12.2000 y también se puede encontrar en repertorio Westlaw.es, RCL 2000/2937) ha confirmado la tesis de que deben encargarse de tales notificaciones los Registradores.

18. Jurado Jurado, Juan José, «*Procedimiento de ejecución directa sobre bienes inmuebles hipotecados. Ley de Enjuiciamiento Civil 1/2000*», Bosch, Barcelona, 2001, pág. 245 a 248, señala que no es muy coherente el sistema actual en que, en virtud del actual art. 132,2º LH, se obliga al Registrador a una especie de autocalifiicción anómala en materia de notificaciones en que el Registrador actúa como Juez y Parte. Entiende que hubiera sido mejor que el Tribunal se encargará de las notificaciones, como estaba en el Proyecto. Hubiera aumentado las garantías y hubiera evitado que el Registrador hubiera tenido que calificar su propia actuación o la de un compañero, si el Registrador que notificó ya no sirve en el mismo Registro.

Este autor tiene razón en que hubiera sido preferible mantener el sistema anterior. Pero en relación al autocontrol que ahora se impone al Registro, hay que señalar que no es inusual en el ámbito del proceso. Los Tribunales deben autocontrolar en todo momento que no se hayan producido irregularidades en el procedimiento y, en su caso, tomar las medidas oportunas (arts. 227,2 LEC y 240,2 LOPJ). Al Registrador, como axiliar del Tribunal en esta materia, se le exige que también lo haga en el momento clave de la inscripción de la adjudicación en la ejecución. Aunque no haya un mandato expreso, también debería tomar las medidas oportunas e informar al Tribunal para que pueda tomar las medidas complementarias necesarias, si lo detectara en cualquier otro momento.

Rivas Torralba, Rafael, «*Aspectos registrales del nuevo proceso de ejecución*», Cento de Estudios Registrales, Madrid 2001, págs. 217-218, considera que la calificación debe restringirse al documento que se presenta, es decir, al mandamiento de cancelación. Si en este documento consta que se hicieron las notificaciones (art. 692,3 LEC), el Registrador

hubo una voluntad clara y terminante al respecto). Si la normativa no es todo lo clara que debería al respecto, se debe, como otras veces ha ocurrido, a la dinámica parlamentaria. Con la urgencia y las negociaciones políticas propias de las Cámaras legislativas, se introducen en ocasiones modificaciones en normas eminentemente técnicas que no han sido suficientemente coordinadas con todo el resto del texto.

La interpretación que se apunta, es decir, considerar que el legislador quiso mantener un régimen de mayor rigurosidad en la notificación de los titulares de cargas no preferentes en el marco de la ejecución hipotecaria, encaja también con el criterio que mayoritariamente se venía defendiendo antes de la última reforma de Ley de Enjuiciamiento Civil en el año 2000. En el apartado siguiente se expondrá resumidamente la polémica que existía sobre la notificación de los titulares de cargas no preferentes con anterioridad a la nueva Ley de Enjuiciamiento Civil. Permite comprender, en buena medida, la forma cómo ha quedado estructurado el sistema actualmente en la nueva Ley de Enjuiciamiento Civil y que difícilmente pudo haber la voluntad de extender la aplicación del art. 660,2 LEC al procedimiento hipotecario.

VIII. Consecuencias de la ausencia de notificación a los titulares de cargas no preferentes con anterioridad a la actual ley de enjuiciamiento civil

1. Resumen de la polémica

La anterior Ley de Enjuiciamiento Civil no establecía qué efectos debían producir la falta de notificación a los titulares de cargas no preferentes.[19] Esta circunstancia provocó, en el marco de la ejecución dineraria común, una enconada polémica respecto a los efectos que debían provocar los defectos en la notificación de los titulares de las cargas no preferentes. Las diversas posturas pueden aglutinarse resumidamente en la dos siguientes que se pasarán a exponer.

Por una parte estaría la que consideraba que la inexistencia de notificación preceptiva debía provocar la nulidad radical de todo lo actuado. La notificación informaba a los

---

debe aceptarlo. Aunque el Juez se limitara a manifestar que se hicieron siguiendo lo que se le indica en la certificación de cargas por el Registrador que se encargó de las notificaciones, considera que no debe realizarse comprobación alguna en la documentación que obra en el Registro respecto a la regularidad de las notificaciones realizadas en su día. Por el contrario, Diaz Fraile, Juan María, «*Ejecución judicial sobre bienes hipotecados (Actualizado a la Ley 1/2000, de 7 de enero, de Enjuiciamiento Civil)*», Centro de Estudios Registrales, Madrid, 2000, págs. 371 y 371, se inclina por considerar que el Registrador no debe conformarse con lo que se establece en el testimonio de adjudicación y mandamiento de cancelación de cargas. Debe concultar el archivo registral y prevalecer lo que conste en el Registro. Particularmente, me inclinaría por esta segunda interpretación. Dejando a un lado las posibles interpretaciones que admiten las normas ordinarias, que desarrollan extensamente los dos autores citados, me parece la más garantista y acorde con el art. 24,1 CE.

19. Sobre la notificación del apremio a los titulares de las cargas no preferentes en la Ley de Enjuiciamiento Civil de 1881, puede verse ampliamente, mi trabajo, «*El procedimiento de apremio*», Bosch, Barcelona, 1987, págs. 205 y ss.

titulares de cargas no preferentes de un procedimiento en que podrían ser extinguidos sus derechos. Estaban en juego los derechos fundamentales a la tutela judicial efectiva y a la no indefensión (art. 24,1 CE). Por ello, las consecuencias de su incorrecta práctica debían ser la nulidad.

Por otra, se encontraba la que consideraba que no debía producir efecto alguno. Su principal argumento era la existencia en el Registro de una anotación preventiva de embargo que advertía de la existencia de una ejecución en marcha. Cuando los titulares de las cargas no preferentes inscribían sus derechos podían tener conocimiento de la ejecución en marcha. Por lo tanto, la comunicación posterior del inicio del apremio ordenada por la ley, perdía relevancia. Si no se realizaba o se hacía de forma incorrecta, no debía producir efecto alguno en la ejecución.

Sin embargo, incluso la postura que defendía la ausencia de efectos debido a la falta de notificación, excluía de este régimen a la ejecución hipotecaria. En el procedimiento de ejecución de hipotecas, coincidía con los partidarios de la nulidad en que era especialmente relevante la notificación. Su incumplimiento debía provocar la nulidad sin paliativos.

A continuación se recogen dos resoluciones especialmente significativas que sirven para poner de manifiesto la polémica que se ha mencionado en los anteriores párrafos. Como podrá apreciarse, la segunda que defiende la ausencia de efectos de la falta de notificación, excluye de este régimen a la ejecución de hipotecas.

2. La Sentencia del Tribunal Supremo de 14 de mayo de 1993: La ausencia de notificación provoca la nulidad de lo actuado en todo caso, incluso en la ejecución dineraria común

Como se ha señalado, una de las principales líneas interpretativas respecto al problema planteado era que la infracción de la notificación comportaba la nulidad de todo lo actuado.

Según esta línea interpretativa producía en estos casos una infracción de las normas procesales que causaban además indefensión a los terceros titulares de cargas posteriores.

Incluso en la ejecución dineraria común debía producirse tal consecuencia. La existencia de la anotación de embargo o de la nota marginal de expedición de la certificación de cargas que pudiera advertir a los titulares de cargas posteriores de la ejecución en marcha, no impedía la declaración de nulidad.

Una muestra de esta doctrina la recoge la Sentencia del Tribunal Supremo (Sala de lo Civil) de 14 de mayo de 1993 (RJ 1993/3681). En su fundamento de derecho segundo establece:

«No es posible atender las razones del motivo cuya tesis en definitiva, supone, sin más, que, aun cuando reconoce haberse omitido la disciplina de susodicho art. 1490 LECiv, no obstante, entiende que el criterio que prevalece es el del Juzgado de Primera instancia, al estimar, que por parte del acreedor hipotecario (actor en este procedimiento en que solicita la nulidad de actuaciones), se tuvo conocimiento de la existencia de dicho procedimiento ejecutivo, según el propio Juez indica en su Fundamento Jurídico Primero, como alegación de la parte hoy recurrente, en el sentido de que al inscribir la hipoteca con fecha de 27-1-1986, el hoy actor podía conocer que las fincas registrales hipotecadas se encontraban embargadas a resultas del citado juicio ejecutivo; y porque, además, pretende que habiéndose cumplimentado la disciplina de ese art. 1489, la propia expedición del mandamiento del Registro de la Propiedad con la constancia de las cargas hipotecarias, y practicándose la correspondiente nota marginal ésa sería suficiente para que el acreedor tuviera conocimiento de la existencia de este procedimiento; y al respecto se subraya que cualquiera que sea el valor de esas circunstancias las mismas no pueden servir para enervar, no sólo el «factum» de partida, sino, el acertado juicio estimatorio de la pretensión que efectúa la Sala de instancia en su impecable razonamiento del Fundamento Jurídico 3.°, en donde se aducen los argumentos por los cuales, efectivamente, la vulneración de dicha notificación es suficiente para viabilizar la nulidad pretendida, esto es, en primer lugar, que a la vista de este art. 1490 LECiv, es indudable el derecho de los acreedores hipotecarios de conocer el estado de la ejecución, y en segundo lugar, que este derecho ha sido vulnerado en el caso que nos ocupa, por las siguientes circunstancias: 1.ª) porque no se comunicó al acreedor la existencia de este procedimiento, así como el estado de la ejecución correspondiente; 2.°) que ello de manera alguna consta en las actuaciones; 3.°) tampoco puede estimarse como pretende la resolución impugnada, que sea el acreedor hipotecario el que tenga la carga de probar su desconocimiento del procedimiento judicial correspondiente, por ser dicha interpretación absolutamente contraria al contenido del art. 1490, 4.°) que este precepto obliga a poner en conocimiento de ese acreedor, no ya la existencia del procedimiento, sino el estado que presente la ejecución correspondiente, todo lo cual, pues, implica según repetido «factum» de partida (por lo que tampoco, por lo demás, procede estimar el recurso ya que no desvirtúa ese hecho constatado o la realidad de que parte la Sala sentenciadora de las circunstancias de no haberse comunicado dicha existencia del procedimiento y el estado de la ejecución, y que ello tampoco se subsanó de manera alguna que conste en las actuaciones, «factum» irrefutable al no haberse impugnado el recurso por la vía fáctica preceptiva) que se ha producido, la correspondiente indefensión, indefensión, asimismo, se sobrentiende y que esta Sala acredita, ya que, de esta forma, se le privó a dicho acreedor de ejercitar los derechos correspondientes que se estipulan en los arts. 1491 y siguientes, o sea, la posibilidad de personarse en el procedimiento de apremio a los fines de participar en el avalúo con el nombramiento del perito correspondiente y demás consecuencias inherentes, sin que sean atendibles, cuanto se aduce en el Motivo, que el avalúo efectuado sin la presencia por el acreedor hipotecario haya podido afectar o repercutir a las vicisitudes acontecidas en el remate y en la cesión correspondiente [y es que, se repite, no es atendible la tesis del recurso, al ser la inscripción registral del acreedor hipotecario, hoy actor, de 27-1-1986, como se dice en el Fundamento Jurídico Primero de la Sala, y por tanto anterior a la certificación de librada en virtud del art. 1489 y en 15-1-1987, pues cuando en el contenido de dicha certificación apareciese ya la existencia de tal carga hipotecaria, ello no puede derivar en el conocimiento de tal procedimiento por parte de dicho actor al haberse practicado la correspondiente nota marginal porque, se repite, el art. 1490, consagra un derecho autónomo y distinto al que pudiera derivar del conocimiento, por la publicidad del Registro de la Propiedad, incluso, por la existencia de la correspondiente nota marginal a que asimismo, se refiere el motivo y el Fundamento Jurídico Primero en la primera sentencia; no sólo por las razones que se han explicitado de la sentencia recurrida, sino, porque, como se dice, se trata de un derecho independiente que permitirá al acreedor, en su caso, ejecutar las facultades de poder intervenir en dicho avalúo, en los términos previstos en los arts. 1491 y siguientes; lo que se refuerza y se indica en línea de «obiter dicta», porque, incluso, en la actual reforma, llevada a efecto por la Ley de 30-4-1992 (RCL 1992\1027), y con el fin de vigorizar el cumplimiento de esa notificación al acreedor hipotecario, se le impone como deber al propio Registrador de la Propiedad, el cual comunicará a los titulares de derechos que figuren la certificación de cargas el estado de la ejecución, para que puedan intervenir en el avalúo y subasta de bienes, si les conviene]; todo ello, pues, implica que, habiéndose producido las infracciones denunciadas y conforme a lo asimismo dispuesto, a los arts. 238 y siguientes de la LOPJ, procede con el rehúse del motivo, confirmar la sentencia, con los demás efectos derivados.»

3. La Resolución de la Dirección General de los Registros y del Notariado de 1 de julio de 1997: Salvo en la ejecución de bienes hipotecados, los titulares de cargas posteriores tienen suficiente conocimiento a través de lo que consta en el Registro y la ausencia de notificación no debe provocar la nulidad de lo actuado

Como se ha señalado al principio de este capítulo, otra de las grandes líneas de opinión se pronunciaba en sentido contrario a la expuesta en el apartado anterior. No procedería declarar la nulidad de lo actuado. Entre otros argumentos, se señalaba que la comunicación no era relevante para provocar una situación de indefensión suficiente. El titular de una carga posterior quedaba suficientemente advertido por el propio contenido del Registro. La anotación preventiva de embargo era suficiente advertencia de la existencia de una ejecución en marcha. En este sentido, se puede destacar la Resolución de la Dirección General de los Registro y del Notariado de 1 de julio de 1997 (RJ 1997/5785).[20] En su fundamento de derecho cuarto señala:

> «una interpretación del nuevo artículo 1490 de la Ley de Enjuiciamiento Civil, que pretenda hacer de las comunicaciones en él previstas —derivadas exclusivamente de la actividad unilateral del deudor posterior al embargo— un trámite sustancial del proceso cuya omisión puede determinar la ineficacia de la adjudicación alcanzada; esta consideración sólo puede sostenerse respecto del titular de una segunda hipoteca o gravamen cuando se ejecuta la primera, habiéndose constituido aquellos antes del inicio de la ejecución de ésta (a efectos de esa notificación —que no de la posición en el proceso— razones de analogía determinan que al titular de esa hipoteca o gravamen ha de asimilarse al tercer poseedor de los artículos 126 y 127 de la Ley Hipotecaria); mas, tratándose de titulares de derechos adquiridos sobre el bien a ejecutar cuando ya está practicado y anotado el embargo, habrá de entenderse que tales comunicaciones constituyen simplemente una forma activa e individualizada de publicidad registral para facilitar el conocimiento por esos titulares de cargas posteriores del embargo, del comienzo de la vía de apremio a fin de que, si conviene a su derecho, puedan

20. Sobre el particular, puede verse también, Jurado Jurado, Juan José, «*Procedimiento de ejecución directa sobre bienes inmuebles hipotecados. Ley de Enjuiciamiento Civil 1/2000*», Bosch, Barcelona, 2001, pág. 237-238, que, además de la Resolución citada, recoge resumidamente la opinión de algunos de los autores partidarios de tal postura.

> pagar el crédito del actor con los efectos legales pertinentes (cfr. artículo 1210.1.º del Código Civil) o intervenir en el avalúo pero distinguiendo a este efecto entre el derecho que tendrá el titular del dominio o gravamen adquirido con posterioridad al embargo —y su anotación del bien que se ejecuta y el que correspondería a los titulares de una segunda hipoteca o gravamen constituida antes del inicio de la ejecución de la primera».

Hay que destacar que en la Resolución recogida, aunque se niega la nulidad por falta de ejecución en la ejecución dineraria común, se venía a reconocer la posibilidad de declarar la nulidad cuando la ejecución fuera hipotecaria.

Se desprende de la Resolución que una de las principales razones de tal distinción entre el tipo de ejecución, es que las hipotecas no advierten de la existencia de ningún procedimiento ejecutivo en marcha, a diferencia de la anotación preventiva de embargo que necesariamente se ampara en un procedimiento en marcha. Sólo la nota marginal incorporada al Registro, cuando se expide la certificación de cargas, advierte del inicio del procedimiento en la ejecución hipotecaria.

Por ello, las cargas posteriores inscritas después de la hipoteca pero antes de la nota marginal que advierte de la expedición de la certificación de cargas, no conocerán de la existencia de la ejecución, si no se les advierte expresamente con la correspondiente notificación (salvo que por azar los titulares de tales cargas fueran a consultar al Registro cuando ya constara la nota marginal de expedición de la certificación de cargas).

La ausencia de notificación a los titulares de estas cargas, si puede producir la nulidad en la ejecución hipotecaria, incluso para la Resolución comentada que la niega en la ejecución dineraria común.

4. La regulación de la nueva Ley de Enjuiciamiento Civil responde a la polémica previa existente

En el marco de esta polémica, se comprende mejor la regulación de la nueva Ley de Enjuiciamiento Civil.

Respecto a la ejecución dineraria común, no se posiciona de una forma clara y terminante. Adopta una postura ambigua, e incluso de difícil interpretación, mediante el art. 660,2 LEC, a medio camino entre las dos posturas señaladas en los apartados anteriores.

Por el contrario, respecto a la ejecución de hipotecas, aunque art. 689,2 LEC introduce ciertas dudas iniciales al remitirse al art. 659 LEC, como ya se ha comentado en un apartado anterior, a tenor de la redacción actual del art. 132 LH y de la postura casi unánime que existía en la materia, antes de la nueva Ley de Enjuiciamiento Civil, parece lógico concluir que la voluntad del legislador es que la falta de notificación a los titulares de cargas no preferentes tenga un régimen distinto a la ejecución dineraria común. La falta de notificación debe producir la nulidad de todo lo actuado con todas sus consecuencias y sin límite alguno, no siendo aplicable el art. 660,2 LEC.

IX. El art. 660,2 LEC no debe aplicarse al procedimiento hipotecario, si se quiere dar un máximo respeto a los derechos fundamentales a la tutela judicial efectiva y a la prohibición de indefensión

Como se ha indicado en los capítulos anteriores, el art. 660,2 LEC no debe considerarse aplicable al procedimiento de ejecución hipotecaria, según se desprende simplemente de la mera aplicación de las propias normas procesales ordinarias. Pero si tales normas se conjugan con el art. 24,1 CE, la necesidad de prescindir del art. 660,2 LEC aún cobra mayor fuerza.

Como se reconoce incluso por los partidarios de no conceder efecto alguno a la falta de notificación de los titulares de cargas no preferentes, la inexistencia de notificación en el procedimiento hipotecario coloca a los titulares de cargas no preferentes en un mayor grado de indefensión que cuando se produce en la ejecución dineraria común.

En la ejecución dineraria común, los titulares de cargas no preferentes saben al menos que existe una ejecución en marcha. La notificación del inicio de apremio, les advierte de la entrada en la fase definitiva. Pero cuando inscriben su derecho ya consta en el Registro la anotación preventiva de embargo que les advierte que existe una ejecución en marcha. Puede considerarse, hasta cierto punto al menos, que a través del contenido del Registro quedan advertidos de la existencia de un procedimiento que les puede afectar.[21] Si lo desean pueden solicitar su participación en el proceso de ejecución en marcha desde ese mismo momento (art. 13 LEC).

Por el contrario, la existencia de una hipoteca inscrita no indica que exista un procedimiento de ejecución en marcha. Normalmente, no es así. Cuando el titular de una carga posterior inscribe su derecho y aprecia la existencia de una hipoteca, lo que presupone es que el crédito con garantía hipotecaria está siendo pagando y que su derecho no corre peligro alguno.

Sólo cuando se expide la certificación de cargas, una vez iniciado el procedimiento de ejecución de la hipoteca, se deja la oportuna nota marginal advirtiendo de la existencia del proceso a nuevos titulares de derechos que se inscriban a partir de ese momento. Si el titular de la carga posterior, se incorpora al Registro con anterioridad a la expedición de la certificación de cargas, no tendrá conocimiento del inicio de un procedi-

21. Nos estamos refiriendo al supuesto más común. Se trata del caso en que la anotación preventiva de embargo se adopta en el marco de una ejecución. En el caso de que la anotación preventiva de embargo haya sido tomada como medida cautelar en la fase declarativa, no advierte de ejecución alguna. Por lo tanto, en estos casos, la notificación posterior del inicio del procedimiento de apremio es esencial para que no haya indefensión (art. 24,1 CE). La aplicación, en estos casos, del art. 660,2 LEC sólo es admisible con la interpretación que se propone en el último capítulo de este trabajo.

miento de ejecución en el que puede participar, si no se le realiza la notificación preceptiva. Su derecho puede verse cancelado en la ejecución sin que tenga conocimiento alguno de la existencia del proceso de ejecución.[22]

Es por ello, que en el procedimiento hipotecario es más grave la falta de notificación y debe dar lugar a una plena nulidad de todo lo actuado sin limite ni restricción alguna y, en consecuencia, sin que sea aplicable el art. 660,2 LEC.[23]

---

22. Aunque el Registro es público y se parte de la premisa de que todos pueden conocer su contenido en todo momento, lo cierto es que los titulares de cargas no preferentes normalmente lo consultarán previamente a constituir e inscribir su derecho y si no lo han consultado, serán informados al realizarse su inscripción. No es común que sigan consultándolo periódicamente. Ni parece razonable exigírselo, ni considerar que han actuado negligentemente, y que no merecen protección, sólo por la circunstancia de que inscriba en el Registro una nota marginal que advierte de la expedición de la certificación de cargas y del inicio del apremio en la ejecución hipotecaria, que hubieran podido conocer si hubieran realizado un control constante del contenido del Registro. En el mismo sentido, *Vid.* Montserrat Valero, Antonio, «*Las novedades de la ejecución hipotecaria en la LEC 2000*», Civitas, Madrid, 2002, págs. 70-71.

El art. 135 LH, recogiendo lo dispuesto en el anterior art. 1453,2 LEC 1881, ordena el Registro comunicar en los procesos ejecutivos abiertos, ulteriores asientos que puedan afectar a la ejecución. Esta norma pudiera parecer que provocará el conocimiento del inicio de la ejecución hipotecaria, al menos respecto a aquellos titulares de cargas no preferentes que tengan abierta una ejecución. Pero no es así, tampoco en estos casos recibirán comunicación alguna respecto al inicio de la ejecución preferente, a tenor de lo que se expondrá en los párrafos que siguen.

Se considera, en general, que el art. 143, párrafo segundo al quinto RH sigue siendo aplicable, desarrollando el art. 135 LH, como antes lo hacía respecto al 1453,2 LEC 1881. En este sentido puede verse, Martinez Santiago, José María, en su comentario a la Disposición Final Novena apartado séptimo de la LEC, que afecta al art. 132 LH, en la obra colectiva dirigida por Lorca Navarrete, Antonio María, «*Comentarios a la nueva Ley de Enjuiciamiento Civil*», Lex Nova, Valladolid, 2000, T. IV, págs. 4745.

El art. 143, párrafo tercero RH establece que no debe notificarse la nota marginal que se incorpore al Registro, cuando se expide la certificación de cargas ni ninguna otra vicisitud relativa a los procedimientos de ejecución preferentes. Solamente debe comunicarse en el procedimiento amparado en carga no preferente, la cancelación de su carga en virtud de una ejecución amparada en anotación o hipoteca preferente, cuando se produzca. Por lo tanto, tampoco a través del art. 135 LH los titulares de cargas no preferentes pueden llegar a conocer el inicio del apremio.

El art. 143, párrafo tercero RH es una mera norma reglamentaria y tengo mis dudas que fuera válida la restricción que realizaba respecto a lo dispuesto en el art. 1453,2 LEC. Estas dudas se acrecientan actualmente con el art. 135 LH.

El art. 1453,2 LEC se introdujo con la reforma de la Ley 10/1992, de 30 de abril de 1992 de medidas urgentes de reforma procesal. El art. 143, párrafos segundo y tercero RH fue reformado por el RD 1368/1992 de 13 de noviembre a fin de desarrollar y restringir el alcance del art. 1453,2 LEC. En aquel momento aunque era una norma meramente reglamentaria que pretendía limitar una norma de rango superior, al menos era claro que era posterior y se había establecido con la voluntad de desarrollar el art. 1453,2 LEC.

Pero actualmente el art. 135 LH, en la redacción que le ha dado la Disposición Final novena, apartado décimo de la LEC, es norma posterior al art. 143 RH. Se ha vuelto a establecer en norma posterior y de mayor rango, la necesidad de una notificación sin restricciones. Incluso a tenor de la Disposición Derogatoria, apartado tercero de la LEC que considera derogado genéricamente todo lo que se oponga al nuevo texto, cabe cuestionar la vigencia del art. 143 RH, en cuanto a sus últimos párrafos que vienen a limitar las notificaciones ordenadas por el art. 135 LH.

Por lo tanto, es discutible si sigue vigente el art. 143 RH, en cuanto las limitaciones que establece respecto al art. 135 LH. Posiblemente los Registradores deben actualmente, en virtud del art. 135 LH, comunicar también la expedición de la nota marginal que provoca la expedición de la certificación de cargas a los procedimientos que puedan verse afectados. Esta notificación serviría para que los titulares de cargas posteriores con ejecución en marcha, tengan conocimiento del inicio de la ejecución hipotecaria, caso de que no recibieran la notificación personal prevista en el art. 689,2 LEC.

23. En sentido parecido, puede verse, Jurado Jurado, Juan José, «*Procedimiento de ejecución directa sobre bienes inmuebles hipotecados. Ley de Enjuiciamiento Civil 1/2000*», Bosch, Barcelona, 2001, pág. 239 y 243, que entre otros argumentos y citas doctrinales y jurisprudenciales, recoge en apoyo de esta interpretación la Resolución de la Dirección

El art. 689,2 LEC no exige imperativamente la aplicación del art. 660,2 LEC. Es conveniente interpretar siempre las normas procesales en orden a que potencien al máximo los derechos fundamentales de tutela judicial efectiva de los derechos e intereses legítimos y para evitar situaciones de indefensión (art. 24,1 CE). En el caso del art. 689,2 LEC, esta interpretación apunta a prescindir del art. 660,2 LH como se ha venido defendiendo, aún si no se comparte ninguno de los restantes argumentos expuestos.

X. En caso de que se considere aplicable el art. 660,2 LEC al procedimiento de ejecución de bienes hipotecados, debe ser interpretado de forma restrictiva

Si pese a todo lo argumentos esgrimidos, se considera aplicable el art. 660,2 LEC en el procedimiento de ejecución de hipotecas, habrá que determinar qué interpretación hay que dar a este artículo.

En este apartado se analizarán someramente las posibilidades que ofrece y se indicará la interpretación que se propugna.

El art. 660,2 LEC, como se ha indicado, nace posiblemente de la polémica existente con la anterior Ley de Enjuiciamiento Civil, en cuanto a los efectos que debía otorgarse a la falta de notificación de los titulares de cargas no preferentes, en el marco de la ejecución dineraria común. Frente a las dos posturas extremas que se propugnaban o bien la nulidad radical de todo o bien que no produjera efecto alguno, el legislador optó por la solución recogida en el art. 660,2 LEC. Es una solución poco clara. Este artículo permite una gran variedad de interpretaciones, como puede apreciarse de su simple lectura:

> *«La ausencia de las comunicaciones del Registro o los defectos de forma de que éstas pudieran adolecer no serán obstáculo para la inscripción del derecho de quien adquiera el inmueble en la ejecución.»*

De una primera lectura, parece desprenderse que se inclina por la postura partidaria de no dar relevancia a la falta de notificación. Puede interpretarse que no debe declararse la nulidad pese a la existencia de errores en la comunicación a titulares de cargas pos-

---

General de los Registros y del Notariado de 29 de diciembre de 1998 (RJ 1998/10489), que reconoció expresamente el alcance constitucional que tienen las notificaciones que nos ocupan: «...*Ciertamente atañe a los Registradores el deber de colaborar con Jueces y Tribunales en su labor de juzgar y hacer ejecutar lo juzgado, y de cumplir sus resoluciones firme (cfr. Artículo 118 del Código Civil), pero no por ello ha de quedar excluida la calificación registral de aquellas que pretendan su acceso al Registro; estas exigencias constitucionales deben ser cohonestadas con el también constitucional principio de protección jurisdiccional de los derechos e intereses legítimos y de exclusión de la indefensión (cfr. Artículo 24 de la Constitución Española), que tiene su específica aplicción en el ámbito registral en el criterio de salvaguardia judicial de los asientos registrales (cfr. Artículo 1 de la Ley Hipotecaria). Y ello determia la supeditación de la inscripción de las resoluciones judiciales firmes, a la previa comprobación de que en el procedimiento en que se dictan, los titulares registrales que pueden ser afectados han tenido la intervención prevista por la Ley y en las condiciones exigidas según el caso, a fin de garantizar que no sufran en el mismo Registro las consecuencias de una indefensión procesal...*». También transcribe este autor, en la misma obra (pág. 251), el Auto del Tribunal Superior de Justicia de Andalucía de 2 de abril de 2001 que recoge la misma doctrina sentada por la Resolución antes citada.

teriores.[24] Debe mantenerse la validez de todas las actuaciones y completarse las que falten para llevar la venta judicial hasta sus últimas consecuencias, es decir, su inscripción registral, como si no se hubiera producido irregularidad alguna.[25]

Pero si se lee con un poco más de detenimiento, se aprecia que caben también otras interpretaciones más favorables a los intereses de los titulares de cargas no preferentes que no hayan sido notificados.

---

24. En este sentido, Vegas Torres, Jaime, en la obra colectiva, de la Oliva Santos, Andrés, Diez-Picazo Jiménez, Ignacio, Vegas Torres, Jaime, «*Derecho Procesal Civil. Ejecución forzosa. Procesos especiales. Conforme a la Ley 1/2007, de 7 de enero de Enjuiciamiento Civil*», Centro de Estudios Ramón Areces,S.A., Madrid, 2000, pág. 234. Fernández-Ballesteros, M.A., «*La ejecución forzosa y las medidas cautelares en la nueva Ley de Enjuiciamiento Civil*», Irgium Editores, Madrid, 2001, pág. 403. Salgado Carrero, Celestino, «*Los títulos ejecutivos: La sentencia y los demás títulos ejecutivos. La ejecución provisional de las resoluciones judiciales. La ejecución en general: las partes de la ejecución y el Tribunal competente*» en la obra colectiva, «*La ejecución, los procesos hipotecarios y aspectos registrales en la nueva Ley de Enjuiciamiento Civil*», Consejo General del Poder Judicial, Madrid, 2000, Estudios de Derecho Judicial, 31-2000, pág. 187. Flores Prada, Ignacio, «*El procedimiento de apremio en la ejecución civil*», Tirant lo Blanch, Valencia, 205, pág. 181. Montero Aroca, Juan y Flors Maties, José, «*Tratado de proceso de ejecución civil*», Tirant lo Blanch, Valencia, 2004, T. II, pág. 1775. Diaz Fraile, Juan María, «*Ejecución judicial sobre bienes hipotecados (Actualizado a la Ley 1/2000, de 7 de enero, de Enjuiciamiento Civil)*», Centro de Estudios Registrales, Madrid, 2000, págs. 363-367. De todas formas, la mayor parte de los autores citados, sólo se pronuncian con contundencia en el marco de la ejecución dineraria común. Cuando se refieren a la ejecución de bienes hipotecados o bien guardan silencio o bien manifiestamente se pronuncian a favor de la no aplicación del art. 660,2 LEC a este procedimiento (por ejemplo, Diaz Fraile en la obra citada, págs. 367 y ss.).

25. Como se apuntaba en mi comentario al art. 660 LEC, en la obra colectiva dirigida por Lorca Navarrete, Antonio María, «*Comentarios a la nueva Ley de Enjuiciamiento Civil*», Lex Nova, Valladolid, 2000, T. III, págs. 3320-3321, aún si se mantiene esta interpretación, es discutible si al amparo de este artículo se puede cancelar la carga no preferente carente de notificación. El art. 660,2 LEC no se pronuncia sobre el particular y admite también la interpretación contraria a la cancelación de las cargas no preferentes cuyos titulares no han sido notificados en forma. También sería esta la interpretación más ajustada al art. 24,1 CE.

En la misma línea expuesta en los citados comentarios, puede verse, Pedraz Penalva, Ernesto y Moral Moro, María José, en sus comentarios al procedimiento de apremio en la obra colectiva dirigida por Gimeno Sendra, Vicente, «*Proceso Civil Práctico*», La Ley, Las Rozas (Madrid), 2001, T. VIII, 1-214-215.

Diaz Fraile, Juan María, «*Ejecución judicial sobre bienes hipotecados (Actualizado a la Ley 1/2000, de 7 de enero, de Enjuiciamiento Civil)*», Centro de Estudios Registrales, Madrid, 2000, págs. 708-709, apunta como objeción que aunque el testimonio de adjudicación y el mandamiento de cancelación pueden presentarse como dos documentos separados, incluso en ese caso, la calificación negativa en caso de defectos de notificación posiblemente debiera alcanzar a ambos. Considera que a tenor del art. 133 LH es precisa la idoneidad de ambos para que pueda producirse la inscripción y cancelación.

Pero lo cierto, es que como indica este autor, es frecuente presentar dos documentos independientes, aunque se presenten conjuntamente según lo establecido por el art. 133 LH. Por lo tanto, se podría inscribir la adjudicación y no dar trámite a la cancelación o al menos restringirla sólo a aquellas cargas que han recibido la oportuna notificación.

Además, como también reconoce, esta presentación conjunta no viene motivada por el art. 660,2 LEC, sino para evitar que los problemas que se podían producir cuando se presentaba de forma independiente y en primer lugar sólo el mandamiento de cancelación. Señala el peligro de pérdida de prioridad en el Registro al que queda expuesto el adjudicatario en la ejecución. Pueden inscribirse terceros titulares de derechos que gozarán, en principio, de prioridad registral frente al adjudicatario que tendrá que pechar con ellos o incluso dificultaría su inscripción si la prioritaria del tercero era de dominio

Rivas Torralba, Rafael, «*Anotaciones de embargo*», Bosch, Barcelona, 2008, págs. 689-670, considera que el art. 133 LH sólo es aplicable a la ejecución de bienes hipotecados. Si se acepta esta interpretación, en la ejecución dineraria común no serían de aplicación las objeciones que apunta Diaz Fraile.

En todo caso, hay que reconocer que el art. 133 LH no establece expresamente que se limite al procedimiento hipotecario, a diferencia de otros artículos como el art. 132 LH que si lo hace. Sobre este particular *Vid.* también mi comentario al art. 674 LEC y el de Martinez Santiago, José María, a la Disposición Final Novena apartado octavo LEC (se refiere al art. 133 LH), en la obra colectiva dirigida por Lorca Navarrete, Antonio María, «*Comentarios a la nueva Ley de Enjuiciamiento Civil*», Lex Nova, Valladolid, 2000, T. III y IV, págs. 3358 y 4739-4740.

El art. 660,2 LEC lo único que parece establecer literalmente es una orden al Registrador para que no impida la inscripción del derecho del adjudicatario en la ejecución, aunque llegara a apreciar la existencia de defectos en la notificación a los terceros de titulares de cargas no preferentes.

Por lo tanto, el Juez puede declarar la nulidad en todo momento, de oficio[26] o a instancia de parte[27] (arts. 238,3 y 240,2 LOPJ y 225,3 y 227,2 LEC). El único límite que tendrá la declaración de nulidad será la protección que le pueda ofrecer el Registro al adjudicatario en la ejecución, caso de que haya inscrito y cancelado las cargas no preferentes antes de que se declare la nulidad. Si ha inscrito y cancelado antes de que se declare la nulidad y se le puede considerar tercero de buena fe protegido por el registro, porque no conocía la falta de notificación, no le alcanzará la nulidad a su adquisición ni a la cancelación producida por la ejecución (art. 34 LH). En otro caso, aunque hubiera inscrito su derecho y cancelado las cargas no preferentes, el Tribunal podrá acordar extender la nulidad a la inscripción y cancelación producidas, expidiendo el correspondiente mandamiento al Registro.[28]

En relación a la posibilidad de que no se cancelen las cargas posteriores, si no han sido debidamente notificados sus titulares, hay que reconocer en ese caso al rematante o adjudicatario la posibilidad de solicitar la nulidad de su adjudicación. No se le ha adjudicado el bien en las condiciones legalmente fijadas (art. 666, 668,3°, 669,2, 674,2 LEC), alterándose sustancialmente las condiciones de la venta.

26. La Sentencia del Tribunal Constitucional de 21 de enero de 2008, repetidamente citada, también señala en su fundamento de derecho cuarto que aunque el Registro realice la notificación, actúa como auxiliar del Tribunal que es el último responsable de la regularidad de todo el proceso de ejecución. Por tanto, considera que el Tribunal puede declarar la nulidad de lo actuado y establecer las correcciones necesarias también en materia de notificaciones a terceros titulares de cargas no preferentes. Esta apreciación del Tribunal Constitucional es plenamente acertada porque los Tribunales, según mandato constitucional, no sólo tienen atribuida en exclusiva la responsabilidad última de juzgar, sino también hacer ejecutar lo juzgado (art. 117,3 CE).

Antes de declarar la nulidad de oficio, sería conveniente realizar la correspondiente comunicación a los titulares de cargas no preferentes que no han sido notificados, indicando el error producido, el estado en que se encuentra la ejecución y que puedan solicitar la nulidad de lo actuado si tienen interés en intervenir en alguna actuación ya realizada. Si no manifiestan voluntad alguna de que se declare la nulidad, se podría considerar tácitamente subsanado el defecto (arts. 227,1 y 230,1 LEC y arts. 240,1 y 243,1 LOPJ). Sobre el particular, *Vid.* también mi comentario al art. 660 LEC, en la obra colectiva dirigida por Lorca Navarrete, Antonio María, «*Comentarios a la nueva Ley de Enjuiciamiento Civil*», Lex Nova, Valladolid, 2000, T. III, págs. 3321. También Montserrat Valero, Antonio, «*Las novedades de la ejecución hipotecaria en la LEC 2000*», Civitas, Madrid, 2002, págs. 69-72.

27. Normalmente será a instancia del titular de la carga no preferente, que no haya sido oportunamente notificado porque el Registro no informa al Tribunal de las incidencias producidas (art.353,1 RH). Sobre el particular *Vid.* más ampliamente lo expuesto en la nota 8 de este mismo trabajo.

También Montero Aroca, Juan, «*Las ejecuciones hipotecarias en la nueva Ley de Enjuiciamiento Civil*», Tirant lo Blanch, Valencia, 2001, págs. 712-713, considera que cabe la declaración de nulidad de oficio o a instancia de parte en caso de que no se realice la debida notificación, pese a la existencia del art. 660,2 LEC. En el mismo sentido, Martín Diz, Fernando, «*La ejecución de la garantía hipotecaria sobre bienes inmuebles. Su tratamiento legal en la nueva Ley de Enjuiciamiento Civil*», Ed. Comares, Granada, Granada, 2000, págs. 355-356, que considera que el titular de la carga no preferente no notificado, podrá incluso acudir a un proceso declarativo posterior al amparo del art. 698 LEC.

28. Hay que volver a recordar de todas formas, que incluso con esta interpretación no se resuelve la contradicción entre el art. 660,2 LEC y los arts. 692,3 LEC y 132,2 LH. Para aquellos que pretendan defender la aplicación del 660,2 LEC en el proceso hipotecario, la única solución para reducir al mínimo la desarmonía normativa señalada sería la que se pasa apuntar. Interpretar que, debido a como quedó finalmente redactado el. arts. 689 LEC, el art. 692,3 sólo obliga al Tribunal a comunicar al Registro la notificación al tercer poseedor que haya realizado el Tribunal. Por otro lado,

Está es la interpretación más adecuada, si se pretende aplicar el art. 660,2 LEC al procedimiento de ejecución de bienes hipotecados. Es la interpretación más ajustada a la doctrina sentada por la Sentencia del Tribunal Constitucional de 21 de enero de 2008 repetidamente mencionada en este trabajo: nulidad de lo actuado, salvo que sea irreversible la adquisición en la ejecución y la cancelación de las cargas por la protección otorgada por el Registro.

XI. La misma interpretación restrictiva del art. 660,2 LEC seria conveniente extenderla a la ejecución dineraria común

Aunque no es objeto específico de este trabajo, se quiere concluir señalando que la interpretación del art. 660,2 LEC en el marco de la ejecución dineraria común, no debería ser muy distinto.

En la ejecución dineraria común, la notificación a los titulares de cargas no preferentes también cumple una función importante y su ausencia coloca normalmente a tales titulares en una situación de indefensión.

Los titulares de tales cargas, al inscribirlas en el Registro, habrán tenido conocimiento de la existencia de una anotación preventiva de embargo preferente que les advierte de una ejecución en marcha. Pero ello, no quiere decir que sus derechos vayan a ser cancelados necesariamente. La ejecución amparada en una anotación anterior puede terminar por vías muy distintas al apremio de la finca. Puede terminar, por ejemplo, debido a pagos extrajudiciales o a la ejecución de otros bienes. No es infrecuente tampoco que simplemente permanezca paralizada largo tiempo, porque el ejecutante con la primera anotación no insta el apremio debido a la situación del mercado o por cualquier otra causa.

A todo lo anterior, hay que añadir que al inscribir una carga posterior, puede suceder que existan diversas anotaciones preventivas de embargos anteriores. Todas ellas advierten de la existencia de una ejecución. En todas ellas puede producirse el apremio y deberían ser objeto de control por el titular de una carga no preferente, aunque normalmente sólo se inste en la ejecución que goza de la primera anotación.

Por todo ello, es normal que, aunque los titulares de cargas no preferentes aprecien la existencia de otras anotaciones preventivas de embargo preferentes cuando inscriben sus derechos, ni se personen en las ejecuciones, ni realicen un periódico y frecuente seguimiento del Registro para controlar posibles notas marginales, que les adviertan de expediciones de certificaciones de cargas por el inicio de algún apremio respecto a una carga anterior. El tiempo y el dinero que ello exigiría no lo hacen razonable.

Debido a lo anterior, seguramente aún se mantiene en la actual Ley de Enjuiciamiento Civil la obligación de que sean notificados los titulares de las cargas no preferentes, cuando se inicie el apremio, es decir, la fase en que realmente pueden ver perjudicados sus derechos (arts. 659 y 660 LEC). Los titulares de cargas no preferentes confían en la notificación que deberán recibir por parte del Registro para, en su caso, empezar a actuar (pagar y subrogarse en el crédito amparado por la anotación anterior, etc). No puede considerarse como una mera comunicación inocua y sin eficacia real alguna, como la consideran los partidarios de que una defectuosa realización no produzca ningún efecto. Muy al contrario, en la ejecución dineraria común, también sigue dependiendo de ella el derecho de defensa de los titulares de cargas no preferentes, en buena medida.

Por otra parte, al introducirse el art. 660,2 LEC, no se tuvo en cuenta tampoco que la existencia de una anotación preventiva de embargo puede deberse a una medida cautelar (art. 727,1ª LEC). En ese caso, decaen todos los argumentos sustentados por los que defienden la inocuidad de la notificación prevista en los arts. 659 y 660 LEC. La notificación es esencial. La anotación no advierte de ejecución alguna. La única noticia de la transformación del embargo cautelar en ejecutivo y del inicio de la ejecución que recibirán los titulares de cargas posteriores, será el previsto al inicio del apremio. Su práctica irregular les coloca en una situación de total indefensión. No pueden admitirse interpretaciones del art. 660,2 LEC que impidan declarar la nulidad de todo lo actuado, sin vulneración del art. 24,1 CE.

Por todo lo expuesto, cuando se aplique el art. 660,2 LEC en el marco de la ejecución dineraria común, también debería interpretarse en la forma restrictiva que se ha expuesto en el anterior apartado, respecto a la ejecución hipotecara. Es más, es la forma más adecuada para armonizarlo con el art. 24,1 CE y con la doctrina de la Sentencia del Tribunal Constitucional de 21 de enero de 2008 objeto de análisis en este trabajo.

Además, esta Sentencia, aunque se refiere a un caso producido en un procedimiento de ejecución de bienes hipotecados, no distingue. No señala que las pautas que sienta deban ser aplicadas sólo al procedimiento de ejecución de bienes hipotecados. Puede interpretarse perfectamente, que deben extenderse a todos los supuestos en que se produzcan errores en la notificación a los titulares de cargas no preferentes. Si esto es así, la interpretación del art. 660,2 LEC que se propugna es la que mejor encaja con las premisas sentadas por la Sentencia del Tribunal Constitucional de 21 de enero de 2008 repetidamente citada.

Como último apunte a favor de la interpretación que se sustenta, hay que señalar que con el art. 660,2 LEC se ha dado un paso atrás en la potenciación de la protección de los derechos fundamentales reconocidos por el art. 24,1 CE, que también son aplicables a los titulares de cargas no preferentes.

Antes de la reforma de la anterior Ley de Enjuiciamiento introducida por Ley 10/1992 de Medida Urgentes de Reforma Procesal, el art. 1490 LEC, en la ejecución dineraria común, sólo ordenaba la notificación del inicio del apremio a los titulares de segunda o posteriores hipotecas. Esta situación discriminatoria dio lugar a una polémica entre los partidarios de mantener esta situación (incluso se sostenía, en algunos casos, que la notificación sólo debería realizarse si se ejecutaba una hipoteca por la vía de la ejecución dineraria común) y los que sostenía que era discriminatorio y debía extender la notificación a todos los titulares de todas las cargas.[29]

En el fondo, de esta polémica también latía el valor y trascendencia que se debía otorgar a la notificación y si debía extenderse a la ejecución dineraria común en todos los casos.

La reforma del año 1992 ratifica la última de las interpretaciones.[30] Hay que notificar a todos y no es inocua. Al no establecer régimen especial alguno para los errores cometidos en estas notificaciones, debían producir las consecuencias propias de todo error judicial relevante, es decir, la nulidad.

El Tribunal Supremo mediante su Sentencia de 14 de mayo de 1993, antes citada (véase epígrafe VIII,2), ratificó esta última interpretación.

Pero este criterio fue cuestionado por la Resolución de la DGRN de 1 de julio de 1997, también citada (véase apartado VIII,3). Esta Resolución sigue los criterios más restrictivos que pretendía una involución en la reforma de 1992, cuestionando incluso en algunos momentos expresamente la propia reforma legislativa. El art. 660,2 LEC se inspira en la misma línea interpretativa restrictiva.[31]

Por ello, independientemente de que en el mundo del derecho es común que puedan defenderse con cierta solvencia diferentes interpretaciones, como ocurre en el presente caso, lo que sí es evidente es que el art. 660,2 LEC no va en la línea de potenciar al

---

interpretar también que la calificación del Registrador exigida por el art. 132,2 LH sólo debía extenderse a la notificación que realice el Juez al tercer poseedor en virtud del art. 689,1 LEC, pese a lo dispuesto literalmente en el art. 132,2 RH, que exige la comprobación por el Registrador de la correcta comunicación a todos los titulares de cargas no preferentes.

29. Sobre la notificación del apremio a los titulares de las cargas no preferentes en la Ley de Enjuiciamiento Civil de 1881, antes de la reforma de 1992, puede verse ampliamente, mi trabajo, «*El procedimiento de apremio*», Bosch, Barcelona, 1987, págs. 205 y ss

30. Sobre la reforma de la Ley de Enjuiciamiento Civil de 1992 en materia de notificaciones de cargas no preferentes, pueden verse, mis comentarios en la obra colectiva, coordinada por Montero Aroca, Juan, «*La reforma de los procesos civiles (Comentarios a la Ley10/1992, de Medidas Urgentes de Reforma Procesal*», Civitas, Madrid, 1993, págs. 160 y ss.

31. Sobre la evolución de la notificación a los titulares de cargas no preferentes en la ejecución dineraria común hasta la actualidad y la línea involucionista que se ha producido con la que no se muestra partidario, puede verse más ampliamente, Rivas Torralba, Rafael, «*Anotaciones de embargo*», Bosch, Barcelona, 2008, págs. 270 y ss. También señala que esta línea de involución ya puede apreciarse incluso en el art. 353,1 RH redactado según Real Decreto 1368/1992, de 13 de noviembre que desarrollo la regulación de estas comunicaciones por el Registrador, al establecerse que el Registrador sólo haga constar en la certificación que ha expedido las comunicaciones y la forma en que se ha hecho, pero sin imponerle la obligación de comunicar ninguna incidencia. También pone de manifiesto que en el preámbulo de del Real Decreto citado, restaba valor a estas notificaciones indicando que los titulares de cargas no preferentes pueden conocer por el Registro la concreta situación jurídico-real del bien adquirido.

También puede verse, en este caso sustentando un criterio favorable a la línea involucionista seguida, Diaz Fraile, Juan María, «*Ejecución judicial sobre bienes hipotecados (Actualizado a la Ley 1/2000, de 7 de enero, de Enjuiciamiento Civil)*», Centro de Estudios Registrales, Madrid, 2000, págs. 362 y ss

máximo la tutela efectiva de unos ciudadanos que pueden verse gravemente afectados por la ejecución, como son los titulares de las cargas no preferentes.

Finalmente quiero señalar, que sería conveniente que, en una futura reforma legislativa, se clarificaran los efectos de la falta de notificación a los titulares de cargas no preferentes, tanto en el ámbito de la ejecución dineraria común como de la especial para bienes hipotecados. Las dudas que las normas actuales suscitan lo hace necesario.

El título ejecutivo y la ejecución genérica en Italia

DR. ALEXANDRE GIRBAU COLL
PROFESOR DE DERECHO PROCESAL U.B. ABOGADO

I. Introducción

Nos centramos en el título ejecutivo que constituye presupuesto de la ejecución genérica, es decir de la ejecución tendente a hacer efectivas deudas pecuniarias o en especie computable a metálico, y que se lleva a cabo a través del embargo, expropiación y enajenación forzosa de los bienes del deudor.

El art. 1992 CC italiano establece que «el poseedor de un título de crédito tiene derecho a la prestación indicada en el mismo, a la presentación del título». Si a la presentación del título, quien aparece como deudor no reconoce o satisface tal derecho, el art. 2910 CC italiano prevé la vía procesal para hacer efectiva la tutela del crédito, cuando reza «el acreedor puede hacer expropiar los bienes del deudor según las normas del Código de Procedimiento Civil» (en lo sucesivo CPC).

Acudiendo al CPC, su art. 474 establece que la ejecución forzosa sólo puede tener lugar en virtud de título ejecutivo, por un derecho cierto, líquido y exigible.

II. Requisitos sustanciales o presupuestos del título ejecutivo

El proceso de ejecución presupone la posesión de —al menos— un título ejecutivo; y para que el título lleve aparejada ejecución, debe conTener o declarar un derecho cierto, líquido y exigible (art. 474 CPC).[1] Estas tres características deben resultar del propio título.

1. Sin embargo Redenti, Enrico: *Dei procedimenti ordinarii di ezecuzione per spropriazione contro il debitore*, en «Profili pratici del diritto procesuale civile», XVII, Milano, 1939, pág. 565, refiere estos requisitos al crédito y no al títu-

II.1. Certeza

La discordia entre la doctrina (entre sí) y la jurisprudencia es absoluta a la hora de interpretar este vocablo y requisito.

Mientras Chiovenda no lo contempla, y Redenti lo considera sólo un requisito de la exigibilidad del crédito,[2] citando como ejemplo de crédito incierto aquél sometido a condición pendente y de crédito cierto aquél sometido a plazo determinado; para Satta la certeza implica que el derecho debe resultar, en sus aspectos objetivo y subjetivo, del título.[3] Por contra, Mandrioli sostiene que la certeza, más que resultar del título, es consecuencia de la existencia del título mismo.[4] Según Carnelutti el derecho es cierto cuando el título no deja duda sobre su existencia;[5] pero para Rocco la existencia del derecho no viene determinada por su certeza y, sin definirla, distingue dos grados diversos de la misma:[6]

a) En las resoluciones judiciales, el título debe de consagrar y contener una declaración de certeza del derecho sustancial y de la obligación jurídica correlativa, resultante de un documento judicial;

b) En el documento extrajudicial, el título debe contener una declaración de certeza y una certeza simplemente presuntiva del derecho sustancial y de la obligación correlativa, proveniente de un documento extrajudicial que, por sus requisitos formales o por el órgano que lo ha formado, dé una suficiente certeza y probabilidad de existencia efectiva.

Proto Pisani afirma que el requisito de la certeza se refiere sólo al hecho constitutivo del crédito y reconoce que la individualización de tal requisito es muy problemática

---

lo ejecutivo. Efectivamente, para el autor citado, la acción ejecutiva está supeditada a dos requisitos: el crédito y el título ejecutivo; de ahí que necesariamente la certeza, liquidez y exigibilidad deban de ir aparejadas al crédito.

2. Redenti, Enrico: *Profili...cit.*, pág. 566, afirma que la incerteza y la falta de liquidez no son más que dos hipótesis ejemplificables de la falta de exigibilidad actual. Un crédito será incierto si está supeditado a condición suspensiva, y será cierto si está supeditado a un plazo determinado. Resalta el autor que la certeza como requisito del crédito es algo relativo por cuanto puede ser discutida mediante la oposición.

3. Satta, Salvatore: *Il processo di esecuzione*, en «Diritto procesuale civile, Padova, 1987, pág. 582, se cita una Sentencia de la Suprema Corte (Cas. 25 de febrero de 1983, n.1455) donde se precisa que la certeza del derecho, como requisito esencial del título ejecutivo judicial y extrajudicial, debe ser entendida en el sentido que la situación jurídica declarada en favor de un sujeto debe emerger exacta y completamente, en su contenido y en sus límites, de la resolución judicial o del acto negocial, de manera que resulte determinado o delimitado incluso el contenido del título.

4. Mandrioli, Crisanto: *Corso di diritto processuale civile*, vol. III, Torino, 1990, pág. 37.

5. Carnelutti, Francesco: *Contenido Del Título Ejecutivo*, en «Instituciones Del nuevo proceso civil italiano», (trad. por Jaime Guasp) Ed. Bosch, 1942, pág. 162, para quien certeza, liquidez y exigibilidad son cualidades que deben estar presentes en el derecho que se refleja en el título ejecutivo. Coincide con este autor o se adhiere a la posición Del mismo, Andrioli: *Commento al Codice di procedura civile*, Napoli, 1957, pág. 12.

6. Rocco, Ugo: *Tratado de derecho procesal civil*, IV, Buenos Aires, 1976, pág. 144 y 145, sostiene que no siempre, aun siendo cierto el título, es existente el derecho o —al menos— todavía existente, y se refiere a la certeza, liquidez y exigibilidad como cualidades del derecho sustancial que no influyen en el ejercicio de la acción ejecutiva, sino en el resultado de tal ejercicio, que será un fracaso a falta de tales cualidades en el derecho resultante del título.

porque el grado de certeza, entendida como capacidad representativa del crédito, es muy distinto en cada uno de los diversos títulos del art. 474 CPC.[7]

Incomprensible, Luiso dice que el requisito de la certeza sólo hace referencia a la ejecución de obligaciones de entregar cosa determinada o de hacer; para este autor, la certeza consiste en la individualización del bien objeto de intervención ejecutiva o del hacer que debe cumplirse, así como de la actividad jurisdiccional a llevar a cabo.[8]

Finalmente, una linea jurisprudencial establece que este requisito de la certeza hace referencia al sujeto pasivo de la prestación o sujeto legitimado pasivamente para actuar en la ejecución, el cual debe estar indicado en el título.[9]

II.2. Liquidez

Sobre el significado del adjetivo «líquido» existe concordia entre doctrina y jurisprudencia, si bien cada autor aporta su toque de originalidad.

Chiovenda habla de título *Completo* cuando la obligación es líquida, afirmando que ésta debe recaer sobre la prestación y sobre el valor. Y añade que la ejecución mediante expropiación forzosa presupone una cantidad de dinero líquida.[10]

Satta recuerda que en el viejo CPC (art. 568) la liquldez no era presupuesto del título sino de la ejecución,[11] y la define como la valoración del bien debido en dinero; añadiendo que ésta no es predicable de los derechos, tal como establece el art. 474 CPC, sino de las deudas u obligaciones.[12]

Según Redenti un crédito es ilíquido cuando no está precisada la suma de dinero o la cantidad de cosas fungibles que deben ser objeto de la prestación, lo cual no significa que el título ejecutivo deba declarar en liras y centésimas la suma a percibir, sino que es suficiente que pueda ser liquidado con simples operaciones aritméticas aplicadas

---

7. Proto Pisani, Andrea: *Lezioni di diritto processuale civile*, Napoli, 1994, pág. 777.

8. Luiso, Francesco-P: *Apunti di diritto processuale civile*, Italia, 1992, pág. 17.

9. Casación, 19 de febrero de 1962, nº1943, en *Giust. It.*, 1962, I, 1, c. 1321 y ss., citada por Bonsignori, Angelo: *L'esecucionne forzata*, Torino, 1991, pág.59.

10. Chiovenda: *La ejecución forzosa. El título ejecutivo,* en «Principios de derecho procesal civil», (trad. por Casais Santaló), vol. I, Madrid, 1977, pág. 319. Y *La actuación de la ley en favor del actor. Mediante ejecución forzosa. El título ejecutivo,* en «Instituciones de derecho procesal civil» (trad. por Gómez Orbaneja), vol. I, Madrid, 1936, pág. 352, añade, sin embargo que la liquidación de intereses, por regla general, no tiene necesidad sino de una operación aritmética y no de un juicio especial.

11. Satta: *Diritto procesuale...cit.*, pág. 581, añade que el viejo CPC establecía la prohibición de proceder a la venta de los bienes «por créditos de especie no liquidada, hasta tanto no finalice la liquidación». Por lo tanto, la liquidez no era presupuesto del título ejecutivo ni del inicio o despacho de la ejecución, sino únicamente de la venta de los bienes embargados. De ahí SATA entiende que el principio enunciado en el art. 474 CPC carece de sentido y razón.

12. Satta: *Diritto procesuale...cit.*, pág. 582, explica que la confusión deriva de la acumulación que ha hecho el legislador de la expropiación con la ejecución específica y que por eso el art. 474 CPC habla de «derecho» y no de «crédito».

sobre elementos del título.[13] Y según Castoro, el derecho es líquido cuando está exactamente determinado su cuantum.[14]

Mientras Carnelutti considera al derecho líquido cuando el título no deja duda sobre su objeto,[15] Rocco considera que la liquidez del derecho no tiene nada que ver con su objeto, sino con la certeza sobre su calidad y cantidad y que un derecho es líquido cuando está específicamente determinado cuantitativa y cualitativamente.[16] Siguiendo a éste último, Proto Pisani considera que un crédito es líquido cuando está determinado en su importe;[17] y Luiso limita este requisito a la ejecución de obligaciones de pagar una cantidad de dinero, siendo líquido un crédito bien cuando está cuantificado directamente en el título ejecutivo, bien cuando es cuantificable con operaciones matemáticas sobre elementos del título.[18] También Carpi sostiene que la liquidez no se excluye por la falta de determinación de la cifra en el título, siendo suficiente que el importe pueda ser recavado con una operación aritmética con base en datos contenidos en mismo.[19] Finalmente, Mandrioli define la liquidez como la expresión del crédito en dinero y en medida determinada.[20]

II.3. Exigibilidad

Sobre el particular, las divergencias doctrinales son más de carácter terminológico o formal que sustanciales.

Según Satta, la exigibilidad viene dada por la ausencia de un término o plazo todavía en curso o de una condición suspensiva pendiente.[21]

Para Chiovenda la exigibilidad tiene un doble sentido:

a) Significa, por un lado, que el título no esté condicionado, esto es, que la declaración contenida en el título no esté sometida ni a condiciones, ni a términos, ni a limitaciones de ninguna clase que impidan la ejecución; y

13. Redenti: «Profili...cit.», pág. 568 y 569.

14. Castoro: *Il processo di esecuzione nel suo aspetto pratico*, Milano, 1954, pág. 5, citado por Carpi Federico, Colesanti Vittorio, Taruffo Michele en *Commentario breve al Codice di Procedura Civille*, Padova, 1984, pág. 604.

15. Carnelutti: *Instituciones...cit.*, pág. 163.

16. Rocco, Ugo: *Tratado...cit*. pág. 145, añade que en el lenguaje jurídico es ilíquido todo lo que siendo cierto en su existencia, es incierto en su monto.

17. Proto Pisani: *Lezioni...cit.*, pág. 777.

18. Luiso: *Apunti...cit.*, pág. 18, donde afirma que la liquidez es el equivalente a la certeza, pero referida a sumas de dinero. Si la obligación es de hacer o dar cosa determinada, la obligación debe ser cierta; si la obligación lo es de pagar cantidad de dinero, debe ser líquida.

19. Carpi Federico, Colesanti Vittorio, Taruffo Michele: *Commentario breve al Codice di Procedura Civille*, Padova, 1984, pág. 605, llegan a tal conclusión con base en las sentencias de la corte suprema C 75/3206 y 70/1298.

20. Mandrioli: *Corso...cit.*, pág. 37.

21. Satta: *Diritto procesuale...cit.*, pág. 583.

b) Por otro lado, que el título sea definitivo,[22] esto es, que la declaración no esté sometida a impugnación que tenga la eficacia de suspender la ejecución.

Carnelutti considera que el derecho es exigible cuando el título no deja duda sobre su actualidad[23] y Rocco cuando no está sujeto a hechos, eventos, o actos que impidan su ejercicio. Para éste la exigibilidad concierne a la posibilidad de ejercicio del derecho y no a su existencia actual, con la que no tiene nada que ver.[24] En el mismo sentido, Proto Pisani considera que el derecho es exigible cuando no está sujeto a término o a condición suspensiva, o bien cuando ya ha transcurrido el plazo o se ha producido la condición,[25] añadiendo Mandrioli que ello debe resultar del título.[26] Sin embargo, Luiso sostiene de modo incomprensible que la exigibilidad no es un requisito del título ejecutivo sino de la ejecución forzosa.[27]

Redenti centra en la exigibilidad del crédito la esencia de los requisitos del título ejecutivo, considerando que ésta es el concurso de las circunstancias necesarias para reclamar legítimamente el pago al deudor, siendo exigible un crédito sólo cuando es cierto, líquido y subsistente.[28]

III. Los diversos títulos ejecutivos en derecho italiano

El mismo art. 474 CPC establece una enumeración casi taxativa de aquellos títulos que llevan aparejada ejecución, sin hacer una clasificación de los mismos.[29]

22. Chiovenda: *Instituciones...cit.,* pág. 351 y 352, comprendiendo entre los títulos definitivos a las Sentencias recaídas en los procesos declarativos de conocimiento sumario con prevalente función ejecutiva, tanto en supuestos de condena con ejecución provisional, como en los casos de condena con reserva, como en el procedimiento monitorio o de *ingiunzione.*

23. Carnelutti: *Instituciones...cit.*, pág. 163.

24. Rocco, Ugo: *Tratado...cit.*, pág. 145.

25. Proto Pisani: *Lezioni...cit.*, pág. 777.

26. Mandrioli: *Corso...cit.*, pág. 37.

27. Luiso: *Apunti...cit.*, pág. 19.

28. Redenti: *Profili...cit.* pág. 565 y 566, considera que en el título ejecutivo deben de establecerse las condiciones de la exigibilidad del crédito de tal suerte que ésta pueda ser verificada o controlada en el momento de la ejecución con una simple constatación que no requiera el uso de pruebas o de documentos adicionales.

29. La mayoría de autores italianos han clasificado tradicionalmente los diversos títulos ejecutivos en dos categorías: judiciales y extrajudiciales. En este sentido, Carnelutti (*Instituciones...cit.*, pág. 161), Ugo Rocco (*Tratado*...cit., pág. 138), Satta (*Diritto procesuale...cit.*, pág. 577), Mandrioli (*Corso...cit.*, pág. 38 y 40), entre otros. Para Chiovenda una clasificación sistemática de los títulos ejecutivos puede basarse en la naturaleza y la proveniencia del acto jurídico (*Instituciones...cit.,* pág. 342) ; así, clasifica los títulos ejecutivos en a) provenientes de autoridad jurisdiccional, b) de autoridad administrativa y c) contractuales. En la misma linea, Redenti clasifica el título ejecutivo, según su origen, distinguiendo títulos de formación judicial, administrativa y negocial (*Profili...cit.* pág. 569). Nosotros prescindiremos de los títulos emanados de las autoridades administrativas a los efectos del presente trabajo que escapa del ámbito administrativo y se centra únicamente en el derecho procesal civil. Por su parte Proto Pisani (*Lezioni...cit.*, pág. 19 y ss.), Bonsignori: *L'esecucionne...cit.*, págs. 60 y ss.) y Luiso (*Apunti...cit.*, pág. 778) se limitan a seguir la enumeración de los títulos tal como aparecen en los tres apartados del art. 474 CPC, dividiéndolos en tres categorías: títulos judiciales, títulos de crédito y actos notariales o de funcionario público.

Es la doctrina la que ha clasificado los títulos ejecutivos en estas categorías:

III.1. Los títulos ejecutivos judiciales

Art. 474.1) CPC «La Sentencia y otras resoluciones judiciales a las que la ley atribuye expresamente eficacia ejecutiva.»

Se refiere a los títulos de formación judicial que constituyen el resultado de un proceso de cognición; y distingue la Sentencia de aquellas otras resoluciones judiciales a las que la ley atribuye expresamente eficacia ejecutiva.

A) Sentencia

La doctrina es unánime al considerar que debe tratarse de una sentencia de condena o al menos de un pronunciamiento condenatorio de una sentencia cualquiera, considerándose el título ejecutivo por excelencia.[30]

Antes de la reforma del CPC operada en 1990 la doctrina discutía si el título ejecutivo lo constituía la sentencia de primera instancia o la dictada en grado de apelación: para Carnelutti era la dictada en apelación, tanto en caso de confirmar como de revocar a la de primera instancia y, por lo tanto es la sentencia de segunda instancia la que debe notificarse al deudor en forma ejecutiva;[31] según Redenti la teoría del anterior sólo vale para el caso en que la sentencia de apelación revoque y sustituya a la de primera instancia pero, en caso de confirmarla, será título ejecutivo la de primera instancia y habrá de notificarse juntamente con la de apelación.[32] Para Chiovenda, en caso de varias sentencias pronunciadas en distintos grados, título ejecutivo es aquélla que contiene la fijación última sobre la prestación debida.[33]

En Italia están provistas de fuerza ejecutiva las siguientes sentencias de condena:

1) La de primer grado dotada de clausula de ejecución provisional *ex* art. 282 CPC constituye título ejecutivo aun siendo susceptible o estando pendiente de apelación u oposición contumacial, salvo en caso de suspensión de la ejecución *ex* arts. 283 y

30. Satta: *Diritto procesuale...cit.*, pág. 578, apunta que la formula condenatoria no es necesario que aparezca explícita, pudiendo la exigencia de la ejecución derivarse del contexto de al sentencia, remitiéndonos a la Sentencia de Casación de 24 de marzo de 1979, nº 1716, publicada en *Giustícia Civile*, 1979, I, 1440.

31. Carnelutti: *Instituciones...cit.*, pág. 165, matiza que la expresión del 474 CPC ha de rectificarse en el sentido de que el título lo constituye, no el acto (sentencia o resolución), sino el documento en que consta el acto al que la ley atribuye eficacia ejecutiva.

32. Redenti: *Profili...cit.* pág. 570. En la misma linea, Ugo Rocco: *Tratado...cit.*, pág. 140, quien apunta que si la sentencia dictada en segundo grado desestima la apelación, esta sentencia será título ejecutivo en lo que respecta a las costas.

33. Chiovenda: *Instituciones...cit.*, pág. 342.

373 CPC; esta sentencia tiene una fuerza ejecutiva que opera *ope legis;*[34] pero ésta desaparece automáticamente en el momento de dictarse sentencia revocatoria.[35]

2) La dictada en grado de apelación está dotada de eficacia ejecutiva *ope legis*, según puede inferirse de los arts. 337, 373 y 401 CPC, que admiten la suspensión de la ejecución cuando la sentencia de apelación sea impugnada en casación.[36]

3) La de condena con reserva, aun siendo un título judicial, sólo reviste una probabilidad legal (que la ley estima suficiente) sobre la subsistencia del crédito.

4) La dictada en casación es título ejecutivo por la condena en costas que —en su caso— imponga.

5) También las sentencias extranjeras declaradas eficaces en Italia por una sentencia de la *Corte d'appello* tras un juicio de reconocimiento, *ex* art. 796 CPC. En este caso el título ejecutivo es complejo y se compone de ambas sentencias.[37]

6) La doctrina equipara los laudos arbitrales a las sentencias judiciales a los efectos de constituir título ejecutivo, cuando hayan sido declarados ejecutivos por decreto pretorial, *ex* arts. 824 y 825,3° CPC.

7) En un grupo aparte al que no vamos a referirnos con mayor detalle, debemos incluir a las sentencias que deciden controversias laborales a favor de los trabajadores (art. 431 CPC y art. 18 Ley 300/70); las sentencias dictadas en materia de previsión y asistencia obligatoria (art. 447 CPC), sentencias declarativas del estado de quiebra (art. 16 y 99 Ley de Quiebra) y las sentencias de incapacitación e interdicción (art. 421 CC).

B) Los otros títulos ejecutivos judiciales.

A las otras resoluciones judiciales el art. 474 exige que la eficacia ejecutiva les venga atribuida de forma expresa por la ley. Dentro de esta categoría se comprenden:

1) Las actas que aprueban los actos de conciliación, existiendo tres modalidades: el *verbale non contencioso davanti al conciliatore, processo verbale di conciliazione*

---

34. Satta: *Diritto procesuale...cit.*, pág. 577, nos recuerda que antes de la reforma operada por Ley 353/1990, la eficacia ejecutiva de las sentencias de primer grado operaba *ope iudicis*, esto es, cuando había sido declarada provisionalmente ejecutiva por el órgano que la dictó, previa instancia de parte. Sobre el particular, ver Caballol Angelats, Lluis: *La ejecución provisional en el proceso civil*, Barcelona. 1993, pág. 127 y 128, donde pone de relieve que en Italia el plazo para interponer el recurso de apelación es de treinta días desde la notificación de la resolución.

35. *Sezioni Unite della Corte Suprema*: *Casación.* 15 de marzo de 1982, n°1669; 10 de mayo de 1982, n°2872,2873,2874 (en *Foro Italiano*, 1982, I, 1482 y ss); 8 de enero de 1983, n° 139 y 144 (en *Riv. dir. lab.*, 1983, pág. 977), citadas por Satta: *Diritto procesuale...cit.*, pág. 578.

36. Caballol Angelats: *La ejecución provisional en el proceso civil*, cit., pág. 123, nos recuerda que la casación italiana carece, por regla general, de efecto suspensivo (art. 373 CPC).

37. Redenti: *Profili...cit.* pág. 571.

davanti all'instruttore, il processo verbale di vendita di immobile dil menore (art. 185, 322,2° y 420,3° CPC).[38]

2) El decreto *ingiuntivo*, que se dicta en el procedimiento monitorio, en 3 supuestos:

   a) Cuando ha devenido incontrovertible, bien por inexistencia de oposición, bien porque la oposición ha sido declarada *ab initio* como infundada (art. 647 CPC);

   b) Cuando la oposición, una vez discutida y enjuiciada, es rechazada (art. 653 CPC);

   c) Cuando, con independencia de la oposición, haya sido declarado ejecutivo provisionalmente (642 y 648 CPC).

3) La *ordenanza* de pago de la suma no contestada o concordada en materia de rendición de cuentas *ex* arts. 263 y 264 CPC. (También art. 186 bis y 423, 1° y 3°).

4) La *ordenanza* de ejecución provisional provisional (art. 423, 2°, 3° y 4°).

5) La *ordenanza* de *ingiunzione* (art. 186 ter.).

6) La resolución *inaudita altera parte* con la que la *Corte d'appello* declara ejecutiva en Italia una sentencia dictada por un juez de un Estado parte en el Convenio de Bruselas de 27 de septiembre de 1968, en virtud de sus arts. 31 y ss. y Reglamento Comunitario 44/2001.

7) La *ordenanza* de pago de cantidades en materia laboral (art. 423 CPC).

8) El decreto *ex* art. 28 Ley 300/1970.

9) Las resoluciones temporales y urgentes dictadas por el Presidente del Tribunal en interés de los cónyuges e hijos en los procesos de separación y divorcio (708,3° y 189, d.a. CPC y art. 4,8° Ley 898/1970.

10) La *ordenanza* de *convalida di sfratto per morosita* es resolución definitiva y constituye título ejecutivo si va unida al acto de intimación (art. 663 CPC).

Además, la doctrina admite que puedan ser título ejecutivo las resoluciones cuya eficacia ejecutiva se desprenda de un conjunto de normas o por analogía.[39]

---

38. Calvi, Elisabetta: «Titolo esecutivo — Precetto» en *Rivista trimestrale di diritto e procedura civile,* 1962, pág. 394, afirma que el carácter judicial de estos títulos es —sobre todo— formal, dado que el magistrado interviene con una función cuasi homologativa. Chiovenda (*Instituciones...cit.*, pág. 351) los llama actos contractuales con intervención judicial, porque el acuerdo al que llegan las partes se redacta con intervención judicial y distingue: la conciliación extraprocesal ante conciliadores, acuerdos amistosos en el proceso y acuerdos ratificados.

39. Carnelutti: *Instituciones...cit.*, pág. 162; Andrioli: *Commento...cit.*, III, pág. 17; Castoro: *Il processo...cit.*, pág. 13. Ugo Rocco: *Tratado...cit.*, pág. 141; Satta: *Diritto...cit.*, pág. 548, afirma que el carácter de título ejecutivo puede deducirse de la naturaleza de la resolución, relacionandola con otras resoluciones a las que la ley califica de título eje-

III.2. Los títulos ejecutivos extrajudiciales[40]

Art. 474.2: «Las cambiales, los otros títulos de crédito y los actos a los que la ley atribuye expresamente la misma eficacia».

A) Las cambiales y otros títulos de crédito.

1) La letra de cambio.

Es título ejecutivo por el principal más intereses y gastos, conforme a la Ley Cambiaria aprobada por Real Decreto de 14 diciembre 1933, n. 1669,[41] cuando reúna los requisitos allí exigidos para acreditar la liquidez, certeza y exigibilidad del crédito y la negativa al pago (mediante protesto o diligencia bancaria), y se haya emitido con arreglo a la legislación sobre el timbre (arts. 63 y 104 Ley Cambiaria), insistiendo Satta en que se emita en papel de timbre suficiente para la suma indicada.[42]

Si la letra no reúne todos los requisitos para ser título ejecutivo, el acreedor cambiario puede optar entre dos vías para exigir su crédito: el largo proceso declarativo ordinario o el proceso de *ingiunzione* previsto en los arts. 633 y ss. CPC.[43]

La eficacia ejecutiva de las letras de cambio está limitada al ejercicio de la acción cambiaria dirigida al pago, no pudiendo ser dilatada la ejecución por excepciones que exijan larga indagación (art. 63 Ley Cambiaria). Pero si quien se opone niega la existencia de la letra, por motivos previstos en el art. 64 de la misma ley, puede suspenderse la ejecución con providencia del *pretor* o del presidente del tribunal.

---

cutivo expresamente. Entre estas resoluciones judiciales cuya fuerza ejecutiva no viene dada expresamente por la ley, estarían las siguientes: a) la que otorga alimentos provisionales *ex* art. 446 CC; b) la que aprueba u homologa la separación consensual *ex* art.711 CPC; c) algunas resoluciones cautelares, como el secuestro, suspensión de obra nueva o de daño temido *ex* art. 700 CPC.; d) las resoluciones posesorias *ex* art.703 CPC; e) la ordenanza que liquida las costas procesales *ex* art. 306 CPC; f) la ordenanza con que el juez instructor impone a una parte la anticipación de los gastos del proceso (litisexpensas) *ex* art. 90 CPC; g) la ordenanza con la que el juez impone al secretario, al oficial judicial o al defensor, las costas de renovación de los actos nulos *ex* art. 162 CPC; h) el decreto de amortización del cheque bancario acompañado del certificado de falta de oposición *ex* art. 691 CPC; i) la ordenanza de asignación del crédito pignorado, que comúnmente es considerada título ejecutivo por una tercera parte de lo pignorado (Casación 79/2871 y 72/333, citadas por Carpi Federico, Colesanti Vittorio, Taruffo Michele: *Commentario...cit.*, pág. 607).

40. Mandrioli: *Corso...cit.*, pág. 41, los define como títulos de formación negocial que contienen un acto de declaración.

41. Chiovenda: *Instituciones...cit.*, pág. 347, nos recuerda que antes del Cco italiano de 1882, la ley conocía solamente el *proceso cambiario* que todavía subsiste en el art. 324 Cco y 65 Ley Cambiaria. La finalidad del art. 323 de Cco y del art 474 CPC convertir la letra de cambio directamente en título ejecutivo fue la de favorecer todo lo más posible la circulación y el rápido cobro de las letras de cambio, contando con la normal sinceridad de los efectos cambiarios, garantizada por graves sanciones penales (art. 491 CP).

42. Satta: *Diritto procesuale...cit.*, pág. 581. Luiso: *Apunti...cit.*, pág.20, añade que si la letra no se emite inicialmente con arreglo a la ley del timbre, aunque no vale como título ejecutivo, valdrá igualmente como título de crédito. De lo que deduzco, tendrá acceso al proceso cambiario.

43. Auletta y Salanitro: *Diritto Commerciale*, cit., pág. 335 y 336, donde explican que con el *decreto ingiuntivo* la autoridad judicial ordena al deudor que pague la suma reclamada en un determinado plazo. Si dentro del plazo el deudor formula oposición, se inicia un procedimiento de cognición ordinario; si no hay oposición dentro de plazo, el decreto deviene título ejecutivo.

Según la jurisprudencia, para el ejercicio de la acción cambiaria contra los obligados directos es suficiente acreditar la falta de pago en cualquier forma, sin necesidad de recurrir al protesto ni de observar ninguna otra formalidad.[44]

El art. 63.2 Ley Cambiaria otorga fuerza ejecutiva a la letra emitida en el extranjero si tiene eficacia ejecutiva en el país donde se emitió.

2) El cheque bancario y otros títulos de crédito.

El cheque bancario es título ejecutivo con arreglo a los arts. 45, 55, 63., 84, 86, 90, 100 y 104 de la Ley de Cheque, aprobada por Real Decreto de 21 diciembre 1933.

Se excluye su eficacia ejecutiva si no consta la fecha de emisión, pero se admite si está posdatado, porque el art. 31 Ley del Cheque autoriza el pago a la vista del cheque presentado antes del día que figura como fecha de emisión.[45]

Junto a la letra y al cheque bancario, Bonsignori incluye el cheque circular (art. 86 Ley Cheque), el giro cambiario (art. 90 Ley Cheque), el cheque bancario libre o colocado por la Banca de Italia (art. 100 y 104 Ley Cheque);[46] también el giro cambiario del *Banco di Napoli* o del *Banco di Sicilia* (art. 106 Ley Cheque).

3) Los otros actos[47] a los que la ley atribuye expresamente la misma eficacia.

Es discutible cuáles sean estos actos o documentos. Se suele englobar en este grupo a los títulos ejecutivos de formación administrativa, sobre todo en materia fiscal, a los que no vamos a referirnos por exceder del objeto de nuestro estudio.[48]

B) Los documentos autorizados por notario u otro fedatario público.

---

44. Cas. 29 de diciembre de 1966, nº 2971, citada por Auletta, Giuseppe y Salanitro, Nicolò en *Diritto Commerciale*, 8ª ed., Milano, 1993, pág. 330.

45. Satta: *Diritto procesuale...cit.*, pág. 581.

46. Bonsigniori: *L'esecucionne...cit.*, pág. 61.

47. Carnelutti: *Instituciones...cit.*, pág. 161, enseguida puso de relieve que la expresión «actos» era imperfecta e incorrecta en el art. 474, debiendo cuidarse el intérprete de su aclaración y rectificación: es inexacto considerar como título al acto en vez del documento.

48. Bonsigniori: *L'esecucionne...cit.*, pág. 61, incluye en este grupo a la resolución judicial que aprueba el *verbale non contencioso davanti al conciliatore, processo verbale di conciliazione davanti all'instruttore, il processo verbale di vendita di immobile dil menore* (art. 185, 322,2º y 420,3º CPC), si bien reconoce que es dudoso si pertenecen a este grupo o deberían incluirse en el de los títulos judiciales. En realidad, si por título judicial se entiende el que emana de autoridad judicial, estos títulos pertenecerían al art. 474.1º; pero si por título judicial se entiende el que resulta de un proceso de cognición, entonces estos títulos deben reconducirse al art. 474.2º. A nuestro entender, debe distinguirse entre títulos de formación jurisdiccional y títulos judiciales de aprobación u homologación.

Art. 474.3° CPC «Los actos recibidos por el notario o por otro funcionario público autorizado para recibirlos, en relación a las obligaciones de sumas de dinero en ellos contenidas».[49]

Para Chiovenda el fundamento de su ejecutividad no está en el voluntario sometimiento del deudor a la ejecución inmediata, sino en la especial certeza que presenta el crédito, de tal manera que hay razón para pensar que la sentencia —si se acudiera a un juicio declarativo— sería conforme al acto público.[50]

Según Mandrioli la razón de la elección del legislador radica en que la solemne documentación de los actos y la participación del fedatario público en su redacción tienen la función de llamar la atención del sujeto que firma sobre la circunstancia que no sólo está documentando y reconociendo un derecho, sino que lo hace con la forma a la que la ley atribuye fuerza ejecutiva.[51]

Para Satta la atribución de fuerza ejecutiva a estos títulos obedece a la fe pública de que el art. 2669 CC reviste a estos documentos.[52]

Los requisitos para que de estos documentos nazca acción ejecutiva son:[53]

a) Que se trate de un *título* negocial,[54] en el cual una parte se constituya o se reconozca deudora ante otra.[55]

---

49. Chiovenda: *Instituciones...cit.,* pág. 345, advierte que, al no admitirse como institución general en derecho italiano el proceso documental fundado en estos títulos (lo que sí se da en Alemania), el CPC les otorga fuerza ejecutiva inmediata, puesto que esta institución es una lejana derivación del proceso ejecutivo italiano medieval.(ver cap. I de este trabajo, pág. 10).

50. Chiovenda: *Instituciones...cit.,* pág. 346.

51. Mandrioli: *Corso...cit.*, pág. 41.

52. Satta: *Diritto procesuale...cit.*, pág. 581.

53. Chiovenda: *Instituciones...cit.,* pág. 346, nos habla de condiciones de las «declaraciones» debido a su concepto bifronte de título ejecutivo; así mismo el autor emplea la expresión «actos otorgados», siendo así que para nosotros los actos no se otorgan sino que se celebran; lo que se otorga son documentos. Así lo puso muy pronto de manifiesto Carnelutti (*Instituciones...cit.*, pág. 161); en el mismo sentido Rocco (*Tratado...cit.*, pág.142) habla en todo momento de «documentos» otorgados ante notario. Para huir de la polémica en esta fase inicial de nuestro trabajo, donde Chiovenda decía «acto» hemos empleado el término «título» y lo propio haremos cuando nos refiramos a Carnelutti y éste hable de «documento».

54. Sobre el particular, la doctrina no se ponía de acuerdo en orden a si el acto o negocio tenía que ser bilateral o podía ser también unilateral, como por ejemplo un testamento. Entre los autores que entienden la exigencia de bilateralidad, destacan Chiovenda (*Instituciones...cit.*, pág. 346), quien exige que se trate de acto contractual y Satta (*Diritto procesuale...cit.*, pág.581), quien nos recuerda nuevamente que el viejo CPC exigía que se tratara de contrato; por contra, Redenti (*Profili...cit.*, pág. 574) entiende que no se exige contrato sino sólo acto, Andrioli (*Commentario...cit.*, pág. 21) y Luiso (*Apunti...cit.*, pág.21) participan de dicha posición. En una posición ecléctica, Bonsigniori (*L'esecuzione...cit.*, pág.62) admite que puede tratarse de actos unilaterales, pero —sin dar ninguna razón— excluye el testamento, limitándose a citar a Satta, quien —paradójicamente— si excluye al testamento es porque excluye los actos unilaterales.

55. Redenti: *Profili...cit.*, pág. 573.

b) Que se trate de *título* otorgado por funcionario público (se excluye la escritura privada protocolizada).[56]

c) Que se trate de un funcionario público competente para otorgar los *títulos* en el lugar donde el acto se lleva acabo (art. 1315 CC).

d) Que se trate de deudas, en dinero o cosas fungibles, cuya insatisfacción dé lugar a expropiación (obligaciones pecuniarias, según el art. 1277 CC).[57]

Finalmente, los títulos contractuales otorgados ante funcionario público en el extranjero tendrán fuerza ejecutiva en Italia siempre que la tengan en el estado de su otorgamiento y no se oponga al orden público italiano, previa declaración de eficacia por parte de la *Corte d'appello* (art. 804 CPC).

Mención especial merece el título por saldo de operaciones en cuenta, al que no se le ha atribuido en Italia fuerza ejecutiva, sino que el RDL de 12 marzo 1936, convertido en Ley de 7 marzo 1938, con la finalidad de otorgar a los bancos más importantes la facultad de exigir sus créditos con mayor rapidez en razón de la necesaria liquidez que precisa toda actividad crediticia ordinaria, les permitió acudir al proceso monitorio, no sólo como cualquier empresario, con base en extractos auténticos de las escrituras contables (art. 634 CPC), sino también con base en un documento creado *ad hoc* por la propia banca, «extracto del saldo de cuenta» certificado conforme a los libros contables por uno de sus dirigentes, quien deberá del mismo modo declarar que el crédito es verdadero y líquido.

IV. Requisitos formales para el despacho de ejecución[58]

Para el despacho de ejecución no basta con estar en posesión de un título ejecutivo válido, sino que antes hay que cumplir unos requisitos formales/procesales para garantizar que el crédito que según el título resulta cierto, líquido y exigible, es conocido por quien aparece como deudor y está todavía subsistente e insatisfecho.

56. Según Redenti (*Profili...cit.*, pág. 574) la intervención del notario o funcionario público contribuye a atribuir al documento un determinado carácter de certeza. Carpi (*Commentario...cit.*, pág. 608) apunta que entre estos funcionarios públicos dotados de fe pública están los Secretarios municipales (de ayuntamientos) y provinciales, en virtud de los arts. 87, 89, 140 y 142 del t.u. 383/34.

57. Chiovenda: *Instituciones...cit.*, pág. 346, justifica este último requisito en la historia del proceso ejecutivo y de los documentos ejecutivos y por la misma ley que, para las ejecuciones que tienen por objeto la entrega de cosas o el desalojo del inmueble, no presupone otro título que la sentencia o un mandato de prestación. Sin embargo, Proto Pisani (*Lezioni...cit.*, pág. 778 y 779) lamenta que por una reminiscencia histórica, hoy carente de significado, el documento notarial sólo sirva para dar lugar a la ejecución de deudas pecuniarias y no para obligaciones consistentes en la entrega de cosa determinada o desalojo, para los que se articula *ad hoc* el *verbale di conciliazione*. Por su parte Luiso (*Apunti...cit.*, pág.20) pone de relieve que la escritura pública de compraventa de un bien es título ejecutivo por la obligación del comprador de pagar el precio y no en cambio por la obligación del vendedor de entregar la cosa.

58. Mandrioli: *Corso...cit.*, pág. 30, se refiere a ellos como «los presupuestos especiales del proceso de ejecución» o los requisitos previos que deben concurrir antes de la formulación de la demanda de ejecución y consiguiente embargo.

IV.1. Expedición del título en forma ejecutiva. Art. 475 cpc.

«Las sentencias y otras resoluciones judiciales y los actos recibidos por notario u otro funcionario público, para valer como título para la ejecución forzosa, deben estar revestidos de la fórmula ejecutiva, salvo que la ley disponga lo contrario» (475 CPC).

La expedición del título en forma ejecutiva puede hacerse sólo a instancia de la parte a cuyo favor fue pronunciada la resolución o estipulada la obligación, o a sus sucesores, con indicación a pie de página de la persona a quien se le ha expedido, y consiste en el encabezamiento «Republica Italiana-En nombre de la ley» y en la aposición por parte del secretario, notario u otro funcionario público, sobre el original o la copia, de la siguiente fórmula: «Ordenamos a todos los funcionarios judiciales que sean requeridos y a cualquiera a quien competa, que ejecute el presente título, al ministerio fiscal que dé asistencia y a todos los funcionarios de la fuerza pública que concurran cuando sean legalmente requeridos.»

Esta expedición en forma ejecutiva sólo se exige, en virtud del art. 475 CPC, para los títulos del art. 474. 1° y 3° CPC, y no para los títulos de crédito del 2° apartado.

Antes de proceder a la expedición en tal forma, el secretario judicial debe comprobar la perfección formal del título[59] y, una vez ejercido tal control de manera satisfactoria y expedida la copia ejecutiva, debe estamparse el sello de la secretaría, de la notaría, o de la oficina a la que pertenece el funcionario público que la expide, antes de librarla al interesado (art. 153).

Chiovenda pone de relieve que en los documentos del art. 475, el título ejecutivo lo constituye una copia del original, quedando este archivado sin poder sacarse del lugar donde está depositado[60] y Vaccarella considera la expedición como equivalente a la certificación de la ejecutoriedad del título.[61]

Según Carnelutti[62] y Luiso[63] la función de la expedición en forma ejecutiva es evitar el peligro de que, al ser el título ejecutivo una copia y no un original, se expidiera y circula-

59. Además Redenti: *Profili...cit.*, pág. 576, extiende tal exigencia al notario u otro funcionario y sugiere que dicho control previo debería versar sobre los requisitos sustanciales del título ejecutivo (crédito cierto, deuda pecuniaria líquida, exigible) y sobre la legitimación del solicitante de la copia.

60. Chiovenda: *Instituciones...cit.*, pág. 355, donde concluye que la copia del título expedida en forma ejecutiva constituye a su vez el original de la expedición ejecutiva y el documento autónomo a que es inherente la acción ejecutiva.

61. Vacarella, Romano: «Titolo esecutivo, precetto, opposizioni» en *Giur. sistem. di Dir. Proc. Civ.*, Torino, 1983, pág. 139 y 140, citado por Carpi en *Commentario...cit.*, pág. 610.

62. Carnelutti: *Instituciones...cit.*, pág. 164, se congratula del procedimiento y sistema de garantía previsto en los arts. 475 y 476 CPC (expedición de segundas o ulteriores copias en forma ejecutiva) en orden a asegurar que no coexistan nunca más de una copia ejecutiva del título y que la fórmula ejecutiva no pueda, por tanto, figurar al mismo tiempo en más de una copia. De ahí que la inclusión de dicha fórmula en una copia ulterior no pueda expedirse sin justo motivo y deba autorizarse por el jefe del órgano que dictó la resolución o por el Presidente del *Tribunale* en cuya circunscripción se formó el documento judicial (art. 476 CPC).

63. Luiso: *Apunti...cit.*, pág. 29, nos ilustra explicando que la expedición en forma ejecutiva es un hallazgo arqueológico del sistema procesal italiano, que venía utilizándose antes de la Revolución Francesa, cuando la ejecución forzo-

ra más de una copia para una misma deuda, lo que para Luiso supone una cautela excesiva dado que el ejecutado podría promover un incidente de oposición al *precetto* o a la ejecución fundada en una segunda copia. Además Satta considera este formalismo una reminiscencia histórica carente de sentido, cuyo defecto no daría lugar a oposición sino sólo a subsanación;[64] y Redenti afirma que la expedición de la fórmula ejecutiva, al realizarse por el secretario, notario u otro funcionario público que no tienen potestad legal para dar órdenes como éstas, se reduce a una mera contraseña exterior y simbólica.[65]

IV.2. Prestación de caución

«Si la eficacia del título ejecutivo está subordinada a caución, no se puede iniciar la ejecución forzosa hasta que aquélla haya sido prestada. La prestación se hace constar con anotación a pie de página o al margen del título expedido en forma ejecutiva, o con acto separado que debe ser unido al título.» (Art. 478 CPC).

La prestación de caución o fianza está prevista en el art. 648 CPC en relación al procedimiento de *ingiunzione* como un presupuesto que obliga al juez a iniciar la ejecución provisional del decreto *ingiuntivo* cuando la oposición al decreto no se funda en prueba escrita de pronta solución. La prestación de fianza es potestativa para la parte (si no la presta el juez es libre de acordar o no la ejecución provisional) pero es obligatoria para el juez (si la parte la presta el juez viene obligado a acordarla).[66] También en el art. 65.1 Ley Cambiaria para la ejecución de sentencia de condena provisional, si bien D'Onofrio lo considera derogado.[67]

Andrioli aclara que la prestación de caución no es un presupuesto de la notificación del título y del *precetto*, sino tan sólo del inicio de la ejecución (embargo).[68] Y Satta añade

---

sa era actividad administrativa y no jurisdiccional, y la resolución judicial, para poder ser ejecutiva, debía ser recibida por la administración pública y devenir acto administrativo. Tal recepción tenía lugar con el «Comandiamo» que —en aquella época— emitía, no el secretario sino, el funcionario administrativo que ordenaba a los demás funcionarios ejecutar el título. Entonces la fórmula tenía la finalidad de consentir la ejecución, tendiendo un puente entre la resolución del juez (que constituía ejercicio del poder jurisdiccional) y la actividad ejecutiva (que constituía ejercicio del poder administrativo). Posteriormente, la ejecución forzosa ha devenido actividad jurisdiccional pero se ha mantenido la fórmula originaria con una función diversa, cual es la de contraseñar la única copia del título que es ejecutiva.

64. Satta: *Diritto procesuale...cit.*, pág. 583 y 584, quien sostiene que lo que importa es que el título sea ejecutivo. En el mismo sentido Mandrioli (*Corso...cit.*, pág. 41) afirma que se trata de un requisito más ritual que formal que no tiene una auténtica función procesal. Por contra, Castoro (*Il processo...cit.*, pág. 34) afirma que a falta de la fórmula ejecutiva sería admisible la oposición al amparo del art. 617 CPC.

65. Redenti: *Profili...cit.*, pág. 575, explica que el significado de la expedición en forma ejecutiva es que los funcionarios requeridos para proceder a los actos de ejecución o ayudar en los actos preliminares, reconozcan sin más esta contraseña y sepan que el título ejecutivo existe y que están legitimados para prestar su ministerio para cualquier acto o formalidad.

66. Así parece deducirse de Carpi: *Commentario..cit.*, pág.854. Sobre los problemas interpretativos que plantea este precepto nos detendremos al analizar el procedimiento de ingiunzione italiano.

67. D'Onofrio: *Commento al codice di procedura civile*, vol. II, Torino, 1957, pág.20, citado por Carpi en *Commentario...cit.*, pág. 617.

68. Andrioli: *Commentario...cit.*, vol. III, pág. 20.

que la falta de prestación de la caución no da lugar a nulidad sino a improcedibilidad, hasta que se preste.[69]

IV.3. Notificación del título y de la orden o *precetto*

«Si la ley no dispone otra cosa, la ejecución forzosa debe ir precedida de la notificación del título en forma ejecutiva y del *precetto*.

La notificación del título ejecutivo debe hacerse a la parte personalmente en la forma prevista por el artículo 137[70] y siguientes; pero si el título es una sentencia, la notificación puede hacerse en el modo previsto en el artículo 170.»[71]

El *precetto* puede ser redactado sobre el mismo título ejecutivo y ser notificado conjuntamente con éste, siempre que la notificación se practique con la parte personalmente.» (Art. 479.1° y 2° CPC).

El codice exige la notificación cuando la ley no disponga otra cosa, de ahí que debamos empezar apuntando aquellos supuestos en que la notificación no es necesaria:

a) en el procedimiento de *ingiunzione*, cuando el decreto deviene título ejecutivo por inadmitirse o desestimarse la oposición, el art. 654 CPC exime de la notificación del título ejecutivo si se hace constar en el mismo que la oposición fue rechazada;[72] y

b) tampoco es necesaria la notificación del título ejecutivo en el caso de títulos cambiarios, que requieren tan sólo la transcripción del título en el acto del *precetto* (art. 63.1 Ley Cambiaria y art. 55.1 Ley del Cheque).

La función de esta notificación es, según Mandrioli,[73] la de preanunciar solemnemente al deudor el propósito del acreedor de ejercer la acción ejecutiva fundada en ese título ejecutivo.

A efectos sistemáticos, debemos distinguir la notificación del título ejecutivo y la del *precetto*.

---

69. Satta: *Diritto procesuale...cit.*, pág. 586.

70. El art. 137 CPC regula la forma de practicarse las citaciones.

71. El art. 170 CPC permite hacer la notificación a través del procurador personado en el procedimiento. Ello sólo puede ocurrir con los títulos de formación judicial.

72. Redenti: *Profili...cit.*, pág. 577, hace extensiva esta regla incluso al caso del art. 647 CPC, y la Sentencia de la *Corte Suprema,* Casación 80/3624 amplia la extensión a todos los supuestos de ejecución definitiva o provisional del decreto ingiuntivo, incluido el del art. 648 CPC.

73. Mandrioli: *Corso...cit.*, pág.45, para quien la notificación de título y *precetto* son actos preparatorios previos del proceso ejecutivo, explica que el fundamento o razón de ser de tal notificación es doble: por un lado ofrecer al deudor la última oportunidad de cumplir «espontáneamente» y, por otro, ofrecerle la posibilidad de conocer todos los elementos de la acción ejecutiva preanunciada para valorar las posibilidades de contestar su legitimidad antes de su ejercicio efectivo.

IV.3.1. La notificación del título ejecutivo

La notificación del título ejecutivo y —en su caso— de su expedición en forma ejecutiva es el primer acto preparatorio de la ejecución forzosa, que manifiesta implícitamente el propósito de iniciarla.[74]

Chiovenda afirma que la notificación hace ejecutivo el título y que tal notificación no concierne al proceso de ejecución sino a la acción ejecutiva.[75]

Tradicionalmente la jurisprudencia italiana ha venido considerando la notificación del título en forma ejecutiva como el necesario presupuesto de la acción ejecutiva y de la ejecución forzosa, justificando su existencia en la necesidad de poner en conocimiento del deudor el título que legitima la ejecución.[76]

Cuando el título ejecutivo distinto a la sentencia requiere de su expedición en forma ejecutiva, su notificación consiste en la entrega al deudor por parte del oficial judicial y a solicitud del acreedor, de un copia auténtica del título expedido en forma ejecutiva; si —por el contrario— el título ejecutivo es la letra de cambio u otro título de crédito, la notificación se reduce a una modalidad de notificación del *precetto.*[77]

IV.3.2. La notificación del precetto[78]

«El *precetto* consiste en la intimación a cumplir la obligación resultante del título ejecutivo dentro de un plazo no menor a diez días, salvo la autorización referida en el art. 482, con la advertencia de que, si no se cumple, se procederá a la ejecución.

El *precetto* debe contener, bajo pena de nulidad, la indicación de las partes, de la fecha de notificación del título ejecutivo si se hace separadamente, o la transcripción integral del título mismo, cuando se requiera por la ley, debiendo el oficial judicial, antes de practicar la notificación, certificar haber comprobado que la transcripción se corresponde al título original.

El *precetto* debe contener la fijación de residencia o de domicilio de la parte instante en el municipio de la sede del juez competente para la ejecución. A falta de ello, la

---

74. Mandrioli: *Corso...cit.*, pág. 46.

75. Chiovenda: *Principios...cit.*, pág. 325, razona su afirmación categórica con base enl art. 26 la Ley del Timbre de 1897, al art. 228 del Reglamento de la Ley Municipal y Provincial, de 12 de febrero de 1911, donde se dispone que las decisiones del Consejo de Prefectura devienen título ejecutivo desde la notificación a las partes interesadas. También en *Instituciones...cit.*, pág. 356.

76. Casación de 30 de junio de 1960, nº1714, Sentencia del Tribunal de Milano de 28 de noviembre de 1956, Sentencia del Tribunal de Agrigento de 5 de marzo de 1957, citadas y comentadas por Calvi en «Titolo...cit.» pág. 396.

77. Mandrioli: *Corso...cit.*, pág. 46.

78. En Carnelutti: *Instituciones...cit.*, pág. 497 y ss., Jaime Guasp traduce siempre *precetto* por requerimiento; nosotros, aun participando de la traducción apuntada por Guasp o admitiéndola, vamos a mantener en nuestro texto el vocablo italiano *precetto.*

oposición al *precetto* se formula ante el juez del lugar en que se ha notificado, y la notificación a la parte instante se hará ante la secretaría del mismo juzgado.

El *precetto* debe ser suscrito en la forma prevista por el art.125 y notificado a la parte personalmente según los arts. 137 y ss.» (art. 480 CPC).

La naturaleza jurídica del acto del *precetto* ha suscitado disputas en la doctrina italiana, dada la ambigüedad de la regulación positiva.

Por un lado, los art. 479.1°, 480.1°, 615,1° y 617.1° CPC lo consideran como acto anterior a la ejecución forzosa y, en este sentido el 491 CPC establece que la expropiación se inicia con el *pignoramento* (embargo), excluyendo así que empiece con el *precetto*. Por contra, el art. 480.4° CPC lo considera como un acto procesal al establecer que la suscripción se efectuará según el art. 125 CPC y añade el art. 2943.3° CC que la prescripción se interrumpe con la notificación del acto que inicia el proceso.

De ahí que se hayan formulado concepciones antinómicas y contradictorias en orden al *precetto*, desde considerarlo como proposición de demanda,[79] pasando por afirmar que constituye un preaviso de la demanda,[80] acto introductivo del proceso de ejecución que individualiza el derecho sobre lo que resulta del título actualizado;[81] acto extrajudicial que constituye en mora al deudor,[82] hasta acto procesal preliminar a la ejecución.[83] Ello favorece la aparición de una teoría ecléctica según la cual el acto de *precetto*, que surge como acto sustancial, unilateral y recepticio, antes del inicio del proceso ejecutivo y en cuanto el proceso no ha sido iniciado, acaba por adquirir naturaleza de acto del proceso, como primer momento del ejercicio de la acción ejecutiva al insertarse en la sucesiva serie de actos procedimentales ejecutivos, mediante la fijación del término para el pago o —en su caso— embargo.[84]

Sin embargo, la jurisprudencia considera que el *precetto* es un simple presupuesto del proceso ejecutivo, cuya eficacia le limita al término previsto en el art. 481 CPC y no afecta al proceso de ejecución que empieza con el embargo y que incluso puede no llegarse a iniciar si el deudor cumple su obligación voluntariamente.[85]

---

79. Mortara (*Commentario del codice e delle leggi di procedura civile*, Milano, 1923, vol. V, pág. 119 y 121, citado por Satta (*Diritto procesuale...cit.* pág. 581).

80. Carnelutti: *Instituciones...cit.*, pág. 948.

81. Luiso: *Apunti...cit.*, pág. 44, donde explica que el *precetto* constituye, desde un punto de vista objetivo, la necesaria actualización del título ejecutivo.

82. *Corte Suprema*: Casación de 27 de mayo de 1980, n° 3457, en *Rep. Giust. Civ.*, 1980, pág. 1, citada por Bonsigniori(*L'esecuzione...cit.*, pág. 69).

83. Satta: *Diritto procesuale...cit.* pág. 589; en el mismo sentido, Proto Pisani: *Lezioni...cit.*, pág. 779.

84. Mandrioli: *Corso...cit.*, págs. 44 a 49.

85. *Corte Suprema*: Casación de 16 de agosto de 1960, n°2387, Casación de 20 de junio de 1960, n°1626, Casación de 14 de mayo de 1960, n° 1164, Casación de 10 de junio de 1958, n° 1904, 11 de enero de 1958, n°58, Casación de 6 de marzo de 1953, n° 538, citadas y comentadas por Calvi, en «Titolo...cit.», pág. 399.

Tampoco coincide la opinión de la doctrina sobre el sentido y utilidad de la institución: según Proto Pisani, la notificación del *precetto* constituye una intimación al deudor para que cumpla la obligación reflejada en el título ejecutivo en plazo fijado con una doble finalidad: dar al deudor una última oportunidad de cumplir voluntariamente; y permitirle formular oposición al *precetto ex* art. 615 CPC, con lo cual se inicia un proceso autónomo de cognición plena.[86] Luiso justifica la necesidad del *precetto* por dos razones: a) constituye la necesaria actualización del título ejecutivo y b) liquida el título ejecutivo mediante las operaciones aritméticas necesarias;[87] para Mandrioli, la notificación del *precetto* es la manifestación explícita del propósito del acreedor en proceder a la ejecución forzosa;[88] por su parte, Satta sostiene que, desde el punto de vista práctico, el *precetto* puede desplegar una función consistente en determinar la obligación actual del deudor.[89] Dejando entrever una crítica a los anteriores, Pajardi califica la institución de superflua y ridícula,[90] mientras Mortara se limita a auspiciar su supresión.[91]

La doctrina italiana es unánime al considerar que el *precetto* no es un acto de la ejecución genérica ni constituye acto procesal en el procedimiento de expropiación forzosa que se inicia mediante el embargo (art. 491 CPC). Por ello el codice no exige que el *precetto* sea suscrito y firmado por abogado ni procurador.

Del art. 480 CPC se desprenden los siguientes requisitos de contenido del *precetto*:

1°) Fijación de un plazo no inferior a diez días para que el deudor pueda pagar u oponerse antes del inicio de la ejecución.

2°) Advertencia del inicio de la ejecución, o amenaza de iniciarla en caso de impago. Sin esta amenaza el *precetto* no es idóneo para cumplir su finalidad.[92]

---

86. Proto Pisani: *Lezioni...cit.*, pág. 780, apunta que para comprender el sentido de la segunda función de la fase preliminar, hay que tener en cuenta que en el ordenamiento italiano falta un control jurisdiccional preventivo sobre la idoneidad del título ejecutivo, previéndose en el art. 475 sólo un control meramente formal por parte del secretario. Si no se produjera la notificación del título y del *precetto* sería posible que después de la formación del título ejecutivo éste se hubiera falseado o modificado por el acreedor o hubieran ocurrido hechos extintivos (como el cumplimiento).

87. Luiso: *Apunti...cit.*, pág. 43.

88. Mandrioli: *Corso...cit.*, pág. 47, 48 y 49, donde explica que el *precetto* es un acto típicamente recepticio porque no produce ningún efecto si no es notificado; y, una vez notificado, produce el de poner en conocimiento de su destinatario la futura ejecución y el de interrumpir la prescripción y constituye en mora al deudor.

89. Satta: *Diritto...cit.* pág. 589.

90. Pajardi, Piero: *Procedura Civile*, Milano, 1989, pág. 239, lo considera superfluo y afirma que sólo los modernos juristas creen haber descubierto en esta institución el «garantismo» cuando no se dan cuenta de que lo que han descubierto es al patología del garantismo, aquélla que no sirve a nadie y que perjudica a todos, cuando no deviene ridícula. No obstante, ve que tiene la insignificante utilidad de actualizar el importe de la deuda y comunicarlo inequívocamente al deudor.

91. Mortara *Commentario*...cit., vol. V, pág. 119, fija su origen en el *mandatum de solvendo* que solicitaba el acreedor al juez en derecho comunal, con lo cual, hoy, concedida directamente la acción ejecutiva contra el deudor, habría perdido su razón de ser.

92. Carpi: *Commentario...cit.*, pág. 620.

3º) Indicación de las partes y de la fecha de la notificación del título ejecutivo, necesarias para la fijación de los sujetos legitimados y para la individualización de la obligación por la cual se procede. Únicamente no será necesario indicar en el *precetto* las partes y la fecha de la notificación del título ejecutivo en dos supuestos:

a) cuando el acreedor haga uso de la facultad que le confiere el art. 789.3º de redactar conjuntamente el título y el *precetto*, notificándolo personalmente al deudor;

b) cuando el título ejecutivo sea la letra de cambio u otro título de crédito, el art. 63 Ley Cambiaria y el 55 Ley del Cheque exigen que se transcriba el título en el mismo documento que el *precetto* y se notifiquen conjuntamente, debiendo el oficial judicial certificar haber comprobado que la transcripción es fiel al título original.

4º) Fijación de un domicilio en la ciudad en que tiene su sede el órgano competente para la ejecución.[93]

5º) Suscripción y firma: es suficiente que lo haga la propia parte, o cualquier apoderado, siendo aquí potestativa la postulación procesal; pero sólo podrá ir firmado por abogado si lo es por procurador (art. 125 en relación con el 83 CPC).

La notificación del *precetto* consiste en la entrega al destinatario, por parte del oficial judicial,[94] de una copia auténtica del *precetto* con las formalidades previstas en el art. 480 CPC, donde se exige que el *precetto* contenga todas las indicaciones necesarias para que el deudor pueda cumplir u oponerse al inicio de la ejecución,[95] concediéndole un plazo no inferior a diez días a tal fin. Sin embargo, como la necesidad de respetar este plazo puede ser contraproducente en aras a la efectividad de la ejecución y de la tutela judicial con ella pretendida, ya que el deudor puede aprovechar este plazo para ocultar sus bienes o desterrarlos de una inminente ejecución, el art. 482 CPC permite al jefe de la oficina judicial competente para la ejecución, si ve peligro en el retraso, autorizar la ejecución inmediata, subordinándola eventualmente a la prestación de caución o fianza por parte del acreedor; en este caso, la autorización se da mediante un *decreto* escrito a pie de página del *precetto.*[96]

93. La elección y designa de un domicilio no tiene otra finalidad que la de satisfacer la exigencia de indicar al intimado el lugar donde se debe de notificar la eventual oposición y el lugar de la futura ejecución (*Corte Suprema*: Casación de 11 de agosto de 1961, nº 1963, citada por Calvi en «Titolo...cit.», pág. 403). La elección de domicilio o la declaración de residencia que el acreedor debe hacer en el *precetto* sirve para individualizar el lugar de la amenazada ejecución y para radicar definitivamente la competencia del juez para pronunciarse sobre la oposición propuesta *ex* art. 615 (*Corte Suprema*, Casación de 29 de octubre de 1965, nº 2306 y Casación de 14 de mayo de 1963, nº 1186, citadas por Calvi, Elisabetta: «Opposizioni all'esecuzione e opposizioni agli atti esecutivi» en *Rivista trimestrale di diritto e procedura civile,*1966, pág. 1151.

94. La *Corte d'appello* de Roma, en Sentencia de 28 de abril de 1959 (citada y comentada por Calvi en «Titolo...cit.», pág. 405 y 406) declara que el acto de *precetto*, siendo de competencia promiscua, puede ser notificado por cualquier oficial judicial en la circunscripción territorial del órgano al que pertenece (art. 88 Ley de 18 de octubre de 1951, nº 1128).

95. Carnelutti: *Instituciones...cit.*, pág. 499.

96. El art. 482 CPC reza «No se puede iniciar la ejecución forzosa antes que haya transcurrido el término indicado en el *precetto* y —en todo caso— nunca antes de que haya transcurrido el plazo de diez días desde la notificación del

En todo caso, el *precetto* pierde su eficacia o caduca si en el término de noventa días desde su notificación no se ha iniciado la ejecución, salvo que se haya formulado oposición al mismo, en cuyo caso este plazo permanece en suspenso hasta que ésta se resuelva (art. 481 y 627 CPC).

V. Oposición a la ejecución: procedimiento y efectos

A pesar de la asistemática y mal estructurada regulación legal, la oposición al *precetto* es considerada por el art. 615.1° CPC como la oposición a la ejecución propiamente dicha, antes de que ésta dé comienzo con el embargo, por lo que vamos a analizar su tratamiento procesal.[97]

V.1. Juez competente

Si el ejecutado quiere discutir el derecho de la parte instante a la ejecución forzosa y ésta todavía no ha sido iniciada, la oposición al *precetto* deberá presentarse ante el juez competente por razón de la materia, la cuantía y el territorio, en virtud del art. 27 CPC, que se remite al art. 480.3° CPC, siendo el fuero de la oposición a la ejecución será el siguiente:

a) Si el acreedor ha fijado un domicilio o residencia en el *precetto*, será juez competente aquél en cuyo partido judicial o circunscripción se halla tal domicilio o residencia.[98]

b) Si no se hace la indicación de domicilio a que se refiere el art. 480.3 CPC, el deudor debe presentar la oposición ante el lugar donde el *precetto* le ha sido notificado y la notificación al acreedor se hará ante la secretaría del mismo juez.[99]

c) Subsidiariamente, si el ejecutado no conoce lo anterior (por ejemplo, por falta de notificación del *precetto*) la demanda de oposición se presentará ante el Juez del lugar donde se está llevando a cabo la ejecución.

mismo; pero el jefe del órgano competente para la ejecución, si ve peligro en el retraso, puede autorizar la ejecución inmediata con o sin fianza. La autorización se da mediante *decreto* escrito a pie de página del *precetto* y transcrito a cargo del oficial judicial en la copia a notificar.

97. Cuestión distinta es la relativa a la oposición a los actos ejecutivos, que puede ser promovida, una vez ya ha sido iniciada la ejecución, tanto por el ejecutado (si por ejemplo se le ha embargado un bien inembargable) como por terceros (si por ejemplo se ha trabado embargo sobre un bien perteneciente a ellos y no al deudor) y se encuentra contemplada, para el deudor, en el art. 615,2° CPC y, para los terceros, en el 619.

98. *Corte Suprema*: Casación de 11 de agosto de 1961, n° 1963, citada por Calvi en «Titolo...cit.», pág. 403; Casación de 29 de octubre de 1965, n° 2306 y Casación de 14 de mayo de 1963, n° 1186, citadas por Calvi, «Opposizioni,...cit.», pág. 1151.

99. *Corte Suprema*: Casación de 9 de mayo de 1961, n° 1703 y Casación de 10 de junio de 1958, n° 1908 y Casación de 21 de febrero de 1961, n°377, citadas por Calvi en «Opposizioni...cit.», pág. 1151.

V.2. Plazo para formular oposición

Con carácter general y abstracto, la oposición a la ejecución deberá formularse dentro de los diez días siguientes a la notificación del *precetto* (art. 480.1CPC). Pero si la oposición se funda en la falta de regularidad formal del título o del *precetto*, deberá proponerse en el término perentorio de cinco días desde su notificación (617.1 CPC) y si además se funda en la falta de notificación del título o del *precetto*, si ha sido imposible formularla antes del inicio de la ejecución, se podrá proponer en el plazo de cinco días a contar desde el primer acto de ejecución (617.2 CPC).

V.3. Forma de la oposición

El art. 617 CPC establece que la oposición se propondrá *con atto di citazione*, lo cual significa, según el art. 163 CPC, que la oposición se formulará en forma de demanda, por escrito y motivada, firmada por abogado y procurador (art. 82 CPC), con los siguientes requisitos: identificación de las partes y del órgano jurisdiccional al que se dirige; concreción del objeto de la demanda; narración de hechos por los que se interpone y fundamentos de derecho en que se apoya; proposición de los medios de prueba de los que intenta valerse la parte para acreditar su derecho; e indicación del día en que se pretende celebrar la primera comparecencia de las partes a presencia judicial o *udienza di comparizione;*[100]

V.4. Ámbito y causas de oposición

De la anterior distinción de plazos para oponerse a la ejecución según cuál fuera el motivo se desprende que, por un lado el deudor se puede oponer a la ejecución por motivos relativos a la regularidad formal o a la notificación del título y/o del *precetto* y, por otro, lado existen otros motivos innominados cuya oposición goza de un plazo de 10 días desde la notificación del título o del *precetto*. A falta de previsión legal, Proto Pisani sostiene que mediante la oposición al *precetto* el deudor puede contestar al derecho del acreedor de proceder a la ejecución forzosa, a través de las siguientes causas o motivos:[101]

a) Motivos procesales

Cuando se discute la cualidad de título ejecutivo del documento presentado por el acreedor y sobre cuya base se pretende ejecutar, por ejemplo: por falta de expedición en forma ejecutiva y/o de notificación del título y, en su caso, del *precetto*; por falta de los requisitos de liquidez y/o exigibilidad del derecho de crédito; por haberse suspendi-

---

100. Esta indicación que efectua la parte demandante, sin parangón en nuestro ordenamiento jurídico, de la fecha en que pretende que tenga lugar *l'udienza di comparizione* tiene su fundamento en el art. 163.2 CPC, que dispone: «El presidente del trtibunal establece al principio del año judicial, con decreto aprobado por el primer presidente de la Corte de Apello, los días de la semana y las horas de las audiencias destinadas exclusivamente a la primera comparecencia de las partes».

101. Proto Pisani: *Lezioni...cit.*, pág. 782, señala que el objeto del proceso que se inicia con la oposición al *precetto* es la declaración sobre la existencia o no del derecho procesal a accionar por vía de ejecución forzosa.

do la eficacia ejecutiva de la resolución por el juez de la cognición o haberse ya reformado la resolución plasmada en el título.[102]

b) Motivos de fondo.

Inexistencia del derecho sustancial representado en el título, por inexistencia del hecho constitutivo o por existencia de un hecho impeditivo, modificativo o extintivo. Pero si se trata de títulos judiciales del 474.1° CPC no se puede oponer hechos que pudieron excepcionarse en el juicio que dio lugar a la resolución o hechos que pudieron ser objeto de recurso ordinario contra la misma; sólo hechos sobrevenidos y posteriores a la formación del título (transacción, cumplimiento, prescripción).

c) Falta de legitimación.

Para los supuestos en que la ley permita que el título ejecutivo pueda valer incluso a favor o contra personas distintas de las que aparecen en el mismo como acreedor o deudor (475, 477 y 602 CPC). Esta falta de legitimación podrá ser de dos clases: activa, por no tener quien presenta el título la condición de acreedor, ni su sucesor, ni representante de ninguno de ellos; o pasiva por no tener la persona a la que se notifica el *precetto* la condición de deudor ni garante de la deuda que resulta del título, ni la condición de sucesor universal o representante de ninguno de ellos.

En mi opinión se trata de un motivo de carácter o naturaleza procesal, debido a que su estimación deja imprejuzgada la acción ejecutiva y no impide que vuelva a intentarse la ejecución con base en el mismo título por parte de la persona correcta.

V.5. Efectos de la formulación de la oposición

A) Eventual suspensión de la ejecución

A falta de previsión legal, un tema que ha suscitado algunas dudas entre la doctrina es el relativo a si la oposición al *precetto* puede suspender la eficacia ejecutiva del título y consiguientemente impedir el embargo con el que se inicia la ejecución genérica. Si dentro del plazo concedido al deudor al notificarle el *precetto*, o-a falta de notificación— al realizarse el primer acto ejecutivo, el deudor formula oposición a la ejecución, ¿puede suspenderse el procedimiento de expropiación forzosa?

Según Luiso, *ex* art. 481.2° CPC, la oposición contra el *precetto* no suspende automáticamente el inicio del proceso ejecutivo, sino que la suspensión sólo puede tener lugar si la acuerda el juez.[103] Proto Pisani considera que el deudor puede solicitar, en su escrito de

102. A nuestro entender, este último motivo enumerado por Proto Pisani no es propiamente de naturaleza procesal sino material, por cuanto su estimación daría lugar a un pronunciamiento sobre el fondo del asunto.

103. Luiso: *Apunti...cit.*, pág. 45, explica que el acreedor, cuando se presenta la oposición contra el *precetto*, no viene obligado a dar curso a la ejecución forzosa, pero puede proceder igualmente a ello asumiendo la responsabilidad de

oposición y como medida cautelar del proceso que inicia, la suspensión de la ejecutividad del título y de la ejecución forzosa, con base en los arts. 623 a 628 CPC.[104] Para Pajardi el problema de la suspensión del proceso ejecutivo es uno de los más angustiantes de toda la ejecución porque se hace un uso abusivo en perjuicio del acreedor y el concederla o denegarla queda a la discrecionalidad del juez, quien debe valorar la oportunidad de que continúe la ejecución, a la luz de una deliberación sumaria sobre el fundamento de la oposición.[105]

B) Apertura de un proceso declarativo (arts. 175 a 190 CPC)

Independientemente de cuál sea el motivo por el que se formula oposición a la ejecución, para decidir si ésta debe prosperar o no, se abre un proceso declarativo que se estructura de la siguiente manera:

1º. Se formula la oposición mediante *atto de citazione* con los requisitos antes referidos.

2º. El juez fija mediante *decreto* día y hora para la celebración de *l'udienza di comparizione* prevista en el art. 185 CPC, y lo notifica a las partes, citándolas.

3º. Las partes comparecen a presencia judicial y el juez dispone que se instruya la causa según los arts. 175 y ss CPC, cuya fase de instrucción se integra por *l'atto di citazione* antes referido y por la *comparsa di resposta*, donde ya se contienen, aunque de modo embrionario, las alegaciones iniciales de las partes. Esta audiencia se celebra —según la ley— de forma oral; en ella el juez exhortará a las partes para que lleguen a un acuerdo y, de no lograrse, el demandado propondrá los medios de prueba de que intente valerse, prácticándose en el acto los que fuera posible y, en otro caso, señalándose un plazo no superior a quince días para practicarlos.[106] Todo lo actuado durante la comparecencia se documenta mediante acta en la que se harán constar las conclusiones de las partes y proveidos que el juez pronuncie en el acto.

4º. Finalmente se instruye de la causa el juez y la remite al *collegio* (el órgano judicial en pleno) que es el que dicta una sentencia inimpugnable (art. 618.3 CPC), en vir-

---

los daños de una eventual ejecución injusta *ex* art. 96 CPC. Si prefiere esperar al resultado de la oposición, el art. 481.2º CPC le garantiza que no va a devenir ineficaz el *precetto* al establecer que el plazo de 90 días para iniciar la ejecución queda en suspenso.

104. Proto Pisani: *Lezioni...cit.*, pág. 781, afirma que la oposición al *precetto* no suspende la eficacia ejecutiva del título ni la ejecución forzosa. Vale la pena apuntar al lector que en Italia la adopción de medidas cautelares está sujeta al llamado procedimiento cautelar regulado en los arts. 669-bis y ss. CPC, que puede dilatar la adopción de la medida.

105. Pajardi: *Procedura civile*, cit., pág. 283, afirma también que las garantías procesales, cuando devienen «garantimanía» acaban por tutelar al deudor en sus operaciones fraudulentas.

106. Sobre el contenido de la comparecencia, forma de celebrarse, efectos de la incomparecencia de las partes, y posibilidades de suspensión, Mora Capitán, Belén y Picó Junou, Juan: *El nuevo proceso civil italiano*, Documentación Jurídica, Ministerio de Justicia, Secretaría General Técnica, Madrid, 1992, págs. 37 a 39 describen el desarrollo de la *trattazione della causa* italiana y resumen la estructura del proceso civil italiano.

tud de la cual se mandará bien seguir o —en su caso— iniciar la ejecución, bien impedir o —en su caso— poner fin a la ejecución.

VI. Evolución histórica y orientaciones modernas del concepto de título ejecutivo en la doctrina italiana

VI.1. La polémica entre Carnelutti y Liebman

En contra de la teoría sostenida por quienes le precedían,[107] en 1929 Carnelutti sostuvo por primera vez que el objeto al que se atribuye la función de proporcionar la certeza necesaria a fin de proceder a la ejecución forzosa es, ya no un acto, sino un documento que el acreedor debe presentar al órgano judicial, «como el viajero debe presentar el billete a los empleados del ferrocarril»; el documento atribuye a la situación jurídica que en él se representa la certidumbre necesaria para que se actúe por vía ejecutiva, por lo que se trata de un documento que hace prueba legal, pero mientras ésta sirve sólo para establecer la verdad de un hecho o proporcionar la certidumbre de la existencia del mismo, el título ejecutivo produce además la certidumbre de una situación jurídica, es decir, del efecto jurídico del hecho.[108]

Por su parte, en 1931 Liebman contestó a Carnelutti, volviendo a la corriente dominante al afirmar que «El título ejecutivo es el acto jurídico que tiene el efecto típicamente constitutivo de determinar y hacer concreta y actuable la sanción ejecutiva, y dar vida —por tanto— a la acción ejecutiva y a la sujeción y responsabilidad ejecutiva» y que este efecto constitutivo de la sanción que en el título ejecutivo contractual viene impuesto por la ley como atributo de una particular forma del negocio jurídico, en la condena tiene lugar en la medida en que el juez añade a la declaración del crédito un plus al que el autor llama «aplicación de la sanción».[109]

El trabajo de Liebman fue objeto de réplica por parte de Carnelutti, quien, tras criticar por imprecisa la noción de «aplicación de la sanción», explicó que la principal razón por la que encuadra el título ejecutivo en la noción de documento responde a una cuestión

107. Mancini-Pisanelli-Scialoja: *Commentario del codice de procedura civile pel gli Stati Sardi*, Torino, 1858, V, 1ª parte, págs. 83 y 84; Galdi: *Commentario del codice di procedura civile*, Napoli, 1879, VII, pág. 6; RICCI: *Corso elementale di diritto giudiziario civile*, Napoli, 1888, pág. 483; Martirolo: *Trattato di diritto giudiziario civile italiano*, Torino, 1897, V, n. 254; Cesario Consolo: *Trattato della espropiazione contro il debitore*, Torino, 1904, I, pág. 20; Pateri: *Gli atti della procedura civile*, Tonino, 1912, n. 405; Mortara: *Commentario del codice e delle leggi di procedura civile*, Milano, 1923, V, pág. 20, venían todos a configurar de un modo algo difuso el título ejecutivo como acto que tenía el doble efecto de «afirmar la existencia del derecho del acreedor» y de «ordenar al deudor el cumplimiento de su obligación». Sin embargo en las definiciones dadas por estos autores «existencia» y «ejecutoriedad» del derecho representan dos momentos en la ejecución forzosa, de los que resulta muy difícil individualizar su exacto alcance.

108. Carnelutti: *Processo di esecuzione*, Padua, 1929, págs. 216 y ss; y *Del procedimiento de ejecución*, en «Instituciones del nuevo proceso civil italiano», Ed. Bosch, 1942, trad. por Guasp, pág. 160.

109. Liebman, Enrico-Tullio: *Le oposizione di merito nel processo di essecuzione*, Roma, 1931, pág. 143; así como «Il titolo esecutivo riguardo ai terzi», en *Rivista di Diritto Processuale civile*, 1934, nº 12, pág. 127. En esta última publicación Liebman critica el pretender encontrar en el título ejecutivo la prueba del crédito y reconocer en ello un medio de prue-

de método, según el cual, en toda institución jurídica (especialmente el proceso) distingue el problema de la función del de la estructura; y éste último lo trata bajo dos perfiles: composición y desarrollo, siendo el estudio de la composición el de la anatomía del proceso, tendente a poner en su sitio todos los elementos o piezas. Y aquí coloca la necesidad del documento dentro del fenómeno de la ejecución forzosa. Llegado a este punto, se trata de ver si el título ejecutivo es lo que está fuera (el continente, el documento), o lo que está dentro (el contenido, el acto documentado). Y si bien admite que, como la condena está dentro de la sentencia, en ese caso el título consiste en el acto que el juez pronuncia, advierte que es necesario tener en cuenta el título extrajudicial porque de éste depende la noción de título ejecutivo. Así concluye que al no encontrarse dentro de la letra de cambio el negocio, título ejecutivo no puede ser el acto, sino el documento.[110]

Finalmente, tras hacer una llamada a la necesidad de construir la noción del título sobre aquello que haya de común en el título judicial y en el extrajudicial, explica que la razón lógica que le indujo a desplazar el centro de gravedad de la noción de título ejecutivo del acto al documento es la necesidad de sistematizar los elementos del proceso de ejecución y de formar una teoría unitaria del proceso.[111]

Por otro lado y por motivos distintos, Satta, contribuyó a demoler la teoría de Liebman, al poner de manifiesto la irrelevancia jurídica de «la condena» dentro del título ejecutivo en general y de la sentencia en particular, que queda reducida a la constatación lógica del presupuesto de la ejecución que es la declaración (*accertamento*) del derecho.[112] En su último estudio del título ejecutivo prescinde del adjetivo para centrar su interés en el sustantivo, en el título, advirtiendo que el título es la causa de la ejecución.[113] Y finalmente, tras describir que existen dos posturas en torno a la noción de título ejecutivo, se muestra totalmente escéptico, sin decantarse expresamente por ninguna de las dos teorías.[114]

VI.2. La construcción de Chiovenda

Define la ejecución forzosa procesal como la actuación práctica de una voluntad concreta de ley que garantice a alguien un bien de la vida y que resulta de una declara-

---

ba legal exclusiva e irresistible, por lo que acusa a Carnelutti de crear un rompecabezas por el gusto de resolverlo con una elegante estratagema. La forma de criticar de Liebman molestó a Carnelutti, por lo que éste apostilló el artículo de aquél.

110. Carnelutti: «Titolo esecutivo», en *Rivista di Diritto Processuale civile*, 1931, 1, págs. 315 y ss.

111. Carnelutti: «Titolo esecutivo e scienza del processo», en *Rivista di Diritto Processuale civile*, 1934, nº 12, pág. 158 (apostilla al artículo de Liebman publicado en el mismo número), señala la necesidad de que los juristas adviertan que la prueba en general y el documento en particular también operan en el proceso ejecutivo, que representa bajo una nueva óptica el problema de la prueba legal.

112. Satta, Salvatore: «Premesse generali alla dotrina della esecuzione forzata», en *Rivista di Diritto Processuale civile*, 1932, 1, pág. 333. Más tarde, Monteleone, Giorlamo: «Condanna civile e titoli esecutivi», en *Rivista di Diritto Processuale*, 1990, pág. 1075 a 1091, ha relativizado la teoría de Satta.

113. Satta: *Commentario al Codice de Procedure Civile*, Milán, 1965, III, págs. 69 y ss, sostiene que en el plano dinámico no puede existir contraposición entre crédito y título, en cuanto sólo existe el crédito a través del título, que es la determinación de lo concreto que surge con la formación de un particular documento, por lo que el título es constitutivo del crédito.

114. Satta: *Diritto processuale civile*, 10ª ed. a cargo de Carmine Punzi, Padua, 1987, pág. 575, señala que todas las soluciones propuestas no se alejan del pensamiento antiguo y constante de que el título es la condición necesaria y suficiente para proceder a la ejecución.

ción.[115] Tras afirmar que el título ejecutivo «consiste necesariamente en una declaración (*ad solemnitatem*) que debe constar siempre en documento escrito», advirtió que en todo título ejecutivo hay un doble significado: el título en sentido sustancial, que es el acto jurídico del que resulta la voluntad concreta de la ley, y el título en sentido formal que es el documento en que el acto está contenido.[116]

A pesar de que los autores posteriores, influidos por Chiovenda, admiten el doble significado del título ejecutivo, no se ponen de acuerdo al determinar en cual de los dos radica la naturaleza del título ejecutivo, si en el acto o en el documento, y no han sido capaces de aunar criterios y ofrecer un solo concepto, sino que cada uno ha querido aportar su granito de arena al concepto. En resumen, los procesalistas adoptan posiciones en orden a las dos posibilidades ya apuntadas por Chiovenda.

VI.3. Contribución de la posterior doctrina a la noción de título ejecutivo

En 1937, Furno reaviva la idea de la equivalencia entre título ejecutivo y declaración de la situación jurídica material, que subyacía en la elaboración doctrinal del título como acto, y sostiene que «la ley sólo otorga tutela ejecutiva en orden a relaciones que resultan declaradas de un modo particularmente seguro»,[117] de manera que la declaración (*accertamento*) viene a constituir en todo caso el antecedente necesario e imprescindible del proceso ejecutivo,[118] considerando que «la atribución que hace la ley a ciertos actos de la calidad de título ejecutivo se enlaza con la eficacia certificativa reconocida al acto respecto a la relación que constituye su objeto».[119]

Esta configuración del título ejecutivo como acto de declaración fue objeto de inmediata crítica en 1938 por Garbagnati, quien considera inadmisible, teniendo en cuenta la categoría del título ejecutivo de formación extrajudicial, que un mismo acto pueda valer a la vez como declaración negocial y como *accertamento*, por lo que califica de título ejecutivo al documento cuya formación contribuye a dar vida a la acción ejecutiva,[120] destacan-

115. Chiovenda: *La actuación de la ley en favor del actor. Mediante ejecución forzosa. El título ejecutivo*, en «Instituciones de derecho procesal civil» (trad. por Gómez Orbaneja), vol. I, Madrid, 1936, pág. 309.

116. Chiovenda: *La actuación de la ley en favor del actor... El título ejecutivo*, cit., pág. 336 y 337, al dar la misma relevancia al acto y al documento en la estructura del título ejecutivo, relaciona la acción ejecutiva con ambos, distinguiendo entre acción ejecutiva normal, anormal y aparente.

117. Furno: «Condanna e titolo esecutivo», en *Rivista italiana per le scienze giuridca*, 1937, págs. 97 y ss, añadiendo en la 114, que «la ley, obedeciendo a razones de oportunidad práctica, exonera de la necesidad de la declaración jurisdiccional plena y completa, atribuyendo a ciertos actos judiciales y extrajudiciales el carácter de declaración». Mantiene su tesis en: *Contributo alla teoria della prova legale*, Padua, 1940, págs. 166 y ss; y *Disegno sistematico delle opposizioni nel processo esecutivo*, Florencia, 1942.

118. Furno: *Disegno sistematico delle opposizioni nel processo esecutivo*, cit., pág. 45.

119. Furno: «Condanna e titolo esecutivo», cit., pág. 116.z

120. Garbagnati: *Il concorso di creditori nell'espropriazione singolare*, Milano, 1938, pág. 119, replica a Furno al observar que «una cosa es el valor que tiene en sí la declaración del deudor como acto de la autonomía privada y otra el valor que la ley atribuye a esa declaración, por lo que ésta, objetivamente considerada, es contraria al interés del declarante» (ob. ult. cit. pág. 181) y sin embargo llega a la conclusión de que, «teniendo en cuenta la doble relevancia jurídica de la declaración del deudor (como elemento constitutivo de efectos negociales y como elemento probatorio legal), tal declaración puede ser coetánea al nacimiento de la obligación» (ob. ult. cit., pág182).

do la independencia del título ejecutivo respecto de la existencia del derecho, y concluyendo que la eficacia abstracta atribuida por la ley a la creación del título ejecutivo justifica la autonomía propia de la acción ejecutiva.[121]

En 1943 Alsina concluye que el título es el documento mediante el cual el deudor reconoce la existencia de la obligación, ya por haber otorgado el documento antes, ya por resultar de un acta judicial, igual que en la ejecución de sentencia el título es el documento que constata el pronunciamiento del tribunal.[122]

En 1955, Mandrioli, retomando la posición de Furno, reconoce que la declaración verdadera (*accertamento*) es el resultado de una actividad que no puede ser extrajudicial y que el *accertamento stragiudiziale* es la actividad intelectiva dirigida a preparar y alcanzar el resultado de la certeza jurídica a través del examen de un tercero. Ello le lleva a afirmar que el título ejecutivo extrajudicial —originariamente carente de *accertamento* en sentido técnico y objetivo— conduce, como consecuencia de la pendencia del proceso, a un *accertamento* verdadero idéntico al judicial, lo cual ocurre si, tras notificarse el *precetto*, el deudor deja transcurrir el plazo conferido sin formular oposición a la ejecución, por lo que la pendencia del proceso unida a la falta de oposición a la ejecución produce el efecto de transformar el *accertamento* extrajudicial en *accertamento* técnico y objetivo. Y sostiene que para llegar a este resultado la ley confía en elementos presuntivos derivados del comportamiento procesal de las partes, concluyendo que lo determinante para dar lugar a un *accertamento* judicial no es tanto la valoración de un juez, cuanto la pendencia de un proceso en el que las partes tienen un determinado comportamiento en relación al grado de desarrollo del procedimiento de producción de la certeza.[123]

También en 1955, Denti tras criticar a la noción del título ejecutivo como documento por el carácter probatorio inherente al mismo, termina por admitir que el documento constituye la prueba, no del título sino del derecho.[124]

Si en 1936, Redenti afirmaba que «el título ejecutivo en sentido sustancial, puede consistir en una resolución de autoridad o en un negocio jurídico entre las partes» y advertía que de «las normas relativas a la resolución judicial y al negocio del que surge el

121. Garbagnati: *Il concorso di creditori nell'espropriazione singolare*, cit., pág. 115.

122. Alsina, Hugo: *Tratado teórico práctico de Derecho procesal civil y comercial*, Buenos Aires, 1943, págs. 46 y 47.

123. Mandrioli: *L'azione esecutiva*, Milano, 1955, págs. 367 a 370, considera que el título ejecutivo es un acto expreso de declaración en un documento (pág. 382), pudiendo relacionarse la función específica del título extrajudicial con el empleo voluntario de una forma concreta de documentación a la que la ley, en virtud de su contenido confesorio, atribuye determinados efectos jurídicos, porque a este empleo voluntario de la documentación, distinto de la voluntad negocial, la ley reconduce la expresión de las partes respecto a la certeza jurídica; la voluntad de la documentación es asumida por la ley como el fenómeno inicial certificante al que, al sobrevenir la objetividad, atribuirá el carácter del *accertamento* con toda su función procesal (págs. 372 y 373).

124. Denti: «Intorno ai concetti generali del processo d'essecuzione», en *Rivista di diritto processuale*, 1955, I, págs. 106 y 128, estableciendo además una extraña ecuación entre situación jurídica típica y título ejecutivo (págs. 118, 120 y 121).

título resulta que éste siempre debe revestir la forma escrita»;[125] en 1957, al admitir la existencia de dos figuras en el título ejecutivo: el título ejecutivo en sentido sustancial (constituido por el acto jurídico) y el título ejecutivo en sentido formal, (constituido por el documento), entreabre el horizonte a una nueva reconstrucción crítica de la teoría del título ejecutivo, poniendo de manifiesto que, por un lado, lo que opera en el ámbito del proceso ejecutivo (título ejecutivo en sentido formal) es diverso del acto jurídico, que permanece fuera del recinto de la ejecución y, por otro, la acción ejecutiva no encuentra su hecho constitutivo en el documento sino en el acto jurídico.[126]

Micheli, en 1953 y 1961, partiendo de la fórmula chiovendiana, después de reservar la calificación de título ejecutivo a la suma del acto jurídico y al documento,[127] advierte que el título posee su eficacia típica como documento, porque si el acreedor quiere acudir al proceso ejecutivo debe exhibir el documento del que resulta su derecho a la ejecución, siendo suficiente el mismo para promover el cumplimiento de los actos ejecutivos, sin perjuicio de la reacción que pueda provocar en el proceso de ejecución la falta del acto jurídico.[128] El título ejecutivo representa siempre la exigencia de que a la ejecución se proceda sólo si hay un mínimo de certeza de la obligación del ejecutado, porque es la declaración de certeza del derecho la que permite a los tribunales proceder a la ejecución, sin necesidad de una demostración analítica por parte del que resulta acreedor con base en el documento, de la existencia actual del propio derecho. Por eso considera que el título es el hecho constitutivo de la acción, con base en el cual, quien tiene la posesión del mismo, puede pedir una determinada forma de tutela ejecutiva.[129]

VI.4. La elaboración de Andolina

En 1962, advirtiendo la insatisfacción y dispersión de los resultados alcanzados por la doctrina, Andolina intenta una reconstrucción de la teoría del título ejecutivo sobre las siguientes premisas:[130]

125. Redenti, Enrico: *Dei procedimenti ordinarii di ezecuzione per spropriazione contro il debitore*, en «Profili pratici del dirito procesuale civile», XVII, Milano, 1939, págs. 567 y 568, añadiendo que no se puede confundir el documento-papel con el título en sentido jurídico sustancial porque el papel de la carta escrita no es más que un elemento de su forma.

126. Redenti: *Diritto processuale civile*, III, Milano, 1957, nn. 203-204 y 208-210.

127. Micheli: «Dell'essecuzione forzatta», en *Commentario al Codice Civile a cura de Scialoja* e *Branca*, Roma, 1953, págs. 379 y ss, su desacuerdo tanto con Liebman como con Carnelutti porque, por un lado, el que la declaración de certeza pueda provenir del deudor o del acreedor excluye la posibilidad de contemplar en el título el acto constitutivo de la sanción y, por otro, tampoco le convence la teoría de la prueba legal porque equipara el título ejecutivo a cualquier título de crédito y no se puede comparar con el billete de tren, si bien admite que reconducir la noción de título ejecutivo a la de prueba sirve para evidenciar el carácter cartular del mismo y su abstracción del derecho material.

128. Micheli: *L'esecuzione forzata*, Florencia, 1961, págs. 104 y ss.

129. Micheli: *Derecho Procesal Civil*, III, trad. por Santiago Sentís Melendo, Buenos Aires, 1979, págs. 8 a 10.

130. Andolina, Italo: *Profili dogmatici della esecuzione forzada espropiativa*, Milano, 1962, cuyo primer capítulo «Título ejecutivo y acción ejecutiva» fue reeditado en una monografía titulada *Contributto alla dottrina del titolo esecutivo*, Milano, 1982.

1ª. Que el título ejecutivo sea acto, o documento, o «acto + documento», sólo puede significar que el acto y/o el documento son relevantes en orden a la eficacia del título ejecutivo y lo que hay que establecer es si la eficacia formal del título en el ámbito del proceso ejecutivo es imputable al acto, al documento o a ambos conjuntamente.

2ª. Trasplantado al terreno de la cognición jurisdiccional, el título ejecutivo no tiene razón de ser, ya que su papel no es compatible ni con la estructura ni con la función del procedimiento declarativo: por la estructura de éste, el título no pone al poseedor del mismo en condición de poder obtener la resolución interesada, sin más; y por la función del proceso declarativo, el juez no puede conocer sólo de la mera regularidad formal del título. En cambio, el acto jurídico subyacente sí opera en el juicio declarativo, de donde se desprende que una cosa es la función típica del título ejecutivo en el seno de la ejecución y otra es la eficacia propia del acto jurídico subyacente en el ámbito del proceso de declaración; y una cosa es la verificación que el órgano de la ejecución opera del título ejecutivo y otra la declaración que el juez de la cognición hace del acto jurídico, conociendo el primero de la mera regularidad formal del documento (a fin de determinar la procedencia de los actos de ejecución) y el segundo de la existencia de la relación crediticia contenida en el acto (a fin de determinar el fundamento material de la pretensión del actor).

3ª. La eficacia formal del título en el ámbito del proceso ejecutivo es imputable al documento porque, por un lado, el objeto de la cognición en el proceso ejecutivo, a los efectos de determinar si procede o no iniciar la ejecución, no es nunca la existencia ni validez del acto jurídico ni la relación de crédito que integra su contenido, sino meramente la regularidad formal del documento y, por otro lado, la incidencia del título ejecutivo sobre la situación jurídica material es nula o inexistente.

Con ello se evidencia la irrelevancia del acto jurídico en el seno de los elementos constitutivos del título ejecutivo, pero Andolina considera que la configuración del título ejecutivo como mero documento es insatisfactoria porque significa poner una premisa para la definición del mismo, pero no equivale a fijar su concepto.[131] Así, tras admitir que el título ejecutivo tiene naturaleza documental en cuanto que consiste en una representación documental del derecho de crédito cuya realización en forma ejecutiva se pretende, advierte que el título ejecutivo como documento no vale en el proceso de ejecución por lo que representa sino por lo que es, un fragmento del proceso ejecutivo y por tanto un elemento de puro derecho procesal, de donde se desprende que el órgano de la ejecución conoce del título ejecutivo no como de un medio de prueba del crédito sino como de un presupuesto legal de la propia actividad.

131. Andolina: *Contributto alla dottrina del titolo* esecutivo, cit., págs. 109 a 114, expone que la distinción existente entre la categoría del acto jurídico y la del título ejecutivo se ve más claramente en Italia donde, para que el título ejecutivo tenga la virtualidad de iniciar la ejecución, requiere unos formalismos ajenos al acto jurídico: la expedición en forma ejecutiva y la sucesiva notificación.

Y concluye que el título ejecutivo es una representación documental típica del crédito, la cual se inserta en el fenómeno ejecutivo como un acto del proceso de ejecución forzosa y por tanto tiene naturaleza procesal.[132] La tipicidad deriva de que el nombre «título ejecutivo» designa, no una categoría de hechos, sino una *qualitas* atribuida *ope legis* a determinados hechos —taxativamente fijados— elevados (por una valoración estrictamente política) a presupuesto de la aplicación de una determinada normativa. Atendido el carácter de rigidez del hecho en cuestión y, por tanto, el carácter de exclusividad de la normativa, todo intento de fijar una noción unitaria de título ejecutivo debe hacerse a través de un proceso de abstracción que encuentre la razón política en consideración de la cual, determinados hechos son elevados a la categoría de título ejecutivo; por lo que la labor del intérprete es la de buscar no tanto qué sea el título ejecutivo, cuanto para qué sirve el mismo, precisando qué consecuencias jurídicas produce en orden a la ejecución forzosa.[133]

VI.5. Las aportaciones posteriores a Andolina

Después del exhaustivo estudio de Andolina, parece que los autores desistieron de seguir profundizando en la teoría del título ejecutivo y las aportaciones y opiniones vertidas sobre el particular se limitan a enfatizar algún aspecto de la teoría del título ejecutivo como documento, excepto alguna excepción que intenta justificar una toma de posición a favor del título como acto, que no resulta convincente.

En 1963 Allorio advierte que el contraste de teorías acerca de la naturaleza del título ejecutivo es fértil en consecuencias prácticas y por eso la noción del título como documento revela una clara superioridad con respecto a la del acto, porque es la única que permite explicar cómo la acción ejecutiva fundada sobre el título ejecutivo negocial permanece viva y puede ser ejercitada mientras se impugna la validez o la existencia del negocio.[134]

Pajardi intuye que para saber qué es el título ejecutivo hay que tener en cuenta el problema no sólo de la relación entre proceso de declaración y de ejecución, sino también el de la relación entre derecho y acción; y, en este sentido, sostiene que el título ejecutivo no tiene autonomía dogmática de por sí, constituyendo la documentación típica y taxativa, insustituible y cierta, de que todo lo que le precede se ha hecho sobre el plano declarativo para justificar el proceso ejecutivo. Y como la acción no se distingue del

---

132. Andolina: *Contributto alla dottrina del titolo esecutivo*, cit., págs. 122 a 130, señala que si un carácter peculiar del título ejecutivo es la tipicidad, ésta sólo se refiere al documento-título ejecutivo, no a la relación jurídica que forma el contenido del acto jurídico-material subyacente. Al considerar al título ejecutivo como un acto del proceso, sus vicios pueden fundar la «oposición a los actos ejecutivos».

133. Andolina: *Contributto alla dottrina del titolo esecutivo*, cit., págs. 133 a 135, afirma que no existe una noción abstracta de título ejecutivo, sino tantas figuras típicas del mismo como prevé la ley.

134. Allorio, Enrico: *Ejecución forzada en general* y *Concepto del título ejecutivo y suspensión de la ejecución*, en «Problemas de derecho procesal», II, trad. por Santiago Sentís, Buenos Aires, 1963, pág. 179 a 244, y concretamente págs. 206 y 243-244, encuentra en la posesión del título el hecho constitutivo de la acción ejecutiva.

derecho sino que es un instrumento perteneciente al mismo indisolublemente, el título ejecutivo documenta estructuralmente la existencia de la acción y el reconocimiento del derecho subjetivo sustancial.[135]

En 1991 Bonsigniori concluye que no existe una noción abstracta de título ejecutivo sino tantas figuras típicas como la ley prevea, pero considera que en todo caso la ley atribuye eficacia de título ejecutivo a una representación documental típica del crédito.[136]

Luiso considera que siendo el título ejecutivo la categoría ante la cual se da la acción ejecutiva, está fuera y antes de la ejecución y no es el objeto de ésta, sino que lo es la actuación del derecho sustancial. Por ello concluye que mientras en sentido sustancial el título ejecutivo es la categoría de la que surge el efecto jurídico de hacer tutelable una cierta situación protegida, en sentido documental es el documento que representa parcialmente los elementos que componen el título ejecutivo en sentido sustancial, en cuanto que en tal representación faltan siempre los hechos extintivos, impeditivos y modificativos del título en sentido sustancial, y faltan a veces algunos hechos constitutivos.[137]

135. Pajardi, Piero: *Procedura Civile*, Milano, 1989, págs. 227 a 283, advirtiendo en la pág. 235, que en la ordenación de la ejecución forzosa contra la voluntad del deudor, el Estado se juega su prestigio y su propia justificación racional e imagen ética en el momento en que sustituye la voluntad del sujeto.

136. Bonsigniori, Angelo: *L'esecuzione forzata*, 2ª ed., Torino, 1991, pág. 54, hace estas afirmaciones después de criticar por insatisfactorias las teorías de Liebman y Carnelutti, y de atribuir escasa utilidad a la investigación nocional en la que la doctrina ha trabajado durante más de medio siglo.

137. Luiso, Francesco-P: *Apunti di diritto processuale civile*, Italia, 1992, págs. 15 a 30, afirma que el ordenamiento ha creado la figura del título ejecutivo en sentido documental para simplificar las operaciones cognoscitivas que debe cumplir el órgano de la ejecución para darse cuenta de si el sujeto tiene el derecho a la tutela ejecutiva.

La legitimidad democrática de los sistemas de nombramiento de los jueces ¿quién designa? ¿cómo se designa?

CARINA X. GÓMEZ FRÖDE
MÉXICO

Para el querido Profesor José Luis Vázquez Sotelo
con la esperanza de mantener el diálogo procesal

I. Introducción

Se ha cuestionado seriamente la razón por la cual en un régimen de Estado democrático estructurado bajo el esquema de división de poderes, tanto el poder ejecutivo como el poder legislativo deben ser elegidos por votación popular y en cambio el poder judicial posee en nuestro país, reglas diversas para su designación, nombramiento e integración. Parecería ser entonces que los miembros del poder judicial, ministros, magistrados y jueces gozan de un status diferente en relación con los otros dos órganos. Se ha acusado, no sin razón, de que los miembros del poder judicial se encuentran alejados del pueblo, que se ubican en el Olimpo de los Dioses, y por tanto carecen de una legitimación democrática.

Se dice que el poder judicial mexicano no ha tenido un papel político relevante, comparándolo con otros sistemas como por ejemplo el poder judicial italiano, donde la magistratura ha sido protagonista de pasajes políticos importantes como *mani pulite* en los años ochenta. La ejecución de la justicia no parece ser tampoco un asunto público de primer orden en México. Tampoco existen organizaciones o asociaciones de jueces o magistrados que discutan la vida política del país, que discutan colectivamente la forma en que hacen las leyes, que por cierto a ellos les toca interpretar. No existen relaciones comunicativas que permitan a los legisladores tomar en cuenta la opinión y experiencia de los jueces. Como sabemos los poderes judiciales de los países del *common law* y los de tradición *románica* presentan grandes diferencias. El papel social y político del juez cambia de un sistema a otro. En los países del common law, el sistema de selección se realiza por mecanismos políticos; los jueces gozan de una posición social y política donde su individualidad y su trayectoria personales constituyen en buena parte la figura respetada de los jueces. Existe un reconocimiento a su función creadora, sobre todo en Inglaterra y los Estados Unidos. Las cortes crean una parte importante del derecho.

En cambio en países como el nuestro, los jueces permanecen más en el anonimato, forman parte de un cuerpo de funcionarios que tienen distintos papeles y jerarquías al interior de una institución que se ocupa de «la aplicación de la justicia». Los jueces en México se manifiestan de manera silenciosa en las sentencias que dictan. Los ordenamientos jurídicos contemplados en las leyes orgánicas y en sus reformas a lo largo de la historia regulan sus funciones y sus facultades. Pero las prácticas que se desenvuelven se asumen con base en acuerdos internos tomados por los propios ministros de la Suprema Corte. Estas prácticas influyen en la forma que el poder judicial se desenvuelve en una sociedad como la mexicana. Pueden no sólo definir criterios como el reclutamiento y la designación de jueces y magistrados. Estas prácticas están ancladas en la manera como viven ministros y jueces, en la forma en como comprenden su ejercicio, en la forma como se sienten vinculados entre sí, en la forma en que desarrollan lealtades, y hasta la forma en como redactan sus sentencias. Hasta 1994, el poder judicial federal estaba integrado por la Suprema Corte, los tribunales unitarios y colegiados de circuito y los juzgados de distrito.

A partir de la reforma, se creó el Consejo de la Judicatura. El número de ministros se redujo de 21 numerarios y 5 supernumerarios a 11 ministros y desapareció la figura de los supernumerarios. El nombramiento, desde entonces, se hace por medio de una terna que propone el Presidente de la República al Senado. Esta disminución en el número de ministros y la desaparición de los supernumerarios, para algunos estudiosos como Héctor Fix Zamudio[1] se debe a las nuevas funciones de la Corte como tribunal constitucional. La reforma afectó al poder judicial reduciendo el poder de los ministros al introducir otras formas más controladas para ocupar los puestos de jueces y magistrados. Para ser designado como ministro, se deberá tener un mínimo de 35 años de edad, haber obtenido el título de licenciado en derecho cuando menos diez años antes, no haber sido secretario de estado, jefe de departamento administrativo ni Procurador General de la República o de Justicia del Distrito Federal cuando menos un año antes de su nombramiento. Los nombramientos de ministros deberán recaer preferentemente en personas que hayan ejercido con eficiencia y probidad tareas relacionadas con la impartición de la justicia o que se hayan distinguido por su honorabilidad en su actividad jurídica.[2] Por su parte el Consejo de la Judicatura Federal inauguró, por primera vez en México, la carrera judicial de manera institucional y reglamentada. La función más importante de este Consejo es la de preparación, selección nombramiento y adscripción de jueces y magistrados.

1. Héctor Fix Zamudio, Anuario Jurídico, Instituto de Investigaciones Jurídicas, México, 1998

2. Adriana Berrueco, «La reforma al Poder Judicial Federal en México de 1994-1995», en F. Castañeda y Angélica Cuéllar (coordinadores), Redes de inclusión. La construcción social de la autoridad, Facultad de Ciencias Políticas y Sociales, Unam, Miguel Ángel Porrúa, México, 1998, p. 137

La carrera judicial de acuerdo a la ley del Consejo de la Judicatura deberá regirse por criterios de excelencia, objetividad, imparcialidad, profesionalismo e independencia. La ley prevé la realización de concursos de oposición, ya sea internos o libres para poder acceder a la categoría de jueces y magistrados. Señala también la realización de exámenes de aptitud para la designación de secretarios de los diversos niveles y de actuarios.

El Poder judicial mexicano se ha caracterizado por una estructura jerárquica fuerte, desde el punto de vista formal e informal. Esta estructura se ha visto fortalecida por dos vías fundamentalmente. La primera, los mismos ordenamientos jurídicos que otorgaban a los ministros de la Suprema Corte, facultades en torno al reclutamiento de los jueces y magistrados y la segunda desde un punto de vista sociológico, son todos los mecanismos consuetudinarios utilizados para el reclutamiento de jueces y magistrados y demás personal del poder judicial. De acuerdo con José Ramón Cossío Díaz[3] las formas de reclutamiento en el poder judicial han seguido históricamente dos modelos. El primero lo ubica el autor en un periodo histórico muy amplio que se extiende desde 1917 y hasta 1982. En este periodo el poder judicial presentó un lento crecimiento en lo que se refiere a la creación de órganos jurisdiccionales se refiere.

Este escaso crecimiento favoreció un modelo «tutorial» en la forma en que se ingresaba o ascendía en el poder judicial[4] y la ley orgánica del poder judicial facultó a la Suprema Corte de Justicia a nombrar, adscribir y ascender a los jueces y magistrados, y a partir de 1934 a cubrir las vacantes de magistrados mediante un sistema que el recién nombrado ministro de la Suprema Corte llama «escalafonario». Este sistema funcionó apegado a un conjunto de prácticas definidas por los propios ministros. Se creó una especie de escalafón informal, a partir del cual eran designados como jueces de distrito los secretarios de estudio y cuenta de los ministros. Según Cossío los criterios que utilizaban los ministros eran totalmente discrecionales. Los ministros asumían un papel de «padrinos».

El segundo modelo que inicia después de 1983, es «el cooperativo». El poder judicial gozó de un mayor presupuesto y se establecieron catálogos de puestos y nuevo tabulador de sueldos que homologó los sueldos del poder judicial con el resto de los funcionarios de la administración pública. Ello trajo como consecuencia la designación de un mayor número de jueces y magistrados, pero sin embargo no cambió el modelo de selección basado en el conocimiento y las relaciones personales, aunque hubo mayor

3. José Ramón Cossío Díaz, Jurisdicción Federal y carrera judicial en México, Colección Cuadernos para la Reforma de la Justicia, Unam, México, 1996, p.p.52 y 53

4. Me es triste el recuerdo de un pleno de la Suprema Corte de Justicia, en los años sesenta, en que por turno tenía que designarse un juez de distrito. El turno se alteró porque habían salido varios ministros a la vez, por distintas razones, renuncias, jubilaciones, un fallecimiento, etc., y la composición del Tribunal era distinta. En tal virtud, por esa única ocasión se determinó que la designación se hiciese por sorteo correspondiendo al mismo ministro que sacase el papelito del *juez*, de una pequeña cajita. Pero tuvo la mala ocurrencia de sortear, en la misma ocasión el uso de un automóvil de lujo, que había tenido asignado uno de los ministros salientes y en tal virtud también hubo otro papelito con la palabra *auto* Lo trágico y triste, es que al terminar la sesión, el ministro que había sacado el papelito de *juez* salió persiguiendo al ministro que había sacado el de *auto* para proponerle un cambalache. Ejemplo evidente de que no existía en nuestro más alto tribunal, un sistema institucional de designación de jueces. (Relato de Cipriano Gómez Lara)

movilidad y mejores posibilidades para reclutar a personas que no habían estado en el poder judicial. Entre 1983 y 1994 los 21 ministros continuaron proponiendo al pleno de la Suprema Corte candidatos para ocupar los puestos de jueces y magistrados, que con la mayoría simple eran aprobados. Hasta 1994 no existían en los ordenamientos jurídicos legales del poder judicial otras formas de controlar esta práctica de los ministros. En este periodo se nombraron como ministros de la Suprema Corte a más de 16 personas que no provenían del poder judicial, sino que provenían de otros espacios laborales. Para Cossío, las razones que alentaron a Ernesto Zedillo a presentar la reforma al poder judicial en diciembre de 1994 fueron entre otras la radicalización de dos grupos de ministros al interior de la Suprema Corte; el desprestigio general de la institución por las quejas presentadas por la Comisión Nacional de Derechos Humanos y por la Procuraduría General de la República.[5] *Para Cossío la reforma legitimó al poder judicial* y sobre todo porque introdujo un órgano de vigilancia y administración que despojó a los ministros de muchas de sus facultades. Aunque luego vendría la contra reforma. Podría decirse que las prácticas de los ministros en relación al nombramiento y designación de jueces y magistrados fueron destruidas al introducir mecanismos más acotados y predecibles para el reclutamiento de los jueces y para la promoción de éstos a magistrados como son los concursos de oposición. Se introdujo un examen de conocimientos como requisito de ingreso. La Ley Orgánica del Poder Judicial distingue dos tipos. Uno interno y otro abierto y a su vez éstos contemplan dos etapas. En la primera los aspirantes deben de resolver por escrito un cuestionario sobre materias que se relacionan con la función de la plaza para la que se concursa. Después de este filtro existe una segunda etapa de selección, en la cual los concursantes deberán de resolver un caso práctico, como puede ser la redacción de una sentencia. Posteriormente deben de presentar un examen oral y público.

Las reformas de 1994 y sobre todo la creación del Consejo de la Judicatura no fue del agrado de todos. Muchos miembros del poder judicial se refieren a que con dicha reforma se «deshumanizó el poder judicial», antes se tenían relaciones personales, relaciones cara a cara, para muchos existe un abandono, un sentimiento de soledad cuando desaparece la relación con el «ministro padrino». Esta soledad se agudiza, cuando hay que resolver un asunto difícil. Antes se acudía al consejo y al apoyo del ministro. Con el Consejo de la Judicatura, esa relación ya no existe, «nos ha hecho más solitarios».[6] Para algunos jueces el control del Consejo de la Judicatura sobre el proceso de selección fue un elemento de crítica y de malestar. Tan lo fue que en el año de 1996 se produjo la contra reforma que «puso a la iglesia en manos de Lutero» al facultar a los ministros de la Suprema Corte a designar a los miembros del Consejo de la Judicatura, lo cual ha provocado el debilitamiento y la supeditación de dicho órgano de control y de selección de jueces nuevamente a los ministros de la Suprema Corte.

5. Las críticas a ese descabezamiento del Poder Judicial Federal, no se hicieron esperar. Se estimó, con cierto grado de razón, que algunos de los exministros, no merecían, por su trayectoria y calidad, esa forma violenta y repentina de verdadero despido. Había ahí personas con carreras impecables y estimo que no es válido ni cierto ningún argumento generalizador que osase afirmar que todos esos señores ministros fuesen unos corruptos o unos ineptos o incapaces. Sería altamente injusto considerarlo así y además sería falso. (Relato de Cipriano Gómez Lara)

6. Entrevistas con jueces relatadas por Angélica Cuéllar Vázquez, en La justicia sometida, Facultad de Ciencias Políticas y Sociales de la Unam, Miguel Angel Porrúa, México, 2000, p. 33

Por otro lado, existe el gran problema de que en todas las reformas a las leyes que realiza el poder legislativo, los jueces no tienen un espacio para expresar sus preocupaciones sobre los asuntos que se reforman. No existen mecanismos institucionales para que los jueces expresen sus puntos de vista ante el poder legislativo.

Ahora bien, sobre el delicado tema de las presiones directas, presiones políticas, la gran mayoría de los jueces reconoce que ha sido presionado por algún medio. Llamadas telefónicas de procuradores, subprocuradores, diputados, senadores, y hasta del mismo Presidente de la República; así como el acoso de los medios de comunicación cuando existe la resolución de un caso difícil.[7]

El problema aquí debería enfocarse a cómo interpretan los jueces las presiones que reciben y cómo salen bien librados frente a ellas. El contexto social y político puede ser una parte importante de la decisión que adopten. En este campo se introducen las lealtades de los jueces y la vivencia de las mismas, son parte de la experiencia judiciaria.

Lo ideal es que los jueces estén libres de cualquier presión, lo que no deja de ser más que una ilusión en cualquier parte del mundo. Lo fundamental en un juez son sus valores, sus convicciones, su honradez, su independencia, su capacidad.

Según Cristina García Pascual[8] «...*el papel del juez y del poder judicial en las democracias modernas tiene que ser planteado como un verdadero poder con capacidad de actuar como contrapoder y de oponerse a las desmesuras de los otros poderes del Estado.*» Por su parte Luis Ferrajoli sostiene que la sujeción del juez a la Constitución y en su papel de garante de los derechos fundamentales constitucionalmente establecidos, radica el principal fundamento de la legitimación de la jurisprudencia y de la independencia del poder judicial con respecto a los otros poderes legislativo y ejecutivo.[9]

II. Concepto de legitimidad

La legitimidad puede definirse como un atributo del Estado que consiste en la existencia en una parte relevante de la población de un grado de consenso tal que asegure la obediencia sin que sea necesario, salvo en casos marginales, recurrir a la fuerza. Todo poder trata de ganarse el consenso para que se le reconozca como legítimo, transformando la obediencia en adhesión. La creencia en la legitimidad es el elemento integrante de las relaciones de poder que se desarrollan en el ámbito estatal. La legitimación desde los tiempos clásicos significa «con arreglo a derecho», «jurídicamente establecido», «fundamentado jurídicamente». Implica lo justo, lo correcto, lo jurídicamente justificado. Cuando las instancias del poder público no se conforman con las normas de competencia (normas que facultan y regulan el ejercicio de funciones) su

7. Ibidem, p.39

8. Citada por Angélica Cuéllar Vázquez, op.cit.p. 51

9. Idem

inobservancia se califica como «ilegitimidad». La «legitimidad» en este dominio se presenta como una *species* circunscrita del *genus* «legalidad». Para la dogmática moderna «lo legítimo» además de significar «establecido jurídicamente» se concibe como jurídicamente reconocido, protegido por el derecho. En este sentido se habla de *filius legitimus*.[10]

El término legitimidad se aplica generalmente a los actos que provienen del poder público. La legitimidad de la acción administrativa consiste en la observancia de las normas y máximas que regulan el ejercicio del poder público. En su conjunto, la legitimidad se refiere al problema de fundamento, por ejemplo de la justificación de la autoridad. Asimismo la legitimidad es el requisito de la titularidad del poder. Cuando se exige que un poder sea legítimo se requiere que quien lo detenta tenga un *iustus titulus*. Para que los actos de autoridad valgan como tales es necesario que exista la norma que faculta *iusto titulo* y que el ejercicio de tales facultades se conforme a las condiciones establecidas por la norma que faculta.

El fenómeno de la sustitución de la autoridad legítima es el que con más claridad muestra la significación normativa de la legitimación. Si el antiguo sistema de elección de jueces, sobre el cual los actos del poder judicial legítimo descansaban, deja de ser eficaz y un nuevo sistema normativo lo sustituye (1994), los antiguos ministros dejan de ser la autoridad legítima. Pero si la reforma falla y el orden normativo nunca es eficaz, entonces sus actos no son interpretados como actos legítimos del poder judicial, sino como actos ilícitos, de conformidad con el sistema normativo que estuviera aún en vigor. Es decir, para Kelsen una autoridad establecida es una autoridad legítima.[11] Sin embargo, de acuerdo a H.L.A. Hart, un punto de vista interno considera que un poder es legítimo si, y solo sí es un poder consentido, un poder que constituye una razón para actuar.

En este sentido, siguiendo a Raz el poder se reclama legítimo si se basa en principios, tradiciones o creencias que se presuponen válidos. El poder legítimo cambia si el sistema por el cual este poder ha sido establecido es reemplazado por otro. La autoridad legítima es aquella que ejercita el poder de acuerdo a un sistema normativo vigente en una comunidad determinada. La legalidad adoptó desde hace mucho una forma de funcionalismo y se presentó como un dogma de la democracia y de las ideologías liberales. Pero según Tamayo en el desarrollo histórico constitucional del Estado europeo continental, creció la tendencia a presentar divergencias entre legalidad y legitimidad.

Se desarrolló el principio democrático de legitimidad: la legalidad (como elemento primordial del Estado de derecho). La legalidad se convirtió así, en una expresión de racionalidad y fue peligrosamente venerada.[12] Todo aquello que era legal era legítimo. Así comenzó lo que se llamó «la tiranía del poder legislativo». Y entonces la «legalidad gene-

10. Rolando Tamayo Salmorán. Diccionario Jurídico Mexicano, voz: legitimidad, Instituto de Investigaciones Jurídicas, Unam y Porrúa, México, p.p. 1943

11. Ibidem, p.1945

12. Ibidem, p.1946

ró reacciones negativas». La legalidad se convirtió en un blanco a tirar cuando fue concebida como un instrumento del «orden», «la ley del estado clasista es enemiga del proletariado».(Marx).Con el fascismo, Hitler se sirvió hábilmente de la legalidad para establecer sus ideales y su idea de espacio vital en sus propias leyes. Creció por ello la tendencia de evitar políticamente la noción de «legalidad» y se empleó en su lugar con más frecuencia la expresión de «legitimidad». «*La legalidad se convierte en un arma envenenada que se lanza a la espalda del adversario político*», es por ello que después de la Segunda Guerra Mundial en la teoría política y en la dogmática jurídica se exige un retorno a la legitimidad material, por ejemplo, a los principios materiales de justicia.

Se podrá decir que la legitimidad del Estado es una situación que no se realiza nunca en la historia, sino como aspiración. Un Estado será más o menos legítimo en la medida en que realice el valor de un consenso manifestado libremente por parte de una comunidad de hombres autónomos y conscientes, o sea en la medida en que se acerque a la idea límite de la eliminación del poder y de la ideología en las relaciones sociales.[13]

III. Consideraciones en torno a la idea de democracia

Tanto doctrinas liberales como socialistas han considerado que la democracia es compatible con sus principios. La democracia es parte integrante de su propio credo y pensamiento. Es perfectamente correcto hablar de liberalismo democrático o de socialismo democrático. Es decir, la democracia es compatible con doctrinas con diferente contenido ideológico. En un significado formal, la democracia se ha entendido como un método o un conjunto de reglas procesales para la constitución de un gobierno y para la formación de decisiones políticas. La teoría política contemporánea ha establecido que la definición de la democracia se resuelve estableciendo un conjunto de reglas:

1. El máximo órgano político debe tener asignada la función legislativa. Este órgano debe de estar compuesto por miembros elegidos directa o indirectamente por el pueblo en elecciones.

2. Junto al órgano supremo legislativo deben existir otras instituciones con dirigentes elegidos como el Jefe de Estado o la administración local.

3. Los electores deben de ser todos los ciudadanos que hayan alcanzado la mayoría de edad, sin distinciones de raza, religión, ingresos ni sexo.

4. Todos los electores deben tener igual calidad de voto.

5. Todos los electores deben de ser libres de votar según su propia opinión formada lo más libremente posible.

---

13. Lucio Levi, voz: «legitimidad» Diccionario de Política de Norberto Bobbio y Nicola Mateuecci, Siglo XXI, México, 1988,p. 895.

6. Los electores deben ser libres, en el sentido de gozar de alternativas reales (lo cual va a excluir como democrática cualquier elección con lista única o bloqueada).

7. En las elecciones de los representantes del poder legislativo debe imperar el principio de la mayoría numérica, aunque pueden definirse diversas formas de mayoría según criterios de oportunidad.

8. Ninguna decisión tomada por mayoría debe limitar los derechos de la minoría.

Por cierto, ningún régimen histórico ha observado jamás completamente estas reglas. Por ello se debe hablar de regímenes más o menos democráticos. Tampoco es posible determinar cuántas reglas deben ser observadas para que un régimen pueda llamarse democrático, pero sí es posible afirmar que cuando algún régimen no observa ninguna de estas reglas no es un régimen democrático.

Para Norberto Bobbio[14] el modelo competitivo de representación de intereses refleja parte de la realidad y de la naturaleza pluralista de las sociedades modernas. Sin embargo dentro de las sociedades actuales, existen grupos que se encuentran en desventaja (minorías raciales, marginados, grupos que carecen de recursos) en relación a otros que se presentan más sólidos, con mayores capacidades financieras, educacionales e informativas, lo cual produce un desequilibrio entre los diversos grupos y por tanto el modelo competitivo se muestra en un mercado imperfecto.

La pregunta que presenta Bobbio es ¿se puede equiparar esta competencia pluralista con la democracia? Si partimos de la idea liberal de la democracia, ella está incumpliendo las razones para las que fue definida, diseñada y organizada. Es decir, la democracia no está llevando a cabo las expectativas de sus primeros proponentes y no ha logrado una competencia pluralista perfecta. Ha fracasado en la influencia que ciertos individuos tienen en la toma de decisiones debido a las desigualdades con que todos entran al mercado de competencia. Lo irónico es que la democracia se presenta actualmente como la forma adecuada de representación en las sociedades modernas pero no ha dado solución a los males políticos que aquejan a estas sociedades. Bobbio tiene dos preocupaciones: a) la necesidad de extender el control democrático de manera práctica a un número mayor de áreas dentro de la sociedad y b) asegurar que la igualdad política sea más que la adjudicación de un voto por ciudadano. Es decir, actualmente en las sociedades modernas el ciudadano tiene la capacidad de participar sólo en el acto del voto y en la opinión pública. Para Bobbio existen una serie de promesas incumplidas de la democracia:

1. El fenómeno del individualismo y la cuestión de la pluralidad de grupos de poder. Es decir, el individuo ya no vale por sí mismo, debe asociarse para poder ser protagonista de la vida política. No son los individuos sino los grupos los protagonistas de la vida política de la sociedad democrática, y en esta sociedad ya no hay un solo soberano, ni el pueblo, ni la nación; el pueblo se encuentra dividido en grupos contrapuestos, en competencia entre ellos.

---

14. Norberto Bobbio, El futuro de la democracia. Fondo de Cultura Económica. México,1986, pp.13-31.

2. La revancha o desquite de intereses: la democracia representativa estaba basada en que el representante, una vez elegido se convertía en representante de la nación, y ya no podía ser considerado el representante de los electores, en cuanto el representante no estaba obligado por ningún mandato. Sin embargo, lo que ha sucedido es que en una sociedad compuesta por grupos relativamente autónomos, luchan por la supremacía para hacer valer sus intereses en contra de otros grupos. Cada grupo tiende a identificar los intereses nacionales con los intereses del propio grupo.

3. La persistencia de las oligarquías: desde finales del siglo pasado Gaetano Mosca expuso la teoría de la clase política que fue llamada, gracias a Pareto, la teoría de las élites. Los postulados fundamentales de esta teoría eran que la soberanía popular es un ideal limitado que no corresponde a la realidad. En todo régimen político es una minoría de personas la que detenta el poder efectivo. Joseph Schumpeter sostuvo que la característica de un gobierno democrático no es la ausencia de élites, sino la presencia de muchas élites que compiten entre ellas por la conquista del voto popular.

4. El espacio limitado de la democracia: la democracia no ha conseguido conquistar todos los espacios en los que se ejerce poder que toma decisiones obligatorias para un completo grupo social. Bobbio propone pasar de la democracia política a la democracia social.

5. El poder invisible: Bobbio llama poder invisible a la mafia, al narcotráfico, a las logias masónicas, a los servicios secretos no controlados. Alan Wolfe ha señalado que existe un «Doble Estado» en el sentido de que al lado del Estado visible existe otro invisible. «... ningún déspota de la Antigüedad, ningún monarca absoluto, aunque estuviese rodeado de mil espías, logró tener toda la información sobre sus súbditos que el más democrático de los gobiernos puede obtener del uso de los cerebros electrónicos.» La democracia como advenimiento del gobierno visible, está perdida, existe entonces la tendencia ya no hacia el máximo control del poder por parte de los ciudadanos, sino por el contrario, hacia el máximo control de los súbditos por parte del poder.

6. El ciudadano no educado y su aprendizaje: La educación para la democracia se desarrolla en el mismo sentido que la práctica democrática ; sin embargo lo que ha sucedido en la realidad es que en las democracias más consolidadas se presenta el fenómeno de la apatía política, simplemente desde el punto de vista de la cultura política. Son personas que pese a que involucran a cerca de la mitad de quienes tienen derecho al voto, están desinteresadas por lo que sucede en la vida política.

Las promesas que ofrecía la democracia no fueron cumplidas debido principalmente a una serie de obstáculos que no fueron previstos o que sobrevinieron después de las transformaciones que ha sufrido la sociedad civil. Bobbio menciona tres obstáculos a saber: a) el gobierno de los técnicos (la tecnocracia). El protagonista de la sociedad industrial es el experto y el que lleva el papel principal en la sociedad, es decir, no puede ser un ciudadano común y corriente. La tecnocracia pretende que quienes tomen las decisiones sean los pocos que entienden sobre tales asuntos. b) El aumento del aparato burocrático. El crecimiento continuo de un poder ordenado jerárquicamente, del vértice a la base es diametralmente opuesto al sistema de poder democrático. c) El escaso rendimiento. El sistema democrático ha contribuido a emancipar a la sociedad civil del sistema político. Y esta sociedad civil se ha vuelto cada vez más una fuente inagotable de demandas al gobierno. El gobierno entonces sufre un «sobrecargo» de demandas y conduce a la llamada «ingobernabilidad» de la democracia. En conclusión en la democracia la demanda es fácil y la respuesta difícil. Por el contrario la autocracia tiene la capacidad de dificultar la demanda y dispone de gran facilidad para dar respuestas. Y sin embargo, el contenido mínimo del Estado democrático no ha decaído, según Bobbio: garantía de los principales derechos de libertad, existencia de varios partidos en competencia, elecciones periódicas y sufragio universal, decisiones colectivas concertadas o tomadas en base al principio de mayoría.

Para Juan Linz[15] lo que distingue a un régimen como democrático no es tanto la oportunidad incondicional para expresar opiniones sino la oportunidad legal e igual para todos de expresar opiniones y la protección del Estado contra arbitrariedades, especialmente la interferencia violenta contra ese derecho. Las condiciones para la estabilidad de una democracia son la eficacia del régimen político es decir su capacidad para encontrar soluciones a problemas básicos y su efectividad es decir, la capacidad para poner realmente en práctica las medidas políticas formuladas con el resultado deseado. Si no existe efectividad se debilita la autoridad del Estado, y como resultado su legitimidad. Para Linz sin embargo una democracia no tiene nunca un apoyo incondicional de todos sus miembros, independientemente de su política y los resultados que obtenga para los distintos grupos sociales.

Por otro lado, Sartori[16] concibe a la democracia como la única forma de gobierno legítima, sin embargo ha sido incapaz de hacer frente a los desarrollos políticos y sociales actuales. Sartori recomienda la reconstrucción de la democracia pues «... es el artefacto más frágil y el que más se utiliza.» Sartori no presenta un criterio con modelos porque la realidad democrática no es una sucesión de modelos. Lo que hace es proponer la utilización de la historia como una sucesión de ensayos en los que se incorporan principios básicos de la democracia. El mayor peligro con el que podemos enfrentar a la democracia es a un oficio de gestión de ideales, a un intento por desarrollar discursivamente una concepción de democracia en términos normativos ignorando los recordatorios de la experiencia; por ello se propone un concepto realista que esté desprovisto de un ideal utópico.

Un proceso democrático ideal debería satisfacer los siguientes requisitos: igualdad en la votación, participación efectiva, comprensión ilustrada, control final sobre el programa y la inclusión de todos los individuos en el proyecto democrático.[17] En una de

15. Juan Linz, La quiebra de las democracias. Alianza Editorial Mexicana, México, 1990, p. 36.

16. Giovanni Sartori., Teoría de la democracia. Alianza, Madrid, 1991, pp. 21-40.

17. Robert Dahl, Los dilemas del pluralismo democrático. Alianza Editorial, Madrid, 1991, p.17.

sus últimas obras Robert A. Dahl[18] señaló que la primera transformación democrática fue el paso de la idea y la práctica del gobierno de los muchos, que tuvo lugar en la ciudad-Estado, pero con el desarrollo del Estado moderno, el Estado nacional volvió obsoleta esta idea y la democracia se transfirió a lo que sería la segunda transformación democrática, que dio origen a un conjunto de instituciones políticamente novedosas. Al respecto Dahl se pregunta si estamos ante las puertas de una tercera transformación. Dahl propone una interpretación de la teoría y las prácticas democráticas, incluidos sus límites y posibilidades y enfatiza la necesidad de indicadores que puedan aplicarse razonablemente al mundo efectivo de los sistemas políticos. La mayoría de los pensadores políticos han sido muy críticos con la teoría y la práctica de la democracia. Sin embargo, mientras el discurso sobre la democracia de los antiguos es relativamente simple, el discurso sobre la democracia de los modernos es complejo, pues la democracia es una forma de gobierno extraordinariamente difícil de crear y sostener, como dice Giovanni Sartori, la democracia es un principio de legitimidad, un sistema político llamado a responder problemas de ejercicio de poder, y un ideal.[19]

IV. Sistemas en cuanto al organismo o autoridad que tiene atribución de designar jueces

El maestro Niceto Alcalá-Zamora y Castillo, distinguido procesalista español refugiado en México, ante sus discípulos se hacía dos interrogantes:[20]

a) ¿Quién designa a los jueces, magistrados y ministros?

b) ¿Cómo se designa a los jueces? Se refería básicamente a la existencia de métodos y procedimientos que debería de respetar la autoridad designadora para elegir a un juez, magistrado o ministro.

a) Nombramiento por el poder ejecutivo

Este sistema es característico de los regímenes totalitarios y dictatoriales. El rey, el primer ministro, el dictador o el jefe de un Estado es el que hace las designaciones de los jueces. Este sistema ha recibido muchas críticas. Al ser designados los jueces de esta manera carecen de independencia y de autonomía para resolver los casos que se le someten. En México, fue común este tipo de sistema hasta la reforma de 1994, el jefe del poder ejecutivo designaba según su capricho a los ministros de la Suprema Corte de Justicia razón por la cual se generaba una lealtad y una dependencia al poder ejecutivo.

---

18. Citado por Héctor Zamitiz. «Democracia» Breviario político de la Globalización. Fontamara e Instituto de Ciencias Políticas y Sociales, UNAM, México, 1997, pp. 64 y 65

19. Héctor Zamitiz. Democracia, Op.Cit. p. 59

20. Cipriano Gómez Lara, Teoría general del Proceso, Oxford University Press, México, 2004, p.173

Para Cipriano Gómez Lara la cuestión de quién es el que designa es menos importante que lo relativo a la manera cómo se hace dicha designación, porque la independencia y autonomía del órgano judicial las puede otorgar y garantizar el sistema de designación en mayor grado y eficacia. Gómez Lara, sin embargo no simpatiza con la idea de que existan secretarías o ministerios de justicia dentro de la organización jurídica política de los estados. En México, se suprimió la Secretaría o Ministerio de Justicia cuya existencia supeditaba definitiva y absolutamente el poder judicial al poder ejecutivo. No podemos estar de acuerdo con este sistema de designación si deseamos avanzar en la construcción de un sistema judicial democrático y legítimo.

b) Nombramiento por el poder legislativo

Se trata de un cuerpo colegiado de diputados o de senadores encargado de hacer las designaciones de los jueces. Por lo general este sistema se ha criticado en virtud de que los diputados y los senadores son sujetos políticos y no tienen conocimientos técnicos que les permitan tomar las mejores decisiones en materia de elección de jueces. Es común además que el poder legislativo se encuentre alejado de las experiencias del poder judicial.

Es importante mencionar que la designación de los jueces por el poder legislativo supedita entonces a los jueces a otro poder, el legislativo y por tanto los jueces igual que el caso anterior carecen de autonomía e independencia y por tanto los jueces mantendrán según este sistema un papel de subordinación con respecto al legislativo.

c) Nombramiento por el poder judicial

Para Gómez Lara este sistema parece ser el menos negativo, porque si es el propio poder judicial el que designa a los jueces, dicho poder judicial mantendrá su propia autonomía e independencia con respecto a los otros poderes. Este sistema, sin embargo tiene sus defectos, pues suele crearse en éste un cuerpo hermético, cerrado a toda influencia externa; entraña el peligro de que a causa del dicho hermetismo se forme una casta judicial «Los padrinos» que no admite ni tolera influencia externa, aunque ésta fuera positiva. Como se mencionó en el capítulo introductorio, antes de las reformas de 1994 y de la creación del Consejo de la Judicatura; con independencia de los ministros de la Suprema Corte; todos los magistrados y jueces eran designados por los propios ministros. Ya mencionamos que la creación de un sistema de elección y de designación de jueces no fue bien recibido por muchos de los integrantes del poder judicial, quienes vieron con desconfianza al Consejo de la Judicatura y sobre todo porque la reforma atentaba contra la libre decisión que antes tenían los jueces de designar y remover libremente a sus jueces. Es por ello que en 1996 se produjo la contra reforma que absurdamente aprobó que los ministros de la Suprema Corte a partir de dicho año, eligieran a los miembros del Consejo de la Judicatura. En lenguaje coloquial se trató de «poner a la iglesia en manos de Lutero».

d) Nombamiento de jueces conforme a un sistema mixto con intervención de dos o más poderes

A partir de 1994, en México hemos adoptado este sistema mixto para designar a los ministros de la Suprema Corte de Justicia y a los magistrados del fuero común. Los ministros de la Suprema Corte de Justicia de la Nación son propuestos por el poder ejecutivo en una terna con la aprobación del Senado. Los magistrados del Tribunal Superior de Justicia del Distrito Federal son igualmente propuestos por el poder ejecutivo local con la aprobación de la Asamblea Legislativa del Distrito Federal. En algunos Estados de la República existen sistemas similares de designación para los titulares de los tribunales superiores, como en Coahuila y Sinaloa. El gobernador propone a los magistrados con la aprobación del congreso local.

Gómez Lara[21] se cuestiona ¿cuál es la verdad de este sistema mixto? Para él, anteriormente a la reforma de 1994, este sistema se trataba de un retorno al nombramiento de jueces por el poder ejecutivo porque la intervención de los órganos legislativos era sólo de carácter formal, anteriormente, ni el Senado, ni la asamblea legislativa ni mucho menos los Congresos Locales se atrevían a objetar o rechazar las designaciones que hacía el Presidente de la República o los gobernadores en su caso. Sin embargo, por primera vez en la historia, en el mes de diciembre del 2003, el Senado rechazó una de las ternas propuestas por el presidente Vicente Fox para el cargo de Ministro de la Suprema Corte de Justicia de la Nación y la devolvió sin que ninguno de los aspirantes propuestos obtuviera una votación de las dos terceras partes del Senado.

Anteriormente, sobre todo durante la vigencia de los regímenes priístas surgidos de la Revolución Mexicana, la influencia del poder ejecutivo en la designación de los ministros era totalmente negativa. Esto les restaba independencia, autonomía, rango, y majestad. El designado por el presidente siempre vería al titular del poder ejecutivo que lo había designado, como un protector al cual debía agradecer tal designación. Si lo que queremos es una administración de justicia legítima y democrática no podemos aceptar que los jueces queden supeditados a los otros dos poderes del Estado. Lo ideal sería un sistema mixto en el que no interviniera el poder ejecutivo.

e) Nombramiento por elección o sufragio popular

El nombramiento por elección o sufragio popular de los titulares del órgano judicial que tiene antecedentes en nuestra vida jurídico política. El artículo 92 de la Constitución de 1857 así lo prescribía. Debe recordarse que al Presidente de la República lo sustituiría el Presidente de la Suprema Corte. Este sistema de elección popular está vigente en algunos estados de los Estados Unidos de América y son los ciudadanos los que en una votación directa eligen a sus jueces. En Colombia, los jueces de paz y de reconsideración son elegidos mediante votación popular.

21. Ibidem, p.175

La postulación de candidatos es efectuada por las organizaciones comunitarias o grupos de vecinos inscritos en la circunscripción electoral. Estos jueces pueden ser reelegidos en forma indefinida. Después de un proceso de convocatoria y selección a la cual se presentaron 4.200 ciudadanos se instaló en la Universidad Nacional de Colombia en Bogotá la Cátedra de Jueces para Bogotá.[22]

También en Perú los jueces de paz provienen de elección popular.[23] En Venezuela el comité de postulaciones judiciales es un órgano asesor del poder ciudadano para la selección de los candidatos a magistrados. Igualmente asesora a los colegios electorales judiciales para la elección de jueces. El Comité de Postulaciones Judiciales está integrado por representantes de diferentes sectores de la sociedad.[24] En España, desde 1985 con el cambio del sistema de elección de los vocales del Consejo del Poder Judicial muchos observadores se quejaron de la progresiva politización de la judicatura y se argumentó que los jueces deben de estar por encima de los partidos políticos y de las ideologías.

Este sistema ha recibido muchas críticas. Un principio ideal es que los jueces no tengan nada que ver con la militancia política y no hay nada que los acerque más a ella que el ser designado mediante sufragio popular. «*Cuando la política entra por la puerta del tribunal, la justicia sale por la ventana*».[25]La actividad política significa luchas, compromisos, simpatías, inclinaciones políticas y ello hace perder al juez sus cualidades de imparcialidad y de ecuanimidad que deberían de poseer todos los jueces. Este sistema es criticado porque se cuestiona si un juez puede tratar igual en un proceso que ante él se ventila a quienes lo apoyaron y a quienes estuvieron en su contra en su elección. De acuerdo a Cipriano Gómez Lara, el juez debe de ser ajeno a las militancias políticas. No puede existir compatibilidad entre la política y la función judicial.

«*El sistema sería verdaderamente atroz, porque son ampliamente conocidos los vicios de nuestro sistema político democrático y si en un sistema de verdadera democracia, no es recomendable la elección de jueces por el sufragio, mucho menos lo podrá ser en donde como entre nosotros, la democracia dista mucho de ser un sistema satisfactorio de designación de funcionarios, en general*».[26]

Es interesante analizar que durante la campaña de Vicente Fox para la Presidencia de la República, el hoy jefe del poder ejecutivo, cuando se refería al problema del narcotráfico señalaba que constituía una amenaza la «certificación» que otorgaba el Congreso

---

22. José N. Wild. Cátedra sobre justicia de paz, www.juecespazbogota.com, Bogotá, Colombia, 2001.

23. Gorge Farfán: Perú ¿ Cuántos millones costará elegir a los jueces de paz? ¿De qué justicia se trata, si por un lado, se elimina la retribución de este sector de magistrados que asumen el 60 a 70 por ciento de la carga procesal del poder judicial, se les priva acceso a condiciones mínimas para un ejercicio decoroso del cargo, se les niega, literalmente, hasta el papel y lápiz; y por otro lado, el Estado pretende gastar en su elección el equivalente a cuarenta y cuatro años de su sueldo?, La Insignia, www.berrom.com/jueces-politica.htm

24. Base de datos políticos de las Américas. www.georgetown.edu/comp/judicial/designacion/htm

25. Frase de Piero Calamandrei citada por Cipriano Gómez Lara

26. Ibidem, p.176

estadounidense para nuestro país, al señalarnos como los únicos responsables en el combate al narcotráfico. En ese entonces Fox se pronunció por contar con un poder legislativo y judicial verdaderamente autónomos: «*Quizá tengamos que optar por la elección directa de jueces y magistrados para integrar un auténtico poder judicial autónomo, que se caracterice por su seriedad y honestidad*».[27]

f) Nombramiento mixto con la intervención de un poder estatal y alguna entidad jurídica social

La figura del Consejo de la Judicatura en nuestro país ha perdido su independencia y su fuerza. Creado para precisamente establecer un sistema institucional y legítimo de selección de jueces y de ascenso de los miembros y titulares del poder judicial, éste perdió su autonomía al facultar a los ministros de la Suprema Corte a designar a los propios miembros del Consejo de la Judicatura. Ello me parece absurdo porque vuelve a propiciar la casta divina judicial que no admite influencias externas y que al fin y al cabo controla y presiona al Consejo de la Judicatura. Sin embargo, deben de subsistir e imperar los métodos y procedimientos institucionales para el desarrollo de una verdadera carrera judicial y un sistema de designación y ascenso de los titulares de los órganos judiciales. Asimismo, dichos titulares deben de contar con una serie de garantías económicas y sociales y de autonomía e independencia. En nuestro país no existe una auténtica carrera judicial, porque si bien es cierto se ha establecido a partir de los últimos años un incipiente sistema institucional de designación y ascenso todavía a los juzgadores les falta mucho para lograr plenas garantías económicas y sociales y de independencia y autonomía para desempeñar sus funciones. Se ha visto a la carrera judicial como el simple tránsito por los puestos de menor jerarquía a los de mayor jerarquía.

Para que el poder judicial esté abierto a la realidad del país y a las tendencias externas positivas, los sistemas de selección y de ingreso que se establezcan deben ser de forma alternada, abiertos (para candidatos de dentro y fuera de dicho poder judicial) y ser cerrados (para candidatos exclusivamente pertenecientes a dicho poder judicial). En 1960, Fernando Flores García en el Primer Congreso Mexicano de Derecho Procesal: «*Tenemos que lamentar que motivos políticos, de amistad, turno de magistrados, influencias sindicales, etc., sean los que en ocasiones decidan el nombramiento de los jueces*».[28]

Un sistema de designación que cuente con la intervención de las facultades y escuelas de derecho o las barras, colegios o asociaciones de abogados parece una alternativa interesante. En Guatemala, la designación de cinco de los nueve miembros de la Suprema Corte de Justicia se hace con base en una nómina de treinta candidatos propuestos por una Comisión de Postulación integrada por cada uno de los decanos de las facultades de derecho o de ciencias jurídicas y sociales de cada universidad del país; un

27. Vicente Fox, A los. Pinos Recuento autobiográfico y político, Océano, México, 2000, p. 144

28. Citado por Gómez Lara, op. cit, p. 230

número equivalente de miembros electos por la Asamblea General del Colegio de Abogados y Notarios de Guatemala y un representante del organismo judicial nombrado por la Corte Suprema de Justicia.

La Corte Constitucional de Guatemala es integrada por cinco ministros designados por el pleno de la Corte de Justicia, por el pleno del Congreso de la República, por el presidente de la República en Consejo de Ministros, por el Consejo Superior Universitario de la Universidad de San Carlos de Guatemala y por la Asamblea del Colegio de Abogados.[29]

V. La carrera judicial y los consejos de la judicatura

Los consejos de la judicatura son órganos de composición colegiada que tienen como tarea fundamental *La administración, vigilancia y disciplina* de los órganos judiciales respectivos.[30] La razón fundamental radica en la necesidad de deslindar las tareas propias y exclusivamente jurisdiccionales, que naturalmente deben seguir quedando de manera exclusiva en manos de los señores magistrados y jueces, pero otras labores de administración, de vigilancia, de control de disciplina, de manejo presupuestal, deban estar en manos de estos nuevos organismos. De ahí la vinculación de enorme importancia de los Consejos de la Judicatura con la carrera judicial y con las escuelas judiciales. Todo lo referido a la selección y designación de funcionarios judiciales, o sea la carrera judicial y a escuelas judiciales, debe quedar al cuidado y bajo la responsabilidad y dentro de su ámbito competencial.

A nivel federal, la designación de magistrados y jueces, es de su competencia. A nivel local, esa atribución se limita a los jueces. La reglamentación sobre los exámenes de oposición, emana de estos organismos. En el caso del Consejo integran y presiden los jurados de examen; pero las reglas para la elaboración y realización de dichos exámenes provienen del propio Consejo. La iniciativa presidencial de la reforma constitucional de 1994 señala:[31] *Con la posibilidad de que las entidades federativas adopten la figura de los Consejos de la Judicatura, se sientan las bases institucionales para el establecimiento y desarrollo de la carrera judicial. Hasta ahora la operación de la carrera judicial ha encontrado en muchos casos grandes obstáculos por la falta de un órgano específicamente dedicado a ella. Con su cabal instrumentación se dará respuesta a un reclamo general en la sociedad para elevar el nivel profesional y garantizar la solvencia moral de jueces y magistrados. El establecimiento de concursos de oposición para la designación, el ascenso y la adscripción de los funcionarios judiciales ha probado ser un método idóneo.* Como se ve del párrafo transcrito, existe una intención ya en las

29. Artículos 215 inciso b y 269 incisos a,b,c,d y e de la Constitución Política de la República de Guatemala. Citado por Gómez Lara, op.cit, p. 177

30. Para un estudio completo y exhaustivo del Consejo de la Judicatura Federal, consúltese: Melgar Adalid, Mario, El Consejo de la Judicatura Federal, México, Porrúa, 1997 y Fix Zamudio, Héctor y Fix Fierro, Héctor, El Consejo de la Judicatura, Cuadernos para la reforma de la justicia, Instituto de Investigaciones Jurídicas, UNAM, 1996

31. Arts. 100 y 122, fracción VII, cuarto párrafo del texto original de la Constitución Política de los Estados Unidos Mexicanos, según la reforma de 1994

consideraciones de la iniciativa de reforma para que, por una parte, los Consejos de la Judicatura se establezcan en las entidades federativas y para que, por otra parte, sean estos órganos los adecuados y los garantes, para custodiar y para poner en práctica los principios que el propio texto de la reforma constitucional consagra como fundamentos de la carrera judicial y de su efectivo establecimiento.

Sólo puede con propiedad hablarse de la existencia de una genuina carrera judicial, ahí donde se den, sin lugar a dudas y en forma plena, los dos extremos siguientes: a) los sistemas institucionales de selección, designación y ascenso de la judicatura; b) diversas garantías que deben otorgarse al juzgador. Si falla o es insuficiente alguno de los dos extremos anteriores, no podrá hablarse propiamente de la existencia de una carrera judicial.

Cualquier sistema institucional de designación y ascenso debe estar fundado sobre bases objetivas de selección de los candidatos a ocupar los diferentes puestos y posiciones del aparato judicial. Por ello, dicha selección de candidatos puede establecerse por exámenes ya sea de méritos o bien de concursos de oposición. La integración de los jurados calificadores puede ser de diferente forma, ahora sí dependiendo de distintos poderes del propio estado, con intervención de las barras y colegios de abogados y de las propias universidades, o bien en sistemas cerrados en los que los jurados de dichos exámenes sean exclusivamente los miembros de mayor jerarquía del sistema del tribunal respectivo. De todas suertes, este sistema selectivo debe adaptarse universalmente, con las variantes que exija la peculiaridad política y sociológica de cada país, pero sólo así se garantiza que accedan a la judicatura los mejores candidatos y que no impere el subjetivismo caprichoso que hemos ya criticado y que conduce a un verdadero feudalismo burocrático.

Los titulares de los órganos jurisdiccionales deben contar con remuneraciones decorosas que les permitan, en forma desahogada, el desempeño de la delicada función que les está encomendada. En muchos de nuestros países en vías de desarrollo, los salarios de los titulares de los órganos jurisdiccionales, suelen ser sumamente bajos y eso va en detrimento de una buena administración de justicia. El funcionario bien remunerado puede desempeñar su delicado encargo con mayor dignidad y señorío si tiene resuelto el problema del ingreso suficiente para que él y su familia puedan llevar una vida digna.

Las garantías sociales también tienen en la mayoría de los casos un contenido económico, deben consistir fundamentalmente en la posibilidad de acceso a los servicios médicos, a los préstamos habitacionales y de otro tipo, a los derechos de pensiones y jubilaciones de retiro, así como a vacaciones pagadas y prestaciones culturales.

En realidad, tanto el sistema institucional de designación y ascenso como las garantías económicas y sociales, de existir, van ya a propiciar la posibilidad de un desempeño más autónomo e independiente del cargo. El juez que se sabe merecedor, por su propio esfuerzo, del cargo que ocupa y que además está bien remunerado y protegido por las garantías sociales ya señaladas, indudablemente que tendrá un menor riesgo de estar expuesto a las presiones, influencias, recomendaciones o consignas y tendrá una mayor protección contra todo ello, si se dan los requisitos apuntados. Sin embargo, la seguridad de la permanencia en el puesto a través de la inamovilidad, corona finalmente el esfuerzo de dotar a los funcionarios judiciales de una plena autonomía e independencia. Los diversos grupos de presión, los sindicatos, los partidos políticos, el clero, los medios de comunicación y otro tipo de fuerzas actuantes en la sociedad contemporánea, pretenden con mucha frecuencia influir en el ánimo de los juzgadores y presionarlos para que decidan los litigios sujetos a su conocimiento en un determinado sentido. Si se tiene la permanencia y la seguridad en el puesto y no se puede ser cambiado por razones de tipo político o administrativo, junto con todos los demás factores ya señalados, lo anterior vendrá a constituir el cerrojo de un sistema institucional judicial que pueda garantizar plenamente una mejor administración de justicia.

El primer antecedente positivo para la creación de la carrera judicial, antes de las reformas constitucionales que la sugirieron primero, y la mencionaron expresamente, después, lo fue la reforma legislativa publicada en el Diario Oficial de la Federación el 21 de enero de 1985 a la Ley Orgánica de los Tribunales del Fuero Común del Distrito Federal, estableció también paralelamente el examen de oposición para el acceso a la judicatura, a nivel local; absurdamente, a nivel federal el artículo 92 de la entonces Ley Orgánica del Poder Judicial de la Federación que exigía el examen de oposición para el acceso a los jueces de distrito, lo eliminó poco después el legislador federal en una actitud francamente retrógrada, propiciada por los propios ministros de la Suprema Corte de Justicia, en reforma publicada en el Diario Oficial de la Federación de 10 de enero de 1986. La verdad es que tal disposición era violada por la propia Corte que venía haciendo dichas designaciones sin ningún examen de oposición y por ello tal dispositivo estorbaba el de sistema de designación que prevaleció por décadas dentro del Poder Judicial de la Federación, Qué paradoja y qué vergüenza, mientras el Tribunal Superior de Justicia del Distrito Federal avanzaba, la Suprema Corte retrocedía como viejo y cansado cangrejo. Por justicia elemental, debe apuntarse y no olvidarse, que la reforma en el Distrito Federal fue impulsada e instrumentada, con toda valentía, por la entonces magistrada presidente del Tribunal Superior de Justicia, Lic. Clementina Gil de Lester, después Ministra distinguida de la Suprema Corte de Justicia y víctima, la más injustificada, del corte de cabezas de la reforma constitucional de 1994, que quizá merecían muchos de los entonces señores ministros que nunca fueron capaces de crear un sistema institucional de selección y designación de jueces y magistrados, pero no de ella.

La reforma constitucional del 17 de marzo de 1987 adecuó el Texto de los artículos 17 y 116, en cuestiones muy relacionadas con la autonomía y el correcto funcionamiento de los Poderes Judiciales. Así el artículo, en su tercer párrafo introdujo una idea —ignorada en el texto anterior— respecto a que *Las Leyes federales y locales establecerán los medios necesarios para que se garantice la independencia de los tribunales y la plena ejecución de sus resoluciones.* Desde luego que una forma integral de garantizar la independencia de los tribunales, es la creación de la carrera judicial y la plena ejecución de sus resoluciones traerá como consecuencia que el imperio de los jueces, como facultad de hacer cumplir sus propias determinaciones, tenga una cabal realización. Sin embargo, la innovación más significativa se encontró en el texto nuevo, merced a la reforma del año 1987, al artículo 116 Constitucional, en su fracción III, que por su importancia transcribimos: *El Poder Judicial de los Estados se ejercerá por tribunales que establezcan las constituciones respectivas.— La independencia de los magistrados y jueces en el ejercicio de sus funciones deberá estar garantizada por las Constituciones y las Leyes Orgánicas de los Estados, las cuales establecerán las condiciones para el ingreso, formación y permanencia de quienes sirvan a los Poderes Judiciales de los Estados.— Los magistrados integrantes de los Poderes Judiciales Locales deberán reunir los requisitos señalados por el artículo 95 de esta Constitución.— Los nombramientos de los magistrados y jueces integrantes de los Poderes Judiciales Locales serán hechos preferentemente entre aquellas personas que hayan prestado sus servicios con eficiencia y probidad en la administración de justicia o que lo merezcan por su honorabilidad, competencia y antecedentes en otras ramas de la profesión jurídica.— Los jueces de primera instancia y los que con cualquiera otra denominación se creen en los Estados, serán nombrados por el Tribunal de Justicia de cada Estado.— Los magistrados durarán en el ejercicio de su encargo el tiempo que señalen las Constituciones Locales, podrán ser reelectos, y si lo fueren, sólo podrán ser privados de sus puestos en los términos que determinen las Constituciones y las Leyes de Responsabilidades de los Servidores Públicos de los Estados.— Los magistrados y los jueces percibirán una remuneración adecuada e irrenunciable, la cual no podrá ser disminuida durante su encargo.*

Esta fue la primera vez que el constituyente permanente de nuestro país, sin atreverse a usar la expresión de carrera judicial, sin embargo, estaba ya dando las bases para su creación. El nuevo texto constitucional obliga a las entidades federativas a contemplar en sus respectivas constituciones locales y leyes orgánicas correspondientes, normas que garanticen la independencia de los magistrados y jueces y para establecer las condiciones del ingreso, formación y permanencia de quienes sirvan a los Poderes Judiciales de los Estados. Equipara a los magistrados de los tribunales superiores de los Estados, en cuanto a requisitos, a los Ministros de la Suprema Corte de Justicia de la Nación. Se evita que las designaciones de los jueces de primera instancia, sean hechas por los Gobernadores de los Estados; se establece un periodo fijo inicial de duración en el cargo y una vez reelecto el servidor, se está consagrando el principio de una remuneración en el cargo; y finalmente se postula el principio de una remuneración adecuada e irrenunciable para los servidores judiciales.

No ha existido en las últimas décadas una reforma a la estructura judicial del país, tan trascendente y de impacto tan importante, como la de diciembre de 1994. El impacto político de enorme trascendencia, fue de que de un golpe descabezó al poder Judicial Federal. Los señores ministros se fueron muy tranquilos de vacaciones el 15 de diciembre de 1994 y el 1° de enero de 1995, ya no tenían cargo. Se había acabado la estructura de la antigua Corte y se estructuró una nueva Corte diferente. Pero independiente de las repercusiones políticas y personales, lo cierto es que la reforma introducía los Consejos de la judicatura, a nivel federal y local del Distrito Federal, y ahora sí, por primera vez en la historia, implantaba a ese alto nivel, la carrera judicial. Las disposiciones constitucionales, de ese texto de la reforma de diciembre de 1994, fueron, para el Poder Judicial Federal el artículo 100 párrafo sexto; para el Distrito Federal el Art. 122, fracción VII, párrafos 5°, 10° y 13°. Debemos anticipar, que al ser paralela y simultánea la reforma local relativa al Distrito Federal y la relacionada con el Poder Judicial de la Federación, una fue calca de la otra, y sólo difirieron en aspectos propios de las peculiaridades y circunstancias diferenciales de dichos órganos, unos locales, otros federales. En el referido párrafo 5° al darse la atribución al Consejo de la Judicatura del Distrito Federal, para la designación de jueces, se alude a los *términos que se prevean en materia de carrera judicial.* Por ello la afirmación de que la *facultad de designación de jueces... no es discrecional, sino está deberá ceñirse a las disposiciones en materia de carrera judicial* y que por lo tanto. *Esto impulsará el arribo a la judicatura de jueces más profesionales y con vocación, evitando nombramientos graciosos*, se comparte totalmente. En el párrafo 10° citado, se contiene algo de capital importancia, porque finalmente después de muchas décadas de lucha de juristas y profesores por el establecimiento de la carrera judicial, la Constitución consagra su desarrollo y ordena que la misma deberá regirse por los principios de excelencia, objetividad, imparcialidad, profesionalismo e independencia.

Es dable hacer un balance sobre la experiencia de la carrera judicial a nivel federal y a nivel local, implantadas a partir del año 1995.Cuando menos, podemos afirmar, que las designaciones de magistrados y jueces federales, se han alejado totalmente del viejo sistema feudalístico de designación subjetiva por los Ministros de la Corte. A nivel local del Distrito Federal, a partir de la reforma, todas las designaciones de jueces han recaído en los triunfadores de oposiciones, rigurosamente implementadas y aplicadas. No es que el sistema funcione a la perfección, pero es un buen comienzo. Es lugar común pensar, a veces engañándonos a nosotros mismos, que podemos resolver todos nuestros problemas mediante decretos. Esta importante reforma constitucional de 1994, postula los anhelados principios de la carrera judicial, pero para que ésta se realice, genuina e integralmente, se requiere una enorme voluntad política de toda la sociedad en su conjunto, que dé las bases reales para un nuevo sustento ético de la sociedad. Por eso, con toda razón se sostiene que...*esta reforma judicial es un primer paso. Es un punto de salida y no de llegada. La verdadera reforma judicial está por hacerse. Aquélla que incida directamente en la vida diaria de millones de mexicanos justiciables.*

VI. Conclusiones

1. De las funciones estatales, la jurisdiccional, que entraña la impartición de justicia es, sin lugar a dudas, la más delicada de las tareas públicas. Por ello es un postulado de evidente razón y fuerza que tan delicada misión, las de juzgar a los semejantes, deba estar desempeñada en toda sociedad civilizada y progresista, por los mejores hombres del grupo social

2. Antes de las reformas de 1994, las designaciones de magistrados y jueces obedecían a criterios subjetivos, o lo que es peor, a corruptelas, compadrazgos o compromisos de politiquería.

3. La creación de la carrera judicial en nuestro sistema judicial ha sido un gran acierto para que de ella salgan los funcionarios de la administración de justicia y ocupen los puestos vacantes, por derecho propio y sin intervención de ningún otro poder. Estamos en contra de que los ministros de la Suprema Corte de Justicia elijan a los integrantes del Consejo de la Judicatura.

4. Cualquier sistema institucional de designación y ascenso debe estar fundado sobre bases objetivas de selección de los candidatos a ocupar los diferentes puestos y posiciones del aparato judicial. Por ello, dicha selección de candidatos puede establecerse por exámenes ya sea de méritos o bien de concursos de oposición. La integración de los jurados calificadores puede ser de diferente forma, ahora sí dependiendo de distintos poderes del propio estado, con intervención de las barras y colegios de abogados y de las propias universidades, o bien en sistemas cerrados en los que los jurados de dichos exámenes sean exclusivamente los miembros de mayor jerarquía del sistema del tribunal respectivo. De todas suertes este sistema selectivo debe adaptarse universalmente, con las variantes que exija la peculiaridad política y sociológica de cada país, pero sólo así se garantiza que accedan a la judicatura los mejores candidatos y que no impere el subjetivismo caprichoso que hemos ya criticado y que conduce a un verdadero feudalismo burocrático. La carrera judicial deberá regirse por los principios de excelencia, objetividad, imparcialidad, profesionalismo e independencia.

5. Tanto el sistema institucional de designación y ascenso como las garantías económicas y sociales, de existir, van a propiciar la posibilidad de un desempeño más autónomo e independiente del cargo. El juez que se sabe merecedor, por su propio esfuerzo, del cargo que ocupa y que además está bien remunerado y protegido por las garantías sociales, indudablemente que tendrá un menor riesgo de estar expuesto a las presiones, influencias, recomendaciones o consignas y tendrá una mayor protección contra todo ello, si se dan los requisitos apuntados. Sin embargo, la seguridad de la permanencia en el puesto a través de la inamovilidad, corona finalmente el esfuerzo de dotar a los funcionarios judiciales de una plena autonomía e independencia. Los diversos grupos de presión, los sindicatos, los partidos políticos, el clero, los medios de comunicación y otro tipo de fuerzas actuantes en la sociedad contemporánea, pretenden con mucha frecuencia influir en el ánimo de los juzgadores y presionarlos para que decidan los litigios sujetos a su conocimiento en un determinado sentido. Si se tiene la permanencia y la seguridad en el puesto y no se puede ser cambiado por razones de tipo político o administrativo, junto con todos los demás factores ya señalados, lo anterior vendrá a constituir el cerrojo de un sistema institucional judicial que pueda garantizar plenamente una mejor administración de justicia.

6. En todas las reformas a las leyes que realiza el poder legislativo, los jueces no tienen un espacio para expresar sus preocupaciones sobre los asuntos que se reforman. No existen mecanismos institucionales para que los jueces expresen sus puntos de vista ante el poder legislativo.

7. El papel del juez y del poder judicial en las democracias modernas tiene que ser planteado como un verdadero poder con capacidad de actuar como contrapoder y de oponerse a las desmesuras de los otros poderes del Estado.

8. Nos adherimos a la posición de Luis Ferrajoli quien sostiene que la sujeción del juez a la Constitución y en su papel de garante de los derechos fundamentales constitucionalmente establecidos, radica el principal fundamento de la legitimación de la jurisprudencia y de la independencia del poder judicial con respecto a los otros poderes legislativo y ejecutivo.

9. Un poder judicial será más o menos legítimo en la medida en que realice el valor de un consenso manifestado libremente por parte de una comunidad de hombres autónomos y conscientes, o sea en la medida en que se acerque a la idea límite de la eliminación del poder y de la ideología en las relaciones sociales.

10. Lo que distingue a un régimen como democrático no es tanto la oportunidad incondicional para expresar opiniones sino la oportunidad legal e igual para todos de expresar opiniones y la protección del poder judicial contra arbitrariedades, especialmente la interferencia violenta contra ese derecho. Las condiciones para la estabilidad de una democracia son la eficacia del poder judicial, y su efectividad es decir, la capacidad de ejecutar sus resoluciones. Si no existe efectividad se debilita la autoridad del poder judicial, y como resultado su legitimidad.

11. El discurso sobre la democracia de los modernos es complejo, pues la democracia es una forma de gobierno extraordinariamente difícil de crear y sostener, como dice Giovanni Sartori, la democracia es un principio de legitimidad, un sistema político llamado a responder problemas de ejercicio de poder, y un ideal.

VII. Bibliografía

Berrueco, Adriana. «La reforma al Poder Judicial Federal en México de 1994-1995», en F. Castañeda y Angélica Cuéllar (coordinadores), Redes de inclusión. La construcción social de la autoridad, Facultad de Ciencias Políticas y Sociales, Unam, Miguel Ángel Porrúa, México, 1998.
Bobbio, Norberto. «El futuro de la democracia». Fondo de Cultura Económica. México,1986.
Cuéllar Vázquez, Angélica. «La justicia sometida», Facultad de Ciencias Políticas y Sociales de la Unam, Miguel Angel Porrúa, México, 2000.
Cossío Díaz, José Ramón. «Jurisdicción Federal y carrera judicial en México», Colección Cuadernos para la Reforma de la Justicia, Unam, México, 1996.
Dahl, Robert «Los dilemas del pluralismo democrático». Alianza Editorial, Madrid, 1991.
Farfán, Gorge. Perú, La Insignia, www.berrom.com/jueces-politica.htm. Base de datos políticos de las Américas. www.georgetown.edu/comp/judicial/designacion/htm
Fix Zamudio, Héctor. Anuario Jurídico, Instituto de Investigaciones Jurídicas, México, 1998.
Fix Zamudio, Héctor y Fix Fierro, Héctor, *El Consejo de la Judicatura*, Cuadernos para la reforma de la justicia, Instituto de Investigaciones Jurídicas, UNAM, 1996.
Fox, Vicente. «A los Pinos». Recuento autobiogáfico y político, Océano, México, 2000.
Gómez Lara, Cipriano. «Teoría General del Proceso», Oxford University Press, México, 2004.
Levi, Lucio. Diccionario de Política de Norberto Bobbio y Nicola Mateuecci, voz: «legitimidad» Siglo XXI, México, 1988.
Linz, Juan. «La quiebra de las democracias». Alianza Editorial Mexicana, México, 1990.
Melgar Adalid, Mario, El Consejo de la Judicatura Federal, México, Porrúa, 1997.
Sartori, Giovanni. «Teoría de la democracia». Alianza, Madrid, 1991.
Tamayo Salmorán, Rolando. Diccionario Jurídico Mexicano, voz: «legitimidad», Instituto de Investigaciones Jurídicas, Unam y Porrúa, México
Wild, José N. «Cátedra sobre justicia de paz», www.juecespazbogota.com, Bogotá, Colombia, 2001.
Zamitiz, Héctor. «Democracia» Breviario político de la Globalización. Fontamara e Instituto de Ciencias Políticas y Sociales, UNAM, México, 1997.

Problemática del juez de vigilancia

CARLOS GÓMEZ DE LIAÑO POLO
PROFESOR TITULAR UNIVERSIDAD DE OVIEDO

1. Algunas cuestiones en la ejecución penal. Problemática del Juez de Vigilancia

Fruto de la evolución y presuntamente superadas las teorías absolutas, en la que la pena es un mal que compensa el delito, por las teorías relativas de la pena, se hace necesaria la aparición de una figura que sea garante de los derechos —ya sean fundamentales o no— de los presos, surgiendo en 1979 el Juez de Vigilancia Penitenciaria al cual se le atribuyen estas competencias, si bien la normativa tiene una serie de lagunas desde su origen;[1] sin que se hayan realizado muchos intentos para colmarlas, siendo significativo en este sentido, que en el ya caducado proyecto de ley orgánica reguladora del procedimiento ante los juzgados de vigilancia penitenciaria de 1997, en su exposición de motivos se manifestaba la necesidad de aclarar «el significado jurídico de la actuación del Juez de Vigilancia Penitenciaria en orden a la ejecución de las penas privativas de libertad», destacando la situación en que se encuentran dichos Juzgados, sin haberse realizado hasta la actualidad grandes esfuerzos por corregir dicho estado, si bien por hechos recientes se reafirma enconadamente que el legislador se ponga manos a la obra y reforme la ejecución penal íntegramente, y a ser posible la aprobación de una nueva Ley de Enjuiciamiento Criminal, obsoleta e influenciada por distintos principios informadores de su articulado en función del procedimiento a seguir en cada caso.

1. Desde la creación de los Juzgados de Vigilancia Penitenciaria en la L.O.G.P de 26 de septiembre de 1979 hasta nuestros días. Alonso de Escamilla, A. *El juez de Vigilancia Penitenciaria.* Madrid, 1985, páginas 36 y siguientes. Por lo que respecta al derecho comparado la primera legislación que doto de competencias reseñables en la materia que nos ocupa fue en el derecho brasileño, en 1924, posteriormente en 1930 en Italia.

Por otro lado, el proceso penal puede disgregarse en diferentes fases: instrucción, enjuiciamiento, recursos y ejecución. Si bien las tres primeras están perfectamente delimitadas la competencia que corresponde a cada órgano jurisdiccional, no ocurre lo mismo con la última de ellas, con la ejecución. Problema que se ocasiona fundamentalmente como consecuencia de que por un lado se otorgan al JVP todas las competencias recogidas en el art. 76.2 de la LOGP y en la normativa reglamentaria correspondiente, y por otro lado hay una regulación diferente en la LECRIM. en la que las competencias parece ser que le corresponden al órgano sentenciador.

Lo que esta claro en materia de ejecución de las penas privativas de libertad, y fruto de la Constitución (art. 117.3), es que podemos hablar de una intervención de los órganos jurisdiccionales, tanto del órgano sentenciador como del JVP.[2] Si bien, la actuación del órgano sentenciador, hasta la aparición de la constitución podemos decir que tenía unos contenidos mínimos[3] y hasta la entrada en vigor de la LOGP era propiamente una competencia de la administración,[4] siendo ésta la que aplicaba sus criterios para llevar a cabo y desarrollar esta función de ejecución de las penas privativas de libertad. Aquí precisamente se encuentra el origen de la polémica en torno a la naturaleza jurídica del JVP —y si a ello unimos que el artículo 76 de la LOGP no establece de manera precisa cuáles son las competencias que le corresponden aún se complica más la cuestión de la naturaleza—,[5] estableciéndose en la mayoría de los casos como un juez revisor de la actuación administrativa en el ámbito penitenciario.

A partir de estas importantes leyes —Constitución y LOGP— tenemos que compaginar esta materia especialmente compleja debido a la necesidad de coordinar, por un lado, los aspectos de la ejecución en sentido estricto, por otro lado, la problemática meramente administrativa de la cuestión, y por último la necesidad de garantizar de una manera real los derechos del condenado.[6]

Una vez determinada la pena judicialmente y siendo ésta de privación de libertad, se procederá a precisar la manera de llevarla a efecto, y para ello tenemos una amplia

2. Sobre la materia Robles Fernández, M. *la ejecución de las sentencias penales como actividad jurisdiccional,* en «La sentencia penal», VV.AA., Cuadernos de Derecho Judicial, nº XIII, CGPJ, 1992, páginas 201-250.

3. Es este mismo sentido se manifiesta González Cano, M. I. «La ejecución de la pena privativa de libertad». Valencia, 1994, pág. 123. «Se trataba, además, de un control o intervención mínima, compartido con la Administración Penitenciaria y centrado en algunas incidencias del título de ejecución y en las visitas a las prisiones, competencia quizás la más antigua de los Jueces y Tribunales en este campo».

4. Así por ejemplo la libertad condicional y la redención de penas por el trabajo, o el artículo 14 de la LGP, según el cual «la Administración Penitenciaria velará para que los Establecimientos sean dotados de los medios materiales y personales necesarios para asegurar el mantenimiento, desarrollo y cumplimiento de sus fines».

5. *Vid.* González Cano, M. I. «La ejecución de la pena privativa de libertad». Ob. cit., pág. 126. «Algunas de estas concretas funciones heredadas de la Administración... tienen carácter jurisdiccional en cuanto presuponen una modificación de la pena impuesta; otras sin embargo han pasado del ámbito administrativo al judicial por razones de mera eficacia y oportunidad».

6. Cfr. Queralt Jiménez, J.J. «La intervención judicial en la ejecución de penas: un supuesto de hecho y veinte tesis». Diario La Ley, nº 5304, de 9 de mayo de 2001, pág. 3.

regulación para proceder a la teórica individualización con la que se tiene que aplicar a cada sujeto,[7] momento en el que parece ser entra en juego el JVP, cuya actividad se va a desarrollar partiendo de la resolución adoptada por el Tribunal sentenciador en un extremo y en el otro con la intervención continuada de la administración, que en definitiva, es la que fácticamente se encarga de llevarla a cabo, no podemos olvidar que de hecho, las propuestas de ejecución surgen de los órganos administrativos del Centro Penitenciario —Junta de Tratamiento y Equipo Técnico—, que previo informe del Ministerio Fiscal, son aprobadas o no por el JVP. Se van a producir una serie de situaciones que no siempre estarán claras, como hemos visto anteriormente las fuentes están dispersas, lo que va a suponer una dificultad añadida a la hora de interpretar esta materia,[8] si bien, la atribución de esta potestad jurisdiccional se hace, de forma exclusiva y excluyente: los Juzgados y Tribunales no ejercerán más funciones que las de juzgar y hacer ejecutar lo juzgado, y las que encomiende la Ley en garantía de cualquier derecho (arts. 117.4 CE y 2.2 LOPJ), de tal manera que a la hora de delimitar competencias entre el JVP y la administración penitenciaria, deberemos excluir a ésta de cualquier facultad que suponga ejercicio de funciones jurisdiccionales, sentido en el que podemos entender la exclusividad de la ejecución del artículo 117.3 de la CE. A la vez debemos excluir a los órganos jurisdiccionales del ejercicio de funciones ejecutivo-administrativas propiamente dichas. Ambas situaciones pueden llegar a ser complicadas de dilucidar, especialmente en esta materia en la que se produce una extrema conexión entre unas y otras. A partir de la LOGP, se ha venido trasladando importantes competencias de la administración a la que podríamos denominar «jurisdicción penitenciaria». Así podemos decir que la individualización

7. Las fuentes normativas que vienen a regular la ejecución podemos mencionar, sin ánimo de exhaustividad a la Constitución española (arts 25.2º y 117.3º); el Código Penal de 1995 (arts 3, 9 y 32 y siguientes); el Código Penal de 1973 (arts. 80 y siguientes) el cual se aplicara en materia de ejecución de penas; la LECRIM (arts 798, 983 y siguientes, que establece el procedimiento a seguir para la aplicación de las posibles penas y medidas de seguridad a los delitos cometidos); LOPJ (arts 18, 94, 95 y Disposición adicional 5ª), entre otros; la LDPJ (arts 3, 8.3, 18 y 45), la LOGP y su reglamento de 1996, el RD 190/1996, de 26 de abril, por el que se establecen las circunstancias de ejecución de las penas de trabajo en beneficio de la comunidad y arresto de fin de semana; la ley reguladora de la condena condicional de 17 de marzo de 1908 y su reglamento, que serán de aplicación en tanto se siga aplicando el anterior código penal; circulares e instrucciones del centro directivo que vienen a determinar el desarrollo en concreto de determinados preceptos de la normativa reglamentaria. Se complementa esta regulación normativa con las siguientes disposiciones: La Ley Orgánica 5/2003 de 27 de mayo de 2003 por la que se modifican la L.O. 6/1985 de 1 de julio del Poder Judicial; La Ley Orgánica 6/2003, de 30 de junio, de medidas de reforma para el cumplimiento íntegro y efectivo de las penas; el Real Decreto 515/2005 de 6 de enero por el que se establecen las circunstancias de ejecución de las penas de trabajos en beneficio de la comunidad y de localización permanente, de determinadas medidas de seguridad, así como de la suspensión de la ejecución de las penas privativas de libertad, y por último podemos hacer mención a la LEC en lo que respecta a la ejecución de la pena en sus efectos civiles. Además tenemos que hacer referencia a los tratados internacionales como la Declaración Universal de los Derechos Humanos de 10 de diciembre de 1948; el Pacto Internacional de los Derechos Civiles y Políticos de 16 de diciembre de 1966; el Convenio Europeo de Protección de los Derechos Humanos y de las Libertades Fundamentales de 4 de noviembre de 1950; o el Convenio de Estrasburgo sobre traslado de personas condenadas de 21 marzo de 1983 entre otros.

8. En este sentido Ramos Méndez, F. *El proceso penal. (Lectura constitucional)*. Barcelona, 1991, página 455, así Moreno Catena, V. *Derecho Procesal Penal*. Ob. cit., página 884, considera que «esta dispersión de las normas que regulan toda la problemática de la ejecución penal puede explicar también los enfoques desde distintas ciencias jurídicas; del Derecho penal material, que explica la teoría de la pena, tanto en su vertiente dogmática o filosófico-jurídica como en su regulación positiva, hasta la criminología y la ciencia penitenciaria, en lo referente al tratamiento de los condenados a penas privativas de libertad (o medidas de seguridad de esta naturaleza) tendente a la resocialización del preso, pasando por el Derecho Procesal penal».

de las penas privativas de libertad, pasa de la administración a ser competencia de los órganos jurisdiccionales, si bien aun hoy en día tiene la administración competencias que serían discutibles sobre su adecuación o no de la atribución a la administración,[9] en cuanto algunas manifestaciones de estas competencias pueden llegar a ser entendidas como potestades declarativas, ya que pueden implicar modificaciones en la duración de la pena.[10]

De otro lado, tenemos la relación entre el juez decisor y JVP. La intervención de estos órganos se hace necesaria como consecuencia de la actividad tutora de los derechos fundamentales que se le encomiendan a los jueces, de tal manera que no sólo dictan para el supuesto concreto si hay o no una conducta sancionable, sino que en el caso que se dé esta conducta sancionable, controlan que la pena impuesta se ejecute conforme a la resolución que impone dicha sanción.[11]

Siendo importante no olvidar que, como venimos diciendo —lo cual justificaría por si mismo la necesidad del JVP—,[12] el penado está privado de aquellos derechos que precisen la sentencia firme pero manteniendo el resto de derechos que expresamente no se mencionen en dicha resolución, conforme con la Resolución del Consejo de Europa de 19 de enero de 1973 en la cual se establece el respeto a los derechos individuales de los reclusos,[13] y la doctrina del TC,[14] así como el T.H.D.H.,[15] actividad que debe corresponder en un Estado de Derecho como el nuestro en el que se exige la separación de poderes y la sujeción de estos «a la Constitución y al resto del ordenamiento jurídico y garantía procesal efectiva de los derechos fundamentales y de las libertades públicas, requieren unos órganos caracterizados por su independencia, tengan un emplazamiento constitucional que les permita ejecutar y aplicar imparcialmente las normas que expresan la voluntad popular, someter a todos los poderes públicos al cumplimiento de la ley, controlar la legalidad de la actuación administrativa y ofrecer a todas las personas tutela efectiva en el ejercicio de sus derechos e intereses legítimos»,[16] siendo en este ámbito al que se le otorga la función tutora de los derechos al JVP (artículos 94 de la LOPJ y; 76 y siguientes de la LGP), «en cuanto que órgano judicial especializa-

---

9. En especial podemos mencionar el tema de la clasificación de los presos, los permisos y traslados.

10. González Cano M. I. *Perspectivas de futuro sobre el juez de vigilancia penitenciaria y la ejecución de la pena privativa de libertad: Aproximación al proyecto de ley orgánica reguladora del procedimiento ante los juzgados de vigilancia penitenciaria.* Revista del Poder Judicial, nº 49, página 454.

11. Cfr. Velasco Núñez, E. *Ejecución de sentencias penales.* Ob. Cit., página 6.

12. Cfr Alonso de Escamilla, A.: *El Juez de Vigilancia Penitenciaria*, Madrid 1985, página 16.

13. *Vid.* Artículo 56.2, así en este mismo sentido es especialmente clara la exposición de motivos de la LGP. «El penado conserva todos los derechos reconocidos a los ciudadanos por las normas jurídicas vigentes, con excepción, naturalmente, de aquellos cuya privación o limitación constituya precisamente para su defensa, así como para la defensa de aquellos derechos que nacen específicamente de la condición de interno», recogiendose en el mismo precepto la necesidad de que se ejercite un control por una «autoridad judicial o cualquier otra autoridad legalmente habilitada para visitar a los reclusos y no perteneciente a la Administración Penitenciaria».

14. SSTC *Vid.* SSTC 74/1985, 2/1987, 120/1990, 129/1990, 297/1993, 57/1994, 97/1995, 35/1997.

15. Sentencia del T.E.D.H. Campbell y Fell, de 28 de junio de 1994.

16. *Vid.* Exposición de Motivos de la Ley Orgánica 6/1985, de 1 de julio, del Poder Judicial.

do, con funciones de vigilancia, decisorias y consultivas»,[17] realizando una fiscalización de la actividad desarrollada por órganos administrativos.[18]

Estas circunstancias—unido a la traslación de algunas de las competencias que venía desarrollando la administración—, han dado lugar algunas dudas sobre su naturaleza jurídica al compartir con la administración alguna de estas funciones, como las de aprobar las sanciones impuestas por las autoridades penitenciarias,[19] así como el amplio arbitrio judicial que se deja a los JVP., al no estar claramente delimitados sus límites dando lugar a que algún autor considere su naturaleza como «mixto jurisdiccional-administrativo, con claro predominio de lo jurisdiccional».[20] Antes de la LOPJ no era clara su naturaleza propiamente jurisdiccional, ya que, en base a las normas legales el interno tenía limitaciones para acudir al mismo, hoy en día, como consecuencia, por un lado del art. 76 LOGP por el cual se establece que el JVP resolverá motivadamente las quejas que le presenten los penados, y de otro lado, por la disposición adicional quinta de la LOPJ, parece que se regula de una manera amplia los recursos ante esta figura, que si bien de una manera provisional, vienen a contribuir al carácter jurisdiccional de este órgano ya mencionado anteriormente, en base a que son recurribles todas sus decisiones en reforma, apelación y queja (no podemos olvidarnos el caótico sistema de recursos en materia de ejecución, incluida la reforma operada por la lo 5/2003). Por otro lado la doctrina del TC también considera a estos como «órganos judiciales especializados»,[21] sin embargo, creo que lo que podemos resaltar es la prevalencia del principio de intervención judicial en el cumplimiento de las penas privativas de libertad existente en nuestro sistema de ejecución procesal vigente en la actualidad con la LOGP, lo cual se va articular a través de la creación de la figura del JVP, incardinado en el orden penal con una competencia jurisdiccional específica que actúa en una triple vertiente,[22] al cual se le encomienda el

17. *Vid.* AAVV. *Legislación penitenciaria.* Primera edición. Colex, 1996, página 259. También les denomina como órganos jurisdiccionales especializadas Gimeno Sendra, V. *Principios constitucionales de monopolio y unidad jurisdiccional*, en *Comentarios a la legislación penal (Derecho penal y Constitucional). T. I.* Edersa, 1982, página 326.

18. Cfr. Picó i Junoy, J: *Las garantías constitucionales del proceso.* Barcelona, 1997, páginas 24 y siguientes.

19. En este sentido Montes Reyes, A. *Administración y Jurisdicción en la ejecución de las penas.* En Revista de Derecho Procesal Iberoamericana, nº1, año 1982, página 91, considera a los Jueces de Vigilancia Penitenciaria como figura híbrida. No podemos olvidar que, como dice el TC en sentencia 2/1987, de 21 de enero, en esta materia, de las sanciones a los reclusos, no se esta ejerciendo el *ius puniendi* del Estado, viniendo a tener esta materia disciplinaria un carácter administrativo.

20. *Vid.* Hinojosa Segovia, R. «Regulación general de la ejecución penal». Ob. Cit., página 19.

21. Entre muchas SSTC. 143/1993, de 26 de abril. Tercero.— «En efecto, como ya considerábamos en nuestra STC 73/1983, es el Juez de Vigilancia Penitenciaria quien ha de velar por las situaciones que afectan a los derechos y libertades fundamentales de los presos y condenados. La importante función que desempeña en nuestro sistema penitenciario el Juez de Vigilancia tiene su reflejo en el artículo 76 LOGP que le atribuye la salvaguarda de los derechos de los internos y la corrección de los abusos y desviaciones que en el cumplimiento de los preceptos del régimen penitenciario puedan producirse. El propio artículo 94 LOPJ fija como funciones de este órgano judicial el control jurisdiccional de la potestad disciplinaria de las autoridades penitenciarias y el amparo de los derechos y beneficios de los internos. Es claro así que los JVP constituyen una pieza clave del sistema penitenciario para garantizar el respeto de los derechos fundamentales de los internos y que, por ello, debe garantizarse y exigirse la actuación de estos órganos judiciales especializados (STC 2/1987, fundamento jurídico 5)».

22. Ya mencionadas de ejecución de las penas privativas de libertad, las medidas de seguridad postdelictuales y el control jurisdiccional sobre la Administración Penitenciaria en relación a los derechos de los internos, tanto fundamentales como específicos que se deriven de la relación penitenciaria.

cumplimiento de las penas impuestas por los órganos de la jurisdicción penal, correspondiéndole asegurar las garantías ejecutivas.[23]

Las distintas posturas en torno a la naturaleza jurídica del JVP, son fruto también de las posibles interpretaciones del artículo 9 de la LOPJ, al mencionar los distintos ordenes jurisdiccionales, pudiéndose plantear si son de lo contencioso administrativo o de lo penal, aclarando esta cuestión el artículo 94.1 de la misma ley como juzgados dentro del orden penal, unido al apartado 4 —si bien esta posibilidad de compatibilizar el ejercicio de Juez de Vigilancia con el de un órgano del orden penal creemos que no es definitiva— nos hace decantar por su naturaleza de jurisdicción penal, uniendo además que la base de su actuación es la aplicación de la LGP y el RP de claro contenido penal, así como su no inclusión en la Ley de la Jurisdicción Contenciosa Administrativa de 1998.[24]

En principio, no podemos prescindir de la intervención del Poder Judicial en la ejecución de las sentencias penales. Si bien, parece que sus medios no siempre son bastantes ni los adecuados, aparte de la insuficiencia genérica de medios en la administración de justicia (hoy en día puestos de manifiesto reiteradamente por los medios de comunicación), parece que en estos tribunales especializados se incrementa como consecuencia de la apreciación de la necesidad de más personal especializado, tales como psicólogos, asistentes sociales y médicos forenses,[25] ya que los equipos técnicos de los que están dotados se muestran insuficientes dándose importantes dilaciones en la resolución de asuntos. Como consecuencia de esta carencia nos podemos encontrar que decisiones adoptadas por órganos con una composición especializada, con personal especializado, pertenecientes a la administración y por lo tanto, sin imparcialidad, son controladas por un órgano independiente y neutral, pero por el contrario sin contar con el asesoramiento de personal especializado, necesario en muchas ocasiones para la formación de su decisión que se va exteriorizar en su resolución.

1.1. Atribuciones de competencias en la ejecución de las penas

Con anterioridad a la LOGP, la situación era relativamente sencilla, ya que la figura del JVP no existía, sólo había que delimitar las competencias entre el Tribunal sentenciador u

---

Esta situación va a diferenciarlo de otras figuras semejantes, como son: el juez de ejecución de penas francés, el cual no tiene atribuidas competencias en materia disciplinaria; y el juez de vigilancia italiano, el cual es un órgano administrativo. Siendo en el sistema alemán el MF órgano de ejecución, por el contrario en nuestro país esta es una función que corresponde a los Jueces y Tribunales, sin embargo tiene una importante intervención en esta materia ya que ha de participar prácticamente en todas las actuaciones sobre la misma, así por ejemplo: tiene que ser informado del ingreso en prisión con sus hijos menores de tres años de las penadas; de la expulsión de extranjeros; puede comunicarse con los presos cuando crea conveniente...

23. Situación que no siempre ha sido igual, ya que con anterioridad a la LOGP, en la práctica la ejecución de la pena la desarrollaba la administración penitenciaria, realizando hasta la redención de las penas a través de un órgano administrativo, dependiente del Ministerio de Justicia, regulado en el D. de 2 de febrero de 1956, el cual regula el Reglamento de los Servicios de Prisiones, modificado por R.D. 2273/1977, de 29 de julio.

24. Cfr Martín Diz, F. «El juez de vigilancia penitenciaria. Garante de los reclusos». Ed. Comares. Granada 2002, paginas 68 y ss.

25. En el *libro blanco de la justicia*, editado por el Consejo General del Poder Judicial, de 1997, ya menciona esta necesidad en su página 241.

«órgano judicial ejecutor» —aunque esta última expresión no define bien sus funciones—, y la Administración, hoy en día la situación es más compleja por la creación de esta nueva figura en el seno del Poder Judicial y con competencias en materia de ejecución penal, fruto del Título V de la LOGP. La frontera competencial es problemática, ya que en principio se atribuyen a los órganos sentenciadores la ejecución de la pena y a los JVP se les atribuye las cuestiones de régimen conceptos que no determinan de forma clara las atribuciones de cada uno de ellos, produciéndose interferencias en las competencias dentro de un concepto u otro (realmente son de ejecución la clasificación o aquellas que entrañan modificaciones cualitativas de la pena como los permisos en las que se reduce el tiempo de estancia en prisión, ¿o por el contrario es una cuestión de tratamiento?, la misma pregunta nos podríamos hacer con la clasificación), demandándose por parte de la doctrina la aclaración de las mismas. En principio los órganos sentenciadores tienen competencia exclusiva en la ejecución de la pena privativa de libertad de localización permanente, así como de la ejecución de las penas no privativas de libertad, salvo la pena de trabajos en beneficio de la comunidad que le compete al JV, compartiendo ambos órganos la ejecución de las penas de prisión.

Como ya hemos mencionado, en la ejecución de penas el JVP se encuentra entre el órgano sentenciador[26] (u órgano encargado de la ejecución de la sentencia por razón de especialización) por un lado y por otro a la administración penitenciaria. Estableciéndose diferentes situaciones en las relaciones que se dan, por un lado: JVP -órgano sentenciador; por otro lado: JVP-administración penitenciaria, y por último las relaciones que se dan entre el órgano sentenciador y la administración penitenciaria. A continuación nos centraremos en las dos primeras situaciones.

Asimismo, no podemos dejar de mencionar la preceptiva intervención del Ministerio Fiscal conforme a las funciones generales que tiene encomendado en virtud del art. 124 de la CE. y especialmente por el art. 3.9 de su EOMF.[27] Situación que se complica como consecuencia de la proliferación de acuerdos del CGPJ; circulares, instrucciones y consultas de la Fiscalía General del Estado; así como diversas normas administrativas de la Dirección General de Instituciones Penitenciarias y por último cabe mencionar las «reuniones de los Jueces de Vigilancia Penitenciaria», en las cuales se han querido establecer criterios de unificación.[28]

En principio, con carácter general, los órganos sentenciadores tienen competencia en la ejecución de las penas no privativas de libertad, a excepción de las penas de trabajos

26. Debemos reiterar la integración de la ejecución de las sentencias dentro del derecho a la tutela judicial efectiva, y por lo tanto tener en cuenta que puede ser protegido por medio del recurso de amparo constitucional, de manera que el TC en estos casos tiene determinadas competencias, como pueden ser el comprobar que las decisiones adoptadas en el ejecución de resoluciones firmes por el Juez o Tribunal competente no sean arbitrarias ni irrazonables y evitar la pasividad de los órganos judiciales y garanticen la satisfacción del derecho a la ejecución de las resoluciones judiciales cuando procedan (SSTC 41/93; 189/1990; 92/1988, entre muchas).

27. Con las facultades propias del MF., y cabe señalar el art. 4.2 de su mismo estatuto orgánico en el cual se establece expresamente que podrá «visitar en cualquier momento los centros o establecimientos penitenciarios...»

28. De la diversidad de fuentes reiteramos la complejidad de la materia, la cual hará necesaria en numerosas ocasiones la intervención del TC y del TEDH, ya que existen numerosas cuestiones que afectan a los derechos fundamentales.

en beneficio de la comunidad, y en la pena privativa de libertad de localización permanente, comparten competencia con el JVP en la ejecución de las penas de prisión, correspondiéndole estos últimos tribunales la ejecución de la pena de trabajos en beneficio de la comunidad.

1.2. Relaciones órgano decisor-Juez de Vigilancia penitenciaria

Se viene considerando que corresponde a los Jueces o Tribunales competentes el control de la ejecución penal,[29] suponiendo el desarrollo del principio de legalidad, derivado del artículo 9.1° de la CE, el cual se establece con carácter general, con las consecuentes garantías jurisdiccional y ejecutiva, viniendo a constituir una legalidad no estricta, en base al artículo 3.2 del CP,[30] de forma que en caso de no respetarse dicho principio en la ejecución podrá decretarse por el Juez «la nulidad de lo actuado contraviniendo la Ley, si efectivamente se ha causado indefensión, y siempre que no proceda la subsanación, y preservando en todo caso, la santidad de la cosa juzgada»,[31] hay que tener en cuenta que los tribunales deberán cuidar el principio de jerarquía normativa a la hora de aplicar las distintas fuentes del derecho, lo cual en esta materia puede ser complicado, como consecuencia de la diversidad de normas que la regulan.

La relación básica entre los órganos jurisdiccionales que van a intervenir se produce como consecuencia de la sentencia judicial fruto de la cual el JVP va a desarrollar sus funciones, siendo una línea difusa, en muchas ocasiones, el determinar donde termina la actividad de un órgano y donde comienza la actividad del otro. Con anterioridad a la LOGP, la competencia para la ejecución correspondía al órgano que dicto la resolución en primera instancia, una vez firme. Aparentemente ha cambiado en la actualidad esta distribución, estableciéndose que la ejecución de las sentencias corresponde al Tribunal que haya dictado la que sea firme (art. 985 LECRIM).[32] Como consecuencia de la LOGP, la situación se complica con la aparición del JVP, ante la existencia de dos órganos jurisdiccionales con competencias que no están perfectamente delimitadas.[33]

29. *Vid.* artículo 3.2 del C.P. en relación con arts. 25, 117, 118 de la CE; arts. 1, 990 de la LECRIM.; art. 2 LOGP; art. 9.3 del Pacto Internacional de los Derechos Civiles y Políticos y art. 6 del Convenio Europeo de Protección de los Derechos Humanos, fundamentalmente.

30. Cfr. Serrano Butrageño, I. «Ideas generales sobre la ejecución de sentencias civiles y penales», en la obra colectiva *Ejecución de sentencias civiles y* penales. Instituto de Estudios Penales Marqués de Beccaria. Madrid, 1994, página 24. Cfr. Quintero Olivares, G. *Comentarios al Nuevo Código Penal*. Aranzadi, página 52. «Por Ley cabe entender no solamente el Código Penal, como es lógico, sino también, y especialmente, la Ley General Penitenciaria y su Reglamento de 1996». Todo ello sin perjuicio de la más general sujeción a la Constitución y al resto del ordenamiento jurídico.

31. *Vid.* Lamo Rubio, J. de *El Código Penal de 1995 y su Ejecución. Aspectos prácticos de la ejecución* penal. Ob. Cit, página 23. Sobre la materia vease Hernández Galilea, J. M. *La nueva regulación de la nulidad procesal. El sistema de ineficacia de la LOPJ*. Oviedo, 1995, páginas 146 y siguientes.

32. En los juicios de faltas la competencia para ejecutar la resolución corresponde al Juez que resolvió en primera instancia en base al artículo 977 de la LECRIM.

33. *Vid.* Velasco Núñez, E. *Ejecución de sentencias penales.* Ob. Cit., página 10 y 11. «Las penas privativas de libertad se coadyuvan por el JVP que asume «las funciones que corresponderían a los Jueces y Tribunales Sentenciadores» —art. 76.2 a) LOGP—, amén de las referidas a «medidas de seguridad, control jurisdiccional de la potestad disciplinaria de las autoridades penitenciarias, amparo de los derechos y beneficios de los internos en los establecimientos peni-

Decíamos que aparentemente se había producido una modificación en ejecución de sentencias por delito; esta ejecución va a corresponder al Juez de lo Penal, o Juez Central de lo Penal en su caso, cuando frente a una sentencia condenatoria no se presente recurso y en aquellos supuestos en los que se interpuso, la Audiencia correspondiente confirme la resolución dictada por el órgano inferior. La competencia corresponde a la Audiencia Provincial o a la Sala de lo Penal de la Audiencia Nacional, cuando hayan conocido en primera instancia y la resolución fuere firme o en fase de recurso modificando la resolución recurrida. Asimismo les corresponde ejecutar las sentencias dictadas por estos órganos y que hayan sido casadas por el Tribunal Supremo, conforme con el artículo 986 LECRIM.[34] Sin embargo en la práctica, la ejecución viene siendo realizada por el órgano que conoció en primera instancia,[35] lo cual podría atentar al principio de legalidad que rige esta materia,[36] esta practica no esta plenamente amparada por la normativa de la LECRIM,[37] ya que se establece la excepción expresa de las resoluciones dictadas por el Tribunal Supremo en casación, mencionada en el artículo 986 de la LECRIM., no recogiéndose expresamente para los supuestos en que la sentencia revocada lo haya sido por la Audiencia Provincial o Nacional, por lo tanto, en dichos supuestos es a estas a quien corresponde la ejecución según la LECRIM., en caso contrario, parece que el artículo 986 de la LECRIM, seria redundante. El artículo 985, lo que viene a realizar es una atribución de función una vez que la resolución haya causado firmeza, de manera que el tribunal que es competente es el que haya dictado la sentencia y esta adquiera la firmeza requerida, lo cual viene a determinar la inmodificabilidad de la resolución judicial, en caso contrario se podría ver afectado el derecho a la tutela judicial efectiva.[38]

---

tenciarios..» (art. 94.1 LOPJ), sin perjuicio de la continuación de la ejecución del resto de penas por el órgano fallador y de su control sobre el fin, ya sea provisional o definitivo de la propia ejecutoria, que a veces está llevando en la práctica a un no deseable solapamiento del dictado de determinadas resoluciones (v.gr.: respecto de la refundición de ejecutorias del art. 70.2 y 71 CP) que hacen perder el control del cumplimiento al Juez fallador, con el único peligro de fallar el efectivo control de este frente al JVP».

34. Que conforme con el artículo 847 de la LECRIM., sólo pueden ser o las Audiencias Provinciales o la Audiencia Nacional.

35. Cfr. Serrano Butrageño, I. «Ideas generales sobre la ejecución de sentencias civiles y penales», en la obra colectiva *Ejecución de sentencias civiles y* penales. Ob. Cit., página 21.

36. Conjuntamente con otros principios como el de invariabilidad, intangibilidad, inmutabilidad las resoluciones judiciales, efectividad, identidad entre lo ejecutado y lo resuelto, y celeridad. Además tenemos que mencionar el principio de oficialidad de la ejecución penal, la orientación reeducadora y de reinserción de la ejecución de las penas privativas de libertad.

37. Por el contrario Lamo Rubio, J. de *El Código Penal de 1995 y su Ejecución. Aspectos prácticos de la ejecución penal.* Ob. cit, página 36 considera que de una interpretación del 985 de la LECRIM., «con los artículos 984 y 986 LECRIM., y el resto del ordenamiento jurídico, en materia de ejecución, se infiere que la competencia para ejecutar la sentencia corresponde al órgano judicial que haya conocido del juicio en primera o única instancia»

38. *Vid.* SSTC 34/1993, de 8 de febrero, la cual establece que «la inmutabilidad de las sentencias integra el contenido del derecho a la tutela judicial efectiva, de modo que si el órgano judicial modifica la parte dispositiva de una sentencia, fuera del cauce del correspondiente recurso, vulneraría ese derecho fundamental del justiciable, puesto que, si se permitiera reabrir un proceso ya resuelto por sentencia firme, la protección judicial de los derechos e intereses legítimos carecería de efectividad. De este modo, el derecho fundamental que establece el art. 24.1 CE actúa como límite que impide a los tribunales revisar las sentencias y demás resoluciones firmes al margen de los supuestos taxativamente previstos por la ley, incluso en la hipótesis de que con posterioridad entendieran que la decisión jurisdiccional no se ajusta a la legalidad».

En relación a los JVP, desde un punto de vista territorial, la competencia para la ejecución de penas privativas de libertad, viene determinada por la ubicación del centro penitenciario donde se encuentre el interno, sin depender del tribunal sentenciador. Con la posibilidad, establecida en el mismo artículo 94 de la LOPJ, de que se establezcan JVP con jurisdicción en dos o más provincias de la misma Comunidad Autónoma, o por el contrario se creen Juzgados con jurisdicción inferior a toda la provincia, en este sentido se menciona el JVP de Sevilla, al considerar que «la resolución que se adopta deberá abarcar hasta donde alcance el ámbito jurisdiccional del órgano judicial encargado de resolver».[39] Planteándose varios problemas en relación a este tema, como pueden ser el de la competencia de presos excarcelados[40] o la de aquéllos que sean trasladados de un centro a otro y hubiera una cuestión incidental de la ejecución en tramitación, o incluso tras el traslado administrativo la pretensión de modificación de resoluciones firmes de fondo que se pretenden sean dejadas sin efecto cuando el asunto ha vuelto a plantearse en otro JVP.[41] En materia de ejecución de sentencias extranjeras, parece que la competencia le corresponde a la Audiencia Nacional en base al art. 65.2 de la LOPJ.

El sistema de atribución de competencias en la ejecución penal, en determinados supuestos, puede producir confusión entre el JVP y el Tribunal sentenciador, ya que no se menciona expresamente cual es el órgano concreto, ello no viene a suponer desconocimiento por parte del legislador, sino simplemente que es una función en la que intervienen ambos órganos jurisdiccionales, cooperando en su realización, cada uno de ellos en su ámbito, viniendo a ser un mero control de la ejecución.[42]

39. *Vid.* Auto del JVP de Sevilla de 3 de junio de 1988, Jurisprudencia Penitenciaria 1984-1995. Ministerio del Interior, Madrid, 1996, página 361 y siguientes.

40. Siguiendose el criterio de que la competencia se mantendrá en el JVP que corresponda el último establecimiento en que se hubiere encontrado aquél que se le hubiere otorgado la libertad condicional.

41. *Vid.* Auto del JVP de Sevilla de 8 de febrero de 1990, Jurisprudencia Penitenciaria 1984-1995. Ministerio del Interior, Madrid, 1996, página 361 y siguientes. «Recientemente una Sentencia del Tribunal Constitucional ha puesto de manifiesto que las resoluciones de los Jueces de Vigilancia Penitenciaria deben de ser de aplicación a internos allí donde se encuentren de tal suerte que, el traslado de los mismos no lo puede impedir, ni aun con otra resolución judicial que no sea consecuencia de los recursos establecidos en la Disposición Adicional 5ª de la Ley Orgánica del Poder Judicial». En el mismo sentido Auto del JVP de Soria de 23 de mayo de 1994 así como el Auto del JVP de Madrid, nº 2 de 23 de mayo de 1995, por el cual se considera que «Procede desestimar lo solicitado al carecer este Juzgado de competencia para dejar sin efecto sanciones impuestas al interno, en su periodo de preventiva, por Centros Penitenciarios ajenos a la jurisdicción de este juzgado, debiendo, en su caso, haber realizado esas alegaciones en los recursos contra los mismos ante los Juzgados respectivos». Cfr. González Cano, M. I. «La ejecución de la pena privativa de libertad». Ob. cit., págs. 134 y 135. «En este sentido, la STC 67/1991, de 22 de marzo, ha establecido al respecto unas interesantes pautas interpretativas; parte el TC de la improcedencia de que la circunstancia del traslado del interno de un centro penitenciario a otro, decidido por la Administración Penitenciaria, sea suficiente para justificar la modificación de una resolución judicial anterior y firme... desconociendose que la inmodificabilidad de las resoluciones judiciales firmes alcanza también a las dictadas por los Jueces de Vigilancia Penitenciaria».

42. *Vid.* Conde-Pumpido Ferreiro. *Código penal, Doctrina y Jurisprudencia. T. I.* Trivium. 1997, página 341. «En materia de ejecución de penas la función del Poder Judicial y quienes lo ejercen se limita al *control* de la ejecución a través de los Jueces y Tribunales *competentes* para ello, que no son siempre, como queda dicho, los competentes para imponerlas. La fórmula es endeble y contemporizadora sin que concuerde con los términos del artículo 117.3 de la Constitución Española, ya que «controlar» la ejecución no es lo mismo que hacer ejecutar lo ejecutado, pues esto último significa proceder a esa ejecución hasta que los términos de lo juzgado sean cumplidos con el cumplimiento total de la pena».

En relación a la delimitación de competencias, como venimos diciendo, no siempre es fácil determinar la línea que separa las competencias entre los distintos sujetos que intervienen en la ejecución penal. Ya hemos mencionado que como consecuencia de la aparición del JVP, la situación se complica, ya que las atribuciones que antes correspondían al Juez o Tribunal sentenciador, ahora son compartidas con el JVP. Se viene a producir una especie de división de funciones entre ambos órganos, sin que se delimite de manera clara la que corresponde a cada uno de ellos.[43] En definitiva la función ejecutiva del órgano jurisdiccional al que corresponde la competencia funcional, fruto de las normas por las que se crean el JVP, están limitadas, ya que están compartidas con él,[44] si bien la LOGP. establece en su art. 76.2 a) que le corresponde «adoptar todas las decisiones necesarias para que los pronunciamientos de las resoluciones en orden a las penas privativas de libertad se lleven a cabo, asumiendo las funciones que corresponderían a los Jueces y Tribunales sentenciadores», pareciendo querer otorgar todas las competencias en materia de ejecución del órgano decisor al JVP,[45] interpretación que supone una contradicción con el artículo 985 de la LECRIM, el cual establece «la ejecución de las sentencias en causas por delito corresponde al Tribunal que haya dictado la que sea firme», parece ser que de las distintas posibilidades para adoptar un criterio de distribución de competencias, el que ha sido aceptado es el cualitativo, por el cual debemos ver cual es la materia correspondiente, de forma que el JVP., no puede entrar a conocer nunca cuestiones que afecten a la «cognitio» o «potestades declarativas en materia penal», de forma que no pueden entrar a pronunciarse sobre aquellas cuestiones que pudieran afectar a la potestad de enjuiciar.[46]

1.2.1. Competencias órgano sentenciador

Podemos mencionar como principales actividades:

— La de decretar la firmeza de la resolución,[47] salvo en el supuesto que no sea necesaria como veremos posteriormente.

---

43. Cfr. Velasco Núñez, E. *Ejecución de sentencias penales.* Ob. Cit., página 10.*Vid.* Quintero Olivares, G. *Comentarios al Nuevo Código Penal.* Ob. cit., página 52-53. «El control de la ejecución de penas pertenece en primer término, en nuestro sistema legal, a los Jueces y Tribunales que las imponen....Los Jueces de Vigilancia, por su parte, tutelan los derechos del interno o sometido a medida-que no son todos los condenados— y, además, en determinados casos pueden tomar decisiones por sí mismos, como conceder la libertad condicional (arts 90 y ss. CP), mientras que en otros actuarán como fundamental órgano de relación entre el condenado y el Tribunal sentenciador (arts. 97 y ss. CP), e incluso en algunas ocasiones compartirán misiones de control de la ejecución con el Tribunal sentenciador como sucede con las reglas a observar con los condenados a diferentes penas privativas de libertad».

44. Cfr. Gómez Colomer, J-L. «Derecho Jurisdiccional III. Proceso Penal». 6ª edición, ob. cit., página 410.

45. Ya que si sólo quisiera otorgar las competencias que recoge la propia LOGP, realmente solo le otorga propiamente la competencia de visitar los centros penitenciarios, ya que todas las demás competencias que se le otorgan expresamente en la Ley, eran o de la administración penitenciaria o de los Tribunales contenciosos administrativos Cfr. González Cano, M. I. «La ejecución de la pena privativa de libertad». Ob. cit., pág. 140.

46. Cfr. González Cano, M. I. «La ejecución de la pena privativa de libertad». Ob. cit., págs. 143-144.

47. Todo ello conforme con el artículo 988 de la LECRIM. En el que se recoge la necesidad de expresar la firmeza de la resolución.

— Adoptar las medidas necesarias para el ingreso en prisión, con auxilio de las autoridades administrativas (art. 990 LECRIM.). Siendo necesario el mandamiento del juez competente conforme con los artículos 15.1 LOGP y 15 del RP, estableciendo que para el supuesto de ingreso voluntario se solicitara por el Director del Centro Penitenciario el correspondiente mandamiento en el plazo de 24 horas, así como el testimonio de sentencia y la liquidación de condena.

— Otorgar el beneficio de suspensión de la ejecución[48] de la pena impuesta, estableciéndose en la sección 1ª del capítulo III bajo el epígrafe «de las formas sustitutivas de la ejecución de las penas privativas de libertad», del título III, «de las penas» en el libro I,[49] así como revocar el beneficio de la suspensión de la ejecución de la pena establecida,[50] pronunciamiento que parece propio de la sentencia. Por otro lado artículo 60 del CP recoge el supuesto de suspensión de la ejecución por demencia producida una vez que la sentencia condenatoria sea firme, estableciéndose el procedimiento en los arts 991 a 994 de la LECRIM., desarrollado en el art. 39 de la LOGP y en los arts 183 a 191 del R.P. de 1996, siendo necesario que el equipo que atienda al paciente deberá entregar un informe a la Autoridad Judicial correspondiente, sin establecer de manera expresa cual es esta, competencia que viene realizando el JVP.

Los supuestos de ingresos de detenidos, o personas sometidas a medidas de seguridad en establecimiento psiquiátrico se podrá llevar a cabo en los siguientes supuestos: a) Los detenidos con enfermedad psiquiátrica, cuando la autoridad judicial la decida conforme con la LECRIM.; b) Aquéllos que en aplicación de las circunstancias eximentes del CP., se les haya impuesto una medida de seguridad de internamiento en centro psiquiátrico penitenciario; c) Reclusos que de manera sobrevenida sufran enfermedad mental, se les imponga una medida de seguridad por el Tribunal sentenciador que

48. Hoy en día en el nuevo CP no se recoge la suspensión por imperativo de la ley. *Vid.* SSTS 2311/98 de 27 de abril. Ponente: D. Prego de Oliver y Tolivar, Adolfo. «El TS declara no haber lugar al rec. de casación interpuesto contra auto dictado por la Audiencia por el que, con arreglo al Código de 1995, se denegó la suspensión de la ejecución de la pena privativa de libertad impuesta al recurrente por un delito de tráfico de drogas de las que causan grave daño a la salud. Afirma la Sala que, dado que en el nuevo Código no existe ya la concesión del beneficio de la remisión condicional por ministerio de la ley, y los requisitos establecidos por ella no actúan como necesariamente determinantes de esa concesión, sino como condiciones sin las cuales la suspensión no es posible, en el presente caso se está ante una resolución no susceptible de este recurso, por ser una facultad discrecional del Juzgador de instancia que no es revisable en casación... TERCERO. En el Código Penal vigente de 1995 no existe ya la concesión de este beneficio por ministerio de la Ley, y los requisitos establecidos por ella no actúan como necesariamente determinantes de esa concesión, sino como condiciones sin las cuales la suspensión no es posible. En definitiva la concesión del beneficio es una facultad discrecional del Tribunal, tanto en el caso del artículo 80 que faculta pero no obliga («los Jueces y Tribunales podrán dejar en suspenso...») cuando se dan las condiciones del artículo 81, como en el caso del artículo 87 («el Juez o Tribunal... podrá acordar la suspensión....») en las condiciones que este mismo precepto establece. De ahí que, en este ámbito de discrecionalidad en el cual se atiende «fundamentalmente a la peligrosidad criminal del sujeto» en el caso del artículo 80 del Código Penal, y a «la oportunidad de conceder o no el beneficio de suspensión atendidas las circunstancias del hecho y del autor», en el caso del artículo 87, no se prevea en el vigente Código Penal el control casacional del Auto en que se conceda o se deniegue la suspensión de la ejecución de las penas privativas de libertad».

49. Conforme con el artículo 80.1 del CP, el cual establece dos requisitos, uno, objetivo, que la pena no sea superior a tres años, y un segundo requisito, la motivación, en la que ha de apreciar la peligrosidad criminal del sujeto.

50. En este sentido se manifiesta el artículo 84 CP.

tenga que ser cumplida en un establecimiento psiquiátrico penitenciario. En principio parece que será el Tribunal sentenciador el que acordará la instrucción sobre el estado del penado, siendo necesario realizar un incidente contradictorio[51] si hay oposición o en forma ordinaria, si no la hay, conforme al art. 994 de la LECRIM, resolviéndose a través de auto motivado. Parece ser que este supuesto en ocasiones, podría haber sido atribuido al JVP, como se viene realizando en la práctica, es decir aquello que no afecte a la declaración, de forma que cuando se este cumpliendo condena, tal vez hubiera sido más oportuno otorgar la competencia a este órgano, especialmente en los supuestos de cumplimiento de varias condenas emitidas por distintos órganos sentenciadores.

— Establecer la remisión definitiva de la pena en los supuestos en los que el sujeto hubiere observado buena conducta, y cancelar la inscripción realizada en la sección especial del Registro Central de Penados y Rebeldes.[52]

Constituyéndose en firme la sentencia, en las causas que pueda otorgarse la suspensión, se desarrollara un el incidente —ya mencionado anteriormente— sobre la remisión condicional de la pena por la cual se aplaza condicionalmente la actividad ejecutiva sin haberse iniciado, —de tal manera que se recoge la condición suspensiva de que el condenado no realice un nuevo delito, ya que si en el tiempo establecido lo comete podrá llevarse a cabo dicha condena, en caso contrario se produce la caducidad de la acción que tiene el Estado para castigar en base a la sentencia, pretendiéndose que mediante la buena conducta del condenado se extinga la pena— viniendo los JVP a asumir funciones que con anterioridad pertenecían a los Jueces y Tribunales sentenciadores (artículo 76.2 a) LOGP), sin que ello suponga que no pueda intervenir en la ejecución dicho órgano sentenciador. Produciéndose una situación confusa derivada del examen del artículo 990 de la LECRIM. y del mencionado 76, 77 y 78 de la LOGP, en virtud de estos el JVP asume funciones que correspondían a los Jueces y Tribunales según el artículo de la LECRIM. Asimismo se le atribuye competencias en materia de protección de los derechos de los reclusos frente a la administración penitenciaria, así como en relación al tratamiento penitenciario.

Podemos mencionar como supuestos de suspensión de la ejecución de la pena aquellos en los que el condenado no se encuentra a disposición del Tribunal, en cuyo caso nos encontramos ante un supuesto de suspensión forzosa,[53] para lo cual estaremos al art. 38.2 CP,— estableciendo que «cuando el reo no estuviere preso, la duración de las penas empezará a contarse desde que ingrese en el establecimiento adecuado para su

51. En principio, pudiendo manifestar dicha oposición, el Ministerio Fiscal, el acusador particular o el defensor. «Las formalidades para declarar el trastorno mental en la ejecución deben ser las mismas que las requeridas para absolver o condenar al que cometió el delito en el estado de demencia, de manera que si existe oposición sobre la apreciación del trastorno, debe ser convocada la oportuna vista oral, a desarrollar por los trámites del juicio ordinario por delitos graves, y resolver por auto recurrible en reforma o súplica». *Vid.* González Cano, Mª Isabel. *La ejecución de la pena privativa de libertad*. Ob. cit., págs. 169 y siguiente.

52. Art. 85.2 CP.

53. Para lo que será necesario acudir a los arts 834 y siguientes de la LECRIM., según los cuales se ordenara llamar y buscar por requisitoria.

cumplimiento»— y el art. 134 del mismo texto —por el cual «el tiempo de la prescripción de la pena se computará desde la fecha de la sentencia firme, o desde el quebrantamiento de la condena, si ésta hubiese comenzado a cumplirse»— situación, esta última del quebrantamiento, que supone una suspensión del cumplimiento de la pena, situación diferente, en cuanto afecta propiamente a la ejecución por un lado y por otro puede suponer la comisión de un nuevo delito.[54]

— Sustituir la pena impuesta, salvo que se trate de delincuentes habituales, debiéndose motivar suficientemente la decisión del órgano, permite esta sustitución previa audiencia de las partes, por lo cual habrán de ser llamadas antes de su pronunciamiento, ya sea en la sentencia o mediante auto.[55] Siendo un aspecto que parece pertenece a la declaración, debiendo corresponder su competencia a órgano sentenciador.

— Acumulación de penas.[56] El máximo cumplimiento efectivo de la condena no puede exceder de los límites recogidos en el artículo 76 del CP. siendo necesario que en algunos supuestos se realice una actividad procesal para la determinación de dicho máximo.[57]

El problema se plantea como consecuencia de la existencia de distintas penas derivadas de diferentes procedimientos abiertos frente al mismo sujeto, en relación a los artículos 988 de la LECRIM. y 76.2 del CP. 1995 y 70.2 CP. 1973, estableciéndose un incidente de acumulación de penas a efectos del limite máximo de cumplimiento, atribuyéndose su competencia para dilucidar la cuestión al órgano que hubiera dictado la última sentencia condenatoria, siempre que por su conexión con los delitos anteriores fuera posible, otorgándose la competencia al Juez siguiendo un criterio cronológico, el cual en ocasiones puede no ser el más adecuado, siendo, tal vez, más lógico que la competencia fuera atribuida al Juez o Tribunal que dictara la sentencia con pena más grave, o en su caso el criterio que parecía querer seguir el proyecto de Ley Orgánica de procedimiento ante los Jueces de Vigilancia Penitenciaria, en el cual, se atribuye a los mismos dicha competencia,[58] ante la posibilidad de que esta función le pudiera corresponder a los JVP., la cual parece seguir la tesis de los mismos JVP —en este sentido se vienen manifestando en sus reuniones desde el año 82 (criterio A5), hasta las realizadas en 1994 (criterio 7)—, que venían solicitando esta competencia bajo las justifica-

54. Sobre la materia veanse los arts. 37.3, 88, 89, y 468 a 471 del CP.

55. Art. 88.1. CP.

56. Aquí debemos destacar la confusión terminológica que se produce en esta materia entre los conceptos acumulación y refundición, que en ocasiones son utilizados indistintamente, cuando en realidad son diferentes. La acumulación se refiere a la figura contemplada en el art. 76, según el cual se establecen como máximo cumplimiento «el triplo del tiempo por que se le impusiere la más grave de las penas en que haya incurrido...»con máximo de treinta años. La refundición por el contrario es la suma teórica que se realizan de las distintas penas privativas de libertad que se consideran como si fuera una sola a efectos de poder aplicar los tiempos necesarios de cumplimiento para poder aplicar la libertad condicional (art. 193 R.P.)

57. Aunque excepcionalmente se pueden aplicar los máximos recogidos en el artículo 78 CP, cuando se produzcan los supuestos expresados en dicho artículo.

58. Conforme con el artículo 64.1 del proyecto de ley 121/000038.

ciones de que no se trata de una potestad declarativa,[59] ya que si así lo fuera no entendemos que lo realice el último juez, limitándose valorar si se dan los requisitos legales de acumulación;[60] de la repercusión beneficiosa que podría tener para los interesados por su inmediación del JVP; y mayor rapidez, también la justifican en que la acumulación supone ejecución o cumplimiento y no declaración o determinación de la pena,[61] el TS. se manifestó considerando que es una competencia exclusiva de los jueces sentenciadores,[62] si bien cabe que el JVP en relación a la acumulación de la pena (previo pronostico individualizado) considere el cómputo el de máximo cumplimiento efectivo a efectos de obtener los beneficios penitenciarios, con reglas especiales cuando se trate de delitos de terrorismo o cometidos en el seno de organizaciones criminales.

En relación al procedimiento, éste ha de tener su función garantizadora, y en este sentido se han manifestado tanto el TC[63] y el TS,[64] en las cuales se establece la necesidad de asistencia de Letrado, la audiencia del interesado y la motivación de la resolución consiguiendo con ello la tutela judicial efectiva.

En los supuestos excepcionales contemplados en el artículo 78, ya se contempla la intervención del JVP para poder aplicar el régimen general de cumplimiento de las penas, oído el Ministerio Fiscal.

— Practicar la liquidación de condena, con las limitaciones recogidas en el artículo 76 del CP, por la que se establece el tiempo que ha de permanecer la condena impuesta, con determinación del día inicial en el cual se ha de empezar a computar el

59. *Vid.* González Cano, Mª Isabel. *La ejecución de la pena privativa de libertad*. Ob. cit., página 160. «Parece que la limitación del máximo de cumplimiento de la pena puede realizarse o aplicarse tanto dentro como fuera de la sentencia, dependiendo de que la conexidad delictiva se haya o no apreciado en un mismo proceso y, por tanto, que la regla del art. 70.2 no está referida a una cuestión de «aplicación» de la pena en razón del grado de ejecución del delito, las personas responsables, o la consideración de las circunstancias agravantes o atenuantes (datos todos ellos que si deben necesariamente considerarse dentro de la sentencia), sino a la ejecución de las penas».

60. Respecto al requisito de la conexión, el propio artículo 988 de la LECRIM., se remite al art. 17 de la misma, si bien la jurisprudencia parece que ha interpretado de forma progresista este precepto, en este sentido *Vid.* SSTS de 28 y 6 de mayo de 1994 entre otras, según las cuales se pretende evitar que se pueda rebasar el límite de los treinta años con la acumulación de penas impuestas, para ello si es necesario no se tendrán en cuenta los criterios de conexidad delictiva.

61. Vigilancia Penitenciaria (VII Reunión de Jueces de Vigilancia Penitenciaria). Consejo General del Poder Judicial. Madrid, 1994, página 300.

62. En este sentido nos encontramos postulaciones en pronunciamientos del Tribunal Supremo, como en el Auto de 4 de mayo de 1990.»Para conocer el expediente de acumulación de condenas en distintos procesos no son competentes los Jueces de Vigilancia Penitenciaria sino los Jueces o Tribunales que hayan dictado la última sentencia acumulada, ya que el artículo 76.2° a) de la LO 1/1979, de 26 de septiembre, lo único que atribuye a los Jueces citados en primer lugar es la facultad de adoptar las decisiones necesarias para que los pronunciamientos de las resoluciones en orden a las penas privativas de libertad se lleven a cabo —sustituyendo en tal función a los Jueces y Tribunales sentenciadores—, pero no a resolver el expediente de acumulación a que se refiere este Auto, que es materia reservada por el artículo 988 de la LECRIM a los órganos jurisdiccionales ordinarios que en tal precepto se mencionan, en este caso la Audiencia Provincial de Barcelona a la que se remitirán las actuaciones para su prosecución con arreglo a Derecho». En el mismo sentido ATS. De 7 de abril y de 14 de octubre de 1.989, así como el informe emitido por el CGPJ de 16 de febrero de 1987.

63. *Vid.* SSTC 11/1987, de 30 de enero y 147/1988, de 4 de julio.

64. *Vid.* SSTS de 18 de mayo de 1995.

cumplimiento efectivo de la condena así como el día en que dejará extinguida la misma, previa determinación de las deducciones que se puedan aplicar para dicho cómputo por cumplimiento de prisión preventiva o por abono de tiempo redimido por el trabajo durante la misma (siempre que sea posible por aplicación del anterior CP). Diligencia que puede realizar el secretario judicial. Actividad que propiamente no supone un enjuiciamiento de la cognitio, sino que podría ser realizada perfectamente por los JVP, correspondiéndole al Tribunal sentenciador aprobar la liquidación de condena propuesta por la administración penitenciaria.

— Informar de la petición de indulto y tramitar la pieza separada sobre el mismo. Pudiéndose plantear alguna cuestión en relación que qué órgano judicial sentenciador es competente para emitir el informe, ya que puede darse el supuesto de que en primera instancia se absuelva y en fase de recursos se condene, siendo por esta sentencia la que de manera firme se imponga una pena, de forma que el órgano que absolvió va ha ser el órgano ejecutor, en este supuesto podría ser procedente que el informe lo emita el tribunal de segunda instancia y la pieza separada la tramite el órgano ejecutor.[65]

— Una vez cumplida la condena le corresponde licenciar al condenado de su situación penal, siendo el modo normal de terminación de la ejecución penal con el cumplimiento efectivo de la condena impuesta en la sentencia (art. 130 CP). Aprobación de la libertad definitiva, a cuyo efecto el Director del centro emitirá propuesta conforme con el art. 17.3 de la LOGP y 24 del R.P. Para proceder a la liberación definitiva como consecuencia de la aplicación del indulto, será necesario orden escrita del tribunal sentenciador,[66] estableciéndose la posibilidad de que se excarcele a un condenado con la aprobación tácita del tribunal, si remitido por tres veces la propuesta, no se hubiera recibido respuesta del mismo en contrario, se podrá proceder a liberar al recluso en la fecha que se hubiere consignado en la propuesta (art. 24.3 R.P.), situación que no está exenta de cuestiones más o menos delicadas, ya que puede contradecir el art. 17.3 de la LOGP en el cual se determina como necesaria la autorización judicial, sin mencionar ningún silencio positivo o aprobación tácita de la propuesta.

En relación a estas ultimas competencias, podemos resaltar la posibilidad de atribución de éstas al JVP, ya que nos encontramos en actividades que forman parte de la ejecución, no de la declaración, además de la consiguiente celeridad y eficiencia.

1.2.2. Competencias del JVP

Las funciones y competencias de los JVP se desarrollan en normas y disposiciones dispersas,[67] así como en la jurisprudencia del TC y las recomendaciones aprobadas en las

---

65. En el mismo sentido Lamo Rubio, J. de *El Código Penal de 1995 y su Ejecución. Aspectos prácticos de la ejecución* penal. Ob. Cit, página 617.

66. *Vid.* Art. 25 R.P.

67. Entre las que cabe destacar la LOGP (arts 76 a 79) y su RGP, R.D. 1201/1981, de 8 de mayo, derogado por el R.D. 190/1996, de 9 de febrero, así como el R.D. 690/1996, de 26 de abril que regula las penas de trabajo en beneficio de

reuniones de los JVP, las cuales no tienen carácter vinculante.[68] Las competencias otorgadas al JVP son complejas y con ellas se pretende que no escape al control de los JVP, algunas de las decisiones de la administración penitenciaria. Con carácter general podemos entender que la administración propone y el JVP resuelve sobre dichas propuestas adoptadas en materia de ejecución penitenciaria, revisando la actividad administrativa. Con el nuevo Código Penal de 1995 mantiene al JVP la competencia sobre la ejecución de las penas privativas de libertad y de forma parcial sobre las medidas de seguridad.

Podemos partir de la Ley Orgánica 1/1979, establece a este órgano de nueva creación como punto referencial del sistema de ejecución penal al otorgarle importantes competencias. De su exposición de motivos ya se incide en la idea de la necesidad de judicializar la ejecución y garantizar el correcto funcionamiento de los Establecimientos Penitenciarios.[69] Para ello se recogen una serie de atribuciones, en los ya mencionados arts. 76 de la LGP, y 94 de la LOPJ. en las que cabe destacar las genéricas de «hacer cumplir la pena impuesta» y «salvaguardar los derechos de los reclusos», así como la corrección de los abusos y desviaciones en el cumplimiento de los preceptos reglamentarios que se produzcan en el régimen penitenciario, aspectos muy amplios, ya que, por un lado pueden intervenir los tribunales sentenciadores, y por otro, los tribunales ordinarios, ya que sus derechos civiles, sociales y administrativos han de ser tutelados por los respectivos órganos, correspondiendo a los JVP la protección de los derechos que surgen de la relación jurídica penitenciaria, relación de sujeción especial, la cual supone una restricción del estatus jurídico del recluso,[70] producida por la necesidad de garantizar el buen funcionamiento de los establecimientos penitenciarios, y por el contrario ello no puede determinar la arbitrariedad de la administración en el desempeño de su labor, estableciéndose como garantía del recluso la posibilidad de acudir al órgano jurisdiccional para el supuesto en que se exceda la administración en su función. En el proyecto ya caduco de LOR-

---

la comunidad y el arresto de fin de semana; la LOPJ, reformada por la LO 16/94, de 8 de noviembre (arts 94-95) y disposición adicional quinta que establece los recursos frente a las decisiones del JVP; la LDPJ; La LECRIM; el CP vigente (especialmente en los arts: 37.3, arresto fin de semana; 78 y 76, sobre el cumplimiento efectivo de las penas privativas de libertad; 90.2, 91 y 93, en relación a la libertad condicional; 97-98, medidas cautelares y 105, medidas no privativas de libertad).

68. En las que, como ya hemos mencionado anteriormente, se pretende unificar los criterios de interpretación de las normas legales, se vienen realizando periódicamente organizadas por el CGPJ.

69. Entre muchas podemos mencionar SSTC162 /1993 de 17 de mayo; 73/1983, de 30 de julio.

70. *Vid.* SSTC192/96 de 26 de noviembre, ponente Ruiz Vadillo «Es claro que la situación de sujeción especial del interno en establecimiento penitenciario, no puede implicar la eliminación de sus derechos fundamentales (STC 120/1990), e impedir que la justicia se detenta en la puerta de las prisiones (SSTC 2/1987, 297/1993, 97/1995 y TEDH S 28 de junio de 1984 —Caso Campbell y Fell-)». *Vid.* SSTC 129/95 de 11 de septiembre, ponente Diego González Campos. «3. Hecha esta precisión, no es ocioso recordar que el internamiento de un ciudadano en un Centro Penitenciario vincula al interno con la Administración estableciendo una relación de sujeción especial (SSTC 4/1985, 2/1987, 120/1990 y 57/1994, entre otras) que le somete a un poder administrativo autónomo y ms intenso que el que se proyecta sobre el común de los ciudadanos. Aunque ciertamente el ejercicio de dicho poder esté sujeto a normas legales de estricta observancia y, además, se encuentra limitado tanto por la finalidad propia de dicha relación (art. 1 L.O.G.P.) como por el valor preferente de los derechos fundamentales del recluso, que el art. 25.2 C.E. expresamente reconoce [SSTC 129/1990, fundamento jurídico 6.§ y 57/1994, fundamento jurídico 3.§ B)]».

PAJVP en los arts. 53 a 57 se establecen los «recursos contra los actos y decisiones objeto de comunicación de la Administración penitenciaria al Juez de Vigilancia», a través de los cuales se controlan la legalidad de la actuación administrativa penitenciaria, pudiendo entrar a conocer el fondo del asunto, autorizando o no la medida impuesta al recluso, siendo sin embargo limitado las decisiones administrativas objeto de este recurso.[71]

Específicamente, en la LGP, se mencionan entre otras competencias: la aprobación de la libertad condicional (por lo que respecta a los recursos hay que tener en cuenta la reforma de la Disposición Adicional Quinta de la LOPJ sobre recurso de apelación en materia de de clasificación o concesión de la libertad condicional operada por L.O. 7/03, de 1 de julio) en todas sus modalidades, por cumplimiento de las tres cuartas partes de la condena, o en su caso, cumplimiento de las dos terceras partes de la condena (libertad condicional anticipada), así como la concedida a septuagenarios y enfermos muy graves sin limite temporal de cumplimiento, y revocación de la misma cuando proceda; los beneficios penitenciarios de los penados (hoy en día, en base al reglamento de 1996 son el adelantamiento de la libertad condicional y el indulto particular); aprobar las sanciones de aislamiento superiores a catorce días;[72] autorizar comunicaciones; permisos de salida; exámenes radiológicos, siendo esta una cuestión más constitucional que procesal;[73] revisar la clasificación efectuada por la administración; así como resolver los recursos presentados por los reclusos, salvo en materia de traslados que será competente la jurisdicción de lo contencioso,[74] conociendo los recursos que se presenten contra las sanciones en lo que podríamos llamar «alzada» primero, y posteriormente reforma, para el resto de materias cabe el recurso ante el propio JVP, reforma frente al auto que dicte y el de apelación ante la Audiencia Provincial contra la resolución dictada en reforma de la presentada previamente, así como queja en caso de no haber admitido previamente la apelación,[75] estableciendo en relación a la legitimación, algún aspecto al menos peculiar, ya

71. González Cano M. I. *Perspectivas de futuro sobre el juez de vigilancia penitenciaria y la ejecución de la pena privativa de libertad: Aproximación al proyecto de ley orgánica reguladora del procedimiento ante los juzgados de vigilancia penitenciaria.* Ob. cit., página 474-475.

72. Vid auto del JVP de Granada de 22 de febrero de 1995, «Cosa distinta es la aplicación que se ha hecho del artículo 124 del Reglamento Penitenciario. Este se remite al artículo 76-2 de la Ley Penitenciaria refiriéndose a que las sanciones de aislamiento, en los que exceden de catorce días no serán ejecutivas hasta su aprobación por el Juez de Vigilancia, pero siempre en referencia al artículo 76-2 el que recoge la competencia del Juez de Vigilancia para aprobar las sanciones de aislamiento, en lo que excedan de catorce días no serán ejecutivas hasta su aprobación por el Juez de Vigilancia, lo que quiere decir, que la ejecutoriedad de las sanciones nunca podrán hacerse de aquellas que son inferiores a catorce días de aislamiento cuando ha recurrido el interno. Por ello se requiere al Director del Centro Penitenciario para que informe al respecto». Monge Sabariegos, M. L. *El juzgado de vigilancia penitenciaria*, «La revisión de la ejecución Penal tras la entrada en vigor del Código Penal (LO 10/1995). Experiencias. La Jurisdicción Voluntaria». Ministerio de Justicia, Centro de Estudios Jurídicos. Madrid, 1997., pag. 124, considera esta función de naturaleza administrativa, en cuanto autoriza la decisión de dichas sanciones.

73. Torán Muñoz, A. «Ejecución de la sentencia penal: confluencia de competencias entre el órgano jurisdiccional sentenciador y el juzgado de vigilancia penitenciaria». 1998. Inédito. Se suele utilizar para el caso de internos que pueden portar sustancias estupefacientes.

74. Así conforme con el art. 31 del R.P. se otorga la competencia exclusiva para decidir la clasificación y destino de los reclusos en los distintos Establecimientos Penitenciarios, al Centro directivo, sin perjuicio de las atribuciones de los JV en relación a la primera de las materias mencionadas.

75. La disposición adicional quinta de la LOPJ, recoge de una manera inescrutable e ininteligible los recursos que se pueden plantear al JVP. Cfr. Fairen Guillen, V. «Comentarios a la Ley Orgánica del Poder Judicial de 1 de julio de 1.985».

que permite únicamente recurrir al interno, liberado condicional y al Ministerio Fiscal, no permitiendo dicha posibilidad a la víctima, ni a la Administración Penitenciaria,[76] los cuales en ocasiones puede que tengan un interés justificado en que la ley les otorgue la posibilidad de intervenir en el recurso. Si bien en relación al segundo puede que pueda justificarse como consecuencia de la relación que tiene la administración de mero colaborador con los órganos jurisdiccionales y por lo tanto no de parte, y porque la relación penitenciaria está formada por el Estado (MF) de un lado y de otro el condenado, no parece justificar la no legitimación de la victima o perjudicado. El proyecto ya mencionado de Ley Orgánica del procedimiento ante el Juez de Vigilancia Penitenciaria, en su artículo 12, se establecía que serían siempre parte el MF y el interno afectado (¿y si no se encontrará interno?); además se establece que también lo será la Administración penitenciaria, cuando estime oportuno personarse a tal efecto;[77] realizar las visitas a los centros penitenciarios, en los que conocerá el estado in situ de la prisión, así como conocer las quejas que se le presenten mediante entrevistas con ellos; conocer del paso a los establecimientos de régimen cerrado de los reclusos a propuesta del Director del establecimiento.[78] En el proyecto parecía que se iba a producir un importante avance en el capitulo VII, ya que el juez de vigilancia tiene que llevar a cabo un estudio de oficio de la legalidad de la actuación de la administración en base al art. 54 del mismo.

En relación a las medidas de seguridad, el JVP dicta propuestas durante la ejecución de la sentencia, conforme con los arts. 97 y 98 del CP. y para ello deberá valorar los informes emitidos, con una periodicidad al menos anual, por los profesionales que dependa el sometido a dichas medidas, encontrándonos con dificultades a la hora de valorar dichos informes, debiéndose aplicar el principio de libre valoración por parte del JVP, no deja de plantear problemas al ser un término excesivamente amplio.

El JVP, tendrá competencia en el momento que se produzca el ingreso en prisión del condenado, otorgándole la función, ya mencionada, de «adoptar todas las decisiones necesarias para que los pronunciamientos de las resoluciones en orden a las penas pri-

---

Madrid, 1.986, páginas 414 y siguiente. Materia controvertida en cuanto la disposición adicional quinta de la LOPJ. no debiera recoger en una norma orgánica una norma procesal como ésta.

76. *Vid.*, la ya mencionada SSTC 129/95 de 11 septiembre, ponente: Diego González Campos. FJ 5. *Vid.* SSTC 174/89 de 30 de octubre, ponente Rubio Llorente. «Finalmente, el apartado 5 de la Disposición Adicional que se comenta se remite a lo dispuesto en la Ley de Enjuiciamiento Criminal (LECr) para la normativa aplicable a los citados recursos, con la única excepción de que limita la legitimación al Ministerio Fiscal —que en todo caso ha de ser parte— y al interno o liberado condicional. En un sistema así judicializado, la única vía de modificación, en principio, de las resoluciones de los Jueces de Vigilancia Penitenciaria sobre reconocimiento de beneficios penitenciarios es la de los recursos legalmente establecidos a los que se ha hecho referencia».

77. Creemos que en ocasiones la sola intervención del MF, puede ser insuficiente como defensor del interés público, ya que no se permite a la Administración defender sus decisiones, que es la que realmente sabe sus motivos y fundamentos.

78. Las funciones recogidas en el art. 76.2 de la LOGP, pueden ser clasificadas:

A) Funciones sobre la ejecución de las penas privativas de libertad (apartados a-b-c).

B) Funciones sobre régimen de los Establecimientos(apartados d-e-g-h).

C) Funciones sobre tratamiento(apartados f-g-i-f).

vativas de libertad se lleven a cabo, asumiendo las funciones que corresponderían a los Jueces y Tribunales sentenciadores»,[79] pronunciamiento que en principio parece absoluto.[80] Sin embargo no es así como ya hemos visto anteriormente, correspondiéndole al Juez o Tribunal sentenciador aquéllas funciones relativas a la aplicación de la pena, y al JVP. aquellas relativas a la ejecución.[81]

En el caduco proyecto de Ley Orgánica reguladora del procedimiento ante los Juzgados de Vigilancia Penitenciaria parecía que se pretendía simplificar esta materia, al considerar que «esta Ley atribuye a los Juzgados de Vigilancia Penitenciaria funciones de ejecución de las penas privativas de libertad que quedaban hasta ahora confiadas a los Jueces y Tribunales sentenciadores, sin que nada aportase esa distribución competencial a las garantías de ejecución proclamadas por nuestro Código Penal», funciones de ejecución que eran detalladas y desarrolladas en su articulado.[82]

1.3. Delimitación de competencias entre el Juez de Vigilancia y la administración penitenciaria

En un breve estudio sobre algunas peculiaridades en esta materia, no podemos dejar de mencionar la dificultad de la delimitación de la relación entre la administración penitenciaria y la administración de justicia, en la cual se producen constantemente problemas sobre su ámbito competencial,[83] situación que se complica porque la administración actúa como colaboradora en la ejecución de la pena privativa de libertad, ayudando a la autoridad judicial, siendo además una administración pública con sus propias competencias; y toda esta complejidad al margen desde el punto de vista político de la atribución de competencias a las autonomías en materia penitenciaria y respetando el artículo 149.1.6 de la CE., en base al cual el Estado tiene la competencia exclusiva sobre la legislación penitenciaria.[84]

---

79. *Vid.* Art. 76.2 a) LOGP.

80. Bueno Arús, F. «El Juez de Vigilancia Penitenciaria y los derechos de los penados». Rev. La Ley, año VII, núm. 1841, de 14 de noviembre de 1987.

81. *Vid.* Auto de la Audiencia Provincial de Barcelona de 28 de junio de 1989, en Jurisprudencia Penitenciaria... Ob. cit., página 367-368.

82. *Vid.* Exposición de Motivos del Proyecto Ley Orgánica reguladora del procedimiento ante los Juzgados de Vigilancia Penitenciaria, así como los artículos: 5 (liquidación o refundición de condena); 62 (aprobación del licenciamiento definitivo); 63 (abono de prisión preventiva sufrida en otras causas); 64 (la acumulación, fijando el tiempo máximo de cumplimiento); 65 (suspensión de la ejecución de la pena privativa de libertad por trastorno mental grave).

83. Cfr. Moreno Catena, V. En el prólogo a González Cano, Mª Isabel. *La ejecución de la pena privativa de libertad.* Ob. cit., páginas 10 y siguientes.

84. El bloque normativo en materia penitenciaria está recogido en el art. 149.1, 6º de la Constitución, los Estatutos de Autonomía y el art. 79 y la disposición transitoria segunda de la LOGP., estableciendose que son competencias compartidas, reservandose el Estado la competencia en materia de legislación, pudiendo las CCAA asumir en sus Estatutos competencias de ejecución de la legislación penitenciaria. Se recogen atribuciones de esta índole en los estatutos de autonomía del País Vasco, Cataluña, Andalucía, Navarra, en los cuales se atribuyen competencias en materia de ejecución penitenciaria, siendo hoy en día Cataluña la única que ha ejercido su derecho de ejecución de la legislación penitenciaria en su ámbito territorial.

Partiendo del mencionado 117.3 de la CE., nos encontramos una primera disfunción en el hecho de que la LOGP, está atribuyendo competencias, no meramente instrumentales, a la autoridad administrativa,[85] situación que parece rozar al menos con el susodicho precepto constitucional.[86] Por otro lado, el artículo 79 de la LGP establece que «corresponde a la Dirección General de Instituciones Penitenciarias del Ministerio de Justicia la dirección, organización e inspección de las Instituciones que se regulan en la presente Ley, salvo respecto de las Comunidades Autónomas que hayan asumido en sus respectivos Estatutos la ejecución de la legislación penitenciaria y consiguiente gestión de la actividad penitenciaria», estableciéndose en el R.D. 1334/1994, de 20 de junio, sobre estructura básica del Ministerio de Justicia e Interior, en su art. 22.1, las funciones que corresponden a la Dirección General de Instituciones Penitenciarias, las cuales pueden hacer pensar a quien corresponde realmente la ejecución de las penas privativas de libertad.[87]

Para delimitar las competencias ya mencionábamos anteriormente la necesidad de separar lo jurisdiccional de lo no jurisdiccional, en el primer supuesto el JVP tiene una competencia exclusiva, en el segundo supuesto ostenta una facultad de propuesta de la administración penitenciaria.[88] El problema que se plantea es que la administración está subordinada a los Jueces y Tribunales, como consecuencia de su carácter instru-

85. Por ejemplo podemos mencionar el art. 44 de la LOGP, el cual confiere a una autoridad administrativa la posibilidad de establecer sanciones, incluso no se suspenden si se tratan de un acto de indisciplina grave, con la interposición de recurso ante la autoridad judicial. Por el contrario *Vid.* auto JVP de Granada de 22 de febrero de 1995.

86. Cfr. Conde-Pumpido Ferreiro *Código penal, Doctrina y Jurisprudencia. T. I.* Ob. Cit., página 340.

87. R.D. 1334/1994, de 20 de junio, en su art. 22.1 se establecen las funciones que corresponden a la Dirección General de Instituciones Penitenciarias:

1° La organización y seguimiento de las Instituciones Penitenciarias en orden al cumplimiento de sus fines.

2° La planificación, organización y dirección de los servicios de tratamiento penitenciario, así como de las actividades de los mismos tendentes a la reeducación y reinserción social de los sentenciados a penas y medidas de seguridad privativas de libertad.

3° La planificación y organización de los servicios de régimen, así como de las actividades de los mismos relativas a la custodia y vigilancia de los detenidos, presos y penados.

4° La observación de la conducta de quienes se encuentran cumpliendo condena en régimen de libertad condicional.

5° Las resoluciones sobre peticiones y reclamaciones de los administrados en materia penitenciaria.

6° La planificación, organización y dirección de las actividades tendentes al mantenimiento y mejora de la salud en las Instituciones Penitenciarias y, en especial, el Establecimiento y mantenimiento de sistemas de información sanitaria y vigilancia epidemiológica de las enfermedades prevalentes en el medio penitenciario.

7° La elaboración y ejecución de planes y programas para el mantenimiento y mejora de la higiene en el medio penitenciario y de prevención, tratamiento y rehabilitación de drogodependencias.

8° La dirección y coordinación de las actividades asistenciales en los Centros y Hospitales Penitenciarios.

9 La promoción, organización y desarrollo de la educación, cultura, deporte y trabajo en los Centros Penitenciarios.

10° La prestación a los internos y liberados condicionales y a los familiares de unos y otros de la asistencia social necesaria y la colaboración de forma permanente con las Instituciones, organismos y entidades dedicadas a la asistencia de los internos y a la rehabilitación de los excarcelados, así como con las redes autonómicas, provinciales y locales de servicios sociales.

88. Cfr. SSTC 151/91, de 8 de julio.

mental al servicio de la ejecución de penas, si bien dicha subordinación debe establecerse en relación con el control que ejercen hoy en día los JVP sobre la administración penitenciaria, y para ello no podemos olvidar que en realidad son competencias jurisdiccionales de control de la legalidad administrativa así como de la salvaguarda de los derechos de los internos, realizada por órganos del orden de lo penal, lo cual no puede suponer que se produzca una intromisión tal, que pueda suponer una superposición en la Dirección General competente.[89] En relación a los recursos que resuelvan los JVP propios de su competencia, los criterios de actuación de los mismos, establecen que sus decisiones deben ser acatadas en todo caso por la Administración Penitenciaria, sin que frente a las mismas pueda admitirse desobediencia o incumplimiento, sino únicamente la interposición de los recursos que en Derecho sean procedentes.

Es preciso que no se produzca una intromisión por la Administración Penitenciaria de lo que es propio de la función jurisdiccional, si bien, por lo visto en las funciones que la administración desarrolla, podemos preguntarnos ¿realmente quien ejecuta?, si ejecutar, según el diccionario de la Real Academia de Lengua Española es llevar a la práctica, en base a las funciones que hemos mencionado, dicha función la lleva a cabo la administración, ya que es la única que tiene medios para ello, correspondiéndole a los JVP controlar la función menciona, pero nunca ejecutar en sentido literal, sino realizar un control de la legalidad en la ejecución. De manera que consideramos que la ejecución de las penas privativas de libertad se desarrolla propiamente como una actividad administrativa sometida al control de los órganos jurisdiccionales, situación que en principio puede plantear conflictos con los pronunciamientos constitucionales del art. 117.3, o por el contrario replantear que es lo que consideramos como ejecución, o mejor, nos debemos hacer preguntas como ¿qué función deben realizar en materia de ejecución de penas privativas de libertad en un estado de derecho los órganos jurisdiccionales y la administración? ¿Es adecuada la situación actual a los planteamientos contemplados en la constitución? De conformidad con el artículo 76.1 de la LOGP, el JVP, «tendrá atribuciones para hacer cumplir la pena impuesta,... salvaguardar los derechos de los internos y corregir los abusos y desviaciones que en el cumplimiento de los preceptos del régimen penitenciario puedan producirse», pudiendo el JVP, dictar resoluciones que rectifiquen actuaciones que afecten a los derechos de los internos, las cuales han de ser cumplidas por la administración penitenciaria, además, para completar esta visión, debería darse la oportunidad de «intervención en la orientación y directrices político-penitenciarias, puesto que tanto la Administración como la jurisdicción de vigilancia persigue el mismo fin, como es el que la norma penal cumpla su finalidad resocializadora aunque desde puntos de vista distintos pero complementarios y de cooperación, para lo cual debería existir equilibrio y armonía entre el Juzgado de Vigilancia, Director, Subdirectores, Equipo Técnico, y personal de los centros penitenciarios e internos».[90]

Bien, además para que el JVP, pueda desarrollar su función correctamente, es decir, controlar la legalidad de la actuación administrativa es necesario que este bien infor-

89. Cfr. Monge Sabariegos, M. L. *El juzgado de vigilancia penitenciaria.* Ob. cit., páginas 124 y siguiente.

90. Cfr. Monge Sabariegos, M. L. *El juzgado de vigilancia penitenciaria.* Ob. cit. página 128.

mada de todas las decisiones que puedan afectar a los derechos de los presos, situación que puede quebrar en algunos supuestos como el establecido en el art. 107 del R.P.,[91] en el cual tal vez, hubiera sido mejor notificar al JVP, en cuanto que es el que le corresponde conocer la situación de los presos que se encuentren en su jurisdicción, más teniendo en cuenta que el tercer grado supone una situación en la que el condenado goza de cierta libertad al encontrarse en régimen abierto, al poder salir del Centro penitenciario a diferencia de los otros grados, por el contrario de lo que ocurre en el caso de que se clasifique en el primer grado, el JVP tiene que ser notificado del paso a dicha situación conforme con el art. 95 del R.P., por lo tanto, y salvo que el Ministerio Fiscal interponga el correspondiente recurso, el JVP no tendrá conocimiento del paso al tercer grado del penado.[92] Siendo necesario hacer la precisión que contempla el criterio recogido en el punto 67 de la VII reunión, en base a la cual se observa la necesidad de diferenciar los supuestos en que la ley habla de que el JVP conocerá, de aquellos en los que se diga que el Director o la Junta pondrá en conocimiento del JVP «en el primer caso la palabra «conocer» tiene un sentido procesal característico y el Juez puede resolver sobre el fondo del asunto, dejando en su caso sin efecto la decisión administrativa».

Hoy en día, esta normativa implica que la administración tiene importantes competencias, como pueden ser la clasificación en tercer grado, el otorgamiento del régimen abierto, las cuales pueden suponer una modificación de la condena, en cuanto que supone que la decisión inicial sobre una situación de excarcelamiento (aunque sea parcial) lo adopta la administración viniendo a suponer una alteración importante de la sentencia de condena, debiendo pasar a ser competencia de los JVP.[93]

También se plantea este problema en relación a los permisos, ya que el JVP, tiene competencia: en relación a los permisos de aquellos que se encuentren en primer grado, con independencia a su duración; en relación a los que se encuentren en segundo grado, cuando tengan una duración superior a los dos días (art. 76, 2, i LOGP); y en relación a los que se encuentran en tercer grado no tiene competencia. Nos encontramos con situaciones que pueden modificar sustancialmente la ejecución y el órgano jurisdiccional no tiene posibilidades de control, consideramos que en todo caso la concesión de permisos siempre debería ser competencia del JVP. Situación que parecía iba a cambiar poco en el proyecto de ley de procedimiento ante el JVP (art.58).

91. Art. 107 R.P. «Todas las resoluciones de clasificación o progresión a tercer grado adoptadas por el Centro directivo o por acuerdo unánime de la Junta de Tratamiento según lo previsto en el artículo 103.7, se notificarán, junto con el informe de la Junta de Tratamiento, al Ministerio Fiscal dentro de los tres días hábiles siguientes a la fecha de su adopción».

92. Cfr. Rodríguez Alonso, A. «Reflexiones criticas al ejercicio del tratamiento penitenciario: realidad o ficción». Actualidad Penal, nº 14, semana 3 al 9 de abril, 1995, página 199.

93. En el mismo sentido González Cano M. I. *Perspectivas de futuro sobre el juez de vigilancia penitenciaria y la ejecución de la pena privativa de libertad: Aproximación al proyecto de ley orgánica reguladora del procedimiento ante los juzgados de vigilancia penitenciaria.* Ob. cit., página 460-461.

2. Conclusiones

Nos encontramos por un lado con una normativa dispersa, siendo en ocasiones excesivamente complicado la determinación de la norma aplicar, viniéndose a agravar con el nuevo CP y el principio de norma más favorable al condenado, fundamentalmente porque es tortuoso establecer cuál es la norma más favorable, ya que para ello debemos en ocasiones elegir entre el tiempo efectivo en prisión o el mantenimiento de los antecedentes. Por otro lado es necesario aplicar, en ocasiones, ambas normativas y una vez determinada líquidamente la condena conforme a las dos normativas, elegir la más favorable al condenado. La reeducación y reinserción a la que deben ir orientadas las penas, no siempre se aplica, las penas de larga duración producen daños irreparables, complicándose con la desaparición de la redención de penas por el trabajo, y las penas de corta duración no dan tiempo a desarrollar programas de reinserción, además en algunos casos nos podemos preguntar ¿qué sentido tiene el que una persona que se halla totalmente rehabilitada ingrese en prisión?, a la sociedad no le sirve positivamente absolutamente para nada, incluso en estos casos puede ser perjudicial, siendo necesario buscar alternativas en estas situaciones específicas.

Por otro lado, nos encontramos con unas delimitaciones de competencias no siempre fáciles de establecer entre los distintos sujetos que intervienen. Así en materia de ejecución de penas privativas de libertad el JVP. viene asumir funciones que correspondían al Juez o Tribunal sentenciador conforme al art. 990 de la LECRIM. viniendo a ser, en algunos supuestos concretos, tortuoso determinar a quien corresponde una competencia, pudiéndose producir confusión ya que no se menciona de manera expresa cual es el órgano concreto para realizar una función, determinándose en la norma simplemente que será competente «el juez o tribunal correspondiente».

Hoy en día algunas competencias de la administración pueden afectar a garantías jurisdiccionales, aquellas que competencias que afecten a la duración (redención de penas por el trabajo) o tipo de pena impuesta en especial aquellas que suponen una alteración del modo de desarrollarse la pena (libertad condicional, permisos, régimen abierto o cerrado), pudiéndonos plantear si son o no suficientes la competencia de control del JVP en esta materia, y más teniendo en cuenta que algunas de las competencias de la administración pueden suponer una modificación sustancial de la condena, en especial lo referente al tercer grado presupuesto para la concesión de la libertad condicional.

Es necesario que se desarrolle el artículo 78,1 de la LOGP, referente a los procedimientos de actuación de los JVP, siendo actualmente suplidos por una remisión genérica a la LECRIM en materia de ejecución, en la cual más que una regulación de los mismos, se establecen unos principios del procedimiento, viniéndose a establecer en la práctica una libertad de trámites que los propios JVP han tenido que unificar en sus reuniones periódicas. Esta situación no ha impedido la actividad de los JVP (no sin problemas competenciales con la administración penitenciaria), pero pueden darse situaciones de inseguridad jurídica y de indefensión para los reclusos.

En materia de recursos es imposible determinar cuando corresponde uno u otro y ante quien, fruto de la regulación contemplada en la LOPJ, DA 5ª. 2, ya que materias que antes eran recurribles ante los tribunales de la jurisdicción contenciosa administrativa, hoy lo son ante la jurisdicción penal, complicándose por la separación de materias de ejecución y de régimen unido con la regulación del art. 76.2 de la LOGP., criterios discutidos en cuanto a su contenido, habiéndose perdido una ocasión para una regulación adecuada de la materia en las reformas operadas por las leyes orgánicas 3/2003 y 5/2003 avanzándose poco en la materia.

Además, la histórica carencia de medios de la administración de justicia se manifiesta en esta especialidad, sino se resalta en mayor medida ante las imperiosas necesidades de integración de nuevos elementos técnicos, especialmente profesionales que asesoren al juez convenientemente. En esta línea se enmarcan la declaración de los JVP en su VII reunión,[94] las cuales más que criterios de actuación parecen una declaración de intenciones, para lo cual es necesario, que para el cumplimiento de sus funciones, se les dote de los elementos instrumentales necesarios. Se hace necesario dotarlos además de los necesarios medios personales y materiales, de un equipo técnico a fin de estudiar en profundidad los informes emitidos por los equipos de los centros penitenciarios en relación a la libertad condicional, los tratamientos, permisos, clasificación, progresión de grado, en definitiva sobre todas aquellas actuaciones que requieran un estudio emitidos por profesionales de ciencias en las que el juez no ha de porqué tener conocimientos, y sin los cuáles será en muchas ocasiones imprescindible para poder pronunciarse correctamente.

Por lo que respecta al extinto proyecto de ley orgánica 121/000038 reguladora del procedimiento ante los juzgados de vigilancia penitenciaria, se establecía un importante avance al regular un procedimiento Parece que se iban aglutinar competencias en materia de ejecución en el JVP, manteniendo la función del Juez o Tribunal sentenciador decretar el ingreso del condenado a pena privativa de libertad en un Centro penitenciario a efectos de la ejecución de la sentencia, pero, a partir de ese momento, será competencia del JVP la aprobación de la liquidación de condena o refundición y resolución de incidencias de ejecución que requieran resolución judicial,[95] establece la asistencia letrada y la audiencia de la victima o perjudicado en los supuestos en que se pueda afectar la seguridad personal o la reparación del daño causado por el delito, así como la legitimación de la administración penitenciaria cuando pueda entender que es perjudicial para los intereses generales la decisión del JVP, se introduce la actuación de

94. Vigilancia Penitenciaria (VII Reunión de Jueces de Vigilancia Penitenciaria). Consejo General del Poder Judicial. Madrid, 1994, páginas 299-300.

95. *Vid.* Exposición de Motivos del Proyecto Ley Orgánica reguladora del procedimiento ante los Juzgados de Vigilancia Penitenciaria. «Tales como la determinación del máximo de cumplimiento en los casos de acumulación jurídica (artículo 64), la suspensión de la ejecución de la pena en caso de trastorno mental grave (artículo 65), el abono de prisión preventiva sufrida por el penado en otra causa (artículo 63) y la aprobación del licenciamiento definitivo (artículo 62), además de las pacíficamente propias de los Jueces de Vigilancia Penitenciaria, como la aprobación o revocación de la libertad condicional, las referidas a los permisos de salida o a clasificación de los internos, o la aprobación —aún durante algún tiempo, mientras sigan ejecutándose penas con arreglo al Código Penal de 1973— redenciones de penas por el trabajo».

oficio del juzgado en cuestiones relativas a la ejecución de la pena, entro otras cuestiones, aspectos que en principio consideramos positivo, pero deberemos ver como termina desarrollándose, siendo necesario mejoras en algunos aspectos de la misma.

Por otro lado, se debería potenciar la función del JVP en el sentido de que la administración proponga y el JVP decida, y no que este tenga un conocimiento por vía de recurso una vez que se haya decido previamente por la administración penitenciaria.

En definitiva, y según están hoy en día configurados, los JVP, son esto JVP y no jueces de ejecución, viniendo a desarrollar una función limitada al control de la legalidad de la ejecución de la pena privativa de libertad, la cual la desarrollan en la práctica los órganos administrativos competente para realizar dicha función, encontrándonos en ocasiones con una excesiva indeterminación, en tanto en cuanto se puede producir un amplio arbitrio judicial al no estar claramente delimitados los límites de su actuación, especialmente a la hora de valorar criterios tan amplios como la personalidad del sujeto y el comportamiento futuro del penado.

La proyección de la garantía a un proceso sin dilaciones indebidas en el ordenamiento jurídico español

SERGI GUASCH FERNÁNDEZ
DOCTOR EN DERECHO. PROFESOR ASOCIADO DE DERECHO PROCESAL (UNIVERSITAT DE BARCELONA) ABOGADO

I. Concepto constitucional y su autonomía respecto a la tutela judicial efectiva

El objeto del presente estudio es realizar un somero análisis del derecho fundamental o garantía a un proceso sin dilaciones indebidas y su proyección en el ordenamiento jurídico español según la jurisprudencia del Tribunal Europeo de Derechos Humanos (en adelante TEDH). Al respecto, conviene recordar que el art. 10.2 de la Constitución Española (en adelante CE) establece que las normas sobre derechos fundamentales y libertades constitucionalmente reconocidas se interpretarán de conformidad con la Declaración Universal de Derechos Humanos y los tratados y acuerdos internacionales sobre las mismas materias que hayan sido ratificados por España. Por lo tanto, es indudable la vinculación del ordenamiento jurídico español a la jurisprudencia del TEDH aunque, como veremos, la prohibición de las dilaciones indebidas puede extender sus efectos a otros ámbitos jurídicos.

La noción constitucional del derecho a un proceso sin dilaciones indebidas es un concepto jurídico indeterminado cuyo contenido se establece mediante la aplicación de diversos elementos que se analizan según cada caso concreto. La prohibición de las dilaciones indebidas aparece consagrada en normas constitucionales así como en el art. 6.1 del Convenio Europeo para la Protección de los Derechos Humanos y Libertades Fundamentales (en adelante CEDH), el art. 14.3.c) del Pacto Internacional de Derechos Civiles y Políticos (en adelante PIDCP) y también en el art. 8.1 de la Convención Americana sobre Derechos Humanos (en adelante CADH).

En este sentido, el CEDH de 4 de noviembre de 1950, ratificado por España el 26 de septiembre de 1979 y revisado en conformidad con el Protocolo núm. 11, establece que toda persona tiene derecho a que su causa sea oída equitativa, públicamente *y dentro de un plazo razonable,* por un tribunal independiente e imparcial, establecido por la ley, que decidirá los litigios sobre sus derechos y obligaciones de carácter civil o sobre el fundamento de cualquier acusación en materia penal dirigida contra ella.

Por su parte, la CADH suscrita en la Conferencia Interamericana sobre Derechos Humanos en San José (Costa Rica) del 7 al 22 de noviembre de 1969 establece en su art. 8, relativo a las garantías judiciales, que toda persona tiene derecho a ser oída, con las debidas garantías *y dentro de un plazo razonable,* por un juez o tribunal competente, independiente e imparcial, establecido con anterioridad por la ley, en la sustanciación de cualquier acusación penal formulada contra ella, o para la determinación de sus derechos y obligaciones de orden civil, laboral, fiscal o de cualquier otro carácter.

De la comparación de ambos textos se aprecia claramente que, en lo que nos afecta, las diferencias son inexistentes, convirtiendo el concepto de plazo razonable en el eje vertebrador de la fundamentación y apreciación de la existencia de las dilaciones indebidas en un juicio.

Asimismo, el PIDCP, de 16 de diciembre de 1966, establece en su art. 14.3 que, durante el proceso, toda persona acusada de un delito tendrá derecho, en plena igualdad, a las garantías mínimas de: a) ser informada sin demora, en un idioma que comprenda y en forma detallada, de la naturaleza y causas de la acusación formulada contra ella; b) disponer del tiempo y de los medios adecuados para la preparación de su defensa y a comunicarse con un defensor de su elección y *c) ser juzgado sin dilaciones indebidas.*

Con relación a la duración del proceso debe tenerse en cuenta que si la eficacia es una garantía, la efectividad de la tutela judicial depende de esa eficacia.[1] El derecho a un proceso sin dilaciones indebidas es invocable en toda clase de procesos, aunque en el proceso penal y en el de responsabilidad penal de menores, en atención a los bienes jurídicos y a los intereses específicos que se discuten, las dilaciones indebidas pueden constituir una especie de *poena naturalis*, por lo que en ellos debe incrementarse el celo del juzgador a la hora de evitar que se produzcan.

En efecto, si bien cualquier tipo de proceso jurisdiccional debe resolverse en un plazo razonable, lógicamente, en el ámbito jurisdiccional penal, desde la imputación, estas demoras tienen mayor importancia, pues en él entran valores y derechos que reclaman tratamientos preferentes, entre ellos la garantía a la libertad personal. Así, la filosofía del proceso penal asumida por los estados del ámbito de la Unión Europea, en conso-

1. Vives Antón. *Doctrina constitucional y reforma del proceso penal.* En «La libertad como pretexto». Editorial Tirant lo Blanch. Valencia. 1995., p. 269. El TC español ha apreciado dilaciones indebidas en supuestos en que se señalaban para votación y fallo plazos de dos años y tres meses o tres años y cuatro meses y, con mayor razón, ha otorgado el amparo en algún caso en que se había señalado un plazo de cuatro años y siete meses para votación y fallo desde la finalización del procedimiento. En este sentido, *Vid.*, la STC 20/1999, de 22 de febrero. Además, se considera que un retraso en dictar una resolución que no es problemática ni compleja, como puede ser la de señalar fecha para practicar una diligencia ya acordada, podría explicarse por una inercia burocrática de la oficina judicial pero resulta irrazonable e inadmisible para el TC desde la perspectiva de la marcha normal de un proceso sin dilaciones indebidas. Tampoco el hecho de que las actuaciones se traspapelasen puede ser justificativo de esas dilaciones indebidas (*Vid.*, STC 180/1996, de 12 noviembre).

nancia con la necesidad de que la tutela sea efectiva con el derecho a un proceso sin dilaciones indebidas que establece el art. 24.2 CE y con la *Recomendación (87) 18 del Comité de Ministros del Consejo de Europa sobre simplificación de la Justicia Penal,* pretenden un eficaz y rápido funcionamiento del proceso, adoptando medidas tendentes a lograr una mayor simplicidad y una mejor protección de las garantías del inculpado, en aras a la celeridad y a la eficacia.

Desde esta perspectiva, la garantía constitucional *a un proceso público sin dilaciones indebidas* que regula el art. 24.2 CE asume un papel fundamental. Sociológicamente, puede afirmarse que una justicia tardía equivale a una falta de tutela judicial efectiva, pero el Tribunal Constitucional (en adelante TC) ha matizado que jurídicamente en el ordenamiento jurídico español procede separar ambos derechos, pudiendo ser objeto de violaciones diferentes,[2] tal y como veremos.

La consagración del derecho a un proceso sin dilaciones indebidas no supone que se constitucionalice en el ordenamiento jurídico español un derecho a los plazos procesales en sentido estricto, sino que en línea con lo previsto en el art. 14.3 c) PIDCP y en el art. 6.1 CEDH, se estima que tal derecho implica que la tramitación de los procedimientos que se sigan ante los tribunales de justicia debe desarrollarse en un «plazo razonable». Concepto éste que, como se ha dicho, se convierte en fundamental para establecer la existencia de dilaciones indebidas.

Según la STC 43/1985, de 22 de marzo, por proceso sin dilaciones indebidas hay que entender el proceso que se desarrolla en condiciones de normalidad dentro del tiempo requerido y en el que los intereses litigiosos pueden recibir pronta satisfacción. El tratamiento de las dilaciones indebidas es imposible hacerlo al margen del concepto jurídico indeterminado de «plazo razonable», analizando en cada caso concreto y según sus propias particularidades.

Se trata de un derecho autónomo respecto al derecho a la tutela judicial efectiva y de contenido diferente, aunque es evidente que mantiene una íntima conexión tanto con el citado derecho a la tutela judicial efectiva del art. 24.1 CE, como con el conjunto de garantías con las que, a través del reconocimiento de un conjunto de derechos fundamentales, aseguran la corrección del ejercicio de la potestad jurisdiccional en todo tipo de procesos.[3] Es preciso reconocer, al menos en el marco constitucional español, el carácter autónomo del mismo respecto del derecho fundamental a la tutela judicial efectiva reconocido en el art. 24.1 CE. Si este último

2. STC 26/1983, de 13 de abril.

3. SSTC 89/1985, de 19 de julio; 133/1988, de 4 de julio; 10/1991, de 17 de enero; 35/1994, de 31 de enero; 78/1998, de 31 de marzo; 124/1999, de 28 de junio; 125/1999, de 28 de junio; 303/2000, de 11 de diciembre y 237/2001, de 18 de diciembre. Díez-Picazo Jiménez (*Garantías procesales (artículo 24)*. En «Comentarios a la Constitución Española de 1978». Dirigidos por Alzaga Villamil. T. III. Arts. 24 a 38. Cortes Generales— Editoriales de Derecho Reunidas. Madrid. 1996., p. 86) afirma que para poder presentar un recurso de amparo no hay que agotar la vía de recursos pues contra las dilaciones no cabe ningún recurso. Lo que sí exige el TC es haber invocado formalmente el derecho vulnerado ante los tribunales ordinarios, simplemente con la presentación de al menos un escrito dirigido al órgano jurisdiccional en el que se ponga de manifiesto las dilaciones acaecidas y se invoque el art. 24.2 CE.

comprende esencialmente el acceso a la jurisdicción y, en su caso, la obtención de una decisión judicial motivada en derecho y no arbitraria sobre el fondo de las pretensiones deducidas, el derecho a un proceso sin dilaciones indebidas supone: por un lado, el adecuado equilibrio entre la realización de toda la actividad jurisdiccional indispensable para la resolución del caso concreto, así como para la garantía de los derechos de las partes y, de otro, la limitación del tiempo en el que dicha actividad judicial se desarrolle, que habrá de ser el más próximo para el cumplimiento de los plazos legalmente establecidos.

En este sentido, la STC 220/2004 (Sala Segunda), de 29 noviembre, ha mantenido, citando a la STC 125/1999, de 28 de junio, que siendo *innegables las conexiones entre ambos derechos, ya que el derecho a la jurisdicción contemplado en el art. 24.1 CE no puede entenderse desligado del tiempo en que la tutela judicial de los derechos subjetivos e intereses legítimos debe prestarse (SSTC 24/1981 y 324/1994), lo cierto es que nuestra Constitución ha reconocido el derecho fundamental a un proceso sin dilaciones indebidas con carácter autónomo respecto del derecho a la tutela judicial efectiva (STC 133/1988), carácter éste que hemos afirmado tempranamente, desde la primera sentencia en que nos ocupamos de este derecho fundamental, la STC 24/1981, y hemos reiterado con posterioridad en numerosas ocasiones (SSTC 26/1983, 36/1984, 5/1985, 223/1988, 133/1988, 81/1989, 10/1991, 61/1991, 324/1994, 180/1996, 78/1998 y 32/1999).*

Así, pues, cabe afirmar que si el proceso está destinado a desarrollarse en el tiempo, la tutela judicial efectiva ha de prestarse en un plazo razonable, en el sentido que se otorgue en los razonables términos temporales en que las personas lo reclaman para el ejercicio de sus derechos e intereses legítimos. Por lo tanto, la tutela judicial efectiva no puede sacrificarse por la celeridad, refiriéndose por ello al concepto jurídico indeterminado de «plazo razonable» y no a plazos concretos.[4]

Declarada por el TC su autonomía respecto a la tutela judicial efectiva, se establece la faceta prestacional y la reaccional de esta garantía. La faceta prestacional fue resaltada en la STC 35/1994, de 31 de enero, de manera que los órganos judiciales deben resolver y hacer ejecutar lo resuelto en un plazo razonable. Esta faceta supone que los jueces y tribunales deben cumplir su función jurisdiccional con la rapidez que permita la duración normal de los procesos, evitando dilaciones judiciales que quebranten la efectividad de la tutela.[5] Por su parte la faceta reaccional actúa en el marco estricto del proceso y se traduce en el derecho a que se ordene la inmediata conclusión de todo aquel en el que se incurra en dilaciones indebidas.[6]

---

4. En este sentido, Salado Osuna. *El «plazo razonable» en la administración de justicia: una exigencia del convenio (art. 6.1 CEDH)*. En «La Europa de los derechos. El Convenio Europeo de Derechos Humanos». Coordinadores García Roca — Santolaya. Centro de Estudios Políticos y Constitucionales. Madrid. 2005., p. 267.

5. SSTC 180/1996, de 12 de noviembre y 10/1997, de 14 de enero.

6. SSTC 35/1994, de 31 de enero y 303/2000, de 11 de diciembre.

Una consecuencia de esta independencia entre ambas garantías es que si al tiempo de dictarse la sentencia resolutoria del recurso de amparo se han dictado las resoluciones cuyo retraso motivó la queja, ello no determina que el procedimiento constitucional queda privado de objeto, incluso en el supuesto de que hubiera recaído resolución firme. Se estima por el TC que la inactividad jurisdiccional en que se sustenta la queja del demandante subsiste en la fecha de interponerse la demanda de amparo, de modo que la resolución judicial posterior no es capaz de reparar el eventual retraso padecido. Por lo tanto, la dilación indebida no se corrige por el simple hecho de que el órgano jurisdiccional dicte tardíamente una resolución razonablemente fundada.

Como analizaremos someramente, la infracción del derecho a un proceso sin dilaciones indebidas que establece el art. 24 CE, puede ser determinante de tratamiento en vías administrativas, disciplinarias o incluso de reclamación de responsabilidad civil o penal, pero ningún precepto jurídico establece la nulidad de la sentencia dictada por el órgano competente que dicta una resolución tardíamente.

Asimismo, el derecho a un proceso sin dilaciones indebidas requiere para su satisfacción, por un lado, un adecuado equilibrio entre la realización de toda la actividad judicial indispensable para la resolución del caso del que se conoce y para la garantía de los derechos de las partes y, de otro, el tiempo que dicha realización precisa, que habrá de ser el más conforme legalmente posible.

En consecuencia, las demandas de amparo por dilaciones indebidas, formuladas una vez que el proceso ya ha finalizado, carecen de viabilidad y han venido siendo rechazadas por el TC por falta de objeto. De ahí que constitucionalmente debe ser invocado ante el órgano judicial la lesión de esta garantía. Para entender cumplido este requisito procesal no basta con haber manifestado ante los órganos judiciales que la tramitación de un proceso ha tenido una duración excesiva, sino que es preciso que la denuncia de tal retraso permita al órgano judicial pronunciarse sobre si el retraso padecido ha vulnerado el derecho fundamental a no padecer dilaciones indebidas que consagra el art. 24.2 CE. Y, en el supuesto de que apreciara tal lesión, repararla, bien poniendo fin a la dilación padecida, o bien declarando la vulneración del referido derecho con el fin de poder reclamar ante las instancias oportunas.[7]

Como hemos dicho, aunque el concepto de dilaciones indebidas no pueda ser identificado con el respeto estricto a los plazos procesales, parece claro que convertir un plazo de tres días que pueda establecer la ley, en otro de once meses, resulta claramente inaceptable, sin que esa tardanza, fuera o no explicable, deba ser soportada por el ciudadano, cuyo derecho a un proceso sin dilaciones indebidas resulta así vulnerado.

7. SSTC 118/2000, de 5 de mayo y 310/2000, de 18 de diciembre.

II. Elemento subjetivo

Las dilaciones indebidas son imputables inmediatamente al órgano jurisdiccional,[8] tanto en la fase declarativa como en la de ejecución,[9] en todo tipo de procesos, incluido el recurso de amparo ante el TC.[10]

La legitimación activa para recurrir en amparo ante el TC corresponde a toda persona natural o jurídica que, habiendo sido parte en el proceso judicial precedente, invoque un interés legítimo.

Por su parte, sólo al órgano jurisdiccional es imputable el retraso. Que éste sea imputable al titular del órgano judicial o sea producto de defectos estructurales y de organización, carece inicialmente de relevancia para apreciar la lesión del derecho fundamental. El TC ha declarado reiteradamente, siguiendo aquí también la doctrina del TEDH, que las dilaciones indebidas que sean consecuencia de deficiencias estructurales pueden exonerar a los titulares de los órganos jurisdiccionales de la responsabilidad personal por los retrasos con que sus decisiones se produzcan, pero ello no priva a los ciudadanos del derecho a reaccionar frente a tales retrasos ni permite considerarlos como inexistentes. El principio de interpretación favorable a la efectividad de los dere-

---

8. Pedraz Penalva. *El derecho a un proceso sin dilaciones indebidas.* Revista Poder Judicial. Núms. 43-44. 1996 (II), p. 247.

9. El canon de constitucionalidad al que hemos hecho referencia rige sin excepción en fase de ejecución de sentencia, según viene declarando este Tribunal desde la STC 26/1983, de 13 de abril y ha reiterado —entre otras— en las SSTC 313/1993, de 25 de octubre; 33/1997, de 24 de febrero; 78/1998, de 31 de marzo y 32/1999, de 8 de marzo.

10. Desde esta perspectiva, la STEDH (Sección 4ª) de 11 de octubre de 2001 declaró la violación del art. 6.1 CEDH y, en consecuencia, que el Estado español debía abonar al demandante, conforme al art. 44.1 CEDH, 500.000 pesetas (aproximadamente 3.005 euros) en concepto de daño moral, así como 300.000 pesetas (aproximadamente 1.803 euros), en concepto de costas y gastos; sumas que se incrementarían en un interés simple de un 7,50% anual, a contar desde el vencimiento del plazo de tres meses que tenía el Estado para su pago. El TEDH recuerda que el carácter razonable de la duración de un proceso se aprecia teniendo en cuenta las circunstancias del caso y en función de los criterios consagrados por la jurisprudencia del Tribunal, en particular, la complejidad del asunto, el comportamiento del demandante y el de las autoridades competentes, citando la Sentencia Frydlender contra Francia, núm. 30979/1996, ap. 43, CEDH 2000-VII). Pues bien, el TEDH destaca que «en este caso, el Tribunal señala que el proceso ante la Audiencia Nacional, que concluyó el 14 de julio de 1995, sólo duró un año y medio, lo que, «a priori», no parece excesivo. Sin embargo, el Tribunal recuerda que, de acuerdo con su jurisprudencia, conviene examinar la duración del conjunto de las instancias en litigio, incluida la instancia ante el Tribunal Constitucional (ver, por ejemplo, Sentencias Ruiz Mateos contra España de 23 junio 1993 [TEDH 1993, 1], serie A núm. 262, p. 19, ap. 35, y Süssmann contra Alemania de 16 septiembre 1996 [TEDH 1996, 41], Repertorio de sentencias y decisiones 1996-IV, ap. 39). En consecuencia, el período a considerar engloba la duración y el proceso ante la Audiencia Nacional y ante el Tribunal constitucional. Este último proceso duró tres años y dos días». Para explicar la duración de esta última fase del proceso ante el TC, se invocó la complejidad del fondo del proceso, sin aportar ningún elemento concreto que justificase dicha duración. Concretamente, el TEDH estimó que «no ofrece ninguna información sobre los posibles actos llevados a cabo durante el período que transcurrió entre el 12 de diciembre de 1997, fecha del último acto de proceso ante el Tribunal Constitucional que figura en su sentencia, y el 22 de marzo de 1999, fecha en que la sentencia fue dictada por el Tribunal constitucional. No se reprocha al demandante haber retrasado el proceso por su comportamiento. En conclusión, a la luz de los criterios que se desprenden de la jurisprudencia y teniendo en cuenta el conjunto de circunstancias del caso, el Tribunal considera que la duración del proceso en litigio es excesiva y no responde a la condición de plazo razonable. Por tanto, ha habido violación del artículo 6.1 del Convenio». El TEDH concluye recordando que «corresponde a los Estados Contratantes organizar su sistema judicial de manera que sus jurisdicciones puedan garantizar a cada uno el derecho a obtener una sentencia definitiva dentro de un plazo razonable (ver, por ejemplo, Sentencias Caillot contra Francia, núm. 36932/1997, ap. 27, 4-6-1999 [TEDH 1999, 24], o Frydlender previamente citada, ap. 45)». Más extensamente, Cobreros Mendazona. *La violación del «plazo razonable» por la jurisdicción constitucional.* En «Tribunal Constitucional». Núm. 16. Enero. 2002., pp. 13 y ss.

chos fundamentales hace que no se restrinja el alcance y el contenido del derecho fundamental a un proceso público sin dilaciones indebidas con base en distinciones sobre el origen de las dilaciones que el propio art. 24.2 CE no establece.[11]

No obstante, en la STC 153/2005, de 6 de junio, se analizó la vulneración de este derecho por parte del Ministerio Fiscal, el cual se configura en el ordenamiento jurídico español y, en concreto, en el proceso de menores con un carácter diferente al de una mera parte procesal, puesto que debe asumir directamente la tarea de desarrollar la instrucción en este proceso. En el actual procedimiento de menores regulado en el ordenamiento jurídico español por la Ley Orgánica 5/2000, de 12 de enero, corresponde al Fiscal las actuaciones de investigación que implican una instrucción funcionalmente equiparable a la del sumario por lo que, dadas las características del Ministerio público, gozan de la presunción de autenticidad.

En la mencionada sentencia, el demandante de amparo consideró que había sido vulnerado el derecho a un proceso sin dilaciones indebidas como consecuencia de la prolongada inactividad del órgano jurisdiccional en las diligencias previas seguidas en el juzgado de instrucción, así como con ocasión de la tramitación del expediente por la fiscalía de menores. En este caso, el demandante había sido detenido el 6 de abril de 1997, como autor de varios delitos de robo con fuerza en las cosas cuando contaba 17 años de edad, procediendo el juzgado de instrucción a realizar la correspondiente instrucción aunque ésta se dilató más allá del plazo prudencial y razonable. Finalmente, el juez, por resolución de fecha 3 de abril de 2001, se inhibió en favor de la fiscalía de menores. Por este órgano se inició expediente el 12 de diciembre de 2002 y en la fecha de la presentación de la demanda de amparo todavía no había tenido conocimiento de la conclusión de la instrucción ni del pertinente escrito de alegaciones del fiscal, encontrándose paralizado el curso de las diligencias y no habiéndose dictado resolución que pusiera fin al proceso por el juzgado de menores. Hasta la interposición de la demanda de amparo el día 11 de junio de 2004, no había concluido aún el procedimiento, lo que no estaba justificado ni por la naturaleza de los delitos ni por la complejidad de la instrucción, y ello aunque fuera necesario inhibirse finalmente en favor de la jurisdicción de menores.

Hay que tener en cuenta, además, que la excesiva tardanza en la finalización de los procesos de menores vulnera además el principio esencial del interés superior del menor, quedando distorsionada la finalidad educativa que estos procesos persiguen, frustrándose también el interés global de la sociedad a la hora de sancionar las infracciones perseguidas. Por ello, las medidas que se adoptan en el seno de estos procesos, las cuales han de dictarse teniendo presente el interés del menor y estar orientadas hacia la efectiva reinserción de éste, pierden su pretendida eficacia si se produce la dilación indebida.

Si bien la Ley Orgánica 5/2000, de 12 de enero no establece un plazo para la realización de la función instructora por el Ministerio Fiscal, en este caso se declaró vulnerado el derecho fundamental del demandante a un proceso sin dilaciones indebidas en la tra-

---

11. STC 10/1991, de 17 de enero.

mitación del expediente de la fiscalía de menores, por el juzgado de menores, así como en las diligencias previas tramitadas en el juzgado de instrucción previamente. Por lo tanto, además de atribuirse las dilaciones indebidas a los juzgados de instrucción y de menores, las demoras atribuibles al Ministerio público fueron igualmente declaradas, por cuanto que éste debe asumir directamente la tarea de desarrollar la instrucción en este tipo de procedimientos.

III. Contenido

La doctrina del TC estima que el mero incumplimiento de los plazos procesales no se identifica con la vulneración del derecho a un proceso sin dilaciones indebidas, pues este derecho se limita a proteger, en el ámbito constitucional, la facultad que asiste a las partes para exigir que los procedimientos se resuelvan en el concepto jurídico indeterminado del «plazo razonable». La razonabilidad de la duración del proceso, como analizaremos, debe tener en cuenta la especificidad del caso concreto, ponerse en la relación con la correspondiente decisión que se pretende del órgano judicial y respecto a la cual, se predica el excesivo retraso constitutivo de una dilación indebida.

Como ha establecido la STC 36/1984, de 14 de marzo, el concepto de proceso sin dilaciones indebidas es manifiestamente un concepto indeterminado o abierto que ha de ser dotado de contenido concreto en cada caso, atendiendo a criterios objetivos congruentes con su enunciado genérico. Requiere una concreción y apreciación de las circunstancias del caso para poder deducir de ellas la irrazonabilidad y el carácter excesivo del retraso, que sea causado por órganos encargados de la Administración de Justicia, mediante tiempos muertos en que no se realiza actividad alguna a los fines del juicio.

En consecuencia, no consiste en la exigencia de que las resoluciones judiciales sean dictadas dentro del estricto plazo procesal legalmente fijado, sino que lo sean en un plazo razonable, el cual opera sobre un concepto jurídico indeterminado según unos criterios objetivos.[12] Ello exige practicar los trámites del proceso en el más breve tiempo posible en atención a todas las circunstancias del caso, las cuales pueden ser realmente muy variadas.[13]

En efecto, estamos ante un concepto jurídico indeterminado que, siguiendo la doctrina del TEDH tiene un contenido concreto en cada supuesto, según unos criterios objetivos que influyen en la tramitación de los procedimientos, y que deben ser apreciados desde la realidad de la materia litigiosa en cada caso.

En una consolidada jurisprudencia (entre otros, asuntos Zimmermann y Steiner, Sentencia de 13 de julio de 1983, Lechner y Hess, Sentencia de 23 de abril de 1987 y Capuano, Sentencia de 25 de junio de 1987), el TEDH ha venido afirmando que el

12. SSTC 140/1998, de 29 de junio y 125/1999, de 28 de junio.

13. STC 32/1999, de 8 de marzo.

carácter razonable de la duración de un proceso debe apreciarse teniendo en cuenta las circunstancias de la causa y considerando una serie de criterios, como son los de la complejidad del asunto, la conducta de los reclamantes, la conducta de las autoridades implicadas y las consecuencias que de la demora se siguen para los litigantes.

Así, el TEDH (Sección 1ª), en Sentencia de 3 de noviembre de 2005, asunto Nedyalkov contra Bulgaria, recuerda que el carácter razonable de la duración de un procedimiento se aprecia siguiendo las circunstancias de la causa y teniendo en cuenta los criterios consagrados por su jurisprudencia, en concreto la *complejidad del caso*, el *comportamiento del demandante* y el del *órgano judicial actuante*.

Respecto al comportamiento del demandante se diferencia entre los procesos civiles y los penales en el ámbito del TEDH. En los civiles se exige la diligencia por parte del litigante mientras que en los procesos penales, el imputado no debe cooperar activamente para acelerar el proceso sino que debe ser el órgano de la administración quien impulse el mismo. La ausencia de cooperación por parte del acusado no entra en consideración en lo que se refiere al «plazo razonable», lo que no quiere decir en ningún caso que se admitan, lógicamente, las maniobras dilatorias para obstaculizar el desarrollo del proceso.[14]

No obstante, aunque esta doctrina suele ser constante respecto a los elementos a tener en cuenta para determinar las dilaciones indebidas, en alguna ocasión como en la STEDH (Sección 1ª) de 12 de junio de 2001, asunto de Trickovic contra Eslovenia, citándose las Sentencias Süssmann, Pammel y Probstmeier y Gast y Popp contra Alemania, se reitera que la duración razonable de un proceso debe establecerse teniendo en cuenta las circunstancias particulares del caso y sin perder de vista los criterios de la complejidad del caso, la conducta del demandante y de las autoridades implicadas en el asunto y lo que estaba en juego para el demandante en litigio.

O sea, que en alguna ocasión se introduce el elemento de los intereses en juego para el demandante en el proceso, que no creemos adecuado para la valoración de la existencia de las dilaciones indebidas.

Por su parte, el TC viene a seguir en esencia estos elementos estableciendo que las dilaciones indebidas deben ser concretadas en cada caso, atendiendo a la naturaleza del proceso, la complejidad del asunto, matizando que no puede confundirse complejidad jurídica con el volumen de la causa,[15] los márgenes ordinarios de duración de litigios del mismo tipo y al comportamiento de los litigantes y el de las autoridades judiciales.[16] No han faltado pronunciamientos que como concepto jurídico indeterminado o abierto, han utilizado circunstancias específicas y como factores objetivos y subjetivos, la complejidad del litigio, los márgenes ordinarios de duración de los litigios del mismo

---

14. Salado Osuna. *El «plazo razonable» en la administración de justicia ..., ob., cit.*, p. 272.

15. STC 38/2008, de 25 de febrero.

16. En este sentido, SSTC 223/1988, 50/1989, 179/1993 y 109/1997, entre otras muchas.

tipo, el interés que en aquél arriesga el demandante de amparo, su conducta procesal y la conducta de las autoridades.[17] No obstante, no creemos que para enjuiciar si un procedimiento se ha desarrollado sin dilaciones indebidas sea correcto utilizar tampoco el margen ordinario de duración de los litigios del mismo tipo, pues es un elemento comparativo que depende de otros muchos factores.

Pedraz Penalva,[18] con buen criterio, reduce los presupuestos para calificar un plazo de razonable sólo a la complejidad del asunto y al comportamiento de las partes. En este sentido, la STC 99/1998, de 4 de mayo, estableció que para determinar el plazo razonable habría que estar a la complejidad del asunto, el comportamiento de los litigantes y el de las autoridades judiciales, que parecen los elementos más esenciales objetivamente para determinar su infracción.

Por consiguiente, este concepto jurídico indeterminado, como equivalente del «plazo razonable» dentro del cual debe desarrollarse cualquier proceso, según se mire desde la perspectiva de la CE y del Pacto de Nueva York o del Convenio Europeo de 1950, exige la ponderación de tres factores esenciales, la complejidad del asunto, el comportamiento de los litigantes y el de las autoridades judiciales.

El mero incumplimiento de los plazos procesales no es constitutivo por sí mismo de violación de este derecho fundamental, pues el art. 24.2 CE no ha constitucionalizado el derecho respecto de esos plazos.[19] No toda dilación o retraso en el proceso puede identificarse con tal infracción constitucional, sino que las dilaciones indebidas han sido entendidas por el TC como un supuesto extremo de funcionamiento anormal de la Administración de Justicia, con una irregularidad irrazonable en la duración mayor de lo previsible o tolerable, y además imputable a la negligencia o inactividad de los órganos encargados de la administración de justicia. Como estableció la STC 58/1999, de 12 de abril, aunque este derecho fundamental «no se puede identificar con un derecho al riguroso cumplimiento de los plazos procesales, configurándose a partir de la dimensión temporal de todo proceso y su razonabilidad, la prohibición de retrasos injustificados en la marcha de los procesos judiciales impone a los órganos jurisdiccionales el deber de obrar con la celeridad que les permita la duración normal o acostumbrada de litigios de la misma naturaleza y con la diligencia debida en el impulso de las distintas fases por las que atraviesa un proceso, y que el juicio sobre el contenido concreto de las dilaciones, y sobre si son o no indebidas».

Teniendo en cuenta estos criterios, debe tenerse en cuenta que la infracción de este derecho fundamental puede producirse por omisión, por la mera inactividad judicial, lo que normalmente ocurrirá con mayor frecuencia. Pero también cabe su vulneración por acción, mediante resoluciones que acuerden la práctica de trámites que ocasionan

---

17. *Vid.*, SSTC 180/1996, de 12 de noviembre y 21/1998, de 27 de enero.

18. Pedraz Penalva. *El derecho a un proceso sin dilaciones ..., ob., cit.*, p. 245. En este sentido, Riba Trepat (¿*La eficacia temporal del proceso. El juicio sin dilaciones indebidas*. J.Mª. Bosch Editor, S.A. Barcelona. 1997., p. 152) estima que el comportamiento de las partes debe ser un «parámetro» a tener en cuenta, pues cuando se «advierta tal ánimo dilatorio procederá denegar el amparo solicitado (...) porque la CE no protege intereses ilícitos».

19. STC 5/1985, de 23 de enero.

un alargamiento innecesario del proceso como pueden ser la suspensión de un proceso, la admisión de una prueba que dilataría el proceso, el nombramiento de abogado de oficio con esa finalidad, etc.[20]

No obstante, en cuanto al alcance objetivo del derecho, el TC en coincidencia con la doctrina del TEDH (sintetizada en las resoluciones de 29 de septiembre de 1997, caso Robins, y de 21 de abril de 1998, caso Estima Jorge), ha destacado que es invocable en toda clase de procesos, si bien en el penal, como hemos dicho, en que las dilaciones indebidas pueden constituir una suerte de poena naturalis, debe incrementarse el celo del juzgador a la hora de evitar su consumación y, asimismo, en las sucesivas fases e instancias por las que discurre el proceso, incluida la ejecución de sentencias.[21]

IV. Su relación con el resto de poderes del Estado

Frente a los demás poderes, esta garantía implica que el Estado no queda exonerado del cumplimiento de su obligación de proveer inmediatamente de los medios personales y reales necesarios a su Administración de Justicia a fin de poder dotarla de las necesarias celeridad y eficacia que la CE establece.[22] Ello determina que es el Estado el principal obligado a que no se produzca un proceso con dilaciones indebidas. Por consiguiente, es el Estado el que debe suministrar los medios necesarios para una rápida satisfacción de los intereses legítimos respeto a la articulación y desarrollo fundamental de todo proceso conforme a la CE.[23] Así lo reconoce también el TEDH cuando estima que «el artículo 6.1 del Convenio obliga a los Estados contratantes a organizar su sistema judicial de tal forma que sus tribunales puedan cumplir cada una de sus exigencias, incluida la obligación de resolver las causas dentro de plazos razonables».[24] Desde esta perspectiva, en las SSTEDH de 11 de marzo de 2004, caso Lenaerts contra Bélgica y de 16 de noviembre de 2004, asunto Alberto Sánchez contra España, el Tribunal recuerda que corresponde a los Estados contratantes organizar su sistema judicial de manera que los tribunales puedan garantizar a cada uno el derecho a obtener una decisión definitiva dentro de un plazo razonable.

Por lo tanto, aunque la circunstancia de que las demoras en un proceso puedan ser consecuencia de deficiencias estructurales u organizativas de los órganos judiciales o del exceso de trabajo de los órganos jurisdiccionales, eximiendo de responsabilidad a las personas que los integran, en modo alguno se considera que ello altere la conclusión del carácter injustificado del retraso ni tampoco limita el derecho fundamental de los ciudadanos para reaccionar frente a éste, ya que no es posible restringir su alcance y contenido.

---

20. STC 32/1999, de 8 de marzo.

21. STC 303/2000, de 11 de diciembre.

22. STC 181/1996, de 12 de noviembre. Pedraz Penalva. *El derecho a un proceso sin dilaciones ..., ob., cit.*, p. 245.

23. Pedraz Penalva. *Crisis y alternativas en la justicia civil.* En «Corrupción y Estado de Derecho. El papel de la jurisdicción». Editorial Trotta, S. A. Madrid. 1996., p. 161.

24. *Vid., Caso Podbielski c. Polonia*. TEDH, Sentencia de 30 de octubre de 1998.

En efecto, es exigible que los órganos jurisdiccionales garanticen su función jurisdiccional, con la rapidez que permita la duración normal de los procesos, pero ello lleva también implícita la necesidad de que el Estado provea la dotación de los medios personales y materiales precisos para el correcto desarrollo de las funciones que el ordenamiento jurídico les encomienda.

Ciertamente, las deficiencias estructurales de la organización judicial pueden restringir o condicionar el alcance de este derecho fundamental, pues la carga de trabajo que pueda afectar a determinados órganos judiciales puede exonerar de responsabilidad a sus titulares pero, en modo alguno, puede servir para negar la realidad de los retrasos que puedan existir y el ejercicio del derecho fundamental de los ciudadanos para reaccionar frente a los mismos. Es más, según la jurisprudencia del TEDH, una sobrecarga temporal de trabajo en un órgano jurisdiccional no conlleva la responsabilidad internacional de un Estado contratante si éste adopta las medidas necesarias con la debida celeridad.[25]

En definitiva, ante las dilaciones indebidas, el Estado está obligado no sólo a adoptar medidas necesarias a fin de evitar que se produzcan en el futuro sino también a reparar las consecuencias que produzcan, tal y como analizaremos a continuación.

V. Ámbito de protección

En el sistema jurídico español, toda persona que considere que el proceso en el que es parte sufre dilaciones indebidas podrá, tras haber formulado la correspondiente queja ante la jurisdicción encargada del asunto, interponer ante el TC un recurso de amparo de acuerdo con el art. 24.2 CE. Esta vía de recurso ante el TC cesará la continuación ante los tribunales ordinarios de la violación alegada. No obstante, el principal problema es que el TC no ha establecido la manera directa de reparar estas dilaciones indebidas al ciudadano cuando se producen. Como ha tenido oportunidad de declarar reiteradamente el TC, el derecho a ser indemnizado no es en sí mismo directamente invocable, y menos cuantificable en la vía de amparo constitucional, al no ser competente para ello el TC, según se deduce del art. 58 de la Ley Orgánica del Tribunal Constitucional (en adelante LOTC), y no ser incluible en los pronunciamientos del art. 55 LOTC.[26] Por otro lado, los arts. 292 y ss. de la Ley Orgánica del Poder Judicial (en adelante LOPJ) ofrecen al perjudicado la posibilidad, una vez concluido el proceso, de presentar ante el Ministerio de Justicia una demanda de indemnización por anormal funcionamiento de la Administración de Justicia.

El TC se limita a declarar que se ha vulnerado el derecho fundamental a un proceso sin dilaciones indebidas en la tramitación de un procedimiento, restableciendo así al demandante en la integridad de su derecho a través de ordenar al órgano jurisdiccio-

25. Cfr., STEDH de Unión Alimentaria Sanders S.A. contra España, de 7 de julio de 1989.

26. SSTC 50/1989, de 21 de febrero, 81/1989, de 8 de mayo, 69/1993, de 1 de marzo y 146/2000, de 29 de mayo.

nal a que adopte las medidas pertinentes a fin de remover la falta de actuación judicial, concluyendo con el enjuiciamiento del recurrente en el plazo más breve posible. Pero ese papel es de por sí insuficiente, puesto que de bien poco sirve obtener una sentencia que declara la dilación indebida si no se obtiene una reparación de la misma.[27]

Como derecho fundamental o garantía, el derecho a la prohibición de dilaciones indebidas estaría sujeto a la protección del recurso de amparo pero, el TC establece un límite importante para ello, pues mantiene reiteradamente que la alegación de la vulneración del derecho fundamental a un proceso sin dilaciones indebidas (art. 24.2 CE) carece de sentido cuando el procedimiento ya ha finalizado, una vez notificada la sentencia, pues la apreciación en sede constitucional de las pretendidas dilaciones no podría conducir a que el TC adoptase medida alguna para hacerlas cesar.[28] Por lo tanto, las demandas de amparo por presuntas dilaciones indebidas formuladas una vez que el proceso ya ha finalizado, carecen de viabilidad y son, por consiguiente, rechazadas por el TC por falta de objeto.[29] Ello ha sido criticado, lógicamente, por la doctrina, al considerar que se hace depender de que se recurra ante al TC antes de poner fin a la dilación y no del dato objetivo de que el tiempo transcurrido sea irrazonable. Ello lleva a la paradoja de que si el tiempo transcurrido es irrazonable y se recurre cuando el proceso ha acabado, pese a existir el plazo irrazonable, no se otorgará el amparo. O sea, se olvida, como bien apunta Rodés Mateu,[30] que si el tiempo transcurrido es irrazonable, la lesión del derecho fundamental debe considerarse existente y que esa paralización ha ocasionado unos daños.

Igualmente, la dilación indebida queda difuminada cuando el órgano judicial atienda oportunamente las quejas de alguna de las partes procesales, adoptando, en consecuencia, las medidas pertinentes para poner fin a los retrasos denunciados. Ello privaría de sentido a las quejas por dilaciones indebidas, pues cuando el órgano judicial adopta las medidas pertinentes para que cesen las dilaciones denunciadas dentro de un plazo razonable debe entenderse que la vulneración del derecho fundamental a las dilaciones indebidas ha sido reparada en la vía judicial, sin que el retraso en el que haya podido incurrir la tramitación del proceso tenga ya relevancia constitucional. En

27. Al respecto, *Vid.*, Borrajo Iniesta. *Los derechos a un proceso sin dilaciones indebidas y a un proceso público*. En «El artículo 24 de la Constitución: algunos problemas pendientes». Cuadernos de Derecho Público. Núm. 10. 2000., p. 137.

28. Por todas, SSTC 51/1985, de 10 de abril, 152/1987, de 7 de octubre; 173/1988, de 3 de octubre, 83/1989, de 10 de mayo, 224/1991, de 25 de noviembre, 205/1994, de 1 de julio, 146/2000, de 29 de mayo 237/2001, de 18 de diciembre, 167/2002, de 18 de septiembre y 226/2002, de 9 de diciembre.

29. Tal y como se ha declarado en la STC 156/2006, de 22 de mayo, *(...) no es posible acoger en amparo la queja de dilaciones indebidas de un proceso ya fenecido, puesto que ninguna medida que fuese adoptada por este Tribunal podría reparar la pretendida vulneración. Se entiende que no siendo posible la restitutio in integrum del derecho fundamental, dado que el proceso ha finalizado, el restablecimiento que se solicite por la recurrente en la integridad de su derecho con la adopción de las medidas apropiadas, en su caso, para su conservación [art. 55.1 c) LOTC] sólo podrá venir por la vía indemnizatoria*. *Vid.*, también, SSTC 224/1991, de 25 de noviembre, 146/2000, de 29 de mayo, 237/2001, de 18 de diciembre, 167/2002, de 18 de septiembre, 97/2003, de 2 de junio, 28/2006, de 30 enero, 147/2006, de 8 de mayo y 57/2007, de 12 de marzo.

30. Rodes Mateu. *A propósito de no permitir la tutela del derecho a un proceso sin dilaciones indebidas cuando el proceso judicial a quo ha fenecido en el momento de acceder en amparo constitucional*. REVISTA Jurídica de Cataluña. Núm. 4. 2007., p. 1120.

consecuencia, para que pueda apreciarse que dicho retraso es constitutivo de una dilación indebida con relevancia constitucional, no es suficiente haber dictado una resolución judicial en un plazo que no sea razonable, sino que es requisito necesario que el recurrente haya dado al órgano judicial la posibilidad de hacer cesar la dilación y que éste haya desatendido la queja, mediando un plazo prudencial entre la denuncia de las dilaciones y la presentación de la demanda de amparo.[31]

Esta exigencia no es entendida como un mero formalismo sino que tiene como finalidad ofrecer a los órganos judiciales la oportunidad de pronunciarse sobre esta infracción constitucional, haciendo posible que la jurisdicción ordinaria repare la vulneración del derecho constitucional y remedie el retraso o a la paralización en la tramitación del proceso, con lo que se quiere preservar así el carácter subsidiario del recurso de amparo. Por lo tanto, sólo en aquellos supuestos en los que tras la denuncia del interesado ante el órgano judicial, que es una carga procesal que le viene impuesta como un deber de colaboración con los órganos judiciales en el desarrollo del proceso, éste no adopta las medidas oportunas para poner fin a la dilación en un plazo prudencial o razonable, puede entenderse que la vulneración constitucional no ha sido reparada en la vía judicial ordinaria, pudiendo entonces ser examinada por el TC. Y ello, incluso si durante la tramitación del recurso de amparo los órganos judiciales han acordado las medidas procedentes para hacer cesar las dilaciones mediante el impulso procesal correspondiente.[32]

No obstante, si la inactividad judicial en que se sustenta la queja subsiste en la fecha de interponerse la demanda de amparo, aunque haya cesado posteriormente, no por ello debe apreciarse que ha quedado privado de objeto el proceso constitucional.[33] Y es que, como ya se ha indicado, el derecho a un proceso sin dilaciones indebidas goza de autonomía respecto del derecho a la tutela judicial efectiva, no satisfaciéndose por el hecho de que el órgano jurisdiccional dicte demoradamente una resolución fundada, suponiendo que ésta recaiga en un plazo razonable. De lo contrario, y según tiene declarado el TC, el derecho a un proceso sin dilaciones indebidas se vería en buena medida desprovisto del contenido que le es propio y no sería fácilmente reconocible al depender la existencia misma de la dilación indebida de la actitud del órgano jurisdiccional ante el hecho exclusivo de la interposición del recurso de amparo que, por su parte, podría correr el peligro de desnaturalizarse si se utilizara más como instrumento conminatorio sobre el órgano judicial que como medio reparador de las lesiones que padezcan los derechos fundamentales que la CE reconoce.[34]

Por ello, el TC ha estimado que en el proceso penal, al estar comprometido el derecho a la libertad, el celo del juzgador ha de ser siempre mayor a la hora de erradicar las

---

31. *Vid.*, SSTC 303/2000, de 11 de diciembre y 97/2003, de 2 de junio.

32. *Vid.*, SSTC 133/1988, de 4 de julio; 223/1988, de 24 de noviembre, 215/1992, de 1 de diciembre; 69/1993, de 1 de marzo; 124/1999, de 28 de junio; 198/1999, de 25 de octubre; 230/1999, de 13 de diciembre; 303/2000, de 11 de diciembre; 87/2001, de 2 de abril; 237/2001, de 18 de diciembre y 71/2002, de 14 de enero, entre otras.

33. SSTC 124/1999, de 28 de junio; 177/2004, de 18 de octubre y 220/2004, de 29 de noviembre.

34. STC 10/1991, de 17 de enero.

dilaciones indebidas.[35] Particularmente, en relación con la instrucción penal, que se configura como fin para determinar la naturaleza y las circunstancias del hecho, las personas que en él han participado y el procedimiento aplicable. Por definición, tales diligencias son para el ordenamiento español *sólo las esenciales,* y no pueden utilizarse para otros fines que los señalados en el precepto, ni por más tiempo del que se precise para ello (*sin demora*), so pena de convertirse, por una inaceptable corruptela, en un nuevo procedimiento, desvirtuando su naturaleza. No debe olvidarse además que, aún en el caso de que la estructura del proceso se fundamentase en la configuración de una fase instructora autónoma, el objetivo de una duración razonable del proceso se pone particularmente en peligro si se dilata irrazonablemente dicha fase de instrucción por tener una relevancia directa sobre la propia apertura del juicio, como tuvo ocasión de subrayar la Comisión Europea de Derechos Humanos (casos Haase, de 12 de julio de 1977 y Buchholz, de 6 de mayo de 1981).

En este sentido, el Tribunal Supremo (Acuerdo de Sala General de 21 de mayo de 1999) ha traducido la existencia de dilaciones indebidas en el ámbito del proceso penal en la exigencia de compensarlas con la penalidad procedente al delito a través de la circunstancia de análoga significación del artículo 21.6 del Código Penal (en adelante CP), tras apuntar otras soluciones con anterioridad pero la concurrencia de una atenuante sólo es posible en caso de sentencia condenatoria y, en consecuencia, «si la ley compensa las pérdidas legítimamente ocasionadas por el Estado en el curso de un proceso penal, es evidente que, con más razón, debe proceder de la misma manera cuando la lesión jurídica no está justificada, por ejemplo, en el caso de las dilaciones indebidas del proceso (...). Si el proceso ha durado más de lo razonable, el acusado ha sufrido una lesión jurídica que afecta a un derecho fundamental que le reconocen el art. 24.2 CE y el art. 6.1 CEDH. Esta lesión de un derecho personal del acusado, por lo tanto, tiene que ser abonada por el tribunal en la determinación de la pena, pues, como se dice en la doctrina moderna, mediante los perjuicios anormales del procedimiento que el autor ha tenido que soportar, ya ha sido (en parte) penado. Como se ve, el paralelismo es total: si toda legítima privación de derechos producida por el proceso debe ser abonada para el cumplimiento de la pena, tanto más se deberá proceder de esta manera cuando la lesión sufrida por el acusado carezca de justificación».[36]

En todo caso, la duración poco razonable del proceso se asimila a un funcionamiento anormal de la Justicia. Por consiguiente, las dilaciones indebidas pueden dar lugar a la responsabilidad del Estado y a la oportuna indemnización sobre la base de los arts. 292 y ss. LOPJ, debiendo constar la denuncia de la paralización del procedimiento ante el tribunal que sea, para que éste se reanude y la vulneración consumada no se prolongue más aún o para dar oportunidad al tribunal de reconocer la dilación con el objeto de reclamar posteriormente ante las instancias competentes su oportuna reparación.[37]

---

35. STC 10/1997, de 14 de enero.

36. Jaén Vallejo. *Consecuencias jurídicas de las dilaciones indebidas en el proceso penal. (Nueva orientación del Pleno de la Sala de lo Penal del Tribunal Supremo de 21-5-1999 y Sentencia de 8-6-1999).* Actualidad Jurídica Aranzadi. Núm. 412. 4 de noviembre de 1999., pp. 1 y ss.

37. Por todas, STC 118/2000, de 5 de mayo.

Sin embargo, como hace Borrajo Iniesta,[38] parece razonable diferenciar entre las dilaciones ocasionales y aquellas producidas por deficiencias estructurales. En el primer caso, el recurso de amparo puede ser útil aunque de bien poco puede servir solicitar el amparo para que éste se declare en un proceso constitucional que dura años. Para el caso de las dilaciones estructurales, es inexcusable la existencia de un derecho indemnizatorio para quien sufre la dilación indebida.

Ahora bien, la cuestión estriba entonces en determinar un medio de reparación que sea eficaz cuando se reconozca una dilación indebida, negándose el TC a repararlas directamente. Esta inequívoca línea jurisprudencial, consolidada como doctrina constitucional, pareció quebrar por la Sala Primera del TC en la Sentencia 180/1996, de 12 de noviembre donde se reconoció al perjudicado el derecho a ser indemnizado por el Estado pero posteriormente se estimó por la STC 33/1997, de 24 de febrero, que lo hizo condicionalmente («en su caso»), defiriendo la eficacia del pronunciamiento al juez ordinario.

En efecto, según la STC 146/2000, de 29 de mayo, el único efecto posible de la declaración de existencia de las dilaciones indebidas y, por consiguiente, de la vulneración del art. 24.2 CE sería fundamentar una eventual acción de responsabilidad por anormal funcionamiento de la Administración de Justicia. Pero esta sentencia va un poco más allá al establecer que *para obtener dicha indemnización no constituye presupuesto previo la Sentencia de amparo, toda vez que «remediada la paralización del proceso (en este caso, finalizado el proceso mismo), la posibilidad de reclamar los daños y perjuicios sufridos por ella está abierta al recurrente, sin que para ejercitarla precise nuestro pronunciamiento que, por eso mismo, resulta improcedente» (STC 48/1998, de 2 de marzo,* F. 5). *Debemos, pues, afirmar que para supuestos como el ahora enjuiciado de denuncia de dilaciones ya cesadas en el momento de formularse la demanda de amparo, el cauce que el ordenamiento (art. 121 CE y arts. 292 y ss. LOPJ) arbitra para la reparación del eventual perjuicio causado por tales dilaciones es la acción de responsabilidad patrimonial por anormal funcionamiento de la Administración de Justicia, y no el recurso de amparo constitucional.*

O sea, que para pedir la correspondiente indemnización por dilaciones indebidas, creemos que no sería imprescindible la declaración previa de su vulneración por el TC en amparo.

Esta acción, que según el art. 293.2 LOPJ no necesita de declaración judicial previa, tiende a conseguir una indemnización que se considera del todo ajena a la jurisdicción constitucional, partiendo de que el derecho a ser indemnizado por los daños que sean consecuencia del anómalo funcionamiento de la Administración de Justicia, reconocido en el art. 121 CE y desarrollado por los arts. 292 y ss. LOPJ, no tiene el carácter de derecho fundamental protegible a través del recurso de amparo. En efecto, los arts. 292 a 294 LOPJ desarrollan lo dispuesto en el art. 121 CE sobre responsabilidad patrimonial del Estado por el funcionamiento de la Administración de Justicia, reconocien-

38. Borrajo Iniesta. *Los derechos a un proceso sin dilaciones indebidas..., ob., cit.*, p. 141.

do el derecho a ser indemnizado en casos de funcionamiento anormal por los daños y perjuicios causados por el retraso indebido. En todo caso, para que sea viable la acción de responsabilidad patrimonial del Estado por funcionamiento anormal de la Administración de Justicia se requiere la concurrencia de los siguientes elementos: a) que exista un daño efectivo, individualizado y evaluable económicamente; b) que se haya producido un funcionamiento anormal de la Administración de Justicia; c) que exista la oportuna relación de causalidad entre el funcionamiento de la Administración de Justicia y el daño causado de tal manera que éste aparezca como una consecuencia de aquél y, por lo tanto, resulte imputable a la Administración y, d) que la acción se ejercite dentro del plazo de un año desde que la producción del hecho determinante del daño propició la posibilidad de su ejercicio.

Debe tenerse en cuenta que la duración y la complejidad de este procedimiento, sin embargo, hacen poco eficaz la reparación de los daños y perjuicios producidos por una dilación indebida después de haber pasado por la duración de un proceso de amparo. De conformidad con el apartado a) del párrafo 3 del art. 2 PIDCP el Estado tiene la obligación de proporcionar un remedio efectivo, que incluya una indemnización por la prolongación excesiva de un juicio. La simple posibilidad de lograr una compensación después e independientemente de un juicio que ha sido indebidamente prolongado no constituye un remedio efectivo. Parece, por lo tanto, inevitable plantear, de una vez, que las vulneraciones de esta garantía sean reparadas directamente por el TC,[39] o bien permitir la solicitud de la correspondiente indemnización por funcionamiento anormal sin acudir previamente al TC para que declare vulnerado ese derecho.[40]

A) La relevancia penal de las dilaciones indebidas

Las dilaciones indebidas no sólo tienen una relevancia de carácter constitucional sino que, además, pueden adquirir relevancia penal. Las partes en un proceso tienen la carga de actuar y realizar el correspondiente acto procesal, lo que genera que en caso de no realizar actuación alguna deberá asumir las consecuencias de su falta de actuación. En cambio, para el órgano jurisdiccional los plazos son un elemento importante para configurar el cumplimiento de su deber profesional, de manera que su inobservancia es una infracción de ese deber, lo cual puede tener como consecuencia la imposición de una sanción disciplinaria o penal.

El art. 449.1 CP establece que será castigado con la pena de inhabilitación especial para empleo o cargo público de seis a cuatro años el *retardo malicioso en la Administración de Justicia*. El retardo malicioso en la Administración de Justicia protege el derecho a un proceso sin dilaciones indebidas cuando se produce éste en la tramitación de los procedimientos jurisdiccionales. La función específica de este tipo penal es

39. Recientemente, se ha manifestado en este sentido Rodes Mateu (*A propósito de no permitir la tutela ..., ob., cit.*, p. 1133), existiendo un importante número de autores que se inclinan por esta posibilidad.

40. Borrajo Iniesta. *Los derechos a un proceso sin dilaciones indebidas..., ob., cit.*, p. 149.

sancionar el incumplimiento de los deberes que derivan de la función jurisdiccional, consistente en no dar una respuesta adecuada dentro de un plazo razonable, paralizando el proceso o dilatando su resolución.

En efecto, el precepto concreta la protección del derecho a un proceso público sin dilaciones indebidas pero la sanción penal prevista queda reducida a los supuestos de mayor gravedad y trascendencia como reflejo del principio de intervención mínima que caracteriza al derecho penal.[41]

Interesa señalar también que el delito de retardo en la Administración de Justicia es un delito de omisión, pues el delito consiste simplemente en no juzgar dentro de un plazo razonable. Y se trata de un delito de estructura exclusivamente dolosa, como resulta de la expresión retardo malicioso, que aparece expresamente en el precepto con la finalidad de destacar la exigencia del dolo en este delito.

El límite entre el ilícito penal y el disciplinario se sitúa en el elemento subjetivo, de manera que el retraso debe producirse intencionadamente y con una determinada finalidad ilícita. Para determinar su existencia se precisa, no sólo del requisito objetivo del retraso, sino que, además, es necesario el subjetivo de la maliciosidad de la conducta, concretado en la consecución de cualquier finalidad ilegítima. Este precepto que tipifica el retraso malicioso en la Administración de Justicia lo hace con mayor precisión que el art. 357 del derogado CP de 1973, pues se ha añadido que se entiende por malicioso el retardo provocado para conseguir cualquier finalidad ilegítima. Para ello, se sustrae un asunto de su curso natural, para retenerlo y apartarlo, con la intención de beneficiar o perjudicar a alguna de las partes procesales o de beneficiarse a si mismo y, al mismo tiempo, infringir el buen funcionamiento y la imagen de la Administración de Justicia. La maliciosidad requiere la presencia de un propósito conocido y de una intención perversa, que normalmente revela un interés personal y directo en apartar el asunto del trámite ordinario y general para ocultarlo y sustraerlo a toda posibilidad de control.

Desde el punto de vista subjetivo, el retraso malicioso puede ser cometido por los secretarios judiciales y cualquier otro integrante de la oficina judicial (miembros del cuerpo de gestión procesal y administrativa; cuerpo de tramitación procesal y administrativa y el cuerpo de auxilio judicial) pero, principalmente, por los jueces y magistrados. Es esencial en todos los casos que el autor tenga una vinculación orgánica o funcional con la oficina judicial en que se produce el retardo malicioso,[42] siendo posibles las formas accesorias de participación (inducción y auxilio).

En lo concerniente a la prevaricación por retardo malicioso, el puro dato objetivo de la existencia de una demora no resulta, por sí sola, indiciaria del delito del art. 449 CP. A tal dato material ha de unirse, como hemos dicho, la presencia de dolo, de todo punto necesario para cumplimentar el elemento subjetivo del tipo. Por ello, debe adentrarse

---

41. Goyena Huerta. *La prevaricación*. En «Los delitos contra la administración de justicia». Editorial Aranzadi, S.A. Navarra. 2002., p. 67.

42. Goyena Huerta. *La prevaricación ..., ob., cit.*, p. 67.

en la intencionalidad del agente, llegar a lo que la jurisprudencia española ha denominado «el arcano de la conciencia», lo que constituye tarea que exige al juzgador valerse de determinados datos externos, susceptibles de valoración por terceros.

Como se ha afirmado anteriormente, el CP protege de esta manera el derecho a un proceso sin dilaciones indebidas, de manera que la conducta típica incriminada es omisiva: la no realización del acto o actos procesales. Pero será igualmente típica la conducta que realice actos procesales demorándolos maliciosamente.[43] No se tipifica cualquier retraso, sino solo aquel retardo que ha superado al menos el lapso de tiempo que objetivamente implica una vulneración del derecho fundamental a obtener una resolución en un «plazo razonable» o sin dilaciones indebidas, siendo necesario que el retraso sea *malicioso.*

Igualmente, el calificativo de indebidas que acompaña a las dilaciones es, como hemos analizado, un concepto indeterminado y abierto, pero que permite distinguir entre unas dilaciones indebidas y otras dilaciones que no pueden calificarse de tales, dado que pueden tener su origen en la complejidad del asunto, el comportamiento de las partes procesales u otras semejantes. De ello se sigue que una dilación indebida es aquella que se produce superando un plazo razonable para resolver a partir de determinadas circunstancias. Ahora bien, no toda dilación indebida aboca al delito de retardo malicioso en la administración de justicia. Una dilación indebida puede tener relevancia penal sólo si la dilación puede calificarse de maliciosa, en palabras del artículo 449.1 CP, y no cabe duda que el calificativo de malicioso es bastante más estricto que el de indebida. Por último, es claro que si el retraso malicioso se debe a la recepción de una dádiva o promesa por parte del juez, magistrado, secretario judicial u otro funcionario, habrá un concurso real con un delito de cohecho (art. 419 CP).[44]

Por otro lado, pese a su escasa aplicación en la práctica, cabe destacar también el art. 463.3 CP cuyo tipo consiste en la incomparecencia al juicio oral del juez, miembro del tribunal o de quien ejerza las funciones de secretario judicial, si la suspensión se produce en un proceso criminal con reo en prisión provisional, imponiéndose la pena de prisión de tres a seis meses o multa de seis a 24 meses y, en cualquier caso, inhabilitación especial por tiempo de dos a cuatro años.

Este tipo penal protege directamente también el derecho a un proceso sin dilaciones indebidas, dado que la incomparecencia supone su infracción. Sin embargo, se discute si sería de aplicación a los miembros de un tribunal del jurado. Para algún sector doctrinal sería igualmente de aplicación, no sólo por el tenor literal del precepto, sino también porque no habría concurrencia con el régimen administrativo sancionatorio previsto en la ley orgánica del tribunal del jurado, que resultan de aplicación a los candidatos al jurado pero que no son aún miembros del mismo.[45]

---

43. Goyena Huerta. *La prevaricación ..., ob., cit.*, p. 69.

44. Goyena Huerta. *La prevaricación ..., ob., cit.*, p. 70.

45. *Vid.*, García Arán. *Obstrucción a la justicia y deslealtad profesional en el Código Penal de 1995.* en «Delitos contra la administración de justicia». Directora Cadenas Cortina. CGPJ. Madrid. 1997., p. 284. Cuerda Arnau. *Comentarios al Código Penal de 1995.* V.II., Tirant lo Blanch. Valencia., 1996., p. 1929

En todo caso, como ha afirmado Quintero Olivares respecto a este precepto, la suspensión mencionada no será, salvo el caso de incomparecencia consciente de un miembro de un tribunal colegiado, la descrita para un caso de suspensión de la vista según las normas procesales, existiendo causa para su suspensión, sino tan solo la efectividad práctica de una interrupción de duración indefinida.[46] La suspensión del juicio oral sin justa causa es una condición objetiva de punibilidad que en caso de ausencia determina la impunidad del comportamiento.

Cierto sector de la doctrina mantiene que este tipo penal carece de una adecuada técnica legislativa,[47] configurándose como un tipo de carácter doloso cuya conducta consiste en la incomparecencia del juez, miembro del tribunal o secretario judicial, cuando se trate de un proceso criminal con reo en prisión, y siempre que su incomparecencia sea la causa de la suspensión. Resulta esencial indicar que este delito sanciona sólo la incomparecencia que se produce en el acto del juicio oral.

Al respecto, debe tenerse en cuenta que el art. 186 LOPJ establece que *los juzgados y tribunales celebrarán audiencia pública todos los días hábiles para la práctica de pruebas, las vistas de los pleitos y causas, la publicación de las sentencias dictadas y demás actos que señale la ley* mientras que el art. 188.2 LOPJ establece que *los jueces y magistrados que formen sala asistirán a la audiencia, de no mediar causa justificada.*

Por último, afirmar que este delito será aplicable cuando la conducta descrita en el art. 463 CP se produce en el seno de un procedimiento penal, tanto si se refiere a mayores de edad como a la responsabilidad penal de menores, pues en ambos casos tiene por objeto la imputación de la responsabilidad penal.

B) La responsabilidad disciplinaria derivada de las dilaciones indebidas

Las dilaciones indebidas pueden tener repercusiones también en el ámbito disciplinario de jueces y magistrados. La responsabilidad disciplinaria no se refiere a un proceso en concreto sino, en general, al ejercicio de la función jurisdiccional con retraso injustificado.

Se debe deslindar nítidamente la responsabilidad penal de la responsabilidad disciplinaria evitando, no sólo el *bis in idem*, sino también para situar al derecho penal en su papel de última razón, que sólo interviene cuando las conductas trascienden de lo puramente administrativo para merecer un reproche penal. La línea divisoria entre lo administrativo y lo penal viene marcada por la exigencia del elemento subjetivo de la maliciosidad. La inobservancia de los tiempos legalmente establecidos durante el ejercicio de la función jurisdiccional tiene su respuesta disciplinaria en las faltas muy graves, graves y leves que aparecen tipificadas, respectivamente, en los artículos 417.9, 418.11 y 419.3 LOPJ.

---

46. Quintero Olivares. (con VVAA). *Comentarios al nuevo Código Penal*. Aranzadi Editorial. Pamplona. 1996., p. 1982.

47. Cuerda Arnau. *Comentarios al Código Penal...., ob., cit.*, p. 1928.

Todas ellas tienen como elemento común una conducta básica de retraso, pero se diferencian en la mayor o menor gravedad que se acredite en el incumplimiento, debiendo ser ponderado en cada caso concreto según las circunstancias, bien cuantitativas bien de otra índole, que hayan rodeado a aquel retraso como acción típica en esas tres diferenciadas clases de faltas.

Desde esta perspectiva, los jueces y magistrados están sujetos a responsabilidad disciplinaria, siendo una falta muy grave *la desatención o el retraso injustificado y reiterado en la iniciación, tramitación o resolución de procesos y causas o en el ejercicio de cualquiera de las competencias judiciales* (art. 417.9 LOPJ); grave cuando no sea calificada de falta muy grave (art. 418.11 LOPJ), atendiendo a circunstancias atenuatorias que puedan existir en cada caso concreto o leve *si existe un incumplimiento injustificado o inmotivado de los plazos legalmente establecidos para dictar resolución en cualquier clase de asunto que conozca el juez o magistrado* (art. 419.3 LOPJ).

Respecto a la doctrina jurisprudencial recaída en torno al art. 417.9 LOPJ puede sintetizarse del modo siguiente:

El retraso que exige el art. 417.9 LOPJ es una manifestación o síntoma de la no debida dedicación, lo que tiene una vertiente claramente subjetiva.[48]

Este retraso integra un concepto jurídico indeterminado, debiendo tomar en consideración tres criterios: la situación general del juzgado, el retraso materialmente existente, la dedicación del juez o magistrado a su función[49] y la puesta en conexión del retraso con la trascendencia que tenga la actividad retrasada. Se considera un criterio razonable diferenciar entre sentencias con efectiva y sin efectiva contradicción a los efectos de determinar el retraso injustificado.[50]

El retraso ha de ser reiterado, por lo que se considera que no tiene encaje en dicho concepto el retraso que se produce en ocasiones aisladas o aquél que es esporádico o infrecuente. Por el contrario, el retraso ha de ser repetido y afectar a asuntos en los que la urgencia es trascendente o que afecta a bienes jurídicos de notable importancia.[51] No obstante, en ocasiones se ha podido referir a un único supuesto, siempre y cuando tenga una especial trascendencia o afecte de forma grave a derechos fundamentales.[52]

---

48. STS de 11 de junio de 1992 (RJ 1992\4542).

49. SSTS de 11 de junio de 1992 (RJ 1992\4542), 26 de febrero de 1996 (RJ 1996\1840), 17 de enero de 1997 (RJ 1997\346), 24 de enero de 1997 (RJ 1997\1999), 8 de febrero de 2000 (RJ 2000\2640) y 11 de febrero de 2000 (RJ 2000\2890).

50. STS de 19 de julio de 2000 (RJ 2001\4631).

51. SSTS de 7 de abril de 1989 (RJ 1990\10323), 15 de febrero de 1996 (RJ 1996\1829), 24 de enero de 1997 (RJ 1997\1999), 10 de noviembre de 1997 (RJ 1997\8660), 7 de diciembre de 1998 (RJ 1999\369), 11 de diciembre de 1998 (RJ 1999\688) y 24 de noviembre de 1999 (RJ 2000\2987).

52. STS de 17 de octubre de 2000 (RJ 2000\8997).

El criterio de proporcionalidad es idóneo en cada caso concreto en cuanto a la calificación de la conducta y, en su caso, a la sanción a imponer.[53]

El elemento de la voluntariedad debe estar presente, de tal forma que se exige la concurrencia de una actitud voluntaria o negligente de escasa laboriosidad, siendo precisa la concurrencia de imprudencia, negligencia o ignorancia en la acción u omisión.

Por último, el tipo no sólo se refiere al retraso, sino también a la desatención de competencias jurisdiccionales.[54]

Lo anterior debe completarse señalando que en el subtipo «desatención» se engloban aquellos supuestos en los que el juez tiene un deber inexcusable de actuar en un determinado tiempo que es esencial o de hacerlo de una determinada manera que está definida legalmente. Por ello, lo que supone la responsabilidad disciplinaria es el hecho objetivo de la pasividad (cuando resulta inexcusable una actuación) o el proceder de manera contraria a la legalmente establecida (cuando existía la obligación de actuar en un determinado sentido, sin reconocerse un margen de apreciación). El precepto se refiere a la *desatención* y al *retraso injustificado y reiterado*, pues al emplearse estos dos últimos calificativos en singular y no plural, se afirma que el texto revela que sólo son referidos al retraso, por lo que hay dos conductas básicas que pueden ser englobadas en la falta muy grave que exigen diferentes elementos de tipificación o calificación.

Además, debe tenerse en cuenta, como establecieron las SSTS de 30 de enero de 1988 (RJ 1988\178), 5 de febrero de 1988 (RJ 1988\659), 13 de octubre de 1989 (RJ 1989\8386), 12 de enero de 1996 (RJ 1996\156) y 3 de abril de 1996 (RJ 1996\3584), que la culpabilidad es un requisito de toda infracción administrativa, siendo la potestad sancionadora administrativa de la misma naturaleza que la potestad penal, por lo que las directrices del ilícito administrativo tienden, como en el ilícito penal, a conseguir la individualización de la responsabilidad y, como reconoce la jurisprudencia indicada, las directrices estructurales del ilícito tienden también en el ámbito administrativo a conseguir la individualización de la responsabilidad e impiden la posibilidad de crear una responsabilidad objetiva.

Obviamente, este sistema no sería el adecuado para solicitar indemnización por el retraso ni para satisfacer los intereses del perjudicado. La intervención del interesado queda reducida a tener conocimiento de los acuerdos de iniciación y terminación del procedimiento (art. 423.2 LOPJ), sin que por ello el procedimiento deje de ser iniciado, impulsado y resuelto por la administración aunque la resolución motivada que dicte la correspondiente Sala de Gobierno o la Comisión Disciplinaria del Consejo General del Poder Judicial sobre la iniciación del expediente disciplinario se notificará al denunciante, que no podrá impugnarla en vía administrativa, sin perjuicio de la legitimación que ostente como interesado en la vía jurisdiccional (art. 423.2 LOPJ).

---

53. SSTS de 26 de febrero de 1996 (RJ 1996\1840), 24 de enero de 1997 (RJ 1997\1999), 22 de enero de 1998 (RJ 1998\1687) y 11 de diciembre de 1998 (RJ 1999\688).

54. SSTS de 7 de febrero de 1997 (RJ 1997\9647), 11 de febrero de 2000 (RJ 2000\2890) y 17 de julio de 2000 (RJ 2000\8412).

En los supuestos de hecho susceptibles de generar una responsabilidad disciplinaria, el denunciante no es titular de un derecho subjetivo a obtener la sanción de los denunciados, ni tampoco cabe reconocerle un interés legítimo a que prospere su denuncia. Concretamente, el denunciante no obtiene un beneficio ni evita un determinado perjuicio por la revocación en vía administrativa de la resolución recaída ya que su situación en las actuaciones procesales, en las que es o ha sido parte, no se vería alterada por la apertura de un expediente disciplinario, acuerdo de sanción o de archivo de su denuncia. Debe tenerse en cuenta que la exigencia de responsabilidad disciplinaria a un juez o magistrado se configura como totalmente independiente de la posibilidad de exigir una responsabilidad patrimonial por el funcionamiento anormal de la Administración de Justicia.

El debido proceso y la responsabilidad internacional del Estado y en particular la de los jueces

JUAN CARLOS HITTERS
CATEDRÁTICO DE DERECHO PROCESAL
UNIVERSIDAD DE LA PLATA (REPÚBLICA ARGENTINA)

I. El sistema transnacional de protección de los derechos humanos en el ámbito Interamericano

Es importante tener presente que la Convención Americana sobre Derechos Humanos, (Pacto de San José de Costa Rica), se erige como un tratado específico para la protección de los derechos del hombre. Se trata de un convenio regional intergubernamental, concretado en el año 1969, con vigencia desde 1978, fecha en que lo ratificó el undécimo país signatario, de conformidad con las cláusulas pertinentes.[1]

La mayoría de los Gobiernos de nuestro continente han ratificado documentos (hasta ahora 26), salvo los Estados Unidos, Canadá y alguna nación caribeña.

El instrumento de marras, juntamente con la Carta de la O.E.A. y otras convenciones, forma parte del Sistema Interamericano de protección de los derechos fundamentales de la humanidad, determinando los deberes de los Estados, y los derechos protegidos. Tuvo como antecedente inmediato el esquema imperante en el viejo mundo, instaurado por el Convenio de Roma del año 1950 y sus Protocolos Adicionales.[2]

La Convención Americana no sólo crea obligaciones para los Estados, sino también —como no podía ser de otro modo— pone en vigencia dos organismos de extrema

1. Hitters, Juan Carlos, «Criterios establecidos por los órganos jurisdiccionales de los sistemas interamericano y europeos», Revista La Ley, Buenos Aires, 2003-D, 1373.

2. Hitters, Juan Carlos, «Responsabilidad del Estado por violación de los Tratados Internacionales», Revista La Ley, Buenos Aires, 7 de mayo de 2007.

importancia para la salvaguarda de los derechos del hombre: la Comisión, con asiento en Washington, y la Corte Interamericana.

La Comisión tiene vida desde el año 1959, lo que significa que es anterior al Pacto de San José, aunque luego éste la incorporó como órgano de la Convención.

Resulta conveniente aclarar que a través de ella «la persona humana» (o grupo de personas, o entidades gubernamentales debidamente autorizadas en el país) tiene posibilidad de acceder a los cuerpos internacionales, —es decir, posee legitimación activa— siendo ésta una de las características de los modernos tratados tuitivos de los derechos humanos, que consideran al hombre como sujeto del derecho internacional (y no como objeto).

Reclamando ante la Comisión es posible que cualquier individuo que considere menospreciadas sus potestades, se presente, haciendo valer sus pretensiones. Se trata de una institución que no cumple estrictamente funciones jurisdiccionales, pero que actúa —entre otras tareas que ejecuta— como diafragma o antesala en el caso de que la denuncia tenga andamiento, girando los antecedentes a la Corte Interamericana. Si la Comisión estima que la petición del particular (o de las entidades gubernamentales debidamente reconocidas) es infundada, la repele, quedando allí abortada la vía cuando el denunciante no es un Estado (véase OC/19 del 28-11-2005).

Su trámite está reglado por la convención de marras, por el Estatuto y por el Reglamento de la Comisión, que ordenan un verdadero proceso transnacional con similares características a las de un pleito judicial.[3]

La Corte es el Tribunal del Sistema Interamericano, y ante sus estrados sólo pueden ser demandados los Estados que han ratificado el Pacto de San José; ya que para esto se necesita una adhesión especial con independencia del plegamiento a la Convención.

Dicha entidad que hasta el presente ha dictado varios pronunciamientos de tipo Consultivo,[4] (además de resoluciones sobre excepciones preliminares), y muchas sentencias de la llamada jurisdicción contradictoria, siendo su primer fallo, de naturaleza judicial propiamente dicha, el pronunciado con fecha 29 de julio de 1988, en el caso Velázquez Rodríguez,[5] condenando al Gobierno de Honduras por violación de los Derechos Humanos. Ese ha sido el *leading case* de singular relevancia, y sin ninguna hesitación, ejemplificador, que a no dudarlo constituyó para el afianzamiento del sistema.[6]

---

3. Véase la OC 15/97, del 14/11/97, donde la Corte se ocupa de delimitar perfectamente el contenido de los Informes de los arts. 50 y 51 que emite la Comisión.

4. Véase Hitters, Juan Carlos, «Derecho Internacional de los Derechos Humanos», 1° Edición, Ediar, Buenos Aires, T. II, p. 439.

5. Hitters, Juan Carlos, «La Corte Interamericana y la condena al Gobierno de Honduras», publicado en «Lecturas Constitucionales», Comisión Andina de Juristas, Perú, 1988, p. 239, ídem: Revista Uruguaya de Derecho Procesal, núm. 3, 1988, p. 159.

6. Hitters, Juan Carlos, «Algo más sobre el Proceso Trasnacional», ED, 162-1020.

II. El derecho procesal transnacional

A) Introducción

El trámite ante un órgano jurisdiccional como la Corte Interamericana, implica el ejercicio del derecho de acción,[7] con similares características —aunque, con ciertas diferencias— al que se lleva a cabo ante los tribunales domésticos; el conjunto de normas que lo reglamenta, que se ha dado en llamar derecho procesal supranacional[8] —nacido con la finalización de la Segunda Guerra Mundial— tiene por ende grandes similitudes con el local, no obstante algunos rasgos diversos, que luego estudiaremos.

El derecho de acción (o de accionar) es considerado como un derecho autónomo de carácter constitucional conforme a la postura de los grandes procesalistas modernos, como Carnelutti, Alcalá Zamora y Castillo, Couture, Fix Zamudio, etc.. Empero, en los últimos tiempos, y debido a la influencia social en el campo jurídico[9] ha sufrido una gran transformación, ya que dejó de apoyarse en una base individualista, constituyéndose en una potestad de los gobernados. Por ello —como bien dice Fix Zamudio—[10] la acción procesal es un derecho humano a la justicia, de ahí que varias Cartas Supremas modernas,[11] la consideren como un derecho autónomo y por consecuencia, independiente al clásico de petición. Esta conclusión se advierte con nitidez en los actuales documentos internacionales, como por ejemplo, el Pacto de San José de Costa Rica que tipifica un proceso supranacional.[12]

Puede decirse —en síntesis— que actualmente el derecho de acción[13] es considerado como un derecho autónomo constitucional, que muchas Cartas Magnas modernas lo han incorporado, y que en las últimas épocas se ha «socializado», dejando de tener

7. Que en verdad puede considerarse como la continuación de la pretensión promovida en el ámbito doméstico y continuada ante la Comisión, aunque en el ámbito supranacional sólo se analiza si el derecho interno ha violado o no los pactos sobre derechos humanos.

8. Véase, Gozaini, Osvaldo, «El proceso transaccional, particularidades procesales de la Corte Interamericana de Derechos Humanos», Ediar, Buenos Aires, 1992.

9. Cappelletti, Mauro, habla de la dimensión social del derecho y de la justicia. Ídem Cappelletti, Mauro, «Acceso a la Justicia. Conclusiones de un proyecto de investigación jurídico-sociológica», traducido por Juan Carlos Hitters, JA, 1981-III-810/814, p. 23.

10. Fix Zamudio, «Problemas contemporáneos del Poder Judicial», UNAM, México, ps. 3-19.

11. Loewenstein, Karl, «Teoría de la Constitución», p. 398, Ariel, Barcelona, 1983.

12. Muchos de estos temas los hemos expresado en el trabajo «Algo más sobre el Derecho Transnacional», publicado en el «Derecho Procesal Constitucional», México, 2001, p. 783.

13. Este derecho de acción debe considerarse como una especie, del genérico, y esencial de la persona. Desde tal perspectiva, se tiende a «garantizar» y no a simplemente a «proclamar» las potestades de cada ser humano. Ello implica la puesta en marcha de un movimiento verdaderamente innovador, respecto de lo que antes se concebía como «acción procesal». Las Cartas Supremas actuales han tratado al derecho a accionar (ejemplo, Brasil, Colombia, etc.). Todo ello no debe verse —como dice Fix Zamudio— en forma aislada, ya que está vinculado con el derecho de defensa.

una perspectiva meramente individualista, para convertirse en lo que ha dado en llamarse la dimensión social del derecho, principio, que al haber sido receptado por los documentos internacionales de la época, nos permite hablar también de la dimensión supranacional de la justicia y del proceso.[14]

Es dable afirmar, en suma, que el ritual moderno no es un simple trámite regulado sólo en los códigos adjetivos, pues en los últimos tiempos abarca ciertas instituciones procesales, como el derecho a la jurisdicción, el amparo, el hábeas corpus, etc.,[15] que se han incorporado a los estatutos supranacionales (arts. 7, 8, 9 y 25, Pacto de San José) por lo que el pleito se ha convertido en un instrumento para concretar uno de los derechos trascendentes del hombre, *el derecho a la justicia*, que no se cumpla a cabalidad con la mera posibilidad de accionar, sino de acceder efectivamente a los estrados judiciales.[16]

B) Características del Derecho Procesal Supranacional

a. Generalidades

Hemos destacado en anteriores trabajos que el fenómeno que concluyó con la aparición de esta nueva disciplina que enmarca la tramitación internacional y que controla elípticamente el proceso local, de la que —como dice Gros Espiell—[17] poco se ha escrito, y que es necesario abordar en forma autónoma, sin dejar de reiterar que ella no se diferencia esencialmente, de su rama madre, el derecho procesal, dado que se apontoca en los mismos principios, aunque, por supuesto, con algunas variantes, de las que más adelante nos ocuparemos. Esta rama del derecho adjetivo no recibe una denominación única, ya que algunos autores hablan de «derecho procesal internacional»,[18] mientras que otros la denominan, «derecho procesal relativo a los derechos humanos»,[19] y no pocos —entre los que nos incluimos— derecho procesal supranacional atinente a los derechos humanos.

Lo cierto es que como con toda agudeza remarca Alcalá Zamora y Castillo, el hecho de que se hayan puesto en funcionamiento tribunales internacionales no autoriza a pen-

---

14. Si bien es cierto que —como anticipamos— este fenómeno arranca con la finalización de la Segunda Guerra Mundial, no lo es menos que tuvo algún antecedente cuando se intentó —con timidez— al concluir la Primera Conflagración Universal, proteger ciertas garantías mínimas a través de las constituciones, lo que se denominó el fenómeno de racionalización del poder (véase LOEWESTEIN, ob. cit., ps. 110, 149, 45, 26 y 390).

15. Corte IDH. Caso García Asto y Ramírez Rojas Vs. Perú. Sent. de 25 de noviembre de 2005. Serie C No. 137, párr. 112.

16. Fix Zamudio, «Problemas contemporáneos del Poder Judicial», ob. cit., ps. 5, 10 y 11.

17. Gros Espiell, Héctor, «El procedimiento contencioso ante la Corte interamericana de Derechos Humanos», en la Corte Interamericana de Derechos Humanos, Estudios y Documentos, IIDH, San José de Costa Rica, p. 67.

18. Gros Espiell, ob. cit., p. 70.

19. Alcalá Zamora y Castillo, Niceto, «La protección procesal internacional de los derechos humanos», Civitas, España, 1975, ps. 33 y 44.

sar que los preceptos que lo regulan tengan una esencia distinta de los que se ocupan del rito local; por ende esta parcela —dice— no debe tener una total autonomía, como tampoco —por ejemplo— la jurisdicción militar. Además los derechos que custodia tal sistema, —añade— son los mismos que abarca cualquier juicio doméstico. En todo caso la autonomía —acota este autor— estaría dada porque opera fuera de las fronteras nacionales.[20]

Con las salvedades apuntadas, hay que reiterar que si bien pertenece a la rama única: *el derecho procesal*, en el ámbito internacional se notan ciertas particularidades —tal cual lo ha dicho la Corte Interamericana desde su inicio en 1979—, por desarrollarse ante un órgano supranacional y por ocuparse de los derechos humanos regulados en los tratados,[21] criterio este que se ha ratificado en los últimos asuntos resueltos por ese cuerpo.

Corresponde saber cuál es la naturaleza del rito analizado, es decir, si es inquisitivo o dispositivo. Nosotros consideramos que es «dispositivo», pues tanto su puesta en marcha ante la Corte, como el ofrecimiento de las pruebas, dependen de los países de la Comisión, pese a que el denunciante y la víctima ahora tienen la posiblilidad de proponer ciertas probanzas,[22] aunque obviamente el tribunal actúa como «juez director» con amplios poderes-deberes[23] y siempre con una télesis tuitiva del hombre. Como es sabido, los particulares —por ahora no tienen legitimación activa para llegar a la Corte, aunque los últimos reglamentos, en especial el que actualmente rige, le ha dado a la víctima una participación muy activa, y amplia— ante el Tribunal del Pacto de San José, considerándola como parte sustancial, una vez que la Comisión se presenta ante la Corte IDH.

Dicho cuerpo jurisdiccional ha dejado en claro que tal proceso no es de esencia penal, dado que no tiene por objeto imponer penas a los culpables de las violaciones, sino que tiende a amparar a las víctimas y a disponer la reparación de los daños.[24]

En síntesis podemos decir que el procedimiento ante la Corte es de naturaleza dispositiva, con cierta atenuación, pues los participantes no «disponen» libremente de la acción, habida cuenta de que una vez puesta en marcha la misma, no siempre pueden «desistirla», salvo en los casos excepcionales cuando sólo estén en juego intereses meramente patrimoniales. Todo ello sin perjuicio de reiterar su contenido publicístico,

---

20. Alcalá Zamora y Castillo, Niceto, ob. cit., ps. 44-49.

21. Corte IDH, Caso «Velázques Rodríguez», sentencia del 29 de julio de 1988, párs.132, 133, y 135.

22. Aunque el nuevo Reglamento de la Corte le da a la víctima y a sus familiares mucha participación en el proceso. Este documento tiene vigencia a partir del 1° julio de 2001.

23. EISSEN, Marc-André, «El Tribunal Europeo de Derechos Humanos», Cuadernos Civitas, ob. cit. p. 48. Aunque este autor confunde la característica del juez-director con la esencia inquisitiva, que son dos cosas distintas, pues el proceso doméstico moderno —ejemplo, el juicio civil— es dispositivo, y también allí el judicante tiene amplios poderes.

24. Véase caso «Velázques Rodríguez» (cit.), párr. 134. Modernamente véase, Caso Raxcacó Reyes, sentencia de 15 de septiembre de 2005. Serie C No. 133, párr. 55.

donde el tribunal está potenciado para ejercer ampliamente sus poderes-deberes como juez-director, sin ningún tipo de impedimento.

b. Principios procesales. Los primeros fallos de la Corte IDH.

Según anticipamos, rigen los principios procesales que imperan en el sector local, aunque con algunas particularidades, pues el legitimado pasivo es siempre un Estado; y tiene el derecho internacional de los derechos humanos una finalidad tuitiva en relación a la persona humana, que resulta la destinataria final y única de todos los esfuerzos que prodiga el derecho internacional de los derechos humanos.

En lo que a esto último respecta, es decir la especialidad del procedimiento que protege las libertades del hombre, cabe consignar que dicha característica se nota con nitidez cuando el ciudadano demanda a un país,[25] ya que si se trata de una acción interestatal tal pauta queda totalmente relativizada. Ese criterio ha sido remarcado —desde antiguo— por la Corte de Estrasburgo cuando destacó que la finalidad del Convenio de Roma es proteger a los individuos, y ello supone que sus cláusulas procedimentales deben aplicarse del modo que mejor cumplan ese postulado.[26] Cuando se analizan las reglas adjetivas que imperan en el rito supranacional no se debe perder de vista —como principio orientador—, tal como ya lo expresamos, el carácter subsidiario que tiene este modelo,[27] circunstancia que impide acudir directamente a los órganos del Pacto de San José, salvo raras excepciones. Por ello estos mecanismos supranacionales sólo entran a funcionar después de haberse agotado los recursos locales.

Como resulta por demás conocido, campean en este ámbito los principios de contradicción, inmediación, economía procesal, oralidad, publicidad, informalismo y el postulado de la congruencia, aunque con cierto límites que lo atenúan (Corte IDH, Casos Palamara Iribarne Vs. Chile. Sent. de 22 de noviembre de 2005. Serie C No. 135, párr. 120. Ídem caso Fermín Ramírez Vs. Guatemala. Sent. de 20 de junio de 2005. Serie C No. 126, párr. 116 nota 97).

Con respecto al principio de contradicción, cabe puntualizar que el mismo tiene vigencia en la medida que en el pleito existan intereses «contradictorios», es decir una «litis» o «conflicto». Va de suyo que las normas adjetivas del ritual internacional autorizan a las partes a ejercer las oportunidades de ataque y defensa; por ende el menoscabo de dichos actos implica indefensión. Las normas del Estatuto de la Corte, como las del Reglamento, se ocupan de que estos postulados sean acatados.

---

25. Caso de «Becker», Tribunal Europeo de Derechos Humanos, fallo del 27/03/62. Idem Corte IDH, Caso Bulacio, sentencia de 18 de septiembre de 2003. Serie C No. 100, párr. 142.

26. Caso «Klass», Tribunal Europeo de Derechos Humanos, fallo del 06/09/79. Véase, Oteiza, Eduardo, «La protección procesal de los Derechos Humanos», LA LEY, 1989-E, 1227.

27. Que en el ámbito de la Corte de Luxemburgo —es decir en la Comunidad Económica Europea— se aplica con gran claridad, pues ese tribunal le ha dado prioridad al derecho comunitario sobre el local, destacando la directa operatividad de aquél. La Corte Interamericana de Derechos Humanos también marcó el carácter operativo del Pacto de San José (véase Hitters, Juan Carlos, «Derecho Internacional de los Derechos Humanos», ob. cit., t. 1, párrafo 213).

La inmediación se concreta a través del principio de oralidad, aunque en verdad, éste no lleva un fin en sí mismo, sino que opera como vehículo de la inmediación.[28] En general prevalece en el mundo la idea de que tal esquema es bueno para los litigios donde tengan preeminencia las cuestiones de hecho, pues para las de derecho es mejor el pleito escrito. En el proceso supranacional generalmente tienen más relevancia los matices fácticos que los jurídicos, pues siempre se tiende a comprobar —y a sancionar— la infracción al Pacto —o a otros instrumentos internacionales— por parte de los Estados.

En el modelo de Costa Rica —lo mismo que en el europeo— rige la oralidad, aunque por supuesto, convengamos nunca químicamente pura, ya que en todo pleito oral hay trámites escritos, tales como la demanda, su réplica, el ofrecimiento de pruebas, ciertos recursos, etc.[29]

Vale decir, entonces, que ante la Corte, el esquema es mixto, aunque prevalece la oralidad,[30] dado que el procedimiento transita por ambos sistemas, en forma sucesiva, arrancando por la escritura.[31]

También hemos destacado que este procedimiento es público;[32] con más razón en su tramo oral. En tal aspecto el artículo 14.1 del Reglamento dice que «las audiencias serán públicas», aunque el apartado 2 señala que la Corte tiene que deliberar en privado, y tal actividad debe permanecer secreta.

Otro de los criterios que ilumina este andarivel es el de *informalidad*, que consiste en darle —en principio— validez a los actos, aunque posean ciertas deficiencias formales. Tal esquema ha sido resaltado —desde hace bastante tiempo— por la Corte Europea,[33] y reiterado por su similar americana en uno de sus primeros fallos, quien enfatizó que en la jurisdicción que nos ocupa, «... la inobservancia de ciertas formalidades no siempre es relevante, pues lo esencial es que se preserven las condiciones

---

28. Hitters, Juan Carlos, «El juicio oral en materia civil y comercial», Ed. Jurídicas, La Plata, Argentina, ps. 23-43.

29. Alcalá Zamora y Castillo, Niceto, «La protección procesal internacional de los derechos humanos», ob. cit., p. 122.

30. Sostiene Alcalá Zamora y Castillo, que en el ámbito europeo priva la escritura, sobre la oralidad. Sin embargo hay que tener en cuenta que este publicista, cuando hizo esa aseveración, se refería a todo el proceso supranacional, incluyendo su tránsito por la Comisión, pautas que han variado con las últimas reformas (ob. cit., pp. 122 a 125).

31. Véase Gros Espiell, Héctor, «El procedimiento...», ob. cit. p. 86. Como bien aclara este autor, en la Corte siempre se da el sistema mixto, salvo en el caso «de Viviana Gallardo y otras» (N° g 101181 — Serie A: Fallos y Opiniones), donde no hubo trámite oral, porque la pretensión fue desestimada por cuestiones formales, ya que el Gobierno de Costa Rica intentó llegar al Tribunal, sin el paso previo ante la Comisión, conforme lo veremos.

32. EISSEN, Marc-André, «El Tribunal Europeo de Derechos Humanos», ob. cit. p. 49.

33. Señaló en el Caso «Reigensen» (del 16/07/71), que «las jurisdicciones internacionales han constatado en varias ocasiones que el derecho internacional no puede ser aplicado con el mismo formalismo que se impone a veces en la aplicación del derecho interno.... El tribunal señala, además, que las demandas individuales proceden a menudo de profanos que, más de nueve veces sobre diez, escriben a la Comisión sin asistencia de un jurista...». Hay que tener en consideración que este fallo se refirió al procedimiento ante la Comisión, por lo que no se puede aplicar a pie juntillas para la Corte, aunque sirve como criterio orientador.

necesarias para que los derechos procesales de las partes no sean disminuidos o desequilibrados...».[34]

Puede decirse, en síntesis, que en el sendero supranacional que se lleva a cabo ante los Estados en la Corte Interamericana, lo mismo que en los domésticos, campea el principio de informalidad, que significa que debe privar la sustancia sobre las formas, ya que la inobservancia de ciertas reglas in procedendo no causan la nulidad del acto, pues lo que importa es que se preserven los derechos procesales —y más aún los sustanciales— de los litigantes.

De todos modos, parece baladí repetir que ello no significa que reine la anarquía, pues en algunos casos las formas existen para apontocar el derecho de defensa en juicio. Por ejemplo en el Asunto «Viviana Gallardo» —uno de los primeros fallos—, el Tribunal del Pacto de San José había ya puesto de resalto, por ejemplo, que el paso ante la Comisión es insoslayable, lo que significa que no se puede llegar a la Corte —en el procedimiento contradictorio— sin transitar primero ante aquélla.[35]

De más está decir que estos parámetros se aplican a diario en los pleitos de la jurisdicción doméstica, y que la Corte Interamericana controla indirectamente cuando los casos llegan a su consideración, inspecciona en especial que en la jurisdicción interna se cumpla el *debido proceso legal*, y un *plazo razonable* (Caso La Cantuta Vs. Perú, sentencia de 29 de noviembre de 2006 Serie C No. 162, párr. 11), para evitar el «*proceso canguro*».

c. Los internacionalistas y los procesalistas

Estamos en presencia de un derecho transnacional, con regulaciones «sustanciales», por un lado, que nacen a través de los convenios y tratados internacionales; y por otro lado, con normas «procesales», surgidas además por mediación de los estatutos y de los reglamentos, que rigen en los tribunales supranacionales, como el de Luxemburgo —para la región Europea— o los de Estrasburgo y de Costa Rica, para el ámbito específico de la protección de los derechos humanos.

El derecho «procesal» supranacional, debe ser estudiado y reelaborado por los procesalistas, si consideramos que como remarcaba Alcalá Zamora, la mayoría de las normas que hoy rigen han sido pergeñados por internacionalistas, con quizás no muchos conocimientos de las reglas que iluminan el campo adjetivo. Además se trata de una corriente en continua expansión que precisa de un serio tratamiento de los especialistas en el sector del proceso.

34. Corte IDH, Caso, «Velasquez Rodríguez» (cit.), excepciones preliminares, párr. 18. Idem «Godinéz Cruz», sentencia del 20 de enero de 1981, párr. 15. Conf. caso «Fairen Garbi», párr. 39. Conf. Caso «Gangaray Panday excepciones preliminares», 04/12/91. Este criterio del informalismo también rige en la Corte Internacional de Justicia (arts. 40.4. y 52.3. del Reglamento).

35. Asunto «de Viviana Gallardo y otras», N° g 101181 — Serie A: Fallos y Opiniones.

A grandes trazos hemos intentado señalar, que en principio se aplican al derecho procesal transnacional las pautas generales que se ponen en marcha en los pleitos domésticos, aunque, con cierta especificidad, teniendo en consideración los intereses que están en juego.

En el sector americano, sea en el Mercosur, o en el Acuerdo de Cartagena, o en el sistema interamericano tuitivo de los derechos humanos, funcionan órganos jurisdiccionales y cuasi jurisdiccionales en algunos casos de jerarquía supranacional (art. 75 inc. 22 de la Constitución Nacional) a través de los cuales se resuelven «litigios». Ello significa que es imprescindible estudiar y sistematizar su ritual, y los procesalistas no pueden ser convidados de piedra, debiendo tener un rol participativo.

Estos conceptos se extienden en general a la capacitación de los abogados que se ocupan de representar y patrocinar en juicio, ya que en Europa la especialidad en los procesos transnacionales constituye una importante fuente de trabajo. Algo de esto hemos querido dejar esbozado, de manera muy somera.

En suma, estamos en presencia de una moderna especie procesal que ha ido creciendo de modo «silvestre», por lo que ya es hora de abordarla científicamente, y por especialistas para que esculpan su verdadero rostro.

III. Responsabilidad del Estado. Deberes de los jueces

A. Introducción

a. La regla y las excepciones al principio general de la responsabilidad estatal

Como es por demás sabido la problemática de la responsabilidad el Estado en el marco de la Convención Americana sobre derechos Humanos, si bien ha sido desarrollada «progresivamente» por la Corte Interamericana desde hace más de 25 años, ha adquirido relevancia en los últimos tiempos sobre todo en lo atinente a los daños producidos a poblaciones enteras o a un conjunto de habitantes que ese órgano jurisdiccional le ha dado el calificativo de «masacres».[36]

Como luego lo pondremos de relieve, ese tribunal regional ha destacado últimamente que esta responsabilidad internacional en el marco del tratado antes citado, nace en el

36. Hitters, Juan Carlos, «Los Tribunales Supranacionales», La Ley, agosto de 2006, Tomo 2006-E, pág. 817, apartado III.E. Sobre el particular véase el excelente Voto Razonado del Juez Cançado Trindade, en el Caso de la Masacre de Pueblo Bello vs. Colombia. Sentencia de 31 de enero de 2006. Serie C No. 140. Este tema lo hemos tratado en: «Responsabilidad del Estado por violación de tratados internacionales», Revista La Ley, Buenos Aires Mayo de 2007.

momento mismo de la violación[37] de las obligaciones generales *erga omnes* de respetar ya hacer respetar —garantizar— las normas de protección, y de asegurar la efectividad de los derechos que allí se consagran en cualquier circunstancia y respecto de toda persona. Ello así conforme a lo dispuesto en los artículos 1.1 y 2 del referido documento internacional[38] (ídem art. 2 del Pacto Internacional de Derechos Económicos, Sociales y Culturales).

Cabe acotar que esa responsabilidad arranca de actos u omisiones de cualquiera de los tres poderes del Estado independientemente de la jerarquía de los funcionarios que infrinjan las disposiciones del Pacto de San José de Costa Rica, y de otros tratados —suscritos por los países— apareciendo inmediatamente el ilícito internacional.[39] Ello así aunque actúen fuera de los límites de su competencia.[40]

La responsabilidad estatal por violación de los derechos humanos se apontoca como regla general —como es por demás sabido— en dos normas fundamentales del Pacto de San José de Costa Rica. En efecto el artículo 1.1 señala que los países se comprometen a respetar los derechos y libertades reconocidas en dicho cuerpo y a garantizar su libre y pleno ejercicio; y el artículo 2 completa el concepto proclamando que si los derechos y libertades mencionadas en el artículo 1 no estuvieran ya garantizados por disposiciones legislativas o de otro carácter «... los Estados parte se comprometen a adoptar... las medidas legislativas o de otro carácter que fueran necesarias para ser efectivos tales derechos y libertades». Estos dos preceptos perfectamente alineados e imbricados marcan las reglas generales —sin perjuicio de los deberes especiales que luego veremos— que operan como el árbol de levas de todo el sistema. El Estado debe respetar y garantizar el cumplimiento de sus deberes y si quedara algún hueco tutelar, debe adoptar las conductas pertinentes para llenar dichos baches (art. 2).

Adelantándonos a lo que luego diremos no debemos olvidar que según la Corte para cumplir con el mandato del aludido art. 2, es necesario: 1) el *dictado de normas;* y 2) el *desarrollo de prácticas* conducentes al acatamiento efectivo de los derechos y liberta-

---

37. Acotó desde esta vertiente el Juez Cançado Trindade en su voto razonado en el Caso del Penal Miguel Castro Castro Vs. Perú, Sentencia de 25 de noviembre de 2006. Serie C No. 160, párr. 31, que «... Después de volver a referirme a la cuestión en mi Voto Razonado (párr. 4) en el caso Myrna Mack Chang versus Guatemala (Sentencia del 25.11.2003), me permití reiterar, en mi Voto Razonado (párr. 14, y cf. párrs. 11-18), en el caso de los Hermanos Gómez Paquiyauri versus Perú (Sentencia del 08.07.2004), mi entendimiento en el sentido de que: «(...) En el Derecho Internacional de los Derechos Humanos, la responsabilidad internacional del Estado surge en el momento mismo de la violación de los derechos de la persona humana, o sea, tan pronto ocurra el ilícito internacional atribuible al Estado... puede generarse por actos u omisiones de cualquier poder u órgano o agente de éste» (Conf. Corte IDH, caso de «La Última Tentación de Cristo» versus Chile, Sentencia del 05.02.2001, Serie C, n. 73, p. 47, párr. 72; y conf.. Voto Concurrente del Juez A.A. Cançado Trindade, p. 76, párr. 16, y conf.. pp. 85-87, párrs. 31-33).

38. La Corte en el Caso de la Masacre de Pueblo Bello (cit.), párr. 111, ídem Hitters, «Los Tribunales Supranacionales», ob. cit., nota 76.

39. Hitters, «Los Tribunales Supranacionales», ob. cit., apartado III.E.

40. Caso de la Masacre de Pueblo Bello (cit.), Conf. Corte IDH. Caso de la «Masacre de Mapiripán» Vs. Colombia. Sentencia de 15 de septiembre de 2005. Serie C No. 134, nota 7, párr. 111, y Condición Jurídica y Derechos de los Migrantes Indocumentados, Opinión Consultiva OC-18/03 de 17 de septiembre de 2003. Serie A No. 18, párr. 140.

des consagrados en el pacto de marras. Por ello resulta obligatorio *suprimir los preceptos y las prácticas de cualquier naturaleza que entrañen una violación de las garantías*[41] *previstas en la Convención.*[42] «Este deber general del Estado Parte implica que las medidas del derecho interno han de ser efectivas (principio del *effet utile)*, para el cual el Estado debe »adaptar» su actuación a la normativa de protección de la convención».[43]

Es bueno recordar que el derecho internacional de los derechos humanos interactúa sobre dos cuadrantes fundamentales, por un lado el valor del derecho de gentes y por el otro la influencia de los tratados y de la jurisprudencia internacional, en el derecho interno.[44]

Todo este desarrollo que venimos efectuando —y que profundizaremos a partir de ahora— intenta hacer ver que la actividad estadual —activa o pasiva— de sus representantes —y en algunos casos de ciertos terceros o particulares—[45] genera una muy fuerte responsabilidad internacional —no hay ya impunidad— y por ende si el Estado «rompe» (incumple los tratados) tiene que «pagar» (debe reparar).

No obstante bueno será poner en evidencia que la aludida Corte haciendo funcionar la regla de los frenos y contrapesos (*check and balance*), también ha destacado que los países deben tener la oportunidad de acatar con la Convención, subsanando sus errores, antes de que el caso pase a la esfera internacional (Comisión y/o Corte).

También manifestó que no puede achacársele a los países cualquier violación cometida entre particulares dentro de su jurisdicción. «El carácter *erga omnes* de las obligaciones convencionales de garantía a cargo de los Estados no implica una responsabilidad ilimitada de los Estados frente a cualquier acto o hecho de particulares, pues sus deberes de adoptar medidas de prevención y protección de los particulares en sus relaciones entre sí se encuentran condicionados al conocimiento de una situación de riesgo real e inmediato para un individuo o grupo de individuos determinado y a las posibilidades razonables de prevenir o evitar ese riesgo»[46] (lo remarcado me pertenece).

En este sentido ese tribunal ha puesto entre andariveles a esta problemática —en sus precisos límites— dejando bien en claro que no toda conducta punible puede imputár-

41. Corte IDH. Caso Yatama Vs. Nicaragua. Sentencia de 23 de junio de 2005. Serie C No. 127, párr. 120.

42. Caso Caesar. Sentencia de 11 de marzo de 2005. Serie C No. 123, párr. 91; Caso Lori Berenson Mejía. Sentencia de 25 de noviembre de 2004. Serie C No. 119, párr. 219; Caso «Instituto de Reeducación del Menor». Sentencia de 2 de septiembre de 2004. Serie C No. 112, párr. 206; y Condición Jurídica de los Migrantes (cit.), párr. 101. párr. 78.

43. Caso Yatama Vs. Nicaragua (cit.) párr. 170; Caso Lori Berenson Mejía (cit.) párr. 220; Caso «Instituto de Reeducación del Menor»(cit.) párr. 205 y Caso Bulacio (cit.), párr. 142.

44. Corte IDH. Condición Jurídica y Derechos Humanos del Niño. Opinión Consultiva OC-17/02 del 28 de agosto de 2002. Serie A No. 17, párr. 92. Ídem caso Yatama vs. Guatemala (cit.). Corte IDH. Caso Cantos Vs. Argentina. Sentencia de 28 de Noviembre de 2002. Serie C No. 97párr. 59; Corte IDH. Caso Cinco Pensionistas Vs. Perú. Sentencia de 28 de febrero de 2003. Serie C No. 98, párr. 164. Caso Bulacio Vs. Argentina (cit.); párr. 140. y Caso «Instituto de Reeducación del Menor» Vs. Paraguay (cit.), párr. 205. Véase Hitters, «Los Tribunales Supranacionales», ob. cit., notas 54 y 55.

45. Corte IDH. Caso Masacre de Pueblo Bello (cit.).

46. Corte IDH. Caso Masacre de Pueblo Bello (cit.), párr. 123.

sele a los gobiernos,[47] sino que deben darse dos condiciones sustanciales, a saber: la primera, situación de riesgo real e inmediato; y la segunda, la necesidad de valorar «razonablemente» la posibilidad real que han tenido las autoridades para prevenir o evitar el riesgo.

Ha expresado —ya lo anticipamos— que tal responsabilidad sólo puede ser exigida después de que el país haya tenido la oportunidad de reparar por sus propios medios el daño ocasionado y la imputación «...la misma deberá determinarse atendiendo a las particularidades y circunstancias de cada caso».[48] Aquí se pone en práctica lo que se ha dado en llamar el principio de subsidiariedad[49] del modelo.[50]

b. Deberes de los Magistrados Judiciales

Hemos visto que la responsabilidad de los países por las infracciones de sus agentes es un principio básico del derecho internacional de los derechos humanos.

En tal orden de pensamiento ha manifestado la Corte Interamericana que los jueces y tribunales internos están sujetos al imperio de las normas legales, y en consecuencia obligados a aplicar las disposiciones domésticas. Empero si un gobierno ha ratificado una regla internacional como —por ejemplo— la Convención Americana «...sus jueces, como parte del aparato del Estado, también están sometidos a ella, lo que les obliga a velar porque los efectos de las disposiciones de la Convención no se vean mermadas por la aplicación de leyes contrarias a su objeto y fin, y que desde un inicio carecen de efectos jurídicos. En otras palabras, el Poder Judicial debe ejercer una especie de «control de convencionalidad» entre las normas jurídicas internas que aplican en los casos concretos y la Convención Americana sobre Derechos Humanos. En esta tarea, el Poder Judicial debe tener en cuenta no solamente el tratado, sino también la interpretación que del mismo ha hecho la Corte Interamericana, intérprete última de la Convención Americana».[51] Agregamos nosotros que está en juego aquí el art. 27 de la Convención de Viena sobre el Derecho de los Tratados.

Como vemos, el judicial como poder de Estado está obligado a «acatar» y a «hacer acatar» los preceptos internacionales y estos deberes son quizás más fuertes que los del ejecutivo y los del legislativo, por ejercer aquél el control de los controladores (*custodit ipso custodit).* En especial en el campo del debido proceso legal, para evitar que se concrete lo que se ha dado en llamar el «proceso canguro» donde se pasan por alto (se salta por encima de) las debidas garantías.

---

47. Para evitar repeticiones de palabras usamos muchas veces como sinónimos de Estado las voces «países» o «gobiernos» cuando en puridad de verdad técnicamente no lo son.

48. Corte IDH. Caso de la Masacre de Mapiripán (cit.), Nota 7, párr. 103, ídem Corte IHD, Caso de la Masacre de Pueblo Bello (cit.), párr. 116

49. Hitters — Fappiano, «Derecho internacional de los Derechos Humanos», Ediar, 2º Edición, año 2007, Tomo I, Vol. 2, pág. 670.

50. Art. 46 del Pacto de San José de Costa Rica.

51. Corte IDH, Caso La Cantuta (cit), Voto Juez García Ramírez, párr. 173. Conf.. Caso Almonacid Arrellano y otros, nota 6, párrs. 123 a 125.

B. Deberes de «respetar» y «garantizar»

a. *El deber de «garantizar» implica, prevenir, investigar, adoptar las disposiciones del derecho interno, etc.*

Quedó claro en la doctrina jurisprudencial que venimos analizando que prevenir[52] significa evitar en lo posible que se produzcan violaciones.[53] Tal cual dijimos, la Corte en los últimos años ha puesto bajo el microscopio no sólo en la necesidad de reparar, sino también de investigar.[54]

Se busca en definitiva lograr de ese modo el derecho a la verdad. Esta categoría tutelar quedó bien subsumida, en el Caso Barrios Altos[55] donde se puso de relieve el derecho de la víctima y de sus familiares de lograr de los órganos domésticos competentes el esclarecimiento de los hechos violatorios y las responsabilidades correspondientes a través de la «investigación» y el «juzgamiento». Ello ha implicado en definitiva evitar la puesta en funcionamiento de cualquier ley o sentencia del derecho interno que lleve a la impunidad.[56]

En el Caso Almonacid recientemente fallado[57] la Corte quiso poner en evidencia una vez más esa necesidad de investigar hasta sus últimas consecuencias la violación de las libertades humanas, a los fines de evitar la impunidad.

---

52. Véase Corte IDH. Caso Masacre de Pueblo Bello (cit.), párr. 123.

53. El Tribunal Europeo haciendo referencia al artículo 2 del Convenio (similar al artículo 4 del Pacto de San José), ha expresado que «...En este sentido, la Corte Europea de Derechos Humanos ha entendido que el artículo 2 del Convenio Europeo también impone a los Estados una obligación positiva de adoptar medidas de protección, en los siguientes términos: La Corte recuerda que la primera oración del artículo 2.1 obliga al Estado no sólo a abstenerse de privar intencional e ilegalmente de la vida, sino también a tomar pasos apropiados para salvaguardar las vidas de quienes se encuentren bajo su jurisdicción (Ver caso L.C.B. vs Reino Unido. Sentencia de 9 de junio de 1998, Reports 1998-III, pág. 1403, párr. 36). Esto conlleva un deber primario del Estado de asegurar el derecho a la vida, a través del establecimiento de disposiciones de derecho penal efectivas para disuadir la comisión de delitos contra las personas, apoyadas por una maquinaria de implementación de la ley para la prevención, supresión y castigo del incumplimiento de esas disposiciones. También se extiende, en ciertas circunstancias, a una obligación positiva de las autoridades de tomar medidas preventivas operativas para proteger a un individuo o grupo de individuos, cuya vida esté en riesgo por actos criminales de otros individuos (ver la sentencia de Osman [...], pág. 3153, párr. 115). Teniendo en cuenta las dificultades que implica la planificación y adopción de políticas públicas en las sociedades modernas, la impredictibilidad de la conducta humana y las elecciones de carácter operativo que deben ser tomadas en función de prioridades y recursos, dicha obligación positiva debe ser interpretada de forma que no imponga a las autoridades una carga imposible o desproporcionada. Por consiguiente, no todo alegado riesgo a la vida impone a las autoridades la obligación convencional de tomar medidas operativas para prevenir que aquel riego llegue a materializarse. Para que surja esa obligación positiva, debe ser establecido que al momento de los hechos las autoridades sabían, o debían haber sabido, de la existencia de un riesgo real e inmediato para la vida de un individuo identificado o de algunos individuos respecto de actos criminales de terceros, y que tales autoridades no tomaron las medidas dentro del alcance de sus poderes que, juzgadas razonablemente, podían esperarse para evitar dicho riesgo (ver la sentencia de Osman [...], pág. 3159, párr. 116)». Véase Corte IDH. Caso Masacre de Pueblo Bello (cit.), párr. 124.

54. En lo que hace a nuestro país debe recordarse en Caso Bulacio Vs. Argentina (cit).

55. Conf. Corte IDH. Caso Barrios Altos Vs. Perú. Sentencia de 14 de marzo de 2001. Serie C No. 75, nota 140, párr. 48. Corte IDH. Caso Almonacid Arellano y otros Vs. Chile. Sentencia de 26 de septiembre de 2006 Serie C No. 154, nota 159. Ídem Caso Bámaca Válasquez. Sentencia de 25 de noviembre de 2000. Serie C No. 70, párr. 201.

56. Corte IDH. Caso Barrios Altos (cit.).

57. Corte IDH. Caso Almonacid Arellano (cit.), párrs. 159 y sig.

b. Deber de adecuar (adoptar) el derecho interno

Una consecuencia de la violación a las disposiciones convencionales ratificadas es —tal cual ya lo hemos puesto en evidencia— la necesidad de «adecuar» o lo que es lo mismo «amoldar» o «adaptar» las disposiciones del derecho interno a los tratados (artículo 2 del Pacto de San José).

Esto implica que si las normas domésticas, sean legislativas o de cualquier otro carácter, y/o las prácticas estaduales, no protegen debidamente las libertades fundamentales enunciadas por el derecho internacional, la nación debe adecuarlas, y en su caso suprimir aquellas que desbordan el esquema. Estamos hablando —reiteramos— del deber general del Estado de «adecuación» a las disposiciones transnacionales.[58]

Ello significa que en el derecho de gentes una regla consuetudinaria dispone que un país que ha celebrado un tratado, debe modificar (amoldar) su preceptiva interna para asegurar la ejecución de las obligaciones asumidas. Como dice Corte IDH esta disposición es válida universalmente y ha sido definida por la jurisprudencia como un principio evidente.[59]

Resulta claro que el artículo 2 del Pacto de San José no define cuales son las medidas correspondientes para llevar a cabo ese acomodamiento de las disposiciones domésticas, ya que ello depende del carácter de la regla que la requiera y de las particularidades de la cuestión.

Ese Tribunal, llevando a cabo una tarea que podríamos denominar como complementaria, ha interpretado que la adecuación significa la adopción de medidas en dos direcciones, a saber: «...i) la supresión de las normas y prácticas de cualquier naturaleza que entrañen violación a las garantías previstas en la Convención o que desconozcan los derechos allí reconocidos u obstaculicen su ejercicio, y ii) la expedición de normas y el desarrollo de prácticas conducentes a la efectiva observancia de dichas garantías.[60] Ha entendido que la obligación de la primera vertiente se incumple mientras la norma o práctica violatoria de la Convención se mantenga en el ordenamiento jurídico[61] y, por ende, se satisface con la modificación,[62] la derogación, o de algún

58. Caso «Instituto de Reeducación del Menor». Sentencia de 2 de septiembre de 2004. Serie C No. 112, nota 135. Ídem Caso Bulacio (cit.), párr. 205.

59. Conf. Caso Almonacid Arellano (cit.), nota 6, párr. 117; Caso «Instituto de Reeducación del Menor» (cit.), párr. 205, y Caso Bulacio (cit.), párr. 140. Véase Caso La Cantuta (cit.), párr. 170.

60. Conf. Caso Almonacid Arrellano (cit.), nota 6, párr. 118; Caso Ximenes Lopes (cit.), nota 6, párr. 83, y Caso «La Última Tentación de Cristo» (cit.), párr. 85.

61. Conf. Caso «La Última Tentación de Cristo» (cit.), nota 142, párrs. 87 a 90.

62. Conf. Caso Fermín Ramírez (cit.), nota 128, párrs. 96 a 98, y Caso Hilaire, Constantine y Benjamin y otros. Sentencia de 21 de junio de 2002. Serie C No. 94, párr. 113.

63. Conf. Caso Caesar (cit.), párrs. 91, 93 y 94.

modo anulación,[63] o la reforma[64] de las normas o prácticas que tengan esos alcances, según corresponda».[65]

C. Consecuencias del incumplimiento del deber de «reparar»

a. Deben desaparecer los efectos nocivos

Tal cual vimos —y lo que digamos vale para el derecho interno— producida la violación rebota como contrapartida la necesidad de reparar, cara y contracara de una misma moneda. Es decir originada la infracción luego tienen que «desaparecer»[66] —en la medida de lo posible— sus efectos nocivos. Esta conducta estadual —ya lo dijimos— opera desde el momento mismo en que se origina la violación de las obligaciones generales, de carácter *erga omnes* de respetar y hacer respetar —garantizar— las normas de protección y de asegurar los derechos allí consagrados.[67]

Las formas de reparar son de distinta entidad y jerarquía según los perjuicios producidos a las víctimas.[68]

b. Responsabilidad agravada. Principio de proporcionalidad.

Puede suceder que exista lo que algunos definen como una «agravación» del daño, y ello acontece cuando se advierte una falta de proporcionalidad en el uso de la fuerza gubernamental como se dio —por ejemplo— en el caso del Penal Castro Castro[69] en Perú donde fueron masacrados hombres y mujeres dentro de una prisión en un plan perfectamente organizado y premeditado entre los días 6 a 9 de mayo de 1992.[70]

---

64. Conf. Caso Almonacid Arrellano (cit.), párr. 118, y Caso Raxcacó Reyes (cit.), nota 128, párr. 87.

65. Caso La Cantuta (cit.), párr. 172. Ídem Hitters, «Los Tribunales Spranacionales» ob. cit., Punto II.B.

66. Ha puntualizado la Corte IDH que «Las reparaciones, como el término lo indica, consisten en las medidas que tienden a hacer desaparecer los efectos de las violaciones cometidas. Su naturaleza y su monto dependen del daño ocasionado en los planos tanto material como inmaterial. Las reparaciones no pueden implicar ni enriquecimiento ni empobrecimiento para la víctima o sus sucesores. En este sentido, las reparaciones que se establezcan deben guardar relación con las violaciones declaradas...», Corte IDH. Caso Acosta Calderón Vs. Ecuador. Sentencia de 24 de junio de 2005. Serie C No. 129, párr. 148, ídem Caso Caesar (cit.), párr. 122; Corte IDH. Caso Huilca Tecse Vs. Perú. Sentencia de 03 de marzo de 2005. Serie C No. 121, nota 88, párr. 88; y Corte IDH. Caso de las Hermanas Serrano Cruz Vs. El Salvador. Sentencia de 01 de marzo de 2005. Serie C No. 120, nota 2, párr. 135.

67. Conf.. Caso de la Masacre de Mapiripán (cit.), nota 7, párr. 111, y Condición Jurídica y Derechos de los Migrantes (cit.), párr. 140. Véase Corte IDH. Caso Masacre de Pueblo Bello (cit.), párr. 111, nota 187.

68. Corte IDH. Caso Bueno Alves Vs. Argentina. Sentencia de 11 de mayo de 2007, Serie C No. 164. La Corte condenó a la Argentina a pagar un total de 403.000 dólares estadounidenses, por torturas recibidas por un ciudadano uruguayo en Buenos Aires, por parte de la Policía Federal.

69. Corte IDH. Caso del Penal Miguel Castro Castro (cit.), se trató de la operación «Mudanza 1», dispuesta por el Estado (Fuyimori) contra presos del partido comunista en especial los de Sendero Luminoso, en una prisión en Perú donde murieron 42 personas y más de 175 fueron heridas y lesionadas en forma cruel e inhumana. Quedó probado que el Estado dispuso ejecuciones extrajudiciales (Párrs. 179.9 y 197) dentro mismo del penal (párr. 197.16) cuando descubrieron que los internos habían hecho túneles para comunicarse entre los pabellones.

70. Corte IDH. Caso del Penal Miguel Castro (cit.), párr. 197.40.

Tal postulado —el de proporcionalidad— se utiliza con frecuencia en el Derecho Internacional Humanitario, en particular en la hipótesis de conflictos armados,[71] para imponer limitaciones a los bandos beligerantes.[72]

En el área de los derechos humanos, y por aplicación de dicho modelo si se origina una infracción de gran lesividad como la anteriormente aludida o como las ocurridas también en Perú en la Universidad de La Cantuta,[73] la responsabilidad estadual se expande y genera reparaciones de mayor entidad. El Juez García Ramírez en su Voto Razonado emitido en dicha causa puso en evidencia con toda claridad que si se afecta a un amplio grupo de personas, o a individuos vulnerables que requieren «garantías especiales» por parte del país se produce un «agravamiento» del perjuicio y por ende se debe potenciar la cuantía de la indemnización.[74]

Expone en este sentido el citado Magistrado que «es aquí donde se expresa la apreciación que hace la Corte acerca de la entidad y la gravedad de los hechos violatorios y la naturaleza y cuantía, en su caso, de las reparaciones. A veces —aclara— se alude a una «responsabilidad agravada» del Estado cuando se tiene a la vista un panorama de violaciones particularmente reprobables. En realidad —concluye— no se puede hablar de «responsabilidad agravada», sino de hechos que determinan la responsabilidad internacional del Estado y que ameritan, por su gravedad, consecuencias más rigurosas».[75]

En suma, vale repetir que cualquier daño que se le origina a un ser humano es de por si grave sobre todo si se infringe un Tratado Internacional. Mas esa «gravedad» se multiplica —se agudiza— cuando se advierte una desproporcionalidad en la utilización de la fuerza estadual, como sucedió en el Caso del Penal Castro Castro, o en la Universidad La Cantuta, ya referidos; sale a la luz entonces un *animus agressionis* y en esas circunstancias, si bien es técnicamente discutible —como vimos— hablar de «responsabilidad agravada», cierto es que —como dice el Juez García Ramírez en el nombrado pronunciamiento— por lo menos se imponen consecuencias más rigurosas para el agresor y se potencia la modalidad de la reparación.

c. *Formas de reparación*

No será ocioso anticipar que en el aspecto de las reparaciones la Corte ha ido evolucio-

71. Corte IDH. Caso del Penal Miguel Castro (cit.), Voto Juez Cançado Trindade, párrs. 32 a 39.

72. Aunque como bien dice el Magistrado en el caso subexámine no podemos hablar de dos partes beligerantes (Caso del Penal Miguel Castro (cit.), Voto Juez Cançado Trindade, párr. 35).

73. El Caso de la Universidad La Cantuta (cit.), fue introducido por la Comisión Interamericana de Derechos Humanos el 14/02/06 y resuelto por la Corte el 29/11/06. Fueron afectados un Profesor y varios estudiantes y familiares, por el secuestro de las víctimas sucedido en una Universidad —La Cantuta (Lima)— en 1992, por el ejército. Algunas han sido ejecutadas sumariamente. En el año 2001, ante la Comisión Perú reconoció su responsabilidad y prometió reparación. En el año 2005 la Comisión en su Informe otorgó 2 meses al Estado para dar cumplimiento a sus Recomendaciones. La Comisión ante el reiterado incumplimiento sometió el caso a la Corte el 14 de febrero del año 2006. El Estado se allanó a los hechos pero les asignó otras consecuencias jurídicas, y aclaró que el allanamiento era parcial, pues reconoció la ejecución extrajudicial de solo 3 víctimas y el secuestro de otros y la desaparición forzada de otras 3 personas (todo esto en la época de Fujimori).

74. Corte IDH. Caso La Cantuta (cit.), Voto Juez García Ramírez, párr. 22.

75. Corte IDH. Caso La Cantuta (cit.), Voto Juez García Ramírez, párr. 22.

nando «progresivamente»[76] ya que en los primeros casos, por ejemplo en el legendario Velázquez Rodríguez,[77] este deber se cumplía con la indemnización a la víctima y a los familiares. Sin embargo el Tribunal luego fue advirtiendo que no era suficiente con la satisfacción pecuniaria, y por ende le exigió a los países una actividad más intensa, más contundente como por ejemplo, la supresión de normas y prácticas infractoras a la Convención;[78] y en caso de vacío normativo, el dictado de preceptos y el desarrollo de prácticas a favor de las víctimas. También en algunas situaciones le mandó al Estado a «pedir perdón»[79] o disculpas públicas a los afectados,[80] o a dictar medidas educativas y cursos sobre derechos humanos,[81] o a edificar monumentos,[82] o a prohibir la pena de muerte,[83] o a evitar la discriminación por género,[84] etc.

76. La «progresividad» (art. 26 del Pacto de San José) es una característica del Derecho Internacional de los Derechos Humanos, como bien lo ha puesto de manifiesto la Corte IDH, tal cual lo hace notar Pedro Nikken («La protección internacional de los derechos humanos. Su desarrollo progresivo», Instituto Interamericano de Derechos Humanos, Civitas, 1987, pág. 309; ídem Hitters, Juan Carlos, «Derecho internacional de los Derechos Humanos», Tomo I, Ediar, 1999, pág. 25).

77. Corte IDH. Caso Velásquez Rodríguez Vs. Honduras. Sentencia de 29 de julio de 1988. Serie C No. 4

78. Corte IDH. Caso La Cantuta (cit.), párr. 172. Conf. Caso Almonacid Arrellano (cit.), nota 6, párr. 118; Corte IDH. Caso Ximenes Lopes Vs. Brasil. Sentencia de 4 de julio de 2006. Serie C No. 149, nota 6, párr. 83, y Caso «La Última Tentación de Cristo» (cit), párr. 85.

79. Corte IDH. Caso La Cantuta (cit), Voto Juez García Ramírez, párrs. 24 a 30. Destaca el Magistrado que la solicitud de perdón a raíz de una gravísima falta implica la puesta en marcha de un valor ético específico para quién la formula y para quien la recibe «...En términos generales, la petición de perdón a raíz de una falta grave reviste un valor ético específico para quien la formula y para quien la recibe. En estos casos, quien la expresa no es —aunque pudiera ser, en algunas ocasiones— la persona que cometió el agravio. Se trata de una manifestación que posee carácter formal, más bien que sustancial. Es el Estado, a través de un agente suyo, quien pide perdón por la conducta ilícita perpetrada por otro agente del Estado. Este es el sujeto directamente responsable —desde el punto de vista moral, además de jurídico—; en cambio, aquél es extraño a los hechos, se halla vinculado al proceso por la investidura que ostenta, no por la culpa que tiene, y es ajeno a los profundos sentimientos, al íntimo dolor, a la grave alteración que los hechos provocaron en la víctima...». (párr. 27).

80. Corte IDH. Caso Masacre de Pueblo Bello (cit.), párr. 296.14.

81. En el Caso de la Masacre de Mapiripán (cit), párr. 316, la Corte ha reiterado continuamente la necesidad de la «educación» en materia de derechos humanos. En el tantas veces citado Caso La Cantuta vs. Perú, luego de condenar al Estado señaló que como consecuencia de la infracción el país «...deberá adoptar medidas tendientes a formar y capacitar a los fiscales y jueces, incluidos aquéllos del fuero penal militar, en cuanto a los estándares internacionales en materia de protección judicial de derechos humanos. Para ello, el Estado deberá implementar, de igual manera, en un plazo razonable, programas permanentes de educación en derechos humanos dirigidos a aquellos funcionarios» (Párr. 241)... «Dentro de dichos programas se deberá hacer especial mención a la presente Sentencia y a los instrumentos internacionales de derechos humanos» (párr. 242)... «Como ya lo ha señalado la Corte en oportunidades anteriores, las costas y gastos están comprendidos dentro del concepto de reparación consagrado en el artículo 63.1 de la Convención Americana, puesto que la actividad desplegada por las víctimas con el fin de obtener justicia, tanto a nivel nacional como internacional, implica erogaciones que deben ser compensadas cuando la responsabilidad internacional del Estado es declarada mediante una sentencia condenatoria. En cuanto a su reembolso, corresponde al Tribunal apreciar prudentemente su alcance, el cual comprende los gastos generados ante las autoridades de la jurisdicción interna, así como los generados en el curso del proceso ante el sistema interamericano, teniendo en cuenta las circunstancias del caso concreto y la naturaleza de la jurisdicción internacional de la protección de los derechos humanos. Esta apreciación puede ser realizada con base en el principio de equidad y tomando en cuenta los gastos señalados por las partes, siempre que su quantum sea razonable» (párr. 243.)

82. Véase sobre esta problemática el trabajo de Manuel Ventura Robles «Estudios sobre el sistema interamericano de protección de los derechos humanos», Editorama S.A., Costa Rica, año 2007, págs. 371 a 412. Ídem Corte IDH. Caso de la Masacre de Mapiripán (cit), párr. 335.12. En el citado caso Castro Castro, y en el ámbito de las llamadas reparaciones simbólicas, la Corte ordenó que dentro del término de un año a partir de la publicación del fallo, todas las víctimas del lamentable suceso carcelario ya aludido, estén representadas en un monumento llamado «Ojo que llora» de Lica Mutal, enclavado en Lima (Puntos Resolutivos 12 y 17).

83. Corte IDH. Caso Raxcacó Reyes Vs. Guatemala. Sentencia de 15 de septiembre de 2005. Serie C No. 133, párr. 31.

84. Corte IDH. Caso del Penal Miguel Castro Castro (cit.), Voto Juez Cançado Trindade, párr. 8.

En la mayoría de los casos ese cuerpo regional ha sancionado a los Estados por la infracción al debido proceso en el ámbito penal (art. 8 del Pacto de San José) área que ofrece un amplio conjunto de garantías supranacionales. Empero como es por demás conocido también ha castigado a los países cuando se producen infracciones «no penales» en cuanto resulten practicables y pertinentes algunas garantías concebidas y elaboradas para el proceso criminal, cuando ello se observa especialmente en el ámbito administrativo —por ejemplo— si el trámite culmina en sanciones que no son propiamente penales pero que implican en definitiva una expresión del poder punitivo del Estado.[85]

En el enjuiciamiento internacional la Corte IDH se ocupa de hacer cumplir los pactos internacionales, mas como reiteradamente lo ha dicho no se encarga de sancionar al Estado, como en el derecho penal interno.

Se trata en puridad de verdad de dos ámbitos de actuación —si bien concéntricos— totalmente diferentes ya que la jurisdicción trasnacional es mucho menos formalista y aprecia las pruebas con gran amplitud.

Como dice García Ramírez, la Corte no efectúa apreciaciones que competen exclusivamente a los Tribunales domésticos, como pudieran ser las correspondientes a la eficacia de las pruebas admisibles para demostrar hechos sujetos a la consideración de aquellos,[86] o a la aplicación del principio *in dubio pro reo*. Ya hemos visto que el derecho internacional es «subsidiario» y por ende la Corte «... no tiene competencia para reemplazar al juez nacional para decidir si las circunstancias en que se absolvió a unos y se condenó a otros eran exactamente iguales y merecían el mismo tratamiento, y que, por lo tanto, no ha sido suficientemente acreditada la existencia de una violación del artículo 24 de la Convención...».[87]

d. Efectos del reconocimiento de la responsabilidad del Estado

Como sucede en el derecho interno, no siempre la admisión de la responsabilidad por parte del ofensor implica el cese de los efectos de la violación.[88] En el Caso Acevedo Jaramillo contra Perú, pese a que el Gobierno admitió ante la Comisión Interamericana la falta de acatamiento de los deberes convencionales, la Corte IDH hizo notar con mucho énfasis que sólo con ello no puede cerrar el caso ya que depende de una valo-

85. García Ramírez, Sergio, «Elementos del debido proceso en la jurisprudencia interamericana de derechos humanos», Instituto Iberoamericano de Derecho Procesal, Revista Iberoamericana de Derecho Procesal N°9, Buenos Aires, 2006, pág. 46.

86. Corte IDH. Caso Lori Berenson Mejía Vs. Perú. Sentencia de 25 de noviembre de 2004. Serie C No. 119, párr. 174.

87. Corte IDH. Caso De la Cruz Flores Vs. Perú. Sentencia de 18 de noviembre de 2004. Serie C No. 115. Ídem García Ramírez, «Elementos del debido proceso...», ob. cit., pág. 83.

88. El artículo 53.4 del Reglamento de la Corte dispone que «si el demandado comunicare a la Corte su allanamiento a las pretensiones de la parte demandante y a las de los representantes de las presuntas víctimas, sus familiares o representantes, la Corte, oído el parecer de las partes en el caso, resolverá sobre la procedencia del allanamiento y sus efectos jurídicos. En este supuesto, la Corte procederá a determinar, cuando fuere el caso, las reparaciones y costas correspondientes».

ración que ella misma realice.[89] Siempre ha sostenido que en el ejercicio de su función contenciosa aplica e interpreta el Pacto de San José y por ende cuando un asunto ha sido sometido a su campo de actuación queda potenciada para declarar condenas por infracciones a la Convención;[90] y podrá si lo considera pertinente «... determinar si el reconocimiento de responsabilidad internacional efectuado por un Estado demandado ofrece una base suficiente, en los términos de la Convención Americana, para concluir el procedimiento o si es preciso llevar adelante el conocimiento del fondo y determinar eventuales reparaciones y costas. Para estos efectos, el Tribunal analizará la situación planteada en cada caso concreto».[91]

Por ejemplo el 22 de noviembre de 2005, en el Caso Gómez Palomino vs. Perú donde se ventiló la problemática de la desaparición forzada de personas, el gobierno demandado admitió su responsabilidad respecto de la infracción a la integridad personal[92] (artículo 5° del Pacto antes citado) aludiendo sólo a algunas de las víctimas del suceso; sin embargo no hizo lo mismo con relación a otras, por lo que terminó condenando por las no incluidas en el allanamiento.[93]

Va de suyo que —repetimos— los legitimados activos para obtener las reparaciónes son las propias víctimas, es decir, los afectados directos, sin embargo también los indirectamente perjudicados pueden asumir aquella aptitud en el proceso internacional dado que sus familiares o sus representantes están en condiciones de invocar derechos distintos de los comprendidos en la actuación principal.[94]

La Corte ha puntualizado en reiteradas oportunidades[95] que —por ejemplo— se puede afectar el derecho a la integridad psíquica y moral de los parientes con motivo del sufrimiento adicional que han padecido como producto de las circunstancias

89. Corte IDH. Caso Acevedo Jaramillo y otros Vs. Perú. Sentencia de 7 de febrero de 2006. Serie C No. 144, párrs. 169 y 173.

90. Conf. Caso Vargas Areco. Sentencia de 26 de septiembre de 2006. Serie C No. 155, párr. 42; Caso Servellón García y otros. Sentencia de 21 de septiembre de 2006. Serie C No. 152, párr. 52; y Caso Ximenes Lopes. Sentencia de 4 de julio de 2006. Serie C No. 149, párr. 61. Ídem Caso Penal Castro Castro (cit.), párr. 131.

91. Corte IDH. Caso Penal Castro Castro (cit.), párr. 132.

92. Corte IDH. Caso Gómez Palomino (cit.), Párrs. 12, 14 y 30.

93. Corte IDH. Caso Gómez Palomino (cit.), Párrs. 58 a 68.

94. Dijo ese Tribunal que «el artículo 5.1 de la Convención Americana dispone que: toda persona tiene derecho a que se respete su integridad física, psíquica y moral... Antes de entrar al análisis de la presunta violación del artículo 5 de la Convención Americana, es necesario indicar que aunque la Comisión Interamericana no alegó la violación de este artículo en perjuicio de las hermanas y hermano del señor Gómez Palomino, la Corte ha establecido que las presuntas víctimas, sus familiares o sus representantes, pueden invocar derechos distintos de los comprendidos en la demanda de la Comisión, sobre la base de los hechos presentados por ésta (Conf. Caso de las Niñas Yean y Bosico, supra nota 9, párr. 181; Caso YATAMA, nota 8, párr. 183, y Caso De la Cruz Flores. Sentencia de 18 de noviembre de 2004. Serie C No. 115, párr. 122.)». Véase Caso Gómez Palomino (cit.), Párrs. 58 a 68.

95. Conf. Caso de la Masacre de Mapiripán, supra nota 1, párrs. 144 y 146; Caso de las Hermanas Serrano Cruz. Sentencia de 1 de marzo de 2005. Serie C No. 120, párrs. 113 y 114, y Caso 19 Comerciantes. Sentencia de 5 de julio de 2004. Serie C No. 109, párr. 210. Véase Caso Gómez Palomino (cit.), nota 51.

particulares de la violación perpetrada contra sus seres queridos y como consecuencia de las posteriores actuaciones u omisiones de las autoridades estatales frente a los hechos.[96]

e. Revisión de la cosa juzgada. Ne bis in idem

Tal es la fuerza que le ha dado la jurisprudencia internacional a la infracción a los derechos humanos por incumplimiento por parte del Estado de las obligaciones convencionales, que ha admitido inclusive la posibilidad de romper uno de los postulados fundamentales del debido proceso, no ya en beneficio sino en perjuicio de quién ha sido absuelto en un pleito penal, como lo es la regla del *ne bis in idem.*

Sobre esta problemática nos remitimos a un trabajo anterior donde hemos hecho algunas referencias a lo sucedido en el derecho argentino.[97]

Puso en claro la Corte IDH que la figura de la *res judicata* no resulta aplicable cuando el procedimiento culmina con el sobreseimiento de la causa o la absolución del responsable de que una violación, constitutiva de una infracción al derecho internacional, si se ha sustraído al acusado de su responsabilidad penal o cuando el procedimiento no fue tramitado de manera imparcial o independiente con arreglo a las debidas garantías procesales.[98]

Una sentencia pronunciada en las circunstancias indicadas produce una cosa juzgada «aparente» o «fraudulenta».[99]

Resultará baladí hacer ver que tales postulados que permiten la alteración de la *res judicata* son enteramente válidos en el derecho comparado, y también en el argentino interno desde antiguo.[100]

96. Véase Caso Gómez Palomino (cit.), párr. 60.

97. Hitters, «Los Tribunales Supranacionales», ob. cit., Apartado II.E. En el Caso Bulacio (cit.) expresó la Corte IDH siguiendo sus precedentes que son inadmisibles las disposiciones sobre prescripción o de cualquier otro obstáculo de derecho interno (párr. 116) mediante los cuales se pretenda impedir la investigación (arts. 1.1, 2 y 25 del Pacto de Costa Rica). Ninguna disposición de la legislación doméstica puede impedir el cumplimiento de las obligaciones del Estado en cuanto a investigar y sancionar a los responsables (párr. 117) ni obstaculizar decisiones de órganos internacionales ... se ha configurado —añadió—, un caso de impunidad por lo que el Estado debe concluir la investigación e informar sobre sus avances (párrs. 119 y 191)». El máximo Tribunal Federal Argentino acató la sentencia de la Corte de marras. Véase Hitters (cit.) nota 88.

98. Corte IDH. Caso La Cantuta (cit.), párr. 153. Criterio que la Corte IDH venía manejando desde antiguo por ejemplo en el Caso Barrios Altos (cit.).

99. Corte IDH. Caso La Cantuta (cit.), párr. 153. Conf. Caso Almonacid Arellano y otros, nota 6, párr. 154; Caso Gutiérrez Soler. Sentencia de 12 de septiembre de 2005. Serie C No. 132, párr. 98, y Caso Carpio Nicolle y otros. Sentencia de 22 de noviembre de 2004. Serie C No. 117, párr. 131.

100. Hitters «Revisión de la cosa juzgada» Segunda Edición. Editora Platense. Con colaboración de Manuel Hernández, 2001, págs. 187 y sig.

IV. Conclusiones sobre la responsabilidad del Estado, el proceso «canguro» y la defensa en juicio

Buscando resumir lo hasta aquí expresado, importa reiterar que uno de los tópicos que nos ha parecido importante para traer a colación en esta breve reseña, es el de la responsabilidad del Estado en el marco de la Convención Americana, que si bien viene siendo abordado desde antiguo en la jurisprudencia interamericana ha adquirido relevancia en los últimos tiempos en las situaciones de daños producidos a una población entera o a un conjunto de habitantes, que la Corte Interamericana le ha dado el calificativo de «masacres».

Tal cual quedó dicho, puntualizó desde siempre el Tribunal que la responsabilidad internacional de los Estados, en el marco del Pacto de San José, nace en el momento de la violación de las obligaciones generales, de carácter *erga omnes*, de respetar y hacer respetar —garantizar— las normas de protección y de asegurar la efectividad de los derechos allí consagrados en toda circunstancia y respecto de toda persona, aludidos en los artículos 1.1 y 2 del referido documento internacional.

Cabe repetir que esa consecuencia nace de actos u omisiones de cualquier poder u órgano estadual, independientemente de su jerarquía, como así también de ciertos particulares, que violen los tratados.

En este cuadrante la Corte ha sido clara en señalar que en tales supuestos, para establecer que se ha originado una violación de los derechos consagrados en el Pacto en cuestión no es necesario determinar, como sucede en el ámbito criminal interno —recordemos que no estamos en el campo del derecho penal— la culpabilidad de sus autores o su intencionalidad y tampoco es preciso identificar a los agentes a los cuales se atribuyen las infracciones. Es suficiente que exista una obligación del Estado que haya sido incumplida.

Como vimos, la jurisprudencia que venimos citando ha puesto énfasis en señalar que la responsabilidad aludida también puede tener como fuente los excesos incurridos por terceros o particulares, ello así considerando la obligación estadual de garantizar las libertades de los individuos que surge del artículo primero de la Convención Americana.

Todo esto deviene —obviamente— de la necesidad de prevenir y de investigar derivadas del deber de garantía y de las obligaciones *erga omnes* de protección. Se produce aquí en verdad una bipolaridad entre los deberes de «investigar» y de «acatar» los derechos humanos.

Hemos buscado explicar que ese organismo interamericano ha hecho funcionar el postulado de los frenos y contrapesos, destacando que si bien el Estado es siempre el legitimado pasivo en este tipo de pleitos, debe permitírsele, antes de que el asunto pase las fronteras domésticas y entre en el ámbito supranacional, que pueda cumplir con las obligaciones pertinentes (agotamiento de los recursos internos). En ese sentido también ha dejado en claro que no puede responsabilizarse a los países de cualquier violación acaecida en su jurisdicción frente a los hechos de los particulares, pues los deberes estatales se encuentran condicionados a una «situación de riesgo real e inmediato» para un individuo o grupo de individuos determinado, y a las posibilidades «razonables» de prevenir o evitar el riesgo.

No obstante ello, creemos de contundencia observar que en el campo del Derecho Penal Internacional la pirámide parece invertirse en cuanto a la legitimación de los individuos ya que allí éstos, al gozar de personalidad jurídica internacional, al igual que el Estado, pueden ser sancionadas por delitos graves, como los de lesa humanidad, genocidio, etc.

Se advierte una interrelación entre la disciplina que venimos abordando desde el inicio y esa última, pues aquí las personas no sólo tienen derechos sino también deberes y el incumplimiento de los mismos puede originar para ellos una sanción penal internacional.[101]

Vale la pena hacer ver que ambas ramas jurídicas combaten a la impunidad, cada una a su modo. El Derecho Internacional de los Derechos Humanos determina el deber de reparar y el *quantum* y modo de las obligaciones consecuentes; mientras que el Derecho Penal Internacional impone sanciones individuales a los infractores, las que no pueden ser bloqueadas por el *statute of limitations*[102] que sí opera en el sistema interno (como sucedió en los ya citados casos Barrios Altos y Bulacio, entre otros).[103]

Recordemos también —y esto es muy importante— la responsabilidad que tienen los magistrados judiciales de cumplir a cabalidad con los tratados internacionales —y en especial con el debido proceso, para evitar que se configure el que hemos llamado *proceso «canguro»*— aún contradiciendo a su derecho interno (artículo 27 de la Convención de Viena sobre el referido Derecho de los Tratados), y de controlar a los demás poderes, ya que aquéllos tienen prioridad sobre éste.

Otro de los puntos sobre los que hemos puesto la pica en Flandes es el referido a las formas de reparación, pues como vimos no es suficiente con la simple indemnización a las víctimas o a sus familiares, sino que en los últimos tiempos la Corte ha impuesto la obligación estadual de suprimir las normas y prácticas infractoras a la Convención y en caso de vacío normativo le impuso el dictado de preceptos y el desarrollo de prácticas en favor de las víctimas (no basta con «no hacer», a veces hay que «hacer»). No nos olvidemos que en algunas circunstancias ese Tribunal le mandó a los gobiernos a pedir perdón o disculpas, a dictar medidas educativas, a edificar monumentos, a evitar la pena de muerte, prohibir la discriminación por género, etc.[104]

101. Corte IDH. Goiburú y otros (cit.), Voto Juez Cançado Trindade, párrs. 30, 34, 46 y sig.

102. Por ejemplo, la cosa juzgada o la prescripción.

103. Corte IDH. Goiburú y otros (cit.), Voto Juez Cançado Trindade, párrs. 30, 34, 46 y sig. 44 y 45.

104. Sobre esta temática véase Gelli, María Angélica, «Las reparaciones simbólicas por violación Estatal de los Derechos Humanos (A propósito del caso Castro Castro vs. Perú)», en Suplemento La Ley, 15 de marzo de 2007, págs. 67 a 75.

Finalmente vale traer a colación que la jurisprudencia analizada ha enfatizado que muchas veces los afectados indirectos, es decir, en algunas situaciones las propias víctimas primarias, sus familiares o sus representantes pueden invocar derechos distintos de los comprendidos en la actuación principal, como por ejemplo —ha dicho la Corte— si se trasgredió el derecho a la integridad física y moral de estos últimos a causa del sufrimiento adicional originado, por ejemplo, por la violación perpetrada en contra de sus seres queridos.[105]

No quiero concluir esta reseña jurisprudencial sin reiterar la necesidad de que los tres poderes estatales paren mientes en estas aleccionadoras sentencias de la Corte regional y que en consecuencia capaciten debidamente a sus representantes para prevenir la responsabilidad internacional, a fin de no darle la razón a aquella famosa y humorística frase —¿quizá chistosa?— de Séneca cuando decía que «los funcionarios del Estado son como los libros de una biblioteca: los que están en los lugares más altos son los que menos sirven».[106]

Al final volvemos al principio: en la jurisprudencia internacional, el que «rompe» (aunque sea el Estado) «paga» (debe reparar de diversos modos).

105. Véase Punto I. C. y nota 58 del presente trabajo.

106. No hace mucho la Corte Suprema de la Nación Argentina ha reiterado, en este marco, el deber que tiene el Estado de «garantizar» —por ejemplo— el derecho al recurso (art. 8.2.h del Pacto de San José y 14.5 del Pacto de Derechos Civiles y Políticos), sobre el particular puede verse C.1787 XL «Cardozo, Gustavo Fabián s/ Recurso de Casación», fallo del 20 de junio de 2006.

La conclusión del Tratado de Lisboa: avances y concesiones en materia de cooperación judicial penal[1]

Mar Jimeno Bulnes.
Catedrática de Derecho Procesal de la Universidad de Burgos
Magistrada suplente de la Audiencia Provincial de Burgos

I. Introducción

A la fecha de redacción de estas líneas acaba de tener lugar la ratificación española del Tratado de Lisboa mediante LO 1/2008 de 30 de julio.[2] Con ello España se suma a la cola de aquellos Estados Miembros que ya han procedido a cumplir con el propósito dispuesto en el artículo 6 de dicho tratado a fin de procurar su entrada en vigor el 1 de enero de 2009 (o, en su defecto, en fecha posterior); así nuestro país sigue la estela de Hungría, Eslovenia, Malta, Francia, Bulgaria...[3] a la espera de que la aplicación del Tra-

---

1. El presente trabajo es resultado de sendos proyectos de investigación financiados, respectivamente, por el Ministerio de Educación y Ciencia y el FEDER bajo el título «La construcción del espacio judicial europeo: presente y futuro en el ámbito procesal civil y procesal penal» (SEJ2006-02180) y la Junta de Castilla y León rubricado «Justicia *versus* seguridad en el espacio judicial europeo: orden de detención europea y garantías procesales» (BU017A07). Así también se enmarca dentro de la estancia de investigación realizada en la Universidad de Edimburgo en calidad de profesora invitada (*visitor professor*) durante los meses de julio y agosto de 2008 subvencionada por la Universidad de Burgos; desde aquí mi especial agradecimiento a Bill Gilmore, profesor anfitrión, así como a Massimo Fichera.

2. Ley Orgánica por la que se autoriza la ratificación por España del Tratado de Lisboa por el que se modifican el Tratado de la Unión Europea y el Tratado constitutivo de la Comunidad Europea firmado en la capital portuguesa el 13 de diciembre de 2007 (BOE de 31 de julio de 2008, nº 184, pp.32819-32825).

3. En orden cronológico, 17 de diciembre de 2007 para Hungría, 30 de enero de 2008 para Eslovenia y Malta, 4 de febrero de 2008 para Rumania, 13 de febrero de 2008 para Francia, 21 de marzo de 2008 para Bulgaria ... *Vid.* OBENDORFF, H. «Le Traité de Lisbonne: une sortie de crise pour l'Union européenne ou plus?», *Revue du Droit Public et de la Science politique en France et à l'étranger* 2008, nº 3, pp.774-786, esp.p.784. Un cuadro con el estado de ratificaciones en cada país se encuentra en el sitio Internet http://europa.eu/lisbon_treaty/countries/index_es.htm (último acceso para esta y restantes páginas web el día el día 25 de agosto de 2008); a la fecha y además del caso irlandés sólo se encuentra aún pendiente de aprobación y/o ratificación el Tratado de Lisboa en la República checa y Suecia, casualmente los países identificados ya como «euro-escépticos» según advirtió en su día SHAW, J. «Resucitation, long-term hibernation or death», conferencia pronunciada en Malta el 21 de diciembre de 2006, p.1, disponible en http://

tado de Lisboa preceda la convocatoria de elecciones al Parlamento Europeo en junio de 2009. Particular como es sabido ha sido el caso irlandés, único país necesitado de referéndum popular con resultado negativo a la fecha de 12 de junio de 2008 (53,4% a favor del No frente al 46,6% a favor del Sí)[4] y que provoca como consecuencia la evidente incertidumbre en la trayectoria europea, situación esta a discutir de modo particular en el próximo Consejo Europeo de 15 de octubre de 2008.[5]

De esta forma continúa abierto el debate sobre el Tratado de Lisboa y es previsible que el mismo continúe en los próximos meses pues al día de hoy ya se anuncian posibles dificultades en Polonia y la República checa.[6] Debate que no es de extrañar pues su propio nacimiento tiene lugar en el seno de las vacilaciones causadas por el fracaso de la breve experiencia constitucional europea y es resultado de las concesiones realizadas entre los propios Estados Miembros a fin de salvar la mayor cantidad posible del contenido constitucional.[7] Ello provoca sin duda perjuicios a la homogeneidad y uniformidad de su articulado y, lo que es más importante, de los propios objetivos a alcanzar por la propia Unión Europea. De ahí la preocupación que se advierte ante el respaldo jurídico de una futura Europa «a la carta»[8] a tenor del texto firmado el pasado 13 de diciembre de

---

http://www.fedtrust.co.uk (menú *European, EU Constitution, The Constitutional Treaty on 2007*). Dicha página oficial de la institución británica *Federal trust for education&research* contiene amplia información y publicaciones online en la materia aquí objeto de estudio.

Particular ha sido el caso francés en exigencia de revisión constitucional mediante la Ley nº 2008-103 de 4 de febrero (*Journal Officiel* de 5 de febrero de 2008) modificando el título XV comprendido por los arts.88-I a 88-7, con mención ahora explícita el primero del nuevo texto europeo, quizás queriendo ahora dar ejemplo Francia ante el anterior resultado negativo del referéndum constitucional. Ello fue resultado de la decisión adoptada al respecto por el *Conseil Constitutionnel* nº 2007-560 DC de 20 de diciembre de 2007 en resultado del preceptivo control de constitucionalidad y toda vez denegada cualquier posible fuerza de cosa juzgada a la anterior decisión constitucional nº 2004.505 DC de 19 de noviembre de 2004 en relación con la ratificación del entonces Tratado por el que se establece la Constitución Europea (en adelante TeCE), solución que fue propuesta ante la semejanza de ambos textos. Al respecto, ROUX, J. «Le Conseil constitutionnel et le contrôle de constitutionnalité du Traité de Lisbonne: bis repatita?: a propos de la decisión nº 2007-560 DC du 20 décembre 2007», *Revue Trimestrielle de Droit Européen* 2008, nº 1, pp.5-27.

4. Datos obtenidos en los diarios de prensa del día siguiente y a la fecha por ejemplo en ULR http://www.elpais.com/articulo/internacional/Irlanda/dice/Tratado/Lisboa/elpepuint/20080613elpepuint_13/Tes

5. Conclusión nº 5 de la Presidencia del Consejo Europeo de Bruselas celebrado el pasado 19 y 20 de junio de 2008, documento nº 11018/08 disponible en la página oficial del Consejo Europeo http://www.consilium.europa.eu (menú Consejo, Consejo Europeo, Conclusiones de la Presidencia). A la fecha en que se redactan estas líneas se viene discutiendo la posibilidad de celebrar en Irlanda un segundo referéndum tras la celebración de las elecciones al Parlamento Europeo, esto es hacia septiembre u octubre de 2009; así pueden consultarse por ejemplo las páginas de *euractiv* (http://www.euractiv.com/en/future-eu/irish-eu-treaty-referendum/article-172508) y *euobserver* (http://euobserver.com/18/26565)

6. Véase la noticia a este respecto en anterior página web de *euractiv* a fecha de 25 agosto de 2008.

7. Por ello la gráfica expresión de «rescate constitucional» empleada, por ejemplo y entre otros, en Laso Pérez, J. día 18 de agosto de 2008) «La actividad de la Unión Europea durante el año 2007: la adopción del Tratado de Lisboa y el rescate del Tratado constitucional», *Revista General de Derecho Público* 2008, nº 2, http://www.iustel.com

8. Otros prefieren hablar de una Europa a varias velocidades; así, Carrera, S. y Geyer, F. «El Tratado de Lisboa y un espacio de libertad, seguridad y justicia: excepcionalismo y fragmentación en la Unión Europea», *Revista de Derecho Comunitario Europeo* 2008, nº 29, pp.133-162, esp.p.157 al igual que Lirola Delgado, I. «La cooperación judicial en materia penal en el Tratado de Lisboa: ¿un doble proceso de comunitarización y consolidación a costa de posibles frenos y fragmentaciones?», *Revista General de Derecho Europeo* 2008, nº 16, http://www.iustel.com, p.24.

2007 bajo la rúbrica de Tratado de Lisboa, en modificación de los anteriores Tratados de la Unión Europea y constitutivo de la Comunidad Europea.[9]

No es momento ni propósito ahora de este trabajo el abordar un examen completo de tales reformas emprendidas por el Tratado de Lisboa pues ya es abundante la literatura existente al respecto la que analiza con profundidad y certeza los avances que representa dicho tratado en el camino de la Unión Europea.[10] Se pretende sin embargo, tras una inicial exposición de los antecedentes del nuevo tratado así como de los caracteres generales de la reforma en cuanto trámite necesario para comprender el nacimiento de esta Europa fragmentada, incidir en una de las materias especialmente sensible a las novedades aportadas por el Tratado de Lisboa y donde en mejor medida se cumple la máxima anunciada; esta es la relativa al llamado Espacio de Libertad, Seguridad y Justicia (ELSJ) y dentro del mismo, en particular en relación con la cooperación judicial penal. Aquí es donde se avanza y retrocede al mismo tiempo en comparación con el marco jurídico europeo ahora existente, dadas las necesarias concesiones que han de realizarse a favor de determinados países a fin de lograr una Europa común que luego a la postre no es tal.

II. Antecedentes y aproximación general

Sin duda el Tratado de Lisboa es resultado del referéndum negativo operado consecutivamente en Francia (29 de mayo de 2005) y Holanda (1 de junio de 2005) respecto de la ratificación del Tratado por el que se establece una Constitución para Europa (TeCE)

Una interesante distinción entre los posibles modelos de integración europea se realiza por Villarino, C. «Reflexiones sobre la reforma de la Unión Europea», *Revista de Estudios Europeos* 2007, nº46-47, pp.13-29, esp.p.28 y así la diferenciación entre el modelo de «varias velocidades» (con los mismos objetivos pero con distintos plazos, como es el caso de la Unión Económica y Monetaria), el modelo de «geometría variable» (con distintos grupos de Estados en distintos ámbitos, como es el caso del espacio Schengen) y el modelo «a la carta», resultado de la combinación de los anteriores y a juicio del autor el más peligroso por ser fuente de ineficacia y disgregación.

9. DOUE de 17 de diciembre de 2007, nº C 306. Una versión consolidada es publicada en el DOUE de 9 de mayo de 2008, nº C 115, que es la ahora manejada con carácter general. La rúbrica inicial de Tratado de Reforma es modificada en homenaje a la ciudad anfitriona.

10. A modo de ejemplo en el capítulo de monografías puede citarse los comentarios al mismo coordinados por Martín y Pérez de Nanclares J.M. (coord.) *El Tratado de Lisboa: la salida de la crisis constitucional*, Iustel, Madrid 2008, resultado de las Jornadas celebradas por la Asociación Española de Profesores de Derecho Internacional y Relaciones Internacionales (AEPEDIRI) muy útil como base para analizar todo el proceso *ex ante* y futuro del Tratado de Lisboa al igual que cada una de las reformas realizadas en el mismo. Así también entre la bibliografía extranjera Angel, B. y Chaltiel-Terral, CH. *Quelle Europe après le Traité de Lisbonne,* L.G.D.J./Bruylant, París/Bruselas, 2008; Baruffi, M.C. *Dalla Costituzione europea al Trattato di Lisbona*, CEDAM, Padova 2008; Fischer, K.H. *Der Vertrag von Lissabon*, NomosVerlag, Baden-Baden 2007; Priollaud, F.X. y Sirytzkl, D. *Le Traité de Lisbonne,* La documentation française, Paris 2008.

Igualmente pueden destacarse algún número monográfico de publicación periódica como la realizada, a título de ejemplo, en *Maastricht Journal of European and Comparative Law* 2008, nº 1, bajo el título común *Symposium: first reflections on the treaty of Lisbon* o publicaciones institucionales al respecto tales como las del Instituto Europeo de Florencia (http://cadmus.iue.it/dspace/handle/1814/1940) y del *Institute of International & European Affaire* (http://www.iiea.com/publicationstest.php). Incluso pueden encontrarse publicaciones a título personal *online* como la realizada por el europarlamentario danés Bonde, J.P. *From EU Constitution to Lisbon Treaty,* disponible en ULR http://www.bonde.com/index.php/bonde_uk/article/C355/

firmado en Roma el 29 de octubre de 2004.[11] Ello dio lugar a la famosa crisis constitucional seguida de un período de reflexión en el seno del Consejo Europeo donde tuvo lugar la discusión de diversas alternativas, finalizado el cual se optó por dar «marcha atrás» en el proyecto constitucional y por volver al procedimiento clásico de reforma de los tratados. De todo ello trae causa precisamente el Tratado de Lisboa con el claro objetivo de «rescatar» la mayor parte posible del contenido del anterior texto constitucional.

1. El rescate constitucional y la adopción de un «mini-tratado»

Los antecedentes del Tratado de Lisboa se remontan sin duda al propio origen del Tratado constitucional pues no en vano propósito esencial del primero es emprender «la reforma de la reforma» (*die Reform der Reform*).[12] Recuérdese así la convocatoria de un debate «más amplio y profundo sobre el futuro de la Unión Europea» realizada por la propia Conferencia Intergubernamental (CIG) del año 2000 en Niza[13] y que dio posteriormente lugar a la Declaración de Laeken sobre el futuro de la Unión Europea (2001),[14] donde ya era propuesta la redacción de un único texto constitucional en simplificación de los actuales tratados así como se planteaban los principales retos y ventajas de dicho proceso constitucional.[15] Al tiempo tuvo lugar la convocatoria por vez primera de una Convención bajo la presidencia de *Valery Giscard'Estaing* y con participación de los representantes de los Estados miembros así como del Parlamento Europeo, parlamentos nacionales y Comisión Europea, la cual concluye sus trabajos en julio de 2003 presentando el aludido proyecto de tratado constitucional.[16]

La principal cuestión ya entonces objeto de discusión atendía a la naturaleza jurídica de dicho tratado constitucional y así su carácter de constitución o tratado, resultando

11. DOUE de 16 de diciembre de 2004, nº C 310. No obstante y pese a tal resultado negativo, el tratado constitucional continúo el procedimiento de ratificación que culminó en 18 países, bien por vía parlamentaria o por vía de referéndum como el caso de España (20 de febrero de 2005) además de Luxemburgo (10 de julio de 2005), sin olvidar los dos nuevos Estados miembros, Bulgaria y Rumania, cuya ratificación se incorporó al Tratado de adhesión firmado el 25 de abril de 2005. Más ampliamente, Laso Pérez, op.cit., pp.10-11 y, con datos cronológicos de los procedimientos de ratificación en cada país, Obendorff, op.cit., p.775.

12. Philipp, J. «Der Vertrag von Lissabon: Grundlegende Verfassungsurkunde der Europäischen Rechtsgemeinschaft oder technischer Änderungsvertrag?», *Europarecht* 2008, nº 2, pp.143-189, esp.p.145.

13. Declaración nº 23 relativa al futuro de la Unión Europea, anexa al Tratado de Niza de 26 de febrero de 2001, DOCE de 10 de marzo de 2001, nº C 80, pp.85-86, aptdo.3.

14. Anexo I a las Conclusiones de la Presidencia del Consejo Europeo de Laeken celebrado los días 14 y 15 de diciembre de 2001, documento SN 300/1/01 REV 1, pp.19-26, disponibles en anterior página oficial del Consejo Europeo. Sobre la misma, entre otros, Craig, P. «Constitutional process and reform in the EU: Nice, Laeken, the Convention and the IGC», *European Public Review* 2004, nº 4, pp.653-675, esp.pp.654 y ss.

15. En suma, la redacción de un texto único, la supresión de los actuales pilares comunitario e intergubernamentales, la inclusión de la Carta de Derechos Fundamentales ... (Conclusiones de la Presidencia del Consejo Europeo de Laeken, cit., pp.23-24)

16. Proyecto de Tratado por el que se instituye una Constitución para Europa, DOUE de 18 de julio de 2003, nº C 169. Entre muchos, Dougan, M. «The Convention's Draft Constitutional Treaty: bringing Europe closer to its lawyers?», *European Law Review* 2003, nº 6, pp.763-793 así como Kokott, J. y Rüth, A. «The european Convention and its Draft

clara la conclusión a favor de su naturaleza de tratado internacional «clásico»;[17] de ahí la necesidad de proceder a su ratificación por parte de todos los Estados Miembros conforme su normativa constitucional.[18] Por su parte y si bien todavía presente su carácter formal de tratado, el contenido sí emulaba su naturaleza constitucional[19] en tanto en cuenta operaba un giro radical respecto al concepto de organización internacional hasta ahora mantenido para la Unión Europea en busca de una identidad pluriestatal común.[20] De ahí quizás el fracaso ante el miedo de los Estados miembros de una pérdida de la propia identidad nacional y una posible consecución de un federalismo europeo[21] ante una cada vez mayor dirección desde Bruselas; no en vano la Unión Europea es una «organización internacional anclada en el Derecho Internacional»[22] pese a su evidente carácter supranacional. Si bien sólo tuvo eco la expresión negativa del pueblo francés y holandés, era de prever también posibles resultados negativos en Dinamarca, Irlanda, Polonia, Reino Unido, República checa y Suecia, países que de hecho suspendieron el proceso de ratificación[23] siendo los menos los que siguieron

---

Treaty establishing a Constitution for Europe: aproppiate answers to the Laeken questions?», *Common Market Law Review* 2003, nº 6, pp.1315-1345.

17. Por todos, Jimeno Bulnes, M. «Origen y evolución de la cooperación judicial europea», en M. Jimeno Bulnes (ed.) *La cooperación judicial civil y penal en el ámbito de la Unión Europea: instrumentos procesales*, Bosch, Barcelona 2007, pp.27-65, esp.p.48 con bibliografía allí citada. En contra Weiler, J.H.H. «On the power of the World: Europe's constitutional iconography», *International Journal of Constitutional Law* 2005, nº 2-3, pp.173-190, esp.pp.181-182 considerando que en realidad se trata de una constitución disfrazada de tratado («a constitution masquerading as a treaty»). Así también, respecto de tales diferencias desde la perspectiva nacional Díez-Picazo Jiménez, L. «¿Qué diferencia hay entre un tratado y una constitución?», *Cuadernos de Derecho Público* 2001, nº 13, pp.85-102.

18. Art.IV-447 TeCE. Al respecto, Urrea Corres, M. «Los procedimientos de reforma de los tratados comunitarios y la entrada en vigor del Tratado constitucional», *Revista General de Derecho Europeo* 2007, nº 13, http://www.iustel.com

19. En clara sintonía, Lenaerts, K. y Gerard, D. «The structure of the Union according to the Constitution for Europe: the emperor is getting dressed», *European Law Review* 2004, pp.289-322, esp.pp.297-298. Así también, más ampliamente, Eleftheriades, P. «Constitution or treaty?», online paper 12/04, julio 2004, disponible en http:// http://www.fedtrust.co.uk (menú *European, EU Constitution, EU Constitution Project (2001-2004), Constitutional Online Papers*), esp.p.5.

20. *Vid.* Ponzano, P. «Le Traité de Lisbonne: l'Europe sort de sa crise institutionnelle», *Revue du Droit de l'Union europénne* 2007, nº 3, pp.569-584, esp.p.572; así también y de forma monográfica, «Symposium on the proponed European Constitution», *International Journal of Constitutional Law* 2005, nº 2-3, especialmente trabajos de GRIMM, D. «Integration by Constitution», pp.193-208 y Von Bogdandy, A. «The European constitution and European identity: text and subtext of the Treaty establishing a Constitution for Europe», pp.295-315; desde la perspectiva norteamericana, Rosenfeld, M. «The European treaty-constitution and constitutional identity: a view from America», pp.316-331. De nuevo arreciaron las críticas; con especial virulencia, Krisch, N. «Europe's constitutional monstruosity», *Oxford Journal of Legal Studies* 2005, pp.321-334.

21. *Vid.* Seidel, M. «Der Europaische Verfassungsprozess und Winston Churchills Züricher Vision der 'Vereinigten Staaten von Europa'», Gastkommentar, *Europaische Zeitschrift für Wirtschaftsrecht* 2008, nº 1, p. 1 rememorando la charla estudiantil impartida por el estadista británico en la ciudad suiza en el año 1946. Así también, ZILLER, J. «Les apports de la Constitution pour l'Europe à la théorie du federalismo», *Revista d'estudis autonómics i federals* 2005, nº 1, pp.79-96.

22. Mangas Martín, A. «El tren europeo vuelve a sus raíles: el Tratado de Lisboa», *Revista General de Derecho Público* 2008, nº 2, http:www.iustel.com, p.2 en clara crítica a lo que denomina «megalomanía» y «camelo constitucional». En defensa igualmente de su naturaleza como organización internacional y nunca estatal, Oberdorff, op.cit., p.781 y Villarino, op.cit., pp.13-14.

23. Así Oberdorff, op.cit., p.775 y SHAW, op.cit., p.3. Más ampliamente de nuevo SHAW, J. «The Constitutional Treaty and the question of ratification: unascrambling the consequences and identifying the paradoxes», *European Policy Brief* nº 10, abril 2005, disponible en http:// http://www.fedtrust.co.uk (menú *Publications, European Policy Briefs*); así

adelante con la esperanza todavía de una entrada en vigor del tratado constitucional;[24] pero en todo caso las campañas publicitarias llevadas a cabo en los países contrarios al proyecto constitucional habían enturbiado ya el debate europeo.[25]

Es así en este momento cuando tiene lugar la llamada crisis constitucional[26] y el subsiguiente período de reflexión convocado por la Declaración realizada por los Jefes de Estado y de Gobierno de la Unión Europea realizada a la fecha de 18 de junio de 2005 tras la celebración del Consejo Europeo de Bruselas (16 y 17 de junio de 2005); este último fué punto de partida, entre otras alternativas,[27] del llamado «Plan D de democracia, dialogo y debate» que, más allá del mero rescate constitucional, su objetivo fundamental era recuperar la confianza de los ciudadanos en la Unión Europea, debate a liderar por la Comisión.[28] Pese a la inicial previsión de un año duración, dicho período de reflexión fue prorrogado por deseo expreso de la Comisión a lo largo de 2006 entendiendo que el Plan D suponía «un ejercicio a largo plazo».[29] Por ello que, si bien hecha una primera evaluación ya a la fecha de 15-16 de junio de 2006[30] y tras ulteriores reuniones entre unos y otros gobiernos de los Estados Miem-

---

también la misma autora con anterioridad «What happens if the Constitutional treaty is not ratified?», *European Policy Brief* nº 10, septiembre 2004. Igualmente véase el número monográfico *European without illusions* editado por *Prospect*, nº 112, julio 2005, en especial el trabajo de Moravcsik, A. «A category error», disponible en http://www.prospect-magazine.co.uk/landing_page.phpDesde otra perspectiva, ROSSI, L.S. «En cas de non ratification ... Le destin périlleux du 'Traité-Constitution'», *Revue Trimestrielle de Droit Européen* 2004, nº 4, pp.621-628.

24. El caso por ejemplo de Bélgica y Luxemburgo; así, Dougan, M. «The Treaty of Lisbon 2007: winning minds, not hearts», *Common Market Law Review* 2008, nº 3, pp.617-703, esp.p.620.

25. Especialmente criticada ha sido la campaña francesa al mantener la defensa de la Constitución europea a favor de un modelo económico neoliberal en detrimento de los derechos sociales, cuando en realidad la crítica se dirigía no al texto constitucional sino a las instituciones europeas; el debate fue por su parte aprovechado por el Reino Unido. Al respecto, Wagner, M. «France and the referendum on EU Constitution», *European Policy Brief* nº 8, marzo 2005 así como Donelly, B. y Wagner, M. «What do the French voters want from the European Constitution?», *European Policy Brief* nº 11, abril 2005, ambos en http://www.fedtrust.co.uk

Similar ha sido también el caso holandés, en este caso utilizando la política migratoria europea; al respecto, LUBBERS, M. «Regarding the dutch 'nee' to the European Constitution: a test of the identity, utilitarian and political approaches to voting 'no'», *European Union Politics* 2008, nº 1, pp.59-86.

26. Así por ejemplo, Oberdorff, op.cit., y Ponzano, op.cit.. En línea similar,Matía Sacristán, A. «El Tratado de Lisboa en el proceso de construcción europea», *Boletín de Información del Ministerio de Justicia*, 1 de abril de 2008, nº 2058, pp.1023-1036, esp.pp.1 y ss.

27. Consúltese, ampliamente, Craig, P. «The Treaty of Lisbon: process, architecture and substance», *European Law Review* 2008, nº 2, pp.137-166, esp.pp.138 y ss; entre estas alternativas destacó otra propuesta entonces llamada Plan B procedente de Anthony Duff, europarlamentario británico, bajo la rúbrica «Plan B: how to rescue the European Constitution», *Notre Europe* 2006, *Studies and Research* nº 52, disponible en http://www.notre-europe.eu (menú *archives*), consistente en suma en salvar a toda costa el tratado constitucional mediante una reestructuración de su contenido.

28. Véase Comunicación de la Comisión al Consejo, al Parlamento europeo, al Comité económico y social europeo y al Comité de las Regiones «Contribución de la Comisión al período de reflexión y más allá: Plan D de democracia, diálogo y debate» presentada en Bruselas el 13 de octubre de 2005, documento COM (2005) 494 final

29. Comunicación de la Comisión al Consejo Europeo «El período de reflexión y el Plan D», presentada en Bruselas el 10 de mayo de 2006, documento COM (2006) 212 final, p.12

30. *Vid.* Conclusiones de la Presidencia del Consejo Europeo de Bruselas de fecha de 17 de julio de 2006, documento nº 10633/1/06, p.2, aptdo.3.

bros,[31] no es hasta la presidencia alemana del Consejo Europeo bajo la figura personal de su canciller, Angela Merkel, cuando definitivamente se impulsa de nuevo el proceso de reforma de los tratados dando por concluido tal período de reflexión (de duración aproximada de dos años a contar desde el inicio de tal etapa postconstitucional) tras el referido Consejo Europeo de junio de 2005.[32]

Por ello que el Consejo Europeo de Bruselas celebrado los días 21 y 22 de junio de 2007, toda vez preparado el terreno a favor del espíritu europeo en la Declaración de Berlín[33] con ocasión del quincuagésimo aniversario de la firma de los Tratados de Roma, insta ya la convocatoria de una Conferencia Intergubernamental (CIG 2007)[34] conforme al procedimiento clásico de modificación de los tratados a finalizar en un tiempo *record* —en concreto, antes de finalizar el año en curso— a fin de ser aprobado ya un texto definitivo bajo la presidencia portuguesa que da además nombre al futuro Tratado de Reforma. Dicha Conferencia Intergubernamental tiene así un marcado carácter técnico dirigido por el mandato de recuperar o «rescatar» la mayor parte posible del anterior contenido constitucional,[35] si bien esta vez de carácter bastante menos ambicioso —siquiera formalmente— bajo la forma de un «tratado simplificado» o «mini-tratado»[36] y así el anunciado Tratado de Lisboa presentado en el Consejo Europeo de Bruselas de 14 de diciembre de 2007[37] habiendo tenido lugar el primer borrador y su acuerdo sobre el mismo ya

31. Por ejemplo la que tuvo lugar entre los llamados «amigos de la Constitución, celebrada en Madrid el 26 de enero de 2007 a iniciativa del gobierno español; para mayor detalle véase Laso Pérez, op.cit., pp.10 y ss.

32. *Vid.* críticas de Mangas Martin, op.cit., p.1.

33. Texto disponible en ULR http://ec.europa.eu/news/eu_explained/070326_1_es.htm

34. Anexo I de las Conclusiones de la Presidencia de 20 de julio de 2007, documento nº 11177/1/07, pp.16-32 o bien documento nº 11218/07 de fecha de 26 de junio de 2007 remitido a las delegaciones de los Estados miembros además de la Comunicación de la Comisión al Consejo «La reforma de Europa para el siglo XXI» de fecha de 10 de julio de 2007 con ocasión de la preceptiva consulta en virtud del art.48 TUE, documento COM (2007) 417 final. Véase también entre la bibliografía Mariscal Berastegui, N. «De la ratificación fallida de la Constitución al Tratado de Lisboa», en J. Martín y Pérez de Nanclares, op.cit., pp.57-83, esp.pp.73 y ss; así también Donnelly, B. «The June European Council: a new treaty is born», June 2007 así como «The Reform Treaty: small step or giant leap?», October 2007, *online papers* en anterior sitio Internet http://www.fedtrust.co.uk (menú *European, EU Constitution, the Treaty of Lisbon*)

35. *Vid.* Aldecoa Luzarraga, F. y Guinea Llorente, M. «El Proyecto de Tratado de Reforma: una Constitución sin nombre», Editorial, *Revista General de Derecho Europeo* 2007, nº 13, http://www.iustel.com; más ampliamente, Guinea Llorente, M. «La Conferencia Intergubernamental de 2007 y la política constitucional de la Unión Europea: una conferencia técnica parte del proceso constitucional», en Martín y Pérez de Nanclares, op.cit., pp.99-115. Asimismo, en referencia a dicho carácter técnico al igual que a los elementos positivos y negativos de dicha CIG en relación con el anterior tratado constitucional, LOUIS, J.V. «Bilan d'une réforme. De l'Acte Unique Européen à la CIG 2007», *Cahiers de Droit Européen* 2007, nº 5-6, pp.559-571.

36. Así, Van Raepenbusch, S. «La réforme institutionnelle du Traité de Lisbonne: l'émergence juridique de l'Union Européenne», *Cahiers de Droit Européen* 2007, nº5-6, pp.573-621, esp.p.1. El término así como la propuesta en su día procede de Nicolas Sarkozy; véase por ejemplo noticia de prensa de fecha de 11 de septiembre de 2006 en ULR http://www.euractiv.com/fr/avenir-europe/sarkozy-propose-mini-traite-nouvelle-convention-turquie/article-157680 (acceso a día 6 de agosto de 2008). A juicio de algunos el presente tratado ya no es fruto ni del Derecho Internacional ni del Derecho Constitucional, sino que refleja la ausencia de los dos; de este modo, muy crítico, Somek, A. «Postconstitutional treaty», *German Law Journal* 2007, nº 12, pp.1122-1131, esp.p.1131.

37. *Vid.* Conclusiones de la Presidencia de fecha de 18 de febrero de 2008, documento nº16616/1/07. En dicho Consejo Europeo tiene además lugar la creación de un grupo de trabajo denominado «Grupo de Reflexión sobre el horizonte 2020-2030», de carácter independiente y bajo la presidencia de Felipe González, cuyo propósito es dar respuesta a

en el mes de octubre.[38] Se renuncia así al traje y símbolos constitucionales pero no a la subsiguiente etapa en el camino de la construcción europea, aún con la incógnita de la desconfianza[39] o siquiera incertidumbre respecto de su futura entrada en vigor.

2. Incorporaciones realizadas en el nuevo texto: algunos ejemplos

Nada más lejos de la realidad. El Tratado de Lisboa no es un tratado simplificado[40] ni un mini-tratado y ni siquiera un único tratado desde el punto de vista material, por cuanto procede a modificar los dos tratados hasta ahora en vigor, Tratado de la Unión Europea (TUE) y Tratado constitutivo de la Comunidad Europea, al último de los cuales precisamente aprovecha también a darle nueva nomenclatura y así ahora Tratado de Funcionamiento de la Unión Europea (TFUE); modificación por otra parte lógica, dada la superación de la Comunidad Europea —en su origen además Económica— a favor de la Unión Europea cuya personalidad jurídica es *in situ* expresamente reconocida.[41]

---

largo plazo a los desafíos planteados en la Declaración de Berlín de 25 de marzo de 2007 y con la tarea de presentar un informe en el Consejo Europeo a celebrar en junio de 2010. Véanse conclusiones nº 8 a 13 y entre la bibliografía las perspectivas a este respecto apuntadas por Schiffauer, P. «Zum Verfassungszustand der Europaischen Union nach Unterzeichnung des Vertrags von Lissabon», *Europaische Grundrechte Zeitschrift* 2008, nº 1, pp.1-10, esp.pp.8 y ss.

38. De modo sumario puede verse los distintos hitos hasta su conclusión en ULR http://www.euractiv.com/en/future-eu/treaty-lisbon/article-163412

39. Así, PHIPLIP, op.cit., p.187 y RABE, H.J. «Zur Metamorphose des Europaischen Verfassungsvertrags», *Neue Juristische Wochenscrhift* 2007, nº 44, pp.3153-3232, esp.p.3157, en sintonía con Von Armin, H.H. «Wohin treibt Europa?», *Neue Juristische Wochenscrhift* 2007, nº 35, pp.2531-2535. Así también realiza cábalas sobre la definitiva entrada en vigor del nuevo tratado Palmer, J. «Perspectivas for the European Union alter the Lisbon European Council», October 2007, *online papers* en anterior sitio Internet http://www.fedtrust.co.uk (menú *European, EU Constitution, the Treaty of Lisbon*)

En otro orden de cosas, el propio Tratado de Lisboa ha sido calificado como el «tratado de la desconfianza»; véase Santamaría Andrés, M.P. «El Tratado de Lisboa: comienza una nueva etapa para Europa», *Diario La Ley*, 31 de diciembre de 2007, nº 6851, http://www.laley.es, p.2.

40. Todo lo contrario, se ha perdido en simplificación al continuar la disposición en dos textos por lo que ha de considerarse la simplificación como una batalla perdida; así, Aldecoa Luzarraga y Guinea Llorente, op.cit., p.2. Si bien el nuevo tratado resume las modificaciones en un articulado de 7 preceptos procede añadir 13 protocolos anexos a los distintos tratados (entre ellos dos al nuevo Tratado de Lisboa) además de sendas tablas de correspondencias conforme la inicial publicación en el DOUE de 17 de diciembre de 2007; por su parte la versión consolidada de 9 de mayo de 2008 publica un total de 37 protocolos además de 65 Declaraciones anexas a distinguir entre aquellas relativas a disposiciones de los tratados, a los protocolos anexos o procedentes de los Estados miembros. Pueden comprobarse sendas publicaciones arriba citadas.

41. Art.47 TFUE objeto de comentario por Sobrino Heredia, J.M. «La personalidad jurídica de la Unión Europea», en Martín y Pérez de Nanclares, op.cit., pp.333-348. Como ha sido dicho, «la Comunidad Europea se diluye en la Unión», razón por la que algunos proponen el cambio de denominación del actual Derecho Comunitario; así, Irujo Amezaga, M. «El tratamiento de Lisboa: nueva reforma en la UE», *Unión Europea Aranzadi* 2007, nº 11, pp.15-20, esp.p.20 y, especialmemte, Enériz Olaechea, F.J. «Hacia un nuevo Derecho de la Unión Europea», *Unión Europea Aranzadi* 2007, nº 7, pp.5-8. En contra, Issac, G. «Le 'pilier' communtauire de l'Union Européenne, un 'pilier' pas comme les autres», *Cahiers de Droit Européen* 2001, nº 1-2, pp.45-91, esp.pp.87 y ss, para quien el reconocimiento de personalidad jurídica de la Unión Europea no supone la sustitución de las Comunidades Europeas; por el contrario a la fecha vaticina la «comunitarización» del cuadro institucional de la Unión Europea.

No obstante el anterior precepto es posteriormente matizado por la Declaración nº 24 en la que se advierte la limitación de las competencias de la Unión a las expresamente atribuidas por los Estados Miembros pese a tal reconocimiento de la personalidad jurídica de la Unión. Se mantiene pues el *status quo* de la atribución de competencias a una organiza-

El nuevo texto en gran medida ha logrado su objetivo de rescate constitucional, con mayor o menor acierto;[42] por ello, según se recuerda desde la perspectiva española, sus «bases, valores, objetivos, derechos, políticas e instituciones del Tratado son sustancialmente similares a las de la non nata Constitución».[43] No obstante ha procedido a una cuidadosa selección (*cherry-picking*) del articulado original, de forma que, si bien es cierto que incorpora aproximadamente un 90-95% del contenido constitucional,[44] se preocupa también en desproveer al nuevo texto de cualquier carácter constitucional y así, entre otros, de modo especial la supresión a cualesquiera referencias a los símbolos de la Unión (en concreto, bandera e himno)[45] que, no obstante sí son admitidos como tal por algunos Estados miembros, entre ellos el nuestro.[46]

---

ción internacional de carácter supranacional en el más puro sentido del art.93 CE. Item más, se introduce ahora la posibilidad de renuncia a la Unión por parte de los Estados miembros en el art.50 TUE y por tanto la posibilidad de «recuperar» las competencias transferidas; véase especialmente, Alcoceba Gallego, A. «El Tratado de Lisboa: ¿menos Europa, más Estado?», y Urrea Corres, M. «La efectividad del derecho de retirada, el sistema de reforma y las cooperaciones reforzadas: una incógnita que condiciona el proceso de integración de la Unión», ambos en Martín y Pérez de Nanclares, op.cit., pp.87-98, esp.pp.90-91 y pp.687-702, esp.pp.695 y ss. Así también, Malathouni, E. «Should I stay or should I go: the sunset clause as self-confidence or suicide?», *Symposium: first reflections on the Treaty of Lisbon,* op.cit., pp.115-124 y, aún en referencia al texto constitucional, Herbst, J. «Observations on the right to withdraw from the European Union: who are the 'Masters of the Treaties'?», *German Law Journal* 2005, nº 11, pp.1755-1760 (dicha publicación y número recoge las presentaciones del *2nd German-Polish Seminar on the Constitutional Law of the European Union)* y Luis, J.V. «Le droit de retrait de l'Union européenne», *Cahiers de Droit Européen* 2006, nº 3-4, pp.293-314.

En efecto, a la luz de todo ello y al poder que ahora tienen los Estados miembros de retirarse de la Unión y recuperar sus competencias transferencias —entre otros— ha dado lugar a que se venga hablando del «escoramiento intergubernamental de la UE»; así en particular, Mangas Martín, op.cit., pp.11 y ss y, más ampliamente, «El escoramiento intergubernamental de la Unión», en Martín y Pérez de Nanclares, op.cit., pp.227-239.

42. A favor, Hatje, A. «Der Vertrag von Lissabon— Europa endlich in guter Verfassung?», *Neue Juristische Wochenschrift* 2008, nº 25, pp.1761-1768 en defensa de las mejoras y ventajas que presenta el actual texto respecto del anterior constitucional; en línea similar, Terherchte, J.P. «Verfassung ohne Rhetorik— Zur neuen Gestalt der Europaischen Union», Gastkomentar, *Europaische Zeithschrift für Wirtschaftsrecht* 2007, nº 17, p.521 y Weber, A. «Vom Verfassungsvertrag zum Vertrag von Lissabon», *Europaische Zeithschrift für Wirtschaftsrecht* 2008, nº 1, pp.7-14, esp.p.14. En contra, las críticas vertidas por Somek, op.cit.

43. Exposición de Motivos de la LO 1/2008, de 30 de julio, cit., párrafo 1º. Dicho preámbulo realiza además un breve resumen del contenido y propósito de tal tratado de Lisboa en búsqueda de la coincidencia con el texto constitucional.

44. Así, Chaltiel, F. «Le Traité modificatif peut-il éter un traité ambitieux? A propos du Conseil Européen de juin 2007», *Revue du Marché Commun et de l'Union Européenne* 2007, nº 510, pp.413-422, en alusión también a las 36 horas de negociación para ello mantenidas entre los distintos gobiernos de los Estados Miembros; asimismo Ponzano, op.cit., p.574 y, más optimista aún PHILIP, op.cit., p.187. En alusión también a este proceso y negociación postconstitucional Panebianco, M. «L'Unione Europea post costituzionale: verso il reform Treaty», *Diritto Comunitario degli Scambi Internazionali* 2007, nº 3, pp.601-612.

Así también y además de la literatura otrora citada véase, en concreto, bajo sendas rúbricas de rescate selectivo y sustancial del contenido constitucional Aldecoa Luzarraga, F. «El Tratado de Lisboa como salida al laberinto constitucional», en Martín y Pérez de Nanclares, op.cit., pp.35-55, esp.pp.37 y ss. Por su parte resulta sumamente gráfica la expresión en lengua inglesa «cherry-picking», por ejemplo, en SHAW, «Resucitation, long-term hibernation or death», op.cit., p-6.

45. En clara crítica, Alvarez Rubio, J.J. «El Tratado de Lisboa y la plena comunitarización del espacio de libertad, seguridad y justicia», *Revista Española de Estudios Internacionales* 2008, nº 15, disponible en http://www.reei.org, p.10.

46. Declaración nº 52 suscrita por Alemania, Bélgica, Bulgaria, Chipre, Eslovaquia, Eslovenia, España, Grecia, Hungría, Italia, Lituania, Luxemburgo, Malta, Portugal y Rumanía en aceptación común de «la bandera representada por un círculo de 12 estrellas doradas sobre fondo azul, el himno tomado del 'Himno a la Alegría' de la Novena Sinfonía de Ludwig van Beethoven, la divisa 'Unidad en la diversidad', el euro en tanto que moneda de la Unión Europea y el Día de Europa el 9 de mayo»; así se recuerda igualmente en la Exposición de Motivos de la LO 1/2008, de 30 de julio.

De este modo se llega a un articulado que, pese a no incorporar la totalidad del contenido constitucional, sí traslada buena parte del mismo aún con retoques, de modo que todavía para algunos cabe hablar de constitución siquiera en minúsculas;[47] ello en flagrante contradicción con el propósito de la CIG 2007 y así llevar a cabo un proceso de «desconstitucionalización» que no hiriera las sensibilidades nacionales.[48] Sin entrar aquí y ahora en la polémica pueden señalarse, siquiera a modo de ejemplo, algunas de las aportaciones realizadas por el nuevo Tratado de Lisboa[49] en conservación, sustitución o modificación de aquellas realizadas en el texto constitucional, cuales son brevemente las siguientes entre aquellas más significativas, al menos para el objeto principal de este trabajo:

1) Supresión de la estructura de pilares ahora existente y extensión del llamado «método comunitario».[50] En efecto, si bien pervive la estructura tripartita de tratados en la actualidad vigente, aún observado su cambio de rúbrica en algún caso (así, TUE y TCEEA[51] y nuevo TFUE contenido del Derecho originario), se elimina la actual intergubernamentalidad; o al menos así se propugna y desea para el tercer pilar y se formula con bastantes reservas para el segundo, lo que hace dudar de su realidad para este último caso.[52] Básicamente, la actual cooperación judicial penal y policial objeto ahora del tercer pilar traslada su regulación al nuevo Título V TFUE, relativo al espacio de libertad, seguridad y justicia (ELSJ) asumiendo idénticos instrumentos y procedimientos legislativos al igual que, con carácter exclusivo y exclu-

---

47. Sobre el significado de tal constitucionalismo con «c» minúscula véase SHAW, J. «One or many constitutions? The constitutional future of the European Union in the 2000s from a legal perspective», *Why Europea? Possibilities and limits of European integration. Proceedings for Siep's Annual Conference16 November 2006,* pp.46-63, esp.p.62, disponible en la página oficial del *Swedish Institute for European Policy Studies* http://www.sieps.se/index_en.html (menú *Seminars*: acceso el día 18 de agosto de 2008)

48. Así, Donnelly, B. «Constitutionalisation without a Constitution», January 2008, online papers, http://www.fedtrust.co.uk (menú *European, EU Constitution, the Treaty of Lisbon*). En línea similar, Corthaut, T. «Plus ça change, plus c'est la même chose? A comparison with the Constitutional Treaty», *Symposium: first reflections on the Treaty of Lisbon*, op.cit., pp.21-34. El término de «desconstitucionalización» se encuentra entre otros en Obendorff, op.cit., p.776.

49. Para un examen en profundidad puede consultarse especialmente los trabajos de Craig, Dougan, Van Raepenbusch, ... arriba citados. Así también de gran interés la comparación entre ambos textos realizada por Peers, S. «Analysis of the amended text of the draft Reform Treaty», *Statewatch analysis 5 EU Reform Treaty*, disponible en http://www.statewatch.org (menú *observatories, EU*); por cierto que para este autor la defendida similitud de carácter sustancial entre tratado constitucional y de reforma es claramente falsa y de ahí la exposición de un extenso listado de diferencias.

50. Sobre el tema en particular, Temple Lang, J. «Checks and balances in the European Union: the institutional structure and the 'Community Method'», *European Public Law* 2006, nº 1, pp.127-154, proponiendo la extensión del mismo con carácter general al ámbito del segundo pilar.

51. Protocolo nº 2 por el que se modifica el Tratado constitutivo de la comunidad Europea de la Energía Atómica, DOUE de 13 de diciembre de 2007, nº C 306, pp.197-199. En cambio el mismo no es objeto de publicación en la versión consolidada del TUE y TFUE. Esta invisibilidad es compartida por Sellanés Serra, J. «El EURATOM subsiste invisible e incompatible con el tinglado comunitario», en Martín y Pérez de Nanclares, pp.319-330

52. Dadas las especialidades a este tenor dispuestas en el art.24 TUE y así, aplicación de reglas y procedimientos específicos, votación por unanimidad en el seno del Consejo y Consejo Europeo, exclusión de adopción de actos legislativos así como de la competencia del Tribunal de Justicia ... Véase el comentario específico de González Alonso, L.N. «¿Quién dijo que desaparecen los pilares? La configuración jurídica de la acción exterior de la Unión Europea en el Tratado de Lisboa?», en Martín y Pérez de Nanclares, op.cit., pp.393-400. En contra, Issac, op.cit., p.88 propugnando diferentes modelos de extensión del método comunitario.

yente,[53] la jurisdición del Tribunal de Justicia ahora de la Unión Europea. Se mantiene pues la «depilarización» o «comunitarización» propuesta en el tratado constitucional.[54]

2) Unificación de las fuentes de Derecho con mantenimiento de la prelación y estructura original y así la diferencia entre Derecho Originario y el Derivado,[55] este último conformado por los actos y disposiciones procedentes de las instituciones comunitarios. Ahora bien, para el Derecho Derivado, si bien se mantiene la tipología actual de actos legislativos aplicables para el primer pilar (por ello comunitarios, básicamente, reglamento, directiva y decisión, con carácter vinculante)[56] se introducen los llamados actos delegados a adoptar por la Comisión en complementación o incluso modificación de los anteriores[57] además de los actos de ejecución procedentes en este caso por los Estados miembros en aplicación de tal Derecho Derivado.[58] Asímismo se produce la generalización del procedimiento legislativo ordinario (codecisión) en defecto de atribución explícita a favor del procedimiento legislativo especial[59] al igual que la extensión —que no todavía aplicación general— de la regla de la mayoría cualificada (QMV) para las votaciones en el seno del Consejo, aún con bastantes limitaciones tras sucesivas prórrogas temporales.[60] Por último se recono-

53. Para una definición y estudio en profundidad de la jurisdicción consúltese Pedraz Penalva, E. *Constitución, jurisdicción y proceso*, Akal, Madrid 1990; así también, más recientemente *Derecho Procesal Penal, t.I, Principios de Derecho Procesal Penal,* Colex, Madrid 2000.

54. Ambos términos son válidos si bien la perspectiva puede resultar la contraria. Así respectivamente, Ott, A. «'Depillarisation': the entrance of intergovernmentalism through the backdoor?», *Symposium: first reflections on the Treaty of Lisbon*, op.cit., pp.35-42 y Castillo García, J.F. «La comunitarización del tercer pilar: un paso necesario para la consolidación del espacio penal europeo», *Revista General de Derecho Europeo 2006*, nº 11, http://www.iustel.com. Se volverá sobre ello en aptdo.III.

55. *Vid.* Sexta Parte, Título I, Capítulo 2 TFUE, relativo a los actos jurídicos de la Unión, procedimientos de adopción y otras disposiciones (arts.288 y ss); entre la bibliografía, especialmente, Enériz Olaechea, op.cit., pp.7 y ss.

56. Por ello «abandono» de la nomenclatura constitucional de ley y ley marco, aún cuando la misma nunca llegó a ser adoptada. Sí en cambio tiene lugar el abandono de aquella todavía hoy específica para el tercer pilar en atención al actual art.34.2 TUE, así posiciones comunes, decisiones marco, decisiones y convenios; véase por ejemplo, aún en referencia al texto constitucional, Von Bogdandy, A., Arndt, F. y Bast, J. «Legal instruments in the European Union and their reform: a systematic approach on an empirical basis», *Yearbook of European Law* 2004, pp.91-136 así como este último «Legal instruments», en A. von Bogdandy y R. Bast (eds.), *Principles of European Constitutional Law*, Hart Publishing, Oxford y Portland 2006, pp,373-418, esp.pp.387 y ss; igualmente, Lenaerts, K. y Desormer, M. «Towards a hierarchy of legal acts in the European Union? Simplification of legal instruments and procedures», *European Law Journal* 2005, nº 6, pp.744-765.

57. Art.290 TFUE. En tanto en cuanto no se prevé una tipología de los mismos habrá de entenderse que pueden igualmente tratarse de reglamentos, directivas, decisiones, recomendaciones y dictámenes (estas últimas, como es sabido, de carácter no vinculante) a tenor de la aplicación general del art.288 TCE. Tampoco se establece en sentido estricto una prelación si bien por lógica los actos legislativos primarán sobre los delegados —así Van Raepenbusch, op.cit., p.620— y estos sobre los de ejecución; así también, Craig, op.cit., pp.160-161.

58. Art.291 TFUE.

59. Art.289.2 TFUE; por supuesto recuérdese la previsión del art.24 TUE inmediatamente expuesta. Al respecto, Best, E. «Legislative procedures after Lisbon: fewer, simpler, clearer», *Symposium: first reflections on the Treaty of Lisbon,* op.cit., pp.85-96.

60. Arts 16 TUE, 238 TFUE y art.3 Protocolo nº 36 sobre las Disposiciones transitorias, en este caso relativas a la mayoría cualifidada. *Vid.* Gutiérrez Espada, C. «La nueva regla de la mayoría cualificada y sus paliativos temporales», Martín y Pérez de Nanclares, op.cit., pp.241-250; así también Hervé, A. «Quelles évolutions pour la majorité qualifiée?», *Revue du Marché Commun et de l'Union Européenne* 2008, nº 520, pp.448-450 y Van Den Bogaert, S. «Qualified majority voting in the Council: first reflections on the new rules», *Syposium: first reflections o the Treaty of Lisbon*, op.cit., pp.97-108.

ce por vez primera de forma escrita la primacía comunitaria pese a no formar parte del articulado a diferencia del tratado constitucional.[61]

3) Dotación de efecto jurídico vinculante a la Carta de Derechos Fundamentales, también extraida del articulado respecto de la versión constitucional pero pese a todo con referencia directa en dicho art.6.1 TUE[62] además de otras de carácter indirecto.[63] Es aquí donde comienza a advertirse la anterior imagen de una Europa «a la carta» por lo que respecta a la aplicación de esta Carta de Derechos Fundamentales[64] al conjunto de los Estados miembros, por cuanto se exceptúa su vigencia inicialmente para el Reino Unido y Polonia[65] además de ahora para la República checa; aquí el Reino Unido impuso una de sus famosas «líneas rojas» (*red lines*) que aprovechó a su conveniencia Polonia[66] y, en último extremo, la República checa.[67] En línea claramente contraria se sitúa, por ejemplo, la postura española que, lejos de excluir la aplicación de la Carta aún sin tener lugar la aplicación de norma comunitaria, establece la misma como criterio interpreta-

61. Declaración nº 17 relativa a la primacía con la particularidad además de incluir en su contenido el Dictamen del Servicio Jurídico del Consejo de fecha de 22 de junio de 2007 (documento 11197/07, JUR 260) con expresa referencia a la S. Costa c. ENEL, de 15 de julio de 1964, importante precedente jurisprudencial en el que el Tribunal de Justicia de las Comunidades Europeas (TJCE) otorgó a tal primacía del ordenamiento jurídico comunitario carácter de principio general del Derecho Comunitario. Al respecto, Michéa, F. «La primauté du Droit de l'Union à la lumière u traité de Lisbonne» *Revue du Marché Commun et de l'Union Européenne* 2008, nº 520, pp.446-447; igualmente, aún en referencia al texto constitucional, Kwiecien, R. «The primacy of European Law over national law under the constitutional treaty», *German Law Journal* 2005, nº 11, pp.1479-1496 y comentario al respecto de Mayer, F.C. «Supremacy— lost?», pp.1497-1506.

62. En suma, la Carta de Derechos Fundamentales de la Unión Europea de 7 de diciembre de 2000, DOUE de 18 de diciembre de 2000, nº C 364, pp.1-22, de nuevo confirmada en Estrasburgo el 12 de diciembre de 2007, DOUE de 14 de diciembre de 2007, nº C 303, que añade las explicaciones a su articulado elaboradas bajo la Presidencia de la Convención Europea y reconocidas como criterio interpretativo en anterior art.6.1 TUE. Por cierto que este último vuelve a hacer uso de la claúsula de salvaguardia en impedimento de ampliación de competencias de la Unión bajo el paraguas de tales derechos fundamentales y cuyo recordatorio se realiza nuevamente la posterior Declaración nº1 relativa a las Carta de los Derechos Fundamentales de la Unión Europea, todo lo cual es sumamente ilustrativo de la desconfianza antes aludida por parte de los Estados miembros hacia el nuevo tratado; así, Simon, D. «Les droits fondamentaus dans le traité de Lisbonne», *Revue Europe* 2008, febrero, pp.1-2.

63. Por ejemplo, art.2 TUE en su explícita referencia al «respeto de los derechos humanos».

64. De esta opinión, Moriceau, A. «Le Traité de Lisbonne et la Charte des droits fondamentaux», *Revue du Marché Commun et de l'Union Européenne* 2008, nº 519, pp.361-364, esp.363, en alusión también a la «gimnasia» jurídica a la que estará obligado la instancia judicial comunitaria. Entre las monografías ocupadas del estudio de dicha Carta, por ejemplo, Peers, S. y Ward, A. *The European Union Charter of Fundamental Rights*, Hart Publishing, Oxford and Portland 2004.

65. Protocolo nº 30 sobre la aplicación de la Carta de los Derechos Fundamentales de la Unión Europea a Polonia y al Reino Unido, que, pese a su confusa redacción en términos generales, llega a la conclusión arriba descrita especialmente tras la lectura de su art.2. Al respecto, Fernández Tomás, A.F. «La Carta de Derechos Fundamentales de la Unión Europea tras el Tratado de Lisboa. Limitaciones a su eficacia y alcance generales por el Protocolo para la aplicación de la Carta al Reino Unido y Polonia» y Pastor Palomar, A. «La regla *inclusio unius exclusion alterius* y la Carta de los Derechos Fundamentales: Polonia, el Reino Unido y os otros», ambos en Martín y Pérez de Nanclares, op.cit., pp.19-150 y pp.159-178.

66. Declaración nº 61 en relación con la salvaguarda que este país establece con relación a futura legislación europea en materia de moral pública y Derecho de familia entre otras así como la Declaración nº 62 relativa al anterior Protocolo nº 30 en clara justificación a su postura recordando la trayectoria de este país en materia de protección de derechos sociales pero sin reconocer su vinculación respecto de los contenidos en la Carta.

67. País que no se había pronunciado hasta la fecha, por lo cual resulta más llamativa la Declaración nº 53 relativa a la Carta de los Derechos Fundamentales de la Unión Europea que habrá de tener idéntica lectura que el anterior Protocolo nº 30 para el Reino Unido y Polonia.

tivo también para el Derecho nacional a la luz del art.10.2 CE.[68] Por otra parte ha de recordarse que la aplicación jurídica de la Carta ya venía teniendo lugar con carácter habitual por parte del Tribunal de Justicia[69] y que la mayor parte de sus derechos o principios (sino todos) han sido ya también jurisprudencialmente reconocidos.[70] Finalmente, en este capítulo de defensa de derechos fundamentales, es obligado hacer referencia a la voluntad expresada por la Unión Europea de adherirse al Convenio Europeo de Derechos Humanos, tema en absoluto novedoso[71] pese a esta ahora declaración de intenciones y que una vez más pone sobre la mesa el eterno problema de cuál sea la última instancia jurisdiccional en materia de protección de derechos fundamentales.[72]

4) Por último y a título ahora meramente indicativo ha de siquiera mencionarse las reformas realizadas en el apartado institucional en su doble aspecto cuantitativo y cualitativo. Aspecto cuantitativo, por cuanto se eleva el número actual de instituciones a 7 dando entrada y reconocimiento de pleno derecho al Consejo Europeo[73] así como al

---

68. Por ello y con el fin de dar amplio conocimiento de la misma reproduce su articulado en las disposición ratificatoria del Tratado de Lisboa, así LO 1/2008, de 30 de julio, cit.

69. Por ejemplo y entre otras, STPI *max.mobil*, de 30 de enero de 2002, as.T-54/99 y STJCE *Parlamento c. Consejo*, de 27 de junio de 2006, as.C-540/03, ambas accesibles en la página oficial del tribunal de Justicia http://curia.europa.eu como toda la juriprudencia del Tribunal de Justicia a partir de 17 de junio de 1997. Más ampliamente, Palazzo, F. «Charte européenne des droits fondamentaux et droit pénal», *Revue de science criminnelle et de droit pénal comparé* 2008, nº 1, pp.1-21.

70. Así a modo de «principios generales del Derecho Comunitario» desde sentencias del TJCE *Stauder*, de 12 de noviembre de 1969, as.29/69, Rec.1969, p.419 (edición especial española p.387), *Internationale Handelsgesellschaft*, de 17 de diciembre de 1970, as.11/70, Rec.1970, p.1125 (edición especial española, p.241), *Nold*, de 14 de mayo de 1974, as.4/73, Rec.1974, p.491 (edición especial española p.273).. etc; al respecto y entre otros, Lenaerts, K. y DE SMITJER, E. «The Charter and the role of the European Courts», *Maastricht Journal of European and Comparative Law* 2001, nº 1, pp.90-101. Precisamente en razón a este papel del Tribunal de Justicia como garante de los derechos fundamentales ha dado lugar a algún sector doctrinal a la consideración de la Comunidad Europea como una «Comunidad Europea de Derechos Fundamentales» (*Grundrechtsgemeinschaft*); de este modo, Philipp, op.cit., p.170; con mayores dudas, Von Bogdandy, A. «Grundrechtsgemeinschaft als Integrationsziel?», *Juristenzeitung* 2001, nº 4, pp.157-171.

71. Recuérdese por ejemplo el dictamen 2/94, dictado por el Tribunal de Justicia en fecha de 28 de marzo de 1994, Rec.1996, nº 3, pp.1759-1790 y cuya declaración de incompetencia ya fue a la fecha objeto de abundantes críticas y así, entre otras, De Areilza y Carvajal, J.M. «El dictamen 2/1994 del tribunal de Justicia o como no abordar el espinoso asunto de las competencias comunitarias», *Revista Española de Derecho Constitucional1996*, nº 47, pp.333-345. Sobre este tema y su evolución, Pastor Ridruejo, A. «La adhesión de la Unión Europea a la Convención Europea sobre derechos humanos y libertades fundamentales» y, especialmente, Stoffel Valloton, N. «La adhesión de la Unión Europea al Convenio Europeo para la protección de los derechos humanos y de las libertades fundamentales: evolución de la cuestión, previsiones y posibles consecuencias», en Martín y Pérez de Nanclares, op.cit., pp.151-158 y pp.179-199.

72. Consúltese Turner, C. «Human rights protection in the European Community: resolving conflict and overlap between the European Court of Justice and the European Court of Human Rights», *European Public Law* 1999, nº 3, pp.453-470, esp.p.469, considerando que es la segunda quien tiene la última palabra y proponiendo precisamente como solución la adhesión de la Unión Europea al CEDH; así también sugiere la creación de una Sala de Derechos Humanos en el Tribunal de Justicia europeo (*Vid.* pp.666 y ss). En la misma línea Lenaerts y DE SMITJER, op.cit., esp.p.100, defendiendo la vinculación del Tribunal de Justicia al TEDH a fin de constituir un modelo de «one standard, one court». Igualmente en alusión a dicho conflicto entre las dos altas instancias jurisdiccionales europeas al igual que a favor de la adhesión Palazzo, op.cit., pp.15 y ss

73. Cuyo presidente es ahora nombrado para una duración de dos años y medio conforme el art.15.5 TUE acabando de este modo con las actuales presidencias semestrales. Ello si bien ha de reconocerse que las últimas que marcan precisamente el antes (Alemania), durante (Portugal) y después (Eslovenia) del Tratado de Lisboa han elaborado un programa conjunto de trabajo que ha permitido la mejor consecución de los objetivos de la Unión Europea; en ste sentido, Laso Pérez, op.cit., pp.4-5.

Banco Central Europeo; cualitativo por la modificación que se produce en el seno de algunas de ellas, como es el caso concreto del Consejo, Comisión y Parlamento Europeo.[74] Todo ello sin olvidar en el ámbito del ahora todavía segundo pilar a la nueva figura constuida por el Alto Representante de la Unión para Asuntos Exteriores y Política de Seguridad en calidad de presidente del Consejo de Asuntos Exteriores.[75] Finalmente y por lo que respecta al Tribunal de Justicia no hay cambios sustanciales, al menos si se compara con las importantes reformas jurisdiccionales emprendidas en Niza;[76] si acaso lo más significativo, más allá de algunas modificaciones de carácter formal como es el caso de la nueva denominación (ahora Tribunal de Justicia de la Unión Europea)[77] la comentada extensión de su jurisdicción a la totalidad del espacio de libertad seguridad y justicia.[78] Precisamente este es el tema de la segunda parte de este trabajo.

III. Diseño de la futura cooperación judicial penal

Advertida la nueva naturaleza comunitaria[79] del espacio de libertad, seguridad y justicia procede ahora hacer recuento de esta y otras aportaciones realizadas por el Tratado de Lisboa. Sin duda es la política que resulta aparentemente más beneficiada con la nueva regulación. Sin embargo tanto beneficio es resultado también de considerables conce-

---

74. Arts.13-19 TUE y 223-287 TFUE. Para el examen de las mismas véase en particular Andrés Saénz De Santamaría, P. «El sistema institucional en el Tratado de Lisboa: entre la continuidad y el cambio», en Martín y Pérez de Nanclares, op.cit., pp.205-225.

75. Arts.24.2 y 27 TUE. En comentario a su difícil encaje institucional, Andrés Saénz De Santamaría, P. «El sistema institucional en el Tratado de Lisboa ...», op.cit., p.217. Así también, en particular, Wessels, W. y BOPP, F. «The institutional architecture of CFSP after the Lisbon Treaty— Constitutional breakthrough or challenges ahead?», CESP Research Paper nº 10, June 2008, disponible en página oficial del *Centre for European Policy Studies* http://www.ceps.be (menú *publications, research reports, CHALLENGE papers*)

76. Tratado de 26 de febrero de 2001, DOCE de 10 de marzo de 2001, nº C 80 y así la creación de las erróneamente denominadas Salas Jurisdiccionales, por cierto, cuya corrección ahora se realiza a favor de la denominación de tribunales especializados junto con el también renombrado Tribunal General (hoy tribunal de Primera Instancia) conforme al nuevo art.19 TUE al igual que arts.251-281 TFUE. Por lo que atañe a nueva arquitectura judicial de Niza véase Jimeno Bulnes, M. «»La reforma jurisdiccional del Tratado de Niza», *Boletín de Información del Ministerio de Justicia*, 15 de mayo de 2002, nº 1917, pp.5-24.

77. *Vid.* Dougan, «The Treaty of Lisbon 2007 ...», op.cit., pp.672-679. Así también, en particular, De Witte, F. «The european judiciary after Lisbon», *Symposium: first reflections on the Treaty of Lisbon,* op.cit., pp.43-54, reconociendo ya *ab initio* el escaso interés mostrado por la instución judicial durante las negociaciones del Tratado de Lisboa.

78. No así, como también ha sido dicho, para la política de seguridad y exterior común, conforme la lectura del art.275 TFUE y salvo excepciones allí mismo contenidas. Por ello que a salvo de tales disposiciones particulares para esta política puede afirmarse que el paraguas jurisdiccional se ha extendido a todas las actividades de la Unión; así, Irujo Amezaga, op.cit., p.19.

79. Pese a la predicada sustitución de las Comunidades Europeas por la Unión Europea pervive la comunitarización del conjunto del ordenamiento jurídico así como del cuadro institucional dado el carácter expansivo del primer pilar en la línea anunciada por Issac, op.cit., pp.78 y ss; por esta razón puede seguirse manteniendo aún a la fecha de hoy la nomenclatura de Derecho Comunitario. En cambio ha de darse por finalizada la clásica imagen del templo griego para explicar la estructura en pilares creada por en Maastricht (1992), ya por este autor a la fecha rechazada a favor de la comparación en su lugar con el tríptico o catedral gótica ante la fusión de los dos pilares intergubernamentales en el pilar o panel frontal en sintonía con De Witte, B. «The pillar structure and the nature of the European Union: Greek temple or French gothic cathedral?», en T. Heukels, N Blokker y M. Brus (eds.), *The European Union after Amsterdam— A legal analysis*, Kluwer Law International, The Hague 1998, pp.51-68.

siones que ponen freno a un avance global en la materia y, en suma, a un objetivo común por parte de la Unión Europea a este respecto. Es aquí donde tiene lugar el cumplimiento de las anteriores máximas, bien de la llamada Europa a la carta, bien de la Europa a varias velocidades o bien de la existencia de un espacio de geometría variable.[80]

1. Avances y novedades respecto de la situación actual

En la línea anticipada, la cooperación judicial penal encuentra regulación bajo esta misma rúbrica en el capítulo 4 del Título V TFUE dedicado al Espacio de Libertad, Seguridad y Justicia (ELSJ), denominación esta última en su día acuñada por el tratado constitucional europeo[81] y cuya redacción, salvo excepciones puntuales, es en esencia respetada. Son pues ahora los arts.82 a 86 inclusive los que se ocupan de esta política,[82] tras una serie de disposiciones generales en la materia también a tener en cuenta[83] y la previsión asimismo de forma específica de la actual política de asilo e inmigración (arts.77-80)[84] al igual que la de cooperación judicial civil[85] bajo un único precepto (art.81). No obstante, la mención al conocido como ELSJ se anticipa ya en el art.3.2 TUE, precisamente en relación con esta segunda política relativa al control de fronteras exteriores y libre circulación de personas.[86] Por último y no ha de olvidarse, es completada con la redacción de sendos Protocolos nº 21 y 22 relativos a la posición que ocupan Reino Unido, Irlanda y Dinamarca en esta materia, precisamente objeto de tratamiento en el siguiente epígrafe.

80. De nuevo Villarino, op.cit., p.28 en diferencia de los 3 modelos.

81. Entonces arts.III-257 a III-277 TeCE. Vid comentarios y bibliografía en Jimeno Bulnes, «Origen y evolución de la cooperación judicial europea», op.cit., pp.49 y ss.

82. En todo caso de carácter singular, para otros «sector de cooperación»; así, Del Valle Gálvez, A. «Espacio de Libertad, Seguridad y Justicia y Tratado de Lisboa», en Martín y Pérez de Nanclares, op.cit., pp.417-436, esp.p.432.

83. Por ejemplo, arts.67.1, arbitrando por vez primera la conexión del ELSJ con la protección de los derechos fundamentales y 67.3 en combinación del principio de reconocimiento mutuo y aproximación de legislaciones penales; 68, en alusión de la elaboración de la política en ELSJ por parte del Consejo Europeo, reminiscencia todavía de la actual intergubernamentalidad (al igual que el art.78 en previsión de iniciativa legislativa por la cuarta parte de los Estados miembros); 69, en vigencia del principio de subsidiariedad; 70, en previsión de medidas de evaluación por parte de los Estados miembros; 71 y ss, de nuevo en preocupación de la seguridad interior como objetivo fundamental en el ELSJ ...

84. *Vid.* Lirola Delgado, I. «Por fín una política de inmigración de la Unión Europea en el Tratado de Lisboa», Martín y Pérez de Nanclares, op.cit., pp.539-549. Más ampliamente, aún con carácter previo al Tatado de Lisboa, Baldaccini, A., Guild, E. y Toner, E. (eds.) *Whose freedom, security and justice? EU Immigration and Asylum Law and Policy*, Hart Publishing, Oxford and Portland 2007; Fergurson Sidoreko, O. *The common European Asylum system. Background, current state of affairs, future direction*, T.M.C. Asser Press, The Hague 2007; Peers, S. y Rogers, N. (eds.) *EU Immigration and Asylum Law. Text and commentary*, Martinus Nijhoff Publishers, Leiden 2006, ambos en comentario a la totalidad del actual título IV TCE.

85. Al respecto, Alvarez Rubio, op.cit., pp.17 y ss así como, en particular, Borrás, A. «La cooperación jdicial civil», Martín y Pérez de Nanclares, op.cit., pp.437-450. Para el contenido de la misma consúltese, por todos, Jimeno Bulnes, M. «La cooperación judicial civil en el ámbito de la Unión Europea; instrumentos procesales y últimos avances», *Revista Unión Europea Aranzadi* 2005, nº 7, pp.5-19.

86. Textualmente, «la Unión ofrecerá a sus ciudadanos un espacio de libertad, seguridad y justicia sin fronteras interiores, en el que esté garantizada la libre circulación de personas conjuntamente con medidas adecuadas en materia de control de las fronteras exteriores, asilo, inmigración y de prevención y lucha contra la delincuencia».

Por todo ello ha de decirse que la normativa en la materia dista lejos de considerarse unitaria, sino que, por el contrario, ha de advertirse considerablemente irregular en cuanto contenida por un sinfín de matices y excepciones, todo lo cual deriva del arbitrio de mecanismos de flexibilidad[87] dispuestos a fin de hacer posible la subida al tren europeo del conjunto de Estados miembros. Tales irregularidades provocadoras de la fragmentación del ELSJ, por otra parte y dicho sea de paso, no son debidas a las negociaciones de Lisboa sino que se heredan del anterior texto constitucional.[88] Sin embargo y pese a tales inconvenientes (sin duda de peso) ya se advirtió en su momento[89] que el ELSJ en general y la cooperación judicial penal en particular era sin duda el gran beneficiario de la nueva regulación —y especialmente ubicación— en su momento dispuesta por el tratado constitucional europeo en cuanto participantes a partir de ahora de la misma naturaleza comunitaria que las restantes políticas europeas[90] dado el traslado que se realiza desde su actual previsión en el TUE a su ahora inclusión en el TFUE. Sin duda es este traslado y nueva ubicación el paso más revolucionario que realiza el nuevo Tratado de Lisboa, además de traducirse en un cambio en positivo por lo que significa de abandono de los actuales inconvenientes del tercer pilar.[91]

Tampoco resulta absolutamente original el Tratado de Lisboa por lo que respecta a esta transferencia de la materia penal desde el tercer pilar al primero, no sólo por ser anticipada en el fracasado texto constitucional nunca vigente sino porque, sin duda, el camino de tal traslado ha sido en alguna medida allanado por cierta jurisprudencia del Tribunal de Justicia. A este efecto valga recordar como *leading cases* sendas sentencias dictadas por el TJCE en materia de medio ambiente y así, fundamentalmente la de fecha de 13 de septiembre de 2005,[92] cuya ambigua defensa de la competencia penal por parte de la

87. De esta opinión, Carrera y Geyer, op.cit., p.134.

88. Ya entonces llovieron las críticas; véase por ejemplo, Kornobis-Romanowska, D. «Developments in the Area of Freedom, Security and Justice brought about the Constitutional Treaty», *German Law Journal* 2005, nº 11, pp.1623-1639, esp.p.1629;

89. Y se lamentó cuando tuvo lugar el fracaso constitucional; en concreto, Carrera, S. y Guild, E. «No Constitutional Treaty? Implications for the Area of Freedom, Security and Justice», en T. Balzacq y S. Carrera (eds.), *Security versus freedom? A challenge for Europe's future*, Ashgate, Aldershot 2006, pp.pp.223-239, esp.pp.224 y ss.

90. Así ha de considerarse al ELSJ, en suma, una política más, pese a su singularidad; en esta línea, Bitter, S. «Conceptual changes in the Area of Freedom, Security and Justice through the Constitutional Treaty», *German Law Journal* 2005, nº 11, pp.1641-1647, esp.p.1642.

91. Entre otros, falta de eficiencia, complejidad, legitimidad ... *Vid.* Ladenburger, C. «Police and Criminal Law in the Treaty of Lisbon. A new dimension for the community method», *European Constitutional Law Review* 2008, nº 1, pp.20-40, esp.pp.21 y ss.

92. *Comisión de las Comunidades Europeas c. Consejo de la Unión Europea,* as.C-176/03, esp. FF.JJ. 47 y 48, afirmando el TJCE que, pese al establecimiento de una armonización parcial de la legislación penal de los Estados miembros por parte de la Decisión marco 2003/80/JAI del Consejo, de 27 de enero de 2003, relativa a la protección del medio ambiente a través del Derecho penal, ello «no es óbice para que el legislador comunitario adopte medidas relacionadas con el Derecho penal de los Estados miembros y que estime necesarias para garantizar la plena efectividad de las normas que dicte en materia medioambiental, cuando la aplicación por las autoridades nacionales competentes de sanciones penales efectivas, proporcionadas y disuasorias constituye una medida indispensable para combatir los graves atentados contra el medio ambiente». Ello dió lugar a la propuesta de la instauración de un principio de «penalización apropiada» a favor de dicho legislador comunitario; en esta línea, Labayle, H. «Architecte ou spectatrice? La Cour de justice de l'Union dans l'espace de liberté, sécurité et justice», *Revue Trimestrielle de Droit Européen* 2006, nº 1, pp.1-46, esp.p.15 y, aún más crítico, «L'ouverture de la jarre de Pandore, réflexions sur la comméténce de la Communauté en matière pénale», *Cahiers de Droit Européen* 2006, nº 3-4, pp.379-428, esp.p.387.

Comunidad Europea es posteriormente aclarada y confirmada por la de 23 de octubre de 2007;[93] competencia penal hasta ahora de exclusiva pertenencia de los Estados miembros pero que a partir de entonces se comparte con la Comunidad Europea —y así la posibilidad del recurso a la directiva en lugar de decisión marco— en tanto en cuanto la misma sea necesaria para el cumplimiento de los objetivos de la Unión,[94] ello pese a la ausencia de regulación escrita a este respecto en el marco del actual TCE. Y no resulta esta una jurisprudencia aislada en la materia, por cuanto se van sucediendo ulteriores pronunciamientos del Tribunal de Justicia en la misma línea,[95] desvirtuándose con

---

No obstante tal sentencia fue objeto de abundantes críticas debido a su precaria fundamentación, máxime cuando podían haber sido aprovechados varios de los argumentos apuntados por el Abogado General (D. Ruiz-Jarabo Colomer) en sus conclusiones como es el caso de la defensa del derecho al medio ambiente en calidad de derecho fundamental o la obligación de cooperación «leal» por parte de los Estados miembros establecida en el art.10 TCE; así en su comentario respecto de dicha sentencia por Haguenau-Moizard, C. «Vers une harmonisation communautaire du droit penale», *Revue Trimestrielle de Droit Européen* 2006, nº 2, pp.377-389, esp.p.381; así también los comentarios de Tobler, C. en *Common Market Law Review* 2006, nº 3, pp.835-854 y WHITE, S. «Harmonisation of criminal law under the first pillar», *European Law Review* 2006, pp.81-92. Pero todavía más importante fue el hecho de dejar abierta la discusión si dicha competencia penal a favor de la Comunidad Europea se limitaba en materia de medio ambiente o era extensible a cualesquiera otros ámbitos penales, opción esta última aprovechada por la Comisión en su Comunicación de fecha de 23 de noviembre de 2005, COM (2005) 583 final, esp. aptdos. 8 y ss, con inclusión asimismo un anexo de textos y propuestas legislativas afectados por tal sentencia; dicho sea de paso, ésta es la única vez que tiene lugar la aparición de un documento de este tipo tras el dictado de una sentencia por parte del Tribunal de Justicia, lo que indica no sólo la importancia de dicho precedente judicial sino, aún más grave, la falta de claridad del mismo.

93. *Comisión de las Comunidades Europeas c. Consejo de la Unión Europea,* as.C-440/05, esp.FJ 66 en reproducción del FJ 48 inmediatamente reproducido. De este modo tiene lugar la anulación de la Decisión marco 2005/667/JAI del Consejo de 12 de julio de 2005, destinada a reforzar el marco penal para la represión de la contamicación procedente de buques al entender violado el anterior art.47 TUE. Esta sentencia resulta además aclaratoria de la anterior por cuanto se confirma que, si bien la Comunidad Europea tiene competencias para imponer la obligación a los Estados miembros de sancionar penalmente determinadas conductas, esta competencia no alcanza en cambio al tipo y grado de sanciones penales que deban arbitrarse en cada caso, competencia que recae en el legislador penal de los Estados miembros. Véanse asimismo indicaciones de Monpion, A. «Arrêt CJCE Commission contre Conseil du 23 octobre 2007: les limites de la compétence pénale de la Communauté», *Revue du Marché Commun et de la Union Européenne* 2008, nº 15, pp.130-134.

94. Así, Mitsilegas, V. «The transformation of Criminal Law in the 'Area of Freedom, Security and Justice'», *Yearbook of European Law* 2007, pp.1-32, esp.p.5; más ampliamente y misma opinión en comentario de sendas sentencias, «The competence question: the European Community and Criminal Law», en E. Guild y F. Geyer, *Security vesus Justice? Police and judicial cooperation in the European Union*, Ashgate, Aldershot 2008, pp.153-170.

95. En concreto, sentencia de 20 de mayo de 2008, *Comisión de las Comunidades Europeas c. Consejo de la Unión Europea*, as.C-91/05, en la que se reconoce competencia a la Comunidad Europea para adoptar medidas en la lucha contra la proliferación de armas ligeras y de pequeño calibre, en cuanto objetivo a incluir en el ámbito de la política comunitaria de cooperación al desarrollo contemplada en el art.177 TCE, por lo que, declarada la violación del art.47TEU, tiene lugar la adopción de la decisión adoptada por el Consejo en el ámbito del segundo pilar (PESC). Así también y a la fecha todavía se encuentra pendiente de resolución el recurso de anulación interpuesto por Irlanda contra el Consejo y Parlamento Europeo, as.C-301/06 (DOUE de septiembre de 2006, nº C 237, p.5), solicitando la anulación de la Directiva 2006/24/CE de 15 de marzo de 2006, sobre la conservación de datos generados o tratados en relación con la prestación de servicios de comunicaciones electrónicas de acceso público entendiendo errónea la base jurídica del art.95 TCE sobre la que ha sido adoptada, por cuanto objetivo de dicha directiva no es otro sino la contribución en la investigación y enjuiciamiento de delitos graves, incluido el terrorismo; por tanto, en argumentación del Gobierno irlandés, dado el ámbito penal de dicho instrumento jurídico la única base jurídica sólo puede encontrarse en el vigente Título VI TUE y a lo sumo su contenido únicamente podría dar lugar a una decisión marco. Es de preveer en este caso una argumentación similar a las anteriores por parte del Tribunal de Justicia en defensa de la consecución de los objetivos comunitarios y así la extensión de tal competencia penal en el ámbito del primer pilar; así, en comentario de todos los casos citados, DAWES, A. y LYNSKEY, O. «The ever-longer arm of EC law: the extension of community competence into the field of Criminal Law», *Common Market Law Review* 2008, nº 1, pp.131-158.

ello la inicial jurisprudencia en defensa de la falta de competencia por parte de la Comunidad Europea para legislar en materia penal y procesal penal.[96]

Parece, pues, que la famosa «batalla entre pilares»[97] llega a su fin a la luz del nuevo Tratado de Lisboa y con ello el deseo de gran parte de la literatura penalista en proceder a la efectiva creación de un Derecho Penal (y Procesal Penal) Europeo.[98] En efecto el nuevo art.82.1 TFUE impone la combinación de sendos principios de reconocimiento mutuo y aproximación de legislaciones en materia penal y procesal penal, principios ambos que, por vez primera y a salvo de la mención constitucional que ahora se reproduce, son expresados por escrito como contenido del Derecho Originario. Ciertamente el principio de reconocimiento mutuo no es en absoluto novedoso[99] en cuanto principio rector de la actual cooperación judicial desde su instauración oficial en el Consejo Europeo de Tampere (1999) y renovada su vigencia en el Programa de La Haya (2005) —precisamente objeto de evaluación en estos días—[100] pero sí lo es en mayor medida el obje-

---

96. SSTJCE *Casati*, 11 de noviembre de 1981, as.203/80, Rec.1981, p.2595, FJ 27 y *Lemmens*, 16 de junio de 1998, as.C-226/97, Rec.1998-I, p.3711, FJ 19.

97. Wasmeier, M. y Thwaites, N. «The 'battle of the pillars': does the European Comunity have the power to approximate national Criminal Law», *European Law Review* 2004, nº 5, pp.613-634.

98. Sólo a modo de ejemplo y entre los más partidarios, Bernardi, A. «Le rôle du troisième pilier dans l'européanisation du droit pénal. Un bilan synthétique à la veille de la réforme des traités», *Revue de science criminnelle et de droit pénal comparé 2007*, nº 4, pp.713-737; con mayores dudas, Montagna, A. «Il difficile cammino verso un Diritto Penale europeo minimo», *Cassazione Penale* 2007, nº 2, pp.805-822. Así también Ambos, K. «Is the development of a common substantive Criminal Law for Europe possible? Some preliminary reflections», *Maastricht Journal of European and Comparative Law* 2005, nº 2, *Special issue on European Criminal* Law, pp.173-191 y a la misma fecha VERVAELE, J. «European Criminal Law and general principles of Union Law», *Research Papers in Law* 5/2005, disponible en http://www.coleurop.be (menú *publications, papers legal department*) y «La europeización del Derecho Penal y la dimensión penal de la integracióne europea», *Revista Penal* 2005, nº 15, pp.169-183. En fecha reciente y al hilo del Tratado de Lisboa, MUSSACHIO, V. «El Tratado de Lisboa y las bases para un Derecho Penal europeo», *Revista General de Derecho Penal* 2008, nº 9, www.iustel.com; así también, MONTEIRO GUEDES VALIENTE, M. «La cooperación en materia procesal penal. Los engaños y las ilusiones formales de los instrumentos jurídicos europeos e internacionales», *Diario La Ley*, 31 de marzo de 2008, nº 6914, www.laley.es, en defensa de la necesidad de articular una política criminal europea que sirva de soporte a tal Derecho Penal europeo.

Sin olvidar tampoco a los procesalistas, al menos en nuestro país; por todos, Gascón Inchausti, F. «La construcción de un Derecho Procesal Penal europeo: tendencias actuales y perspectivas de futuro», ponencia presentada al Congreso Internacional de Derecho Penal «VII Jornadas sobre Justicia Penal», Instituto de Investigaciones Jurídicas de la Universidad Autónoma de México (19-23 de junio de 2006) y Martín Diz, F. «Constitución Europea: génesis de una justicia penal comunitaria», en F. Martín Diz (coord.), *Constitución Europea: aspectos históricos, administrativos y procesales*, Tórculo, Santiago de Compostela 2006, pp.197-267.

99. Ampliamente, de Hoyos Sancho, M. «El principio de reconocimiento mutuo como principio rector de la cooperación judicial europea», en Jimeno Bulnes, op.cit., pp.69-93 y, en el ámbito penal, «El principio de reconocimiento mutuo de resoluciones penales en la Unión Europea: ¿asimilación automática o corresponsabilidad?», *Revista de Derecho Comunitario Europeo* 2005, nº 22, pp.807-842; así también y entre muchos, BANTEKAS, I. «The principle of mutual recognition in EU Criminal Law», *European Law Review* 2007, nº 3, pp.365-385; FICHERA, M. «Mutual recognition of judicial decisions in criminal matters and the role of the national judge», *ERA Forum* 2007, nº 2, pp.177-202; Mitsilegas, V. «The constitutional implications of mutual recognition in criminal matters in the EU», *Common Market Law Review* 2006, nº 5, pp.1277-1311 y Peers, S. «Mutual recognition and Criminal Law in the European Union: has the Council got it wrong», *Common Market Law Review* 2004, nº 5, pp.5-36.

100. Comunicación de la Comisión al Consejo y al Parlamento europeo: «Informe sobre la ejecución del Programa de La Haya en 2007», presentada en Bruselas el pasado 2 de julio de 2008, documento COM (2008) 373 final, por cierto nada halagüeña pues establece un balance global «bastante insatisfactorio» por lo que respecta a la presentación de propuestas e iniciativas legislativas por parte de la Comisión Europea así como a su efectiva adopción por el Consejo

tivo de aproximación en lugar de la predicada armonización, como propuesta intermedia y edulcorada de esta última;[101] máxime cuanto que, precisamente, hasta la fecha, el reconocimiento ha operado en teoría y práctica como alternativa de cualquier armonización/aproximación de legislaciones.[102] No en vano el legislador comunitario se ha dado cuenta de que dificilmente podrá conseguirse un verdadero ELSJ sin tal aproximación de legislaciones de naturaleza sustantiva y procesal[103] haciendo así coincidir a ambas posiciones estatales en defensa por una parte del reconocimiento (Reino Unido, Irlanda y países escandinavos) y por otra de la armonización (resto de países).[104]

De este modo se arbitran las materias de futura legislación de carácter penal y procesal penal mediante el instrumento de la directiva[105] y atendiendo al procedimiento legisla-

---

y el Parlamento europeo (38% de acciones realizadas). Por el contrario, el nivel de cumplimiento del programa de La Haya en otros ámbitos del ELSJ como es la política de migración y fronteras o en materia de cooperación judicial civil se califica de satisfactorio.

101. Sobre el efecto armonizador de dicha aproximación Hópfel, F. «Función y límites de la armonización en el Derecho Penal de los Estados miembros», publicación del Portal Iberoamericano de las Ciencias Penales del Instituto de Derecho Penal Europeo Internacional, Universidad de Castilla-La Mancha 2006, http://www.cienciaspenales.net (menú biblioteca). Otros autores prefieren hablar en este caso de «armonización mínima» por oposición a la «armonización total» en cuanto modelo elegido para la acooperación judicial penal; así, Curtin, D.M. «European legal integration: paradise lost?», en D.M. Curtin, J.M. Smits, A. Klip, J.A. Mc Cahery, *European integration and Law*, Intersentia, Oxford 2006, pp.1-45, esp.p.14 y, en particular, dentro de la misma obra y sobre el significado de esta última para dicho área, Klip, A. «European integration and harmonisation and Criminal Law», pp.109-153, esp.pp.135 y ss. Se arguye que precisamente la diferencia de la aproximación o armonización mínima en su caso respecto de la armonización en sentido estricto (o armonización total) estriba en que la primera permite conservar las diferencias normativas de las distintas legislaciones nacionales.

Otra bibliografía especializada en el tema, fundamentalmente Weyembergh, A. «Approximation of Criminal Laws, the Constitutional Treaty and the Hague Programme», *Common Market Law Review* 2006, nº 6, pp.1567-1597 y «The functions of approximation of penal legislation within the European Union», *Maastricht Journal of European and Comparative Law* 2005, nº 2, pp.149-172. Así también, en referencia a los distintos modelos de armonización Gómez-Jara Díez, C. «Modelos del sistema europeo de Derecho Penal: ¿unificación versus armonización?», en M. Bajo Fernández (Dr.), *Constitución Europea y Derecho Penal económico*, Editorial Universitaria Ramón Areces, Madrid 2006, pp.320-345 y Vogel, J. «The European integrated criminal justice systems and its constitutional framework», *Maastricht Journal of European and Comparative Law* 2005, nº 2, pp.125-147, esp.pp.130 y ss.

102. A modo de ejemplo véanse las crónicas anuales de Manacorda, S. «Reconnaissance mutuelle et droits fondamentaux dans l'espace de liberté, de sécurité et de justice de l'Union européenne: un développment inégal», *Revue de science criminelle et de droit pénal comparé* 2006, nº 4, pp.881-894, esp.p.883, observando la disminución de la tarea armonizadora para el ámbito penal a lo largo del año en curso y por completo abandonada en 2007, toda vez consagrado el reconocimiento mutuo como «método de integración normativa» según pone de relieve en «La consolidation de l'Espace de liberé, de sécurité et de justice: ver une 'mise à l'écart' du rapprochement pénal?», *Revue de science criminelle et de droit pénal comparé* 2007, nº 4, pp.899-909.

103. En esta línea, Guild, E. y Geyer, F. «Introduction: the search for EU Criminal Law— Where is it headed», en Guild y Geyer, op.cit., pp.1-16, esp.p.15.

104. Ladenburger, op.cit., p.35. No en vano el principio del reconocimiento mutuo tiene su origen durante la presidencia británica siendo propuesto en el Consejo Europeo de Cardiff celebrado los días 15 y 16 de junio de 1998, propuesta por otra parte lógica pues de tener lugar cualquier proyecto de armonización tiene las de perder el sistema del Common Law frente al continental; al respecto, Jimeno Bulnes, «Origen y evolución de la cooperación judicial en la Unión Europea», op.cit., p.32.

105. Instrumento sin duda más eficaz dado su efecto directo, si bien la diferencia entre directiva y decisión marco resulta sensiblemente menor a partir del dictado por parte del Tribunal de Justicia de la famosa sentencia *Pupino* de fecha de 16 de junio de 2005, as.C-105/03, esp. FJ 43, en exigencia de una interpretación del Derecho nacional «a la luz de la letra y de la finalidad de la decisión marco»; así, Kurcz, B. y Lazowski, A. «Two sides of the same coin? Fra-

tivo ordinario, en la línea arriba indicada. La enumeración de tales materias se realiza concretamente en arts.82.1 y 2 TFUE por lo que respecta al ámbito procesal penal y 83 por lo que atañe al ámbito penal sustantivo. Entre las primeras, se hace una distinción entre aquéllas de carácter orgánico (por ejemplo y de modo fundamental, la prevención de conflictos de jurisdicción)[106] y aquéllas de carácter estrictamente procesal y así entre estas últimas se encuentran, en concreto, la admisibilidad mutua de pruebas entre los Estados miembros,[107] los derechos de las personas durante el procedimiento penal[108] y los derechos de las víctimas de los delitos,[109] además de la disposición de

---

mework Decisions and Directives compared», *Yearbook of European Law* 2006, pp.177-203. Similares reflexiones se realizan por Fletcher, M. «Extending 'indirect effect' to the third pillar: the significance of Pupino», *European Law Review* 2005, nº 6, pp.862-877; Muñoz Morales, M. «La aplicación del principio de interpretación conforme a las decisiones-marco: ¿hacia el efecto directo? Especial referencia al caso *Pupino*», publicación del Portal Iberoamericano de las Ciencias Penales del Instituto de Derecho Penal Europeo Internacional, Universidad de Castilla-La Mancha 2006, http://www.cienciaspenales.net; Sarmiento, D. «Un paso más en la constitucionalización del tercer pilar de la Unión Europea: la sentencia *María Pupino* y el efecto directo de las decisiones marco», *Revista Electrónica de Estudios Internacionales* 2005, nº 10, http://www.reei.org

Es más, es de prever la sustitución de las vigentes decisiones marco por directivas (como tuvo lugar en el ámbito de la cooperación judicial civil y de ahí el dictado de reglamentos en sustitución de actos anteriores) a tenor de lo previsto en los arts.9 y 10 Protocolo nº 16 sobre las disposiciones transitorias. A este respecto, Carrera HERNANDEZ, F.J. «Réquiem por las decisiones marco: a propóxito de la orden de detención europea», *Revista Electrónica de Estudios Internacionales* 2007, nº 14, http://www.reei.org Incluso sería deseable que dicha transformación tuviera lugar antes de agotar el plazo transitorio de los 5 años a tal fin dispuesto, así, Lirola Delgado, «La cooperación judicial en materia penal en el Tratado de Lisboa», op.cit., p.7.

106. Sin duda, tema de gran trascendencia práctica y donde es perentoria una regulación común a los 27 Estados miembros. Hasta ahora única previsión en la materia es el «Libro Verde sobre los conflictos de jurisdicción y el *principio non bis in idem* en los procedimientos penales», presentado por la Comisión el 23 de diciembre de 2005, documento COM (2005) 696 final, de interés resulta también el documento de trabajo SEC (2005) 1767. Al respecto, Fletcher, M. «The problem of multiple criminal prosecutions: building an effective EU response», *Yearbook of European Law* 2007, pp.33-56.

Otras medidas son el apoyo a la formación de magistrados y del personal al servicio de la administración de justicia, objeto también de anterior preocupación por parte de la Comisión; así, comunicación de la Comisión al Parlamento europeo y al Consejo sobre la formación judicial en la Unión Europea presentada el 29 de junio de 2006, documento COM (2006) 356 final. También de carácter orgánico y atendiendo a la figura judicial, se propone «facilitar la cooperación entre las autoridades judiciales o equivalentes (se piensa sin duda en el Ministerio fiscal para aquellos países en los que tiene carácter de autoridad judicial) de los Estados miembros en el marco del procedimiento penal y de la ejecución de resoluciones». Finalmente y aún perteneciente en mayor grado al apartado procesal, se propone «establecer normas y procedimientos para garantizar el reconocimiento en toda la Unión de las sentencias y resolucioens judiciales en todas sus formas».

107. A tal fin la Propuesta de la Decisión Marco del Consejo relativa al exhorto europeo de obtención de pruebas para recabar objetos, documentos y datos destinados a procedimientos en materia penal, presentada por la Comisión el 14 de noviembre de 2003, documento COM (2003) 688 final que, a pesar de haber resultado aprobado por los Ministros de Justicia en 2006, nunca a la fecha ha llegado a entrar en vigor. Entre la bibliografía, Bachmaier Winter, L. «El exhorto europeo de obtención de pruebas en el proceso penal: estudio y perspectivas de la propuesta de decisión marco», en T. Armenta Deu, Gascón Inchausti, F. y Cedeño Hernán, M. (eds.), *El Derecho Procesal penal en la Unión Europea*, Colex, Madrid 2006, pp.131-178; así también, ampliamente, Moreno Catena, V. y Arroyo Zapatero, L. (eds.) *La prueba en el espacio europeo de libertad, seguridad y justicia penal*, Centro de Estudios Jurídicos— Aranzadi, Madrid 2006 y VERVAELE, J. (ed.) *European Evidence Warrant*, Intersentia, Antwerpen 2004.

108. Así también la fracasada Propuesta de Decisión Marco del Consejo relativa a determinados derechos procesales presentada por la Comisión el 28 de abril de 2004, documento COM (2004) 328 final. Por todos, Jimeno-Bulnes, M. «The Proposal for a Council Framework Decision on certain procedural rights in criminal proceedings throughout the European Union», en Guild y Geyer, op.cit., pp.171-202.

109. Único supuesto en el que existe ya normativa en vigor y así por ejemplo, Decisión marco 2001/220/JAI del Consejo, de 15 de marzo de 2001, relativa al estatuto de la víctima en el proceso penal (DOCE de 22 de marzo de 2001,

sendas cláusulas finales de carácter general; la primera en previsión de la regulación de ulteriores aspectos procesales penales bajo el procedimiento allí prescrito[110] y la segunda, de mucha mayor relevancia, la prevención contra una posible armonización (ahora aproximación) a la baja por parte de los Estados miembros y así reducción de las garantías procesales penales en sede estatal.[111] Entre las segundas y así medidas de carácter penal sustantivo, se contiene la propuesta de establecer mínimos comunes en lo que respecta a la tipificación y penalización de los hechos ilícitos[112] cuando reúnan las condiciones allí previstas, esto es, «especial gravedad» y «dimensión transfronteriza»; si embargo, tal ámbito de aplicación es objeto de inmediata concreción al determinarse expresamente una serie de delitos contenido del mismo, cuales son los clásicamente utilizados en los instrumentos de cooperación judicial penal,[113] por lo que ha de entenderse que, *ab initio* y a salvo de posterior extensión de dicho ámbito material por parte del Consejo,[114] la aproximación de legislaciones penales sólo tendrá lugar para tales casos.

---

nº L 82, pp.1-4), precisamente objeto de interpretación por el TJCE en la anterior sentencia *Pupino* así como la Directiva 2004/80/CE del Consejo de 29 de abril de 2004 sobre indemnización a las víctimas de los delitos (DOUE de 6 de agosto de 2004, nº L 261, pp.13-18) en el ámbito civil. Sobre la primera en particular, Vidal Fernández, B. «El estatuto de la víctima en el proceso penal», en M. de Hoyos Sancho (coord.) *El proceso penal en la Unión Europea: garantías esenciales*, Lex Nova, Valladolid 2008, en prensa; así también, Oromí Vall-Llovera, S. «El estatuto de la víctima en el proceso penal: visión general de su transposición a las legislaciones procesales de los Estados miembros de la UE», en A. de la Oliva Santos, T. Armenta Deu, M.P. Calderón Cuadrado (eds), *Garantías fundamentales del proceso penal en el espacio judicial europeo*, Colex, Madrid 2007, pp.129-157 y Tomé García, J.A. «El estatuto de la víctima en el proceso penal según la Decisión Marco del Consejo de la Unión Europea de 15 de marzo de 2001 y su incorporación en el ordenamiento español», en Armenta Deu, Gascón Inchausti y Cedeño Hernán, op.cit., pp.259 -295.

110. En suma, determinación del concreto aspecto procesal penal mediante decisión del Consejo a adoptar por unanimidad previa aprobación del Parlamento Europeo (art.82.2.d) TFUE). Constituye ésta precisamente una de las excepciones al nuevo procedimiento legislativo de votación por mayoría cualificada.

111. Textualmente, «la adopción de las normas mínimas contempladas en el presente apartado no impedirá que los Estados miembros mantengan o instauren un nivel más elevado de protección de las personas». Este ha sido tradicionalmente el principal caballo de batalla y motivo de desconfianza de los (algunos) Estados miembros para cualquier tipo de armonización procesal penal; por ello que esta cláusula, aún innecesaria por propia lógica, ha sido incluida de forma expresa en la regulación del ELSJ.

112. Se cuestiona en este ámbito si dicha aproximación ha de extenderte a los elementos de la llamada Parte General del Derecho Penal y así, por ejemplo, respecto a los tipos de participación en los hechos punibles (autoría, coautoría, complicidad, encubrimiento ...etc.); en esta línea, Ladenburger, op.cit., p.35.

113. Así, «terrorismo, la trata de seres humanos y la explotación sexual de mujeres y niños, el tráfico ilícito de drogas, el tráfico ilícito de armas, el blanqueo de capitales, la corrupción, la falsificación de medios de pago, la delincuencia informática y la delincuencia organizada» (art.83.1.II TFUE). Tales delitos se encuentran en suma contenidos en los listados expuestos por los arts.2.2 Decisión Marco 2002/584/JAI del Consejo de 13 de junio de 2002 relativa a la orden de detención europea y a los procedimientos de entrega entre Estados miembros (DOCE de 18 de julio de 2002, nº L 190, pp.1-20), 3.2 Decisión Marco 2003/577/JAI del Consejo de 22 de julio de 2003, relativa a la ejecución en la Unión Europea de las resoluciones de embargo preventivo de bienes y de aseguramiento de pruebas (DOUE de 2 de agosto de 2003, nº L 196, pp.45-55), 5.1 Decisión Marco 2005/214/JAI del Consejo de 24 de febrero de 2005, relativa a la aplicación del principio de reconocimiento mutuo de sanciones pecuniarias (DOUE de 22 de marzo de 2005, nº L 76, pp.16-30), 6.1 Decisión Marco 2006/783/JAI del Consejo de 6 de octubre de 2006, relativa a la aplicaciónd el principio de reconocimiento mutuo de resoluciones de decomiso (DOUE de 24 de noviembre de 2006, nº 328, pp.59-78), 16.2 Propuesta de Decisión Marco del Consejo relativa al exhorto de obtención de pruebas para recabar objetos, documentos y datos destinados a procedimientos en materia penal ...

114. Mediante idéntico procedimiento al antes descrito para la ampliación del ámbito procesal penal en el anterior art.82.2.d) TFUE; así, el ahora art.83.1.III TFUE dispone que, «teniendo en cuenta la evolución de la delincuencia, el Consejo podrá adoptar una decisión que determine otros ámbitos delictivos que respondan a los criterios previstos en el presente apartado. Se pronunciará por unanimidad, previa aprobación del Parlamento Europeo».

Dentro del apartado institucional se refuerza sin duda el papel de Eurojust, ahora objeto de regulación independiente en el art.85 TFUE y quien se convierte en el «centro de la política penal europea» en la línea pretendida ya desde hace años por las propias instituciones comunitarias.[115] No en vano se le encomiendan tareas de carácter procesal penal, tales como el inicio de investigación e, item más, incoación de procesos penales aún (pero no sólo)[116] en el ámbito de la protección de los intereses financieros de la Unión además de su coordinación y de la resolución incluso de los conflictos de jurisdicción dentro de su papel de impulsor de la cooperación judicial penal. Pero la verdadera novedad[117] estriba respecto a la previsión de la futura Fiscalía Europea «a partir de Eurojust» (¿?)[118] si así lo decidiera el Consejo por unanimidad, previa aprobación del Parlamento Europeo, mediante un procedimiento legislativo especial,[119] para el ámbito de aplicación y con las competencias asimismo dispuestas en idéntico art.86 TFUE;[120] la innovación a este respecto en relación con la lectura del texto constitucional consiste además en la posibilidad de crear dicha fiscalía únicamente por parte de 9 Estados miembros bajo el esquema de la cooperación reforzada.[121] Ulteriores aspectos no menos importantes como es el caso del control jurisdiccional de los actos por ella realizados serán objeto de regulación en su caso bajo un estatuto específico.[122]

Por último y con carácter esencial ha de advertirse, en la línea arriba anticipada, la completa sumisión del ELSJ —y ahora la cooperación judicial penal— al control juris-

---

115. *Vid.* Comunicación de la Comisión al Consejo y al Parlamento europeo sobre «el espacio de libertad, seguridad y justicia: balance del programa de Tampere y futuras orientaciones» de 2 de junio de 2004, documento COM (2004) 401 final, p.13. Asimismo, sobre este papel central de Eurojust en la estructura institucional del espacio judicial europeo en materia penal, Vlastník, J. «Eurojust— A cornerstone of the Federal Criminal Justice system in the EU?», en Guild y Geyer, op.cit., pp.35-49.

116. Dada la redacción del art.85.1.a) TFUE «*en particular* los relativos a infracciones que perjudiquen a los intereses financieros de la Unión» (la cursiva es nuestra). Lógicamente, cualesquiera actos procesales al respecto habrán de ser adoptados por los órganos jurisdiccionales en cada Estado miembro, o, en su caso, Ministerio Fiscal si reúne dicho carácter de autoridad judicial. Véase al respecto el informe elaborado para *statewatch* por Peers, S. «The EU Constitution and Justice and Home Affairs: the accountability gap», p.2, disponible en http://www.statewatch.org (menú *observatories, EU Constitution*).

117. Entendiendo tal afirmación hecha en cuanto a su primera previsión normativa, aparte de la mención del texto constitucional pues, como es sabido, la propuesta de creación de un Ministerio Público en este ámbito de la delincuencia económica no es original sino que procede del «Libro Verde sobre la protección penal de los intereses financieros comunitarios y la creación de un fiscal Europeo» presentado por la Comisión ya en fecha de 11 de diciembre de 2001, documento COM (2001) 715 final.

118. La falta de claridad de esta redacción deja abierta la puerta además a las futuras relaciones entre tal Fiscalía Europea y Eurojust; en esta línea, Ladenburger, op.cit., p.39.

119. *Vid.* art.289.2 TFUE.

120. De nuevo el ámbito de la delincuencia económica en relación con la protección de los intereses financieros de la UE, con competencia para la investigación e incoación de procesos penales con ejercicio de acción penal en la jurisdicción de los distintos Estados miembros. Ello si bien está prevista la posible ampliación de competencias —simultánea o posteriormente a su creación— a la lucha contra la delincuencia transfronteriza de carácter grave si así se decidiera por el Consejo Europeo «por unanimidad, previa aprobación del Parlamento Europeo y previa consulta a la Comisión» (art.86.4 TFUE).

121. Arts.20 TUE y 326-334 TFUE. *Vid.* Pons Rafols, X. «Las potencialidades de las cooperaciones reforzadas en la Unión», en Martín y Pérez de Nanclares, op.cit., pp.627-662 y Urrea Corres, «La efectividad del derecho de retirada, el sistema de reforma y las cooperaciones reforzadas ...», op.cit., esp.pp.699 y ss.

122. Que incluirá así también «las condiciones para el desempeño de sus funciones, las normas de procedimiento aplicables a sus actividades y aquéllas que rijan la admisibilidad de las pruebas» (art.86.3 TFUE).

diccional ejercido por el entonces Tribunal de Justicia de la Unión Europea,[123] fruto de la predicada desaparición de los actuales pilares comunitario e intergubernamentales.[124] De ahí, por tanto, la aplicación con carácter general[125] y en igualdad de condiciones a los restantes ámbitos de la Unión Europea los arts.251-281 TFUE y así la posibilidad de interponer a este tenor demanda en virtud de cualesquiera de los procesos y procedimientos comunitarios allí contenidos (anulación, prejudicial ... e item más, incumplimiento en la actualidad excluido para el tercer pilar) sin necesidad de suscripción de claúsula compromisoria alguna como ahora tiene lugar.[126] Aún con todo y pese a los actuales inconvenientes, el papel del Tribunal de Justicia no cabe duda de que ha sido ejemplar en el terreno de la cooperación judicial penal,[127] por lo que es de prever todavía se vea incrementado con la nueva regulación de tener lugar su entrada en

123. Si bien esta extensión del control jurisdiccional por parte del Tribunal de Justicia es objeto de aplazamiento durante un período de 5 años en relación con los actos de cooperación judicial penal y policial existentes en el momento de entrada en vigor del Tratado de Lisboa y en tanto en cuanto no tenga lugar su derogación, anulación o modificación conforme el art.10.3 Protocolo nº 36 sobre las disposiciones transitorias. Por tanto y en el mejor de los casos, cual sería la entrada en vigor del Tratado de Lisboa en 2009, la generalización del control judicial para el conjunto del ELSJ no tendría lugar hasta 2014; así, De Witte, F. «The European judiciary after Lisbon», *Maastricht Journal of European and Comparative Law* 2008, nº 1, pp.35-42, esp.p.39.

124. Recuérdese no obstante la especifidad del segundo pilar relativo a la PESC conforme al art.24 TUE; así también y con carácter especial para el ámbito judicial, véanse la reglas contenidas en el art.275 TFUE confirmando esta misma exclusión de competencia judicial para el ámbito del segundo pilar salvo excepciones.

125. A excepción de la claúsula contenida en el art.276 TFUE relativa a la ausencia de control judicial respecto de los actos de carácter policial y/u operacional realizados en el territorio de los Estados miembros en aras del «mantenimiento del orden público y salvaguardia de la seguridad interior». No obstante la previsión, copia del vigente art.35.5 TUE y de similar redacción al actual art.68.2 TCE para el primer pilar, nunca ha sido hasta la fecha utilizada y es de preveer tampoco lo sea en el futuro pues los Estados miembros diponen de otros mecanismos a fin de paralizar cualesquiera medidas que afecten a su seguridad interior; véase argumentación de Hatzopoulos, V. «Casual but smart: the Court's new clothes in the Area of Freedom, Security and Justice (AFSJ) after the Lisbon Treaty», *Research Papers in Law* 2/2008, disponible en http://www.coleurop.be (menú *publications, papers legal department*).

126. *Vid.* art.35.2 TUE y críticas en Jimeno Bulnes, M. «La cooperación judicial y policial en el ámbito de la Unión Europea», *Revista del Poder Judicial* 1998, nº 50, pp.79-118, esp.p.113; p.113. Véase también Labayle, H. «Les nouveaux domaines d'intervention de la Cour de justice: l'espace de liberté, de sécurité et de justice», *L'avenir du système juridictionnel de l'Union européenne,* op.cit., pp.73-105, esp.pp.98 y ss.

127. Por ejemplo y de forma fundamental en materia de *ne/non bis in idem* a partir de la famosa sentencia *Gozütok* y *Brügge* de fecha de 5 de abril de 2003, as.C-187 y C-385/01, continuada por posteriores precedentes jurisprudenciales (Miraglia, Van Esbroeck, Gasparini, *Kretzinger, Kraaijenbrink*..); véase básicamente Vervaele, J. «El principio de *ne bis in idem* en Europa», en de Hoyos Sancho, op.cit., en prensa así como, en relación con la orden de detención europea, Jimeno Bulnes, M. «El principio de *non bis in idem* en la orden de detención europea: régimen legal y tratamiento jurisprudencial», en Oliva Santos, op.cit., pp.275-294. Así también y además de jurisprudencia como la citada, ha sido fundamental aquella dictada precisamente en relación con este último instrumento procesal penal, cual es la orden de detención europea, desde la conocida sentencia *Advocaten voor de Wereld* de fecha de 3 de mayo de 2007, as.C-303/05 y continuada por recientes sentencias dictadas a lo largo de este verano como son los casos *Kozlowski*, 17 de julio de 2008, as.C-66/08 y *Santesteban Goicoechea*, 12 de agosto de 2008, as.C-296/08 PPU, todas ellas disponibles en el anterior servidor oficial del Tribunal de Justicia.

En relación con dicho papel fundamental adoptado por el Tribunal de Justicia en el ámbito del tercer pilar y en examen de jurisprudencia como la de antes y/o ahora citada puede consultarse, entre otros, Fletcher, M. «The European Court of Justice: Carving itself an influential role in the EU's Third Pillar», paper submitted for presentation at the EUSA Tenth Bienal Internatinal Conference, Montreal, 17-19 May 2007, disponible en servidor oficial de la *European Union Studies Association* (http://www.unc.edu/euce/eusa2007), Hatzopoulos, V. «With or without jou ... judging politically in the field of Area of Freedom, Security and Justice», *European Law Review* 2008, nº 1, pp.44-65 y Sanfrutos Cano, E. «The third pillar and the Court of Justice: a 'praetorian communitarization' of police and judicial cooperation in criminal matters», en Guild y Geyer, op.cit., pp.51-69.

vigor; más aún cuando un procedimiento tan importante para la construcción del Derecho Europeo en su conjunto como es el procedimiento prejudicial (art. 267 TFUE) incorpora una norma especial con destino al ámbito procesal penal.[128]

2. Concesiones de carácter general y especial

No obstante todo el panorama inmediatamente descrito con carácter general para la cooperación judicial penal a partir de la entrada en vigor del Tratado de Lisboa, ha de advertirse la coexistencia de otros modelos de espacios de libertad, seguridad y justicia[129] en función del grado de integración deseado por los distintos Estados miembros. Así la dificultad de establecer un espacio judicial europeo común para el territorio de los 27 Estados miembros dada la voluntad de ciertos Estados miembros para no llegar al destino final utilizando el símil del «tren europeo»,[130] si bien los supuestos son distintos dando lugar a dos tipos de concesiones resultado de las negociaciones emprendidas por los gobiernos nacionales; por una parte, de carácter general para el conjunto de los Estados miembros y por otra, de carácter especial para algunos países, en concreto Reino Unido, Irlanda y Dinamarca. Para el primer caso se establecen determinadas reglas en el propio articulado del Tratado de Lisboa que hacen posible «apearse» del tren europeo en marcha y que dan lugar a los llamados «frenos de emergencia» (*emergency brakes*); para el segundo, advertida previamente la voluntad de los tres países anticipados para bajarse en una estación anterior del tren europeo, se arbitra el sistema de cláusulas *opt-in/opt-out* a contemplar en protocolos independientes.

1) *El sistema de los frenos de emergencia*: provenientes ya del texto constitucional a iniciativa precisamente del Reino Unido, se recogen también en el Tratado de Lisboa concretamente en los arts. 82.3 y 83.3 TFUE respectivamente en relación con la aproximación de legislaciones procesales penales y penales sustantivas,[131] observando en ambos casos idéntica regulación, sensiblemente diferente a la del fracasado tratado constitucional, habiéndose de lamentar la supresión de la posibilidad por parte del Consejo Europeo de solicitar un nuevo proyecto legislativo.[132] Se trata en suma de la

128. Esto es, «cuando se plantee una cuestión de este tipo en un asunto pendiente ante un órgano jurisdiccional nacional en relación con una persona privada de libertad, el Tribunal de Justicia de la Unión Europea se pronunciará con la mayor brevedad». Precisamente para ello se arbitra el nuevo procedimiento prejudicial de urgencia contemplado hoy día en el art.104 *ter* del Reglamento de Procedimiento del Tribunal de Justicia, vigente desde el pasado 1 de marzo de 2008; en virtud del mismo ha sido dictada la sentencia de 12 de agosto de 2008 en el caso *Goicoechea Santisteban* inmediatamente citado. Al respecto, Jimeno Bulnes, M. «La nueva cuestión prejudicial en el espacio judicial europeo», pendiente de aceptación en la *Revista General de Derecho Procesal*, http://www.iustel.com

129. *Vid.* Carrera y Geyer, op.cit., p.159.

130. Mangas Martín, «El tren europeo vuelve a sus raíles: el Tratado de Lisboa», op.cit.

131. En otros casos es innecesario dado el requisito de la unanimidad, por ejemplo para la anteior creación de la Fiscalía Europea a tenor del art. 86 TFUE.

132. En efecto los arts.III-270.3 y III-271.3 TeCE contemplaban la posibilidad alternativa de devolver el entonces proyecto de ley al Consejo con suspensión del procedimiento legislativo ordinario o, por el contrario, pedir a la Comisión o al grupo de Estados miembros de los que emane el proyecto la presentación de un segundo proyecto; véanse las críticas a esta supresión por parte de Carrera y Geyer, op.cit., p.152.

posibilidad que se concede a cualesquiera Estados miembros (basta uno sólo) de suspender el proceso legislativo ordinario cuando consideren que el concreto proyecto de directiva de que se trate afecta a «aspectos fundamentales de su sistema de justicia penal»,[133] solicitando en tal caso la remisión del asunto al Consejo Europeo; de alcanzarse acuerdo en el seno de este último en plazo máximo de cuatro meses, será devuelto el proyecto legislativo al Consejo y se reanudará la tramitación legislativa ordinaria. De lo contrario, cabe la oportunidad por parte de los Estados miembros restantes en número mínimo de 9 de recurrir a la opción de la cooperación reforzada en los términos allí descritos.[134]

2) *El sistema de los opt-in/opt-out*: ciertamente si puede resultar en alguna medida criticable el anterior sistema de frenos de emergencia al desvirtuar un panorama uniforme para el ELSJ, más lo es sin duda el fruto de las negociaciones a este respecto por parte del Reino Unido, Irlanda y Dinamarca contenida en los Protocolos nº 21 y nº 22, tanto en más cuanto ni siquiera hubiera sido necesario ante la posibilidad de acudir al anterior sistema general de los frenos de emergencia. Pero este es el precio a pagar por la participación de tales países en el ELSJ y, en suma, en el conjunto del esquema institucional presente y futuro de la Unión Europea[135] además de encontrar su causa inmediata en el deseo del gobierno británico (a la fecha Tony Blair) de evitar la convocatoria de un réferendum popular para la firma del nuevo tratado;[136] por ello la imposición de otra «línea roja» en el curso de las negociaciones intergubernamentales durante el año 2007.

Sin duda es la primera vez que los tratados reconocen a un Estado miembro la capacidad, no sólo del derecho de quedarse al margen respecto de la adopción de futuras medidas en un área determinada, sino, lo que es más grave, de incumplir sus obligaciones en relación con medidas ya establecidas; si a ello se suma la posibilidad de incorporarse nuevamente y en un momento posterior a unas y otras medidas, resulta de todo ello una inconmesurable libertad del sistema de elección a la carta

133. Resta determinar cuales sean estos aspectos fundamentales de justicia penal; cabe pensar sin duda y entre otros en

134. *Vid.* en concreto arts. 82.3.II y 83.3.II TFUE con remisión a los arts.20.1 TUE y 329.1 TFUE.

135. Así, Craig, op.cit., p.144 y especialmente *Working Group on Justice and Home Affairs Final Report* «An area of Freedom, Security and Justice in Europe?», *Federal Trust Report*, July 2007, esp.p.17, disponible en http:// http://www.fedtrust.co.uk (menú *European, Justice and Home Affairs*)

136. En esta línea, Dougan, op.cit., p.665; así también en particular, Donnelly, B. «Justice and Home Affairs in the Lisbon Treaty: a constitutionalising clarification?», publicaciones del *European Institute of Public Administration* (EIPASCOPE) 2008, nº 1, pp.19-23, esp.p.23, disponible en http://www.eipa.eu/en/eipascope. Sobre la particular situación y sentir del Reino Unido en el conjunto de la Unión Europea en general resulta sumamente ilustrativo la reciente publicación de WALL, S. *A stranger in Europe: Britain and the EU: from Thatcher to Blair*, Oxford University Press 2008.

Igualmente pueden consultarse para este país y en relación con la firma del Tratado de Lisboa el informe elaborado por parte del *European Union Committee* para la *House of Lords* «The Treaty of Lisobon: an impact assessment», 10th Report of Session 2007-08, vol.I: Report y vol.II: evidence, 13 de marzo de 2008, disponible en ULR http://www.publications.parliament.uk/pa/ld/ldeucom.htm (menú *Reports*), esp.pp.110 y ss en relación con el ELSJ.

(*pick-and-choose*) por parte de tales Estados miembros sumamente criticable y criticado.[137] Por otra parte, el sistema de *opts-in/opt-outs* a este tenor establecido no resulta tampoco original del Tratado de Lisboa sino que tuvo su inicial acogida ya al hilo del Tratado de Amsterdam (1997)[138] y es objeto de empleo en la actualidad, dando lugar incluso a contenciosos en sede comunitaria por parte del Reino Unido demandando tal incorporación en el ELSJ;[139] por todo ello aún resulta, si cabe, más irónico e incomprensible la reproducción de nuevo de dicho sistema en el Tratado de Lisboa.

En ambos casos se prevé así la no participación con carácter general de tales Estados miembros en el conjunto de medidas relativas a la cooperación judicial penal tales como las expuestas (art.1 Protocolos nº 21 y 22), si bien se reservan tales países la posibilidad de incorporarse en cualesquiera momentos en el conjunto[140] o medida concreta relativa al ELSJ.[141] Ciertamente cabría hablar en sentido estricto de un único sistema de *opt-in*,[142] por cuanto el *opt-out* ya ha tenido lugar con carácter definitivo a la fecha de negociación del Tratado de Lisboa. Sistema además que resulta especialmente complicado respecto de la posición del Reino Unido e Irlanda en particular y que aún va siendo cada vez más enrevesado tras la lectura de ulterior articulado, por cuanto, en la línea anticipada, se da incluso la oportunidad a ambos Estados miembros de quedarse al margen respecto de aquellas medidas previamente adoptadas (y así vinculantes para

137. De nuevo, Dougan, op.cit., p.683 y Ladenburger, op.cit., p.37. Así también en particular, García Gutiérrez, L. «La posición del Reino Unido, Irlanda y Dinamarca en el ELSJ ¿cambiará con Lisboa?», en Martín y Pérez de Nanclares, op.cit., pp.499-519 y Peers, S. «British and Irish opt-outs from EU Justice and Home Affairs (JHA) law», *Statewatch analysis: EU Reform Treaty Analysis nº 4*, disponible en http://www.statewatch.org (menú *observatories, EU Constitution*). Desde la perspectiva política, Adler-Nissen, R. «The diplomacy of opting out: a bourdieudian approach to national integration strategies», *Journal of Common Market Studies* 2008, nº 3, pp.663-684.

138. Así en concreto sendos Protocolos sobre la posición del Reino Unido e Irlanda por una parte y sobre la posición de Dinamarca por otra manifestando en ambos casos la no participación de tales países en la adopción por el Consejo de medidas en virtud del Título IV TCE, relativo a la política de visados, asilo e inmigración.

139. Así SSTJCE de fecha de 18 de diciembre de 2007, as.C-77/05 y C-137/05, en desestimación de sendas demandas de anulación interpuestas por el Reino Unido al hilo del anterior Protocolo sobre el título IV anexo al Tratado de Amsterdam.

140. En el caso de Dinamarca en virtud del art.7 Protocolo nº 22, según el cual, textualmente, «en cualquier momento Dinamarca podrá, de acuerdo con sus normas constitucionales, informar a los demás Estados miembros de que ya no desea hacer uso del presente Protocolo en su totalidad o en parte. En ese caso, Dinamarca aplicará *plenamente* todas las medidas pertinentes entonces vigentes tomadas dentro del marco de la Unión Europea» (la cursiva es nuestra, para reforzar tal incorporación en su conjunto en el ELSJ por parte de Dinamarca).

141. Arts.3 y 4 Protocolo nº 21, conforme los cuales «el Reino Unido o Irlanda podrán notificar por escrito al Presidente del Consejo, en un plazo de tres meses a partir de la presentación al Consejo de una propuesta o iniciativa en virtud del título V de la tercera parte del Tratado de Funcionamiento de la Unión Europea, su deseo de participar en la adopción y aplicación de *la medida propuesta de que se trate*, tras lo cual dicho Estado tendrá derecho a hacerlo» o bien «podrán en cualquier momento, tras la adopción de una medida por parte del Consejo en virtud del título V de la tercera parte del Tratado de Funcionamiento de la Unión Europea, notificar al Consejo y a la Comisión su propósito y deseo de aceptar *dicha medida*» (la cursiva también es nuestra con idéntico propósito).

142. Así el anterior informe proporcionado por el *European Union Committee* para la *House of Lords,* op.cit., pp.159 y ss. En la misma línea, informe del *Federal Trust Working Group on Justice and Home Affairs*, «The institutions of JHA», *Discussion paper* nº 1, 11 de octubre de 2006, esp.p.7, disponible en http:// http://www.fedtrust.co.uk (menú *European, Justice and Home Affairs*). Con mayores dudas, Peers, «British and Irish op-outs from EU Justice and Home Affairs (JHA) law», op.cit., p.8.

dichos Estados) que resulten modificadas tras la entrada en vigor del Tratado de Lisboa.[143] El confuso panorama todavía se complica más para el Reino Unido con relación al acervo existente en materia ELSJ a la luz de las disposiciones transitorias[144] dando lugar a un sinfín de reglas en arbitrio de una situación cada vez más ambigua y compleja respecto de la posición de este país al respecto[145] que provoca incluso el vaticinio de una retirada definitiva de este país del espacio judicial europeo.

IV. A modo de conclusión

El devenir europeo encuentra a la fecha de hoy obstáculos ante el futuro incierto del Tratado de Lisboa dado el resultado negativo del réferendum irlandés para el que ya ha sido propuesta a título particular alguna alternativa[146] y el acusado escepticismo de determinados Estados miembros. Escepticismo que ha resultado patente en las propias negociaciones para su firma y cuya prueba más contundente es la regulación específica arriba descrita para determinados países, en especial (y no sólo) con el ELSJ, que prueba una vez más la desconfianza de algunos gobiernos en la dirección desde Bruselas.[147] Por todo ello y a la fecha de hoy es difícil adelantar un resultado *a priori* positivo de la presente reforma que, por la parte que suscribe, es de esperar se sume a los hitos logrados con anterioridad en la trayectoria europea.

En cualquier caso y por lo que al objeto ahora de particular examen atañe, la valoración que ha de hacerse debería realizarse todavía en términos positivos. Pese a las inevitables concesiones políticas que han tenido lugar con el fin de sumar y no restar voluntades estatales, también se producen avances notables en el panorama judicial y procesal europeo. No ha de olvidarse que, de forma importante y pese a las limitaciones temporales, se extiende el paraguas jurisdiccional del Tribunal de Justicia sobre el conjunto del ELSJ por lo que respecta al panorama judicial así como, por vez primera, se hace mención del objetivo de llevar a cabo una ahora aproximación procesal penal, siquiera en materias específicas, lo que pone fin al clásico argumento de la carencia de

143. Art.4 *bis* Protocolo nº con indicación de que «las disposiciones del presente Protocolo se aplicarán al Reino Unido y a Irlanda también por lo que respecta a las medidas propuestas o adpptadas en virtud del título V de la tercera parte del Tratado de Funcionamiento de la Unión Europea, que modifiquen una medida existente que sea vinculante para dichos Estados» con las observaciones a continuación contempladas para el caso de que tal exclusión provoque la inviabilidad de la medida en cuestión para los restantes Estados miembros y con la posibilidad de repercusión financiera para tales Estados insolidarios.

144. *Vid.* arts.10.4 y 5 Protocolo nº 36 sobre las disposiciones transitorias.

145. Incluso a nivel interno. Véase a modo de ejemplo el debate en la *House of Lords* con motivo de la comparecencia pública de la baronesa Ashton of Upholland el pasado 13 de mayo de 2008, disponible en el anterior servidor oficial http://www.publications.parliament.uk/pa/ld/ldeucom.htm (menú *oral and written evidence*).

146. Así el llamado Plan B por parte de Gros, D. y Kurpas, S. «What next? How to save the Treaty of Lisbon», CEPS Policy brief nº 163, June 2008, disponible en página web *del Centre for European Policy Studies*, http://www.ceps.eu (*menú publications, Policy briefs*), consistente en la ratificación de la versión consolidada de los tratados toda vez ya reformados por el Tratado de Lisboa por parte de los 26 Estados miembros y sólo después un segundo referéndum en Irlanda con la pregunta de si este país quiere sumarse al conjunto de los 26.

147. En el contexto británico y en su día, Mac Cormick, N. *Who's afraid of a European Constitution*, Imprint Academic, Exeter 2005.

base jurídica utilizado de forma recurrente por algunas delegaciones estatales en el curso de las negociaciones en el seno del Consejo con motivo de la legislación de los (algunos) instrumentos jurídicos del tercer pilar.[148] Y todavía más importante; se ocupa de colmar una laguna si cabe aún mayor, cual es la defensa de los derechos fundamentales dentro del espacio judicial europeo, por tanto y básicamente, también el conjunto de garantías procesales[149] que habrá de sumarse como tercer elemento al anterior binomio reconocimiento-aproximación.

Finalmente y para el supuesto de un futuro oscuro en la trayectoria europea que impida la entrada en vigor de las aportaciones del Tratado de Lisboa en su conjunto —futuro para el que debería advertirse, al menos como revulsivo en relación con el ELSJ, el peligo de un espacio judicial europeo cada vez más operacional—[150] queda el consuelo del salvavidas ya lanzado por el Tribunal de Justicia de seguir en la línea mantenida en los últimos años a la luz de jurisprudencia como la aquí citada, sirviendo en suma, tanto a la creación de un Derecho Penal y Procesal Penal europeo como a la integración de éste dentro del Derecho Comunitario. Sin duda aquí la alta instancia judicial comunitaria cumple con creces su papel constitucional de configurar también en sede europea el marco de la justicia penal y procesal penal.[151]

---

148. El ejemplo más claro lo ha supuesto la propuesta de Decisión marco en materia de derechos procesales arriba enunciada;véase la trayectoria de su negociación en Jimeno Bulnes, «Proposal for a Council Framework Decision on certain procedural rights in criminal proceedings throughout the European Union», op.cit., pp.178 y ss.

149. Al respecto, Ambos, K. «Introducción: ¿reconocimiento mutuo versus garantías procesales?», en de Hoyos Sancho, op.cit., en prensa.

150. Piénsese en el papel cada vez más activo de Eurojust y dentro del ELSJ en general, las instituciones y agencias de la cooperación policial tales como Europol, FRONTEX ... ante el cada vez más acuciante objetivo de la seguridad. Precisamente en esta última línea, Bigo, D. «EU Police cooperation: national sovereignty framed by European security?», en Guild y Geyer, op.cit., pp.91-108.

151. En su defensa, Vogel, op.cit., p.138. Así también y entre otra bibliografía ya citada al respecto, Spaventa, E. «Remembrance of principles lost: on fundamental rights, the third pillar and the scope of Union law», *Yearbook of European Law* 2006, pp.153-176, en referencia al papel fundamental desplegado por el TJCE en el marco del tercer pilar. En cuanto al papel constitucional del Tribunal de Justicia comparado con el ejercido por los tribunales constitucionales estatales, Azoulai, L. «Le rôle constitutionnel de la Cour de justice des Communautés européennes tal qu'il se dégage de sa jurisprudence», *Revue Trimestrielle de Droit Européen* 2008, nº 1, pp.29-45.

La diligencia de perfiles de ADN en el proceso penal. Especial consideración de dos supuestos excepcionales

ARANTZA LIBANO BERISTAIN
PROFESORA ASOCIADA DE DERECHO PROCESAL DE LA UNIVERSIDAD AUTÓNOMA DE BARCELONA

1. Introducción

Sobre la obtención y análisis de muestras y vestigios del cuerpo del imputado en el ámbito del proceso penal reflexionaba a mediados de la década de los ochenta el profesor Vázquez Sotelo.[1] En aquel entonces, tal como el propio homenajeado se encargó de destacar, todavía no existía una regulación específica sobre el particular, y, añadimos nosotros, ni tan siquiera cabía imaginar el abanico de posibilidades que la técnica de perfiles de ADN incorporaría al procedimiento criminal.[2] Y es que en pocos años se han sucedido a nivel internacional destacadísimos progresos científicos que han sido acompañados, en la esfera del proceso penal español, de algunos (tardíos y menos notables) avances legislativos.

Un breve análisis de la jurisprudencia permite constatar que la utilización del ADN en el procedimiento criminal resulta cada vez más generalizada, pues si bien inicialmente se empleó sobre todo para el esclarecimiento de ciertos delitos contra la libertad sexual, en los últimos años se ha extendido su uso a otras infracciones como son las relacio-

1. Vázquez Sotelo, *Presunción de inocencia del imputado e íntima convicción del tribunal*, Bosch, Barcelona, 1984, pp. 151-153. Más recientemente puede consultarse el completo trabajo del profesor Vázquez Sotelo, «Presunción de inocencia y prueba indiciaria», en *Investigación y prueba en el proceso penal* (dir. González-Cuéllar Serrano y coord. Sanz Hermida), Colex, Madrid, 2006, pp. 31-80.

2. Apunta Alonso Alonso, «Una década de perfiles de ADN en la investigación penal y civil en España: La necesidad de una regulación legal», en *Genética y derecho* (dir. Romeo Casabona), Consejo General del Poder Judicial, Madrid, 2001, p. 72, el año de 1991 como fecha en la que en España se empleó por primera vez en un informe pericial la tecnología del ADN, concretamente en el ámbito de un proceso penal (por un delito de violación). En este caso, dicha diligencia arrojó un resultado negativo o exculpatorio.

nadas con las actividades de grupos terroristas, y nos atrevemos a aventurar que, en la actualidad, esta técnica puede resultar de utilidad en el marco de cualquier proceso penal en el que permanezcan —normalmente en el *locus delicti*— vestigios biológicos. A tal fin, su ordenación deberá realizarse con arreglo a los presupuestos y requisitos exigidos por el principio de proporcionalidad.[3]

Ello se basa en que en último término el objetivo pretendido con la misma es el de la identificación de una persona, al coincidir los marcadores de dos muestras biológicas. Y es que el examen de ADN consiste básicamente en el cotejo de dos restos orgánicos, uno de las cuales habitualmente se halla en el lugar de los hechos resultando el sujeto de procedencia desconocido (muestra dubitada), mientras que en el segundo caso, denominado muestra indubitada, esta incógnita desaparece.[4]

El apuntado incremento de cara a su utilización viene avalado, además, por tres razones:

a) El elevado grado de fiabilidad del resultado del control de ADN.[5]

b) La realización de la diligencia de perfiles de ADN se puede efectuar con material orgánico de muy diversa naturaleza (pelos, saliva, semen, sangre, flujo vaginal, etc.), característica que facilitará sobremanera su utilización.

c) Y la repetibilidad —tantas veces como resulte preciso— del análisis, aunque la muestra sea mínima y antigua.[6]

En este sentido, resulta de especial interés subrayar la distinción existente entre el ADN codificante y el no codificante. Al respecto, en palabras del profesor Romeo Casabona, cabe diferenciar «un ADN codificante, que es el responsable de la producción de las proteínas que dan lugar a los rasgos físicos de los individuos, los cuales son transmitidos por los mecanismos de la herencia. Sin embargo, presenta escasa variabilidad de unos individuos a otros (...). Existe también otro ADN que no tiene esa capacidad codificante (...); es más abundante, muy repetitivo y, sin entrar ahora en sus funciones —por lo demás, no muy bien conocidas todavía—, presenta como característica más destacable su gran variabilidad de unas personas a otras o, lo que es lo mismo, su elevado

3. Para un riguroso análisis del referido principio puede consultarse González-Cuéllar Serrano, *Proporcionalidad y derechos fundamentales en el proceso penal*, Colex, Madrid, 1990, quien, además, dedica en dicho trabajo un capítulo (12) a las medidas de intervención corporal (pp. 285-310). Realiza un detallado y actualizado estudio jurisprudencial sobre la diligencia de perfiles de ADN, Martín Pastor, «Controversia jurisprudencial y avances legislativos sobre la prueba pericial de ADN en el proceso penal (en especial, la base de datos policial sobre identificadores obtenidos a partir del ADN, creada por la Ley Orgánica 10/2007, de 25 de noviembre)», en Revista «La Ley Penal», n.º 46, febrero 2008.

4. No pretendemos analizar aquí la compleja diligencia de perfiles de ADN, sino simplemente mencionar los tres grandes estadios que forman la misma: a) Recogida de la muestra; b) Custodia de la muestra; y, c) El examen propiamente dicho.

5. Romeo Casabona, *Los genes y sus leyes. El derecho ante el genoma humano*, Cátedra de Derecho y Genoma Humano-Ed. Comares, Bilbao-Granada, 2002, p. 256.

6. Romeo Casabona, «Prólogo», en Etxeberria Guridi, *Los análisis de ADN y su aplicación al proceso penal*, Comares, Granada, 2000, p. XVII.

polimorfismo (...). Aquí radica su gran interés médico-forense, pues por medio de diversas técnicas que tienen presente este polimorfismo se puede llegar a establecer o descartar la identidad entre una muestra obtenida en relación con un crimen y la tomada al sospechoso (...)».[7]

De lo reproducido se deduce que la modalidad que presenta mayores riesgos para la intimidad personal o familiar es la relativa al ADN codificante, pues el mismo posibilita el conocimiento por terceros de datos relevantes del sujeto e incluso de su círculo familiar más cercano (ascendientes y descendientes).[8] Ésta será una cuestión a resolver mediante la fijación de estrictos controles a los laboratorios que efectúan los correspondientes análisis,[9] así como imposibilitando por vía legal la difusión indiscriminada de dicha información.

En el ámbito del proceso penal se ha estudiado la diligencia de perfiles de ADN partiendo del presupuesto de que la obtención de la evidencia biológica (muestra indubitada) se realiza directamente del cuerpo de la persona imputada. En todo caso, sobre la mencionada idea parece girar la regulación prevista por el legislador en el art. 363.2 LECr., referido a esta modalidad de muestra.[10]

La exposición anterior deja entrever las dos características habitualmente asociadas a la diligencia de ADN en el procedimiento criminal: en primer lugar, en relación con el sujeto

7. Romeo Casabona, *Los genes y sus leyes. El derecho ante el genoma humano*, cit., p. 255.

8. Al respecto resulta de gran interés la comparación que García Fernández, «Ley Orgánica 10/2007, de 8 de Octubre, reguladora de la base de datos policial sobre identificadores obtenidos a partir del ADN: Antecedentes históricos y visión genética», en Revista de Derecho y Genoma Humano, n.º 27, julio-diciembre 2007, pp. 182, 183, realiza entre la diligencia de perfiles de ADN (también denominada huella genética) y la de la huella dactilar, dado que mientras que de esta última «no se pueden obtener más datos que los puramente identificativos, de la muestra biológica obtenida para un análisis de ADN con fines identificativos también se podrían estudiar otras regiones codificantes, es decir se podría estudiar un número cada vez más amplio de los aproximadamente 30-40.000 genes que conforman el genoma humano lo que podría revelar una información genética de gran trascendencia para el individuo. Es este aspecto, es decir la posibilidad de acceder a todo el genoma de un individuo a partir, por ejemplo, de una simple toma de saliva, uno de los elementos fundamentales que diferencian la huella dactilar de la huella genética pero no el único. Recordemos que los patrones genéticos obtenidos mediante el estudio de regiones hipervariables nos revelan a veces información, por ejemplo, acerca del origen étnico del individuo. Y recordemos (...) que la molécula de ADN no sólo contiene información genética de una persona sino también de sus descendientes y ascendientes.» Más adelante, *ibid.*, p. 195, el referido autor concluye al respecto que «el tratamiento desde un punto de vista jurídico que se deba dar a esta información y a su almacenamiento en bases de datos no puede ser similar a la que se utiliza para el caso de las huellas dactilares.»

9. Se advierte la preocupación por las consecuencias derivadas del ADN codificante en el art. 4 de la LO 10/2007, que viene a limitar su empleo: «Sólo podrán inscribirse en la base de datos policial regulada en esta Ley los identificadores obtenidos a partir del ADN, en el marco de una investigación criminal, que proporcionen, exclusivamente, información genética reveladora de la identidad de la persona y de su sexo».

10. En concreto, el art. 363 LECr. reza así: «Los Juzgados y Tribunales ordenarán la práctica de los análisis químicos, únicamente en los casos en que se consideren absolutamente indispensables para la necesaria investigación judicial y la recta administración de justicia.

Siempre que concurran acreditadas razones que lo justifiquen, el Juez de Instrucción podrá acordar, en resolución motivada, la obtención de muestras biológicas del sospechoso que resulten indispensables para la determinación de su perfil de ADN. A tal fin, podrá decidir la práctica de aquellos actos de inspección, reconocimiento o intervención corporal que resulten adecuados a los principios de proporcionalidad y razonabilidad».

sometido a la misma, coincide con la persona del imputado (o sospechoso); y, en segundo término, entre los requisitos objetivos, se parte de la premisa de que la muestra proviene directamente del cuerpo del sujeto de quien procede la toma, lo que conllevará la necesidad de llevar a cabo una intervención corporal al objeto de conseguir aquélla.[11]

El presente trabajo procede a abordar diversos supuestos que constituyen excepción al mencionado régimen general. Así, por un lado, con respecto al ámbito subjetivo de la diligencia de perfiles de ADN, se analizará el caso en que el sujeto de quien se pretende obtener la correspondiente muestra es una persona diferente de la del imputado. La situación referida contiene ciertos aspectos especialmente sensibles, dado que en la colisión de derechos existente, se plantea la posibilidad de que alguien distinto del inculpado vea, en el transcurso de una investigación penal, restringidos derechos fundamentales individuales. Al respecto, aportaremos argumentos que dotan de apoyatura a las dos posibles soluciones opuestas e intentaremos ofrecer un mecanismo complementario para analizar dicho conflicto.

Por otro, comentaremos, dentro de la esfera objetiva, algunos aspectos controvertidos suscitados cuando el ADN se consigue tras la expulsión voluntaria de materia orgánica, y no directamente del propio cuerpo del sujeto. A tal fin, tendremos en cuenta, además, lo dispuesto en la LO 10/2007, de 8 de octubre, reguladora de la base de datos policial sobre identificadores obtenidos a partir del ADN.[12]

2. El elemento subjetivo. Personas distintas al imputado a quienes puede practicarse la diligencia de comprobación de ADN

La doctrina ha dispensado escasa atención al supuesto en que el examen de ADN se realiza a un sujeto contra el que no se sigue un determinado procedimiento criminal.[13]

11. Sobre el concepto de intervención corporal y su distinción de otras figuras, véase la STC n.º 207/1996 (Sala Primera), de 16 de diciembre [Ponente Gimeno Sendra], FJ 2.º, donde tras definir las inspecciones y registros corporales, contempla las intervenciones corporales como las actuaciones «consistentes en la extracción del cuerpo de determinados elementos externos o internos para ser sometidos a informe pericial (...) o en su exposición a radiaciones (...), con objeto también de averiguar determinadas circunstancias relativas a la comisión del hecho punible o a la participación en él del imputado (...).» Asimismo, Gómez Amigo, *Las intervenciones corporales como diligencias de investigación penal*, Aranzadi, Cizur Menor, 2003; Ortego Pérez, «Problemas derivados de las intervenciones corporales en la investigación criminal (En particular, las exploraciones radiológicas y su valoración probatoria)», en Revista «La Ley», n.º 6049, lunes 28 de junio de 2004; Martín Pastor, «Sobre los registros, las inspecciones y las intervenciones corporales, en la jurisprudencia constitucional y en nuestra legislación procesal penal», en Revista General de Derecho Procesal, n.º 8, febrero 2006.

12. Analiza una serie de cuestiones generales relacionadas con las bases de datos de perfiles de ADN, Urruela Mora, *Las bases de datos de perfiles de ADN: aspectos criminológicos, científico-técnicos y procesales*, Gobierno del Estado de México. Procuraduría General de Justicia. Instituto de Formación Profesional y Capacitación, Toluca (México), 2004, pp. 12-20. Para un amplio estudio de la citada norma, véase Etxeberria Guridi, «La LO 10/2007, de 8 de octubre, reguladora de la base de datos policial sobre identificadores obtenidos a partir del ADN», en Revista «La Ley», n.º 6901, martes 11 de marzo de 2008.

13. Idéntica constatación efectúa Etxeberria Guridi, *Las intervenciones corporales: Su práctica y valoración como prueba en el proceso penal*, Trivium, Madrid, 1999, p. 330. Al respecto, el autor citado, «Los análisis de ADN en la Ley

Sobre la concreción de dicho sujeto, entendemos que, cabe distinguir por un lado, a la propia víctima y, por otro, a los testigos. Somos conscientes de que en nuestro sistema procesal la víctima carece de un estatuto jurídico propio, si bien existen ciertos matices que han de tenerse en cuenta a la hora de restringir sus derechos y los de quienes, sin reunir dicha condición, han presenciado los hechos.[14]

Al respecto, consideramos que el eje del análisis sobre el que gira la citada cuestión es el de la existencia o no de consentimiento, dado que el conflicto a dilucidar es el siguiente: la persona contra quien no existen indicios de criminalidad, y, sin embargo, cuyos marcadores genéticos pueden resultar determinantes para la resolución de un caso penal se opone a la obtención de la muestra correspondiente, ¿cabría, aun en contra de su voluntad, realizarle una toma de material genético?

En relación con la situación comentada, hemos de añadir que no resulta (tan) extraño imaginar algún supuesto en el que los perfiles de ADN de un testigo o de la propia víctima puedan resultar sumamente relevantes para esclarecer el hecho investigado y, en su caso, imponer la sanción correspondiente. Puede, sin embargo, resultar más extravagante pensar que en dichos supuestos la víctima o el testigo se niegue —por muy diversos motivos (temor, evitar la victimización secundaria, etc.) y sin entrar aquí en los casos en que existe algún tipo de vínculo o parentesco entre el imputado y la víctima (o testigo)— a facilitar el desarrollo del proceso y decline colaborar con la justicia ante su negativa a someterse a la intervención corporal para obtener una muestra biológica.

El grupo de delitos que con mayor claridad refleja la idea comentada probablemente sea el de las infracciones contra la libertad sexual, pues con ocasión de una agresión de semejante naturaleza, con relativa facilidad, puede haber quedado algún resto orgánico (semen, sangre, saliva, etc.) de la víctima —o de un testigo— en la ropa o, por ejemplo, en el vehículo del eventual responsable de los hechos.[15] Dicho material biológico constituiría pues la muestra dubitada y a los efectos del reconocimiento de ADN resul-

---

de Enjuiciamiento Criminal (Reformada por la Ley Orgánica 15/2003, de 25 de noviembre)», en Revista «La Ley Penal», n.º 4, año 1, abril 2004, se refiere al «silencio legal» existente. Asimismo, Iglesias Canle, «La nueva regulación de las medidas de intervención corporal en el art. 363.2 LECrim.: La quiebra del principio de legalidad», en *Investigación y prueba en el proceso penal* (dir. González-Cuéllar Serrano y coord. Sanz Hermida), cit., p. 181 n. 8.

14. También diferencia ambas categorías Renedo Arenal, *Problemas del imputado en el proceso penal*, Centro de Estudios Ramón Areces, Madrid, 2007, pp. 263, 264 n. 822; Lozano-Higuero Pinto y Renedo Arenal, «Algunas cuestiones sobre la validez e incorporación probatoria en el proceso penal de los perfiles del ADN. En particular la indefinición del status del sujeto pasivo de la medida», en *Problemas actuales del proceso iberoamericano. XX Jornadas Iberoamericanas de Derecho Procesal* (dirs. Robles Garzón y Ortells Ramos), v. II, Centro de Ediciones de la Diputación Provincial de Málaga, Málaga, 2006, pp. 141, 141 n. 14. Por su parte, Iglesias Canle, «La nueva regulación de las medidas de intervención corporal en el art. 363.2 LECrim.: La quiebra del principio de legalidad», cit., p. 181 n. 8, después de señalar la falta de regulación expresa existente en esta materia, distingue las dos categorías citadas y aporta referencias de la solución otorgada a dicha cuestión en el derecho alemán.

15. Etxeberria Guridi, «Reserva judicial y otras cuestiones relacionadas con el empleo del ADN en la investigación penal (Parte I)», en Revista de Derecho y Genoma Humano, n.º 27, julio-diciembre 2007, pp. 44, 46, menciona otro de los supuestos conflictivos, a saber, aquél en que los restos biológicos —vestigios corporales del (presunto) autor de una agresión sexual— se hallan en el cuerpo de la víctima. Sin embargo, en este caso, tras la correspondiente intervención corporal a la víctima para obtener la muestra dubitada, el examen de ADN se realizará con una muestra indubitada de aquél.

taría preceptiva una segunda muestra, la indubitada, que proviniera sin atisbo de duda de la víctima —o del testigo—, para poder así realizar el correspondiente cotejo.

Al respecto, hemos de tener presente, en primer lugar, que esta posibilidad se contempla siempre como una medida excepcionalísima, ya que si por otra vía se pudiera obtener información suficiente que facilitara la instrucción y, en último término, la resolución del caso, resultaría desproporcionada una actuación de tales características —recordemos, no consentida— en persona diferente a la del imputado.

Ahora bien, entendemos que en ciertas infracciones el material probatorio existente para poder condenar —o absolver— no resulta abundante, como sucede en algunos delitos contra la libertad sexual, con lo que la diligencia de perfiles de ADN puede, a tal fin, convertirse en decisiva.[16] Por tanto, el primer criterio que se ha de manejar viene representado por que dicha intervención resulte estrictamente necesaria, lo cual habrá de establecerlo el juez en resolución motivada.

Además, en segundo término, otra manifestación del principio de proporcionalidad que jugará aquí como limitadora de la posibilidad de practicar intervenciones corporales no consentidas a la víctima o a un testigo —que resulta asimismo aplicable cuando la intervención se realiza al imputado y con más razón, pues, cuando el sujeto no ostenta dicha cualidad— será la de que dicho reconocimiento de ADN sólo podrá ordenarse en casos de procesos por delitos graves, esto es, en lo referido a las infracciones con pena privativa de libertad, cuando ésta resulte superior a 5 años (art. 33 CP).[17]

La condición de testigo en sentido amplio[18] representa un ulterior límite a la hora de plantearnos si cabe la obtención de una muestra indubitada sin concurrir el consentimiento de dicha persona. Tal como hemos apuntado anteriormente, en esta categoría se habrá de incluir al testigo *stricto sensu*, pero también a la víctima. Por tanto, no cabría ordenar actuaciones de estas características en sujetos distintos a ellos.

Y, en cuarto lugar, dicha intervención no debe poner en peligro la salud de la víctima o del testigo.[19]

---

16. Sobre el particular, véase Choclán Montalvo, «Las técnicas de ADN como método de identificación del autor de delitos contra la libertad sexual», en Revista «La Ley», 1994, 3, pp. 815-825.

17. Al respecto, la LO 10/2007 ha introducido en su art. 3.1.a), de cara a la inscripción en la base de datos policial de identificadores obtenidos a partir del ADN, además de dicho criterio cuantitativo («cuando se trate de delitos graves»), un elemento *ratione materiae* («y, en todo caso, los que afecten a la vida, la libertad, la indemnidad o la libertad sexual, la integridad de las personas, el patrimonio siempre que fuesen realizados con fuerza en las cosas, o violencia o intimidación en las personas, así como en los casos de la delincuencia organizada, debiendo entenderse incluida, en todo caso, en el término delincuencia organizada la recogida en el art. 282 bis, apartado 4 de la LECr. en relación con los delitos enumerados»).

18. Tal como apunta Etxeberria Guridi, *Las intervenciones corporales: Su práctica y valoración como prueba en el proceso penal*, cit., pp. 333, 334, que sucede en el derecho alemán.

19. Como ejemplo de intervención que puede generar riesgo para la salud, destaca la realización de una punción lumbar para la extracción de líquido cefalorraquídeo.

Hemos de tener en cuenta que esta cuestión de la obtención, aun de forma coactiva, de una toma ya plantea problemas cuando se refiere al sometimiento al imputado a una intervención corporal.[20] De lo anterior se desprende que las dificultades se multiplican cuando se pretende realizar una intervención de tales características en persona distinta del inculpado.

Las soluciones a tal vidriosa cuestión han oscilado entre la respuesta negativa, salvaguardando así los intereses individuales de la víctima (o testigo) y las posiciones que consideran viable la obtención de dicho material biológico, incluso por la fuerza física, dada la existencia de sólidas razones tendentes a preservar a la sociedad en su conjunto.

2.1. La tesis negativa al sometimiento coactivo a intervenciones corporales en persona distinta del imputado

La posición contraria a la práctica de una intervención corporal en un sujeto que no ha participado en la comisión del delito se basa en la prevalencia otorgada a sus derechos de carácter individual, que en casos como los comentados afectan a su esfera más íntima. Concretamente, el ataque, por mínimo que sea, a su integridad corporal (art. 15 Const.) a fin de obtener la oportuna muestra (por ej. un cabello), o la restricción en su libertad ambulatoria (art. 17 Const.) justificarían la preferencia por los intereses individuales de cara a entender injustificada, por desproporcionada, una medida de intervención corporal contraria a su voluntad.[21]

Además, cuando la intervención corporal se ha de practicar en la víctima o en un testigo no opera la regla aplicable para con el imputado, esto es, la que establece que la injerencia en sus derechos básicos a fin de obtener de su cuerpo una muestra biológica quedaría justificada —cumpliéndose una serie de garantías— por la existencia de indicios de criminalidad contra el mismo.[22]

20. Recientemente —recogiendo, además, las diversas opiniones existentes en la doctrina sobre el particular— ha abordado la debatida cuestión relativa a la posibilidad de acudir a la coerción física en relación con la figura del imputado en supuestos en que el inculpado no consiente dicha obtención de la muestra indubitada directamente de su cuerpo, Iglesias Canle, «La nueva regulación de las medidas de intervención corporal en el art. 363.2 LECrim.: La quiebra del principio de legalidad», cit., pp. 193-202, posicionándose, con las cautelas que señala, en favor de una tal medida. Ésta parece ser, además, la línea trazada hace escasos meses por el legislador al respecto, tal como se desprende de la Disposición Adicional 3.ª de la LO 10/2007, al señalar: «Para la investigación de los delitos enumerados (...), la policía judicial procederá a la toma de muestras y fluidos del sospechoso, detenido o imputado, así como del lugar del delito. La toma de muestras que requieran inspecciones, reconocimientos o intervenciones corporales, *sin consentimiento del afectado*, requerirá en todo caso autorización judicial mediante auto motivado (...)» [Cursiva añadida].

21. Para un estudio detallado de los posibles derechos fundamentales afectados por las intervenciones corporales, véanse, entre otros, Romeo Casabona, *Los genes y sus leyes. El derecho ante el genoma humano*, cit., pp. 258-262; Etxeberria Guridi, *Las intervenciones corporales: Su práctica y valoración como prueba en el proceso penal*, cit., pp. 479-532.

22. Argumento ofrecido por Etxeberria Guridi, *Las intervenciones corporales: Su práctica y valoración como prueba en el proceso penal*, cit., p. 329. Además, el mismo autor señala *ibid.*, p. 33, que «si respecto del imputado, siendo presunto autor de los hechos, se ha de proceder con suma cautela al resultar afectados un amplio abanico de derechos de carácter fundamental, las precauciones y la deferencia han de intensificarse al máximo cuando se trata de personas ajenas a los hechos (no inculpados) o de las víctimas».

Una razón ulterior para justificar la postura negativa a la intervención corporal contraria a la voluntad de la víctima o testigo a quien se practica es la consistente en la ausencia de una previsión legal expresa que obligue al sujeto en cuestión a sacrificar tales preciados derechos de carácter fundamental.

2.2. La posición favorable a la realización de intervenciones corporales en víctimas o testigos, cuando no concurre su voluntad

Constituiría éste un ejemplo más de restricción de derechos a los que los ciudadanos —en cumplimiento del art. 118 Const. y especialmente en el ámbito del procedimiento criminal por delito grave— pueden verse sometidos.

No es éste, sin embargo, el único supuesto de limitación de derechos fundamentales de un testigo (o víctima) en el curso de un proceso. A tal efecto, puede destacarse, además, el art. 420 LECr., que señala lo siguiente:[23]

«El que sin estar impedido no concurriere al primer llamamiento judicial, (...), o se resistiere a declarar lo que supiese acerca de los hechos sobre que fuere preguntado, (...), incurrirá en la multa de 200 a 5.000 euros, y si persistiere en su resistencia será conducido en el primer caso a la presencia del Juez instructor por los agentes de la autoridad, y perseguido por el delito de obstrucción a la justicia tipificado en el art. 463.1 del CP, y en el segundo caso será también perseguido por el de desobediencia grave a la autoridad. (...)».[24]

Pero, pese a ciertas semejanzas entre ambos supuestos de limitación de derechos de carácter fundamental, quizá la peculiaridad más destacable del caso que analizamos en el presente epígrafe sea precisamente la falta de previsión legal, a diferencia del precepto reproducido, lo que motivará que la ponderación aquí se haya de efectuar tomando como referente exclusivo las disposiciones de la Constitución de 1978. En concreto, la colisión de derechos se producirá en un caso como el que comentamos, por un lado, entre el interés del Estado y de la sociedad en el esclarecimiento de los hechos; y, por otro, el interés de la víctima (o de un testigo) en ver preservadas algunas de sus parcelas más sagradas ante una eventual intervención corporal no consentida.

Recordemos, además, cómo el art. 118 Const. exige de los ciudadanos su colaboración con la justicia, precepto que, a su vez, sirve para proteger la garantía (instrumental) de la tutela judicial efectiva. En una situación como la que nos ocupa, pensando que la intervención corporal se ha de practicar en la persona de la víctima, podría plantearse, con el art. 24.1 Const. en la mano, el siguiente interrogante: ¿quién tiene derecho a

23. Con respecto a la adopción de medidas oportunas —incluso la conducción por la fuerza pública— para asegurar la comparecencia del testigo, véanse las referencias incluidas en las siguientes sentencias: SAP Alicante n.º 602/2004 (Sección 1.ª), de 26 de noviembre, FJ 1.º; SAP Huelva n.º 179/2002 (Sección 2.ª), de 3 de julio, FJ 2.º.

24. Téngase en cuenta que dicho precepto fue modificado a través de la Ley 38/2002, reforma que básicamente afectó a la cuantía de la multa.

obtener la tutela efectiva de los jueces y tribunales en el ejercicio de sus derechos e intereses legítimos en el referido caso? Y es que se ha de excluir en este particular supuesto[25] a la propia víctima y con más razón aún al imputado, quien carecerá de interés alguno en la realización a cualquier testigo (en su acepción amplia) de una intervención corporal[26] que pueda devenir en prueba de cargo incriminatoria.

Por tanto, ¿qué tutela se estaría garantizando? La respuesta no puede ser otra que la del Ministerio Fiscal (en adelante, MF). Ello se basa en la configuración que nuestro sistema procesal ha otorgado al MF (art. 124 Const., arts. 1 y 3.5 EOMF), pues se ha previsto como parte procesal que defiende la legalidad y el interés general al intervenir en la mayoría de los procesos penales.

2.3. Opinión personal. Exploración de las potencialidades de la categoría de la perseguibilidad

La colisión de derechos existente, con los presupuestos establecidos, nos plantea serias dudas sobre cuál sea la respuesta más adecuada a la cuestión planteada. Esta situación nos conduce a considerar que la polémica habida precisa de ulteriores argumentos o instrumentos que, a su vez, permitan encauzar una solución (más) satisfactoria.

En primer lugar, resulta innegable que una respuesta negativa a la autorización de la toma indubitada de la víctima o testigo en casos en que no existe consentimiento alguno de dicho sujeto favorece la proliferación de actitudes obstruccionistas de cara al desarrollo del correspondiente proceso penal en casos de delitos graves.

Por otro lado, no podemos ignorar que a la hora de proceder al estudio y aplicación de la diligencia de examen de ADN impera un especial mimo, cautela o sensibilidad. Probablemente, ello tenga su origen en el ingente potencial informador que se deriva de una simple muestra orgánica si el examen se extiende al ADN codificante, tal como hemos apuntado *supra*.

En nuestra opinión, además, el tema planteado no puede desligarse de la categoría de la perseguibilidad de las infracciones penales.[27,28] Tal puede devenir un criterio a emple-

25. Nos referimos al caso en que se pretende someter a cualquiera de los dos sujetos citados a una toma de muestras biológicas contra su voluntad.

26. No entraremos en este punto en la posibilidad de que la muestra indubitada se consiga tras el abandono de algún resto que contenga material genético por parte de la víctima o testigo, esto es, nos hallemos ante una toma de las denominadas espontáneas.

27. Distinguiremos a los efectos de la perseguibilidad básicamente tres modalidades de infracciones: las públicas, que son la mayoría y constituyen el régimen ordinario; las semipúblicas, en donde la víctima ostenta en sus manos la decisión de incoar o no el correspondiente proceso a través de una denuncia; y, por último, las privadas, que a día de hoy únicamente quedan integradas por los delitos de injuria y calumnia contra particulares, y donde el ofendido, convertido en acusador privado, es el dueño y señor del inicio, desarrollo y finalización procesal.

28. No es ésta la única dificultad que, en relación con la diligencia de perfiles de ADN, plantea la perseguibilidad de tales infracciones. Así, el diario EL PAÍS de 18-02-2008, p. 41, publicaba la siguiente noticia: «El ADN de 400 violacio-

ar para evitar soluciones extremas, entendemos que altamente desaconsejables en supuestos como el analizado, y establecer así una especie de graduación de situaciones.

De las tres modalidades persecutorias existentes en el CP, nos interesan las infracciones públicas y las semipúblicas, dado que en un proceso por un delito privado de injurias o calumnia no resulta fácilmente imaginable, aun cuando excepcionalmente también cupiera, la utilidad de la diligencia de perfiles de ADN.

Con relación a las infracciones semipúblicas, y concretamente en lo referente a los delitos contra la libertad sexual —donde la realización de una intervención corporal al objeto de obtener los marcadores genéticos de la víctima o de un testigo puede resultar relevante para el esclarecimiento del caso—, hemos de recordar que los abusos y agresiones sexuales[29] se han configurado en el art. 191 CP con importantes peculiaridades a nivel persecutorio.[30] Dicho precepto reza así:

> «1. Para proceder por los delitos de agresiones, acoso o abusos sexuales, será precisa denuncia de la persona agraviada, de su representante legal o querella del Ministerio Fiscal, que actuará ponderando los legítimos intereses en presencia. Cuando la víctima sea menor de edad, incapaz o una persona desvalida, bastará la denuncia del Ministerio Fiscal.
>
> 2. En estos delitos el perdón del ofendido o del representante legal no extingue la acción penal ni la responsabilidad de esa clase.»

A continuación, dado que para la comprensión de la tesis que postulamos resulta de especial trascendencia entender el funcionamiento de estas infracciones en el ámbito de su perseguibilidad, introduciremos algunas notas relativas a su esfera persecutoria. Así, la configuración de los referidos delitos sexuales como infracciones semipúblicas comporta, en principio, un escollo persecutorio que ha de ser enervado (a través de denuncia o querella) por el propio ofendido; o, en casos de personas más vulnerables (incapaces, menores de edad o personas desvalidas), por su representante legal o mediante la denuncia del MF. La denuncia de la víctima significará en casos como éstos la existencia de una disposición tendente a investigar lo sucedido y, en su caso, a imponer las corres-

---

nes en Canarias está sin investigar». El contenido de la misma hacía referencia a casos de agresiones sexuales a turistas extranjeras en las islas. Dichas víctimas no habían denunciado los hechos, con lo que las muestras biológicas —dubitadas, añadimos nosotros— que los servicios de salud canarios habían obtenido de las exploraciones médicas practicadas a las ofendidas (se da en el texto la cifra de 402 muestras de ADN por presuntas violaciones ocurridas desde 1998) permanecían a la espera de cotejo. Las dudas que se suscitan al respecto son abundantes: ¿cabe la recogida de vestigios genéticos del lugar de los hechos que, en su caso, conformará la muestra dubitada? ¿qué debe hacerse con ese material? ¿cuánto tiempo ha de conservarse? Y en relación con la muestra indubitada, ¿cabría entender que el término «sospechoso», más amplio que el de imputado, permite la obtención de una toma indubitada espontánea sin denuncia del ofendido o querella del MF? Éstas son sólo algunas de las incertidumbres que supuestos como el reproducido generan.

29. Dado que, en principio, en un proceso por un delito de acoso sexual la diligencia de perfiles de ADN no ostentará utilidad alguna.

30. Sobre el particular, puede consultarse nuestro trabajo «Régimen procesal de los delitos semipúblicos contra la libertad sexual», en *Estudios jurídicos en memoria de José María Lidón* (coord. Echano Basaldúa), Universidad de Deusto, Bilbao, 2002, pp. 297-315.

pondientes penas a los declarados culpables en la sentencia. A partir de la incoación, sin embargo, dicho monopolio (inicial) de la víctima desaparece, asemejándose el proceso a las previsiones contenidas para los delitos públicos[31] y su voluntad deja de condicionar el desarrollo del proceso penal. Como prueba de ello el art. 191.2 CP prevé —innecesariamente, dada la cláusula general contenida al respecto en el art. 130.5 de la misma norma— que el ofendido carece de facultad remisoria alguna al objeto de poner fin al proceso, pues el perdón resulta en estas infracciones jurídicamente irrelevante.

Las características mencionadas constituían en esencia las especialidades persecutorias existentes al respecto en el CP anterior tras la última modificación legislativa introducida mediante la LO 3/1989, de 21 de junio, de Actualización del CP.[32] Sin embargo, con el CP de 1995 se ha introducido un nuevo elemento en la paulatina tendencia hacia la conversión de los delitos sexuales en infracciones perseguibles de oficio. Nos referimos a que el Ministerio Fiscal ponderando los legítimos intereses en presencia, podrá mediante querella incoar el proceso penal. Como se observa, la novedosa cláusula prevista en el art. 191.1 CP para ciertos delitos sexuales precisa de concreción. El resultado será relevante a los efectos de establecer cuándo, además de la víctima (mayor de edad, capaz y no desvalida), puede el MF dar inicio a un proceso penal, por ejemplo, en un caso de violación. La interpretación de la referida expresión no está exenta de problemas, pues si bien existe cierto consenso en cuanto a la cautela con la que esta posibilidad conferida al ministerio público debe ser empleada —postulando así una utilización restringida de la misma—, los parámetros o circunstancias a manejar para que la fiscalía interponga la correspondiente querella resultan un misterio. Al hilo de lo señalado, parece que la ponderación que ha de efectuar el MF será, por un lado, entre el interés público en la persecución del hecho aparentemente delictivo, mientras que por el otro, deberá tener en cuenta la voluntad de la víctima para con el inicio del proceso penal.

Lo anterior nos sirve para constatar que estos procesos pueden, asimismo, incoarse a instancia del MF, y, por tanto, sin la concurrencia de la voluntad de la víctima. En consecuencia, parece que en los referidos casos debería ponerse un mayor énfasis en la salvaguarda de los intereses individuales de la víctima ante su negativa a someterse a una intervención corporal. Por ello, las dos situaciones siguientes de cara a la incoación procesal constituyen estadios diferentes a la hora de ponderar la voluntad negativa de la víctima en la obtención de una muestra indubitada: a) La víctima ha denunciado previamente los hechos (o interpone querella); y, b) El MF presenta la correspondiente querella en un delito contra la libertad sexual (de persona mayor de edad, capaz y no desvalida).

---

31. No entraremos en la discusión doctrinal suscitada en torno a si la acusación popular puede en casos de ilícitos penales semipúblicos, una vez incoado el proceso, intervenir como parte activa.

32. Art. 443 CP derogado: «Para proceder por los delitos de violación, agresiones sexuales, estupro y rapto bastará denuncia de la persona agraviada o del ascendiente, representante legal o guardador de hecho, por este orden, o del Ministerio Fiscal, cuando se tratare de menores o incapaces.

En estos delitos el perdón del ofendido o del representante legal o guardador de hecho no extingue la acción penal ni la responsabilidad de esa clase.»

En la comparativa de ambos casos, y teniendo en cuenta los derechos en conflicto, parece claro que el interés general en la persecución de los hechos debe quedar en mayor medida reforzado cuando la propia víctima ha sido quien ha puesto en marcha el procedimiento criminal. En cambio, en la otra posibilidad permitida, esto es, cuando el MF decida promover la acción de la justicia mediante querella, incluso sin la voluntad de la víctima, entendemos que el interés individual del ofendido debe cobrar mayor protección a la hora de dilucidar cuál ha de ser la consecuencia ante la negativa a colaborar con la justicia en la obtención de una muestra indubitada de su ADN.

En lo referente al testigo *sensu stricto*, en cambio, parece que la solución coincide en los dos supuestos comentados para dichas infracciones semipúblicas, esto es, resulta irrelevante quién haya incoado el correspondiente proceso.

Pasemos a analizar aquellos supuestos en que, aun hallándonos ante un delito público, la consecución de material genético de la víctima o de un testigo puede, asimismo, resultar esclarecedora para el caso, tal como sucede por ejemplo en un delito de lesiones. Aquí parece que el interés de la víctima —e incluso de un testigo— resulta más tenue, pues el legislador, en relación con la perseguibilidad de dichas infracciones, ha considerado que la incoación procesal podrá producirse bien de oficio bien a instancia de parte. Además, dentro de esta última, el ofendido tampoco dispone del (cuasi)monopolio para iniciar el proceso, tal como se ha constatado en los delitos contra la libertad sexual semipúblicos, pues el art. 259 LECr. establece que cualquier ciudadano que presenciara la comisión de un hecho aparentemente constitutivo de un delito público ha de proceder a su denuncia, lo que acarreará, en su caso, la incoación procesal. Pero, incluso, el propio MF puede ser quien active el proceso penal, dado que en estas modalidades de infracciones perseguibles de oficio la fiscalía no ve limitado su papel en el comienzo del procedimiento.

El criterio anterior se ha de compaginar, asimismo, con el papel que la víctima desempeña en un proceso por una infracción pública, con la distinción de los siguientes casos. Así, entendemos que se ha de valorar de diferente modo en la ponderación de los intereses a realizar ante la negativa de aquélla a someterse a una intervención corporal para la obtención de una muestra indubitada de su ADN, por un lado, cuando el inicio procesal por un delito público se produce por una actuación de la víctima y, por otro, cuando éste se produce por cualquier otra vía de las posibles.

En cambio, en relación con la figura del testigo en un proceso por delito público, parece que resulta, asimismo, indiferente la modalidad incoatoria empleada a los efectos de valorar su negativa al sometimiento a una intervención corporal.

En consecuencia, la perseguibilidad de las infracciones penales constituye un mecanismo cuya utilidad excede de las peculiaridades que conlleva tal categoría en el momento inicial o final de un procedimiento criminal. Como hemos visto, puede servir como criterio a manejar cuando la víctima o un testigo en un proceso penal por delito grave se niega a facilitar la obtención de una muestra de material genético suyo y se torna necesario ponderar los distintos intereses concurrentes a fin de evaluar si cabe o no someter al ofendido o a un testigo, forzosamente incluso, a una intervención corporal.

Por tanto, esta nueva perspectiva para analizar el supuesto en que una persona distinta del imputado rechaza el sometimiento a una intervención corporal que facilite el esclarecimiento del correspondiente proceso penal exige distinguir, en primer lugar, si estamos ante un procedimiento por infracción penal perseguible de oficio o no. Se entiende que el primero de los casos, regla general en nuestro sistema, conlleva que los intereses de la víctima puedan verse, en mayor medida que en los procesos por delitos semipúblicos, sacrificados, dada la gravedad de los hechos y la perseguibilidad otorgada a los mismos. En relación con el testigo, la relevancia que este primer factor pudiera tener se reduce drásticamente, aun cuando cabría manejarlo como un dato más en la ponderación a realizar.

Además, la anterior variable se ha de compaginar con el papel que la víctima desarrolla en el concreto procedimiento criminal, pues a los efectos estudiados no resultan equivalentes la situación en que la propia víctima transmite la *notitia criminis* y el resto de hipótesis.

Ambos criterios pueden ofrecer nuevas vías para solventar la cuestión abordada en el presente epígrafe, y decidir así si procede en un caso concreto sacrificar el interés al esclarecimiento de los hechos investigados o, por el contrario, la restricción se producirá en algunos derechos de la víctima o del testigo.

3. El cotejo de muestras procedentes del imputado en el caso de toma (indubitada) externa. La LO 10/2007 reguladora de la base de datos policial sobre identificadores obtenidos a partir del ADN

El segundo supuesto a comentar, y que en los últimos tiempos viene generando diversos pronunciamientos —jurisdiccionales y no jurisdiccionales del Tribunal Supremo—,[33] algunos de ellos enfrentados, es el siguiente: la policía judicial durante una investigación penal encuentra en el *locus delicti* restos orgánicos, los cuales constituirán, a efectos de la diligencia de perfiles de ADN, la muestra dubitada. Esta evidencia biológica, con posterioridad, resulta cotejada con una muestra indubitada de quien se considera responsable de los hechos aparentemente delictivos. La peculiaridad de los casos reside en que dicho (ulterior) material genético no proviene directamente del cuerpo del imputado, sino que el inculpado previamente se ha deshecho del mismo de forma voluntaria, lo que lleva a incluir estos supuestos en las denominadas muestras externas o

33. Nos referimos a las sentencias de la Sala Segunda del Tribunal Supremo n.º 501/2005, de 19 de abril, n.º 1311/2005, de 14 de octubre, la n.º 179/2006, de 14 de febrero, la n.º 355/2006, de 20 de marzo, y del auto del mismo órgano judicial n.º 551/2006, de 13 de febrero. El Acuerdo del Pleno de la Sala Segunda del TS mencionado es de 31 de enero de 2006. Sobre el particular pueden además consultarse nuestros trabajos «La intervención judicial en la prueba de ADN» (Comentario a las Sentencias de la Sala Segunda del Tribunal Supremo n.º 501/2005, de 19 de abril de 2005 y n.º 1311/2005, de 14 de octubre de 2005)», en Revista de Derecho y Genoma Humano, n.º 23, julio/diciembre 2005, pp. 193-207; «El análisis de ADN (sin necesidad de intervención corporal) en el ámbito del proceso penal», en *Problemas actuales del proceso iberoamericano. XX Jornadas Iberoamericanas de Derecho Procesal* (dirs. Robles Garzón y Ortells Ramos), v. II, cit., pp. 101-112.

espontáneas.[34] Así, entre los ejemplos que encontramos en la jurisprudencia referida destacan el de la saliva voluntariamente expulsada[35] o el de una colilla arrojada al suelo.[36]

El problema jurídico que se planteó versaba sobre si en aquellos casos en que la muestra no provenía directamente del «destinatario» de la diligencia de perfiles de ADN resultaba precisa la autorización judicial o, por el contrario, podía la policía judicial proceder de inmediato a su recogida, tal como, por otro lado, sucedió.[37]

En nuestra opinión, como destacáramos en su momento, la referida cuestión ha sido resuelta de manera insatisfactoria por el Acuerdo (primer asunto) de 31 de enero de 2006 del Pleno de la Sala Segunda del TS. Concretamente, el mismo estableció que en supuestos de muestras externas —donde, añadimos nosotros, no resulta necesaria intervención corporal alguna para la toma de material biológico— la policía judicial podrá, sin autorización judicial, proceder a la recogida de dicho vestigio genético.

Dicha resolución no jurisdiccional ha recibido las críticas de una parte de la doctrina que ha estudiado esta cuestión.[38] Además de las razones apuntadas por los autores referidos y como argumento adicional en contra de la decisión del alto tribunal —postulando así la exigencia de control judicial para la toma de muestras espontáneas— está el de evitar la proliferación de casos en que la propia policía judicial induzca al imputado (o sospechoso, según la redacción de la LECr. y del mencionado Acuerdo) a

34. No entraremos aquí en la cuestión relativa a por qué en estos casos —enmarcados dentro de la *kale borroka*— se esperó al abandono del correspondiente vestigio biológico, y no se obtuvo con anterioridad directamente del cuerpo del imputado, quien con toda probabilidad se habría negado a cualquier intervención corporal. Simplemente dejar apuntado, tal como hemos indicado en la nota 20, que la falta de claridad en torno a tan crucial punto, con la doctrina dividida sobre si cabe o no acudir incluso a la coacción física para obtener la muestra indubitada, pudo haber llevado a la policía judicial a no realizar actuación alguna hasta el momento en que se produjera algún tipo de resto biológico de forma espontánea, y, por tanto, no resultar éste un elemento casual de las resoluciones del TS citadas.

35. STS n.º 1311/2005 (Sala Segunda), de 14 de octubre; STS n.º 501/2005 (Sala Segunda), de 19 de abril.

36. STS n.º 179/2006 (Sala Segunda), de 14 de febrero.

37. Contemplaba ya este supuesto como uno de los problemas planteados en relación con el (no) consentimiento del afectado, Narváez Rodríguez, «La prueba de ADN: su nueva normativa procesal», en Jueces para la Democracia, n.º 51, noviembre 2004, pp. 74, 75, citando, a modo de ejemplo, «la muestra biológica obtenida de los cabellos de un preso hallados en la celda donde se encuentre recluido».

38. Se muestra especialmente crítico no sólo con su contenido, sino también con la forma de acuerdo no jurisdiccional, tal como deja entrever ya en el propio título de su trabajo, Cortés Bechiarelli, «Muestras biológicas abandonadas por el sospechoso y validez de la prueba de ADN en el proceso penal (o sobre la competencia legislativa de la Sala Segunda del Tribunal Supremo)», en Revista Penal, n.º 18, julio 1996, pp. 46-48; Renedo Arenal, *Problemas del imputado en el proceso penal*, cit., pp. 262-264; Lozano-Higuero Pinto y Renedo Arenal, «Algunas cuestiones sobre la validez e incorporación probatoria en el proceso penal de los perfiles del ADN. En particular la indefinición del status del sujeto pasivo de la medida», cit., pp. 139, 140. Al respecto, resulta de especial interés la opinión de García Fernández, «Ley Orgánica 10/2007, de 8 de Octubre, reguladora de la base de datos policial sobre identificadores obtenidos a partir del ADN: Antecedentes históricos y visión genética», cit., p. 194, cuando señala, entre las deficiencias de la LO 10/2007, lo siguiente: «La necesidad o no de autorización judicial para toda toma de ADN, no sólo en los supuestos de recogida de muestras biológicas del sospechoso contra su voluntad, sino también en aquellos supuestos donde se pueda recoger muestras biológicas sin su oposición, pero sin que exista tampoco su consentimiento, es más, incluso sin su conocimiento. A este respecto, parecería más adecuado (...) que la policía judicial pueda recoger muestras biológicas abandonadas por el sospechoso, detenido o imputado en el lugar del delito o en otras dependencias (pudiera haber gran cantidad de circunstancias que aconsejaran la toma urgente de la muestra ante el riesgo de que la misma no pudiera ser tomada con posterioridad), pero que tal diligencia deba ser

la realización de actuaciones, en principio, inocuas desde la óptica de la afección a los derechos de dicho sujeto, pero que dejan algún tipo de vestigio biológico que servirá para la comprobación de ADN. Como botón de muestra se nos ocurre el supuesto siguiente: el simple acto de abrir una puerta puede ser utilizado para obtener del pomo de la misma restos de sudor del individuo que realiza la acción. Éstos podrían ser recogidos por la policía y constituir la muestra indubitada necesaria para proceder a la práctica de la diligencia de perfiles de ADN.[39] Nos parece que este tipo de actuaciones se erradicarían (o, cuanto menos, quedarían sometidas al oportuno control) si la recogida de dicho material viniese precedida[40] de la correspondiente autorización judicial.

Sin embargo, las tesis expuestas no han sido asumidas por el legislador, quien recientemente ha revalidado en el ámbito legislativo la decisión adoptada por el Pleno de la Sala Segunda del TS mediante el citado acuerdo no jurisdiccional. Nos referimos a la Disposición Adicional Tercera de la LO 10/2007, de 8 de octubre, reguladora de la base de datos policial sobre identificadores obtenidos a partir del ADN, que establece lo siguiente:

> «Para la investigación de los delitos enumerados en la letra a) del apartado 1 del artículo 3,[41] la policía judicial procederá a la toma de muestras y fluidos del sospechoso, detenido o imputado, así como del lugar del delito. La toma de muestras que requieran inspecciones, reconocimientos o intervenciones corporales, sin consentimiento del afectado, requerirá en todo caso autorización judicial mediante auto motivado, de acuerdo con lo establecido en la LECr».

Al respecto se observa que el legislador parece haber igualado, mediante la lacónica[42] expresión «así como del lugar del delito», situaciones de muy diversa índole. Quedan, de esta manera, equiparados el caso en que la muestra se obtiene indirectamente del imputado, por hallarnos ante una toma externa, y la recogida del lugar de los hechos. Parece,

documentada y notificada a la autoridad judicial. Para el análisis de tales muestras debería contarse, en todo caso, con la autorización judicial previa, en auto motivado». En relación con la primera de las resoluciones comentadas (sentencia de la Sala Segunda del Tribunal Supremo n.° 501/2005, de 19 de abril), puede consultarse, además, el trabajo de Cortés Bechiarelli, «Garantías procesales para la obtención de muestras de ADN (a propósito de la STS de 19 de 04 de 2005)», en Revista Penal, n.° 16, julio 1995, pp. 36-42. Por el contrario, se muestra conforme con la tesis del acuerdo citado Narváez Rodríguez, «La recogida de muestras biológicas: la contradictoria jurisprudencia del TS», en Actualidad Jurídica Aranzadi, n.° 703, 20 de abril de 2006, pp. 1-6; asimismo, Vázquez Sotelo, «Presunción de inocencia y prueba indiciaria», cit., pp. 64, 65, da noticia de la polémica existente en torno a las dos primeras sentencias citadas, y de sus palabras parece desprenderse su conformidad con la postura que finalmente ha prosperado. En concreto, Vázquez, *ibid.*, p. 65, señala lo siguiente: «La primera sentencia del Tribunal Supremo, *indebidamente absolutoria*, no ha podido ser reexaminada en recurso de revisión, por no admitirse en el derecho procesal español la revisión en contra del reo» [Cursiva añadida]. Por su parte, Magro Servet, «El registro de la huella genética. La regulación legal para la obtención de una base de datos de ADN», en Revista «La Ley», n.° 6662, jueves 1 de marzo de 2007, parece que también asume la tesis mayoritaria del alto tribunal.

39. Narváez Rodríguez, «La recogida de muestras biológicas: la contradictoria jurisprudencia del TS», cit., p. 5 n. 1, se refiere al «típico caso de extraer las muestras de ADN del vaso de agua utilizado unos instantes antes por el sospechoso y puesto intencionadamente a su disposición».

40. En casos de urgencia podría dicho control judicial ser incluso posterior a la misma recogida de la muestra, tal como prevé el art. 282 LECr.

41. Precepto *supra* reproducido.

42. Dicho adjetivo ha sido, de forma acertada, empleado por Romeo Casabona en su Propuesta de enmiendas al Proyecto de Ley 621/000105 Orgánica reguladora de la base de datos policial sobre identificadores obtenidos a partir del ADN (BOCG, Senado, n.° 105(a), 29 de junio de 2007).

pues, que se mezclan las dos modalidades de muestras —la indubitada y la dubitada— en contra del criterio que la LECr., en su parca regulación (326 y 363), alcanza a distinguir.

Consideramos por ello más precisa la propuesta efectuada por el profesor Romeo Casabona, quien postuló la siguiente redacción alternativa, con dos apartados diferenciados:[43]

> «Para la investigación de los delitos enumerados en la letra a) del apartado 1 del art. 3, la policía judicial procederá a la toma de muestras y fluidos del sospechoso, detenido o imputado. La toma de muestras que requiera inspecciones, reconocimientos o intervenciones corporales, deberá contar en todo caso con la previa autorización judicial mediante auto motivado, de acuerdo con lo establecido en la LECr.
>
> Con el mismo fin señalado en el párrafo anterior, la policía judicial podrá recoger muestras biológicas abandonadas por el sospechoso, detenido o imputado en el lugar del delito o en otras dependencias. Tal diligencia se documentará y notificará a la autoridad judicial. Para el análisis de tales muestras deberá contarse, en todo caso, con la autorización judicial previa, en auto motivado».

Por otro lado, no pasa desapercibida la opción terminológica del legislador, quien ha acudido, una vez más,[44] al vocablo «sospechoso». Esta palabra ha despertado los recelos de la doctrina que ha estudiado el tema, precisamente por su indefinición.[45] En el intento de encontrar una justificación a la referida decisión del legislador, se nos ocurre que quizá el hecho de que la LO 10/2007 se fraguara en el Ministerio de Interior —aun cuando fuera consultado el de Justicia— haya podido influir a la hora de elegir el citado vocablo. Ahora bien, en mérito del legislador, hemos de destacar que el término «sospechoso» ha venido acompañado en esta ocasión de los de «detenido» e «imputado».

4. Apunte final

A lo largo de las páginas precedentes se ha pretendido entresacar algunos supuestos que habitualmente quedan apartados —o despachados en pocas líneas— de los estudios realizados al hilo de la diligencia de perfiles de ADN, pero entendemos que no por ello revisten menor interés.

Un enfoque garantista en el marco del proceso penal no debe suponer adoptar —ciegamente, si se quiere— medidas beneficiosas para el imputado —o incluso para terce-

---

43. Véase la nota anterior.

44. Como ocurriera en el art. 363.2 LECr., añadido por la Disposición Final 1.ª 1.º de la LO 15/2003, de 25 de noviembre, que modificó el Código Penal.

45. Asimismo, García Fernández, «Ley Orgánica 10/2007, de 8 de Octubre, reguladora de la base de datos policial sobre identificadores obtenidos a partir del ADN: Antecedentes históricos y visión genética», cit., p. 194, quien destaca la falta de concreción de dicho término. Entre las reacciones negativas suscitadas en relación con el empleo de dicho término en el art. 363.2 LECr. pueden consultarse, entre otras, Etxeberria Guridi, «Los análisis de ADN en la Ley de Enjuiciamiento Criminal (Reformada por la Ley Orgánica 15/2003, de 25 de noviembre)», cit.; Renedo Arenal, *Problemas del imputado en el proceso penal*, cit., pp. 264-270.

ros (víctima, testigos, etc.)— sin tener en cuenta la concreta situación, esto es, sin la previa ponderación de los diferentes intereses en juego. Ello significará que si bien dicho análisis puede en algunos casos traer como consecuencia la asunción de la tesis más favorable para la persona contra quien se sigue el procedimiento criminal (como en la necesidad de autorización judicial para la recogida y posterior análisis de muestras indubitadas espontáneas), otras veces la balanza entre los diversos derechos implicados puede inclinarse del lado de la solución que acarreará algún tipo de restricción en los derechos del individuo (imputado o, incluso, también en persona distinta del inculpado), para la salvaguarda de intereses generales (así, parece que en algunos casos extremos podría, incluso a través de la fuerza, someter a una persona no imputada en la causa a una intervención corporal para la obtención de una muestra indubitada).

Hemos pretendido ahondar en dos supuestos que requieren de atención. A tal fin, y sobre todo en relación con la posibilidad de tomar una muestra indubitada a la víctima o testigo de un proceso penal, nuestro objetivo ha sido el de introducir nuevas herramientas jurídicas que arrojen luz a tan controvertida cuestión. En este sentido, estimamos que la categoría de la perseguibilidad puede servir para decantar la balanza del lado del derecho individual (en el caso analizado, de la víctima o de un testigo) o del lado del interés general. Somos conscientes de hallarnos en medio de una ardua tarea, que precisa de una concienzuda exploración, al objeto de evitar conculcar, sin una adecuada justificación, derechos fundamentales de carácter individual o, en otros casos, más generales, pero revestidos, asimismo, de la protección adicional brindada a los arts. 14-29 Const.

Por último, consideramos que aun cuando la regulación procesal de la diligencia de perfiles de ADN sigue avanzando lentamente, como refleja la reciente LO/2007, el legislador español continúa sin dar una respuesta plenamente satisfactoria a los distintos problemas legales implicados en la misma. En los preceptos que regulan dicho acto procesal siguen existiendo importantes lagunas, que requerirían de posicionamiento expreso del legislador, tal como hemos podido comprobar a lo largo del presente trabajo. Se ha desaprovechado a tal efecto la última norma habida sobre el particular, esto es, la citada LO 10/2007, de 8 de octubre, reguladora de la base de datos policial sobre identificadores obtenidos a partir del ADN. Resulta insuficiente, por todo lo apuntado, máxime en un ámbito que ofrece resultados tan fiables de cara al esclarecimiento de un número cada vez mayor de procesos penales, la existencia de reformas que, a modo de cuenta gotas y podría decirse que para poner parches a problemas planteados en los tribunales,[46] regulen sólo parcelas concretas de dicho acto procesal. A tal efecto, se echa en falta una voluntad legislativa tendente a analizar el control de ADN como un complejo fenómeno que precisa de una completa regulación.

---

46. Además, López Fragoso, «Principios y límites de las pruebas de ADN en el proceso penal, en *Genética y Derecho* (dir. Romeo Casabona), cit., p. 138, señala gráficamente cómo en nuestro país «el análisis del ADN ha entrado en las Salas de justicia por la puerta de atrás y con las luces apagadas».

Protección judicial del medio ambiente y el clima: matices y observaciones

PROF. DR. FERNANDO MARTÍN DIZ
PROFESOR TITULAR DE DERECHO PROCESAL.
UNIVERSIDAD DE SALAMANCA

1. Planteamiento de partida: la nueva regulación de la protección medioambiental y climática

Desde mi bisoñez como procesalista no deja de sorprenderme la expansión que nuestra disciplina va adquiriendo y propagando hacia ámbitos de la vida, de la convivencia social y de la pervivencia humana que a primera vista pudieran parecer lejanos oteros en la distancia contemplados desde nuestra particular atalaya jurídica. Uno de los más recientemente acogidos por la doctrina procesal[1] es la repercusión que en el ámbito de nuestros conocimientos, de nuestras investigaciones, de nuestra docencia, y fundamentalmente de la práctica ante los juzgados y tribunales tiene la tutela y protección del medio ambiente.[2]

La concienciación social y ciudadana respecto a la conservación de los recursos naturales es creciente, hasta tal punto incluso en que ya se viene fraguando el denominado «derecho medioambiental»[3] desde una dimensión dimorfista.[4] Se considera el derecho

---

1. Entre otros, la obra colectiva editada por el Consejo General del Poder Judicial, *La Protección Jurisdiccional del Medio Ambiente*, Madrid, 2001; Bujosa Vadell, L., «La protección jurisdiccional del medio ambiente en la Unión Europea», *Noticias de la Unión Europea*, núm. 240, 2005, págs. 9-34; Gimeno Sendra, V., y Garberí LLobregat, J., «La protección procesal del medio ambiente», *Poder Judicial*, núm. 37, págs. 156 y ss.; y la obra coordinada por Vicente Jiménez, T., *Justicia Ecológica y Protección del Medio Ambiente*, Madrid, 2002.

2. Definido según la Sentencia del Tribunal Constitucional de 26 de junio de 1995 como «la asociación de elementos cuyas relaciones mutuas determinan el ámbito y las condiciones de vida reales o irreales de las personas y de las sociedades».

3. Estudiado con una perspectiva general y pluridisciplinar en los trabajos de De Miguel Perales, C., *Derecho Español del Medio Ambiente*, Madrid, 2002; Esteve Pardo, J., *Derecho del Medio Ambiente*, Madrid, 2005, Jordano Fraga, J., *La protección del Derecho a un Medio Ambiente adecuado*, Barcelona, 1995.

4. El término, definido en el *Diccionario de la Lengua Española*, de la Real Academia Española, muy en consonancia con la realidad a la cual lo pretendemos aplicar establece el fenómeno biológico por le cual las especies animales o vegetales se presentan en dos formas o aspectos anatómicos diferentes.

ambiental o, quizá para ser más exactos en esta faz, el derecho del medio ambiente como un conjunto normativo pluridisciplinar y subespecie de la ciencia jurídica. Igualmente se consagra, aquí si como derecho al medio ambiente, en un plano más personal y subjetivo como un derecho humano y universal, dentro de los conceptuados como «derechos humanos de tercera generación».[5] Derechos humanos éstos, los de la denominada tercera generación que, frente a los antecedentes de primera y segunda generación que eran de atribución individual a cada persona, se presentan como derechos de grupo, de colectivo, de los pueblos, con la traslación a nivel procesal que ello implica, ya de raíz, en cuestiones de ejercicio de la tutela judicial efectiva y la legitimación para su invocación ante los juzgados y tribunales que deban proteger y tutelar los casos de infracciones penales, civiles y administrativas en materia medioambiental. Sin estar todavía asentada totalmente la configuración del derecho al medio ambiente como un derecho humano, aunque a buen seguro no se demorará en exceso su calificación como tal, si que es cierto que en la mayoría de textos constitucionales contemporáneos[6] ya refleja el derecho de los ciudadanos a disfrutar de un medio ambiente adecuado como condición indispensable para el desarrollo de la persona, al tiempo que paralelamente se prevén los mecanismos de tutela judicial que corrijan y reparen las lesiones producidas respecto de quienes incumplan la obligación de utilizar racionalmente los recursos naturales, conservar la naturaleza y proteger el clima en aras a reparar el daño causado.

El artículo 45 de nuestra Constitución establece de forma expresa el reconocimiento del derecho de los ciudadanos a disfrutar de «un medio ambiente adecuado», acogiendo esa segunda faceta de la dualidad que el derecho ambiental presenta y que reseñábamos en párrafos precedentes, pero al tiempo y de forma paralela el deber, tanto individual como colectivo de conservarlo y utilizarlo racionalmente, en particular acentuando esta obligación respecto de los poderes públicos al indicar, el párrafo segundo del precepto constitucional, que velarán por la utilización racional de los recursos naturales «con el fin de proteger y mejorar la calidad de la vida y defender y restaurar el medio ambiente, apoyándose en la indispensable solidaridad colectiva».

5. *Vid.*, Morello, A., «Los derechos del hombre de las tercera y cuarta generaciones», en *Estudios de derecho procesal: nuevas demandas, nuevas respuestas*, Buenos Aires, 1998, vol. 2, págs. 943-951; Déjeant-Pons, M.:»Le Droit de l'Homme á l'Environnement, Droit Fondamental au Niveau Europèen dans le Cadre du Conseil de l'Europe, et la Convention Europèenne de Sauvegarde des Droits de l'Homme et des Libertés Fondamentales». *Revue Juridique de l'Environnement*, núm. 4, 1994.

6. Art. 45 Constitución Española: «1. Todos tienen el derecho a disfrutar de un medio ambiente adecuado para el desarrollo de la persona, así como el deber de conservarlo. 2. Los poderes públicos velarán por la utilización racional de todos los recursos naturales con el fin de proteger y mejorar la calidad de la vida y defender y restaurar el medio ambiente, apoyándose en la indispensable solidaridad colectiva. 3. Para quienes violen lo dispuesto en el apartado anterior, en los términos que la ley fije se establecerán sanciones penales, o en su caso, administrativas así como la obligación de reparar el daño causado».

En el mismo sentido se recoge en textos constitucionales contemporáneos al español como el portugués (art. 66), o de forma más reciente y a nivel comunitario en el art. 37 de la Carta de Derechos Fundamentales de la Unión Europea (publicada en el DOUE de 14 de diciembre de 2007), y los arts. 3.3, 10 A, 2.f) del Tratado de la Unión Europea (versión aprobada en Lisboa en diciembre de 2007), y arts. 4.2.e), 11 y 174 a 176 del Tratado de Funcionamiento de la Unión Europea (también en la redacción acordada y aprobada en Lisboa en diciembre de 2007). *Vid.*, al respecto Herrero de la Fuente, A., «El derecho a la protección del medio ambiente y el artículo 37 de la Carta de derechos fundamentales de la Unión Europea», *La Carta de derechos fundamentales de la Unión europea. Una perspectiva pluridisciplinar*, Zamora, 2003, págs. 127 y ss.

También de manera correlativa a los derechos y obligaciones constitucionalmente proclamadas se contemplaba la tipificación de las conductas lesivas medioambientalmente con la sanción administrativa y la responsabilidad penal legalmente contemplada. Esta previsión constitucional[7] no conforma como tal y en sentido propio un derecho fundamental al medio ambiente pero si configura, en cambio, un principio general del ordenamiento legal español, y que entra a formar parte del grupo de·principios rectores de la política social y económica cuyo reconocimiento y protección deberán guiar la legislación, la actividad de las administraciones públicas y la aplicación judicial del derecho tal y como dispone el art. 53.3 de la Constitución Española.

En este sentido la proclamación constitucional ha sido desarrollada ampliamente en normas administrativas y penales, pero bien es cierto que con el debe de un habitual y tradicional déficit de regulación procesal. Es empíricamente comprobable[8] que tanto en el ámbito del proceso penal como en el marco del proceso civil no han existido normas particulares que atendieran a la protección judicial del medio ambiente de forma peculiar, ni mucho menos hasta llegar al extremo de la articulación de procedimientos propios y especiales en la materia, y que la exigencia de responsabilidades por daños medioambientales tanto en uno como en otro orden jurisdiccional se rigen por los procedimientos ordinarios que correspondan, según la gravedad de la pena asociada al concreto delito ambiental en que se tifipique la conducta punible en un caso, según la cuantía de los daños producidos en el otro.

La tutela judicial del medio ambiente en su vertiente penal, como mecanismo para la exigencia de la responsabilidad derivada de la comisión de los ilícitos contemplados en los artículos que integran los Capítulo III, IV y V del Título XVI del vigente Código Penal y en su vertiente civil, como vía para la exigencia de las indemnizaciones, reparaciones y restituciones que procedan frente a las actuaciones que causen daños al medio ambiente o al clima, ha pecado de no ser rotundamente efectiva ni en cuanto a la faceta preventiva de accidentes ambientales ni en lo referente a la exigencia de la reparación del daño causado mediante sistemas de responsabilidad que aseguren una rápida y adecuada restitución, quizá este sea uno de los motivos que justifiquen la promulgación de nuevas normas sectoriales, de corte y con atribución de potestades fundamentalmente administrativas, que remarcan la dimensión preventiva y reparadora que debe abordarse frente al daño medioambiental, sea este real o potencial.

Procesalmente hablando no se atisban movimientos legislativos inmediatos tendentes al establecimiento de procesos especiales en materia de tutela judicial del medio ambiente, tanto en sede penal como civil. Es más, personalmente entiendo que esta opción sería cuestionable en los términos y parámetros actuales, especialmente con el aparato legislativo existente en la mano, por cuanto a través de los procedimientos

---

7. *Vid.*, Fernández Rodríguez, T.R., «El medio ambiente en la Constitución Española», *Boletín informativo del medio ambiente*, núm. 20, 1981, págs. 17 y 18.

8. *Vid.*, Montero Aroca, J., «Acciones judiciales en materia de medio ambiente en el marco de la Ley de Enjuiciamiento Civil», VI Conferencias sobre el medio ambiente: acciones para la preservación del medio ambiente, 2003, Comité Económico y Social de la Comunidad Valenciana, texto disponible en la web http://www.ces.gva.es, pág. 2.

ordinarios de que disponemos, penales y civiles, es perfectamente viable exigir con total garantía y protección de los derechos fundamentales las responsabilidades dimanantes de las conductas que atenten contra el medio ambiente y el clima. Si es cierto, por el contrario, que hemos recibido a cambio descollantes novedades, como consecuencia del especial énfasis legislativo que se ha realizado recientemente en el aseguramiento de las responsabilidades derivadas de las agresiones al medio ambiente y al clima y, lo que es más importante, en cuanto a la reparación del daño causado, que nos conducen a plantear una serie de reflexiones sobre estas apariciones legislativas de nuevo cuño en materia de protección ambiental y climática que se unen a otras anteriores ya más consolidadas tanto doctrinal[9] como legal y jurisprudencialmente para ir conformando paso a paso un naciente conglomerado jurídico-procesal en materia ambiental y climática, que quien sabe si pueda dar lugar, en último término, a una división todavía más específica de la disciplina (nos referimos al derecho procesal) o bien a su integración en una esta emergente y pujante rama jurídica con entidad propia como es la interdisciplinar y transversal del «derecho medioambiental».

Podemos concluir que, con carácter general, junto a afirmaciones ya familiares en la jerga legal medioambiental como la de que «quien contamina, paga», es posible también aseverar con certeza, a tenor del impulso legislativo en materia procesal de la última década, que «quien atenta gravemente contra el medio ambiente, será investigado y juzgado por una posible responsabilidad penal», de igual modo que también podemos asentir que «quien genera daños en el medio ambiente: indemnizará, repondrá y restituirá los mismos mediante la exigencia de responsabilidad civil».

Esta cuarteta legal de reciente promulgación que constituyen: la Ley 27/2006, de 18 de julio, por la que se regulan los derechos de acceso a la información, de participación pública y de acceso a la justicia en materia de medio ambiente (incorporando las Directivas 2003/4/CE y 2003/35/CE), (BOE del 19 de julio); la Ley 26/2007, de 23 de octubre, de responsabilidad medioambiental,[10] (BOE del 24 de octubre); la Ley 34/2007, de 15 de noviembre de protección de la calidad del aire y de la atmósfera (BOE del 16 de noviembre), junto al complemento final que supone la Ley 42/2007, de 13 de diciembre, del patrimonio natural y de la biodiversidad (BOE del 14 de diciembre) ponen de manifiesto la necesaria cobertura legal[11] a un fenómeno en constante y creciente desarrollo como es la protección, en nuestro caso legal y judicial, del medio ambiente (en sentido amplio) y respecto de la cual vamos a tratar de descifrar las repercusiones que en mate-

9. *Vid.*, por todos Bujosa Vadell, L., «La protección jurisdiccional del medio ambiente en la Unión Europea», *Noticias de la Unión Europea*, cit., donde el autor plantea los tradicionales aspectos procesales en materia medioambiental como son los relativos al ejercicio de la acción, los problemas de legitimación, el acceso a la justicia medioambiental, o la extensión y límites de la jurisdicción en asuntos medioambientales con dimensión transfronteriza.

10. Norma que también responde a las exigencias comunitarias en la materia tal y como disponía la Directiva 2004/35/CE, del Parlamento Europeo y del Consejo, de 21 de Abril de 2004, sobre Responsabilidad Medioambiental en relación con la Prevención y Reparación de Daños Medioambientales (publicada en el DOCE serie L 143 de 30 de abril de 2004).

11. A juicio de De Miguel Perales, C., «La nueva Ley de responsabilidad medioambiental: quedan cuestiones aún por resolver», *Diario La Ley*, núms.. 6848 y 6849, 2007, concretamente en este caso en la primera parte, pág. 1, «podría afirmarse que tenemos un exceso de normas que incluso pueden dificultar una aplicación coherente de los principios ambientales que se quieren aplicar, empezando por el de prevención, y el de que «quien contamina, paga».

ria de exigencia de responsabilidad por daños en sede procesal pueden contener, y que en definitiva, como elemento descollante como señala la Exposición de Motivos de la Ley 26/2007, de responsabilidad medioambiental, deslindan por una parte el conjunto de potestades administrativas con cuyo ejercicio la Administración pública debe garantizar el cumplimiento de la ley y la aplicación del régimen de responsabilidad que incorpora, y por otro la exigencia de la responsabilidad civil clásica en la que los conflictos entre el causante del daño y el perjudicado se dirimen en sede judicial, mediante el procedimiento civil correspondiente, sin olvidar claro está la responsabilidad penal por la comisión de delitos medioambientales que tipifica nuestro Código Penal vigente. Se aquilatan, por tanto, elementos de calado procesal ya conocidos a su acoplamiento en la reciente regulación de la protección del medio ambiente y el clima, fundamentalmente tomando como eje la Ley 26/2007, de responsabilidad medioambiental.

El enfoque de nuestro estudio queda centrado en la tutela procesal del medio ambiente y la exigencia de responsabilidad, en todas sus dimensiones, por los daños causados. Ello no significa que se desdeñen por nuestra parte referencias a cuestiones ya debatidas como el acceso a la justicia medioambiental, la legitimación colectiva para su defensa ante los órganos jurisdiccionales, o la ejecución forzosa y el efecto de cosa juzgada de las sentencias dictadas en este ámbito, pero en este caso pretendemos introducir nuevas inquietudes, matices y observaciones en especial en cuanto a la exigencia de responsabilidad por la comisión de actuaciones perjudiciales al medio ambiente y al clima, tanto desde el punto de vista penal como desde la responsabilidad civil que corresponda a la protección jurisdiccional del medio ambiente; incluso con algunas nuevas perspectivas derivadas del importante aparato legislativo de reciente promulgación y que nos conducen en cierto modo a un cruce de vías, penales, civiles, administrativas (tanto generales como específicas), relativamente confuso en algunos aspectos, sobremanera en particular respecto del deslinde de la responsabilidad civil indemnizatoria al particular y con la nueva responsabilidad ambiental administrativa de finalidad preventiva y reparadora.

Advertimos que tanto desde la doctrina[12] como desde la jurisprudencia[13] se están efectuado importantísimas contribuciones para la adaptación a una situación tan específica y particular, como es la tutela judicial del medio ambiente, a las clásicas instituciones del derecho procesal ya referidas como son los casos de la legitimación y la cosa

12. Con carácter general se pueden consultar los trabajos de Almagro Nosete, J., «La protección procesal de los intereses difusos en España», *Revista Justicia*, 1983, págs. 69-86; Lozano-Higuero Pinto, M., *La protección procesal de los intereses difusos*, Madrid, 1983, y Bujosa Vadell, L., *La protección jurisdiccional de los intereses de grupo*, Barcelona, 1995. Con un carácter más específico los trabajos de Gil-Robles Gil-Delgado, J., «La acción judicial popular y la audiencia de los ciudadanos en el área del dereho ambiental», *Poder Judicial*, 4, 1988, pág. 177, Sosa, G., «La defensa jurisdiccional de los intereses superindividuales y difusos. La defensa de los intereses del consumidor y del medio ambiente (Análisis jurisprudencial desde Argentina), en *Estudios en homenaje al profesor Enrique Vescovi*, Montevideo, 2000, págs. 220 y ss., o más recientemente, Sánchez Albarrán, O., «Derecho al medio ambiente adecuado, acciones de grupo y proceso civil», *Revista general de derecho procesal*, iustel.com, núm. 14, 2008.

13. Sentencia del Tribunal Supremo de 26 de diciembre de 1989 (Referencia Aranzadi 9649), Fundamento Jurídico sexto: «cualquier interpretación que se haga por los órganos competentes de las normas aplicables han de partir de aquel mandato constitucional de protección de la naturaleza... Y ello, porque el medio ambiente natural es el supersistema que integra los demás»,

juzgada,[14] y que incluso se van expandiendo a otros elementos de importancia en el desarrollo del proceso como son la configuración de la pretensión —especialmente en materia civil a la hora de concretar la exigencia de responsabilidad y su dimensión reparadora, indemnizatoria o restitutoria— o la prueba. Unos y otros instrumentos procesales, ya los más debatidos, ya los que ahora entran a protagonizar una adaptación a la especialidad medioambiental, deben encauzarse hacia un propósito final incuestionable: proteger en sede judicial de forma efectiva el medio ambiente, la atmósfera, el clima, el patrimonio natural y la biodiversidad, pero también los intereses particulares de aquellos que se vean perjudicados en su persona o en sus bienes por las actuaciones punibles o generadoras de obligaciones civiles, porque en definitiva nos protegen a nosotros mismos, los seres humanos que en el citado entorno desarrollamos nuestra existencia. Por tanto no sólo es una cuestión de técnica jurídica, de curiosidad procesal, o de mera ordenación del ejercicio de defensa de intereses y derechos supraindividuales, lo es también, si se me permite, de lícito ejercicio de supervivencia, casi de autodefensa, tanto en su sentido de pervivencia vital como en su dimensión de legítima solicitud de auxilio judicial en la protección de nuestros derechos e intereses particulares y personales.

Hemos de lograr por tanto que estas nuevas opciones que nos ofrece la normativa medioambiental española de reciente promulgación no queden en la letra del texto legal sino que se adapten y reciban adecuada aplicación judicial a través de los procedimientos judiciales que son su reflejo de operatividad y eficacia, jugando ese arraigado protagonismo del juez o del tribunal de concretar el derecho sustantivo a los problemas humanos y sociales que demandan su respuesta tras ejercitar su aplicación material a los conflictos generados. Además, manteniendo una perspectiva generalista, la recientemente promulgada normativa española medioambiente amplia a nuevas esferas la protección o, quizá para ser más precisos, desglosa hacia nuevos horizontes más determinados la protección ambiental, introduciendo normas específicas en cuanto a la protección de la atmósfera, el clima, el patrimonio natural o la biodiversidad, que en un sentido amplio evidentemente pertenecen al medio ambiente, pero que ahora en virtud de las leyes promulgadas adquieren entidad propia y comprende nuevos conceptos jurídicos que en adelante gozarán de protección particular a través de las leyes anteriormente citadas.

Son por tanto retos de reciente implantación que expanden los intereses y derechos relacionados con el medio ambiente en general, y con la atmósfera, el clima, el patrimonio natural o la biodiversidad en particular, y que nos ofrecen la revisión de instrumentos procesales de tutela ya asentados, la adaptación específica de otros o la configuración *ex novo* de soluciones procesales de protección judicial frente a las graves agresiones al entorno natural que nos rodea, sin duda imbuidas por acontecimientos y desastres ecológicos recientes de la magnitud, entre otros, del hundimiento del buque «Prestige» frente a las costas de Galicia, o el naufragio del buque «Erika» en 1999, que provocó una devastadora marea negra en el noroeste de Francia.

---

14. *Cfr.*, Ferrer Mac-Gregor, E., «*El* acceso a la justicia de los intereses de grupo, hacia un amparo colectivo en México», *Derecho Procesal Constitucional*, Tomo I, México DF, 2002, pág. 345.

No será objeto del presente trabajo la tutela que se dispensa por parte del derecho administrativo[15] sin que ello deba hurtar su importancia y magnitud. En primer término tanto en cuanto al deber de las Administraciones pública de velar preventivamente por el medio ambiente como en el de utilizar y aplicar los regímenes sancionatorios dispuestos en el ámbito de sus competencias; en segundo lugar, en cuanto a la viabilidad del proceso judicial administrativo para la exigencia de responsabilidad frente a las Administraciones públicas que no ejerciten correctamente sus competencias ambientales, sean preventivas, ejecutivas o sancionadoras, y en esta línea la descollante actualidad legislativa sectorial de reciente implantación le otorga un catálogo de potestades y facultades de suma trascendencia para la protección del medio ambiente y el clima.

2. Consecuencias procesales en materia de daños al medio ambiente: responsabilidad penal

La protección del medio ambiente dispone su encaje tanto desde el campo del derecho público, como es la exigencia de responsabilidad penal consecuencia de actuaciones tipificadas como delitos, como desde la perspectiva netamente privada del Derecho en la vertiente indemnizatoria, restitutoria o reparadora que las actividades lesivas puedan causar fundamentalmente a particulares. Origen directo de este planteamiento es lo dispuesto en el art. 45.3 de la Constitución Española al establecer que «para quienes violen lo dispuesto en el apartado anterior, en los términos que la ley fije se establecerán sanciones penales, o en su caso, administrativas así como la obligación de reparar el daño causado».

La gravedad de algunas conductas que menoscaban el medio ambiente, en cualquier de sus variantes, ya sea mediante la emisión de gases, vertidos, ruidos, radiaciones, etc..., ha encontrado reflejo, en sintonía con la intimación constitucional, en el Código Penal vigente. Bajo el rótulo «Delitos contra los recursos naturales y el medio ambiente» acomoda en el Capítulo III del Título XVI una serie de preceptos y disposiciones que relatan los comportamientos punibles, las penas asociadas a estas conductas tipificadas y las circunstancias modificativas de la responsabilidad penal específicamente contempladas para esta serie de delitos.

El supuesto general de partida se establece en el art. 325 del CP y es completado para algunas conductas criminalizadas de forma específica en los preceptos subsiguientes, como son los casos del art. 328 CP (depósitos o vertederos de residuos tóxicos o peligrosos), 329 CP (prevaricación de funcionario en relación a la concesión de licencias manifiestamente ilegales en materia medioambiental), 330 CP (daños causados en elementos de espacios naturales protegidos), 332 y 33 CP (alteración del hábitat de flora amenazada o introducción de especies de flora o fauna no autóctonas o perjudiciales), 334, 335 y 336 (atentados contra especies animales protegidas y caza y pesca no autorizada).

15. *Vid.*, Fernández de Gatta Sánchez, D., «La protección jurídica del medio ambiente: evolución y perspectiva general», en *Tomarse en serio la naturaleza : ética ambiental en perspectiva multidisciplinar*, (coords., García Gómez-Heras, J.M., y Velayos Castelo, C.), 2004, págs. 173-199, e igualmente su trabajo «Derecho ambiental: aspectos generales sobre la protección jurídica del medio ambiente» *E-Derecho Administrativo* (*e-DeA*), revista electrónica, núm. 12, 2004.

El elemento más destacable es la configuración del citado artículo 325 del CP como «ley penal en blanco» [16] propiciando su remisión, a la hora de aplicar el tipo penal, a otra serie de normas, nacionales e incluso comunitarias como señalaremos posteriormente, que delimiten los aspectos técnicos de la conducta punible. Dispone el precepto referido que «será castigado con las penas de prisión de seis meses a cuatro años, multa de ocho a 24 meses e inhabilitación especial para profesión u oficio por tiempo de uno a tres años el que, contraviniendo las leyes u otras disposiciones de carácter general protectoras del medio ambiente, provoque o realice directa o indirectamente emisiones, vertidos, radiaciones, extracciones o excavaciones, aterramientos, ruidos, vibraciones, inyecciones o depósitos, en la atmósfera, el suelo, el subsuelo o las aguas terrestres, marítimas o subterráneas, con incidencia, incluso, en los espacios transfronterizos, así como las captaciones de aguas que puedan perjudicar gravemente el equilibrio de los sistemas naturales. Si el riesgo de grave perjuicio fuese para la salud de las personas, la pena de prisión se impondrá en su mitad superior. El que dolosamente libere, emita o introduzca radiaciones ionizantes u otras sustancias en el aire, tierra o aguas marítimas, continentales, superficiales o subterráneas, en cantidad que produzca en alguna persona la muerte o enfermedad que, además de una primera asistencia facultativa, requiera tratamiento médico o quirúrgico o produzca secuelas irreversibles, será castigado, además de con la pena que corresponda por el daño causado a las personas, con la prisión de dos a cuatro años».

Es por tanto la conexión del supuesto genérico enunciado en el art. 325 CP con las disposiciones específicas y sectoriales en materia medioambiental del resto del ordenamiento jurídico las que determinarán la responsabilidad penal, quedando supeditado, como apunta Soto Nieto,[17] «la existencia del hecho delictivo a la contravención de las leyes u otras disposiciones de carácter general protectoras del medio ambiente», y situándonos en una frontera de endebles límites con la infracción administrativa puesto que la reacción penal frente a la conducta lesiva medioambientalmente queda condicionada, en gran medida, a que dicha conducta no haya sido sancionada administrativamente con carácter previo o bien que exceda, por su dimensión y consecuencias, el ámbito previsto para dicho tipo de sanción y sea por tanto merecedora de una represión más grave por vía de la aplicación del tipo penal del art. 325 CP.

El criterio de la gravedad de la conducta es por tanto el elemento distintivo entre la sanción administrativa y la tipificación penal de la misma, y que por aplicación del principio[18] de «non bis in idem» implica que en el caso de producirse una lesión medioam-

---

16. *Cfr.*, Matellanes Rodríguez, N., «La incidencia del Derecho comunitario en la protección penal del medio ambiente», *Noticias de la Unión Europea*, núm. 240, págs. 87 y 88, y Soto Nieto, F., «Delito contra el medio ambiente. Provocación o realización de ruidos», *Diario La Ley*, núm. 6758, 2007, pág. 15.

17. Soto Nieto, F., *op. cit.*.

18. Encajado constitucionalmente en el art. 25.1 según, entre otras, la Sentencia del Tribunal Constitucional número 221/1997, de 4 de diciembre, «si bien no aparece expresamente reconocido en el texto constitucional, ha de estimarse comprendido en su artículo 25. 1, en cuanto integrado en el derecho fundamental a la legalidad penal con el que guarda íntima relación». Y que como dispuso el ATC 355/1991 «supone, en definitiva, la prohibición de un ejercicio reiterado del ius puniendi del Estado, que impide castigar doblemente tanto en el ámbito de las sanciones penales como en el de las administrativas, y proscribe la compatibilidad entre penas y sanciones administrativas en aquellos casos en los que adecuadamente se constate que concurre la identidad de sujeto, hecho y fundamento».

biental que deriva una incriminación penal no podrá ser, por la misma conducta, y en tanto en cuanto no se ventile la responsabilidad penal, sancionada administrativamente,[19] y de ser condenada decaerá la viabilidad de la actuación administrativa sancionadora frente a esa persona y por la actividad ya resuelta en sede procesal penal. Por tanto la apreciación de una conducta tan sumamente grave en su proceder y consecuencias respecto al medio ambiente, y a la salud de las personas, será la que verifique la comisión del delito medioambiental. Ilustrativamente la Sentencia de la Audiencia Provincial de Salamanca de 29 de diciembre de 2006 establece por tanto que «para el reproche penal, pues, no bastará las infracciones genéricas de disposiciones administrativas, sino solamente las conductas ilícitas con consecuencias dañosas para el ambiente. Se ha distinguido entre valor de contaminación que cuando es superado supondrá una infracción administrativa, y valor límite o intolerable que suponiendo una alteración grave de los elementos ambientales, una vez rebasada determinará el delito medioambiental. En último término, es la gravedad la pieza clave que permitirá la fijación de los límites entre la infracción administrativa y la penal ya que solo podrán ser considerados como conductas típicas las que puedan perjudicar gravemente el equilibrio de los sistemas naturales por exigencia del art. 325 del CP. Este elemento de gravedad de los efectos conlleva una ponderación, interpretación, tanto de los contenidos de gravedad, como de peligro. Semánticamente grave es lo que se produce o puede producir importantes consecuencias nocivas, lo que implica un juicio de valor, y, por lo mismo, es eminentemente circunstancial. La jurisprudencia para determinar el tipo medio de gravedad ha acudido a la medida en que son puestos en peligro, tanto el factor antropocéntrico, es decir, la salud de las personas, incluida la calidad de vida por exigencia constitucional, como las condiciones naturales del ecosistema, que incluye, por tanto, la gestión de espacios ambientales, la fauna y la flora puestas en peligro, que pueden actuarse tanto por emisiones como por inmisiones».

Por tanto la vertiente penal de la protección medioambiental, participa en la represión de las lesiones medioambientales de forma a nuestro juicio ciertamente paradójica, al ser configurada como subsidiaria y accesoria, condicionada la exigencia de responsabilidad penal a la ineludible concreción previa del derecho administrativo, tanto de forma positiva, al imponer una sanción respecto de esa misma persona y hechos, como de forma negativa, en cuanto a la no imposición de una infracción administrativa por cuanto se estime que debe exigirse el tanto de culpa, responsabilidad, en sede penal en atención a la gravedad y consecuencias —para las personas y el medio ambiente— de la actuación lesiva.

19. El art. 36 de la Ley 26/2007, de responsabilidad ambiental establece de forma explícita en relación a la exigencia de responsabilidad ambiental que: «...No podrán sancionarse los hechos que hayan sido sancionados penal o administrativamente, en los casos en los que se aprecie identidad del sujeto, hecho y fundamento. En los supuestos en los que las infracciones pudieran ser constitutivas de delito o de falta, la autoridad competente pasará el tanto de la culpa a la jurisdicción competente y se abstendrá de proseguir el procedimiento sancionador mientras la autoridad judicial no se haya pronunciado. De no haberse estimado la existencia de delito o de falta, el Ministerio Fiscal lo pondrá en conocimiento de la autoridad competente, que podrá continuar el expediente sancionador teniendo en cuenta en todo caso los hechos que los tribunales hayan considerado probados». En idéntico sentido los arts. 33 de la Ley 34/2007 y 78 de la Ley 42/2007, en materia de calidad del aire y protección de la atmósfera, y patrimonio natural y biodiversidad, respectivamente.

Jurisprudencialmente[20] se ha destacado que la protección penal se otorga al medio ambiente como bien jurídico autónomo: es un bien jurídico relevante por sí mismo; no se trata meramente de asegurar la eficacia de la intervención administrativa ni de sancionar la desobediencia del sujeto respecto a la normativa de protección ambiental, sino de proteger directa y primariamente el equilibrio de los sistemas naturales. La tutela del bien jurídico «medio ambiente» exige la coordinación de medidas administrativas y penales que se complementan ocupando cada ordenamiento su lugar específico. Además se ha catalogado la naturaleza del delito medioambiental como un delito de peligro,[21] condicionado como decimos, en primer término a su consideración legal en una disposición al respecto, y en segundo término respecto a que dicha conducta no sea calificada y efectivamente sancionada administrativamente, derivando en definitiva en conductas, activas o pasivas, directas o indirectas, desde la pura intencionalidad de causar el efecto al dolo eventual,[22] lesivas del medio ambiente (en todas sus dimensiones y variantes) como consecuencia de emisiones, vertidos, radiaciones, extracciones o excavaciones, aterramientos, ruidos, vibraciones, inyecciones o depósitos, en la atmósfera, el suelo, el subsuelo o las aguas terrestres, marítimas o subterráneas, así como las captaciones de aguas que puedan perjudicar gravemente el equilibrio de los sistemas naturales, o bien la emisión o introducción de radiaciones ionizantes u otras sustancias en el aire, tierra o aguas marítimas, continentales, superficiales o subterráneas, en cantidad que produzca en alguna persona la muerte o enfermedad que, además de una primera asistencia facultativa, requiera tratamiento médico o quirúrgico o produzca secuelas irreversibles.

Precisando aún más la cuestión, recientemente la Sentencia[23] del Tribunal Supremo de 30 de mayo de 2007, califica a estas modalidades delictivas como de «peligro hipotético»,[24] o también denominadas de peligro abstracto-concreto, peligro potencial o delitos de aptitud, puesto que no se tipifica en sentido propio un resultado concreto de peligro, sino un «comportamiento idóneo para producir peligro para el bien jurídico protegido, ... en estos supuestos la situación de peligro no es elemento del tipo, pero sí lo es la idoneidad del comportamiento efectivamente realizado para producir dicho peligro».

---

20. Sentencia del Tribunal Supremo de 23 de noviembre de 2001 (Referencia La Ley 1743/2002).

21. Entendemos que en esta configuración legal el delito de peligro establecido es de partida respecto a un peligro incierto, no concretado de inicio en la norma penal general pero si especificado en la norma jurídica de remisión pero. Así según dispone la Sentencia de la Audiencia Provincial de Salamanca de 29 de diciembre de 2006 (referencia Aranzadi ARP 2007/475) «uno de los requisitos exigidos doctrinal y jurisprudencial para la creación del delito medioambiental, es la creación de peligro, es decir, la gravedad de los efectos que pueden traer aparejadas las conductas atentativas al medio. En general, no basta con un acto de contaminación, sino que, además, es requerido un plus de lesividad consistente en la puesta en peligro de los sistemas naturales».

22. Elemento subjetivo del tipo, que como se infiere de la doctrina de la STS de 30 de mayo de 2007, fundamento jurídico cuarto, habrá de ser acreditado mediante «prueba directa o ser inferido de los elementos objetivos acreditados» que permitan afirmar la comisión del hecho delictivo.

23. Referencia El Derecho: 2007/100794, fundamento jurídico cuarto.

24. No existe jurisprudencia uniforme en este sentido. Véase en este sentido las Sentencias del Tribunal Supremo de 30 de enero de 2002 y de 14 de abril de 2003, por cuanto valoran de forma diferente a la referida si se trata de delitos de peligro abstracto, concreto o hipotético.

Finalmente, como colofón al panorama estrictamente penal de la protección medioambiental, el Código vigente establece una tipología variada de penas[25] que abarcan desde las de prisión (de seis meses a cuatro años), las de multa (de ocho a veinticuatro meses), o las de inhabilitación especial para profesión u oficio (por tiempo de uno a tres años), incluso la clausura de empresa, sus locales o establecimientos con carácter definitivo o temporal —en este caso no pudiendo exceder de cinco años tal y como se dispone en el art. 129.1.a) del CP, hasta, finalmente, la intervención de la empresa para salvaguardar derechos sin que exceda de un plazo máximo de cinco años (art. 129.1.e) CP).

Las conductas delictivas en materia medioambiental serán investigadas y juzgadas a través del correspondiente proceso penal en estricta aplicación de la denominada garantía jurisdiccional del derecho penal, puesto que éste se actúa única y exclusivamente por los órganos jurisdiccionales y precisamente por medio del proceso. Resulta muy ilustrativa en este sentido aplicar lo anteriormente expuesto con el tenor del art. 33 de la Ley 34/2007, de calidad del aire y protección de la atmósfera[26] insistiendo una vez más en la incompatibilidad entre la sanción administrativa y la sanción penal por una misma conducta lesiva medioambientalmente y establecer su criterio de diferenciación en la gravedad de la conducta indicando que la Administración valorará dicha situación puesto que: «Cuando la infracción pudiera ser constitutiva de delito o falta, la Administración instructora lo pondrá en conocimiento del órgano jurisdiccional competente, suspendiéndose la tramitación del procedimiento sancionador mientras la autoridad judicial no hubiera dictado sentencia firme o resolución que ponga fin al proceso. La sanción penal excluirá la imposición de sanción administrativa en los casos en que se aprecie la identidad del sujeto, del hecho y del fundamento. De no haberse estimado la existencia de delito o falta, el órgano competente continuará la tramitación del expediente sancionador».

---

25. Sin olvidar, evidentemente, la consideración de circunstancias modificativas de la responsabilidad criminal. En el caso de las agravantes por concurrir circunstancias atinentes, en la mayoría de supuestos, a ausencia de observancia de normas, disposiciones o instrucciones por parte de la Administración pública y en concreto: a que la industria o actividad funcione clandestinamente, sin haber obtenido la preceptiva autorización o aprobación administrativa de sus instalaciones; que se hayan desobedecido las órdenes expresas de la autoridad administrativa de corrección o suspensión de las actividades; que se haya falseado u ocultado información sobre los aspectos ambientales de la misma; que se haya obstaculizado la actividad inspectora de la Administración; o bien que se haya producido un riesgo de deterioro irreversible o catastrófico; o en último término que se produzca una extracción ilegal de aguas en período de restricciones. También se contempla la agravante por comisión de conductas penadas que afecten a espacios naturales protegidos (art. 338 CP). Como atenuante se contempla el supuesto de la reparación del daño causado de forma voluntaria por el infractor (art. 340 CP).

26. Véase igualmente el art. 75 de la Ley 42/2007, de Patrimonio natural y biodiversidad, disponiendo al efecto que «las acciones u omisiones que infrinjan lo prevenido en la presente Ley generarán responsabilidad de naturaleza administrativa, sin perjuicio de la exigible en vía penal, civil o de otro orden a que puedan dar lugar», e incluso concretando aún más en cuanto al ámbito de la responsabilidad penal el art. 78 del mismo texto legal establece «en los supuestos en que las infracciones pudieran ser constitutivas de delito o falta, la administración instructora pasará el tanto de culpa al órgano jurisdiccional competente y se abstendrá de proseguir el procedimiento sancionador mientras la autoridad judicial no hubiera dictado sentencia firme o resolución que ponga fin al procedimiento. La sanción de la autoridad judicial excluirá la imposición de sanción administrativa, en los casos en que se aprecie la identidad del sujeto, del hecho y del fundamento. De no haberse estimado la existencia de delito o falta, la Administración podrá continuar el expediente sancionador, con base en los hechos que la jurisdicción competente haya considerado probados».

Analizando los delitos enumerados en el Código Penal y las penas asignadas a los mismos, la mayoría de ellos serán tramitados a través de procedimientos abreviados, salvo los casos de actuaciones medioambientales que encajen asimismo como delitos de incendio forestal (con regulación específica en los arts. 352 a 354 CP) y que corresponden al ámbito de los procedimientos ante el Tribunal del Jurado según dispone el art. 1.2.e) de la Ley Orgánica 5/1995, del Tribunal del Jurado, o bien aquellos casos en que por remisión a otros preceptos, en aplicación de lo dispuesto en el art. 325.2 CP, superen las penas el límite de nueve años de privación de libertad que corresponde al ámbito del procedimiento abreviado al haber causado la actuación ambiental daños a las personas en forma de homicidios (en cuyo caso nos conduciría a un procedimiento ante el Tribunal de Jurado) o lesiones muy graves (caso del art. 149.1 CP, que nos remitiría a un procedimiento ordinario por delitos graves). En todo caso el objeto del correspondiente proceso penal relativo a delitos medioambientales ventilará la responsabilidad criminal de sus autores así como la posible y eventual acumulación de la responsabilidad civil que de todo delito nace y que revierte, en caso de condena, en la necesidad de reparar, indemnizar o restituir los daños causados a los perjudicados por la acción delictiva, advirtiendo que en todo caso queda la opción de reclamar dicha responsabilidad civil medioambiental separadamente en vía civil, y en todo caso desde la premisa de que se hayan producido daños concretos y tangibles, no hipotéticos.

El nuevo marco legal que supone a efectos de responsabilidad ambiental la Ley 26/2007 establece la plena separación y autonomía en materia de exigencia de responsabilidad ambiental en sede judicial como consecuencia de la comisión de un delito, igualmente extensible al supuesto de la sanción administrativa que pueda imponerse, respecto de los propios procedimientos de exigencia de responsabilidad ambiental que la Ley contempla de manera particular, con un matiz fundamentalmente de intervención administrativa específica y preventiva o reparadora, a diferencia de la exigencia en vía administrativa o judicial que tiene un cariz más represivo de la conducta ya consumada. Crucial, en conexión con las afirmaciones anteriores, es la disposición contemplada en el art. 6 de la Ley de responsabilidad ambiental, la cual partiendo de la premisa de que deberá asegurarse el evitar la doble reparación de costes, respeta y compatibiliza la represión penal o la sanción administrativa con la propia responsabilidad ambiental que puede exigirse en virtud de su aplicación, estableciendo en estos supuestos de concurrencia de responsabilidad medioambiental con procedimientos penales o sancionadores las siguientes reglas:

a) La Ley de responsabilidad ambiental se aplicará, en todo caso, a la reparación de los daños medioambientales causados por los operadores de actividades económicas o profesionales enumeradas en el anexo III (relativas a gestión de residuos, vertidos, captaciones y represamientos de aguas; fabricación, almacenamiento y transporte de sustancias peligrosas o contaminantes), con independencia de la tramitación de los restantes procedimientos.

b) Se aplicará también esta Ley, en todo caso, a la adopción de medidas de prevención y de evitación de nuevos daños, por parte de todos los operadores de actividades económicas o profesionales, con independencia de la tramitación de los restantes procedimientos.

c) La adopción de las medidas de reparación de daños medioambientales causados por actividades económicas o profesionales distintas de las enumeradas anteriormente será exigible únicamente cuando en el procedimiento administrativo o penal correspondiente se haya determinado el dolo, la culpa o la negligencia.

El precepto analizado, en su último apartado, hace referencia, como ya anunciábamos, a evitar una doble reparación estableciendo que «se adoptarán, en todo caso, las medidas compensatorias que fueran necesarias para evitar la doble recuperación de costes. Si por aplicación de otras leyes se hubiera conseguido la prevención, la evitación y la reparación de daños medioambientales a costa del responsable, no será necesario tramitar las actuaciones previstas en la Ley de responsabilidad ambiental».

Un apunte final respecto a la nueva veta en materia de protección penal del medio ambiente que parece irse abriendo desde el derecho comunitario[27] y su innegable influjo en la regulación nacional. La Propuesta de Directiva del Parlamento Europeo y del Consejo, de 9 de febrero de 2007, relativa a la protección del medio ambiente desde el derecho penal (referencia COM (2007) 51) pretende «obligar» a los Estados miembros, en caso de ser aprobada, a armonizar a nivel comunitario la imposición de sanciones penales para algunos comportamientos que perjudican gravemente el medio ambiente, en consonancia con el objetivo de protección que establece el 174 del Tratado de funcionamiento de la Unión Europea (versión aprobada en Lisboa en 2007). La Propuesta comunitaria contempla que los Estados miembros tipifiquen los comportamientos dolosos o negligentes que constituyan una infracción tanto de la normativa comunitaria como de la nacional en el ámbito de la protección del medio y en materias como: vertidos ilícitos de materiales o de radiaciones que causen o puedan causar la muerte o lesiones graves a personas o daños sustanciales al medio ambiente; el tratamiento ilícito (en todas sus facetas como la eliminación, el transporte, el almacenamiento, la exportación o la importación) de residuos peligrosos o materiales nucleares o radiactivos; la explotación ilícita de instalaciones en que se realicen actividades peligrosas o se almacenen o utilicen sustancias peligrosas y nocivas; la posesión, apropiación o comercio ilícito de especies animales o vegetales protegidas; el deterioro ilícito del hábitat protegido; o el comercio o utilización de sustancias destructoras del ozono. En el mismo grado de armonización pretendido se propone desde las instancias comunitarias que las sanciones penales sean «eficaces, proporcionadas y disuasorias».

Más específicas[28] que la Propuesta de Directiva, actualmente en tramitación, son la Directiva 2005/35/CE del Parlamento europeo y del Consejo de 7 de septiembre de

27. La Sentencia del Tribunal de Justicia de la Unión europea de 13 de septiembre de 2005, asunto C-176-03, dio la razón a la Comisión, frente al Consejo, en cuanto que tiene competencia para adoptar decisiones (mediante directiva) relacionadas con el derecho penal de los Estados miembros si la aplicación de sanciones penales constituye una medida imprescindible para combatir los atentados graves contra el medio ambiente. Consúltese al respecto la Comunicación de la Comisión, de 23 de noviembre de 2005, sobre las consecuencias de la precitada sentencia (documento COM (2005) 583 final). Dicha sentencia trae causa de una Decisión Marco que Consejo adoptó, en enero de 2003, relativa a la protección del medio ambiente a través del derecho penal y en la cual se establecían las conductas dolosas e imprudentes que los Estados estarían obligados a tipificar como delictivas.

28. *Vid.*, Zeitler, H.E., «Environmental criminal law», *Revista internacional de Derecho penal*, núm. 77, 2006, págs. 255-261.

2005, relativa a la contaminación procedente de buques y la introducción de sanciones para las infracciones, y la Decisión marco 2005/667/JAI del Consejo, de 12 de julio de 2005, destinada a reforzar el marco penal para la represión de la contaminación procedente de buques,[29] estableciendo que las descargas efectuadas por buques vulnerando el derecho comunitario constituyen una infracción penal y motivarán la aplicación de sanciones si los responsables son declarados culpables de actos dolosos o negligentes. De una parte la Directiva tipifica las conductas sancionables en materia de descarga de sustancias contaminantes cuando tengan lugar en las aguas interiores, incluidos los puertos, en las aguas territoriales, en los estrechos, en la zona económica exclusiva de los Estados miembros, e incluso en alta mar. Se completa la normativa comunitaria con la Decisión marco cuyo objetivo es precisar el régimen de sanciones penales aplicables a esos comportamientos, incluso disponiendo en sus arts. 5 y 6 la atribución de responsabilidad penal, y esto es importante para nuestro sistema penal y procesal interno, respecto de las personas jurídicas cuando una infracción se cometa en provecho de ellas por una persona que ejerza en su seno un poder de dirección o representación, o bien en caso de una falta de vigilancia o control imputable a dicha persona (con penas de multa, inhabilitación temporal o permanente para el desempeño de actividades comerciales, vigilancia judicial, exclusión y disfrute de ayudas públicas e incluso llegando al extremo de su liquidación judicial).

Con ello se abre la puerta a que, tal y como determinó el Tribunal de Justicia de la Unión,[30] puedan llevarse a cabo actuaciones normativas a nivel comunitario, pese a reconocer el propio Tribunal que la Unión no es competente en materia de Derecho penal ni de Derecho procesal penal, pero si puede llegar a adoptar aquellas medidas relacionadas con el Derecho penal de los Estados miembros que estime necesarias para garantizar la plena efectividad de las normas que dicte en materia de protección medioambiental, cuando la previsión de sanciones penales efectivas, proporcionadas y disuasorias constituye una medida indispensable para combatir los graves atentados contra el medio ambiente.

a) El ejercicio de la acción penal

La primera cuestión de calado procesal penal que pretendemos poner de relieve, y suscitar en torno a ella algunas observaciones y matices, es la relativa al ejercicio de la acción penal. En este aspecto la nueva regulación medioambiental, en especial la Ley 27/2006 de acceso a la justicia en materia de medio ambiente, sustenta la legitimación para el ejercicio de la acción penal en las mismas coordenadas ya conocidas anteriormente.

Se otorga, antes y ahora, el ejercicio de la acción penal en materia ambiental al Ministerio Fiscal, incluso con el refuerzo de una legitimación específica en materia de proceso administrativo tal y como contempla la Disposición Adicional 8.ª de la Ley 26/2007, de responsabilidad ambiental. Su legitimación conferida legalmente es especialmente relevante en los casos medioambientales al encontrarnos ante la protección de un bien

29. Ambas referencias normativas comunitarias han sido publicadas en el DOUE de 30 de septiembre de 2005.

30. Sentencia TJUE de 13 de septiembre de 2005, asunto C-176-03.

jurídico común, o de forma más precisa procesalmente hablando, un bien jurídico colectivo o difuso. El medio ambiente no es un bien jurídico exclusivo de la persona en su consideración individual sino que todos los ciudadanos, y por tanto la sociedad, es la afectada en la protección ambiental, sin perjuicio, claro está de que una lesión medioambiental o climática pueda afectar de forma directa y concreta además a una persona o grupo de personas. Esta posible indeterminación de víctimas, tal y como apunta la Instrucción 4/2007 de la Fiscalía General del Estado, «deriva una mayor relevancia de la función constitucional del Fiscal, que debe actuar en defensa de estos intereses generales, sin que generalmente existan personas directamente afectadas que ejerciten sus derechos como acusaciones particulares».

Habitualmente el Ministerio Fiscal, como apunta DOLZ LAGO,[31] en materia de delito medioambiental suele completar una primera fase preprocesal de investigación del posible delito en colaboración con la Policía Judicial (en particular con el SEPRONA, como unidad especializada de la Guardia Civil en la materia) y al amparo de lo dispuesto en el art. 773.2 LECrim —en correlación con el art. 5 del EOMF— por cuanto cuando tenga noticia de un hecho aparentemente delictivo, en el ámbito del procedimiento abreviado, practicará el mismo u ordenará a la Policía Judicial que practique, las diligencias que estime pertinentes[32] para la comprobación del hecho o de las responsabilidades de los partícipes en el mismo, y que en definitiva le permita formalizar la correspondiente querella con la cual ejercitar la acción penal y activar la función procesal de investigación del delito, instando la incoación del procedimiento con remisión de lo actuado, poniendo a disposición del juez a los posibles detenidos y los efectos del delito, si los hubiere o bien, por el contrario, decretar el archivo de actuaciones cuando el hecho no revista los caracteres de delito comunicándolo a quien hubiere alegado ser perjudicado u ofendido. A tenor del régimen legal de las nuevas disposiciones en materia medioambiental es probable que en el futuro la actividad del Ministerio Fiscal[33] en esta faceta se vea impulsada por la información remitida por autoridades administrativas como consecuencia del inicio de expedientes en materia de responsabilidad ambiental en los cuales aprecien que la gravedad de la infracción supera el marco de la sanción administrativa y pueda encajar en la represión penal de la misma (recuérdese en este sentido el ya aludido art. 36, en su apartado 3, de la Ley 26/2007), y que, como exponíamos anteriormente, de no concretarse a juicio de la Fiscalía en la posible comisión de un delito revertirían al, en su caso, correspondiente procedimiento administrativo sancionador ante la Administración competente, o de enmarcarse en el ámbito de la Ley de responsabilidad ambiental de 2007 en las actuaciones de prevención y reparación que se consideren necesarias para paliar los daños producidos al medio ambiente o cuyo riesgo se vaticina de forma objetiva.

31. *Vid.*, más ampliamente el trabajo de Dolz Lago, M.J., «Ministerio Fiscal y medio ambiente: algunas cuestiones sobre la investigación de delitos medioambientales», *Revista La Ley*, núm. 6667, 2007, págs. 1 y ss.

32. Entre las que destaca el propio Dolz Lago, *op.cit.*, las de inspección ocular, relativas al cuerpo del delito, testificales, periciales, intervención de comunicaciones y entrada y registro, estas dos últimas con la inexcusable, y previa, autorización judicial.

33. Consúltese las Instrucciones 1/1986 y 4/1990 de la Fiscalía General del Estado que abordan la posición del Ministerio Fiscal en relación con los incendios forestales, y la Circular 1/1990, sobre la contribución del Ministerio Fiscal en la investigación y persecución de los delitos contra el medio ambiente en la cual se reclama una postura activa de los Fiscales en esta materia. En los precitados documentos se plantean aspectos concretos de la actividad procesal del Ministerio Fiscal en materia medioambiental así como se hace referencia también a problemas específicos de algunos tipos penales.

En el plano puramente procesal, el Ministerio Fiscal intervendrá ejercitando la acción pública mediante querella cuando entienda que las actuaciones previamente investigadas con carácter preprocesal revisten carácter de delito, participará en los actos de investigación que se practiquen en la fase de instrucción e incluso propondrá la practica de aquellas diligencias que considere necesarias para un mejor esclarecimiento de los hechos y sus responsables, formalizará una acusación frente a los presuntos responsables mediante el oportuno escrito de acusación, solicitando en su caso incluso la correspondiente responsabilidad civil *ex delicto*, participará en la fase de juicio oral del proceso penal y finalmente controlará la debida ejecución de la sentencia que se dicte especialmente en cuanto a las incidencias que en el cumplimiento de la misma puedan acontecer, de forma particular en la vertiente civil de la responsabilidad decretada y con la correcta realización y satisfacción de las indemnizaciones, restituciones o reparaciones establecidas en el fallo.

Apuntar finalmente que la relevancia que la protección judicial del medioambiente ha adquirido, ha repercutido en que se haya procedido, dentro de la estructura orgánica del Ministerio Fiscal, a la creación de Fiscalías especiales para la persecución de los delitos contra el medio ambiente[34] como instrumento imprescindible para la coordinación y control de la actividad de los miembros del Ministerio Fiscal en la promoción y defensa de la legalidad ambiental (incluso agrupada y coordinada a nivel nacional desde 2002 en la «Red nacional de Fiscales de Medio Ambiente»[35] que integraba a aquellos fiscales que trabajaban en el tema y pretendían, antes de la creación de un Fiscal de Sala coordinador en materia de medio ambiente, compartir criterios y valorar problemas comunes).

34. *Vid.*, art. 18 quinques EOMF. Consúltese en este sentido la Memoria de la Fiscalía General del Estado de 2006 en la cual se da cuenta de cómo a consecuencia de la Instrucción 11/2005 se ha formalizado la creación de un Fiscal de Sala encargado de la coordinación e implementación de la correspondiente unidad de criterio en cuanto a la actuación en la materia medioambiental, por cuanto «se actuaba con la conciencia de que nos encontrábamos ante un campo que requiere de una necesaria especialización para abordar convenientemente la materia debido a la complejidad técnica que la misma suele presentar». Puede consultarse asimismo en la citada Memoria una serie de estadísticas y datos de interés respecto a las actuaciones efectuadas por las Fiscalías especializadas en medio ambiente en las páginas 12 a 21 de la Memoria. Complemento de la Instrucción 11/2005, es la posterior Instrucción 4/2007 cuya finalidad es introducir «los criterios necesarios para constituir formal y definitivamente las Secciones de medio ambiente en las Fiscalías territoriales, y establece igualmente las necesarias pautas organizativas para articular la necesaria unidad de actuación que caracteriza al Ministerio Público en el ejercicio de su función. Con todo ello se pretende finalmente que la acción coordinada y especializada de la Fiscalía en el ejercicio de la acción pública frente a las infracciones penales contra el medio ambiente, permita que la sociedad encuentre la respuesta que reclama del Ministerio Fiscal, para tratar de conservar adecuadamente el legado medioambiental que vamos a transmitir a las futuras generaciones».

35. Queda configurada, tras lo dispuesto al respecto en la Instrucción 4/2007 de la Fiscalía General del Estado, como «Red de Fiscales de Medio Ambiente y Urbanismo» e integrada por la totalidad de los Fiscales Delegados de las Secciones de Medio Ambiente, en ella podrán integrarse también otros Fiscales miembros de las secciones especializadas en medio ambiente de las Fiscalías Territoriales. Se conforma, según la propia Instrucción, «como un foro de reflexión y discusión de problemas y aspectos comunes de la delincuencia medioambiental que debe mantener una estructura adecuada a lo que actualmente se conocen como Redes. Esto implica que sus miembros se constituyen como puntos de contacto en el territorio en el que ejercen sus funciones, plenamente identificados para obtener y proporcionar información, participar en los debates y proponer soluciones para los problemas que se planteen en la materia. La finalidad principal de su organización en Red debe ser facilitar una relación ágil y frecuente, con intercambio de información relevante a través de los numerosos medios de comunicación actuales y futuros que les permita compartir las noticias inmediatas de resoluciones judiciales, trabajos doctrinales, etc. La estructura en Red, dirigida por el Fiscal de Sala (coordinador), tiene la ventaja de permitir una comunicación horizontal entre todos sus miembros que garantiza la debida interrelación de todos los actores implicados en su funcionamiento». Concretamente quedó constituida el pasado mes de septiembre de 2007 (ver *Diario de Noticias La Ley*, de 26 de septiembre de 2007).

Fruto de la consideración del medio ambiente, a efectos penales, tanto sustantivos como procesales, de un bien jurídico colectivo y por tanto su catalogación como interés difuso es la articulación, como segunda vía, del ejercicio de acciones judiciales mediante la acusación popular. Tanto desde su consideración general en el art. 125 de la Constitución Española, como de forma más concreta en los arts. 19 de la LOPJ y 101 y 270 LECrim., se reconoce a «cualquier persona»[36] la acción popular[37] cuando tanto una autoridad, funcionario, administración, persona física o persona jurídica cometa y consume alguna conducta susceptible de ser tipificada como delito medioambiental según lo dispuesto en los preceptos del Código Penal. Ha sido esta posibilidad la que ha permitido, junto a la actividad del Ministerio Fiscal, la protección judicial penal del medio ambiente de una manera efectiva, fundamentalmente gracias a la labor de colectivos y organizaciones cuya finalidad social es la defensa del medio ambiente, cristalizando con ello la aplicación del derecho penal material, o incluso también en la vertiente sancionatoria administrativa, que de otra forma quizá hubiera dejado impunes conductas graves y muy perjudiciales para el clima, la atmósfera, los recursos naturales y el ecosistema tanto terrestre como marino.

Conviene apuntar que con un carácter más pormenorizado, pero paradójicamente no dirigido hacia el ámbito del proceso penal en particular, se refuerza la consideración general de la acción popular, configurando una especie de «acción popular medioambiental» de corte administrativo, en el nuevo entramado normativo sectorial en cuestiones medioambientales y climáticas que conforma el eje de las reflexiones del presente trabajo.

De este modo la ley 27/2006, de acceso a la justicia en materia de medio ambiente, dedica su artículo 22 a la «acción popular en asuntos medioambientales» pero reconducida como indicamos a cuestiones administrativas en relación con el derecho de acceso a la información medioambiental de que dispongan las entidades públicas que la propia ley 27/2006 consagra. Dispone el precepto que respecto de los actos y, en su caso, las omisiones imputables a las autoridades públicas que vulneren las normas relacionadas con el medio ambiente enumeradas en el artículo 18.1 (en relación con la elaboración, modificación y revisión de las disposiciones de carácter general que versen sobre aspectos medioambientales como: protección de aguas, ruidos, vertidos, contaminación, ordenación del territorio, conservación de montes y espacios naturales, biotecnología, residuos, evaluación de impacto ambiental, etc...) podrán ser recurridas por cualesquiera personas jurídicas sin ánimo de lucro que reúnan los requisitos esta-

36. Cabe recordar que la doctrina de nuestro Tribunal Constitucional reconoce el ejercicio de la acción popular tanto a personas físicas como jurídicas (SSTC 129/2001, de 4 de junio), pero con la limitación legal ya conocida de que únicamente se reconoce respecto de los ciudadanos españoles, cuestión esta última discutible y respecto de la cual comparto los planteamientos expuestos por el profesor Bujosa Vadell en relación a la exclusión de los extranjeros de esta posibilidad y la posible colisión que de ello se deriva con el derecho a la tutela judicial efectiva que proclama el art. 24 de nuestra Constitución. *Cfr.*, el trabajo del autor anteriormente citado, «La acción pública en materia de urbanismo y patrimonio histórico», *Revista del Poder Judicial*, núm. 66, 2002, págs. 525-527.

37. Situación que se reproduce para otros bienes jurídicos de carácter colectivo, también tutelados penalmente por indicación constitucional como pueden ser el patrimonio histórico artístico, o incluso el urbanismo, tal y como analiza en su trabajo, en unos parámetros muy similares a los relativos a la protección jurídica del medio ambiente, Bujosa Vadell, L., «La acción pública en materia de urbanismo y patrimonio histórico», *Revista del Poder Judicial*, núm. 66, 2002, págs. 513-554.

blecidos en el artículo 23 a través de los procedimientos de recurso regulados en el Título VII de la Ley 30/1992, de 26 de noviembre, de Régimen Jurídico de las Administraciones Públicas y del Procedimiento Administrativo Común, así como a través del recurso contencioso-administrativo previsto en la Ley 29/1998, de 13 de julio, reguladora de la Jurisdicción Contencioso-Administrativa. Se exceptúan los actos y omisiones imputables a las autoridades públicas enumeradas en el artículo 2.4.2 (relativas a las personas físicas o jurídicas cuando asuman responsabilidades públicas, ejerzan funciones públicas o presten servicios públicos relacionados con el medio ambiente bajo la autoridad de cualquiera de las entidades, órganos o instituciones públicas).

Se trata por tanto de la articulación legal del ejercicio de la acción popular limitada exclusivamente, en este caso, al ejercicio del derecho de acceso a la información y participación pública en materia de medio ambiente que se otorga a las personas jurídicas sin ánimo de lucro constituidas legalmente al menos dos años antes del ejercicio de la acción popular, en sede administrativa puesto que el destinatario pasivo de su actividad procesal es la Administración pública que no haya cumplido con las obligaciones establecidas en la ley 27/2006, y que desarrollen su actividad en el ámbito territorial afectado por el acto u omisión impugnado. Se otorga entonces una legitimación[38] expresa, legal y sectorial, para tutelar la protección del medio ambiente en consideración a su objeto social como es la tutela de los recursos naturales. E incluso, a mayores, con el recordatorio legal expreso (art. 23.2 Ley 27/2006) de la posibilidad de solicitar, y obtener, el derecho de asistencia jurídica gratuita en los casos y con los requisitos dispuestos por la Ley 1/1996 de Asistencia Jurídica Gratuita y su Reglamento de desarrollo (RD 996/2003).

Al hilo de la cuestión cabe plantear cual puede ser la actividad de los órganos de la Administración en cuanto a la exigencia de responsabilidad penal en materia medioambiental. La filosofía que se desprende en principio y al respecto, especialmente en las últimas reformas legislativas, parece ser la de no utilizar la posibilidad de constituirse en acusación popular sino la de trasladar hacia el Ministerio Fiscal la exclusiva en el ejercicio de las acciones penales medioambientales, cuando la administración instructora, conocedora de una lesión medioambiental, estime que concurren elementos de gravedad en la conducta de los autores y responsables que puedan derivar en la consideración de delito de sus actuaciones. Así se desprende lo regulado en el art. 36 de la Ley 26/2007, de responsabilidad ambiental, o en el art. 33 de la Ley 34/2007 de calidad del aire y protección de la atmósfera, postulando que la Administración valorará dicha situación puesto que: «cuando la infracción pudiera ser constitutiva de delito o falta, la Administración instructora lo pondrá en conocimiento del órgano jurisdic-

38. Art. 23 Ley 27/2006: «Están legitimadas para ejercer la acción popular regulada en el artículo 22 cualesquiera personas jurídicas sin ánimo de lucro que acrediten el cumplimiento de los siguientes requisitos: a) Que tengan entre los fines acreditados en sus estatutos la protección del medio ambiente en general o la de alguno de sus elementos en particular. b) Que se hubieran constituido legalmente al menos dos años antes del ejercicio de la acción y que vengan ejerciendo de modo activo las actividades necesarias para alcanzar los fines previstos en sus estatutos. c) Que según sus estatutos desarrollen su actividad en un ámbito territorial que resulte afectado por la actuación, o en su caso, omisión administrativa». En idéntico sentido, pero otorgándoles la condición de interesados en el procedimiento en materia de exigencia de responsabilidad ambiental en sede administrativa, regula esta situación el art. 42 de la Ley 26/2007 de responsabilidad ambiental.

cional competente», pero si nos atenemos al tenor literal del precepto no indica en ningún momento, ni de forma expresa ni tácita, que «ejercitará las acciones correspondientes», bien es cierto que tampoco lo prohíbe expresamente, pero en buena lógica entendemos que deberá canalizar la situación mediante la puesta en antecedentes al Ministerio Fiscal para que este decida, si lo considera oportuno, presentar la correspondiente querella; o finalmente, y en la misma línea de pensamiento, en el art. 78 de la Ley 42/2007, de Patrimonio natural y biodiversidad, al disponer que «en los supuestos en que las infracciones pudieran ser constitutivas de delito o falta, la administración instructora pasará el tanto de culpa al órgano jurisdiccional competente y se abstendrá de proseguir el procedimiento sancionador mientras la autoridad judicial no hubiera dictado sentencia firme o resolución que ponga fin al procedimiento... de no haberse estimado la existencia de delito o falta, la Administración podrá continuar el expediente sancionador, con base en los hechos que la jurisdicción competente haya considerado probados». Ahora bien nada obsta, e insistimos en que ningún precepto lo prohíbe, el que la Administración directamente afectada y perjudicada (especialmente en cuanto a sus bienes) por la actuación medioambiental o con competencias en materia medioambiental pueda constituirse a través de sus servicios jurídicos (sea mediante el Abogado del Estado en el caso de la Administración Central, o de los diferentes Cuerpos de Letrados autonómicos, provinciales o locales en el caso de las Administraciones periféricas) como parte acusadora en el proceso penal.

Los afectados directamente por la lesión medioambiental también disponen de la posibilidad de excitar la actividad jurisdiccional en sede penal mediante el ejercicio de la acusación particular a través de la interposición de la correspondiente querella y en legítimo uso del derecho constitucional a la tutela judicial efectiva proclamado en el art. 24 de la Constitución. La adquisición de la condición de acusador particular vendría conferida sobre la base de que aquellos que se postulen para ocupar tal posición en el correspondiente proceso penal en materia de medioambiente lo hacen a consecuencia de su condición de perjudicados, técnicamente por tanto como sujetos que han sufrido consecuencias dañosas del hecho ilícito, y no *stricto sensu*, como ofendidos por la acción ilícita medioambiental, puesto que en este caso, en puridad, no lo son, ya que el ofendido por el delito, por definición, es el titular del bien jurídico dañado o puesto en peligro. En el caso de los delitos medioambientales, el bien jurídico protegido no es patrimonio exclusivo, y excluyente, de la persona o grupo afectado por la agresión medioambiental, sino que como hemos detallado con anterioridad nos encontramos ante un delito que ha lesionado un bien jurídico común, colectivo.

En este sentido hay que recordar que el art. 325 del Código Penal disponía al tipificar el delito ambiental que la pena se agravaría si a consecuencia de la acción delictiva «el riesgo de grave perjuicio fuese para la salud de las personas», o incluso en caso de que revertiese en otros fenómenos criminales concurrentes como el homicidio o las lesiones graves a consecuencia de generar la muerte o enfermedad (que, además de una primera asistencia facultativa, requiera tratamiento médico o quirúrgico o produzca secuelas irreversibles) acumulándose a los mismos, encaja perfectamente en la concepción de la figura de la acusación particular.

b) Especialidades en materia de prueba

No puede pasar desapercibida la importancia de la prueba en materia de proceso penal medio ambiental. Es sin duda, junto a la habilitación de los legitimados para ejercitar las acciones penales, la asistencia técnica en la investigación por parte de la policía judicial como personal auxiliar de la Administración de justicia, y también del Ministerio Fiscal, otro de los elementos vitales procesalmente hablando en materia de exigencia de responsabilidad penal por daños medioambientales.

En virtud del principio de libre valoración de la prueba que proclama el art. 741 LECrim., la argumentación del fallo que el juzgado o tribunal adopte en materia de responsabilidad penal ambiental descansará sobre la práctica y resultados probatorios que hayan tenido lugar en la vista. La complejidad de la materia medioambiental, propensa a un grado de conocimiento científico y técnico muy elevado, condiciona en cierto sentido la labor de aplicación de la ley material por el juez, puesto que las conductas tipificadas en el Código Penal, o en las leyes sectoriales en materia de medio ambiente que resulten ser de aplicación en función del art. 325 CP y su conformación con ley penal en blanco, han de ser encuadradas dentro de la comisión de una serie de conductas complejas y respecto de las cuales además ha de apreciarse culpa, dolo, negligencia y en algunos supuestos incluso la repercusión en forma de daños al propio entorno natural o a las personas que estas actividades hayan causado.

Es por ello que la actividad probatoria, y de forma específica la prueba pericial,[39] se haga casi imprescindible y además en la mayoría de los casos casi decisiva como apoyo del juez al motivar su decisión judicial. Aún así no debe considerarse la única referencia a tomar en cuenta por parte del juez la concerniente a la actividad probatoria sino que es evidente el aprovechamiento que en este sentido puede efectuar sobre la base del conocimiento propio del medio ambiente. La prueba de inspección ocular, el interrogatorio de los acusados, las declaraciones testificales y las pruebas documentales, en igualdad de condiciones a la pericial han de ser elementos probatorios, en caso de existir, aptos igualmente para el enjuiciamiento de los delitos medioambientales, más aún cuando el potencial de muchos de los infractores les permitirá acudir a juicio con una batería de pruebas, de todo tipo, exculpatorias.

Como reseñábamos en el párrafo anterior es innegable el protagonismo que adquiere la prueba pericial tal y como plantean de forma gráfica y muy acertada Nieva Fenoll[40] (y otros) «en los procesos por delitos contra el medio ambiente se producen una serie de inconvenientes derivados, sobre todo, de la enorme variedad de peritos que pueden participar en los mismos, así como de la deficiente recogida de muestras realizadas en los primeros momentos del desastre ambiental, sin olvidar la difícil valoración probatoria de dictámenes periciales que pueden resultar muy complejos, valoración que, al margen de las exigencias del derecho fundamental a la presunción de inocencia, así

39. *Vid.*, más ampliamente, Nieva Fenoll, J., Vives-Rego, J., Corcoy Bidasolo, M., «Eficacia y admisibilidad de la prueba pericial en el enjuiciamiento de delitos contra el medio ambiente», *Diario La Ley*, núm. 6551, 2006, págs. 1 y ss.

40. *Op.cit.*

como de la libre apreciación ex art. 741 LEcrim, lo cierto es que no está sometida a parámetro científico alguno», pero que, añadimos nosotros a título particular, si que puede erigirse en elemento básico para la decisión judicial del asunto, ante el lógico y comprensible desconocimiento especializado por parte del juez o tribunal de los aspectos y detalles más experimentales y técnicos de la acción ilícita y sus consecuencias.

Bien es cierto, antes de proseguir con la cuestión, que la nueva regulación ambiental, sobre todo en materia de responsabilidad, aporta algunos datos y parámetros para cuantificar y cualificar el daño ambiental, pero desde un prisma general, o para ser más exactos administrativo especializado en la función preventiva y reparadora del daño ambiental, y no aplicado a la consecuencia penal de la acción lesiva. La mayoría de los nuevos aportes legales[41] si pueden tener una mayor virtualidad en materia de fijación y depuración de la responsabilidad civil, como veremos en el apartado siguiente del trabajo, pero apenas tienen relevancia práctico-jurídica en cuanto a la delimitación de la responsabilidad penal.

De este modo y como expone Nieva Fenoll (y otros) nos encontraremos en la práctica y de forma habitual ante dictámenes periciales divergentes, en cuanto al sentido de sus conclusiones; heterogéneos en cuanto a su procedencia, a cargo de peritos designados por las partes, a cargo de peritos designados de oficio, y cualificación, elaborados por profesionales de diferente procedencia (pública, privada) y formación, estatus y cualificación (químicos, biólogos, ingenieros, geólogos, farmacéuticos ...), llegando en conclusión del autor que compartimos a dificultar aún más la tarea de los magistrados responsables de emitir sentencias. Sin dudar de la preparación, autoridad y fidelidad en su proceder, quizá ayudaría en la materia, como sostiene también Nieva Fenoll,[42] una operación legislativa que establezca una serie de reglas predeterminadas que puedan guiar a los tribunales a la hora de discriminar la práctica y valoración de este tipo de pruebas periciales.

c) Respecto del personal auxiliar: Policía judicial y forenses ambientales

Desde lo aportado y deliberado en cada una de las dos cuestiones precedentes, queremos dedicar en este último apartado una reflexión común relativa a la importancia que determinados integrantes de lo que se clasifica como personal auxiliar de la Administración de Justicia tiene en materia de proceso penal ambiental.

41. No obstante la Ley 26/2007, define en su art. 2 qué se entiende, dentro de la regulación de la responsabilidad ambiental, por daño ambiental, e igualmente da contenido legal a otra serie de conceptos relacionados con el medio ambiente.

42. Textualmente aluden los coautores a que «se establezcan requisitos que, al aplicarse, excluyan opiniones de expertos no competentes y descarten planteamientos científicos falsos, faltos de rigor o que simplemente no observen los avances y planteamientos científicos actuales. Posiblemente, las situaciones más difíciles se presenten en aquellos procesos en los que los daños ambientales afectan a personas e instituciones diversas. La situación puede ser extremadamente delicada cuando el caso en cuestión, además de implicar a muchos afectados, encierra aspectos científicos o técnicos que sean novedosos o controvertidos o cuando la ciencia concernida se encuentra en constante evolución y no exista un planteamiento definitivo, apareciendo entre los expertos profundas y legítimas discrepancias... Todo ello hace aún más imperiosa la necesidad de establecer criterios de admisibilidad claros y precisos, que eviten que informes de baja calidad, cuando no directamente fraudulentos, dificulten o bloqueen la práctica de la prueba», Nieva Fenoll, J., y otros, «Eficacia y admisibilidad de la prueba pericial...», cit., pág. 6.

En primer término, y dada su condición fundamentalmente operativa, la consideración de la actividad de la Policía Judicial como órgano auxiliar y subordinado funcionalmente de las autoridades judiciales y fiscales (ya sea mediante su intervención en las diligencias previas del procedimiento abreviado, o bien en las diligencias preprocesales propias del Ministerio fiscal) en la investigación de los fenómenos delictivos de ámbito medioambiental. En este sentido se hace indispensable la referencia al SEPRONA (Servicio de Protección de la Naturaleza) como unidad especializada de la Guardia Civil en la difícil tarea,[43] de vital importancia en el marco procesal, si se me permite la expresión, de «policía ambiental».[44] En este sentido la Ley Orgánica 2/1986, de 13 de marzo, de Cuerpos y Fuerzas de Seguridad del Estado, adjudica a la Guardia Civil, entre sus funciones (art. 12.1.B.,e) la de «velar por el cumplimiento de las disposiciones que tiendan a la conservación de la naturaleza y medio ambiente, de los recursos hidráulicos, así como de la riqueza, cinegética, forestal y de cualquier otra índole relacionada con la naturaleza», y con un carácter incluso más específico en desarrollo de la previsión general de la Ley Orgánica, la Orden General 4/2000, de 16 de marzo —en ejecución de la previa Orden General 16/1999, de 21 de octubre, sobre Regulación de las especialidades de la Guardia Civil—, establece para el SEPRONA los cometidos generales de prevención de la contaminación del medio natural a través de la vigilancia y control de las actividades potencialmente degradantes del medio ambiente.

Sin entrar a valorar el posible déficit de medios materiales y personales de esta unidad especializada, así como de todas las demás pertenecientes al resto de cuerpos y fuerzas de seguridad —tanto de ámbito estatal, como autonómico o local—, si parece inaplazable, a fin de evitar problemas jurídicos con otros cuerpos policiales, definir y detallar legalmente la actuación tanto de las unidades especializadas de los Cuerpos y fuerzas de seguridad, como muy especialmente la de los «Guardas Forestales y Agentes de Medio Ambiente» —mayoritariamente transferidos y bajo dependencia de las Comunidades Autónomas— en la investigación de delitos contra el medio ambiente, que nace de la aparente discrepancia del concepto amplio de policía judicial del art. 282 de la LECrim. y el más restrictivo de la Ley Orgánica de Cuerpos y Fuerzas de Seguridad del Estado. En este punto sería deseable, y muy recomendable, tanto la atribución de competencias específicas para las unidades especializadas, como en segundo término el reconocimiento expreso en la LECrim. de la condición de policía judicial de los «Guardas forestales» y los «Agentes de Medio ambiente». El resultado de su actuación podrá concretarse en el pertinente atestado (recogiendo los resultados de su actividad, en cuanto a posibles interrogatorios, declaraciones de testigos, exámenes científicos, tomas de muestras, análisis y documentación médica relacionada con las

---

43. En este sentido la Instrucción 4/2007, de la FGE, indica respecto a la labor del Fiscal de Medio Ambiente y Urbanismo que: «exige que para el ejercicio de sus específicas funciones se le adscriban profesionales y expertos que le auxilien de manera permanente u ocasional. Concretamente, el número 2 del art. 18 quinquies (en referencia al EOMF) especifica que se adscribirá al Fiscal de Sala una Unidad del Servicio de Protección de la Naturaleza de la Guardia Civil (SEPRONA), así como, en su caso los efectivos necesarios pertenecientes al resto de Fuerzas y Cuerpos de Seguridad con competencias medioambientales. Igualmente se prevé posibilidad de adscripción de los profesionales y técnicos precisos para auxiliarle de manera permanente y ocasional».

44. *Cfr.*,Pérez de Gregorio Capella, J.J., «El delito de contaminación acústica en el Código Penal español. Tipología, criterios jurisprudenciales y aspectos procesales», *Diario La Ley*, núm. 6546, 2006, pág. 4.

personas que sufran consecuencias para la salud o lesiones, etc...) el cual remitirá a la autoridad judicial competente para ser incluido en las diligencias previas abiertas al efecto según las disposiciones de los arts. 292 y siguientes de la LECrim.

Completamos nuestra anterior reflexión respecto de la policía judicial ambiental con una paralela comparación, ahora centrada en la fase de juicio oral, sobre la prueba pericial en materia de delito ecológico. En este sentido lanzamos una llamada de atención, también dirigida al legislador, y en consonancia con lo expuesto en los párrafos anteriores en cuanto a la necesaria creación de un cuerpo de «forenses ambientales»[45] o «ecotoxicólogos» que como primera alternativa podría encuadrase en la plantilla orgánica de la Administración de Justicia para cubrir la demanda de personal auxiliar en materia de periciales e informes respecto a daños medioambientales dado su crecimiento tanto en número como en importancia,[46] por parte de peritos imparciales, ya adscritos a los juzgados y tribunales o bien a las Fiscalías de Medio Ambiente, o incluso como segunda opción mediante contratos o acuerdos y convenios con las Administraciones públicas u organismos de investigación que dispongan de especialistas en la materia.

3. Cuestiones procesales respecto a la exigencia de responsabilidad civil por daños al medio ambiente

El art. 45.3 de la Constitución Española establece de modo firme y claro la obligación de reparar el daño causado al medio ambiente. Junto a esta dimensión netamente reparadora han de imbricarse en la exigencia de responsabilidad civil medioambiental también las vertientes indemnizatorias y restituyentes que conforman en extenso la responsabilidad por daños.

La conformación interdisciplinar del derecho ambiental, y las diferentes consecuencias en distintos campos de responsabilidad jurídica que la lesión medioambiental produce, incluso desde la propia concepción constitucional contenida en el art. 45 del texto fundamental, lleva inherente a la producción del daño ambiental la traslación de la responsabilidad a distintos ámbitos de exigencia y competencias como son el penal, el administrativo y el civil. La exigencia de estas responsabilidades presenta un complejo juego de posibilidades que debe ponerse en consonancia con la compatibilidad y viabilidad legal de unas en relación con las otras.[47] De este modo la exigencia de responsabilidad penal es perfectamente compatible con la exigencia simultánea, mediante acu-

---

45. Son muy interesantes las aportaciones que al respecto plantean Nieva Fenoll, J., y Otros, *op.cit.,* en la parte final de su trabajo al incidir por un lado en la claridad y comprensión que del dictamen pericial debe desprenderse para su mejor entendimiento tanto por el juez, como en su caso por los jurados, así como respecto a la necesaria preparación y cualificación de aquellos que vayan a ejercer funciones forenses y periciales en materia ambiental.

46. Puede comprobarse la importancia del informe ecotoxicológico, en materia de delitos ambientales, en el Fundamento jurídico noveno de la Sentencia del Tribunal Supremo de 29 de noviembre de 2006 (Referencia Westlaw PROV 2006/292024).

47. El art. 109 CP establece el surgimiento de responsabilidad civil de la comisión de todo delito o falta, y con ello la obligación de reparar, restituir o indemnizar el daño causado como consecuencia de la conducta criminalmente tipificada, remitiendo la concreción de la responsabilidad a los términos establecidos en las leyes.

mulación al proceso penal, de la responsabilidad civil consecuencia del delito ambiental, en aplicación de lo dispuesto en el art. 1092 CC y del art. 100 LECrim. Del mismo modo cabe la opción del ejercicio separado de ambas acciones y la exigencia de las distintas responsabilidades, penal y civil, tal y como dispone y con las condiciones de ejercicio de una y otra acción en estos casos los arts. 111 y siguientes de la LEcrim. Por el contrario la exigencia administrativa de responsabilidad, sancionatoria o patrimonial, no es compatible con el ejercicio de las acciones penales y civiles en sede judicial.

Como hemos indicado anteriormente la conducta lesiva medioambientalmente susceptible de ser considerada como infracción administrativa que interesa el correspondiente procedimiento administrativo sancionador es excluyente, en aplicación del principio «non bis in idem», del ejercicio sincrónico de la acción penal, teniendo en todo caso, eso sí, preferencia el ejercicio de la responsabilidad penal delictiva sobre el ámbito de la sanción administrativa.

En cuanto a la vertiente relacionada con las consecuencias económico-patrimoniales del daño ambiental, y como veremos en un apartado posterior, la nueva regulación legal de la responsabilidad ambiental establecida por la Ley 26/2007, dispone la nítida separación de la exigencia de responsabilidad civil derivada de daños ambientales[48] por parte de los particulares en relación con los daños y perjuicios que se les causen, conduciendo fundamentalmente a una caracterización y dimensión indemnizatoria y compensatoria de carácter económico de la responsabilidad por los daños irrogados, ejercitando su interés propio, que contrasta con otra faz de la responsabilidad ambiental, a medio camino entre el derecho civil y el derecho administrativo, dominada por una finalidad de carácter preventivo, reparador y patrimonial que la Ley de Responsabilidad ambiental atribuye y circunscribe al ámbito de actuación propio del régimen administrativo, y dentro de éste en un calibre muy especializado.

Bien es cierto que el tenor legal de la nueva regulación en materia de responsabilidad ambiental y climática de 2007 compatibiliza totalmente el ejercicio de unas y otras acciones: indemnizatorias puramente privadas y de claro contexto civil, y reparadoras de carácter público y administrativo, al establecer la diferencia en este punto del ejercicio de acciones en materia de responsabilidad civil directa de carácter privado y personal cuando el daño ambiental afecta de forma concreta y determinable a una persona o a sus bienes, o bien incluso en consonancia con la naturaleza de el interés difuso que corresponde al medioambiente habilitando el ejercicio colectivo de la acción, frente al interés público patrimonial que tutela la actividad de la administración pública

48. En este sentido el Ministerio de Medio Ambiente presentó a finales de 1996 un borrador de «Anteproyecto de Ley de Responsabilidad Civil derivada de Actividades con Incidencia Ambiental», y que fue presentado como Anteproyecto de Ley en el III Congreso Nacional de Derecho Ambiental, Barcelona, 1999. El texto regulaba el régimen de responsabilidad civil que sea consecuencia del ejercicio de las actividades que tienen mayor incidencia ambiental con la finalidad de hacer efectiva la reparación de los daños que puedan ocasionarse a las personas o a sus bienes y la restauración de las agresiones producidas como consecuencia del deterioro ambiental producido, con independencia de las responsabilidades penales o administrativas exigibles. *Vid.*, respecto al Anteproyecto de ley de responsabilidad civil ambiental el trabajo de Gomis Catalá, L., «Sobre el Anteproyecto de Ley de responsabilidad civil derivada de actividades con incidencia ambiental», *Derecho y medio ambiente: revista jurídica para el desarrollo sostenible*, vol. 1, 1999, págs. 65-102.

mediante la exigencia de una actividad preventiva y, en su defecto, reparadora del daño ambiental causado o cuyo riesgo se ha evaluado como perjudicial en el ejercicio de las potestades atribuidas a los órganos públicos con competencias medioambientales y que nos conduce a la legalidad dispuesta por la Ley 26/2007 (o las correlativas leyes 34/2007, en materia de calidad del aire y protección de la atmósfera, ó 42/2007, de patrimonio natural y biodiversidad).

Clásicamente, dentro de la modernidad del asunto, la responsabilidad ambiental puede ser exigible de acuerdo con normas jurídico privadas en su modalidad de daños extracontractuales a tenor de los preceptos del Código Civil (art. 1093 en relación con los arts. 1902 y siguientes). Advertimos que no excluimos con ello tampoco la posibilidad de producción del daño ambiental y la consiguiente responsabilidad civil dentro del marco de una relación contractual[49] (y exigencia a tenor del art. 1091 y 1101 y ss. CC) u otras formas de exigencia de responsabilidad directa amparadas civilmente,[50] pero en atención los datos de la realidad social y de la práctica forense[51] el supuesto más habitual es el relativo a la responsabilidad extracontractual en materia de daños ambientales a particulares.

La clave del ejercicio judicial de la acción en materia de responsabilidad civil ambiental extracontractual reside de una parte en la conducta, o inacción, culposa o negligente que causa daños y que conlleva la obligación del civilmente responsable de afrontar una indemnización por los gastos y perjuicios económicos causados, de acuerdo al principio general de que quien causa el daño debe repararlo.

---

49. Incluso en caso de existencia de cláusulas compromisorias nos puede conducir a un arbitraje entre las partes para dirimir la cuestión de la responsabilidad civil medioambiental en la delimitación de los daños causados y las indemnizaciones correspondientes en el desenvolvimiento del juego de obligaciones y derechos libremente concertados entre las partes, como alternativa a la resolución judicial del asunto. No cabe postergar tampoco la posibilidad de otras soluciones extrajudiciales como la conciliación o la mediación. *Vid.*, Del Blanco, R.M., «La conciliación y el arbitraje, armas eficaces para combatir el deterioro medioambiental», *Medio ambiente, biodiversidad y desarrollo sostenible*, núm. 29, 2004, págs. 82-84.

50. Como las derivadas de las relaciones de vecindad, o el caso de ejercicio abusivo o antisocial de los derechos tal y como propuso la Sentencia del Tribunal Supremo de 3 de diciembre de 1987 (Referencia Aranzadi 9176) «el ordenamiento jurídico-privado pueda y deba intervenir en cuantos problemas o conflictos se originen en el ámbito de las relaciones de vecindad, en los supuestos de culpa contractual o extracontractual y en aquellos otros que impliquen un abuso del Derecho o un ejercicio antisocial del mismo, situación a que alude el artículo 7.2 del Código Civil...»

51. Véase al respecto las reflexiones de Toribio Fuentes, F., «El ejercicio de las acciones de responsabilidad y la nueva Ley de Enjuiciamiento Civil», *Práctica de Derecho de daños*, núm. 23, 2005, págs. 3 y ss. (versión electrónica) en que expone que respecto de la responsabilidad contractual y extracontractual en general «esta aparente sencillez teórica se difumina en la práctica, pues hay casos en los que no resulta fácil la adscripción de un hecho dañoso a uno u otro régimen de responsabilidad. El principio general es la aplicación preferente de los preceptos de responsabilidad contractual, ya que existiendo obligación derivada de contrato no hay razón para acudir a los arts. 1902 y 1903 Código Civil. Pero la negativa a aplicar los arts. 1902 y siguientes, a la culpa contractual tiene excepciones en la jurisprudencia, aunque mayoritariamente ha predominado la teoría de la incompatibilidad de culpa contractual y extracontractual. La dificultad de diferenciación entre ambas clases de responsabilidad ha generado lo que se ha venido en denominar «zona mixta o fronteriza» o «zonas grises», en las que no es posible dilucidar si los daños son o no consecuencia específica de incumplimiento del contrato o, por el contrario, si el contrato tan sólo ha servido de mero antecedente causal del acaecimiento de un daño cuyo deber de evitar escapa de la estricta órbita contractual.» Pueden consultarse también los trabajos de Palao Moreno, G., *Responsabilidad civil por daños al medio ambiente*, Valencia, 1998, y Vaquero Pinto, M.J., «Responsabilidad civil por daño medioambiental», *Revista de Derecho Privado*, núm. 5-6, 2006.

Procesalmente señalamos tres escollos principales que deberá salvar el demandante en aras a lograr un resultado positivo en el ejercicio de su acción y en el planteamiento de su pretensión:

a) Concretar el daño ambiental, sus consecuencias, e individualizarlo respecto a sus intereses y derechos en cuanto a los estragos, lesiones personales, menoscabo o pérdida de valor de sus bienes, e incluso destrucción y desaparición de los mismos. En este recordemos que es requisito de la demanda y de su contenido, en cuanto a la conformación posterior del objeto del proceso, la determinación «con claridad y precisión de lo que se pida» (art. 399 LEC). Los términos del debate procesal y el posterior deber de congruencia por parte del juez en el contenido de la sentencia vendrán condicionados invariablemente al ejercicio de la acción en la demanda y por tanto a lo que en ella se requiera respecto del demandando (art. 218.1 LEC).

   La cuantificación en la demanda del valor del daño causado es igualmente imprescindible, por imperativo del art. 399.4 LEC en relación con el art. 253 LEC, y supondrá en el caso de la responsabilidad civil ambiental una dificultad añadida por la laboriosidad y complejidad en la cuantificación y extensión concreta del daño inflingido que debe traducirse en una suma líquida, y en posteriores actuaciones probatorias demostrable y justificable, siendo de obligado manejo los criterios de los arts. 251 y siguientes LEC, a efectos de determinar, como una de sus primeras repercusiones el tipo de procedimiento declarativo ordinario a seguir.

   Sin duda, como apunte final, la demanda deberá venir acompañada de los dictámenes periciales e informes de expertos que el demandante aporte como sustento de la veracidad del daño ambiental, de la relación de causalidad del mismo con sus bienes e intereses, y de la valoración y cuantificación que del mismo establece en la demanda como contenido de su pretensión, en consonancia con lo dispuesto en el art. 265.4 LEC.

b) Determinar el tipo de pretensión ejercitada. En el caso de la responsabilidad civil medioambiental, parece lógico que la mayoría de las pretensiones se decanten por la solicitud de una declaración de condena por parte del órgano jurisdiccional que establezca, previa motivación en el contenido de la sentencia, en caso de aceptar los postulados del demandante la existencia de un daño, la determinación de sus consecuencias y la extensión, cuantía y tipo de las indemnizaciones, reparaciones y restituciones que el demandante condenado ha de asumir como obligación en orden a su cumplimiento, llegado el caso incluso en vía de proceso de ejecución forzosa.

c) Probar el daño ambiental, elemento de naturaleza compleja y multidisciplinar —no sólo en lo jurídico—, lo cual conduce irremisiblemente a que el demandante pruebe varios elementos insustituibles que dan lugar a la configuración de los hechos constitutivos de su pretensión de declaración del daño y condena al causante. En primer lugar la concurrencia de culpa o negligencia en la conducta u omisión del causante. En segundo término la relación de causalidad con el accidente medioambiental de la actividad o inactividad culposa o negligente del demandado y los daños producidos al demandante en su persona o bienes. En último lugar habrá de probarse los daños efectivamente producidos y la dimensión de los mismos. Al abrigo de estas premisas son muy acertadas las consideraciones de Jori Tolosa[52] respecto de lo que, en sus palabras, configura «aquello que determina la actuación jurídica es la concurrencia de un curso fenomenológico integrado por los tres elementos siguientes, por otra parte lógicos en cualquier proceso de imputación: la acción, el resultado y la relación de causalidad» arrojando una serie de reflexiones y elementos a tener en consideración a la hora de aplicar la prueba civil a los mismos por cuanto «la acción, o en su caso la omisión, ha de ser imputable subjetivamente, es decir ha de tratarse de una propia y genuina acción que no sea ni fruto del azar ni fruto de los fenómenos naturales» además el resultado ha de ser en este caso real, en palabras el autor «debe consistir en un efectivo perjuicio» compartiendo su opinión de que «quizá sea el tercer elemento, el relativo a la relación de causalidad, el que pueda plantear mayores problemas de determinación, porque no siempre es nítida la relación entre la acción y el resultado; no es inusual que a la producción de éste concurran varias concausas que se solapen o se sucedan a partir del acto inicial de desenvolvimiento del proceso fenomenológico; si tales concausas no derivan de una acción subjetivamente imputable, por referirse a hechos dependientes del azar o de fenómenos naturales imprevisibles, habrá un importante problema de valoración de la incidencia que la acción haya tenido en el resultado».

a) El ejercicio de la acción en materia de responsabilidad civil

Hechas las consideraciones anteriores, destacando una vez más la preeminencia al menos legal del procedimiento penal para la exigencia de responsabilidad ambiental, excluyendo el simultáneo de carácter administrativo sancionador, y dejando abierta la posibilidad de la acumulación de la responsabilidad civil, hemos de indicar a continuación las posibilidades de ejercicio de acciones en materia de responsabilidad civil por parte de los perjudicados por el daño medioambiental. Queremos en este sentido centrar nuestras reflexiones en dos cuestiones concretas: la primera, respecto a la compatibilidad del ejercicio de la pretensión civil por el particular en relación con la pretensión penal y, en segundo término con el ejercicio por parte de la administración de la exigencia de responsabilidad ambiental. La última cuestión que analizaremos en este epígrafe es la relativa a la quienes pueden ejercitar ante los órganos jurisdiccionales pretensiones en materia de responsabilidad civil.

Antes de discernir sobre la cuestión, nos parece que debe ser tenida en consideración la ilustrativa opinión de Nieto Martín[53] en cuanto a la prelación de las acciones penales y civiles de responsabilidad ambiental, por cuanto es constante la tendencia a la represión penal de la conducta ecológicamente ilícita dejando en un segundo plano la nece-

---

52. Jori tolosa, J.L., «La responsabilidad por daños ambientales», *Derecho de los negocios*, núm. 176, 2005, págs. 21 y ss.

53. Nieto Martín, A., «Medio ambiente y Derecho: el ejemplo de Aznalcóllar», *Diario La Ley*, núm. 5603, 2002, págs. 1 y ss.

sidad más inmediata y urgente que se plantea como es la de retornar a su estado original el hábitat, entorno, paraje o espacio afectado por la actuación perjudicial. En palabras del autor, que suscribimos plenamente, «el medio ambiente reclama, en cambio, que se imponga a quien obtiene provecho económico de la actividad nociva una obligación legal de restituir éste —y con carácter inmediato— a su estado natural sin la necesidad previa de que en un proceso judicial penal se discuta quién debe responder a título de culpa... lo esencial y anterior en el tiempo es reparar el daño... lo residual, posterior y compatible con esa exigencia reparadora es establecer si alguna persona física merece una conducta penal».

De este modo en caso de concurrencia de procedimientos en sede penal y civil respecto de un mismo acontecimiento lesivo medioambientalmente y con la exigencia de las correspondientes responsabilidades, el art. 114 LEcrim., otorga preferencia siempre, y con independencia de cual de ellos haya sido iniciado con anterioridad al procedimiento penal, en el cual podrá, en su caso optarse por acumular la pretensión civil, o bien reservarla para su ejercicio posterior ante los órganos del orden jurisdiccional civil, siempre desde el principio de prioridad del orden jurisdiccional penal que refrenda el art. 111 LECrim., puesto que la pendencia de la acción penal impide el ejercicio separado, que no el acumulado al propio proceso penal, de la acción civil de responsabilidad en tanto en cuanto la primera no sea resuelta en sentencia firme. De ejercitase el ejercicio de la acción en materia de responsabilidad civil, de forma separada, y se descubrieran indicios penales o bien se iniciaran actuaciones procesales penales en la materia automáticamente se procedería a la paralización de la actuación en el orden jurisdiccional civil hasta la resolución de la responsabilidad penal.

El fallo en sede penal, en caso de ser desestimatorio de la responsabilidad por delito ambiental y por tanto absolutorio, habilitaría de inicio y en principio el ejercicio de la acción civil reservada ya que esta se rige por la aplicación y valoración de otras normas distintas a las penales materiales consideradas a la hora de juzgar el asunto. El orden jurisdiccional civil manejará, de partida, otros criterios y referencias normativas para encuadrar la pretensión esgrimida en la decisión a tomar, tanto desde el punto de vista fáctico como desde el punto de vista jurídico, y por ello pudiendo llegar a adoptar, en este caso, una sentencia declarativa de condena, si bien ha de reconocerse que en caso de que el previo fallo en el orden jurisdiccional penal se haya sustentado y motivado sobre la probada inexistencia de los hechos causantes del daño ambiental es altamente improbable una resolución de signo contario en sede jurisdiccional civil al precedente del órgano judicial penal.

Opuesta a esta solución anterior es el caso en que el pronunciamiento penal el condenatorio ya que éste si vincula al juez del orden civil, y en atención a la exigencia de responsabilidad, respecto a los hechos declarados como probados en la sentencia penal y sobre la participación en los mismos del condenado, por cuanto no podrá absolverle de su responsabilidad penal con justificación en la inexistencia del hecho o en la no participación en el mismo del ya condenado penalmente, sin que ello se deba interpretar como vinculación o efecto de cosa juzgada sino como una lógica aplicación del principio de seguridad jurídica, sin perjuicio, es cierto de que el juez del orden jurisdiccional civil mantiene la garantía de independencia en cuanto a la concreción de la responsabilidad en el ámbito civil y en aplicación, valoración e interpretación de las normas materiales que corresponden a la exigencia de responsabilidad civil.

Queda sentando, por tanto, la imposibilidad legal de concatenar separadamente el ejercicio de la responsabilidad penal y el ejercicio de la responsabilidad civil por daño ambiental salvo que se haga mediante la acumulación de la pretensión civil indemnizatoria a la pretensión penal punitiva planteada en sede de proceso penal. En otro caso la preferencia legal del orden jurisdiccional penal, caso de optar por la reserva de ejercicio simultáneo de la pretensión civil, implica la subordinación temporal de la pretensión civil a la penal, justificada además por el mandato legal expreso por lógicas cuestiones de seguridad jurídica o de rehuir fallos contradictorios.[54]

El otro caballo de batalla, en cuanto al ejercicio de la responsabilidad civil derivada de daños medioambientales, se dilucida en cuanto a si es compaginable, o no, con el ejercicio de acciones en sede administrativa tendentes a la reparación del daño, y si en este sentido pueden prosperar simultáneamente las iniciadas en el orden jurisdiccional civil con carácter indemnizatorio e incluso reparador. Entendemos que la respuesta en este caso, a diferencia de la concomitancia con la pretensión penal, ha de ser positiva, más aún con los términos legalmente dispuestos en la recién estrenada Ley de Responsabilidad ambiental de 2007, en cuyo artículo 5 de forma muy tajante y rotunda excluye de su ámbito de aplicación el ejercicio de acciones en materia de reclamación por daños ambientales a iniciativa de particulares.

Ya en la Exposición de Motivos de la propia Ley de Responsabilidad ambiental se presentan las intenciones al respecto configurando el nuevo ordenamiento jurídico como «un régimen administrativo de responsabilidad ambiental de carácter objetivo e ilimitado... en la medida en la que instituye todo un conjunto de potestades administrativas con cuyo ejercicio la Administración pública debe garantizar el cumplimiento de la ley y la aplicación del régimen de responsabilidad que incorpora», es más en relación con el punto concreto en que ahora nos encontramos alude de forma irrefutable a que con la Ley 26/2007 «se separa, pues, de la responsabilidad civil clásica en la que los conflictos entre el causante del daño y el perjudicado se dirimen en sede judicial».

---

54. Con un criterio más que discutible, el «Anteproyecto de Ley de responsabilidad civil derivada de actividades con incidencia ambiental», que finalmente no llegó a buen puerto, establecía en su art. 8.4 la posibilidad de que «Iniciado un procedimiento penal por los mismos hechos, los legitimados que se reserven la acción civil de responsabilidad podrán ejercitarla de acuerdo con lo establecido en esta Ley, a través de un procedimiento que se tramitará simultáneamente al procedimiento penal y con plena independencia respecto de éste», esta dicción era, y es, frontalmente opuesta con las disposiciones vigentes de la Ley Orgánica del Poder Judicial y la Ley de Enjuiciamiento Criminal estableciendo la preferencia del orden jurisdiccional penal sobre el resto de órdenes, además de conducir a la posibilidad carente de todo sentido jurídico de que incluso antes de ser declarada la responsabilidad penal nacida de un delito o falta ya se hubiese determinado de forma separada, en otro proceso, la responsabilidad civil derivada de la misma acción ilícita, o incluso llegar al extremo más grave desde el punto de la seguridad de jurídica de que se declarase la responsabilidad, ya sea penal o civil, en un proceso, y se absolviese, por los mismos hechos y respecto de la misma persona, en el otro.

Sin perjuicio de lo que analizaremos en el epígrafe siguiente, la dicción del precepto avanzado anteriormente, por si el lector del trabajo todavía albergase alguna incertidumbre no deja lugar a ninguna duda, «esta Ley no ampara el ejercicio de acciones por lesiones causadas a las personas, a los daños causados a la propiedad privada, a ningún tipo de pérdida económica ni afecta a ningún derecho relativo a este tipo de daños o cualesquiera otros daños patrimoniales que no tengan la condición de daños medioambientales, aunque sean consecuencia de los mismos hechos que dan origen a responsabilidad medioambiental. Tales acciones se regirán por la normativa que en cada caso resulte de aplicación». Además el apartado segundo del art. 5 de la Ley de Responsabilidad ambiental cierra el ejercicio de la pretensión indemnizatoria a los particulares perjudicados en caso de que los daños que se les hayan podido causar queden reparados por aplicación de este ley, e incluso en caso de haberse producido una doble reparación, público-administrativa al amparo de esta ley y de índole privada por el particular, el responsable que la hubiera cubierto podrá reclamar del perjudicado la devolución o compensación que proceda. Por último, en el apartado que clausura el art. 5, en consonancia con el marcado carácter y finalidad reparadora medioambiental que pretende instaurar la Ley 26/2007, determina que «en ningún caso las reclamaciones de los particulares perjudicados en cualesquiera procesos o procedimientos exonerarán al operador responsable de la adopción plena y efectiva de las medidas de prevención, de evitación o de reparación que resulten de la aplicación de esta ley ni impedirán las actuaciones administrativas encaminadas a ello».

Por tanto el particular perjudicado por daños medioambientales podrá ejercitar su pretensión indemnizatoria en sede civil con independencia de las actuaciones administrativas de prevención y reparación que dispone la nueva Ley de Responsabilidad ambiental, es más no podrá recurrir a ella como instrumento de amparo de su actividad judicial por quedarle expresamente excluida su invocación como hemos visto. Ahora bien, esta compatibilidad queda condicionada por un requisito, a saber: que no se haya producido una previa reparación al particular en el cumplimiento de la propia Ley 26/2007 merced a la actividad administrativa, en cuyo caso estaríamos dando cobertura a un enriquecimiento injusto del perjudicado y procedería evidentemente la devolución o compensación de lo indebidamente percibido.[55] Ello pudiera dar lugar a que se produjese, en la tramitación del proceso civil, el planteamiento de una cuestión prejudicial administrativa, por cuanto hubiera de conocerse si dicha responsabilidad, ya sea total o parcialmente, ha sido satisfecha con anterioridad o incluso está siendo resuelta en virtud de la actuación administrativa. Acudimos entonces al art. 42 LEC, que permite a que el propio órgano jurisdiccional civil que está conociendo del asunto pueda resolver la cuestión y a los únicos efectos del propio proceso en que se produce la decisión, salvo que las partes, de común acuerdo o una con el consentimiento de la otra, pidan que se suspenda el proceso y no se dicte sentencia hasta que la cuestión prejudicial quede resuelta por la Administración pública competente, quedando vinculado el tribunal civil a la decisión del órgano administrativo acerca de la cuestión prejudicial.

55. Sirva como referencia lo dispuesto en la Sentencia de la Audiencia Provincial de Lugo de 14 de mayo de 2007 (Referencia Aranzadi JUR 2007/136329) al indicar que «debe prevenirse en esta resolución que para el incumplimiento de la responsabilidad civil, se tenga en cuenta lo pagado en la vía administrativa».

En definitiva quedan meridianamente separados el ámbito privado de ejercicio de pretensiones en materia de responsabilidad civil por daños medioambientales por quien resulta perjudicado, con carácter privado, en sede judicial civil y con una orientación y finalidad fundamentalmente indemnizatoria, y el recientemente dispuesto régimen administrativo de exigencia de responsabilidad ambiental, de carácter reparador y patrimonial, y que a la hora de concretar sus peticiones y demandas de responsabilidad al responsable evidentemente han de no coincidir, e incluso no interferir entre ellos, salvo que el ejercicio del régimen de potestad administrativa redunde en la satisfacción completa y total de los daños irrogados al particular en cuyo caso el procedimiento civil correspondiente carecería de sentido por haber sido satisfecha la pretensión extraprocesalmente y con ello la desaparición sobrevenida del objeto del citado proceso civil por inexistencia del mismo. Manteniendo clara la separación entre esta dimensión ambivalente de la responsabilidad por daños medioambientales, excluida la responsabilidad penal, esto es en un plano privado, particular, indemnizatorio y puramente civil, y en otro plano público, patrimonial, reparador y administrativo, para compatible el ejercicio de ambas vías separada y alternativamente. Evidentemente no entran aquí en consideración los daños, y correlativa responsabilidad, causada única y exclusivamente sobre bienes de titularidad pública en cuyo caso es la normativa sectorial administrativa y la administración competente la que en vía exclusivamente administrativa, a costa del responsable, dirimirá y exigirá la reparación y el abono de los daños causados, y cuyas decisiones serán objeto de recurso y resolución ante el orden jurisdiccional administrativo junto a las que emanen del expediente sancionador incoado.

Una última y muy importante precisión. Si el autor o responsable del daño ambiental fuese la Administración, o pudiera exigírsele a ésta responsabilidad,[56] en este caso el particular debería canalizar el ejercicio de su acción de responsabilidad a través del orden jurisdiccional administrativo, y no en sede civil, en cuanto exigencia de responsabilidad patrimonial de la administración el art. 9.4 LOPJ indica que este orden «conocerá, asimismo, de las pretensiones que se deduzcan en relación con la responsabilidad patrimonial de las administraciones públicas y del personal a su servicio, cualquiera que sea la naturaleza de la actividad o el tipo de relación de que se derive» y si la responsabilidad alcanzara a sujetos privados la regla permanece invariable por cuanto, prosigue el precepto «si a la producción del daño hubieran concurrido sujetos privados, el demandante deducirá también frente a ellos su pretensión ante este orden jurisdiccional. Igualmente conocerán de las reclamaciones de responsabilidad cuando el interesado accione directamente contra la aseguradora de la Administración, junto a la Administración respectiva», y por último «también será competente este orden jurisdiccional si las demandas de responsabilidad patrimonial se dirigen, además, contra las personas o entidades públicas o privadas indirectamente responsables de aquéllas».

---

56. *Vid.*, Fortes González, A.I., «La responsabilidad por daños al medio ambiente en el derecho administrativo español», *Estudios de Derecho y Gestión ambiental*, (coord., Melgosa Arcos, F.J.), vol. II, 1999, págs. 717 y ss., en especial las páginas 726 a 739.

En materia de protección judicial de los daños medioambientales también resulta de interés delimitar quien, o quienes, pueden ejercitar las acciones correspondientes a la hora de instar la responsabilidad en sede civil. El pertinente proceso de declaración del daño ambiental producido, y la eventual condena a indemnizar los perjuicios irrogados a particulares así como la reparación y restitución del espacio dañado nos lleva al manejo de un panorama dual. La parte directamente afectada por el daño evidentemente está legitimada para demandar la indemnización correspondiente en virtud de la responsabilidad, contractual o extracontractual, que asumirá el infractor causante. Como expone concisamente Montero Aroca[57] «al demandante se le ha causado un daño concreto y determinado en lo que ha intervenido negligencia, conforme al artículo 1.902 del Código Civil (CC), bien en que el daño individual ha intervenido dolo del art. 1.101. Esta es una vía utilizada en tanto en cuanto el daño comporte una cuantía de alguna trascendencia, tanto al menos que sea conveniente el acudir al proceso, con la inversión de dinero y de tiempo que ello comporta». Nos encontramos por tanto ante el supuesto de legitimación ordinaria que nuestra LEC dispone en el art. 10 a quienes comparecen y actúan en juicio como titulares de la relación jurídica u objeto litigioso.

En estas circunstancias el eventual demandante de responsabilidad civil medioambiental no sólo ha de sopesar la inversión económica y el coste temporal que el proceso le requiere para ver satisfecha su pretensión, sino además la incertidumbre jurídica ante la decisión judicial, la dificultad probatoria en la materia y las complicaciones al efecto de llevar a cabo una ejecución forzosa de la sentencia. Bajando al terreno de la realidad otros factores no estrictamente jurídico-legales influyen en la decisión a tomar, tanto por el demandante como por el propio demandado, a la hora de manejar el conflicto ante los órganos jurisdiccionales. Un elevado número de demandas medioambientales de responsabilidad civil se dirigen frente a demandados de fuerte peso social, económico y corporativo, quienes para evitar una cierta, permítaseme la expresión, «mancha judicial» pueden jugar bazas extraprocesales como el ofrecimiento de compensaciones y pagos al demandado o incluso el ejercicio de una cierta presión pública gracias a su imagen corporativa o su reputación para minimizar los daños, sus consecuencias o el propio ejercicio de la tutela judicial efectiva de quien les demanda. Ante estos movimientos parajudiciales el demandante puede caer en la «trampa» de utilizar el propio proceso no como un verdadero mecanismo de protección judicial de sus intereses y derechos legítimos, tal y como está constitucional proclamado, sino como elemento de presión espuria y de difusión pública del conflicto e incluso buscando en realidad el obtener un posible enriquecimiento «injusto» utilizando la posible exigencia judicial de responsabilidad civil medioambiental a una empresa en beneficio y negocio propio, con evidente mala fe y abuso de derecho, utilizando en definitiva lo que se conceptúa en el derecho norteamericano como «gold-digging» actions.[58]

---

57. *Cfr.*, Montero Aroca, J., «Acciones judiciales en materia de medio ambiente...», *cit.*, pág. 2.

58. *Cfr.*, Llamas Pombo, E., «El negocio de la responsabilidad civil», *Revista práctica de Derecho de daños*, núm. 28, 2005, pág. 3, da cuenta de este fenómeno cuya finalidad única, según el autor, «es la de enriquecer (injustamente, diría yo, *sic*) al demandante y, especialmente, a su abogado, quien, por cierto, trabaja incentivado por un pingüe porcentaje de la indemnización obtenida, en la más clásica aplicación del pacto de cuota litis. Y ello, normalmente, a costa de una empresa que enseguida trasladará el coste de esa indemnización al precio de los productos o servicios que coloca en el mercado, de manera que, a la postre, son los sufridos consumidores y usuarios quienes soportan ese «gordo» de la lotería que perciben uno cuantos avispados». Entendemos nosotros que el ámbito de la responsabilidad civil por daños ambientales

Son todos ellos, en uno y otro caso, factores reales que condicionan la puridad procesal del ejercicio de la pretensión que declare la responsabilidad civil por daño medioambiental y que en algunos asuntos llegan a tener más peso que la propia estrategia procesal. Esta última dinámica expuesta conduce a que los órganos jurisdiccionales incluso puedan admitir y resolver pretensiones en las que un ciudadano, ni siquiera afectado por los daños ambientales causados, ejercite una acción de cesación[59] en la cual la pretensión dirimida busca, y puede obtener, la declaración judicial de interrupción y detención de la actividad que se estima lesiva medioambientalmente sin pretender ningún tipo de indemnización o exigencia de responsabilidad por daños.

La última reflexión anterior nos permite enlazar con uno de las descollantes novedades que la Ley de Enjuiciamiento Civil española de 2000 introdujo para la tutela y defensa jurídica de aquellos intereses que trascienden de lo puramente personal y privado para convertirse también en intereses sociales, comunitarios, de difícil concreción individual (difusos), pero cuya protección, en nuestro caso reparación y restitución ambiental, sobrepasan la dimensión de la legitimación ordinaria tradicional. Se han abierto desde entonces nuevos horizontes, y sin perjuicio de la legitimación individual del perjudicado que permanece intacta en sus coordenadas tradicionales, hacia una legitimación extraordinaria a favor del interés colectivo y difuso, en nuestro caso a la protección y conservación del medio ambiente y a la reparación de los daños causados al mismo. De este modo el art. 11 LEC se convierte en bastión legal para el ejercicio de pretensiones declarativas, e incluso de cesación[60] en la actividad lesiva, de responsabilidad ambiental. Recurrimos, de nuevo, a la clasificación que hace Montero Aroca[61] al respecto. Diferencia el autor entre una legitimación «extraordinaria e interés colectivo» que corresponde a «las personas determinadas o que pueden ser determinables que han sufrido un daño como consecuencia de de un acto o de actos similares contra el medio ambiente pueden demandar con la legitimación de los artículos 7 de la LOPJ y 11.2 de la LEC, por lo que se tratará normalmente de un grupo aunque también podría ser una asociación constituida por los perjudicados»,[62] y una «legitimación extraordinaria e interés difuso» que corresponde a «las asociaciones constituidas para la defensa del medio ambiente cuando se trate de actos que no causan perjuicio a una personas determinadas o determinables, sino que se trata de un daño a la colectividad que constituimos todos, sin que se puedan precisar los perjuicios concretos a personas determinadas».

---

puede prestarse, al igual que otros muchos, al ejercicio de este tipo de acciones, debiendo velar el juez, o tribunal, por que no se ejercite la acción en fraude o abuso de derecho o de mala fe, tal y como proscribe el art. 7 del Código Civil.

59. *Cfr.*, Montero Aroca, J., *op.cit.*, pág. 3.

60. Situación que alcanza, según el párrafo cuarto del art. 11 LEC, al Ministerio Fiscal y entidades habilitadas para la defensa de intereses colectivos y de los intereses difusos de consumidores y usuarios, aunque en un sentido amplio podemos entender extensiva la expresión tanto a los afectados directamente por el daño ambiental y que se constituyan como grupo como a las organizaciones constituidas para la defensa del medio ambiente.

61. *Cfr.*, Montero Aroca, J., *op.cit.*, pág. 9.

62. Muy ilustrativas son las consideraciones efectuadas por Llamas Pombo sobre la legitimación, tanto activa como pasiva, en relación con la exigencia de daños ambientales aplicadas al caso concreto del vertido del buque Prestige frente a las costas gallegas y el correspondiente perjuicio medioambiental causado, pero son predicables a cualquier otro supuesto de desastre medioambiental. *Vid.*, su trabajo «Chapapote y responsabilidad civil», *Revista práctica de Derecho de daños*, núm. 3, 2003, pág. 3 y ss.

En cierto modo estos nuevos paradigmas modernos respecto a derechos de pertenencia global, indeterminada,[63] e indeterminable en muchos aspectos, supraindividuales y autónomos en su concepción y tutela legal, requieren en paralelo, como así ha hecho nuestro legislador en la Ley de Enjuiciamiento civil, arbitrar soluciones procesales[64] de idéntica naturaleza, esto es confiriendo su tutela judicial y protección a entidades, asociaciones o grupos supraindividuales, colectivos cuya finalidad sea la defensa, en este caso, del medio ambiente, el clima, la atmósfera, los recursos naturales, la biodiversidad, etc..., sin que ello sea elemento excluyente de la posibilidad individual de exigir, en sede judicial y a través del proceso civil, la responsabilidad al causante por los daños que de forma directa se hayan causado en la persona, sus bienes y derechos, sino en una disposición legal de legitimaciones completamente compatibles entre la defensa del perjuicio individual, concreto, cualificado y especial, y la defensa del interés supraindividual instalado en una dimensión más general, global e indeterminada para la prevención, conservación y reparación de un bien jurídico tan esencial para la propia pervivencia humana como es el medio ambiente sano y equilibrado.

b) Consideraciones respecto al régimen de la Ley de responsabilidad ambiental

Completando el enrevesado puzzle de la responsabilidad derivada de las lesiones medioambientales, las consecuencia de una actividad ultrajante y nociva al medio ambiente deriva en la exigencia de acuerdo a las normas de derecho administrativo de responsabilidad patrimonial, que con el flamante, y a día de hoy casi inédito todavía, régimen legal de la Ley 26/2007 de responsabilidad ambiental (y en menor medida las más compartimentales de calidad del aire y protección de la atmósfera y de patrimonio natural y biodiversidad) encaja nuevas piezas con una dimensión preventiva, reparadora y compatible con la responsabilidad penal y civil anteriormente detalladas.

---

63. E incluso con ahínco se viene propugnando en el ámbito iberoamericano a través de la propuesta de «Código Modelo de procesos colectivos para Iberoamérica», de 2004, en cuya Exposición de Motivos se argumenta a favor de «la afirmación de que el proceso tradicional no se adecua a la defensa de los derechos e intereses transindividuales, cuyas características los colocan a mitad de camino entre el interés público y el privado, siendo propios de una sociedad globalizada y resultado de conflictos de masa. Asimismo es clara la dimensión social del reconocimiento y tutela de los derechos e intereses transindividuales, por ser comunes a una colectividad de personas, y solamente a éstas. Intereses difusos y dirigidos a la tutela de necesidades colectivas, sintéticamente referibles a la calidad de vida. Intereses de masas, que comportan ofensas de masas y que colocan en contraste a grupos, categorías, clases de personas... insertan los intereses de los consumidores, a la protección del ambiente, de los usuarios de servicios públicos, de los inversores, de los beneficiarios de la Previsión Social y de todos aquellos que integran una comunidad compartiendo sus necesidades y sus anhelos» dentro de los cuales encaja perfectamente por tanto el relativo a la tutela procesal del medio ambiente. *Vid.*, Vázquez Sotelo, J.L., «Los procesos colectivos (confrontación entre la regulación de la Ley de Enjuiciamiento Civil española y la del Código Modelo)», *Revista de Derecho Procesal*, Rubinzal-Culzoni Editores, núm. 1, 2006, págs. 455-500.

64. Como pronosticó Vázquez Sotelo, J.L., «Ejecución provisional y medidas cautelares», *El proceso civil y sus reformas*, (Dir. Morón Palomino, M.), Ed. Colex, 1998, pág. 503, la realidad social plantea frecuentemente problemas de protección de determinados temas, entre los cuales cita expresamente al medio ambiente, que no pueden obtenerse utilizando las formas de cautela tradicionales.

Este marco legal de reciente implantación se concatena con holgura respecto de la responsabilidad penal, que seguirá siendo preferente a cualquier otra,[65] y casa perfectamente con la traza fundamentalmente indemnizatoria de la responsabilidad a particulares que se ejercite con el respaldo material de las normas del Código Civil. Se ensamblan ahora elementos de dimensión eminentemente pública en la línea que imponía para España la norma comunitaria que supone la Directiva 2004/35/CE, del Parlamento Europeo y del Consejo, de 21 de abril, sobre responsabilidad medioambiental[66] en relación con la prevención y reparación de daños medioambientales y que prevé un sistema de reparación del daño medioambiental en el que el protagonismo absoluto se otorga a la Administración competente en aras a desplegar una actividad preventiva, pero en la cual se insertan notas propias de la genuina responsabilidad civil a habilitar también actuaciones reparadoras del daño causado.

Se aporta legalmente un nuevo régimen administrativo especial de responsabilidad ambiental de carácter objetivo e ilimitado y asentado en una doble finalidad: preventiva —la actuación administrativa se encauza a ante las amenazas de daño ambiental a adoptar las medidas necesarias para evitar el daño—, y reparadora por cuanto se pretende en el ejercicio de las potestades que la ley ampara conlleve controlar, eliminar y hacer frente a cualquier factor perjudicial para el medio ambiente, para las personas y para la salud que una actividad potencial o realmente lesiva llegue a producir. Para ello se instituyen todo un conjunto de potestades administrativas (incluso sancionadoras) con cuyo ejercicio la Administración pública debe garantizar el cumplimiento de la ley y la aplicación del régimen de responsabilidad que incorpora. Se separa, y en este punto recalcamos nuestro interés, tal y como reproduce la Exposición de Motivos de la Ley 26/2007 «de la responsabilidad civil clásica en la que los conflictos entre el causante del daño y el perjudicado se dirimen en sede judicial».

La dimensión que cobra la responsabilidad medioambiental en el marco de la Ley 26/2007 y en su aplicación es de carácter:

a) Propio y diferenciado, tanto de la responsabilidad penal como de la responsabilidad civil clásica ejercitada tanto por los particulares perjudicados como por los defensores de los intereses colectivos y difusos producidos por el daño medio ambiental.

b) Compatible y complementaria de la responsabilidad penal y de la responsabilidad civil por daño ambiental e incluso subsidiaria tal y como se aprecia en caso de con-

65. *Cfr.*, art. 36.3 de la Ley 26/2007 de responsabilidad ambiental; art. 33 de la Ley 34/2007, de calidad del aire y protección de la atmósfera, y por último el precepto más claro y explícito de todos, el art. 75.1 de la Ley 42/2007, de patrimonio natural y biodiversidad, y cuyo contenido y exposición quizá hubiera sido interesante recoger en los otros dos cuerpos legales de referencia.

66. Publicada en el DOUE de 30 de abril de 2004, cuyo plazo de transposición se fijaba para su incorporación al derecho interno el 30 de abril de 2007, plazo que en el caso español no ha sido cumplido puesto que la Ley española se publicó en el BOE de 24 de octubre de 2007, con entrada en vigor al día siguiente, y que para ajustarse a la normativa comunitaria establece, mediante la Disposición Transitoria única, un periodo de retroacción para la cobertura de los daños producidos entre la fecha de publicación en España y la fecha en que debió trasponerse (esto es hasta el 30 de abril de 2007) pero nunca respecto de los daños acontecidos con anterioridad a abril de 2007. En el trabajo de Fer-

currencia con éstas[67] (tanto en el art. 5 que excluye del ámbito de aplicación de la Ley de responsabilidad ambiental las reclamaciones de tutela judicial por daño medioambiental que formulen particulares perjudicados y que en caso de haber surtido efecto y haberse consumado la reparación de los daños por el obligado no dará lugar a una nueva reparación e incluso a la compensación o devolución de lo que proceda, como el tenor del art. 6.3 de la Ley 26/2007 en que indica que de haberse producido la prevención, evitación y reparación del año ambiental a costa del responsable y por aplicación de otras leyes no será necesario recurrir a tramitar las actuaciones que en ella se prevén).

c) Ilimitado, puesto que tanto en la faceta preventiva como en la reparadora el responsable del daño ambiental ha de tratar de «devolver» (entendemos que siempre que sea posible) o restituir *in natura*, valga la expresión, por cuando debe actuar de forma que los recursos naturales vuelvan a su estado original asumiendo todos los costes para ello.

d) Además se modela como una responsabilidad objetiva, en palabras del legislador en la Exposición de Motivos, «al margen de cualquier culpa, dolo o negligencia que haya podido existir en su comportamiento».

e) Finalmente esta responsabilidad es de carácter universal en cuanto a que es extensiva a tipo de actividades y frente a todo tipo de comportamientos, tanto dolosos o negligentes, como meramente accidentales o imprevisibles.

En definitiva y en cuanto interesa a la determinación de la responsabilidad por daños ambientales, excluida la relativa a la responsabilidad penal cuya preferencia en orden de prelación es indudable,[68] el nuevo marco de regulación de responsabilidad ambiental dispuesto en la Ley 26/2007 es totalmente compatible con el ejercicio de la responsabilidad civil por daños por cuanto la concatenación de una y otra parte de planos distintos, la del régimen de la Ley 26/2007 desde el plano del derecho administrativo, con una norma sectorial y con una dimensión predominantemente pública y extrajudicial; la relativa a la responsabilidad civil por daños se hace desde el plano del derecho privado, desde la configuración de la responsabilidad que efectúa el Código Civil y con una dimensión particular, si se quiere doméstica e individual, vinculada a derechos e intereses subjetivos que

---

nández de Gatta Sánchez, D., «Derecho ambiental: aspectos generales sobre la protección jurídica del medio ambiente», *E-Derecho Administrativo (e-DeA)*, revista electrónica, núm. 12, 2004, se relatan y explican con detalle todos los antecedentes comunitarios que condujeron a la adopción de la Directiva.

67. El Código Penal contempla en su art. 339 que el juez o el tribunal, motivadamente, podrá ordenar la adopción, a cargo del autor del hecho, de medidas encaminadas a restaurar el equilibrio ecológico perturbado..., operando en este sentido como atenuante de la responsabilidad penal, art. 340 CP, el que el culpable haya procedido voluntariamente a reparar el daño causado, lo cual conducirá según el precepto a que los jueces y tribunales le impongan la pena inferior en grado a la prevista.

68. En opinión de De Miguel Perales, C., «La nueva Ley de responsabilidad ambiental...», *cit*, núm. 6849, pág. 6, «la responsabilidad que establece la ley no tiene carácter sancionador, sino estrictamente reparador....la aplicación de las normas de responsabilidad medioambiental que se recogen en la Ley no deben dejar de aplicarse porque existan procesos penales o sancionadores».

encuentran su protección y tutela ante los órganos jurisdiccionales. La responsabilidad por daño ambiental establecida en la Ley 26/2007 tiene una finalidad dual: preventiva y reparadora, mientas que la responsabilidad civil clásica se adapta más al enfoque indemnizatorio del daño. Y en último término las propias disposiciones legales de la Ley 26/2007, que hemos anotado con anterioridad a lo largo y ancho de la exposición, baste recordar los arts. 5 y 6.3, desplazan la reclamación por daños efectuada por el particular al ámbito propio del proceso civil, en legítima aplicación de la proclamación constitucional otorgando tutela judicial efectiva al ciudadano respecto a la protección de sus bienes y derechos y no otorgando cobertura en su articulado a esta vertiente de la responsabilidad por daño ambiental[69] que si concede, por el contario a la potestad que correlativamente otorga a la Administración pública para exigir el cumplimiento de las obligaciones que en materia de prevención y reparación de daños medioambientales realiza la ley.

Se conjugan de ahora en adelante el mantenimiento de la «clásica» responsabilidad civil por daños ocasionados a través de una lesión medioambiental y que repercuten en una persona o sus bienes, y para los cuales se prevé la indemnización civil fundamentalmente de contenido económico, ya sea en dinero o especie, con otra de nueva generación, más moderna, solidaria y pública que protege los daños inferidos al medio ambiente como valor global perteneciente a la ciudadanía, desligando esta responsabilidad de un daño a persona concreta, o sus bienes, sino como lesión al bien público ambiental en cualquiera de sus elementos y con la finalidad explícita de obligar al causante a reparar y restituir el medio ambiente o cualquiera de los elementos que lo configuran (suelo, aire, agua, hábitat, fauna ...) a su situación originaria. Es una suma de responsabilidades, incluso ampliada con la atinente a la vertiente criminal de la acción ilícita, en la cual el legislador estatal de la Ley 26/2007 ha dejado olvidado en el cajón, tal y como anticipa Martí Martí,[70] completar su principio rector de «quien contamina paga» con la consecuencia de que «quien lo sufre no cobra», y por tanto debiendo acudir, el particular, a los tribunales de justicia para lograr que quien contamine pague e indemnice por el mal causado.

Procesalmente además, la nueva regulación medioambiental, y no sólo incluyendo en esta alusión a la Ley 26/2007, sino también a las leyes relativas a la calidad del aire y protección de la atmósfera y la de patrimonio natural y biodiversidad, en materia de exigencia de responsabilidad civil en sede judicial puede ser un instrumento útil, sobremanera para la actividad juzgadora del tribunal, en cuanto aportar una serie de conceptos y definiciones legales de términos y situaciones propias del daño medioambiental a las cuales puede acudir, como elemento interpretativo, el organo jurisdiccional. De este modo son de interés las definiciones, que aunque advierte la propia ley se formulan a efectos de su aplicación, pueden ser exportables a otras situaciones conexas en cuanto al fenómeno, los responsables y perjudicados y las consecuencias jurídico

69. Aprecia De Miguel Perales, C., «La nueva Ley de responsabilidad ambiental...», *cit*, núm. 6848, págs. 4 y 5, que si entraría en el ámbito de la legalidad civil ordinaria, en virtud de la Disposición Adicional 4.ª de la Ley 26/2007, los daños no ambientales que se produzcan en cultivos por la liberación de organismos modificados genéticamente.

70. *Cfr.*, Martí Martí, J., «Ley de responsabilidad medioambiental, quien contamina paga pero quien la sufre no cobra», *Diario La Ley*, núm. 6830, 2007, pág. 4.

procesales del mismo, que de daño ambiental, riesgo, hábitat, suelo, emisión, operador, recurso natural o medida reparadora, entre otros muchos y por citar los más relevantes, se detallan, a título de ejemplo ilustrativo de nuestra recomendación, en el art. 2 de la Ley 26/2007, de responsabilidad ambiental. Sin duda el tecnicismo y alto grado de especialización de la materia medioambiental puede encontrar un apoyo para la labor enjuiciadora del juez en muchas de las normas y disposiciones de estas leyes sectoriales, a la hora de fijar, determinar, y llegado el caso cuantificar la indemnización al particular demandante de la responsabilidad civil ventilada en pleito sino también la consiguiente obligación de restituir y reparar[71] el entorno a su situación original.

71. Y en este sentido, con una intención aleccionadora, podría ser referencia para el juez la batería de pautas, medidas y criterios que para la reparación del daño ambiental se despliegan legalmente en el Anexo II de la Ley 26/2007, de responsabilidad ambiental.

Menor infractor y terrorismo

JOSÉ MARTÍN OSTOS.
CATEDRÁTICO DE DERECHO PROCESAL UNIVERSIDAD DE SEVILLA

I. Palabras previas

1. Resulta notoriamente conocido y pacíficamente aceptado que, en su día, el surgimiento de la justicia penal de menores obedeció a la convicción de la conveniencia de sacar al menor infractor del seno del ordenamiento jurídico de adultos en el que se encontraba inserto. En efecto, a finales del siglo diecinueve y principios del veinte, se produjo —primero, en los Estados Unidos de Norteamérica, y, después, en los países de Europa, con un posterior desarrollo por todo el mundo— un movimiento en pro del establecimiento de unos tribunales específicos para el enjuiciamiento del menor delincuente. El nuevo paso significó entonces una importante transformación en el tratamiento penal del destinatario, que a fecha de hoy se nos presenta prácticamente como de imposible vuelta atrás.

A partir de ese momento histórico, el menor de edad penal queda sometido a un ordenamiento penal y procesal acorde con sus peculiares características, bien distinto del que se aplica a los mayores. Doctrina, legislación y jurisprudencia coinciden en destacar los aciertos de la solución implantada, tras los inevitables titubeos e indecisiones propios del comienzo.

Paulatinamente, se consolida el superior interés del menor como el motor y guía de la nueva jurisdicción penal especializada. Tanto a nivel internacional, como en el marco de los diferentes ordenamientos patrios, se presenta dicho principio como la meta a perseguir en el tratamiento judicial del menor infractor.

2. Sin embargo, la irrupción de un nuevo fenómeno en el panorama penal de muchos países, como nunca hasta el momento se había producido, comienza a repercutir también en el tratamiento legislativo del menor infractor. Nos referimos al preocupante

hecho del terrorismo, que impulsa a algunos sectores sociales a la reclamación —cuando no a la justificación— de un endurecimiento de las posibles medidas a adoptar, bien distante de lo que tradicionalmente se ha entendido apropiado para la jurisdicción de menores. Ello ha significado un cambio importante en algunas legislaciones, con las consiguientes modificaciones a las que tampoco ha sido ajeno nuestro ordenamiento jurídico.

En efecto, el terrorismo, como manifestación más preocupante de la delincuencia actual, tendente a subvertir el orden político democrático establecido, produce una alarma y un temor en la población a la que le resulta difícil asumir las consecuencias del Estado de Derecho. Todo ello conduce a una situación política en la que se pone a prueba la fortaleza del sistema garantista del propio Estado, teniéndose que optar entre el respeto o no, con todas sus consecuencias, de los derechos individuales de los ciudadanos. A la preocupante situación del terrorismo en alguna zona del norte español (con el brote juvenil de la *kale borroka* o terrorismo urbano), hay que añadir el más reciente terrorismo islamista, que viene a agravar el panorama apuntado. A ello se responde con un endurecimiento de la legislación (con la contemplación, incluso, de la figura del terrorista individual), al que no es ajeno el Derecho Procesal.

II. Ley orgánica 5/2000, de 12 de enero (boe de 13), reguladora de la responsabilidad penal de los menores

Constituyó la respuesta —algo tardía— a las exigencias que la Constitución de 1978 planteó en relación con la jurisdicción de menores. Aunque años antes (concretamente, en 1992) se había aprobado una reforma urgente y parcial del Texto refundido de 1948, resultaba indiscutible la necesidad de adaptar dicho cauce especializado a la nueva situación política y social.

1. En consecuencia, este cuerpo legal del año 2000 procedió a un diseño innovador. Su Exposición de Motivos explica que la citada Ley Orgánica parte de los principios básicos que ya guiaron la redacción de la reforma de 1992 (especialmente, el principio del superior interés del menor), añadiendo, como criterios orientadores, los contenidos en la doctrina del Tribunal Constitucional, sobre las garantías y el respeto a los derechos fundamentales que necesariamente han de imperar en el procedimiento seguido ante los Juzgados de Menores; ello sin perjuicio de las modulaciones que, respecto del procedimiento ordinario, permiten tener en cuenta la naturaleza y finalidad de aquel tipo de proceso, encaminado a la adopción de unas medidas que «fundamentalmente no pueden ser represivas, sino preventivo-especiales, orientadas hacia la efectiva reinserción y el superior interés del menor, valorados con criterios que han de buscarse primordialmente en el ámbito de las ciencias no jurídicas» (números dos y cinco).

La misma Exposición añade que el citado texto normativo pretende que la reacción jurídica dirigida al menor infractor sea «una intervención de naturaleza educativa, aunque desde luego de especial intensidad, rechazando expresamente otras finalidades esenciales del Derecho penal de adultos, como la proporcionalidad entre el hecho y la sanción o la intimidación de los destinatarios de la norma». Porque —sigue diciendo— «en el Derecho penal de menores ha de primar, como elemento determinante del procedimiento y de las medidas que se adopten, el superior interés del menor» (número siete).

También, se alude a la agravación específica en el tramo de los mayores de dieciséis años por la comisión de delitos que se caracterizan por la violencia, intimidación o peligro para las personas (número diez), así como al amplio catálogo de medidas aplicables, desde la perspectiva sancionadora-educativa, en que debe primar «el interés del menor en la flexible adopción judicial de la medida más idónea» (número once), al predominio «de los criterios educativos y resocializadores sobre los de una defensa social esencialmente basada en la prevención general y que pudiera resultar contraproducente para el futuro» (número trece) y a la medida de internamiento que responde «a una mayor peligrosidad, manifestada en la naturaleza peculiarmente grave de los hechos cometidos, caracterizados en los casos más destacados por la violencia, la intimidación o el peligro para las personas» (número dieciséis).

2. Por lo que respecta al articulado de la vigente LO 5/2000, además de no faltar menciones expresas al superior interés del menor (así, entre otros, artículos 7.3, 28, 37.4, 46 y 47.3, al referirse, respectivamente, a las medidas a aplicar, a las cautelares, a la celebración de la audiencia, al traslado de centro y a la ejecución de varias medidas), hay que llamar la atención sobre determinados aspectos de especial interés.

En primer lugar, en general, se declara que dicha Ley se aplicará para exigir la responsabilidad de las personas mayores de catorce años y menores de dieciocho por la comisión de hechos tipificados como delitos o faltas en el Código Penal o las leyes penales especiales. Además, se añade que «las personas a las que se aplique la presente Ley gozarán de todos los derechos reconocidos en la Constitución y en el ordenamiento jurídico, particularmente en la Ley Orgánica 1/1996, de 15 de enero, de Protección Jurídica del Menor, así como en la Convención sobre los Derechos del Niño de 20 de noviembre de 1989 y en todas aquellas normas sobre protección de menores contenidas en los Tratados válidamente celebrados por España» (artículo 1. 1 y 3).

Por otra parte, para la elección de la medida adecuada, se atenderá por parte de todos, «de modo flexible, no sólo a la prueba y valoración jurídica de los hechos, sino especialmente a la edad, las circunstancias familiares y sociales, la personalidad y el interés del menor» (artículo 7.3).

En concreto, al hablar de la medida de internamiento en régimen cerrado, el legislador se refiere a que en la comisión de los hechos delictivos se haya «empleado violencia o intimidación en las personas o actuado con grave riesgo para la vida o la integridad física de las mismas». Aunque como norma general se dispone que la duración de las medidas no podrá exceder de dos años, si el infractor ha cumplido los dieciséis años y se reúnen las circunstancias apuntadas de violencia o intimidación, la duración podrá alcanzar hasta los cinco años. Excepcionalmente, ante hechos de extrema gravedad, cabe imponer una medida de internamiento de régimen cerrado de uno a cinco años de duración, complementada sucesivamente por otra medida de libertad vigilada hasta un máximo de otros cinco años (artículo 9, reglas 2ª, 4ª y 5ª).

También, para la adopción de la medida cautelar de internamiento se atenderá a la gravedad de los hechos, su repercusión y la alarma social producida, valorando siempre las circunstancias personales y sociales del menor (artículo 28.2).

En cuanto a la ejecución de las medidas, diferentes preceptos llaman la atención; así, en lo referente al cumplimiento de medidas previstas en la LO 5/2000 y de penas del Código Penal (primero, se apuesta por el cumplimiento simultáneo; en segundo lugar, por el cumplimiento sucesivo; excepcionalmente, tratándose de una condena por delitos graves, cabe que se ejecute antes la pena de prisión, conforme al artículo 47.2. regla 5ª); en lo relativo a los centros, se dispone que las medidas privativas de libertad se ejecutarán en establecimientos específicos para menores infractores, con inspiración en el principio de resocialización (artículos 54 y 55); por lo que respecta a los menores internados, se prescribe que tendrán derecho, entre otros, al ejercicio de los derechos civiles, políticos, sociales, religiosos, económicos y culturales que les correspondan, «salvo cuando sean incompatibles con el objeto de la detención o el cumplimiento de la condena», así como a «estar en el centro más cercano a su domicilio, de acuerdo a su régimen de internamiento», y a no ser trasladados fuera de su Comunidad Autónoma excepto en los casos y con los requisitos previstos en la Ley (artículo 56.2.letras d y e).

3. Pero, el aspecto de mayor interés para el presente trabajo lo encontramos al examinar el apartado cuatro del artículo 17 de la comentada Ley Orgánica, relativo a la detención de un menor por funcionarios de policía. Además de regular los términos generales de la misma (con la reducción a veinticuatro horas del plazo máximo), es éste el único supuesto en que el texto procesal de menores alude directamente al terrorismo, permitiendo la aplicación al menor de preceptos previstos en el texto criminal de adultos para elementos pertenecientes a bandas armadas o grupos terroristas.

En efecto, en el citado precepto se contempla la aplicación, en su caso, de lo dispuesto en el artículo 520 bis de la Ley de Enjuiciamiento Criminal; en el mismo (que fue introducido por LO 4/1988, de 25 de mayo) se prescribe que toda persona detenida como presunto partícipe de alguno de los delitos a los que se refiere el artículo 384 bis del mismo cuerpo procesal penal (integración o relación con bandas armadas o individuos terroristas o rebeldes) será puesta a disposición del Juez competente dentro de las setenta y dos horas siguientes a la detención, pudiendo prorrogarse ésta hasta un límite máximo de otras cuarenta y ocho horas, con posible incomunicación. El citado apartado cuatro del artículo diecisiete de la LO 5/2000 termina afirmando que, en tal supuesto, se atribuye al Juez de Menores la competencia para las resoluciones judiciales previstas en el artículo 520 bis de la Ley de Enjuiciamiento Criminal.

La previsión del artículo 17.4 citado presenta diversos aspectos de interés. En primer lugar, por Juez competente se entiende aquí el de Menores del lugar de comisión del delito. En cuanto al plazo de detención, se supera el de veinticuatro horas, pudiendo, incluso, prorrogarse. Por lo que respecta a la incomunicación (sólo justificada, ante la gravedad del delito en cuestión, para impedir la obstaculización en la investigación en marcha), no se reconoce el permanente contacto con sus familiares, por lo que estimamos que su acuerdo habrá de sopesarse en función del interés del menor, que será siempre preferente, optando en su caso por una medida menos rigurosa, dado su carácter extraordinario que exigiría una motivación suficiente.

También, la LO 4/1988, de 25 de mayo, al reformar la Ley de Enjuiciamiento Criminal e introducir el artículo 384 bis, estableció que el procesado que estuviere ostentando función o cargo público quedará automáticamente suspendido en el ejercicio del mismo mientras dure la situación de prisión, lo que será de aplicación en el proceso penal de menores.

4. Como de desprende de lo expuesto, el vigente texto legal, en su versión original, no estableció un órgano judicial *ad hoc* para la problemática de los menores acusados de terrorismo (tampoco lo hizo la reforma parcial de 1992). A lo más que llegó fue a contemplar cierto rigor para determinadas conductas, pero siempre atribuyendo la competencia para las resoluciones judiciales previstas en materia de bandas armadas o terrorismo al Juzgado de Menores (conforme prescribe el mencionado apartado cuatro, in fine, del artículo 17). La particularidad relativa a la detención (de acuerdo con el artículo 520 bis LECrim) no implica un órgano jurisdiccional diferente, ni un distinto proceso para el enjuiciamiento.

Se trataba de una redacción legal bastante preocupada por la recuperación social del menor infractor, bien distante de un enfoque meramente represivo. Prueba de lo afirmado lo constituye el hecho de que, incluso, se llegó a contemplar la posibilidad de que la competencia objetiva de los Juzgados de Menores (como se ha dicho más arriba, prevista para el conocimiento de las infracciones penales cometidas por menores, de edad comprendida entre los catorce años cumplidos y los dieciocho sin cumplir) se extendiera —con determinados requisitos— hasta los veintiún años (artículo 4). Aunque esta posibilidad legal nunca entró en vigor (fue suspendida su aplicación en diversas ocasiones y finalmente derogada con motivo de la reforma operada por la LO de diciembre de 2006), sí sirve para conocer la finalidad tuitiva y rehabilitadora de la citada normativa, atenta a la problemática del menor (incluso, del joven).

Por último, téngase presente que, como Derecho supletorio, para lo no previsto expresamente en la LO 5/2000, se prevé, en el ámbito sustantivo, el Código Penal y las leyes penales especiales, y, en el ámbito del procedimiento, la Ley de Enjuiciamiento Criminal, en particular lo dispuesto para los trámites del procedimiento abreviado (disposición final primera).

III. Ley orgánica 7/2000, de 22 de diciembre (boe de 23), de modificación de la Ley orgánica 10/1995, de 23 de noviembre, del código penal, y de la ley orgánica 5/2000, de 12 de enero, reguladora de la responsabilidad penal de los menores, en relación con los delitos de terrorismo

Cuando todavía no había entrado en vigor la LO 5/2000 (prevista para el 13 de enero de 2001), como si de un olvido legislativo se tratase, se procede a reformar su articulado, principalmente en lo relativo a la materia de terrorismo.

En su presentación, a modo de Exposición de Motivos, el legislador explica que «los poderes públicos tienen que afrontar que los comportamientos terroristas evolucionan y buscan evadir la aplicación de las normas aprovechando los resquicios y las complejidades interpretativas de las mismas. Tanto más si se considera que, cuanto más avanza la sociedad ganando espacios de libertad frente al terror, más numerosas y variadas son las actuaciones terroristas que tratan de evitar, atemorizando directamente a cada ciudadano o, en su conjunto, a los habitantes de una población o a los miembros de un colectivo social, político o profesional, que se desarrolle con normalidad la convivencia democrática y que la propia sociedad se fortalezca e imponga dicha convivencia, erradicando las graves e ilegítimas conductas que la perturban» (apartado uno).

Para dar una respuesta efectiva a estas necesidades desde el ordenamiento jurídico, mediante los instrumentos ordinarios que nuestra Constitución admite y demanda —se añade—, en esta Ley se reforman algunos preceptos del Código Penal y de la Ley reguladora de la responsabilidad penal de los menores (aunque aquí no son mencionadas expresamente, también se introducen modificaciones en la Ley Orgánica del Poder Judicial y en la Ley de Demarcación y de Planta Judicial).

Respecto a las novedades introducidas en la LO 5/2000, se afirma que no se trata de excepcionar de la aplicación de la misma a los menores, «sino de establecer las mínimas especialidades necesarias para que el enjuiciamiento de las conductas de los menores responsables de delitos terroristas se realice en las condiciones más adecuadas a la naturaleza de los supuestos que se enjuician y a la trascendencia de los mismos para el conjunto de la sociedad manteniendo sin excepción todas las especiales garantías procesales»; en lo relativo a las medidas rehabilitadoras, se persigue que éstas, «especialmente valiosas y complejas respecto de conductas que ponen radicalmente en cuestión los valores más elementales de la convivencia, puedan desarrollarse en condiciones ambientales favorables, con apoyos técnicos especializados, y por un tiempo suficiente para hacer eficaz el proceso rehabilitador» (apartado cinco).

En consecuencia, se introducen en la LO 5/2000 las modificaciones siguientes:

1. Inhabilitación absoluta. Se adiciona esta medida como nueva letra n) al apartado uno del artículo siete. Produce la privación definitiva de todos los honores, empleos y cargos públicos sobre el que recayere, aunque sean electivos; así como la incapacidad

para obtener los mismos o cualesquiera otros honores, cargos o empleos públicos, y la de ser elegido para cargo público, durante el tiempo de la medida.

Cuando se trate de un delito de terrorismo, el Juez también impondrá la medida de inhabilitación absoluta por un tiempo superior entre cuatro y quince años al de la duración de la medida de internamiento en régimen cerrado impuesta, atendiendo proporcionalmente a la gravedad del delito, el número de los cometidos y a las circunstancias que concurran en el menor.

En la actualidad (aunque, en teoría, no hay que descartar otras lamentables posibilidades), esta nueva medida va dirigida fundamentalmente a los jóvenes que se incorporen al terrorismo de ETA, tanto con la ostentación previa de cargos públicos como con la estrategia de presentarse a la elección democrática de los mismos (con objeto de evitar su inmunidad en algún supuesto y su proyección pública en todo caso).

2. Delito de extrema gravedad. Los párrafos primero y tercero de la regla 5ª del artículo nueve reciben nueva redacción. Contemplan el supuesto de los infractores que hubiesen cumplido los dieciséis años en el momento de la comisión de un hecho de extrema gravedad; en ese caso, el Juez habrá de imponer una medida de internamiento de régimen cerrado de uno a cinco años de duración, complementada por otra medida de libertad vigilada de hasta un máximo de otros cinco años. A tales efectos, se entenderá siempre supuesto de extrema gravedad aquél en el que se apreciara reincidencia.

Es decir, como excepción y con determinados requisitos, se apuesta por un internamiento de mayor rigor.

3. Disposición adicional cuarta. Esta nueva disposición se aplicará a los delitos previstos en los artículos 138 (homicidio), 139 (asesinato), 179 (violación), 180 (agresión sexual grave), 571 a 580 (terrorismo) y aquellos otros sancionados en el mismo Código Penal con pena de prisión igual o superior a quince años.

Queda claro (conforme establecen los apartados uno y dos de la disposición) que a los imputados por los mencionados delitos, siempre que fuesen menores de dieciocho años en el momento de la comisión, se les aplicarán las disposiciones de la LO 5/2000 de 12 de enero, con las siguientes especialidades:

A) El conocimiento de los delitos de terrorismo compete al Juzgado Central de Menores de la Audiencia Nacional. Sus autos y sentencias pueden recurrirse en apelación ante la Sala correspondiente (se entiende, de lo Penal) de la propia Audiencia. Las sentencias que dicte dicha Sala son recurribles en casación para unificación de doctrina, ante la Sala Segunda del Tribunal Supremo (de acuerdo con el artículo 42 de la LO 5/2000).

B) Estos procedimientos (de los que, como se ha dicho, conoce la Audiencia Nacional) no pueden ser acumulados con otros procedimientos instruidos en los Juzgados de Menores, sean o no los mismos los menores en cuestión.

C) En cuanto a los menores imputados por la comisión de los delitos previstos en la disposición adicional cuarta (esto es, no solamente los de terrorismo) hay que distinguir según éstos tengan o no cumplidos los dieciséis años.

a) en el primer caso, el Juez impondrá una medida de internamiento en régimen cerrado de uno a ocho años, complementada, en su caso, por otra medida de libertad vigilada, al finalizar el internamiento, hasta un máximo de cinco años; lo hará por medio de auto, previa audiencia del Fiscal, del letrado del menor y del representante de la entidad pública. En este caso, sólo se podrá hacer uso de la facultad de modificación, suspensión o sustitución de la medida impuesta cuando haya transcurrido, al menos, la mitad de la duración de dicha medida de internamiento;

b) si se trata de menores de esa edad, el Juez impondrá una medida de internamiento en régimen cerrado de uno a cuatro años, complementada, en su caso, por otra medida de libertad vigilada, hasta un máximo de tres años (igualmente, por auto y oídas las partes y el mencionado representante de la entidad). No se establece límite de cumplimiento previo para la modificación, suspensión o sustitución de la medida.

D) La medida de internamiento en régimen cerrado puede alcanzar una duración máxima de diez años para los mayores de dieciséis años y de cinco años para los menores de esa edad, cuando fueren responsables de más de un delito, alguno de los cuales esté calificado como grave y sancionado con pena de prisión igual o superior a quince años de los delitos de terrorismo comprendidos entre los artículos 571 a 580 del Código Penal.

E) Por lo que respecta a los delitos de terrorismo, la ejecución de la detención preventiva, de las medidas cautelares de internamiento o de las medidas impuestas en la sentencia se llevará a cabo en los establecimientos y con el control del personal especializado que el Gobierno ponga a disposición de la Audiencia Nacional.

La ejecución de las medidas impuestas por el Juez Central de Menores o por la Sala de lo Penal de la Audiencia Nacional será preferente sobre las impuestas, en su caso, por otros Jueces de Menores o por las Audiencias Provinciales.

F) Los hechos delictivos y las medidas previstas en la nueva disposición adicional cuarta prescribirán con arreglo a las normas contenidas en el Código Penal.

4. Informe del Gobierno. Conforme a la disposición adicional quinta, igualmente introducida por la comentada reforma, se prescribe que el Gobierno, dentro del plazo de cinco años desde la entrada en vigor de la LO 5/2000, remitirá al Congreso de los Diputados un informe en el que se analizarán y evaluarán los efectos y las consecuencias de la aplicación de la disposición adicional cuarta.

5. Ley Orgánica del Poder Judicial. Lógicamente, la creación de un nuevo órgano judicial obligó a la reforma del texto orgánico de 1 de julio de 1985, tanto en lo relativo al conocimiento, por parte de la Sala de lo Penal de la Audiencia Nacional, de la apelación

contra las sentencias y otras resoluciones dictadas por el Juzgado Central de Menores, como a la propia instauración del mismo para el enjuiciamiento en primera instancia. En consecuencia, se modificaron los artículos 65.5° y 96.2 de la LOPJ.

6. Ley de Demarcación y de Planta Judicial. La misma exigencia se planteó con la Ley 38/1988, de 28 de diciembre, modificándose los artículos 1, 6, 19 y 61 de la misma, así como parcialmente su anexo XI.

7. Reflexión. Al aprobarse la reforma comentada, la anterior situación legal cambia. A partir de la entrada en vigor de la LO 7/2000, existen dos órganos de enjuiciamiento diferentes para la primera instancia (también, para la segunda), según se trate o no de delitos de terrorismo (el Juzgado Central de Menores, en Madrid, y los restantes Juzgados de Menores, distribuidos por todas las provincias; para la apelación, la Sala de lo Penal de la Audiencia Nacional y las Audiencias Provinciales, respectivamente, sin que, en ambos casos, se creen las anunciadas Salas de Menores). De este modo, se altera la competencia objetiva y territorial hasta entonces establecida, que a partir de ahora queda limitada al resto de los delitos. Además, se produce un agravamiento en las medidas a imponer, así como una ejecución exclusiva y preferente en materia de terrorismo.

Cabe preguntarse por el acierto de la creación de este nuevo órgano judicial especializado o si, por el contrario, se debería de haber optado —con agravamiento de medidas, en su caso— por mantener la competencia del Juzgado de Menores, fuera cual fuera el delito cometido. Con la reforma se crea un órgano específico para el enjuiciamiento de delitos de terrorismo, distinto de los Juzgados que normalmente conocen de las conductas delictivas de los menores infractores. Dicho Juzgado se radica en Madrid, aunque con jurisdicción para todo el territorio nacional; lejos, por tanto, del lugar de comisión del delito y, generalmente, de la residencia habitual del menor y de su familia. En cuanto a la ejecución de la medida, en su caso, se llevará a cabo en centros especiales (hay que suponer que, igualmente, alejados del entorno del menor). Además, no debemos olvidar que, afortunadamente, en la actualidad, el número de delitos de esta naturaleza atribuidos a menores no es elevado.

Por estos motivos, abrigamos dudas sobre si el efecto obtenido es más beneficioso que perjudicial para la rehabilitación y recuperación social del menor. Éste se encontrará interno en un centro en compañía de otros menores condenados igualmente por la comisión de delitos de terrorismo, sin contacto con menores condenados por una heterogeneidad de hechos delictivos, sino todos por conductas bastante similares, lo que ya de por sí imprime cierta uniformidad a todos los internos. En cierta manera, este menor estará separado de su medio natural y obligado a convivir con otros alevines de terroristas. Ello puede conducir a que la estancia en el centro de internamiento sirva para estrechar lazos, produciéndose un fortalecimiento entre ellos, que difícilmente facilitará el abandono de esas actividades criminales. Se corre, pues, el riesgo de caminar hacia atrás en el objetivo perseguido, en vez de obtener el rechazo al entorno terrorista.

Por el contrario, puede alegarse que de este modo se aísla al menor del contaminante y asfixiante ambiente a favor del terrorismo (en algunas localidades del norte de España, resulta indiscutible), con lo que ello puede suponer de presión social hacia la actuación libre e imparcial del juzgador y del personal de los centros de ejecución de las medidas. Aunque sea cierto en parte, siempre cabe la posibilidad de que un menor condenado por delitos de este tenor, dentro de un conjunto de compañeros condenados por otros delitos, pase más desapercibido (especialmente, si el personal del centro está atento y le presta un tratamiento individualizado) y su recuperación social sea factible. Sin embargo, la apuesta por la concentración de los condenados (lo contrario a la política de dispersión adoptada con los adultos en delitos de esta naturaleza) puede favorecer la realización de una labor de apoyo desde los principales focos políticos de ese ambiente, con actividades públicas y privadas tendentes al enaltecimiento de los menores condenados, con la finalidad de mantener encendida la incipiente llama de su militancia.

En todo caso, estimamos que poner a disposición del Juzgado Central de Menores, en Madrid, por presuntos delitos de terrorismo, a unos menores de edad de catorce y quince años, parece desproporcionado y bien alejado de lo que, desde sus inicios históricos, ha supuesto esta jurisdicción especializada.

IV. Ley orgánica 15/2003, de 25 de noviembre (boe de 26), por la que se modifica la Ley orgánica 10/1995, de 23 de noviembre, del código penal

A pesar de la denominación de esta extensa Ley, conforme a una técnica legislativa que comienza a ser usual en nuestro país, se aprovecha la oportunidad para modificar también la Ley Orgánica 5/2000, reguladora de la responsabilidad penal de los menores (además de la Ley de Enjuiciamiento Criminal y de la Ley Hipotecaria).

En efecto, por medio del apartado tercero de la disposición final segunda, además de haber introducido previamente la importante novedad de la acusación particular en el proceso penal de menores, se añade a la LO 5/2000, de 12 de enero, una disposición adicional sexta en los siguientes términos: «Evaluada la aplicación de esta ley orgánica, oídos el Consejo General del Poder Judicial, el Ministerio Fiscal, las Comunidades Autónomas y los grupos parlamentarios, el Gobierno procederá a impulsar las medidas orientadas a sancionar con más firmeza y eficacia los hechos delictivos cometidos por personas que, aun siendo menores, revistan especial gravedad, tales como los previstos en los artículos 138, 139, 179 y 180 del Código Penal.

A tal fin —continúa la nueva disposición adicional sexta—, se establecerá la posibilidad de prolongar el tiempo de internamiento, su cumplimiento en centros en los que se refuercen las medidas de seguridad impuestas y la posibilidad de su cumplimiento a partir de la mayoría de edad en centros penitenciarios».

Es decir, todavía sin haberse cumplido entonces tres años desde la entrada en vigor de la nueva legislación de menores, se anuncian mayores sanciones por la comisión de determinados delitos (homicidio, asesinato, violación y agresión sexual grave). Una política legislativa de endurecimiento que, una vez más, afecta a los menores infractores.

V. Real decreto 1774/2004, de 30 de julio (boe de 30 de agosto), por el que se aprueba el reglamento de la Ley orgánica 5/2000, de 12 de enero, reguladora de la responsabilidad penal de los menores

Este Reglamento contiene escasas referencias expresas al supuesto del terrorismo; pero, en su amplio articulado —de general aplicación a todo menor infractor— recoge algunos preceptos de interés para el tema estudiado.

1. La Policía Judicial. En la regulación de la actuación de la Policía Judicial (artículos dos y tres), encontramos aspectos que afectan directamente al menor sospechoso de participar en actividades terroristas; así:

a) la existencia de los registros policiales (de carácter estrictamente confidencial; también, existirá un registro o archivo central; dichos registros no podrán ser utilizados en procesos de adultos relativos a casos en los que esté implicada la misma persona);

b) el cacheo y aseguramiento físico (cuando sea estrictamente necesario, como medida proporcional de seguridad);

c) la determinación de la identidad y edad del presunto delincuente, en caso de duda (con la puesta del menor a disposición de la autoridad judicial de la jurisdicción ordinaria, en este caso, del Juzgado Central de Instrucción, para que proceda a determinarlas conforme a las reglas del cuerpo legal procesal criminal; si la edad en el momento de la comisión del hecho punible, de cariz terrorista, fuese inferior a los dieciocho años, se pondrá de inmediato a disposición del Juzgado Central de Menores);

d) la diligencia de reconocimiento (con la pertinente rueda, compuesta por otras personas, menores o no; en el primer caso, hay que contar con su autorización y la de sus representantes legales);

e) la detención, en la que se atiende a numerosos aspectos, como la reseña (de impresiones dactilares, así como de fotografías del rostro), su correcta práctica (con información clara, comprensible e inmediata de los hechos imputados, de las razones de su detención y de los derechos que le asisten, especialmente los reconocidos en el artículo 520 de la LECRIM, inclusive la notificación inmediata de la detención y del lugar de la custodia a los representantes legales del menor), la declaración en presencia de su abogado y de sus representantes legales (salvo que las circunstancias aconsejen lo contrario para el segundo supuesto, cual es el caso de la posible incomunicación del menor), en dependencias adecuadas (su custodia corresponde a los Cuerpos y Fuerzas de Seguridad del Estado, con la llevanza de un libro registro en el que deben constar los datos relativos a la identidad del menor, circunstancias y autoridad que la ordenó, día y hora del ingreso, personas que lo custodian, notificación de la detención a sus representantes legales, circunstancias psicofísicas del menor y constatación de la información de sus derechos), así como en las debidas condiciones (alimentación, vestimenta, intimidad, seguridad y sanidad).

2. El equipo técnico. También, el Juzgado Central de Menores, al igual que cualquier otro Juzgado de Menores, ha de contar con un equipo técnico, formado por psicólogos, educadores y trabajadores sociales, cuya función es asistir técnicamente en las materias propias de sus disciplinas profesionales al Juez, al Ministerio Fiscal y al propio menor, con las funciones legalmente establecidas (el Reglamento le dedica su artículo cuatro).

3. La ejecución. La principal atención del Reglamento se dirige a las reglas para la ejecución de las medidas y al régimen disciplinario de los centros (a los que dedica la casi totalidad de su articulado). Aunque su normativa está dirigida, sin distinción, a la ejecución de las medidas acordadas por los Jueces de Menores, a continuación destacaremos aquellas cuestiones que pueden interesar más al objeto del presente trabajo.

A) Las reglas de ejecución

En ellas sobresale el superior interés del menor sobre cualquier otro interés concurrente, gozando éste durante la ejecución de las medidas de los derechos y libertades reconocidos por el ordenamiento jurídico español y por los tratados internacionales ratificados por nuestro país, a excepción de los expresamente limitados por la ley, el contenido del fallo o el sentido de la medida impuesta (artículos 6 y 7).

Naturalmente, la mayor parte de los diferentes aspectos relativos a la ejecución de las medidas no diferirá de lo dispuesto en general para los Juzgados de Menores; de este modo, serán aplicables las reglas comunes para la ejecución de las medidas y las reglas específicas tanto para la ejecución de las medidas no privativas de libertad como para las privativas.

En concreto sobre el terrorismo, se prescribe que corresponde al Estado, en los establecimientos y con el control del personal especializado que ponga a disposición de la Audiencia Nacional, la ejecución de la detención preventiva, de las medidas cautelares de internamiento y de las medidas adoptadas en sentencia firme que acuerden el Juzgado Central de Menores o la sala correspondiente de la Audiencia Nacional (se entiende la Sala de lo Penal, que es la encargada de conocer de los recursos establecidos en la Ley contra las resoluciones dictadas por el Juzgado Central de Menores, conforme dispone el artículo 65.5º LOPJ), sin perjuicio de los convenios que se puedan establecer con las comunidades autónomas y las ciudades de Ceuta y Melilla (artículo 8.2).

Además, el Reglamento se refiere en particular a los dos supuestos siguientes:

— el inicio de la ejecución de las medidas acordadas en sentencia firme por el Juzgado Central de Menores se ajustará a las reglas generales, excepto en lo referente a la competencia administrativa, que siempre será del Gobierno, y a los centros o profesionales designados, que serán los que el Gobierno ponga a disposición de la Audiencia Nacional, sin perjuicio de los posibles convenios con las comunidades autónomas (artículo 10.2);

— la ejecución de las medidas impuestas por el Juez Central de Menores o por la sala correspondiente de la Audiencia Nacional será preferente sobre las impuestas por otros órganos judiciales de menores (artículo 11.5).

B) Los centros de internamiento

También sobre ellos contiene disposiciones que adquieren especial relevancia en materia de terrorismo; así:

— el internamiento en el centro más cercano al domicilio del menor no siempre será posible, o conveniente (artículo 10.1);

— el ingreso (incluso el cautelar) del menor en un centro será comunicado, entre otros, a sus representantes legales o, en su defecto, a la persona que el menor designe (artículo 32.3);

— derecho del menor internado a vestir su propia ropa, siempre que sea adecuada a la disciplina y orden interno del centro (artículo 30.2); piénsese, por ejemplo, en prendas con alusiones a organizaciones juveniles del entramado terrorista u otras que impliquen una uniformidad voluntariamente aceptada de pertenencia a las mismas, incluida la jerarquía;

— los menores que por cualquier circunstancia personal (por ejemplo, arrepentidos, con deseos de abandonar la organización terrorista) requieran de una protección especial estarán separados de aquellos que les puedan poner en situación de riesgo o de peligro mediante su traslado bien a otro módulo del mismo centro, bien a otro centro, previa autorización del Juez Central de Menores en este último caso (artículo 33.2);

— el director del centro podrá solicitar a la autoridad competente que las Fuerzas y Cuerpos de Seguridad lleven a cabo los desplazamientos, conducciones y traslados del menor (naturalmente, con respeto a su dignidad, seguridad e intimidad) cuando exista un riesgo fundado para la vida o la integridad física de las personas o para los bienes (artículo 35.5);

— igualmente, el director del centro en el que se encuentre internado el menor podrá solicitar a la autoridad competente que la vigilancia y custodia del menor, durante su permanencia en un centro sanitario, se lleve a cabo por las Fuerzas y Cuerpos de Seguridad cuando exista riesgo fundado para la vida o la integridad física de las personas o para las instalaciones sanitarias (artículo 38.6);

— en cuanto a las personas que no sean familiares del menor internado, habrán de obtener la autorización previa del director del centro para poder comunicarse (también por medio telefónico) con el menor o visitarle, no podrán portar bolsos o paquetes y deberán pasar los controles de identidad y seguridad establecidos por el centro, incluido el registro superficial personal; además, se contempla la posibilidad de la suspensión temporal o terminación de la visita, en determinados supuestos (artículos 40. 3, 5 y 6, y 42.1);

— derecho del menor internado a comunicarse reservadamente, en local apropiado, con su abogado y procurador; dicha comunicación solamente podrá ser suspendida previa orden expresa del Juez Central de Menores (artículo 41. 1 y 6);

— se contemplan limitaciones, impuestas por la autoridad judicial, en las comunicaciones escritas, así como en el envío y recepción de paquetes (artículos 43.1 y 44);

— en determinados supuestos de fallecimiento o enfermedad grave, cabe la concesión de permiso de salida extraordinario, con las medidas de seguridad adecuadas en su caso; si se trata de menor internado en régimen cerrado, es necesaria la expresa autorización del Juez Central (artículo 47.1 y 4);

— ante el riesgo inminente de graves alteraciones del orden con peligro para la vida o la integridad física de las personas o para las instalaciones, se podrá solicitar la intervención de las Fuerzas y Cuerpos de Seguridad (artículo 54.9);

— el uso de los medios de contención por parte del personal del centro será proporcional al fin pretendido, nunca supondrá una sanción encubierta y solamente se aplicarán cuando no exista otra manera menos gravosa para conseguir la finalidad perseguida y por el tiempo estrictamente necesario (artículo 55. 3).

VI. Ley orgánica 8/2006, de 4 de diciembre (boe de 5), por la que se modifica la Ley orgánica 5/2000, de 12 de enero, reguladora de la responsabilidad penal de los menores

Transcurridos unos años desde la entrada en vigor de la LO 5/2000, se produce una nueva reforma de la misma, en una línea que ha sido calificada casi unánimemente por la doctrina como de endurecimiento.

1. En su Exposición de Motivos, se explica que dicha modificación legal obedece a la previsión contenida en la disposición adicional sexta (introducida por LO 15/2003, de 25 de noviembre, de reforma del Código Penal), en el sentido de que el Gobierno impulsaría las medidas orientadas a sancionar con más firmeza y eficacia determinados hechos delictivos cometidos por menores.

Se añade que, una vez transcurridos cinco años desde la aprobación del nuevo texto regulador de la responsabilidad penal de los menores, el Gobierno ha realizado una evaluación de los resultados de su aplicación. Aunque con el convencimiento de un balance positivo, «las estadísticas revelan un aumento considerable de delitos cometidos por menores, lo que ha causado gran preocupación social y ha contribuido a desgastar la credibilidad de la Ley por la sensación de impunidad de las infracciones más cotidianas y frecuentemente cometidas por estos menores».

Por ello, se plantea la revisión de algunos aspectos del texto fundamental de 12 de enero de 2000.

A nuestro juicio, merece ser destacada la manifestación contenida en la citada Exposición de que «el interés superior del menor, que va a seguir primando en la Ley, es perfectamente compatible con el objetivo de pretender una mayor proporcionalidad entre la respuesta sancionadora y la gravedad del hecho cometido, pues el sistema sigue dejando en manos del juez, en último caso, la valoración y ponderación de ambos principios de modo flexible y a favor de la óptima individualización de la respuesta. De otro modo, nos llevaría a entender de un modo trivial que el interés superior del menor es no sólo superior, sino único y excluyente frente a otros bienes constitucionales a cuyo aseguramiento obedece toda norma punitiva o correccional». Además de que, tal vez, sea ésta la primera vez en la que el legislador español se pronuncia de un modo tan explícito sobre la expresión «interés superior del menor» (que hasta ese momento había sido —y continúa siendo— reiteradamente mencionada en numerosos preceptos legales), no podemos evitar el contraste de lo transcrito con el rechazo de la proporcionalidad entre el hecho y la sanción, recogido en la Exposición de Motivos del texto de 2000 (apartado II, número 7).

2. En el articulado, se introducen notables modificaciones; entre otras, destacan las que siguen: se amplían los supuestos en los que se pueden imponer medidas de internamiento en régimen cerrado, añadiendo los casos de comisión de delitos graves y de delitos que se cometan en grupo o cuando el menor perteneciere o actuare al servicio de una banda, organización o asociación, incluso de carácter transitorio, que se dedicare a la realización de tales actividades (artículo 9.2.letra c); se adecua el tiempo de duración de las medidas a la entidad de los delitos y a las edades de los menores infractores (artículos 10.1 y 2, y 11.2); se añade una nueva medida, consistente en la prohibición al menor infractor de aproximarse o comunicarse con la víctima o con aquellos de sus familiares u otras personas que determine el Juez (artículo 7.1. letra i); se faculta al Juez para acordar que el menor que estuviese cumpliendo una medida de internamiento en régimen cerrado y alcanzase la edad de dieciocho años, pueda terminar de cumplir la medida en un centro penitenciario cuando su conducta no responda a los objetivos propuestos en la sentencia (el Juez de Menores «podrá ordenar»; artículo 14.2); si la medida de internamiento en régimen cerrado se impone al que ha cumplido veintiún años o, impuesta con anterioridad, no ha finalizado su cumplimiento al alcanzar dicha edad, el Juez ordenará su cumplimiento en un centro penitenciario, salvo que proceda la sustitución o modificación de la medida (por el contrario, aquí destaca el carácter imperativo; artículo 14.3); se amplía la duración de la medida cautelar de internamiento, que pasa de tres meses, prorrogable por otros tres meses, a seis meses prorrogable por otros tres meses (artículo 28.3).

3. En concreto sobre el terrorismo, se incorporan regularmente al articulado las innovaciones realizadas por la reforma de la LO 7/2000, de 22 de diciembre, que se encon-

traban recogidas en una disposición adicional (ahora bien, la nueva redacción de los preceptos que aquí nos interesan de la LO 8/2006, de 4 de diciembre, no siempre es transcripción literal de aquélla, produciéndose, incluso, a veces, algún agravamiento en el contenido); de este modo:

— la competencia para conocer de los delitos previstos en los artículos 571 a 580 del Código Penal corresponderá al Juzgado Central de Menores de la Audiencia Nacional (artículo 2.4);

— cuando el hecho sea constitutivo de alguno de los delitos tipificados en los artículos 571 a 580 del Código Penal, el Juez, conforme a la nueva redacción recibida por el artículo 10.2, deberá imponer las medidas siguientes: a) si al tiempo de cometer los hechos el menor tuviere catorce o quince años de edad, una medida de internamiento en régimen cerrado de uno a cinco años de duración, complementada en su caso por otra medida de libertad vigilada de hasta tres años (recuérdese que la reforma producida por la LO 7/2000, de 22 de diciembre, establecía para este supuesto un máximo de cuatro años de internamiento en régimen cerrado); b) si al tiempo de cometer los hechos el menor tuviere dieciséis o diecisiete años de edad, una medida de internamiento en régimen cerrado de uno a ocho años de duración, complementada, en su caso, por otra de libertad vigilada con asistencia educativa de hasta cinco años. En este supuesto sólo podrá hacerse uso de las facultades de modificación, suspensión o sustitución de la medida, cuando haya transcurrido, al menos, la mitad de la duración de la medida de internamiento impuesta (lo que coincide con la reforma de la LO 7/2000); c) el Juez también impondrá al menor una medida de inhabilitación absoluta por un tiempo superior entre cuatro y quince años al de la duración de la medida de internamiento en régimen cerrado impuesta, atendiendo proporcionalmente a la gravedad del delito, el número de los cometidos y a las circunstancias que concurran en el menor (también, coincidente con la redacción incorporada por la reforma de la LO 7/2000);

— en pluralidad de infracciones, de acuerdo con la nueva redacción del número dos del artículo 11, cuando alguno o algunos de los hechos fueren de los mencionados en los artículos 571 a 580 del Código Penal, la medida de internamiento en régimen cerrado podrá alcanzar una duración máxima de diez años para los mayores de dieciséis años y de seis años para los menores de esa edad (en la reforma de la LO 7/2000 se establecía un máximo de cinco años en el supuesto de menores de dieciséis años);

— sobre la prescripción, en línea coincidente con lo establecido por la reforma de la LO 7/2000, se dispone que los hechos delictivos en materia de terrorismo cometidos por menores (también, otros delitos graves) prescriben con arreglo a las normas del Código Penal (artículo 15.1);

— los procedimientos de la competencia de la Audiencia Nacional no podrán ser objeto de acumulación con otros procedimientos instruidos en el ámbito de la jurisdicción de menores, sean o no los mismos los sujetos imputados (artículo 20.4, en similares términos a la reforma de la LO 7/2000);

— para la adopción de la medida cautelar de internamiento se atenderá a la gravedad de los hechos, valorando también las circunstancias personales y sociales del menor, la existencia de un peligro cierto de fuga, y, especialmente, el que el menor hubiera cometido o no con anterioridad otros hechos graves de la misma naturaleza (lo que ante un presunto delito de terrorismo tiene importancia; artículo 28.2);

— contra los autos y sentencias dictados por el Juzgado Central de Menores de la Audiencia Nacional cabe recurso de apelación ante la Sala de lo Penal de la Audiencia Nacional (se corrige la anterior expresión «Sala correspondiente»; artículo 41.4);

— son recurribles en casación, ante la Sala Segunda del Tribunal Supremo, las sentencias dictadas en apelación por la Audiencia Nacional, cuando se hubiere impuesto una de las medidas a las que se refiere el artículo 10 (artículo 42.1);

— en cuanto a la ejecución de la detención preventiva, de las medidas cautelares de internamiento o de las medidas impuestas en la sentencia, acordadas por el Juez Central de Menores o por la Sala de lo Penal de la Audiencia Nacional, en términos generales, se reproduce la redacción introducida por la reforma de la LO 7/2000, esto es: establecimientos y personal especializado, con ejecución preferente sobre las impuestas por otros Jueces o «Salas» (el entrecomillado es nuestro) de Menores (artículo 54.1).

VII. Ámbito internacional

Veamos los pasos dados a nivel supranacional, que repercuten sobre el tema en cuestión, bien con carácter general, bien de modo particular (con normativa específica o simples recomendaciones, según el caso).

Las Reglas mínimas de las Naciones Unidas para la administración de la justicia de menores, adoptadas por la Asamblea General en su resolución 40/33, de 28 de noviembre de 1985, las llamadas «Reglas de Beijing», declaran que dicha justicia se ha de concebir como una parte integrante del proceso de desarrollo nacional de cada país y deberá administrarse en el marco general de justicia social para todos los menores, de manera que contribuya a la protección de los jóvenes y al mantenimiento del orden pacífico de la sociedad (punto 1.4), añadiendo que los servicios de justicia de menores se perfeccionarán y coordinarán sistemáticamente con miras a elevar y mantener la competencia de sus funcionarios, e, incluso, los métodos, enfoques y actitudes adoptados (1.6).

Se pronuncian a favor de responder a las diversas necesidades de los menores delincuentes, al mismo tiempo que proteger sus derechos básicos (2.3), por lo que el sistema de justicia de menores hará hincapié en el bienestar de éstos y garantizará que cualquier respuesta será en todo momento proporcionada a las circunstancias del delincuente y del delito (5.1). En consecuencia, en todas las etapas del proceso se respetarán garantías procesales básicas tales como la presunción de inocencia, el derecho a ser notificado de las acusaciones, el derecho a no responder, el derecho al asesoramiento, el derecho a la presencia de los padres o tutores, el derecho a la confrontación con los testigos y a interrogar a éstos y el derecho de apelación ante una autoridad superior (7.1).

En relación con lo recogido en nuestro ordenamiento jurídico sobre el menor detenido e incomunicado en materia de terrorismo, obsérvese que estas Reglas proclaman que, cada vez que un menor sea detenido, la detención se notificará inmediatamente a sus padres o su tutor, y cuando no sea posible dicha notificación inmediata, se notificará a los padres o al tutor en el más breve plazo posible (10.1). En todo caso, el procedimiento favorecerá los intereses del menor (14.2).

Por su parte, la Convención sobre los Derechos del Niño, adoptada por la Asamblea General de las Naciones Unidas el 20 de noviembre de 1989, declara que, en todas las medidas concernientes a los niños que tomen los tribunales, se atenderá primordialmente al interés superior del niño (artículo 3.1). En la misma línea, afirma que los Estados parte velarán, entre otros aspectos, por que la detención de un niño se utilizará tan sólo como medida de último recurso y durante el período más breve que proceda. Además —lo que, igualmente, hay que relacionarlo con lo dispuesto en nuestro vigente ordenamiento jurídico—, todo niño privado de libertad tendrá derecho a mantener contacto con su familia por medio de correspondencia y de visitas, salvo en circunstancias excepcionales (artículo 37).

Igualmente, la Recomendación del Comité de Ministros del Consejo de Europa Nº R (87) 20, de Reacciones sociales ante la delincuencia juvenil, adoptada el 17 de septiembre de 1987, durante la 410ª reunión de los Delegados de los Ministros, propone a los Gobiernos de los Estados Miembros revisar, si es preciso, su legislación y práctica con miras a reforzar la posición legal de los menores durante todo el procedimiento, incluida la fase policial, reconociendo, entre otros, el derecho a la presencia de los padres o de otro representante legal que deben ser informados desde el inicio del procedimiento (8).

En este sentido, las Reglas de las Naciones Unidas para la protección de los menores privados de libertad, adoptadas por la Asamblea General en su resolución 45/113, de 14 de diciembre de 1990, concebidas como patrones prácticos de referencia, disponen que la información relativa al ingreso, lugar de internamiento, traslado y liberación de un menor detenido deberá notificarse sin demora a los padres o tutores o al pariente más próximo del menor (22).

Con la misma fecha, la Asamblea General del mismo organismo internacional, en su resolución 45/112, adoptó las Directrices para la prevención de la delincuencia juvenil, las llamadas Directrices de Riad. En las mismas, Naciones Unidas, después de reconocer la necesidad y la importancia de aplicar una política progresista de prevención de la delincuencia, que deberá incluir, entre otras manifestaciones, la protección de los derechos e intereses de todos los jóvenes, se pronuncia en pro del reconocimiento del hecho de que el comportamiento o la conducta de los jóvenes que no se ajustan a los valores y normas generales de la sociedad son con frecuencia parte del proceso de maduración y crecimiento y tienden a desaparecer espontáneamente en la mayoría de las personas cuando llegan a la edad adulta (5). También, propugna la capacitación de personal adecuado con el fin de sustraer a los jóvenes al sistema de justicia penal (58).

VIII. ¿Hacia un derecho procesal penal del enemigo?

La mayoría de edad penal se alcanza a los dieciocho años, aplicándose a los infractores, en consecuencia, el Código Penal. Los menores de 18 años no son responsables conforme a éste, sino de acuerdo con la Ley de responsabilidad penal de los menores (que no habla de responsabilidad personal ni social, sino claramente penal).

Por otra parte, el fenómeno de la *kale borroka* no apareció tras la LO 5/2000, sino que ya existía con anterioridad y, sin embargo, en dicha Ley no se introdujo en su primera redacción un tratamiento legal distinto para los menores infractores en materia de terrorismo (salvo en lo relativo a la detención). Sin entrar a discutir la existencia de la Audiencia Nacional en relación con los adultos, sí puede cuestionarse el acierto de su extensión a los menores de dieciocho años.

En la actualidad, se atraviesa en el mundo una época de endurecimiento creciente de la normativa penal, en especial ante el preocupante fenómeno del terrorismo. Pero, ello no justifica la posición que se comienza a adoptar en algunos ordenamientos jurídicos en relación con el menor infractor, la llamada tolerancia cero.

Privar al menor infractor (también, podría hablarse del adulto, aunque no es el caso) de algunos de sus derechos fundamentales, con la excusa del necesario mantenimiento del orden social, debilita, más que fortalece, al Estado Social de Derecho, que debe construirse sobre el respeto de los derechos individuales (aunque, lógicamente, sin perder de vista el peligro que entraña la moderna criminalidad organizada).

Tampoco debe olvidarse la finalidad de la justicia penal de menores, claramente proclive a la resocialización de su destinatario, por la especial circunstancia de la edad, a la que resulta extraña el fin retributivo.

Además de que son excesivas las reformas producidas en el Código Penal y en la Ley de responsabilidad penal de los menores, en tan corto espacio de tiempo, la principal reflexión que debemos plantear es si la dirección apuntada es la acertada, con un órgano judicial *ad hoc* y con unos centros de ejecución con códigos propios de comportamiento, que potencian la cohesión entre los internos y la mentalización de que pertenecen a la misma organización criminal. Podemos correr el riesgo de encontrarnos ante una fábrica de potenciales terroristas adultos, de difícil recuperación social, más que ante el debido tratamiento de unos jóvenes delincuentes (algunos, con tan sólo catorce o quince años de edad).

El primer escrito judicial de Hispania: Reflexiones de derecho procesal sobre El bronce II de Botorrita o Tabula Contrebiensis

JORDI NIEVA FENOLL
PROFESOR TITULAR DE DERECHO PROCESAL UNIVERSIDAD DE BARCELONA

1. Introducción. Transcripción y traducción

No hace falta ser historiador del derecho para darse cuenta de la importancia que en cualquier cultura posee la localización del primer vestigio de una ciencia. En este caso se trata de un escrito, en una tabla de bronce, encontrado en la localidad de Botorrita, a unos 24 km de Zaragoza.

En dicho documento constan tres fórmulas del periodo del proceso formulario romano,[1] prejudiciales entre sí, similares a las que nos legó GAYO en sus Instituciones.[2] Los detalles del escrito los iré explicando a continuación, pero diré ya que se trata de un juicio que debió tener un impacto bastante grande para los ciudadanos de su época, porque hasta transcribieron sus detalles más importantes en una tabla de bronce de 40 x 21 cm, que es, en tamaño, como un folio apaisado un poco más largo de lo normal, pero casi igual de ancho. Y lo clavaron en un muro, porque tiene seis orificios en sus extremos.

Las fórmulas citadas datan del año 87 a.C., es decir, poco más de 130 años después del primer desembarco romano de Cneo y Publio Cornelio Escipión en Empúries (218

1. Así lo afirman D'ORS, Álvaro, *Las fórmulas procesales del Bronce de Contrebia*, Anuario de Historia del derecho español, nº 50, 1980, p. 5, o Birks, Rodger y Richardson, J.S., *Further aspects of the Tabula Contrebiensis*, cit. p. 49, pero lo niega, indicando que se trata de un simple arbitraje, Murga, José Luis, *La addictio del gobernador en los litigios provinciales*, Revue Internationale des Droits de l'Antiquité, nº 30, 1983, p. 158. También en sentido negativo Torrent, Armando, *Consideracionnes jurídicas sobre el bronce de Contrebia*, Cuadernos de trabajos de la Escuela Española de Historia y Arqueología en Roma, nº 15, 1981, p. 96.

2. Gayo, *Instituciones*, Trad. de Abellán, Arias, Iglesias-Redondo y Roset, Madrid 1985, pp. 322 y ss.

a.C.).[3] Unos 50 años después de la muerte de Viriato (139 a.C.) y de la destrucción de Numancia (133 a.C.), últimas resistencias autóctonas importantes a la ocupación romana.[4] Y unos 60 años antes de la fundación de *Caesaraugusta* (de fecha imprecisa) y la conclusión de la conquista en tiempos de Augusto (19 a.C.).[5] En la época de este bronce II —como lo llaman los arqueólogos—, la población de la zona era mayoritariamente celtíbera, íbera y vascona, según el lugar. Y conservaba su lengua, como lo demuestran los bronces I y IV de Botorrita, que datan de la misma época[6] y que están escritos en celtíbero, constituyendo uno de los principales enigmas actuales de la lingüística.[7]

Las fórmulas fueron redactadas por un pretor siguiendo, en líneas generales, un esquema similar al del procedimiento formulario romano. Esas fórmulas contienen los detalles de un pleito de Derecho patrimonial entre los salduienses y los alavonenses, figurando los sosinestanos también como terceros interesados. Habitantes indígenas todos ellos de la zona ocupada por el ejército romano. *Salduie* era un asentamiento íbero[8] origen de la actual Zaragoza, y *Alaun* una localidad probablemente vascona[9] que hoy conocemos como Alagón. *Sosinesta* es un lugar que aún no ha podido ser identificado, pues el único vestigio que tenemos de su existencia es justamente el bronce que comentamos. Su población quizás fuera también vascona.[10]

Sea como fuere, el proceso ya olvidado de aquellos pobladores indígenas se convirtió, en noviembre de 1979 cuando fue recuperado el bronce, casi 2.000 años después, en el vestigio de Derecho Procesal más antiguo —de momento— hallado jamás en la península ibérica, y probablemente en el único vestigio casi completo de un proceso real de la época republicana romana[11] y, a su vez, del proceso formulario.[12] Vamos a ver, a continuación, los detalles interesantes que, desde el punto de vista del Derecho procesal, surgen de la lectura de este remoto texto que reproduzco a continuación:[13]

---

3. El desembarco, como es sabido, fue una acción bélica con motivo de la II Guerra Púnica, y trataba de cortar los suministros de los cartagineses.

4. Sin contar con la revuelta de Sertorio, acaecida pocos años después de la fecha del bronce, y los últimos focos de resistencia en el norte peninsular, que también son posteriores.

5. *Vid.* AAVV (coord. Bendala Galán), *Historia general de España y América*, Tomo I-2, Madrid 1991, p. 501.

6. Sobre el mismo, Villar, Francisco, / Díaz, Mª Antonia / Medrano, Manuel Mª / Jordán, Carlos, *El IV bronce de Botorrita (Contrebia Belaisca): arqueología y lingüística*, Salamanca 2001.

7. Villar, Francisco / Díaz, Mª Antonia / Medrano, Manuel Mª / Jordán, Carlos, *El IV bronce de Botorrita (Contrebia Belaisca): arqueología y lingüística*, Salamanca 2001.

8. Fatás Cabeza, Guillermo, *El pleito más antiguo de España. Tabula contrebiensis*, Aquaria. Agua, territorio y paisajes en Aragón, 2006, p. 82. De los Mozos Touya, José Javier, *Commento giuridico sul bronzo di Contrebia*, Bullettino dell'Istituto de Diritto Romano, nº 24, 1982, p. 286.

9. Fatás Cabeza, Guillermo, *El pleito más antiguo de España*, p. 84 observa que el abogado de los alavonenses parece tener nombre más íbero que vascón, pero reconoce que la zona fue, al cabo de poco tiempo, de dominio político vascón.

10. Así lo entiende Fatás Cabeza Guillermo, *Contrebia Belaisca II: Tabula Contrebiensis,* Zaragoza, 1980, p. 67.

11. Birks, Peter / Rodger, Alan / Richardson, J.S., *Further aspects of the Tabula Contrebiensis*, *Journal of Roman Studies*, nº 74, 1984, p. 61.

12. Birks, Rodger y Richardson, J.S., *Further aspects of the Tabula Contrebiensis*, cit. p. 73.

13. La traducción que realizo es propia, y no es literal, a fin de facilitar su comprensión. Está elaborada, no obstante,

Que desempeñen la función de jueces los miembros del senado contrebiense que comparezcan.

Si resulta probado que los sosinestanos ostentaban la propiedad del terreno para construir una acequia o un acueducto que, contra la voluntad de los alavonenses, vendieron a los salduienses, fallen esos jueces que el terreno se vendió legítimamente; si resulta probado que no, fallen que el terreno se vendió de manera ilegítima.[14]

Que sean jueces los mismos citados anteriormente.

Si, en consecuencia, resulta probado que pertenecían a la ciudad de Sosinesta esos terrenos que recientemente los salduienses amojonaron públicamente, y además resulta probado que los salduienses tenían derecho a hacer la acequia en terreno público sosinestano, en la zona amojonada; o bien que los salduienses tenían derecho a construir la acequia en terreno privado sosinestano a cambio del pago del valor en que fuera tasado el terreno. Si ello resulta probado, que entonces fallen los jueces que los salduienses tenían derecho a construir la acequia. De lo contrario, que fallen en su contra.[15]

Y si fallaren que los salduienses tenían derecho a construir la acequia, que paguen públicamente por el terreno privado a través del que discurrirá, en la cuantía que determinen cinco miembros que la magistratura contrebiense designe de su Senado.[16]

Autorizó la celebración de este proceso el General C. Valerius Flaccus, h. C.[17]

---

teniendo en cuenta la traducción del más importante estudioso de la *tabula contrebiensis*, Fatás Cabeza, Guillermo, *El pleito más antiguo de España*, pp. 82-83.

14. *Senatus contrebie[n]sis quei tum aderunt iudices sunto. Sei par[ret ag]rum quem salluienses [ab sosinest]ane[is] emerunt rivi faciendi aquaive ducendae causa qua de re agitur sosinestanos [iure suo sa]lluiensibus vendidisse in viteis allavonensibus; tum sei ita [p]arret eei iudices iudicent eum agrum qua de re agitur sosinestanos salluiensibus iure suo vendidisse; sei non parr[e]t iudicent iur[e] suo non vendidi[sse.]*

15. *Eidem quei supra scriptei [sunt] iudices sunto. Sei sosinestana ceivitas esset, tum, qua salluiensis novissume publice depalarunt qua de re agitur, sei [i]ntra eos palos salluiensis rivom per agrum publicum sosinestanorum iure suo facere licere[t] aut sei per agrum preivatum sosinestanorum qua rivom fieri oporteret rivom iure suo salluie[n]sibus facere liceret dum quanti is a[ger] aestumatu[s] esset, qua rivos duceretur, salluienses pequniam solverent, tum, sei ita [p]arret, eei iudices iudicent salluiensibus rivom iure suo facere licer[e]; sei non parret iudicent iure suo facere non licere.*

16. *Sei iudicarent salluiensibus rivom facere licere, tum quos magistratus contrebiensis quinque ex senatu suo dederit eorum arbitratu pro agro preivato q[u]a rivos ducetur salluienses publice pequniam solvonto.*

17. *Iudicium addeixit C. Valerius C. F. Flaccus imperator.* Esta referencia ha sido discutida, en el sentido de determinar cuál era realmente el valor de la *addictio* (*Vid.* Murga, José Luis, *La addictio del gobernador en los litigios provinciales*, cit. pp. 151 y ss, Birks, Rodger y Richardson, J.S., *Further aspects of the Tabula Contrebiensis*, cit. p. 49), en el fondo para saber qué papel tuvo en este juicio un personaje importante y conocido como Valerius Flaccus. Desde luego, teniendo en cuenta la envergadura de la obra podría ser que se hubiera implicado personalmente, autorizando el proceso. Pero esa misma conclusión sacaría dentro de 2.000 años alguien que encontrara una de nuestras sentencias actuales y viera que vienen pronunciadas en nombre del Rey, que obviamente no ha tenido intervención alguna. Es, no obstante, posible que fuera simplemente una cláusula de estilo, destinada a destacar el papel del gobernador de la Hispania Citerior Cayo Valerio Flaco. Pero hasta que no se encuentre algún otro vestigio de alguna sentencia de la época, no lo podremos determinar.

Los jueces dictaron esta sentencia: «fallamos, según nuestra convicción,[18] *a favor de los salduienses».*[19]

Juzgaron este litigio los siguientes magistrados contrebienses: Lubbus Urdinocum, h. Letondus, Pretor. Lesso Siriscum, h. Lubbus, Magistrado. Babbus Bolgondiscum, h. Ablo, magistrado. Segilus Annicum, h. Lubbus, magistrado. ??ato ??ulovicum, h. Uxentius, magistrado. Ablo Tindilicum, h. Lubbus, magistrado. ?assius, h. ?eihar, natural de Salduie, defendió a los salduienses. Turibas, h. Teitabas, natural de Alaun, defendió a los alavonenses.[20]

Hecho en Contrebia Balaisca, en los idus de mayo, siendo cónsules Lucio Cornelio y Gneo Octavio.[21]

A pesar de que en la traducción ya dejo constancia de mi propia interpretación del documento, que ya he justificado en parte e iré razonando más a continuación, no pretendo terciar en las polémicas sobre las posibles traducciones e interpretaciones del mismo desde el punto de vista del Derecho sustantivo. Ni tampoco voy a aventurar demasiado sobre lo acaecido realmente en aquel caso concreto, aunque expondré alguna hipótesis a continuación. El objetivo de este trabajo es simplemente realizar un análisis de Derecho Procesal que aproxime el documento a nuestros días. Si a partir del mismo es posible resolver algunas de las cuestiones polémicas sobre el documento, bienvenidas sean esas soluciones si son consideradas adecuadas. Pero no es mi intención entrar en esa polémica arqueológica, pese a su enorme interés.

2. Posible hipótesis de lo sucedido

Por lo que nos deja saber el documento, parece que los habitantes de Sosinesta vendieron a los de Salduie un terreno para que hicieran una acequia, y si lo vendieron sería porque afirmaban ostentar la propiedad.[22] Los de Alaún no estaban de acuerdo y discutieron la propiedad de los Sosinesta, pretendiendo que los de Salduie habrían com-

18. Es la traducción que, desde la teoría del juicio jurisdiccional, me parece más coherente para *quod iudicium nostrum*. Y además tiene todo el sentido a los efectos de justificar la valoración de la prueba. Otras hipótesis de traducción han sido «que tenemos competencia para juzgar», como propone D'ORS, op. cit. p. 15, y que creo desacertada, simplemente porque los jueces ya tenían la competencia por habérsela conferido las partes en la fase *in iure*, siendo inútil reafirmar ese punto en ese momento. En cambio, hacer referencia al aspecto probatorio no es en absoluto baladí. De hecho, confirma lo que tantos autores habían aventurado: que el sistema romano de valoración de la prueba era libre, y no legal o tasado. En este caso, con esa expresión, parece que verdaderamente lo fue.

19. *Sentent[ia]m deixerunt: quod iudicium nostrum est qua de re agitur secundum salluienses iudicamus.*

20. *Quom ea res ud[ic]atas[t mag]is[t]ratus contrebienses heisce fuerunt: Lubbus Urdinocum Letondonis F. praetor; Lesso Siriscum. Lubbi F. [ma]gistratus; Babbus Bolgondiscum Ablonis F. magistratus; Segilus Annicum Lubi F. magistratus; [—]atu[——]ulovicum Uxenti F. magistratus; Ablo Tindilicum Lubbi f. magistratus. Caussam sallui[ensium] defen[d]it —]assius [-]eihar F. salluiensis. Caussam allavonensium defendit Turibas Teitabas F. [Allavo]n[en]s[is].*

21. *Actum [C]ontrebiae Balaiscae eidibus Maieis, L. Cornelio Cn. Octavio consulibu[s].*

22. Este es un punto en el que la doctrina discrepa, por no creer algunos autores que pueda hablarse de «propiedad» en esa época y en esos pueblos indígenas (*Vid.* Torrent, *Consideracionnes jurídicas sobre el bronce de Contrebia*, cit. p. 104). De todos modos, si se produjo una «venta», ciertamente se podía haber vendido cualquier derecho, pero ello creo que resulta todavía más complejo concebirlo en esa época. Parece más sencillo pensar que pudo producirse algo

prado *a non domino*. Subsidiariamente, en caso de no prosperar lo anterior, alegaron que la compraventa habría sido simulada al no haberse pagado el precio, intentando probablemente con ello su anulación.

Es importante señalar que los contendientes pertenecían con toda probabilidad a etnias diferentes. Los de Alaun podrían ser vascones, mientras que los de Salduie eran íberos con seguridad. Y, acudiendo al pretor —que también parece ser indígena por su nombre—[23] para la redacción de la fórmula, escogieron como jueces a un tercero imparcial: los senadores de la ciudad de Contrebia Belaisca (la actual Botorrita), que pertenecía, a su vez, a otra cultura: la celtíbera. Se desconoce completamente la lengua en la que se celebró el proceso, aunque perteneciendo las partes (y los jueces) a grupos lingüísticos diferentes,[24] es más que posible que escogieran el latín como lengua del procedimiento. En ese idioma, además, está redactado, de manera gramaticalmente correcta,[25] todo el documento.

Antes de analizar los detalles procesales del escrito, permítaseme realizar una reflexión. Como ya dije, la importancia de la sentencia de este proceso en la época debió ser enorme, lo que tiene cierta lógica teniendo en cuenta que, de ser cierto lo que muchos sospechan, se trataba de construir una acequia desde el río Jalón hasta la actual Zaragoza, de más de 20 km de recorrido.

Quizás ese fue uno de los motivos por los que se habría elaborado esta placa de bronce, que sería la reproducción de otras láminas más pequeñas donde se redactaron originariamente las fórmulas y, finalmente, la sentencia. Sin embargo, ¿para quién era importante la fijación del resultado de ese pleito? Lógicamente, para los habitantes de Salduie, que lo ganaron, o para los de Alaun en todo caso, y en parte para los de Sosinesta.

Pero si ello es así, parece incomprensible que el bronce apareciera en Botorrita (Contrebia Belaisca), donde se celebró el juicio, puesto que los habitantes de Contrebia Belaisca no parecen tener interés alguno en el proceso,[26] y esa debió ser precisamente la razón por la que sus senadores debieron ser designados jueces. Y por ello, habría que pensar en el motivo por el que se fijó ese bronce en alguna pared, o poste de madera, de esa localidad, tema que no se ha planteado en general la doctrina, pero que me parece capital para averiguar la génesis del documento.

---

parecido a una *mancipatio*, por ejemplo. *Vid.* Birks, Rodger y Richardson, J.S., *Further aspects of the Tabula Contrebiensis*, cit. p. 51. De los Mozos Touya, *Commento giuridico*, cit. p. 295, ha aventurado incluso que los alavonenses habrían reclamado el terreno como propio.

23. Aunque romanizado por el correcto latín que utiliza, así como por el conocimiento del oficio que desempeña.

24. Birks, Rodger y Richardson, J.S., *Further aspects of the Tabula Contrebiensis*, cit. p. 48.

25. Murga, op. cit. p. 151. Richardson, J.S., *The Tabula Contrebiensis: Roman law in Spain in the early first century*, Journal of Roman Studies, nº 73, 1983, p. 37, afirma incluso que «*it is not only the language of the inscription which reveals the work of a Roman legal mind*». *Vid.* también D'ORS, op. cit. p. 17.

26. Observa esta cuestión D'ORS, *Las fórmulas procesales*, cit. p. 2, aunque aventura que quizás otra copia, perdida, se hallaba en Salduie.

La primera razón que surge es que los habitantes de Alaun y Salduie siguieron discutiendo tras la sentencia, y por ello se hizo necesario reafirmar la existencia de *res iudicata* redactando ese documento y fijándolo en un lugar público de Contrebia Belaisca, a donde los de Alaun debieron acudir más de una vez para intentar cambiar el parecer de los jueces.

Pero quién sabe —y me disculpo por aventurarlo— si la intención del documento era simplemente conmemorativa. Quizás fue la primera sentencia, siguiendo el procedimiento romano, realizada por el Senado de Contrebia Belaisca. Esa sería quizás la razón por la que figuran los nombres de todos los jueces, que parecen indígenas todos ellos,[27] incluido el del pretor.

Pero nunca lo sabremos con absoluta certeza, y desde luego parece más plausible la primera opción. Pero si no hubieren sido así las cosas, el pecado de vanidad de aquellos hombres nos ha supuesto un beneficio incalculable a los estudiosos de la actualidad.

3. Los detalles sorprendentes del escrito

Por puras razones de soberbia, siempre se tiende a pensar que los antepasados más remotos eran intelectualmente más limitados que los seres humanos actuales, lo cual desde el punto de vista biológico es al menos una ingenuidad, por no emplear un sustantivo más contundente. Si se tiene en cuenta que 2.000 años antes de nuestra era ya se redactaban en Mesopotamia sentencias judiciales en tablillas de arcilla,[28] y además se tiene presente que la cultura celta que se hallaba en Hispania era de lengua indoeuropea y sus antepasados pudieron haber tenido contacto con Mesopotamia, es más que posible concebir la idea de que los pueblos de la península hacía bastante tiempo que poseían un sistema de justicia. Sólo tenemos extensa constancia de los vestigios romanos (otro pueblo de lengua indoeuropea) de ese Derecho, pero eso no significa que el resto de pueblos no tuvieran también su propio Derecho procesal.

Quiero decir con ello que es perfectamente posible que se enfrentaran con similares dificultades a las que tenemos actualmente, y que crearan soluciones también similares a dichos problemas. Veamos las que se deducen del documento estudiado.

a. ¿Procesos colectivos?

Al final del documento se cita el nombre de assius, hijo de eihar, que Fatás Cabeza[29] interpreta como Cassius, hijo de Seihar. También se menciona a Turibas, hijo de Teita-

27. Esa es la opinión de Mariner, S., *Il bronzo di Contrebia: studio linguistico*, Cuadernos de trabajos de la Escuela Española de Historia y Arqueología en Roma, nº 15, 1981, pp. 67 y ss. *Vid.* también Fatás Cabeza, *Contrebia Belaisca II: Tabula Contrebiensis,* cit. pp. 87 y ss.

28. *Vid.* Falkenstein, Adam, *Die Neusumerischen Gerichtsurkunden*, München 1956.

29. Fatás Cabeza, Guillermo, *El pleito más antiguo de España*, p. 81.

bas. Cassius era, pese a su romano nombre,[30] un natural de Salduie que defendió/representó a los habitantes de su ciudad en este proceso. Y Turibas, por su parte, era de Alaun, y defendió/representó a los pobladores de esta última localidad.

Ninguno de los dos parece que fueran abogados, dado que no se les cita como si ostentaran esta profesión (*advocatus*) en el documento. Siguiendo a Kaser,[31] en tiempos de la República —que es en el periodo en que se redactó el bronce II— había que distinguir al *advocatus*, que solía tener prestigio personal y formación jurídica, del *patronus* o bien *orator*, expresión que lo dice todo sobre su función en el proceso. Es posible que en el procedimiento formulario se contara con un *advocatus* para la comparecencia ante el pretor, porque lo cierto es que para efectuar las oposiciones realizadas por los alavonenses, especialmente la de la simulación de la compraventa, o la del *ager publicus*, hace falta saber Derecho. Pero en la fase *apud iudicem*, siendo los jueces, por lo general, legos en Derecho, lo lógico es que se contara con los servicios de uno de esos oradores, que debían dominar la retórica.

Pero como digo, el documento no parece hacer referencia a nada parecido a un abogado, sino más bien a un «*actor*», es decir, a alguien que representa a un grupo[32] y, literalmente, como dice el documento, lo defiende.[33] Y es que resulta que nos encontramos ante la sorpresa de que el primer proceso que tenemos documentado de la antigüedad romana, se trata de un proceso colectivo, que es justamente el tipo de proceso que más se ha estudiado en nuestros días,[34] y de cuyo análisis han salido algunas ideas novedosas —no siempre acertadas— para el Derecho procesal en los últimos tiempos.

Efectivamente, siendo los salduienses una colectividad, y los alavonenses otra, el proceso que allí se sustanció fue un proceso colectivo. Y al ser imposible que acudieran todos al proceso, cada ciudad eligió para ser defendida a un representante adecuado.

30. Cfr. Torrent, *Consideracionnes jurídicas sobre el bronce de Contrebia*, p. 97.

31. Kaser, Max / Hackl, Karl, *Das römische Zivilprozessrecht*, München 1996, p. 219.

32. Al *populus*, como afirman Birks, Rodger y Richardson, J.S., *Further aspects of the Tabula Contrebiensis*, cit. p. 48.

33. Kaser / Hackl, *Das römische Zivilprozessrecht*, cit. p. 218.

34. Taruffo, Michele, I limiti soggettivi del giudicato e le class-actions, Riv. Dir. Proc., 1969, pp. 623 y ss. Cappelletti, Mauro, *Formazione soziali e interessi di gruppo davanti alla giustizia civile*, Riv. Dir. Proc. 1975, pp. 361 y ss. Vigoritti, Vicenzo, *Interessi collettivi e processo. La legitimazione ad agire*, Milano 1979. Almagro Nosete, José, *La protección procesal de los intereses difusos en España*, Justicia 1983, pp. 69 y ss. Lozano-Higuero y Pinto, Manuel, *La protección procesal de los intereses difusos*, Madrid 1983. Pellegrini Grinover, Ada, *Acciones colectivas para la defensa del ambiente y de los consumidores*, RDProc. 1988, nº 3, p. 707. Consolo, Claudio, *Class Actions fuori dagli USA? (Un' indagine preliminare sul versante della tutela dei crediti di massa: funzione sostanziale e struttura processuale minima)*, Riv. Dir. Civ., vol 39, 1993-I, pp. 608 y ss. Bujosa Vadell, Lorenzo, *La protección jurisdiccional de los intereses de grupo*, Barcelona 1995. Silguero Estagnan, Joaquín, *La tutela jurisdiccional de los intereses colectivos a través de la legitimación de los grupos*, Madrid 1995. GIUSSANI, Andrea, *Studi sulle «class actions»*, Padova 1996. Gutiérrez de Cabiedes e Hidalgo de Caviedes, *La tutela jurisdiccional de los intereses supraindividuales: colectivos y difusos*, Elcano 1999. AAVV (Gidi / Mac-Gregor coord.), *La tutela de los derechos difusos, colectivos e individuales homogéneos*, México 2003. GIDI, Antonio, *Las acciones colectivas y la tutela de los derechos difusos, colectivos e individuales en Brasil. Un modelo para países de derecho civil*, México 2004. Nieva Fenoll, Jordi, *El procedimiento especial para la protección de consumidores y usuarios: lagunas, remedios e ideas de futuro*, Revista de Derecho Mercantil, nº 264-265, 2007, pp. 619 y ss.

A alguien que, según el Derecho estadounidense actual, tuviera *adequacy of representation*. Ni más ni menos que a un habitante de cada ciudad. Probablemente eligieron al tal Cassius por hablar bien latín, como podría suponerse por su nombre, cualidad que no se sabe si concurría plenamente en Turibas.

Sea como fuere, tenemos ante nosotros una prueba más de que los procesos colectivos, frente a lo que se afirma demasiadas veces, no son algo del siglo XX o de poco tiempo más atrás. Ni siquiera son un invento del Derecho estadounidense y sus *class actions*. Este documento demuestra que el problema de la pluralidad de litigantes es remotísimo, y en época romana hubo que resolverlo. Y justamente del modo más popular que se resolvió en la estadounidense *Federal Equity Rule 48* de 1842: a través de la elección de un representante del grupo, solución seguida con posterioridad por otras legislaciones. Toda una metáfora del presente.

b. ¿Prejudicialidad y acumulación de acciones?

Y no acaban aquí las sorpresas. En aquel proceso del año 87 a.C. no se formuló una demanda sencilla, sino que se realizaron nada menos que tres pretensiones, una de ellas algo compleja. Formulada la súplica como la redactaríamos hoy en día, la actora Alaun[35] pedía:

1º. Que se declare la falta de propiedad de los sosinestanos sobre el terreno por donde pasaría la acequia, resolviendo, en consecuencia, que los salduienses compraron *a non domino*.

2º. Subsidiariamente,[36] para el caso de no prosperar lo anterior, que se declare la simulación de la compraventa, por ausencia de precio.

---

35. Pese a las dudas expresadas por Birks, Rodger y Richardson, J.S., *Further aspects of the Tabula Contrebiensis*, cit. p. 50, que opinan que los demandantes fueron los de Salduie porque aparecen citados en primer lugar cuando se cita a los representantes, porque en la segunda fórmula no se cita a los alavonenses, y en tercer lugar porque las *intentiones* de las fórmulas expresan la versión del caso de los de Salduie. Sin embargo, todo ello puede explicarse porque fueron los de Salduie los ganadores, y por eso se les cita en primer lugar y se explica su versión del caso, porque fue la ganadora y, por tanto, la que se convirtió en sentencia. Además, que no se cite a los alavonenses en la segunda fórmula no tiene nada de particular, puesto que implícitamente es obvio que son ellos los contendientes. Los demandantes tuvieron que ser los alavonenses, por una razón muy sencilla: son los únicos que tenían interés para demandar. Los salduienses se habían dedicado a amojonar el lugar por donde pasaría la acequia, y lo habían conseguido. Justamente ese hecho debió ser el que alarmó a los alavonenses, porque el siguiente paso era empezar las obras. No consta que los de Alaun opusieran ninguna clase de resistencia física al amojonamiento, más bien al contrario, puesto que dieron diversos argumentos en el proceso para acabar ganándolo. Y además, no es cierto que las fórmulas expresen exactamente la versión de los de Salduie. En realidad, están reproduciendo las demandas de Alaun: compraventa realizada *a non domino* y simulación de contrato. De ese modo, además, la segunda fórmula cobra todo su sentido, que lo pierde absolutamente si se supone que los de Salduie eran los demandantes, como cabe observar leyendo a los autores citados (op. cit. pp. 52 y ss), que reconocen enormes dificultades para interpretar la segunda fórmula.

36. Este es otro, a mi juicio, error común en varios autores. No hacía falta que se diera lugar a la primera y segunda fórmula, como afirman Birks, Rodger y Richardson, J.S., *Further aspects of the Tabula Contrebiensis*, cit. p. 54, sino que las peticiones están formuladas en forma subsidiaria, aunque, desde luego, pueda confundir el hecho de que se

3º. Subsidiariamente, de no prosperar la petición anterior, que los salduienses paguen el precio que determinen los jueces a los sosinestanos.[37]

En cambio, la demandada Salduie pedía, simplemente, la desestimación de la demanda, afirmando la propiedad de los sosinestanos y la legitimidad de la compraventa. Y Salduie debió reconocer, en algún momento, que realmente no había pagado aún el precio, por lo que no se opuso a que el mismo fuera determinado.

En cualquier caso, lo que sorprende no es solamente que este pleito podía haberse producido hoy en día, sino que se planteara algo que, en nuestro tiempo, conocemos con el nombre de prejudicialidad.[38] En este caso, conocer la propiedad de Sosinesta era esencial para saber si la compraventa fue legítima desde ese punto de vista, antes de pasar a considerar si hubo o no simulación de contrato. Se trata de una prejudicialidad civil que hoy en día hubiera podido resolver el mismo Juez de lo civil, por tener competencia para ambas materias. Pero si por casualidad a los alavonenses se les hubiera ocurrido plantear primero un proceso (el de propiedad), y luego el otro (el de simulación de la venta) ante jueces diferentes, lo que hubiera procedido es una acumulación de ambos procesos. Lo evitaron mediante una acumulación de pretensiones que sería perfectamente legítima desde el derecho procesal vigente, al tener el juez competencia sobre ambos procesos, sustanciarse a través de un mismo procedimiento y no ser las pretensiones incompatibles entre sí (art. 71 de la Ley de Enjuiciamiento Civil).

c. ¿Terceros?

En este proceso figura incluso la existencia de un tercero, algo insólito si se piensa que en la doctrina procesalista sobre los terceros se suele dar por supuesto que su estudio se remonta al siglo XIX.[39] Pero si atendemos al Derecho procesal civil español, su participación expresa en el proceso solamente fue reconocida desde la Ley de Enjuiciamiento Civil del año 2000.

---

parece expresarse la versión de los salduienses en las fórmulas. Aunque ya indiqué que ello no tiene nada de especial. Actualmente en las sentencias siempre destaca mucho más la versión del vencedor, sea el demandante o el demandado, porque esa versión es la que acaba suscribiendo el Juez.

37. Este es otro punto que ha provocado discusión. El bronce no hace referencia al precio que finalmente se determinó. Pero es que quizás no se determinó precio alguno o, como sugieren Birks, Rodger y Richardson, J.S., *Further aspects of the Tabula Contrebiensis*, cit. p. 59, esa cuestión quedaba ya fuera del proceso. D'ORS, *Las fórmulas procesales*, cit. p. 13, por su parte, cree que esa tercera fórmula era una cautela indemnizatoria rutinaria, y acaba afirmando que al dar la razón a los de Salduie, no hubo condena y por tanto no hubo ejecución (op. cit. p. 16). Insisto en que es posible que, finalmente, no se pagara precio alguno. Quizás se reconoció que el terreno era *ager publicus* sosinestano y, en ese caso, no había precio. O quizás los jueces se dieron cuenta de que el precio estaba incluido en el aprovechamiento del agua por parte de los sosinestanos. Todo ello, no obstante, es mera especulación, porque el bronce tampoco nos resuelve esa cuestión.

38. Ya lo había observado desde un primer momento D'ORS, op. cit. p. 7.

39. Von Ihering, Rudolf, Die Reflexwirkungen oder die Rückwirkung rechtlicher Tatsachen auf dritte Personen, en: «Gesammelte Aufsätze aus den Jahrbüchern für die Dogmatik des heutigen römischen und deutschen Privatrechts», reed. de 1981 de la ed. de Jena 1882, pp. 79 y ss.

Pues bien, la existencia de terceros ya se reflejó en un proceso muy antiguo. En este caso no consta, sin embargo, que los sosinestanos, los terceros en cuestión, participaran en el proceso. Se les menciona por dos veces en el bronce II, pero no comparecieron como partes. Por ello, quizás simplemente declaró alguien de Sosinesta como testigo, pero no estaban directamente interesados en el pleito.

Para ver qué calificación hubiera tenido ese tercero según la doctrina actual, hay que conocer algo más de los detalles del pleito, y aventurar algunos extremos. Salduie era una localidad ribereña del río Ebro, y Alaun del Jalón, a muy poca distancia de su desembocadura en el Ebro. Y las dos localidades distan muy poco entre sí, unos 25 km. Teniendo en cuenta que el caudal del Ebro es muy superior al del Jalón, el problema no podía ser de falta de agua para los de Salduie, sino quizás de su calidad. Alaun estaba situada más hacia el norte, por lo que los residuos de la actividad que hicieran sus ciudadanos en el Jalón desembocarían en el Ebro, llegando su resultado a Salduie. Quizás porque los de Alaun arrojaban desperdicios o desarrollaban algún tipo de empresa que impedía que los de Salduie recibieran el agua en condiciones.

De pronto a los de Salduie debió ocurrírseles la idea perfecta. Observaron que el citado afluente del Ebro, el río Jalón del que se abastecía Alaun, podía suministrarles el agua si construían una acequia —o un acueducto— más arriba del curso del río, librándose del problema. Para ello solamente tenían que conseguir tierras de los de Sosinesta —ciudad que debía hallarse entre Alaun y Salduie— para hacer la acequia desde el Jalón hasta Salduie, como si de un *by-pass* se tratase. Y ello debía beneficiar a los habitantes de Sosinesta, puesto que de ese modo tendrían agua en su municipio —o al menos más cerca de él— a coste cero, beneficiándose de la acequia. Y ese quizás fue el motivo por el que, en un primer momento, ni siquiera se había previsto satisfacer el precio. Obviamente, los de Alaun debían perder agua con ese «trasvase», porque el Jalón en época de sequía no debía tener ni mucho menos el caudal del Ebro. Y por ello iniciaron el proceso. Una prueba de que las cosas pudieron suceder así es que actualmente existe una acequia llamada La Almozara, que sigue justamente ese recorrido, y que algunos relacionan con la acequia del bronce II.[40]

En este proceso, los habitantes de Sosinesta no tenían un interés directo, sino indirecto. Si no se declaraba su propiedad de los terrenos no perdían nada que no tuvieran ya de hecho, y mucho menos frente a Alaun, que debía estar lo suficientemente lejos como para no poder disputarles el terreno, o para haber podido impedir que los de Salduie lo amojonaran. Por otra parte, si se declaraba la simulación de la compraventa tampoco perdían nada, puesto que no habían percibido precio alguno. Por ello, lo único que les interesaba es que la acequia se construyera en los terrenos que los de Salduie se habían dado tanta prisa en amojonar, señal externa que, como dije, debió alarmar a los de Alaun y les motivó a iniciar el proceso.

40. *Vid.* Abadía, José Carlos, *Algunos comentarios sobre el abastecimiento de agua a Caesaraugusta*, Cuadernos de Aragón, nº 23, 1995.

Ese interés de los de Sosinesta, como digo, es indirecto, puesto que no se discutía en el proceso el derecho a construir la acequia, sino el negocio jurídico previo que posibilitaba, finalmente, la construcción. Hoy en día los sosinestanos hubieran podido intervenir, en tal concepto, como terceros colaterales,[41] porque solamente les afectaban, precisamente, los efectos colaterales de la sentencia que se dictara.

En este caso concreto debieron sentirse suficientemente representados por los salduienses y, por ello, decidieron no comparecer en el proceso, como por otra parte hacen actualmente la enorme mayoría de terceros colaterales.

d. ¿Motivación?

Sin embargo, no todo son sorpresas agradables en este documento. Con lo que hay escrito en él se ha conseguido aventurar mucho, pero buena parte de lo indicado por todos los autores no deja de ser una hipótesis. Porque lo cierto es que dicho documento no nos deja saber las razones por las que los jueces fallaron a favor de Salduie. Hemos podido imaginarlas, pero realmente las desconocemos.

Y es que el bronce carece de motivación de su fallo. Simplemente dice: «*fallamos, según nuestra convicción, a favor de los salduienses.*» Y ello puede obedecer a diversas razones. Bien a que los jueces, legos en derecho, fueran también iletrados, hipótesis poco probable en su integridad, porque seguro que contaban con alguien que sí que pudiera escribir, como lo demuestra el hallazgo de la tabla de bronce.

Otra posible hipótesis es que en esa época no se acostumbrara a motivar las resoluciones judiciales, o sólo se hiciera excepcionalmente, como afirma Kaser.[42] De hecho, no parece existir norma que exija la motivación, lo que podía ser debido a que todos los contendientes habían estado presentes, no solamente en el juicio, sino también en el acto de ser dictada la sentencia, momento en el que quizás sí se daban más explicaciones. Lo afirmo de ese modo porque es enorme el coste social de no motivar los fallos. La falta de motivación desautoriza al tribunal, aunque lógicamente es posible que el fallo contara con el respaldo militar romano, lo que excluía cualquier discrepancia. Por otra parte, la sentencia no era apelable en aquella época,[43] por lo que la motivación podía convertirse en poco más que un inútil consuelo en esas circunstancias.

41. O adhesivos, como prefiere decir en general la doctrina, pese a que «colateral» es la traducción más directa del alemán, derecho del que proviene el antecedente de esta figura («*Nebenintervention*»), tal y como reconoce Liebman, Enrico Tullio, Efficacia ed autorità della sentenza (ed altri scritti sulla cosa giudicata), Milano, 1983, p. 49. Y además expresa mejor la naturaleza de su intervención, que no siempre es coadyuvante con las partes. *Vid.* Serra Domínguez, Manuel, *Intervención de terceros en el proceso*, en: «Estudios de Derecho Procesal», Barcelona 1969, pp. 249-250 y Montero Aroca, Juan, *La legitimación en el proceso civil. (Intento de aclarar un concepto que resulta más confuso cuanto más se escribe sobre él)*, Madrid 1994, p. 83.

42. Kaser / Hackl, *Das römische Zivilprozessrecht*, cit. p. 371.

43. La appellatio se crea en época de Augusto, es decir, posteriormente, aunque realmente pocos años después de la fecha del bronce II. Kaser / Hackl, *Das römische Zivilprozessrecht*, cit. p. 501.

De ese modo, no había otro remedio que acatar la sentencia, como fue el caso, ya que la acequia en cuestión parece que incluso sigue existiendo a día de hoy. Lo que ocurre es que, en estas condiciones, los terceros que desconocieran el pleito sólo podían saber lo sucedido a través de las fórmulas. Y por la cripticidad de las mismas, ello es aún peor que intentar imaginar la motivación de un juez consultando, en un proceso actual, solamente los escritos de demanda y contestación, y exclusivamente el fallo de la sentencia.

Siempre cabe, no obstante, la posibilidad de que, en realidad, sí que hubiera un fallo motivado cuyos restos arqueológicos no se han encontrado. Sorprende que las sentencias sumerias de 2.000 años antes sí que estuvieran motivadas,[44] y en cambio estas no. Pero reitero, nos faltan elementos de juicio para afirmar un dato verdaderamente concluyente y, de hecho, todas las evidencias apuntan a la falta de motivación. Piénsese si no por qué cuando escribieron el bronce, se dedicaron a transcribir las fórmulas y no la supuesta «sentencia motivada». Quizás porque esa sentencia motivada jamás existió.

e. ¿Cosa juzgada con efectos en terceros?

Sobre lo que sí que existen sobradas evidencias es acerca de la existencia de *res iudicata* en los procesos romanos, incluso desde bastante antiguo.[45] No siendo, además, la sentencia apelable, parece lógico pensar que el juicio del bronce II tuvo efectos de cosa juzgada.

Y desde luego que los tuvo. Para las partes por descontado. Ya he dicho anteriormente que la existencia misma del bronce como placa fijada en una pared, quizás delata que los alavonenses intentaron en diversas ocasiones que los jueces de Contrebia Belaisca rectificaran su fallo. La frustración por haber perdido el pleito y la importancia de lo discutido a buen seguro que les llevó a hacer intentos en este sentido, quizás aconsejados por el hábil abogado que les había asesorado en la fase *in iure*.

Los jueces de Contrebia Belaisca, probablemente hartos de esta situación y de recordarles verbalmente a los alavonenses la existencia de *res iudicata*, decidieron escribir la sentencia en un bronce y colgarlo en algún lugar público. Y quizás esa sea la razón, también, por la que el bronce —como se ha aventurado— se perdió en circunstancias bélicas.[46] Quién sabe si los de Alaun aprovecharon alguna revuelta posterior para descolgar el bronce, aunque luego no lo destruyeran, sino que lo dejaran olvidado en el campo de la batalla.

Lo que es interesante es que esta cosa juzgada tuvo efectos también para terceros, en este caso los sosinestanos, puesto que aunque no les perjudicara la sentencia, la misma, de hecho, estaba reconociendo su propiedad. Y era necesario mantener ese dato para que la acequia pudiera ser construida sin los obstáculos que, a mi modo de ver hábilmente, habían opuesto los alavonenses.

---

44. Falkenstein, Adam, *Die Neusumerischen Gerichtsurkunden*, München 1956.

45. *Vid.* PUGLIESE, Giovanni, Giudicato civile, en: «Enciclopedia di diritto, XVIII, Milano 1969, p. 729.

46. Básicamente porque la placa está dañada por el fuego, y porque existen evidencias de la destrucción violenta del yacimiento hacia el año 49 a.C. *Vid.* Fatás Cabeza Guillermo, *Contrebia Belaisca II: Tabula Contrebiensis,* cit. pp. 24 y 27-28.

Es decir, la estabilidad de la sentencia que otorga la cosa juzgada,[47] requería que los sosinestanos respetaran los pronunciamientos que se deducían de las fórmulas y del fallo. Una prueba más de que el dogma «*res iudicata inter partes*», aún vigente en sus más estrictos términos para algunos, estaba ya superado en el proceso romano.[48] Como de hecho está superado actualmente en la práctica, según cabe comprobar fácilmente consultando la jurisprudencia, pese a que dicha jurisprudencia, curiosamente, insista en mantener lo contrario.[49]

4. Breve explicación del proceso formulario

Para acabar de entender completamente todo lo anterior, es preciso realizar una brevísima referencia, al menos, al funcionamiento del proceso formulario.[50]

El mismo estaba organizado de una forma bien curiosa. Si el esquema de casi cualquier proceso actual es alegaciones-prueba-conclusiones-sentencia, en el proceso romano la primera fase de las mencionadas era tutelada por una autoridad diferente de la que después habría de juzgar: un pretor, que por lógica había de tener conocimientos jurídicos, dado que de lo contrario hubiera sido incapaz de redactar fórmula alguna.

Pues bien, esa primera fase, llamada *in iure*, se sustanciaba con las partes en conflicto, que exponían ante el pretor sus pretensiones. Éste las resumía en un sencillo —en principio— esquema llamado fórmula, redactada siguiendo un razonamiento prácticamente silogístico. Y con dicha fórmula establecía una guía para el Juez que juzgaría en la fase llamada, no por casualidad, *apud iudicem*.

Es decir, de alguna manera se trataba de simplificar el trabajo de las partes y de los jueces con la ayuda de una autoridad pública. En el fondo ello era, en cuanto a la función, bastante similar a la audiencia previa[51] que actualmente se celebra en nuestro procedimiento civil ordinario, que proviene del Derecho austriaco y que se ha presentado casi siempre como una de las principales novedades de la ciencia procesal moderna. En dicha audiencia se tratan de fijar los términos del debate, entre otras funciones que, de hecho, sólo tienen sentido cuando se ha presentado al menos el escrito de demanda. Y la fijación de los términos del debate es útil, sobre todo, para determinar con precisión

47. Nieva Fenoll, Jordi, *La cosa juzgada* Barcelona 2006, p. 123.

48. Como ya creo haber demostrado en Nieva Fenoll, *La cosa juzgada*, pp. 34 y ss.

49. Por citar una sentencia de las muchas que existen en este sentido, STS 957/2006 (Sala 1ª) de 6-10-2006, FD 3º.

50. Para un tratamiento mucho más amplio es imprescindible la lectura de Kaser / Hackl, *Das römische Zivilprozessrecht*, cit. pp. 151 y ss. En español cabe consultar Miquel González De Audicana, *Curso de Derecho romano*, Barcelona 1987, pp. 49 y ss.

51. Sobre sus antecedentes, Vázquez Sotelo, José Luis, *Instituciones saneadoras del proceso civil español: «excepciones dilatorias» y «comparecencia previa»*, Justicia 1987, pp. 19 y ss. Con anterioridad merece ser destacado el comentario de Fairén Guillén, Víctor, *Estudio de la «comparecencia» en el juicio de menor cuantía del «proyecto de ley urgente de reforma de la Ley de Enjuiciamiento Civil»* de 31 de mayo de 1983, BICAM, 1983, sept-oct., pp. 302 y ss. Con posterioridad, Alonso-Cuevillas Sayrol, Jaime, *La comparecencia preparatoria del juicio de menor cuantía*, Barcelona 1992.

el *thema probandi*. En estas condiciones y con las señaladas restricciones, la diferencia más destacable entre esta fase del proceso romano y la actual audiencia previa, estriba en el hecho de que de la audiencia previa y de la posterior práctica de la prueba actualmente se encarga un mismo Juez. Y en cambio en época romana eran autoridades diferentes las encargadas de ambas fases.

5. La posible razón de existencia del proceso formulario

Lo que resulta verdaderamente intrigante es la razón del nacimiento del proceso formulario.[52] Se ha dicho que era el proceso que se utilizaba entre los extranjeros primero,[53] como era el caso en el pleito que consideramos, quizás entre romanos y extranjeros después, y finalmente también entre romanos desde la *Lex Aebutia*, limitadamente, y con gran extensión desde la *Lex Iulia iudiciorum privatorum* del año 17 a.C.

Sin embargo, la cuestión es determinar quiénes eran habitualmente los «extranjeros» en Roma. La primera vez que se afronta el problema, en la actualidad, se tiende sistemáticamente a hacer paralelismos con las situaciones sociales actuales. Y aunque en otros casos ese paralelismo es muy útil, en otros podría ser contraproducente. Pensando en los fenómenos migratorios actuales, y quizás llevados por el peculiar nombre del *praetor peregrinus* y por la conocida existencia de las calzadas romanas, se tiende a pensar que los principales clientes del proceso formulario fueron los extranjeros que viajaban a la capital romana o a sus alrededores italianos ya absolutamente romanizados, y cuyos pobladores ya poseían la ciudadanía romana. Y nos imaginamos de ese modo, por ejemplo, a galos, celtíberos, íberos o vascones buscando fortuna en Roma.

Sin embargo, antiguamente los viajes no eran tan sencillos, por lo que la enorme mayoría de la población de los territorios ocupados se quedaba viviendo en el mismo lugar, e incluso algunos preferían la muerte antes que la sumisión, como parece que ocurrió en Numancia y en otros lugares.

Indico todo ello no por un simple afán historicista, porque no soy historiador, sino jurista. Y es que el proceso formulario, intencionadamente o no, poseía un procedimiento especialmente adecuado para situaciones de conquista relativamente reciente,[54] es decir, para supuestos en los que los ocupantes son una minoría y, en cambio, la población autóctona es muy mayoritaria. Si se intenta someter a un pueblo conquistado lo primero que hay que eliminar es la autotutela, es decir, la venganza. Y uno de los medios que se demuestran más eficaces para ello es justamente la implantación

52. Sobre esta génesis, *Vid.* Kunkel, Wolfgang / Schermaier, Martin, *Römische Rechtsgeschichte*, Köln, Weimar, Wien 2001, pp. 112 y ss.

53. Sohm, Rudolf, *Instituciones de Derecho privado romano*, trad. de la 17ª ed. de W. Roces, Madrid 1936, p. 615.

54. «*At an early stage of the institutions*», como afirman Birks, Rodger y Richardson, J.S., *Further aspects of the Tabula Contrebiensis*, cit. p. 46.

de un proceso jurisdiccional en el que las personas puedan confiar, discutiendo en él sus diferencias.

Como digo, el procedimiento formulario, con las características descritas, es más que adecuado para ello. Se obliga a acudir a los indígenas ante una autoridad de la nación ocupante, que se encarga de reducir sus diferencias a un esquema lógico, cuando no las avenía, cosa que forzosamente también debía suceder en ocasiones en la fase *in iure*. Y una vez que esa autoridad, el pretor, ha puesto en claro la discrepancia, escribe un documento en el que le dice a un Juez, que forme parte de la población indígena, lo que tendría que hacer para fallar a favor de una o de la otra parte. Y le dice lo que tiene que hacer desde el punto de vista jurídico, pero le deja libertad absoluta de dictar la sentencia que estime justa, dentro de los márgenes de la controversia que se fijaron entre el pretor y las mismas partes. De esa forma interviene lo menos posible[55] y le deja plena autonomía al Juez local, como de hecho era, con frecuencia, la manera de hacer romana en otros ámbitos políticos.[56]

El mérito de este procedimiento jurisdiccional desde el punto de vista psicológico es verdaderamente envidiable. Las emociones de cualquier pueblo ocupado le hacen sentir animadversión hacia el extranjero,[57] hacia el ocupante, aunque solamente sea porque es diferente a él y no le conoce,[58] que normalmente no es sólo por eso, naturalmente. Pues bien, este procedimiento contribuye a transformar esa emoción sustentada en el odio en sentimientos positivos de justicia y orden. Por una parte, el ocupante ayuda a resolver el litigio, pero no interfiere en su solución, puesto que el fallo se le reserva a una autoridad autóctona. Y, de esa manera, no se sustituye la antigua justicia que tuvieran los pueblos ocupados, sino que simplemente se «colabora» con ella.

Si se pensó así en un origen o no al instaurarse paulatinamente el proceso formulario, quizás nunca lo sabremos. Pero lo cierto es que su ejemplo podría ser utilizado perfectamente en otras situaciones, no sólo violentas o bélicas, que siempre resultan delezables por la usurpación que suponen, sino también en situaciones de pobreza en las que está muy asentado un sistema de justicia privada que quizás no merezca siquiera el calificativo de tal. Se trata de disponer una autoridad que no se inmiscuya en el litigio, pero que diga lo que hay que hacer para dar la razón a unos y otros, dándole plena consciencia al Juez autóctono de dichas razones, para que pueda aplicarlas debidamente.

55. «*Con molto tatto*» dice De los Mozos Touya, *Commento giuridico*, cit. p. 287.

56. Torrent, *Consideracionnes jurídicas sobre el bronce de Contrebia*, p. 96.

57. Y más en este caso en el que los habitantes del lugar, obviamente, no habían perdido el sentido de la propia identidad, como afirma De los Mozos Touya, *Commento giuridico*, cit. p. 287.

58. Lo cual, por cierto, también constituye un heurístico estudiado en psicología llamado «accesibilidad», según el cual todos tendemos a valorar la probabilidad de que ocurran los acontecimientos según la mayor facilidad que tengamos para recordarlos. Y por ello solemos desconfiar de lo desconocido. *Vid.* Artieta Pinedo, Isabel / González Labra, María José, *La toma de decisiones*, en: «González Labra, María José, Introducción a la psicología del pensamiento», Madrid 2005, p. 347 y ss. Nieva Fenoll, Jordi, *Enjuiciamiento* prima facie, Barcelona 2007, p. 75.

6. Ley o sentencia como origen del Derecho

Muchas veces se ha preguntado la ciencia jurídica sobre el origen del Derecho. Y si unos evocan el derecho escrito pensando en las XII tablas, o bien en el Código de Hammurabi, otros en cambio se imaginan más a un Juez que va resolviendo los litigios. Y con su reiteración, construye paulatinamente el ordenamiento jurídico a través de sus fallos.

En cualquier caso, es bastante curioso que justamente el primer vestigio jurídico romano casi completo hallado en la península no sea una ley, sino una sentencia. Desde luego que puede decrise que ello sucede porque el *ius civile* no se aplicaba a aquellos que no tuvieran la ciudadanía romana. Pero no deja de resultar curioso que en situaciones de ausencia o insuficiencia de ley, lo que deciden colocar los habitantes de la época en un lugar bien visible de la ciudad, no sea una ley, sino una sentencia. Es posible que ello sea solamente una casualidad, por supuesto, pero no deja de ser un dato a tener en cuenta.

Límites al ejercicio de la acción penal popular (A propósito de la STS de 17 de diciembre de 2007)

FRANCISCO ORTEGO PÉREZ
PROFESOR TITULAR DE DERECHO PROCESAL
UNIVERSIDAD DE BARCELONA.

A mi Maestro, el Profesor José Luis Vázquez Sotelo,
en manifestación de gratitud por sus sabias enseñanzas,
no sólo académicas, sino también humanas.

I. Introducción

Sabido es que una de las piedras basilares sobre las que se sustentó el sistema acusatorio puro en el período helénico y en la Roma republicana en cuanto modelo de justicia popular, fue la atribución del derecho de acusar «a cualquier ciudadano» mediante una «*actio ex quivis ex populo*»,[1] y aún siendo incuestionable su tradición en la justicia penal, su arraigo no ha sido igual en todos los ordenamientos, pues como con razón se ha dicho, la acción popular es una institución que exige profundas raíces en la cultura jurídica de un pueblo.[2] En este caso, bien puede afirmarse que en España las ha tenido y las tiene, y aunque creíamos que el paso del tiempo no las había debilitado y gozaban de buena salud, recientemente parece haber comenzado la poda, razón por la que con las necesarias puntualizaciones, califico de restricciones *jurisprudenciales* a tan secular institución, aun siendo conocedor de que es únicamente el legislador quien se

1. *Vid.* Vázquez Sotelo, J. L., «El principio acusatorio y su reflejo en el proceso penal español», Revista Jurídica de Catalunya, 1984, 2, pág. 375. Conso, Giovanni, «Accusa e sistema accusatorio. Atti processuali penali. Capacità processuele penale», Giuffrè Editore, Milano, 1961, pág. 9. Illuminati, Giulio, «Accusatorio ed inquisitorio», Enciclopedia Giuridica Treccani, Roma, 1991, pág. 1. González De Alba, P., «El derecho de acusación como función de ciudadanía», Revista general de Legislación y Jurisprudencia, 1909, tomo 115, págs. 29 y ss.

2. En este sentido, Gómez Orbaneja, E., «Derecho Procesal Penal» (con V. Herce Quemada), 10ª ed., Madrid, 1986, pág. 95. Alzaga Villamil, O., «Comentario sistemático a la Constitución Española de 1978», Ediciones del Foro, Madrid, 1978, pág. 747.

encuentra facultado para establecer los límites oportunos al ejercicio de este derecho (*Quilibet qui a iure non prohibitur, admittitur ad accusandum*).

Si respecto de ciertas instituciones procesales se ha dicho que no dejan indiferente a ningún jurista, este aserto parece pronunciado a la medida de la acción popular. Incluso doctrinalmente ha llegado a plantearse cuál debía ser el motivo por el que el Derecho español contemporáneo ha conservado la acción penal popular mientras que en cambio ha desaparecido de la mayoría de los ordenamientos occidentales.[3]

Sin embargo, nuestro Derecho histórico ofrece claros ejemplos de acusación por los particulares. Ya en el derecho castellano del alto medievo, la máxima «*nullum respondeat sine querelloso*» informaba la actividad procesal en la mayoría de los Fueros Municipales,[4] y Las Partidas disponen como principio general que «*Acusar puede todo ome que non es defendido por las leyes deste nuestro libro*»,[5] aunque durante el período de mayor vigencia del procedimiento inquisitivo la forma más común de iniciarse el proceso fueran las delaciones o denuncias anónimas que ponían en marcha las pesquisas del inquisidor, lo que distorsionaba el ideal primario de toda acusación cívica. Así, el devenir de la acusación por los particulares transcurrió —según recuerda Pérez Gil— por ciertos vaivenes de permisividad o de limitación,[6] como demuestra la Constitución de 1812 en la que únicamente se contempló para un reducido número de delitos,[7] hasta llegar a la brillante y fecunda época codificadora de finales del siglo XIX, exponente del pensamiento liberal.

Precisamente se atribuye al insigne Eugenio Montero Ríos ser el principal inspirador de la acusación popular en su configuración actual, fijándose su antecedente más próximo en la Ley Provisional de Enjuiciamiento Criminal de 1872, de cuyo art. 2 pasó casi en su íntegra literalidad al art. 101 de la vigente LECrim, erigiéndose en fiel exponente de uno de los aspectos más característicos de nuestro sistema penal de enjuiciar. Esa singularidad responde a la amplitud con la que el legislador decimonónico concibió la titularidad de la acción penal, diseñando un modelo de triple legitimación activa frente a otros ordenamientos europeos que optaron por el de la acusación pública en régimen de monopolio, tal como ilustrativamente recuerda la STS de 5 de julio de 2006 [R. J. 851].[8]

---

3. Así, Díez-Picazo Giménez, L. Mª, «El poder de acusar. Ministerio Fiscal y constitucionalismo», Ariel, Barcelona, 2000, pág. 152.

4. *Vid.* Pérez Gil, J., «La acusación popular», Ed. Comares, Granada, 1998, págs. 31 y ss.

5. Ley II, Título I, de la Séptima Partida. «Los Códigos españoles concordados y anotados», tomo IV, Rivadeneyra, Madrid, 1848, pág. 257.

6. Cfr. «La acción popular», ob. cit., pág. 55.

7. Cuyo art. 255 disponía que «*El soborno, el cohecho y la prevaricación de los magistrados y jueces producen acción popular contra los que los cometan*».

8. Establece dicha Sentencia que «A diferencia de otros sistemas [...], el art. 101 LECrim consagra el principio de la acción popular (art. 125 C. E.), en cuanto la acción penal es pública y todos los ciudadanos españoles podrán ejercitarla con arreglo a las prescripciones de la Ley, es decir, sean o no ofendidos por el delito».

Atribuido en la vigente LECrim el derecho de acusar («*ius ut procedatur*») al Ministerio Fiscal y a los particulares, es preciso distinguir las distintas cualidades que pueden presentar estos últimos, de forma que la acción exclusivamente «popular» en el más amplio sentido del término, se caracteriza —según Gimeno Sendra— porque puede ejercitarla cualquier ciudadano que se halle en plenitud del goce de sus derechos, sin que tenga que alegar en el proceso la vulneración de algún derecho, interés o bien jurídico protegido que se encuentre dentro de su esfera patrimonial o moral;[9] o lo que es lo mismo, sin que tenga que tratarse de un ciudadano directamente ofendido o perjudicado por el delito.

En definitiva, tal como estableciera la STS de 26 de septiembre de 1997 [R. J. 6366], en el conocido como «*caso del síndrome tóxico*», «*la acción popular ha de emplearse en defensa de la sociedad en su conjunto, no en nombre o interés propio o ajeno*», aunque ese interés social al que alude la Sentencia no siempre resulte ni bien entendido ni correctamente invocado.

Teniendo en cuenta estas premisas, la acción penal popular se contempla en el ordenamiento jurídico español como uno de los cauces que posibilitan la participación ciudadana en la administración de justicia, según disponen con carácter general los artículos 125 de la Carta Magna, 101 y 270 de la Ley de Enjuiciamiento Criminal y 19 de la Ley Orgánica del Poder Judicial, corroborando su raigambre en el Derecho español hasta el punto de resaltarse su pervivencia desde su regulación en la LECrim de 1872 hasta hoy, a pesar de todos los cambios de régimen político habidos en España durante períodos tan convulsos,[10] máxime tratándose de una institución tan íntimamente ligada al concepto de democracia. De ahí que cuando esta forma política no ha existido, la acción popular también haya quedado oscurecida hasta llegar incluso a instarse su abolición,[11] o que, por el contrario, su restauración haya supuesto su fortalecimiento, como demuestra que se reclamara con insistencia durante el período preconstitucional.[12]

No obstante, si al analizar el devenir de la acción popular durante los últimos tiempos en España la doctrina advertía hasta el momento tres fases perfectamente diferenciadas: una primera fase *abolicionista*, anterior a la promulgación de la Constitución; una segunda fase *permisiva*, que inaugura la Carta Magna, y una tercera, *expansiva*, en la que se experimenta un cierto auge en su ejercicio,[13] en el momento actual bien cabe añadir una cuarta fase, de carácter marcadamente *restrictivo.*

Pero a pesar de haber convivido siempre con críticas que cabe considerar *tradicionales*, lo cierto es que a día de hoy los reproches se han acentuado, y ya desde hace algunos

---

9. Gimeno Sendra, V., «*El derecho de acción*, en «Constitución y Proceso», Ed. Tecnos, Madrid, 1988, pág. 83.

10. Cfr. Díez-Picazo Giménez, L. Mª, «El poder de acusar. Ministerio Fiscal y constitucionalismo», ob. cit., pág. 154. Oromí Vall-Llovera, S., «El ejercicio de la acción popular (Pautas para una futura regulación legal)», Ed. Marcial Pons, Madrid, 2003, pág. 32.

11. *Vid.* Gimeno Sendra, V., «La acusación popular», Poder Judicial, núm. 31, 1993, págs. 93 — 94.

12. Armenta Deu, T., «El proceso penal: nuevas tendencias, nuevos problemas», Poder Judicial, 1996, I, núm. 41 — 42, pág. 76.

13. Gimeno Sendra, V., «La acusación popular», ob. cit., pág. 93.

años se ha propugnado la necesidad de una nueva regulación legal del ejercicio de este derecho, tal como ocurriera con el *Pacto de Estado para la Reforma de la Justicia* suscrito en mayo de 2001, cuyo principio 17 *b)* contemplaba la aspiración de una delimitación nítida de las facultades del acusador particular y del acusador popular.[14]

No obstante, ha sido la Sala Segunda del Tribunal Supremo quien ha puesto en entredicho mediante una controvertida Sentencia, el derecho constitucionalmente reconocido a cualquier ciudadano, haya sido o no ofendido por el delito, y con ello el genuino principio procesal español de publicidad de la acción penal, estableciendo una injustificable restricción de las expectativas y potestades del acusador popular cuando la causa se tramite mediante el procedimiento abreviado, aunque quizás sea más oportuno decir «*perpetrando*», dado que ha sido calificada de «*atentado*» a dicha manifestación acusatoria en uno de sus votos particulares.

Me refiero a la STS de 17 de diciembre de 2007[15] [JUR 2008/189], que establece la que se ha dado en llamar «*doctrina Botín*», por haber sido dictada en el denominado «*caso de las cesiones de crédito del BSCH*», para la que se ha precisado la celebración de un Pleno jurisdiccional de la Sala ante la falta de acuerdo sobre la aplicación al caso concreto de otros precedentes jurisprudenciales.

Se trata de una Sentencia que incluso ha tenido una especial trascendencia fuera del ámbito jurídico, ya que por muy diversas razones, ha originado un importante seguimiento mediático, poniendo de manifiesto ese fenómeno actual de excesiva «judicialización» de la vida pública, habida cuenta de la notoriedad general de algunos de los imputados en la citada causa.

Alegaban los recurrentes que en un verdadero Estado de Derecho «*no puede administrarse justicia de manera dispar según el rango o poder de los inculpados*», de suerte que pudiera conferirse una especie de privilegio de inmunidad a determinadas personas contra las que se dirija una acusación, hasta el extremo de conculcar ciertas manifestaciones del derecho de acusar como la que inspira esta reflexión. Y si bien es verdad que aquella notoriedad general ha sido uno de los principales motivos del interés provocado por dicha resolución, también existía otra poderosa razón, dados los efectos que pudieran derivarse de la aplicación o no de esta novedosa doctrina a determinadas causas pendientes de enjuiciamiento, aunque de no menor trascendencia social que la que ha impedido en este caso abrir el juicio contra determinados personajes públicos, haciendo caso omiso de la petición de las acusaciones populares.

Bien puede decirse que ha sido una Sentencia que se esperaba con cierta expectación, pues cabe recordar en esta línea los denominados casos «*Atutxa*», «*Ibarretxe*», o el del «*ácido bórico*», que tienen como denominador común el tratarse todos ellos de procesos penales incoados a instancias de la acusación popular o impulsados por este dere-

14. *Vid.* también Armenta Deu, T., prólogo a la monografía de Oromí Vall-Llovera, S., «El ejercicio de la acción popular (pautas para una futura regulación legal)», Marcial Pons, Madrid, 2003, pág. 11.

15. Recurso de casación núm. 315/2007, Ponente Enrique Bacigalupo Zapater.

cho cívico, institución que ha sido puesta en la picota por obra y gracia de esa doctrina del Tribunal Supremo que impide la apertura del juicio oral cuando únicamente lo pida la acusación popular, frente a la solicitud de sobreseimiento instada tanto por el Ministerio Fiscal como por la acusación particular.

Téngase en cuenta que a la ya de por sí controvertida»*doctrina Botín*» (adoptada por el Pleno de la Sala Segunda con un total de hasta siete votos particulares), se une la distinta interpretación que para un caso sustancialmente idéntico ha realizado la misma Sala tan sólo un mes después en el conocido como «*caso Atutxa*», condenando por desobediencia al ex presidente del Parlamento vasco junto a otros dos miembros de la Mesa de aquella Cámara, a instancias del sindicato de funcionarios «*Manos Limpias*» por negarse a disolver el grupo parlamentario *Sozialista Abertzaleak*.

De este modo, aunque tras la STS de 17 de diciembre de 2007 llegó a afirmarse que la limitación de la acción popular allanaba el camino para sobreseer causas como las de Ibarretxe y la del «*ácido bórico*»,[16] en la STS de 21 de enero de 2008 («*caso Atutxa*»), la Sala Segunda estableció —en otra resolución carente de unanimidad puesto que fue adoptada con cuatro votos discrepantes de entre los Magistrados que componían el Pleno— que la «*doctrina Botín*» no resultaba aplicable al «*caso Atutxa*» al no existir en éste último acusación particular personada, motivo determinante en opinión del Tribunal Supremo para no impedir en ese caso concreto el ejercicio de la acción popular.

En consecuencia, esta nueva línea jurisprudencial matiza o reinterpreta las tesis contenidas en la STS de 17 de diciembre de 2007, hasta el punto de que, en el momento de escribir estas líneas, el juicio de la causa del «*ácido bórico*» en la que se encuentran imputados mandos policiales por alteración de dictámenes periciales para vincular a ETA con el caso del 11-M, ha quedado aplazado en la Audiencia Provincial de Madrid a la espera de que se hagan públicos los fundamentos de la sentencia del «*caso Atutxa*»,[17] circunstancia que demuestra la necesidad de abordar esa nueva regulación legal antes comentada, que resuelva y elimine problemas interpretativos como los que aquí se han planteado.

Dejando a un lado la infinidad de comentarios vertidos en los medios de comunicación sobre estos procesos a la par que sobre tan insólita restricción de la acción popular, estimo que se impone un análisis estrictamente jurídico de la cuestión para determinar si resulta o no fundada la limitación que lleva a cabo la STS de 17 de diciembre de 2007 respecto al derecho constitucional a ejercitar la acción popular. O si se prefiere, y aunque suponga por mi parte un anticipo de las conclusiones, para tratar de demostrar lo injustificado de los argumentos de esta Sentencia, que ha propiciado que desde determinados sectores llegue a hablarse del «mayor retroceso del Estado de Derecho», «irra-

---

16. *Vid.* Diario *LA RAZÓN*, de 19 de diciembre de 2007, pág. 16. En la misma línea, *EL MUNDO*, 19 de diciembre de 2007, edición digital. Asimismo, *Vid.* Europa Press, 21 de enero de 2008 y LA LEY, *Diario de Noticias*, de 21 de enero de 2008.

17. *Vid. LA LEY, Diario de Noticias*, de 12/02/2008.

cional» e «inconstitucional»,[18] y «síntoma del grave deterioro de la Justicia española»,[19] aun cuando no cabe desconocer que los asuntos anteriormente citados se enmarcan en el ámbito de las denominadas «*querellas políticas*».[20]

II. La acción penal popular y los indudables riesgos que comporta su ejercicio

Este es sin duda el principal dilema en torno a la acción popular, por cuanto el ejercicio de un derecho puede derivar en una utilización abusiva que lo desnaturalice hasta convertirlo en un perverso instrumento. Cuestión distinta es la forma de combatir ciertos abusos y de establecer límites o restricciones a su ejercicio.

Sin olvidar que la acción penal popular es un derecho de configuración legal, tal como dispone el art. 125 C. E.,[21] ha sido la mencionada STS de 17 de diciembre de 2007 la que ha llegado a concluir que las facultades del acusador popular en aras al principio acusatorio no son plenas, sino restringidas, con base en una más que discutible hermenéutica del art. 782.1 LECrim.

A su vez, también queda seriamente cuestionada la deseable igualdad de armas que debe regir cualquier actuación procesal, aunque en este caso, no sea entre la consabida dialéctica relativa a acusación y defensa, sino la provocada en el ámbito de los mismos litisconsortes que en aplicación del modelo de nuestra centenaria LECrim pueden personarse como acusadores, en tanto en cuanto se conceden mayores facultades a unos que a otros.

También hay que tener muy presente que existen serias razones para prevenir los riesgos de ciertas acciones populares aparentemente desprovistas de cualquier «interés legítimo» o de un más que dudoso interés, cuando no claramente infundadas, sino más bien ejercidas por móviles que van desde la politización de asuntos hasta los meramente económicos,[22] tal como recuerda la STS de 17 de noviembre de 2005, [R. J. 2006/60] cuando alude a «*ciertos usos instrumentales en el contexto de estrategias políticas y de otra índole*», que no por ello deben «*gravar la posición de quienes, haciendo un uso acorde con sus fines constitucionales, contribuyan eficazmente a dar efectividad al orden jurídico*».

Pero por desgracia esa utilización torticera acompaña con relativa frecuencia al ejercicio de la acción popular, contribuyendo a su desprestigio hasta el punto de ser consi-

18. *Vid. LA LEY, Diario de Noticias*, de 10/12/2007, donde se reproducen las declaraciones del *Foro de ERMUA*.

19. Véase el artículo de Ramón Sacristán en *EL CONFIDENCIAL*, edición digital, de 13 de febrero de 2008.

20. Expresión que tomo de Gimeno Sendra, V., «La acusación popular», ob. cit., pág. 93.

21. Y refrenda la jurisprudencia constitucional. *Vid.* la STC 154/1997, de 29 de septiembre («*caso Roldán y Urralburu*»), [F. J. 3], donde se establece que «*no es un derecho absoluto o incondicionado, sino un derecho de configuración legal que, en consecuencia, el legislador puede regular y condicionar en su ejercicio…*».

22. Cfr. Lanzarote Martínez, P. A., «La acusación penal: ¿ejercicio de soberanía? Ministerio Fiscal *versus* acción popular», LA LEY, 1998, tomo I, pág. 1824. Luzón Cánovas, A., «La acción popular. Análisis comparativo con la acusación particular», LA LEY, diario núm. 5483, 15 de febrero de 2002, edición digital.

derada un factor de distorsión en la buena marcha del proceso.[23] Basta recordar como ejemplo de interés espurio, la polémica suscitada en el denominado «*caso Alierta*» o «*caso Tabacalera*» a raíz de la querella interpuesta por una asociación de consumidores y usuarios, que dio lugar al anuncio por parte de la Fiscalía de la apertura de una investigación contra el promotor de aquella acción, por negociar después la retirada de la acción penal a cambio de una importante suma de dinero.[24]

No se trata sin embargo de un fenómeno nuevo, pues como ya apuntara Silvela, en Inglaterra se produjo a finales del siglo XIX un movimiento asociacionista con la finalidad de perseguir determinados delitos, en lo que se ha convertido en una idea consustancial a este modo de acusación cívica del que la jurisprudencia puede dar buena cuenta.

El art. 38 de Código Civil faculta a las personas jurídicas a «ejercitar acciones civiles o criminales, conforme a las leyes y reglas de su constitución», y el Tribunal Constitucional ha reconocido su legitimación para personarse como acusaciones populares (SSTC 53/1983, de 20 de junio y 241/1992, de 21 de diciembre, [F. J. 4]) al entender que el término «*ciudadanos*» del art. 125 C. E. no sólo se refiere a las personas físicas, sino también a las jurídicas,[25] lo que ha dado pie al auge de determinadas asociaciones. Sirva a modo de ejemplo, de entre los muy variados que podrían traerse a colación, la creación de una asociación para proporcionar defensa letrada a víctimas de «fallos judiciales injustos», alguno de cuyos miembros llegó a declarar que «la ciudadanía debe atreverse a denunciar a un juez», puesto que «los jueces no pueden estar por encima del bien y del mal».[26]

No debe extrañar por lo tanto, que el proceso penal se contemple como un campo abonado para la actuación de un nuevo espécimen, como son los «*profesionales de la acción popular*», que actúan guiados por un claro afán de notoriedad o como vengadores de presuntos desmanes.[27]

Estas circunstancias ya fueron advertidas por Gómez Orbaneja, cuando manifestaba que «el sistema de la acción popular exige en la sociedad que lo adopte un espíritu propicio a formar asociaciones y ligas con la finalidad de perseguir los delitos» o cierta clase ellos, pues «su ejercicio ha de sentirse antes que como derecho, como un deber cívico», de forma que cumplirlo «requiere tiempo y trabajo, diligencia, someterse a

23. *Vid.* Valero Oltra, R., «Consideraciones sobre la acción popular», Boletín de Información del Ministerio de Justicia, 1981, núm. 1237, pág. 6. Por su parte Armenta Deu recuerda que la Memoria de la Fiscalía de Madrid de 1995 denunciaba un uso indebido de la acción popular, tanto para dilatar la tramitación de determinados procedimientos, como por el hecho de utilizarse de «escaparate» de abogados en causas de especial trascendencia pública, citando al respecto los *Casos del Informe Crillón, Filesa, GAL,* etc. «El proceso penal: nuevas tendencias, nuevos problemas», ob. cit., pág. 77.

24. *Vid.* LA LEY, *Diario de Noticias*, de 26 de noviembre de 2003.

25. Interpretación que ha sido considerada «generosa y discutible». Gutiérrez-Alviz y Armario, F. y Moreno Catena, V., *Art. 125: La participación popular en la Administración de Justicia*, en «Comentarios a la Constitución Española de 1978», (AA. VV., dirigidos por O. Alzaga Villamil), tomo IX, Cortes Generales, EDERSA, Madrid, 1998, pág. 573.

26. *Vid.* LA LEY, *Diario de Noticias* de 25 de noviembre de 2003, que se hacía eco de la constitución de ASNAE (Asociación Nacional de Afectados por Errores Judiciales, Policiales y Administrativos).

27. Gutiérrez-Alviz y Armario, F. y Moreno Catena, V., *Art. 125: La participación popular en la Administración de Justicia*, en «Comentarios a la Constitución Española de 1978», ob. cit., pág. 575.

molestias —acaso sinsabores graves— y finalmente, exige gastos», aunque la rotundidad de su conclusión no dejaba lugar a dudas, señalando que sin embargo, los peligros no eran menos obvios.[28]

Para contrarrestar esos riesgos evidentes han de instaurarse los necesarios mecanismos procesales para tamizar la seriedad de la acusación,[29] pues como ya advirtió Alimena, la exigencia de una mera caución no es garantía suficiente,[30] tal como en ocasiones han establecido nuestros Tribunales.

Un buen ejemplo es la STS de 22 de diciembre de 2002 [R. J. 2002/1816], en la que se cuestiona seriamente no sólo la insuficiencia de la exigencia de una caución, sino el ejercicio mismo de la acción popular. Alude la citada Sentencia a la pertinaz actitud del representante de la acusación popular en la persecución penal, en cuanto únicamente fue él quien recurrió una sentencia absolutoria, motivo que, a tenor de la STS de 22 de diciembre de 2002, constituyó una «*extrañeza que viene a reforzar, aunque sea genéricamente, lo cuestionable que resulta esta figura jurídica según está regulada, y admitida por los Tribunales de Justicia, pues basta el previo depósito de una cantidad (casi siempre simbólica, por irrisoria, para poder acceder*» a lo que califica sin tapujos de «*proceso ajeno a sus propios intereses, sin necesidad de demostrar mínimamente también con carácter previo, las razones que guían al accionante*». De ahí que la Sentencia concluya con la recomendación al legislador de abordar la oportuna reforma legislativa, pues «*sería conveniente impedir el ejercicio perverso de la acción popular en cuanto los derechos deberán ejercitarse siempre conforme a las reglas de la buena fe, sin sobrepasar manifiestamente los límites normales de su ejercicio*».

Fácilmente puede constatarse que las prevenciones no son pocas,[31] y que en cuanto manifestación acusatoria se trata de un instrumento capaz de poner en marcha un mecanismo tan aflictivo como el proceso penal y su consabido efecto estigmatizador para quien resulte imputado, aunque no por ello hay que caer en la generalización hasta el punto de restringir de forma drástica el derecho proclamado en el art. 125 C. E.

Sin embargo, lo cierto es que la STS de 17 de diciembre de 2007 sitúa al acusador popular en una parte con menores expectativas de actuación procesal que cuando la acusación viene ejercida por el Fiscal o por los ofendidos o perjudicados, a tenor de la merma de facultades para instar la apertura del plenario, circunstancia que lo convierte en un mero «*convidado de piedra*» en el período intermedio, tal como se refiere en uno de los votos particulares formulados a la misma.

28. «Derecho procesal penal», ob. cit., pág. 96.

29. *Vid.* Ortego Pérez, F., «El juicio de acusación», Ed. Atelier, Barcelona, 2007, págs. 115-118.

30. Alimena, Bernardino, «Studi di procedura penale», Turín, 1906, págs. 174 y ss. Desde otro punta de vista, Fairén Guillén aboga por reorganizar el sistema de fianzas en torno a la acción popular. *Vid. El artículo 125 de la Constitución: la acción popular y su fortalecimiento*, en «La Reforma del proceso penal», II Congreso de Derecho Procesal de Castilla y León Ministerio de Justicia, Secretaría General Técnica, Centro de Publicaciones, Madrid, 1989, págs. 604 y 605.

31. *Vid.* asimismo la STS de 5 de junio de 1993, [R. J. 4824].

Vaya por delante que, aun a sabiendas de las disparidad de argumentos que tanto a favor como en contra continúa suscitando la acción popular, considero que existen sobradas razones para calificar como injustificable la limitación del ejercicio de esta clase de acción penal en el procedimiento abreviado, a tenor de los argumentos ofrecidos por la STS de 17 de diciembre de 2007, sin que este juicio previo suponga por mi parte un posicionamiento real y efectivo respecto a una u otra corriente de opinión. Otra cosa bien distinta es la necesidad de acometer una nueva regulación legal que de forma precisa establezca las condiciones para su ejercicio.

Pero con independencia de esta propuesta de *lege* ferenda, en el fondo de la cuestión subyace el eterno debate de las relaciones entre la acción popular y la acusación pública.

La STS de 26 de septiembre de 1997 dictada en el «*caso del aceite de colza*» [R. J. 6366], se refería al rol que debe asumir la acusación popular en el proceso, muy similar en cuanto a su interés al del Ministerio Fiscal, ya que ambos han de actuar guiados por el afán de protección de la legalidad y el interés social. En este sentido son ciertamente ilustrativas las palabras de Almagro Nosete cuando afirma que la acción popular entendida como medio de control de la acusación pública, vigila, complementa y suple, de forma que en cuanto vigila, no actúa, simplemente observa; en cuanto complementa se muestra coincidente con los intereses que representa el Ministerio Fiscal; y en cuanto suple, actúa como sustituta de aquellos intereses.[32]

De una parte, la gran mayoría de los detractores de la acción popular cuestionan su ejercicio por los móviles o intereses poco diáfanos que en ocasiones puedan guiar a su promotor, a diferencia de los que sustentan tanto la participación del ofendido o del perjudicado por el hecho delictivo, como los que informan la actuación del Fiscal en cuanto defensor de la legalidad, lo que la hace difícilmente cohonestable con los intereses de éstos últimos. Incluso uno de los planteamientos más críticos contra la acción penal popular sostiene que su pervivencia choca con la idea inherente al propio Estado moderno de que la persecución de los delitos debe ser una función pública, y que posibilita que los particulares puedan disponer del Juez de Instrucción como medio para provocar investigaciones de interés partidista, con el consiguiente riesgo de privatización de la justicia penal.[33]

Por otra parte, argumentos favorables al ejercicio de este derecho recuerdan que precisamente se trata de un eficaz mecanismo de control de la acusación pública, fundamentalmente en sistemas como el español, donde la Fiscalía tiene una dependencia tan clara del poder ejecutivo.[34]

32. *Vid.* Almagro Nosete, J., *Acción popular*, en «La reforma del proceso penal», II Congreso de Derecho procesal de Castilla y León, ob. cit., pág. 228.

33. Al respecto véase Díez-Picazo Giménez, L. Mª, «El poder de acusar. Ministerio Fiscal y constitucionalismo», ob. cit., pág. 156

34. Fairén Guillén, V., *El artículo 125 de la Constitución: la acción popular y su fortalecimiento*, en «La Reforma del proceso penal», ob. cit., págs. 601-602.

Cabe recordar aquí las palabras de Silvela en el discurso de apertura de la Real Academia de Jurisprudencia y Legislación en 1888 apuntando el fundamento de la acción popular en un principio de desconfianza hacia la actuación del Ministerio Público, o la conocida expresión de Alimena, incidiendo en idéntica tesis, al afirmar que había que evitar que cuando el ciudadano se encontrara por la calle con los miembros de la Fiscalía pudiera llegar a preguntarse: «*he ahí los hombres que podrían dejar impune a mi asesino*».[35]

Son argumentos que aunque pudieran parecer periclitados, retornan en casos puntuales aquella desconfianza a la más rigurosa actualidad, tal como sucedió en marzo de 2007 con la retirada de la acusación por parte de la Fiscalía en el «*caso Otegui*», obligando a la Sala de lo Penal de la Audiencia Nacional a dictar sentencia absolutoria, aunque con la sorprendente apostilla por parte del Tribunal de que existía prueba de cargo directa, objetiva y suficiente para fundamentar una condena por enaltecimiento del terrorismo, que sin embargo no se produjo, pues fue el desistimiento del Fiscal el que obligó a un fallo de aquella naturaleza.[36]

Sin embargo, aunque como dice la STS de 17 de diciembre de 2007 debe rechazarse hoy que el fundamento de la acusación popular resida en aquella histórica desconfianza dado que es la Constitución misma la que deposita en el Ministerio Fiscal una confianza institucional en su actuación, el «*caso Atutxa*» es paradigmático respecto a la polarización de los argumentos a favor y en contra de la acción popular. Sirva a modo de ejemplo el hecho de que mientras la acusación fue ejercida por un sindicato de funcionarios («*Manos Limpias*»), «que a pesar de su nombre no cuenta con representación en ningún centro de trabajo y su máximo responsable es un ex dirigente del partido de extrema derecha Fuerza Nueva»,[37] la Fiscalía mantuvo actuaciones bien diversas durante la tramitación de la causa, pues si bien instó su incoación mediante la preceptiva querella cuando era Fiscal General del Estado Jesús Cardenal, tras el consabido relevo en la cúpula del Ministerio Público en la persona de Conde—Pumpido, se produjo un cambio de criterio, pasando a solicitar en distintas ocasiones el sobreseimiento, y con posterioridad, la absolución.[38]

35. Alimena, Bernardino, ob. cit., pág. 174.

36. Cfr. LA LEY, *Diario de Noticias*, de los días 22 y 23 de marzo de 2007 donde se recogen reacciones de distinto signo, titulando desde «Bermejo dice que la Fiscalía hizo lo que tenía que hacer y rechaza que fuera un *paripé*»; «El PP pide la dimisión del Fiscal de la Audiencia Nacional Fernando Burgos por incapacidad para perseguir el delito»; «El caso Otegui genera indignación entre fiscales conservadores, mientras los progresistas piden respeto para las resoluciones»; o «La Fiscalía dice que la sentencia es *una pataleta infantil* e *impropia* del Tribunal».

37. *Vid. LA LEY, Diario de Noticias*, 22/01/2008.38. Diario *LA RAZÓN*, de 22 de enero de 2008, pág. 18. Y argumentos muy similares pueden predicarse respecto al proceso del «*caso del ácido bórico*», donde tanto el Fiscal, como el Abogado del Estado y las defensas han pedido el sobreseimiento de la causa, y las asociaciones convertidas en acusación popular, la apertura del plenario. *Vid. EL PAÍS,* edición digital, de 11 y 12 de febrero de 2008.

38. Diario *LA RAZÓN*, de 22 de enero de 2008, pág. 18. Y argumentos muy similares pueden predicarse respecto al proceso del «*caso del ácido bórico*», donde tanto el Fiscal, como el Abogado del Estado y las defensas han pedido el sobreseimiento de la causa, y las asociaciones convertidas en acusación popular, la apertura del plenario. Vid. *EL PAÍS*, edición digital, de 11 y 12 de febrero de 2008.

III. Génesis de la STS de 17 de diciembre de 2007: una breve cronología de la causa

Resulta interesante —o cuando menos, didáctico— pormenorizar en la génesis de la STS de 17 de diciembre de 2007, no tanto en cuanto a su formación interna sino en lo que atañe a una cierta cronología de la causa que permite poner de relieve actuaciones procesales de muy distinto cariz por parte de las acusaciones personadas.

Esta Sentencia tiene su origen en el recurso de casación por infracción de ley interpuesto por *ADIC* (*Asociación para la Defensa de Inversores y Clientes*) y el partido político *Iniciativa per Catalunya—Verds,* integrantes de la acusación popular, contra el auto de sobreseimiento libre de 20 de diciembre de 2006 [ARP 2007/145], dictado por la Sección Primera de la Sala de lo Penal de la Audiencia Nacional, en el que literalmente se resolvía que «*el Tribunal entiende que en el procedimiento abreviado no puede abrirse el juicio oral a instancias de la acusación popular, sino que es necesario que lo inste bien el Ministerio Fiscal, bien el acusador particular, entendiendo por perjudicado u ofendido no sólo el titular del bien jurídico protegido sino todo afectado de modo directo o subjetivo por el delito, sea persona física o jurídica*».

Se plantean pues, dos cuestiones discutibles que es preciso deslindar de antemano: por un lado, la resolución del auto de sobreseimiento libre de la A. N., y por otro, los argumentos de la STS de 17 de diciembre de 2007 considerándolo ajustado a Derecho. Pero vaya por delante, que aún tratándose en este caso de un procedimiento abreviado, una circunstancia muy similar ya fue objeto de crítica por parte de Gómez Orbaneja, señalando como uno de los principales desajustes del sistema de la acción popular establecido en la LECrim, el hecho de que habiéndose dictado un procesamiento pudiera abrirse el juicio a petición de este acusador aun en contra del criterio del Ministerio Fiscal y del propio Tribunal, y sin que hubiera lugar a la oposición del procesado.[39]

Más recientemente, y a modo de propuesta de *lege ferenda* para una futura reforma del régimen legal de la acción popular, se ha defendido que en los procesos públicos en los que no esté personada una acusación particular, o cuando se aparte del procedimiento, la retirada de la acusación por el Fiscal deba implicar también la retirada de la acción popular, aunque hay que hacer notar que se trata de una propuesta que proviene de miembros del Ministerio Público.[40]

Siguiendo con la cronología del citado proceso, el denominado «*caso de las cesiones de crédito del BSCH*» viene referido a una causa que comenzó a incoarse en 1992 en el

39. Gómez Orbaneja, E., «Comentarios a la Ley de Enjuiciamiento Criminal», t. II, Ed. Bosch, Barcelona, 1951, págs. 234 y 235.

40. Así la propuesta de Luzón Cánovas, A., Fiscal de la Fiscalía especial anticorrupción. *Vid.* «La acción popular. Análisis comparativo con la acusación particular», ob. cit. En idéntica línea cabe citar a Muñoz Cuesta, J., miembro de la Fiscalía Superior de la Comunidad Foral de Navarra, quien se muestra favorable a las tesis de la STS de 17 de diciembre de 2007. *Vid.* de este autor «Límites al ejercicio de la acción popular», Repertorio de Jurisprudencia Aranzadi núm. 28/2007, [BIB 2007/3030].

Juzgado Central de Instrucción num. 3, ante lo que los posteriores recurrentes casacionales interpretaron como una «*gigantesca defraudación tributaria*» que justificaba *per se* la existencia del «*interés legítimo y personal*» de aquéllos, en cuanto promotores de la acción popular.

La apreciación de indicios racionales de criminalidad determinó que el juicio de imputación formal y provisional del órgano instructor se plasmase en el auto de transformación de las diligencias previas de 27 de junio de 2002, acordando seguir los trámites del procedimiento abreviado, resolución que fue recurrida en apelación por todas las partes personadas con la excepción de la acusación popular.

La apelación de aquella interlocutoria fue resuelta mediante auto de 23 de junio de 2003, que confirmó así el auto de transformación del Juez instructor, quien ordenó mediante providencia de 27 de mayo de 2004 la continuación del procedimiento, acordando que se diera traslado a las acusaciones personadas para que solicitaran la apertura del juicio oral o el sobreseimiento.

En cumplimiento de ese trámite de la etapa intermedia del procedimiento abreviado, sólo los integrantes de la acusación popular instaron la apertura del plenario, ante cuya solicitud el Juzgado Central de Instrucción dictó auto de apertura del juicio oral con fecha de 6 de octubre de 2004.

Adviértase que el auto que acuerda abrir el juicio es irrecurrible excepto en lo relativo a la situación personal del imputado (art. 783. 3 LECrim), por lo que una vez abierto ante la Sección Primera de la Sala de lo Penal de la Audiencia Nacional, en sesión de 23 de noviembre de 2006, el Ministerio Fiscal planteó como cuestión previa la nulidad de la apertura del juicio oral al haber sido únicamente solicitada por la acusación popular, adhiriéndose a la petición fiscal tanto la acusación particular —representada por el Abogado del Estado— como las defensas, siendo la estimación de aquella cuestión previa la causa determinante del precitado auto de sobreseimiento libre.

Finalmente, la STS de 17 de diciembre de 2007 desestima el recurso de casación interpuesto por las acusaciones populares, confirmando el auto de sobreseimiento, si bien lo hace con algunos argumentos más que discutibles, que encuentran su réplica en cinco del total de los votos particulares emitidos, el primero de los cuales corresponde al ponente inicialmente designado (el Magistrado J. Sánchez Melgar) tal como dispone el art. 147 4º. II LECrim.

IV. La línea argumental de la denominada «doctrina botín» y su crítica

La *ratio decidendi* de la STS de 17 de diciembre de 2007 parte de la consideración de la acción popular como un derecho de configuración legal, y en consecuencia, susceptible de limitación por el legislador, quien puede decidir la forma de su ejercicio en cada tipo de procedimiento, lo que como corolario lleva a la discutible exégesis que realiza del art. 782. 1 LECrim, así como al alcance del concepto de «acusador particular» que utiliza dicho precepto.

Entiende la Sentencia que no puede afirmarse que el auto de sobreseimiento libre dictado por la A. N. concediera un privilegio personal a los acusados por el hecho de denegar abrir el juicio únicamente a petición de los acusadores populares, ni que por ello se infringiera el derecho de acceso a la jurisdicción —y por ende, el que proclama la tutela judicial efectiva— puesto que el de acción popular no es un derecho fundamental sino subordinado en su ejercicio a las condiciones que prevea la Ley, no estando obligado el legislador a reconocerlo en todos los tipos de procesos.

Ciertamente, cuando el art. 125 C. E. se refiere a la acción popular y al Jurado como instrumentos de participación ciudadana en la administración de Justicia, condiciona estas manifestaciones del «*status activae civitatis*» a «*la forma y con respecto a aquellos procesos penales que la ley determine*». Sirvan a título ejemplificativo la exclusión de la acción popular en el proceso penal militar, donde el Tribunal Constitucional ha declarado que no existe una exigencia derivada del art. 24. 1 C. E. sobre el establecimiento de esta clase de acusación en dicho proceso, de modo que el silencio de la L. O. 2/1989 sobre la misma no puede interpretarse contrario a la Carta Magna (SSTC 179/2004, de 21 de octubre, [F. J. 4] y 115/2001, [F. J. 6]), o las limitaciones que derivan de los artículos 191 y 296 del Código Penal, aunque bien es verdad que de la regulación del procedimiento abreviado en la LECrim no se derivan prohibiciones similares ni expresa, ni tácitamente.

No es ésta sin embargo la conclusión a la que llega la Sentencia comentada, aduciendo que el fundamento de la restricción legal se encuentra precisamente en la propia dicción del art. 782. 1 LECrim, en cuanto dispone que «*si el Ministerio Fiscal y el acusador particular solicitaren el sobreseimiento de la causa por cualquiera de los motivos que prevén los arts. 637 y 641, lo acordará el Juez*».

La hermenéutica que realiza la Sala Segunda consiste en una rigurosísima interpretación literal merecedora de la más rotunda crítica, y su rechazo se justifica en la senda argumental de aquellos votos particulares a la Sentencia que consideran que la excesiva literalidad en la que se apoya la exégesis de la norma no es más que «*un singular patrón interpretativo*» que va en contra de uno de los más caracterizadores principios del vigente orden procesal penal (voto particular del Magistrado P. Andrés Ibáñez), y que sin embargo lleva a la Sala a establecer que la enumeración que realiza el precepto en cuanto a las posibles acusaciones constituye un auténtico «*numerus clausus*».

Sorprende que por el sólo hecho de referirse expresamente el precepto a las acusaciones pública y particular, deba entenderse excluida *ipso iure* a la acusación popular.

Se trata de un planteamiento reduccionista contrario al principio establecido en la mismísima Exposición de Motivos de la LECrim cuando recuerda que junto a la posible concurrencia de aquellos dos acusadores (público y particular), la LECrim también otorga «*una acción pública y popular para acusar, en vez de limitarla al ofendido y sus herederos*» (apartado XXV), por lo que la hace extensiva a cualquier ciudadano.

El punto de partida lo constituye el principio de legalidad que impone al Fiscal el deber institucional de ejercer la acción penal cuando proceda, premisa que es necesario completar con las exigencias del principio de publicidad de la acción, que permite en los denominados delitos de persecución pública la personación tanto del ofendido y del perjudicado como de cualquier ciudadano que demuestre un interés legítimo. Pero no por ello la Ley tiene que nombrar explícitamente en todos los casos en los que se refiere a los acusadores a la acusación popular, pues ésta podrá o no estar presente en determinadas causas, de modo que su silencio no puede ser interpretado como una prohibición.

Sabido es que con el sistema establecido en la LECrim suele distinguirse entre una acusación pública (Fiscal), una acusación particular *stricto sensu* (la del ofendido o del perjudicado), junto una hipotética personación de la acusación popular (cualquier ciudadano no ofendido ni perjudicado directamente por el hecho delictivo).[41] En sentido amplio, también ésta es una acusación ejercida por «*particulares*» en cuanto que manifestación cívica, razón por la que algunos votos discrepantes a la citada Sentencia sostienen que el término «acusación particular» da cabida también a la acusación popular.

En la línea de lo que preconizaba el *Pacto de Estado para la Reforma de la Justicia* es necesario delimitar conceptualmente estos conceptos para eliminar ambigüedades como la que da lugar tanto en la STS comentada como en sus votos particulares, a esa disparidad de criterios.

Sin embargo, hay que reconocer que esta es una cuestión tan aparentemente discutida como académicamente sencilla, si bien la propia LECrim ayuda a las muy distintas interpretaciones.

Numerosos ejemplos corroboran esta afirmación a lo largo de su articulado: en al art. 505. 3, al regular la «*vistilla*» en materia de prisión provisional se refiere al «*Ministerio Fiscal y alguna parte acusadora*»; en el art. 622 habla del «*acusador privado*» y del Ministerio Fiscal en el período intermedio del procedimiento ordinario, mientras que en el art. 623 ya alude al «*querellante particular, si le hubiese*». Y siguiendo con esa falta de homogeneidad semántica pueden verse los artículos 627 y 629 (en los que se refiere únicamente al «*querellante*»), 642, 644 y 645 (donde habla del «*querellante particular*», o el art. 651 («*acusador particular*»).

La STS de 17 de diciembre de 2007 emplea un endeble argumento cuando invoca la Exposición de Motivos de la Ley 38/2002 como sostén de esa exégesis que le lleva a entender que en el procedimiento abreviado, el sentido de la expresión «acusación particular» se circunscribe a «*los perjudicados por el delito*». Errónea sin duda, cuando en el mismo Preámbulo que cita la Sentencia se dice expresamente que las reformas en el procedimiento abreviado son de muchos tipos, aunque en unos casos «*se trata de modificaciones meramente semánticas o de redacción, como en el caso de que el Ministerio Fiscal solicite el sobreseimiento y no estuviesen personados los ofendidos por el delito como perjudicados ejercientes de la acusación particular*» (apartado III de la E. de M.).

41. Cfr. Vázquez Sotelo, J. L., «El principio acusatorio y su reflejo en el proceso penal español», ob. cit., pág. 380.

A esa debilidad argumental cabe añadir que también la E. de M. de la Ley 38/2002 yerra al equiparar al ofendido con el perjudicado, distinción conceptual pacífica desde que fuera establecida por Antolisei[42] y continuada por Gómez Orbaneja.[43]

A su vez, entre las normas reguladoras del procedimiento abreviado se encuentran dos preceptos esclarecedores que confirman el rigor literalista de la tesis sostenida en la Sentencia. Se trata de los arts. 761. 1 que alude expresamente al «*ejercicio por particulares, sean o no ofendidos por el delito, de la acción penal*», y del art. 780. 1 LECrim que se refiere «*al Ministerio Fiscal y a las acusaciones personadas*», demostrativos de que en el ánimo de la LECrim no se halla el cerrar la puerta a la intervención de la acción popular en este procedimiento.

Aún sorprende más si cabe, que la STS de 17 de diciembre de 2007 trate de justificar la exclusión de la acusación popular de la facultad de instar la apertura del juicio oral en los procedimientos abreviados cuando sea el único acusador, bajo el pretexto de una limitación del derecho de defensa. Entiende en este caso la Sala que, de reconocerse a la acción popular en esas condiciones el derecho a la apertura del plenario, se produciría la comentada limitación del derecho de defensa así como un desequilibrio de la igualdad de armas, en tanto en cuanto supondría un reforzamiento de la acusación.

Pero la sorpresa llega a perplejidad cuando la precitada STS de 17 de diciembre de 2007 establece que «*esa exclusión de la acción popular en el art. 782. 1 LECrim [...] tiene una justificación plausible desde el punto de vista constitucional*», dado que «*equilibra la relación entre derecho de defensa y la multiplicidad de acusaciones*», por lo que entiende correcto concluir «*que la enumeración es cerrada y que no existen razones interpretativas que justifiquen una ampliación del texto legal*».

No deja de resultar curioso que lo que la comentada Sentencia de 17 de diciembre de 2007 pretende contrarrestar, más que equilibrar, sea precisamente aquel diseño originario de Alonso Martínez respecto a la titularidad de la acción penal, que aun calificado de «excesivamente generoso»,[44] en modo alguno puede verse como contrario al derecho de defensa ni a la igualdad de armas.

V. Conclusión

Las conclusiones a esta cuestión necesariamente han de plantearse desde dos puntos de vista, distinguiendo entre exigencias de *lege data* y propuestas de *lege ferenda*.

Desde la óptica del derecho positivo considero que se trata de una doctrina sumamente errónea que choca frontalmente con principios esenciales de nuestro enjuiciamiento criminal.

42. Antolisei, Francesco, «L'ofesa e il, danno nel reato», Bergamo, 1930.

43. *Vid.* «Comentarios a la Ley de Enjuiciamiento Criminal», t. II, ob. cit., págs. 256 y ss.

44. Gimeno Sendra, V., «*El derecho de acción*, en «Constitución y Proceso», ob. cit., pág. 76.

La STS de 17 de diciembre de 2007 sostiene que su interpretación del art. 782. 1 LECrim se ajusta al «sistema valorativo de la Constitución», aunque otra cosa es que así sea en la práctica.

En efecto, entiende que ni niega el derecho de acceso a la jurisdicción, ni vulnera el derecho a la tutela judicial efectiva de los recurrentes en tanto en cuanto no cabe otorgar el rango de derecho fundamental a aquél que proclama el ejercicio de la acción popular.

Es indiscutible que su ubicación sistemática no se encuentra en la Sección 1ª, del Capítulo II del Título I de la Carta Magna, aunque la jurisprudencia constitucional ha reconocido que si quien ejercita la acción popular es titular de un interés legítimo y personal, «*lo que está ejercitando es un derecho fundamental*» (STC 62/1983, de 11 de julio, [F. J. 2 A]).[45] De ahí que cuando se trata de la interpretación de la Ley procesal hay que observar lo dispuesto por el art. 5. 1 de la L. O. P. J., en el sentido de que los órganos jurisdiccionales interpretarán y aplicarán las leyes «*según los preceptos y principios constitucionales, conforme a la interpretación de los mismos que resulte de las resoluciones dictadas por el Tribunal Constitucional en todo tipo de procesos*». Lógicamente es obligado concluir que dicha interpretación no ha sido acorde a lo establecido en la misma doctrina constitucional y que se han cercenado facultades procesales de la acción popular.

Suscribo por otra parte, aquellos argumentos expresados en algunos de los votos particulares a la STS que entienden que en modo alguno el art. 782. 1 LECrim contiene una enumeración cerrada (voto formulado por M. Colmenero y Menéndez de Luarca), pues «*si eso quiso decir la ley, tendría que haberlo especificado de manera tajante, sin emboscadas ni expresiones de dudoso entendimiento*» (J. Sánchez Melgar), pues lo contrario constituye «*un atentado contra la esencia de ese derecho al ejercicio de la acción popular*» (J. Delgado García).

Una cosa es combatir el ejercicio abusivo de determinadas acciones populares y otra muy distinta reputar admisible una restricción de ese derecho por esta vía. «*¿Quién en los* sucesivo —se pregunta uno de los Magistrados discrepantes— se *tomará la molestia de constituirse como acusación particular [...] sabiendo que en un momento decisivo del procedimiento, con efectos absolutamente letales para el discurrir de éste, su posición procesal resultará por completo ineficaz?*» (voto particular de J. M. Maza Martín). Mediante esta controvertida «*doctrina Botín*» se ha dicho que lo que se va a conseguir es liquidar una institución prevista en la Constitución hasta el extremo de resultar una tarea difícil reanimarla con posterioridad.[46]

Es preciso pues, emprender la anhelada reforma legal que logre reconducirla a límites más certeros[47] y ofrezca respuesta eficaz a las críticas que plantea su ejercicio, del que por otra parte no hay que olvidar su carácter de derecho constitucional.

---

45. En idéntica línea las SSTC 147/1985 y 241/1992, [F. J. 2].

46. *Vid.* el artículo de Ramón Sacristán, «Botín y los jueces», en *El Confidencial*, diciembre de 2007, edición digital.

47. Gutiérrez-Alviz y Armario, F. y Moreno Catena, V., *Art. 125: La participación popular en la Administración de Justicia*, en «Comentarios a la Constitución Española de 1978», ob. cit., pág. 575.

El juicio de acusación es el medio que dispensa el proceso penal para combatir la fundamentación y seriedad de las acusaciones,[48] pero puede resultar insuficiente si previamente no se controla el interés de quien pretende ejercitar una acción de esta clase. De la misma manera que en el ámbito mercantil se aplica la doctrina del «*levantamiento del velo*» respecto a las sociedades irregulares, hay que intentar «*destapar*» aquellos oscuros intereses que pueden trocar su ejercicio en un manifiesto abuso.

El primer paso sería negar legitimación activa en el ejercicio de la acción popular a los partidos políticos y a las asociaciones carentes de «intereses legítimos»,[49] circunstancia que puede quedar de manifiesto cuando su intervención no guarde relación alguna con el delito perseguido, además de reducir el número de delitos cuya persecución pueda instar la acusación popular.[50] Cuestión bien distinta es que el ordenamiento jurídico vigente lo permita.

48. *Vid.* mi trabajo «El juicio de acusación», ob. cit., *passim.*

49. Propuesta realizada ya por Gimeno Sendra, V., «La acusación popular», ob. cit., pág. 94.

50. Cfr. Luzón Cánovas, A., ob. cit.

Intervención de terceros en la Ley de Enjuiciamiento Civil de 2000: Legitimación, información de la pendencia del proceso y poderes del interviniente**

PROF. DR. MANUEL ORTELLS RAMOS.
UNIVERSIDAD DE VALENCIA (ESPAÑA)

I. Introducción

La Ley de Enjuiciamiento Civil de 2000 (en adelante, LEC/2000) ha supuesto un importante avance en tres aspectos que son importantes para evaluar la calidad de un texto legal.

En primer término, ha mejorado la tutela judicial de las situaciones subjetivas de Derecho privado, adecuándola a los requerimientos sociales y económicos de una sociedad profundamente distinta a la que optó por conservar el antiguo ordenamiento procesal.

En segundo término, ha perfeccionado la seguridad jurídica en la ordenación del proceso civil, rescatando partes del mismo de las imprecisas y cambiantes —aunque benefactoras en caso de laguna legal— orientaciones de la doctrina jurisprudencial e, incluso, de la mera práctica judicial.

En fin, ha recibido los mejores resultados alcanzados por la ciencia jurídica procesal española, plenamente integrada, desde finales del primer tercio del siglo XX, en el contexto metodológico del procesalismo científico.

Una de las instituciones que ilustran ese avance es la intervención de terceros en el proceso de declaración, a la que la LEC/2000 ha dotado, por primera vez, de un régimen jurídico general.

** Este trabajo, inédito en España, es el texto base de la conferencia por invitación que pronunció el autor en el XXVI Congreso Colombiano de Derecho Procesal, celebrado en Bogotá (Colombia) en septiembre de 2005.

Esta conferencia versará sobre las líneas fundamentales de este cambio normativo, sobre la apreciación crítica que los procesalistas españoles han realizado del modo en que ese cambio ha sido plasmado en el texto legal, y también sobre la incidencia de ese cambio en la práctica del proceso civil, en la medida en que las resoluciones de los tribunales en estos pocos años de aplicación de la LEC/2000 permiten llegar a alguna conclusión.

II. La intervención de terceros en el antiguo ordenamiento procesal civil

La LEC de 1881 (en adelante, LEC/1881) y sus reformas parciales no dieron acogida a la intervención de terceros, que sólo fue expresa, aunque parcialmente, regulada en el ámbito del proceso especial para la tutela jurisdiccional civil de derechos fundamentales (arts. 12.2 y 14.3 de la Ley 62/1978, de 26 de diciembre).

No obstante, como la institución satisface necesidades reales, la doctrina jurisprudencial dio respuesta a las mismas, bien sea admitiendo la intervención, bien sea atribuyendo una amplitud excesiva a una institución como el litisconsorcio pasivo necesario, que, por otra parte, tampoco era conocida en la antigua LEC. En un determinado momento, el art. 24.2 de la Constitución Española (en adelante, CE) —que reconoce el derecho de toda persona a la tutela efectiva de los jueces y tribunales en el ejercicio de sus derechos e intereses legítimos, sin que puede producirse indefensión—, vino a dar un nuevo apoyo a la admisión de la intervención.

1. La inexistencia de un régimen general de la institución y sus posibles causas

Los fundamentos normativos que la intervención de terceros podía encontrar en la LEC/1881 eran normas que sólo indirecta e imprecisamente presuponían la admisión de la intervención, como admitió la doctrina (Prieto-Castro, pág. 389; Fernández López, pág. 581). Así, el art. 73 LEC/1881, que habilitaba para interponer declinatoria e inhibitoria no sólo a quien tenía la condición de parte por haber sido demandado, sino también a quienes «puedan ser parte legítima en el juicio promovido»; y el art. 260 LEC/1881, que ordenaba notificar las resoluciones judiciales no sólo a las partes, sino también «a quienes se refieran o *puedan deparar perjuicio*» (cursiva mía). Estas normas, como puede observarse, son secundarias o colaterales respecto de una verdadera norma de admisión de la intervención; de ellas podía extraerse la solución de problemas si la intervención debía ser admitida, pero no la procedencia de admisión de la intervención.

Más decisivas en ese sentido, aunque limitadas en cuanto a su ámbito de aplicación —salvo que se procediera a extenderlo, por vía de razonamiento analógico—, eran los preceptos del Código Civil y de leyes materiales especiales que configuraban, con mayor o menor precisión —preponderantemente lo segundo— supuestos de intervención provocada. Como mínimo, en esos supuestos la norma tomaba en consideración el interés que podía justificar una intervención, que la propia norma autorizaba o podía interpretarse que autorizaba.

Cabría preguntarse por qué esta ceguera normativa ante un régimen general de la intervención de terceros.

En mi opinión, la LEC/1881 —como no podía ser de otro modo, por su contexto histórico, social e ideológico— se enfrentaba a los problemas que genera la interdependencia de relaciones jurídicas, en caso de litigiosidad de la relación condicionante, con un planteamiento estrictamente liberal-individualista: cada uno es dueño de su propia relación, también en cuanto al si y al cómo de la tutela jurisdiccional de la misma cuando deviene litigiosa, de modo que no deben ser admitidas injerencias de tercero, no sólo en cuanto a si esa tutela ha de ser o no instada, sino ni siquiera, cuando ya lo ha sido, en las actividades que pueden influir en la concesión de la tutela. De ese modo quedaba establecido el primer postulado de este planteamiento liberal: *res inter alios acta*.

Es posible, por la interdependencia de las relaciones jurídicas, que la inactividad o el modo de desarrollar la actividad procesal del «dueño» de la relación litigiosa condicionante, acabe por perjudicar al titular de una relación jurídica dependiente. Pero eso no debe ser presumido, y, consiguientemente, no justifica restricciones o entorpecimientos a la libertad de acción del «dueño» de la relación condicionante.

No obstante, para completar la lógica del planteamiento debería quedar también nítidamente establecida su consecuencia: *res inter alios acta*, pero también *neque prodest, neque nocet*. Ningún perjuicio para el titular de la relación jurídica dependiente a causa del resultado del proceso en el que él no ha podido intervenir. También él habrá de ser vencido en cuanto a los presupuestos de aplicación de las normas que le pueden perjudicar.

La coherencia del planteamiento fallaba, precisamente, a la hora de establecer esta exigible consecuencia.

En efecto, podían constatarse diversos supuestos de perjuicio para terceros de sentencias dictadas *inter alios*:

1º) Respecto de terceros litisconsortes necesarios frente a los que no hubiera sido dirigida la demanda, la norma de limitación subjetiva de la cosa juzgada debía evitar todo perjuicio. El litisconsorte necesario preterido no estaba limitado por aquella norma para obtener la tutela de su posición jurídica (Cedeño Hernán, pág. 73). Incluso podría sostenerse que la cosa juzgada no se habría formado ni siquiera respecto del litisconsorte demandado. No obstante, la inexistente definición legal de la figura del litisconsorcio necesario, y la inevitable construcción jurisprudencial supletoria ha conducido en ocasiones ha entender que el litisconsorte preterido sí que resulta afectado por la sentencia, al menos en principio, y tiene la carga de reaccionar frente a la misma (Cedeño Hernán, pág. 73).

2º) Los terceros que, en virtud de la norma de extensión de subjetiva de la cosa juzgada a determinados terceros, en supuestos también determinados, resultan afectados por ésta, no puede decirse, por esa simple razón, que resultan perjudicados. Sufren unas consecuencias, tal vez desfavorables, pero, en todo caso, conforme a ley. Ahora bien, la cosa juzgada también impide a ese tercero reaccionar cuando la consecuencia desfavorable para él se ha producido por la defectuosa o malintencionada actividad procesal de su litisconsorte (Cedeño Hernán, págs. 74-75).

3º) Los terceros no afectados legalmente por la cosa juzgada, pero cuyo interés económico resulta perjudicado por el resultado de un proceso *inter alios* (por ejemplo, los terceros titulares de un crédito no preferente frente al mismo deudor condenado en ese proceso) no tendrán obstáculo al reconocimiento jurisdiccional de su derecho. Además, la imposibilidad de ejecutar por la reducción o pérdida del activo patrimonial responsable, como consecuencia de la ejecución de la sentencia del primer proceso, no siempre debe ser calificada de perjuicio. La ley no otorga preferencia a su crédito y otro acreedor más diligente supo aprovechar el principio de prioridad. Pero, obviamente, la valoración no puede ser la misma si el primer proceso fue fraudulento, dirigido a impedir que el acreedor tercero pudiera hacer efectiva la tutela ejecutiva de su crédito (Cedeño Hernán, págs. 75-76).

4º) Los terceros no afectados por la cosa juzgada de la sentencia, pero sí por los efectos indirectos o colaterales de la misma, resultan perjudicados si la sentencia es constitutiva y ha sido obtenida con fraude o por falta de diligencia de la parte titular de la relación litigiosa condicionante. El cambio jurídico se ha producido y es inatacable. No obstante —se ha dicho— si la primera sentencia es declarativa o de condena, no habría tal perjuicio, porque al no estar el tercero legalmente afectado por la cosa juzgada podrá obtener un pronunciamiento jurisdiccional no condicionado sobre la relación jurídica de la que es titular (Cedeño Hernán, págs 76-80). Comparto la primera afirmación, pero no la segunda, porque no puede excluirse que, como en ocasiones respecto de supuestos de litisconsorcio necesario, se entienda, de hecho e indebidamente, que sí hay extensión de la cosa juzgada o, al menos, de la eficacia ejecutiva.

Y, para mayor preocupación, el ordenamiento procesal anterior a la LEC/2000 —que, como ya hemos apuntado, desconocía instrumentos preventivos de tutela del tercero— tampoco preveía con claridad —y, por tanto, con facilidad de acceso útil— instrumentos de tutela «represivos» frente a aquellos perjuicios. El intento de utilizar la acción revocatoria o pauliana para impugnar el resultado del proceso fraudulento «presenta, al menos *lege lata*, inconvenientes difíciles de salvar» (Cedeño Hernán, pág. 136). Y la alternativa, consistente en acudir al juicio de revisión, chocaba con una letra de la ley que sólo atribuía a las partes la legitimación activa para instar revisión, y, aunque la doctrina jurisprudencial registró intentos de superación de ese límite, no se llegó a establecer la indiscutible legitimación del tercero procesal que hubiera sufrido perjuicio (Cedeño Hernán, págs. 141-166).

2. Una válvula de escape: La configuración jurisdiccional de los supuestos de litisconsorcio necesario y de su tratamiento

El insatisfactorio tratamiento normativo que hemos descrito tuvo paliativos que atemperaron sus consecuencias inconvenientes.

De la manera fragmentaria y asistemática que es característica de la doctrina jurisprudencial, la intervención de terceros fue reconocida en casos aislados. Pero el más amplio instrumento de protección de la posición jurídica de los terceros procesales lo fue una determinada concepción jurisprudencial de los supuestos que deben ser considerados de litisconsorcio pasivo necesario y del tratamiento procesal que les corresponde.

En la mayor parte de los casos, no son normas legales expresas las que determinan que deben ser conjuntamente demandadas una pluralidad de personas, en litisconsorcio necesario, sino que esa es una conclusión que ha de extraerse del análisis de la tutela judicial que concretamente se pide, análisis en el que participan las partes y sobre el que concluye definitivamente el juez. La importancia de esta apreciación judicial del caso concreto hace que, según se entienda el fundamento del litisconsorcio necesario, la exigencia de la legitimación conjunta pueda tener una diferente amplitud.

Uno de los fundamentos que la jurisprudencia española ha invocado con frecuencia, normalmente de manera concurrente con otros, es el de garantizar el derecho a ser oídos a todos los titulares de la relación litigiosa, evitando que una sentencia dictada sólo respecto de algunos de ellos afecte a los demás, sin darles oportunidad de defenderse.

Así, en la jurisprudencia española pueden leerse tesis generales como las siguientes:

1º) La excepción de litisconsorcio pasivo necesario justifica su esencia teleológica e institucional en la necesidad de evitar que puedan ser afectados por la resolución judicial quienes no fueron oídos ni vencidos en juicio (STS, Sala1ª, 25 abril 2000).

2º) El litisconsorcio pasivo necesario es una creación jurisprudencial derivada de las sentencias del TS y perfectamente asumida por las corrientes doctrinales del Derecho procesal, que deriva de las vinculaciones subjetivas que resultan de los derechos deducidos en el juicio, por lo cual será preciso demandar a todos los sujetos cuyos derechos se integran en la relación jurídica de derecho material que se debate, dado que todos ellos se verán afectados por la sentencia que se dicte. Como dicen las STS, Sala 1ª, 18 Oct. 1999 y 16 Feb. 2000, con el litisconsorcio pasivo necesario se trata de evitar que personas no litigantes se vean afectadas por la sentencia recaída en un proceso en el que no han sido parte (STS, Sala 1ª, 17 julio 2000).

3º) Constituye consolidada doctrina del TS, que el litisconsorcio pasivo necesario es una figura de construcción jurisprudencial, regida por la necesidad de cuidar que el litigio se ventile con todos aquellos que puedan resultar afectados por la sentencia (Sentencia Audiencia Provincial Sevilla, Sección 5ª, 18 diciembre 2000).

4º) El litisconsorcio pasivo necesario se produce cuando una decisión judicial afecta exclusivamente a personas no llamadas al proceso, provocando su condena sin ser oídas, pero tal afectación tiene lugar cuando entre éstas exista un nexo tan normal y directo que no pueda emitirse un pronunciamiento sólo respecto de una, dado el carácter de la relación jurídica material controvertida, que exige una resolución uniforme e impide su manifestación por separado (Cfr. STS, Sala 1ª, 22 junio 1999) (STS, Sala 1ª, 6 octubre 2000).

5º) La figura del litisconsorcio pasivo necesario, de creación puramente jurisprudencial, no sólo tiene su fundamento en el hecho de que una sentencia que se dicte pueda resultar inútil por no haber llamado a todas las personas en cuya esfera patrimonial haya de ejecutarse, sino que además la necesidad del litisconsorcio se da cuando la sentencia que recaiga en un pleito afectará inexcusable a personas no llamadas al mismo (STS, Sala 1ª, 24 octubre 2000).

Probablemente, lo que el Tribunal Supremo quiere decir no es tanto que la sentencia afectará a los litisconsortes no traídos al proceso como parte, sino más bien que si, para que la sentencia sea útil —atendida la tutela jurisdiccional pedida y la relación jurídica a la que se refiere—, los pronunciamientos deben ser emitidos frente a todos los litisconsortes, todos ellos deberán haber sido demandados y haber podido participar en el debate procesal. Aún así, hubiera debido reconocer la excepción de aquellos supuestos en que, legalmente, la cosa juzgada se extiende a terceros, dado que estos supuestos obviamente significan que la ley no impone que esos terceros sean parte, sin perjuicio de lo que ocurra con la posibilidad procesal de intervención de los mismos.

Pero si, dejando a un lado la anterior aclaración, para fundamentar el litisconsorcio pasivo necesario se pone el acento en la evitación de infracciones al principio de contradicción, en vez de radicarlo en una previa acotación de supuestos en que, por específicas causas jurídicas, la demanda debe ser dirigida frente a una pluralidad de demandados, la consecuencia será una mayor amplitud del litisconsorcio pasivo necesario, amplitud correlativa con las variadas formas en que una sentencia puede afectar a las partes y a los terceros.

Y así, a título de ejemplo, el TS ha llegado a sostener:

1º) «Para la determinación de la salida de la finca del actor a camino público a través de las fincas colindantes, la acción ejercitada debió dirigirse contra todos los colindantes y ello porque, para la determinación de la salida, debe atenderse primordialmente, en aplicación del art. 565 CC, al criterio del mínimo perjuicio para el fundo sirviente y a la regla subsidiaria de la menor distancia a camino público, lo cual exige un previo estudio comparativo de las distintas soluciones posibles, que no puede hacerse sin la presencia en autos de todos los interesados que puedan verse afectados por la solución que se adopte» (STS, Sala 1ª, 29 febrero 1993).

2º) «Para hacer valer la responsabilidad civil extracontractual subsidiaria del art. 1903 CC es indudable la obligación de traer al pleito tanto al causante del daño como al responsable subsidiario, porque tal responsabilidad subsidiaria no puede obtenerse sin declarar a la vez la principal, porque no puede darse nacimiento a lo accesorio sin antes, o a la vez, dar nacimiento a lo principal» (STS, Sala 1ª, 4 octubre 1980).

Las consecuencias de este modo de entender el fundamento del litisconsorcio pasivo necesario han sido ampliamente criticadas por la doctrina procesal española (Cedeño Hernán, págs. 9-17; Garnica Martín, pág. 182; Cordón Moreno, págs. 171-172; López-Fragoso [2001], pág. 2-156; Ortells Ramos, pág. 169), pero, sin duda, esta orientación jurisprudencial contribuyó a paliar las deficiencias de protección de los terceros afectados por un proceso de declaración instaurado entre otros (Garnica Martín, pág. 183; López-Fragoso [2001], pág. 2-157).

Las ha paliado incluso con exceso, en comparación con la tutela preventiva que se consigue con la posibilidad procesal de intervención. No haber demandado a alguien que puede ser afectado por la sentencia excluye, incluso de oficio, que ésta pueda ser dictada en cuanto al fondo. Y, más adelante, el TS entendió que «el defecto de litisconsorcio pasivo puede subsanarse en la comparecencia intermedia prevista en el art. 693 LEC y su apreciación tardía no puede llevar a la absolución en la instancia, sino a una reposición de las actuaciones al momento procesal oportuno, es decir, a dicha comparecencia. La falta de litisconsorcio pasivo debe ser corregida mediante el emplazamiento de los que debieron ser demandados» (STS, Sala 1ª, 29 junio 1999, que cita, en el mismo sentido, las SSTS, Sala 1ª, 13 octubre 1994 y 1 septiembre 1995).

Esta hiperprotección del tercero procesal redunda, sin embargo, en una mayor dificultad en el ejercicio del derecho a la tutela judicial por el actor. La determinación de los legitimados pasivos se hace difícil e insegura, por la imprecisión del grado de afectación que impone que deban ser demandados. El error por defecto conduce a la inutilidad del proceso o al retraso en su tramitación. Y también el error por exceso tiene consecuencias desfavorables para el actor, que no podrá recuperar sus costas —por imposición al litigante vencido— aunque su pretensión sea estimada respecto de alguno de los varios sujetos a los que, para asegurarse, haya optado por demandar.

3. El art. 24.1 CE y sus consecuencias sobre la materia en examen

La legislación ordinaria, con las insuficiencias que han quedado apuntadas, y la doctrina jurisprudencial y de los autores sobre la intervención de terceros en el proceso de declaración, experimentaron la influencia del art. 24.1 CE, que venía a dotar de un fundamento normativo fuerte a la posibilidad de intervención.

Reconoce el art. 24.1 CE el derecho de toda persona a la tutela judicial efectiva de sus derechos e intereses legítimos, sin que en ningún caso se pueda producir indefensión.

La CE no es un mero texto político, sino que es la norma jurídica suprema del ordenamiento, de la que deriva, para los tribunales ordinarios, un deber de interpretación de las leyes con arreglo a la Constitución, y, si tal ajuste interpretativo no pudiera ser alcanzado, les impone, según casos, considerar derogada la disposición de la ley ordinaria o plantear al Tribunal Constitucional cuestión sobre su constitucionalidad (Ortells, pág. 636).

Sobre estas bases, algún autor llegó a la conclusión del «fundamento constitucional de los institutos procesales de la intervención adhesiva simple o litisconsorcial de terceros en el proceso civil, y, en consecuencia, la necesaria integración que nuestra LEC recibe del contenido, directamente aplicable, del art. 24.1 CE, en cuanto derecho fundamental de defensa» (López-Fragoso [1990], pág. 219). Y además «a los terceros titulares del derecho de defensa, en cuanto tienen reconocida una legitimación especial o extraordinaria para participar en un proceso ajeno, ex art. 24.1 CE, ha de garantizárseles efectivamente el ejercicio de tal posibilidad mediante la notificación de la existencia del proceso» (López-Fragoso [1990], pág. 228).

También la doctrina jurisprudencial del Tribunal Constitucional (en adelante, TC) consideró como violación del derecho fundamental reconocido por el art. 24.1 CE el rechazo de admisión como parte de persona que no había sido demandada, pero que iba a resultar afectada por la sentencia.

Veamos algunos ejemplos:

1º) En el caso de la STC 135/1986, los tribunales ordinarios, en proceso sobre acción de resolución de contrato de arrendamiento celebrado por el marido respecto de vivienda familiar, cuyo uso fue asignado a la esposa e hijos después de separación matrimonial, no admitieron el intento de personación de la esposa, no estimaron defecto de litisconsorcio necesario, y acogieron la demanda en rebeldía del marido, único demandado. El TC estimó el recurso de amparo por infracción del art. 24.1 CE.

> «Aquí se trata de determinar —dice el TC— si a la recurrente se le produjo indefensión al negársele el derecho a ser parte, en tanto en cuanto mostró un interés legítimo traducido en el derecho concreto a serlo. [...] En este sentido es al Juez ordinario a quien compete realizar como primer guardián de la Norma suprema una interpretación acomodada a ésta, pro defensa del derecho constitucional en juego (el acceso a la justicia) y evitar así que la defensa en juicio sea impedida por obstáculos salvables, ya que en ningún caso puede producirse indefensión (art. 24.1 C.E.). Ha de enlazar, pues, el Juez la aplicación de la legalidad, por muy estricta que sea, con su trascendencia constitucional en punto a la protección de los derechos fundamentales, mediante la intermediación interpretativa más favorable al acceso jurisdiccional. [...] Es claro que el art. 24.1 C.E. incluye en sus garantías la protección del derecho de todo posible litigante o encausado a ser oído y a disponer de todas las posibilidades de oposición y defensa en juicio y que de no ser así, supuesto un impedimento no legal o legal, pero no atemperado a una aplicación razonable, se causaría indefensión susceptible de amparo constitucional» (Fundamento Jurídico 3º).

2º) En el caso considerado por la STC 94/1987, el tribunal ordinario no admitió la personación como parte de la (después) recurrente en amparo en un pleito sólo dirigido frente al marido de aquélla, como resultado del cual la esposa separada iba a resultar privada del uso de la vivienda que había constituido domicilio conyugal. El TC desestimó el recurso de amparo, pero no por entender que el art. 24.1 no podía haber sido infringido, sino por caducidad de la acción de amparo «puesto que no es dudoso que si la recurrente en amparo consideraba que el haberle mantenido al margen del pleito entre «Fintra, Sociedad Anónima» y su marido constituía, como alegó ante el Tribunal Supremo, una violación de su derecho a una tutela judicial efectiva, debió recurrir ante nosotros una vez que el supremo Tribunal de la jurisdicción ordinaria desestimó de manera expresa dicha pretensión» (FJ 5º).

3º) La STC 58/1988 consideró que «cuando el motivo de resolución del contrato de arrendamiento de local de negocio sea la discusión sobre el carácter consentido o no del subarriendo o cesión del local por el formalmente arrendatario (art. 114.2 de la Ley de Arrendamientos Urbanos), el subarrendatario como titular de una apariencia de derecho, ha de ser oído necesariamente en el proceso y defenderse en él si lo estima preciso, pues lo contrario vulneraría su derecho fundamental a la tutela judicial efectiva en su fase de contradicción y le produciría indefensión» (FJ 2º). No obstante, desestimó el recurso de amparo porque el subarrendatario, conociendo la pendencia del proceso en el que hubiera podido intervenir, no solicitó que se admitiera su intervención: «En los autos consta, pues, que el solicitante de amparo, al menos en cinco ocasiones, tuvo cumplida información de la existencia de un proceso de desahucio de local de negocio y por la causa legal de subarriendo o cesión inconsentida. Todo ello demuestra que el actor ha tenido conocimiento en diversos momentos de la existencia del proceso, pese a no haber sido citado formalmente como demandado en él. Sólo a su falta de diligencia se debe el no haber comparecido en él, exigiendo su entrada en el mismo y alegando los derechos legales que ahora trata de aducir en este recurso de amparo» (FJ 3º).

4º) En fin, la STC 124/2002 también declaró la nulidad de las resoluciones de los tribunales ordinarios que no admitieron la solicitud de intervención de los después recurrentes en amparo.

> «[E]n atención —dice el TC— a la condición de los demandantes de amparo de acogedores preadoptivos de los menores, y en atención también al objeto del procedimiento, en el que, en virtud de la acumulación de autos acordada por el Juzgado de Primera Instancia, se ventilaba, no sólo la oposición a la declaración de desamparo, sino también la formalización judicial del acogimiento preadoptivo a favor de los demandantes de amparo, no cabe negar a éstos un evidente interés legítimo en el objeto del procedimiento, a fin de personarse y ser oídos en el mismo, puesto que la decisión judicial que habría de dictarse y, consiguientemente, el mantenimiento y confirmación judicial de esa situación de acogimiento preadoptivo, como aconteció en la primera instancia, o su revocación, afectaba evidentemente a su esfera jurídica, ya que, de confirmarse el desamparo, continuarían en su condición de familia de acogida, y podrían ver cumplida su expectativa de instar la adopción de los menores, y, de revocarse, no sólo se anularía el acogimiento familiar, sino que se vería frustrada aquella expectativa. En consecuencia, siendo los demandantes de amparo titulares de un interés propio y cualificado, vinculado al objeto del procedimiento, no cabe duda de que poseen un interés legítimo para personarse y ser oídos en el mismo» (FJ 6º).

III. Líneas generales de la intervención de terceros en la LEC/2000

La LEC/2000 ha superado el silencio en el que, bajo el antiguo ordenamiento procesal, estaba sumida la intervención de terceros en el proceso de declaración.

Se destinan a la regulación de la intervención tres artículos básicos, con los que se relacionan sistemáticamente otros preceptos que citaremos: los artículos 13, 14 y 15. Estas disposiciones establecen los supuestos en que debe ser admitida la intervención de terceros, el procedimiento para solicitarla y resolver la solicitud, así como el estatuto procesal del interviniente admitido.

Antes de entrar en el análisis de los principales problemas interpretativos que esos preceptos han planteado, quisiera mencionar tres cuestiones relacionadas con la intervención que, en cada caso por razones distintas, no trataré con más profundidad en las páginas que siguen.

1º) La LEC/2000 contiene una regulación específica de la integración subjetiva del proceso en casos en que, existiendo un litisconsorcio pasivo necesario, el mismo no hubiera sido respetado. Consecuentemente ya no hay necesidad de acudir a una utilización espúrea y problemática de la intervención con aquella finalidad, sino que el ordenamiento facilita la solución correcta de que el litisconsorte preterido sea demandado y tenga oportunidad de contestar a la demanda.

El artículo 420 LEC/2000 establece cómo ha de procederse cuando el demandado haya alegado en la contestación falta del debido litisconsorcio, distinguiendo que el actor acepte o no tal alegación:

1) Si el actor acepta esa alegación podrá presentar, en la misma audiencia, y con las copias correspondientes, «escrito dirigiendo la demanda a los sujetos que el demandado considerase que habían de ser sus litisconsortes y el tribunal, si estima procedente el litisconsorcio, lo declarará así, ordenando emplazar a los nuevos demandados para que contesten a la demanda, con suspensión de la audiencia» (art. 420.1 LEC/2000).

2) El actor puede oponerse a la alegación del demandado, tanto por entender que, dado el objeto del proceso, no se impone un litisconsorcio, como por estimar que ha demandado a las personas debidas. En tal caso el tratamiento es el establecido en los apartados 2 al 4 del artículo 420 LEC/2000 (a saber: el tribunal oirá a las partes sobre este punto y, si entendiere procedente el litisconsorcio, concederá al actor el plazo para constituirlo; si lo hace, los nuevos demandados podrán contestar a la demanda; si el actor no demanda a los litisconsortes se pondrá fin al proceso).

2º) La LEC/2000 no ha establecido la regulación necesaria para que sea admisible la intervención principal.

La intervención principal no da lugar a una simple pluralidad de partes, sino a una acumulación de pretensiones que proviene de un tercero respecto al proceso ya iniciado entre determinado actor y demandado. El tercero interpone unas pretensiones frente a éstos, relacionadas con la pretensión inicial en el sentido de ser incompatibles con ella.

Por ejemplo: pendiente un proceso en el que A ha interpuesto una pretensión reivindicatoria frente a B sobre la finca X, interviene C afirmando que la finca X es de su propiedad y ejercitando frente a A una acción declarativa de dominio y frente a B una acción reivindicatoria.

Las pretensiones resultantes de la intervención principal deben ser tratadas en el mismo procedimiento inicialmente incoado, lo que exige que la ley regule el modo en que debe producirse el necesario ajuste procedimental. Este ajuste debe consistir, como mínimo, en la admisión de la nueva demanda, su traslado a los demandados en ella —ya partes en el proceso pendiente— con plazo para contestación; todo ello de modo que, en cierto momento, el curso procedimental del proceso primeramente pendiente sirva de cauce único para tratar, también, los nuevos objetos procesales introducidos por el interviniente.

Pues bien, la LEC/2000 no regula ese imprescindible ajuste procedimental y ello basta para afirmar que, en Derecho español, la intervención principal propiamente dicha no es admisible.

Otra cosa es que los objetivos que la intervención principal persigue, que pueden sintetizarse en la evitación de sentencias contradictorias y en el logro de economía procesal (Fairén, pág. 198; escéptico, Fernández-López, págs. 577-578), también pueden ser alcanzados mediante la acumulación de procesos (arts. 74 y siguientes LEC/2000).

> En nuestro ejemplo, C puede iniciar procesos separados frente a A y frente a B y luego pedir la acumulación de éstos y del proceso primeramente pendiente entre A y B.

3º) El art. 15 LEC/2000 regula un supuesto especial de intervención, el de consumidores y usuarios a título individual, en cuanto perjudicados por un hecho dañoso, en un proceso previamente iniciado por una asociación, entidad o grupo de afectados, que ostentan una legitimación colectiva para pretender tutela de derechos o intereses colectivos, difusos o individuales homogéneos.

De esta regulación especial sólo quiero destacar las restricciones a esa intervención, que se producen en un doble sentido.

En primer término, mediante una regulación que dificulta —no digo que impida radicalmente— admitir esa intervención, si la asociación, entidad o grupo demandantes han pretendido tutela de intereses colectivos o difusos —es decir: intereses supraindividuales, que la persona individual comparte con otras, pero que no le pueden ser singularmente asignados, ni siquiera de modo parcial— (Gutiérrez de Cabiedes [2001], págs. 209-213; De Lucchi, págs. 116-120). La dificultad es mayor tras una reforma de LEC/2000, de octubre de 2002, que excluye expresamente incluso el especial (y restrictivo) régimen de la intervención que luego mencionaré, en el caso de que la acción ejercitada por la asociación o grupo demandante sea una acción de cesación para la defensa de intereses supraindividuales (De Lucchi, págs. 116-120).

En segundo lugar, si la intervención es admisible, la LEC/2000 la somete a una rigurosa aplicación de la preclusión para que una tardía solicitud de intervención no perturbe el desarrollo del proceso, que es previsible que tenga gran complejidad. Y así, si la interposición de la demanda fue preanunciada a los interesados «el consumidor o usuario podrá intervenir en el proceso en cualquier momento, pero sólo podrá realizar los actos procesales que no hubieran precluido» (art. 15.2 LEC/2000). En cambio, si los interesados son una pluralidad de personas indeterminadas o de difícil determinación, el proceso se suspenderá por determinado plazo y «se reanudará con la intervención de todos aquellos consumidores que hayan acudido al llamamiento, no admitiéndose la personación individual de consumidores o usuarios en un momento posterior, sin perjuicio de que éstos puedan hacer valer sus derechos o intereses conforme a lo dispuesto en los artículos 221 y 519 de esta Ley» (art. 15.3 LEC/2000). Estas últimas remisiones significan la posibilidad de aprovechamiento individual o participación en el aprovechamiento colectivo de los efectos ejecutivos de la sentencia.

Estas restricciones a la intervención hacen patente una notable paradoja del régimen jurídico de esta institución. Hace poco recordábamos una etapa histórica en la que el ordenamiento procesal limitaba, incluso desconocía, la intervención procesal, porque la estimaba perturbadora del control que el individuo, titular de la relación jurídica litigiosa, ejercía sobre la actividad dirigida a obtener la tutela judicial de ésta. Sorprendentemente, en los tiempos actuales, cuando se atribuye legitimación a asociaciones y grupos para pretender tutela de intereses supraindividuales (colectivos y difusos) y de derechos e intereses individuales homogéneos, la intervención, ahora de los individuos como titulares o partícipes en la titularidad de los derechos e intereses, también sufre restricciones, esta vez en aras de la efectividad de la tutela judicial colectiva.

IV. La legitimación del tercero

La relevancia de la noción de tercero procesal para el Derecho procesal consiste, principalmente, en que por una vinculación de ese tercero con el objeto de un proceso pendiente, el ordenamiento puede autorizar o disponer su participación en el mismo (Parra, pág. 28; Fernández-López, pág. 574).

Cómo se producirá la entrada del tercero en el proceso y en qué calidad jurídica tendrá participación en él son cuestiones que, en todo caso, subsiguen a otra que es la básica: cómo concibe un ordenamiento la vinculación del tercero con el objeto de un proceso pendiente para autorizar o disponer su participación. En definitiva: cuáles son las posiciones legitimantes para la intervención de tercero.

Respecto de esta cuestión básica, la LEC/2000 ha formulado una disposición innecesariamente abierta al desacuerdo interpretativo.

1. La problemática mención del interés directo y legítimo por el art. 13.1 LEC/2000

La posición legitimante para la intervención de tercero la define el art. 13.1 LEC/2000: «Mientras se encuentre pendiente un proceso, podrá ser admitido como demandante o demandado, quien acredite tener interés directo y legítimo en el resultado del pleito».

La calificación como directo del interés del tercero ha conducido, por una parte, a que algún autor sostenga una concepción restrictiva de la posición legitimante, cuya consecuencia es no considerar autorizada la intervención adhesiva simple, y, de otra parte, a que la mayoría de los autores se vea en la necesidad de desplegar un importante esfuerzo argumental para evitar las consecuencias del sesgo restrictivo de la dicción legal. Si, a partir de lo dicho, se piensa en sus repercusiones sobre la efectividad de la norma en el momento de su aplicación, es evidente el riesgo de que acabe por imponerse una orientación restrictiva, como tendremos ocasión de comprobar en el apartado VIII.

La tesis restrictiva sostiene que el interés requerido significa que el tercero esté afectado «en sus derechos y obligaciones por la cuestión litigiosa», de manera que la intervención adhesiva simple no se considera mencionada —y, por lo tanto, tampoco autorizada— por la LEC/2000, porque el tercero, en esta modalidad de intervención, «no tiene un interés directo en el asunto, sino uno indirecto o reflejo, es decir, vinculado de algún modo al que se dilucida en el pleito» (Banacloche, págs. 105-106).

La mayoría de la doctrina rechaza esta interpretación limitativa de la posición legitimante (Samanes, págs. 134-136; Diez-Picazo, págs. 216-217; López-Fragoso [2001], pág. 2-207). Que el interés deba ser directo no debe confundirse con la forma de afectación del tercero por la sentencia —directa, en caso de intervención litisconsorcial; indirecta o refleja, en caso de intervención adhesiva simple—, sino que persigue reforzar la calidad del interés requerido (Garnica, págs. 197-198). Ahora bien, para expresar la calidad del interés requerido hubiera bastado utilizar el calificativo de legítimo, porque éste ya significa que el interés no es de mero hecho o moral, sino jurídico, en cuanto ésta protegido por una norma de esa naturaleza (Gutiérrez de Cabiedes [2001], pág. 186), cuya justa aplicación comporta para el titular del interés un beneficio o la elusión de un perjuicio.

El principal argumento es que una interpretación que restrinja, en virtud del calificativo de directo, el concepto de interés legítimo, desconocería el reconocimiento constitucional de la posición legitimante de interés legítimo (art. 24.1 CE), que la jurisprudencia y la legislación posteriores a la CE han afirmado como superadora —preceptivamente, por la exigencia constitucional— de lo que anteriormente se entendía como interés directo (Gutiérrez de Cabiedes [1999], págs. 49-55, Gutiérrez de Cabiedes [2001], págs. 186-188; González Cano, págs. 41-48).

2. Clases de legitimación del tercero para la intervención procesal

Comparto la orientación mayoritaria [desde Ortells [2000], págs. 181-188; ahora, Ortells [2004], págs. 176-183) y entiendo que el art. 13.1 LEC/2000 da cobertura a dos clases de legitimación del tercero para intervenir, que coinciden con dos modalidades de intervención.

A) Intervención litisconsorcial

En el tercero concurren las dos siguientes características: 1ª) Ostenta legitimación por titularidad de la relación jurídica a la que se refiere la pretensión interpuesta en ese proceso o una legitimación por interés legítimo igual que el aducido por la parte actora o comprendido en él; 2ª) Se extienden a él los efectos directos de la sentencia que se dicte (declarativos —cosa juzgada—, constitutivos, ejecutivos —aunque éstos no siempre-).

Estos son algunos supuestos que pueden dar lugar a esta clase de intervención:

1) En la impugnación de acuerdos sociales la sentencia que se dicte afectará a todos los socios aunque no hayan litigado (art. 222.3, párrafo tercero LEC/2000), por lo que los socios que no hubieran ejercitado la pretensión pueden intervenir en apoyo de la validez del acuerdo (art. 117.4 LSA), pero también en contra de la misma, siempre que tengan la legitimación adecuada.

2) Por construcción jurisprudencial, cualquiera de los comuneros puede ejercitar, en beneficio de la comunidad, acciones en materia de actos de administración de la cosa común. La intervención, en este caso, sería la de los restantes comuneros. Legalmente hay muestra de esto en la facultad que el artículo 72.2 d) Ley de Patentes reconoce a los cotitulares de una solicitud de patente o de una patente para ejercitar individualmente acciones en defensa de los derechos que derivan de aquéllas, dando noticia a los demás comuneros.

3) El deudor que ve ejercitado por su acreedor un derecho suyo frente a un deudor también suyo (art. 1111 CC) y, en general, cualquier titular de derechos respecto de los que la ley haya establecido una legitimación por sustitución en favor de persona distinta del titular. Si en el proceso es parte el sustituto, el titular del derecho puede intervenir, porque la cosa juzgada le alcanza (art. 222.3 LEC/2000).

4) En los casos de legitimación por interés legítimo individual o colectivo, aquellas personas que ostenten el mismo interés o un interés comprendido en el interés colectivo. El primer supuesto se daría en procesos sobre estado civil, en el caso de que los legitimados por interés legítimo no hubieran demandado; la cosa juzgada les afectará, por su extensión «erga omnes» en estos casos (art. 222.3 LEC/2000). El segundo supuesto —que debe ser distinguido del previsto en el art. 15 LEC/2000, en el que hay, en principio, una sustitución procesal de los consumidores y usuarios individuales— está expresamente contemplado por el artículo 13.1, párrafo segundo LEC/2000: «cualquier consumidor o usuario podrá intervenir en los procesos instados por las entidades legalmente reconocidas para la defensa de los intereses de aquellos».

C) Intervención adhesiva simple

La intervención adhesiva simple difiere de la litisconsorcial en que el tercero que entra en el proceso pendiente no lo hace por ser titular de la relación jurídica a la que se refiere la pretensión procesal interpuesta en él, sino para evitar la consecuencia desfavorable que puede ocasionarle, a causa de los efectos reflejos o indirectos de la sentencia, que una de las partes de ese proceso sea vencida.

La posición legitimante del tercero podríamos describirla de este modo:

1) El tercero carece de legitimación respecto de la pretensión procesal interpuesta en el proceso pendiente. Ni la tiene para interponer la pretensión, ni ésta podía, ni debía ser interpuesta frente a él.

2) Según el sentido, favorable o adverso a una de las partes, la sentencia que se dicte en el proceso pendiente condicionará como hecho jurídico la constitución, modificación o extinción de otra relación jurídica de la que el tercero sí que es titular.

3) Esta dependencia implica que el tercero tenga un interés jurídico que le legitima para intervenir en el proceso pendiente, para posibilitar que la sentencia se dicte en un sentido que favorezca indirectamente su posición jurídica.

Es cierto que si la parte en el proceso pendiente realiza una actividad procesal diligente, la posición del tercero resulta indirectamente protegida. Pero una protección más efectiva impone permitir su intervención personal, para evitar todo riesgo derivado de una actividad procesal negligente o fraudulenta de la parte inicial.

Partiendo de lo dicho, los supuestos en los que esta intervención puede producirse no se hallan legalmente tipificados, sino que dependen de que existan situaciones extraprocesales concretas que permitan sostener que el tercero tiene, como indica el artículo 13.1 LEC/2000, «interés directo y legítimo en el resultado del pleito».

Por vía de ejemplo se pueden mencionar algunos supuestos:

1) El interés del vendedor por intervenir en un proceso en el que el comprador puede ser privado de la cosa, generándose para el primero responsabilidad por evicción (arts. 1475-1483 CC).

2) El subarrendatario tendrá interés en intervenir en el proceso entablado frente al arrendatario, en el que pueda declarase frente a éste la extinción del arrendamiento, porque esto determinará la correlativa extinción del subarriendo (art. 8.2, párrafo cuarto Ley de Arrendamientos Urbanos).

3) El fiador tiene interés en intervenir en el proceso entablado frente al deudor principal y en el que se pretenda la condena por la obligación principal o la declaración de validez o de nulidad del negocio constitutivo de esa obligación, porque el resultado de ese proceso condiciona que subsista o se extinga su obligación accesoria de fianza o la cuantía de la misma.

4) El asegurador de la responsabilidad civil de una persona frente a terceros, puede tener interés en intervenir en el proceso en que los últimos reclamen frente al causante del daño condena a indemnización por esa responsabilidad, indemnización que, después, el asegurador deberá pagar al asegurado. Prácticamente esta intervención tiene poco interés desde el momento en que el perjudicado tiene

acción directa frente al asegurador (art. 76 Ley del Contrato de Seguro) o si el asegurador asume la dirección jurídica de la defensa del asegurado (art. 74 de la misma Ley).

5) Diversos supuestos de intervención de personas interesadas en que no disminuya o en que se incremente el patrimonio de otras: de los acreedores en proceso sobre materias de naturaleza patrimonial frente a los deudores, específicamente si hay indicios de que el proceso es utilizado como medio para defraudar los derechos de los acreedores (Cedeño Hernán, págs. 47-50); del fiador en procesos contra el deudor principal por deudas distintas a la garantizada, dado que ello influirá en la utilidad del beneficio de excusión; de los socios de sociedades mercantiles personalistas en los procesos de reclamación de deudas frente a éstas, de las que los patrimonios de los socios pueden acabar respondiendo (Serra, págs. 208 y siguientes).

V. La notificación de la pendencia del proceso y los supuestos de intervención provocada

Si un tercero tiene, según las normas que acabamos de considerar, legitimación para intervenir en un determinado proceso de declaración, parece como mínimo adecuado que se establezca una actuación destinada a que el tercero pueda tomar conocimiento de la pendencia de ese proceso, para que pueda hacer efectiva su posibilidad procesal de intervenir.

La LEC/2000 ha asumido expresamente el tratamiento normativo de esta cuestión y lo ha hecho correctamente, a pesar de los problemas que plantea esa nueva ordenación.

Ahora bien, una cosa es dar solución al problema de la información de la pendencia del proceso a quienes no han sido demandantes o demandados —y, por lo último, no han sido emplazados o citados, con traslado de la demanda— y están legitimados para intervenir, y otra cosa diferente dar solución a los múltiples problemas que giran en torno a los supuestos tradicionales de intervención provocada.

Frente a los dos campos de problemas que han quedado apuntados, la LEC/2000 se ha situado entre la innovación y las opciones conservadoras. Ha sido innovadora ante el primer problema, como veremos en el siguiente apartado 2. Pero ha sido predominantemente conservadora ante el segundo, respecto del que casi se ha limitado a regular los aspectos procedimentales de la petición de llamamiento de tercero y de la resolución sobre la misma.

Sin perjuicio de reconocer las peculiaridades de la intervención provocada a instancia de parte, no puedo compartir algunos planteamientos de la doctrina española que casi vienen a hacer de esa intervención un *genus* diferente a las intervenciones litisconsorcial y adhesiva simple (Diez-Picazo, pág. 219; Banacloche, pág. 107; Garnica, pág. 210).

Que no existe entre las mismas una diferencia esencial se comprueba simplemente observando que la intervención del tercero, también cuando es provocada, no depende —a diferencia de lo que ocurre con la asignación a una persona de la condición de demandado— de la mera voluntad de la parte interesada en llamarle. Depende de una resolución judicial que considera admisible esa intervención y que, para posibilitarla, acuerda el llamamiento (art. 14.1 y 2.2ª LEC/2000). Esencialmente lo mismo que cuando la intervención es espontánea, aunque sea diferente el procedimiento incidental para solicitar y admitir la intervención (art. 13 LEC/2000). Otra cosa son, también, las consecuencias de Derecho material (pérdida de la acción de saneamiento por evicción, pérdida o mayor dificultad de la acción de reembolso, riesgo de incurrir en responsabilidad por daños) a las que se expone la parte que no ha instado en el momento procesal debido (demanda o dentro del plazo para contestarla: art. 14 LEC/2000) el llamamiento del tercero.

1. Los supuestos específicos de intervención provocada

El artículo 14 LEC/2000 no determina cuáles son, sino que se limita a establecer las actuaciones procesales que deben realizarse si alguna de las partes solicita el llamamiento del tercero en los casos previstos por la ley. Estos casos se establecen en disposiciones de Derecho material, que no siempre son claras en referirse a la existencia de un proceso y al llamamiento del tercero. Esta es la primera manifestación del conservadurismo de la LEC/2000 en esta materia: no ha querido innovar, con una regla general, los supuestos de intervención provocada a instancia de parte. Estos supuestos serán determinados por disposiciones específicas o por la aplicación analógica que la jurisprudencia haga de las mismas. Pero llamo la atención sobre que lo único que limita esta norma (del art. 14 LEC/2000) es que el llamamiento para intervenir pueda ser pedido por alguna de las partes y con arreglo a un régimen procedimental específico, no que un tercero legitimado para intervenir solicite hacerlo, ni siquiera que lo haga, precisamente, por haber sido informado por el juez de la pendencia del proceso.

Veamos los supuestos a los que puede entenderse hecha la remisión del art. 14 LEC/2000:

1) El comprador frente al que se interpone una pretensión cuya estimación implicará la pérdida de la cosa comprada ha de solicitar que sea llamado el vendedor, que podrá actuar en el proceso para facilitar la defensa de la validez y eficacia del título de propiedad de la cosa que vendió (art. 1482 CC). Si el comprador no pide ese llamamiento, pierde el derecho a saneamiento por evicción (art. 1481 CC). Posibilita una intervención adhesiva simple.

2) La disposición anterior es aplicable en otros supuestos de evicción respecto de bienes y derechos transmitidos: arrendamiento de fincas rústicas y urbanas (art. 1553 CC), enfiteusis (art. 1643 CC), bienes y derechos aportados a una sociedad (art. 1681 CC), donaciones onerosas (art. 638 CC), legados (arts. 860 y 869.3º CC), adjudicación de bienes a coherederos (art. 1069 CC).

3) El heredero demandado para el pago de deudas de la herencia, tiene «derecho a hacer citar y emplazar a sus coherederos, a menos que por disposición del testador, o por consecuencia de la partición hubiera quedado él solo obligado al pago de la deuda» (art. 1084 CC). Posibilita una intervención litisconsorcial.

4) De lo dispuesto por el artículo 1830 CC («El fiador no puede ser compelido a pagar al acreedor sin hacerse antes excusión de todos los bienes del deudor») se deduce que si aquél —fiador con beneficio de excusión— es demandado para el pago de la deuda, sin que previamente lo haya sido el deudor principal, tiene derecho a pedir el emplazamiento de éste. Si se persona el deudor principal, el llamamiento habría dado lugar a una acumulación de pretensiones.

5) Lo establecido por el artículo 511 CC puede ser interpretado en el sentido de que si el acto de tercero que conoce el usufructuario y puede lesionar el derecho de propiedad es una demanda, tiene el deber de notificarlo al propietario. Este supuesto dará normalmente lugar a una sucesión procesal: el usufructuario que inicialmente se ha personado en el proceso, saldrá si el propietario comparece a defender su derecho. El artículo 1559 CC establece un deber similar para el arrendatario en cuanto a los actos de usurpación de la cosa arrendada.

6) El cotitular de una solicitud de patente o de una patente que ejercite acciones frente a terceros que atenten contra los derechos derivados de aquéllas, debe comunicarlo a los demás comuneros [art. 72.2 d) Ley de Patentes]. Puede dar lugar a una intervención litisconsorcial.

7) El concesionario de licencia para explotar una patente que haya ejercitado acciones en defensa de los derechos derivados de la patente, ha de notificar este hecho al titular de la patente a los efectos de que pueda personarse en el proceso (art. 124.3 Ley de Patentes). Puede dar lugar a una intervención litisconsorcial.

8) El agente que ha participado en la construcción de un edificio, y resulta demandado por responsabilidades derivadas de defectos de construcción, puede instar el llamamiento de otros agentes participantes en la edificación, disponiendo la ley que, aunque estos no se personen, la sentencia les afectará y será ejecutable frente a ellos (Disposición adicional 7ª, Ley 38/1999, de 5 de noviembre, de Ordenación de la Edificación). Puede dar lugar a una intervención litisconsorcial.

Por otra parte, como ya apunté, lo único que regula la LEC/2000 respecto de estos supuestos es cuándo ha de ser pedido el llamamiento para intervenir, según lo inste el actor o el demandado, y los aspectos procedimentales para resolver esa petición (art. 14 LEC/2000).

Ninguna norma especial sobre las consecuencias ligadas a esta intervención, a pesar de que, por el contexto de intereses que revelan los diferentes supuestos de la misma, la doctrina hace notar una serie de cuestiones que hubiera sido conveniente regular específicamente. Por ejemplo, las siguientes: si el comprador que ha pedido el llamamiento puede ejercitar la acción de saneamiento en el mismo procedimiento en que se produzca la evicción (Garnica, pág. 214); o si el coheredero, demandado para el pago de una deuda del causante, puede ejercitar la acción de reembolso frente a los coherederos cuyo llamamiento ha solicitado, o si estos pueden ser condenados junto con él en el proceso en que han sido llamados (Garnica, págs. 218-219).

Estas cuestiones habrán de ser resueltas con arreglo a las normas generales de LEC/2000, empezando por las que regulan el estatuto procesal del interviniente, que trataremos en el siguiente apartado VI.

La única concesión a una regulación especial de las consecuencias de una intervención provocada a instancia de parte se produce en los artículos 14.2.4ª y 18 LEC/2000, que autorizan, bajo ciertos presupuestos, una sucesión procesal que, en principio, estaría excluida, porque la adquisición de la cosa litigiosa por el tercero que sucederá al demandado no es posterior al inicio de la litispendencia —como requiere el régimen general de la sucesión (arts. 16.1 y 17.1 LEC/2000)—, sino que el tercero —en cuanto inicialmente no demandado— ostentaba una titularidad anterior que ya le atribuía legitimación pasiva.

2. El art. 150.2 LEC/2000: Deber de notificación de la pendencia del proceso

La más destacada innovación de LEC/2000, en cuanto a la información a terceros interesados de la pendencia de un proceso, está constituida por el art. 150.2, que establece que «por disposición del tribunal, también se notificará la pendencia del proceso a las personas que, según los mismos autos, puedan verse afectadas por la sentencia que en su momento se dictare. Esta comunicación se llevará a cabo, con los mismos requisitos, cuando el tribunal advierta indicios de que las partes están utilizando el proceso con fines fraudulentos».

Esta disposición no tiene la ambigüedad del art. 260 LEC/1881 que, cuando permitía que el juez ordenara expresamente que las resoluciones fueran notificadas, además de a las partes, «a las personas a quienes se refieran o puedan deparar perjuicio», podía entenderse referida a supuestos en que los terceros, sin perder esa calidad, deben prestar su colaboración en el proceso de diversos modo —por ejemplo, como testigos, peritos, depositarios judiciales de bienes, terceros sujetos a un deber de exhibición de documentos— y se hallan expuestos a consecuencias sancionatorias o desfavorables de otra naturaleza si incumplen ese deber. El texto del art. 150 LEC/2000 deja muy claro que lo que debe notificarse a tercero no es una singular resolución judicial, que pueda concernirle de alguna de las maneras acabadas de mencionar, sino el hecho de la pendencia de un proceso, sobre objeto y entre partes determinadas.

Este deber de notificación es un deber de oficio del tribunal. Hay que determinar sus presupuestos y sus efectos.

Los presupuestos del deber son, principalmente, tres, aunque los dos últimos son alternativos (Ortells, [2004], pág. 186; Cubillo, págs. 77-81; Gascón, 645-646; Cordón, págs. 640-641):

1º) El tribunal sólo tiene el deber de ordenar la notificación a los terceros que aparezcan identificados en autos y respecto de quienes, también según el contenido de los autos, concurra alguna de las situaciones de los dos presupuestos siguientes.

2º) Los terceros deben poder «verse afectados» por la sentencia, lo que alude a la posición de aquellos terceros que están legitimados para una intervención litisconsorcial. No están comprendidos los terceros que debieron ser desde el principio demandados en litisconsorcio pasivo necesario, porque, salvo la integración subjetiva prevista por el art. 420 LEC/2000, si se omitió demandarles, la consecuencia debe ser la nulidad de actuaciones con reposición de las mismas al trámite de traslado y contestación a la demanda.

3º) Pero, aunque los terceros no tengan riesgo de ser directamente afectados por la sentencia del proceso pendiente, sino sólo indirecta o colateralmente —es decir, supuestos de legitimación para una intervención adhesiva simple—, la pendencia del proceso también les debe ser notificada si el juez advierte indicios de que las partes iniciales están utilizando el proceso con fines fraudulentos.

Los efectos de esta notificación merecen una doble consideración:

1º) En cuanto a los efectos que positivamente se producen si la notificación es ordenada y practicada. A diferencia del traslado de una demanda, con emplazamiento o citación, esta notificación no determina que el tercero adquiera condición de parte, ni siquiera impone que su intervención deba ser admitida por el mero hecho de que él la solicite —como si el tribunal hubiera apreciado, al ordenar la notificación, la concurrencia de la legitimación requerida—. La notificación simplemente facilita el conocimiento de la pendencia del proceso y, con ello, que el tercero decida si quiere solicitar que su intervención sea admitida, con arreglo al procedimiento del art. 13 LEC/2000.

La notificación tampoco genera para el tercero una especifica carga de actividad en el proceso cuya pendencia se le ha notificado. Desde una estricta apreciación jurídica —otra cosa es la utilidad que pueda obtener el tercero por su contribución a defender la postura procesal que le convenga— los riesgos a los que se halla expuesto el tercero son los mismos que si no hubiera sido notificado. Probablemente las consecuencias de haber omitido la intervención, a pesar de haber sido notificado, se producirán en los procesos posteriores —sobre objetos relacionados con el que está pendiente y ha sido notificado—, en los que serán rechazadas alegaciones que pueda hacer el tercero de fraude o mala gestión procesal de las partes del primer proceso.

2º) Pero también hay que considerar las consecuencias del incumplimiento del deber de notificación si concurrían los presupuestos del mismo.

Como no es una situación equiparable a la de preterición de litisconsortes necesarios, no puede sostenerse una consecuencia de nulidad procesal.

Obviamente, el tercero conservará en su plenitud las posibilidades de tutela «represiva» fundadas en el fraude o la mala gestión procesal de las partes del primer proceso. Pero, limitar la consecuencia a esto, haría del art. 150.2 LEC/2000 una norma sin sanción. En mi opinión, el art. 150.2 establece un preciso deber para los tribunales, cuya *ratio* es proteger la posición jurídica de los terceros legitimados para intervenir. Si, por incumplimiento de ese deber, se producen daños en los bienes y derechos del tercero, hay base para considerar, con razonable fundamento, si ha nacido responsabilidad del Estado por el funcionamiento de la Administración de Justicia (arts. 292 y siguientes de la Ley Orgánica del Poder Judicial).

VI. El estatuto procesal del interviniente

La tercera pieza del régimen jurídico de la intervención de terceros en el proceso de declaración es el estatuto procesal del interviniente, entendiendo por tal el conjunto de situaciones jurídicas subjetivas, activas y pasivas, que, de acuerdo con la ley, corresponden al interviniente en el proceso en que ha sido admitido.

En principio, la cuestión es si ese estatuto es el general de toda parte procesal o si tiene una composición diferente, en cierto sentido fragmentaria, por hallarse integrado por una serie de situaciones jurídicas específicas, mientras que otras estarían ausentes de él.

La cuestión no había pasado inadvertida en la etapa normativa anterior a la LEC/2000 y cabía esperar de esta Ley una respuesta clarificadora.

1. Estatuto de parte, deficiencias de la norma que lo atribuye y dudas sobre el estatuto del interviniente

Dos expresiones que utiliza el art. 13 LEC/2000 conducen a concluir que esta Ley ha querido dar aquella respuesta clarificadora y, además, de manera contundente en el sentido de atribuir al interviniente estatuto de parte:

1ª) En el apartado 1 se dispone que el tercero «podrá ser admitido como demandante o demandado», es decir, en alguna de las dos posiciones de las partes en un proceso de declaración.

2ª) Y el apartado 3 establece que «admitida la intervención [...] el interviniente será considerado parte en el proceso a todos los efectos».

Ahora bien, estas expresiones normativas no han conducido a la doctrina procesal española a una conclusión unánime en el sentido de entender atribuido estatuto procesal de parte.

Imperfecciones contenidas en el propio art. 13 LEC/2000 han devuelto el tema al terreno de lo problemático.

En primer término, la aparentemente resuelta decisión normativa de atribuir al tercero —una vez haya sido admitido a intervenir— el estatuto de parte procesal, entra en contradicción con la expresa enunciación de algunos poderes de parte que hace el art. 13 («podrá defender las pretensiones formuladas por su litisconsorte o las que el propio interviniente formule [...], aunque su litisconsorte renuncie, se allane, desista o se aparte del procedimiento por cualquier otra causa. También se permitirán al interviniente las alegaciones necesarias para su defensa [...]. El interviniente podrá, asimismo, utilizar los recursos que procedan»). No es, en efecto, fácil encontrar la razón a por qué, tras haber atribuido el conjunto de situaciones jurídicas que componen el estatuto de parte, se ve el legislador en la necesidad de desgranar la mención de algunas —sólo algunas— de esas situaciones (Samanes, pág. 140; Gutiérrez de Cabiedes [2001], págs. 192-193).

En segundo lugar, en el tema del estatuto del interviniente vuelve a aflorar la imprecisión vinculada al requisito de que el interés del tercero debe ser directo, y no sólo legítimo, que ha conducido a un sector minoritario de la doctrina a negar que la LEC/2000 autorice, precisamente por falta de legitimación, una intervención adhesiva simple. El argumento que emplea este sector es éste: precisamente por la atribución legal al interviniente del estatuto de parte, debe ser excluido que se haya querido reconocer legitimación para intervenir a quien no es titular de la relación jurídica litigiosa, sino sólo de una relación dependiente de la anterior (Banacloche, págs. 105-106; Díez-Picazo, págs. 217-219).

En mi opinión (Ortells, págs. 180, 183; Samanes, págs. 140-141; Gutiérrez de Cabiedes [2001], págs. 192-193) precisamente la relación entre las dos anteriores observaciones, arroja luz sobre el problema.

Lo que explica que el art. 13 LEC/2000, tras haber atribuido genéricamente al interviniente admitido estatuto de parte, es, precisamente, que puede ser admitido como tal un interviniente adhesivo simple, cuyo estatuto procesal era específicamente discutido bajo la antigua ordenación. La LEC/2000 se ha propuesto cortar de raíz ese debate con una mención específica de las facultades de parte de más dudosa atribución.

Si bien se mira, la técnica de combinar la atribución genérica y la atribución específica de facultades que componen el estatuto de parte, sólo es absurda en cuanto referida al interviniente litisconsorcial, cuya legitimación nunca había hecho dudar que estuviera justificado atribuirle pleno estatuto de parte.

Los intervinientes admitidos tienen, pues, estatuto de parte. Además, cualquiera sea la legitimación que ostenten. Subsisten, sin embargo, problemas respecto de específicas situaciones jurídicas subjetivas integrantes de aquel estatuto, en el caso de interviniente adhesivo simple. Pero, incluso en este último aspecto, no puede decirse que las cosas hayan quedado como estaban antes de la LEC/2000: hay atribución expresa de facultades antes muy dudosas (intervención en actos dispositivos, facultad de recurrir, etc.), respecto de las cuales el margen de discusión ha quedado limitado a su régimen de ejercicio, presupuesto que la posibilidad de ese ejercicio ya no puede ser radicalmente negada.

2. Aprovechamiento de las posibilidades procesales y tiempo de la intervención: Preclusiones del proceso y excepciones a las mismas

El aprovechamiento de las posibilidades procesales por el interviniente depende del momento de su intervención y del punto de desarrollo en que se halle el procedimiento en el que la intervención haya sido admitida.

Sobre esta materia LEC/2000 establece dos normas que constriñen el aprovechamiento de las posibilidades procesales del interviniente, y que, en cuanto reglas generales, están justificadas. Una valoración favorable no puede ser, por diversas razones, extendida a las excepciones a esas reglas, de las que también nos ocuparemos.

Primera regla general es que la admisión de la intervención no impone la retroacción del procedimiento (art. 13.3 LEC/2000), para que el interviniente pueda aprovechar posibilidades procesales que ya hubieran precluido. Esta norma —por sí sola; otra cosa es el resultado de su combinación con la que mencionaré inmediatamente a continuación— está plenamente justificada. El interviniente, incluso el litisconsorcial, no es un litisconsorte necesario preterido, que debió ser parte en el proceso desde su inicio, y que, si no fue inicialmente demandado e ingresó a proceso iniciado, ha de entrar en el proceso con pleno restablecimiento de sus posibilidades procesales (sobre esto, con encontradas posiciones, Samanes, págs. 139-140; Garnica, pág. 205). El tercero legitimado para intervenir no es parte necesaria, ha realizado el acto para ser admitido como parte cuando ha decidido hacerlo, y justo es que experimente las consecuencias de la preclusión.

La segunda regla general es que «la solicitud de intervención no suspenderá el curso del procedimiento» (art. 13.2). El incidente sobre la solicitud de intervención se tramita con unas alegaciones escritas de las partes iniciales, evacuadas en plazo común breve, pero de modo simultáneo al desarrollo del proceso entre las partes iniciales. Tampoco es objetable esta regulación, porque una solicitud suspensiva dejaría expuesto el proceso a suspensiones por actos de quien, a la postre, acabe por no ser reconocido con legitimación para intervenir.

Si bien cada una de estas reglas, aisladamente consideradas, tienen justificación, su aplicación necesariamente combinada conduce a preguntarse: ¿*Quid iuris* de las posibilidades procesales pendientes —por no cerradas o por todavía no abiertas— en el momento de ser solicitada la intervención, pero ya precluidas en el momento de ser dictada la resolución que la admite?

La respuesta viene a darla la única excepción expresa que establece LEC/2000 a la regla general de preclusión y no retroacción del procedimiento: «se permitirán al interviniente las alegaciones necesarias para su defensa, que no hubiere efectuado por corresponder a momentos procesales anteriores a su admisión en el proceso» (art. 13.2 LEC/2000).

Esta norma que formula la excepción es notablemente imperfecta, por varias razones:

1ª) La limitada concesión a la retroacción aparece desvinculada del momento en que el tercero solicitó la intervención, que es lo que, en definitiva, justifica la excepción: la diligencia en intervenir, que excluye que el tercero admitido pueda sufrir perjuicio por la demora procesal del incidente. Por el contrario, la norma sólo atiende al momento de la admisión en el proceso.

2ª) Una crítica alternativa: o bien la ley está mencionando como excepción lo que, sin duda, será una regla; o bien el contenido admisible de estas alegaciones tendrá una entidad muy reducida.

Empiezo por el segundo término de la alternativa de interpretación: al interviniente no le será admitida esta especial oportunidad de alegación si, cuando su intervención sea admitida, todavía existen posibilidades de alegación. Si la norma se entiende así, el interviniente se verá limitado a formular alegaciones aclaratorias, complementarias o simplemente conclusivas (Ortells, págs. 325-333, 418-419), pero no podrá innovar el material de hecho introducido en el proceso con otros hechos relevantes respecto de la sentencia que puede ser dictada que, simplemente, no hubieran sido alegados antes.

Pero el primer término de la alternativa de interpretación, es sorprendente. Concedamos que la norma significa que el interviniente tendrá las posibilidades de alegación que hubiera tenido de haber podido formular alegaciones de igual alcance que las admisibles en una demanda o en una contestación. Si esto quiso decir el legislador: ¿Por qué condiciona la especial alegación del interviniente a una situación hipotética —que no las haya podido efectuar «por corresponder a momentos procesales anteriores a su admisión en el proceso»—, siendo así que esta situación siempre concurrirá? En efecto, si la admisión de la intervención requiere la audiencia de las partes iniciales, y si —al menos en el procedimiento ordinario— la personación tempestiva del demandado debe producirse dentro del plazo de la contestación: ¿En qué recóndito supuesto puede haber tenido el interviniente oportunidad de aprovechar las posibilidades ordinarias de alegación?

3ª) Si los hechos alegados por el interviniente necesitan de prueba —por no haber sido admitidos por alguna de las partes iniciales a las que han sido trasladadas las alegaciones (arts. 13.3, párrafo segundo, 281.3 LEC/2000)—, la norma expresa sobre la excepción deja sin respuesta si —y en qué supuestos— podrá ser admitida la prueba que proponga el interviniente. La doctrina oscila entre tesis muy generosas, favorables a una amplia admisión de prueba (López-Fragoso, pág. 2-212), y tesis más restrictivas, que limitan la admisión de prueba a los supuestos en que procedería con arreglo a las normas aplicables en el momento de admisión de la intervención (Garnica, pág. 206). Comparto la segunda orientación, pero debo recordar la oportunidad de instar la práctica de prueba en calidad de diligencias finales (art. 435 LEC/2000), si esa proposición puede ampararse en cualquier excepción a la preclusión en materia probatoria.

Pero la excepción expresa a la no retroacción del procedimiento establecida por el art. 13.3 LEC/2000 no es la única que tiene cobertura en la LEC.

Piénsese en el supuesto de que la intervención sea solicitada durante la pendencia del plazo para recurrir la sentencia definitiva u otra resolución que ponga fin al proceso —por ejemplo, la que homologa una transacción judicial— y de que la resolución de admisión de la intervención fuera dictada cuando ese plazo ya hubiera vencido.

Si para este supuesto no pudiera ser afirmada otra excepción a la no retroacción del procedimiento, el límite temporal máximo hasta el que la intervención es admisible —que establece el art. 13.1 LEC/2000: «Mientras se encuentre pendiente un proceso»—, quedaría injustificadamente reducido, porque la litispendencia del proceso de declaración permanece hasta la firmeza de la resolución que le pone fin (Ortells, pág. 296; Málaga, pág. 176).

Solicitada la intervención en el plazo que ha sido descrito, habrá que admitir la suspensión de ese plazo hasta que se resuelva la solicitud de intervención, precisamente para que el interviniente pueda aprovechar la posibilidad procesal, aún abierta, del recurso (Garnica, pág. 205).

3. Posibilidad de interposición de pretensiones (nuevos objetos de proceso) por el interviniente

Es un componente del estatuto de las partes en el proceso de declaración la posibilidad de formular, en los supuestos previstos por la ley, una nueva o nuevas pretensiones —en el sentido de nuevos objetos de proceso (Ortells, págs. 239-258)— para ser tratadas en el mismo procedimiento que fue iniciado por la demanda en la que fue planteado el o los objetos (iniciales) del proceso (Ortells, págs. 265-266).

Esta posibilidad de plantear nuevas pretensiones procesales es uno de los aspectos del estatuto de parte que suscita dudas cuando este estatuto es atribuido al interviniente.

En principio, el art. 13.3 LEC/2000 parece conducir a una respuesta positiva: «podrá defender las pretensiones formuladas por su litisconsorte o las que el propio interviniente formule, si tuviere oportunidad procesal para ello, aunque su litisconsorte renuncie, se allane, desista o se aparte del procedimiento por cualquier otra causa».

Este precepto tiene gran complejidad y no todos sus componentes caen dentro de la materia ahora considerada. Lo primero que se impone es analizarlo para situar cada una de las cuestiones que en él aparecen involucradas en el lugar sistemático adecuado.

Con ese objetivo, la primera observación necesaria es que el art. 13.3 LEC/2000 —como tantos otros preceptos de esa ley: así, paradigmáticamente, el art. 218.1 y también el art. 426.4— no utiliza la expresión «pretensión» con la acepción técnica estricta de objeto del proceso de declaración, sino con el más genérico significado de peticiones.

En efecto, cuando el art. 13.3 LEC/2000 se refiere a «defender las pretensiones formuladas por su litisconsorte», sería erróneo entender que el interviniente sólo puede alegar a favor de las pretensiones del actor, o de las del demandado en cuanto interponga reconvención —y, con ello, introduzca un objeto procesal nuevo—. El interviniente también puede alegar a favor de la defensa del demandado, por más que ésta no constituya una pretensión, un objeto de proceso en sentido estricto (López-Fragoso [2001], pág. 2-210; Gutiérrez de Cabiedes, pág. 194).

Pues bien, cuando el interviniente formula alegaciones para que la pretensión del actor sea estimada —si eso es lo que corresponde al interés que legitima su intervención— o, por el contrario, para que esa pretensión no sea resuelta en cuanto al fondo o sea desestimada, la actividad procesal del interviniente no es de formulación de pretensiones, sino de alegación.

En segundo lugar, cuando la ley vincula —con una adversativa— la posibilidad del interviniente de formular pretensiones propias con la circunstancia de que «su litisconsorte renuncie, se allane, desista o se aparte del procedimiento por cualquier otra causa», tampoco está contemplando la formulación de una nueva pretensión por el interviniente, sino, en todo caso, su facultad de mantener pretensiones sobre las que quiere disponer la parte inicial. Se trata del problema distinto de los poderes del interviniente ante los actos de disposición procesal de la parte inicial, que examinaremos en el apartado siguiente.

Resta, por fin, como contenido propio de este apartado, la posibilidad de que el interviniente formule pretensiones «si tuviere oportunidad procesal para ello».

No hay razones para negar que junto a la acepción genérica de pretensiones —en realidad, alegaciones que fundan la pretensión del actor y la defensa del demandado— esté también comprendida la acepción estricta —es decir, la de objetos procesales—.

Lo que ocurre es que resultará en extremo difícil que el interviniente formule pretensiones procesales en sentido estricto, y no tanto por falta de facultades para ello, cuanto por falta de oportunidad procesal, dado el momento en que la intervención se solicita y el procedimiento para decidir sobre su admisión.

La doctrina ha apuntado la posibilidad de que, ocupando el interviniente posición de demandado, formule reconvención contra el actor (Ortells, pág. 180; López-Fragoso [2001], pág. 2-210; Banacloche, pág. 105; Gutiérrez de Cabiedes [2001], pág. 194). Pero esto dependería de entender que, admitida la intervención —y esto requiere la audiencia del demandado personado— antes de que trascurra íntegramente el plazo para contestar a la demanda, el interviniente pueda aprovechar la parte restante del plazo, tanto para completar la contestación, como para reconvenir.

Lo que resulta obvio es la inadmisión de una ampliación de la demanda por el interviniente que ocupe posición de actor, porque la contestación es el momento en que precluye la posibilidad de ampliación de la demanda (art. 401.2 LEC/2000), y, al propio tiempo, el acto con el que, ordinariamente, el demandado se persona, lo que es presupuesto imprescindible para que sea oído en el incidente de admisión del interviniente. Cuando el interviniente sea admitido, la posibilidad de ampliación habrá precluido, en todo caso.

Consiguientemente, si el interviniente no puede proponer, para su debate en el mismo procedimiento, objetos procesales distintos a los formulados por las partes iniciales, ello no es debido a una restricción de su estatuto de parte, sino al momento en que la intervención puede ser pedida y admitida y al régimen general de modificaciones del objeto inicial del proceso.

4. Poderes del interviniente y actos de disposición

Éste es otro de los aspectos del estatuto procesal del interviniente sobre el que persiste la duda, aunque, como ya apunté, el art. 13.3 LEC/2000 establece, sin matizaciones, que el interviniente puede mantener las pretensiones que estén interpuestas en el proceso «aunque su litisconsorte renuncie, se allane, desista o se aparte del procedimiento por cualquier otra causa».

El sector doctrinal mayoritario, que considera que el art. 13 se refiere tanto a la intervención litisconsorcial, como a la adhesiva simple, es concorde en entender que las facultades del interviniente en caso de ejercicio de poderes de disposición por las partes iniciales, deben ser diferentes según la legitimación que el interviniente ha hecho valer (Díez-Picazo, págs. 218-219; Samanes, págs. 140-141; Ortells, págs. 180, 183; López-Fragoso, págs. 2-210-2-211; Gutiérrez de Cabiedes [2001], págs. 194-195).

Las facultades del interviniente litisconsorcial son plenas, porque él es, tanto como la parte inicial, legitimado en cuanto titular de la relación jurídica litigiosa. Y esa plenitud de facultades significa tanto que el interviniente puede tomar la iniciativa de los actos de disposición —aunque la perfección de los mismos y sus efectos requerirán el concurso de la voluntad de los otros titulares personados en el proceso—, cuanto que el concurso de su voluntad es imprescindible para completar el poder de disposición del que, entre otros requisitos, depende que estos actos sean atendibles.

Por el contrario, en caso de intervención adhesiva simple —cuya legitimación no afirma titularidad de la relación ahora litigiosa, sino de otra dependiente de ella—, el interviniente ni puede tomar la iniciativa de los actos de disposición, ni es relevante que falte su voluntad para que el juez deba atenderlos. La razón es simple: él no es titular —ni único, ni con otro— del poder de disposición, porque éste va referido a una relación jurídica que le es ajena (Díez-Picazo, pág. 218; López-Fragoso, págs. 2-210-2-211).

Pero no deja de ser cierto que también el interviniente adhesivo simple podrá mantener las pretensiones, a pesar de los actos de disposición intentados por la o las partes iniciales.

El interviniente adhesivo simple tiene una facultad de oposición a la eficacia ordinaria de esos actos. Mediante esa facultad se hace efectivo el límite que las leyes procesales establecen tradicionalmente a los actos de disposición: son inatendibles si causan perjuicio a terceros (así, para el allanamiento, la renuncia y la transacción, en Derecho español, Ortells, págs. 450, 455, 459).

Pero esta facultad no es eficaz si se manifiesta como una oposición en abstracto al acto de disposición, sino que requiere una alegación de causas determinantes de perjuicio —efecto desfavorable sin norma que lo justifique— que el juez habrá de considerar fundadas para denegar los efectos de los actos de disposición de la parte o de las partes iniciales.

Entre esas causas está, con seguridad, el fraude, entendido como colusión de las partes iniciales para vincular al juez a un resultado del proceso sobre la relación condicionante que ponga la base para una sentencia contra el interviniente en el posterior proceso sobre la relación condicionada (Díez-Picazo, pág. 218; López-Fragoso [2001], pág. 2-211).

Pero, en mi opinión, no es necesario, para estimar perjudicial un acto de disposición de una parte inicial, exigir los requisitos del fraude —que tienen un difícil componente subjetivo e intencional—, sino que basta que, atendido el estándar de una conducta procesal diligente, aquel acto revele el abandono de una defensa razonable (Ortells, pág. 183; Gutiérrez de Cabiedes [2001], pág. 195).

5. Posibilidad procesal de recurrir de modo autónomo respecto de las partes iniciales

«El interviniente —dice el art. 13.3, párrafo tercero LEC/2000— podrá, asimismo, utilizar los recursos que procedan contra las resoluciones que estime perjudiciales a su interés, aunque las consienta su litisconsorte».

La claridad de esta disposición no ha impedido que renazca la *vexata quaestio* —bajo la antigua ordenación del proceso civil, que carecía de norma general al respecto— de si el interviniente adhesivo simple tiene facultad de recurrir con autonomía de la parte inicial, en cuya victoria procesal aquél está interesado. Doctrinalmente se mantiene tesis negativas (Díez-Picazo, pág. 218) y tesis matizadamente afirmativas (López-Fragoso [2001], págs. 2-211-2-212; Samanes, págs. 140-141).

En mi opinión, tanto por argumentos muy relacionados con la formación legislativa del art. 13, como por la *ratio iuris* de autorización de una intervención con la legitimación característica de la intervención adhesiva simple, ha de darse una respuesta afirmativa en términos generales.

Por lo primero anunciado, una norma como la del art. 13.3, párrafo tercero LEC/2000 sería estrictamente superflua si hubiera que entenderla referida sólo a la intervención litisconsorcial. Superflua en el contexto interno de la disposición, porque nadie duda de que la facultad de recurrir corresponda al general estatuto de parte que todos reconocen a este interviniente. Superflua en el contexto histórico de la regulación de esta materia, en el que nunca fue discutida esta facultad del interviniente litisconsorcial.

Pero, principalmente, después del inequívoco dato literal que ofrece el articulo repetidamente mencionado, las razones para evitar una interpretación indebidamente restrictiva hay que buscarlas en la *ratio* de admisión de la intervención adhesiva simple. Puede sostenerse que el debe limitarse a ayudar a la parte cuya derrota procesal puede perjudicarle. Pero la cuestión radica en si esa ayuda debe ser entendida objetivamente o desde el punto de vista de la propia parte coadyuvada. Si ha de entenderse del segundo modo, la intervención carecería de eficacia precisamente en los casos en los que es mayor su necesidad; es decir, cuando hay negligencia en la actividad procesal de esa parte, o fraude o colusión con la parte contraria. Podría ser una de esas manifestaciones de ineficacia de la intervención adhesiva simple la de que el interviniente no pudiera recurrir una resolución —principalmente, la sentencia adversa— por consentirla la parte en cuya victoria procesal aquél está interesado.

Complementariamente debo decir que, en la LEC/2000, la justificación apuntada para atribuir al litisconsorte adhesivo simple la facultad de recurrir con independencia de la parte inicial, opera simplemente como *ratio iuris* de la norma correspondiente —la del art. 13.3, párrafo tercero—, no como un requisito que deba ser concretamente examinado con repercusión sobre la admisión a trámite del recurso del interviniente (como podría deducirse de López-Fragoso, págs. 2-211-2-212).

A diferencia de las facultades de este interviniente en caso de acto de disposición de la parte inicial a la que apoya, que legalmente se limitaban a evitar un perjuicio que debía hacerse valer, no hay rastro de este específico requisito para la admisión del recurso, ni sobre el modo de tratamiento procesal del mismo.

6. ¿Extensión de la cosa juzgada al interviniente?

El punto de partida de esta breve —y reconozco que inconclusa— reflexión es un planteamiento impecable desde el punto de vista lógico: la cosa juzgada afecta —como regla general— a las partes del proceso (art. 222.3 LEC/2000); la intervención admitida implica que el interviniente «será considerado parte» (art. 13.3 LEC/2000); consecuentemente, la intervención determinaría que la cosa juzgada se extendiera a los intervinientes.

No obstante, la consideración de las posiciones legitimantes para las dos clases de intervención, conduce a dudar de que esa conclusión sea correcta, bien porque sus presupuestos son innecesarios, bien porque ella misma es excesiva.

En efecto, en el supuesto de legitimación para una intervención litisconsorcial, la extensión de la cosa juzgada a todos los titulares de la relación litigiosa, sin necesidad de que todos ellos fueran parte —a diferencia del supuesto de litisconsorcio necesario— venía establecida por la ley. Era la extensión de la cosa juzgada lo que justificaba la intervención, y no a la inversa.

Y en el supuesto de legitimación para intervención adhesiva simple la conclusión es del todo excesiva: el tercero interviniente no resulta afectado por la cosa juzgada, porque la relación de la que es titular no constituye objeto del proceso en el que interviene, por lo que difícilmente la cosa juzgada se puede proyectar sobre esa relación y su titular. La sentencia que se dicta en el proceso en que el tercero interviene no le afecta por la cosa juzgada, sino por el efecto colateral de la sentencia, en cuanto elemento influyente en la creación, modificación o extinción de la relación del tercero. Y esta afectación se produce, por cierto, con independencia de la intervención.

El efecto que tiene la intervención en procesos posteriores, que tengan por objeto la relación dependiente de la que el tercero es titular, o acciones de indemnización o de regreso, fundadas en las consecuencias desfavorables para el tercero de la sentencia del proceso en que se ha producido la intervención, es un efecto preclusivo de alegaciones de mala gestión procesal de la parte inicial del primer proceso o de incorrecta decisión del juez de ese mismo proceso (López-Fragoso [2001], págs. 2-212, 2-225-2-226; Garnica, pág. 200).

7. Intervención y régimen de la condena en costas

Propio del estatuto de la parte es que ésta se halle expuesta, en los supuestos legales, a ser condenada a reembolsar a otras partes las costas originadas por su defensa procesal, así como ser, del mismo modo, acreedora a un reembolso de sus costas.

La LEC no ha regulado de modo general la incidencia de la intervención de terceros en la condena en costas, a pesar de que hay razones que hacen aconsejable una regulación que tome en consideración el diferente modo de adquirir la condición de parte —en virtud de la demanda inicial o mediante una solicitud judicialmente estimada de intervención—.

No obstante, los problemas que genera esta falta de regulación pueden ser, en buena medida, reducidos a un supuesto que concentra la insatisfacción por la solución que parece deducirse de la ley.

Veamos los diferentes supuestos:

1º) Aunque sea alterando el orden del desarrollo del proceso, pero para priorizar el supuesto normativamente más claro, si consideramos las costas que se producen en los recursos, el art. 398 LEC/2000 establece una regulación general y justa, incluso para los casos en que intervinientes participen en el recurso, porque, lo que la norma toma en cuenta para imponer las costas del recurso, es la decisión de interponer un recurso que ha sido plenamente desestimado. La norma es justa tanto si el interviniente es el recurrente, como si el interviniente ha sido recurrido —y acreedor de costas—, porque la parte recurrente era conocedora del derecho del interviniente a defenderse en caso de recurso.

2º) En cuanto a la condena en las costas de la primera instancia, hay también un supuesto cuya solución no genera desacuerdos doctrinales y que cuenta, además, con la posibilidad de aplicación analógica de una norma expresa sobre condena en costas en un supuesto especial de intervención (art. 620.1, párrafo segundo LEC/2000: estimación de demanda de tercería de mejor derecho dirigida sólo frente al ejecutante, pero con intervención procesal del ejecutado). Se trata del supuesto de plena desestimación de la posición procesal (de actor o de demandado) apoyada por el interviniente, en el que procede condenar en costas, conjuntamente, a éste y a la correspondiente parte inicial (norma general de vencimiento —art. 394.1 LEC/2000— y aplicación analógica de art. 620.1, párrafo segundo).

3º) Si el interviniente permanece en el proceso manteniendo como litigiosas las pretensiones iniciales, por haberse rechazado actos dispositivos de una parte inicial o de las partes iniciales, se le deberán imponer las costas si es plenamente desestimada la posición procesal que el interviniente mantiene. Se llega a esta conclusión por también por aplicación analógica del art. 620 LEC/2000, que, a la condena en costas conjunta antes mencionada, le hace la justa salvedad de que «por haberse allanado el ejecutante, la tercería se hubiera sustanciado sólo con el ejecutado, en cuyo caso las costas se impondrán a éste en su totalidad».

4º) Resta un supuesto como verdaderamente problemático. Si la posición procesal apoyada por el interviniente ha sido plenamente acogida por la sentencia, el principio del vencimiento (art. 394 LEC/2000) conduce a imponer a la parte cuya posición ha sido desestimada, no sólo las costas de la contraparte inicial, sino también las costas del interviniente. También la analogía con el art. 620.1 LEC/2000 fundamenta ahora la solución. Pero, frente a la misma, la doctrina se muestra insatisfecha (Samanes, pág. 139; Garnica, pág. 217; Quecedo, pág. 1808), entiendo que, principalmente, por la razón de que no fue la parte condenada en costas la que eligió traer al proceso como parte al interviniente, por lo que no es justo que tenga que pechar con el coste de la actividad procesal de éste.

VII. A modo de epílogo: Aplicación judicial del régimen de la intervención de terceros de la LEC/2000

Los objetivos perseguidos por una nueva ordenación legal pueden ser muy apreciables, puede estimarse acertada o criticable la técnica legislativa con la que esos objetivos han sido plasmados en las disposiciones, pero la efectividad de esa nueva ordenación siempre habrá que contrastarla en el banco de pruebas de su aplicación en la práctica forense, por los tribunales y los litigantes.

Aunque no pueda pretenderse conocer toda la experiencia aplicativa del régimen de la intervención de terceros de la LEC/2000, y, además, el breve tiempo de vigencia del texto legal aconseje una valoración prudente, no quisiera dejar de anotar las líneas interpretativas que se manifiestan con más fuerza.

En el fundamental asunto de la legitimación requerida para la intervención de tercero, creo detectar como preponderante una interpretación restrictiva, que conduciría a arrinconar la intervención adhesiva simple.

En este sentido —y limitándome a la formulación general de la doctrina, sin examinar si, en el caso concreto, la legitimación para una intervención adhesiva simple estaba bien rechazada— en las resoluciones de las Audiencias Provinciales (en adelante, AP) puede leerse:

> 1º) «Estima esta Sala que [...] debe reconducirse a sus propios y justos límites la intervención de terceros en un procedimiento civil iniciado y conducido por otros, y que el concepto de «interesado» no puede utilizarse de forma expansiva para justificar la intervención en el procedimiento de cualquiera que lo solicite con sólo aludir a su legítimo interés. En este sentido es pacífica la comprensión de que «interesado» lo serán aquellas personas a cuyo favor derivaren derechos del propio acto, quienes ostentarían por tanto una situación jurídica directamente afectada por la sentencia que se pronuncie. Es por ello que la jurisprudencia del Tribunal Supremo [...], ante la tradicional orfandad de la Ley Procesal (1881), ha venido admitiendo esta intervención voluntaria adhesiva que ahora se regula en el nuevo texto procesal, precisando que la misma viene determinada y justificada, esencial y fundamentalmente, por la circunstancia de que la sentencia única que, en cuanto al fondo del asunto propiamente dicho recaiga en el proceso entre partes originarias, *haya de producir efectos directos, que no reflejos, contra el interviniente* [cursiva mía], con la consiguiente vinculación de éste a la cosa juzgada» (SAP Valladolid, Sección 1ª, 30 junio 2003, FJ 4º; y, en el mismo sentido, SAP Valladolid, Sección 1ª, 18 marzo 2004, FJ 3º, y Auto Juzgado Primera Instancia número 3 Santander, 21 septiembre 2004).
>
> 2º) «Se refiere el recurrente en esta alegación a la existencia de un efecto reflejo en su esfera por la sentencia que se pueda dictar en este juicio verbal, y si bien es cierto que una cierta jurisprudencia anterior a la LECiv 2000 aceptó la intervención adhesiva simple, es decir, en los casos de una afectación indirecta o refleja o prejudicial o indirecta (TS 10 de junio de 1996, 18 de septiembre de 1998 y 19 de mayo de 1999), *el art. 13.1 LECiv, en línea con otra doctrina legal, ha optado por la necesidad de la concurrencia de un interés directo y legitimo para que se pueda admitir una intervención adhesiva* [cursiva mía], por lo que la intervención se ha de referir a los supuestos de cotitularidad en la relación jurídica, en los que no siendo preceptivo el litisconsorcio pasivo necesario, es abonado el interés directo en el pleito del tercero, que afirma la cotitularidad» (AAP Álava, Sección 1ª, 16 abril 2004, FJ 3º).

Sin embargo, también tiene reflejo en la jurisprudencia de las Audiencias Provinciales la tesis que estimo más correcta:

> Así, el AAP Zaragoza, Sección 5ª, 4 julio 2002 sostiene que: «En todo caso, en la «Intervención Litisconsorcial», el tercero defiende un derecho propio, mientras que en la «Intervención adhesiva simple» el tercero defiende un interés legítimo y propio, pero a través de un derecho ajeno. Este comportamiento procesal para algunos permite hablar de «coadyuvante», mientras que otros rechazan ese calificativo» (FJ 2º). Pero, sigue la resolución, «lo que sí es preciso tener en cuenta es que el tercero a quien se dirige el art. 13 de la Ley de Enjuiciamiento Civil (2000), y superando rigideces doctrinales, es aquel que tiene un «interés directo y legítimo» en el resultado del pleito. Interés legítimo significa que ha de ser jurídico, es decir, no es suficiente un interés moral o de mero hecho. En cuanto al «interés directo» no debe de confundirse con los

efectos del procedimiento. Es decir, puede haber un interés directo en el resultado del procedimiento y, sin embargo, la sentencia sea sólo de efecto reflejo respecto al tercero. Y ello por dos razones fundamentales: una, ya expuesta, cual es que el interviniente adhesivo defiende un derecho ajeno porque un interés directo suyo está en juego y, la segunda, porque identificar interés en el pleito con efectos del pleito supondría eliminar de facto la figura del art. 13 de la Ley de Enjuiciamiento Civil (intervención adhesiva) al confundirla con el «litisconsorcio necesario», figura que tiene su adecuado tratamiento en el art. 12-2 del mismo texto legal, ya que aquí si que se exige que la sentencia tenga efecto directo y no reflejo para poder hablar de litisconsorcio necesario» (FJ 3º).

En el tema de la notificación de la pendencia del proceso, no hay muestras de la aplicación del novedoso art. 150.2 LEC/2000, y, respecto de los supuestos de intervención provocada a instancia de parte, predomina la tendencia a una interpretación restrictiva de los supuestos de admisión.

Así, dice la SAP Guipúzcoa, Sección 1ª, 9 diciembre 2004 que «si bien es cierto que la regulación legal no permite conocer exactamente en qué supuestos se admite la intervención provocada, lo que sí se puede inferir del mencionado precepto es que se permite en aquellos supuestos de ley sustantiva y de ley procesal» (FJ 2º).

Y la SAP Cantabria, Sección 1ª, 1 octubre 2003: «Vistos los términos del artículo 14 y su regulación, «cuando la Ley permita», no cabe sino concluir que la LECiv permite a las partes para que llamen a un tercero en los supuestos tasados contemplados y regulados en el Código Civil (LEG 1889, 27) y algunas Leyes especiales. No existe una posibilidad genérica ilimitada de intervención provocada a instancia del demandado, al permitirla la LECiv únicamente en los supuestos previstos legalmente en nuestro ordenamiento jurídico» (FJ 1º).

La tendencia restrictiva llega al punto de negar que sea procedente la analogía:

«No hay analogía posible cuando la LECiv (2000) es clara al exigir fundamento legal, no analógico, para la llamada» sostiene el Auto del Juzgado de Primera Instancia número 3 Bilbao, 11 mayo 2004, FJ 2º.

Aunque no deja de ser curioso que, en otra resolución del mismo Juzgado y Juez se diga que, como en algunos supuestos legalmente no previstos hay buenas razones para permitir esa llamada,

«*si todas las partes litigantes están de acuerdo, no parece que el juzgado tenga que actuar con rigor excesivo* [cursiva mía] impidiendo que el obligado contractualmente a responder venga al procedimiento y litigue» (Auto del Juzgado de Primera Instancia número 3 Bilbao, 1 enero 2003, FJ 1º).

Bibliografía citada

BANACLOCHE PALAO, J., en De la Oliva Santos, A., Diez-Picazo Jiménez, I., Vegas Torres, J., Banacloche Palao, J., *Comentarios a la Ley de Enjuiciamiento Civil*, Civitas, Madrid, 2001

CEDEÑO HERNÁN, M., *La tutela de los terceros frente al fraude procesal*, Editorial Comares, Granada, 1997

CORDÓN MORENO, F., en Cordón Moreno, F., Armenta Deu, T., Muerza Esparza, J. J., Tapia Fernández, I., *Comentarios a la Ley de Enjuiciamiento Civil*, I, Aranzadi Editorial, Elcano, 2001

CUBILLO LÓPEZ, I., *La comunicación procesal en la nueva Ley de Enjuiciamiento Civil*, EDERSA, Madrid, 2001

DE LUCCHI LÓPEZ-TAPIA, Y., *La tutela jurisdiccional civil de los intereses de consumidores y usuarios*, Edisofer S. L., Madrid, 2005

FAIRÉN GUILLÉN, V., «Notas sobre la intervención principal en el proceso civil», en *Estudios de Derecho Procesal*, Editorial Revista de Derecho Privado, Madrid, 1955

FERNÁNDEZ LÓPEZ, M. A., en De la Oliva, A., Fernández López, M. A., *Derecho Procesal Civil*, I, Editorial CEURA, Madrid, 1995

GARNICA MARTÍN, J. F., en Fernández-Ballesteros López, M. A., Rifá Soler, J. M., Valls Gombáu, J. F., *Comentarios a la nueva Ley de Enjuiciamiento Civil*, I, Iurgium Editores-Atelier, Barcelona, 2001

GASCÓN INCHAUSTI, F., en Banacloche Palao, J., Gascón Inchausti, F., Gutiérrez Berlinches, A., Vallines García, E., *El tratamiento de las cuestiones procesales y la audiencia previa en la Ley de Enjuiciamiento Civil*, Thomson-Civitas, Madrid, 2005

GONZÁLEZ CANO, M. I., *La protección de los intereses legítimos en el proceso administrativo*, Tirant lo Blanch, Valencia, 1997

GUTIÉRREZ DE CABIEDES E HIDALGO DE CAVIEDES, P., en Cordón Moreno, F., Armenta Deu, T., Muerza Esparza, J. J., Tapia Fernández, I., *Comentarios a la Ley de Enjuiciamiento Civil*, I, Aranzadi Editorial, Elcano, 2001

GUTIÉRREZ DE CABIEDES E HIDALGO DE CAVIEDES, P., *La tutela jurisdiccional de los intereses supraindividuales: colectivos y difusos*, Aranzadi, 1999

LÓPEZ-FRAGOSO ÁLVAREZ, T., en Gimeno Sendra, V., Asencio Mellado, J. M., López-Fragoso Álvarez, T., Ortells Ramos, M., Pedraz Penalva, E., *Proceso Civil Práctico*, Tomo I, La Ley, Madrid, 2001, actualizado a enero 2005

LÓPEZ-FRAGOSO ÁLVAREZ, T., *La intervención de terceros a instancia de parte en el proceso civil español*, Marcial Pons, Madrid, 1990

MÁLAGA DIÉGUEZ, F., *La litispendencia*, José María Bosch Editor, Barcelona, 1999

ORTELLS RAMOS, M., *Derecho procesal civil*, con Juan Sánchez, R., Bonet Navarro, J., Bellido Penadés, R., Cucarella Galiana, L., Martín Pastor, J., Aranzadi Editorial, Pamplona, 2000

ORTELLS RAMOS, M., *Derecho procesal civil*, con Mascarell Navarro, M. J., Cámara Ruiz, J., Juan Sánchez, R., Bonet Navarro, J., Bellido Penadés, R., Cucarella Galiana, L., Martín Pastor, J., Thomson-Aranzadi, Pamplona, 2004

PARRA QUIJANO, J., *La intervención de terceros en el proceso civil*, Depalma, Buenos Aires, 1986

PRIETO-CASTRO FERRÁNDIZ, L., *Tratado de Derecho Procesal Civil, Proceso declarativo y proceso de ejecución*, Tomo I, Editorial Aranzadi, Pamplona, 1982

QUECEDO ARACIL, P., en Fernández-Ballesteros López, M. A., Rifá Soler, J. M., Valls Gombau, J. F., *Comentarios a la nueva Ley de Enjuiciamiento Civil*, II, Iurgium Editores-Atelier, Barcelona, 2001

SAMANES ARA, C., *Las partes en el proceso civil*, La Ley, Madrid, 2000

SERRA DOMÍNGUEZ, M., «Intervención de terceros en el proceso», en *Estudios de Derecho Procesal*, Barcelona, 1969

Direito à prova no âmbito administrativo

ADA PELLEGRINI GRINOVER
PROFESSORA TITULAR DE DIREITO PROCESSUAL DA UNIVERSIDADE DE SÃO PAULO

1. Contraditório e direito à prova

O processo civil moderno é banhado pela *cláusula do devido processo legal*, assegurada expressamente pela Constituição da República (art. 5º, inciso LIV), vista, como já tive oportunidade de afirmar, não apenas sob o enfoque individualista da tutela de direitos subjetivos das partes, mas sobretudo como conjunto de garantias objetivas do próprio processo, como fator legitimante do exercício da jurisdição e do poder, de um modo geral.[1] Tais considerações, cumpre desde logo observar, são igualmente válidas para o âmbito administrativo (certo que com as peculiaridades de que se reveste essa função estatal), quer pela expressa previsão do texto constitucional, quer pela ênfase que vem recebendo da autorizada doutrina a «processualidade» do direito administrativo.[2]

Assim, as garantias da defesa e do contraditório estão à base da regularidade do processo e da justiça das decisões. Como disse Antonio Magalhães Gomes Filho, «É justamente o antagonismo entre as falas dos interessados no provimento final (*contra dicere*) que garante a imparcialidade do juiz, característica inseparável do exercício da jurisdição; daí a universal inclusão do contraditório entre as garantias fundamentais do processo justo, chegando-se mesmo a afirmar que se trata de uma espécie de *direito natural*. Trata-se, portanto, de garantia fundamental de *imparcialidade*, *legitimidade* e *correção* da prestação jurisdicional; sem que o diálogo entre as partes anteceda ao pronunciamento estatal, a decisão corre o risco de ser unilateral, ilegítima e injusta; poderá ser um ato de

1. Cf. Cintra-Grinover-Dinamarco, Teoria geral do processo, São Paulo, Malheiros, 2.005, pp. 84 e ss.

2. Sobre o tema, merece destaque a obra de Odete Medauar, A processualidade no direito administrativo, São Paulo, RT, 1993, *passim*.

autoridade, jamais de verdadeira justiça». Dessa forma, observou aludido processualista, «Exigência prévia para o exercício do complexo de atividades processuais próprio das partes é a *ciência efetiva* a respeito de tudo o que se passa no processo»[3] (grifei).

Nesse contexto é que se insere o *direito à prova* que, à evidência, nada mais é do que uma resultante do contraditório. A esse propósito, já tive a oportunidade de escrever: «Não pode ficar imune a tais garantias o direito à prova, que nada mais é do que uma resultante do contraditório: o direito de contradizer provando. E assim como o contraditório representa o momento da verificação concreta e da síntese dos valores expressos pelo sistema de garantias constitucionais, o modelo processual informado nos princípios inspiradores da Constituição não pode abrir mão de um procedimento probatório que se desenvolva no pleno respeito do contraditório»[4] (grifei).

Cândido Dinamarco também relacionou *contraditório* e *prova*, situando-os como fatores determinantes da *efetividade* do processo, quanto ao respectivo modo de ser: Segundo asseverou, «Entre as atividades das partes em contraditório e as inquisitivas do juiz, tem-se por muito importante a *instrução probatória*, que no processo de conhecimento é vital para a efetividade da ação ou da defesa, bem como para o correto exercício da jurisdição. Fala-se até no 'direito à prova' e ele é algo que integra o complexo de faculdades e poderes enfeixados ora no conceito de ação, ora no de defesa.»[5] (grifei)

Na relação entre *contraditório* e *prova*, aquele emerge como verdadeira *condição de eficácia* desta. Conforme já tive a oportunidade de assinalar, tanto será viciada a prova colhida sem a presença do juiz, quanto aquela colhida sem a presença das partes. Daí, inclusive, poder afirmar-se que, ao menos em princípio, não têm eficácia probatória os elementos informativos se a respectiva colheita não contar com a possibilidade real e efetiva de participação dos interessados, em relação aos quais se pretende editar provimento de caráter vinculante e cuja esfera jurídica possa vir a ser atingida.[6] Tomo a liberdade de voltar a invocar minha anterior manifestação:

> «E é importante salientar que o princípio da ineficácia das provas que não sejam colhidas em contraditório não significa apenas que a parte possa defender-se em relação às provas contra ela apresentadas: exige-se, isso sim, que seja posta em condições de participar, assistindo à produção das mesmas enquanto ela se desenvolve.»[7] (grifei)

Nessa mesma linha, já tive oportunidade de destacar a relevância do contraditório, «entendido como participação das partes no momento da produção das provas. Trata-

---

3. Cf. Antonio Magalhães Gomes Filho, Direito à prova no processo penal, São Paulo, RT,1997, pp. 169/170.

4. Cf. Ada Pellegrini Grinover, O processo em evolução, Rio de Janeiro, Forense Universitária, 1996, p. 54.

5. Cf. Cândido Rangel Dinamarco, A instrumentalidade do processo, São Paulo, RT, 1987, p. 407.

6. Nesse sentido, meu trabalho O conteúdo da garantia do contraditório, in Novas tendências do direito processual, Rio de Janeiro, Forense Universitária, 1990, especialmente nn. 3.1 e 3.2, pp. 22/25.

7. Cf. Ada Pellegrini Grinover, O conteúdo da garantia do contraditório, in Novas tendências do direito processual, Rio de Janeiro, Forense Universitária, 1990, p. 24.

se, agora, das atividades dirigidas à constituição do material probatório que vai ser utilizado pelo órgão jurisdicional na formação de seu convencimento». Lembramos, então, que a relevância de tais atividades tem sido posta em destaque pela doutrina universal, de que é ilustração o pensamento de Franco Cordero segundo quem «il contraddittorio (seriamente inteso come participazione dei contendenti alla formazione delle prove) è condizione di ogni atto di formazione della prova' porque 'non sono prove quelle formate fuori del contraddittorio» (grifei). Ou, ainda, a lição de Luigi Paolo Comoglio, para quem «L'accertamento e la valutazione dei fatti dedotti in giudizio a fondamento di una pretesa devono scaturire dal contraddittorio dinanzi all'organo giudicante»[8] (grifei).

Também já dissemos que «a exigência do contraditório, na formação e produção das provas, vem desdobrada, na experiência jurisprudencial e na lição doutrinária de diferentes países, em diversos aspectos, assim resumidos por Giuseppe Tarzia: a) a proibição de utilização de fatos que não tenham sido previamente introduzidos pelo juiz no processo e submetidos a debate pelas partes; b) a proibição de utilizar provas formadas fora do processo ou de qualquer modo colhidas na ausência das partes; c) a obrigação do juiz, que disponha de poderes de ofício para a admissão de um meio de prova, de permitir às partes, antes da sua produção, apresentar os meios de prova que pareçam necessários em relação aos primeiros; d) a obrigação de permitir a participação dos interessados na produção das provas.[9] E mais:

> «Também nesse ponto é expresso o Código de Processo Civil alemão, ao estatuir, nos §§ 357 e 397, que às partes assiste o direito de participar da produção da prova. A esse fundamental princípio, doutrina e jurisprudência alemã dão o nome de *Parteioffentlichkeit*, reconhecendo-o como uma das garantias fundamentais do processo em geral e extraindo de sua inobservância a proibição de utilização das provas produzidas.
>
> (...)
>
> Foi salientado, aliás, que a garantia não significa apenas que a parte possa defender-se contra as provas apresentadas contra si, exigindo-se, ainda, que seja colocada em condições de participar, assistindo às que forem colhidas de ofício pelo juiz. É que tudo que for utilizado sem prévia intervenção e participação das partes acaba sendo reduzido a conhecimento privado do juiz. Expresso, nesse sentido, Trocker (...), com referências às copiosas doutrina e jurisprudência alemã e italiana.»[10] (grifei)

Na doutrina sul-americana, Hernando Devis Echandía destacou que «la parte contra quien se opone una prueba debe gozar de oportunidad procesal para conocerla y discutirla, incluyendo en esto el ejercicio de su derecho de contraprobar, es decir, que

8. Cf. Ada Pellegrini Grinover, O conteúdo da garantia do contraditório, in Novas tendências do direito processual, Rio de Janeiro, Forense Universitária, 1990, p. 25.

9. Veja-se nosso Novas tendências do direito processual, Rio de Janeiro, Forense Universitária, 1990, pp. 21/22, com indicação das fontes doutrinárias citadas.

10. Cf. Novas tendências, cit., p. 24.

debe llevarse a la causa con conocimiento y audiencia de todas las partes; se relaciona con los principios de la unidad y la comunidad de la prueba, ya que si las partes pueden utilizar a su favor los medios suministrados por el adversario, es apenas natural que gocen de oportunidad para intervenir en su práctica, y con el de la lealtad en la prueba, pues ésta no puede existir sin la oportunidad de contradecirla».[11]

Ainda nas palavras desse prestigioso processualista, «Este principio rechaza la prueba secreta practicada a espaldas de las partes o de una de ellas y el conocimiento privado del juez sobre hechos que no constan en el proceso ni gozan de notoriedad general, e implica el deber de colaboración de las partes con el juez en la etapa investigativa del proceso. Es tan importante, que debe negársele valor a la prueba practicada con su desconocimiento, como sería la que no fue previamente decretada en el procedimiento escrito, e inclusive, el dictamen de peritos oportunamente ordenado, o al menos simultáneamente en el oral, pero que no fue puesto en conocimiento de las partes para que éstas ejercitaran su derecho de solicitar aclaraciones o ampliaciones. Los autores exigen generalmente la contradicción de la prueba como requisito esencial para su validez y autoridad».[12]

Echandía também ressaltou a importância do princípio da *publicidade da prova*. Segundo asseverou, ele é «consecuencia de su unidad y comunidad, de la lealtad, la contradicción y la igualdad de oportunidades que respecto a ella se exigen. Significa que debe permitirse a las partes conocerlas, intervenir en su práctica, objetarlas si es el caso, discutirlas y luego analizarlas para poner de presente ante el juez el valor que tienen, en alegaciones oportunas; pero también significa que el examen y las conclusiones del juez sobre la prueba deben ser conocidas de las partes y estar al alcance de cualquier persona que se interese en ello, cumpliendo así la función social que les corresponde y adquiriendo el 'carácter social' de que habla Framarino dei Malatesta»[13] (grifei).

Entre nós, esse último aspecto foi bem examinado por Antonio Carlos de Araújo Cintra, para quem «O princípio da publicidade tende a garantir a tranqüilidade das partes, afastando as dúvidas e desconfianças que geralmente cercam as atividades secretas, senão furtivas, propiciadoras de ilegalidade e quebras da honestidade ou do decoro. De outro lado, a publicidade enseja o controle social do desempenho, pelos juízes, de suas atribuições. Nessa perspectiva é de recordar a lição de Hélio Tornaghi no sentido de que 'o contraste da atividade judicial pela opinião pública é uma garantia: para o jurisdicionado, contra a prepotência e o arbítrio; para o juiz, contra a suspeita e a maledicência'. Ou seja, 'o sistema da publicidade dos atos processuais situa-se entre as maiores garantias de independência, imparcialidade, autoridade e responsabilidade do juiz'»[14] (grifamos).

---

11. Cf. Hernando Devis Echandía, Teoria general de la prueba judicial, tomo I, 6ª ed., Buenos Aires, Zavalia, 1988, p. 123.

12. Cf. Hernando Devis Echandía, Teoria general de la prueba judicial, tomo I, 6ª ed., Buenos Aires, Zavalia, 1988, p. 123.

13. Cf. Hernando Devis Echandía, Teoria general de la prueba judicial, tomo I, 6ª ed., Buenos Aires, Zavalia, 1988, pp. 124/125.

14. Cf. Antonio Carlos de Araújo Cintra, Comentários ao código de processo civil, vol. IV (arts. 332 a 475), Rio de Janeiro, Forense, 2000, p. 244.

Ainda na doutrina nacional, Antonio Magalhães Gomes Filho bem observou que «Se num primeiro momento o respeito ao contraditório, como expressão dos direitos de ação e de defesa, impõe o reconhecimento a cada uma das partes de um *direito à introdução da prova*, e também, inversamente, à parte contrária, de um *direito de exclusão*, no sentido de só ver admitidas as provas lícitas, pertinentes e relevantes, essa mesma garantia do contraditório deve ser observada quanto aos *modos* de admissão, introdução e valoração das provas no processo»[15] (grifei).

A *introdução* contraditória da prova «significa que, admitida uma prova por decisão judicial, a participação dos interessados nos procedimentos de sua produção deve ser ativa e efetiva. Assim, se se tratar de provas preconstituídas, suficiente será a possibilidade de manifestação sobre a legalidade ou idoneidade do material probatório introduzido; mas, no caso de provas que se formam no próprio procedimento, as partes devem ter oportunidade de acesso a todos os atos de sua elaboração, formulando questões às testemunhas ou peritos, obtendo e contestando informações e, ainda, podendo oferecer a *contraprova*»[16] (grifei).

Além disso, prosseguiu Magalhães, «manifesta-se também o contraditório no momento da *valoração* das provas, envolvendo não somente o seu momento argumentativo anterior, com a oportunidade que devem ter as partes de criticar os resultados dos procedimentos probatórios —seja nas alegações finais, seja posteriormente, sempre que novas provas venham aos autos —, mas principalmente a efetiva apreciação, pelo juiz, das provas introduzidas em observância ao *direito a prova* e, em contrapartida, a não consideração, para fins de decisão, das provas inadmissíveis ou daquelas introduzidas sem respeito ao contraditório»[17] (grifei).

De forma correta e abrangente, referido processualista também observou que «casos há em que a violação do contraditório representa somente um aspecto do *quomodo* da prova, ou seja, trata-se de irregularidade relacionada apenas à forma com que se realizaram os atos procedimentais probatórios; em outras situações, ao contrário, o desrespeito à contraditoriedade atinge a própria essência da prova considerada na decisão; aqui não se tem uma prova simplesmente *irregular*, mas, na verdade, uma *não-prova*, ato sem a mínima aptidão para fundar o raciocínio judicial». E mais:

> «Se se tratar de uma infringência ao contraditório que atinge a própria natureza do ato tido como probatório, sua própria *existência*, a solução deve ser a mesma reservada para as provas *inadmissíveis*, que jamais podem ser utilizadas pela sentença.
>
> Pense-se, como exemplo dessa categoria, na utilização de dados colhidos no inquérito policial, que não podem fundar o convencimento judicial porque não obtidos sob o contraditório; ou ainda, naquela situação já mencionada, em que o Ministério Público pretende juntar

15. Cf. Antonio Magalhães Gomes Filho, Direito à prova no processo penal, São Paulo, RT,1997, pp. 169/170.

16. Cf. Antonio Magalhães Gomes Filho, Direito à prova no processo penal, São Paulo, RT,1997, pp. 169/170.

17. Cf. Antonio Magalhães Gomes Filho, Direito à prova no processo penal, São Paulo, RT,1997, pp. 147/148.

aos autos, como prova, testemunho colhido irregularmente, em seu gabinete; aqui a impossibilidade de consideração da prova é absoluta, uma vez que uma renovação do ato, com observância do contraditório, é simplesmente inviável.»[18] (grifei)

2. A observância do contraditório pelo órgão que preside a instrução

Dentro da estrutura dialética do processo, o demandado é citado (*informação*) para responder, tem o ônus de refutar (*reação*) os fatos e fundamentos invocados pelo demandante, eventualmente opondo fatos extintivos, impeditivos ou modificativos da pretensão do requerente. Tem, no contexto do processo civil de direitos disponíveis, o ônus de contestar e, mais do que isso, o ônus de impugnar especificadamente os fatos, sujeitando-se eventualmente ao fenômeno da *preclusão*. De tal forma cientificado dos fatos que lhe imputa o demandante, garante-se que o réu possa exercer o contraditório e que, sendo assim, não venha a ser surpreendido por fatos ou fundamentos não submetidos ao debate travado no processo.

Reconhecido o escopo público do processo judicial (e também do processo administrativo), em cujo contexto o órgão presidente tem postura ativa, voltada à descoberta da verdade judicial para atuação da vontade concreta da lei da forma mais aderente possível à realidade dos fatos, o princípio dispositivo —pelo qual se atribui aos interessados o ônus de alegar e provar os fatos dos quais extraem conseqüências favoráveis— convive com o poder de instrução do órgão judicial (ou administrativo, conforme o caso).

De fato, embora se reconheça que as partes têm o ônus de provar os fatos que alegam (o que, no Código de Processo Civil, está regulado pela regra do art. 333), é poder-dever do órgão julgador o de, sempre que possível, tomar a iniciativa da prova, seja para complementar as diligências requeridas pelas partes interessadas, seja para desvendar aspectos de fato que lhe pareçam ainda insuficientemente esclarecidos. Assim por certo ocorre em juízo e também no âmbito do processo administrativo, especialmente naquele de natureza punitiva ou sancionatória, nos quais o juiz não apenas defere as providências de instrução requeridas pelas partes, como ainda outras determina de ofício.

Tal poder instrutório, contudo, não infirma a garantia constitucional do contraditório. Pelo contrário, a desejável ampliação dos poderes instrutórios e diretivos do juiz somente reforça a preocupação com a atuação da referida garantia, impedindo-se pronunciamentos que surpreendam as partes. Essa questão, diga-se, tem ocupado a doutrina mais recente e, dentro dela, tem destaque o pensamento de Luigi Paolo Comoglio que, tratando especificamente do tema, observou que «occorre indubbiamente considerare —nel panorama delle tendenze processuali moderne— la progressiva emersio-

18. Cf. Antonio Magalhães Gomes Filho, Direito à prova no processo penal, São Paulo, RT,1997, pp. 169/170.

ne del ruolo del giudice nella direzione del processo, nonchè la derivata esigenza di una protezione sempre più efficace delle garanzie del contraddittorio proprio in quei modelli di processo inquisitorio, nei quali sia più decisiva (seppur con gli oppotuni correttivi e controlli, a salvaguardia dell'imparzialità) la presenza di poteri d'ufficio del giudice»[19] (grifei). Da mesma forma, na doutrina italiana recentíssima, colhe-se a lição de Giulio Ubertis:

> «Uno degli ambiti in cui maggiormente assume rilievo il principio del contraddittorio è, come accennato, quello probatorio, segnatamente per quanto concerne l'esercizio del *diritto alla prova*. Questo implica (quando il suo titolare lo faccia espressamente valere attraverso apposite richieste agli organi giudiziari almeno sommariamente motivate) non solo il diritto all'ammissione di un esperimento probatorio rilevante su un oggeto di prova verosimile e pertinente —e quindi il dovere per il giudice di motivare sul rigetto dell'istanza di parte—, ma anche quelli alla sua effettiva assunzione in contraddittorio e alla valutazione dei suoi esiti.»[20] (grifei)

Significativa a respeito, como fonte de inspiração para outros ordenamentos, é a disposição contida no art. 16 do Novo Código de Processo Civil francês que, alinhado às mais modernas tendências de dar efetividade às garantias constitucionais do processo, estabelece que «Le juge doit, en toutes circonstances, faire observer e observer lui-même le principe de la contradiction», de tal sorte que «Il ne peut fonder sa décision sur le moyens de droit qu'il a relevés d'office sans avoir au préalable invité les parties à présenter leurs observations».

Na doutrina nacional, Luiz Guilherme Marinoni bem observou que «O direito de produzir prova engloba o direito à adequada oportunidade de requerer a sua produção, o direito de participar da sua realização e o direito de falar sobre os seus resultados. No caso de prova determinada de ofício vale o mesmo, pois a parte não só tem o direito de sobre ela se pronunciar, mas também o direito de participar da sua realização. Quando o juiz determina a prova de ofício, ele se encontra, em respeito à exigência do contraditório, na mesma posição da parte. Evocando a proibição de fazer uso da ciência privada, poder-se-ia dizer que, à luz do contraditório, configura-se como ciência privada tudo o que for utilizado sem a prévia participação das partes»[21] (grifei).

Daí porque, consoante já tivemos oportunidade de registrar, «quando o juiz introduz a prova de ofício, encontra-se, perante a exigência do contraditório, na mesma situação da parte, e a intervenção e participação dos sujeitos do processo há de ser prévia»[22] (grifei).

---

19. Cf. Luigi Paolo Comoglio, Lezioni sul processo civile, pp. 70/71.

20. Cf. Giulio Ubertis, Il contraddittorio nella formazione della prova penale, in Estudos em homenagem a Ada Pellegrini Grinover, coordenação de Flávio Luiz Yarshell e Maurício Zanoide de Moraes, São Paulo, DPJ Editora, 2005, pp. 333/334.

21. Cf. Luiz Guilherme Marinoni, Novas linhas do processo civil, 2ª ed., São Paulo, Malheiros, 1996, p. 153.

22. Grinover-Scarance-Magalhães, As nulidades no processo penal, 8ª ed., São Paulo, RT, 2004, pp. 146/147.

3. O direito à prova no âmbito administrativo

Tudo isso afigura-se válido tanto para o processo no âmbito jurisdicional quanto na seara administrativa. Na lição de Celso Antonio Bandeira de Mello, vigora perante a Administração o chamado princípio «da ampla instrução probatória, o qual significa, como muitas vezes observam os autores, não apenas o direito de oferecer e produzir provas, mas também o de, muitas vezes, fiscalizar a produção de provas da Administração, isto é, o de estar presente, se necessário, a fim de verificar se efetivamente se efetuaram com correção ou adequação técnica devidas»[23] (grifei).

Mais recentemente, Odete Medauar observou que, no âmbito administrativo, vigora o direito à «informação geral», isto é, «direito de obter conhecimento adequado dos fatos que estão na base da formação do processo, e de todos os demais fatos, dados, documentos e provas que vierem à luz no curso do processo. Daí resultam as exigências impostas à Administração no tocante à comunicação aos sujeitos de elementos do processo em todos os seus momentos. Como é evidente, a comunicação deve abranger todos os integrantes da relação processual administrativa. Vincula-se, igualmente à informação ampla, o direito de acesso a documentos que a Administração detém ou a documentos juntados por sujeitos contrapostos. E a vedação ao uso de elementos que não constam do expediente formal, porque deles não tiveram ciência prévia os sujeitos, tornando-se impossível eventual reação a tais elementos»[24] (grifei).

Segundo referida jurista, «Sob o ângulo técnico, evidencia-se a finalidade instrutória, de busca da verdade, de conhecimento mais preciso dos fatos, de coleta de informações para a decisão correta. O confronto entre a autoridade administrativa e as partes envolvidas no processo contribui para fornecer ao órgão chamado a decidir um panorama completo da situação de fato, de direito e dos interesses envolvidos, de modo que a decisão poderá ser mais ponderada e mais aderente à realidade». Assim, prossegue, «No perfil colaborativo, sobressai o objetivo de propiciar a impessoalidade, pela igual oportunidade, dada aos sujeitos entre si, e a sujeitos ante a Administração, de apresentar alegações, provas, pontos de vista, etc. Expostos, às claras, todos os elementos de uma situação, torna-se mais fácil a tomada de decisões objetivas, sem conotações pessoais; caso estas predominem, o cotejo dos dados expostos permitirá que sejam detectadas com mais nitidez». E mais:

> «Com isso se amplia a transparência administrativa. O contraditório não pode realizar-se em regime de 'despotismo administrativo' que pressupõe e impõe o segredo de ofício. Daí estar o contraditório vinculado à exigência de democracia administrativa, sob o ângulo da visibilidade dos momentos que antecederam à decisão.»[25] (grifei)

---

23. Cf. Celso Antônio Bandeira de Mello, Curso de direito administrativo, 6ª ed., São Paulo, Malheiros, 1995, p. 283.

24. Cf. Odete Medauar, op. cit., p. 104.

25. Cf. Odete Medauar, Processualidade no direito administrativo, São Paulo, RT, 1993, p. 103.

Nessa mesma linha, já tive oportunidade de realçar que «o caráter processual da formação do ato administrativo contrapõe-se a operações internas e secretas, à concepção dos *arcana imperii* dominantes nos governos absolutos e lembrados por Bobbio ao discorrer sobre a publicidade e o poder invisível, considerando essencial à democracia um grau elevado de visibilidade do poder» (grifei). E para a enumeração dos preceitos que formam o mínimo denominador comum da ação administrativa, entre as linhas fundamentais dos procedimentos administrativos foram explicitamente apontados os seguintes: a) a publicidade dos procedimentos; b) o direito de acesso aos autos administrativos; c) a condenação do silêncio, com sanções aos responsáveis; d) a obrigação de motivar; e) a obrigatoriedade de contraditório, e defesa na formação de atos pontuais restritivos de direitos e de atos compositores de conflitos de interesses»[26] (grifei).

26. Cf. Ada Pellegrini Grinover, O processo em evolução, Rio de Janeiro, Forense Universitária, 1996, pp. 81/84.

Aspectos procesales de la ley 50/2002, de Fundaciones

VICENTE PÉREZ DAUDÍ
PROFESOR TITULAR DE DERECHO PROCESAL. UNIVERSIDAD DE BARCELONA

1. Introducción

La finalidad de este artículo es analizar el artículo 43 de la ley 50/2002. El mismo se divide en tres apartados. Los dos primeros regulan los recursos jurisdiccionales que caben contra los actos del Protectorado y de los Registros de Fundaciones, que ponen fin a la vía administrativa. El tercero regula la competencia de los órganos jurisdiccionales civiles para conocer de los conflictos que surjan en la vida cotidiana de la Fundación.

A continuación examinaremos cada uno de estos apartados siguiendo el esquema del artículo.

2. Apartado primero: impugnación de los actos del protectorado

El apartado primero del art. 43 de la ley de Fundaciones prevé que «los actos del Protectorado ponen fin a la vía administrativa y serán impugnables ante el orden contencioso-administrativo».

El Protectorado se integra en la administración general del Estado, que lo ejerce a través de los ministerios que tengan relación con la finalidad de los mismos, siendo su titular el ministro correspondiente.[1] Por ello, los actos del Protectorado son equivalentes a los actos del ministro a efectos del planteamiento del recurso contencioso-admi-

1. Esta es la configuración prevista en el art. 40 del Reglamento de Fundaciones de competencia estatal aprobado por el Real Decreto 1337/2005. Ver ampliamente el comentario que realizan Cusco y Cunillera, en *Comentarios a la nueva Ley de Fundaciones*, referencia VLEX-RM369.

nistrativo, por lo que son recurribles ante la Sala de lo Contencioso-Administrativo de la Audiencia Nacional (art. 11 LJCA).

El recurso contencioso-administrativo se tramitará a través del procedimiento previsto para el proceso ordinario. La legitimación activa le corresponderá en principio a la Fundación que ha visto denegada una solicitud o autorización en aquellos casos en que se exijan por la ley.

En este apartado es criticable la doble regulación realizada en la ley de Fundaciones y que puede inducir a confusión. Por un lado se prevé en el artículo 43.1 de la ley de Fundaciones la posibilidad de recurrir ante los órganos jurisdiccionales contencioso-administrativos los actos del Protectorado, pero por otro se prevé en el artículo 43.3 de la ley de Fundaciones que se acuda ante los órganos jurisdiccionales civiles para solicitar las autorizaciones denegadas.[2] Todo ello puede provocar que se interprete que deben conocer dos órganos jurisdiccionales distintos de la misma materia, si bien en un caso se plantearía la revisión del acto administrativo de denegación de la autorización y en el otro se analizara directamente la concesión de la misma.[3] Hubiera sido deseable acudir a un único régimen, otorgando mayores facultades de actuación al Protectorado, si bien limitándola a aquellos aspectos verdaderamente imprescindibles para la protección de la voluntad del fundador y del interés general.[4]

La existencia de los dos procesos puede plantear cuestiones de prejudicialidad y cosa juzgada. Además debe valorarse que en caso de que se conceda la autorización en el expediente de jurisdicción voluntaria por el órgano jurisdiccional civil, tal como desarrollaremos posteriormente, el proceso contencioso administrativo carecería de objeto por satisfacción de la pretensión y, por lo tanto, quedar sin contenido el proceso,[5] tal como prevé el art. 76 LJCA.[6] Sin embargo, se tendrá que valorar que la resolución dictada en el expediente de jurisdicción voluntaria no produce efectos de cosa juzgada, por lo que deberá atenderse al posible inicio de un proceso declarativo ordinario.

---

2. Ver infra desarrollo que se efectúa de la actuación de los órganos jurisdiccionales civiles.

3. La convivencia de los dos procesos puede plantear cuestiones de prejudicialidad y cosa juzgada. Además debe valorarse que en caso de que se conceda la autorización en el expediente de jurisdicción voluntaria por el órgano jurisdiccional civil, tal como desarrollaremos posteriormente, el proceso contencioso administrativo carecería de objeto por satisfacción de la pretensión del demandante. Sin embargo, se tendrá que valorar que la resolución dictada en el expediente de jurisdicción voluntaria no produce efectos de cosa juzgada, por lo que deberá atenderse al posible inicio de un proceso declarativo ordinario.

4. Ver ampliamente PIñar Mañas, en «El Protectorado de fundaciones: situación actual y propuestas de reforma», en *Manual de Fundaciones*, coordinador Ruiz Ojeda, Madrid, 1999, págs. 91 y ss.

La Sentencia de la Audiencia Provincial de Valencia de 6 de mayo de 1993 (AC 1993\930) afirmaba en su fundamento jurídico segundo que «No parece contrario a la legislación civil, que en atención a los fines de intereses generales que se propugnan tenga la Administración la «pertinente y oportuna participación en la gestión, vigilancia y cumplimiento de los fines fundacionales... ejerciendo el Protectorado de la misma» (STS 10-7-1985 Sala 1.ª [RJ 1985\4135]), pues esa intervención «no hay por qué contemplarla como dirigida a desvirtuar o contrariar la voluntad del fundador, sino por el contrario, a asegurar la misma...» (STS [Sala Contencioso-Administrativo] 20-12-1985 [RJ 1986\669]).»

5. Ver ampliamente el comentario que realizo en *El allanamiento en el proceso civil*, Barcelona, 2000, págs. 84 y ss.

6. Ver Cordon Moreno, *El proceso Contencioso Administrativo*, Pamplona, 1999, pág. 191.

Todo ello se puede complicar pues el art. 129 de la Ley de la Jurisdicción Contencioso Administrativa permite a los interesados solicitar, en cualquier estado del proceso, la adopción de cuantas medidas aseguren la efectividad de la sentencia. Por este motivo es posible que se adopte como medida cautelar la concesión de la autorización denegada por el Protectorado, pero sólo cuando sea la única forma de no hacer perder al proceso contencioso administrativo su efectividad y garantizando en todo caso los posibles daños y perjuicios que se produzcan como consecuencia de la adopción de la medida cautelar.

Si optáramos por este criterio interpretativo podría darse la contradicción de que una vez resuelto el proceso contencioso-administrativo desestimando la demanda se acudiera al Juzgado de Primera Instancia solicitando la autorización. Ante esta posibilidad se plantearía la influencia de la sentencia dictada en el proceso contencioso-administrativo al órgano encargado de la resolución del expediente de jurisdicción voluntaria, ya que la primera no debería extender sus efectos más allá de lo que lo haría la resolución del Protectorado recurrida. Es decir, si se permite solicitar la autorización judicial ante la denegación de la misma por el Protectorado, la sentencia dictada en el recurso contencioso administrativo no puede impedir realizar dicha solicitud. Ahora bien, es indudable que la sentencia contencioso-administrativo influiría en la resolución del órgano jurisdiccional civil, y no por la eficacia negativa de la cosa juzgada sino por su vinculación positiva.[7]

Como se puede observar la interpretación que permita la convivencia de los dos procesos puede dar lugar a resoluciones contradictorias, además de duplicar la actividad procesal. Por todo ello debe realizarse una interpretación legislativa acorde que evite estas situaciones, que entendemos que no son deseables al perturbar de forma grave la vida de la sociedad.

Ante todo debemos analizar cual es la actividad del Protectorado cuando debe conceder o denegar la autorización para realizar determinadas actividades. Como ya se ha indicado anteriormente la finalidad es garantizar el orden público. En principio su resolución sería impugnable ante los órganos de la jurisdicción contencioso administrativa, tal como se ha indicado anteriormente. Sin embargo, en el caso de los supuestos indicados en el artículo 43.3 de la Ley de Fundaciones existe una excepción a la regla general ya que se prevé que en los casos indicados, que se desarrollarán posteriormente, la falta de autorización administrativa se suplirá por la resolución del Juzgado de Primera Instancia; es decir, se sustituye la actividad del Protectorado por la del Juzgado de Primera Instancia con la finalidad de agilizar la vida de la Fundación. En este caso concreto el orden jurisdiccional contencioso-administrativo no puede conocer ya que es una cuestión expresamente atribuida al orden jurisdiccional civil, aunque sea una actividad de la Administración Pública (art. 3 de la Ley de Jurisdicción Contencioso Administrativa).

En este mismo sentido se ha pronunciado la Sentencia del Tribunal Supremo, sala de lo Contencioso Administrativo, de 4 de julio de 2005 (RJ 2005\6900) al afirmar que «los actos del Protectorado que ponen fin a la vía administrativa son impugnables ante esta

---

7. Tal como afirma Nieva Fenoll «deberá producirse dicha influencia, como única manera de que la función jurisdiccional se presté de una manera coherente» (en *La Cosa Juzgada*, edit. Atelier, Barcelona, 2006, pág. 241.

Jurisdicción excepto en los casos en los que la propia Ley los somete al conocimiento de la Jurisdicción civil que es lo que sucede con la negativa a ratificar el acuerdo de extinción tomado por el Patronato en virtud de la causa prevista en el artículo 29 e) de la Ley 30/1994». Tal como indica la sentencia el motivo es que «ha de repararse, además, en que el cometido del Protectorado en todo el diseño legal es subsidiario y no determinante pues o se adhiere a lo resuelto por el Patronato o promueve la decisión judicial. Carece, pues, de propia sustantividad. Por todo ello, tiene sentido que, cuando el apartado 4 del artículo 30 de la Ley 30/1994 dice que los procedimientos judiciales derivados de este artículo se tramitarán por el Juzgado de Primera Instancia, incluya la resolución del Protectorado de no ratificar el acuerdo de extinción tomado por el Patronato y que eso excluya, en este caso, la aplicación de la regla general del artículo 35».[8]

A modo de conclusión entendemos que la falta de autorización administrativa en los casos previstos en el artículo 43.3 de la Ley de Fundaciones tan sólo permitirá que el Patronato acuda al Juzgado de Primera Instancia para sustituir la actividad administrativa del Protectorado, pero no cabe presentar recurso contencioso administrativo. Como analizaremos posteriormente dicha actividad del órgano jurisdiccional civil se circunscribe en los actos de jurisdicción voluntaria, por lo que cabría iniciar un proceso declarativo ordinario posterior.

3. Apartado segundo: impugnación de la calificación de los registros de fundaciones

El apartado segundo del artículo 43 de la ley de Fundaciones prevé que «las resoluciones dictadas en los recursos contra la calificación de los Registros de Fundaciones ponen fin a la vía administrativa y podrán ser impugnadas ante el orden jurisdiccional contencioso-administrativo.

La finalidad primordial del Registro de Fundaciones es la publicidad de los actos y contenidos que consten en él para todos los que tengan un interés legítimo. Además se configura como el primer filtro administrativo encargado de velar por el correcto funcionamiento del sistema de fundaciones,[9] pero su función de control se limita a comprobar la validez y solemnidades extrínsecas de los documentos presentados, «teniendo en cuenta el contenido de los mismos y los obstáculos que surjan del Registro».[10] Es importante destacar que el Registro de Fundaciones tiene efectos constitutivos de la Fundación, pues su inscripción en el mismo es el que le otorga personalidad jurídica (art. 4 de la ley de fundaciones).[11]

---

8. Del mismo modo se había pronunciado anteriormente la Sala de lo Contencioso Administrativo en Sentencia de 20 de diciembre de 2003 (RJ 2004\614).

9. En este sentido Palma Fernandez, en «El registro de fundaciones: inscripción y dinámica registral», en *Manual de Fundaciones*, cit., págs. 60 y ss.

10. Palma Fernandez, op. cit., pág. 60.

11. En el mismo sentido, si bien en relación con la ley anterior y diversas leyes autonómicas PIñar Mañas, en «La regulación de las fundaciones: jurisprudencia y pautas de futuro», en *Las Fundaciones y la Sociedad Civil*, Madrid, 1992, pág. 199, en especial págs. 211 y ss.

Actualmente el Registro de Fundaciones se regula a través del Real Decreto 384/1996, de 1 de marzo, por el que se aprueba el Reglamento del Registro de Fundaciones de Competencia Estatal. Orgánicamente depende del Ministerio de Justicia y está adscrito a la Dirección General de los Registros y del Notariado, y dentro de ella a la Subdirección General del Notariado y de los Registros de la Propiedad y Mercantiles. El art. 15 del Reglamento del Registro de Fundaciones prevé que el Director General del Registro y del Notariado adoptará las decisiones negativas a propuesta del encargado del Registro y previo informe de la Subdirección General del Notariado y de los Registros de la Propiedad y Mercantiles. Tal como indica el art. 43.2 de la ley de Fundaciones esta resolución podrá ser impugnada ante el orden jurisdiccional contencioso-administrativo. Sin embargo, previamente deberá interponerse recurso de alzada ante el Ministro de Justicia.

A los efectos del comentario del art. 43.2 de la ley de Fundaciones es importante destacar que hay que agotar previamente la vía administrativa, por lo que se impugnará la resolución del Ministro de Justicia. Por ello será competente para conocer la Sala de lo Contencioso-Administrativo de la Audiencia Nacional (art. 11 LJCA). El procedimiento por el que se tramitará la reclamación será a través del juicio ordinario.

4. Apartado tercero: impugnación ante el orden jurisdiccional civil

El apartado tercero del artículo 43 de la ley 50/2002, de Fundaciones prevé que «corresponderá al Juzgado de Primera Instancia del domicilio de la Fundación conocer, de acuerdo con los trámites del proceso declarativo que corresponda, de las pretensiones a las que se refieren los artículos 9.4, 13.2, 17.3, 18.2 d, 18.3, 29.3, 30.4, 32.2, 3 y 4, 35.2, y 42.2 de la presente ley».

Además de las pretensiones a las que se refiere expresamente este precepto el orden jurisdiccional civil será competente para conocer de todos los conflictos que se planteen en la vida diaria de las fundaciones, aunque no estén expresamente previstos.

Como se indica en la exposición de motivos uno de los principios de la Ley de Fundaciones es reducir la intervención de los poderes públicos en el funcionamiento de las fundaciones. Desde esta perspectiva sólo en aquellos casos en que la administración pública, bien a través del Protectorado o del Registro de Fundaciones, dicte un acto administrativo tendrá jurisdicción para conocer de la reclamación frente al mismo el orden jurisdiccional contencioso-administrativo. En el resto de supuestos tendrán jurisdicción los tribunales civiles.

En todo caso la dificultad de la actuación judicial en el orden civil tiene su origen en la disparidad de pretensiones que se pueden ejercitar:

— Por un lado nos encontramos ante un grupo que van dirigidas a obtener autorizaciones del órgano jurisdiccional para realizar alguna actividad, debiendo distinguir si el órgano que debía prestarla era el Protectorado o el Patronato.

— Por otro ante otras que van dirigidas a exigir la responsabilidad de los patronos por la administración de la Fundación.

— Por último las derivadas de la realización por la Fundación de actividades de carácter económico.

Las dos primeras pretensiones son totalmente distintas debido a que en el primer caso nos encontramos ante un proceso no contencioso en las que el órgano jurisdiccional adopta una decisión sustituyendo la falta de autorización administrativa por silencio administrativo o denegación expresa, o bien la no realización de un actividad por el Patronato o por los albaceas testamentarios o herederos; mientras que en el segundo nos encontramos ante un conflicto de intereses. Es decir, mientras en el primer caso nos hallamos ante un procedimiento propio de la jurisdicción voluntaria, en el segundo se trataría de un proceso jurisdiccional propiamente dicho.

El tercer grupo de pretensiones serían aquéllas que si bien no están expresamente previstas por la ley, se pueden plantear como consecuencia de la realización por la Fundación de actividades de carácter económico.

A continuación analizaremos la competencia del órgano jurisdiccional, desarrollando posteriormente las pretensiones que se pueden ejercitar, los aspectos subjetivos del procedimiento (competencia y partes) y el procedimiento, limitándonos a analizar las pretensiones expresamente previstas en el art. 43.3 de la Ley de Fundaciones.

A) Pretensiones que se pueden ejercitar

Como indicábamos anteriormente el art. 43.3 de la ley de fundaciones regula dos grupos de pretensiones que tienen un tratamiento procesal totalmente diferenciado.

a) Actos homologadores

En primer lugar la ley regula unas pretensiones propias de la jurisdicción voluntaria. El concepto es en sí mismo heterogéneo ya que nos encontramos ante actos constitutivos, homologadores, de mera documentación y de simple presencia.[12] En el caso concreto de la ley de fundaciones los actos de jurisdicción voluntaria se concretan en las autorizaciones que debe dar el órgano jurisdiccional para complementar la actividad del Protectorado cuando los obligados a realizar una acción no la hagan y, de esta forma, permitir que se realice el negocio jurídico concreto.

Analizando las pretensiones previstas en la ley de fundaciones nos hallamos ante las siguientes autorizaciones judiciales previas:

12. Serra Dominguez, «Naturaleza de la jurisdicción voluntaria», en *Estudios de Derecho Procesal*, Barcelona, 1967, págs. 634 y ss.

El art. 9.4 de la Ley de Fundaciones prevé que cuando la Fundación se haya constituido mortis causa y el fundador se haya limitado a expresar su voluntad de constituir una Fundación, la ley prevé que sea el albacea testamentario o los herederos testamentarios quienes deban otorgar la escritura pública. Si no existen o incumplen esta obligación, debe otorgarla el Protectorado, previa autorización judicial.

El art. 13.2 de la Ley de Fundaciones prevé que si se ha constituido la Fundación sin que se haya procedido a inscribirla en el Registro de Fundaciones, el Protectorado cesará a los patronos y procederá a nombrar nuevos patronos, previa autorización judicial.

Estos tienen la consideración de actos homologadores, según la clasificación indicada anteriormente, ya que la intervención judicial se realiza solo para dar una garantía a la intervención del Protectorado,[13] ya que nada hubiera impedido que dicha autorización se hubiera obviado o la hubiera tenido que otorgar otro organismo público o privado que garantizara la presencia de los requisitos legalmente establecidos para permitir la intervención del Protectorado. En estos actos el juez tiene una intervención simplemente administrativa, en los que se limita a realizar un control de la legalidad de lo actuado en su presencia para autorizar el negocio correspondiente.[14] Esta distinción no es meramente teórica, sino que implica unas consecuencias prácticas como la determinación del procedimiento que debe seguirse para otorgar estas autorizaciones, así como la ausencia de cosa juzgada y, consecuentemente, la posibilidad de acudir a un procedimiento posterior para anular la resolución judicial que otorgue la autorización.

b) Actos constitutivos

En segundo lugar nos encontramos ante un grupo de pretensiones que tienen carácter constitutivo pero de la que podemos afirmar su carácter de jurisdicción voluntaria en la medida en que en principio parece no existir contradicción. En esta categoría se pueden incluir las pretensiones previstas en los artículos 32.2 y 3 de la ley de fundaciones que prevé que se requerirá resolución judicial motivada para declarar la extinción de la Fundación cuando no se haya acordado por el Patronato, o dicho acuerdo no se haya ratificado por el Protectorado, y con carácter general cuando concurra alguna causa de extinción no prevista en el art. 31 de la Ley de Fundaciones pero regulada en las leyes.

En este caso la actuación del órgano jurisdiccional tiene carácter de jurisdicción voluntaria porque el acuerdo de las partes es irrelevante, ya que en todo caso se precisará resolución judicial para declarar la extinción de la Fundación por alguna de las causas no previstas en el art. 31 de la Ley de fundaciones.

Cuando la extinción no se produce porque no se acuerde por el Patronato o no se haya ratificado por el Protectorado, la naturaleza de la actuación jurisdiccional es más

13. Tal como afirma Serra Dominguez «si los actos de jurisdicción voluntaria están confiados a los tribunales ordinarios, es debido principalmente a las características de estos órganos: imparcialidad...» (en op. cit., pág. 638).

14. Fernandez De Bujan, en *La jurisdicción voluntaria*, Madrid, 2001, pág. 41.

confusa. Desde esta perspectiva nos encontramos objetivamente ante la no adopción del acuerdo de extinción por el Patronato de la Fundación o su no ratificación por el Protectorado. En este caso la protección del interés público se atribuye a la jurisdicción ordinaria. En concreto el órgano jurisdiccional debe decidir si debe declarar que se ha extinguido la Fundación por la concurrencia de las causas previstas por el art. 31 de la Ley de Fundaciones o en otro texto legal. En todo caso nos hallamos ante un acto de jurisdicción voluntaria.[15]

En este apartado debemos tener en cuenta que existen las siguientes posibilidades procesales:

— se puede presentar una demanda por personas con interés legítimo, como podrían ser las personas en los que revertirían los bienes de la Fundación en caso de que se extinguiera, ante los órganos jurisdiccionales del orden civil.

— se puede instar el expediente de jurisdicción voluntaria previsto en el artículo 32 de la Ley de Fundaciones, pero sólo por el Patronato de la Fundación o el Protectorado.

c) Proceso contencioso (orden civil)

Más confusos son los casos en que se acuda al órgano jurisdiccional para suplir una falta de actuación del Patronato y no del Protectorado. Este es el supuesto de las intervenciones judiciales previstas en los artículos 29.3 y 30.4 de la Ley de Fundaciones.

El artículo 29.3 de la ley de Fundaciones prevé que cuando las circunstancias que presidieron la constitución de la Fundación varíen de manera que ésta no pueda actuar satisfactoriamente con arreglo a sus estatutos, el Patronato debe acordar la modificación de los mismos; si no lo realiza el Protectorado puede requerir a la autoridad judicial para que resuelva sobre la procedencia de la modificación de los estatutos requerida.

El artículo 30.4 de la ley de Fundaciones prevé que cuando una Fundación «resulte incapaz de alcanzar sus fines, el Protectorado podrá requerirla para que se fusione con otra de análogos fines que haya manifestado ante el Protectorado su voluntad favorable a dicha fusión, siempre que el fundador no lo hubiese prohibido»; cuando el Patronato se oponga, el Protectorado podrá solicitar de la autoridad judicial que ordene la referida fusión.

En estos casos existe un conflicto que debe ser resuelto por los órganos jurisdiccionales y no tiende a suplir la falta de autorización administrativa requerida en función del interés público concurrente, sino la falta de actuación del Patronato para realizar una actuación sin que la omisión pueda ser suplida por el Protectorado. Por lo que nos encontramos propiamente ante un juicio contencioso.

15. En este sentido en la Sentencia de la Audiencia Provincial de Toledo número 215/2005, sección 2ª, de 17 de junio (JUR 2005\161647) se resuelve la procedencia de declarar la extinción de una Fundación por incapacidad económica. Del mismo modo se había pronunciado anteriormente la Sentencia del Tribunal Supremo 736/2003, de 21 de julio (RJ 2003\5388)

Finalmente el art. 42.2 de la ley de Fundaciones regula la intervención temporal de las fundaciones cuando «el Protectorado advirtiera una grave irregularidad en la gestión económica que ponga en peligro la subsistencia de la Fundación o una desviación grave entre los fines fundacionales y la actividad realizada». Ante la no adopción de medidas por el Patronato de la Fundación para corregir esta desviación, el Protectorado «podrá solicitar de la autoridad judicial que acuerde, previa audiencia del Patronato, la intervención temporal de la Fundación. Autorizada judicialmente la intervención de la Fundación, el Protectorado asumirá todas las atribuciones legales y estatutarias del Patronato durante el tiempo que determine el juez».

En principio es evidente que la naturaleza jurídica de esta intervención judicial es netamente jurisdiccional ya que existe un claro conflicto de intereses que solamente puede ser resuelto judicialmente. En este caso concreto nos encontramos ante un proceso jurisdiccional que tiene por objeto decretar la intervención temporal de la Fundación.

Sin embargo, la finalidad conseguida se puede lograr por otros medios. En concreto el art. 18.2 d de la ley de Fundaciones prevé que el cese de los patronos de una Fundación se producirá, entre otros motivos, «por no desempeñar el cargo con la diligencia prevista en el apartado 1 del artículo anterior, si así se declarara en resolución judicial»; y dicho precepto obliga a los patronos a desempeñar el cargo con la diligencia de un representante leal.

A continuación el apartado 3 del artículo 18 de la ley de Fundaciones prevé que «la suspensión podrá ser acordada cautelarmente por el juez cuando se entable contra ellos la acción de responsabilidad». Y uno de los supuestos en que incurren en responsabilidad es cuando no desempeñen el cargo de patrono con la diligencia debida.

Por ello sería posible que el Protectorado ejercitara la acción de responsabilidad de los patronos por no adoptar las medidas necesarias sugeridas para corregir la irregularidad en la gestión económica o la desviación grave entre los fines fundacionales y la actividad realizada y solicitar la adopción de la medida cautelar de suspensión del cargo. Y recordemos que el Protectorado es ejercido por la Administración General del Estado (art. 34 de la ley de Fundaciones) y que tiene la función de velar por el correcto funcionamiento de la Fundación (art. 35 de la ley de Fundaciones).

Del análisis de las distintas intervenciones judiciales previstas se observa como aquéllas que hemos considerado como de jurisdicción voluntaria se hubieran podido atribuir perfectamente al Protectorado, siendo posteriormente revisadas judicialmente su decisión a través del recurso contencioso-administrativo.[16] Incluso hubiera sido la opción aconsejada para velar por el eficaz funcionamiento de la Fundación, ya que de esta forma se ha judicializado la vida diaria de la Fundación lo que hará que en muchos casos las mismas sean inoperantes. Si bien tiene la ventaja de eliminar el elemento político en la toma de este tipo de decisiones.

16. El art. 43.1 de la ley de Fundaciones prevé que «los actos del Protectorado ponen fin a la vía administrativa y serán impugnables ante el orden jurisdiccional contencioso-administrativo».

Por otro lado existen unas intervenciones judiciales cuya naturaleza es más confusa al haberlas regulado de forma unitaria el legislador. Sin embargo las podemos calificar de jurisdicción contenciosa porque la intervención judicial no tiende a suplir una omisión de una autorización administrativa sino una falta de actuación del Patronato.

B) Competencia objetiva

El art. 43.3. de la ley de fundaciones determina que serán competentes los Juzgados de Primera Instancia. De esta forma se sigue con la tendencia iniciada en la Ley Orgánica del Poder Judicial de convertir los Juzgados de Primera Instancia en los órganos jurisdiccionales genéricos para conocer en primera instancia de los litigios en materia civil (art. 85 LOPJ) y que se reproduce en la nueva Ley de Enjuiciamiento Civil (art. 45 LEC).[17]

C) Competencia territorial

A continuación el art. 43.3 de la ley de Fundaciones prevé que la competencia territorial le corresponderá al Juzgado de Primera Instancia del domicilio de la Fundación.

a) El domicilio de la Fundación

El domicilio de la Fundación es uno de los contenidos obligatorios de los Estatutos (art. 11 de la Ley de Fundaciones) y debe encontrarse en la sede de su Patronato o en el lugar en que se desarrollen principalmente sus actividades. Si la Fundación desarrolla su actividad principal en el extranjero tendrá su domicilio estatutario en la sede de su Patronato dentro del territorio nacional. Por último, si fuera una Fundación extranjera, deberá mantener una delegación en territorio español.

Una de las dificultades que plantea este precepto es determinar cual es la sede del Patronato y como se puede reaccionar en los casos en que el domicilio de la Fundación se haya establecido estatutariamente en un lugar distinto de la sede del Patronato o del lugar en que desarrollen principalmente sus actividades.

En principio la determinación de la sede de la Fundación no planteará ninguna dificultad pues estará prevista en los estatutos. En aquellos casos en que no coincida con la previ-

17. El artículo 13.3 del Proyecto de Ley de Jurisdicción Voluntaria, publicado en el Boletín Oficial de las Cortes Generales, Congreso de los Diputados, de 27 de octubre de 2006, prevé que «corresponderá también al Secretario judicial la tramitación y resolución definitiva, sin perjuicio de los recurso que procedan, en los expedientes de jurisdicción voluntaria regulados en otras leyes que no tengan por objeto la condición o estado civil de la persona, o asuntos de derecho de familia, menores e incapaces». A pesar de que la norma parece hacer referencia solo a personas físicas y no jurídicas, entendemos que la autorización prevista en el artículo 9.4 de la Ley de Fundaciones será competencia del Juez, ya que la autorización judicial afecta al otorgamiento de la escritura pública de constitución de la Fundación, lo que constituye un acto que afecta al estado de la persona ya que ello determinará su constitución y por lo tanto otorgamiento de una personalidad jurídica diferenciada de su fundador. No así en el caso de las autorizaciones previstas en los artículos 13.2 y 29.3 de la Ley de Fundaciones que correspondería al Secretario Judicial.

sión legislativa deberá atenderse a la norma legal, es decir, a la sede del Patronato o al lugar en que desarrollen principalmente sus actividades. Se tratara de un problema de acreditar a través de la prueba documental cualquiera de estos dos fueros legislativos.[18]

También se plantea la cuestión de si es aplicable la previsión del art. 51 LEC. Este precepto regula el fuero general de las personas jurídicas, y es aplicable a las fundaciones porque según el artículo 4 de la ley de Fundaciones tendrán personalidad jurídica desde la inscripción de la escritura pública de su constitución en el correspondiente Registro de Fundaciones. El art. 51 LEC prevé que:

> «salvo que la ley disponga otra cosa, las personas jurídicas serán demandadas en el lugar de su domicilio. También podrán ser demandadas donde la situación o relación jurídica a que se refiera el litigio haya nacido o deba surtir efectos, siempre que en dicho lugar tengan establecimiento abierto al público o representante autorizado para actuar en nombre de la entidad».

Entendemos que este precepto no es aplicable a las fundaciones en el ejercicio de las pretensiones previstas en el apartado 3º del art. 43 de la ley de Fundaciones ya que establece una especialidad competencial que hace que el mismo no sea aplicable. Sin embargo, si que se aplicará en aquellos casos en que la Fundación sea parte en un proceso judicial en el que el objeto sea distinto del previsto en dicho precepto.

b) Prorrogabilidad del fuero de competencia territorial

Una de las cuestiones que se plantean es si nos encontramos ante un fuero prorrogable o improrrogable.

En el ámbito de la jurisdicción contenciosa los fueros de competencia territorial son esencialmente prorrogables. Así el art. 54 de la LEC prevé que «las reglas legales atributivas de la competencia territorial sólo se aplicarán en defecto de sumisión expresa o tácita de las partes a los tribunales de una determinada circunscripción». Por ello, salvo que exista un precepto que determine el carácter no dispositivo de las normas de competencia territorial, debemos entender que éstas tienen carácter disponible, y ello a pesar de las numerosas excepciones que regula el legislador en el art. 54 a este principio de carácter general.[19]

Al tener carácter prorrogable cabe la sumisión expresa o tácita. Es decir, cabe que las partes lleguen a un acuerdo en torno a la circunscripción de los tribunales a los que se someten. Para ello será necesario que las partes se sometan a tribunales con competencia objetiva (art. 55 LEC) y que no afecten a las normas de reparto (art. 57 LEC).

---

18. Solo será válida la prueba documental porque el art. 65 LEC prevé que «al escrito de declinatoria habrán de acompañarse los documentos o principios de prueba en que se funde», sin regular psoteriormente una vista en que se puedan practicar otros medios de prueba.

19. Ver extensamente Pelaez del Rosal, en «Competencia Territorial Disponible», en *Instituciones del Nuevo Proceso Civil*, volumen I, págs. 311 y ss.

La sumisión expresa será realizada por las partes cuando se plantee un litigio. Sin embargo, se puede plantear la discusión de si en los estatutos se puede incluir una cláusula de sumisión expresa para los conflictos que surjan. En principio no existirá ningún inconveniente en que ello sea así, ya que si existe la posibilidad de sumisión a arbitraje, ningún inconveniente debe plantearse por acordar que las cuestiones litigiosas a los tribunales de una circunscripción concreta.

Ahora bien, la sumisión expresa no será válida cuando la cuestión litigiosa afecte a terceras personas como puede ser el Protectorado de la Fundación o terceros ajenos a la misma.

En relación con la sumisión tácita no existe ningún inconveniente en que ésta se produzca ya que el órgano jurisdiccional no tendrá que examinar su competencia territorial de oficio al ser ésta prorrogable, tal como ya hemos indicado.

En el ámbito de la jurisdicción voluntaria la competencia territorial no tiene carácter dispositivo.[20] En este sentido se han pronunciado Fernández De Bujan,[21] Garriga Ariño[22] y González Poveda.[23] Igualmente se han pronunciado las Sentencias del Tribunal Supremo de 5 de enero de 1935 y de 29 de octubre de 1993, la Sentencia de la Audiencia Provincial de Madrid de 5 de diciembre de 1995 y la Circular de la Fiscalía del Tribunal Supremo de 13 de mayo de 1930.[24]

Los argumentos para defender el carácter no dispositivo de las normas de competencia territorial en los expedientes de jurisdicción voluntaria son que el objeto del mismo es el ejercicio de un control público sobre el desarrollo de las relaciones jurídicas privadas.[25] También se ha afirmado que no cabe la disponibilidad de la competencia ante la ausencia de verdaderas partes en el procedimiento.[26]

Como se analizará posteriormente si el expediente de jurisdicción voluntaria se convierte en contencioso se aplica la disposición derogatoria única, apartado 1, excepción 1ª in fine, que prevé que «en tanto no entre en vigor la ley sobre Jurisdicción Voluntaria, las referencias al proceso contencioso procedente contenidas en el Libro III se entenderán hechas al juicio verbal». Al remitirse el procedimiento posterior a los trámi-

---

20. Ver ampliamente Garriga Ariño, en *Los supuestos juicios de equidad de la Ley de Propiedad Horizontal*, Madrid, 2003, págs. 118 y ss.

21. Fernandez De Bujan, op. cit., pág. 131.

22. loc. Cit.

23. González Poveda, en *La jurisdicción voluntaria. Doctrina y formularios*, Pamplona, 1989, pág.87.

24. Del mismo modo el Proyecto de Ley de Jurisdicción Voluntaria remitido por el Gobierno al Congreso de los Diputados, publicado en el Boletín Oficial de las Cortes Generales, serie A, de 27 de octubre. El artículo 14.1 del mismo prevé que «en los expedientes de jurisdicción voluntaria administrados por Jueces y Secretarios judiciales no cabe la sumisión expresa ni tácita».

25. Gonzalez Poveda, lo. Cit.

26. Circular de la Fiscalía del Tribunal Supremo de 13 de mayo de 1930.

tes del juicio verbal la competencia territorial se convierte en indisponible porque el art. 54.1 in fine LEC prevé que «tampoco será válida la sumisión expresa o tácita en los asuntos que deban decidirse por el juicio verbal».

Una última cuestión que debe ser tenida en cuenta al determinar la prorrogabilidad de la competencia territorial es la consideración de que en todos los actos de jurisdicción voluntaria será parte el Protectorado de la Fundación, que forma parte de la Administración General del Estado. Es decir, el Estado será parte del proceso. Por ello es de aplicación el art. 15 de la ley 52/1997, de Asistencia Jurídica al Estado, que prohíbe la sumisión en este tipo de procesos.

D) Sumisión a arbitraje

La ley de Fundaciones no regula la posibilidad de que se sometan las cuestiones litigiosas a arbitraje. En principio, parece que no existirá ningún inconveniente en que en los Estatutos se contenga un convenio de sumisión a arbitraje.[27] Sin embargo, dicho pacto sólo afectará a aquellas materias que tengan carácter dispositivo.

Es decir, es posible que se sometan a arbitraje los posibles conflictos que puedan plantearse en el funcionamiento normal de la Fundación. Sin embargo, no cabe que se realice con aquellas acciones judiciales que se deben ejercitar para suplir la no concesión de la autorización administrativa o actos de carácter administrativo del Protectorado.

La razón es que mientras las primeras materias son netamente civiles y por tanto de carácter dispositivo, en las segundas interviene una administración pública. Pero este no es un argumento determinante, ya que la administración pública puede realizar actividades de carácter privado y consecuentemente someterse a arbitraje. Lo importante es que la Administración interviene en las Fundaciones a través del Protectorado en defensa del interés general. Tal como afirma Linares Andrés «el Protectorado tiene por misión proteger el fin de interés general que ha quedado institucionalizado con la creación de la persona jurídica». Continua afirmando que «su tarea no es tanto proteger a la Fundación de los actos dañosos que su órgano de gobierno pueda causarle, sino custodiar el fin fundacional y los intereses del colectivo social en que el ente funcione con criterios de utilidad y eficiencia para paliar necesidades humanas».[28]

Al realizar esta defensa del interés público, esta materia no tiene carácter dispositivo. Además, esta circunstancia motivará que en los expedientes de jurisdicción voluntaria sea oído el Ministerio Fiscal (art. 1815 de la LEC de 1881).[29] Ésta se justifica, tal

---

27. Ver ampliamente en relación con las Sociedades Mercantiles el análisis que realizo en *Comentarios a la Ley de Sociedades Anónimas*, coord. Arroyo y Embid, volumen II, Madrid, 2002, págs. 1178 y ss.

28. Linares Andrés, en *Las fundaciones. Patrimonio, funcionamiento y actividades*, Valencia, 1998, pág. 76.

29. Si bien el artículo 16 del proyecto de ley de Jurisdicción Voluntaria del texto remitido por el Gobierno al Congreso de los Diputados (publicado en el Boletín Oficial de las Cortes Generales, Congreso de los Diputados, serie A, número 109-1, de 27 de octubre de 2006) prevé la intervención del Ministerio Fiscal «cuando afecte al estado

como afirma Pérez Gordo, en que «no solo se trata de evitar errores judiciales, sino también fraudes al interés público o social o a los intereses de esas personas o cosas a que se refieren los asuntos que se entienden como de jurisdicción voluntaria».[30] Anteriormente justificaba la intervención del ministerio público en el proceso civil en la defensa del interés público, para lo que deberá actuar como defensor de la legalidad.[31] Y continuaba afirmando que «de ahí, por tanto, el que la función del Ministerio Fiscal como defensor de la legalidad en el proceso civil, no sea más que una importante concreción de aquella otra función que se le asignaba como defensor del interés público».[32]

Y desde un punto de vista procedimental su presencia es una muestra de que la materia que se está discutiendo no tiene carácter dispositivo.[33] Por lo que no cabe la sumisión a arbitraje de estas materias.

E) Partes

a) Legitimación

A través de la legitimación se explica la posibilidad de realizar actos procesales válidos en un proceso en concreto. Para determinarla se atiende a la existencia de un vínculo de carácter objetivo para poder actuar. El art. 10 de la LEC afirma que «serán considerados partes legítimas quienes comparezcan y actúen en juicio como titulares de la relación jurídica u objeto litigioso». Sin embargo, en la LEC de 1881 no existía ningún precepto que hiciera referencia a la legitimación.

Por este motivo el concepto de legitimación es de elaboración doctrinal y jurisprudencial. Al carecer de un elemento legislativo de referencia bajo esta denominación se han designado distintas cosas, pero no todas ellas hacen referencia a la realidad procesal.

---

civil o condición de la persona o esté comprometido el interés de un menor o incapaz y en aquellos otros casos en que la ley expresamente lo prevea». Por ello su intervención es dudosa en los casos previstos en la ley de Fundaciones, entendiendo tal como hemos comentado anteriormente que debería intervenir en el supuesto de la autorización prevista en el artículo 19.3 de la Ley de Fundaciones. Entiendo que hubiera sido conveniente prever su participación en todo caso, tal como manifiesta Seoane Cacharón, en «Breve Examen Crítico del Anteproyecto de ley de Jurisdicción Voluntaria del Ministerio de Justicia de 1 de junio de 2006», en *La Ley*, 28 de septiembre de 2006. Informa que en el Anteproyecto de la ponencia se preveía su intervención cuando afectara a interess públicos, llegando a afirmar que su no intervención puede vulnerar el artículo 124 de la Constitución. Entendemos que en el caso de las fundaciones existe un interés público que debe determinar la intervención obligatoria del Ministerio Fiscal en este tipo de expedientes.

30. Pérez Gordo, «La función del Ministerio Público (Fiscal) en el proceso civil», en *Estudios de Derecho Procesal*, Zaragoza, 1981, pág. 137. También se puede consultar en la *Revista de Derecho Procesal Iberoamericana*, número 4, 1977, págs. 933 a 980.

31. Pérez Gordo, ob. Cit., pág. 106.

32. Pérez Gordo, ob. Cit., pág. 108.

33. Ver el análisis que realizo sobre la intervención del Ministerio Fiscal y el principio dispositivo en *El allanamiento en el proceso civil*, Barcelona, 2000, pág. 45.

Así por ejemplo se intentó aplicar al proceso criterios de derecho sustantivo a través del concepto de legitimación material.[34]

Como hemos indicado anteriormente a través de la legitimación procesal se va a determinar qué personas pueden intervenir como partes en un proceso concreto y determinado. Para realizar esta actividad es necesario acreditar la existencia de un interés (art. 24 CE) que se presume por el mero hecho de presentar la demanda alegando la titularidad de un derecho.[35] Desde este punto de vista puede afirmarse que basta con la afirmación de la titularidad de un derecho para poder realizar actos procesales eficaces. La vinculación objetiva con el proceso se halla precisamente en la afirmación de la relación como propia.[36]

En principio este vínculo objetivo basta para otorgar la legitimación procesal, pero en las acciones constitutivas el legislador suele designar quienes son los interesados. Para ello describe una posición en la que deben encontrarse las personas que inicien un proceso. En estos casos el interés está implícito en la afirmación que debe hacerse en el sentido de indicar que él es uno de los legitimados por la ley.[37] En estos casos es posible deslindar el objeto del proceso de la posición que debe ocupar el actor para poder iniciarlo.

Partiendo de estos conceptos debemos distinguir el tipo de pretensiones que se pueden ejercitar al amparo de la ley de Fundaciones para analizar si el legislador ha limitado las personas que pueden realizar este tipo de acciones.

Cualquier persona con interés legítimo puede ejercitar el expediente de jurisdicción voluntaria. Sin embargo, en el caso concreto de las previsiones de la ley de Fundaciones el interesado que solicite la homologación judicial será siempre el Protectorado, ya que es al órgano que debe realizar la actividad prevista en los artículos 9.4, 13.2 y 29.3 de la ley de Fundaciones. Si fuera un tercero el que solicitara la realización de dicha actividad debería acudir a un juicio ordinario, tal como se expondrá posteriormente.

Cuando se solicite la extinción de la Fundación al amparo del artículo 32.2 de la ley de Fundaciones los únicos legitimados para solicitar la autorización judicial será el Protectorado o el Patronato, en función del órgano que no hubiera adoptado la resolución. Ello no obsta para que un tercero pueda solicitar la extinción de la Fundación, pero en este caso deberá acudir a un juicio ordinario de carácter contencioso.

---

34. Ver la crítica que se realiza por Ramos Méndez (en *Enjuiciamiento Civil*, tomo I, Barcelona, 1994, pág. 51) y Serra Domínguez (en «Precisiones en torno a los conceptos de parte, capacidad procesal, representación y legitimación», en *Justicia*, 1987, número II, págs. 307 y ss.).

35. En este sentido Gómez Orbaneja (en *Derecho Procesal Civil*, Madrid, 1979, pág. 149) y Ramos Méndez (en *Enjuiciamiento...*, cit., pág. 53)

36. Por todos Montero Aroca (en *La legitimación en el proceso civil*, Madrid, 1994, pág. 38) y Ramos Méndez (en op. cit., pág. 5).

37. Montero, op. cit., pág. 47.

Más problemático es el supuesto del art. 32.3 de la ley de fundaciones. Prevé que la Fundación debe extinguirse cuando concurra alguna causa establecida en las leyes y no prevista en el art. 31, requiriéndose siempre resolución judicial motivada. En este caso debemos distinguir:

— el supuesto en que el Patronato de la Fundación y el Protectorado adopten y homologuen el acuerdo de extinción.

— aquéllos en que la extinción sea instada por un tercero.

En el primer caso entendemos que nos encontramos ante un expediente de jurisdicción voluntaria, por lo que los interesados serán el Protectorado, los patronos o cualquier tercero. En el segundo nos encontraríamos ante un juicio ordinario tendente a declarar la extinción de la Fundación, por lo que bastará la mera alegación del interés para tener legitimación activa, debiendo demandar a la Fundación al tener personalidad jurídica.[38]

En la hipótesis del art. 30.4 de la ley de fundaciones nos hallamos ante un supuesto de jurisdicción contenciosa, tal como hemos desarrollado anteriormente. En este caso concreto el legislador prevé que el Protectorado podrá solicitar de la autoridad judicial que ordene la fusión en el caso de que el Patronato no lo realice. Es decir, se trata de una norma procesal que le autoriza a instar el inicio del proceso judicial. El cual deberá iniciarse contra la Fundación.

La cuestión que se plantea es si un tercero puede solicitar que se realice esta fusión. Si el tercero alega la existencia de un interés legítimo entendemos que no existe ningún inconveniente para que ejercite la acción. Una cuestión distinta será la valoración del interés legítimo alegado, pero es una cuestión de fondo que deberá ser resuelta en la sentencia.

En relación con la acción de responsabilidad de los patronos por los daños y perjuicios frente a la Fundación, el art. 17.3 de la ley de fundaciones prevé las personas que pueden entablar la acción «en nombre de la Fundación». La previsión legislativa se realiza porque al entablarse la acción contra los representantes legales de la Fundación se debe otorgar la representación de la Fundación a terceras personas distintas a los patronos contra los que se ejercita la acción. Los terceros podrán ejercitar esta acción sólo en la medida en que aleguen la existencia de un interés legítimo, que deberá relacionarse con los daños y perjuicios que la actuación de los patronos

38. Del mismo modo se pronuncia la Sentencia de la Audiencia Provincial de Baleares número 150/2006, sección 3ª, de 4 de abril (JUR 2006\131729), afirmando que «Las fundaciones son personas jurídicas de base patrimonial, un patrimonio organizado para la consecución de unos fines, a diferencia de las sociedades caracterizadas principalmente por su base personal. Sin embargo, sí existe entre la impugnación de los acuerdos de una y otra persona moral una identidad de razón en la determinación de la legitimación pasiva para el ejercicio de acciones de impugnación de las decisiones adoptadas por sus órganos, identidad de razón que justificaría una aplicación analógica (artículo 4.1 del Código Civil) ya que toda persona jurídica es la primera interesada en mantener la validez de unos acuerdos que, mientras no haya pronunciamiento judicial en contra, son los que han de regir su vida y funcionamiento».

haya causado a la Fundación. En este caso la problemática que se plantea no es tanto una cuestión de legitimación como de representación, por lo que lo desarrollaremos en el siguiente apartado.

Este precepto no regula la acción de responsabilidad de los patronos por los daños y perjuicios que ocasionen a terceros. Esta acción se regula por los principios generales sobre responsabilidad.[39] Para su ejercicio estarán legitimados los terceros que aleguen la existencia de un interés legítimo.

Por último el art. 42.2 de la ley de Fundaciones prevé la intervención temporal de las fundaciones. La previsión legislativa tan sólo legitima al Protectorado para solicitar dicha medida. Para ello deberá acreditar que ha advertido al Patronato de la existencia de graves irregularidades y la solicitud de adopción de las medidas necesarias para corregir la desviación.

Además recordemos que la medida cautelar de suspensión de los patronos podrá ser adoptada cautelarmente cuando se entable contra ellos la acción de responsabilidad prevista en el art. 17 de la ley de fundaciones.

A modo de conclusión podemos indicar con carácter general que la legitimación la tiene cualquier persona que alegue la existencia de un interés legítimo para solicitar la tutela judicial pretendida. En el caso de las acciones previstas en la ley de Fundaciones se determina en algunos casos las personas legitimadas activamente pero no regulando un supuesto específico de legitimación, sino las especialidades en orden a la representación de la Fundación en aquellos casos en que la acción se dirige frente a ellos. Por último existen una serie de acciones en que se determina la legitimación del Protectorado, pero ello no impide que los terceros con un interés legítimo puedan ejercitar dichas pretensiones a través del correspondiente juicio ordinario.

b) Representación

El art. 4 de la ley de Fundaciones atribuye personalidad jurídica a las fundaciones, es decir, a las «organizaciones constituidas sin fin de lucro que, por voluntad de sus acreedores, tienen afectado de modo duradero su patrimonio a la realización de fines de intereses generales».

Al ser una persona jurídica deberá comparecer a través de «quienes legalmente les representen» (art. 7.4 LEC). Según el art. 14 de la Ley de Fundaciones el órgano que la representa es el Patronato. Así nos encontramos ante un supuesto de representación necesaria. Esta representación la realiza el Patronato de la Fundación,[40] pero procesalmente debe actuar a través de una persona física. El Patronato puede delegar la fun-

---

39. En este sentido Salelles Climent y Verdera Server, en *El Patronato de la Fundación*, Madrid, 1997, pág. 189.

40. En este sentido se pronuncia la Resolución de la Dirección General del Registro y del Notariado de 26 de noviembre de 1996 (RJ 1996\7933) en la que analiza la representación de una persona física para actuar en nombre de una Fundación y se la niega porque el acuerdo del Patronato no figuraba inscrito en el registro de fundaciones.

ción de representación en una persona concreta que sea miembro del Patronato (art. 16 de la Ley de Fundaciones).

Entendemos que no será necesario la adopción de un acuerdo previo ni comunicación al Protectorado para comparecer en juicio en defensa de los intereses de la Fundación. Una cuestión distinta es la realización de actos de disposición sobre el objeto del proceso.[41] En este caso deberemos distinguir en función de si el objeto litigioso está directamente vinculado al cumplimiento de los fines fundacionales. Si lo estuvieran será necesario la autorización previa del Protectorado (art. 21.1 Ley de Fundaciones). Si no fuera así debe comunicarlo al Protectorado en un plazo máximo de treinta días hábiles siguientes a su realización.

La dificultad que se puede plantear es determinar cuando el objeto litigioso está directamente vinculado al cumplimiento de los fines fundacionales. Debe ser el órgano jurisdiccional el que determine en cada caso concreto la vinculación del objeto litigioso a la realización de los fines fundacionales y examinar la concurrencia de los requisitos exigidos por la Ley de Fundaciones para que las fundaciones puedan realizar actos de enajenación o gravamen.

Una cuestión distinta se produce en el supuesto de desistimiento en primera instancia, ya que el mismo no impide que se pueda volver a plantear un nuevo proceso con el mismo objeto (art. 20.2 LEC). Sin embargo, si se produce en segunda instancia o pendiente el recurso de casación el desistimiento provocará la firmeza de la resolución recurrida con lo que implícitamente se está disponiendo del objeto del proceso. Por ello el tribunal deberá exigir la concurrencia de los requisitos previstos en el art. 21 de la ley de Fundaciones para admitirlo.

c) Intervención del Ministerio Fiscal

En los expedientes de jurisdicción voluntaria será oído en todo caso el Ministerio Fiscal ya que la exigencia de autorización del Protectorado se exige para la protección del interés público que concurre en las Fundaciones.[42]

Sin embargo, la presencia del Ministerio Fiscal no será necesario en el proceso contencioso administrativo, ya que el interés público concurrente lo defiende el Protectorado de la Fundación, tal como prevé expresamente el apartado segundo del art. 35 de la Ley de Fundaciones para la acción de responsabilidad frente a los patronos y la impugnación de los actos y acuerdos del Patronato que sean contrarios a los preceptos legales o estatutarios.

41. En concreto se trataría de la renuncia, allanamiento y transacción. Ver extensamente el comentario que realizo sobre los mismos en *El allanamiento en el proceso civil*, Barcelona, 2000.

42. Ver supra nota 29.

F) Procedimiento

Como hemos analizado debemos distinguir entre las pretensiones de jurisdicción voluntaria y de jurisdicción contenciosa.

a) Jurisdicción voluntaria

Las pretensiones de jurisdicción voluntaria, que serían aquellas meramente homologadoras, no tienen una tramitación expresamente prevista.[43] Ante la falta de previsión legal de un procedimiento debemos acudir a las características comunes y principios rectores de los procedimientos de jurisdicción voluntaria. La característica común es la simplificación procedimental y la preponderancia de la oralidad.[44]

En términos generales el procedimiento de jurisdicción voluntaria se integra en las siguientes fases:[45]

— solicitud de los interesados.

— Citación de los interesados a comparecencia en el expediente para alegación de lo que estimen procedente a su derecho.

— Práctica de pruebas solicitadas por los interesados y de aquellas otras que el juez estime pertinentes.

— Dictamen del Ministerio Fiscal.

— Auto del juez resolviendo la cuestión de fondo.

Ante todo debemos remarcar que dicho procedimiento se puede convertir en un procedimiento de jurisdicción contenciosa, pero no cualquier oposición provocará esta circunstancia. En los supuestos que estamos analizando hay una oposición implícita del Protectorado que no concede la autorización, por lo que no se produce esta conversión de forma automática.[46] En este sentido se han pronunciado las Sentencias del Tri-

43. En el proyecto de ley de Jurisdicción Voluntaria se regula en los artículos 15 y ss. el procedimiento común a los expedientes de jurisdicción voluntaria administrados por jueces y secretarios judiciales.

44. Ver ampliamente Garriga Ariño, op. cit., págs. 174 y ss.

45. Garriga Ariño, op. cit., págs. 175 y ss.

46. Si bien debemos tener en cuenta que en el proyecto de ley de Jurisdicción Voluntaria remitido por el Gobierno al Congreso de los Diputados (loc. Cit.), prevé en su artículo 7 que «cuando durante la tramitación del expediente surja una controversia entre los interesados que impida su continuación, se procederá a su archivo, excepto los expedientes en que esté comprometido el interés de un menor o incapaz, que continuará tramitándose hasta su conclusión». Entendemos que la aplicación automática de esta norma determinará que todos aquellos expedientes en los que haya implícita una oposición, como es el caso de los que analizamos en el presente artículo, quedaran sin efecto. Por ello sería deseable que se volviera al criterio de la ponencia que preveía que la formulación de la oposición no hará contencioso el expediente (ver Seoane Caharon, loc cit.). Ver ampliamente la crítica que realiza Fernandez De Bujan, en «Observaciones al proyecto de ley de jurisdicción voluntaria, de octubre de 2006 (I)», en *La Ley*, 27 de noviembre de 2006, página 6 de la versión electrónica. En el mismo sentido se pronunciaba el informe del CGPJ y del Consejo Fiscal al anteproyecto.

bunal Supremo de 3 de junio de 1959 y de 31 de octubre de 1958.[47] Garriga Ariño afirma que esta conversión no se produce en estos casos porque «la existencia de oposición no varía ni la naturaleza ni el contenido esencial del objeto del expediente».[48] Al igual que en otros expedientes de jurisdicción voluntaria,[49] en el que estamos analizando la oposición no determina la conversión del expediente de jurisdicción voluntaria en contenciosa, sino que el órgano jurisdiccional deberá decidir mediante auto la autorización o no que ha sido denegada por el Protectorado. Sólo de esta forma dicho expediente mantendrá su finalidad.[50]

Contra la resolución judicial cabrán los recursos previstos en la LEC. Al tratarse de un auto que pone fin al expediente de jurisdicción voluntaria se puede interponer contra el mismo el recurso de apelación,[51] tal como prevé el art. 455 LEC.

Además debemos considerar que en el expediente de jurisdicción voluntaria regulado legalmente no deja indefenso a posibles perjudicados, ya que los mismos podrán impugnar el acuerdo adoptado ante los órganos de la jurisdicción civil al constituir la autorización judicial simplemente un requisito para realizar alguna actividad. La vía procesal sería interponiendo una demanda civil en el que los perjudicados impugnaran la actividad realizada, y para la que se precisaba autorización administrativa, bien por ser contrario al interés público o por perjudicar sus intereses. Ello sería posible al no producir el auto que ponga fin al expediente de jurisdicción voluntaria efectos de cosa juzgada.[52]

Además recordemos que si dicha autorización ha sido otorgada por el Protectorado podrán recurrir en vía administrativa y contencioso-administrativa la actuación del Protectorado.

---

47. En este sentido Gómez Colomer, en *Derecho Jurisdiccional II, Proceso Civil*, con Montero Aroca, Monton Redondo y Barona Vilar, Valencia, 2002, pág. 910.

48. Garriga Ariño, op. cit., pág. 216.

49. Garriga Ariño realiza una clasificación de expedientes de jurisdicción voluntaria en relación con los efectos que produce la oposición sobre los mismos, interesándonos a los efectos de este trabajo el grupo en el que la oposición no afecta al procedimiento porque lo exige la finalidad del mismo, citando las Sentencias del Tribunal Supremo de 10 de febrero de 1899, de 22 de febrero de 1905, de 10 de diciembre de 1906, de 27 de enero de 1917, de 18 de octubre de 1918 y de 8 de abril de 1974 (en op. cit., págs. 219 y ss., en especial nota 188).

50. Garriga Ariño llega a una conclusión similar en el expediente de jurisdicción voluntaria previsto en el art. 17 de la Ley de Propiedad Horizontal, afirmando que «si la existencia de una eventual oposición hubiera de tener como consecuencia necesaria la transformación del expediente en contencioso, la finalidad perseguida por el legislador con la creación de este procedimiento quedaría frustrada» (en op. cit., pág. 221). En este mismo sentido Auger Liñan afirmaba que «como consecuencia lógica e ineludible de la definición del artículo 1811, se declare que la aparición de la contradicción convertía en contencioso el expediente, tal disposición tenía tal número de excepciones, que en la práctica dejaba de ser la norma general al aplicarse a un numero muy limitado de procedimientos, en general de contenido patrimonial (consignación judicial, posesión judicial, habilitaciones,...etc). Los actos de jurisdicción voluntaria en negocios de comercio... escapan a dicha regla» (en «Reforma de la jurisdicción voluntaria. Conferencia pronunciada en la Academia Matritense del Notariado el 22 de octubre de 1992», en Anales de la Academia Matritense del Notariado, tomo XXXIII, 1994, referencia VLEX-RB421).

51. En el mismo sentido Garriga Ariño, pág. 249. Ver ampliamente el desarrollo que efectua analizando diversas posturas doctrinales.

52. Tal como afirma Serra Dominguez «es imposible invocar en un juicio contencioso la excepción de cosa juzgada fundándola en la existencia y terminación de un acto de jurisdicción voluntaria, máxime cuando resultaría de imposible aplicación el art. 1252 del Código Civil por falta de las identidades exigidas. Lo cual no impide que la resolución de jurisdicción

b) Jurisdicción contenciosa (orden civil)

El resto de acciones previstas en la ley de Fundaciones, y a las que hemos hecho referencia al inicio del presente trabajo, se tramitarán por la vía del juicio ordinario. Al no remitirse la ley a ningún procedimiento debemos considerarlos como procedimientos de cuantía indeterminada, previendo el art. 250.2 LEC que se decidirán en juicio ordinario.

G) Medidas cautelares

El legislador prevé en algunas ocasiones la posibilidad de adoptar medidas cautelares. En concreto en el art. 18.2 de la ley de Fundaciones permite que con carácter cautelar se decrete la suspensión de los patronos cuando se ejercite la acción de responsabilidad frente a los mismos. Con independencia de esta previsión legislativa se pueden adoptar las medidas cautelares aplicando la regulación general prevista en los arts. 721 y ss. LEC.[53]

En concreto las medidas cautelares que se soliciten deberán ser idóneas para asegurar la efectividad de la pretensión que se ejercite. El art. 18.2 de la Ley de Fundaciones es útil en la medida en que indica al órgano jurisdiccional que una de las medidas cautelares que puede adoptar es la suspensión de los patronos. Pero esta medida no tiene carácter automático, sino que el juez deberá valorar los presupuestos de adopción de la medida cautelar previstos en el artículo 728 LEC y que ésta sea idónea para asegurar la efectividad de la pretensión que se ejercite (art. 726 LEC).

En la adopción de las medidas cautelares el órgano jurisdiccional está vinculado por la solicitud realizada por las partes (art. 721 LEC), pero también puede adoptar una medida cautelar que implique una menor injerencia en el patrimonio o posición jurídica del demandado y que esté implícita en la solicitud de la parte. En el caso concreto de la medida cautelar prevista expresamente en el art. 18.3 de la ley de Fundaciones se permite la suspensión preventiva del patrono contra el que se dirija la acción de responsabilidad prevista en el art. 17 porque el apartado e) del artículo 18.2 prevé expresamente que el cese de los patronos se producirá «por resolución judicial que acoja la acción de responsabilidad por los actos mencionados en el apartado 2 del artículo anterior»; es decir, cuando los patronos deban responder por los daños y perjuicios causados a la Fundación «por actos contrarios a la ley, a los estatutos, o por los realizados sin la diligencia con la que deban desempeñar el cargo».

El proceso judicial tiene un doble objeto: por un lado la reclamación de los daños y perjuicios causados a la Fundación por la actuación de los patronos y por otro el cese de los patronos. La medida cautelar prevista en el art. 18.3 de la Ley de Fundaciones tiende a asegurar la efectividad de la segunda pretensión, anticipando plenamente los efectos

voluntaria pueda producir en un juicio contencioso efectos puramente reflejos, de la misma forma que los produciría un simple contrato entre partes mientras no sea declarado nulo» (en «Naturaleza de la jurisdicción voluntaria», cit., pág. 641).

53. Ver ampliamente el comentario que realizo en «las medidas cautelares», en *Instituciones del Nuevo Proceso civil*, tomo III, Barcelona, 2000, págs. 537 y ss.

de la sentencia que en su día se dicte. La eficacia de la medida cautelar consistirá en la sustitución del patrono contra el que se dirija la acción en la forma prevista en los Estatutos o siendo designada por el Protectorado hasta que se produzca la modificación estatutaria de conformidad con lo previsto en el art. 29 de la ley de Fundaciones.

Como ya hemos indicado el órgano jurisdiccional sólo adoptará la medida cautelar cuando concurra el fumus boni iuris y el periculum in mora imprescindible para adoptar la medida cautelar. Es decir:

— el fumus boni iuris consistirá en un acreditamiento inicial de que concurre la responsabilidad del patrono de conformidad con lo previsto en el art. 17 de la ley de Fundaciones.

— El periculum in mora sólo concurrirá cuando se acredite de forma plena la necesidad de adoptar la medida cautelar para evitar que se sigan produciendo los daños y perjuicios que indiciariamente está causando la actuación de los patronos.

— Por último recordemos que el solicitante de la medida cautelar deberá ofrecer caución para asegurar los posibles daños y perjuicios que ocasione la adopción de la medida cautelar en la parte demandada.

Si el órgano jurisdiccional estima que concurren los presupuestos indicados, que se podrán acreditar a través de cualquier medio de prueba.[54] Si es así deberá valorar la idoneidad de la medida cautelar solicitada para asegurar la efectividad de la pretensión ejercitada y la imposibilidad de adoptar una medida menos gravosa y que resulte igualmente idónea. Por ello puede adoptar cualquier medida que implique una menor injerencia en la posición jurídica del demandado.[55] De esta forma, y en relación con la medida prevista en el art. 18.3 de la ley de Fundaciones, si estima que se puede asegurar del mismo modo la efectividad puede denegar la suspensión preventiva de los patronos pero adoptar medidas de control de su actividad que impidan que su actuación mientras dure el proceso pueda ocasionar daños a la Fundación. Así por ejemplo podría decretar la intervención judicial de aquellos actos susceptibles de causar daños a la sociedad al ser una medida menos gravosa que la suspensión de los patronos y su sustitución por otros.

En relación con el resto de acciones que se ejerciten en aplicación de la ley de Fundaciones se pueden adoptar aquellas medidas cautelares que aseguren la efectividad del proceso principal cuando concurran los presupuestos de adopción previstas en la LEC.

54. En principio la LEC parece admitir tan sólo la prueba documental, pero posteriormente permite que se pueda proponer cualquier medio de prueba, si bien el solicitante de la medida cautelar deberá realizarlo en el escrito de solicitud, que se pueda practicar en el acto de la vista. Ver ampliamente el comentario que realizo en «las medidas cautelares», cit., págs. 579 y ss.

55. Ver ampliamente el comentario que realizo en «las medidas cautelares», cit., págs. 618 y ss. La conclusión a la que llegábamos es que el único límite del órgano jurisdiccional para adoptar una medida cautelar distinta a la solicitada es que la misma este insita en la misma. Así concluía que «el órgano judicial podrá adoptar aquella medida cautelar solicitada por la parte actora o una medida que suponga una menor injerencia en la esfera jurídica del demandado pero que esté incluida en la pedida por el solicitante, aunque sea de calidad distinta a la inicialmente pedida. De esta forma el juez, ante una petición de administración judicial, puede acordar la intervención judicial de bienes litigiosos si considera que ya se asegura la efectividad de la pretensión que se ejercita en el proceso principal» (en op. cit., pág. 622).

Revisión crítica de las últimas reformas de derecho procesal penal para la lucha contra la violencia de género[1]

MARTA DEL POZO PÉREZ
DOCTORA EN DERECHO. PROFESORA DEL ÁREA DE DERECHO PROCESAL DE LA UNIVERSIDAD DE SALAMANCA PROFESORA DEL ÁREA DE DERECHO PROCESAL DEL CENTRO DE FORMACIÓN DE LA POLICÍA DE ÁVILA MIEMBRO DEL CENTRO DE ESTUDIOS DE LA MUJER DE LA UNIVERSIDAD DE SALAMANCA.

Este artículo pretende revisar las últimas reformas procesales penales, producidas en España, para el tratamiento de la violencia de género, así como el resultado que han conseguido las mismas.

«De lo que tengo miedo es de tu miedo.»
W. Shakespeare.

I. Situación de hecho anterior a la reforma

Resulta evidente que cuando el Legislador español se plantea diversas reformas de Derecho Procesal Penal, con la finalidad última y común de combatir y prevenir eficazmente la violencia de género,[2] dicha decisión responde a una necesidad real, patente

1. Este artículo pretende ser un homenaje a la figura del profesor doctor Vázquez Sotelo. Es evidente, que de su extraordinario conocimiento acerca del Derecho Procesal, su estudio detallado de esta rama del Derecho y sus excelentes obras científicas y doctrinales he aprendido de manera significativa, no sólo a conocer, sino a querer, y comprender, todo lo referente al área de conocimiento que ocupa mi actual trabajo y mis desvelos. Con estas líneas deseo contribuir al reconocimiento de su figura y al agradecimiento de la Doctrina por su magnífico magisterio. Al margen, de constituir un reconocimiento a su excelente persona, puesto que he tenido la gran suerte de poder conocerle y tratarle.

2. Es de todos conocido que en la nueva legislación española ha salido victorioso el término «violencia de genero» a pesar de que la Real Academia Española elaboró un informe aprobado por el Pleno académico el día 13 de mayo de 2004, acerca del aspecto lingüístico de la denominación incluida en el Proyecto de Ley Orgánica de Protección Integral contra la Violencia de Género, concluyendo en la conveniencia de sustituir dicha expresión por la de *Violencia doméstica o por razón de sexo* en el marco de la citada Ley Orgánica que nos ocupa. Comparto plenamente la apreciación

en la sociedad, que hace necesaria un cambio legislativo con la finalidad de alterar la situación fáctica existente antes de la reforma.

Sin embargo, es necesario delimitar, en este momento, que la mayor parte de las reformas que nos ocupan se refieren a la concreta lucha contra la violencia intrafamiliar o doméstica que sufren las mujeres a manos de sus parejas o ex parejas. En nuestra opinión, este concepto no resulta en ningún caso sinónimo del de violencia de género, mucho más profundo y con diversas implicaciones que van mucho más allá del maltrato doméstico. La violencia de género, por tanto, es la que se lleva acabo por los hombres sobre las mujeres por el mero hecho de serlo, por ser consideradas por estos como inferiores; la manera concreta de ejercerla puede ser muy variada: violencia en las relaciones de pareja, acoso sexual, violación, acoso laboral, ablación genital, penalización de la infidelidad femenina, repudio etc...

Por ello, la concreta violencia en las relaciones afectivas que nos ocupa, por ser el objeto de las reformas procesales penales del Legislador, es sólo una parte, aunque desgraciadamente se produce con excesiva frecuencia, del fenómeno global de la violencia de género. De manera gráfica la violencia de género sería el todo y la ejercida en las relaciones de pareja con el presunto agresor hombre y víctima mujer sería la parte.

Por lo expuesto, la terminología del Legislador español es del todo inadecuada, puesto que identifica el maltrato sobre la mujer a manos de la pareja o expareja masculina, en sentido amplio, producido en el seno doméstico o familiar, con la violencia de género; cuando reitero, tal y como he indicado en líneas precedentes, que este último es un concepto muchísimo más amplio.[3]

---

de la Real Academia. Además deseo añadir que no me parece adecuada la expresión «de género», para referirse a la violencia contra la mujer; entre otras cosas porque como en su día dijo Lázaro Carreter las palabras tiene género y las personas sexo. Sin embargo en la utilización de dicha terminología subyace un componente conceptual lo que nos lleva, a pesar de que acabamos de mostrar nuestra oposición lingüística a la denominación legal de la Ley Integral, a compartir dicho concepto, hoy aceptado, de «género» nos referimos a una categoría, acuñada por el feminismo de la década de los 70, en la que se engloban todo el conjunto de pautas culturales, actitudinales, sociales, religiosas, educacionales etc... que sitúan a las mujeres, únicamente por el mero hecho de serlo, en una posición de inferioridad en relación con los hombres, en este sentido, por tanto, sí puede compartirse dicha expresión como reflejo de la violencia, en sentido amplio, que sufre la mujer únicamente por el mero hecho de serlo.

3. En este sentido Fuentes Soriano, O., en «La constitucionalidad de la ley orgánica de medidas de protección integral contra la violencia de género», *Revista Jurídica La Ley*, 18 de noviembre de 2005, www.laley.net, cuando afirma cuestiones como: «Asimismo, violencia de género y violencia doméstica responden a conceptos diferentes, aunque íntimamente relacionados.»; «Los conceptos «violencia de género» y «violencia doméstica» han sido, hasta el momento, impropia y, por tanto, confusamente utilizados en gran parte de los estudios jurídicos e incluso de las leyes o normas que se han encargado de su regulación.»

También se expresan en estos términos López Álvarez, A., González De Heredia, M., R., y Ortega Giménez, A. cuando indican: «Merece la pena señalar que resulta equivocado utilizar indistintamente el término violencia doméstica o violencia de género, ya que la primera haría referencia a un tipo de violencia reservada al ámbito estrictamente familiar, y la segunda apuntaría a la violencia genérica por motivos de desigualdad social por razón de sexo. Nos parece más acertado utilizar la expresión violencia de género ya que comprende el fenómeno desde una perspectiva mucho más amplia, y hace justicia a la situación de desigualdad en la que se encuentran las mujeres como consecuencia de factores sociales mucho más profundos que la simple relación afectiva y familiar.», en «Reflexiones multidisciplinares acerca de la violencia de género y doméstica», *La Ley*, 14 de marzo de 2006.

El conjunto de la ciudadanía española experimenta en su vida cotidiana el creciente y grave fenómeno de la violencia de género,[4] recibe la noticia de cifras demoledoras de muertes, hechos delictivos aterradores y escasa eficacia de la judicatura en la persecución de los presuntos autores. Se genera un sentimiento de impunidad en la sociedad que empieza a percibir que los mecanismos procesales no son eficaces ni en la prevención, ni en el tratamiento de la violencia de género, la sensación de inseguridad crece y los ciudadanos exigen a los poderes Ejecutivo y Legislativo que modifiquen las Leyes para intentar dar un vuelco a la grave y triste situación de violencia en el seno de las relaciones familiares cuya víctima principal y más frecuente son las mujeres.[5]

Sin duda, es este clamor popular, en el sentido expresado, el que hace germinar en el Gobierno y el Parlamento españoles la semilla de las reformas procesales penales que ocupan nuestro artículo, pero la actitud ciudadana de presión hacia nuestros gobernantes es fruto de la conjunción de varios y complejos fenómenos fácticos de la realidad española a partir del año 2001. Analizaremos, brevemente, cada uno de ellos con la finalidad de tratar de entender el fenómeno global que impulsa la reforma. Este análisis nos parece esencial para poder comprender después y criticar, en su caso, el conjunto de la misma.

A. Alto número de muertes de mujeres[6]

Por lo tanto, tal y como veremos posteriormente, con las reformas procesales penales el Legislador tratará de disminuir, en lo posible, la altísima cifra de fallecimientos de mujeres a manos de sus parejas o ex parejas; mujeres víctimas de la violencia doméstica o familiar, para ello, se buscará no solamente proteger a la mujer para que se encuentre más segura, evitando así agresiones, cada vez más graves que desembocan en homicidios o asesinatos, sino también potenciar la denuncia del presunto hecho punible desde el primer episodio de violencia. Esto último permitirá tomar una medida judicial inicial, rápida y contundente contra el presunto autor que evitará la comisión de hechos delictivos más graves, que además se demuestra que van aproximándose en el tiempo.

---

4. Para profundizar en toda esta materia desde el punto de vista procesal puede consultarse Del Pozo Pérez, M., *Violencia doméstica y juicio de faltas, Atelier, Barcelona, 2006.*

5. Cerezo García-Verdugo, P., «La orden de protección de las víctimas de violencia doméstica.», *La Ley*, número 5871, miércoles, 15 de octubre, de 2003. www.laley.net, indica que: «Las causas que han dado lugar a la violencia familiar han sido fundamentadas en la desigualdad de géneros, propiciada por la ancestral distribución de papeles diferentes a hombres y a mujeres en la comunidad, que ha devenido en una preeminencia social de los primeros y una discriminación de ellas, y que se concretan, en muchos casos, en el consumo de alcohol y drogas, o en situaciones de estrés.»

La última referencia que se incluye en el párrafo anterior se encuentra en cuestión, tumbando, por tanto, uno de los tópicos existentes en esta materia el análisis del profesor Lorente Acosta, en un estudio, aún sin publicar, de las Sentencias dictadas por los tribunales del jurado en supuestos de fallecimiento de mujeres a manos de sus parejas o ex parejas, durante el periodo 2001-2005, indica que el alcohol o las drogas sólo se aplicaron como atenuantes en el 3.4% de los casos y la alteración psíquica en el 5.4% de los supuestos. Fuente: Diario El País, lunes 4 de febrero de 2008, p. 38.

6. Gráfico extraído del Instituto de la Mujer. www.mtas.es.

El 26 de febrero de 2008 ha sido un día especialmente sangriento en esta materia, puesto que han muerto cuatro mujeres.

Mujeres muertas por violencia de género a manos de pareja o expareja, según relación con el autor. «Parejas en crisis»

	1999	2000	2001	2002	2003	2004	2005	2006	2007	2008 27-feb
PAREJA O EXPAREJA	54	63	50	54	71	72	58	68	71	16
Cónyuge	30	31	25	24	31	34	21	31	29	2
Excónyuge	2	4	2	2	4	5	3	4	4	0
Compañera Sentimental	13	13	16	19	18	14	11	15	20	3
Excompañera Sentimental	3	3	1	3	9	6	6	9	9	0
Novia	3	8	2	4	6	8	12	4	6	2
Exnovia	3	4	4	2	3	5	5	5	3	0
En Fase de Ruptura (1)	16	10	16	9	12	12	1	12	7	1
En Fase de Ruptura + Exparejas	24	21	23	16	28	28	15	30	23	1
% «En Ruptura» sobre total de muertes	44,44	33,33	46,00	29,63	39,44	38,89	25,86	44,12	32,39	14,29

Fuente: 1999 2005: Elaboración propia a partirde noticias de prensa y de datos del Ministerio del Interior. A partir de 2006, datos de la Delegación Especial de Gobierno contra la Violencia sobre la Mujer.
Nota: Datos permanentemente actualizados

(1) Se incluyen aquellas parejas (cónyuges, compañeros sentimentales o novios) en las que se ha planteado la ruptura de la relación y aquellos matrimonios en los que todavía no han surtido los correspondientes efectos legales.

B. Importantes retrasos en la Administración de Justicia española

Vamos a examinar los enormes retrasos en la Administración de Justicia o lo que es lo mismo a la existencia de dilaciones indebidas en el proceso penal español.

Es necesario puntualizar que las citadas dilaciones inciden no solamente en el conjunto del Derecho Procesal Penal, sino de manera decisiva y determinante en la concreta materia que nos ocupa, es decir en los ilícitos de violencia familiar, doméstica o de género.

Para avalar y demostrar la afirmación que acabamos de hacer basta con consultar los interesantes datos que se desprenden de la Memoria Anual de reclamaciones presentadas por los ciudadanos españoles durante el año 2002.

Antes de continuar deseo aclarar que el dato que nos interesa, aunque parezca que es demasiado lejano en el tiempo, es precisamente el de este año, puesto que recordemos que estamos intentando describir la situación anterior a la reforma y que por tanto, precipitará ésta, por ello, y teniendo en cuenta que la Ley española de «juicios rápidos» se promulga a finales del año 2002, a pesar de que no entra en vigor hasta el 2003, el dato determinante en este momento es, precisamente, el que existe antes de su entrada en vigor.

El Consejo General del Poder Judicial— órgano de gobierno de los Jueces en España— indica que una de cada tres reclamaciones presentadas por los ciudadanos se refiere a los retrasos y dilaciones en el desarrollo de los procedimientos penales:[7]

A los alarmantes datos que acabamos de recoger hay que unir que el diagnóstico de situación que realiza la ciudadanía española respecto de la eficacia de la Justicia, al responder el cuestionario recogido en un Barómetro del año 2000,[8] que busca conocer qué imagen posee la justicia en el conjunto de la sociedad; es sencillamente desolador, lo que no hace sino agravar el problema que estamos analizando.

El 82% de los entrevistados considera que «*La Administración de Justicia es tan lenta que siempre que se pueda vale más evitar acudir a ella*. En cuanto a las posibles causas de tan crónica lentitud la ciudadanía tiene las ideas llamativamente claras, pese a que éste es un tema de no desdeñable complejidad técnica para el ciudadano medio, dos de cada tres de los encuestados atribuyen la causa a la vetustez de los procedimientos que la Justicia tiene que seguir.

El ciudadano, por tanto, exige al Legislador que modifique la legislación procesal penal para acabar con las citadas dilaciones indebidas y conseguir una justicia ágil, rápida y eficaz.

Antes de continuar es necesario indicar que la preocupación porque la Administración de Justicia tenga como dos de sus principios informadores la celeridad y la eficacia es una constante a lo largo de la historia[9] de nuestro país. Debido a ello se recoge de

---

7. *Vid.* el siguiente documento, Consejo General del Poder Judicial. Unidad de atención al ciudadano. *Memoria anual reclamaciones año 2002. Memoria de las reclamaciones formuladas por los ciudadanos durante el año 2002 atendidas en Juzgados Decanos, Presidencias de Audiencias Provinciales y Tribunales Superiores de Justicia y en la Unidad de Atención al ciudadano del Consejo General del Poder Judicial*. Fuente, www.poderjudicial.es.

8. *Vid. La imagen de la Justicia en la sociedad española, Séptimo Barómetro de opinión*, Realizado para el CONSEJO GENERAL DEL PODER JUDICIAL por *Demoscopia S.A.*, bajo la dirección de José Juan Toharia.(Noviembre de 2000), p. 163 a 165, fuente www.poderjudicial.es

9. Es una tradición indicar que la tramitación de todo proceso penal no puede dilatarse de modo innecesario en el tiempo porque en palabras de Gómez De La Serna, P. ello podría «hacer que la pena perdiera en gran parte su ejemplaridad por la tardanza en el castigo y causar indebidas vejaciones al que gimiendo bajo el peso de una acusación, ya sea inocente, ya culpado, siempre tiene derecho a que no permanezca en incierto su suerte, más que por el tiempo absolutamente indispensable para juzgarlo.», en *Prolegómenos del Derecho*, Librería Sánchez, Madrid, 1875, página 140.

Además, *vid.* Couture, E. J., *Proyecto de Código de Procedimiento Civil*, Buenos Aires, 1945, p. 37 que señaló lo siguiente «en el procedimiento el tiempo es algo más que oro: es justicia. Quien dispone de él tiene en la mano las cartas del triunfo. Quien no puede esperar se sabe de antemano derrotado.»

modo reiterado en los diversos textos constitucionales[10] que existen en nuestra tradición histórica. Durante el siglo XIX todas y cada una de las diversas Constituciones atribuyen al Rey «cuidar de que en todo el reino se administrare pronta y cumplidamente la Justicia.»[11]

Incluso la propia Exposición de Motivos de la Ley Española de Enjuiciamiento Criminal de 1882, texto magnífico, por cierto, recoge este sentimiento cuando su redactor, Alonso Martínez, tras señalar la justicia tardía como un vicio crónico de nuestro sistema de enjuiciar afirma lo siguiente: «*...sería temerario negar que aún bajo la legislación vigente no es raro que un sumario dure ocho o más años, y es frecuente que no dure menos de dos, prolongándose en ocasiones por todo este tiempo la prisión preventiva de los acusados; y aún podría añadirse para completar el cuadro que tan escandalosos procesos solían no ha mucho terminar por una absolución de la instancia, sin que nadie indemnizara en este caso a los procesados de las vejaciones sufridas en tan dilatado periodo, y lo que es más, dejándoles por todo el resto de su vida en situación incómoda y deshonrosa, bajo la amenaza perenne de abrir de nuevo el procedimiento el día en que por malquerencia se prestaba a declarar contra ellos cualquier vecino rencoroso y vengativo.*»

Por todo lo expuesto, nuestro legislador se encuentra perturbado cuando observa que los procedimientos judiciales en general, pero aún si cabe de manera más acusada y de modo particular los de naturaleza criminal, sufren una ya considerada como alarmante lentitud, con el consiguiente reflejo e incidencia en la lesión de verdaderos derechos fundamentales, por ello, considerará imprescindible tratar de adoptar todas aquellas medidas que se reputen necesarias para poner freno a éste, denominado por algunos, «mal endémico»[12] de la Justicia española actual frente al cual, tal y como hemos demostrado en líneas precedentes, la ciudadanía se siente absolutamente preocupada, indefensa, frustrada puesto que carece de armas y argumentos con los que luchar para intentar paliar la situación.

Por tanto, el desolador panorama de retraso que acabamos de describir es el que lleva a nuestros gobernantes a decidirse por unas modificaciones legislativas que traten de dotar a los procedimientos penales de mayor rapidez y agilidad, lo que se entiende que redundará en una eficacia creciente en la resolución de conflictos jurisdiccionales propios del Derecho Penal.

---

10. Llama la atención que incluso en obras clásicas de la literatura figuran preocupaciones por la celeridad de la justicia penal, por ejemplo Hamlet en su famoso monólogo pronunciado en el Castillo de Elsinor durante el tercer acto indicaba que las dilaciones de la justicia junto a las injusticias del opresor son una de las razones principales que pueden hacer que uno desemboque en el suicidio como consecuencia de que considere su vida odiosa, llevándole así a la locura.

11. *Vid.* Los artículos siguientes: Artículo 171 apartado segundo de la Constitución de Cádiz de 1812, artículo 47 apartado segundo de la de 1837, artículo 45 apartado segundo de la de 1845, artículo 73 apartado quinto de la de 1869 y por último, artículo 54 apartado segundo de la de 1876.

12. Soto Nieto, F., «Juicios rápidos. Salvaguarda de garantías», *Diario La Ley*, de 20 de enero de 2003, p. 15.

Sin embargo, ahondando en el problema de las dilaciones indebidas y circunscribiéndolo a la materia penal que nos interesa, que no es otra que la violencia de género, descubrimos que para este tipo de ilícitos el retraso es aún más preocupante, lo que sorprende y alarma al justiciable.

Baste conocer datos como los siguientes de acuerdo a los datos de diciembre de 2001, por lo tanto antes de las reformas, que es la referencia que nos interesa: el tiempo medio, que transcurre entre la denuncia realizada por la víctima de la presunta comisión de una falta de violencia doméstica y su resolución por los Juzgados de Instrucción es de 158 días, llegando el porcentaje de absoluciones al 73%. Es decir, desde que una víctima, que en su mayoría será una mujer, se decide a denunciar, hasta que un órgano jurisdiccional resuelve el conflicto pasan más de cinco meses. A lo que hay que añadir que para los juicios de faltas, es decir, para las conductas más leves, con las cuáles suelen empezar los episodios de violencia en una pareja, sólo se produce la condena en uno de cada cuatro supuestos.

En el caso de los delitos el lapso medio de tiempo que transcurre entre la presentación de la denuncia y la resolución del caso es de 497 días, es decir, casi un año y medio; sin embargo, en este supuesto el porcentaje de absoluciones desciende hasta el 15 por ciento.[13]

El retraso que acabamos de recoger es alarmante por sí mismo y tal y como hemos visto justificaría, unido a la presión ciudadana existente, una reforma legislativa para agilizar el proceso penal, pero en este tipo de delitos de violencia de género se producen a mayores más consecuencias indeseables que derivan directamente de la dilación indebida.

Los retrasos en la sustanciación de los procesos penales son generalmente aprovechados por los imputados para reiterar las conductas delictivas de maltrato que además se comprueba que cada vez son más graves, violentas y próximas en el tiempo.

El alto porcentaje de absoluciones, citado con anterioridad, en la materia que nos ocupa podría explicar por diversas razones; es más que probable que debido al excesivo lapso de tiempo que media entre la denuncia y la celebración del juicio oral la víctima no acuda al mismo, con lo cual, nos encontramos con la indeseable consecuencia de que no existe prueba de cargo suficiente para desvirtuar la presunción de inocencia, esto debido a que en multitud de ocasiones la víctima es el único testigo por las peculiares características de esta violencia que se produce en el hogar y sin presencia de terceros.

Sin embargo, es necesario recordar en este momento que la víctima goza de una dispensa que le permite no declarar contra su presunto agresor, por razones de parentesco, tal y como delimita el art. 416 de nuestra LECrim.[14]

---

13. *Informe sobre el tratamiento de la Violencia doméstica en la Administración de justicia, Volumen I*, encargado por el Consejo General del Poder Judicial al Laboratorio de Sociología Jurídica de la Universidad de Zaragoza publicado en Diciembre de 2001, pp. 143 y 144.

14. Existen diversas voces que se manifiestan a favor de una reforma de dicho artículo que evite dicha dispensa en los supuestos que nos ocupan, por todas puede verse *Informe del grupo de expertos en violencia domestica y de genero del Consejo General del Poder Judicial acerca de los problemas técnicos detectados en la aplicación de la Ley orgáni-*

La decisión de no testificar se debe bien al miedo[15] que puede haberle infundido durante ese tiempo el presunto agresor o bien, aunque parezca increíble, pero, lamentablemente, es un supuesto frecuente, al perdón de la mujer hacia su pareja o ex pareja con lo cual, y por tanto, en este último caso, ya no le interesa seguir con el proceso penal.

Esta última situación es difícil de entender, parece inconcebible el poder olvidar una agresión, paliza, amenaza, insulto o vejación, pero hay que recordar una vez más que estos tipos delictivos son peculiares por las vinculaciones afectivas que existen entre agresor y agredida. Puede llegar a establecerse entre ambos una espiral autodestructiva de amor-odio realmente difícil de parar. Estas razones ponen de manifiesto, por tanto, que no hay que darle tiempo a la víctima para que se olvide de lo sucedido, o bien, perdone o se reconcilie con su agresor ante la promesa de éste de no volver a hacerlo más.

La situación expuesta, acerca del perdón o la reconciliación, responde a la tercera y última etapa que se produce en el maltrato es la denominada fase de «arrepentimiento» o tranquilidad por parte del presunto agresor, también conocida como «de luna de miel».[16] Suele ser efímera pero induce a la víctima a no acabar con la relación. Se produce una situación de calma y tranquilidad únicamente aparente pues el agresor se abstiene de tener comportamientos violentos, aunque el miedo constante de la mujer sigue permaneciendo latente en su foro interno; en esta situación el presunto autor se disculpa con su víctima, pide perdón, promete que no va a volver a llevar a cabo conductas violentas, jura y perjura cambiar, dice a la víctima que la quiere, que lo siente, e incluso es frecuente que le haga todo tipo de regalos buscando obtener su visto bueno, aprobación y perdón.

---

ca 1/2004, de medidas de protección integral contra la violencia de genero, y sugerencias de reforma legislativa que los abordan, de 20 de abril de 2006, pp. 16 y 17, que indica lo siguiente: «12) Se considera, asimismo, que determinados preceptos incardinados en la normativa procesal o sustantiva ajena a la Ley Orgánica 1/2004, pero en íntima relación con la problemática suscitada en la aplicación de la misma, deberían ser objeto de reforma. Así: B) El art. 416 de la Ley de Enjuiciamiento Criminal: Cuando el pariente es la víctima, resulta lógico entender que no puede aplicarse el art. 416 LECr. previsto en su momento sólo para proteger al pariente que interviene como testigo no víctima. En el supuesto, sin embargo, de que ostente la doble condición, se entiende que el precepto no nació para posibilitar la impunidad por el hecho contra el/la denunciante. Así: Ni la víctima de violencia de género ni el denunciante de hechos en los que éste resulta perjudicado pueden equipararse al testigo fijado en el art. 416 Ley de Enjuiciamiento Criminal para los que, en determinados supuestos, se establece una dispensa legal al deber genérico de declarar. La víctima de la violencia de genero, específicamente, es un testigo privilegiado respecto de los hechos denunciados, dado que, en un buen número de casos, éstos se ejecutan fuera del alcance de terceros, siendo en bastantes supuestos el lugar de los hechos el domicilio común o el de la propia víctima. Puede entenderse que la presentación de la denuncia respecto a hechos en los que se ostenta la condición de víctima supone ya una renuncia tácita al uso del citado precepto. Hacer uso de los arts. 416 LECr y 707 LECr podría suponer un auténtico fraude de ley. Así las cosas, para garantizar una absoluta seguridad jurídica y ampliar el marco de protección de las víctimas, se considera preciso que se proceda a una modificación legislativa muy puntual para incluir en el art. 416 LECr. que esta dispensa de la obligación de declarar no alcanza a las víctimas y perjudicados respecto de los delitos y faltas cometidos frente a ellos por quienes se encuentran en una de las relaciones de parentesco que se citan en el citado precepto.»

15. *Vid.* Pérez Olleros Sánchez Bordona, F. J., «Cuestiones y respuestas sobre la Ley Orgánica de medidas de Protección Integral contra la Violencia de Género», *La Ley*, 13 de junio de 2005.p. 12: «La calidad nuclear de nuestra vida no se mide en kilómetros de carreteras o en cifras de sueldo. La calidad esencial de nuestra vida empieza por no tener miedo.»

16. En este sentido *Vid.* Lorente Acosta, «Comparecencia ante la Comisión de Trabajo y Asuntos Sociales celebrada el día 22 de junio de 2004», en *Diario de Sesiones del Congreso de los Diputados,* núm. 67, 2004, pp. 2 a 21.

En este momento la víctima desea fervientemente creer al presunto agresor pero sin que en la realidad siga sintiendo esa continua sensación de inseguridad; pasado un tiempo razonable cualquier fenómeno, por insignificante que pueda parecer, sucedido en el hogar desencadena otra vez la espiral de violencia.

Como resulta lógico, todo lo que acabamos de exponer lleva, una vez más, a que en la sociedad española se genere una impresión generalizada de aparente impunidad y de indefensión de la ciudadanía ante las conductas relacionadas con la violencia doméstica con víctima mujer; los ciudadanos perciben que los presuntos agresores de este tipo de violencia reciben, en el mejor de los casos, el castigo demasiado tarde.

Es el conjunto de esta situación —según el ciudadano la justicia es lenta, obsoleta, vetusta, no funciona— la segunda razón que impulsa las reformas procesales penales que analizaremos después y que buscan en este caso concreto la consecución del derecho a un proceso sin dilaciones indebidas.

La modificación legislativa se justifica por el hecho de que dicha garantía constitucional, recogida en el art. 24.2 de la CE, exige que el proceso penal sea rápido, tenga una duración razonable y todo ello a fin de que por un lado, no se malogren los fines de prevención general y especial de la pena como consecuencia jurídica ante un ilícito, y que por otro, en la práctica no se vea frustrado el derecho a la tutela judicial efectiva de la víctima,[17] que deseará una pronta reparación en lo referente al bien jurídico que le haya sido lesionado

Además habrá que añadir el propio interés del imputado que de encontrarse en una situación de prisión provisional, deseará objetivamente, la pronta realización del juicio oral.

Para finalizar con este problema que exige una modificación del enjuiciamiento criminal, es este el momento de invocar el viejo aforismo recogido ya desde antiguo,[18] que aún está plenamente vigente, que indica que *una justicia tardía supone una denegación de justicia*. Por ello, el artículo. 24.2 de la Constitución Española consagra como derecho fundamental, el ya citado, derecho a un proceso sin dilaciones indebidas.[19] El constituyente parte de la idea de que la tutela de los derechos puede convertirse en letra muerta si se produce en el seno de un proceso que se dilate indefinida y excesivamente en el tiempo.

Además al mismo tiempo se evita el perdón o arrepentimiento que, recordamos, se consideraba el origen del amplio porcentaje de absoluciones en la materia, todo ello debido a la aceleración del proceso y acortamiento de plazos y trámites por medio de la reforma, que analizaremos con posterioridad, denominada coloquialmente de «juicios rápidos».

---

17. *Vid.*, Gimeno Sendra, V., «Filosofía y principios de los «juicios rápidos»», *Diario La Ley* de 2 de diciembre de 2002, num. 5667 p. 2.

18. *Vid.* Manresa Y Navarro, J. M., *Ley de Enjuiciamiento Civil comentada y explicada*, I, Madrid, 1856, pp. VIII-IX, y Vicente Caravantes, J., *Tratado histórico, crítico-filosófico de los procedimientos judiciales en materia civil según la nueva Ley de Enjuiciamiento Civil*, I, Madrid, 1856, p.96.

19. Siguiendo los pasos del art. 6 CEDH y el 9.3 del PIDCP (derecho a que la causa sea oída en un plazo razonable).

C. Escasas denuncias

Por último, hay que reseñar que en estos tipos delictivos relacionados con la violencia de género existe lo que técnicamente se conoce como una amplia «cifra negra», con este concepto nos referimos a que existe la fundada sospecha de que se produce una alto numero de supuestos delictivos reales, pero, sin embargo, el dato conocido de delitos es realmente bajo en comparación con dicha realidad; esto es debido, evidentemente, a que existen muy pocas denuncias lo cual imposibilita, en gran medida, la transmisión de la noticia criminal.

Es decir, se entiende que las agresiones, vejaciones, insultos, maltratos, palizas, golpes, producidos por las parejas o ex parejas masculinas hacia las mujeres con las que comparten o han compartido su vida son reales y existen pero no salen a la luz, no traspasan las paredes del hogar y de las relaciones familiares, no se denuncian y por tanto, en un importante número, ni se investigan ni se castigan.

Cuando fallece una mujer a manos de su pareja o ex pareja resulta tristemente frecuente escuchar que no se tenía conocimiento de antecedentes de violencia de género esto hablando, por supuesto, en término oficiales, es decir, no existía constancia formal de que se hubiesen producido episodios violentos precedentes, pero, tristemente también es demasiado habitual tener que escuchar a familiares, amigos o vecinos de la víctima que relatan como ésta tenía miedo de su presunto asesino o ya había sido agredida con anterioridad sin haberse atrevido a denunciarlo en Comisaría. A dichos sujetos se les olvida que estos tipos delictivos son delitos públicos respecto a los cuales, por tanto existe, en muchos supuestos, una verdadera una obligación de denunciar o al menos la posibilidad de hacerlo de manera potestativa.[20]

Según los datos obtenidos del Instituto de la Mujer la media de tiempo que una fémina víctima de violencia de género tarda en denunciar es de 5 años; con lo cual hay que tratar de conseguir que esta situación se modifique; lo ideal sería que la mujer presentase una denuncia ante la primera agresión, pero eso raras veces sucede, cuando la víctima se decide a salir de la espiral de violencia y vejaciones en la que se encuentra ha transcurrido un excesivo lapso de tiempo durante el cual las agresiones de género habrán sido muy frecuentes y cada vez más graves. Desgraciadamente, nadie sabe cuál es el detonante que impulsa a una mujer a denunciar.

Además, el Instituto de la Mujer pone de manifiesto que la cifra real de mujeres maltratadas ascendía en 2002 a más de 2. 000.000.[21]

---

20. *Vid.* arts 259 y ss de la LECrim.

21. El citado organismo obtiene este dato mediante la realización a las mujeres de un cuestionario encubierto de maltrato, en el que no había que contestar afirmativamente a la cuestión de si eran maltratadas o vejadas. Sin embargo, la existencia de dicha situación podía deducirse por los expertos del resto de respuestas a determinadas preguntas, se considera así que son víctimas del denominado maltrato técnico, por el contrario, el maltrato declarado será el que corresponde a aquellas féminas que lo declaran abiertamente. La explicación de esta cuestión la realiza la Directora del Instituto de la Mujer en una comparecencia ante la Comisión Mixta de derechos de la mujer, cuando indica lo siguiente: «En cuanto a los tipos de maltrato —y es importante destacar esto—, se ha considerado el maltrato técni-

La citada cifra choca frontalmente con el dato de denuncias. Veamos un gráfico que resume la comparativa de las existentes durante el periodo 1998-2001[22] en materia de violencia familiar o doméstica; es decir, para cualquier clase de ésta, más allá de la concreta manifestación de la violencia de género que estamos analizando, que recordemos que es la sufrida por la mujer cuando el presunto autor es su pareja o ex pareja.

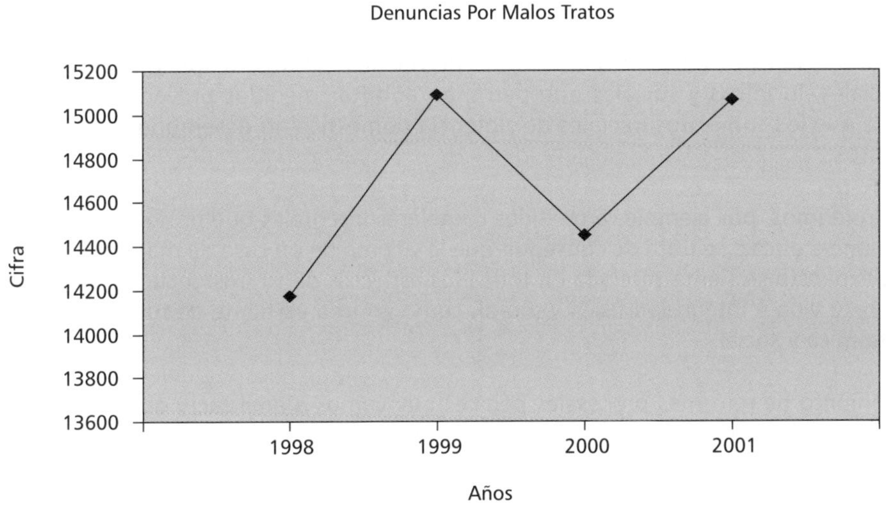

Observamos, por tanto, que la cifra de denuncias más alta que se produce para el conjunto de estos tipos delictivos es de 15.000, dato que resulta insignificante cuando se pone en relación con las cifras de maltrato real que barajan los expertos; acabamos de indicar que, solamente por lo referente a la víctima mujer, 2.000.000 de ellas lo son.

El porcentaje de denuncias producido en el año 2001, justo antes de que empiecen a plantearse las reformas que vamos a estudiar, no llega a representar ni el 1% de la cifra de mujeres maltratadas que determina el Instituto de la Mujer, a las que hay que

co y el declarado. Hay mujeres que confiesan que han sido maltratadas durante el último año, pero de todos es conocido que muchas veces las mujeres no reconocen que son maltratadas y no asumen esa declaración. Era importante conocer todo el espectro de la forma más amplia posible para poder determinar en qué medida existe el maltrato en España. Por ello, también se analizó el llamado maltrato técnico, el que sufren aquellas mujeres que no se consideran a sí mismas como maltratadas pero que son víctimas de determinados comportamientos considerados como indicativo de cierto grado de violencia por personas expertas. Por tanto, existe el maltrato A, el técnico, y el maltrato B, el declarado. Las preguntas que se les hicieron para determinar el maltrato técnico eran del siguiente tenor. ¿Le quita el dinero que usted gana o no le da lo suficiente para mantenerse?, ¿le insulta o amenaza y en ciertas ocasiones le produce miedo?, ¿cuando se enfada llega a empujarla o golpearla?, ¿no tiene en cuenta sus necesidades, le deja el peor sitio o la peor comida?, ¿insiste en tener relaciones sexuales, aunque sepa que usted no tiene ganas? Aquellas mujeres que respondían afirmativamente todas las preguntas o la mayoría de ellas se han considerado dentro del conjunto de mujeres maltratadas técnicamente.», *Vid. Diario de Sesiones de las Cortes Generales, Comisiones Mixtas, Comisión de los derechos de la Mujer*, 17 de diciembre de 2002, p. 2951.

22. *Estadística de Criminalidad del año 2001*, p. 35.

unir los ancianos, hombres o niños. La cifra de denuncias representa la punta del iceberg[23] del maltrato, por tanto, la gran mayoría se encuentra escondido, oculto, subyacente, y, reiteramos, si no sale a la luz ni se puede investigar, ni por supuesto sancionar.

Sin duda, todo lo que acabamos de exponer, resulta sumamente revelador y ha servido para que la sociedad en su conjunto y los poderes públicos, con el Gobierno y el Legislativo a la cabeza, y con el consenso de todos los partidos políticos, se decidan a apostar por un plan que reforme de raíz las estructuras penales, procesales, judiciales, jurídicas y sociales que permitan adoptar medidas preventivas que ayuden a que los supuestos iniciales de violencia doméstica no desemboquen en fallecimientos.

Nos referimos, por ejemplo, a medidas cautelares integrales que protejan a la víctima de manera eficaz; se trata de conseguir que la víctima de un caso de maltrato en el sentido expuesto se sienta tutelada en todos los aspectos de su existencia, tanto protegida en su vida e integridad física y moral, como en una vertiente de tutela asistencial, económica y social.

El conjunto de reformas procesales penales que vamos a analizar, y que viene produciéndose desde el año 2002, busca, por tanto de manera global, generar un sentimiento de seguridad en la víctima, que se sentirá protegida a través de instrumentos específicos, como la orden de protección; víctima que confiará, por tanto, mucho más en la justicia, que será más rápida, ágil, eficaz además de especializada, es evidente que todo ello generará el deseado aumento del número de mujeres que denuncian las presuntas vejaciones y maltratos.

En definitiva, como razón última de lo que se trata con estas soluciones legislativas es de que la víctima denuncie en mayor número de casos y lo haga porque sea capaz de romper la extraña y compleja relación de amor-odio y dependencia, tanto afectiva, como financiera, que tiene con su presunto agresor, se pretende, por tanto, incentivar que todos estos supuestos delictivos salgan a la luz pública.

Por lo tanto, la escasez de denuncias en la materia que nos ocupa, unido a la altísima «cifra negra» existente es otro de los detonantes de la realidad que llevará al Legislador a generar toda una serie de reformas procesales penales intentando producir una profunda mutación en la situación descrita en párrafos precedentes; buscando, por consiguiente el ansiado anhelo de que las víctimas denuncien, en un número mucho mayor, en cuanto reciban la primera agresión.

---

23. En este mismo sentido se expresa la señora Delgado García cuando indica lo siguiente: «Yo recuerdo que hace escasamente unos años, cuando hablábamos del número de víctimas, siempre teníamos que hacer referencia a las denuncias, y a partir de ellas, había que intuir lo que había detrás. Se nos decía que se denunciaba sólo un 10 por ciento, con lo cual también decíamos siempre que estábamos ante la punta de un iceberg, y que debajo estaba el gran bloque. Con esta macroencuesta que usted nos ha presentado, y que es continuación de la que se realizó en 1999, podemos ya más o menos ir intuyendo y casi visualizando ese iceberg que antes nos quedaba oculto.», *Vid. Diario de Sesiones de las Cortes Generales, Comisiones Mixtas, Comisión de los derechos de la Mujer*, 17 de diciembre de 2002, p. 2960.

II. Reformas procesales penales

Una vez esbozado, aunque sea brevemente, el desolador panorama existente antes de la reforma procesal penal que vamos a analizar en este epígrafe — recapitulemos: muchas muertes, inseguridad ciudadana en la materia, importantes retrasos, pocas denuncias — pasemos ahora a describir las diversas reformas procesales penales que se producen en España para el tratamiento procesal de la violencia que nos ocupa.

A. Enjuiciamiento rápido. Reforma por ley 38/2002, de 24 de octubre de reforma parcial de la ley de enjuiciamiento criminal

El origen de la Ley 38/2002, de 24 de octubre, es la Proposición de Ley 122/000199 de 25 de marzo de 2002[24] de Reforma parcial de la Ley de Enjuiciamiento Criminal, sobre procedimiento para el enjuiciamiento rápido e inmediato de determinados delitos y faltas, y de modificación del procedimiento abreviado; lo más destacable de inicio es que la propuesta es de todos los grupos parlamentarios del Congreso, Grupos Popular, Socialista, Catalán (Convergencia i Unió), Federal de Izquierda Unida, Vasco (EAJ-PNV), de Coalición Canaria y Mixto, reflejando de este modo el tan repetido «espíritu de consenso» de todas y cada una de las fuerzas políticas democráticas;[25] aunque después, a lo largo de su tramitación parlamentaria, se observa que cada una de ellas tiene su propia concepción del enjuiciamiento rápido que, de manera general, emana del Pacto de Estado para la Reforma de la Justicia, marco jurídico que determina la necesidad de esta reforma, teniendo en cuenta, además, que van a considerarse una auténtica cuestión de Estado.

Por lo tanto, la reforma persigue de manera general el objetivo de «simplificar y agilizar los procedimientos penales, tanto en los casos de delitos como de faltas, mediante la utilización de los juicios rápidos.»[26]

La citada Ley busca conseguir la efectiva implantación del sistema de enjuiciamiento rápido de determinados delitos e inmediato de algunas faltas que, había intentado instaurarse anteriormente pero que había resultado, salvo en lugares muy puntuales, un auténtico fracaso, por diversas razones, en las que en este momento no vamos a entrar, pues no es este el objeto de nuestro estudio.

El nuevo sistema busca el objetivo de conseguir el enjuiciamiento en un corto lapso de tiempo[27] de determinados tipos delictivos, con la peculiaridad de que los trámites del juicio oral no sufren modificación alguna utilizándose la normas generales del procedi-

---

24. Vid *Boletín Oficial de las Cortes Generales, Congreso de los Diputados, Serie B: Proposiciones de Ley*, 25 de marzo 2002, número 223-1, p. 1 y ss.

25. Tanto es así que la reforma se aprobó por 294 votos a favor y 6 abstenciones del Grupo Federal de Izquierda Unida.

26. Es uno de los objetivos que figuran en el *II Plan integral de lucha contra la violencia doméstica*, fuente www.mtas.es

27. Se prevé el de las faltas como máximo en unos ocho días, aproximadamente, recordemos que el retraso en violencia de género de las faltas acumulaba 158 días.

En cuanto a los delitos el plazo será de algo menos de un mes, frente a los 497 días anteriores a la reforma.

miento abreviado; se decide el legislador a acortar el tiempo de duración de los procesos a través de la concentración de las labores de instrucción que resultaban, en multitud de ocasiones, de excesiva duración llegando, por tanto, a sobrepasar lo considerado como razonable.

Teniendo el Legislador, por tanto, claro que la fase de instrucción debía desarrollarse en el servicio de guardia, pasándose a denominar la misma como diligencias urgentes, había que determinar, en este momento, qué tipos delictivos podían encuadrarse en este tipo de enjuiciamiento con la finalidad de tutelar el derecho fundamental a un proceso sin dilaciones indebidas, evitando, consecuentemente, los ya citados retrasos existentes de naturaleza indeseable.

Sin duda se arbitraba la posibilidad de juzgar, por este nuevo cauce procedimental, los hechos presuntamente delictivos cuya investigación resultara sencilla como equivalente, por tanto, a breve, cumpliéndose así con la exigencia de finalización de la labor investigadora en el corto plazo de la guardia; en segundo lugar se incluirían aquellos ilícitos penales que se hubieran cometido de manera flagrante, los cuales por sus propias características podían averiguarse en un escaso periodo de tiempo.

En ambos casos, investigación sencilla y flagrancia, resulta fácilmente identificable el autor; en el primero por su propia caracterización ya que, si es imposible o muy dificultoso encontrar al presunto autor nos encontramos fuera del supuesto de sencillez y, en el segundo caso, porque la definición legal de flagrancia determina que al presunto autor se le descubre mientras está llevando a cabo el hecho delictivo, o bien, en el momento inmediatamente posterior a su comisión lo que desemboca en el inmediato conocimiento del autor.

En teoría, puede suceder, lo que además en este supuesto resulta frecuente, que los delitos referidos a la concreta violencia de género que nos ocupa puedan encuadrarse en una de estas dos circunstancias.

Bien en la flagrancia, porque no resulta infrecuente que los propios vecinos del autor y víctima o ésta misma, llamen a la Policía en el momento de estar produciéndose las agresiones, o acabándose éstas de llevar a cabo; o bien porque, en ocasiones y debido a las denuncias o procedimientos anteriores existentes, la investigación resulta sencilla. A esto hay que unir que en estos tipos delictivos la víctima conoce a su presunto agresor, porque tiene o ha tenido una relación con él, con lo que este requisito, de autor identificado, necesario para el enjuiciamiento rápido, está solucionado desde el inicio.

Por si lo anteriormente indicado no fuera suficiente, el Legislador decide, además, de modo expreso la inclusión en este nuevo procedimiento de enjuiciamiento rápido de todo un elenco tasado de delitos, entre los cuales aparecen los de violencia de género, familiar y doméstica; lo mismo sucede en el juicio inmediato de faltas.

Es evidente que dicha opción no es fruto de la casualidad o el azar, el Legislador apuesta por la tramitación inmediata de estos tipos de violencia para responder, al menos en parte, a la presión social, a la que hemos hecho referencia anteriormente, que le exige que adopte soluciones que modifiquen la situación existente que, a juicio de la ciudadanía, estaba alcanzando unos niveles intolerables.

El legislador considera que estos hechos ilícitos deben ser objeto de una respuesta lo más inmediata posible por parte del ordenamiento jurídico, puesto que el retraso en esta materia, tal y como hemos indicado, es preocupante y evidente, además el número de estos tipos delictivos es creciente, dado que cada vez se producen más supuestos de esta clase de violencia, y porque, por último, recordemos, una respuesta eficaz e instantánea del ordenamiento jurídico evita las conductas reincidentes que, en este campo, son muy frecuentes y que además, tienen el condicionante de que, el presunto agresor va aumentando la violencia y la gravedad de sus ataques, por ello se aconseja una respuesta rápida y contundente desde la primera agresión.

Lógicamente, lo anteriormente expuesto, además de tener su efecto para la prevención general, ya hemos indicado que forja en la sociedad una sensación de que el Legislador está apostando seriamente por la persecución del presunto agresor desde el momento inicial, aumenta asimismo la confianza de las víctimas en la justicia, y crea un clima extraordinariamente favorable a las denuncias; debido a que el sujeto pasivo del delito interioriza la sensación de que su denuncia no cae en el olvido ni en la dilación, sino que, por el contrario, se va a producir una tramitación muy breve y en unos pocos días se va obtener una Sentencia.

Al mismo tiempo, al disminuir el tiempo que transcurre entre la denuncia y la celebración del juicio oral, se da menos margen a la denunciante para que, debido a la relación amor-odio entre agresor y víctima, se produzca el arrepentimiento que origine o bien, la retirada de la denuncia o bien, su ausencia en el juicio oral, tanto ejercitando la acusación particular como siendo testigo, lo que, tal y como hemos justificado con anterioridad sería una de las razones que fomenta las absoluciones en la materia que nos ocupa.

Es evidente en relación con lo expuesto, que la inclusión de estos tipos delictivos, en este nuevo modelo de enjuiciamiento, disminuye la sensación de inseguridad que en esta materia existe en la sociedad española en general, y en las víctimas en particular.

Por todo lo expuesto, el Legislador considera que los tipos ilícitos de violencia familiar, doméstica y de género son ideales para su inclusión en el ámbito del nuevo procedimiento de enjuiciamiento rápido de los delitos e inmediato de las faltas creado por Ley 38/2002, de 24 de octubre.

Además se confía en que la reforma operada, en orden a disminuir el tiempo de realización de la justicia, de modo que se acorten los plazos que median entre la comisión de un delito y la Sentencia, produzca un necesario vuelco en el control de la seguridad ciudadana, con la consiguiente disminución del número de este tipo de hechos delictivos y por tanto, y consiguientemente, de la alta cifra de muertes que hemos indicado al inicio del epígrafe anterior.

Con lo cual, ésta es, a grandes rasgos, la reforma coloquialmente denominada de juicios rápidos. En la fase de conclusiones, al final de este estudio, realizaremos un análisis crítico de la misma, constatando si ha conseguido los objetivos pretendidos, ya citados, y además si para ello ha sacrificado otros derechos o principios fundamentales que deben estar presentes a lo largo del proceso penal.

B. La orden de protección de las víctimas de violencia doméstica

La novedosa institución[28] de la Orden de Protección de las víctimas de la violencia doméstica,[29] creada por la ley 27/2003, de 31 de julio, proporciona un tratamiento de la violencia familiar o doméstica de un modo pluridisciplinar.

Dicho instrumento jurídico pretende dar una respuesta inmediata y conjunta, de carácter protector, cautelar y provisional, a las víctimas de la violencia familiar doméstica y de género en los ámbitos penal, civil y asistencial. Nos encontramos, por tanto, ante una institución que, a pesar de estar incluida en el artículo 544 ter de la Ley de Enjuiciamiento Criminal, no está llamada a desplegar sus efectos únicamente en el ámbito del proceso penal. La Orden tiene como vocación unificar los distintos instrumentos existentes en la legislación procesal, penal y civil que se dirigen al amparo y tutela de las posibles víctimas de la citada violencia.

La Orden de Protección[30,31] aglutina, en esencia, las reivindicaciones[32] doctrinales que exigen un tratamiento de la violencia familiar o doméstica de un modo pluridisciplinar;

28. Es una institución desconocida en países del entorno de la UE tales como Francia, Italia o Portugal. Sin embargo existe en Austria desde 1997, con un alcance similar a la Orden española, y en Alemania desde 2001. Para conocer el alcance de la violencia familiar más allá de nuestras fronteras puede consultarse Berbell, C., «La Violencia doméstica en el mundo.», en *La violencia doméstica: su enfoque en España y en el derecho comparado,* CGPJ, Madrid, 2005, pp. 243-253.

29. Resulta interesante para consultar todo tipo de cuestiones concretas y dudas prácticas respecto a la Orden de Protección el artículo de Tena Franco, I., «La Violencia doméstica en el ordenamiento jurídico procesal español: La orden de Protección», en *La violencia doméstica: su enfoque en España y en el derecho comparado,* CGPJ, Madrid, 2005, pp. 181-220. Formulado por medio de la respuesta a setenta y cinco preguntas.

30. Delgado Martín, J., en «La orden de protección de las víctimas de violencia doméstica, *La Ley Penal*, número 2, año I, febrero de 2004, p, 4, www.laley.net, indica que su antecedente inmediato es la *protection order* extendida en países anglosajones como EEUU o Australia, en ellos «se trata de un mandamiento emitido por un Juez para proteger a una persona frente a otra, con validez en todo el territorio estatal, y que contiene ciertas condiciones que el destinatario tiene la obligación de cumplir, como por ejemplo la prohibición de poseer armas de fuego, o la prohibición de mantener todo contacto directo o indirecto con la víctima.»

Las características de la *protection order* pueden consultarse en Velasco Nuñez, E., «La protección a las víctimas del maltrato en España y en el Derecho comparado, en *La violencia doméstica: su enfoque en España y en el derecho comparado,* CGPJ, Madrid, 2005, pp. 145-147.

31. En la propia Exposición de Motivos de la Ley se expresa que esta iniciativa responde a una inquietud que se ha venido manifestando en diversos documentos e informes de expertos, tanto nacionales (Consejo General del Poder Judicial, Instituto de la Mujer, Fiscalía General del Estado, etc.), como de organismos supranacionales (ONU, Consejo de Europa, instituciones de la UE).

32. La Proposición de Ley es el resultado final de un extenso y amplio camino de trabajos dimanantes del Consejo General del Poder Judicial, Instituto de la Mujer, Fiscalía General del Estado, Ministerio de Justicia y Comunidades Autónomas cuyo fin último busca como objetivo esencial articular un mecanismo eficaz de protección que permita que desde la presentación de la denuncia la víctima sea realmente protegida de modo eficaz.

dicho instrumento jurídico pretende dar una respuesta integral, inmediata y conjunta, a las víctimas de la violencia familiar.

A esta situación se une la necesidad real de generar un paquete de medidas legislativas que, una vez adoptadas, llevaran consigo la consecución de resultados óptimos, cumpliendo con el objetivo de garantizar la seguridad de las víctimas, es necesario que su aplicación práctica consiguiese este ansiado objetivo, teniendo en cuenta, además, que las últimas reformas legislativas referidas a estos ámbitos, sobre todo la Ley 14/1999 de reforma de la Ley de Enjuiciamiento Criminal, no habían tenido el efecto pretendido[33] que anunciaba su Exposición de Motivos, que deseaba que, la inclusión de la nueva medida protectora para la víctima del artículo 544 bis de la Ley Procesal Penal, permitiera el distanciamiento físico entre el agresor y la víctima, pudiendo adoptarse desde las primeras diligencias de investigación del tipo delictivo.

Son todas estas razones las que desembocan en la gestación de esta nueva Ley 27/2003, de 31 de julio que n su Exposición de Motivos indica lo siguiente: *La violencia ejercida en el entorno familiar y, en particular, la violencia de género constituye un grave problema de nuestra sociedad que exige una respuesta global y coordinada por parte de todos los poderes públicos La situación que originan estas formas de violencia trasciende el ámbito meramente doméstico para convertirse en una lacra que afecta e involucra a toda la ciudadanía. Resulta imprescindible por ello arbitrar nuevos y más eficaces instrumentos jurídicos, bien articulados técnicamente, que atajen desde el inicio cualquier conducta que en el futuro pueda degenerar en hechos aún más graves. Es necesaria, en suma, una acción integral y coordinada que aúne tanto las medidas cautelares penales sobre el agresor, esto es, aquellas orientadas a impedir la realización de nuevos actos violentos, como las medidas protectoras de índole civil y social que eviten el desamparo de las víctimas de la violencia doméstica y den respuesta a su situación de especial vulnerabilidad.*

Por lo tanto, la Orden de Protección[34] nace con la vocación de unificar los distintos instrumentos ya existentes en la legislación procesal, penal y civil que se dirigen al amparo de las posibles víctimas de la violencia familiar, se trata en definitiva de conseguir una protección global[35] no sólo en los mencionados aspectos, sino también, en lo refe-

33. *Vid.* Magro Servet, V., «La orden de Protección de las víctimas de violencia doméstica.», *Revista Jurídica La Ley*, número 5821, jueves 10 julio de 2003. www.laley.net

34. Según la Comisión de Seguimiento de la implantación de la Orden de Protección, que elabora el *Protocolo para la Implantación de la orden de protección de las víctimas de violencia doméstica,* los principios básicos a los que va a responder su regulación son: a) Principio de protección de la víctima y de la familia. b) Principio de aplicación general. c) Principio de urgencia. d) Principio de accesibilidad. e) Principio de integralidad f) Principio de utilidad procesal. *Protocolo…*, cit., p. 3.

35. La Exposición de Motivos de la Ley indica que la orden de protección a las víctimas de la violencia doméstica unifica los distintos instrumentos de amparo y tutela a las víctimas de estos delitos y faltas. Pretende que a través de un rápido y sencillo procedimiento judicial, sustanciado ante el Juzgado de Instrucción, pueda obtener la víctima un estatuto integral de protección que concentre de forma coordinada una acción cautelar de naturaleza civil y penal. Esto es, una misma resolución judicial que incorpore conjuntamente tanto las medidas restrictivas de la libertad de movimientos del agresor para impedir su nueva aproximación a la víctima, como las orientadas a proporcionar seguridad, estabilidad y protección jurídica a la persona agredida y a su familia, sin necesidad de esperar a la formalización del correspondiente proceso matrimonial civil.

rente a una vertiente asistencial,[36] lo que significará que una vez que las administraciones públicas, estatal, autonómica y local, activen los instrumentos de protección social, establecidos en sus respectivos sistemas jurídicos, dichas víctimas podrán ser beneficiarias de ellos.

Este tipo de medidas serán aquellas de protección social que establezca el ordenamiento jurídico. Hemos de indicar que el contenido de las mismas no se determina por el órgano jurisdiccional encargado de valorar la conveniencia o no de dictar una Orden de Protección y delimitar las posibles consecuencias cautelares penales y provisionales civiles. Dicho Juez no examina si la presunta víctima va a ser acreedora o no de las prestaciones sociales que indicaremos a continuación, únicamente va a recoger, como parte del contenido del auto, que dicha persona se encuentra protegida por la Orden porque es una víctima de maltrato.

Este reconocimiento va a constituirse en un título legitimador, que servirá para acreditar su condición y solicitar las ayudas y asistencias en el modo y con los efectos que se determinen en la legislación administrativa. Por todo ello, debemos tomar las referencias que en este sentido existan en la normativa de todas y cada una de las Administraciones Públicas; se ha destacado como una de estas medidas la denominada Renta Activa de Reinserción, así como una posibilidad de recibir una ayuda económica para gestar un cambio de vivienda. A esta novedad destacable, hay que añadir que consideramos que el testimonio del auto que decreta una Orden de Protección también habilita a la persona protegida por ella para solicitar y recibir asistencia jurídica gratuita y especializada.

La cuantía de la Renta Activa de Reinserción,[37] que es mensual, será igual al 80 por ciento del indicador público de renta de efectos múltiples (IPREM) mensual vigente en cada momento.[38] En el último año la cuantía ha sido el 80 por ciento de 499,80 euros lo que hace un total de 399,84 euros. La duración es de once meses, a los que se une una

---

De «estatuto integral de protección» se califica la orden en DOMÍNGUEZ AGUDO, M., R., «La ley 27/2003, de 31 de julio, reguladora de la orden de protección de las víctimas de la violencia doméstica: «un estatuto integral de protección»», *Boletín de información del Ministerio de Justicia*, N. 1960, marzo, 2004, pp.20-32.

36 La Exposición de Motivos de la Ley indica que en la faceta asistencial es precisamente donde se encuentra su elemento más innovador.

37. *Vid.* el Real Decreto *1369/2006, de 24 de noviembre,* por el que se regula el programa de renta activa de inserción para desempleados con especiales necesidades económicas y dificultad para encontrar empleo. Para poder tener derecho a esta renta Activa de Reinserción es necesario tener acreditada por la Administración competente la condición de víctima de violencia de género o doméstica, salvo cuando conviva con el agresor, y estar inscrita como demandante de empleo, siempre que no se tenga derecho a las prestaciones o subsidios por desempleo, o a la renta agraria y se carezca de rentas, de cualquier naturaleza, superiores en cómputo mensual al 75 por ciento del salario mínimo interprofesional, excluida la parte proporcional de dos pagas extraordinarias.

Es incompatible con las ayudas sociales que se pudieran reconocer a las víctimas de violencia de género que no puedan participar en programas de empleo.

38. Se fija anualmente en la Ley de Presupuestos Generales del Estado. La Ley 42/2006, de 28 de diciembre, de Presupuestos Generales del Estado, en su Disposición adicional trigésima primera, determina el indicador público de renta de efectos múltiples (IPREM), expresando que el IPREM al que se refiere el Real Decreto-ley 3/2004, de 25 de junio, para la racionalización de la regulación del salario mínimo interprofesional y para el incremento de su cuantía, tendrá, durante 2007, las siguientes cuantías: b) El IPREM mensual, 499,20 euros.

ayuda para vivienda. La ayuda para el cambio de vivienda que pueden percibir consistirá en un pago único de ayuda suplementaria de tres meses de Renta Activa de Reinserción, compatible con ésta y devengable sólo en el supuesto en que se acredite cambio de residencia en los doce meses anteriores a la solicitud de admisión al programa, o durante su permanencia en éste. A los efectos de este programa, la violencia doméstica contemplada en al artículo 173 del Código Penal queda limitada a la ejercida sobre el cónyuge o persona ligada por análoga relación de afectividad o sobre los hijos o los padres.

Nos encontramos, en definitiva, ante un mecanismo de articulación y coordinación de diversas medidas cautelares[39] y protectoras de la víctima, de naturaleza penal, así como de las medidas provisionales civiles, que ya existían en nuestro ordenamiento jurídico, a las que se ha unido en la misma institución una vertiente asistencial y de protección social, que intenta conseguir un estatuto de protección integral,[40] tal y como señala el apartado 5 del art. 544 ter de la LECrim, en estos tres ámbitos de actuación, de las posibles víctimas de la violencia doméstica, por lo que goza de una compleja naturaleza en función de las concretas medidas que se adopten en cada orden, con el denominador común de tener como objetivo primordial la protección de la víctima tal y como se indica el artículo 544 ter apartado 1 de la LECrim.

La Orden de Protección únicamente va a aplicarse a los presuntos delitos y faltas de violencia familiar, novedad[41] esta última importante dado que, hasta su creación, en el enjuiciamiento de las faltas de estas características no existía posibilidad alguna de tutela de las víctimas a través de instituciones similares puesto que no se arbitraba la posibilidad legal de adoptar medidas protectoras en estos procedimientos para ilícitos menores, quedando restringida su aplicación al enjuiciamiento de hechos delictivos.[42]

39. De Lamo Rubio, J., en «La nueva orden de protección de las víctimas de violencia doméstica, instaurada mediante Ley 27/2003, de 31 de Julio, *Actualidad Penal*, número 42, semana del 10 al 16 de noviembre de 2003, pp.1052 habla de que estamos ante un mecanismo de coordinación y articulación de diversas medidas cautelares tanto penales como civiles ya existentes en nuestro ordenamiento jurídico a las que la nueva institución añade una vertiente existencial. Nosotros discrepamos de que todas las medidas que aglutina la orden sean de naturaleza cautelar; no sucede así por ejemplo, con las medidas civiles del artículo 544.7 ter de la Ley de Enjuiciamiento Criminal.

40. Montserrat Comas D'Argemir, Vocal del Consejo General del Poder Judicial y Presidenta del Observatorio Contra la Violencia Doméstica indica en la página 3 del *Especial del Diario de Noticias La Ley* de julio de 2003 dedicado íntegramente al problema de la violencia doméstica que. «La total erradicación de esta lacra social (la violencia familiar) no será posible con respuestas aisladas. Es preciso llevar a cabo una acción coordinada, desde los diversos aspectos en los que incide esta problemática, pues sólo de este modo se conseguirán eliminar definitivamente las causas que lo originan. Mientras tanto, el Estado ha de establecer los mecanismos necesarios para garantizar la protección de las víctimas cuando acuden a nuestros Tribunales, es decir, la protección de los derechos fundamentales a la vida, la integridad física, la seguridad y la libertad.»

41. *Vid.* en *Cortes generales Diario de Sesiones del Congreso de los Diputados Pleno y Diputación Permanente año 2003*, VII Legislatura núm. 256, martes, 10 de junio de 2003, las palabras pronunciadas en el debate en el Congreso de los Diputados por la Diputada Sra. SAINZ GARCIA, al señalar que «constituye un derecho de la víctima, que el juez debe aplicar no sólo en los delitos, sino también, y esto es muy importante, en las faltas, nada más conocer la denuncia y oír a las partes, por supuesto, en el plazo entre 24 y 72 horas. Activará de forma inmediata, en una misma resolución judicial, medidas cautelares de naturaleza penal y civil, con el fin de evitar ese desamparo que se venía produciendo con las víctimas y dar respuesta a esa situación de riesgo», p. 13231.

42. Me gustaría citar en relación a estas cuestiones la interesante evaluación que realiza el Consejo General del Poder Judicial en su *Acuerdo del Pleno de 21 de marzo de 2001 sobre la problemática jurídica derivada de la violencia doméstica*, en el que por lo referente a la tutela cautelar y de protección y su conveniencia de que se extienda a las fal-

El hecho de atribuir en origen la competencia para su adopción a órganos jurisdiccionales de carácter penal, a pesar de que como hemos expuesto anteriormente puede incluir medidas cautelares penales, provisionales civiles y de contenido asistencial, se explica porque al vincularla al orden jurisdiccional penal se garantiza la rapidez en su adopción, puesto que el órgano jurisdiccional competente de modo principal[43] será el Juez de Instrucción en funciones de guardia, ello contribuirá a la prontitud de su adopción y con ello a su eficacia.[44]

Sin embargo, tras la reforma que se realiza por la Ley Orgánica 1/2004, de 28 de diciembre, de Medidas de Protección Integral contra la Violencia de Género, se atribuye la competencia para adoptar dicha orden de protección al Juzgado de Violencia Sobre la Mujer en aquellos casos que deba instruir, sin perjuicio de las atribuciones que en esta materia posea el Juez de Instrucción en funciones de guardia.

Es decir, en casos en los cuales no exista una necesidad de actuación urgente por parte del servicio de guardia para los supuestos competencia del Juzgado de Violencia Sobre la Mujer,[45] órgano de naturaleza mixta, puesto que aglutinará competencias penales y civiles, será el nuevo Juzgado el encargado de adoptar la orden de protección.

---

tas indica lo siguiente: «... es clara la imposibilidad legal de adoptar determinadas medidas cautelares cuando la violencia ejercida es constitutiva de falta y no de delito. Indudablemente, esta limitación —derivada del tenor de la vigente legislación y de una inadecuada manera de interpretar el principio constitucional de proporcionalidad— perjudica la eficacia en la lucha contra la violencia doméstica al impedir, en no pocas ocasiones, la adopción de una respuesta judicial contundente y propiciar la reiteración de las conductas violentas, en lugar de servir para cercenar radicalmente la probabilidad de que se produzca un incremento cuantitativo y cualitativo de las agresiones en el seno de la misma familia...De lo anterior cabe deducir que las conductas que en nuestra legislación y en la práctica forense habitual se vienen considerando como de escasa gravedad —las constitutivas de falta— carecen de un adecuado tratamiento legal, por no permitir éste en muchos casos la adopción, con la amplitud requerida, de las medidas precautorias adecuadas, por prever para aquéllas sólo una respuesta penal muy limitada, y por no servir para frenar la progresión cuantitativa y cualitativa de las acciones violentas en el seno familiar, ni coadyuvar a la erradicación de las causas que las originan. En consecuencia, es necesario que la cuestión atinente a las medidas cautelares y de protección de la víctima se aborde actualmente de manera diferente,...En este sentido, pues, aparece con toda evidencia la necesidad de transformar radicalmente el panorama de la tutela cautelar de la víctima, evitando que la calificación como falta de una agresión impida dispensar a aquélla la protección que en cada caso necesite...»

43. Con carácter residual se prevé por la legislación que el órgano jurisdiccional competente para dictar una orden de protección, con el contenido que considere adecuado y proporcional a las circunstancias fácticas concretas del caso, sea cualquier otro órgano jurisdiccional penal — Juez o Tribunal que conozca de la causa, dice el apartado 11 del art. 544 ter de la LECrim. — que en el transcurso de un procedimiento por un delito o falta observe que se genera una situación de riesgo para alguna de las personas que constituyen el ámbito subjetivo de aplicación de la orden de protección y que se detallan en el artículo 173.2 del Código Penal.

44. Algunas voces se han levantado indicando que a pesar de que esta orden de protección es un gran avance para la tutela integral de las víctimas de la violencia doméstica será necesario en el caso de que no se adopte como parte de su contenido la medida cautelar de prisión provisional del presunto agresor que éste se encuentre sometido a control y vigilancia policial siempre que exista un riesgo detectado para la víctima, para garantizar por ejemplo que no va a incumplir órdenes de alejamiento. En este sentido se expresa Alemany Rojo, A., en «Aún queda mucho por hacer», *Diario de Noticias La Ley, Especial Violencia doméstica*, julio de 2003, p.7

45. Se encarga de la instrucción de los procesos para exigir responsabilidad penal por los delitos recogidos en los títulos del Código Penal relativos a homicidio, aborto, lesiones, lesiones al feto, delitos contra la libertad, delitos contra la integridad moral, contra la libertad e indemnidad sexuales o cualquier otro delito cometido con violencia o intimidación, siempre que se hubiesen cometido contra quien sea o haya sido su esposa, o mujer que esté o haya estado ligada al autor por análoga relación de afectividad, aun sin convivencia, así como de los cometidos sobre los descendien-

Para que el Juez competente[46] pueda adoptar una Orden de Protección, por medio de auto, es necesario que se verifiquen dos presupuestos, en primer lugar deben existir «indicios fundados de la comisión de un delito o falta de los relacionados con la violencia familiar o doméstica», pero además, y en segundo lugar, debe producirse una situación objetiva de riesgo para la víctima de esos ilícitos, que inexcusablemente debe ser una de las personas recogidas en al art. 173. 2 del CP, la situación referida ha de generar la necesidad de adoptar alguna de las medidas que prevé la legislación para proteger su vida e integridad física. Con lo cual, dos son los presupuestos que abren la posibilidad de adopción de una Orden de Protección:

1. Necesidad de que exista una imputación judicial por la presunta comisión de un delito o falta de violencia familiar, éste es el tradicional principio aplicable como presupuesto de cualquier medida cautelar en el proceso penal, es decir el «*fumus boni iuris*», han de existir indicios fundados contra una persona determinada[47] que permitan atribuirle, presuntamente, la comisión de un delito o falta de violencia familiar.

2. Existencia de una situación objetiva de riesgo para la víctima ante la presunta comisión de un hecho ilícito, bien delito bien falta, de los relacionados con el ámbito de la violencia ejercida en el núcleo familiar, la cual debe hacer necesaria la adopción por el órgano jurisdiccional competente de alguna de las diversas medidas en las que consiste la Orden de Protección. Consideramos que, a pesar de la falta de concreción de dicha situación objetivable de riesgo o peligro, debe traducirse ésta en la potencial y probable comisión o reiteración de los presuntos hechos que constituyen el maltrato por parte del presunto agresor, o bien en el ataque contra otros bienes jurídicos diferentes que sean de titularidad de la víctima.[48]

En este caso no se produce el tradicional esquema que rige en relación a los presupuestos necesarios para la adopción de medidas cautelares en el seno de un proceso penal; en este sentido el segundo principio se traduciría en el *periculum in mora* o peligro de fuga del presunto autor de los hechos, referido a una alta probabilidad de que el imputado intente eludir la acción de la justicia poniéndose en paradero desconocido. Por el contrario, el presupuesto contemplado en la Orden de Protección se refiere a

---

tes, propios o de la esposa o conviviente, o sobre los menores o incapaces que con él convivan o que se hallen sujetos a la potestad, tutela, curatela, acogimiento o guarda de hecho de la esposa o conviviente, cuando también se haya producido un acto de violencia de género.

46. Recordamos que puede ser o bien el Juez de Instrucción en funciones de guardia o bien el Juez de Violencia Sobre la Mujer.

47. La necesidad de que estos indicios racionales sean atribuibles a una persona concreta y determinada no aparece en el artículo 544 ter de la ley de Enjuiciamiento Criminal que únicamente indica que «...existan indicios fundados de la comisión de un delito o falta...», pero tal y como se configura la aplicación del principio *fumus boni iuris* esta cuestión se da por sobreentendida, resulta lógico considerar que esa presunta comisión debe poder unirse a un sujeto activo concreto, que será la persona del presunto agresor, en contra de la cual se adoptará la orden de protección con las consecuencias que enumeraremos posteriormente.

48. En este sentido Bejerano, F., «Aciertos y desaciertos de la orden de protección», *Diario de noticias La Ley, especial violencia doméstica*, julio de 2003, p.4.

garantizar la protección integral del sujeto pasivo de la presunta violencia ejercida en el ámbito familiar, para lo cual, ante esa situación objetiva de riesgo, puede requerir la adopción de cualquiera de las medidas que prevé la Orden de Protección tanto penales, como civiles y asistenciales; en cada caso concreto deben verificarse qué circunstancias se producen y qué medidas de las especificadas en este artículo 544 ter deben adoptarse por el Juez competente, teniendo en cuenta la proporcionalidad con el supuesto fáctico de las mismas. Se produce así una sustitución del *periculum in mora por el periculum in damnum.*[49]

Sin duda, la implantación de esta novedosa institución es un gran acierto; con lo cual, en el terreno judicial de protección de las víctimas la respuesta es positiva y eficaz y todos debemos felicitarnos por ello. En principio, las mujeres podrán sentirse más y mejor protegidas, en definitiva, más seguras.

C. Ley orgánica 1/2004, de 28 de diciembre, de medidas de protección integral contra la violencia de género[50]

En el contenido de la Ley se establecen medidas de protección integral[51] cuya finalidad es prevenir, sancionar y erradicar esta violencia y prestar asistencia a sus víctimas. Las

---

Hay que destacar que en la nueva Ley de Prisión Provisional que reforma la Ley de Enjuiciamiento Criminal en esta materia, con fecha de 24 de octubre de 2003, también se recoge este presupuesto como uno de los posibles a tener en cuenta para la adopción de una medida cautelar de prisión provisional contra el presunto autor de un delito relacionado con el ámbito de la violencia familiar. El artículo 503 indica lo siguiente: 1. La prisión provisional sólo podrá ser decretada cuando concurran los siguientes requisitos: 3.— Que mediante la prisión provisional se persiga alguno de los siguientes fines: c) Evitar que el imputado pueda actuar contra bienes jurídicos de la víctima, especialmente cuando ésta sea alguna de las personas a las que se refiere el artículo 173.2 del Código Penal.

49. *Vid.* De Lamo Rubio, J., «La nueva orden..., cit., p. 1056.

Delgado Martín, J., «La orden de protección de las víctimas de violencia doméstica.», *Encuentros «Violencia doméstica»*, CGPJ, Madrid, 2004, p. 95 habla de «*periculum in libertatis.*»

Charco Gómez, M. L., en «La orden de Protección para las víctimas de la violencia doméstica: Ley 27/2003, de 31 de julio, en *Los Juicios rápidos: Orden de Protección: Análisis y balance*, Madrid, CGPJ, 2005, p. 190 se refiere al «pronóstico de peligro».

50. En la Exposición de Motivos se indica lo siguiente: «Esta Ley es el instrumento jurídico necesario para acometer el problema en su integridad, a la vez que contribuirá a configurar el cambio para avanzar en el camino de la igualdad entre hombres y mujeres, al configurar estos actos de maltrato y violencia como delictivos, constituyendo así una auténtica violación de derechos fundamentales...El ámbito de la Ley abarca tanto los aspectos preventivos, educativos, sociales, asistenciales y de atención posterior a las víctimas, como la normativa civil que incide en el ámbito familiar o de convivencia, donde principalmente se producen las agresiones. Igualmente se aborda con decisión la respuesta punitiva que deben recibir todas las manifestaciones de violencia que esta Ley regula. La violencia sobre la mujer se enfoca por la Ley de un modo integral y multidisciplinar, empezando por el proceso de socialización y educación. La conquista de la igualdad y el respeto a la dignidad humana y la libertad de las personas, tienen que ser un objetivo prioritario en todos los niveles de socialización.»

51. Entre ellas, además de las procesales, que estudiaremos a fondo, medidas de sensibilización en el ámbito educativo, en el de la publicidad, y en el sanitario, medidas asistenciales, sociales, laborales; reformas del Código Penal; muy polémicas porque agravan las lesiones, las amenazas y las coacciones «si la víctima fuere o hubiere sido esposa, o mujer que estuviere o hubiere estado ligada al autor por una análoga relación de afectividad, aun sin convivencia». Se modifican por tanto los arts. 148, 171 y 172.

medidas referidas a cuestiones procesales se integran en el Título V, que tiene como encabezamiento «Tutela Judicial»;[52] veamos qué cuestiones concretas contempla la Ley.

Vamos a dedicar por tanto unas líneas a la última iniciativa, hasta día de hoy, que se enmarca en este movimiento jurídico, legislativo, policial, judicial y social que busca la lucha contra la violencia doméstica.

Lo primero que deseo hacer constar es que la idea de una Ley Integral[53] que aglutine las diversas medidas —educativas, sociales, penales o procesales entre otras— que tengan como denominador común la lucha contra esta lacra del siglo XXI me parece acertada; no así que se utilice esta Ley para regular principalmente la violencia cuyo sujeto pasivo es la mujer. Esta cuestión ha generado múltiples problemas y gran polémica;[54] a mi juicio, aunque en un gran porcentaje de los casos sea la mujer la víctima de estos indeseables comportamientos, se debería haber realizado la tutela integral a cualquier víctima, independientemente de su sexo o condición.

Además las amenazas y coacciones leves si el sujeto pasivo es la esposa, mujer o persona que haya estado o esté ligada al autor por una análoga relación de afectividad aún sin convivencia o persona especialmente vulnerable que conviva con el autor serán delito en lugar de falta del art. 620. 2 en relación con el art. 173.2 ambos del Código Penal. También en materia penal se recoge una de las recomendaciones del *II Plan Integral de lucha contra la violencia doméstica* y es incluir como pena a estos tipos delictivos de violencia familiar — en este caso en los mismos arts. citados — la privación del derecho a la tenencia y porte de armas para el presunto autor de este tipo de conductas.

52. Para profundizar en esta cuestión puede consultarse Del Pozo Pérez, M. en VV.AA, «Comentarios a la tutela judicial», *Comentarios breves a la Ley de Medidas de Protección Integral Contra la Violencia de Género*, pp. 178 a 225; 237 a 249; 278; 312 a 315; 318; 328; 332; 336; 340; 2005, IUSTEL, Madrid.

53. Esta cuestión se abordó por Magro Servet, V., «Los nuevos juzgados especializados en violencia doméstica», *La Ley*, N. 5317, mayo 2001.

54. Han corrido ríos de tinta entre los partidarios de lo que denominan «discriminación positiva» hacia la mujer, aplicable a este supuesto, y aquellos que señalan que el proyecto de Ley es inconstitucional por la lesión al derecho a la igualdad del art. 14 de la CE.

Entre los partidarios de esta discriminación positiva puede citarse la opinión de los Magistrados que firman el Voto Particular, al Informe del CGPJ de 21 de junio de 2004 al Anteproyecto de Ley Orgánica de protección integral, pp. 4 y 5: «Así las cosas, el primer interrogante que desde una perspectiva general suscita el Anteproyecto ahora analizado tal como anteriormente hemos indicado es el siguiente: es compatible con nuestro orden constitucional (y en especial el art. 14 de la Constitución) un conjunto de medidas legales cuyo beneficiario es sólo una parte de la población (las mujeres) o, por el contrario, una opción legislativa de tal signo está vedada por el citado precepto constitucional. La respuesta a dicho interrogante, sin perjuicio de las matizaciones que más adelante se realicen, no puede por menos de ser favorable a la constitucionalidad de la opción tomada por el prelegislador.»En contra de esa discriminación positiva pueden consultarse las siguientes palabras recogidas en el *Informe del CGPJ al Anteproyecto de la Ley orgánica Integral de medias contra la violencia ejercida sobre la mujer de fecha 24 de junio de 2004,* concretamente en sus pp. 24 a 28, llega a decirse que más que discriminación positiva a favor de la mujer, «es discriminación negativa en contra del hombre»: «...c) Lo inapropiado de la discriminación positiva en lo penal y judicial. En efecto, cuando se trata de la tutela penal y procesal, en la medida en que se tutelan derechos fundamentales, no cabe apreciar como punto de partida esa desigualdad. Ni en lo que se refiere a la protección penal, ni en cuanto a la tutela judicial efectiva. Como se dijo más arriba, no estamos ante una situación de «bienes escasos», limitados, de forma que sólo un grupo favorecido puede acceder a ellos...Y cuando esa acción o más bien ya discriminación positiva se traslada a la creación de órganos judiciales que tutelan sólo los bienes de la mujer, más grave es el desajuste por las siguientes razones: 1ª La tutela judicial no es, en cuanto tal, un bien escaso que no permita, por una supuesta limitada disponibilidad, su reparto y atribución a todos cuanto lo precisen; es decir, la tutela judicial es un bien que no exige se excluya de su ámbito a ningún grupo humano (varones en este caso) para dar debida satisfacción a otro grupo más desfavorecido (mujeres en este caso).Por decirlo sintéticamente: existe posibilidad

1. El juzgado de violencia sobre la mujer[55]

Se crea un nuevo órgano jurisdiccional,[56] denominado Juzgado de Violencia sobre la Mujer,[57] en aquellos Partidos Judiciales cuyo volumen de asuntos así lo aconseje; una vez más reproduzco la crítica anterior, la decisión de crear Juzgados especializados[58] en esta materia me parece un acierto; sin embargo considero que deberían haberse denominado de otra manera; por ejemplo Juzgado de Violencia Familiar o Doméstica y ocuparse de todo tipo de cuestiones relacionadas con la violencia familiar, con independencia del sexo, la condición del sujeto pasivo de la misma o el concreto vínculo familiar que les uniera; parecería que se crea una Jurisdicción especial para la mujer, cuestión vedada por la CE, que en su art. 117. 5 indica que «el principio de unidad jurisdiccional es la base de la organización y funcionamiento de los Tribunales. La ley regulará el ejercicio de la jurisdicción militar en el ámbito estrictamente castrense y en los supuestos de estado de sitio, de acuerdo con los principios de la Constitución», apoyamos la especialización pero no el criterio utilizado para ella, en este mismo sentido se expresa el CGPJ.[59]

Cuando veamos el conjunto de competencias que tiene el citado Juzgado podremos observar que también puede ejercerlas en relación con hijos o menores que se encuentren en relación con la víctima o su presunto agresor; si bien, tal y como detallaremos,

---

de tutela judicial para todos sin excluir ni postergar, es decir, sin eliminar ni discriminar a nadie. Como más abajo se expondrá, el traslado a lo judicial de lo que en la ley se tiene como acción positiva se salda con unas consecuencias ilógicas, irrazonables, tanto en lo organizativo como en lo procesal, lo que aconseja un serio replanteamiento de la opción que hace el Anteproyecto. De lo anterior se deduce que en el Anteproyecto la llamada acción positiva no es siquiera un caso de discriminación positiva, sino más bien una discriminación negativa...Y constituye también una discriminación negativa crear órganos judiciales de los que se excluye a los hombres como posibles beneficiarios de sus ventajas, sin que esa exclusión se justifique en modo alguno.»

55. Para profundizar en el estudio de dicho órgano puede consultarse Del Pozo Pérez, M., «El Juez de Violencia sobre la Mujer», Libro Colectivo *La Comunidad Iberoamericana de Naciones. XI Encuentro de Latinoamericanistas Españoles*, pp. 135 a 153, 2005, Consejo Español de Estudios Iberoamericanos, Madrid y «El Juez de Violencia sobre la Mujer: Creación y competencia en el orden jurisdiccional penal», *Anuario de la Facultad de Derecho de la Universidad de A Coruña*, 2005, pp. 139-171.

56. *Vid.* art. 43 de la Ley.

57. Existe un Anexo en la Ley donde se incluye la Planta en lo referente a los Juzgados de Violencia sobre la Mujer. a) Podrán crearse Juzgados de Violencia sobre la Mujer en aquellos Partidos Judiciales en los que la carga de trabajo así lo aconseje. b) En aquellos Partidos Judiciales en los que, en atención al volumen de asuntos, no se considere necesario el desarrollo de la planta judicial, se podrán transformar algunos de los Juzgados de Instrucción y de Primera Instancia e Instrucción en funcionamiento en Juzgados de Violencia sobre la Mujer. c) Asimismo cuando se considere, en función de la carga de trabajo, que no es precisa la creación de un órgano judicial específico, se determinará, de existir varios, qué Juzgados de Instrucción o de Primera Instancia e Instrucción, asumirá el conocimiento de las materias de violencia sobre la mujer en los términos del artículo 1 de la Ley Orgánica de Medidas de Protección Integral contra la Violencia de Género con carácter exclusivo junto con el resto de las correspondientes a la jurisdicción penal o civil, según la naturaleza del órgano en cuestión.

58. Esta idea de especializar los Juzgados en materia de violencia doméstica ya se recomienda por el CGPJ en su Acuerdo de fecha de 21 de marzo de 2001.

En la Comunidad Valenciana, por ejemplo, como experiencia pionera que se considera positiva existen ya los Juzgados especializados en materia de violencia doméstica y malos tratos de Alicante, Elche y Orihuela.

59. *Vid.* el ya citado informe del CGPJ al Anteproyecto, pp. 49 a 51.

se necesita que para que se active dicha competencia sobre esta situación exista una agresión previa a la mujer; de este modo parece perseguirse la lucha contra la violencia ejercida sobre la mujer por su pareja o ex pareja realizada de manera indirecta; es decir, a través del daño a menores, incapaces o descendientes que se vinculan o conviven con ella.

Dicho Juzgado tendrá sede en la capital de partido, en cada uno de ellos habrá uno o más, su jurisdicción se extenderá a todo el ámbito territorial del mismo y tomará su nombre del municipio de su sede.

Además de la eventual creación de nuevos órganos jurisdiccionales de Violencia sobre la Mujer también se prevé la posibilidad de que las competencias propias de este nuevo Juzgado sean asumidas por un Juez de Instrucción o de Primera Instancia e Instrucción, en función de la carga de trabajo existente siendo acordado por el CGPJ, previo informe de las Salas de Gobierno; la atribución de competencia pueden ser exclusiva o añadirse al conocimiento de otras materias; es decir, un Juzgado de Primera Instancia e Instrucción, ya en funcionamiento, se transformaría en un Juzgado de Violencia sobre la Mujer.

Si nos encontramos ante un Partido Judicial que tiene únicamente un Juzgado de Primera Instancia e Instrucción será éste el que asuma dichas competencias.

Sin embargo existe cierta confusión[60] pues no se indica realmente cuántos órganos de nueva planta deben crearse, se ignora cómo y en qué medida va a incidir esta reforma en los Juzgados de Instrucción y de Primera Instancia e Instrucción y sobre todo, y principalmente, en los de Familia ya existentes además de si en éste último caso se va a producir un vaciamiento competencial de los mismos mediante un trasvase de asuntos de manera total e íntegra o con limitaciones.

El Real Decreto 233/2005, de 4 de marzo, por el que se dispone la creación y constitución de Juzgados de Violencia sobre la Mujer correspondientes a la programación del año 2005,[61] indica lo siguiente en su Exposición de Motivos: «En este Real Decreto se procede a la creación y constitución de 16 nuevas unidades judiciales (16 juzgados de violencia sobre la mujer), dentro de la programación correspondiente al año 2005, ajustada a los créditos disponibles y atendiendo a las prioridades expuestas por el Consejo General del Poder Judicial en función del volumen de asuntos. Asimismo, en aque-

60. Esta misma preocupación la expresa el CGPJ en el *Informe del CGPJ al Anteproyecto...*, cit., p. 52.

61. BOE de 17 de marzo de 2005.

Dichos Juzgados entrarán en funcionamiento de acuerdo a la ORDEN JUS/1037/2005, de 19 de abril, (BOE de 21 de abril de 2005) por la que se dispone la fecha de entrada en funcionamiento de los nuevos juzgados de violencia sobre la mujer, el 29 de junio, puesto que en su artículo único indica lo siguiente: «Artículo único. *Entrada en funcionamiento de Juzgados.* El día 29 de junio de 2005 entrarán en funcionamiento los siguientes Juzgados de Violencia sobre la Mujer: Número 1 de Granada, número 1 de Málaga, número 1 de Sevilla, número 1 de Palma de Mallorca, número 1 de Las Palmas de Gran Canaria, número 1 de Santa Cruz de Tenerife, números 1 y 2 de Barcelona, número 1 de Alicante, número 1 de Valencia, números 1 y 2 de Madrid, número 1 de Murcia, número 1 de Vitoria-Gasteiz, número 1 de Donostia-San Sebastián y número 1 de Bilbao.

llos partidos judiciales donde no se crean juzgados de violencia sobre la mujer sobre la base de lo dispuesto en el artículo 87 bis de la Ley Orgánica 6/1985, de 1 de julio, del Poder Judicial, el Consejo General del Poder Judicial podrá acordar, previo informe de las Salas de Gobierno, que en aquellas circunscripciones donde no se considere conveniente, en función de la carga de trabajo existente, crear un juzgado de violencia sobre la mujer exclusivo, el conocimiento de los asuntos referidos en el artículo 87 ter de dicha ley orgánica corresponda a uno de los juzgados de instrucción o de primera instancia e instrucción, en su caso, que compatibilizará estas materias con las del resto del orden jurisdiccional penal o penal-civil de su partido judicial.[62] Por otra parte, en aquellos partidos judiciales en que existe un único juzgado de primera instancia e instrucción, será éste el que asuma el conocimiento de los asuntos a que se refiere el artículo citado en el párrafo anterior. No obstante, en el momento en que se aprecie un incremento significativo de la carga de trabajo en aquellas circunscripciones que tienen un juzgado que compatibilice las materias, se procederá, dentro de la programación anual correspondiente de desarrollo de la planta judicial, a la creación de un juzgado exclusivo de violencia sobre la mujer. Por lo tanto, lo que se pretende con todas estas medidas es conseguir que en todos los partidos judiciales se preste una atención adecuada a las necesidades existentes en el conocimiento de los asuntos referidos en el artículo 87 ter de la Ley Orgánica 6/1985, de 1 de julio, del Poder Judicial.»

Del texto del mismo puede desprenderse que éste sólo es el primer paso en la creación de los nuevos órganos jurisdiccionales advirtiéndose que si la carga de trabajo del Juzgado que compatibilice estas materias con otras fuese significativa esto generaría una creación de un Juzgado exclusivo de violencia sobre la mujer. De hecho, si se consulta la planta actual de Juzgados Exclusivos de Violencia sobre la Mujer se obtiene un resultado de 83 órganos de este tipo; destacando Madrid con 10, Barcelona con 4, Sevilla con 4 o Valencia con 3.[63]

Es necesario destacar que la intención de crear Juzgados que se encarguen del fenómeno de la violencia familiar o doméstica no resulta novedosa, hubo un intento, que resultó rechazado, en el año 2001 con la presentación en el Congreso de los Diputados

62. El Pleno del CGPJ en un Acuerdo del día 27 de abril de 2005 va a determinar qué Juzgados de Instrucción o de Primera Instancia e Instrucción, que seguidamente se citan, asumirán con carácter exclusivo el conocimiento de las materias de violencia sobre la mujer en los términos del artículo 1 de la Ley Orgánica 1/2004, compatibilizándolo con el resto de las materias correspondientes a la jurisdicción penal o civil, según la naturaleza del órgano en cuestión para a continuación enumerar el conjunto de dichos órganos jurisdiccionales. Además se indica que: «2.— los restantes Juzgados de Instrucción o de Primera Instancia e Instrucción de los partidos judiciales afectados por esta medida que esté conociendo de asuntos relativos a la Violencia de Género conservarán, hasta su conclusión, el conocimiento de los procedimientos de esta clase pendientes ante ellos. 3.— Las Salas de Gobierno de los Tribunales Superiores de Justicia, en el ejercicio de sus atribuciones y previa propuesta de las respectivas Juntas de Jueces, adoptarán, en su caso, los pertinentes Acuerdos de modificación de normas de reparto o de reducción del mismo, cuando así lo aconseje la entrada de asuntos a que hace referencia la Ley Orgánica 1/2004, de 28 de diciembre, con respecto a los Juzgados de Instrucción o de Primera Instancia e Instrucción para los que se ahora se adopta la medida de compatibilización en el conocimiento de esta específica materia y en el conocimiento de las restantes correspondientes a la jurisdicción penal o civil. 4.— La presente medida surtirá efectos desde el día 29 de junio de 2005.»

63. Fuente: www.poderjudicial.es. En dicha página *web* se pueden consultar con detalle todos los partidos judiciales que poseen órganos de este tipo.

de un Proposición de ley integral[64] contra la violencia de género (orgánica), del Grupo Parlamentario Socialista, en esta oportunidad la denominación de los mismos es la de Juzgados de Igualdad y Asuntos Familiares,[65] del texto del artículo parecería que dichos órganos jurisdiccionales serían de nueva creación (uno o varios por cada provincia y con sede en la capital), encargándose de todas las cuestiones civiles y penales relacionadas con el ámbito familiar en este supuesto concreto en relación a las atribuciones penales no se realiza distinción alguna en función del sexo sino que se extiende el conocimiento de la instrucción a cualquier supuesto de delitos relacionados con dicho tipo de violencia así como al conocimiento y fallo de las faltas que tengan que ver con esta cuestión.

A. Competencia objetiva del juzgado de violencia sobre la mujer[66]

Veamos qué competencias[67] de carácter objetivo, tanto en el orden jurisdiccional penal como en el civil, va a asumir el Juez de Violencia sobre la Mujer:[68]

---

64. Proposición de Ley 122/000163 integral contra la violencia de género (orgánica), presentada por el Grupo Parlamentario Socialista, *Boletín Oficial de las Cortes Generales, Congreso de los Diputados, VII Legislatura, serie b: 21 de diciembre de 2001 núm. 183-1 Proposiciones de Ley*, pp. 1 a 21.

65. Artículo 17 de la Proposición de Ley 122/000163 integral contra la violencia de género (orgánica): «1. En cada provincia, y con sede en su capital, habrá uno o varios Juzgados de Igualdad y Asuntos Familiares. Podrán establecerse Juzgados de Igualdad y Asuntos Familiares cuya jurisdicción se extienda a uno o varios partidos de la misma provincia, conforme a lo que disponga la legislación sobre demarcación y planta judicial. La fijación de la población en que tenga su sede se hará por ley. 2. Los Juzgados de Igualdad y Asuntos Familiares tendrán competencia para resolver todas las cuestiones que se susciten en materia de derecho de la persona y de derecho de familia. Se considerarán comprendidos en este ámbito quienes sean o hayan sido cónyuges o estén o hayan estado ligados de forma estable por análoga relación de afectividad, o hayan mantenido una relación afectiva de pareja, así como los hijos propios o del cónyuge o conviviente, pupilos, ascendientes o incapaces que con él convivan o que se hallen sujetos a la potestad, tutela, curatela o guarda de hecho de una u otra de dichas personas.»

66. Art. 44 de la Ley además del 57 — referido a la pérdida de competencia objetiva en el orden jurisdiccional civil por parte del Juez de Primera instancia e Instrucción en detrimento del Juez de Violencia sobre la Mujer — y 59 de la misma norma; este último para la competencia territorial.

El Consejo en el citado Informe, p. 62 considera que esta pérdida de competencia objetiva puede lesionar el derecho al Juez ordinario predeterminado por la Ley: «...el Consejo aprecia la posible colisión de la medida con el derecho al Juez ordinario predeterminado por la ley. Así debe tenerse en cuenta que el Tribunal Constitucional tiene declarado desde la STC 47/1983...»

67. En el art. 17 de la Proposición de Ley 122/000163 integral contra la violencia de género (orgánica) indica la competencia de los Juzgados de Igualdad y Asuntos Familiares, vemos que también aglutinan competencias civiles y penales, pero que en éste último caso no se produce la asignación de competencias por razón del sexo del presunto autor o de la víctima, se relacionan todos los ilícitos relacionados con la violencia familiar: «tendrán competencia para resolver todas las cuestiones que se susciten en materia de derecho de la persona y de derecho de familia. Se considerarán comprendidos en este ámbito quienes sean o hayan sido cónyuges o estén o hayan estado ligados de forma estable por análoga relación de afectividad, o hayan mantenido una relación afectiva de pareja, así como los hijos propios o del cónyuge o conviviente, pupilos, ascendientes o incapaces que con él convivan o que se hallen sujetos a la potestad, tutela, curatela o guarda de hecho de una u otra de dichas personas...» posteriormente en dicho artículo se detallan los procesos civiles y penales de los cuales conocerían.

68. Salvo que tal y como indica el art. 44. 4 de la Ley integral aprecie el Juez que los actos puestos en su conocimiento, de forma notoria, no constituyen expresión de violencia de género, podrá inadmitir la pretensión, remitiéndola al órgano judicial competente. Deseamos criticar el uso de dicha expresión que resulta jurídicamente indeterminada, ¿cómo debe interpretarse la afirmación «de forma notoria»?, ¿en qué momento y en qué estado pude la causa puede producirse dicha remisión? Ambos interrogantes quedan abiertos tras la lectura de la Ley.

Conocerán, en el orden penal,[69] de los siguientes supuestos:

a) De la instrucción de los procesos para exigir responsabilidad penal por los delitos recogidos en los Títulos del Código Penal relativos a homicidio, aborto, lesiones, lesiones al feto, delitos contra la libertad, delitos contra la integridad moral, contra la libertad e indemnidad sexuales o cualquier otro delito cometido con violencia o intimidación, siempre que se hubiesen cometido contra quien sea o haya sido su esposa, o mujer que esté o haya estado ligada al autor por análoga relación de afectividad, aun sin convivencia, así como de los cometidos sobre los descendientes, propios o de la esposa o conviviente, o sobre los menores o incapaces que con él convivan o que se hallen sujetos a la potestad, tutela, curatela, acogimiento o guarda de hecho de la esposa o conviviente, cuando también se haya producido un acto de violencia sobre la mujer.

b) De la instrucción de los procesos para exigir responsabilidad penal por cualquier delito contra los derechos y deberes familiares, cuando la víctima sea alguna de las personas señaladas como tales en la letra anterior.

c) De la adopción de las correspondientes ordenes de protección a las víctimas, sin perjuicio de las competencias atribuidas al juez de guardia.

d) Del conocimiento y fallo de las faltas contenidas en los Títulos I y II del Libro III del Código Penal, cuando la víctima sea alguna de las personas señaladas como tales en la letra a) de este apartado.

Podemos aproximarnos a la cifra de asuntos que entrarán en estos Juzgados especializados teniendo en cuenta que existe, tal y como ya hemos apuntado, un problema de *cifra negra de criminalidad* en la materia que nos ocupa; es decir,que la cifra real de maltrato es infinitamente superior a la cifra de denuncias pero a pesar de ello y de acuerdo a un Informe del CGPJ[70] el total de denuncias interpuestas en el primer semes-

69. Además y fuera de este artículo se prevé que puedan dictar sentencia de conformidad con la acusación en los casos establecidos por la ley (introducido por la Ley Orgánica 8/2002, complementaria de la Ley 38/2002, referente a los llamados juicios rápidos) en el ámbito de su competencia. Esta competencia no se incluía de manera originaria en el Anteproyecto ni Proyecto de Ley que generan la norma que estamos analizando, una vez más su inclusión es fruto de las críticas ya aludidas y citadas en líneas anteriores realizadas por el CGPJ

Nos resulta tremendamente sorprendente que a pesar de que el texto de la Exposición de Motivos de la Ley 38/2002, de28 de octubre, indica lo siguiente: «La genuina y más importante aceleración de estos procesos rápidos —aunque no la única— es la que ha de darse en el tiempo que transcurre desde la incoación del proceso penal hasta la celebración del juicio oral sin perjuicio de que también éste, así como la emisión de la sentencia y la tramitación de los eventuales recursos, se realicen con rapidez. A estos efectos*, la pieza clave del nuevo procedimiento consiste en una instrucción concentrada ante el Juzgado de guardia* (la cursiva es mía): toda la fase de instrucción y de preparación del juicio oral ha de ser realizada en brevísimos plazos ante el órgano judicial.»; sea ahora competente para la tramitación de diligencias urgentes y celebración de juicios inmediatos de faltas, así como para dictar sentencias de «conformidad premiada» un órgano jurisdiccional: el Juzgado de Violencia sobre la Mujer, que no va a poseer servicio de guardia.

70. *Informe de la actividad de los órganos judiciales sobre violencia doméstica relativo al primer semestre de 2004* elaborado por el CGPJ en sus pp. 13 a 17, fuente www.poderjudicial.es, pp. 6 y ss.

tre del año 2004 fue de 47.320 con un porcentaje del 90.2% de víctimas mujeres. Además se percibe un incremento del 24% mensual respecto al dato de 2003, donde el número total anual de denuncias es de 76.732, esta situación de manera general no significaría que existan más casos de maltrato sino que el número de mujeres-víctimas que denuncian va incrementándose porque se sienten más seguras, más protegidas, el proceso se sustancia en menos tiempo y el Código Penal es más severo; en definitiva, porque todas las últimas reformas han creado un clima favorable a que la mujer tome la decisión de denunciar.[71] De lo expuesto, podemos deducir que el número de asuntos irá creciendo paulatinamente con lo cual la legislación deberá ser lo suficientemente flexible como para ir creando nuevos Jueces especializados que puedan encargarse de estas tareas.[72]

Los Juzgados de Violencia sobre la Mujer podrán conocer en el orden civil, de los siguientes asuntos:

a) Los de filiación, maternidad y paternidad.

b) Los de nulidad del matrimonio, separación y divorcio.

c) Los que versen sobre relaciones paterno filiales.

d) Los que tengan por objeto la adopción o modificación de medidas de trascendencia familiar.

e) Los que versen exclusivamente sobre guarda y custodia de hijos e hijas menores o sobre alimentos reclamados por un progenitor contra el otro en nombre de los hijos e hijas menores.

71. Fueron tremendamente polémicas las declaraciones de la Jueza Decana de Barcelona en mayo del año 2004 respecto a dicho incremento de denuncias, en el *Diario El Mundo de 28 de mayo de 2004* podemos leer la siguiente noticia: «La decana de los juzgados de Barcelona, María Sanahuja, ha asegurado que se ha producido un aumento en el número de denuncias realizadas por mujeres presuntamente víctimas de delitos relacionados con la violencia doméstica. Según refleja la Memoria de los Juzgados de Barcelona de 2003, las diligencias por delitos de este tipo de violencia casi se han cuadruplicado respecto a 2002, pasando de 609 a 2.016 en el 2003. Asimismo, también aumentaron las diligencias por delitos de abandono de familia (de 256 a 373) y de agresiones sexuales (de 624 a 696). Para Sanahuja, en los temas de violencia doméstica los jueces «trabajan con una gran presión por parte de los medios de comunicación que, aunque es legítima porque afecta a un grave problema social, no permite hacerlo siempre en las mejores condiciones y a veces provoca una justicia defensiva que no siempre ofrece las mejores soluciones al problema». Sobre este extremo, Sanahuja ha explicado que al haber tantas denuncias por violencia doméstica provoca que no se pueda proteger —por los policías— a las auténticas víctimas...se debe estudiar si se está produciendo un exceso a la hora de denunciar estos casos. Sin embargo, Sanahuja ha reclamado a los abogados «que disuadan a sus clientes de utilizar los procedimientos penales para obtener mejores resultados en los procesos civiles». En este sentido, ha señalado que una mujer no puede denunciar por malos tratos a su compañero para obtener una mejor separación y ha afirmado que, además de los abogados, los poderes públicos y los medios de comunicación deben favorecer la resolución de desacuerdos matrimoniales y la no utilización de la justicia penal para estos casos.»

72. El último dato de denuncias conocido es de un total de 32372, relativo al tercer trimestre de 2007, datos referidos tanto a los Juzgados exclusivos de Violencia sobre la Mujer (54 al final del trimestre) como a los que compatibilizaron en el trimestre el conocimiento de esta materia con otras, en número de 410. Fuente: www.poderjudicial.es

f) Los que versen sobre la necesidad de asentimiento en la adopción.

g) Los que tengan por objeto la oposición a las resoluciones administrativas en materia de protección de menores.

Además de las competencias citadas, los Juzgados de Violencia sobre la Mujer tendrán, de forma exclusiva y excluyente, competencia en el orden civil cuando concurran simultáneamente los siguientes requisitos:

a) Que se trate de un proceso civil que tenga por objeto alguna de las materias indicadas en el número 2 del presente artículo.

b) Que alguna de las partes del proceso civil sea la víctima de los actos de violencia sobre la mujer.

c) Que alguna de las partes del proceso civil sea imputado como autor, inductor o cooperador necesario en la realización de los actos de violencia sobre la mujer.

d) Que se hayan iniciado ante el Juez de Violencia sobre la Mujer actuaciones penales por delito o falta a consecuencia de un acto de violencia sobre la mujer, o se haya adoptado una orden de protección a una víctima de violencia sobre la mujer.

Se busca unir en el mismo órgano jurisdiccional las competencias penales y civiles que puedan aparecer; por un lado, respecto a un asunto penal por violencia contra la mujer, si además entre el sujeto activo y pasivo del mismo se produce la intención de entablar un proceso civil, por alguna de las cuestiones incluidas en el art. 44 de la Ley. En vez de que un Juez del orden jurisdiccional penal, resuelva el proceso penal y un Juez del orden jurisdiccional civil, las cuestiones civiles, como venía siendo hasta esta reforma, se aúnan ambas cuestiones en un Juez único, por tanto, de naturaleza mixta, que será el de Violencia sobre la Mujer.

Consideramos que la adopción de esta medida responde a una de las mayores preocupaciones que por parte del Observatorio de Violencia Doméstica y de la Comisión de seguimiento del CGPJ acerca de la implantación de la Orden de Protección se habían expresado respecto a la regulación de la orden de protección, nos estamos refiriendo a la necesaria conexión entre los órdenes jurisdiccionales civil y penal,[73] que sin duda experimentó una considerable mejora tras la aprobación del Protocolo de Coordinación entre ambos con la finalidad de llevar a efecto la protección de las víctimas de violencia doméstica.

73. Necesaria coordinación a la que también se hace referencia en el *II Plan Integral contra la Violencia Doméstica* cuando se indica que entre las «Medidas legislativas y procedimentales. Objetivo: *Establecer un marco legal que permita proteger a las posibles víctimas de los actos violentos y sancionar a quienes cometen tales actos.* 7. Estudiar con el Consejo General del Poder Judicial que la instrucción de las causas por delitos y faltas de violencia doméstica se concentren en un mismo Juzgado y que se garantice una adecuada coordinación con los procedimientos civiles.»

Esta situación que permite a un mismo órgano jurisdiccional ejercer competencias penales y civiles relacionadas con un caso de violencia familiar o doméstica, tiene su antecedente en la regulación de la orden de protección; en dicha situación era el Juez de Instrucción en funciones de guardia el que si consideraba oportuno concederla podía extender, de manera provisional y cautelar, su competencia a la adopción de medidas protectoras propias del proceso civil. Sin embargo, la competencia civil que se atribuye por la Ley Integral al Juez de Violencia sobre la Mujer va mucho más allá[74] de lo que acabamos de apuntar; se generaliza, sin que se produzca de manera puntual o coyuntural. El conjunto de materias es muy amplio y abraca toda una pluralidad de relaciones civiles en el seno familiar. Por no hablar de un posible riesgo de «criminalización de las materias y acciones civiles e incluso de su instrumentalización», peligro del cual advierte el CGPJ, a nuestro juicio acertadamente, en el Informe al Anteproyecto de Ley.[75]

En nuestra opinión; resulta enormemente desafortunado que de manera hipotética o teórica en una materia civil del art. 44. 2 puedan resultar competentes hasta cuatro tipos de órganos jurisdiccionales distintos, o el Juez de Instrucción, o el de Primera Instancia e Instrucción (si no existe división jurisdiccional), el Juez de Familia (si existe alguno especializado) y por último, y con los requisitos que acabamos de ver, el Juez de Violencia sobre la Mujer. Las reglas de competencia no pueden basarse en el sexo de la víctima como sucede en la Ley integral que estamos analizando, se puede llegar a situaciones absurdas en las que un mismo hecho, con unos mismos sujetos, puede ser competencia de órganos diferentes.

En definitiva, y como ya se ha dicho, se opta, por nuevos jueces que poseen más competencias con una generalización de las civiles; pero a la vez se restringe su ámbito de conocimiento sólo para mujeres sujetos pasivos de violencia a manos de sus parejas o ex parejas hombres; y además a supuestos de descendientes o menores siempre que también se haya producido un acto violento contra la mujer, de esta forma se genera un preocupante panorama de confusionismo procesal y competencial, creándose además un riesgo de solapamiento entre órganos que resulta a todas luces indeseable.

B. Competencia territorial del juzgado de violencia sobre la mujer[76]

En el caso de que se trate de alguno de los delitos o faltas cuya instrucción o conocimiento corresponda al Juez de Violencia sobre la Mujer, la competencia territorial vendrá determinada por el lugar del domicilio de la víctima, sin perjuicio de la adopción de la orden de protección, o de medidas urgentes del artículo 13 de la LECrim. que pudiera adoptar el Juez del lugar de comisión de los hechos.

---

74. El CGPJ en el *Informe del CGPJ al Anteproyecto*..., cit., p. 59 habla de «salto cualitativo».

75. *Informe del CGPJ al Anteproyecto*..., cit., p. 92, «La inserción de los Juzgados de Violencia sobre la Mujer en el orden penal, lleva a «criminalizar» las causas civiles que se les atribuye, así como a potenciar el riesgo de que sean instrumentalizados. Si esto ya se detecta con la vigente Ley 27/2003 sería más prudente evaluar aun más la aplicación de esta ley antes que crear un nuevo sistema paralelo que aumenta ese riesgo.»

76. Art. 59 de la Ley.

Vemos que el criterio utilizado es totalmente nuevo, en lo referente al orden jurisdiccional penal; se habla de que el fuero se determinará por el lugar del domicilio de la víctima y no, como resulta de manera tradicional, por el lugar de comisión del presunto hecho punible; se utilizará éste únicamente para facilitar la orden de protección o la adopción de las medidas urgentes del art. 13 de la LECrim.

A nuestro juicio este cambio podría producir ciertas posibilidades de elección por parte de la víctima del órgano jurisdiccional que más le convenga, puede alterarse la competencia por su mera voluntad, cuestión que resulta indeseable en el orden jurisdiccional penal.[77] Para evitar esta situación se produce un Acuerdo del Pleno de la Sala Segunda del Tribunal Supremo[78] en el que se indica lo siguiente: «Tercer asunto: Cuestiones de competencia negativa en relación con el Art. 15 bis de la LECrim. incorporado por la Ley Orgánica 1/2004, de 28 de diciembre de medidas de Protección Integral contra la Violencia de Genero. Acuerdo: «*El domicilio a que se refiere el Art. 15 bis LECrim. es el que tenía la víctima al ocurrir los hechos*».»

Sin embargo, al tratar de evitar el mencionado fraude se consigue el efecto indeseable y contrario a la finalidad que pretendía la norma, la mujer debe acudir, al Juez del lugar de su domicilio en el momento de cometerse los hechos[79] que, en teoría, se consideraba el más próximo y seguro, ese es el argumento que se utiliza para el cambio de fuero pero, ¿qué sucede en las múltiples y frecuentes ocasiones en las cuáles la mujer denuncia una vez que ha huido y se encuentra segura y oculta en un lugar distinto, aunque el hecho se haya producido con anterioridad? Se produce la paradoja de que ha de retornar, para llevar a efecto el proceso, al lugar de su domicilio, puede que alejado del actual, donde se encuentra protegida, con los consiguientes perjuicios para su seguridad.

C. Competencia por conexión[80]

La competencia de los Juzgados de Violencia sobre la Mujer se extenderá a la instrucción y conocimiento de los delitos y faltas conexas siempre que la conexión tenga su origen en alguno de los supuestos previstos en los números 3 y 4 del artículo 17 de la Ley de Enjuiciamiento Criminal. Dichos criterios de conexión son únicamente los que se refieren a los delitos cometidos como medio para perpetrar otros o facilitar su ejecución y aquellos cometidos para facilitar la impunidad de otros.

---

77. El CGPJ en el Informe citado, pp. 68 a 70, se expresa en ese mismo sentido: «Se produce una alteración sustancial de los criterios de atribución de competencia en materia penal. Como es bien sabido, el fuero preferente, según el artículo 14 de la Ley de Enjuiciamiento Criminal es el del lugar de comisión del delito, por entender que es allí donde se ha producido la ruptura de la convivencia social y es más fácil la persecución del hecho criminal. criterio competencial absolutamente novedoso...Por el contrario el determinar la competencia en función del domicilio de la víctima es alterable por la voluntad de ella. Y si inicialmente tiene como finalidad favorecer la proximidad de la víctima al órgano ello es a costa. de la lejanía entre el órgano y el hecho. Además, un mero cambio de domicilio de la víctima frustraría la finalidad de la norma...»

78. Acuerdo del Pleno de la Sala Segunda del Tribunal Supremo en sesión celebrada el 31/01/2006. Fuente:www.poderjudicial.es

79. Por no hablar de las posibles dificultades y disfunciones respecto a las citaciones en los juicios rápidos o en la realización de diligencias de prueba cuando el domicilio de la víctima en el momento de cometerse los hechos sea distinto del lugar de comisión o incluso de aquél en que se produce la denuncia.

80. Art. 60 de la Ley.

Los criterios de conexión me parecen correctos; permiten que se alcance el tan ansiado y loable objetivo —que hasta ahora, se ha intentado conseguir por medio de normas de reparto entre órganos jurisdiccionales— de que la instrucción de las causas abiertas contra un mismo autor de hechos de violencia familiar se tramitasen por un mismo órgano jurisdiccional para evitar la dispersión de denuncias y diligencias y el «peregrinaje» de la víctima de un Juzgado a otro. Además se facilitará la práctica de diligencias y la posibilidad de consulta de antecedentes a efectos penales y procesales.

Sin embargo, a nuestro juicio, para conseguir cumplir de manera completa las finalidades aludidas en el párrafo anterior hubiera sido deseable que se añadiese, en este supuesto, el criterio de conexión quinto del art. 17 de la LECrim.[81] que indica que serán conexos aquellos delitos imputables a una misma persona, al iniciarse el proceso por cualquiera de ellos, siempre que a juicio del Tribunal tuvieran analogía o relación entre sí y no hubiesen sido sentenciados hasta entonces. A pesar de resultar, no sucede así con el resto de criterios, de aplicación potestativa por parte del Juez, consideramos que debería haberse incluido en esta referencia.

Tal vez los delitos cometidos por la misma persona y análogos entre sí no se vean cubiertos con los criterios que se incluyen en este artículo, pensemos en la violencia que puede ejercer un presunto autor contra su esposa y uno de sus hijos, ¿en éste caso no sería conveniente la utilización de los delitos conexos? En ambos supuestos son competencia del Juez de Violencia sobre la Mujer, ¿o es que tal vez van a tramitarse de manera conjunta a pesar de la indicación legal, porque para que el Juez de Violencia sobre la Mujer sea competente en el supuesto del hijo el criterio competencial que origina la actuación a dicho órgano jurisdiccional es la existencia de esa previa agresión a la esposa (que puede encontrase sin sentenciar, aún, la Ley Orgánica 1/2004, no lo exige)?

Aún más absurdo resulta pensar en un supuesto que puede darse en la práctica, no es otro que el caso en el cual un determinado Juzgado de Violencia sobre la Mujer se encuentre instruyendo un proceso determinado en el seno del cuál se haya dictado una orden de protección y que sin embargo, el quebrantamiento de la misma de manera dolosa, que también constituye un tipo delictivo, esté siendo investigado por un órgano jurisdiccional distinto.

III. Balance de las reformas

Hemos dedicado las líneas precedentes a la descripción de la situación de hecho que impulsa las modificaciones procesales penales, recogiendo los objetivos que pretenden conseguir las mismas, así como al propio alcance y contenido de las reformas.

81. En este mismo sentido se expresa el CGPJ en el *Informe del CGPJ al Anteproyecto*..., cit., p. 70: «Con esta previsión, por una parte, pueden quedar fuera de la competencia de los juzgados de Violencia sobre la mujer algunos delitos conexos que indudablemente pueden también producirse en el ámbito de la ley especial y por otro, dejan fuera de forma notoria los supuestos del núm. 5 del mismo artículo 17.»

Por ello y con la finalidad última de concluir y completar este artículo debemos añadir, como no podía ser de otro modo, una sección que desde un punto de vista crítico valore las reformas producidas en la vetusta Ley de Enjuiciamiento Criminal Española; determinando si, a nuestro juicio, han conseguido sus objetivos y proponiendo, en su caso, propuestas de *lege ferenda* que puedan, de ser necesario, mejorar la situación existente. Además deberemos analizar los costes de las modificaciones, si es que estos han existido. En definitiva, ¿se han conseguido con las reformas los objetivos pretendidos?

A. Reducir el número de fallecimientos

Recordemos en este momento, el cuadro de comparativo de mujeres muertas desde el año 1999 al 1 de febrero de 2008:

Mujeres muertas por violencia de género a manos de pareja o expareja, según relación con el autor. «Parejas en crisis»

	1999	2000	2001	2002	2003	2004	2005	2006	2007	2008 27-feb
PAREJA O EXPAREJA	54	63	50	54	71	72	58	68	71	16
Cónyuge	30	31	25	24	31	34	21	31	29	2
Excónyuge	2	4	2	2	4	5	3	4	4	0
Compañera Sentimental	13	13	16	19	18	14	11	15	20	3
Excompañera Sentimental	3	3	1	3	9	6	6	9	9	0
Novia	3	8	2	4	6	8	12	4	6	2
Exnovia	3	4	4	2	3	5	5	5	3	0
En Fase de Ruptura (1)	16	10	16	9	12	12	1	12	7	1
En Fase de Ruptura + Exparejas	24	21	23	16	28	28	15	30	23	1
% «En Ruptura» sobre total de muertes	44,44	33,33	46,00	29,63	39,44	38,89	25,86	44,12	32,39	14,29

Fuente: 1999 2005: Elaboración propia a partirde noticias de prensa y de datos del Ministerio del Interior.
A partir de 2006, datos de la Delegación Especial de Gobierno contra la Violencia sobre la Mujer.
Nota: Datos permanentemente actualizados

(1) Se incluyen aquellas parejas (cónyuges, compañeros sentimentales o novios) en las que se ha planteado la ruptura de la relación y aquellos matrimonios en los que todavía no han surtido los correspondientes efectos legales.

Si duda alguna los datos que acabamos de recoger resultan escalofriantes, además observamos que durante los años 2003 y 2004 sufren un incremento importante respecto a la cifra del 2002, aumento que se reproduce en 2007.

Recordemos que el año 2002 marca el punto de inflexión puesto que es el momento en el que hemos visto que empiezan a realizarse varias de las reformas procesales en la materia que nos ocupa. Ya hemos visto que la ley que reintroduce en nuestra legislación procesal penal los juicios rápidos, y que tiene como finalidad, igual que el resto de las reformas disminuir los fallecimientos se aprueba en octubre de 2002, entrando en vigor en abril de 2003.

Es realmente preocupante que a partir del año 2003 las muertes representan una cifra superior a la que existe en los años anteriores a las modificaciones. Siendo el dato más alto de los existentes el del año 2004,[82] teniendo en cuenta que en ese momento además del enjuiciamiento rápido ya teníamos en vigor la orden de protección, que hay que recordar que es aprobada por Ley 27/2003, de 31 de julio.

En 2005, descienden respecto al año anterior pero siguen siendo superiores a los datos de la mayoría de los años que preceden a todo este movimiento legislativo que exige cambios para paliar la situación alarmante de violencia de género existente, especialmente preocupante es además el repunte que experimentan las muertes en el año 2006; por si lo que acabamos de apuntar fuera insuficiente, el dato del año 2007,[83] alcanza una cifra creciente respecto a 2006, además, y por último, parece indicativo, considerando el número de fallecidas en apenas un mes del 2008, que vamos camino de tener otra elevadísima cifra de mujeres muertas a manso de sus parejas o ex parejas.

Lejos quedan las optimistas declaraciones de la Presidenta del Observatorio para la Violencia Doméstica: «*Ninguna mujer con orden de protección ha fallecido hasta el momento —comentó—. Hay más mujeres protegidas a día de hoy*».[84]

Sin embargo, y desgraciadamente, transcurridos unos pocos meses desde estas declaraciones, ya eran varias las mujeres fallecidas que tenían a su favor una Orden de Protección.

Todo lo que acabamos de reflejar significa que las reformas procesales que hemos acometido no nos han servido para acabar con los fallecimientos; que siguen siendo iguales o superiores a los que existían de manera previa al movimiento legislativo que nos ocupa.

Parece que el hombre —afortunadamente la mayoría no son así— que está decidido a matar a su pareja o ex-pareja, lo tiene muy claro, suena triste y parece realmente desgarrador, pero hay que ser valientes y dejarse de paños calientes.

---

82. No es ésta una cuestión baladí, el número es realmente significativo, pues el maltrato a la mujer ha sido la segunda causa de muerte violenta en España después del triste atentado del 11-M.

83. Los órganos judiciales no tienen constancia de la situación de malos tratos previa en el 66,7 por ciento. de las muertes. *Informe sobre muertes violentas en el ámbito de violencia doméstica y de género en el año 2007*, p. 59, Fuente:www.poderjudicial.es.

84. Fuente *www.elmundo.es* de fecha miércoles 11 de febrero de 2004.

A aquél que ha decidido acabar con la vida de su mujer, en algo que podría definirse con la expresión popular «la maté porque era mía» (o porque ya no lo era, añado yo), poco le importa lo que el Legislador a través del Derecho Penal o el Derecho Procesal pueda hacer con él o contra él; señores seamos realistas, en este tipo de delincuentes no sirve, por ineficaz, ni la prevención general, ni la especial.

Una vez que se ha llevado a cabo el homicidio o asesinato —que además suele ser, en la mayoría de las ocasiones, especialmente cruel: atropellos, apuñalamientos múltiples, martillazos, golpes, ensañamiento brutal, mujeres quemadas vivas con ácido— al presunto autor no le importa la consecuencia, la da igual que le encierren y tiren la llave, no le interesa que la justicia sea rápida ni lenta, no posee perfil de delincuente habitual, pues en la mayoría de los casos o se suicida[85] o se entrega, esperando la consecuencia penal una vez alcanzado su objetivo.

Lo mismo sucede con la orden de protección, a pesar de la buena voluntad del Legislador, a pesar de que los Jueces intentan proteger lo máximo a las víctimas, una vez que una mujer tiene el auto a su favor tiene que confiar por un lado, en que su presunto agresor tenga la buena voluntad de cumplirlo y por otro, en el control policial,[86] lo primero raras veces sucede y lo segundo es materialmente imposible, no podemos vigilar y controlar veinticuatro horas al día a todas las víctimas que tiene a su favor una orden de protección, que son miles.[87] También se otorgan teléfonos móviles y dispositivos electrónicos de protección a las víctimas. Se está empezando, en determinadas Comunidades Autónomas, por ejemplo en el País Vasco, a implantar un sistema de escoltas privados para la protección de las mujeres. Lo fundamental es que la mujer-víctima que observe que su presunto agresor está incumpliendo las medidas lo denuncie, porque eso puede suponer su detención y puede evitar otras conductas no deseables en el futuro. Al incumplir el presunto agresor las medidas que tenía impuestas ello puede generar un agravamiento de las mismas, lo que incrementará la seguridad de la mujer.

---

85. En 2007 se producen 7 suicidios de un total de 71 agresores. *Informe*...op., cit., p. 16. Fuente:www. poderjudicial.es.

Por tanto, en el 9,6 por ciento de los casos el agresor se suicidó acto seguido al homicidio/asesinato de la mujer con la que convivía o había convivido. De los siete agresores que se suicidaron, cinco eran de nacionalidad española, uno china y uno ecuatoriano. En el año anterior de los once agresores que se suicidaron sólo uno era extranjero, boliviano. *Informe sobre*..., op., cit., p. 27.

86. La Instrucción nº 10/2007, de la Secretaría de Estado de Seguridad, aprueba el *Protocolo para la valoración policial del nivel de riesgo de violencia contra la mujer en los supuestos de la Ley Orgánica 1/2004, de 28 de diciembre, y su comunicación a los Órganos Judiciales y al Ministerio Fiscal*, su creación es necesaria para que sea efectiva la previsión del *Protocolo de Actuación y de Coordinación con los Órganos Judiciales para la Protección de la Violencia Doméstica y de Género*, puesto que dicho Protocolo establece que, desde el mismo momento en que se tenga conocimiento de los hechos de violencia de género, habrán de realizarse las acciones de averiguación que permitan determinar la intensidad del riesgo que soporta la víctima y las medidas policiales y judiciales adecuadas para su protección. Además, prevé que se actualice la estimación del riesgo cuando se modifiquen las circunstancias inicialmente valoradas o se tenga conocimiento, con el transcurso del tiempo, de nuevos datos o antecedentes. Ya hemos expresado nuestras discrepancias acerca del traslado a la policía de competencias que deberían ser judiciales y amparadas, en este caso, por avales e informes de expertos: sociólogos, psicólogos, trabajadores sociales etc...

87. Un total de 47.261 órdenes de protección han sido acordadas por los Juzgados de violencia sobre la mujer desde julio de 2005 hasta marzo de 2007. Fuente: www.poderjudicial.es

Pero a pesar de lo expuesto, reitero, cuando el presunto homicida lo tiene decidido busca el momento y el resquicio oportuno y si quiere siempre lo encuentra.

¿Cuál es entonces la solución? Sinceramente, lo desconozco, tal vez con educación, políticas de igualdad desde la escuela, campañas de sensibilización o eliminación de publicidad sexista consigamos que en la generación de nuestros nietos las muertes desciendan. Parece evidente que no es una cuestión que pueda tratarse únicamente ni desde el Derecho Penal ni desde el proceso penal.

Por lo tanto, el primer objetivo no se ha conseguido, con las reformas procesales penales no han disminuido las muertes de mujeres; casi todo lo contrario, incluso se han incrementado.

B. Disminuir las dilaciones indebidas

Con la estadística en la mano y los datos objetivos se han reducido considerablemente los tiempos del proceso penal que se tramita a través del procedimiento de juicios rápidos en materia de violencia de género. Ya hemos indicado que en el caso de las faltas, salvo excepciones, tardaremos unos ocho días frente a los 158 y en los delitos, también por regla general, una media de un mes, contra los 487 días anteriores.[88] Esta reducción además, en la teoría, se traduciría también en una disminución de la inseguridad ciudadana en materia de violencia de género, que analizaremos en el punto siguiente al hablar de las denuncias.

La pregunta es: ¿la celeridad se puede conseguir a cualquier precio?; Calvo Sánchez,[89] indica que si se acorta el tiempo que media entre la presunta comisión del hecho ilícito y la respuesta jurisdiccional hará por un lado efectivo el derecho a un proceso sin dilaciones indebidas —que el Convenio de Roma de 1950 en su artículo 6[90] denomina como derecho a que la causa sea resuelta en un plazo razonable— y por otro satisfará más eficazmente la finalidad preventiva de la legislación penal, de tal modo que dotará de mayor eficacia a la sanción penal que se imponga una vez declarada la culpabilidad del imputado en el proceso, lo que hará que estemos más cerca de los mandatos del artículo 25 de la Constitución Española al tiempo que realiza con prontitud los legítimos derechos de las víctimas que deben necesariamente que ser compatibilizados con la tutela del interés general. Sin embargo, afirma que todo lo expresado anteriormente se podría haber conseguido sin la necesidad de crear un nuevo enjuiciamiento inmediato,[91] es decir, que alcanzar dichos objetivos no pasa necesariamente para su

---

88. Sin embargo, ya se han oído tímidas voces, por parte de alguna Asociación de Mujeres, que denuncian que la excesiva rapidez evita en multitud de ocasiones poder detectar delitos de violencia de género psíquica.

89. *Vid.* Calvo Sánchez, M.C, en «El nuevo juicio de faltas regulado por Ley 38/2002, de reforma parcial de la ley de Enjuiciamiento Criminal (I)», *Diario La Ley*, de 26 de diciembre de 2002, num. 5682, p.1.

90. Se incluye también este derecho a que la causa sea oída en un plazo razonable en el artículo 9.3 del Pacto Internacional de Derechos Civiles y Políticos, conocido como el Pacto de Nueva York.

91. *Vid.* Calvo Sánchez, M. C, «Estudio del procedimiento abreviado en la reforma operada por la proposición de Ley

consecución por la reforma de la Ley de Enjuiciamiento Criminal en el sentido antes expuesto, por el contrario lo que podría suceder es que una excesiva e injustificada aceleración pueda atentar gravemente contra el derecho defensa e incluso con otra serie de derechos fundamentales.

En este mismo sentido se expresa Gimeno Sendra[92] cuando indica que la dotación a nuestro ordenamiento jurídico de este nuevo sistema de enjuiciamiento que va a aportar a nuestro Derecho la necesaria rapidez y eficacia de la cual debe gozar toda justicia penal no debe implicar merma alguna del acusatorio y del derecho de defensa. La implantación de normas legales que intenten limitar y reducir a la mínima expresión el lapso temporal que media entre la presunta comisión del hecho y la celebración del juicio puede ser que en principio aleje el fantasma de las dilaciones indebidas, pero genera un debate profundo por las posible lesiones al derecho de defensa de la persona que vaya a ser objeto de la acusación. Sucede que en este punto va a producirse una fricción entre ambas cuestiones que hace necesario que se consiga equilibrar la balanza para que sin un excesivo retraso, que haga que el sistema sea más rápido y más eficaz, no se produzca merma de garantías que deben protegerse.

A nuestro juicio este es un equilibrio un tanto complicado, y en ocasiones, la balanza parece inclinarse peligrosamente del lado de la aceleración y la eficacia menoscabándose así el derecho de defensa del imputado que con el acortamiento de los plazos no posee tiempo para preparar su defensa.

Además en los tipos delictivos de violencia de género que estamos analizando se está produciendo, a nuestro juicio, una extraña mutación de la «presunción de inocencia» que no favorece en nada a nuestro garantista sistema de Derecho Procesal Penal, la presión mediática, la pena de banquillo y la multitud de mujeres que han conseguido demostrar que han sido maltratadas influyen en ocasiones en el ánimo social generando una peligrosa «presunción de culpabilidad», con lo cual, en ocasiones, y tal y como están las cosas el presunto autor de un hecho de violencia de género casi tiene que demostrar que no ha hecho nada y no goza del derecho fundamental citado, al menos en lo que se refiere al conjunto de la sociedad. Proteger a las mujeres sí, pero no a este precio, no en detrimento de los derechos fundamentales de los hombres.

En ocasiones, la celeridad pretendida no es buena compañera de la justicia y no hay que confundir «juicio rápido o inmediato» con «enjuiciamiento precipitado»[93] o instantáneo, vamos hacia la justicia a mil por hora. Como ya se ha indicado por algunos

---

122/0001999 de reforma parcial de la LECrim.: Texto aprobado por el pleno del Congreso de los Diputados en sesión de 27 de junio de 2002», *Diario La Ley* de 23 de octubre de 2003, num. 5639, p.2, así como Calvo Sánchez, M. C., «El nuevo juicio..., cit., p. 2.

92. *Vid.* Gimeno Sendra, V., «Filosofía y principios de los «juicios rápidos»», *Diario La Ley* de 2 de diciembre de 2002, num. 5667, p. 2.

93. *Vid.* Ortego Pérez, F., «La reforma del procedimiento abreviado y los nuevos «juicios inmediatos o rápidos»», *Diario La Ley* de 24 de abril de 2003, número 5767, p. 7.

autores, entre otros Vázquez Sotelo,[94] al estudiar la reforma procesal de 1992, puede transformarse el procedimiento en excesivamente inquisitivo lesionándose el principio acusatorio sobre el que se sustenta nuestro enjuiciamiento penal en la actualidad, pues parecería que tanto acortamiento de los plazos llevaría a que el Juez estuviese deseando y esperado impacientemente la llegada del presunto autor para, sin dilaciones y con todo listo y preparado, proceder a su juicio e incluso a su condena.

Sería el momento de indicar que del espíritu de la reforma se desprende un claro componente represivo del Derecho Procesal dando por sentado que el único fin del proceso es imponer penas y sanciones, dejando de lado la interpretación Constitucional que indica que ahora los objetivos del proceso tienen un valor añadido en la tutela de la víctima o en la reinserción social del presunto delincuente, hay que recordar que no siempre que se produce un proceso penal acaba éste con una condena, para ello es necesario que los acusadores desvirtúen la presunción de inocencia a través de la prueba de cargo realizada con las debidas garantías, con respeto a los derechos fundamentales y desarrollada bajo los principios de oralidad, inmediación, contradicción y publicidad. No nos parece lícito que la inoperancia del ejecutivo para luchar contra la inseguridad ciudadana y la delincuencia de género trate de «maquillarse» a través de una reforma procesal de este calado e importancia.

No puede producirse una reducción de las finalidades del proceso penal a la mera y simple imposición de sanciones. Este es un concepto superado por lo que se refiere a las funciones del proceso penal, que deben ser interpretadas a la luz de la Constitución, es necesario abandonar esa vieja concepción acerca de los fines del enjuiciamiento de los ilícitos. Hay que entender que en un Estado Democrático de Derecho el proceso penal va a configurarse como el único instrumento aceptado, permitido, válido y eficaz para llevar a cabo la función jurisdiccional, es el único método válido para solucionar conflictos de Derecho Penal en los cuales existe un interés público de toda la sociedad en que se restituya la paz social que resulta lesionada por la infracción de las normas del Código Penal.

Lo que hay que tomar en consideración es que la rapidez no puede alcanzarse a cualquier precio, y es necesario conjugar los diversos factores para equilibrar la balanza, no puede conseguirse una justicia acelerada o a cien por hora, realizando juicios de modo mecánico —¡más madera!, que dirían los hermanos Marx— sin respetar al mismo tiempo las estructuras fundamentales del proceso penal referentes a sus pilares básicos, por lo que respecta a los principios que lo rigen —por ejemplo ceder protagonismo al principio inquisitivo en vez de al acusatorio— o producir colisión en la protección y tutela de los diversos derechos fundamentales para, por ejemplo, en aras de la consecución de derecho a un proceso desarrollado en un tiempo razonable se lesionen o se dejen en un segundo plano los derechos de defensa y asistencia letrada o el proceso con todas las garantías.

94. Vázquez Sotelo, J. L., «La reforma del proceso penal», en *Comentarios sobre la reforma procesal*, Forum, Oviedo, 1992, p. 288.

Difícil situación pues en la que se encuentra el Legislador que recibe presiones de la ciudadanía que le exige que tome las medidas necesarias para acabar con esas dilaciones indebidas y así se ve en la obligación de intentar que la reforma consagre ese derecho a un proceso con una duración razonable, es decir sin retrasos injustificados e injustificables, respetando a un tiempo la vigencia de los demás principios rectores del proceso penal y el resto de derechos fundamentales.

Para concluir, considero que la reforma llevada a cabo resulta algo precipitada, puesto que la gran razón, que late para su justificación y que plasma de modo cristalino en la totalidad de su articulado, es una gran urgencia política, el Legislador parece tener cierta prisa[95] por satisfacer las demandas ciudadanas que reclaman de modo reiterado e insistente la ansiada y pretendida seguridad en su convivencia diaria y cotidiana. Así se va a producir una sustancial aceleración en todos los juicios que regula esta nueva norma. Aunque la necesidad que se intenta satisfacer sea cierta, no resulta loable ni justificable. Considero que con esta regulación se genera la sensación de que en realidad su objetivo es tratar de satisfacer el difícil incremento de la inseguridad ciudadana creando una especie de mecanismos procesales *ad hoc* para su consecución, aunque para ello haya de generarse una reducción de las garantías constitucionales y de los derechos individuales de los imputados.

Soy de la opinión de que todo esto debía haber sido realizado con una mayor reflexión, de manera más pausada, con un estudio detallado y reposado de las auténticas necesidades de reforma, tratando de adecuar la legislación a la verdadera realidad y a las auténticas necesidades prácticas, así como a las exigencias del Tribunal Constitucional y el Tribunal Europeo de Derechos Humanos. Hay que ser claros, en este momento lo que realmente importaba al legislador es la velocidad, obtener rápida y prontamente las mayor cantidad de Sentencias posibles, mejorar la estadística, acortar plazos, eliminar trámites, parece que nuestros gobernantes se han contagiado de esa propia necesidad de aceleración cuando reitero que lo aconsejable hubiera sido el detenimiento, la profunda reflexión y no un parcheo legislativo más en la ya vetusta y cien veces reformada Ley de Enjuiciamiento Criminal Española.

Parecería que la enorme fuerza expansiva del denominado «síndrome del 11 de septiembre»[96] hace que se genere una onda que produce la extensión de la «psicosis colectiva» frente a la sensación de impunidad y desprotección respecto a la delincuencia, tanto de los peligros terroristas nacionales e internacionales como de los maltratadotes de género. Hasta el punto que el anterior Presidente del Gobierno prometía en una comparecencia pública en el Senado «barrer las calles de delincuentes».[97]

95. Véase la Exposición de Motivos de la Ley que indica que la agilización de procedimientos y el enjuiciamiento inmediato constituyen un objetivo que no admite demora y debe ser acometido con prontitud a través de una reforma parcial de la Ley de Enjuiciamiento Criminal actual, profundizando en la vía abierta por lo que en el lenguaje forense e incluso en el coloquial se conoce como «juicios rápidos», que en algún caso dará lugar a la justicia realmente inmediata.

96. *Vid.* Marco Cos J. M., «Juicios rápidos y policía Judicial», *Diario Aranzadi* 14 de enero de 2003, p. 1.

97. *Vid.* Diario *La Razón* de 21 de febrero de 2002.

En definitiva, como resumen de lo expuesto, el valor seguridad ciudadana cotiza al alza en los tiempos que corren pero a mi juicio partiendo de la base de que fuese éste un instrumento válido, no puede ni mucho menos ser el único, en todo caso debe configurarse como un añadido a las medidas de policía que prevengan y controlen la situación descrita.

C. Incrementar el número de denuncias

Hemos indicado que una de las cuestiones que más preocupa al Legislador en esta materia es el hecho de que a pesar de la altísima cifra de maltrato que se conoce que existe, no consta, de manera oficial, porque apenas existen denuncias en materia de violencia de género.

Por ello, ya nos hemos referido a que las reformas procesales penales, que hemos analizado en esta investigación, tiene como uno de sus objetivos principales potenciar las denuncias, para ello, entre otras cosas, se intenta aumentar la confianza de la víctima en el conjunto del sistema, teniendo una justicia rápida, se intenta proteger su vida y seguridad, así como la de los suyos, con la novedosa institución de la orden de protección e incluso se generan Juzgados especializados que incrementen dichas garantías.

En este momento deseo recordar, por su utilidad, el ya citado dato de las denuncias existentes en el año 2001, antes de las reformas procesales que estamos analizando, que es de poco más de 15.000; puntualizando, además, que dicha cifra responde al conjunto de denuncias de todo tipo de hechos delictivos relacionados con la violencia doméstica, más allá de la de género, en este número se incluye la violencia familiar, con independencia de la relación de pareja presente o pasada y ejercida por el hombre sobre la mujer; se recoge el maltrato en su conjunto, el de menores, ancianos, hombres o mujeres.

Adjuntemos ahora el dato de denuncias[98] existente a partir del año 2002, que es cuando comienza el movimiento reformador que estamos analizando:

Si estudiamos la Tabla que acabamos de incluir, vemos que el crecimiento de las denuncias es realmente considerable, además el incremento es cada vez mayor, el último dato absoluto, es decir del año completo, o sea durante el 2007, es de 63.347, siendo la cifra referente, únicamente a violencia de género, lo cual es prácticamente cuatro veces mayor que el dato de 15.000 denuncias de 2001 de toda la violencia familiar o doméstica.

Por lo tanto, el objetivo, cuantitativamente considerado, se ha conseguido, las cifras cantan, es evidente que se incrementa el número de denuncias, los números no mienten.[99]

98. Gráfico extraído del Instituto de la Mujer. www.mtas.es

99. Una cuestión interesante que habría que reflexionar es ¿cómo terminan los procesos iniciados por denuncia?

Ahora bien, este es el momento de analizar, pues estamos en el término de conclusiones, el porqué de dicho crecimiento; podemos avanzar varias hipótesis, veamos: En primer lugar, podría ser que exista aproximadamente la misma cifra de maltrato, que antes de las reformas, pero que, debido a las citadas modificaciones, se ha potenciado el número de denuncias. Justicia más rápida y eficaz, Juzgados especializados, mejor y mayor protección; se traduce en más confianza y mayor seguridad de la mujer, que por tanto va a denunciar más.

Denuncias por malos tratos en el ámbito familiar, según relación con el/la autor/a.

		2002	2003	2004	2005	2006	2007
							Acumulado hasta diciembre
Mujeres. Datos Absolutos (Delitos + faltas)	Pareja o Expareja (1)	43.313	50.090	57.527	59.758	62.170	63.347
	Madres	3.433	3.791	4.867	5.324	5.058	5.111
	Hijas	3.177	3.363	3.964	4.303	3.954	3.742
	Otros parientes	6.430	6.803	7.786	8.871	8.702	8.373
	Total	56.353	64.047	74.144	78.256	79.884	80.573
Hombres. Datos Absolutos (Delitos + faltas)	Pareja o Expareja (1)	8.216	8.861	9.518	11.080	10.801	10.902
	Padres	2.181	2.421	2.646	2.826	2.625	2.528
	Hijos	2.478	2.427	2.796	2.886	2.695	2.480
	Otros parientes	5.604	5.641	6.151	6.919	6.754	6.545
	Total	18.479	19.350	21.111	23.711	22.875	22.455

Fuente: Elaboración propia a partir de los datos facilitados por el Ministerio del Interior

(1) Se incluyen todos aquellos casos en los que la autoría corresponde al: Cónyuge, Excónyuge (incluído separado/a-divorciado/a), Compañero/a sentimental, Excompañero/a sentimental, Novio/a o Exnovio/a

Nota 1: En el País Vasco y Cataluña sólo se incluyen datos en relación con las denuncias presentadas ante los Cuerpos y Fuerzas de Seguridad del Estado.

Nota 2: Desde Enero de 2004, se incorporan nuevos tipos delictivos, a partir de las modificaciones legales aprobadas durante el año 2003. Así, se añaden los delitos de «Mutilación genital» y «Sustracción de Menores». Por su parte, la nueva redacción del art. 153 quita la habitualidad a los «Malos Tratos», concediéndosela al 173 que pasa a tipificarse como «Malos Tratos Habituales en el Ámbito Familiar». Por último, el delito de «Coacción a la prostitución» amplia su ámbito, al pasar a denominarse «Coacción/Lucro sobre la prostitución». Además, buena parte de las infracciones consideradas, hasta este momento, como faltas, pasan a tipificarse como «delitos».

En segundo caso, podría suceder que se hubiese incrementado la violencia de género y la consecuencia inmediata es que existen mayor número de denuncias. Algunos explicarían este aumento, tal vez, por el factor imitador, dado que estos tipos delictivos ocupan todos los días las noticias o bien, por el falso mensaje que envía la sociedad a los hombres en el sentido erróneo de indicarles que el maltrato queda prácticamente impune. Ambas situaciones podrían influir en un maltratador, digamos potencial, haciendo que lleve a cabo dichas acciones delictivas.

El tercer supuesto sería convenir, como algunos lo han hecho, que un porcentaje de dichas denuncias es producto de una falsedad; es decir, que un determinado sector de mujeres sin ningún escrúpulo, las menos, entienden que, por finalidades repugnantes y espurias, han de denunciar falsamente a sus parejas para, por ejemplo, evitar la custodia compartida o allanar la separación o el divorcio por ser éstos conocidos por el Juzgado de Violencia sobre la Mujer, que, en teoría, sería más proclive a las féminas, al estar especializado.

En este sentido, fueron tremendamente polémicas las declaraciones de la Jueza Decana de Barcelona, en mayo del año 2004, respecto a dicho incremento de denuncias, podemos leer la siguiente noticia: «*La decana de los juzgados de Barcelona, María Sanahuja, ha asegurado que se ha producido un aumento en el número de denuncias realizadas por mujeres presuntamente víctimas de delitos relacionados con la violencia doméstica. Según refleja la Memoria de los Juzgados de Barcelona de 2003, las diligencias por delitos de este tipo de violencia casi se han cuadruplicado respecto a 2002, pasando de 609 a 2.016 en el 2003. Asimismo, también aumentaron las diligencias por delitos de abandono de familia (de 256 a 373) y de agresiones sexuales (de 624 a 696). Para Sanahuja, en los temas de violencia doméstica los jueces «trabajan con una gran presión por parte de los medios de comunicación que, aunque es legítima porque afecta a un grave problema social, no permite hacerlo siempre en las mejores condiciones y a veces provoca una justicia defensiva que no siempre ofrece las mejores soluciones al problema». Sobre este extremo, Sanahuja ha explicado que al haber tantas denuncias por violencia doméstica provoca que no se pueda proteger —por los policías— a las auténticas víctimas...se debe estudiar si se está produciendo un exceso a la hora de denunciar estos casos. Sin embargo, Sanahuja ha reclamado a los abogados «que disuadan a sus clientes de utilizar los procedimientos penales para obtener mejores resultados en los procesos civiles». En este sentido, ha señalado que una mujer no puede denunciar por malos tratos a su compañero para obtener una mejor separación y ha afirmado que, además de los abogados, los poderes públicos y los medios de comunicación deben favorecer la resolución de desacuerdos matrimoniales y la no utilización de la justicia penal para estos casos.*»[100]

De las tres hipótesis que hemos indicado en las líneas precedentes nosotros nos decantamos por la primera, con matices, por tanto, la situación descrita, de manera general, no significaría que existan más casos de maltrato sino que el número de mujeres-víctimas que denuncian va incrementándose porque se sienten más seguras, más protegidas, el proceso se sustancia en menos tiempo, el Código Penal es más severo, en definitiva porque todas las últimas reformas han creado un clima favorable a que la mujer tome la decisión de denunciar, cumpliendo con uno de los objetivos que pretendía la reforma.

Observemos el siguiente cuadro relativo al tercer trimestre de 2007, datos referidos tanto a los Juzgados exclusivos de Violencia sobre la Mujer (54 al final del trimestre) como a los que compatibilizaron en el trimestre el conocimiento de esta materia con otras, en número de 410. Fuente: www.poderjudicial.es:

A nuestro juicio, el dato relativo al sobreseimiento de la causa, bien libre, bien provisional, es altísimo; 49 de cada 100 denuncias no llegan a juicio oral, resultaría conveniente analizar los motivos, pero esto, sin duda, ha de ser objeto de otra investigación.

16. Refleja el número de procedimientos terminados en el trimestre, que, lógicamente, no son todos los registrados.

17. Se refiere a causas por delito en las que no se ha dictado sentencia de conformidad. El enjuiciamiento en estos casos no corresponde al JVM.

100. *Vid. Diario El Mundo de 28 de mayo de 2004.*

Por tanto, no apoyamos la idea de que del incremento de las denuncias pueda deducirse, de manera inmediata, que la situación de maltrato de género sea creciente; sin embargo, sí consideramos que es posible, que haya alguna mujer desnaturalizada que esté utilizando de manera fraudulenta la denuncia, es decir, la vía penal para allanar otro tipo de cuestiones.

Forma en que terminan los procedimientos

Total 16	Por sentencia		Por sobresentimiento		Elevación órgano competente 17
	Absolutoria	Condenatoria	Libre	Provisional	
21.233	870	4.106	854	9.520	5.883
	4%	19%	4%	45%	28%

16 Refleja el número de procedimientos terminados en el trimestre, que, lógicamente, no son todos los registrados.
17 Se refiere a causas por delito en las que no se ha dictado sentencia de conformidad. El enjuiciamiento en estos casos no corresponde al JVM.

Entiendo que pueden existir denuncias falsas, pero considero que serán pocos casos, los menos,[101] es decir, que no se puede identificar la mayor parte del incremento con el citado hecho. En éste, como en otros ámbitos, puede existir picaresca, flaco favor hace este pequeño porcentaje de presuntas autoras de un hecho delictivo, dado que la denuncia falsa está tipificada, a las mujeres maltratadas reales, que son millones; considero que la solución, para atajar este fraude procesal tremendamente dañino, sería doble; por un lado, si el Juez o el Ministerio Fiscal tiene sospecha fehaciente de la existencia de este tipo delictivo han de abrirse diligencias a dicha mujer, por otro, si se sospecha que ha sido por un consejo de su Abogado, habrá que adoptar las oportunas medidas contra él.

En definitiva y a nuestro juicio, el mayor porcentaje de incremento de denuncias responde, en gran parte, al clima favorable a la denuncia que se produce, por supuesto, tras las diversas reformas procesales penales; la mujer confía más en el sistema y en la justicia, por ello, además se encuentra más protegida, se decide a acudir en mayor número, normalmente, a Comisaría para hacerlo público.

101. En este sentido, Soto Nieto, F.: «Un tema que ha saltado a la apreciación pública es el relativo al riesgo de manipulaciones defraudatorias de posible fraguación que puede suscitarse merced a la interposición de denuncias por supuestas agresiones sufridas o, partiendo de su realidad, por la inexactitud de su alcance y consecuencia. Pretextando acometimientos físicos o psicológicos se busca la obtención de unas ciertas medidas de protección con el propósito, en base a las provocadas diligencias, de refrendar la solicitud de custodia de los hijos de mediar crisis de convivencia y situaciones de separación. Algunas asociaciones y colectivos han puesto en guardia ante el evento. No será ello lo más frecuente. Las estadísticas acusan un alarmante crecimiento de demandas de este jaez correspondientes a una realidad que sobresalta y alerta. En otro sentido los operadores jurídicos en conexión con esta temática adquieren el convencimiento de que un porcentaje crecido de supuestos de agresiones surgidas en relación de pareja se silencia y no tiene adecuado reflejo en los órganos correspondientes. Ello obedece a muchas causas, ocultándosenos, en consecuencia, la magnitud del problema.», en «Columna de lo Penal: Discriminación, desigualdad y relación de poder en la violencia de género» *La Ley*, 1 de diciembre de 2006.

Por tanto, y de lo expuesto, podemos deducir que el número de asuntos irá creciendo paulatinamente con lo cual una vez más reiteramos la necesidad de que la legislación sea lo suficientemente flexible como para ir creando nuevos Jueces especializados que puedan encargarse de estas tareas.

A pesar de este avance, aún existen puntos negativos, me explico, las denuncias siguen siendo muy pocas, apenas la punta del iceberg; muchísimas mujeres no se atreven, aún, a sacar a la luz su maltrato. Además, la acción positiva hacia la reforma en materia de violencia de género con la creación del Juzgado especializado, que ya hemos analizado, puede tener el problema de que los hombres desconfíen de la justicia; al Legislador se le olvida que a pesar de que la cifra de muertes en materia de violencia doméstica es en su mayoría femenina, también existe maltrato tanto en hombres, como en menores, como en ancianos. Dichas cifras estoy segura que son también altísimas, muchas veces la mujer es víctima, pero además, en ocasiones, es verdugo.

Por ello consideramos, y así lo hemos expresado antes, que el Legislador tenía que haber creado un órgano jurisdiccional especializado en materia de violencia familiar, doméstica y de género, con independencia del sexo o relación de pareja o ex pareja de agresor y víctima en la que además el presunto autor ha de ser el hombre; así el aumento de la confianza en los jueces se habría producido en todas las víctimas, y el incremento de las denuncias hubiese sido general; siempre se ha indicado que el hombre maltratado, que existe, no denuncia, consideramos que después de la creación del Juzgado de Violencia sobre la Mujer ese porcentaje será aún menor.

Por ello, se aumenta la confianza de la mujer en la justicia y en el sistema, pero ¿y la del hombre?...Sinceramente, lo dudamos. Proteger a cualquier víctima por igual no significa, ni mucho menos, proteger menos a las mujeres.

IV. Reflexiones finales

Es evidente que la violencia familiar en general, y la que sufre la mujer a manos de su pareja o ex pareja, hombre, en particular, resulta un tema de triste y dolorosa vigencia, hay que tener en cuenta que son cuestiones muy sensibles que generan alarma social y que gozan de una amplia cobertura e impacto mediático, por todo ello ha pasado a ser considerado como un problema tan grave y de tal dimensión que excede de la propia esfera privada de las relaciones íntimas y familiares, pasando a convertirse en un ataque frontal a la esencia de la Democracia y del Estado de Derecho Constitucional. Este grave y creciente fenómeno, resulta sumamente perturbador y ha servido para que la sociedad en su conjunto y los poderes públicos, con el Gobierno y el Legislativo a la cabeza, y con el consenso de todos los partidos políticos, se decidan a apostar por un plan que reforme de raíz las estructuras penales, procesales, judiciales, jurídicas y sociales

Cierto es, por tanto, que tenemos un problema real, que tristemente persiste en la sociedad española, a pesar de los notables esfuerzos que hemos realizado para atajarlo, nos referimos a la violencia de género, que tiene connotaciones indeseables respecto a las mujeres, con un alto número de fallecimientos. Para intentar disminuir la comisión de este tipo de hechos delictivos y faltas hemos abordado toda una serie de reformas procesales penales, entre otras las analizadas en los párrafos precedentes, es decir, el enjuiciamiento rápido, la Orden de Protección, y la culminación de las mismas con la aprobación por unanimidad parlamentaria de la Ley Orgánica 1/2004, de 28 de diciembre, de Medidas de Protección Integral contra la Violencia de Género que introduce en nuestro organigrama judicial el nuevo Juzgado de Violencia sobre la Mujer.

El objetivo sociológico-político que ampara la reforma de juicios rápidos, en el sentido de pretender conseguir un incremento de la seguridad ciudadana en la materia de violencia de género se dirige al mismo tiempo a fomentar la sensación, en el conjunto de la población española, de que las mujeres en la sociedad actual están más seguras, finalidad que resulta inadecuada para una reforma procesal penal. A pesar de que las modificaciones legislativas de este calado no deben desconocer la realidad criminológica de género existente en un país, deben dirigirse a la adecuación del proceso penal a los fines constitucionales que le son propios y a la aproximación del mismo al respeto y garantía de los derechos fundamentales, a la Jurisprudencia emanada del Tribunal Constitucional y a la adecuación de su estructuras a los principios básicos del Derecho Procesal Penal; sin que sea lícito fomentar la consecución de fines espurios.

Por lo expuesto, en realidad el objetivo esencial de la reforma de juicios rápidos no es tanto la lucha contra las dilaciones indebidas, y el retraso intolerable, que hemos visto que existía, en materia de violencia de género, lo cual sí sería una loable aspiración procesal constitucional, sino la aceleración del proceso penal, aceleración que se lleva a cabo con un desarrollo legislativo que sacrifica importantes derechos fundamentales, puesto que se produce una extraña confusión en el Legislador que le lleva a identificar simplicidad y aceleración con merma de garantías y derechos fundamentales, a la vez que muestra un carácter claramente represivo del enjuiciamiento penal.

Por lo tanto, con la reforma de juicios rápidos se busca conseguir una respuesta inicial eficaz, ágil, rápida y contundente ante la primera agresión que evite la reiteración de conductas, que además se comprueba que van agravándose. De este modo aumenta la confianza de la sociedad, con lo que disminuye la sensación de impunidad, a la que aludíamos antes, ante estos tipos delictivos.

Aunque resulta evidente que la reforma realizada no pude funcionar en la práctica sin el incremento de medios tecnológicos, materiales y personales unido a una perfecta coordinación entre la Policía Judicial, la Judicatura, el Ministerio Fiscal y los Colegios de Abogados. Es necesario tener en cuenta que las diversas personas que desarrollen su actividad en el entorno de este tipo específico de violencia deberán tener una formación y sensibilidad específica que evite la denominada «victimización secundaria» de la mujer, hemos de trabajar en este sentido para conseguir que la atención sea cuidadosa y especializada. Además es necesario potenciar el compromiso conjunto y la cooperación entre todos los sectores implicados, Jueces y Magistrados, Funcionarios del Ministerio Fiscal, Colegios de Abogados, Fuerzas y cuerpos de Seguridad del Estado y Asociaciones de Víctimas.

Por lo que respecta, en segundo lugar, a la orden de protección el mayor problema reside en cómo garantizar su cumplimiento, nos referimos al control que ha de llevarse a cabo después de su adopción; teniendo además en cuenta que es necesario distinguir entre las mujeres que realmente están necesitadas de protección y aquellas, las menos, que utilizan esta novedosa institución con finalidades distintas, de naturaleza espuria. Difícil y complicada tarea la de la vigilancia del cumplimiento de dichas órdenes por parte de las Fuerzas y Cuerpos de Seguridad ante la ausencia de medios personales y materiales; dificultades que no son menores comparadas con la preocupación, el desasosiego, la ansiedad —y por qué no decirlo— el posible miedo del Juez al acordar o no una orden de protección. Juez que se encuentra en el punto de mira de la sociedad y de los medios de comunicación.

Las medidas cautelares deberán ser reales, eficaces y efectivas; en este sentido, los jueces deberían ser auxiliados por informes psicológicos y sociales y una vez adoptadas han de ser tuteladas por medios tecnológicos, materiales y humanos sin restricciones.

En cuanto a la creación del Juzgado de Violencia sobre la Mujer, habríamos preferido la especialización de Jueces de Instrucción y de Primera Instancia e Instrucción para la totalidad de estas materias de violencia familiar o doméstica y no únicamente en lo referente a la denominada «violencia de género». Es decir, con víctima mujer y presunto agresor hombre. Hubiese sido tremendamente más deseable, el proteger de manera específica a la víctima sin distinción de sexo

Además nos resulta preocupante que en la regulación de estas materias se utilicen criterios de atribución de competencia poco claros, excesivamente complejos (¿cómo se determina la necesaria violencia de género previa para activar la competencia del nuevo órgano jurisdiccional cuando hablamos de un menor?, ¿cuál es el criterio?) y que rompen con la tradición jurídica en nuestro proceso penal, sin ir más lejos en la determinación de la competencia territorial.[102]

En definitiva, las reformas que hemos estudiado constituyen una apuesta ambiciosa, que reiteramos deberá contar con los medios materiales y personales necesarios, permitiendo así que puedan llegar a todos y cada uno de los casos, teniendo en cuenta que tanto las mujeres víctimas a proteger, como el volumen de asuntos que van a conocer los nuevos Juzgados tenderán a incrementarse.

En resumen, se trata de que entre todos los implicados transmitamos a las víctimas de este tipo de delitos la sensación de que estamos velando por ellas, avanzando cada día para poder acabar con este terrible y creciente fenómeno delincuencial. Generando, de esta forma, un clima que potencie las denuncias porque la víctima se sienta escuchada, comprendida, protegida y en definitiva segura, debido a que perciba el sentimiento de que el sistema funciona y por lo tanto se decida a confiar en él.

102. Para profundizar en estas cuestiones *vid.* Del Pozo Pérez M., «Algunos recelos en torno a la regulación procesal de la Ley Orgánica 1/2004 de Medidas de Protección Integral contra la Violencia de Género.», *La Ley*, 2006, pp. 1-10.

Considero que las reformas llevadas a cabo resultan algo precipitadas, puesto que la gran razón, que late para su justificación y que plasma de modo cristalino en la totalidad de su articulado, es una gran urgencia política, el legislador parece tener cierta prisa por satisfacer las demandas ciudadanas que reclaman de modo reiterado e insistente la ansiada y pretendida seguridad en su convivencia diaria y cotidiana que pasa por la disminución de los supuestos de violencia de género.

Es inadmisible legislar a «golpe de caso concreto»,[103] el Legislador no puede colocarse en el concreto papel de cada una de las víctimas para crear normas «ad hoc».

De todas maneras a pesar de todo lo avanzado y lo que hemos conseguido con las reformas nos siguen preocupando cuestiones tan importantes como: la no disminución de fallecimientos o la conveniencia de que se produzca un mayor aumento de las denuncias, el alto número de sobreseimientos en esta materia, la posible «presunción de culpabilidad de los hombres», la desconfianza de ésos en el sistema o las denuncias falsas; son problemas que deben abordarse desde la reflexión y el sosiego intentando adoptar medidas, de toda índole, para atajarlos. Dichas medidas han de incorporar no sólo políticas penales y procesales, sino una cuestión fundamental, la educación en y para la igualdad. Es evidente que aún queda mucho trabajo por hacer.

---

103. Como muestra el, polémico y criticado por los sindicatos policiales, Protocolo de Actuación de las Fuerzas y Cuerpos de Seguridad y de Coordinación con los Órganos Judiciales para la Protección de las Víctimas de Violencia Doméstica y de Género Aprobado en la reunión del 10-6-04 por la Comisión de Seguimiento de la Implantación de la Orden de Protección de las Víctimas de Violencia Doméstica; que ya ha sido modificado par adaptarlo a la Ley Orgánica 1/2004. El día de su presentación, el viernes 11 de junio, Montserrat Comas, Vocal del CGPJ y Presidenta del Observatorio contra la violencia doméstica indicó que: *la idea del Protocolo surgió de Interior a primeros de mayo y estuvo motivada, especialmente, por los casos de violencia doméstica con resultado de muerte de Alzira y Granada donde había órdenes de protección o alejamiento.* Debemos criticar que dos situaciones puntuales de muertes violentas de dos víctimas que tenían a su favor una Orden de Protección lleven a la elaboración de una norma de esta importancia y características, a nuestro juicio de una manera precipitada.

Proceso inquisitorial y proceso adversarial Orígenes y funcionamiento en 109 países[1]

Francisco Ramos Romeu
Profesor de Derecho Procesal
Universidad Autònoma de Barcelona.

1. Introducción

El incremento de los poderes del juez en el proceso es un fenómeno que se ha venido desarrollando desde la segunda mitad del siglo XX (Langbein 1985: 858-860; Zuckerman 1999: 3 y 47; Montero Aroca 2006: 141-147). Entre los poderes que ha ido adquiriendo el juez está el control de oficio de los presupuestos procesales, la gestión del pleito —el impulso de oficio, el cierre de plazos por preclusión, la fijación de plazos, la decisión de celebrar una vista, etc.—, y los poderes en materia probatoria, poderes estos últimos que son los que centrarán nuestro interés aquí.

Estos poderes han servido para distinguir dos modelos de proceso: el proceso inquisitorial, en que el juez como director del proceso tiene la obligación de buscar la verdad introduciendo pruebas y encargándose de su práctica, y el proceso adversarial, en que el juez como espectador, deja que las partes aporten las pruebas y las practiquen para luego resolver. La atribución de poderes al juez como en el modelo inquisitorial se ha visto por alguna doctrina como un mecanismo para conseguir que reluzca la verdad de los hechos litigiosos en el proceso, y así llegar a sentencias justas, o como mecanismo para equilibrar posibles desigualdades procesales (Langbein 1985: 823-824; Picó y Junoy

1. Profesor Lector de Derecho Procesal, Universidad Autónoma de Barcelona. Doctor en Derecho, Universidad Autónoma de Barcelona 2005, Juris Science Doctor, New York University School of Law 2003. Quiero agradecer los comentarios de los Profs. Manuel Jesús Cachón Cadenas, Joan Picó i Junoy, y Consuelo Ruiz de la Fuente. Para cualquier comentario: francisco.ramos@uab.es. El presente trabajo se ha realizado con el soporte del proyecto de investigación «La ejecución procesal civil: aspectos nacionales e internacionales» del Ministerio de Educación y Ciencia (SEJ2005-08185/JURI).

2007: 118-119; Taruffo 2006: 474-478). Sin embargo, también han sido poderes muy criticados por numerosa doctrina desde diversos puntos de vista, en defensa del modelo adversarial: por ser el objeto del proceso civil sólo de interés privado, por ser las partes las que de verdad conocen lo que les interesa, por tratarse de poderes que interfieren en lo que es esencialmente un derecho de las partes, porque desnaturalizan las reglas de la carga de la prueba, porque vulneran la imparcialidad judicial, son de corte autoritario e introducen una quiebra en el principio de igualdad de partes.[2] En definitiva, reducen la calidad de la justicia. Paralelo a este debate está también la cuestión de qué modelo de proceso es más eficiente, por entrañar menores costes y una menor duración.

En los debates entre los favorables a uno y otro modelo de proceso se cruzan múltiples referencias empíricas a las relaciones entre los poderes del juez y el régimen político, la economía y la cultura, que estarían detrás de la atribución o no de poderes al juez, y también sobre los efectos que ello tendría sobre el proceso. Cuando se dice que los poderes del juez en materia probatoria son autoritarios, es porque se defiende la libertad como valor fundamental del ordenamiento jurídico y que normalmente se cree que está, y debe estar, detrás de la mayor parte de sus instituciones. También se cree que esa libertad redundará en una administración de Justicia mejor. Cuando se dice que el objeto del proceso civil es privado y en él no debe inmiscuirse el Estado, es porque se cree que el Estado, a través del juez, no debe interferir en las relaciones de mercado establecidas entre privados, y que ellos harán lo necesario para resolver la controversia de la mejor forma posible. Sin embargo, pocas veces se ha tratado de dar cuenta de forma sistemática entre el modelo de proceso, adversarial o inquisitorial, y la política, la economía, la cultura, muy posiblemente debido a la falta de materiales y de datos comparados.[3] Mucho menos se ha tratado de estudiar sus efectos sobre los costes, la duración del proceso y la calidad de la Justicia.

El Banco Mundial, sin embargo ha puesto a disposición de los investigadores una base de datos sobre distintos aspectos de los procedimientos de reclamación de cantidad y desahucio en 109 países que ha recopilado —la Base de Datos *Lex Mundi*—, que permitiría quizá empezar a investigar estas relaciones de una forma más sistemática y ordenada.[4] Junto con ella, disponemos hoy de múltiples datos comparados sobre los factores políticos, económicos y culturales relevantes, resultantes del trabajo de otras disciplinas, que pueden ser muy útiles. No se trata en muchos aspectos de los datos que sería realmente deseable tener, pero sí nos permiten una primera aproximación comparada al problema. El objetivo del presente trabajo es pues utilizar estos datos de que disponemos para estudiar el origen del modelo de proceso y sus

---

2. Ver un resumen de las posturas con abundante cita de autores en Picó y Junoy (2007: 104-117), de donde tomo las críticas reseñadas. También Taruffo (2006: 480-482)

3. Ello también ha hecho que la doctrina no siempre haya sido clara sobre los factores realmente importantes, sino que ha tendido a hacer una explicación política-sociológica-económica-cultural compleja, sin tratar de deslindar los efectos. Ver por ejemplo Denti (1969). En este trabajo sumamente interesante, el autor mezcla factores jurídicos, políticos, económicos, sociológicos, culturales, etc. de forma cumulativa. El lector queda perplejo de la complejidad del asunto, y aunque posiblemente lo es, resulta difícil entender las relaciones realmente importantes.

4. Djankov y otros (2002) han solicitado a los abogados de la red llamada *Lex Mundi* que contesten unos cuestionarios sobre el diseño de los procedimientos de reclamación de cantidad y de desahucio ante tribunales locales de grandes ciudades. Para obtener información más realista, se especificaron los detalles del caso (Djankov y otros 2002: 17-19).

consecuencias prácticas, y orientar futuras decisiones sobre la configuración óptima de las instituciones procesales.

El plan de estudio es el siguiente. En el apartado 2, se formulan las diferencias entre un proceso adversarial y un proceso inquisitorial a partir de los poderes probatorios del juez y se clasifican los procesos que han adoptado los Estados de la base de datos *Lex Mundi* en la actualidad. Seguidamente, el apartado 3 investiga los orígenes de los modelos de proceso que adoptan los Estados, a partir de diversas variables políticas, económicas, y culturales, y el apartado 4 indaga si el proceso inquisitorial tiene ventajas sobre el proceso adversarial, o es a la inversa. El apartado 5 concluye que el proceso inquisitorial responde a un deseo de evitar la falibilidad humana, pero que no se ve justificado por los resultados. Los datos advierten en contra de un proceso dirigido por el juez respecto de la prueba.

2. Procesos adversariales y procesos inquisitoriales

Los poderes del juez en materia probatoria han servido tradicionalmente para definir dos modelos de proceso: el adversarial y el inquisitorial. En un sistema adversarial, el proceso se configura como un combate entre dos partes, encargadas de aportar las pruebas, y en el que se espera que la verdad resulte de la contraposición de puntos de vista de las partes. El juez en este proceso es un mero espectador pasivo del combate y decide con las pruebas aportadas por las partes (Chase 2005: 54; Damaska 1986: 3; Kagan 2001: 9). En un proceso inquisitorial, al contrario, el proceso se estructura como una investigación oficial de la verdad por el juez, cuya obligación es la de encontrar las pruebas relevantes para tomar la decisión. En este sistema, el juez adopta un rol activo en el proceso probatorio, siendo las partes meros colaboradores (Damaska 1986: 3; Chase 2005: 54).[5]

La base de datos *Lex Mundi* contiene varias variables relacionadas con la prueba y el proceso de prueba en reclamaciones de cantidad y desahucios, y de entre ellas existen cuatro que puede ser interesante estudiar porque reflejan el grado de intervención del juez en materia probatoria:

(1) Si el juez puede introducir medios de prueba en el proceso de oficio[6]

5. Adoptamos los rótulos «proceso adversarial» y «proceso inquisitorial» por ser los rótulos habituales en la literatura, pero sin darles en ningún caso un contenido valorativo o emocional. Sobre este aspecto puede verse la reflexión de Taruffo (2006: 452).

6. En realidad, la variable de Djankov y otros (2002) es si el juez tiene «prohibido» introducir pruebas de oficio. Se ha reconceptualizado la variable para facilitar el análisis puesto que normalmente se habla de la iniciativa probatoria de oficio como facultad o «permiso» del juez, aunque obviamente ello depende de los principios del proceso del ordenamiento determinado. Puede pensarse que el haberla formulado como «permiso» implica un cambio sustancial de lo que se registra. En realidad, la inexistencia de una prohibición de introducir pruebas de oficio por el juez puede implicar tanto la existencia de un «permiso fuerte» —existe una norma que permite la conducta—, como de un «permiso débil» —no existe una norma que prohíbe la conducta—, lo que la base de datos no nos permite distinguir, pero tanto uno como otro caso son de interés desde nuestro punto de vista, aunque sí reflejan con distinta intensidad el modelo de proceso, lo que es un ries-

(2) Si el juez puede inadmitir pruebas irrelevantes[7]

(3) Si existe un control judicial previo de las preguntas para los interrogatorios obligatorio

(4) Si sólo el juez puede preguntar en los interrogatorios

Los datos reflejan que una mayoría de los países atribuye iniciativa probatoria al juez, en reclamaciones de cantidad (64% de los casos) y en desahucios (64% de los casos también). De igual modo, puede apreciarse que la mayor parte de los sistemas procesales atribuyen al juez el poder para rechazar pruebas que considere irrelevantes (89% para reclamaciones de cantidad y 90% para desahucios). En cuanto al control judicial de las preguntas que se formulan a los testigos, la mayor parte de los sistemas procesales no establecen un control judicial previo obligatorio (82% para reclamaciones de cantidad y 81% para desahucios). Y en fin, respecto de la realización de los interrogatorios, los datos revelan que en la mayor parte de países tanto las partes como el juez pueden realizar directamente las preguntas (84% para reclamaciones de cantidad y 86% para desahucios). Por tanto, puede afirmarse que existe cierta convergencia, como mínimo en lo que a la inadmisión de pruebas irrelevantes se refiere y a la práctica de interrogatorios. El único aspecto en que habría menos convergencia sería el de la iniciativa probatoria del juez, aunque la proporción de sistemas procesales que la admiten no es desdeñable.[8]

También puede ser interesante constatar, a fin de apreciar la existencia de modelos claros, las correlaciones entre los distintos poderes del juez, lo que se refleja en la Tabla 1 y la Tabla 2.[9]

---

go. Ver diferencias entre sistemas que «permiten» al juez incorporar pruebas, que «obligan» al juez a aportar pruebas, o no dicen nada, y la importancia que ello puede tener en Taruffo (2006: 458-467).

7. La variable de Djankov y otros (2002) es en realidad si el juez tiene prohibido rechazar pruebas irrelevantes. Por los mismos motivos que con la variable anterior, y con los mismos riesgos, se ha reformulado la variable en positivo.

8. Es muy posible que la base de datos *Lex Mundi* contenga errores, que un especialista en derecho procesal podría detectar, aunque es difícil decir hasta qué punto existen, y en su caso corregirlos, porque no sabemos exactamente a qué código se refieren los datos y si se refieren a un proceso general o especial. Pero por ejemplo resulta curioso que en la base de datos *Lex Mundi* el juez alemán no tenga ningún poder probatorio ni en reclamaciones de cantidad, ni en desahucios, cuando según el Código Procesal Civil Alemán (*ZPO*), el juez tiene el poder para ordenar una inspección ocular y un dictamen pericial (arts. 144 y 287.1), la comparecencia de las partes (arts. 139, 141 y 448), o la aportación de documentos (arts. 142 y 143). De la misma forma, aunque los jueces de los Estados Unidos de América en la base de datos *Lex Mundi* sólo tienen el poder para inadmitir pruebas irrelevantes de oficio, según las *Federal Rules of Evidence*, también tienen el poder para ordenar el interrogatorio de las partes o de testigos (Rule 614), o ordenar el nombramiento de un perito (Rule 706). En fin, la base de datos *Lex Mundi* refleja que el juez español no tiene ninguna iniciativa probatoria ni en reclamaciones de cantidad ni en desahucios, cuando bajo la LEC de 1881, a la que parecen referirse los datos recopilados, existían disposiciones que permitían una iniciativa probatoria limitada al juez a través de las diligencias para mejor proveer del art. 340 LEC 1881. No sabemos si esto son errores o no. En cualquier caso, la existencia de errores en la variable dependiente, como serán utilizadas las variables sobre los poderes del juez en materia probatoria aquí, no es una fuente de sesgos en la estimación de relaciones causales, sino que únicamente es causa una mayor variabilidad en las estimaciones, por lo que podremos estar menos seguros de cuán relevantes son las relaciones que se encuentren, aunque las relaciones sean correctas (King y otros 1994: 158).

9. Dado que los poderes del juez se reflejan en variables dicotómicas, se utiliza el índice de correlación policórico, implementado mediante el comando polychoric en Stata 8.2. El índice de correlación varía entre 0 y 1, un número mayor indicando una mayor correlación. Si el signo es positivo, la correlación es positiva. Si es negativa, la correlación

Tabla 1. Índice de correlación entre poderes probatorios del juez (Reclamaciones de cantidad)

	Juez puede introducir pruebas	Juez puede rechazar pruebas	Control judicial previo de preguntas	Interrogatorio sólo por el juez
Juez puede introducir pruebas	1			
Juez puede rechazar pruebas	**.447 (.021)**	1		
Control judicial previo de preguntas	.207 (.256)	.261 (.303)	1	
Interrogatorio sólo por el juez	**.468 (.016)**	-.206 (.368)	**.459 (.015)**	1

Tabla 2. Índice de correlación entre poderes probatorios del juez (Desahucios)

(p-valor entre paréntesis)

	Juez puede introducir pruebas	Juez puede rechazar pruebas	Control judicial previo de preguntas	Interrogatorio sólo por el juez
Juez puede introducir pruebas	1			
Juez puede rechazar pruebas	**.397 (.047)**	1		
Control judicial previo de preguntas	.235 (.192)	.249 (.330)	1	
Interrogatorio sólo por el juez	**.419 (.037)**	.135 (.620)	.285 (160)	1

Podemos observar que, en un determinado país, el poder del juez para introducir pruebas está correlacionado con el poder del juez para rechazar pruebas, una relación estadísticamente significativa tanto para reclamaciones de cantidad como para desahucios. También existe una relación positiva y estadísticamente significativa entre el poder del juez para introducir pruebas y la realización de los interrogatorios sólo por el juez, en reclamaciones de cantidad y desahucios, lo que sugiere que ambas reglas posiblemente reflejen concepciones similares del rol del juez y de las partes en el proceso. En fin, no es trivial la relación positiva existente entre la existencia de un control judicial previo de las preguntas, y la realización de interrogatorios sólo por el juez, aunque sólo sea estadísticamente significativa en los casos de reclamaciones de cantidad. Los datos sugieren que los poderes del juez no vienen solos, sino que una misma variable debería ser capaz de explicar más de un poder.

Para hacer una clasificación entre modelos de proceso inquisitoriales y modelos adversariales podríamos hacerlo en función del número de poderes que se atribuyen en un país dado al juez (clasificación cuantitativa), o en función de los poderes probatorios concretos que se atribuyen al juez (clasificación cualitativa). Teniendo en cuenta las descripciones de los modelos adversariales y inquisitoriales que se han realizado en la literatura, y el carácter dicotómico de las variables de que se dispone, parece más apropiado hacer una clasificación cualitativa. La iniciativa probatoria del juez es la variable que constituye el centro de atención de la mayor parte de los estudiosos de los poderes del juez en materia probatoria, y se suele identificar la existencia de este poder con un proceso inquisitorial. La segunda variable no ha recabado tanta atención y no se la suele asociar con ningún modelo de proceso en particular, por lo que se descarta. La tercera marca la diferencia entre un interrogatorio directo, y un interrogatorio indirecto, pero por sí misma no parece suficiente para que un proceso sea inquisitorial. De hecho, no es difícil pensar que incluso en un proceso adversarial ese control puede tener sentido. La cuarta distingue un interrogatorio conducido por las partes y un interrogatorio conducido por el juez. Hay que pensar que si el interrogatorio lo realiza el juez, estemos ante un proceso inquisitorial. Por tanto, en lo que sigue se entenderá que el país ha adoptado un proceso inquisitorial si:

(1) El juez tiene iniciativa probatoria de oficio; y además

(2) El juez hace un control judicial de las preguntas obligatoriamente;
y/o

(3) Sólo el juez lleva a cabo los interrogatorios.

En estos casos puede pensarse que la combinación de facultades del juez se aproxima a las de un proceso en que existe una investigación formal de los hechos litigiosos, más que un proceso en que el juez es el espectador pasivo de un combate entre las partes.[10] En el anexo final se encuentran los datos por países. Con esta clasificación, un 22% de los países en la muestra adoptan un modelo inquisitorial en procesos de reclamaciones de cantidad, y un 23% en procesos de desahucio. Predomina por tanto el modelo adversarial.[11]

---

es negativa. El test de relevancia estadística es el test de la ratio de las verosimilitudes. Aquí y en lo que sigue se considera, igual que se hace normalmente, que existe relevancia estadística cuando el p-valor es inferior a 0.05 o 0.1.

10 Hay que tener en cuenta sin embargo que existen en la práctica múltiples combinaciones de poderes del juez. Se observan hasta 12 combinaciones de los cuatro poderes en materia probatoria considerados aquí, de un total de 16 combinaciones posibles. Varias de dichas combinaciones resultan curiosas cuanto menos consideradas desde el punto de vista clásico, que sólo prevé dos paradigmas muy definidos: por ejemplo, la combinación más frecuente en la práctica para reclamaciones de cantidad y desahucios prevé que el juez pueda tanto introducir pruebas como rechazarlas, lo que son poderes típicos el primero del modelo inquisitorial y el segundo del modelo adversarial. Pero en realidad son poderes que un mismo sistema suele asignar al juez, lo que nos coloca en un modelo híbrido o mixto.

11. El carácter dicotómico de las variables de la base de datos *Lex Mundi* es problemático porque no pueden tenerse en cuenta los detalles y matices del proceso. En particular, puede impedirnos distinguir entre la regla general y la excepción, y las diferencias reales en el funcionamiento del procedimiento que de ello se derivan. Por ejemplo, en el proceso inquisitorial el juez puede tener de forma principal la responsabilidad de recopilar los medios de prueba para resolver el asunto, sin perjuicio de que las partes también contribuyan en dicho proceso, mientras que en el proceso adversarial dicha responsabilidad puede recaer en las partes, sin perjuicio de que en algunas circunstancias excepcionales el juez pueda hacerlo tam-

3. ¿Por qué se adopta un proceso inquisitorial o adversarial?

Veamos en este apartado algunas de las principales teorías que tratan de dar cuenta del modelo de proceso acudiendo a distintas variables.

3.1. La tradición jurídica y los poderes del juez

Un primer factor importante en la atribución de poderes al juez puede ser la cultura jurídica o la tradición jurídica del país. La doctrina normalmente suele asociar la tradición de derecho común (*Common Law*) con un sistema procesal adversarial y un juez con pocos poderes probatorios, y la tradición de derecho civil (*Civil Law*) con un sistema inquisitorial y un juez con amplios poderes probatorios (Merryman 1969: 113-115: Langbein 1985: 824; Kagan 2001: 11; Chase 2005: 54). Ahora bien, lo cierto es que ha habido poca investigación empírica de esta correlación.

Los datos de *Lex Mundi* nos permiten una aproximación a la cuestión. Djankov y otros (2002) incluyen una variable relativa a la tradición jurídica del derecho comercial o del código de comercio del país, que distingue entre países de derecho común, de derecho francés, de derecho socialista, de derecho alemán y de derecho escandinavo. Para lo que aquí importa, podemos distinguir los países de derecho común de los de otras tradiciones jurídicas.[12] La Tabla 3 refleja la proporción de países que atribuyen un determinado poder al juez en función de su tradición jurídica.[13]

Tabla 3. Los poderes del juez en distintos sistemas jurídicos

(p-valor bilateral del test de Fisher en la parte inferior)

Procedimiento	**Reclamación de cantidad**		**Desahucio**	
Sistema jurídico	**Otros**	**Derecho común**	**Otros**	**Derecho común**
Proceso adversarial	44 65.67%	41 97.62%	43 64.18%	41 97.62%
Proceso inquisitorial	23 34.33%	1 2.38%	24 35.82%	1 2.38%
	Fisher =.000		Fisher =.000	

Los datos reflejan que los países de derecho común adoptan en su mayoría un modelo de proceso adversarial (98%), mientras que los países de otras tradiciones jurídicas tie-

bién. Y aunque en una variable dicotómica en que se trate de reflejar si el juez tiene iniciativa probatoria, en ambos casos la respuesta sería posiblemente «sí», ello escondería la diferencia fundamental entre los dos procesos, y las relaciones entre el juez y las partes que establecen. Por ello hay que reconocer que la clasificación que se efectúa aquí es relativa.

12. Se han realizado también comprobaciones incluyendo a los países escandinavos como países de tradición similar al derecho común, y comparando sólo los países de derecho común con los países de derecho comercial francés y alemán, sin que ello haya modificado sustancialmente los resultados.

13. Tratándose de tablas de 2 × 2, se utiliza el test de Fisher implementado en el programa Stata 8.2 para determinar si las variables están asociadas o no y la relevancia estadística de los resultados.

nen una menor tendencia a hacerlo (65% de media),[14] una diferencia estadísticamente significativa.[15] En cualquier caso, vemos que en ambos mundos predomina un modelo de proceso adversarial, lo que no es una sorpresa para los comparativistas (Merryman 1969: 114-115).

3.2. Autocracia, libertad, y poderes del juez

Algunos autores han postulado que la atribución de poderes en materia probatoria al juez es típico de regímenes autoritaristas y antidemocráticos, sustentando dicha afirmación en los ejemplos de Austria, Alemania (Reforma de 1933), Italia, la Unión Soviética e incluso la Francia de De Gaulle (Denti 1969: 555 y 581; Montero Aroca 2001: 52-56; Cipriani 2006a: 84-85; Monteleone 2006b: 183-184). Otros autores han negado esta relación, también con algunos ejemplos como Suiza, Francia, Inglaterra, Brasil y Alemania (Reforma de 2001) (Pico i Junoy 2007: 108-111; Picó i Junoy 2006: 120-121; Barbosa Moreira 2006: 201-206); Taruffo 2006: 456-457). Sin embargo, no se ha llevado a cabo un estudio empírico y sistemático de esta relación.

Parte del problema del debate suscitado por esta teoría está en definir e identificar a los regímenes autoritaristas, y diferenciarlos del resto de regímenes políticos.[16] De hecho, los estudios de ciencia política comparativa, que pueden ser útiles en nuestra investigación, utilizan una variedad de indicadores de «autoritarismo» y «democratización» que reflejan distintas concepciones del autoritarismo y la democracia, aunque en realidad muestran un elevado grado de correlación (Norris 2006: Capítulo 3) para tranquilidad de todos.

3.2.1. Régimen político y poderes probatorios del juez

Przeworski, Álvarez y Cheibub (2000) hacen una clasificación de países en que lo esencial para ser una democracia es la celebración de elecciones en que puede haber cambios efectivos de poder. Crean una variable dicotómica que indica si en un determinado año un Estado es autocrático o democrático.[17] Dado que Djankov y otros (2002)

---

14. Cuando se indiquen proporciones medias, se trata de la media entre los procesos de reclamación de cantidad y los procesos de desahucio.

15. La raíz de estas diferencias no está tanto sin embargo en la atribución de iniciativa probatoria al juez, sino en la atribución al juez de un control judicial de las preguntas y la realización de los interrogatorios. Si quisiera por tanto buscarse la esencia «inquisitorial» que distinguiría el proceso de la tradición de derecho civil de la de derecho común, habría que hallarla no tanto en los poderes del juez para introducir y rechazar pruebas, como normalmente se cree, sino en el desarrollo y práctica de los interrogatorios de testigos.

16. Taruffo (2006: 454-455) constata este problema de definición, y además resalta que la doctrina suele mezclar los conceptos de «autoritario», «fascista», «comunista», «socialista», e incluso el Estado social, el Estado asistencial e intervencionista, etc. El autor también resalta que aunque algunos autores suelen contraponer «autoritarismo» y «liberalismo», en realidad la contraposición fundamental es entre «Estado autoritario» y «Estado democrático», que es la que se implementa aquí.

17. Los autores distinguen entre una democracia y una autocracia en función de si (1) la cámara baja del poder legislativo es elegida, (2) el primer ministro es elegido, bien directamente por el pueblo en los sistemas presidenciales y por los miembros del legislativo en los sistemas parlamentarios, (3) existe más de un partido, y (4) el partido en el poder ha celebrado elecciones y las ha perdido en alguna ocasión. Los regímenes que no cumplen con estos requisitos son autocracias.

recaban sus datos durante los años 2000-2001, utilizaremos la variable relativa al año 2001.[18] La Tabla 4 muestra la proporción de Estados que atribuyen un determinado poder al juez en función del régimen político.

Tabla 4. Los poderes del juez en Estados democráticos y autocráticos

(p-valor bilateral del test de Fisher en la parte inferior)

Procedimiento	Reclamación de cantidad		Desahucio	
Régimen político	**Democrático**	**Autocrático**	**Democrático**	**Autocrático**
Proceso adversarial	61 79.22%	16 69.57%	62 80.52%	14 60.87%
Proceso inquisitorial	16 20.78%	7 30.43%	15 19.48%	9 39.13%
	Fisher =.399		Fisher =.092	

Los resultados muestran que los regímenes autocráticos tienen una mayor propensión a adoptar un modelo inquisitorial en procesos de desahucio (39%) que los países democráticos (19%), una diferencia estadísticamente significativa para los proceso de desahucio, pero no para los procesos de reclamación de cantidad, aunque el sentido de la relación sea el correcto. La importancia de estos datos por lo tanto debe relativizarse por ahora, en función de lo que otras variables relacionadas con el régimen político puedan indicar.

3.2.2. Democratización y poderes del juez

El hecho de que la clasificación de regímenes efectuada por Przeworksi y otros (2000) sea dicotómica puede parecer una aproximación demasiado drástica a lo que en realidad sería una cuestión de grado: deberíamos hablar de grados de autoritarismo o democratización de un determinado régimen político.[19] Marshall y Jaggers (2003) han creado un índice gradual llamado POLITY2 que mide cada año a los regímenes políticos en función de su grado de democracia (máxima puntuación 10) o de autoritarismo (mínima puntuación -10). Se trata también de un índice que pone el énfasis en la existencia de elecciones democráticas para distinguir el tipo de régimen político.[20]

18. Se han hecho comprobaciones utilizando la variable identificadora del régimen político para el año 2000, sin que los resultados ni las conclusiones resultaran modificados. Aunque el código o regulación procesal no haya sido establecido en dicho año, habría que pensar que un régimen político no permitiría que subsistiera un modelo de proceso radicalmente contrario a sus creencias políticas básicas, por lo que podemos pensar que en general debería haber una coincidencia en el tiempo entre el régimen político y el modelo de proceso. La base de datos de Djankov y otros (2002) no indica a qué código procesal o regulación se refieren las variables, por lo que no podemos establecer una correlación más estrecha.

19. Sin embargo, la doctrina procesal suele hablar en términos dicotómicos de regímenes autoritarios y/o democráticos, por lo que esta análisis es una extensión de los términos del debate.

20. El índice POLITY2 se construyen en función de (1) la competitividad de la participación política, (2) la competitividad de la elección del poder ejecutivo —la existencia de elecciones en las que participa más de un partido político—, (3) la posibilidad de acceder al poder ejecutivo —la posibilidad de los ciudadanos de ocupar dicho puesto, por contraposición a sistemas hereditarios, de designación política, etc.— y (4) la existencia de limitaciones al poder del presidente del ejecutivo (Marshall y Jaggers 2003).

Para tratar de paliar el problema de que la medición en un solo año podría no reflejar una correlación correcta entre el régimen político y el modelo de juez, se trata de incorporar la «trayectoria del Estado» y se estudia la correlación entre los poderes probatorios del juez y el índice POLITY2 en un único año, 2001, una media del valor del índice POLITY2 en los 10 últimos años, y en los últimos 20 años, entendiendo que, según la teoría, un Estado con un pasado más democrático debería atribuir menos poderes al juez que un Estado con un pasado más autoritario.[21] La Tabla 5 muestra los índices de correlación.[22]

Tabla 5. Índices de correlación entre democratización y proceso inquisitorial

(p-valor entre paréntesis) (N = 95)

Proceso	Democratización (2001)	Democratización (10 últimos años)	Democratización (20 últimos años)
Reclamación de cantidad	.142 (.353)	.079 (.590)	.045 (.753)
Desahucio	-.105 (.447)	-.189 (.162)	-.169 (.216)

Se aprecia ambigüedad en cuanto a los efectos de POLITY2 sobre el modelo de proceso: en reclamaciones de cantidad, mayor democratización implica un proceso menos adversarial, contrariamente a lo que cabía esperar, pero en procesos de desahucio, mayor democratización implica un proceso más adversarial, tal y como se esperaba. Ninguna de las relaciones es estadísticamente significativa, por lo que las afirmaciones no pueden ser rotundas.

3.2.3. Derechos políticos, libertades civiles y poderes del juez

Otra concepción de la democracia, y del autoritarismo, es la que identifica la esencia de la primera con la existencia de libertades civiles y políticas fundamentales ampliamente respetadas. La asociación sin ánimo de lucro norteamericana Freedom House lleva años realizando una clasificación de los países en «Libres», «Parcialmente Libres» y «No Libres» en función de esto.[23] Tomando la clasificación de un Estado efectuada por Freedom House en el año 2001, podemos conocer qué proporción de Estados atribuyen un determinado poder probatorio al juez en función del tipo de régimen de libertades, lo que muestra la Tabla 6.

21. Esta forma de proceder en parte palia el problema de la posible falta de coincidencia entre régimen político y modelo de juez —un nuevo Estado democrático podría no haber modificado un código procesal autoritario o vice-versa—, porque la existencia de un Estado democrático reciente que no hubiera cambiado un código autoritario no modificaría de forma relevante la media del índice POLITY2 de los últimos años, que seguiría reflejando un régimen autoritario, que sería el que habría mantenido el código autoritario, y vice-versa.

22. Dado que los poderes del juez son variables dicotómicas y el índice POLITY2 es continuo, se ha utilizado un índice de correlación biserial, implementado mediante el comando polychoric en Stata 8.2. El test de relevancia estadística corresponde al valor de p del test de la ratio de las probabilidades.

23. Puede verse más información sobre esta asociación en su página web: www.freedomhouse.org. El índice que utiliza Freedom House es también conocido como índice Gastil, que es el nombre del investigador que lo ideó. La clasificación se hace en función del respeto de los derechos políticos —elecciones, pluralismo político y sufragio universal, y funcionamiento del gobierno sin corrupción— y las libertades civiles —como la libertad de expresión y de creencia, la libertad

Tabla 6. Los poderes del juez en Estados libres, parcialmente libres y no libres

(p-valor bilateral del test de Fisher en la parte inferior)

Procedimiento	**Reclamación de cantidad**			**Desahucio**		
Régimen Político	Libre	Parcial. Libre	No Libre	Libre	Parcial. Libre	No Libre
Proceso adversarial	49 80.33%	20 68.97%	8 72.73%	51 83.61%	17 58.62%	8 72.73%
Proceso inquisitorial	12 19.67%	9 31.03%	3 27.27%	10 16.39%	12 41.38%	3 27.27%
	Fisher =.451			Fisher =.028		

Los resultados muestran que los países parcialmente libres tienen una mayor tendencia a adoptar un modelo inquisitorial de proceso que los Estados no libres y los Estados libres, siendo la diferencia estadísticamente significativa para los desahucios. Esto no acaba de encajar con la teoría.

Tabla 7. Índice de correlación entre derechos políticos, libertades civiles y proceso inquisitorial

(p-valor entre paréntesis) (N = 101)

Proceso	Falta de Derechos Políticos (2001)	Falta de Libertades Civiles (2001)
Reclamación de cantidad	.032 (831)	-.025 (.864)
Desahucio	**.243** **(.097)**	-.160 (.265)

Freedom House, a fin de efectuar la clasificación de países que hemos visto, elabora previamente dos índices independientes: un índice de respeto de los derechos políticos, y un índice de respeto de las libertades civiles.[24] Podemos tratar de ahondar en los resultados anteriores, diferenciando si el factor importante son los derechos políticos o las libertades civiles, utilizando el valor de estos índices para el año 2001. La Tabla 7 muestra los índices de correlación entre los poderes del juez y los índices de Freedom House

Puede apreciarse una propensión de los Estados proclives a no respetar los derechos políticos a adoptar un modelo de proceso inquisitorial, pero esta relación es estadísticamente significativa únicamente en procedimientos de desahucio. La correlación es

de asociación, el derecho al libre desarrollo de la personalidad y el Estado de derecho—. Un país es clasificado como «Libre» si hay un amplio margen para la competición política, un clima de respeto de las libertades civiles, una sociedad civil independiente significativa, y mass-media independientes. Un sistema es clasificado como «Parcialmente Libre» si hay un respeto limitado de los derechos políticos y civiles de los ciudadanos, debido a problemas de corrupción, un estado de derecho débil, una conflictividad étnica y religiosa elevada, y la existencia de un partido dominante. Y en fin, un régimen es clasificado como «No Libre» cuando no se respetan los derechos civiles y políticos (Freedom House 2006).

24. Los índices son graduales, siendo su valor de 1 para países que respetan los derechos y libertades en grado máximo y de 7 para los que el respeto es nulo.

menos intensa y no significativa respecto de la falta de respeto de las libertades civiles, lo que sugiere que la configuración de los poderes del juez vendría más influida por el carácter privado y reservado del ejercicio de la autoridad dentro de un régimen político que por la falta de libertades personales.

3.3. Poderes del juez y economía

Puede también establecerse una vinculación teórica entre los poderes del juez en materia probatoria y varios factores económicos.

3.3.1. Poderes del juez y modo de producción

Desde un punto de vista marxista de las relaciones económico-sociales, el derecho y el proceso serían construcciones sociales que vendrían determinadas por el modo de producción de la sociedad. Por ejemplo, Newman (1983) postula que las formas de resolución de conflictos de una sociedad determinada pueden explicarse a través de la relación de fuerzas de producción, los modos de producción y la estratificación social, y vincula las formas de resolución de conflictos más complejas con una sociedad más moderna. Aunque la autora no hace referencia en particular a los poderes del juez, no es difícil pensar que una sociedad más moderna tenderá a atribuir mayores poderes a la persona encargada de resolver los conflictos, como ocurre con la burocracia y el Estado moderno.[25]

Podemos tratar de aproximarnos al modo de producción de una sociedad a través de la importancia relativa de los sectores primario, secundario y terciario de la economía. Utilizaremos para medir este factor una variable que llamaremos *Importancia de la agricultura*, que es el porcentaje del PIB del país derivado de la agricultura, a partir de los datos del *CIA World Factbook* (1998). Por otro lado, la estratificación social viene determinada en buena parte por las diferencias entre los ricos y los pobres en una misma sociedad. Se suele utilizar el *Coeficiente GINI* como medida de desigualdad en la distribución de las rentas de una sociedad, índice que utilizaremos aquí. Los valores para el año 2002 se obtienen a partir de la base de datos del Índice de Desarrollo Humano del Banco Mundial (2002). En fin, se construye una variable categórica llamada *Sistema comunista*, que adopta el valor 1 para economías comunistas de hoy[26] y los países cuyo sistema de derecho comercial es heredero del sistema soviético (7 países en total). Los índices de correlación con los distintos poderes del juez de estas variables se reflejan en la Tabla 8.

---

25. Conviene apuntar que resulta curioso que el manual de derecho procesal civil soviético de Gurvich (1971), parece explicar la mayor parte de los poderes del juez en materia probatoria en función de la ideología comunista más que apelando al modo de producción. En concreto, los poderes del juez en la materia se justifican por la necesidad de descubrir la verdad (Gurvich 1971: 42-43 y 235-236). Obviamente, puede todavía decirse que el modo de producción comunista tiene su reflejo en una ideología muy particular que conlleva como consecuencia la atribución de poderes probatorios al juez comunista. Pero la conexión entre modo de producción y proceso sería menos directa que la postulada. Conviene recordar que ya Damaska (1986: 6-8) encontraba que la aproximación marxista al proceso tenía grandes dificultades para explicar la configuración del modelo de proceso en distintos países comunistas.

26. De los incluidos en la base de datos *Lex Mundi*, consideramos comunistas a China, Venezuela y Vietnam.

Tabla 8. Índice de correlación entre modo de producción y proceso inquisitorial

(p-valor entre paréntesis)

Proceso	Importancia de la agricultura (n = 106)	Coeficiente de GINI (n = 89)	Sistema comunista (n = 109)
Reclamación de cantidad	-.056 (.697)	.026 (.860)	**-1**
Desahucio	**.235 (.066)**	.017 (.910)	**-1**

Desde un punto de vista general, no parece que las variables propuestas puedan explicar coherentemente los poderes probatorios del juez civil. La única excepción es que los países con una mayor importancia de la agricultura tienden a adoptar un modelo inquisitorial de procesos de desahucio. La explicación parece directa: en una sociedad basada en la agricultura, la posesión de la tierra es determinante para el crecimiento económico, de forma que el Estado se atribuiría un mayor control en este ámbito.[27] La estratificación social tampoco parece un factor determinante de la configuración de los poderes del juez en el proceso. No existe ninguna relación estadísticamente significativa entre el *Coeficiente de GINI* y los distintos poderes. Además, las relaciones entre las variables sólo van en el sentido indicado por la teoría respecto del desahucio.[28] En fin, a partir de los pocos sistemas procesales altamente influenciados por el comunismo recogidos en la base de datos, resulta que todos estos sistemas han adoptado un modelo de proceso adversarial, lo que va en contra de lo que habría cabido esperar de una teoría marxista del proceso.

3.3.2. Poderes del juez e intervencionismo económico

Suele ser frecuente vincular el intervencionismo económico del Estado en la sociedad con la atribución de mayores poderes al juez. Damaska argumenta que los gobiernos que son más intervencionistas en la sociedad y la economía, más orientados a resultados, y que asumen una mayor responsabilidad en la dirección de la sociedad, tienen mayor probabilidad de establecer procesos orientados a la implementación de las políticas públicas, que procesos destinados a resolver los conflictos privados (Damaska 1986: 11 y 71). Una característica fundamental que distinguiría un proceso para implementar políticas públicas y un proceso para resolver conflictos radicaría en los poderes en materia probatoria que asumiría el juez en el primero (Damaska 1986: 147-180). También Frank (1949: 91-93) vincula el «laissez-faire» económico con el modelo de proceso adversarial.[29]

27. Pero recordemos que el trabajo de Djankov y otros (2002) se centró en tribunales urbanos. Se desconoce si los procedimientos de desahucio en zonas rurales comparten las mismas características.

28. Por tanto, no parece que encontremos en los datos rastros de la teoría según la cual los poderes del juez servirían para equilibrar las posiciones de las partes (Denti 1969: 554).

29. Aunque Frank parece también conectar el liberalismo económico con el individualismo, como raíz más profunda del primero. Por ello, también podría tener relación con la ideología individualista, más que con el liberalismo económico, ideología que se examina en el apartado siguiente.

La dificultad para verificar este tipo de postulados radica en entender y medir el «intervencionismo del Estado». En el presente trabajo se utilizan dos indicadores que sugieren distintas formas de intervencionismo. En primer lugar, tendremos en cuenta el tamaño del Estado: un Estado que consume más es un Estado por definición más grande, y que se implica más en la producción de la riqueza nacional. Una forma de medirlo es mediante el porcentaje del gasto general final del Estado respecto del PIB de un determinado país, calculado por el Fondo Monetario Internacional (2006), variable que llamaremos *Tamaño del Estado*. Para obtener una perspectiva más «histórica» se ha calculado el valor medio de 10 años, de 1993 a 2002. En segundo lugar, nos fijaremos en la participación del Estado en las decisiones sobre producción. Para ello utilizaremos una variable llamada *Intervencionismo económico* que se ha construido a partir de los datos de la Encuesta Global del Entorno de Negocios (*World Business Environment Survey*).[30] La Tabla 9 muestra el grado de correlación de estos índices con la adopción de un proceso inquisitorial.

Tabla 9. Índices de correlación entre intervencionismo del Estado y proceso inquisitorial

(p-valor entre paréntesis)

Proceso	Tamaño del Estado (n = 107)	Intervención económica (n = 59)
Reclamación de cantidad	.049 (.708)	**.314** **(.067)**
Desahucio	.143 (.270)	**.317** **(.076)**

El tamaño del Estado no parece ser una buena variable explicativa, porque aunque las relaciones son las correctas, no se ha encontrado ninguna correlación estadísticamente significativa. En cambio, el intervencionismo del Estado en materia económica si parece tener cierta capacidad explicativa. Se observa que los Estados más intervencionistas tienen una mayor propensión a adoptar un modelo de proceso inquisitorial, un efecto estadísticamente significativo para reclamaciones de cantidad y desahucios.

3.4. Poderes del juez y valores culturales

Puede también pensarse que los poderes del juez en materia probatoria estén relacionados con factores culturales, tales como la religión, los valores humanos y políticos, o las creencias metafísicas. Damaska (1986: 8) por ejemplo refiere que numerosos estudiosos han argumentado que las instituciones procesales son sensibles al predominio

30. La encuesta ha sido realizada por el Banco Mundial a más de 10.000 empresas en 80 países en los años 1999-2000, mediante entrevistas personales con los directivos y/o propietarios, en las que se preguntaba sobre las relaciones entre el Estado y la empresa (Banco Mundial 2000). Varias preguntas de la encuesta se referían al grado de intervención del gobierno en decisiones de inversión, en decisiones de empleo, en materia de ventas, de precio de los productos, en fusiones y adquisiciones de otras empresas, y en los dividendos (1 = siempre; 6 = nunca). Invirtiendo la numeración y haciendo la media de las respuestas dadas por las empresas, se obtiene un índice del grado de intervencionismo del Estado: un número más alto implica un mayor intervencionismo.

en una sociedad de una ideología individualista o colectivista, liberal o autoritaria, o distinciones similares. También Chase (2005: 2-3, 31 y 47-49) y Montero Aroca (2001: 54-55 y 2006: 134-135) argumentan que las instituciones procesales son un producto cultural, y citan a Franz Klein como un precursor de esta teoría. En lo que a los poderes del juez se refiere, Chase (1997a: 16-17) ha postulado que la decisión de asignar poderes probatorios a las partes en vez de al juez depende de la desconfianza social en el gobierno, típico de sociedades individualistas, y la intolerancia a diferencias de poder, o en otras palabras, una preferencia fuerte por la igualdad (ver también Kagan 2001: 15-16, 35 y 41-42).

La investigación de estos extremos resulta compleja no sólo por la dificultad para identificar los valores clave o importantes, sino también por la dificultad para encontrar índices o mediciones de distintos aspectos o valores culturales (así también Chase 2005: 6-7). Existen estudios sociológicos, culturales y políticos que pueden ser útiles aquí, y que ponen el énfasis en distintos aspectos. En el sub-apartado 1 nos centraremos en las conexiones entre religión y proceso, en el sub-apartado 2 en los índices de valores culturales de Hofstede, y en el sub-apartado 3 en otros posibles valores, tomando como punto de partida la Encuesta Global de Valores.

3.4.1. El factor religioso en el proceso

La conexión entre religión y proceso ha sido efectuada por la doctrina con frecuencia. Por ejemplo, Alcalá-Zamora (1963: 101) y Damaska (1986: 206-208) recuerdan que la sociedad civil heredó el modelo de proceso Romano-Canónico de la Iglesia Católica en la mayor parte de Europa continental.[31] Se entiende empero que la influencia de la religión no vendría únicamente determinada por la transmisión de las instituciones canónicas a la sociedad civil, sino que se perpetuaría por la influencia de la ideología religiosa en las personas que ocupan las instituciones del Estado moderno. De forma más general, Chase (2005: 15-29) observa las relaciones entre la actividad probatoria en la cultura primitiva Azande y sus creencias mágicas y religiosas, y más adelante reflexiona sobre la creencia en la ciencia y la regulación de la prueba en las sociedades modernas (Chase 2005: 39-43; En un sentido similar, Denti 1969: 548 y 552-553).

Para tratar de establecer una relación general entre religión y poderes del juez, puede utilizarse la proporción de personas que se declaran miembros de una religión como un índice del grado de predominio de dicha religión en la cultura de un país. El *CIA World Factbook* (2001) contiene datos sobre dichas proporciones y podemos utilizar los del año 2001, con el sobreentendido de que dichas proporciones son especialmente estables en el tiempo. La Tabla 10 muestra los índices de correlación entre el porcentaje de católicos, protestantes y musulmanes, y los distintos poderes del juez en materia probatoria.

---

31. Damaska apunta que en dicho proceso, aunque formalmente los poderes del juez en materia probatoria fueran limitados, existían múltiples excepciones en la práctica, y las autoridades insistían en que el juez disponía de dichos poderes (Damaska 1986: 207-208. En sentido similar Alcalà-Zamora 1963: 101-102).

Tabla 10. Índice de correlación entre practicantes de religión y proceso inquisitorial

(p-valor entre paréntesis) (n = 107)

Proceso	% Católicos	% Protestantes	% Musulmanes
Reclamación de cantidad	**.445** **(.000)**	**-.423** **(.007)**	**.071** **(.590)**
Desahucio	**.317** **(.014)**	**-.630** **(.000)**	**.267** **(.027)**

Desde un punto de vista general, se han encontrado multitud de relaciones estadísticamente significativas. Los países en que predomina la religión católica son más proclives a establecer un modelo inquisitorial y los países en que predomina la religión protestante serían el contrario. Las diferencias son estadísticamente significativas. En fin, los resultados sugieren que en los países musulmanes el juez tiende a tener más poderes, pero la relación sólo es estadísticamente significativa para los desahucios.

3.4.2. Dimensiones culturales de Hofstede

Hofstede (1999: 46-50), culminando el trabajo de numerosos sociólogos y antropólogos, ha identificado, a partir de cuestionarios administrados a los trabajadores de una gran multinacional (IBM) en varios países, cuatro dimensiones culturales fundamentales que distinguen a las culturas de distintos países: (1) el grado de individualismo (*Índice de Individualismo* o II), (2) el grado de tolerancia a las diferencias de poder (*Índice de Distancia Jerárquica* o IDJ), (3) el grado de aversión a la incertidumbre (*Índice de Control de la Incertidumbre* o ICI), y (4) la importancia de la competitividad y la agresividad (*Índice de Masculinidad* o MAS).[32] La Tabla 11 reproduce los índices de correlación de los índices de Hofstede con el modelo de proceso.

Tabla 11. Índice de correlación entre dimensiones culturales de Hofstede y proceso inquisitorial

(p-valor entre paréntesis) (N = 81)

Proceso	Individualismo (II)	Distancia Jerárquica (IDJ)	Control de la incertidumbre (ICI)	Masculinidad (MAS)
Reclamación de cantidad	-.146 (.373)	.043 (.791)	.165 (.322)	.045 (.788)
Desahucio	-.118 (.461)	**.273** **(.097)**	**.307** **(.059)**	.006 (.972)

32. Los países son colocados en una escala de 0 a 100 sobre cada una de estas dimensiones en función de las respuestas obtenidas, siendo así que una mayor puntuación implica un mayor individualismo, una mayor tolerancia a las diferencias de poder, una mayor aversión a la incertidumbre, y una mayor importancia de la agresividad. Hofstede también habla de una quinta dimensión que sería la orientación temporal al corto o largo plazo, aunque no la tendremos en cuenta aquí porque existen menos datos sobre la misma y no parece susceptible de afectar a los poderes del juez. Aunque la recopilación de los datos se realizó a finales de los años 60 y principios de los 70, las dimensiones identificadas son bastante estables (Hofstede 1999: 96-97, 141-142, 184-185, 229-230) y pueden ser útiles para estudiar sus efectos sobre la configuración procesal de los poderes del juez en materia probatoria.

Desde un punto de vista general, es necesario constatar que los resultados no son estadísticamente significativos en la mayor parte de los casos, pero sí existen relaciones puntuales interesantes. El individualismo hace que sea menos probable un modelo inquisitorial, pero la relación no es estadísticamente significativa. La tolerancia por las diferencias de poder hace que sea más probable el establecimiento de un proceso inquisitorial, relación estadísticamente significativa para los desahucios. La aversión al riesgo hace más probable que se adopte un modelo de proceso inquisitorial —la relación es estadísticamente significativa sólo para los desahucios también—. En fin, el predominio de valores masculinos no parece tener ninguna capacidad explicativa de los poderes del juez en materia probatoria, puesto que no se han encontrado relaciones estadísticamente significativas.

3.4.3. Otros valores: la verdad, la confianza, el tecnocratismo

Para terminar con la indagación de los efectos de la cultura en el proceso, se realiza una investigación de distintos factores que tienen en común que se implementan mediante índices basados en los datos de la Encuesta Global de Valores (*World Values Survey*), realizada por la asociación que lleva su mismo nombre, que recibe financiación de diversas fundaciones científicas.[33]

Un primer factor que puede ser interesante investigar es la creencia en la existencia de una sola verdad absoluta. No es infrecuente que la atribución de poderes al juez en materia probatoria venga justificada por la necesidad de determinar la «verdad de los hechos» como presupuesto de la justicia (Picó i Junoy 2007: 118-119; Taruffo 2006: 476-477).[34] La Encuesta Global de Valores contiene una pregunta sobre el grado de acuerdo con la afirmación de que existe una distinción clara entre el bien y el mal (*Absolutismo*), con la afirmación de que ello depende de las circunstancias en el momento (*Relativismo*), y o la creencia de que ninguna de las dos afirmaciones (*Nihilismo*) son correctas. El porcentaje de ciudadanos de acuerdo o muy de acuerdo será el indicador de la fuerza de cada postura en un determinado país.[35]

Otra variable que la doctrina a veces ha traído a colación para explicar los poderes del juez es la confianza en el individuo, en la persona. Denti (1969: 546-547) explicaba la atribución de mayores poderes al juez en la práctica de interrogatorios en los países de derecho civil por la mayor desconfianza en la gente que, a pesar de declarar bajo la obligación de decir verdad, no podía confiarse de ninguna manera que lo hicieran. Sobre este punto, la Encuesta Global de Valores incluye una pregunta respecto de la

33. Puede verse más información en la página www.worldvaluessurvey.org. Se trata de una encuesta realizada a una muestra de ciudadanos por países con múltiples preguntas sobre aspectos tanto religiosos, como políticos, sociales, económicos, etc. Las preguntas no versan directamente sobre temas procesales, pero no es difícil relacionarlas con valores que son importantes en el proceso.

34. Sobre la importancia de la verdad a la hora de atribuir mayores poderes del juez en materia probatoria puede verse la ideología comunista en Gurvich (1971: 42-43 y 235-236).

35. Se trata de la pregunta F022. La pregunta puede ser interpretada como la creencia en la existencia de una verdad moral, que no es difícil suponer presupone la creencia en la existencia de una verdad fáctica o científica.

confianza de los ciudadanos en sus conciudadanos: utilizaremos como índice de confianza el porcentaje de personas que contesta que se puede confiar en la mayor parte de la gente, variable que llamaremos *Confianza en la gente*.[36]

En fin, no es infrecuente que se haya asociado el incremento de los poderes del juez con la creencia en el carácter técnico de dichos poderes (Picó i Junoy 1996 y 2006: 122-123). Dicha creencia enmascararía el carácter problemático que pueden representar desde otros puntos de vista, como el democrático, la igualdad de las partes, etc.[37] La Encuentra Global de Valores incluye una pregunta interesante sobre la preferencia de los ciudadanos por distintas formas de gobierno, y en particular por un gobierno de expertos o tecnocrático.[38] *Gobierno tecnocrático* representa la proporción de ciudadanos que considera que un gobierno de expertos sería una buena o muy buena idea.

La Tabla 12 muestra los índices de correlación entre estos factores y los distintos poderes del juez.

Tabla 12. Verdad, confianza y tecnocratismo y proceso inquisitorial

(p-valores entre paréntesis)

Proceso	Absolutismo (n = 61)	Relativismo (n = 61)	Nihilismo (n = 61)	Confianza en la gente (n = 67)	Gobierno tecnocrático (n = 66)
Reclamación de cantidad	-.076 (.698)	.145 (.477)	-.250 (.378)	**-.310 (.094)**	.155 (.386)
Desahucio	.157 (.396)	-.099 (.598)	-.137 (.563)	**-.316 (.088)**	.214 (.230)

¿Qué podemos observar? Resulta curioso ver que los poderes del juez en materia probatoria poco tienen que ver con la creencia en la existencia de una verdad absoluta o con el relativismo, pues no se encuentra ninguna relación estadísticamente significativa respecto de estas variables, ni tampoco con el nihilismo. Mayor capacidad explicativa tiene la confianza en la gente. En los países en que una mayor proporción de ciudadanos confía en sus conciudadanos, es menos probable que se establezca un proceso inquisitorial. En fin, el porcentaje de ciudadanos que prefiere un gobierno tecnocrático está correlacionado con el proceso inquisitorial, pero la relación no es estadísticamente significativa.

36. Se trata de la pregunta A165 de la encuesta. La alternativa a la proposición de que «se puede confiar en la mayor parte de la gente» es que «no se puede ser lo suficientemente cuidadoso.»

37. La mayor parte de la doctrina niega que la cuestión tenga sólo un carácter técnico (ver Taruffo 2006: 469).

38. Se trata de la pregunta E115. Se preguntaba a la gente si es una muy buena idea, una buena idea, una mala idea, o una muy mala idea hacer que expertos y no el gobierno tome decisiones de acuerdo con lo que crean que es mejor para el país. También se preguntaba a los ciudadanos sus preferencias sobre un gobierno por un líder fuerte (E114), por el ejército (E116), o por un sistema político democrático (E117). Las preguntas son independientes, por lo que no existe problema en utilizar sólo la pregunta que nos interesa.

4. ¿Funciona mejor el proceso inquisitorial que el adversarial?

Si es importante saber de donde venimos, es más importante si cabe saber a dónde vamos. En particular, interesa saber si el modelo de proceso inquisitorial o adversarial tiene algún efecto sobre el funcionamiento de la Administración de Justicia en general.

4.1. Midiendo el funcionamiento de la Administración de Justicia

La base de datos *Lex Mundi* incluye datos sobre el funcionamiento general de la Administración de Justicia, que pueden ser útiles a estos efectos. Además, podemos incorporar otras variables de otras bases de datos.

Una primera variable que utilizaremos es la *Duración del juicio*, que es el logaritmo de la duración media en días del juicio desde la interposición de la demanda hasta la sentencia, sin contar la duración de la notificación de la demanda. Esta información ha sido obtenida a partir de las encuentras a abogados y forma parte de la base de datos *Lex Mundi*. Con ella trataremos de evaluar si el proceso inquisitorial dura menos.

Etapas procesales independientes es otra variable de la base de datos *Lex Mundi* que mide el número de «pasos» procesales necesarios para realizar el proceso. Podremos ver si un proceso inquisitorial requiere menos pasos.

Costes de la justicia es una variable que refleja el porcentaje de los costes de un proceso respecto de la cuantía de la deuda reclamada. Se trata de una variable recopilada por el Banco Mundial a partir de encuentras a abogados en los países en el marco de su proyecto *Haciendo Negocios (www.doingbusiness.org)*. Nos permitirá ver si el proceso inquisitorial es más barato.

Otras variables parten de las respuestas de la Encuentra Global del Entorno de Negocios, a la que ya nos hemos referido, a preguntas de valoración de distintos aspectos de los tribunales de 1 a 6, donde una mayor puntuación implica una mejor posición sobre dicha dimensión. Estas variables, cuyos nombres hablan por sí solos de las preguntas que se les formularon a los ciudadanos, son *Los tribunales son justos e imparciales, Los tribunales son honestos y no corruptos, Los tribunales son rápidos, Los tribunales son asequibles, Los tribunales son coherentes, La justicia es de calidad*, y *Se puede confiar en los tribunales*.

Utilizaremos también la variable *Estado de derecho*, que mide el grado de implantación del Estado de derecho en un determinado país. La construyen Kaufmann, Kray y Mastruzzi (2007) a partir de otros índices. Puede verse también como un conglomerado de varias de las variables anteriores.

En fin, como variable de control, también incluida en la base de datos *Lex Mundi*, utilizaremos el logaritmo del *PIB medio por habitante* en el año 1997, porque los países más ricos tenderán a tener una Administración de Justicia mejor.

4.2. Efectos del modelo de proceso sobre la Justicia

Para ver los efectos del modelo de proceso sobre estos factores, se llevan a cabo regresiones para cada uno de ellos. Las Tabla 14 y Tabla 15 muestran las relaciones entre un proceso inquisitorial y los distintos parámetros de funcionamiento de la Administración de Justicia en cada país.

Tabla 14. Proceso inquisitorial y funcionamiento de la Justicia (Reclamaciones de cantidad)

	Proceso inquisitorial	PIB Medio por Hab.	Constante	F	R^2 Ajust	Casos
Duración del proceso	.093 (.229)	-.079 (.064)	5.037*** (.547)	.91	-.001	109
Etapas procesales independientes	3.831** (1.437)	-1.166** (.403)	22.139*** (3.437)	8.60***	.1234	109
Los tribunales son rápidos	-.192 (.190)	.026 (.062)	2.187*** (.485)	.59	-.0130	65
Costes de la justicia	4.669 (4.602)	-7.569*** (1.309)	82.960*** (10.970)	18.19***	.2658	96
Los tribunales son asequibles	-.049 (.154)	-.131** (.050)	4.099*** (.393)	3.53**	.0733	65
Se puede confiar en los tribunales	-.462** (.159)	.138** (.051)	2.838*** (.404)	7.58**	.1707	65
Los tribunales son consistentes	-.379* (.192)	.083 (.062)	2.585*** (.490)	2.74*	.0514	65
La justicia es de calidad	-.341* (.183)	.014 (.059)	3.511*** (.467)	1.75	.0228	65
Los tribunales son justos e imparciales	-.547** (.222)	.078 (.072)	2.960*** (.566)	3.52**	.0731	65
Los tribunales son honestos	-.519** (.230)	.198** (.074)	1.945** (.585)	5.88**	.1324	65
Estado de derecho	-.161 (.105)	.557*** (.030)	-4.195*** (.252)	180.77***	.7740	106

* $p < 0.1$ ** $p < 0.05$ *** $p < 0.001$

Tabla 15. Proceso inquisitorial y funcionamiento de la Justicia (Desahucios)

	Proceso inquisitorial	PIB Medio por Hab.	Constante	F	R^2 Ajust	Casos
Duración del proceso	.124 (.220)	-.018 (.063)	4.712*** (.534)	.21	-.0148	109
Etapas procesales independientes	-.263 (1.188)	-.753** (.338)	18.842*** (2.875)	2.49*	.0268	109

Los tribunales son rápidos	-.251 (.198)	.027 (.061)	2.190*** (.482)	.88	-.0039	65
Costes de la justicia	7.039 (4.558)	-7.533*** (1.296)	82.128*** (10.844)	19.13***	.2762	96
Los tribunales son asequibles	-.117 (.161)	-.131** (.050)	4.107*** (.392)	3.77**	.0796	65
Se puede confiar en los tribunales	-.441** (.168)	.138** (.052)	2.823*** (.409)	6.70**	.1512	65
Los tribunales son consistentes	-.276 (.205)	.081 (.063)	2.562*** (.497)	1.68	.0208	65
La justicia es de calidad	-.320 (.193)	.014 (.059)	3.500*** (.469)	1.39	.0120	65
Los tribunales son justos e imparciales	-.408* (.238)	.076 (.073)	2.928*** (.579)	1.94	.0284	65
Los tribunales son honestos	-.426* (.244)	.197** (.075)	1.919** (.594)	4.75**	.1048	65
Estado de derecho	-.221** (.102)	.557*** (.029)	-4.183*** (.248)	185.83***	.7788	106

* $p < 0.1$ ** $p < 0.05$ *** $p < 0.001$

Los resultados indican que los procesos inquisitoriales tienden a durar más y a tener más etapas procesales, aunque los resultados sólo son estadísticamente significativos para el número de etapas en reclamaciones de cantidad. También nos permiten sugerir que los procesos inquisitoriales tienden a ser más caros que los procesos adversariales, pero los efectos no son estadísticamente significativos con los datos que tenemos, por lo que la conclusión no puede ser rotunda.[39]

Más claros son los efectos del modelo de proceso sobre la calidad de la justicia. En los países con procesos inquisitoriales, la gente tiene menos confianza en los tribunales, piensa que los tribunales son menos justos, menos consistentes, menos honestos, y que la calidad de la justicia es peor. La mayor parte de estos efectos son estadísticamente significativos. No debe por tanto extrañar que también se encuentre que allí donde predomina el proceso inquisitorial el Estado de derecho sea más débil, lo que podemos apreciar sobre los procesos de desahucio especialmente.

En definitiva, en cuanto a costes y duración, los datos no permiten concluir rotundamente que el modelo adversarial sea superior. Pero sí podemos afirmar que la calidad de la justicia tiende a ser mejor allí donde rige el proceso adversarial. Podemos pensar que quizá ello se deba a que en los países donde rige el proceso inquisitorial son países

39. El proceso adquisitorial también tendría el efecto de reducir los costes de las partes respecto de los costes totales y de incrementar los costes del tribunal respecto de los costes totales de administrar justicia. Se han realizado ulteriores regresiones en que la variable dependiente es la ratio de los costes de abogados sobre los costes totales y la ratio de los costes del tribunal respecto de los costes totales y la variable independiente el modelo de proceso. Los efectos eran los esperados, pero no eran estadísticamente significativos.

menos democráticos y más pobres, y por tanto con una Administración de Justicia en general peor. Pero no sólo hemos visto antes que no es cierto que el proceso inquisitorial sea propio de países no democráticos,[40] sino que en las regresiones se tiene en cuenta la riqueza del país, y la importancia del modelo de proceso se mantiene. Por tanto, ello debe reflejar que el modelo de proceso tiene alguna influencia en el resultado.

5. Conclusiones

En este trabajo hemos investigado los poderes en materia probatoria del juez, partiendo de la distinción clásica entre un modelo de proceso adversarial y un modelo inquisitorial. Hemos visto que el proceso inquisitorial es propio de países de Derecho Civil, en que predomina el catolicismo, existe un elevado grado de intervencionismo estatal en la economía, y hay desconfianza en la gente.[41] Según los resultados obtenidos, el proceso inquisitorial poco tiene que ver, o las influencias serían indirectas, con el autoritarismo, o el comunismo, del Estado, la creencia en la verdad, o en los poderes técnicos, o la voluntad de limar las diferencias sociales y proteger a la parte débil del proceso, como también se suele pensar.

¿Pero qué tienen en común el Derecho Civil, el catolicismo, el intervencionismo estatal y la desconfianza en la gente? Después de estudiar las variables que hemos estado estudiando que a su vez están correlacionadas con estos factores de forma no contradictoria con los efectos en el proceso, parece que la aversión al riesgo tendría mucho que ver con todos. No deja de ser curioso que el propio Hofstede haya establecido una estrecha relación entre la aversión a la incertidumbre y diversos parámetros del sistema jurídico (Hofstede 1999: 213-216).[42] El proceso de codificación que se vivió en los países de derecho civil fue una reacción a la incertidumbre y arbitrariedad del sistema legal de antiguo régimen; el catolicismo es una doctrina monoteísta, unitaria, que trata de dar respuestas únicas a la incertidumbre de los hombres sobre lo que viene después de la muerte y cómo deben comportarse en la tierra; el Estado del bienestar ofrece un colchón a los ciudadanos contra los reveses económicos, y el intervencionismo económico es el instrumento para reducir la incertidumbre del libre mercado; y en fin, la aversión al riesgo tiene que necesariamente producir menor confianza en los conciudadanos. No es de extrañar pues que la respuesta de las sociedades con aversión al riesgo sea el proceso inquisitorial, muy posiblemente como forma de protegerse

40. Para los desahucios se ha encontrado en algunos casos una relación entre variables políticas y el modelo de proceso, siendo los países más autoritarios proclives a un modelo de proceso inquisitorial. Para comprobar si el motivo era éste, se han realizado regresiones, que no se reproducen, introduciendo las variables políticas en el modelo y en ocasiones ello hacía que la variable *Proceso inquisitorial* perdiera la relevancia estadística por poco, sugiriendo que podría ser éste el motivo en algunos casos.

41. Entre múltiples posibles variables tenemos que preferir aquellas que muestren una intensidad en la relación más importante, es decir, aquellos índices de correlación más intensos son mejores variables explicativas. En el texto se refieren en el orden de importancia de la relación.

42. Hofstede dice que los países que tienen una alta aversión al riesgo tienden a tener leyes que son más precisas y más numerosas que las de los países que toleran la incertidumbre bien, tiende a haber más abogados entre los altos funcionarios, y los ciudadanos tienden a confiar menos en sus instituciones. Se trate de relaciones empíricas.

contra los errores o los reveses, efecto ya identificado por Denti (1973).[43] El modelo inquisitorial parece tener mucho que ver con la falibilidad del ser humano —solo ante el mundo— y el intento de salvarla atribuyendo más funciones al aparato estatal, al grupo si se quiere.

Sin embargo este intento, que parece además entrañar mayores costes del proceso y una mayor duración de los pleitos, aunque sobre este aspecto los resultados no puedan ser rotundos, se revela como un intento vano. En las sociedades que lo han elegido como modelo de proceso, ello no parece haber redundado en una mejor calidad de la justicia, más justa, más consistente, más honesta, sino que en general se asocia a una justicia peor. Si la verdad, la igualdad y la justicia poco tenían que ver con la atribución de mayores poderes al juez, también está claro que dichos poderes no resuelven el problema, ni hacen que la justicia sea más prístina y pura. Al fin y al cabo la solución de atribuir mayor poder y responsabilidad al Estado sólo puede funcionar en la medida en que las personas que deban gestionar ese poder sean mejores o puedan hacerlo mejor, lo que es muy dudoso que los procesos de selección consigan. Los funcionarios y los jueces también son falibles, también tienen sus intereses y sus motivos espurios. Y sin contar con que, a su vez, el juez se convierte en fuerte de incertidumbre y aleatoriedad en sus decisiones, cuando ocupa la primera página.

El proceso adversarial, en cambio, tiene mejores resultados y posiblemente sea éste el motivo por el cual predomina en la escena mundial. Permite canalizar las energías de las partes hacia el esclarecimiento de los hechos, aprovechando que saben mejor que le juez cual es la realidad de la controversia. A su vez, les permite participar activamente en el proceso, lo que no sólo genera una mayor apreciación del resultado, sea positivo o negativo para sus intereses como nos demuestran los estudios de justicia procesal, sino que además el resultado final les es imputable en mayor medida, lo que reduce cualquier sentimiento de distanciamiento respecto de la Justicia. No podrán decir que la justicia no es de calidad, o la decisión es injusta, si deriva de los hechos y pruebas que ellos mismos han aportado. Esto es lo que sugieren los datos.

Ahora bien, este proceso adversarial no tiene inconveniente en prever también poderes probatorios del juez, y de hecho son numerosos los países que atribuyen alguno de los poderes probatorios que hemos visto al juez, en particular cierta iniciativa probatoria. En efecto, si una cuestión es convertir al juez en director del proceso, otra muy distinta es prohibirle introducir pruebas, impedirle controlar las preguntas que se formulan o no dejarle participar en los interrogatorios activamente. Esta no es la conclusión que se deriva de este trabajo. Los poderes del juez pueden encontrar su lugar en el marco de un proceso adversarial, como complementos de los poderes de las partes, y hay que esperar que pueden contribuir a mejorar la calidad de la justicia. La prueba de esto deberá sin embargo esperar a otros estudios.

43. En su encuesta a abogados sobre los poderes del juez, los abogados mostraban una preferencia por que el juez asumiera una variedad de poderes, como salvaguardia contra sus propios errores. Por otro lado, hay que recordar que los resultados del apartado 3.4.3 no nos permitían afirmar que la búsqueda de la verdad explique la existencia de un proceso inquisitorial.

Cara a la reforma de los procesos civiles, el hecho de que los poderes probatorios del juez dependan menos de factores culturales directamente, como el individualismo, la aversión al riesgo, la creencia en la verdad, o factores difícilmente mutables, hace pensar en la posibilidad de que las reformas sobre estos aspectos tengan éxito. Incluso la relación de los poderes probatorios del juez con la tradición jurídica o el catolicismo deriva en buena medida de la herencia histórica más que de una necesidad actual. Ello no quiere decir que existan otros aspectos del proceso que puedan depender y estar muy vinculados a la cultura. Quizá una labor para el futuro sea tratar de deslindar estos.

6. Bibliografía

ALCALÁ-ZAMORA Y CASTILLO, Niceto, *Uniformación de la prueba en el proceso civil de los países hispanoamericanos*, Boletín del Instituto de Derecho Comparado de México, 46, pp. 97-114 (1963).

Banco Mundial, *Encuesta Global sobre Entorno de Negocios*, http://info.worldbank.org/governance/wbes/#wbes (2000).

Banco Mundial, *Doing Business*, http://www.doingbusiness.org/ExploreTopics/ EnforcingContracts/ (2008).

CHASE, Oscar G., *Legal Processes and National Culture*, Cardozo Journal of International and Comparative Law, 5, (1997a), 1-24.

CHASE, Oscar G., *Some Observations on the Cultural Dimension of Civil Procedure Reform*, American Journal of Comparative Law, 45, (1997b), 861-870.

CHASE, Oscar G., Law, *Culture and Ritual. Disputing Systems in Cross-Cultural Context* (New York: New York University Press, 2005).

DAMASKA, Mirjan, *The Faces of Justice and State Authority* (New Haven: Yale Univ. Press, 1986).

DENTI, Vittorio, *Evolución del derecho probatório em los procesos civiles contemporâneos*, Boletín Mexicano de Derecho Comparado, 6, pp. 543-583 (1969).

DENTI, Vittorio, *Le Prove nel processo civile. Ricerca diretta da Vittorio Denti* (Milano: A. Giuffrè, 1973).

DJANKOV, Simeon, La Porta, Rafael, Lopez-de-Silanes, Florencio and Shleifer, Andrei, *Courts: The Lex Mundi Project*, National Bureau of Economic Research Working Paper nº 8890 (2002).

Fondo Monetario Internacional, *Datos y Estadísticas*, http://www.imf.org/external/datamapper/index.php (2006).

Freedom House, *Metodología de la clasificación de Freedom House*, http://www.freedomhouse.org/template.cfm?page=35&year=2006 (2006).

FRANK, Jerome, *Courts on Trial. Myth and Reality in American Justice* (Princeton University Press, Princeton, 1949).

GURVICH, M.A. (Dir.), *Derecho procesal civil soviético* (Instituto de Investigaciones Jurídicas, México, 1971)

HOFSTEDE, Geert, *Culturas y Organizaciones. El software mental. La cooperación internacional y su importancia para la supervivencia* (Madrid: Alianza Editorial, 1999).

KAGAN, Robert A., *Adversarial Legalism: The American Way of Law* (Cambridge: Harvard University Press, 2001).

KAUFMANN, Daniel, Aart Kraay, Massimo Mastruzzi, *Governance Matters VI: Aggregate and Individual Governance Indicators 1996-2006*, World Bank Policy Research Working Paper nº WPS4280 (2007)

KING, Gary, Robert O. Keohane & Sidney Verba, *Designing Social Inquiry, Scientific Inference in Qualitative Research* (Princeton, Princeton University Press 1994).

LANGBEIN, John, *The German Advantage in Civil Procedure*, University of Chicago Law Review, 52, (1985), 823-866.

LANGBEIN, John, *Cultural Chauvinism in Comparative Law*, Cardozo Journal of International and Comparative Law, 5, (1997), 41-49.

MONTERO AROCA, Juan, *Los principios políticos de la nueva ley de enjuiciamiento civil. Los poderes del juez y la oralidad* (Valencia: Tirant Lo Blanch, 2001).

MERRYMAN, John Henry, *The Civil Law Tradition* (Stanford: Stanford University Press, 1985, 2nd Ed. 1969).

NEWMAN, Katherine S., *Law and Economic Organization. A Comparative Study of Preindustrial Societies* (Cambridge: Cambridge University Press, 1983).

NORRIS, Pippa, *Driving Democracy: Do Power-Sharing Regimes Work*? (Manuscrito pendiente de publicación disponible en http://ksghome.harvard.edu/~pnorris/Books/ Driving%20Democracy.htm (2006).

PICÓ I JUNOY, Joan, *El derecho a la prueba en el proceso civil* (Barcelona, J.M. Bosch Editor, 1996).

PICÓ I JUNOY, Joan, *EL derecho procesal entre el garantismo y la eficacia: un debate mal planteado*, en Proceso Civil e Ideología» (Valencia, Tirant Lo Blanc 2006).

PICÓ I JUNOY, Joan, *El juez y la prueba* (Barcelona, J.M. Bosch Editor 2007).
PRZEWORSKI, Adam, Michael Alvarez, José Antonio Cheibub and Fernando Limongi, *Democracy and Development: Political Institutions and Material Well-Being in the World, 1950-1990* (Cambridge: Cambridge University Press, 2000).
TARUFFO, Michele, *Poteri probatori delle parti e del giudice in Europa*, Rivista Trimestrale di Diritto e Procedura Civile, nº 2, pp. 451-482 (2006).
ZUCKERMAN, Adrian, *Justice in Crisis: Comparative Dimensions of Civil Procedure*, en *Civil Justice in Crisis: Comparative Perspectives of Civil Procedure* (Adrian Zuckerman Ed.) (Oxford, Oxford University Press), pp. 3-52 (1999).

7. Anexo - modelo de proceso por países

Los países en que la variable es igual a 1 tienen un modelo de proceso inquisitorial a los efectos de este trabajo.

País	Reclamación de cantidad	Desahucio	País	Reclamación de cantidad	Desahucio
Anguilla	0	0	Korea	0	0
Argentina	0	0	Kuwait	0	1
Australia	0	0	Latvia	1	1
Austria	1	0	Lebanon	1	1
BVI	0	0	Lithuania	1	0
Bahrain	0	1	Luxembourg	1	1
Bangladesh	0	0	Malawi	0	0
Barbados	0	0	Malaysia	0	0
Belgium	0	1	Malta	0	0
Belize	0	0	Mexico	0	0
Bermuda	0	0	Monaco	1	1
Bolivia	1	0	Morocco	0	1
Botswana	0	0	Mozambique	1	1
Brazil	1	1	Namibia	0	0
Bulgaria	0	0	Netherlands	0	0
Canada	0	0	Netherlands Antilles	0	0
Cayman	0	0	New Zealand	0	0
Chile	0	0	Nigeria	0	0
China	0	0	Norway	0	0
Colombia	0	0	Pakistan	0	0
Costa Rica	1	1	Panama	0	0
Cote D'Ivoire	0	1	Paraguay	1	1
Croatia	0	0	Peru	1	1
Cyprus	0	0	Philippines	0	0
Czech Republic	0	0	Poland	0	0
Denmark	0	0	Portugal	1	1
Dominican Republic	1	1	Romania	1	1

Ecuador	1	1	Russia	0	0
Egypt	0	0	Senegal	0	0
El Salvador	0	0	Singapore	0	0
Estonia	0	0	Slovenia	0	0
Finland	0	0	South Africa	0	0
France	1	1	Spain	0	0
Georgia	0	0	Sri Lanka	0	0
Germany	0	0	St. Vincent	0	0
Ghana	0	0	Swaziland	0	0
Gibraltar	0	0	Sweden	0	0
Greece	0	0	Switzerland	0	0
Grenada	0	0	Taiwan	0	0
Guatemala	0	0	Tanzania	0	0
Honduras	1	1	Thailand	0	0
Hong Kong	0	0	Trinidad & Tobago	0	0
Hungary	0	0	Tunisia	1	1
Iceland	0	0	Turkey	0	0
India	0	0	Turks and Caicos	0	0
Indonesia	1	1	UAE	0	0
Ireland	0	0	USA	0	0
Israel	0	0	Uganda	0	0
Italy	0	1	Ukraine	1	1
Jamaica	0	0	United Kingdom	1	0
Japan	0	0	Uruguay	0	0
Jordan	1	1	Venezuela	0	0
Kazakhstan	1	0	Vietnam	0	0
Kenya	0	0	Zambia	0	0
			Zimbabwe	0	0

El expediente de extracción de órganos de donantes vivos

Fernando Redondo García
Profesor de Derecho Procesal
Universitat de Barcelona

I. Introducción

La donación de órganos humanos para su posterior trasplante[1] es un acto altruista por el cual una persona o su familia manifiesta la voluntad de que, a partir del momento de su muerte, cualquier órgano de su cuerpo o parte de él que sea apto para el trasplante pueda ser utilizado para ayudar a otras personas.[2] Este acto altruista se efectúa en un ámbito de la Medicina española que ha progresado extraordinariamente en los últimos años, tanto en su vertiente científica como clínica, y ha convertido a nuestro país en el actual referente mundial de la materia.[3]

1. Quisiera expresar un singular agradecimiento al Prof. Dr. Antonio López-Navidad, Coordinador de Trasplantes del *Hospital de la Santa Creu i Sant Pau* (Barcelona), por haberme permitido asistir en estos últimos años a diferentes conferencias y actos académicos relacionados con el trasplante de órganos. También debo agradecerle el material bibliográfico que tuvo a bien facilitarme.

2. El Diccionario de la Real Academia Española contempla varias acepciones del verbo donar. Para el concepto ofrecido nos interesa tan sólo las referidas a las personas vivas y fallecidas. «Dicho de una persona viva: Ceder voluntariamente su sangre, algún órgano, etc., con destino a personas que lo necesitan» y «Disponer que algún órgano propio sea utilizado para trasplante después de la muerte».

Puede consultarse también, por vía de ejemplo, el concepto de donación de órganos y tejidos recogida en la página web de la *Organització Catalana de Tasplantaments*: www.10.gencat.net

3. Un estudio publicado en el año 2006 por la Revista de medicina *Newsletter Transplants* (vol. 11, núm. 1, septiembre) viene a indicar que España tiene una tasa que supera los 35 donantes por cada millón de personas, muy por encima de la media europea (18,8 por millón), de Estados Unidos (25,5) o de Canadá (12,8). Véase, en este mismo sentido, López, C., «Uno de cinco donantes de órganos europeo es español», *La Vanguardia*, 3 de agosto de 2006, pág. 26.

Mediante la utilización de la técnica terapéutica del trasplante, que consiste en sustituir un órgano enfermo, o su función, por otro sano procedente de un donante,[4] se pretende favorecer la salud o las condiciones de vida del paciente. Desde el punto de vista asistencial la realidad está indicando que el trasplante consigue salvar miles de vidas al año,[5] ya que hay que tener en cuenta que un solo donante de órganos fallecido en la Unidad de Vigilancia Intensiva (UVI) de un centro hospitalario pueda satisfacer el trasplante en ocho enfermos que se hallan en la lista de espera de recibir un órgano (un corazón, dos pulmones, dos split hepáticos, un páncreas, y dos riñones).[6]

En España esta materia se halla regulada por la Ley 30/1979, de 27 de octubre, sobre extracción y trasplante de órganos, y el Real Decreto 2070/1999, de 30 de diciembre, por el que se regulan las actividades de obtención y utilización clínica de órganos humanos y la coordinación territorial en materia de donación y trasplante de órganos.[7]

4. Indica López-Navidad, A., «El donante de órganos», en *El donante de órganos y tejidos*, ed. Springer-Verlag Ibérica, Barcelona, 1997, pág. 11: «El trasplante de órganos es una indicación terapéutica resolutiva y eficaz en los estadios funcionales terminales e irreversibles de riñón, corazón, hígado, pulmón y páncreas. Los pacientes en estadios terminales de la función renal y los de la función endocrina pancreática tienen una alternativa terapéutica al trasplante: la diálisis y la administración exógena de insulina, respectivamente. Los pacientes en estadios terminales de su función cardiaca, hepática o pulmonar tienen como única opción terapéutica el trasplante del órgano lesionado».

5. Metesanz Acedos, R., *El milagro de los trasplantes*, ed. La esfera de los libros, Madrid, 2006.

6. López-Navidad, «El donante de órganos», en *El donante de órganos y tejidos*, op.cit., pág. 16.

7. Algunas Comunidades Autónomas han dictado órdenes específicas y decretos desarrollando la normativa indicada. En Cataluña, por ejemplo, que es el lugar donde nació el modelo organizativo de obtención de órganos humanos para su posterior trasplante que se ha instaurado para toda España (Viedma, M.A.; Aguayo, M.T., Sanroma, M., «Legislación sobre el donante de órganos y tejidos», *El donante de órganos y tejidos*, op.cit. pág. 29) pueden consultarse: Orden de 3 de enero de 1984, por la cual se crea el registro de enfermos renales (DOGC núm. 402, de 27.01.1984); Orden de 16 de agosto de 1984, por la cual se modifica la Orden de 2 de enero de 1984 sobre la autorización de centros sanitarios extractores y trasplantadores de órganos humanos (DOGC núm. 462, de 22.08.1984); Orden de 26 de mayo de 1994, por la cual se crea la Organización Catalana de Trasplantes como programa adscrito al Área Sanitaria del Servicio Catalán de la Salud (DOGC núm. 1907, de 10.06.1994); Orden de 5 de julio de 1994, por la cual se autoriza a los centros sanitarios para la realización de trasplantes de progenitores hemopoyéticos (DOGC núm.1922, de 18.07.1994); Orden de 8 de julio de 1994, por la cual se crea la Comisión Asesora de Trasplante de Progenitores Hemopoyéticos (DOGC núm. 1922, de 18.07.1994); Orden de 30 de enero de 1997, por la cual se crea la Comisión Asesora de Trasplante de Córnea (DOGC núm. 2337, de 24.02.1997); Orden de 30 de enero de 1997, por la cual se crea la Comisión Asesora de Órganos y Tejidos para Trasplante (DOGC núm. 2337, de 24.02.1997); Decreto 37/1997, de 18 de febrero, por el cual se crea el registro de trasplante de células progenitoras de la hematopoyesis (DOGC núm. 2337, de 24.02.1997); Orden de 6 de mayo de 1997, por la cual se modifica la Orden de 8 de julio de 1994, de creación de la Comisión Asesora de Trasplante de Progenitores Hemopoyéticos (DOGC núm. 2396, de 22.05.1997); Orden de 24 de diciembre de 1997, por la cual se crea la Comisión Asesora de Obtención y Trasplante de Tejido Vascular (DOGC núm. 2565, de 27.01.1998); Orden de 11 de junio de 1998, por la cual se modifica la Orden de 30 de enero de 1997, por la cual se crea la Comisión Asesora de Trasplante de Córnea (DOGC núm. 2666, de 23.06.1998); Orden de 14 de diciembre de 1999, por la cual se crea la Comisión Asesora sobre la Obtención y el Trasplante de Tejido Óseo (DOGC núm. 3040, de 22.12.1999); Decreto 260/2000, de 31 de julio, por el cual se despliegan la estructura y organización centrales del ente público Servicio Catalán de la Salud, quedando adscrita la Organización Catalana de Trasplantes al Área Sanitaria (DOGC núm. 3200, de 08.08.2000); Orden SSS/250/2002, de 1 de julio, por la cual se regulan los ficheros automatizados que contienen datos de carácter personal en el ámbito del Servicio Catalán de la Salud. En esta orden se regulan, entre otras, el registro de donantes y enfermos a la espera de un trasplante, el registro de enfermos a la espera de un trasplante de células progenitoras de la hematopoyesis a partir de donantes no emparentados, el registro de trasplante cardíaco, el registro de trasplante hepático y el registro de enfermos renales. (DOGC núm. 3678, de 16.07.2002); Orden SLT/559/2006, de 21 de noviembre, por la cual se establecen, para el año 2006, los precios de las actividades de trasplante renal y de extracción de órganos que prestan los centros y establecimientos sanitarios que tengan subscritos contratos o convenios con el Servei Català de la Salut. (DOGC núm. 4770, de 28.11.2006); Orden SLT/560/2006, de 21 de noviembre, de modificación de la ORDEN de 30 de

La legislación española de trasplantes instaura un modelo organizativo ciertamente complejo en el que intervienen donantes, receptores, equipos asistenciales multidisciplinarios, organizaciones de trasplante, asociaciones, profesionales del ámbito jurídico, etc.,[8] pero destaca por ser un modelo enormemente eficaz.[9]

Dependiendo de la procedencia del órgano a trasplantar, la Ley 30/79 y el Real Decreto 2070/1999 distinguen dos tipos de donantes. En primer lugar, el donante vivo que es aquella persona que efectúa la donación en vida de aquellos órganos, o parte de los mismos, cuya extracción sea compatible con la vida y cuya función pueda ser compensada por el organismo del donante de forma adecuada y suficientemente segura (art. 3.2 RD). Y en segundo lugar, el donante fallecido que es aquella persona difunta de la que se pretende extraer los órganos siempre y cuando ésta no hubiera manifestado expresamente en vida su oposición a ello (art. 3.3 RD). Esta segunda categoría de donantes admite una subclasificación: el donante que se encuentra en situación de *muerte encefálica* y el donante en situación de *parada cardiaca,* al cual se le extraen los órganos tras la asistolia irreversible.

De acuerdo con esta distinción entre donantes vivos y fallecidos, nuestra legislación prevé un particular tratamiento de la manifestación del consentimiento de las personas que quieren donar sus órganos.

Al donante vivo se le pide que emita el denominado *consentimiento informado*. El médico le deberá informar sobre los riesgos inherentes a la intervención, las consecuencias previsibles de orden somático o psicológico, las repercusiones que pueda suponer en su vida persona, familiar o profesional, así como de los beneficios que con el trasplante se espera haya de conseguir el receptor (art. 9.3 RD). Una vez facilitada esta información el donante deberá otorgar el consentimiento de forma expresa, libre, consciente y desinteresada (art. 9.1 c) RD).[10] Estas donaciones entre personas vivas se limitan a supuestos en los que puedan esperarse grandes posibilidades de éxito del trasplante. Sirva de ejemplo la noticia publicada en la prensa escrita en el año 2005 sobre el éxito obtenido en el hospital Universitario La Paz de Madrid tras utilizarse en la intervención quirúrgica de extracción de un riñón de una madre para ser trasplantado a su hija de 13 años la técnica laparoscópica.[11]

---

enero de 1997 para la cual se crea la Comisión asesora de obtención de órganos y tejidos para trasplante. (DOGC núm. 4770, de 28.11.2006).

8. Viedma, M.A.; Aguayo, M.T., Sanroma, M., «Legislación sobre el donante de órganos y tejidos», *El donante de órganos y tejidos,* op.cit. pág. 29.

9. Tanto es así que la Unión Europea y el Consejo de Europa han recomendado expresamente en distintos documentos la instauración total o parcial del mismo (véase, por ejemplo: «Opinion of the European group on ethics in science and new technologies to the European Commission», nº 11, 21 de julio de 1998 o «Additional protocol to the convention on human rights and biomedicine concerning transplantation of organs and tissues of human origin», *European Treaty Series,* nº 186). Acerca de la repercusión internacional del modelo implementado en España para la obtención de órganos para su ulterior trasplante puede consultarse la página web de la Organización Nacional de Transplantes: http://www.ont.es.

10. Sobre los requisitos que han de cumplirse y el procedimiento a seguir en estos se estudia en el apartado II.

11. Sánchez, M., «La hora del donante vivo», *El País,* 26 de julio de 2005: «La coordinación de los servicios de urología y nefrología, pediátrica y de adultos del hospital Universitario la Paz de Madrid ha permitido la extracción de un riñón por cirugía laparoscópica de donante vivo como parte de un programa propio protocolizado para trasplante

Por lo que se refiere al donante fallecido, es necesario constatar que no hubo la oposición expresa en vida del mismo[12] y, además, disponer del consentimiento escrito de la familia a la donación de órganos. Este último requisito del consentimiento familiar no se halla contemplado en la legislación sobre trasplantes; sin embargo, la realidad clínica indica, como veremos más adelante, que no se procede a la extracción de los órganos sin dicha conformidad.

Entrando en la primera exigencia de orden legal —la constatación de la voluntad del fallecido— el art. 10.1 RD establece que en aquellos casos en los que los donantes fallezcan en un centro hospitalario por cese irreversible de las funciones encefálicas (donante por muerte encefálica) o por cese irreversible de las funciones cardiorrespiratorias (donante a corazón parado) se deberá realizar las siguientes comprobaciones:

a) solicitar información sobre si el interesado hizo patente su voluntad a alguno de sus familiares o de los profesionales que le han atendido en el centro sanitario, a través de las anotaciones que los mismos hayan podido realizar en el Libro de Registro de Declaraciones de Voluntad o en la historia clínica.

b) Examen de la documentación y pertenencias que el donante llevaba consigo.

Por su parte, el art. 10.5 RD dispone que cuando el origen de la muerte sea un accidente (de tráfico o laboral) así como en los casos de mediar una investigación judicial, deberá recabarse la autorización del juez, quien, previo informe del médico forense, deberá concederla siempre que no obstaculice el resultado de la instrucción del sumario al constatar justificadas las causas del fallecimiento.

Una vez comprobada la voluntad del donante fallecido por los métodos indicados y obtenida la autorización del juez en los casos de muerte accidental o investigación judicial, el profesional del centro sanitario que desempeña la función de *Coordinador de Trasplantes hospitalario* mantiene una entrevista con los familiares del difunto a fin de solicitar la autorización de la familia a la extracción de los órganos.

---

renal. La intervención le fue practicada a una mujer con el fin de trasplantar el riñón a su hija, de 13 daños. La madre fue dada de alta a los tres días y la pequeña a los 10. Según el equipo responsable, es la primera vez que una madre puede acompañar a su hija al hospital a quitarle los puntos. Esto ha sido posible gracias a la cirugía laparoscópica, mucho menos cruenta que la convencional, y a la amplia experiencia que de esta técnica en urología tiene el centro madrileño. No es la primera vez que en España se realiza una extracción renal por laparoscopia de donante vivo, puesto que ya lo han hecho centros como el Clínico y la Fundación Puigvert, de Barcelona. Pero sí se trata de una iniciativa pionera como parte de un programa protocolizado de trasplantes».

12. Tal como establece el art. 5 de la Ley 30/79:»2. La extracción de órganos u otras piezas anatómicas de fallecidos podrá realizarse con fines terapéuticos o científicos, en el caso de que éstos *no hubieran dejado constancia expresa de su oposición*.

3. Las personas presumiblemente sanas que falleciesen en accidente o como consecuencia ulterior de éste se considerarán, asimismo, como donantes, *si no consta oposición expresa del fallecido*».

La mayoría de los autores consultados y citados coinciden en afirmar que nos encontramos ante supuestos un *consentimiento presunto*. Sin embargo, por nuestra parte entendemos que es más apropiado mantener que en caso de la que porque el consentimiento se emite o no el consentimiento se emitió.

Este es un punto trascendental. Si la familia se niega a autorizar la donación el equipo médico de trasplantes no puede proceder a la extracción de los órganos y, consecuentemente, la tasa de mortalidad de los enfermos que se hallan en lista de espera de recibir un órgano se seguirá manteniendo estable.[13]

En el año 1997, un estudio elaborado por López-Navidad[14] revelaba que las causas más frecuentes de negación de la familia eran: a) no tener ningún argumento alguno (se relacionaba con niveles culturales bajos o muy bajos); b) negativa en vida del fallecido a la donación de órganos; c) sensación por parte de la familia del fallecido de mala praxis en la fase en la que el cadáver fue paciente, o sensación de la familia de atención incorrectas, insuficientes o inadecuadas. Entonces la tasa de negativa era del 30%.

A principios del año 2007, METESANZ indica que la causa principal de las negativas (que actualmente ronda la tasa del 16,7%)[15] es la dificultad para entender el concepto de muerte encefálica porque la persona que tiene que permitir la extracción del órgano ve que su familiar respira, aunque tenga el sistema nervioso central destrozado e irrecuperable.[16]

De lo expuesto cabe deducir, en definitiva, y sin perjuicio de que en los últimos diez años haya descendido la tasa de negativas familiares a autorizar la extracción de órganos de los donantes fallecidos, que en la actualidad continúa siendo imprescindible recabar el consentimiento escrito de los familiares del difunto, requisito éste que todavía no ha sido introducido en la vigente legislación española de trasplantes, pero que la práctica hospitalaria se sigue exigiendo.

Piénsese asimismo que en España el 98% de las donaciones de órganos humanos provienen de donantes fallecidos, lo cual significa *a contrario sensu* que tan sólo el 2% de los órganos tienen su origen en donantes vivos. De ahí que convenga tener muy presente para el estudio del expediente de extracción de órganos de donantes vivos que es un procedimiento que se utiliza escasamente, ya que se limitará a situaciones en las que puedan esperarse grandes posibilidades de éxito del trasplante.

II. Administración judicial de los expedientes relativos extracción de órganos de donantes vivos

Corresponde al Juez encargado del Registro Civil de la localidad en que ha de realizarse la extracción del órgano la administración de tales expedientes.

---

13. En el año 2006 la mortalidad rondaba el 8% según indica DE BENITO, «Las negativas a donar órganos caen hasta su mínimo histórico», *El País,* 11 de enero de 2007, pág. 29.

14. López-Navidad, A., «El donante de órganos», en *El donante de órganos y tejidos,*op.cit., pág. 16.

15. Datos extraídos de la página web de la Organización Nacional de Trasplantes sobre la actividad de donación y Trasplante en España (http://wwww. ont.es).

16. DE BENITO, «Las negativas a donar órganos caen hasta su mínimo histórico», *El País,* 11 de enero de 2007, pág. 29.

Conforme dispone el apartado primero del artículo 9 del Real Decreto 2070/1999, de 30 de diciembre: «Para proceder a la extracción de órganos de donante vivo, el interesado deberá otorgar por escrito su consentimiento expreso ante el juez encargado del Registro Civil de la localidad de que se trate, tras las explicaciones del médico que ha de efectuar la extracción y en presencia del médico al que se refiere el apartado 3 de este artículo, del médico responsable del trasplante y de la persona a la que corresponda dar la conformidad para la intervención, según figure en el documento de autorización del centro».

Nótese que en dicho R.D. no se articula por completo el procedimiento a seguir para que el donante pueda emitir el consentimiento de forma libre y consciente. Existe, por tanto, una insuficiente regulación legal.

A partir de un exhaustivo análisis de la práctica de los Juzgados encargados del Registro Civil puede exponerse el *iter* procedimental que se sigue en los casos de extracción de órganos de donantes vivos.

1. Solicitud

El procedimiento se iniciará mediante *solicitud* del donante o a través de *comunicación* del Director del centro sanitario en que vaya a efectuarse la extracción.

Junto con la solicitud necesariamente deben expresarse las circunstancias personales y familiares del donante, el objeto de la donación, el centro sanitario en que haya de efectuarse la extracción, la identidad del médico responsable del trasplante y se acompañará un certificado médico sobre la salud mental y física del donante.

Como es lógico, con la solicitud se acompañarán los documentos originales y el solicitante deberá presentar en el Registro Civil además dos copias de la solicitud y de los documentos para su posterior traslado.[17]

2. Acta de admisión

El Juez encargado del Registro Civil admite la petición y extiende un *acta* denominada *acta de consentimiento para la extracción de órganos.* A continuación, debe acordar (en una sola resolución) señalar día y hora para la comparecencia *y* cita al donante y al médico que ha de efectuar la extracción, al médico firmante del certificado sobre la salud mental y física del donante (a que se refiere el aparatado anterior), al médico responsable del trasplante y a la persona a quien corresponda dar la autorización para la intervención, conforme al documento de autorización para la extracción concedida al centro sanitario de que se trate.

---

17. Una copia para el centro sanitario que efectuará la extracción y otra para el donante.

3. Comparecencia

La comparecencia se efectúa en el despacho del Juez encargado del Registro Civil y en presencia del Secretario judicial, el cual extenderá acta.

En la comparecencia, el Juez encargado del Registro Civil oirá al médico que ha de efectuar la extracción y al donante, quien deberá expresar su consentimiento.[18] Podrá asimismo oír a los demás asistentes al acto y requerir de éstos las explicaciones que estime oportunas sobre la concurrencia de los requisitos exigidos en la ley para el otorgamiento del consentimiento.

Si en la comparecencia se formulara oposición del donante,[19] se archivará el expediente sin más trámite.

Si no hubiere oposición y el Juez encargado del Registro Civil estimara que se han cumplido los requisitos legales, se extenderá por escrito el documento de cesión del órgano, que será firmado por el interesado, el médico que ha de ejecutar la extracción y los demás asistentes. De dicho documento de cesión deberá facilitarse copia al interesado.

Una vez firmado el documento se da por concluido el acto.

En ningún caso podrá efectuarse la extracción de órganos sin la firma previa de este documento.

Debe advertirse que entre la firma del documento de cesión del órgano y la extracción del mismo deberán transcurrir al menos veinticuatro horas, pudiendo el donante revocar su consentimiento en cualquier momento antes de la intervención sin sujeción a formalidad alguna. Dicha revocación no podrá dar lugar a ningún tipo de indemnización.

III. A modo de conclusión

España continúa liderando la actividad trasplantadora de órganos humanos a escala mundial. Las estadísticas demuestran que la tasa de donantes por cada millón de habitantes se está incrementando año tras año, y ponen asimismo de relieve que el modelo instaurado por nuestro legislador se ha convertido en un referente mundial, porque es enormemente eficaz.

No obstante, en la actualidad, existe una insuficiente regulación legal de *iter* procedimental a seguir ante el Juez encargado del Registro Civil para la extracción de órganos de donantes vivos.

---

18. El donante deberá responder a las preguntas que le formule el Juez acerca de si ha sido informado de consecuencias de su decisión, si conoce el nombre del receptor; y si está conforme con decisión de donar para la extracción.

19. También es posible que formulen oposición a la donación el médico que ha de ejecutar la extracción y los demás asistentes si albergan duda sobre que el consentimiento del donante se ha manifestado de forma expresa, libre, consciente y desinteresada.

Desde la Organización Nacional de Trasplantes se está fomentando la donación de órganos vivos para tratar de incrementar la tasa total de donantes del año en curso. Con tales expectativas convendría que el legislador subsanase con urgencia la deficiente regulación de dicho procedimiento de extracción de órganos de donantes vivos.

La suspensión del arbitraje por prejudicialidad**

NÚRIA REYNAL QUEROL
PROFESORA LECTORA DE DERECHO PROCESAL DE LA UAB.

La Ley de Arbitraje (LA) de 2003 no alude en su articulado a los supuestos de cuestiones prejudiciales que pueden plantearse a lo largo de un proceso de arbitraje. Si bien, en algunos supuestos, la naturaleza jurisdiccional del procedimiento arbitral ha permitido y justificado, en materia de cuestiones prejudiciales, una transposición de conceptos desde el ámbito del proceso civil al arbitraje, con referencia a otros aspectos de la prejudicialidad en el procedimiento arbitral, también debe reconocerse que la transposición mencionada no ha sido posible y la solución a los problemas suscitados ha tenido que buscarse en la propia regulación de la institución arbitral.

Esto es lo que sucede, en general, con los sistemas de resolución de las cuestiones prejudiciales, y en particular, con la suspensión de las actuaciones arbitrales por causa de prejudicialidad, temas a los que la nueva ley arbitral no dedica precepto alguno. En un primer momento, la ausencia de previsión legal sobre la materia, obliga a plantearse la viabilidad de utilizar en sede arbitral los sistemas devolutivo y no devolutivo de resolución de cuestiones prejudiciales previstos en la LEC respecto de la prejudicialidad en el proceso civil[1] Sin embargo, en este aspecto del arbitraje, a nuestro modo de ver, existen varias razones que

** Este trabajo, con algunas modificaciones, forma parte de un estudio más amplio sobre las cuestiones prejudiciales en el arbitraje publicado en el nº2 del año 2007 de la «Revista Vasca de Derecho Procesal y Arbitraje».

1. Un sector de la doctrina defiende la aplicación analógica en el arbitraje de la regulación en materia de prejudicialidad contenida en la LEC y en la LOPJ. Así, Nieva Fenoll, *La prejudicialidad penal en el arbitraje*, en «Anuario de Justicia Alternativa», 2006, nº7, pp.157 y ss., aunque en relación con los supuestos de cuestiones prejudiciales penales, entiende que hasta que llegue una regulación de esa prejudicialidad penal, que disponga qué es lo que debe hacer el árbitro en una situación semejante, optar por la vía analógica es una decisión acertada.

En cuanto a la utilización de la regulación de la LEC y de la LOPJ sobre prejudicialidad para resolver los supuestos de cuestiones prejudiciales en el arbitraje, la jurisprudencia no se muestra unánime.

Así, por ejemplo, las sentencias AP Barcelona 3 marzo 2000 (AC 2000/4245) y AP Madrid 26 julio 2005 (JUR 2005/194471) acuden a la regulación sobre prejudicialidad en el proceso civil para dar respuesta a supuestos de pre-

desaconsejan la aplicación analógica en el procedimiento arbitral de la regulación que la LEC contiene para el caso de que la cuestión prejudicial surja en el proceso civil. Por un lado, debe tenerse en cuenta la singularidad y dinámica específica que presenta el arbitraje en relación con el proceso civil. Por otro, debe señalarse, así mismo, que la LA no contiene en esta materia ninguna remisión al texto de la LEC. Cuando el legislador arbitral ha querido remitirse a ella así lo ha hecho constar expresamente, por ejemplo, en el art 43 LA en referencia a los motivos de revisión del laudo arbitral. Consiguientemente, si en materia prejudicial la LA hubiese optado por aplicar analógicamente la regulación de la ley procesal civil, es pensable que el legislador lo hubiese recogido en el articulado de la norma.

Lo acabado de exponer nos lleva a afirmar que el tratamiento procesal que debe recibir la prejudicialidad a lo largo del procedimiento arbitral se determina, no por analogía con la LEC, sino de acuerdo con las normas procedimentales propias que regulan el arbitraje y, consiguientemente, aprovechando, de entre los distintos mecanismos y trámites recogidos en la normativa, aquellos que puedan servir como instrumentos de resolución prejudicial. Uno de ellos consiste, precisamente, en la suspensión de las actuaciones arbitrales por causa de prejudicialidad con la consiguiente resolución de la cuestión prejudicial en la sede que corresponda.

A pesar de que la LA no prevea expresamente tal hipótesis, entendemos, junto con la mayoría de la doctrina, que la paralización del procedimiento arbitral debe poder ser acordada cuando en el curso de aquél aparezca una cuestión prejudicial, sea de naturaleza penal, civil, administrativa o laboral.[2] La laguna legal existente en este aspecto del arbitraje nos obliga, en las páginas que siguen, a analizar no sólo en qué circunstancias puede darse dicha paralización sino también a través de qué instrumentos previstos en la LA puede tener lugar.

---

judicialidad en el arbitraje. La primera de las resoluciones mencionadas fundamenta su decisión en los arts 114 LECrim y 10 LOPJ y rechaza la cuestión prejudicial puesto que los datos aportados en el expediente arbitral en relación con las diligencias penales son insuficientes para afirmar algún tipo de relación entre el tema penal y el objeto del arbitraje. La segunda sentencia rehúsa la suspensión de las actuaciones arbitrales por prejudicialidad de acuerdo con el art 40 LEC ya que el precepto exige para la suspensión del proceso civil por prejudicialidad penal que los hechos investigados como hechos de apariencia delictiva sean alguno o algunos de los que fundamentan las pretensiones de las partes, y en el caso dicha identidad no puede apreciarse.

Por el contrario, la sentencia AP Sevilla 23 abril 2003 (JUR 2003/267445) cuestiona la aplicación de los arts 114 LECrim y 40 LEC en el arbitraje dado que la existencia de un plazo para laudar dificulta la posibilidad de suspender el procedimiento por existencia de causa criminal.

2. En efecto, la generalidad de los autores que se han pronunciado sobre esta cuestión lo han hecho en sentido favorable a la suspensión del arbitraje por causa de prejudicialidad. *Vid.* en este sentido Chocrón Giráldez, *Los principios procesales en el arbitraje*, Barcelona, 2000, p.88; Bernardo San José, *Arbitraje y jurisdicción. Incompatibilidad y vías de exclusión*, Granada, 2002, pp.204-205; Guzmán Fluja, *Artículo 11. Convenio arbitral y demanda en cuanto al fondo ante un tribunal*, en «Comentarios a la Ley de Arbitraje (Ley 60/2003, de 23 de diciembre)» (coord.. Barona Vilar), Madrid, 2004, pp.488-489; Yánez Velasco, *Artículo 37. Plazo, forma, contenido y notificación del laudo*, en «Comentarios a la nueva Ley de Arbitraje» (con Escolà Besora), Valencia, 2004, pp.706-707; ID., *Artículo 38. Terminación de las actuaciones*, en «Comentarios a la nueva Ley de Arbitraje» (con Escolà Besora), cit., pp.781-783; Ramos Méndez, *Arbitraje y litigios transfronterizos en un foro global*, Barcelona, 2005, p.53.

Igualmente, *Vid.* las sentencias AP Sevilla 23 abril 2003 (JUR 2003/267445), AP Santa Cruz de Tenerife 8 septiembre 2003 (JUR 2004/25230), AP Alicante 11 septiembre 2003 (JUR 2003/235833), AP Madrid 26 julio 2005 (JUR 2005/194471).

I. Suspensión por acuerdo de las partes

La LA de 1988, en su art 31, contemplaba la posibilidad de suspender el proceso arbitral por petición de ambas partes de común acuerdo y por plazo cierto y determinado. Sin embargo tal hipótesis ha desaparecido del redactado de la actual ley arbitral, que no contiene precepto alguno que recoja expresamente la suspensión de las actuaciones arbitrales por acuerdo de las partes. El problema que plantea este silencio legal es si debe interpretarse como una imposibilidad de suspender el arbitraje a instancia de ambas partes, o si por el contrario, puede entenderse que la suspensión es una cuestión susceptible de ser pactada por los intervinientes en el proceso arbitral. En la resolución de este dilema la mayoría de la doctrina se ha decantado por la segunda de las respuestas apuntadas,[3] conclusión que compartimos plenamente. Así, el silencio del legislador sobre la suspensión mencionada no debe interpretarse como una prohibición de que aquélla tenga lugar, sino que una lectura atenta del espíritu de la LA de 2003 permite admitir sin problemas la posibilidad que las partes acuerden la suspensión del arbitraje.

Así, a pesar del silencio del legislador en esta materia, la suspensión del arbitraje por acuerdo de las partes entendemos que encuentra su fundamento en los principios que inspiran la regulación que sobre el arbitraje establece la LA de 2003. Nos estamos refiriendo, en concreto, a la preeminencia que la Ley reconoce al principio de la autonomía de la voluntad. Si la voluntad de las partes es la que dirige e inspira la tramitación del arbitraje, ha de ser posible suspender las actuaciones arbitrales cuando ambas partes coincidan en acordarlo en este sentido.[4]

En efecto, la LA atribuye un amplio margen de libertad a los particulares para la autorregulación del arbitraje. Si bien establece unas mínimas reglas procedimentales, siempre contempla como esencial el acuerdo y la intervención de las partes. El ejemplo más claro de ello lo encontramos en el art 25 LA, ya que establece la primacía de la autonomía de la voluntad a la hora de decidir las normas aplicables al procedimiento arbitral.[5] Las partes son dueñas de fijar el régimen jurídico que crean más conveniente para

---

3. *Vid.* en este sentido Barona Vilar, *Artículo 38. Terminación de las actuaciones*, en «Comentarios a la Ley de Arbitraje (Ley 60/2003, de 23 de diciembre)», (coord.. Barona Vilar), Madrid, 2004, pp.1269-1270; Cordón Moreno, *El arbitraje de derecho privado. Estudio breve de la Ley 60/2003 de 23 de diciembre de Arbitraje*, Navarra, 2005, p.218.

4. Así lo afirma Barona Vilar, *op.cit.*, p.1270.

Del mismo modo se entendía que la autonomía de la voluntad era la que estaba detrás de las amplias facultades que el art 31 LA 1988 ofrecía a los interesados para suspender el procedimiento arbitral. *Vid.* en este sentido Rivero Hernández, *Artículo 31*, en «Comentarios a la Ley de Arbitraje» (Coord. Bercovitz Rodríguez-Cano), Madrid, 1991, p.529.

5. *Vid.* Masacarell Navarro, *Artículo 21*, en «Comentario breve a la Ley de Arbitrje» (Dir. Montero Aroca), Madrid, 1990, pp.113-114; de Hoyos Sancho, *Articulo 25*, en «Comentarios prácticos a la Ley de Arbitraje» (Dir. Guilarte Gutiérrez, Coord. Mateo Sanz), Valladolid, 2004, pp.461 y ss.; Lorca Navarrete, *Comentarios a la nueva Ley de Arbitraje 60/2003 de 23 de diciembre*, San Sebastián, 2004, p.241; Cucarella Galiana, *El procedimiento arbitral (Ley 60/2003, de 23 de diciembre, de arbitraje)*, Bolonia, 2004, p.142; Cubillo López, *Artículo 25. Determinación del procedimiento*, en «Comentarios a la nueva Ley de Arbitraje» (Coord. Hinojosa Segovia), Barcelona, 2004, pp.131-132; Guzmán Fluja, *Artículo 25. Determinación del procedimiento*, en «Comentarios a la Ley de Arbitraje (Ley 60/2003, de 23 de diciembre)», (Coord. Barona Vilar), Madrid, 2004, pp.917-922; Cordón Moreno, *El arbitraje de derecho privado. Estudio breve de la Ley 60/2003 de 23 de diciembre de Arbitraje*, cit., p.168; Gómez Jené, *Artículo 25. Determinación del procedimiento*, en «Comentarios a la Ley de Arbitraje de 2003» (Coord. Arias Lozano), Navarra, 2005,

regular el arbitraje, adoptando, a este efecto, las reglas que consideren más apropiadas para una correcta tramitación del mismo.[6] La autonomía privada puede manifestarse de dos modos distintos. Bien, directamente a través de declaraciones de voluntad de los particulares. Bien, indirectamente mediante la declaración de voluntad de que el arbitraje sea administrado por una institución arbitral o se rija por un reglamento arbitral. En ambos casos, resulta posible llegar a una suspensión de las actuaciones. En el primer supuesto, porque las partes así lo acuerden. En el segundo, porque la posibilidad de que las partes paralicen las actuaciones puede estar contemplada en los reglamentos de arbitraje de las instituciones arbitrales.[7] Ahora bien, la vigencia del principio de la autonomía de la voluntad en la regulación de las actuaciones arbitrales conoce unos límites. El art 24 LA condiciona las facultades de disposición sobre el procedimiento al respeto de dos principios esenciales: el principio de igualdad y el principio de audiencia y contradicción.[8] Puede afirmarse, así pues, que siempre y cuando queden garantizados los principios mencionados, las reglas sobre el procedimiento arbitral son dispositivas y la libertad procedimental puede hacerse efectiva.

---

pp.259-260; Cortés Domínguez, *Artículo 25. Determinación del procedimiento*, en «Comentarios a la Ley de Arbitraje» (coords. De Martín Muñoz, Hierro Anibarro), Madrid/Barcelona, 2006, p.427.

6. En opinión de Cremades, Cairins, *El arbitraje en la encrucijada entre la globalización y sus detractores*, en «Diario La Ley», 7 mayo 2002, aptdo. IV; de Hoyos Sancho, *op.cit.*, p.462; el legislador pretende el mantenimiento del modelo que la doctrina ha calificado de «*laissez-faire* de tipo forense». Por su parte, Ramos Méndez, *El arbitraje internacional*, en «Anuario de Justicia Alternativa, Especial Ley 60/2003, de 23 de diciembre, de Arbitraje», 2004, p.17, señala que el procedimiento legal tiene carácter supletorio, es un modelo por defecto, pero nada impide que las partes se hagan el traje a medida.

7. Distintos Reglamentos de las Cortes de Arbitraje contemplan la posibilidad de que, en cualquier momento antes de laudo las partes, de común acuerdo, puedan suspender el arbitraje por un plazo cierto y determinado. Así, por ejemplo, el art 32 de la Corte de Arbitraje de Alicante; el art 33 de la Corte de Arbitraje de Castellón; el art 9 del Reglamento Arbitral de la Cámara Oficial de Comercio, Industria y Navegación de Gijón; el art 43 del Reglamento de la Corte de Arbitraje de la Cámara Oficial de Comercio, Industria y Navegación de Huelva; el art 42 del Reglamento de la Corte de Arbitraje de la Cámara Oficial de Comercio e Industria de Jerez de la Frontera; el art 31 del Reglamento de Conciliación y Arbitraje de la Cámara Oficial de Comercio, Industria y Navegación de Las Palmas; el art 38 del Reglamento de Arbitraje de la Cámara Oficial de Comercio, Industria y Navegación de Mallorca, Ibiza y Formentera; el art 9 del Reglamento Arbitral de la Cámara Oficial de Comercio, Industria y Navegación de Oviedo; el art 46 del Reglamento de la Corte de Arbitraje de la Cámara Oficial de Comercio, Industria y Navegación de Sevilla; el art 33 del Reglamento de la Corte de Arbitraje de Valencia.

Vid. Montero Muriel, *Artículo 38. Terminación de las actuaciones*, en «Comentarios a la Ley de Arbitraje de 2003» (Coord. Arias Lozano), Navarra, 2005, p.366.

8. Sobre estos principios *Vid.* Masacarell Navarro, *Artículo 21*, cit., pp.116-117; Chocrón Giráldez, *Los principios procesales en el arbitraje*, cit., pp.76-80 y 115-118; Lorca Navarrete, *El arbitraje como sistema de garantías*, en «Revista Vasca de Derecho Procesal y Arbitraje», 2002, nº2, pp.313 y ss.; de Hoyos Sancho, *Artículo 24*, en «Comentarios prácticos a la Ley de Arbitraje» (Dir. Guilarte Gutiérrez, Coord. Mateo Sanz), Valladolid, 2004, pp.448 y ss.; Lorca Navarrete, *Comentarios a la nueva Ley de Arbitraje 60/2003 de 23 de diciembre*, cit., pp.239 y ss.; Munné Catarina, *El arbitraje en la Ley 60/2003*, Barcelona, 2004, pp.125-126; Cubillo López, *Artículo 24. Principios de igualdad, audiencia y contradicción*, en «Comentarios a la nueva Ley de Arbitraje» (Coord. Hinojosa Segovia), Barcelona, 2004, pp.132-133; Yánez Velasco, *Artículo 24. Principios de igualdad, audiencia y contradicción*, en Comentarios a la nueva Ley de Arbitraje» (con Escolá Besora), Valencia, 2004, pp.472-474; Barona Vilar, *Artículo 24. Principios de igualdad, audiencia y contradicción*, en «Comentarios a la Ley de Arbitraje (Ley 60/2003, de 23 de diciembre)» (Coord. Barona Vilar), Madrid, 2004, pp.891-899; Cordón Moreno, *El arbitraje de derecho privado. Estudio breve de la Ley 60/2003 de 23 de diciembre de Arbitraje*, cit., pp.171-174; Espada Méndez, *Artículo 24. Principios de igualdad, audiencia y contradicción*, en «Comentarios a la Ley de Arbitraje de 2003» (Coord. Arias Lozano), Navarra, 2005, p.252; Cortés Domínguez, *Artículo 24. Principios de igualdad, audiencia y contradicción*, en «Comentarios a la Ley de Arbitraje» (coords. De Martín Muñoz, Hierro Anibarro), Madrid/Barcelona, 2006, pp.422 y ss.

Por consiguiente, el acuerdo de las partes sobre la suspensión del arbitraje en supuestos de cuestiones prejudiciales es admisible por cuanto que constituye una manifestación del principio de la autonomía de la voluntad, si bien es menester la observancia del derecho de defensa de las partes así como del principio de igualdad. A lo que acaba de decirse debe añadirse a favor de la paralización del proceso arbitral por causa de prejudicialidad que desde algún sector doctrinal se propone la suspensión de las actuaciones como medio de resolución de estas situaciones. Así, por ejemplo, cuando la cuestión prejudicial suscitada en el arbitraje es objeto de un proceso judicial civil o de otro arbitraje distinto, la solución pasa porque el interesado solicite de los árbitros la suspensión del arbitraje principal hasta que finalice el procedimiento prejudicial.[9] Igualmente, si durante la tramitación del arbitraje surgen unos hechos que son objeto de enjuiciamiento criminal, es procedente la suspensión de las actuaciones arbitrales hasta la finalización del proceso penal.[10]

Admitida, consiguientemente, la posibilidad de suspender el procedimiento arbitral por voluntad de las partes, la petición de suspensión puede dirigirse al árbitro o colegio arbitral por escrito,[11] oralmente o a través del mecanismo pactado por las partes a este efecto.[12] En cualquier caso, es menester que el acuerdo suspensivo refleje el consenso de los interesados en el deseo de paralizar el curso del arbitraje. La suspensión sólo puede acordarse si existe coincidencia de la voluntad de las partes en esta cuestión,[13] siendo indistinto si las partes llegan a tal acuerdo conjuntamente o por separado. Así, la petición que las partes dirigen al árbitro para que acuerde la paralización de las actuaciones arbitrales por prejudicialidad puede formularse de dos modos distintos.

Una posibilidad es que ambas partes presenten de consuno la solicitud de suspensión. Desde un punto de vista procedimental, esta hipótesis no ofrece demasiados problemas dado que ambas partes coinciden en la necesidad de que la cuestión prejudicial se resuelva en otra sede y aceptan la paralización del proceso arbitral. Si las partes acuerdan conjuntamente la suspensión del curso del arbitraje, el árbitro así deberá decretarlo.

---

9. *Vid.* Bernardo San José, *Arbitraje y jurisdicción. Incompatibilidad y vías de exclusión*, cit., p.204.

10. *Vid.* Yánez Velasco, *Artículo 37. Plazo, forma, contenido y notificación del laudo*, cit., p.706; ID., *Artículo 38. Terminación de las actuaciones*, cit., p.781. El autor fundamenta la suspensión del arbitraje por prejudicialidad penal en los arts 40 LEC y 114 LECrim.

11. Rivero Hernández, *Artículo 31*, cit., p.530; Bernardo San José, *Arbitraje y jurisdicción. Incompatibilidad y vías de exclusión*, cit., p.205.

12. Yánez Velasco, *Artículo 7. Intervención judicial*, en «Comentarios a la nueva Ley de Arbitraje» (con Escolá Besora), Valencia, 2004, p.264.

13. *Vid.* Barona Vilar, *Artículo 31*, en «Comentario breve a la Ley de Arbitraje» (Dir. Montero Aroca), Madrid, 1990, p.163; Rivero Hernández, *Artículo 31*, cit., pp.521-522; Chillón Medina, Merino Merchán, *Tratado de arbitraje privado interno e internacional*, Madrid, 1991, p.352; Yánez Velasco, *Artículo 37. Plazo, forma, contenido y notificación del laudo*, cit., p.707.

La necesidad del común acuerdo de las partes para suspender el proceso arbitral se contemplaba en el art 31 LA 1988, con la finalidad de evitar que la suspensión unilateral por parte de uno de los intervinientes pudiere utlizarse como instrumento para evitar la previsible futura decisión de los árbitros que no fuere de interés para la parte solicitante de la suspensión.

También puede suceder que la petición de suspensión sólo la plantee uno de los intervinientes del arbitraje. En estos supuestos, la observancia de la garantía constitucional de audiencia y contradicción exige dar la oportunidad a cada parte del procedimiento de alegar lo que considere conveniente con relación a la identificación de un problema como prejudicial y al tratamiento procesal que debe conferírsele. A este efecto pueden aceptarse dos alternativas. Bien dar traslado de la solicitud a la otra parte.[14] Bien convocar a una audiencia a todos los interesados a fin de discutir sobre la conveniencia de la suspensión y el carácter prejudicial de la cuestión suscitada.[15]

Respecto del traslado de la petición de suspensión formulada por una de las partes o de la convocatoria de una audiencia, la parte contraria puede adoptar diversas actitudes, las cuales pueden conducir a consecuencias distintas.

Por un lado, debe contemplarse la posibilidad de que la parte que no ha solicitado la paralización de las actuaciones arbitrales por prejudicialidad, pese a estar personada, no actúe y consiguientemente no se pronuncie sobre este extremo. Bien porque no contesta el escrito que se le ha trasladado. Bien porque no comparece a la audiencia convocada por el árbitro. Dado que el consenso de ambas partes es necesario para acordar la suspensión, el árbitro no podrá decretarla.

Por otro, puede darse el caso de que la parte que ha de prestar el consentimiento no haya comparecido en la fase de alegaciones. El art 31 LA prevé la incomparecencia tanto de la parte demandante como de la parte demandada en la fase inicial del procedimiento. En el primer caso, la falta de interposición de la demanda arbitral, una vez aceptado el cargo de árbitro, debe dar por concluido el arbitraje a menos que el demandado quisiera convertirse en demandante ejercitando alguna pretensión. En el segundo, la inactividad inicial de la parte demandada no es impedimento a que el arbitraje continúe el curso de sus actuaciones. Si en los supuestos acabados de exponer, la parte personada en el proceso arbitral plantea la solicitud de suspensión, entendemos que la ausencia del otro interesado impide acordarla puesto que la decisión de paralizar el arbitraje exige el consenso de ambas partes a este efecto.

Finalmente, es posible que la parte contraria sí se pronuncie sobre la suspensión por prejudicialidad propuesta por el otro interviniente. Si manifiesta su conformidad sobre este extremo, la suspensión puede ser decretada por el árbitro. Sin embargo, no puede decirse lo mismo en el caso de que la parte que no ha solicitado la suspensión se oponga a la misma o si en el caso de pluralidad de partes existen opiniones dispares sobre esta cuestión. La necesidad de que coincida la voluntad de las partes para suspender el arbitraje impide en los supuestos mencionados tomar una decisión en este sentido.

---

14. *Vid.* Yánez Velasco, *Artículo 7. Intervención judicial*, cit., p.264.

15. *Vid.* Bernardo San José, *Arbitraje y jurisdicción. Incompatibilidad y vías de exclusión*, cit., p.205; Yánez Velasco, *op.loc.cit.*

II. Suspensión por decisión de los árbitros

Junto con la petición de suspensión del arbitraje a instancia de parte, cabe preguntarse por la viabilidad de que sea el árbitro o colegio arbitral quien ponga de manifiesto si un problema introducido en el procedimiento tiene la consideración de prejudicial y sugiera el tratamiento procesal más adecuado que debe conferírsele, acordando si es el caso la suspensión de las actuaciones.

En Italia, la posibilidad de suspender de oficio el arbitraje por prejudicialidad viene recogida en la ley. Cuando la cuestión prejudicial suscitada en el proceso arbitral versa sobre una materia que no puede ser objeto de arbitraje, el art 819.1 CPC impone a los árbitros la obligación de interrumpir la actividad y suspender el procedimiento en curso para que las partes soliciten de la autoridad jurisdiccional el enjuiciamiento sobre esta cuestión.[16] La paralización de la tramitación del arbitraje en las circunstancias ahora expuestas tiene carácter necesario. El fundamento de la ausencia de discrecionalidad por parte de los árbitros en esta cuestión debe buscarse en la finalidad perseguida por la norma. El precepto tiene como objetivo impedir cualquier tipo de actividad cognitiva sobre cuestiones que el legislador ha querido excluir del ámbito del proceso arbitral y a estos efectos limita los poderes de los árbitros sobre estas materias. Tales límites no pueden desconocerse atribuyendo al árbitro facultades de valoración sobre la oportunidad de la suspensión de las actuaciones por causa de prejudicialidad cuando la cuestión plantea un problema no susceptible de arbitraje.[17] Ahora bien, presupuesto necesario de la suspensión en estos casos es la existencia de una relación de dependencia entre la cuestión principal del arbitraje y la cuestión prejudicial sobre la materia no disponible, lo que significa que la resolución de esta última ha de ser imprescindible para que el árbitro pueda enjuiciar la primera.[18]

En España, algún sector doctrinal también ha apuntado en esta dirección. Así, algunos autores defienden la suspensión del arbitraje por parte del árbitro en aquellos supuestos en los que este último deba pronunciarse sobre una cuestión esencial de su enjuiciamiento que a su vez sea objeto de una causa criminal.[19] De ello se infiere que la suspensión de oficio de las actuaciones arbitrales por causa de prejudicialidad exigiría, por un lado, que se tratase de una cuestión prejudicial penal, y por otro, que dicha cuestión ejerciese influencia decisiva en la resolución arbitral. En caso contrario, la suspensión no sería viable.

Sin embargo, a nuestro entender, la posibilidad de admitir, en supuestos de prejudicialidad, la suspensión del arbitraje por decisión de los árbitros tropieza en el sistema español con algunos obstáculos.

---

16. El primer párrafo del art 819 CPC establece lo siguiente: «Se nel corso del procedimento sorge una questione che per legge non può costituire oggetto di giudizio arbitrale, gli arbitri, qualora ritengono che il giudizio ad essi affidato dipende dalla definizione di tale questione, sospendono il procedimento».

17. *Vid.* por todos Danovi, *La pregiudizialità nell'arbitrato rituale*, Padova, 1999, pp.206-207.

18. *Vid.* Danovi, *op.cit.*, pp.208-211.

19. *Vid.* por todos Nieva Fenoll, *La prejudicialidad penal en el arbitraje*, cit., pp.157 y ss.

Por un lado, con la ausencia de previsión legal de la hipótesis mencionada.[20] En efecto, la LA sólo contempla expresamente un único supuesto, y no es en caso de prejudicialidad, en el que la causa que provoca la paralización del proceso arbitral es por decisión de los árbitros. Se trata del art 21.2 LA, precepto que establece la facultad de los árbitros de suspender las actuaciones arbitrales por la falta de provisión de fondos de ambas partes o de una de ellas.

Por otro, la suspensión de oficio del proceso arbitral en supuestos donde no existe precepto legal alguno que la recoja puede resultar de difícil encaje con el principio de autonomía de la voluntad que rige en el procedimiento arbitral. En virtud de este principio las partes gozan en el arbitraje de un amplio margen de libertad y facultades de disposición sobre el procedimiento. Tal preeminencia de la autonomía privada en la regulación de las actuaciones arbitrales entendemos que no casa demasiado bien con la concesión al árbitro, en supuestos no previstos legalmente, de poderes de dirección de las actuaciones, como sería la suspensión de oficio del arbitraje a consecuencia de una cuestión prejudicial.

Sea como fuere, y a pesar de lo antedicho, debemos también reconocer que los obstáculos expuestos a la suspensión por decisión de los árbitros pueden ser objeto de algunos matices. De este modo, resulta oportuno realizar algunas precisiones a los argumentos esgrimidos con carácter general para excluir tal posibilidad, puesto que la actuación de oficio del árbitro en supuestos de prejudicialidad puede ser viable en determinadas circunstancias.

Así, por ejemplo, si las partes acuerdan, precisamente haciendo uso de la autonomía de la voluntad en el establecimiento de las reglas aplicables al procedimiento arbitral, que el árbitro o colegio arbitral pueda detectar y decidir en materia de cuestiones prejudiciales. Ahora bien, en este caso, la necesidad de dar cumplimiento a la garantía constitucional de audiencia y contradicción exigiría que el árbitro convocase a las partes a una audiencia para que éstas pudiesen presentar las alegaciones que creyesen convenientes sobre la existencia de la cuestión prejudicial y el sistema adecuado para resolverla.

Igualmente, debe aludirse al art 22.1 LA. El precepto faculta a los árbitros para controlar de oficio no solamente su propia competencia sino también aquellos defectos que se erijan en impedimento para entrar en el fondo del asunto.[21] Pues bien, algunas de

---

20. Así lo entienden Chillón Medina, Merino Merchán, *Tratado de arbitraje privado interno e internacional*, cit., p.352, quienes sostienen que «el árbitro no tiene expresamente reconocido este poder de interrumpir por un tiempo determinado el proceso arbitral, salvo que las partes o los estatutos de las instituciones arbitradas no lo reconozcan».

21. *Vid.* entre otros Nieva Fenoll, *Artículo 22. Modo de plantear y resolver las excepciones y atisbo de jurisdicción sobrevenida por silencio del demandado*, en «Anuario de Justicia Alternativa, Especial Ley 60/2003, de 23 de diciembre, de Arbitraje», 2004, p.73; Lorca Navarrete, *Comentarios a la nueva Ley de Arbitraje 60/2003 de 23 de diciembre*, cit., p.183; Cucarella Galiana, *El procedimiento arbitral (Ley 60/2003, 23 de diciembre, de arbitraje)*, cit., pp.119 y ss.; Guzmán Fluja, *Artículo 22. Potestad de los árbitros para decidir sobre su competencia*, en «Comentarios a la Ley de Arbitraje (Ley 60/2003, de 23 de diciembre) (Coord. Barona Vilar), Madrid, 2004, pp.809-810; Yánez Velasco, *Artículo 22. Potestad de los árbitros para decidir sobre su competencia*, en «Comentarios a la nueva Ley de Arbitraje» (con Escolá Besora), Valencia, 2004, pp.393 y ss.; Samames Ara, *Artículo 22. Potestad de los árbitros para decidir sobre su competencia*, en «Comentarios prácticos a la Ley de Arbitraje» (Dir. Guilarte Gutiérrez, Coord. Mateo Sanz), Valladolid,

estas excepciones que obstaculizan resolver el fondo del arbitraje pueden llegar a constituir una cuestión prejudicial. Pensemos, por ejemplo, en la nulidad del convenio arbitral. Existen hechos delictivos que como efecto reflejo pueden comportar esta nulidad. Este sería el caso de las amenazas o coacciones bajo las cuales puede haberse realizado el convenio o prestado el consentimiento de sometimiento a arbitraje. Del mismo modo, puede aludirse a aquellos casos en los cuales se cuestiona perjudicialmente si el representante legal de una de las partes del arbitraje, que es menor de edad, ostenta la patria potestad de este sujeto dado que existe un litigio donde se discute la privación de esta patria potestad por incumplimiento de los deberes inherentes a la misma.

En los ejemplos mencionados las cuestiones que plantean, por un lado, la existencia de amenazas o coacciones determinantes de una posible nulidad del convenio arbitral, y por otro, la privación de la patria potestad del sujeto que ha de representar a uno de los intervinentes en el procedimiento, pueden calificarse como cuestiones prejudiciales. En ambos supuestos se trata de problemas en los que concurren los dos requisitos que definen el fenómeno de la prejudicialidad, esto es, no integran la cuestión principal del arbitraje y poseen la entidad suficiente para plantearse autónomamente en otro proceso o arbitraje y resolverse con eficacia de cosa juzgada.[22] Al mismo tiempo, se erigen en cuestiones prejudiciales que pueden operar como excepciones que obstaculizan resolver el fondo del arbitraje. En la medida en que, a tenor del art 22.1 LA, este tipo de excepciones son apreciables de oficio, puede afirmarse que los supuestos expuestos de prejudicialdad constituyen hipótesis en las cuales el árbitro actuando de oficio puede detectar la existencia de una cuestión prejudicial suscitada en el curso del procedimiento y decidir, no sin antes escuchar a las partes, sobre si la resolución del problema prejudicial debe producirse con suspensión o no de las actuaciones arbitrales.

III. El problema de la suspensión y el plazo para laudar

La posibilidad de suspender el curso del arbitraje por prejudicialidad puede plantear algún problema con la obligación que el art 37.2 LA impone a los árbitros de dictar el laudo en el plazo de seis meses a contar desde la fecha de presentación de la contestación del demandado o de expiración del plazo para contestarla. En efecto, en aquellos supuestos en los cuales el período de suspensión supera el límite temporal que tie-

2004, pp.404-405; Cordón Moreno, *El arbitraje de derecho privado. Estudio breve de la Ley 60/2003 de 23 de diciembre de Arbitraje*, cit., p.165; Díez-Picazo Giménez, Venegas Grau, *Artículo 22. Potestad de los árbitros para decidir sobre su competencia*, en «Comentarios a la Ley de Arbitraje» (coords, De Martín Muñoz, Hierro Anibarro), Madrid/Barcelona, 2006, pp.385 y ss.

22. El concepto de cuestión prejudicial en el arbitraje se construye, análogamente a lo que sucede en el ámbito procesal civil, tomando en consideración dos elementos. Por un lado, debe tenerse en cuenta que la cuestión prejudicial constituye un asunto que, planteado en el procedimiento arbitral, es distinto de la cuestión principal del mismo. Por otro, la cuestión prejudicial se caracteriza por gozar de entidad suficiente para ser objeto de un proceso o arbitraje autónomos y poder ser resuelta con eficacia de cosa juzgada. Para un mayor desarrollo del tema puede verse REYNAL QUEROL, *Las cuestiones prejudiciales en el arbitraje*, en «Revista Vasca de Derecho Procesal y Arbitraje», 2007, nº2, pp.173-203.

nen los árbitros para laudar, la dificultad reside en determinar si es posible la emisión del laudo, principalmente si tenemos en cuenta que el precepto mencionado prescribe la terminación de las actuaciones arbitrales y el cese de los árbitros para el caso de que transcurra el plazo antes expuesto sin que se haya dictado el laudo.

En nuestra opinión, la respuesta a esta cuestión pasa por conciliar la posibilidad de suspender el procedimiento arbitral por causa de prejudicialidad con el deber atribuido a los árbitros de dictar el laudo en un período de tiempo determinado. En este sentido, son diversas las soluciones que permiten armonizar las dos circunstancias mencionadas.

En primer lugar, debe contemplarse la eventualidad de que las partes aumenten el plazo para laudar asignado a los árbitros.[23] Si bien es cierto que el art 37.2 LA fija un período de seis meses a este efecto, debe señalarse que se trata de un plazo que únicamente entra en juego si las partes no han dispuesto otra cosa. Con lo cual es absolutamente factible que los intervinentes en el arbitraje decidan incrementar el lapso de tiempo previsto para que los árbitros resuelvan la controversia.

En segundo lugar, también puede suceder que sean los árbitros quienes dispongan, al amparo del párrafo segundo del art 37 LA, prorrogar el plazo para dictar el laudo.[24] En este caso, el precepto exige que la decisión arbitral sea motivada, así como que el aplazamiento acordado no supere el período de dos meses.

Por último, y en aquellos supuestos en los cuales ni las partes ni los árbitros se hayan pronunciado acerca de aumentar el plazo para laudar, es viable todavía una tercera solución para solventar el problema de conciliar la suspensión del procedimiento arbitral con el plazo de los árbitros para resolver la controversia. Esta tercera vía consiste en interpretar que si los árbitros suspenden la tramitación del arbitraje también queda paralizado el plazo para dictar el laudo. De este modo, en los casos de prejudicialidad, el laudo podrá dictarse, y será válido y eficaz, una vez terminado el proceso cuyo objeto es prejudicial de la decisión arbitral, sin tener en cuenta el período de tiempo durante el cual las actuaciones han quedado paralizadas como consecuencia de la pendencia de aquel proceso.[25] Dos son las razones que pueden argüirse a la hora de justificar esta hipótesis. Por una lado, porque no puede exigirse a los árbitros que dicten laudo mientras el procedimiento se halla paralizado, como podría ocurrir si, en el caso de suspensión del arbitraje pero no del plazo para laudar, el final de este último coincidiese con la etapa de paralización de las actuaciones. Por otro, porque tampoco puede exigirse de los árbitros responsabilidad por incumplimiento de dictar el laudo dentro de plazo cuando ésto ha ocurrido por causa ajena a su voluntad, como sucede en el caso más habitual de suspensión del procedimiento arbitral, la suspensión por acuerdo de las partes.

---

23. *Vid.* por todos Yánez Velasco, *Arículo 38. Terminación de las actuaciones*, cit., p.782.

24. *Vid.* por todos Barona Vilar, *Artículo 38. Terminación de las actuaciones*, cit., p.1270.

25. *Vid.* a favor de esta posibilidad Rivero Hernández, *Artículo 30*, en «Comentarios a la Ley de Arbitraje» (Coord. Bercovitz Rodríguez-Cano), Madrid, 1991, pp.512-513; Bernardo San José, *Arbitraje y jurisdicción. Incompatibilidad y vías de exclusión*, cit., p.204; Barona Vilar, *op.loc.cit.*; Yánez Velasco, *Artículo 38. Terminación de las actuaciones*, cit., p.782.

Si bien es cierto que lo acabado de exponer constituye una propuesta no contemplada expresamente en el articulado de la LA, tampoco la contradice. Es por ello por lo que abogamos por su aceptación como mecanismo que permite acomodar la suspensión del arbitraje por prejudicialidad con la existencia de un plazo para laudar.[26]

IV. Forma y contenido de la resolución sobre la suspensión

La decisión a través de la cual se acuerda la suspensión de las actuaciones arbitrales debe recogerse en una resolución emitida por el árbitro o colegio arbitral.

A pesar de que la LA no regula la forma que debe adoptar la decisión sobre la paralización del arbitraje, la mayoría de la doctrina entiende que debe tratarse de una resolución de carácter interlocutorio. Son diversas las razones en las que se fundamenta la consideración de la decisión sobre la suspensión como una resolución interlocutoria.

Así, debe señalarse que el pronunciamiento de los árbitros sobre la suspensión del procedimiento no puede recibir la denominación de laudo. Tal designación se reserva en exclusiva para la decisión a través de la cual los árbitros resuelven la controversia principal. Y la decisión de suspender o no las actuaciones no es el laudo arbitral que pone fin al proceso y que da una respuesta al asunto planteado.[27] La decisión que resuelve la controversia principal es una resolución de fondo que pone fin a la cues-

---

Debe señalarse que distintos Reglamentos de las Cortes de Arbitraje, al contemplar la posibilidad de suspender el procedimiento arbitral por acuerdo de las partes, añaden la necesidad de no computar a efectos del pronunciamiento del laudo el plazo que dure la suspensión o bien de prorrogar obligatoriamente por igual término el plazo legal o convencional de que dispone el árbitro para dictar su laudo. Así, por ejemplo, el art 9 del Reglamento Arbitral de la Cámara Oficial de Comercio, Industria y Navegación de Gijón; el art 43 del Reglamento de la Corte de Arbitraje de la Cámara Oficial de Comercio, Industria y Navegación de Huelva; el art 42 del Reglamento de la Corte de Arbitraje de la Cámara Oficial de Comercio e Industria de Jerez de la Frontera; el art 9 del Reglamento Arbitral de la Cámara Oficial de Comercio, Industria y Navegación de Oviedo; el art 46 del Reglamento de la Corte de Arbitraje de la Cámara Oficial de Comercio, Industria y Navegación de Sevilla.

26. A mayor abundamiento, debe señalarse que la legislación italiana sobre la materia contempla tal eventualidad. Así, el art 819 CPC prevé la obligación de los árbitros de suspender el procedimiento cuando surja una cuestión prejudicial imprescindible para resolver la controversia pero que no puede ser objeto de arbitraje. En este caso, el precepto establece la suspensión del plazo para laudar hasta que las partes notifiquen a los árbitros la existencia de la sentencia firme que ha resuelto el problema prejudicial.

27. Debe reconocerse que en algunos casos se ha utilizado la expresión laudos provisionales o interlocutorios para distinguirlos del laudo definitivo que resuelve la cuestión sometida a arbitraje (*Vid.*, por ejemplo, Rivero Hernández, *Del laudo arbitral*, en «Comentarios a la Ley de Arbitraje» (Coord. Bercovitz Rodríguez-Cano), Madrid, 1991, p.476); Fortún Costea, *Artículo 37. Plazo, forma, contenido y notificación del laudo*, en «Comentarios a la nueva Ley de Arbitraje» (Coord. Hinojosa Segovia), Barcelona, 2004, p.185).

Sin embargo, la mayoría de la doctrina reserva la denominación de laudo, igual que la de sentencia, para la resolución de fondo que pone fin al proceso y resuelve la cuestión suscitada (*Vid.*, por todos, Nieva Fenoll, *Artículo 22. Modo de plantear y resolver las excepciones y atisbo de jurisdicción sobrevenida por silencio del demandado*, cit., pp.83-84; Barona Vilar, *Artículo 35. Adopción de decisiones colegiadas*, en «Comentarios a la Ley de Arbitraje (Ley 60/2003, de 23 de diciembre) (Coord. Barona Vilar), Madrid, 2004, pp.1138-1140; ID, *Artículo 37. Plazo, forma, contenido y notificación del laudo*, en «Comentarios a la Ley de Arbitraje (Ley 60/2003, de 23 de diciembre) (Coord. Barona Vilar), Madrid, 2004, pp.1196-1198; Montero Muriel, *Artículo 37. Plazo, forma, contenido y notificación del laudo*, en «Comentarios a la Ley de Arbitraje de 2003» (Coord. Arias Lozano), Navarra, 2005, p.351).

tión suscitada. Y la decisión sobre la suspensión, una resolución procesal que supone una ordenación del proceso.[28] Aunque el legislador a este último tipo de decisiones arbitrales no les atribuye una forma específica de exteriorización, sí que parece que no les asigna la forma de laudo. La necesidad de diferenciar la decisión sobre la suspensión de la del laudo final explica que a la primera se la denomine resolución interlocutoria.

No debe olvidarse que el laudo donde el árbitro resuelve el fondo de la controversia planteada no es la única resolución que se dicta en el curso de las actuaciones arbitrales, sino que un buen funcionamiento y desarrollo de estas actuaciones requiere dictar así mismo una serie de resoluciones de carácter procesal. En tales decisiones (como la que sirve para acordar la suspensión del procedimiento) el árbitro también resuelve alguna cuestión, aunque lo hace interlocutoriamente y sin pronunciarse sobre la cuestión principal.[29] De ahí, la expresión resolución interlocutoria para referirnos a esta clase de pronunciamientos. Es cierto que existen resoluciones procesales de mera tramitación procedimental que no implican un proceso lógico-deductivo de decisión porque se limitan a dar a las actuaciones el trámite establecido por la ley. Sin embargo, también existe otro tipo de resolución de carácter procesal que sí contiene una decisión arbitral en tanto en cuanto el árbitro ha de valorar y escoger entre distintas posibilidades y tomar una decisión que, si bien no es de fondo, puede llegar a afectar al fondo del asunto.[30] Esto es lo que, en nuestra opinión, sucede con la decisión sobre la suspensión o no de las actuaciones arbitrales por prejudicialidad. Se trata de un pronunciamiento de contenido procesal pero que obliga a los árbitros a efectuar una evaluación de determinadas circunstancias y que, sin resolver la controversia, puede repercutir en ella, puesto que del enjuiciamiento de la cuestión prejudicial depende en muchas ocasiones el sentido del laudo sobre el asunto principal.

En lo que se refiere al contenido de la resolución interlocutoria que el árbitro ha de dictar sobre la suspensión del arbitraje por prejudicialidad, es evidente que ha de consistir en una decisión y justificación del árbitro sobre si acuerda la suspensión o bien la deniega. Es incuestionable que la resolución debe pronunciarse sobre estos dos argumentos, el acuerdo o la denegación de la suspensión procedimental por prejudicialidad.

Si la suspensión del arbitraje tiene lugar a petición de las partes, el árbitro o colegio arbitral debe limitarse, en principio, a recoger en la resolución este acuerdo de voluntades sobre la paralización de las actuaciones a consecuencia del planteamiento de

28. *Vid.* Barona Vilar, *op.loc.cit.*

29. *Vid.*, entre otros, Lorca Navarrete, *Comentarios a la nueva Ley de Arbitraje 60/2003 de 23 de diciembre*, cit., pp.317-318; Munné Catarina, *El arbitraje en la Ley 60/2003*, cit., 151; Fortún Costea, *Artículo 37. Plazo, forma, contenido y notificación del laudo*, cit., p.185; Yánez Velasco, *Artículo 37. Plazo, forma, contenido y notificación del laudo*, cit., pp.677-678; Barona Vilar, *Artículo 37. Plazo, forma, contenido y notificación del laudo*, cit., pp.1197.

30. La distinción expuesta entre resoluciones procesales de ordenación procesal o de mera tramitación procedimental y resoluciones procesales de ordenación material es de Barona Vilar, *Artículo 35. Adopción de decisiones colegiadas*, cit., pp.1140-1141; ID, *op.cit.*, pp.1197-1198.

una cuestión prejudicial. Sin embargo, entendemos que excepcionalmente los árbitros pueden negarse en algún caso a decretar la suspensión pactada y solicitada por ambas partes. Si bien el arbitraje se caracteriza por ser un sistema en el que las partes dominan la conformación de las reglas de procedimiento, consideramos, junto con un sector de la doctrina,[31] la viabilidad de que en algún supuesto el árbitro pueda denegar la suspensión acordada por los intervinientes en el proceso. Así por ejemplo, en el caso de que la paralización se presente con una clara finalidad defraudadora o perjudicial que los árbitros puedan mitigar negándose a tomar la decisión suspensiva. En estos supuestos cabe entender que la preeminencia de la autonomía de la voluntad debe ceder a favor de la protección de determinados intereses que forman parte de un orden público común que también incide en el sistema arbitral.

En la hipótesis en que los árbitros actuen de oficio en materia de prejudicialidad, aquéllos deben decidir sobre la suspensión de las actuaciones por esta causa valorando las alegaciones efectuadas por las partes al respecto en la audiencia celebrada y analizando la conveniencia de la paralización procedimental. En nuestra opinión, uno de los elementos fundamentales a tener en cuenta a la hora de tomar la decisión suspensiva ha de ser la concurrencia de cierta relevancia prejudicial en la decisión de la cuestión principal. Esto es, si el enjuiciamiento de esta última depende de la resolución de la cuestión prejudicial suscitada. Aunque la LA en concreto no contempla este aspecto del arbitraje, es conocido que la generalidad de preceptos legales que regulan el fenómeno de la prejudicialidad supeditan la suspensión procedimental a la existencia de un vínculo entre cuestión principal y cuestión prejudicial. Pensemos, por ejemplo, en los arts 40 a 43 LEC. Igualmente, podemos mencionar al art 819 CPC, precepto que justamente condiciona la facultad de los árbitros de suspender el procedimiento arbitral por prejudicialidad a que la decisión de la controversia dependa del enjuiciamiento de la cuestión prejudicial.

V. Momento procesal y duración de la suspensión

La identificación de una cuestión prejudicial y la decisión sobre si su resolución implica una suspensión de las actuaciones arbitrales puede tener lugar en cualquier momento del arbitraje, desde que el procedimiento se tiene por empezado (momento que, según el art 27 LA, coincide, salvo que las partes hayan convenido otra cosa, con el recibimiento por el demandado del requerimiento de someter la controversia a arbitraje) hasta que no se dicte el laudo arbitral.[32]

En principio, es deseable que la suspensión del arbitraje tenga una duración cierta y determinada, una limitación temporal, a fin de evitar dilaciones en un procedimiento

31. *Vid.*, por todos, Barona Vilar, *Artículo 38. Terminación de las actuaciones*, cit., p.1270.

32. Pese al silencio de la actual LA al respecto, el régimen descrito era el previsto por el art 31 LA 1988 al regular la posibilidad de las partes de acordar la suspensión de las actuaciones. *Vid.*, en este sentido, Barona Vilar, *Artículo 31*, cit., p.165; Rivero Hernández, *Artículo 31*, cit., pp.520-521.

que quiere caracterizarse por la rapidez y la agilidad.[33] Parece no ofrecer dudas que la idea de una duración cierta y determinada excluye una suspensión indefinida, *sine die*, de las actuaciones arbitrales. En cambio, sí que permitiría incluir dentro de su ámbito conceptual una paralización del procedimiento arbitral que presentase una duración indirecta de la misma por referencia a otro hecho o acto cierto pero impreciso.[34] Este último grupo de paralizaciones comprende el supuesto de suspensión del arbitraje por causa de prejudicialidad, puesto que en estos casos la paralización del procedimiento tiene un final certero que acontecerá cuando termine la causa prejudicial, respecto el cual, sin embargo, se desconoce cuándo tendrá lugar.

VI. Levantamiento de la suspensión

El supuesto general a partir del cual se pone fin a la detención de las actuaciones arbitrales suspendidas por la existencia de una cuestión prejudicial lo constituye la finalización o paralización del procedimiento en el cual el problema prejudicial se enjuicia a título principal. Son diversas las hipótesis que pueden conducir a este efecto sobre la suspensión del arbitraje. Por un lado, puede tratarse de una finalización definitiva del procedimiento prejudicial, entendiendo por tal la terminación de forma irreversible de las actuaciones. El ejemplo más claro es el de la sentencia o laudo firmes. Por otro, también es posible que el procedimiento prejudicial acabe de forma provisional, en tanto en cuanto queda abierta la eventualidad que en el futuro pueda reiniciarse el mismo procedimiento. En este sentido, puede aludirse a los supuestos en que, enjuiciándose la cuestión prejudicial en un proceso civil, éste acaba con un desistimiento en primera instancia que, al dejar imprejuzgada la pretensión, permite volver a iniciar con posterioridad el mismo proceso. Por último, debe aludirse a las hipótesis de suspensión del procedimiento prejudicial cuando resulta que esta paralización viene ocasionada por una causa de carácter indefinido. Se trata de supuestos en los cuales el procedimiento detenido puede reemprender su actividad, aunque se desconozca el cómo y el cuándo de esta circunstancia. Pensemos, por ejemplo, en el auto de sobreseimiento provisional que puede dictarse en un proceso penal donde se enjuicia a título principal la cuestión prejudicial suscitada en el arbitraje.

Al mismo tiempo, a la hipótesis acabada de exponer de levantamiento de la suspensión de las actuaciones puede añadírsele otra resultado de la vigencia de la autonomía de la voluntad en el proceso arbitral. Si a las partes se les reconoce, como manifestación de la autonomía privada susodicha, la facultad de acordar la suspensión de las actuaciones, en base al mismo fundamento han de poder convenir igualmente el levantamiento de esta paralización procedimental. Incluso en el supuesto de que, decretada la suspensión del arbitraje a la espera de que se resuelva a título principal la cuestión

---

33. *Vid.*, por todos, Barona Vilar, *Artículo 38. Terminación de las actuaciones*, cit., p.1270.

Así lo exigía también el art 31 LA 1988 (*Vid.* Barona Vilar, *op.loc.cit.*; Rivero Hernández, *op.cit.*, p.531; Chillón Medina, Merino Merchán, *Tratado de derecho privado interno e internacional*, cit., p.352; Lorca Navarrete, Matheus López, *Tratado de derecho de arbitraje*, San Sebastián, 2003, p.257).

34. *Vid.*, por todos, Rivero Hernández, *op.loc.cit.*

prejudicial suscitada en aquél, el procedimiento donde se enjuicia esta última todavía no haya terminado. Los motivos que pueden llevar a las partes a concertar el levantamiento de la suspensión pueden ser de muy diversa índole. Así, por ejemplo, puede suceder que las partes consideren que la suspensión del arbitraje se alarga excesivamente a causa de las dilaciones sufridas en el procedimiento prejudicial. O que la relevancia de la cuestión prejudicial en la resolución de la principal ha desaparecido y consiguientemente ya no es necesario esperar su enjuiciamiento paralizando el arbitraje.

En cualquier caso, el levantamiento de la suspensión y la reapertura del curso de las actuaciones arbitrales requieren la realización de un conjunto de actividades de carácter procesal. En primer lugar, es menester que las partes pongan en conocimiento del árbitro el supuesto que permite alzar la suspensión; por ejemplo, acreditando la finalización o la paralización del procedimiento prejudicial, o presentando el acuerdo de levantamiento de la suspensión. En segundo lugar, es necesaria también una solicitud de reinicio del arbitraje presentada por las partes al árbitro o colegio arbitral. Finalmente, este órgano decisor debe acordar los extremos apuntados mediante una resolución interlocutoria.

Diligencias preliminares ¿numerus clausus o numerus apertus?[1]

PROF. DR. DAVID VALLESPÍN PÉREZ
PROFESOR TITULAR DE DERECHO PROCESAL DE LA UNIVERSIDAD DE BARCELONA.
CATEDRÁTICO HABILITADO DE DERECHO PROCESAL.

I. La interpretación tradicional de las diligencias preliminares como «numerus clausus»

Sin perjuicio de la «preparación privada» del proceso (investigación de datos previa al inicio del proceso que se realiza privadamente por la parte y su abogado), es lo cierto que también puede hablarse en el proceso civil de la existencia de un «proceso preparatorio», pues las partes, a través de las diligencias preliminares, pueden solicitar que intervenga un juez para obtener la información necesaria para presentar en el proceso civil una demanda admisible y bien fundada.

La doctrina española mayoritaria ha venido defendiendo que estas diligencias preliminares (actuaciones judiciales previas a la interposición de la demanda, cuya finalidad es aportar al actor elementos de conocimiento que le permitan preparar, o en su caso, descartar, el proceso), referidas en el art. 497 de la vieja LEC eran «numerus clausus», esto es, que no podían solicitarse como tales actividades diversas a las especificadas en el precepto, ni tampoco en situaciones diversas a las contempladas en él.

Con la regulación procesal civil de 2000, que persigue reaccionar frente a la inoperancia práctica de las diligencias preliminares tal y como estaban reguladas en la ley anterior (vg. con la previsión de una serie de medidas coercitivas, derivadas de la negativa injustificada a realizar la diligencia acordada, por parte de quien ha sido formalmente

1. Este trabajo ha sido elaborado con todo el cariño del mundo en Homenaje a mi Maestro, el Prof. Dr. José Luis Vázquez Sotelo, quien no sólo me ha enseñado todo lo que hoy puedo saber sobre la disciplina procesal, sino al que también debo y quiero agradecer el que me haya ayudado a crecer día a día como persona.

requerido para ello, que, en algún caso, como el relativo a la entrada y registro del art. 261 LEC, han levantado ciertas dudas de constitucionalidad),[2] el tenor literal del art. 256[3] se ha suavizado respecto a la tajante dicción del art. 497 de la LEC anterior: «... *el juez accederá en cualquiera de estos casos a la pretensión si estimare justa la causa en que se funde. No estando comprendida en ellos, la rechazará de oficio*».

---

2. Callejo Carrion, S. *Proceso civil: entrada y registro. Inconstitucionalidad*, Revista Práctica de Derecho, CEFLEGAL, mayo de 2004, núm. 40; y *Las diligencias preliminares de la LEC 1/2000 y consecuencias derivadas de la negativa a realizarlas*, en Actualidad Civil, La Ley, núm. 1, 2006; Girbau Coll, A. *La entrada y registro en sede de diligencias preliminares. Razones para mantener su constitucionalidad*, Economist & Jurist, núm. 115, noviembre de 2007, págs. 60 y ss; Yañez Velasco, R., Hinojosa Segovia, R., Atienza López, J.I. *¿La entrada y registro a que alude el art. 261 de la LEC, en sede de diligencias preliminares es inconstitucional?. A debate*, Economist & Jurist, núm. 115, noviembre de 2007, págs. 38 y ss.

3. Art. 256 de la Ley 1/2000: «*1. Todo juicio podrá prepararse: 1º. Por petición de que la persona a quien se dirigiría la demanda declare, bajo juramento o promesa de decir verdad, sobre algún hecho relativo a su capacidad, representación o legitimación, cuyo conocimiento sea necesario para el pleito, o exhiba los documentos en los que conste dicha capacidad, representación o legitimación. 2º. Mediante solicitud de que la persona a la que se pretende demandar exhiba la cosa que tenga en su poder y a la que se haya de referir el juicio. 3º. Por petición del que se considere heredero, coheredero o legatario, de exhibición, por quien lo tenga en su poder, del acto de última voluntad del causante de la herencia o legado. 4º. Por petición de un socio o comunero para que se le exhiban los documentos y cuentas de la sociedad o comunidad, dirigida a éstas o al consocio o condueño que los tenga en su poder. 5º. Por petición del que se considere perjudicado por un hecho que pudiera estar cubierto por seguro de responsabilidad civil, de que se exhiba el contrato de seguro por quien lo tenga en su poder. 5º. bis. Por la petición de la historia clínica al centro sanitario o profesional que la custodie, en las condiciones y con el contenido que establece la ley (añadido por Ley 19/2006). 6º. Por petición de quien pretenda iniciar un proceso para la defensa de los intereses colectivos de consumidores y usuarios al objeto de concretar a los integrantes del grupo de afectados cuando, no estando determinados, sean fácilmente determinables. A tal efecto el tribunal adoptará las medidas oportunas para la averiguación de los integrantes del grupo, de acuerdo a las circunstancias del caso y conforme a los datos suministrados por el solicitante, incluyendo el requerimiento al demandado para que colabore en dicha determinación. 7º. Mediante la solicitud, formulada por quien pretende ejercitar una acción por infracción de un derecho de propiedad industrial o de un derecho de propiedad intelectual cometida mediante actos desarrollados a escala comercial, de diligencias de obtención de datos sobre el origen y redes de distribución de las mercancías o servicios que infringen un derecho de propiedad intelectual o de propiedad industrial y, en particular, los siguientes: a) Los nombres y direcciones de los productores, fabricantes, distribuidores, suministradores y prestadores de las mercancías y servicios, así como de quienes, con fines comerciales, hubieran estado en posesión de las mercancías. b) Los nombres y direcciones de los mayoristas y minoristas a quienes se hubieren distribuido las mercancías o servicios. c) Las cantidades producidas, fabricadas, entregadas, recibidas o encargadas, y las cantidades satisfechas como precio por las mercancías o servicios de que se trate y los modelos y características técnicas de las mercancías. Las diligencias consistirán en el interrogatorio de: a) Quien el solicitante considere autor de la violación. b) Quien, a escala comercial, haya prestado o utilizado servicios o haya estado en posesión de mercancías que pudieren haber lesionado los derechos de propiedad industrial o intelectual. c) Quien, a escala comercial, haya utilizado servicios o haya estado en posesión de mercancías que pudieran haber lesionado los derechos de propiedad industrial o intelectual. d) Aquel a quien los anteriores hubieren atribuido intervención en los procesos de producción, fabricación, distribución o prestación de aquellas mercancías o servicios. La solicitud de estas diligencias podrá extenderse al requerimiento de exhibición de todos aquellos documentos que acrediten los datos sobre los que el interrogatorio verse (núm. 7 añadido por la Ley 19/2006). 8º. Por petición de quien pretenda ejercitar una acción por infracción de un derecho de propiedad industrial o de un derecho de propiedad intelectual cometida mediante actos desarrollados a escala comercial, de la exhibición de los documentos bancarios, financieros, comerciales o aduaneros, producidos en un determinado tiempo y que se presuman en poder de quien sería demandado como responsable. La solicitud deberá acompañarse de un principio de prueba de la realidad de la infracción que podrá consistir en la presentación de una muestra de los ejemplares, mercancías o productos en los que materialice aquella infracción. El solicitante podrá pedir que el Secretario extienda testimonio de los documentos exhibidos si el requerido no estuviera dispuesto a desprenderse del documento para su incorporación a la diligencia practicada. Igual solicitud podrá formular en relación con lo establecido en el último párrafo del número anterior. A los efectos de los números 7º y 8º de este apartado, se entiende por actos desarrollados a escala comercial aquellos que son realizados para obtener beneficios económicos o comerciales directos o indirectos (número 8 añadido por Ley 19/2006). 9º. Por petición de las diligencias y averiguaciones que, para la protección de determinados derechos, prevean las correspondientes leyes especiales (anterior núm. 7 modificado por Ley 19/2006). 2. En la solicitud de diligencias preliminares se expresarán sus fundamentos, con referencia circunstanciada al asunto objeto del juicio que se quiera preparar*».

Sin embargo, no faltan quienes en nuestra doctrina siguen abogando por estimar que las diligencias preliminares continúan siendo un *numerus clausus*, pues la actual regulación tampoco permitiría dar pie a entender que puedan solicitarse diligencias preliminares no previstas en las leyes.[4]

II. La posición de la jurisprudencia

Este posicionamiento doctrinal clásico en función del cual el legislador procesal civil español ha seguido un sistema de «*numerus clausus*» en la determinación de las diligencias preliminares, ha sido asumido también, mayoritariamente, por la generalidad de las Audiencias Provinciales.

En esta dirección interpretativa, tradicional, resulta especialmente ilustrativo, entre otros,[5] el Auto de la Audiencia Provincial de Soria, de 31 de octubre de 2004,[6] relativo a la inviabilidad de estimar como diligencia preliminar la exhumación de un cadáver para la práctica de un posterior estudio de ADN al objeto de promover la correspondiente demanda en ejercicio de acción declarativa de filiación:

> *«Las diligencias preliminares constituyen una facultad atribuida exclusivamente a quien se proponga demandar con el objeto de obtener los datos necesarios para facilitar un proceso posterior, condicionar su existencia o, en su caso, asegurar la eficacia de la sentencia que en su día haya de dictarse. De acuerdo con la doctrina procesalista mayoritaria, la LEC vigente, al igual que la antigua Ley Procesal Civil de 1881, ha seguido un sistema de «numerus clausus» en la determinación de las diligencias preliminares que permiten la preparación del proceso*

4. Aguilera Morales. *Las diligencias preliminares*, Tribunales de Justicia, 2001 (4), pág. 26; Álvarez Alarcón, A. *Las diligencias preliminares, en Instituciones del nuevo proceso civil. Comentarios sistemáticos a la Ley 1/2000, II*, coordinada por Alonso-Cuevillas, Difusión Jurídica y Temas de Actualidad, Economist & Jurist, Barcelona, 2000, pág. 57; Armenta Deu, T. *Lecciones de Derecho Procesal Civil. Proceso de declaración. Proceso de Ejecución y Procesos especiales*, 3ª ed, Marcial Pons, Madrid-Barcelona-Buenos Aires, 2007, pág. 133; Bellido Penadés, R. *Proceso Civil Práctico*, III, Ed. La Ley, Madrid, 2002, pág. 836; y *Derecho Procesal Civil*, dirigido por Ortells Ramos, con Mascarell Navarro, Cámara Ruiz, Juan Sánchez, Bonet Navarro, Cucarella Galiana y Martín Pastor, Thomson-Aranzadi, 7ª ed, Navarra, 2007, pág. 279; Díez-Picazo Giménez, I. *Derecho Procesal Civil. El proceso de declaración*, con De la Oliva Santos, 2ª edición, Centro de Estudios Ramón Areces, Madrid, 2001, pág. 229; de la Oliva Santos, A - Gascón Inchausti, F. *Diligencias preliminares ¿numerus clausus?, en Ley de Enjuiciamiento Civil: Respuestas a 100 Cuestiones Polémicas*, Encuentro de Profesores de Derecho Procesal de las Universidades Españolas, coordinada por Fernando Jiménez Conde, SEPIN, Madrid, 2002, pág. 193; Girbau Coll, A. *Especial diligencias preliminares. Consideraciones generales*, Economist & Jurist (especial diligencais preliminares) noviembre de 2007-núm. 115, pág. 45; Gonzáles Montes, J.L. *Intervención oral relativa a la cuestión diligencias preliminares ¿numerus clausus?, en Ley de Enjuiciamiento Civil: Respuestas a 100 Cuestiones Polémicas*, Encuentro de Profesores de Derecho Procesal de las Universidades Españolas, coordinada por Fernando Jiménez Conde, SEPIN, Madrid, 2001, pág. 195; Montero Aroca, J. *Derecho Jurisdiccional. II. Proceso Civil*, con Gómez Colomer, Montón Redondo y Barona Vilar, 14ª ed, Tirant lo Blanch, Valencia, 2005, pág. 154; Moreno Catena, V. *Derecho Procesal civil. Parte General*, 2ª ed, Tirant lo Blanch, Valencia, 2005, pág. 130.

5. Por todos, véanse: AAP de Granada, de 18 de octubre de 2001 (AC 2001/2537); AAP de Salamanca, de 5 de marzo de 2002 (JUR 2002/127207); AAP de Barcelona, de 30 de junio de 2002 (JUR 2002/278418); AAP de Sevilla, de 16 de septiembre de 2003 (AC 1606/2003); AAP de Almería, de 17 de junio de 2004 (AC 2004/1415); AAP de Baleares, de 15 de marzo de 2005 (JUR 2005/101945); AAP de Baleares, de 13 de octubre de 2005 (JUR 2005/241344); SAP de La Coruña, de 8 de mayo de 2006 (JUR 2006/162392); y AAP de Barcelona, de 12 de marzo de 2007 (JUR 2007/120632).

6. AAP de Soria, de 31 de octubre de 2004 (AC 2004/185).

declarativo ulterior, ya que la posibilidad de solicitar la adopción de diligencias preliminares queda circunscrita a las reflejadas en el listado del art. 256.1ª a 6ª de la LEC de 2000 o a las restantes diligencias o averiguaciones que para la protección de ciertos derechos prevean las correspondientes Leyes especiales. Ello supone que solamente pueden solicitarse como diligencias preliminares las enumeradas en el art. 256 de la Ley Procesal Civil o las contempladas expresamente en otras Leyes especiales a las que se remite de forma expresa el ordinal 7º de este mismo precepto (por ejemplo, art. 40 de la Ley 32/1998, de Marcas y el art. 24 de la Ley 3/1991, de Competencia Desleal), de manera que fuera de estos supuestos han de ser rechazadas «a limine» por el órgano jurisdiccional competente las diligencias que se postulen. El legislador ha optado por establecer un número limitado de medidas como una exigencia derivada del principio de seguridad jurídica, pues con ello se evita que la solicitud de diligencias preliminares pueda ser utilizada con fines diversos a los legalmente establecidos. Este es el motivo por el que el solicitante ha de expresar necesariamente la medida o medidas objeto de su petición con referencia circunstanciada del asunto objeto del juicio que se quiere preparar (art. 256.2 LEC) y la persona a la que se dirige. A este respecto ha de resaltarse que la propia Exposición de Motivos de la Ley de Enjuiciamiento Civil sirve de apoyo a la tesis doctrinal mayoritaria que proclama el sistema de «numerus clausus» de las diligencias preliminares, ya que el apartado X de dicha Exposición, al referirse a las diligencias preliminares, señala que «la presente Ley se asienta en el convencimiento de que caben medidas eficaces para la preparación del proceso y que por un lado, se amplían las diligencias que cabe solicitar, aunque sin llegar al extremo de que sean indeterminadas». No cabe negar, en cualquier caso, que aun cuando la enumeración que contiene el art. 256.1 LEC queda limitada a los supuestos que contempla, la interpretación de estos diversos supuestos debe hacerse de modo flexible, comprendiendo cuantas situaciones puedan integrarse en los distintos números del precepto, habida cuenta de la finalidad que lo inspira de preparar un proceso o evitar su interposición cuando éste careciera abiertamente de fundamento».

Siendo la que se acaba de exponer la línea mayoritaria que siguen nuestras Audiencias Provinciales, lo cierto es que también resulta posible individualizar algunas resoluciones judiciales que vienen a abrir el camino hacia la admisibilidad del carácter abierto de la enumeración de diligencias preliminares que incorpora el art. 256 LEC.

Algunas de estas resoluciones, más tímidas, abogan por la necesidad de interpretar los supuestos contemplados en el precepto referido de forma extensiva,[7] pues no sólo se ha

---

7. Esta interpretación extensiva, asumida por parte de nuestra doctrina como una de las justificaciones de la reforma del art. 257 LEC operada por la Ley 19/2006, de 5 de junio, por la que se amplían los medios de tutela de los derechos de propiedad intelectual e industrial y se establecen normas procesales para facilitar la aplicación de diversos reglamentos comunitarios (Magro Servet, V. *Problemática de la petición de la historia clínica al centro sanitario o profesional que la custodie como diligencia preliminar*, Práctica de Tribunales, 2007 (40), págs. 51 y ss; SOLER PASCUAL, L.A. *Las diligencias preliminares. Notas sobre la reforma acaecida por la Ley 19/2006, de 5 de junio, con relación a los derechos de autor e inventor*, Práctica de Tribunales, 2007 (40), págs. 6 y ss), ha encontrado también reflejo en nuestra jurisprudencia (sirvan de ejemplo, por todos, el AAP de Valencia, de 30 de enero de 2002 (JUR 2002/88462): «*Y aunque la LEC sólo habla de contrato de seguro, puesto que la expresión del artículo 256 es muy parca, debe comprender la posibilidad de exhibición de documentos de similar importancia, implícitos al propio contrato y de vital importancia para proceder a ejercer las garantías que toda aseguradora debe contemplar conforme a la LCS... En efecto, como acertadamente manifiesta el Juzgador de instancia, la exhibición de un informe pericial emitido por perito tasador de una aseguradora a la que se pretende demandar no se encuentra incluido en el supuesto previsto en el apartado 1º del artículo 256 LEC, ya que no se suscita duda sobre la capacidad o legitimación de la aseguradora. Tal extremo resulta corroborado por la propia parte solicitante, recurrente en esta alzada, que pone de manifiesto el evidente error material involuntario cometido por la representación de esta parte al citar el art. 256.1º de la LEC, que esta parte inicial-*

eliminado de la actual enumeración legal de las diligencias preliminares la disposición del viejo art. 497 LEC que establecía con claridad que se trataba de un «numerus clausus»; sino que la regulación de las diligencias preliminares también se ha aproximado a la de las medidas cautelares, con aplicación de instituciones más propias de éstas que de aquéllas, como la caución, lo que debe llevar a interpretar el sistema de forma más abierta.[8]

Otras resoluciones judiciales, por el contrario, parecen inclinarse de forma mucho más clara hacia la comprensión de las diligencias preliminares como un «numerus apertus».

En este sentido, resulta especialmente gráfico el AAP de Barcelona, de 29 de septiembre de 2004,[9] relativo a la exhibición de un contrato de arrendamiento, según el cual,

---

mente manifestó ser aplicable a la presente litis, pues lo que se quiso citar eran los apartados 2º y 5º de dicha norma. Considera el tribunal, sin embargo, que tampoco es la previsión contenida en el ordinal quinto del precepto invocado la norma que ofrece cobertura legal a la pretensión del solicitante, y ello por cuanto que, previendo la norma «que se exhiba el contrato de seguro por quien lo tenga en su poder» a requerimiento del pretendido perjudicado por un hecho que pudiera estar cubierto por seguro de responsabilidad civil, con tal determinación no se pretende sino la constatación de la existencia del vínculo contractual que liga a las partes, base inequívoca legitimadora de la procedencia de la reclamación, sin que por consiguiente resulte de recibo la pretensión de una interpretación amplia de la norma, comprensiva de la posibilidad de exhibición de documentos de similar importancia implícitos al propio contrato, según interesa la parte recurrente. No obstante lo anterior, la Sala entiende que la solicitud de la parte apelante debe ser acogida por ser susceptible de incardinación en el supuesto previsto en el segundo ordinal del art. 256 de nuestra norma procesal, a cuyo tenor, cabe la preparación del juicio «mediante solicitud de que la persona a la que se pretende demandar exhiba la cosa que tenga en su poder y a la que se haya de referir el juicio», habida cuenta de que en el momento presente resulta de todo punto imposible proceder a realizar una peritación de los daños sufridos y cuya reclamación se pretende, ya que han transcurrido más de dos años desde el siniestro acaecido en fecha 25 de junio de 1999 y los desperfectos han sido reparados»; el AAP de Baleares, 13 de septiembre de 2003 (JUR 2003/27933): «*El artículo 256.1.4º debe ser interpretado en forma extensiva de manera que resulte aplicable a otros supuestos, distintos de los de la comunidad y sociedad expresamente previstos en el texto, en los que es necesaria la exhibición de documentos y cuentas para preparar correctamente un proceso, siempre que se cumplan los requisitos de la justa causa e interés legítimo. Así, en el auto de la Audiencia Provincial de Barcelona, de 5 de julio de 1989, se hizo aplicación del art. 497.5º de la Ley de Enjuiciamiento Civil, de contenido equivalente al art. 256.1.4º de la vigente Ley, a un supuesto de prestación de servicios en que se pretendía reclamar una cantidad procedente de aquellos. En el caso de autos, el contrato firmado por las partes el 31 de julio de 1997, en el que C.T.T. concede un préstamo a J.E.T, para la reparación de la embarcación de pesca «Joven María», de la que es propietario, comprometiéndose el prestatario a devolver la suma adeudada con los beneficios de la explotación de la nave de la que se nombra administradora a la prestamista, crea una situación de comunidad de intereses a la que resulta de aplicación, por analogía, lo establecido en el art. 256.1.4º de la Ley de Enjuiciamiento Civil*»; y el AAP de Barcelona, de 21 de marzo de 2005 (JUR. 125276): «*la remisión prevista en el art. 256.1.7º LEC alcanzaría no sólo a las diligencias preliminares específicamente reguladas en otras leyes especiales, como la de patentes y competencia desleal, sino también a las que se inducen de los específicos deberes de colaboración e información que se imponen a los deudores del canon por copia privada frente a las entidades de gestión, acreedores de este derecho de crédito, al amparo del art. 25.21 TRLPI*»*)*. En contra de esta interpretación extensiva algunos Juzgados de primera instancia vienen insistiendo en defender una apreciación restrictiva de las diligencias preliminares (sobre los argumentos a favor de este posicionamiento véase el *Macroestudio estadístico sobre las diligencias preliminares en la LEC. Los Juzgados de Primera Instancia responden*, Economist & Jurist, noviembre de 2007, núm. 115, págs. 24 y ss).

8. En esta misma línea se han expresado, entre otros: Álvarez Alarcón, A. *Las diligencias preliminares en el proceso civil*, Bosch, Barcelona, 1997, págs. 74 y ss; Banacloche Palao, J. *Las diligencias preliminares*, Civitas, Madrid, 2003, págs. 65 y ss; Díaz Martínez, M. *Las diligencias preliminares: supuestos y requisitos de la solicitud*, Práctica de Tribunales, 2007 (40), pág. 21; y Lorca Navarrete, A.M. *La regulación de las diligencias preliminares en la nueva Ley de Enjuiciamiento Civil: una regulación inconstitucional*, Diario La Ley, 2000 (6), págs. 1918-1920.

9. AAP de Barcelona, de 29 de septiembre de 2004 (JUR 2004/3069659). En la misma línea de entroncar la diligencias preliminares con el derecho a la tutela judicial efectiva, pero abogando por el carácter limitado de las diligencias preliminares que incorpora el art. 256 LEC, véase el AAP de Bizkaia, de 28 de junio de 2005 (JUR 2005/203138).

siendo la finalidad de las diligencias preliminares lícita y plausible, no cabe defender una interpretación restrictiva de su enumeración, ya que con ello se limitaría de forma indebida el derecho fundamental a la tutela judicial efectiva que consagra de forma expresa el apartado primero del art. 24 de la Constitución Española de 1978.

III. La conveniencia de estimar las diligencias preliminares como «numerus apertus»

Frente al posicionamiento tradicional y mayoritario de nuestra doctrina y juriprudencia que han optado por estimar que nuestra LEC sigue un sistema de «numerus clausus» en orden a la determinación de las diligencias preliminares, me parece preferible defender, como ya se intuye en algunas resoluciones judiciales, la conveniencia de concebir las diligencias preliminares como un verdadero «numerus apertus».[10]

Ello es así, de una parte, porque frente a la muy rigurosa dicción literal del viejo art. 497 LEC, en el vigente art. 256 LEC se ha terminado por eliminar la expresión «*las peticiones no comprendidas en los supuestos anteriores se rechazarán de oficio*», de tal forma que parece abrirse la puerta a otras diligencias preliminares distintas de las enumeradas por nuestro legislador.

De otra parte, el hecho de concebir las diligencias preliminares como «numerus clausus» termina por impedir que el órgano jurisdiccional, por vía interpretativa, pueda acomodar rápidamente la normativa a las nuevas exigencias de tutela que demanda la sociedad.

La finalidad de las diligencias preliminares no es otra que la de facilitar a quien no los tiene, los datos precisos para evaluar la posibilidad de promover o no un proceso y, en tanto en cuanto ese objetivo es lícito y respetable, no cabe que sea interpretado de tal manera que se cercene indebidamente su utilización fuera de los casos admisibles en derecho, pues, en otro caso, se caería en la posibilidad de limitar indebidamente el derecho a obtener la tutela judicial efectiva de los ciudadanos, así como en colocarles, eventualmente, en una situación de inferioridad frente a quienes, poseyendo los datos y documentos precisos, se nieguen indebidamente a exhibirlos.[11]

Por ello, precisamente, parece preferible defender la conveniencia de admitir la posibilidad de acordar diligencias preliminares diferentes de las enumeradas por nuestro legislador, siempre, eso sí, que a juicio del órgano jurisdiccional se den los presupuestos necesarios para que sean ordenadas: que la medida sea adecuada a la finalidad perseguida por el solicitante y que en su solicitud concurran justa causa o interés legítimo.[12]

10. En esta misma línea de pensamiento se manifestó Rifá Soler, J.Mª. *Intervención oral relativa a la cuestión Diligencias preliminares ¿numerus clausus?, en Encuentro de Profesores de Derecho Procesal de las Universidades Españolas*, coordinada por Fernando Jiménez Conde, SEPIN, Madrid, 2001, pág. 195.

11. APP de Barcelona, de 29 de septiembre de 2004 (JUR 2004/306995).

12. González García, J.M. *Diligencias preliminares ¿numerus clausus?, en Ley de Enjuiciamiento Civil: Respuestas a*

De no ser así, para dar cabida a situaciones dudosas (vg, ante la perdida del ejemplar de un contrato, algunas de cuyas cláusulas las desconoce o no recuerda el interesado en plantear la reclamación judicial, ¿puede paliarse dicha situación a través de la solicitud de la exhibición del otro ejemplar a manos de quien lo tenga en su poder y se quiere demandar?), se haría necesario interpretar de forma forzada los términos empleados por el art. 256 LEC (sin perjuicio de lo dispuesto en los arts. 328 y 329 LEC sobre el procedimiento a seguir en orden a conseguir la exhibición de un documento que no está en poder de la parte a quien interesa, cabría acudir a una interpretación amplia de lo que se consideren «*documentos en los que conste la capacidad, representación o legitimación de la persona frente a la que se dirigiría la demanda*»).

Esta línea interpretativa favorable a estimar las diligencias preliminares enumeradas en la LEC como un catálogo abierto puede sustentarse también tanto en el hecho de que cuando el propio art. 256.1.6º contempla actividades preparatorias dirigidas a concretar los integrantes del grupo de afectados cuando, no estando determinados, sean fácilmente determinables (en el caso de procesos para la defensa de los intereses colectivos de consumidores y usuarios), lo hace de forma abierta, es decir, admitiendo que el órgano jurisdiccional adopte las medidas «*oportunas para la averiguación de los integrantes del grupo, de acuerdo a las circunstancias del caso y conforme a los datos suministrados por el solicitante, incluyendo el requerimiento al demandado para que colabore en dicha determinación*»;[13] como en la propia previsión del art. 256.1.9º. en atención a la cual todo juicio podrá prepararse a través de la «*petición de las diligencias y averiguaciones que, para la protección de determinados derechos, prevean las correspondientes leyes especiales*».

En atención a los variados argumentos que se acaban de exponer respecto a la conveniencia de examinar las diligencias preliminares como un «numerus apertus», me parece oportuno sugerir que en una futura reforma del art. 256 LEC se admita la posibilidad de preparar todo juicio, al modo y manera de lo que ya cabía observar tanto en el Proyecto Profesoral de Corrección y Actualización de la Ley de Enjuiciamiento Civil (art. 362.6ª: «*mediante la petición de cualquiera otra diligencia necesaria para el conocimiento de los hechos en que se haya de fundar la demanda*»); como en los arts. 272 y 273 del Código Modelo para Iberoamérica («*En todo proceso podrá realizarse una etapa preliminar por iniciativa de parte con finalidad: 1) determinar o completar la legitimación activa o pasiva de las partes del futuro proceso; 2) anticipar el diligenciamiento de pruebas que pudieren perderse si se esperan otras etapas; 3) practicar intimaciones para comprobar...)*, a través de lo que podríamos denominar «diligencia preliminar innominada».

---

100 Cuestiones Polémicas, Encuentro de Profesores de Derecho Procesal de las Universidades Españolas, coordinada por Fernando Jiménez Conde, SEPIN, Madrid, 2001, pág. 194.

13. En cuanto a esta diligencia preliminar, véase, por todos: Barona Vilar, S. *Diligencia preliminar específica de determinación de los integrantes de grupos de afectados, en Tutela de los consumidores y usuarios en la nueva LEC*, Tirant lo blanch, Valencia, 2003. En orden a la gran utilidad práctica de esta diligencia se ha expresado Ramos Méndez, F. *Guía para una transición ordenada a la LEC*, Bosch, Barcelona, 2000, pág. 294.

Cuestiones procesales análogas a tratar en la audiencia previa. Respuestas de los tribunales y su inspiración doctrinal

Estela Yélamos Bayarri
Profesor de Derecho Procesal.
Universitat Pompeu Fabra, Barcelona

I. Acotando la cuestión a resolver

La audiencia previa regulada en los artículos 414 a 430 de la LEC, según dispone el propio art. 414 y se proclama en la Exposición de Motivos de la Ley en el punto XII, está llamada a desempeñar las siguientes finalidades: *1)* la de intentar un acuerdo o transacción de las partes que ponga fin al proceso —función conciliadora—, *2)* la de examinar las cuestiones procesales que pudieran obstar a la prosecución del mismo y a su terminación mediante sentencia sobre su objeto —función sanadora— *3)* la de fijar con precisión el objeto del litigio y los extremos de hecho o de derecho sobre los que exista controversia entre las partes —función delimitadora— y *4)* en su caso, la de proposición y admisión de la prueba —función preparatoria del juicio oral—.

Estas reflexiones se centran en el análisis de la segunda de las funciones listadas: la función sanadora de la audiencia previa del juicio ordinario de la LEC 2000, objetivo también perseguido por la comparecencia preliminar del antiguo juicio de menor cuantía de la LEC 1881, introducida en nuestro sistema en 1984.[1]

Más concretamente, se trata aquí de determinar cuáles puedan ser las cuestiones procesales que la ley no cita y regula expresamente, pero cabría incluir entre las «cuestio-

---

1. El Profesor Vázquez Sotelo, a quien hoy rendimos homenaje y de quien hoy los procesalistas seguimos aprendiendo, dedicó en 1987 un artículo a la función sanadora de la antigua comparecencia, regulada en los arts. 691 a 693 LEC 1881. Las conclusiones de aquel estudio siguen sirviendo de guía en el análisis de la función sanadora de la actual audiencia previa. Vázquez Sotelo J.L., *Instituciones saneadoras del proceso civil español: «excepciones dilatorias» y «comparecencia previa»*, Justicia, 1987, núm. 1, pp. 19 a 62.

nes procesales análogas» del art. 425 LEC. Por todos es sabido que el listado del art. 416 LEC no es *numerus clausus*, por lo que, además de las que aparecen en el precepto,[2] recibirán un tratamiento procesal análogo a las previstas cualesquiera otras circunstancias que puedan impedir la válida prosecución y término del proceso mediante sentencia sobre el fondo.

Veremos cuáles son las cuestiones procesales análogas que los tribunales han admitido como tales y en base a qué opiniones doctrinales, si es que las decisiones judiciales son el reflejo de lo manifestado por algún autor. El estudio se cerrará con el añadido de algunas propuestas doctrinales de otras cuestiones procesales atípicas, de las que no he hallado manifestaciones jurisprudenciales pero que podrían incluirse perfectamente entre ellas.

II. Características que deberían reunir esas cuestiones análogas

Antes de determinar cuáles pueden considerarse y cuáles no «cuestiones procesales análogas a las expresamente previstas», en los términos del art. 425 LEC, debemos primero tener en cuenta qué características comunes comparten, lo cual nos ayudará en aquel objetivo último.

En todas las cuestiones procesales análogas concurrirán los siguientes requisitos:[3]

a) Son excepciones, pues se fundan en hechos que aporta el demandado en la contestación para obtener su absolución.

   De hecho, hay quien defiende que, pese al cambio de nomenclatura de la LEC, todas las «circunstancias que puedan impedir la válida prosecución y término del proceso mediante sentencia sobre el fondo», tratadas en la audiencia previa, siguen siendo las tradicionales excepciones dilatorias y perentorias, que «se alegan por el demandado a través de los hechos excluyentes».[4] Sin embargo, sería deseable no identificar las actuales cuestiones procesales de la audiencia previa con el antiguo sistema de excepciones dilatorias, pues tales excepciones se revelaron como un «método inadecuado», que no «erróneo», «diseñado para una época muy distinta, en la que el tiempo contaba de otro modo y en la que no se acumulaban sobre las Salas de los Juzgados y Tribunales los procesos por centenares o por miles».[5]

---

2. Falta de capacidad de los litigantes o de representación en sus diversas clases; cosa juzgada o litispendencia; falta del debido litisconsorcio; inadecuación del procedimiento; defecto legal en el modo de proponer la demanda o, en su caso, la reconvención, por falta de claridad o precisión en la determinación de las partes o de la petición que se deduzca.

3. La triple característica en Banacloche Palao J. y Gascón Inchausti F., «El tratamiento de las cuestiones procesales en la audiencia previa al juicio», en *El tratamiento de las cuestiones procesales y la audiencia previa al juicio en la Ley de Enjuiciamiento Civil* (Banacloche Palao, Gascón Inchausti, Gutiérrez Berlinches, Vallines García y De La Oliva Santos), Navarra, 2005, p. 291.

4. Vázquez Iruzubieta C., *Comentarios a la nueva Ley de Enjuiciamiento Civil. Doctrina y jurisprudencia Ley 1/2000*, Madrid, 2000, pp. 596 y 597.

5. Vázquez Sotelo J.L., *Instituciones saneadoras del proceso civil español: «excepciones dilatorias» y «comparecencia previa»... op. cit.*, p. 23.

b) Son procesales porque están referidas a cuestiones que impedirían un pronunciamiento sobre el fondo del asunto. En términos tradicionales se diría que ello puede ocurrir porque existe algún óbice procesal o bien porque falta un presupuesto o requisito necesario. Sin embargo, «la teoría de los presupuestos procesales», depositados desde antaño en el catálogo de excepciones dilatorias, «ha cumplido ya su ciclo». Habría que pensar en la audiencia previa como unos mejores instrumentos de gestión disponibles, y de hecho así lo está percibiendo la práctica.[6] Pero la letra de la ley sigue concibiéndola como un modo de depurar obstáculos que puedan vetar un pronunciamiento de fondo y la regulación sigue recordando demasiado al antiguo sistema.

   Encorsetados por esta tesitura tradicional, como ocurre con las cuestiones típicas, en las cuestiones procesales análogas se pretende corregir la inicial impericia de las partes o de sus abogados.[7] Dicho de otro modo, la audiencia previa es el «purgatorio de todos los pecados procesales imaginables».[8]

c) Y, en tercer lugar, son atípicas porque la LEC no las cita expresamente ni en el art. 416 ni en los siguientes preceptos. Ello supone que pueden existir cuestiones procesales no listadas y que no encuentren analogía con las expresamente previstas. Serán análogas en cuanto a que pueden impedir la válida prosecución y término del proceso mediante sentencia sobre el fondo, aunque no guarden identidad de razón (art 4.1 CC) con las reguladas en la LEC.[9] Así ocurre, como veremos, con la falta de reclamación administrativa previa, que no guarda analogía con ninguna de las cuestiones típicas.

III. Su alegación y tratamiento procesal

III.I. Su alegación: también de oficio, pero con contradicción

En cuanto al modo y sujeto que debe ponerlas de manifiesto, el art. 405 LEC exige al demandado alegar cualquier excepción en su escrito de contestación a la demanda. Lógicamente, el actor podría alegarlas respecto a la reconvención hecha por el demandado. Fuera de estos últimos casos, parece que no cabrían cuestiones procesales análogas que no hayan sido puestas de manifiesto en la contestación. No sería razonable que el demandado silencie las excepciones procesales que tenga frente al actor, y pre-

---

6. Este trámite es un buen momento para «revisar la organización del juicio o lo que queda de él: si subsiste el conflicto, cuáles son sus términos neurálgicos, cómo se puede esclarecer, qué se necesita para ello y en cuánto tiempo». Ramos Méndez F., *Enjuiciamiento Civil. Cómo gestionar los litigios civiles,* Tomo II, Barcelona, 2008, p. 1318.

7. Álvarez Sacristán I., *Inutilidad práctica de la audiencia previa en el proceso civil*, Actualidad Jurídica Aranzadi, núm. 759, 2008.

8. Ramos Méndez F., *Enjuiciamiento Civil. Cómo gestionar los litigios civiles.* Tomo II ... *op. cit.,* p. 1323.

9. Banacloche Palao J. y Gascón Inchausti F., «El tratamiento de las cuestiones procesales en la audiencia previa al juicio»... *op. cit.,* p. 292.

tenda hacerlas valer sorpresivamente en el acto de la audiencia previa. Este razonamiento vale para las cuestiones procesales sí listadas y reguladas en la LEC,[10] y no existe inconveniente alguno en trasladarlo a las que no están expresamente reguladas, pues su tratamiento procesal es igual a aquéllas.

Ahora bien, como veremos, existen cuestiones de orden público que, pese a no ser alegadas por las partes, pueden ser controladas por el Juez. Lo cual significa que el Juez puede sacarlas a colación de oficio, en la audiencia previa, pese a no haberlas puesto de manifiesto el demandado en la contestación a la demanda. Ello no quiere decir que todas las cuestiones procesales análogas pueden ser alegadas de oficio. Habrá cuestiones análogas que admitan la posibilidad de planteamiento por el Juez, con independencia de la alegación por las partes, y otras que no. Para saber si estamos en uno u otro caso, deberemos estar al tratamiento que se de a la cuestión procesal sí citada expresamente por la LEC, de la que la no citada es análoga.[11] Por ejemplo, la excepción análoga a la de cosa juzgada, sí podría ser suscitada de oficio.

Lo que no podría darse, entiendo, es que una resolución judicial (ni el Auto de la audiencia previa, ni la sentencia final) aprecie la existencia de obstáculos procesales no alegados, sin haber advertido a las partes sobre ellos, fundamentalmente sin avisar antes a la parte a quien perjudican, para que tenga oportunidad de defenderse de ellas. El límite a las facultades del juez vendría dado por la necesidad de haber sometido estas cuestiones a contradicción. Una cosa es la apreciación de oficio de posibles cuestiones procesales análogas, cosa que la LEC permite (el art. 425 LEC dice expresamente «circunstancias alegadas o puestas de manifiesto de oficio») y otra bien distinta obviar las garantías procesales.

Hay quien opina,[12] en este sentido, que para algo el legislador ha querido concentrar en un mismo acto todas las cuestiones procesales «para que luego el sistema fracase pro causas ajenas al propio sistema». Una vez concluida la audiencia previa, los defectos procesales que surgieran luego quedarían sanados y convalidados, lo que significa que el Juez no puede apreciarlos para negar una resolución sobre el fondo del asunto.

10. Damián Moreno J., «Comentario al artículo 416 LEC», en *Comentarios a la nueva Ley de Enjuiciamiento Civil* (Dir. A. Mª. Lorca Navarrete), Valladolid, 2000, Tomo II, p. 2120.

11. Sobre la no identidad entre posibilidad de alegación de oficio y la atipicidad de las excepciones, ver Banacloche Palao J. y Gascón Inchausti F., «El tratamiento de las cuestiones procesales en la audiencia previa al juicio»... *op. cit.*, pp. 290 y 291. Sugieren estar al tratamiento de la cuestión sí citada y regulada expresamente a la LEC.

Aunque también es cierto que cada vez haya menos cuestiones típicas que no admiten planteamiento de oficio. Algunos autores sostienen que, respecto a las típicas (y las análogas deberían tener este tratamiento), esos obstáculos procesales que normalmente se trataban como «excepciones dilatorias» en la LEC 1881, han pasado a «convertirse en auténticos presupuestos procesales y, en cuanto tales, vigilables de oficio por el tribunal». Gimeno Sendra V., «Comentario al articulo 416 LEC», en *Proceso civil práctico* (Dir. Gimeno Sendra),Madrid, 2005, p. 322

12. Damián Moreno J., «Comentario al artículo 416 LEC»... *op. cit.*, p. 2121.

III.II. Examen de las cuestiones procesales análogas: práctica de prueba

Para el examen y resolución de las cuestiones procesales análogas, deberán seguirse las mismas reglas que rigen para las expresamente previstas, según dispone el art. 425 LEC.[13]

Puesto que el tratamiento procesal de la cuestión análoga es igual al de la cuestión con la que guardan similitud, el lugar concreto que tendrán para su debate en la audiencia previa será el que hubiera tenido la cuestión típica.[14]

En cuanto a la posibilidad de que se practique prueba sobre la cuestión procesal análoga, caemos en la cuenta de que con las típicas la LEC guarda silencio al respecto. Pero la mayor parte de las cuestiones procesales admiten prueba, fundamentalmente documental, y evidentemente no podrá ser practicada en la fase de prueba, ya que en ese momento las cuestiones procesales deberían estar resueltas (o se encontraría ya el proceso archivado). Por ello es perfectamente posible la admisión y práctica de la prueba documental correspondiente en la audiencia previa, y ello sin suspensión de la audiencia previa a tales efectos.[15]

Lo que está claro respecto a la prueba documental, no puede ser distinto respecto al resto de medios de prueba, si las partes acuden a la audiencia previa con todas las pruebas de las que disponen.[16] Admitir la práctica de pruebas, además de hacer posible el ejercicio de las garantías procesales constitucionales, parece acorde con la voluntad del legislador de que la audiencia previa sea una verdadera fase intermedia de saneamiento del proceso.[17]

La admisión de la prueba sobre las cuestiones procesales análogas lo sería sobre la propuesta por el demandante en la misma audiencia previa, que tratará de desvirtuar la excepciones procesales propuestas por el demandado, y en este caso no pueden restringirse las posibilidades del demandante esgrimiendo preclusión alguna.[18] En relación a la propuesta por este último, que intentará acreditar la concurrencia de la cues-

13. Ello a sabiendas de que el procedimiento para la alegación, prueba y decisión de las excepciones que sí aparecen en la LEC, aunque más detallado que en la anterior regulación, siga siendo inadecuado, como advierte el profesor Serra Domínguez en Serra Domínguez M., *La Ley 1/2000 sobre enjuiciamiento civil,* 2000, p. 37.

14. Banacloche Palao J. y Gascón Inchausti F., «El tratamiento de las cuestiones procesales en la audiencia previa al juicio»... *op. cit.,* p. 295.

15. Carreras Maraña J.M., «Especialidades del juicio verbal y del juicio ordinario», en *Criterios de aplicación de la nueva Ley de Enjuiciamiento Civil* (Coord. J.M Carranza Cantera), Madrid, 2003, p. 121.

16. Recuerda Fairén Guillén que las partes deben comparecer en la audiencia previa con todos los medios de prueba que pretendan utilizar, lo que debe constar en las cédulas y documentos de notificación. Deberán, por tanto acudir con todos aquellos de los que dispongan, más allá incluso de la documental (testigos, partes, e incluso peritos). Fairén Guillén V., *La audiencia previa. Consideraciones teórico prácticas,* Madrid, 2001, p. 90.

17. Fernández Seijo J. M., «De los procesos declarativos», en *Comentarios a la nueva Ley de Enjuiciamiento Civil,* Madrid, 2001, p. 152.

18. Ramos Méndez F., *Enjuiciamiento Civil. Cómo gestionar los litigios civiles.* Tomo II ... *op. cit.,* p. 1324.

ción procesal alegada, la proposición de su prueba precluye en la contestación a la demanda.[19] Obviamente, la práctica y la discusión sobre la prueba practicada lo sería respecto de las de ambas partes.

En relación a la posibilidad de que se practique cualquier prueba en la audiencia previa sobre las cuestiones procesales atípicas, debe necesariamente hacerse una advertencia. La audiencia previa no debe confundirse con la audiencia principal del pleito. Sólo existirá prueba acerca de las cuestiones estrictamente procesales que se planteen y puedan resolverse en la audiencia previa, no sobre aquellos hechos que tienen que ver con el fondo del pleito.[20] Una cosa es que el Juez tome la decisión sobre la cuestión procesal habiendo escuchado a las partes y habiendo examinado el material probatorio que sirve para acreditar sus alegaciones, y otra distinta que en la audiencia previa se traten cuestiones que deben tratarse en el juicio.

III.III. Resolución de las cuestiones procesales análogas

En cuanto a la resolución de las cuestiones procesales análogas, si es posible deberían ser resueltas en la misma audiencia previa de forma oral (sin perjuicio de que luego se documente por escrito). De ser insubsanable la cuestión procesal, en la misma audiencia previa se decretará el sobreseimiento del proceso. En otros casos, en los que sea posible su subsanación, se dará la oportunidad a las partes para subsanar, en la misma audiencia previa, o concediéndoles un plazo no superior a diez días. Superado ese plazo, de no haberse procedido a la subsanación, el juez declarará acabado el proceso.

Debemos detenernos en ello un instante. La finalidad de la audiencia previa no es acabar rápido, a cualquier costa, con el proceso que plantea el menor obstáculo o defecto, sino sanearlo de los obstáculos procesales que pudieran solventarse. Por eso deberá intentarse siempre la subsanación.[21] El tribunal debe conceder esa oportunidad de

---

19. Una excepción a la preclusión de la aportación de prueba con la demanda y la contestación es, justamente, la posibilidad que tiene el demandante de aportar pruebas sobre las excepciones procesales alegadas por el demandado. Carreras Maraña J.M., Especialidades del juicio verbal y del juicio ordinario, en *Criterios de aplicación de la nueva Ley de Enjuiciamiento Civil... op. cit*, p. 121.

20. En este sentido es sumamente interesante la reflexión del Profesor Fairén. La elasticidad en la admisión de toda clase de prueba en la audiencia previa no puede convertirse en un abuso. Y lo sería confundir la prueba genéricamente considerada sobre hechos, desde el punto de vista iusmaterial, con la de aplicación sobre el fondo del pleito. Por eso los jueces deben tener sumo cuidado y repeler de oficio los medios de prueba que aleguen sobre el fondo del litigio. Fairén Guillén V., *La audiencia previa. Consideraciones teórico prácticas... op. cit.*, p. 90.

La limitación a las pruebas sobre el fondo debe entenderse con una excepción: los hechos que acreditan o desvirtúan la falta de litisconsorcio pasivo necesario, y las cuestiones análogas que pudieran admitirse, a las que luego me referiré, son cuestiones de fondo que, sin embargo, se tratan en la audiencia previa.

21. De hecho, la LEC «apuesta sin vacilar por el criterio de la subsanación de cualquier defecto procesal que pueda ser disipado». Ramos Méndez F., *Enjuiciamiento Civil. Cómo gestionar los litigios civiles.* Tomo II ... *op. cit.*, p. 1322. La función saneadora es uno de los objetivos fundamentales de la audiencia previa y por ello la posibilidad de subsanación debe fomentarse. Alonso-Cuevillas Sayrol A., «La audiencia previa», en *Instituciones del nuevo proceso civil*, Barcelona, 2000, p. 145.

subsanación en virtud del derecho a la tutela judicial efectiva, y esa oportunidad será ejercitada en la audiencia previa o en el plazo limitado que el juez confiera. En definitiva, antes de optar por el archivo de las actuaciones, el juez deberá indagar sobre las «alternativas menos gravosas» para las garantías procesales.[22]

Habrá casos en los que será necesario un estudio detallado de la cuestión procesal análoga y entonces podrá el Juez resolverlas mediante Auto, que se dictará dentro de los cinco días siguientes a la celebración de la audiencia previa.[23]

Hay quien discute la posibilidad de aplazamiento de la resolución de las cuestiones análogas, porque, afirman, ello sólo cabe en los casos en que expresamente así lo dispone el legislador (art. 417.2 LEC).[24] Pero entiendo que no existe razón para negar esa posibilidad en las cuestiones atípicas.[25] Puede que justamente en estas el Juez necesite un estudio a fondo del tema, porque no cuenta con el apoyo de una regulación pormenorizada. No existe razón para permitir el aplazamiento en las típicas y negarlo en las análogas.

Lo anterior, insisto, sin perjuicio de que habrá casos en los que pueda (y deba) tomarse la decisión en la misma audiencia previa: aquellos en los que se haya dado la contradicción necesaria para discutir con amplitud sobre las cuestiones procesales planteadas de oficio o a instancia de parte; en los que haya podido practicarse la correspondiente prueba sin más limitaciones que la preclusión; y en los que tanto los abogados de las partes y como el propio juez acudan a la audiencia previa con perfecto conocimiento de todos los pormenores de la demanda y de la contestación[26] (estas condiciones serían cumulativas).

---

22. Gimeno Sendra V., Comentario al artículo 425 LEC, en *Proceso civil práctico... op. cit.*, p. 414.

23. Para las cuestiones típicas, y entiendo que también para las análogas, debe tenerse en cuenta la voluntad del legislador de resolver el máximo de temas posibles en unidad de acto y de forma oral. Habrá, ciertamente, casos, en los que la complejidad de la cuestión requerirá un análisis sosegado y una mayor ponderación y estudio, por lo que la ley admite que pueda resolverse mediante Auto. Pero ello no puede convertirse en la práctica habitual, porque entonces se produciría una innecesaria dilatación del proceso. Gutiérrez Sanz M.R., «Comentario a los arts. 416 y ss. LEC», *Comentarios Prácticos a la nueva Ley de Enjuiciamiento Civil* (Coord. J. C. Cabañas García), Madrid, 2000, 1ª edición., p. 396.

24. Garberí Llobregat J., *Los procesos civiles* (Dir. Garberí Llobregat), Vol III, Barcelona, 2001, p. 458. Lo expone de forma rotunda: «no será posible, en ninguno de estos casos» (las cuestiones procesales análogas) que el Juez demore su decisión hasta los cinco días siguientes a la finalización de la audiencia, ello «aunque la cuestión suscitada sea extremadamente dificultosa o compleja».

25. En el mismo sentido, Banacloche Palao J. y Gascón Inchausti F., «El tratamiento de las cuestiones procesales en la audiencia previa al juicio»... *op. cit.*, p. 295. Se ofrecen otros argumentos: es el propio art. 417.2 LEC en que parece indicar que basta con que se planteen varias excepciones para que el tribunal pueda resolverlas todas en los cinco días siguientes, a menos que la ley imponga una resolución inmediata.

26. Ello nos llevaría, en cierto modo, a analizar las ventajas y desventajas de la oralidad en el proceso, oralidad que puede trasladarse incluso al modo de dictar resoluciones judiciales. Tras listar los pros y los contras, Vázquez Sotelo concluía que la que la utilidad y eficiencia de la antigua comparecencia dependía de la intervención personal y activa del Juez, así como de una correcta preparación de los abogados. Vázquez Sotelo J.L., *Instituciones saneadoras del proceso civil español: «excepciones dilatorias» y «comparecencia previa»...* op. cit., pp. 39 y 40.

III.IV. Costas y recursos

Por lo que se refiere a las costas procesales y los recursos frente a la resolución de la cuestión procesal análoga, la LEC no incluye normas expresas que respondan a estos dos temas, pero deben seguirse las previsiones generales.[27]

Si la cuestión procesal se desestima y sigue el proceso, las costas se impondrán al final del mismo. Si se estima la cuestión procesal, tanto si el defecto era insubsanable como si era subsanable pero la parte no lo subsanó, el demandante habrá interpuesto la demanda de forma inadecuada y deberá pechar con las costas causadas hasta entonces (art. 394.1 LEC).

Por último, en cuanto a los recursos frente a la resolución de la cuestión procesal análoga, tanto si es oral como si es escrita, dependerá del sentido de la decisión sobre la cuestión procesal atípica: *1.* En los casos en que se estime la excepción procesal que pone fin al procedimiento, tratándose de una resolución definitiva, está abierto el recurso de apelación (art. 455.1 LEC). *2.* En los supuestos en que se desestima una cuestión procesal análoga, procedería la reposición sin efectos suspensivos (art. 451 LEC).[28]

Vistas las características y tratamiento procesal que recibirán las cuestiones procesales análogas, es el momento de listar cuáles se han admitido como cuestiones a tratar y resolver en la audiencia previa, y cuáles no deben incluirse. Generalmente, la decisión sobre su inclusión vendrá determinada por la consideración como procesal o de fondo de la cuestión concreta (aunque no tiene por qué serlo, ya que en ocasiones la cuestión de fondo puede analizarse antes de sentencia). En ese punto es donde respecto de algunas materias existen diferentes posicionamientos, tanto doctrinales como jurisprudenciales.

IV. No son cuestiones procesales análogas la prescripción, la caducidad y la falta de la legitimación

IV.I. Prescripción y caducidad

Mayoritariamente los tribunales han excluido de las cuestiones a tratar en la audiencia previa la prescripción y la caducidad. Se trata de cuestiones que atañen al fondo del asunto, cuya clarificación requiere la celebración del juicio para la práctica de la necesaria prueba sobre ellas. Básicamente en lo que se refiere al momento del inicio del cómputo y, en el caso de la prescripción, en la existencia misma y/o momento de la interrupción.

---

27. Carreras Maraña J.M., «Especialidades del juicio verbal y del juicio ordinario», en *Criterios de aplicación de la nueva Ley de Enjuiciamiento Civil... op. cit.,* p. 126 en relación a las costas; p. 122 en relación al régimen de recursos. Lo analiza el Magistrado respecto a las cuestiones expresamente listadas, pero ello es aplicable a las atípicas, evidentemente, pues el tratamiento procesal debe asimilarse.

28. Alguna opinión doctrinal aplica la solución expuesta para las resoluciones dictadas mediante Auto, pero distingue si se trata de resoluciones orales dictadas en la misma audiencia previa que permiten la continuación del proceso (las

En los casos en que el tribunal de primera instancia ha dictado resolución sin tener esto en cuenta, los tribunales de apelación, al estimar el recurso, dejan sin efecto el sobreseimiento del proceso acordado ordenando la continuación de la audiencia previa y el proceso por sus restantes trámites. Ejemplos de esta solución son los siguientes:

— AAP Santa Cruz de Tenerife núm. 133/2007 (Sección 4), de 12 septiembre. El asunto discutido era una reclamación de indemnización por daños sufridos en vehículo propiedad del demandante. La prescripción fue alegada en la contestación, sacada a colación en la audiencia previa y estimada inmediatamente después, mediante Auto, sin abrir el periodo de prueba. La indefensión se da no por la forma de la resolución que estima la prescripción (Auto que como la sentencia es motivado), sino precisamente por no haber podido el demandante contrarrestar mediante la prueba oportuna esta alegación del demandado.

> La prescripción es «*un mecanismo eficaz de oposición frente a una reclamación concreta del derecho o acción prescrita, sin que sea posible apreciarla de oficio, pero ante la posibilidad de su interrupción por el acaecimiento de determinados hechos, su alegación requiere un periodo de contradicción sobre su eficacia extintiva, pues, en otro caso, el acreedor queda indefenso al verse privado de la posibilidad de justificar la interrupción y, en definitiva, de demostrar la improcedencia de la prescripción alegada.*
>
> *CUARTO. Sobre la base de lo expuesto, entiende la Sala que el recurso debe ser estimado. En efecto, por una parte, la resolución de la excepción reclamaba una sentencia que se pronunciara sobre esa excepción perentoria o de fondo, pero, con todo, esa irregularidad en la forma de la resolución no es, por sí misma, determinante de indefensión efectiva (necesaria para decretar la nulidad de lo actuado, según lo dispuesto en el artículo 225.3 de la Ley de Enjuiciamiento Civil, en relación con el 459 y 465.3de la misma), pues el auto es también una resolución motivada que contiene argumentos suficientes. En realidad, la indefensión se ha generado porque, precisamente por el tratamiento estrictamente procesal que se ha hecho de la excepción opuesta, no se ha permitido prueba al actor para invalidar esa alegación y contradecirla adecuadamente, proponiendo la prueba idónea (como pretendía) que pudiera contrarrestarla. Es esta circunstancia la que genera la efectiva indefensión y justifica la nulidad de lo actuado.*
>
> *No se opone a lo anterior los razonamientos contenidos en el auto recurrido con fundamento en los artículos 421 (resolución de los casos de litispendencia o cosa juzgada) y 425 (decisión judicial en casos de circunstancias procesales análogas a las expresamente previstas) de la Ley de Enjuiciamiento Civil, pues estos preceptos se refieren a cuestiones y excepciones estrictamente procesales que obstan a la prosecución y terminación del proceso mediante sentencia sobre el fondo, mientras que aquí, como se ha señalado, se trata de una excepción de fondo que afecta a la extinción del derecho o de la acción planteada.*

---

que lo archivan son resoluciones definitivas que admiten apelación). En aquellos casos, se afirma, no cabe recurso alguno, aunque puede hacerse constar en el acta la protesta, para luego apelar contra la sentencia final. Montero Aroca J., Gómez Colomer J.L., Montón redondo A., Barona Vilar, *Derecho Jurisdiccional, Tomo II. Proceso Civil,* 15ª edición, Valencia, 2007, p. 238. Sin embargo, creo que no hay razón para dar menos oportunidades de recurso a las partes, dependiendo de cómo el tribunal haya decidido emitir su resolución. Si en las que se emiten en forma de auto que permite la continuación del proceso, cabe recurso de reposición, aun sin efectos suspensivos, no debería negarse esa posibilidad en las resoluciones orales.

— AAP Cádiz, Ceuta, núm. 10/2006 (Sección 6), de 10 febrero. La Audiencia recuerda que la prescripción no determina una absolución en la instancia sino una absolución con efectos de cosa juzgada material, ya que su apreciación supone que el derecho de que se trate queda extinguido. Merece un tratamiento como cuestión relacionada con el fondo del litigio, a analizar mediante sentencia. No se trata, en definitiva, de una de las «cuestiones procesales análogas» referidas en los arts. 416 y 425 LEC.

> *PRIMERO. Como es sabido, la apreciación de la prescripción no determina la absolución en la instancia sino que provoca una absolución con efectos de cosa juzgada material, tratándose de una excepción perentoria (no procesal) que afecta el fondo de la cuestión, ya que la misma está referida al plazo del que goza una persona para el ejercicio de un derecho, de forma que si se deja transcurrir este plazo (silencio de la relación jurídica) queda, en aras al principio inspirador de esta institución, extinguido el derecho frente al deudor por el abandono del ejercicio del mismo.*
>
> *... De lo anterior se desprende que la única posibilidad de resolución en el ámbito de la audiencia previa ha de ceñirse a aquéllas que por tener un carácter procesal puedan impedir la continuación del proceso y su terminación mediante sentencia sobre el fondo, en línea acorde con la finalidad saneadora que tiene la audiencia previa, no siendo por tanto aplicable a la prescripción de la acción, que por ser de naturaleza material afecta al fondo del asunto, y por consiguiente, ha de resolverse en la sentencia que ponga fin al procedimiento.*
>
> *Así, si analizamos el contenido del art. 416 en relación con el art. 425 de la Ley de Enjuiciamiento Civil, vemos como la prescripción no puede incardinarse entre las «circunstancias procesales análogas a las expresamente previstas», precisamente porque, según lo dicho, no es una cuestión procesal sino material o de fondo, y, por tanto no puede guardar ningún tipo de analogía con aquéllas.*

— AAP Barcelona núm. 8/2005 (Sección 16), de 25 enero. También en esta ocasión la decisión del Juzgado se había tomado antes de tiempo, a juicio de la Audiencia Provincial de Barcelona. La prescripción de la acción por culpa extracontractual fue estimada por el Juzgado en la misma audiencia previa, sin recibir el Juzgado el pleito a prueba. La resolución recurrida daba por hecho que la parte demandante no probó la interrupción que alega, pero la AP advierte que justamente se privó de tal posibilidad al demandante al resolver el sobreseimiento en ese momento. La AP no caerá en la tentación de analizar las pruebas sobre la prescripción (que eran escasas), de modo sólo la vuelta a la audiencia previa permitirá su práctica sin limitaciones.

> *SEGUNDO. Alegada por la parte demandada la prescripción de la acción de reclamación por culpa extracontractual, el Juzgado de Instancia optó por resolver esta cuestión en la Audiencia Previa al amparo de lo dispuesto en el art. 425 de la ley de enjuiciamiento civil...*
>
> *La primera observación es que la prescripción no es una excepción procesal que deba ser resuelta en este momento, característico de control de presupuestos procesales. Se trata de una excepción de fondo y que afecta a la extinción del derecho material por lo que, lo propio, no es terminar el proceso con un sobreseimiento que no impediría la reproducción de la cuestión en un nuevo proceso, sino valorar y resolver esta cuestión en una sentencia que dé lugar o no al derecho material que se ejercita.*

Por otro lado, lo habitual —y lo que aquí también ocurre— es que la parte demandante argumente e intente acreditar la interrupción de la prescripción lo que significa que el pleito debería recibirse a prueba, lo que imposibilita una resolución de sobreseimiento como la que ahora se recurre. Resolución que, paradójicamente, afirma que la parte demandante no probó la interrupción que alega, sin reparar que, al resolver el sobreseimiento en este momento, el Juzgado ya no dio paso a posibilidad de prueba.

Acto seguido la AP entra a analizar el escaso material probatorio habido hasta el momento del sobreseimiento acreditativo de la interrupción, aunque inmediatamente se aparta de este análisis porque «*En cualquier caso, la demandante está en su derecho de defender con amplitud de argumentación y prueba la interrupción de la prescripción que afirma, todo lo cual lleva a estimar el recurso que se interpone*».

— AAP Valencia núm. 158/2002 (Sección 6), de 3 julio. La AP recuerda resoluciones anteriores dictadas por el mismo órgano jurisdiccional, en el sentido de considerar que la prescripción es una cuestión que atañe al fondo del asunto. En este caso, la Audiencia Provincial entiende relevante que no hubiera una conformidad en los hechos y que se solicitara expresamente por ambas partes la apertura del proceso a prueba.

...Como tiene recientemente declarado la Sección 8ª de la Audiencia Provincial de Valencia en rollo de apelación 250/2002, Auto de 1 de junio de 2002 (Pte. señor Sánchez Alcaraz) «... la Sala considera necesario... precisar que el ámbito resolutorio de excepciones en la audiencia previa, se ha de circunscribir ... a aquellas que por ser de carácter procesal puedan obstar a la prosecución del proceso y a su terminación mediante sentencia sobre el fondo, en línea acorde con la finalidad saneadora que tiene la audiencia previa, circunstancia ésta que no es predicable a la prescripción de la acción, que por ser de naturaleza material afecta al fondo del asunto, y por tanto, ha de resolverse en sentencia».

2) .... El Juez resuelve la cuestión partiendo de la aplicación del artículo 425 de la nueva LECiv. ... pero entiende la sala que la prescripción no es de las que guarda analogía con las reguladas en los artículos 416 y siguientes. Hay que señalar que las partes habían solicitado la apertura de la fase probatoria y que la prescripción admite prueba —por ejemplo, a efecto de determinar el día inicial del cómputo, o la existencia de actos interruptivos, por lo que no procedía poner fin al procedimiento en esta fase procesal en la forma en que se hizo, sin agotar los trámites correspondientes, cuando, como resulta de los respectivos escritos no hay una aceptación de hechos— lo dice expresamente la parte demandada, y han solicitado las partes la apertura de la fase probatoria.

— AAP Salamanca núm. 81/2003 (Sección Única), de 14 julio. La AP considera que la resolución recurrida erró al apreciar la caducidad tras la audiencia previa y sobreseer el proceso en aplicación del art. 425 LEC, por las mismas razones que acabamos de ver, y que impiden considerar la prescripción una cuestión procesal análoga.

... la resolución impugnada acordó el sobreseimiento y consiguiente archivo del proceso al apreciar la caducidad de la acción, alegada por la entidad demandada, por considerar que se había ejercitado transcurrido el plazo establecido en el artículo 116. 3, de la Ley de Sociedades Anónimas (RCL 1989, 2737 y RCL 1990, 206).

Señala la doctrina que el referido precepto (art 425 LEC) *constituye una cláusula abierta en la que tienen cabida todas aquellas excepciones de carácter procesal que no se encuentren expresamente incluidas en los preceptos precedentes, carácter procesal que en modo alguno tiene la alegada caducidad de la acción de impugnación de acuerdos sociales ejercitada en la demanda por la ahora recurrente.*

Tras recordar la naturaleza, fundamento y consecuencias de la caducidad, *concluye que «la caducidad de la acción ejercitada en la demanda no constituye una excepción de carácter procesal, que pueda impedir la válida prosecución y término del proceso mediante sentencia sobre el fondo (artículo 416. 1, de la Ley de Enjuiciamiento Civil (RCL 2000, 34, 962 y RCL 2001, 1892), sino una excepción respecto al fondo de la cuestión (STS de 6 de junio de 1990 [RJ 1990, 4739]), es indudable que la misma habrá de resolverse precisamente, y como cuestión de fondo, en la sentencia que se dicte tras la oportuna tramitación del procedimiento,no pudiendo, por consiguiente, resolverse en el trámite de la audiencia previa y acordar, en base a ella y al amparo de lo dispuesto en el artículo 425 de la citada Ley de Enjuiciamiento Civil, el sobreseimiento y archivo, tal y como ha hecho la resolución impugnada.*

IV.II. Legitimación

En cuanto a la legitimación, los tribunales entienden mayoritariamente, como lo entiende también la mayor parte de la doctrina procesal, que tampoco es esta una de las cuestiones procesales análogas. Como cuestión de fondo debe resolverse en sentencia, tras la celebración del juicio con todas las garantías.[29]

La doctrina procesal preocupada por las garantías constitucionales más que por las simples razones de economía, afirma con rotundidad que el control *in limine litis* de la legitimación como presupuesto procesal «suena a fraude al ciudadano que acude en petición de tutela entreteniéndole con una discusión» al principio del proceso que «trataría de venderle» precisamente «si tiene derecho o no a pedirla».[30]

Centrados ya en las resoluciones judiciales que versan sobre el tema, la concepción material de la legitimación, que impide su examen y resolución en la audiencia previa, es como decía, la mayoritaria. Generalmente cuando se revoca en apelación la resolución que ha archivado en la audiencia el proceso por falta de legitimación, la solución es, lógicamente, retrotraer las actuaciones hasta el momento de su celebración, en la que debería proponerse y admitirse prueba sobre la falta de legitimación alegada, y obligar así al tribunal de primera instancia a que resuelva sobre ella, pero en sentencia.

---

29. Uno de los exponentes de esta tesis mayoritaria es Cordón Moreno, quien sostiene que la existencia del derecho y su titularidad están indisolublemente unidas, de forma que negar la legitimación supone negar el derecho mismo. No se concibe que puedan existir derechos con independencia de su atribución a algún sujeto o sujetos determinados. Cordón Moreno F., *De nuevo sobre la legitimación*, RDProc., 1997, núm. 1, p. 71.

30. Ramos Méndez F., *Enjuiciamiento Civil. Cómo gestionar los litigios civiles.* Tomo II ... *op. cit.*, p. 945. Tan «de fondo» es la legitimación que el ordenamiento procesal podría prescindir de este concepto, pues está cargado de derecho sustantivo.

Digo generalmente porque veremos que, en algún caso, la Audiencia Provincial resuelve directamente sobre la legitimación, estimando que concurre, en lugar de reenviar a las partes de nuevo a la audiencia previa para que el Juzgado resuelva tras la prueba oportuna. Recordemos que el AAP Barcelona núm. 8/2005 (Sección 16), de 25 enero, respecto a la prescripción, se abstuvo de decidir sobre ello, pese a analizar mínimamente el material probatorio sobre los hechos que pudieran acreditar la prescripción.

— AAP Madrid núm. 73/2006 (Sección 10), de 31 enero. El Auto impugnado estimaba la excepción de falta de legitimación activa alegada por las codemandadas. La AP recuerda la diferencia entre legitimación *ad procesum* y *ad causam* para aplicar a una y otra un tratamiento diverso (sólo la primera sería una cuestión procesal). Recuerda también que la doctrina minoritaria admite, por economía procesal, que en determinados casos muy claros pueda ser analizada la legitimación en la audiencia previa y resuelta sin sentencia. Pero la mayoritaria, que la resolución sigue, sostiene que la falta de legitimación es un elemento de la fundamentación de la pretensión y en cuanto tal, pertenece al fondo y exige actividad probatoria. En aquel caso, lo que se analizaba era la supuesta falta de capacidad procesal de la Comunidad demandante, que la AP entiende que concurre, por lo que ordena que se revoque el Auto impugnado y se prosiga con la audiencia previa.

> *... debe diferenciarse entre la denominada tradicionalmente legitimatio ad procesum, que en la vigente LEC se denomina como capacidad para ser parte y capacidad procesal, consistente en la capacidad para ser parte procesal, es decir, la capacidad que es necesario ostentar para ser sujeto de una relación procesal y poder realizar actos procesales válidos y con eficacia jurídica (arts. 6 a 9 LEC), y la legitimatio ad causam, que en la vigente LEC se denomina simplemente legitimación, que está relacionada con la pretensión que se ha formulado en el proceso, ya que es la relación existente entre una persona determinada y una situación jurídica en litigio, por virtud de la cual es precisamente esta persona y no otra la que debe figurar en él, ya sea en concepto de actor o de demandado (arts. 10 y 11 LEC).*
>
> *... la primera de las expresadas imposibilita al juzgador entrar en el análisis de la cuestión de fondo debatida y que caso de su apreciación determinaría el sobreseimiento del proceso (art. 418 LEC), la segunda, sin embargo, exige analizar la cuestión de fondo y, en su caso, su apreciación produciría el dictado de una sentencia desestimatoria de la pretensión demandante como consecuencia de la falta de acción, con los consiguientes efectos de cosa juzgada material.*
>
> *Esta diferenciación no ha sido tenida en cuenta en debida forma por la juzgadora a quo, ya que en este supuesto... sí concurre en la entidad actora tanto la capacidad para ser parte (persona jurídica) en cuanto se trata de una Comunidad de Propietarios, como capacidad procesal (compareció en juicio por su legal representante) al comparecer el Procurador legalmente apoderado con poder para pleitos otorgado por el Presidente de la Comunidad actora.*
>
> *El error puede partir y suscitarse a partir de la errónea denominación de la entidad actora que se adopta en el encabezamiento de la demanda, como XXX en lugar de utilizarse la denominación de «Comunidad de Propietarios XXX, Comunidad de Bienes...*

... negar la capacidad para ser parte a la verdadera demandante... no puede acogerse desde principios como el de economía procesal y de interpretación de las normas en el sentido más favorable al ejercicio de los Derechos Fundamentales... el propio ordenamiento procesal ... impone al Juez el deber de posibilitar la subsanación siempre que fuera posible, como ya se hizo por cierto al requerir a la actora para que precisare si se dirigía la demanda contra alguna persona física....

... Aun cuando alguna sentencia ha autorizado el planteamiento de la falta de legitimación en la audiencia previa e incluso no faltan posturas que defienden que en supuestos en los cuales se deduce de forma meridiana de la documentación aportada, debería, por motivos de economía procesal, permitirse su examen en dicha audiencia previa, la doctrina jurisprudencial mayoritaria se opone, entendiendo que la falta de legitimación no es un obstáculo que impida la valida prosecución del proceso sino un elemento de la fundamentación de la pretensión y en cuanto tal, pertenece al fondo y exige actividad probatoria. Además, aunque la enumeración de excepciones procesales del art. 416 LEC no constituye un numerus clausus... como lo que se discute realmente aquí es la capacidad procesal de la actora que entendemos está justificada con los elementos aportados, entendemos que deberá proseguirse el procedimiento hasta dictar Sentencia y por tanto, procede revocar el Auto apelado y devolver las actuaciones a su procedencia para la continuación de la audiencia previa.

— SAP Valencia núm. 142/2005 (Sección 9), de 5 abril. En esta resolución se analiza si dos alegaciones aducidas de forma preliminar por el demandado (legitimación activa y prescripción) son cuestiones procesales a ventilar en la audiencia o inmediatamente después de su celebración, sin esperar a la sentencia dictada tras toda la tramitación del proceso ordinario. Se confirma la decisión del Juzgado a este respecto, aunque luego sería revocada la sentencia de primera instancia por otras razones. El Juez *a quo* niega, acertadamente, y por ello la AP confirma su decisión, que esas dos cuestiones sean cuestiones procesales.

Este Tribunal en principio estima no ser ajustado desde el punto de vista procesal resolver tal cuestión en dicho trámite, pues no viene contemplada en los artículos 416 y siguientes de la Ley Enjuiciamiento Civil (RCL 2000, 34, 962 y RCL 2001, 1892), mas cuando la finalidad subsanadora que tiene dicha Audiencia Previa, refiere a obstáculos y presupuestos procesales que no a cuestiones de fondo como lo es la prescripción al afectar de lleno al ejercicio de la acción y por tanto igualmente resulta inaplicable el artículo 425 de la Ley Procesal que habla de circunstancias procesales análogas a las especialmente previstas y la prescripción no es una circunstancia de carácter procesal. El argumento adjetivo expuesto en el Auto de la Juez para dar solución a tal punto resulta contradictorio pues no obstante resolverla y con efecto de cosa juzgada, deja abierta la posibilidad de que «las partes en el acto del juicio oral puedan practicar prueba que consideren oportuna sobre esta cuestión», poniendo por ende de manifiesto ser cuestión atinente al fondo litigioso y por tanto improcedente resolverla antes de la sentencia, conforme al artículo 218-1º de la Ley Enjuiciamiento Civil.

... En cuanto a la falta de legitimación activa que plantean los demandados y reproducen en la alzada en sus recursos, ciertamente es una cuestión de fondo y no de carácter procesal pues refiere propiamente a la concurrencia de los requisitos de la acción entablada y como tal no puede deslindarse del fondo litigioso propiamente dicho.

— AAP Badajoz núm. 192/2004 (Sección 3), de 5 noviembre. Los pronunciamientos del Auto son muy similares a los que encontramos en el AAP Madrid núm. 73/2006 (Sección 10), de 31 enero, antes expuesto, aunque el tema de fondo era diverso. Se discutía en primera instancia sobre la resolución de contrato de compraventa de vehículo a motor. El Juzgado había acordado el sobreseimiento por estimar la excepción de falta de legitimación pasiva *ad processum* alegada por el demandante. La Audiencia recuerda la distinción entre legitimación *ad processum* y legitimación *ad causam*, y concluirá que la primera concurría, por lo que el análisis de la segunda, tema de fondo, debiera haberse resuelto por sentencia y en la audiencia previa.

> *... debe diferenciarse entre la denominada tradicionalmente legitimatio ad procesum ... y la legitimatio ad causam, que en la vigente LEC se denomina simplemente legitimación, que está relacionada con la pretensión que se ha formulado en el proceso...*
>
> *Se diferencia una de otra en que, en tanto la primera de las expresadas imposibilita al juzgador entrar en el análisis de la cuestión de fondo debatida y que caso de su apreciación determinaría el sobreseimiento del proceso (art. 418 LEC), la segunda, sin embargo, exige analizar la cuestión de fondo y, en su caso, su apreciación produciría el dictado de una sentencia desestimatoria de la pretensión demandante como consecuencia de la falta de acción, con los consiguientes efectos de cosa juzgada material.*
>
> *2. Esta diferenciación no ha sido tenida en cuenta en debida forma por la juzgadora a quo, ya que en este supuesto sí concurre en la entidad demandada tanto la capacidad para ser parte (persona jurídica) como capacidad procesal (compareció en juicio por su legal representante).*
>
> *3. Aun cuando alguna sentencia ha autorizado el planteamiento de la falta de legitimación en la audiencia previa e incluso no faltan posturas que defienden que en supuestos en los cuales se deduce de forma meridiana de la documentación aportada, debería, por motivos de economía procesal, permitirse su examen en dicha audiencia previa, la doctrina jurisprudencial mayoritaria se opone, entendiendo que... pertenece al fondo y exige actividad probatoria... no obstante, por las razones expuestas, como lo que se discute realmente aquí es la legitimación de la entidad demandada en relación con la pretensión formulada por la actora, entendemos que deberá proseguirse el procedimiento hasta dictar Sentencia.*

— AAP Ciudad Real núm. 35/2004 (Sección 2), de 27 abril. Se discutía en este caso la condición del demandante de perjudicado por el derribo de una casa, pues ejercitaba la acción de culpa extracontractual. La AP recuerda que en la acción del art 1902 CC no requiere la acreditación de la titularidad formal del inmueble dañado. El perjudicado (legitimado activamente de este tipo de acciones) puede ser el titular sólo aparente, incluso el mero poseedor. Y esa condición de mero poseedor debía ser sometida a debate y prueba.

> *... la titularidad aparente que al menos de modo inicial y aproximativo puede venir a desprenderse del hecho del acompañamiento con el escrito rector de demanda de las certificaciones catastrales del bien inmueble presuntamente dañado a favor de los demandantes... constituye un indicio susceptible de ser conjugado, en una apreciación racional y lógica, con otros medios probatorios de cara a obtener la acreditación de aquel interés normativamente*

protegido de resarcimiento de los daños irrogados al perjudicado; medios probatorios que no han de entenderse circunscritos en modo alguno a los de carácter documental, pudiendo significativamente acudirse a la prueba de testigos, articulándose de este modo el derecho a la prueba, como manifestación del derecho a obtener la tutela judicial efectiva, que vino a ser claramente limitado en la combatida resolución con el acogimiento de la excepción de circunstancias procesales análogas a las expresamente previstas en audiencia previa y consiguiente archivo del procedimiento ordinario, con fundamento en el artículo 425 en relación a los artículos 416 y 418/2, todos ellos de la Ley Rituaria Civil.

IV.III. Doctrina minoritaria

Vista cuál es la tesis imperante en la jurisprudencia y la doctrina procesal, tendente a considerar como cuestiones de fondo la presccripción, la caducidad y la falta de legitimación, debemos advertir que la expuesta, aunque entiendo que es la línea correcta a seguir, no es del todo unánime. Existen resoluciones judiciales que, siguiendo alguna corriente doctrinal[31] —o sin reflexionar siquiera seriamente sobre ello—, consideran que todas aquellas son cuestiones procesales perfectamente subsumibles en el art. 425 LEC. La legitimación es especialmente la que hace correr mas ríos de tinta en el debate doctrinal.[32]

Tras conceptuar estas cuestiones como procesales, lo siguiente será admitir sin problemas el archivo del proceso mediante Auto de sobreseimiento cuando el tribunal considera, en esa fase temprana del proceso, que la excepción procesal planteada por el demandado debe estimarse,[33] sin más, lo cual, además de otros problemas teóricos, de entrada plantea una merma las posibilidades de defensa de las partes.

---

31. Expresamente incluyen la caducidad entre las no listadas Gimeno Sendra V., «Comentario al articulo 416 LEC», en *Proceso civil práctico... op. cit.,* p. 320; o Fairén Guillén V., *La audiencia previa. Consideraciones teórico prácticas... op. cit.,* XXXI. Incluye la prescripción y la falta de legitimación Rodríguez Achútegui E., «La prueba y el proceso ordinario en la nueva LEC», en *La nueva Ley de Enjuiciamiento Civil 1/2000,* Vitoria, 2001, p. 68.

32. Los defensores de la tesis procesal de la legitimación argumentan que los problemas atenientes a la legitimación se resuelven aplicando leyes procesales, lo que es evidente en los casos de legitimación extraordinaria, pero también en los de legitimación ordinaria. La legitimación ordinaria se basa en la afirmación por el demandante de su titularidad activa de la relación jurídico material y de la imputación pasiva al demandado, por lo que con esas afirmaciones ya está todo y lo demás es tema a debatir de fondo. En la legitimación extraordinaria, afirman, su existencia o no vendrá condicionada por la realidad de la norma que la conceda, y la discusión se centrará sólo en la concurrencia de los hechos base de esa norma. Montero Aroca J., Gómez Colomer J.L., Montón redondo A., Barona Vilar, *Derecho Jurisdiccional, Tomo II... op. cit.,* pp. 81. y 82.

Sin embargo, estas conclusiones son fácilmente rebatibles: los casos de legitimación ordinaria, en los que quien actúa es el titular del derecho litigioso en su propio nombre, es imposible deslindar la legitimación del tema de fondo, y se confunden. Hablar de legitimación activa o pasiva es solo una tradición forense. Y en los casos de legitimación extraordinaria, en los que quien actúa no es el titular del derecho litigioso, basta con afirmar la norma que permite la sustitución o la sucesión para fundar la legitimación directa del litigante. El cumplimiento de supuesto de fecho de la norma que funda la legitimación sigue siendo, sin duda, una cuestión de fondo. Ramos Méndez F., *Enjuiciamiento Civil. Cómo gestionar los litigios civiles.* Tomo II ... *op. cit.,* p. 945.

33. En supuestos de legitimación extraordinaria, legitimación ordinaria respecto de situaciones jurídicas y legitimación ordinaria de la que se exige legalmente su acreditamiento inicial, puede llegar incluso a dictarse auto de sobreseimiento. Montero Aroca J., Gómez Colomer J.L., Montón redondo A., Barona Vilar, *Derecho Jurisdiccional. Tomo II... op. cit.,* p. 238. Basta con recordar al respecto lo dicho líneas atrás, en la exposición de la doctrina mayoritaria, sobre «fraude» que esto supone para las garantías constitucionales.

Si además esos supuestos óbices procesales se hubieran puesto de manifiesto de oficio por el tribunal, o éste permitiera introducirlos en un momento diferente al de la contestación a la demanda (en el informe del juicio oral o incluso llegados a la segunda instancia, planteándolos por primera vez), se habría ido demasiado lejos.[34]

Las escasas resoluciones en las que se acoge esta solución podrían ser, por ejemplo:

— SAP Lugo núm. 239/2003 (Sección 1), de 13 junio. El demandado alegó en la audiencia previa la falta de legitimación pero el proceso siguió adelante hasta que se dictó la sentencia impugnada. La AP entiende que tras oír a las partes sobre ello en la audiencia previa, el Juzgado debió emitir la oportuna decisión sin diferir la decisión. Sorprendentemente, la solución de la AP es retrotraer a las partes a la audiencia previa para que discutan en aquel momento procesal sobre la legitimación, pero lo imaginable es que ya lo hubieran hecho, no en la audiencia previa sino a lo largo del acto del juicio y que el Juez decidiera lo propio en sentencia, con lo que la segunda decisión del Juez de primera instancia difícilmente sería distinta a la que ya dio en la sentencia recurrida.

> *Contrariamente a lo que entiende el Juez «a quo», entiende la Sala, que la función sanadora de la audiencia previa es más amplia, pretendiendo que el asunto o se termine ahí, si el defecto es insubsanable, o continúe, una vez subsanados los defectos. Lo que no cabe es la práctica de actuaciones inútiles por existir motivos que lleven al Juez a no pronunciarse sobre el fondo.*
>
> *... La falta de legitimación activa de la asociación interpelante, debió ser examinada, entonces, en ese momento procesal, como intentó realizar el letrado de la demandada lo que no le fue permitido, y tras oír a las parte debió el Juzgador de emitir la oportuna decisión sin deferir tal pronunciamiento a la sentencia.*
>
> *Así lo mantiene también la doctrina mas autorizada. Montero Aroca en su obra «El Nuevo Proceso Civil». (pag. 401 y ss.) lo describe de forma clara y en idéntico sentido La Guía Unificadora de criterio orientativo para mejorar la aplicación de la LEC en los Juzgados y Tribunales de la edt. La Ley (pág. 64), que cita expresamente en apoyo de esta tesis de que no son causas tasadas, el art. 405.3 de la LEC que permite que el demandado en su contestación tenga que aducir tanto las «excepciones procesales» como «las demás alegaciones» que pongan de relieve cuanto obste a la válida prosecución y término del proceso mediante sentencia sobre el fondo. En estos comentarios se cita como ejemplo de estas alegaciones la falta de legitimación y la prescripción de la acción.*
>
> Se revoca la sentencia *«debiendo de volver las actuaciones al momento de la audiencia previa, en cuyo acto deberán ser oídas las partes sobre la cuestión de la legitimación, y resuelta por el Juzgador en la forma que tras dicha audiencia considere oportuna».*

---

34. Vázquez Iruzubieta C., *Comentarios a la nueva Ley de Enjuiciamiento Civil... op. cit,*. p. 617 afirma que «entre las cuestiones análogas pueden contarse supuestos como el de la prescripción». Lo sorprendente es que pocas páginas antes (p. 598 de los Comentarios citados), se reconozca que la prescripción es una defensa que funciona como excepción de fondo. Si ello es así, lo lógico debería ser permitir la prueba sobre los hechos de la prescripción y sólo entonces resolver mediante sentencia. Aunque existen tesis intermedias que luego expondremos y que admiten que la legitimación es una cuestión de fondo pero que cabe analizarla antes de sentencia, debe exponerse en qué casos y con qué condiciones.

— AAP Albacete núm. 65/2002 (Sección 1), de 31 julio. En esta ocasión, el Juzgado había estimado la caducidad como cuestión procesal análoga, inmediatamente después de la celebración de la audiencia previa y sin sentencia sobre el fondo. La AP confirmaría la decisión del tribunal a quo, insistiendo en que la caducidad es una cuestión procesal que impide la válida prosecución del proceso.

La actora interpone demanda en el presente procedimiento en la que solicita sentencia que declare la nulidad de (dos) *escrituras públicas...*

Se alega que no procede el sobreseimiento del proceso y archivo de las actuaciones por estimación de la excepción de caducidad, al entender que tal excepción debe resolverse en sentencia, no siendo uno de los supuestos previstos en el art. 390 LEC como cuestión de previo pronunciamiento. Este motivo debe ser desestimado pues el «juzgador a quo» aplica, como fundamento de su resolución, el art. 425 LEC en relación con el art. 416 de la misma Ley, por entender que existe una circunstancia —la caducidad de la acción— que puede impedir la válida prosecución y término del proceso mediante sentencia sobre el fondo, dictando una decisión judicial en casos de circunstancias procésales análogas a las expresamente previstas en el art. 416 LEC. Dentro del art. 425 tienen cabida todas las denuncias por incumplimiento de presupuestos o requisitos procésales exigidos por la ley, bien con carácter general, bien para casos especiales, siempre que resulte claro que tales presupuestos o requisitos afectan a la correcta configuración del proceso, y no a la cuestión de fondo que se decidirá en la sentencia. Este precepto pone de manifiesto cómo el conjunto de excepciones procesales que se pueden formular por el demandado en su contestación a la demanda constituye un «numerus apertus», pues la ley permite presentar como tales, además de las expresamente recogidas en el art. 416, cualesquiera otras circunstancias que sean análogas. Y el precepto también recurre a la analogía (art. 4.1 CC) para regular el tratamiento procesal que debe darse a estas innominadas excepciones: habrá que concederle el previsto para la excepción regulada expresamente por la ley que más se le asemeje.

Los anteriores son casos en los que el tribunal en cuestión opta por atribuir a la legitimación un carácter procesal y las consecuencias de ello (su tratamiento *a limine litis)* son inmediatas.

Encontramos algún otro caso en el que la legitimación se examina y resuelve en la audiencia previa y no mediante sentencia, pero no por negar a la legitimación su condición de cuestión de fondo, sino por economía procesal. La finalidad que está

Afirma incluso el autor, y este es el segundo posicionamiento del que discrepo, que la prescripción normalmente se alega como excepción perentoria en la contestación a la demanda, pero nada empece a hacerlo «como acápite autónomo en el informe oral del juicio. Incluso puede ser opuesta en la alzada, si antes pasó inadvertida para la parte interesada en su declaración». Entiendo que esa alegación sorpresiva no es posible. Incluso cuando se trata de cuestiones de orden público, apreciables de oficio, debe darse a las partes oportunidad de contradecir, por lo que admitir que se introduzca por primera vez la alegación de prescripción en el informe final del demandado afectaría a los derechos de defensa del demandante. Tampoco debería permitirse su alegación en apelación si no se ha hecho en primera instancia. Las sentencias de la Audiencia Provincial de A Coruña núm. 455/2007 (Sección 5), de 30 octubre y núm. 420/2006 (Sección 5), de 17 octubre, afirman que la falta de litisconsorcio pasivo necesario no puede introducida por primera vez en el escrito de apelación, si no se hizo en la contestación a la demanda y fue tratada en la audiencia previa, o fue puesta de relieve de oficio por el juez de primera instancia, a lo que el demandado pudo responder. Los mismos argumentos sirven para la prescripción.

detrás de esta solución es ahorrar tiempo y esfuerzo, aunque también es criticable, puesto que todas las cuestiones de fondo deben discutirse «al máximo aunque al final culmine con una sentencia absolutoria».[35] El siguiente Auto es un ejemplo de esta posición:

— AJPI Cantabria, Santander, (Núm. 1) de 22 enero 2002. La demandada alega en la contestación la falta de legitimación pasiva *ad causam* de la herencia yacente demandada. La titularidad dominical de la finca objeto del proceso, en virtud de la cual se exige a sus titulares el pago del gasto común comunitario, correspondía a doña M. A. y don R. C. (herederos), y no a la herencia yacente. Lo relevante es que ello era así ya al inicio del proceso, por lo que no podía aplicarse el mecanismo de la sucesión procesal. Tratándose de un defecto no subsanable, y para evitar todo un proceso de resultado cierto absolutorio, el tribunal estima la excepción en el Auto analizado, aunque no impondrá las costas a la demandante por tratarse de una materia de perfiles jurídicos discutibles.

> *Se trata, por tanto, de una excepción de fondo, más parecida a la falta de acción, a cuya precisión alude el artículo 10 LECiv...*
>
> *... aunque en la regulación de la audiencia previa del juicio ordinario la LECiv no se centre expresamente en tratar la excepción ahora aducida como cuestión meramente procesal, el artículo 425 sirve de apoyo para su tratamiento en supuestos como el presente en que con los datos existentes puede con seguridad resolverse la circunstancia planteada... A mayor abundamiento, la resolución en este instante busca un objetivo no desdeñable: primar la economía de esfuerzo y gastos de una resolución previa a la sentencia. No es extraña esta afirmación a la jurisprudencia de nuestro Tribunal Supremo, que si ciertamente entiende que la legitimación, como presupuesto preliminar del fondo, en muchas ocasiones exige la consideración al momento de dictar sentencia, en otras puede detectarse con carácter previo... En el caso, antes de interponer la demanda de juicio ordinario, se advirtió de la condición de condóminos de los citados hermanos y después se ha justificado cumplidamente la misma... Al acreditarse la aceptación pura y simple de los citados de las herencias respectivas de sus padres, cuyo único bien conocido era la finca objeto del proceso, la legitimación de la herencia yacente deja de ser tal para proyectarse en favor de los herederos.*
>
> *La conclusión parece ya obvia: la excepción debe ser estimada en este instante al carecer la parte demandada, herencia yacente, de la necesaria legitimación pasiva. No es subsanable o corregible este defecto en el curso de proceso, pues ni siquiera es dable acudir al mecanismo de la sucesión procesal por muerte recogido en el artículo 16 LECiv.*

El reflejo doctrinal de esas soluciones judiciales es aquélla situada entre la negativa en todo caso al examen de la legitimación antes de sentencia, y su análisis en todo caso como óbice procesal en la audiencia previa. La tercera opción es defender la posibili-

35. La detección y exposición de esta resolución, así como las críticas oponibles a la misma, que comparto, en Banacloche Palao J. y Gascón Inchausti F., «El tratamiento de las cuestiones procesales en la audiencia previa al juicio»... *op. cit.*, p. 293.

dad de tratamiento *a limine* de la que consideran que es cuestión de fondo, pero explicando en qué casos y de qué modo tratarla como si fuera de forma.[36]

Se admitiría el tratamiento en la audiencia previa y el sobreseimiento antes de sentencia en los siguientes casos: legitimación extraordinaria, cuando el actor pide la tutela del derecho del sustituido sin afirmar siquiera la existencia del vínculo legal con él;[37] o aquellos en los que no existe poder de disposición sobre la cuestión litigiosa y una norma fija quiénes son los sujetos legitimados (cuestión, esta última, que se ha visto en la sentencia relativa a la falta de legitimación de la herencia yacente).[38]

Se admite también, además de en los casos de sustitución procesal) en aquellos otros, de sucesión procesal, en los que para admitir la sucesión en la posición de la parte inicial, debe ser examinado el título de transmisión para admitir la legitimación del sucesor. De forma más genérica, todos aquellos en los que la norma pide acreditar la legitimación para admitir la entrada en el proceso: el tercero debe acreditar su interés directo y legítimo (art. 13.2 LEC), o los casos del art. 266 LEC, en los que se exige al que pide la tutela una acreditación documental de la titularidad del derecho.[39]

Sin embargo, los preceptos de la ley que exigen aportar determinados documentos con la demanda no tienen nada que ver con la legitimación. Por otro lado, lo que se llama inadmisión en la ley, es en realidad desestimación.[40]

En definitiva, tampoco esta postura ecléctica, que admite el tratamiento de cuestiones de fondo antes de que se desarrolle el proceso con todas las garantías es convincente. A pesar de que delimite, en casa caso, cuándo y de qué modo la legitimación puede tratarse *a limine,* el riesgo para la tutela efectiva de tales posiciones es demasiado grande.

---

36. Hay, como digo, autores que admiten su tratamiento antes de sentencia, a pesar de calificarlo como tema de fondo. La legitimación activa y pasiva, sostiene Ortells Ramos, condiciona la admisibilidad del pronunciamiento de fondo de la pretensión procesal, no la estimación de la pretensión. Por ello es posible, y hasta conveniente por economía procesal, un examen de la legitimación en un momento previo a la sentencia final, de modo que el proceso continúe sólo si puede conducir a una sentencia sobre el fondo. Ahora bien, el autor concluye que inadmisiones sólo podrán darse si existe una norma que expresamente condicione la admisión a la acreditación de la legitimación. Ortells Ramos M., *Derecho Procesal Civil* (Dir. Ortells Ramos), Navarra, 2007, p. 151.

37. Samanes Ara C., *Las partes en el proceso civil,* Madrid, 2000, p. 82. En los casos de sustitución procesal, la legitimación puede comprobarse mediante la oportuna prueba documental, por lo que se admitiría su examen en la audiencia previa. Gimeno Sendra V., «Comentario al articulo 416 LEC», en *Proceso civil práctico... op. cit.*, p. 321.

38. También en Samanes Ara C., *Las partes en el proceso civil... op. cit.,* p. 82. Admite la autora que ello con un pequeño esfuerzo interpretativo, pero con el aval de determinada doctrina del TS emanada sobre la antigua comparecencia de la LEC 1881. (por ejemplo, STS de 18 de marzo de 1993).

39. En el retracto (art. 266.3 y 269.2 LEC), en los alimentos (art. 266.2 LEC), en la adquisición de la posesión de los bienes hereditarios (art. 266.4 y 269.2 LEC). Ortells Ramos M., *Derecho Procesal Civil... op. cit.,* p. 155. Advierte Ortells que la inadmisión sin posibilidades de alegación y prueba sería demasiado grave sin una disposición expresa.

40. Lo que se comprueba fácilmente analizando si luego puede reformularse la acción. Ramos Méndez F., *Enjuiciamiento Civil. Cómo gestionar los litigios civiles.* Tomo II ... *op. cit.*, p. 947.

V. Tratamiento peculiar de la falta de competencia: si se aprecia de oficio, sí podría ser una «cuestión procesal análoga»

La falta de jurisdicción y competencia (incluidas la internacional o la arbitral) son cuestiones procesales excluidas desde el inicio en el listado de cuestiones procesales de la audiencia previa. El mismo título del art. 416 LEC así lo indica.

Y es que el momento para plantearlas es mediante la declinatoria. Es decir, antes de contestar la demanda en el juicio ordinario o antes de acudir a la vista en el juicio verbal, en los plazos que marca el art. 64 LEC. Estas objeciones del demandado se resolverán en el procedimiento previsto en los artículos que siguen al 64, por lo que no llegarían a ser objeto de debate en la audiencia previa, al haberse solventado antes.

Sin embargo, estamos hablando de asuntos de orden público, controlables de oficio, por lo que si el Juez estimara que concurren, aun sin la alegación por la demandada, la audiencia previa pudiera ser un momento procesal para tratarlas y resolverlas, en el mismo acto o mediante un Auto posterior, pero en cualquier caso el juicio no debería seguir hasta sentencia.[41] Recordemos en este punto que el Juez deberá poner de manifiesto la falta de jurisdicción o competencia en la audiencia previa para que las partes puedan discutir lo que debiera haberse discutido en la declinatoria.

— SAP A Coruña núm. 250/2007 (Sección 5), de 24 mayo. Advierte la Audiencia Provincial que nada obsta a que la falta de jurisdicción o competencia pueda apreciarse de oficio por el tribunal, aunque la demandada no lo haya hecho en declinatoria, pues estamos ante cuestiones de orden público. En aquel supuesto, al no haber instado en forma la declinatoria la parte demandante, y no proceder tampoco la apreciación de oficio (lo cual la AP entra a analizar, y la solución hubiera sido entonces distinta), se desestima la excepción. Queda apuntada, sin embargo, la posibilidad de que la jurisdicción y la competencia sea una cuestión a tratar en la audiencia previa, cuando no lo hayan planteado las partes con anterioridad.

> *... la parte demandada reitera la excepción de incompetencia de la jurisdicción civil a favor de la contencioso-administrativa, opuesta en la contestación a la demanda y rechazada en la resolución apelada... interesando la recurrente la apreciación de oficio de la excepción procesal.*
>
> *El art. 416 de la Ley de Enjuiciamiento Civil no contiene una relación cerrada o «numerus clausus» de las cuestiones procesales que pueden y deben ser examinadas en la audiencia previa... Sin embargo hay determinadas cuestiones que no deben ser objeto de examen ni resolución en la audiencia previa, como son las expresamente excluidas por el art. 416.2,*

41. En este sentido lo plantea la doctrina. Si se diera en la práctica el supuesto que la demandada no ha efectuado la denuncia en el momento procesal oportuno, el proceso no debería seguir hasta sentencia si el Juez se percata de ello. Tratándose de vicios que pueden ocasionar una nulidad de pleno derecho, pueden ser examinados de oficio en cualquier momento, también en la audiencia previa. Gimeno Sendra V., «Comentario al articulo 416 LEC», en *Proceso civil práctico... op. cit.*, p. 319.

párrafo primero, de la LEC, relativas a la jurisdicción o competencia del tribunal, incluida la competencia internacional y la excepción de arbitraje, cuya falta no puede ser impugnada en la audiencia por el demandado, obligado a proponer en forma la declinatoria antes de contestar la demanda (arts. 63 y ss.), sin perjuicio de su apreciación de oficio por el tribunal (art. 416.2, párrafo segundo), con arreglo a lo dispuesto en los arts. 38, 48 y 58 de la LEC.

En general, no ofrece duda la facultad que tiene el tribunal para examinar y apreciar, tanto en la audiencia previa como en la sentencia definitiva, determinadas cuestiones procesales, impeditivas de un pronunciamiento de fondo y susceptibles de ser acogidas de oficio, que, pese a la función sanatoria del procedimiento que le corresponde a dicha audiencia, no hubieran sido alegadas oportunamente por el demandado ni advertidas o estimadas por el Juez en este acto, dado que el tribunal se encuentra obligado a velar en todo momento por la pureza y validez del proceso y de sus presupuestos constitutivos, como cuestión de orden público. En concreto, la apreciación de oficio de la excepción de incompetencia de jurisdicción se encuentra expresamente admitida, en virtud de lo dispuesto en el citado art. 416.2, párrafo segundo, en relación con el 38, de la LEC.

... el planteamiento, por la demandada apelante, de la excepción de incompetencia de jurisdicción en el escrito de contestación a la demanda debe tacharse de extemporáneo e improcedente, al no haber propuesto en forma la declinatoria(art. 416.2 LEC). Y aún cuando esta razón formal no impide el examen y la apreciación de oficio de esta cuestión por el tribunal, tanto en la audiencia previa como en la sentencia, la excepción, que pretende fundamentarse en los arts. 9.4 de la Ley Orgánica del Poder Judicial y 2e) de la Ley Reguladora de la Jurisdicción Contencioso-Administrativa y en la Sentencia de la Audiencia Provincial de Toledo de 6 de noviembre de 2003, carece en el presente caso de fundamento.

VI. Casos asimilables a la falta de litisconsorcio pasivo necesario: contratos vinculados

La falta de litisconsorcio pasivo necesario (recordemos que el activo no existe) es una de las cuestiones expresamente reguladas entre los preceptos dedicados a la audiencia previa (art. 420 LEC). No se trata de una cuestión procesal, sino de fondo,[42] aunque la ley opta por analizarla antes de la sentencia final,[43] en este caso para hacer posible la audiencia de quién debió ser inicialmente demandado.

42. Entre los arts. 416 a 424 LEC no están todos los presupuestos procesales que son (de ahí la existencia de las cuestiones procesales análogas) ni son todos los que están, pues la falta de litisconsorcio pasivo necesario no es una excepción procesal. Garberí Llobregat J., *Los procesos civiles* (Dir. Garberí Llobregat), Vol III... *op. cit.*, p. 457. La doctrina del TS (por ejemplo, STS de 22 de julio de 1999) advierte que la defectuosa determinación de las partes litisconsortes en realidad no afecta a la validez de la relación jurídico procesal, sino a la inutilidad o infructuosidad de la misma para conseguir la resolución de la cuestión de fondo planteada. Añade que su carencia supone la falta de un presupuesto preliminar al fondo.

43. Es uno de los casos relacionados con la legitimación en los que la LEC prevé un tratamiento previo. Si todos los litisconsortes no están en el proceso como partes, sea como demandantes, o como demandados, a menos que se subsane el defecto ampliando la demanda a los litisconsortes inicialmente no demandados, se sobreseerá el proceso. Ortells Ramos M., *Derecho Procesal Civil... op. cit.*, p. 155.

La doctrina procesal acepta mayoritariamente como fundamento del litisconsorcio pasivo necesario la propia relación jurídica discutida en el juicio.[44] El litisconsorcio pasivo necesario tiene lugar cuando por razón de lo que sea objeto del juicio, la resolución haya de afectar directamente al derecho de varios sujetos, que deberán ser demandados conjuntamente como litisconsortes. El fundamento es la naturaleza de la relación jurídico-material debatida, bien porque una norma expresa lo impone (litisconsorcio necesario propio), bien por la inescindibilidad de la situación jurídica concreta (litisconsorcio necesario impropio).[45]

Pero el Tribunal Supremo ha limitado las tentaciones de los tribunales de admitir la entrada de cualquier persona relacionada con el proceso o con la relación jurídico-material que en él se discute.[46] No son, pues, litisconsortes necesarios aquellos a quienes la sentencia fuera afectarles sólo de un modo indirecto, reflejo o prejudicial (SSTS de septiembre de 1991, de 3 de marzo de 1992, entre muchas otras).

En principio, hay litisconsorcio cuando concurre simultáneamente en una relación jurídica, que no puede escindirse, una pluralidad de sujetos. Pero no así cuando existen varias relaciones jurídicas, aunque estén absolutamente vinculadas.[47] Esos casos, que no tienen cabida en la falta de litisconsorcio pasivo necesario, ni propio ni impropio, han tenido cabida en la jurisprudencia entre las cuestiones análogas del art. 425 LEC. Los tribunales admiten la entrada de sujetos no demandados al inicio, vía art 425 LEC, pues saben que no pueden hacerlo vía 420 LEC.

El supuesto encontrado en la práctica forense es el que sigue: la validez del contrato que es objeto de litigio depende a su vez, de la validez de otro contrato, firmado por algunas personas que no fueron demandadas. Habría aquí una suerte de «cuestión prejudicial» a resolver, la validez del segundo negocio jurídico, para cuya decisión es necesario practicar prueba y oír las alegaciones de los que en él intervinieron y no han sido inicialmente demandados. La siguiente sentencia explica el origen y los motivos de esta asimilación a la falta de litisconsorcio pasivo necesario.

---

44. Un examen de la evolución doctrinal sobre el concepto de necesidad, en Ramos Méndez F., *Enjuiciamiento Civil. Cómo gestionar los litigios civiles,* Tomo II... op. cit., pp. 975 y 976.

45. Un análisis de la jurisprudencia sobre el litisconsorcio necesario, en Soler Pascual L.A., *El litisconsorcio necesario en la LEC (sistemática de actuación en la audiencia previa o vista en los casos del art. 420 LEC),* La Ley, febrero de 2006, núm. 5494/2005.

46. Los tribunales admiten la excepción de litisconsorcio pasivo en la audiencia previa incluso en aquellas ocasiones en las que la propia ley autoriza a demandar únicamente a uno de los hipotéticamente responsables. Por ejemplo, art 76 de la Ley del Contrato de Seguro, art. 27.2 de la Ley de Prensa e imprenta. Lo hacen preocupados porque no se produzca indefensión de los causantes de la hipotética lesión, o por conocer todas las circunstancias concurrentes en el caso, pero ello supone desconocer la eficacia de esas leyes y de la jurisprudencia que ha establecido casos concretos de solidaridad impropia. Bercovitz Cano R., *Litisconsorcio pasivo necesario,* Actualidad Civil, núm. 3/2005.

47. Si se llega a la conclusión de que existen varias relaciones jurídicas — tantas como litisconsortes— hay que entender que cada una de esas relaciones fundará una acción, y el actor podrá entonces ejercitarlas de forma separada o acumuladas en un solo proceso. Si optara por la segunda de las opciones, habrá litisconsorcio pasivo, pero será voluntario. Banacloche Palao J. y Gascón Inchausti F., «El tratamiento de las cuestiones procesales en la audiencia previa al juicio»... *op. cit.,* p. 249.

—SAP Guadalajara núm. 146/2004 (Sección 1), de 19 junio. Se demanda a una mercantil que había concedido un préstamo para la financiación de unos cursos de inglés, pero no a la empresa que ofrecía estos cursos. En esta ocasión, fue la propia demandada quien puso de manifiesto la falta de litisconsorcio pasivo necesario en la contestación, argumentando la clara la vinculación entre uno y otro contrato: la válida revocación del curso de enseñanza (que el Juzgado había estimado sin oír a quien lo ofrecía) condicionaba la devolución del préstamo. La Audiencia estima que la empresa que organiza el curso debe ser llamada al proceso, pues la resolución dictada tiene efectos de cosa juzgada material y se pronuncia sobre la eficacia de un contrato en el que era parte. Se revoca la sentencia de instancia y se reponen las actuaciones hasta el momento en que debió estimarse el litisconsorcio. El asunto en cuestión se había discutido en un juicio verbal, pero las conclusiones allí dadas son trasladables a un ordinario, en cuyo caso la retroacción de actuaciones se habría producido hasta la audiencia previa.

> *Ejercitada acción en reclamación de cantidad correspondiente al importe de un préstamo concedido a la demandada para la financiación de sendos cursos de inglés, opuso la misma la vinculación entre dicho contrato y el de enseñanza concertado con la entidad Home English y que el celebrado con esta última quedó sin efecto por haber hecho uso en tiempo y forma de la facultad de revocación concedida en el mismo, motivo de oposición que fue acogido por el Juzgador a quo, el cual, estimando que el derecho de revocación había sido ejercitado en plazo, declaró no haber lugar al pago del préstamo vinculado con el contrato financiado devenido ineficaz; contemplando incluso que ello no obstante asistía a la actora la posibilidad de repetir contra la oferente de los cursos para la restitución de lo pagado... es cierto que es reiterada la doctrina que... quienes no fueron parte en el contrato cuya ejecución se discute, carecen de interés legítimo sobre las obligaciones que constituyen su objeto ... siendo igualmente cierto que Home English no fue parte en el contrato de financiación con base en el cual se actúa, no lo es menos que nos encontramos en un supuesto peculiar.. para resolver sobre la prosperabilidad de la acción entablada resulta inexcusable pronunciarse sobre la eficacia del contrato de enseñanza y sobre si la facultad de revocación, no aceptada por la otra parte contratante, fue o no correctamente ejercitada, lo que hizo el Juzgador a quo... considera este Tribunal que, aunque no se trate de un supuesto de falta de litisconsorcio pasivo necesario propiamente dicho, atendida la voluntad del legislador de asegurar la debida constitución de la relación jurídico procesal, plasmada en los arts. 420 y 425 LECiv (RCL 2000, 34, 962 y RCL 2001, 1892); contemplando este último la decisión judicial de circunstancias procesales análogas a las expresamente previstas en el art. 416, ya sean alegadas por las partes o puestas de manifiesto de oficio; ... y habrá de resolverse sobre la eficacia del contrato vinculado, procede reponer las actuaciones en el momento del acto del juicio, dado que nos encontramos ante un verbal y no ante un ordinario al que se refieren los citados preceptos, a fin de que la contratante a la que podrá afectar la declaración de ineficacia de la venta financiada pueda ser oída sobre dicha pretensión, lo que permitirá su decisión con extensión a la misma de los efectos de cosa juzgada, criterio seguido en un caso semejante al que nos ocupa por la AP Murcia (Sección 3ª), de 15 noviembre de 2002 (JUR 2003, 63416).* La AP falla lo siguiente: reposición de las actuaciones «*en el momento de citación para la celebración del acto del juicio, a fin de que sea llamada al proceso Home English*».

VII. Otras posibles «cuestiones procesales análogas»

Estas páginas se cierran con el análisis acerca de si otros temas, que no han aparecido hasta ahora en descripción jurisprudencial efectuada, pueden considerarse «cuestiones procesales análogas» a tratar en la audiencia previa. Al respecto, debemos hacernos eco de las propuestas efectuadas por la doctrina procesal.

Entre las cuestiones procesales análogas puede incluirse la ausencia (o presencia defectuosa de Letrado), por ejemplo, por no haber firmado la demanda pese a lo exigido en el art. 31.1 LEC. Ya hace mucho tiempo que la falta de firma de letrado en la demanda no se considera un defecto insubsanable. Es más, los defectos de defensa y representación deberían ser siempre subsanables, en la audiencia previa o cualquier momento.[48]

No dice nada la Ley al respecto en el art 418 LEC, precepto regulador de los defectos que afectan a la capacidad y representación de las partes, aunque es claro que existe una clara analogía.[49] Si el demandado lo hubiera planteado en la contestación, el Juez podría advertir de ello al demandante en la audiencia previa, y el defecto podría subsanarse allí mismo. Lógicamente, si no se subsanara, el juez dictaría auto poniendo fin al proceso.

Podría encontrarse también entre las cuestiones a tratar en la audiencia previa la reclamación previa del ámbito administrativo, en los casos en los que la demandada es la Administración. Es lógico que no aparezca en el texto del art. 416 LEC, a diferencia de lo que ocurría en su predecesor, art. 533 LEC 1881, porque la reclamación previa ya se encuentra regulada en los arts. 120 y ss. de la Ley 30/1992.

Sería uno de esos documentos que deben acompañarse junto a la demanda en los casos especiales del art. 266 LEC (concretamente, en el párrafo 5º). Por ello no sería una cuestión procesal análoga, sino un requisito de admisibilidad de la demanda,[50] en la mayoría de casos. Aquéllos de falta de acreditación con ulterior subsanación, son los únicos en los que la falta de reclamación administrativa previa pudiera entenderse una cuestión procesal a tratar en la audiencia previa, aunque no tenga analogía con ninguna de las expresamente previstas.

Pero si la reclamación no ha existido nunca, o bien se archiva el proceso, sin perjuicio de que el demandante pueda presentar de nuevo demanda tras la reclamación admi-

48. Ramos Méndez F., *Enjuiciamiento Civil. Cómo gestionar los litigios civiles,* Tomo II... op. cit., p. 1032. Añade el Profesor que bastaría con advertir la falta y proceder a regularizar la situación procesal de la parte, en cualquier momento. Lo contrario es sobredimensionar la trascendencia de esos defectos. Bien diferente es la situación en que, más que de un defecto estemos ante la falta de profesionales jurídicos, en cuyo caso debe restablecerse la garantía constitucional desde que fue obviada.

49. Banacloche Palao J. y Gascón Inchausti F., «El tratamiento de las cuestiones procesales en la audiencia previa al juicio»... *op. cit.*, p. 292.

50. Vázquez Iruzubieta C., *Comentarios a la nueva Ley de Enjuiciamiento Civil... op. cit.*, p. 597.

nistrativa previa, o bien se entiende que el propio proceso ya ofrece una posibilidad de acuerdo entre las partes, subsanándose así el defecto. Esto último es lo que la jurisprudencia ha entendido (STS de 27 de marzo de 1992 y de 27 de diciembre de 1995), con lo que el requisito de admisibilidad de la demanda queda prácticamente inoperante.[51]

Igual de inoperante ha quedado la *cautio iudicatium solvi* (arraigo en juicio) en nuestro sistema, por lo que, aunque pudiera ser una cuestión procesal análoga, su virtualidad es escasa y no merece mayor comentario.

Relacionado con la falta de reclamación administrativa previa, cabría incluir entre las cuestiones procesales análogas, a examinar de oficio, los presupuestos específicos de la demanda: certificaciones de firmeza de la sentencia y de haber recurrido el acto procesal, causante de una pretensión de resarcimiento de los daños ocasionados por Jueces y Magistrados (art. 403.2 y 266.1 LEC); conciliaciones, requerimientos, reclamaciones y consignaciones que se exijan en casos especiales (art. 403.3 LEC), entre los que se encuentra, pero no es el único, la reclamación administrativa previa.[52]

También puede citarse la sumisión de la cuestión al arbitraje. No aparece expresamente mencionada en la LEC, pero debería entenderse incluida en el listado del art. 416 LEC (en la falta de jurisdicción y competencia). Igual que con estas últimas, la falta de jurisdicción por la existencia de convenio arbitral debe alegarla el demandado mediante declinatoria y habrá una decisión judicial sobre ello antes de la audiencia previa. Sólo será una cuestión procesal análoga tratada y resuelta en la audiencia previa o cinco días más tarde mediante Auto, en caso de que el juez la aprecie de oficio, cosa perfectamente admisible al tratarse de una cuestión de orden público.

En cuanto a las nulidades procesales, hay quien afirma que estas denuncias no deben ser objeto de discusión en la audiencia previa, porque ya tienen un cauce específico para ser tratadas, el incidente de nulidad de actuaciones (art. 227 LEC).[53] Aunque lo cierto es que precisamente el incidente de nulidad de actuaciones se abre cuando ya no existen más medios de ataque de las nulidades procesales, entre otros la audiencia previa.

---

51. La identificación de los casos en los que sí puede considerarse una cuestión procesal en Banacloche Palao J. y Gascón Inchausti F., «El tratamiento de las cuestiones procesales en la audiencia previa al juicio»... *op. cit.*, p. 294. No es aconsejable, se afirma, incluir entre las cuestiones a tratar en la audiencia previa la falta de reclamación administrativa previa, porque mal puede subsanarse algo que no se ha hecho en absoluto y porque la oposición de la Administración demandada a la demanda del actor ya revela su negativa a no llegar a acuerdo con él. Otra cosa es que la reclamación previa se hubiera intentado, pero no se hubiera acreditado, y en este caso, una vez acreditada la reclamación administrativa previa en la audiencia, se habría subsanado su falta. La jurisprudencia, sin embargo, ha ido más allá en la posibilidad de subsanación.

Una crítica la proclamación por la jurisprudencia citada como presupuesto subsanable de la falta de reclamación administrativa previa en Garberí Llobregat J., *Los procesos civiles* (Dir. Garberí Llobregat), Vol III... *op. cit.*, p. 457.

52. Gimeno Sendra V., Comentario al articulo 416 LEC, en *Proceso civil práctico... op. cit.*, p. 322.

53. Damián Moreno J., *Comentario al artículo 416 LEC... op. cit.*, p. 2120. Inmediatamente el autor niega esta conclusión, pues afirma que estos vicios generadores de nulidad pueden «igualmente impedir la sentencia de fondo». Por ello no existe «inconveniente alguno en que dicha función saneadora se extienda a cualquiera que tenga este carácter».

Muchas nulidades procesales giran entorno a las garantías relacionadas con los actos de comunicación, que pueden verse afectadas en caso de que, por ejemplo, no se identifique bien a las partes (al demandado cuyo domicilio fue designado defectuosamente no se le va a encontrar). Ello debería haberse solventado antes, mediante las averiguaciones el tribunal se encuentra obligado a realizar *ex* art. 156 LEC. Si no ha sido así, y el defecto subsiste llegados a la audiencia previa, podría ocurrir que el destinatario del acto de comunicación acuda a la audiencia previa y reconozca haberse dado por enterado (art. 166 LEC), y entonces quedará subsanado el defecto[54] y la audiencia previa habrá cumplido su función sanadora.

Recordemos que los defectos en la determinación de las partes sí se encuentran entre las cuestiones procesales de la audiencia previa expresamente citadas en la ley (art. 424 LEC). Lo mismo con cualquier defecto procesal distinto a los relacionados con las comunicaciones judiciales que, de no ser depurado a tiempo, pueda a la larga causar indefensión. La audiencia previa, por tanto, sí es un buen momento para solucionar nulidades procesales, entre otras cosas porque las indefensiones deben alegarse, repararse e incluso evitarse en el mismo momento en que se detectan. En realidad, aquella es un medio «que ayuda a prevenir una posterior declaración de nulidad».[55]

Tres cuestiones procesales análogas más sugeridas por la doctrina podrían ser:

a) La inadmisión incorrecta de reconvención, que sería análoga respecto de la indebida acumulación de acciones (nótese que este es uno de los pocos casos en que es el demandante quien plantea la cuestión.[56]

b) En los juicios verbales, la existencia de un proceso sumario previo resuelto, alegado en otro proceso sumario sobre el mismo objeto. Por ejemplo, interdictos de obra nueva. Aquí no podría alegar el demandado la excepción de cosa juzgada, porque este tipo de procesos carecen de ella (art. 447 LEC), pero está claro que el segundo proceso sumario carece de fundamento, así que existiría una cuestión procesal análoga a la cosa juzgada.[57]

---

54. Yélamos Bayarri E., *Nulidad procesal y comunicaciones judiciales fallidas,* Barcelona, 2006, p. 151.

55. La audiencia previa sirve para subsanar los posible defectos procesales que impiden la continuación del proceso. Si este defecto es insubsanable o no se corrige, el Tribunal no declara la nulidad de lo actuado, retrotrayendo las actuaciones, sino que dicta Auto poniendo fin al proceso. Lourido Rico A.Mª., *La nulidad de actuaciones: una perspectiva procesal. Estudio comparativo de la regulación de la nulidad en la LOPJ y en la LEC,* Granada, 2ª edición, 2004, pp. 178 y 179.

56. No faltan autores que defienden que debería recogerse en la LEC de forma expresa la posibilidad de invocación de las cuestiones procesales por el demandante, en todos los supuestos en que se haya formulado reconvención. Martín García P., *Análisis comparativo entre la institución de la actual comparecencia del juicio declarativo de menor cuantía y la «audiencia previa al juicio» del futuro juicio ordinario.* Actualidad Civil, 2000, Tomo 3, Ref. XLIV, pág. 1053. Aunque la regulación de los arts. 416 y ss LEC piense en las cuestiones procesales oponibles por el demandado, y se refiera a esta parte expresamente a lo largo del texto de los artículos, es indudable que vía cuestiones procesales análogas el demandante podrá alegar todas las que tenga frente a la demanda reconvencional.

57. Las dos posibles cuestiones procesales análogas de las letras a) y b) se sugieren en Banacloche Palao J. y Gascón Inchausti F., «El tratamiento de las cuestiones procesales en la audiencia previa al juicio»... *op. cit.,* p. 293.

c) La pérdida de interés legítimo en obtener la tutela (art 22 LEC), por circunstancias ocurridas entre la interposición de la demanda y la celebración de la audiencia previa. De alegarlas el demandado, en la contestación o en la misma audiencia previa, dependiendo de cuándo se han producido o de cuando han sido conocidas, y en caso de estimarlas el tribunal, se dictará un auto de sobreseimiento, con los mismos efectos que la sentencia absolutoria firme.[58]

Y aún algunas más que podrían tener cabida en el art. 425 LEC: la conexión entre juicios, la tasa judicial, la caución por las costas...[59] Pero no sólo por las costas, sino cauciones, en general, para el solicitante de las medidas cautelares, del solicitante de las diligencias preliminares...[60]

E incluso, relacionada con la primera de las mencionadas, las llamadas cuestiones prejudiciales excluyentes necesarias (arts. 40.4 y 43 LEC).[61]

Los anteriores son sólo ejemplos de cuestiones procesales análogas que podrían solventarse en la audiencia previa. Pero cabría incluir cualquier otro, como afirmaba el Profesor Vázquez Sotelo respecto a la antigua comparecencia, que evite no sólo el proceso excesivamente lento, sino también el proceso innecesario, el excesivamente complejo, e incluso el proceso inadmisible, que no permite resolver sobre lo que se pide y por ello resultará «inútil». El legislador consigue minimizar esas patologías con determinadas instituciones saneadoras, que persiguen «que sólo lleguen al final los procesos sanos y libres de vicios o defectos que puedan acarrear su inutilidad final».[62]

En esta filosofía deberá pensarse cuando tratemos de llenar de contenido el actual art. 425 LEC. También en la de defensa de las garantías procesales, que inmediatamente el Profesor saca a colación como límite a la buscada rapidez en la finalización de los procesos.

---

58. También esta tercera cuestión procesal análoga en Banacloche Palao J. y Gascón Inchausti F., El tratamiento de las cuestiones procesales en la audiencia previa al juicio... última *op. cit.,* p. 510.

59. Ejemplos citados por Ramos Méndez F., *Enjuiciamiento Civil. Cómo gestionar los litigios civiles... op. cit.,* p. 1329. En cuanto a la conexión, Fairén recuerda que las conexiones internas y externas, las que pendan y las que se promuevan en la audiencia previa, deben ser examinadas y terminadas en ella, si es posible. Fairén Guillén V., *La audiencia previa. Consideraciones teórico prácticas... op. cit.,* XXXV.

60. Es posible que en la audiencia previa se discuta algo relativo a las cauciones, incremento, disminución, cancelación, prestación de las mismas, etc. Fairén Guillén V., *La audiencia previa. Consideraciones teórico prácticas...* última *op. cit.,* XXXI.

61. Gimeno Sendra V., «Comentario al articulo 416 LEC», en *Proceso civil práctico... op. cit.,* 320. En la audiencia previa se pueden suscitar las cuestiones prejudiciales y deberán resolverse si fuera posible, según sostiene Fairén Guillén V., *La audiencia previa. Consideraciones teórico prácticas... op. cit.,* XXXV.

62. También introduciendo tipos procedimentales ordinarios más rápidos y sencillos, pero sin desconocer las garantías procesales, lo cual supone luchar contra la lentitud y contra la complicación innecesaria del proceso. Vázquez Sotelo J.L., *Instituciones saneadoras del proceso civil español: «excepciones dilatorias» y «comparecencia previa»... op. cit.,* p. 23.

Por ello, la existencia misma del art 24 CE impide incluir en art. 425 LEC cuestiones como la prescripción o la legitimación, pues son temas que siempre requerirán de debate y práctica de prueba. Por otro lado, la utilidad del juicio sólo podrá determinarse en muchas ocasiones llegados al final del mismo, por lo que la decisión que tome el juez al respecto debe de venir precedida de la necesaria audiencia y contradicción de las partes, así como de la imperativa oportunidad de subsanación de aquellos vicios que, de ser subsanados, permitirán que siga el proceso libre de defectos y complicaciones innecesarias.